河北农村统计年鉴

2020

河北省人民政府办公厅
河 北 省 统 计 局 编

中国统计出版社
China Statistics Press

图书在版编目（CIP）数据

河北农村统计年鉴. 2020 / 河北省人民政府, 河北省统计局编. -- 北京 : 中国统计出版社, 2020.12
ISBN 978-7-5037-9283-0

Ⅰ. ①河… Ⅱ. ①河… ②河… Ⅲ. ①农业统计－统计资料－河北－2020－年鉴 Ⅳ. ①F327.22-66

中国版本图书馆 CIP 数据核字(2020)第 174871 号

河北农村统计年鉴-2020

作　　者/ 河北省人民政府办公厅　河北省统计局
责任编辑/ 钟钰 田英法
装帧设计/ 田英法
出版发行/ 中国统计出版社有限公司
地　　址/ 北京市丰台区西三环南路甲 6 号
邮政编码/ 100073
电　　话/ 邮购（010）63376909　书店（010）68783171
网　　址/ http://www.zgtjcbs.com
印　　刷/ 石家庄天荣印刷有限公司
经　　销/ 新华书店
开　　本/ 880mm×1230mm　1/16
字　　数/ 1350 千字
印　　张/ 33
版　　别/ 2020 年 12 月第 1 版
版　　次/ 2020 年 12 月第 1 次印刷
定　　价/ 260.00 元

如有印装差错，由本社发行部调换。

编 辑 说 明

2019年是贯彻党的十九大精神、决胜全面建成小康社会、实施“十三五”规划承上启下的关键一年，是实施乡村振兴战略开局之年。在省委、省政府正确领导下，全省各地以习近平新时代中国特色社会主义思想为指导，认真贯彻中央、省委一号文件，落实中央、省农村工作会议精神，主动适应经济发展新常态，坚持为高质量发展服务，为领导决策服务，为社会公众服务。为了全面反映2019年河北省农村社会经济在加快新时代经济强省美丽河北建设中取得的新成效以及农业生产、农村发展和农民生活发生的新变化，更好地服务于经济建设、领导决策和公众需要，我们编辑了《河北农村统计年鉴—2020》。

《河北农村统计年鉴—2020》在保持历年《河北农村统计年鉴》基本框架的基础上，结合年度特点对部分内容、表式作了适当调整。本《年鉴》统计资料中符号说明：“…”表示数据不足本项最小单位，“空格”表示该项统计数据不详或无该项统计资料，“#”表示其中的主要项。同时，为反映石家庄市、保定市包含省直管县的情况以及两个省直管县和雄安新区经济发展情况，在“统计资料•各市情况”中，分列了石家庄市含省管县辛集市数据、保定市含省管县定州市数据，石家庄市不含省管县辛集市数据、保定市不含省管县定州市数据，并单列了定州市、辛集市两市数据，同时，首次单列雄安新区部分数据。由于部门工作职能整合造成部分数据缺失的，在明年的《年鉴》中体现。

为保证本《年鉴》按时、保质出版，省委、省政府有关领导高度重视，省直有关部门及各市、县给予了大力支持，全体编办人员为此付出了辛苦的努力，在此一并表示感谢！

在编辑过程中，我们力图精益求精，但仍难免有不妥之处，敬请广大读者提出宝贵意见。

《河北农村统计年鉴》编辑部

2020年12月

《河北农村统计年鉴——2020》编辑委员会名单

目　录

Ⅰ　特　载

Ⅱ　领导讲话

Ⅲ　社会经济发展报告

综合篇

部门篇

Ⅳ 农业法规 文件选载

Ⅴ 统计图

Ⅵ 统计资料

Ⅶ 2019年河北农村工作大事记

Ⅷ 附 录

Ⅰ 特 载

中共中央 国务院
关于抓好“三农”领域重点工作确保如期实现全面小康的意见

（2020年1月2日）

党的十九大以来，党中央围绕打赢脱贫攻坚战、实施乡村振兴战略作出一系列重大部署，出台一系列政策举措。农业农村改革发展的实践证明，党中央制定的方针政策是完全正确的，今后一个时期要继续贯彻执行。

2020年是全面建成小康社会目标实现之年，是全面打赢脱贫攻坚战收官之年。党中央认为，完成上述两大目标任务，脱贫攻坚最后堡垒必须攻克，全面小康“三农”领域突出短板必须补上。小康不小康，关键看老乡。脱贫攻坚质量怎么样、小康成色如何，很大程度上要看“三农”工作成效。全党务必深刻认识做好2020年“三农”工作的特殊重要性，毫不松懈，持续加力，坚决夺取第一个百年奋斗目标的全面胜利。

做好2020年“三农”工作总的要求是，坚持以习近平新时代中国特色社会主义思想为指导，全面贯彻党的十九大和十九届二中、三中、四中全会精神，贯彻落实中央经济工作会议精神，对标对表全面建成小康社会目标，强化举措、狠抓落实，集中力量完成打赢脱贫攻坚战和补上全面小康“三农”领域突出短板两大重点任务，持续抓好农业稳产保供和农民增收，推进农业高质量发展，保持农村社会和谐稳定，提升农民群众获得感、幸福感、安全感，确保脱贫攻坚战圆满收官，确保农村同步全面建成小康社会。

一、坚决打赢脱贫攻坚战

（一）全面完成脱贫任务。脱贫攻坚已经取得决定性成就，绝大多数贫困人口已经脱贫，现在到了攻城拔寨、全面收官的阶段。要坚持精准扶贫，以更加有力的举措、更加精细的工作，在普遍实现“两不愁”基础上，全面解决“三保障”和饮水安全问题，确保剩余贫困人口如期脱贫。进一步聚焦“三区三州”等深度贫困地区，瞄准突出问题和薄弱环节集中发力，狠抓政策落实。对深度贫困地区贫困人口多、贫困发生率高、脱贫难度大的县和行政村，要组织精锐力量强力帮扶、挂牌督战。对特殊贫困群体，要落实落细低保、医保、养老保险、特困人员救助供养、临时救助等综合社会保障政策，实现应保尽保。各级财政要继续增加专项扶贫资金，中央财政新增部分主要用于“三区三州”等深度贫困地区。优化城乡建设用地增减挂钩、扶贫小额信贷等支持政策。深入推进抓党建促脱贫攻坚。

（二）巩固脱贫成果防止返贫。各地要对已脱贫人口开展全面排查，认真查找漏洞缺项，一项一项整改清零，一户一户对账销号。总结推广各地经验做法，健全监测预警机制，加强对不稳定脱贫户、边缘户的动态监测，将返贫人口和新发生贫困人口及时纳入帮扶，为巩固脱贫成果提供制度保障。强化产业扶贫、就业扶贫，深入开展消费扶贫，加大易地扶贫搬迁后续扶持力度。扩大贫困地区退耕还林还草规模。深化扶志扶智，激发贫困人口内生动力。

（三）做好考核验收和宣传工作。严把贫困退出关，严格执行贫困退出标准和程序，坚决杜绝数字脱贫、虚假脱贫，确保脱贫成果经得起历史检验。加强常态化督导，及时发现问题、督促整改。开展脱贫攻坚普查。扎实做好脱贫攻坚宣传工作，全面展现新时代扶贫脱贫壮阔实践，全面宣传扶贫事业历史性成就，深刻揭示脱贫攻坚伟大成就背后的制度优势，向世界讲好中国减贫生动故事。

（四）保持脱贫攻坚政策总体稳定。坚持贫困县摘帽不摘责任、不摘政策、不摘帮扶、不摘监管。强化脱贫攻坚责任落实，继续执行对贫困县的主要扶持政策，进一步加大东西部扶贫协作、对口支援、定点扶贫、社会扶贫力度，稳定扶贫工作队伍，强化基层帮扶力量。持续开展扶贫领域腐败和作风问题专项治理。对已实现稳定脱贫的县，各省（自治区、直辖市）可以根据实际情况统筹安排专项扶贫资金，支持非贫困县、非贫困村贫困人口脱贫。

（五）研究接续推进减贫工作。脱贫攻坚任务完成后，我国贫困状况将发生重大变化，扶贫工作重心转向解决相对贫困，扶贫工作方式由集中作战调整为常态推进。要研究建立解决相对贫困的长效机制，推动减贫战略和工作体系平稳转型。加强解决相对贫困问题顶层设计，纳入实施乡村振兴战略统筹安排。抓紧研究制定脱贫攻坚与实施乡村振兴战略有机衔接的意见。

二、对标全面建成小康社会加快补上农村基础设施和公共服务短板

（六）加大农村公共基础设施建设力度。推动“四好农村路”示范创建提质扩面，启动省域、市域范围内示范创建。在完成具备条件的建制村通硬化路和通客车任务基础上，有序推进较大人口规模自然村（组）等通硬化路建设。支持村内道路建设和改造。加大成品油税费改革转移支付对农村公路养护的支持力度。加快农村公路条例立法进程。加强农村道路交通安全管理。完成“三区三州”和抵边村寨电网升级改造攻坚计划。基本实现行政村光纤网络和第四代移动通信网络普遍覆盖。落实农村公共基础设施管护责任，应由政府承担的管护费用纳入政府预算。做好村庄规划工作。

（七）提高农村供水保障水平。全面完成农村饮水安全巩固提升工程任务。统筹布局农村饮水基础设施建设，在人口相对集中的地区推进规模化供水工程建设。有条件的地区将城市管网向农村延伸，推进城乡供水一体化。中央财政加大支持力度，补助中西部地区、原中央苏区农村饮水安全工程维修养护。加强农村饮用水水源保护，做好水质监测。

（八）扎实搞好农村人居环境整治。分类推进农村厕所革命，东部地区、中西部城市近郊区等有基础有条件的地区要基本完成农村户用厕所无害化改造，其他地区实事求是确定目标任务。各地要选择适宜的技术和改厕模式，先搞试点，证明切实可行后再推开。全面推进农村生活垃圾治理，开展就地分类、源头减量试点。梯次推进农村生活污水治理，优先解决乡镇所在地和中心村生活污水问题。开展农村黑臭水体整治。支持农民群众开展村庄清洁和绿化行动，推进“美丽家园”建设。鼓励有条件的地方对农村人居环境公共设施维修养护进行补助。

（九）提高农村教育质量。加强乡镇寄宿制学校建设，统筹乡村小规模学校布局，改善办学条件，提高教学质量。加强乡村教师队伍建设，全面推行义务教育阶段教师“县管校聘”，有计划安排县城学校教师到乡村支教。落实中小学教师平均工资收入水平不低于或高于当地公务员平均工资收入水平政策，教师职称评聘向乡村学校教师倾斜，符合条件的乡村学校教师纳入当地政府住房保障体系。持续推进农村义务教育控辍保学专项行动，巩固义务教育普及成果。增加学位供给，有效解决农民工随迁子女上学问题。重视农村学前教育，多渠道增加普惠性学前教育资源供给。加强农村特殊教育。大力提升中西部地区乡村教师国家通用语言文字能力，加强贫困地区学前儿童普通话教育。扩大职业教育学校在农村招生规模，提高职业教育质量。

（十）加强农村基层医疗卫生服务。办好县级医院，推进标准化乡镇卫生院建设，改造提升村卫生室，消除医疗服务空白点。稳步推进紧密型县城医疗卫生共同体建设。加强乡村医生队伍建设，适当简化本科及以上学历医学毕业生或经住院医师规范化培训合格的全科医生招聘程序。对应聘到中西部地区和艰苦边远地区乡村工作的应届高校医学毕业生，给予大学期间学费补偿、国家助学贷款代偿。允许各地盘活用好基层卫生机构现有编制资源，乡镇卫生院可优先聘用符合条件的村医。加强基层疾病预防控制队伍建设，做好重大疾病和传染病防控。将农村适龄妇女宫颈癌和乳腺癌检查纳入基本公共卫生服务范围。

（十一）加强农村社会保障。适当提高城乡居民基本医疗保险财政补助和个人缴费标准。提高城乡居民基本医保、大病保险、医疗救助经办服务水平，地级市域范围内实现“一站式服务、一窗口办理、一单制结算”。加强农村低保对象动态精准管理，合理提高低保等社会救助水平。完善农村留守儿童和妇女、老年人关爱服务体系。发展农村互助式养老，多形式建设日间照料中心，改善失能老年人和重度残疾人护理服务。

（十二）改善乡村公共文化服务。推动基本公共文化服务向乡村延伸，扩大乡村文化惠民工程覆盖面。鼓励城市文艺团体和文艺工作者定期送文化下乡。实施乡村文化人才培养工程，支持乡土文艺团组发展，扶持农村非遗传承人、民间艺人收徒传艺，发展优秀戏曲曲艺、少数民族文化、民间文化。保护好历史文化名镇（村）、

传统村落、民族村寨、传统建筑、农业文化遗产、古树名木等。以“庆丰收、迎小康”为主题办好中国农民丰收节。

（十三）治理农村生态环境突出问题。大力推进畜禽粪污资源化利用，基本完成大规模养殖场粪污治理设施建设。深入开展农药化肥减量行动，加强农膜污染治理，推进秸秆综合利用。在长江流域重点水域实行常年禁捕，做好渔民退捕工作。推广黑土地保护有效治理模式，推进侵蚀沟治理，启动实施东北黑土地保护性耕作行动计划。稳步推进农用地土壤污染管控和修复利用。继续实施华北地区地下水超采综合治理。启动农村水系综合整治试点。

三、保障重要农产品有效供给和促进农民持续增收

（十四）稳定粮食生产。确保粮食安全始终是治国理政的头等大事。粮食生产要稳字当头，稳政策、稳面积、稳产量。强化粮食安全省长责任制考核，各省（自治区、直辖市）2020年粮食播种面积和产量要保持基本稳定。进一步完善农业补贴政策。调整完善稻谷、小麦最低收购价政策，稳定农民基本收益。推进稻谷、小麦、玉米完全成本保险和收入保险试点。加大对大豆高产品种和玉米、大豆间作新农艺推广的支持力度。抓好草地贪夜蛾等重大病虫害防控，推广统防统治、代耕代种、土地托管等服务模式。加大对产粮大县的奖励力度，优先安排农产品加工用地指标。支持产粮大县开展高标准农田建设新增耕地指标跨省域调剂使用，调剂收益按规定用于建设高标准农田。深入实施优质粮食工程。以北方农牧交错带为重点扩大粮改饲规模，推广种养结合模式。完善新疆棉花目标价格政策。拓展多元化进口渠道，增加适应国内需求的农产品进口。扩大优势农产品出口。深入开展农产品反走私综合治理专项行动。

（十五）加快恢复生猪生产。生猪稳产保供是当前经济工作的一件大事，要采取综合性措施，确保2020年年底前生猪产能基本恢复到接近正常年份水平。落实“省负总责”，压实“菜篮子”市长负责制，强化县级抓落实责任，保障猪肉供给。坚持补栏增养和疫病防控相结合，推动生猪标准化规模养殖，加强对中小散养户的防疫服务，做好饲料生产保障工作。严格落实扶持生猪生产的各项政策举措，抓紧打通环评、用地、信贷等瓶颈。纠正随意扩大限养禁养区和搞“无猪市”、“无猪县”问题。严格执行非洲猪瘟疫情报告制度和防控措施，加快疫苗研发进程。加强动物防疫体系建设，落实防疫人员和经费保障，在生猪大县实施乡镇动物防疫特聘计划。引导生猪屠宰加工向养殖集中区转移，逐步减少活猪长距离调运，推进“运猪”向“运肉”转变。加强市场监测和调控，做好猪肉保供稳价工作，打击扰乱市场行为，及时启动社会救助和保障标准与物价上涨挂钩联动机制。支持奶业、禽类、牛羊等生产，引导优化肉类消费结构。推进水产绿色健康养殖，加强渔港建设和管理改革。

（十六）加强现代农业设施建设。提早谋划实施一批现代农业投资重大项目，支持项目及早落地，有效扩大农业投资。以粮食生产功能区和重要农产品生产保护区为重点加快推进高标准农田建设，修编建设规划，合理确定投资标准，完善工程建设、验收、监督检查机制，确保建一块成一块。如期完成大中型灌区续建配套与节水改造，提高防汛抗旱能力，加大农业节水力度。抓紧启动和开工一批重大水利工程和配套设施建设，加快开展南水北调后续工程前期工作，适时推进工程建设。启动农产品仓储保鲜冷链物流设施建设工程。加强农产品冷链物流统筹规划、分级布局和标准制定。安排中央预算内投资，支持建设一批骨干冷链物流基地。国家支持家庭农场、农民合作社、供销合作社、邮政快递企业、产业化龙头企业建设产地分拣包装、冷藏保鲜、仓储运输、初加工等设施，对其在农村建设的保鲜仓储设施用电实行农业生产用电价格。依托现有资源建设农业农村大数据中心，加快物联网、大数据、区块链、人工智能、第五代移动通信网络、智慧气象等现代信息技术在农业领域的应用。开展国家数字乡村试点。

（十七）发展富民乡村产业。支持各地立足资源优势打造各具特色的农业全产业链，建立健全农民分享产业链增值收益机制，形成有竞争力的产业集群，推动农村一二三产业融合发展。加快建设国家、省、市、县现代农业产业园，支持农村产业融合发展示范园建设，办好农村“双创”基地。重点培育家庭农场、农民合作社等新型农业经营主体，培育农业产业化联合体，通过订单农业、入股分红、托管服务等方式，将小农户融入农业产业链。继续调整优化农业结构，加强绿色食品、有机农产品、地理标志农产品认证和管理，打造地方知名农产品品牌，增加优质绿色农产品供给。有效开发农村市场，扩大电子商务进农村覆盖面，支持供销合作社、邮政快递企业等延伸乡村物流服务网络，加强村级电商服务站点建设，推动农产品进城、工业品下乡双向流通。强化全过程农产品质量安全和食品安全监管，建立健全追溯体系，确保人民群众“舌尖上的安全”。引导和鼓励工商资本下乡，切实保护好企业家合法权益。制定农业及相关产业统计分类并加强统计核算，全面准确反映农业生产、加工、物流、营销、服务等全产业链价值。

（十八）稳定农民工就业。落实涉企减税降费等支

持政策，加大援企稳岗工作力度，放宽失业保险稳岗返还申领条件，提高农民工技能提升补贴标准。农民工失业后，可在常住地进行失业登记，享受均等化公共就业服务。出台并落实保障农民工工资支付条例。以政府投资项目和工程建设领域为重点，开展农民工工资支付情况排查整顿，执行拖欠农民工工资“黑名单”制度，落实根治欠薪各项举措。实施家政服务、养老护理、医院看护、餐饮烹饪、电子商务等技能培训，打造区域性劳务品牌。鼓励地方设立乡村保洁员、水管员、护路员、生态护林员等公益性岗位。开展新业态从业人员职业伤害保障试点。深入实施农村创新创业带头人培育行动，将符合条件的返乡创业农民工纳入一次性创业补贴范围。

四、加强农村基层治理

（十九）充分发挥党组织领导作用。农村基层党组织是党在农村全部工作和战斗力的基础。要认真落实《中国共产党农村基层组织工作条例》，组织群众发展乡村产业，增强集体经济实力，带领群众共同致富；动员群众参与乡村治理，增强主人翁意识，维护农村和谐稳定；教育引导群众革除陈规陋习，弘扬公序良俗，培育文明乡风；密切联系群众，提高服务群众能力，把群众紧密团结在党的周围，筑牢党在农村的执政基础。全面落实村党组织书记县级党委备案管理制度，建立村“两委”成员县级联审常态化机制，持续整顿软弱涣散村党组织，发挥党组织在农村各种组织中的领导作用。严格村党组织书记监督管理，建立健全党委组织部门牵头协调，民政、农业农村等部门共同参与、加强指导的村务监督机制，全面落实“四议两公开”。加大农村基层巡察工作力度。强化基层纪检监察组织与村务监督委员会的沟通协作、有效衔接，形成监督合力。加大在青年农民中发展党员力度。持续向贫困村、软弱涣散村、集体经济薄弱村派驻第一书记。加强村级组织运转经费保障。健全激励村干部干事创业机制。选优配强乡镇领导班子特别是乡镇党委书记。在乡村开展“听党话、感党恩、跟党走”宣讲活动。

（二十）健全乡村治理工作体系。坚持县乡村联动，推动社会治理和服务重心向基层下移，把更多资源下沉到乡镇和村，提高乡村治理效能。县级是“一线指挥部”，要加强统筹谋划，落实领导责任，强化大抓基层的工作导向，增强群众工作本领。建立县级领导干部和县直部门主要负责人包村制度。乡镇是为农服务中心，要加强管理服务，整合审批、服务、执法等方面力量，建立健全统一管理服务平台，实现一站式办理。充实农村人居环境整治、宅基地管理、集体资产管理、民生保障、社会服务等工作力量。行政村是基本治理单元，要强化自我管理、自我服务、自我教育、自我监督，健全基层民主制度，完善村规民约，推进村民自治制度化、规范化、程序化。扎实开展自治、法治、德治相结合的乡村治理体系建设试点示范，推广乡村治理创新性典型案例经验。注重发挥家庭家教家风在乡村治理中的重要作用。

（二十一）调处化解乡村矛盾纠纷。坚持和发展新时代“枫桥经验”，进一步加强人民调解工作，做到小事不出村、大事不出乡、矛盾不上交。畅通农民群众诉求表达渠道，及时妥善处理农民群众合理诉求。持续整治侵害农民利益行为，妥善化解土地承包、征地拆迁、农民工工资、环境污染等方面矛盾。推行领导干部特别是市县领导干部定期下基层接访制度，积极化解信访积案。组织开展“一村一法律顾问”等形式多样的法律服务。对直接关系农民切身利益、容易引发社会稳定风险的重大决策事项，要先进行风险评估。

（二十二）深入推进平安乡村建设。推动扫黑除恶专项斗争向纵深推进，严厉打击非法侵占农村集体资产、扶贫惠农资金和侵犯农村妇女儿童人身权利等违法犯罪行为，推进反腐败斗争和基层“拍蝇”，建立防范和整治“村霸”长效机制。依法管理农村宗教事务，制止非法宗教活动，防范邪教向农村渗透，防止封建迷信蔓延。加强农村社会治安工作，推行网格化管理和服务。开展农村假冒伪劣食品治理行动。打击制售假劣农资违法违规行为。加强农村防灾减灾能力建设。全面排查整治农村各类安全隐患。

五、强化农村补短板保障措施

（二十三）优先保障“三农”投入。加大中央和地方财政“三农”投入力度，中央预算内投资继续向农业农村倾斜，确保财政投入与补上全面小康“三农”领域突出短板相适应。地方政府要在一般债券支出中安排一定规模支持符合条件的易地扶贫搬迁和乡村振兴项目建设。各地应有序扩大用于支持乡村振兴的专项债券发行规模。中央和省级各部门要根据补短板的需要优化涉农资金使用结构。按照“取之于农、主要用之于农”要求，抓紧出台调整完善土地出让收入使用范围进一步提高农业农村投入比例的意见。调整完善农机购置补贴范围，赋予省级更大自主权。研究本轮草原生态保护补奖政策到期后的政策。强化对“三农”信贷的货币、财税、监管政策正向激励，给予低成本资金支持，提高风险容忍度，优化精准奖补措施。对机构法人在县域、业务在县域的金融机构，适度扩大支农支小再贷款额度。深化农村信用社改革，坚持县域法人地位。加强考核引导，合理提升资金外流严重县的存贷比。鼓励商业银行发行“三农”、小微企业等专项金融债券。落实农户小额贷款税收优惠政策。符合条件的家庭农场等新型农业经营主体可按规定享受现行小微企业相关贷款税收减免政策。合理设置农业贷款期限，使其与农业生产周期相匹配。发挥全国农业信贷担保体系作用，做大面向新型农业经营主体的担保业务。推动温室大棚、养殖圈舍、大型农机、土地经营权依法合规抵押融资。稳妥扩大农村普惠金融改革试点，鼓励地方政府开展县域农户、中小企业信用等级评价，加快构建线上线下相结合、“银保担”风险共担的普惠金融服务体系，推出更多免抵押、免担保、低利率、可持续的普惠金融产品。抓好农业保险保费补贴政策落实，督促保险机构及时足额理赔。优化“保险+期货”试点模式，继续推进农产品期货期权品种上市。

（二十四）破解乡村发展用地难题。坚守耕地和永久基本农田保护红线。完善乡村产业发展用地政策体系，明确用地类型和供地方式，实行分类管理。将农业种植养殖配建的保鲜冷藏、晾晒存贮、农机库房、分拣包装、废弃物处理、管理看护房等辅助设施用地纳入农用地管理，根据生产实际合理确定辅助设施用地规模上限。农业设施用地可以使用耕地。强化农业设施用地监管，严禁以农业设施用地为名从事非农建设。开展乡村全域土地综合整治试点，优化农村生产、生活、生态空间布局。在符合国土空间规划前提下，通过村庄整治、土地整理等方式节余的农村集体建设用地优先用于发展乡村产业项目。新编县乡级国土空间规划应安排不少于10%的建设用地指标，重点保障乡村产业发展用地。省级制定土地利用年度计划时，应安排至少5%新增建设用地指标保障乡村重点产业和项目用地。农村集体建设用地可以通过入股、租用等方式直接用于发展乡村产业。按照“放管服”改革要求，对农村集体建设用地审批进行全面梳理，简化审批审核程序，下放审批权限。推进乡村建设审批“多审合一、多证合一”改革。抓紧出台支持农村一二三产业融合发展用地的政策意见。

（二十五）推动人才下乡。培养更多知农爱农、扎根乡村的人才，推动更多科技成果应用到田间地头。畅通各类人才下乡渠道，支持大学生、退役军人、企业家等到农村干事创业。整合利用农业广播学校、农业科研院所、涉农院校、农业龙头企业等各类资源，加快构建高素质农民教育培训体系。落实县域内人才统筹培养使用制度。有组织地动员城市科研人员、工程师、规划师、建筑师、教师、医生下乡服务。城市中小学教师、医生晋升高级职称前，原则上要有1年以上农村基层工作服务经历。优化涉农学科专业设置，探索对急需紧缺涉农专业实行“提前批次”录取。抓紧出台推进乡村人才振兴的意见。

（二十六）强化科技支撑作用。加强农业关键核心技术攻关，部署一批重大科技项目，抢占科技制高点。加强农业生物技术研发，大力实施种业自主创新工程，实施国家农业种质资源保护利用工程，推进南繁科研育种基地建设。加快大中型、智能化、复合型农业机械研发和应用，支持丘陵山区农田宜机化改造。深入实施科技特派员制度，进一步发展壮大科技特派员队伍。采取长期稳定的支持方式，加强现代农业产业技术体系建设，扩大对特色优势农产品覆盖范围，面向农业全产业链配置科技资源。加强农业产业科技创新中心建设。加强国家农业高新技术产业示范区、国家农业科技园区等创新平台基地建设。加快现代气象为农服务体系建设。

（二十七）抓好农村重点改革任务。完善农村基本经营制度，开展第二轮土地承包到期后再延长30年试点，在试点基础上研究制定延包的具体办法。鼓励发展多种形式适度规模经营，健全面向小农户的农业社会化服务体系。制定农村集体经营性建设用地入市配套制度。严格农村宅基地管理，加强对乡镇审批宅基地监管，防止土地占用失控。扎实推进宅基地使用权确权登记颁证。以探索宅基地所有权、资格权、使用权“三权分置”为重点，进一步深化农村宅基地制度改革试点。全面推开农村集体产权制度改革试点，有序开展集体成员身份确认、集体资产折股量化、股份合作制改革、集体经济组织登记赋码等工作。探索拓宽农村集体经济发展路径，强化集体资产管理。继续深化供销合作社综合改革，提高为农服务能力。加快推进农垦、国有林区林场、集体林权制度、草原承包经营制度、农业水价等改革。深化农业综合行政执法改革，完善执法体系，提高执法能力。

做好“三农”工作，关键在党。各级党委和政府要深入学习贯彻习近平总书记关于“三农”工作的重要论述，全面贯彻党的十九届四中全会精神，把制度建设和治理能力建设摆在“三农”工作更加突出位置，稳定农村基本政策，完善新时代“三农”工作制度框架和政策体系。认真落实《中国共产党农村工作条例》，加强党对“三农”工作的全面领导，坚持农业农村优先发展，强化五级书记抓乡村振兴责任，落实县委书记主要精力抓“三农”工作要求，加强党委农村工作机构建设，大力培养懂农业、爱农村、爱农民的“三农”工作队伍，提高农村干部待遇。坚持从农村实际出发，因地制宜，尊重农民意愿，尽力而为、量力而行，把当务之急的事一件一件解决好，力戒形式主义、官僚主义，防止政策执行简单化和“一刀切”。把党的十九大以来“三农”政策贯彻落实情况作为中央巡视重要内容。

让我们更加紧密地团结在以习近平同志为核心的党中央周围，坚定信心、锐意进取，埋头苦干、扎实工作，坚决打赢脱贫攻坚战，加快补上全面小康“三农”领域突出短板，为决胜全面建成小康社会、实现第一个百年奋斗目标作出应有的贡献！

（中发〔2020〕1号）

中共河北省委　河北省人民政府
关于抓好“三农”领域重点工作确保如期实现全面小康的实施意见

2020年是全面建成小康社会目标实现之年，是全面打赢脱贫攻坚战收官之年，脱贫攻坚最后堡垒必须攻克，全面小康“三农”领域突出短板必须补上。全省上下务必深刻认识做好“三农”工作的特殊重要性，坚持以习近平新时代中国特色社会主义思想为指导，全面贯彻党中央、国务院《关于抓好“三农”领域重点工作确保如期实现全面小康的意见》部署，对标对表全面建成小康社会目标，强化举措、狠抓落实，集中力量完成打赢脱贫攻坚战和补上全面小康“三农”短板两大重点任务，持续抓好农业稳产保供和农民增收，推进农业高质量发展，保持农村社会和谐稳定，确保脱贫攻坚战圆满收官，确保农村同步全面建成小康社会。现结合我省实际，提出如下实施意见。

一、坚决打赢脱贫攻坚战

（一）全面完成脱贫任务。坚持精准施策，加大帮扶力度，扎实解决“两不愁三保障”突出问题，加大特殊困难群体兜底保障力度，全面落实养老、医疗、医保、低保、救助等综合性社会保障措施，确保剩余3.4万建档立卡贫困人口上半年全部达到脱贫条件，如期实现脱贫。对贫困人口较多的贫困县和贫困村实行挂牌督战，统筹资源、强化举措，加大支持力度，加强督导检查和跟踪问效。坚持现行标准，严格执行国家脱贫标准，坚决防止降低标准、搞数字脱贫、虚假脱贫，坚决防止拔高标准、吊高胃口，确保脱贫攻坚质量成色。

（二）切实保障脱贫质量。全面深入开展脱贫攻坚“回头看”，逐村逐户逐人逐项进行排查，认真查找短板弱项，建立问题台账，结合国考和省考发现问题一体整改、限期整改，一项一项整改清零，一户一户对账销号。扎实开展国家脱贫攻坚普查工作，对贫困人口“两不愁三保障”实现情况、获得帮扶情况、参与脱贫攻坚项目情况等进行查漏补缺，确保过程扎实、结果可靠，确保脱贫成果经得起历史和群众检验。

（三）健全完善脱贫防贫长效机制。建好用好脱贫防贫攻坚6项重点任务清单，做到底数清、情况明、措施实、效果好。对非稳定脱贫户、非建档立卡低保户，强化监测预警和动态帮扶，建立救助对象工作台账，落实产业就业、兜底保障、防贫保险、社会救助等政策措施，切实防止致贫返贫。对低保人口持续关注和精准帮扶，防止因低保线和贫困线调整使低保人口或边缘人口变成贫困人口，确保贫困人口规模只减不增。对大病、慢性病贫困人口实行单列清单管理，切实解决大额刚性支出家庭的实际困难。

（四）巩固扩大脱贫成果。强化脱贫攻坚责任落实，稳定扶贫工作队伍，强化基层帮扶力量，严防松劲懈怠。保持脱贫攻坚政策总体稳定，坚持贫困县摘帽不摘责任、不摘政策、不摘帮扶、不摘监管，对已实现稳定脱贫的县，可以根据实际情况统筹安排专项扶贫资金，支持非贫困县、非贫困村贫困人口脱贫。深化产业就业科技扶贫，加大消费扶贫力度，加强易地扶贫搬迁后续扶持和“空心村”治理，深化中央单位定点扶贫、东西部协作扶贫，落实“千企帮千村”村企结对帮扶机制，巩固提升脱贫攻坚成果。深化扶志扶智、激发贫困人口内生动力。研究建立解决相对贫困长效机制，推动脱贫攻坚与实施乡村振兴战略有机衔接。

二、加快补上全面小康“三农”短板

（五）加强农村道路建设。推动“四好农村路”示范创建提质扩面，新改建农村公路4000公里。在完成具备条件的建制村通硬化路和通客车任务基础上，有序推进人口规模较大且常住人口较多的自然村（组）通硬化路建设，全省60%的乡（镇）农村客运班线完成公交化改造，县城20公里范围内农村客运班线公交化运营率达到80%。加大成品油税费改革转移支付对农村公路养护的支持力度。加强农村道路交通安全管理。支持村内道路建设和改造。

（六）提升农村供水保障水平。坚持城乡统筹、优水优用，科学配置各类水源。在有条件的区域，大力推进农村生活水源江水置换，实施规模化供水工程，年内完成300万农村居民江水置换任务。积极推进农村饮水工程专业化管护试点建设，建立健全村级饮水安全责任制，加快补齐工程和制度短板，进一步增强专业化管护能力。加强农村饮用水水源保护，做好水质监测。

（七）增强农村电信暖保障能力。巩固新一轮农村电网改造升级成果，新建改造农村电网线路1.5万千米以上，进一步改善农村地区用电条件，提升供电可靠性，保障农村生产生活用电需求。强化农村信息通信设施建设，在全省所有行政村基本通达光纤宽带、覆盖第四代移动通信网络信号的基础上，巩固提升农村通信水平。深入实施农村冬季清洁取暖工程，因地制宜、科学选择供暖方式，有序推进“煤改电”、“煤改气”和清洁煤推广，积极发展生物质能、地热、太阳能等清洁供暖方式，确保群众温暖过冬、清洁过冬、安全过冬。

（八）扎实推进农村人居环境整治。分类推进农村厕所革命，坚持好字当头、质量优先，选择适宜的技术和改厕模式，完成农村卫生厕所改造80万座。全面推进农村生活垃圾治理，开展就地分类、源头减量试点，加快垃圾焚烧发电等终端处理设施建设，平原地区实现农村生活垃圾处置体系全覆盖，山区丘陵区、深度贫困地区村庄生活垃圾得到全面清理。梯次推进生活污水治理，优先解决乡（镇）所在地和中心村生活污水问题，累计完成1.2万个村庄的生活污水治理。开展村庄清洁行动，推进“美丽庭院”建设。健全长效管护机制，做到有制度、有标准、有队伍、有经费、有监督。加大“空心村”治理力度，基本完成空置率50%以上村庄的治理任务。做好村庄规划工作，以国土空间规划编制为契机，把村庄规划纳入全省规划体系，坚持“多规合一”，制定技术标准和建筑导则，科学确定村庄形态和布局，于2020年6月底前基本完成村庄规划编制。开展乡村全域土地综合整治试点，重点支持28个省级乡村振兴示范区创建，同步推进现代农业园区、农村新型社区、乡村生态功能区建设，示范引领全省乡村振兴战略实施。

（九）提高农村教育质量。加强乡村小规模学校和乡（镇）寄宿制学校建设，力争2020年度两类学校办学条件达到省定基本办学标准。全面推行义务教育阶段教师“县管校聘”，实行职称评聘向乡村教师倾斜政策，符合条件的乡村学校教师纳入当地政府住房保障体系，确保中小学教师平均工资收入水平不低于或高于当地公务员平均工资收入水平。认真落实乡村教师乡（镇）工作补贴政策和22个集中连片特困县、12个贫困山区县乡村教师生活补助政策。持续推进农村义务教育控辍保学专项行动，巩固义务教育普及成果。增加学位供给，有效解决农民工随迁子女上学问题。多渠道增加普惠性学前教育资源供给，新（改、扩）建农村幼儿园300所。扩大职业教育学校在农村招生规模，提高职业教育质量。

（十）加强农村医疗卫生服务。提高农村医疗卫生机构管理水平，改善设施条件，办好县级医院，乡（镇）卫生院和村卫生室标准化建设覆盖率达到50%以上，消除医疗服务空白点。全面推行村卫生室人员、财务、药械、业务、准入退出、绩效考核等由乡（镇）卫生院统一管理。加强乡村医生队伍建设，适当简化本科及以上学历医学毕业生或经住院医师规范化培训合格的全科医生的招聘程序，积极盘活用好基层卫生机构现有编制资源，农村订单定向免费培养的本科医学毕业生毕业后要纳入乡（镇）卫生院编制管理，乡（镇）卫生院可优先聘用符合条件的村医。加强基层疾病预防控制队伍建设，做好重大疾病和传染病防控。将农村适龄妇女宫颈癌和乳腺癌检查纳入基本公共卫生服务范围。

（十一）提高农村社会保障水平。完善城乡居民基本医疗保险和大病保险制度，适当提高城乡居民基本医疗保险财政补助和个人缴费标准。健全城乡居民基本医保门诊费用统筹及支付机制，完善规范大病保险政策和管理。设区市域范围内实现“一站式服务、一窗口办理、一单制结算”。落实城乡居民基本养老保险待遇确定和基础养老金正常调整机制，逐步提高基础养老金待遇标准。完善城乡社会救助制度体系，加强农村低保对象动态精准管理，农村低保最低指导标准提高到4400元。完善农村留守儿童和妇女、老年人、残疾人关爱服务体系。发展互助式养老，多形式建设日间照料中心，改善失能农村老年人护理服务。

（十二）健全乡村公共文化服务体系。积极推进新时代文明实践中心建设，用中国特色社会主义文化、社会主义思想道德牢牢占领农村思想文化阵地。推动县级图书馆、文化馆总分馆制，发挥县级公共文化机构辐射作用，加强基层综合性文化服务中心建设。推动基本公共文化服务向乡村延伸，鼓励城市文艺组织深入农村地区开展惠民演出活动，实现乡村两级公共文化服务全覆盖。实施乡村文化人才培养工程，加强群众文艺辅导基地建设，支持乡土文艺团组发展。保护好历史文化名镇（村）、传统村落、民族村寨、传统建筑、农业文化遗产、古树名木等。加大对民族地区的支持力度，依法实施差别化的民族支持政策。鼓励开展群众性节日民俗活动，以“庆丰收、迎小康”为主题办好中国农民丰收节，每个县（市、区）都要选择1个村举办庆祝活动。

（十三）着力改善农村生态环境。大力推进乡村绿化，完成村庄绿化面积25万亩，创建国家级森林乡村300个、省级森林乡村500个。大力推进草原生态修复治理，实施退化草原生态修复治理100万亩，草原综合植被盖度达到73%。加强农村水环境治理，开展农村黑臭水体整治，落实各级河湖长责任，推进河湖清理整治。以县域为单元开展水系连通及农村水系综合整治试点。推进水土流失综合治理，以太行山、燕山重点生态功能区为重点，开展以小流域为单元的山水林田路村综合治理，全年新增水土流失治理面积2000平方公里。稳步推进农用地土壤污染管控和修复利用。加大农村地区人工增雨（雪）力度。加强农村防灾减灾能力建设。

（十四）促进农民持续增收。坚持多措并举，着力增加农民工资性收入、经营性收入、财产性收入、转移性收入。针对农民工就业压力增大的形势，加大援企稳岗工作力度，落实涉企减税降费等支持政策，放宽失业保险稳岗返还申领条件，落实国家提高农民工技能提升补贴标准政策。农民工失业后，可在常住地进行失业登记，享受均等化公共就业服务。拓宽农民工就业渠道，实施百万农民工大培训，深化京津冀劳务协作，打造家政服务、养老护理、医院看护、餐饮烹饪、电子商务等区域性劳务品牌。以政府投资项目和工程建设领域为重点，开展农民工工资支付情况排查整顿，执行拖欠农民工工资“黑名单”制度。鼓励各地设立乡村保洁员、水管员、护路员、生态护林员等公益性岗位。

三、保障重要农产品有效供给

（十五）稳定粮食生产。严格落实粮食安全省长责任制，稳政策、稳面积、稳产量，2020年粮食总产量保持在700亿斤以上。以粮食生产功能区和重要农产品生产保护区为重点加快推进高标准农田建设，新建286万亩、达到4982万亩。深入实施优质粮食工程，大力推广优质专用和节水品种、绿色高产高效集成技术。抓好草地贪夜蛾等重大病虫害防控。落实小麦最低收购价政策，积极争取小麦、玉米完全成本保险和收入保险试点。加大产粮大县奖励力度，优先安排农产品加工用地指标。支持产粮大县开展高标准农田建设新增耕地指标跨省域调剂使用，调剂收益按规定用于建设高标准农田。

（十六）抓好生猪稳产保供。压实“菜篮子”市长负责制，强化县级抓落实责任，确保2020年年底前生猪存栏达到1560万头以上，基本恢复到接近正常年份水平。落实各项扶持政策，引导生猪养殖向玉米主产区和承载空间大的区域转移，吸引大型生猪养殖企业在我省布局建场，提升中小养殖场标准化养殖水平，加快生猪产业转型升级。引导生猪屠宰加工向养殖集中区转移，逐步减少活猪长距离调运，推进“运猪”向“运肉”转变。防止随意扩大限养禁养区等问题。压实非洲猪瘟防控主体责任，严格落实防控措施。加强动物防疫体系建设，落实防疫人员和经费保障，在生猪大县实施乡（镇）动物防疫特聘计划。积极促进禽肉、牛羊肉等生产，引导优化肉类消费结构。加强市场监测和调控，规范市场秩序，确保市场供应。

（十七）实施奶业振兴行动。围绕千万吨奶目标任务，强化地方政府和乳品企业“双规划”管理，2020年生鲜乳产量增加31万吨、达到460万吨，乳制品产量达到410万吨，其中婴幼儿乳粉达到10万吨。建设绿色优质奶源基地，新建80个智能奶牛场、达到590个，奶牛存栏增加8万头、达到123万头，全省奶牛平均单产达到8.1吨。提升乳品加工能力，安排工业转型升级资金8000万元、战略性新型产业资金8000万元，重点支持新（扩）建一批婴幼儿乳粉加工厂、液奶及奶酪黄油加工厂，扩大婴幼儿配方乳粉、巴氏杀菌乳、奶酪、黄油等高端产品生产能力。加快发展现代草业，连片推进“粮改饲”，青贮玉米、苜蓿、燕麦、饲用小黑麦、甜高粱等优质饲草料种植面积达到220万亩以上。

四、推进农业高质量发展

（十八）调整优化农业结构。在稳定提升粮食综合生产能力的基础上，加快农业结构调整，适度调减非优势区高耗低质低效农作物。“两区”内保粮食，以品种调优为主，重点发展优质专用粮食作物；“两区”外求高效，以品种调特为主，积极发展特色高效作物和节水农业，重点支持打造10个5万亩以上农业结构调整示范区和44个万亩以上示范片。发挥龙头企业在基地建设、品牌培育、产销衔接上的引领作用，带动农业结构调整。

（十九）大力发展质量农业。对照国际先进标准，无标建标、有标提标，完善特色优势农产品标准体系，特色农产品优势区、现代农业园区、规模农业经营主体实现标准化生产全覆盖，全省农业标准化覆盖率提高6个百分点、达到70%。重点依托特色农产品优势区、现代农业园区，全面推行绿色有机标准化生产和全程质量控制模式，着力打造30个特色农业精品示范基地，建设200个国际标准农产品生产示范基地和600个冬奥会农产品供应备选基地。农产品质量安全县实现全覆盖，强化全过程农产品质量安全和食品安全监管，建立健全追溯体系，全省农产品抽检总体合格率保持在98%以上，确保人民群众“舌尖上的安全”。

（二十）聚力打造品牌农业。发挥河北省农产品品牌发展联盟作用，着力提升“河北农品·百膳冀为先”整体形象，以特色农业精品为主体，重点打造一批特色鲜明、市场影响大、带动能力强的农产品“河北品牌”。开展全方位品牌设计包装，加大在中央、省主要新闻媒体集中宣传力度，讲好河北农产品品牌故事。继续举办京津冀蔬菜、食用菌、果品、中药材产销对接大会，组织开展河北农产品品牌万里行活动，拓建一线城市河北品牌农产品展销窗口，依托阿里巴巴、京东等电商平台建立农产品河北品牌电商馆。

（二十一）加快发展科技农业。搭建科技创新平台，重点建设一批院士工作站、国家农业重点实验室、京津冀农业协同创新平台，大力扶持一批省级农业科技园区、星创天地和农业科技小巨人企业，围绕特色优势产业发展，研发一批新品种、新机具，推广精深加工、环保等新技术。以19个省级产业技术体系创新团队为龙头，完善县级专家团队、乡（镇）科技服务队、村级技术指导员服务体系，发展壮大科技特派员队伍，推动科技服务到产业到村。推广农业创新驿站，与京津冀农业科研院所深度合作，打造集科研、孵化、中试、应用、推广于一体的现代农业科技创新高地，为县域特色优势产业发展提供集成服务，2020年新建80个、达到160个，基本实现农业县全覆盖。推动省市县三级"农技推广云平台"互联互通，实现农技推广线上线下有机结合。依托现有资源建设农业农村大数据中心，加快物联网、大数据、区块链、人工智能、第五代移动通信网络、智慧气象等现代信息技术在农业领域的应用。

（二十二）积极发展绿色农业。以国家级农业绿色发展先行区为引领，着力构建绿色发展先行先试支撑体系，示范带动不同类型区农业绿色发展。加大地下水超采综合治理力度，在黑龙港和坝上地区实施旱作雨养60万亩，以黑龙港地区为重点实施季节性休耕200万亩，新推广小麦节水品种及配套技术138万亩、基本实现全覆盖，发展高效节水灌溉120万亩，重点建设14个万亩农业节水示范区，实现农业节水7.98亿立方米。持续推进化肥、农药减量增效，使用量继续保持负增长，利用率达到40%以上。开展养殖业污染大整治，整市整县推进农业废弃物资源化利用，畜禽粪污资源化利用率达到75%以上，秸秆综合利用率保持在95%以上。加强农药包装废弃物和废弃农膜处置及回收利用。加强兽医医疗废物管理，严格分类收集、运送和处置。推动渔业绿色发展，压减捕捞总量，加强渔业资源养护，积极发展海洋牧场，加强渔港建设和管理改革。

（二十三）全面提升农业产业化经营水平。积极开展农业大招商，组织召开农产品加工业发展大会，举办系列精准招商活动，瞄准世界农产品加工业500强和国家重点龙头企业，引进一批科技含量高、附加值高、带动能力强的重大项目，招商引资额达到500亿元以上，签约亿元以上项目30个以上。支持重点龙头企业全国布局，通过并购重组、参股控股、改制上市等形式，加快全国布局，培育一批行业领军龙头企业。支持龙头企业在主产区建设原料基地、产品预处理基地和加工基地，重点培育发展50个年销售收入超10亿元的产业集群，其中年产值超50亿元的产业集群15个，农产品加工转化率提高2个百分点、达到60%。

（二十四）发展农村新产业新业态。启动农产品仓储保鲜冷链物流设施建设工程，支持建设一批骨干冷链物流基地，加快建设环京津1小时鲜活农产品物流圈。突出环京津、环省会、环区域中心城市地区，改造提升一批骨干批发市场，布局建设一批中央厨房项目。扩大电子商务进农村覆盖面，支持供销社、邮政快递企业等延伸乡村物流服务网络。支持家庭农场、农民合作社、供销社、邮政快递企业、农业产业化龙头企业建设产地分拣包装、冷藏保鲜、仓储物流、初加工等设施，对其在农村建设的保鲜仓储设施用电实行农业生产用电价格。以农村社区服务体系建设为抓手，完善农村电商公共服务体系，加强村级电商服务站点建设，推动农村产品进城、工业品下乡双向流通。围绕一二三产业融合发展，拓展农业生态保障、文化传承、休闲养生等多种功能，集中布局一批休闲农业和乡村旅游项目，着力打造30条休闲农业精品线路，加快形成环京津、环省会休闲农业度假圈和沿海休闲渔业带。开展试点示范，加快推进数字乡村建设。

（二十五）实施农业对外开放行动。加快建立农业国际合作服务体系，组建全省农业国际合作专家服务团队，建立农业对外开放数据库和国别指南。召开农业对外开放暨农产品出口基地建设大会、首届中国（河北）国际梨电商大会，组织农产品出口企业参加国际展会，努力扩大农产品出口。加强与美国艾奥瓦州、荷兰南荷兰省等友好省州以及"一带一路"国家交流合作，积极引进世界500强企业落户我省。

五、加强农村基层治理

（二十六）加强基层党组织建设。深入开展"基层党建质量提升年"活动，对所有村党组织逐一分析研判，持续整顿软弱涣散村党组织，不断提升组织力和战斗力，打造100个党建示范区。深入实施农村"领头羊"工程，持续开展基层干部"万人示范培训"，着力打造一支政治坚定、结构合理、素质优良、担当作为的村党组织带头人队伍。全面落实村党组织书记县级党委备案管理制度，建立村"两委"成员县级联审常态化机制。严格村党组织书记监督管理，建立健全党委组织部门牵头协调，民政、农业农村等部门共同参与的村务监督机制，全面落实"四议两公开"。加大农村基层巡察工作力度，强化基层纪检监察组织与村务监督机构的沟通协作、有效衔接，形成监督合力。持续向贫困村、软弱涣散村、集体经济薄弱村派驻第一书记。落实村级组织运转保障经费政策，开展扶持壮大村级集体经济工作，推进全省村级集体经济不断提质增量，基本消除集体经济空白村。在乡村开展"听党话、感党恩、跟党走"宣讲活动。

（二十七）健全乡村治理工作体系。坚持县乡村联动，推动社会治理和服务重心向基层下移。加强县级统筹谋划，落实领导责任，建立县级领导干部和县直部门主要负责人包村制度。加强乡（镇）管理服务，整合审批、服务、执法等方面力量，充实农村人居环境整治、宅基地管理、集体资产管理、民生保障、社会服务等工作力量，打造统一管理服务、一站式办理的综合服务中心。构建村党组织、村民委员会、村民代表会议、村务监督委员会、村集体经济组织"五位一体"农村基层治理架构，强化村级自我管理、自我服务、自我教育、自我监督，加快推进村级标准化综合服务站全覆盖。推行村"两委"干部坐班值班制度，全面开展为民服务全程代办，积极推行为民代办服务网上申报、审核和办理，打通服务群众"最后一公里"。扎实开展自治、法治、德治相结合的乡村治理体系建设试点示范，推广乡村治理创新性典型案例经验。注重发挥家庭家教家风在乡村治理中的重要作用。

（二十八）加强平安乡村建设。坚持和发展新时代"枫桥经验"，健全乡村矛盾纠纷化解机制，妥善化解土地承包、征地拆迁、农民工工资、环境污染等方面矛盾。推行领导干部特别是市县领导干部定期下基层接访制度，积极化解信访积案。完善"一乡一法庭"工作制度，开展"一村一法律顾问"服务。对直接关系农民切身利益、容易引发社会稳定风险的重大决策事项，要先进行风险评估。广泛开展"三无三百"（即无刑事案件、无赴省进京访、无生产安全事故，重大矛盾纠纷排查率、突出治安隐患整治率、高风险人群管控率三个100%）平安村创建活动。纵深推进扫黑除恶专项斗争，严厉打击非法侵占农村集体资产、扶贫惠农资金和侵犯农村妇女儿童人身权利等违法犯罪行为，推进反腐败斗争和基层"拍蝇"，推进防范和整治"村霸"长效机制建设。依法管理农村宗教事务，制止非法宗教活动，防范邪教向农村渗透。深化拓展网格化服务管理，探索推动融多张网为一张网，变"条线网格员"为统一管理、一员多用的"综合网格员"。开展假冒伪劣食品治理行动。加强乡村公共安全事件易发领域隐患排查和专项治理，着力防范化解重大风险。

六、深化农村重点领域改革

（二十九）深化农村土地制度改革。巩固农村承包地确权登记颁证成果，完善农村产权流转交易市场建设，积极引导土地经营权向新型农业经营主体集中，发展多种形式适度规模经营，以"地押云贷"等为重点全面推进承包土地经营权担保融资。做好第二轮土地承包到期后再延长30年试点工作。严格农村宅基地管理，加强对乡（镇）审批宅基地的监管，扎实推进宅基地使用权确权登记颁证。争取国家宅基地改革试点，盘活利用农村闲置宅基地和闲置住宅。农村集体建设用地可以通过入股、租用等方式直接用于发展乡村产业。深化"放管服"改革，简化农村集体建设用地审批审核程序，尽可能将审批权限下放到县。推进乡村建设审批"多审合一、多证合一"改革。

（三十）全面完成农村集体产权制度改革整省试点任务。在巩固农村集体资产清产核资和集体成员身份确认基础上，合理设置股权，规范股权管理，开展集体经营性资产股份合作制改革。引导农户把承包土地、林地、草地的经营权入股新型经营主体，开展集体资源性资产股份合作。做好农村集体经济组织登记赋码工作。不断探索农村集体经济新的实现形式和运行机制，推动资源变资产、资金变股金、农民变股东，确保2020年10月底前高质量完成整省试点任务。

（三十一）培育壮大新型经营主体。积极培育家庭农场，深入开展示范创建，省级示范家庭农场达到1000家。规范提升农民合作社，有序清理"空壳社"，抓好6个国家级整县推进试点和200个省级规范化建设试点工作。推广农业产业化联合体经营模式，重点打造300个示范联合体。培育发展100家农业生产社会化服务省级示范托管组织、20个农业生产性托管服务品牌。深化供销社综合改革，打造服务农民生产生活的综合平台。加快推进农垦、国有林区林场、草原承包经营制度、农业水价等改革，深化农业综合行政执法改革。

七、强化政策保障措施

（三十二）加大资金投入力度。坚持把农业农村作为财政支出的优先保障领域，公共财政更大力度向"三农"倾斜，优化涉农资金使用结构，确保财政投入与补上全面小康"三农"领域突出短板相适应。在地方一般债券支出中安排一定规模支持符合条件的易地扶贫搬迁和乡村振兴项目建设。有序扩大用于支持乡村振兴的专项债券发行规模。加强"三农"领域项目库建设，抓紧研究提出一批"三农"重大项目，明确政策支持的具体领域、区域、主体和方式，纳入"十四五"规划。落实农村公共基础设施管护责任，应由政府承担的管护费用纳入政府预算，支持有条件的县（市、区）开展试点，探索建立长效管护机制。认真落实调整完善土地出让收入使用范围进一步提高农业农村投入比例的政策。调整完善农机购置补贴范围，提高畜牧养殖、农产品加工等机械补贴比重。强化对"三农"信贷的货币、财税、监管政策正向激励，给予低成本资金支持，提高风险容忍度，优化精准奖补措施。充分发挥政策性金融在信贷支持"三农"重点领域中的主导和骨干作用。对机构法人在县域、业务在县域的金融机构，适度扩大支农支小再贷款额度。深化农村信用社改革，坚持县域法人地位。强化县域金融机构服务“三农”激励约束机制，合理提升资金外流严重县的存贷比。鼓励商业银行发行“三农”、小微企业等专项金融债券。落实农户小额贷款税收优惠政策。符合条件的家庭农场等新型农业经营主体可按规定享受现行小微企业相关贷款税收减免政策。合理设置农业贷款期限，使其与农业生产周期相匹配。发挥农业信贷担保体系作用，做大面向新型农业经营主体的担保业务。推动温室大棚、养殖圈舍、大型农机、土地经营权依法合规抵押融资。深入开展“双基”共建，为县域农户、中小企业进行信用等级评价，加快构建线上线下相结合、“银保担”风险共担的普惠金融服务体系，推出更多免抵押、免担保、低利率、可持续的普惠金融产品。抓好农业保险保费补贴政策落实，督促保险机构及时足额理赔。

（三十三）强化乡村发展用地保障。坚守耕地和永久基本农田保护红线。探索针对乡村产业的省市县联动“点供”用地。将农业种植养殖配建的保鲜冷藏、晾晒存贮、农机库存、分拣包装、废弃物处理、管理看护房等辅助设施用地纳入农用地管理，根据生产实际合理确定辅助设施用地规模上限。农业设施用地可以使用耕地。强化农业设施用地监管，严禁以农业设施用地为名从事非农建设。在符合国土空间规划前提下，通过村庄整治、土地整理等方式节余的农村集体建设用地优先用于发展乡村产业项目。新编县乡级国土空间规划应安排不少于10%的建设用地指标，重点保障乡村产业发展用地。省级土地利用年度计划安排至少5%、市级安排至少10%新增建设用地指标保障乡村重点产业和项目用地。

（三十四）加强农村人才队伍建设。畅通各类人才下乡渠道，支持大学生、退役军人、企业家等到农村干事创业。有组织地动员城市科研人员、工程师、规划师、建筑师、教师、医生下乡服务。城镇中小学教师在一级教师岗位任教后，晋升高级职称前要有1年以上在农村学校或薄弱学校任教经历。城镇医生晋升高级职称前要有1年以上农村基层工作服务经历。深入实施农村创新创业带头人培育行动，将符合条件的返乡创业农民工纳入一次性创业补贴范围，全省各类返乡下乡人员超过50万人，带动就业200万人。推进选调生与大学生村官工作衔接，持续做好面向重点高校毕业生定向招录选调生工作。深入实施农村青年人才开发工程，持续开展省级农村青年拔尖人才选拔工作。优化涉农学科专业设置，探索对急需紧缺涉农专业实行“提前批次”录取。整合利用农业广播学校、农业科研院所、涉农院校、农业龙头企业等各类资源，加快构建高素质农民教育培训体系。把乡村人才纳入各级人才培养计划予以重点支持。落实县域内人才统筹培养使用制度。

八、加强党对农村工作全面领导

（三十五）严格落实五级书记负责制。全面落实《中国共产党农村工作条例》及我省实施办法，完善五级书记抓乡村振兴工作体制机制。党委农村工作领导小组发挥农村工作牵头抓总、统筹协调作用，市级由党委副书记任组长，县级由党委书记任组长。探索建立县级党委书记主要精力抓“三农”工作的清单制度，定期研究调度“三农”重点工作，解决突出问题，推动“四个优先”要求落到实处。选优配强乡（镇）领导班子特别是乡（镇）党委书记，明确1名乡（镇）党政领导班子成员具体负责落实县级党委农村工作领导小组交办的工作。

（三十六）构建合力推进“三农”工作格局。加强各级党委农村工作机构建设，强化统筹协调、政策指导、督导检查、推动落实等职能。省委农办制定全省推进乡村振兴战略年度工作要点，明确任务目标和责任单位，建立工作台账，实行季报告、半年评估、年底考核评价。省直有关部门按照职能分工，制定专项实施方案，细化目标任务，实化推进举措，创新支持政策，狠抓落实落地。

（三十七）强化乡村振兴督查考核。坚持从农村实际出发，因地制宜，尊重农民意愿，尽力而为、量力而行，把当务之急的事一件一件解决好，力戒形式主义、官僚主义，防止政策执行简单化和“一刀切”。省委农村工作领导小组就中央和省委1号文件重点任务落实及乡村振兴战略实施情况，对各市及省直有关部门开展专项督查，发现问题、推动整改。把党的十九大以来“三农”政策贯彻落实情况作为省委巡视重要内容。将推进乡村振兴战略实绩考核纳入市县党委、政府领导班子综合考核，考核结果作为干部选拔任用、评先奖优、问责追责的重要参考。

（三十八）强化学习宣传。将学习贯彻习近平总书记关于“三农”工作的重要论述、《中国共产党农村工作条例》及我省实施办法纳入各级党委（党组）理论中心组学习内容，列入各级党政领导干部培训内容，实现全省党政领导干部和农业农村系统干部职工全覆盖。认真总结、广泛宣传各地推动脱贫攻坚、实施乡村振兴战略的好经验、好做法，营造全社会关心农业、关注农村、关爱农民的浓厚氛围。

（冀发〔2020〕1号）

II 领导讲话

时清霜同志在全省防控非洲猪瘟视频会议上的讲话

（2019年1月29日）

1月16日，胡春华副总理在广州主持召开非洲猪瘟防控工作座谈会，要求深入贯彻习近平总书记重要指示精神，落实李克强总理批示要求，进一步落实和完善各项防控措施，有效防控处置非洲猪瘟疫情，坚决防止疫情扩散，确保生猪产能稳定和猪肉市场供应。今天下午，农业农村部召开视频会议，对近期防控工作进行了安排部署。我们召开这次会议主要任务是，贯彻落实广州会议和农业农村部视频会议精神，对当前防控工作进行再安排再部署。刚才，省农业农村厅、省市场监管局、省住房建设厅、省商务厅分别作了发言，对下步工作作出了安排，各地要抓好落实。下面，我再讲几点意见。

一、继续绷紧防控弦，重视程度再提高

自去年8月3日国内发现非洲猪瘟疫情以来，已有25个省发生104起疫情，扑杀生猪95万头。据农业农村部专家介绍，虽然疫情连发阶段已经过去，点状散发的局面依然存在，恐怕很难在短期内消除，拔点根除需要更长的时间。我省防控形势依然严峻：一是病毒污染面大，全国发生疫情省份已经超过80%，我省周边除山东外都有疫情发生，内蒙古、山西尚未解除封锁，病毒侵袭我省的威胁仍然很大；二是疫情传播控制难，从前几天黑龙江和江苏发生的两起疫情看，一个是大型规模养猪场，存栏7万多头；一个是核心种猪场，企业称连空气都是经过过滤的。我们平时认为条件最好、最放心的地方也出了问题。三是生猪调运引发疫情风险加大。目前不同区域生猪价格差异较大，浙江每公斤20多元，东三省只有7元左右，我省10元左右，频繁调运生猪及其产品增加了疫情传入几率。

前一段，经过各级各有关部门密切配合、持续用力，有效阻击了疫情传入，成绩来之不易，足以证明我们的措施有效、工作到位、防控队伍战斗力很强。长时间、高强度工作难免令人心生厌倦，春节假期临近，准备年货、走亲访友等应酬容易冲淡工作热情，有些同志产生了松口气、歇歇脚的想法。当前是猪肉需求旺季，春节之后全国“两会”将在北京召开，这段时间猪肉市场供应绝对不能出任何问题。大家一定要清醒认识到，巩固已经取得的成绩，继续守住这片净土，具有重大的政治意义和经济意义。因此，各级各有关部门要坚决克服麻痹思想、厌战情绪和侥幸心理，振奋精神，鼓足干劲，继续毫不松懈地抓好防控工作，坚决把疫情阻击在省外，确保生猪产能稳定和猪肉市场供应。

二、狠抓关键环节，行动措施再加力

过去5个多月来，根据疫情形势发展变化，我们不断强化完善内控外堵措施，实践证明是行之有效的，关键是要坚定不移、坚持不懈地落实好。要在前期工作基础上，对各项关键防控措施落实情况逐项进行检查梳理，该加强的切实加强，该完善的加快完善。下一步，要重点强化五个环节防控措施，在调运监管方面，对进出我省的生猪及其产品运输车辆，要实行逐车检查、逐车消毒，对违规调运行为严格按规定处理；农业农村部门要加强生猪运输车辆备案管理，建立省级统一监管系统，严格审查准入条件，严禁未备案车辆运输生猪；要会同公安、交通部门，参照其他省的做法，尽快建立进入我省动物及其产品指定运输通道制度，变部门被动堵截为企业主动接受监督。在养殖场和屠宰场监管方面，要实行乡镇干部包联制，包联干部要切实负起责任，盯紧盯死每个环节，督促企业落实防控措施，要坚决取缔包联养殖场户泔水喂猪行为，阻止病毒

向养殖场户传播；指导屠宰场开展大清洗大消毒活动，对运输生猪及其产品的车辆，做到进出全面消毒，彻底消除病毒传染源。在严控泔水喂猪方面，广州会上通报，自去年10月18日以来，通过泔水饲喂生猪传播疫情的比例高达52.5%，这条途径仍没有阻断。要按分段管理的原则，进一步明晰职责分工，健全完善泔水全链条监管长效机制。市场监管部门要加大对餐饮服务单位特别是小餐馆、流动摊贩的监管，督促业主签订承诺书和委托协议，实行泔水统一集中收集、应收尽收。住建部门要尽快提高泔水处理能力，加强收运企业管理，提高集中无害化处理率。农业农村部门要加强养殖环节监督巡查，对泔水喂猪的养殖场(户)要从严从重处理，坚决纠正违规饲喂行为。在应急处置方面，从去年12月开始，国家调整了疫情确诊程序，原来所有疫情均由农业农村部参考实验室确诊，现在除首发外其他疫情由省级确诊。这就要求我们必须进一步增强担当意识、责任意识，完善应急预案，增强应急处置能力。一旦发现生猪可疑或疑似症状，要不等不靠、不拖不推，迅速采取最严最快的处置措施，确保疫情不扩散蔓延。同时，要按有关规定及时送样检测，按程序逐级报告疫情。在舆论引导方面，宣传和农业农村部门要统筹安排部署，切实加大正面宣传、权威发布力度，加强负面舆情管控。要密切关注与非洲猪瘟有关的舆情动态，第一时间发出权威解读和主流声音，防止恶意炒作，坚决打击造谣、传谣行为，对擅自发布疫情信息的单位和个人按规定严肃处理，情节严重的依法追究法律责任，为非洲猪瘟防控工作营造良好的舆论环境。

三、坚持问题导向，工作责任再压实

我们已经多次召开会议、下发文件，对强化责任提出明确要求，今天我再重复强调一下，希望大家从思想上真正重视起来，切实做到守土有责、守土尽责。一是地方政府属地责任。市县“一把手”是第一责任人，对防控工作要亲自安排、亲自部署，重点要解决好责任不落实、人员不到位、经费不充足等问题；分管领导是直接责任人，要靠前指挥、具体抓，深入调研、加强调度、严格督导，重点解决好措施落实不到位的问题。二是行业部门监管责任。农业农村部门要发挥好牵头作用，搞好统筹协调，及时掌握工作进展情况，发现问题及时提醒督促；公安、交通部门要积极配合农业农村部门，落实公路检查站堵截措施；住建和市场监管部门对泔水的监管要全覆盖、无缝隙，严防流向养殖环节；各部门要密切配合，形成高效有序工作的合力。三是生产企业主体责任。农业农村部门要加大生产经营者培训力度，督促养殖、贩运、交易、屠宰等各环节的从业者提高防疫意识，履行防疫责任，落实防疫措施。四是分包干部包联责任。包联干部要经常深入包联企业，做好政策宣传，加强沟通联系，及时发现企业防控工作中的问题，督促整改到位。

四、抓好生产供应，市场保障再强化

春节临近，生猪产品将迎来全年消费高峰，随着疫情的持续，对市场供应的不利因素也在逐渐积聚，供应保障的压力将进一步加大。还要看到，当前母猪存栏持续下降，养殖户仔猪补栏积极性不高，如果任由其发展，下半年猪肉市场价格很可能会出现大幅上升，影响人民生活甚至国民经济运行。我们要以“外保京津、内保市场”为目标，立足当前、着眼长远，切实稳定生猪产能，抓好猪肉市场供应。一是稳定生猪生产。要认真落实“菜篮子”市长负责制，强化生猪生产扶持政策落实，保护生猪基础产能，维护正常生产秩序，促进生猪产业健康发展。积极引导规模养殖场抓住当前猪价较低时机进行补栏，防止生猪养殖出现大幅下滑。金融机构要对经营暂时遇到困难的养殖场加大资金支持力度。保险公司要充分发挥作用，加强保险宣传，最大程度支持生猪产业发展。二是加强市场管理。市场监管部门要加大对食用农产品集中交易市场、餐饮服务单位、商场超市、冷库等场所的日常监督检查，督促食品加工企业落实主体责任，把好自身原料和产品两道关口，杜绝染疫食品进入流通环节。农业农村部门要协助市场监管部门进一步加大对猪肉加工制品的抽检力度，对检出非洲猪瘟阳性的坚决销毁。商务部门要抓好市场监测预警，确保猪肉产品足量供应。三是保障京津供应。保障京津生猪产品安全稳定供应，是我们义不容辞的责任。要加快建立供京津猪肉产品产销协作机制，以保障肉品供应安全为核心，主动筛选防疫条件好、养殖水平高的规模养殖场，以及能够开展非洲猪瘟自检、标准化程度高、质量稳定的屠宰企业，建立养殖场、屠宰场、肉品市场“三场”产加销挂钩模式，实现三地互认、信息共享、追溯完整，确保供京津猪肉产品安全稳定供应。

借此机会，再强调两件事。一是“大棚房”清理整治问题。这是党中央、国务院作出的重大决策部署，省委省政府领导多次作批示，要求十分明确。去年以来，经过各级共同努力，我省清理整治工作取得阶段性成效，但仍存在一些不容忽视的问题。有的地方有问题不敢上报，存在漏报瞒报现象；有的地方“一刀切”“一拆了之”，甚至将种植大棚及农资库等必需生产设施拆除，影响正常生产秩序；有的地方建筑垃圾和废弃物清理不彻底，土地修复相对滞后；有的地方逐级签字背书措施落实不到位。按照省委、省政府要求，我省2月底前要全面完成清理整治任务。马上就是春节假期了，有效工作时间非常有限。各地必须突出问题导向，进一步完善措施，确保按时保质完成清理整治任务。要在前期摸排基础上，针对不同类型违法违规项目分类施治，一类一策、一宗一案、个案处置，依法依规处理到位。对在耕地上以设施农业名义建设的非农设施，违法违规行为清晰的，要按标准立即整改，不能整改的一律拆除；对拆除非农设施的地块，要及时清理建筑垃圾和废弃物，恢复土地原貌和农地用途，确保今年春耕时节及时种植农作物。对违规办理设施用地备案手续的，撤销备案并责令限期整改。问题较为复杂的，可详细说明上报，挂账处置。要抓紧建立长效机制，全面落实设施农业备案制度、台账管理制度，实行网格化、常态化、动态化监管，及时发现、解决苗头性问题，坚决防止“大棚房”问题反弹回潮。同时，由于“大棚房”问题比较复杂，在清理整治过程中，要做细做实思想工作，协调好土地承租双方的利益关系，有效疏导缓解矛盾，保持社会大局稳定。二是农产品质量安全。春节期间农产品和农村食品购销量大、消费旺盛，是风险集中、问题易发多发的敏感时期。各地要高度重视农产品质量安全和农村假冒伪劣食品专项整治工作，以“防风险、保安全”为统领，针对重点区域、重点单位、重点产品，加大产品检测力度，深入产地、年货市场、批发市场、集市、零售摊点等开展风险隐患排查、专项整治和监督执法，坚决守住不发生区域性、系统性农产品质量安全事件底线，确保春节期间农产品和农村食品消费安全，让人民过上一个祥和的春节。

最后，在新春佳节即将到来之际，给各位拜个早年，祝大家新春快乐，工作顺利，身体健康，阖家幸福！

时清霜同志在民营农业产业化企业发展座谈会上的讲话

（2019年2月24日）

多年来，省委统战部作为非公制经济领域统战工作的职能部门，十分关心民营企业的发展，积极作为，靠前服务，及时反馈民营企业合理诉求，推动有关部门完善政策、改进工作，团结引导民营企业增强发展信心、加快壮大步伐，为全省经济和社会发展作出了重要贡献。春节刚过，又组织召开民营农业产业化企业发展座谈会，搭建政企交流平台，畅通政企沟通渠道，了解企业困难问题，听取企业家意见建议，帮助企业解难纾困，为民营农业产业化企业发展创造良好环境。我感觉，这次座谈会开得非常及时、非常必要，既是贯彻习近平总书记民营企业座谈会精神的有力举措，也是落实全省“三深化、三提升”工作会议精神的具体行动，充分体现了省委省政府对民营农业产业化企业的关注和支持，对民营企业家的关心和厚爱。

刚才，省农业农村厅介绍了全省农业产业化龙头企业发展情况，8位民营企业家结合各自实际分别作了发言，讲了很多实在话、心里话，提了很多好的意见和建议，有关部门要认真研究吸收；省直有关部门负责同志也分别作了发言，讲得都很真诚、很实在，一定要落到实处、见到实效。一会儿，万祥部长还要作重要讲话，我们要认真学习领会，抓好贯彻落实。下面，我先谈三点体会，与大家共同交流。

一、充分认识民营农业产业化企业在农村经济发展中的重要作用

习近平总书记指出：“我国经济发展能够创造中国奇迹，民营经济功不可没”。我省民营经济贡献了全省60%以上的 GDP、固定资产投资和财政收入，扛起了全省经济的半壁江山，已成为经济发展不可替代的重要力量。民营农业产业化企业根植于农业农村广阔沃土，生长于改革开放全过程。多年来，各位企业家积极响应中央和省委省政府号召，着眼让“农业强起来、农民富起来、农村美起来”的奋斗目标，把握时代脉搏，大胆探索实践，不断开拓创新，带领企业由小到大、由弱到强，持续发展壮大，为现代农业发展作出了很大贡献。民营农业产业化龙头企业已成为发展县域经济的重要支撑、带动农民增收的重要力量、促进三产融合的重要载体。一是提升了农业整体竞争力。835家省级农业产业化龙头企业几乎全是民营企业，其中年营业收入超亿元的有650家，10亿元以上的有70家，100亿元以上的有6家。像今天参加座谈会的五得利面粉达到了310亿元，今麦郎达到 187亿元。玉锋淀粉年加工玉米360万吨，维生素 B12产量世界第一；晨光生物的辣椒红色素、辣椒精、叶黄素产销量世界第一。农业产业化龙头企业覆盖了产加销各环节、带动了贸工农各领域，粮食、乳品、肉类、果蔬等产业整体竞争力显著提升。二是促进了农业经营方式创新。在龙头企业发展壮大过程中，各位企业家带领千家万户农民发展产业、勇闯市场，极大提高了农民组织化程度，促进了生产资源要素高效配置。全省7120家龙头企业引领农户组建了11.7万个专业合作社，服务领域拓展到产前、产中、产后各环节，带动了农村规模经营快速发展，规模经营率达28%。三是增加了农民群众收入。各位民营企业家致富不忘父老乡亲，通过股份、订

单、合作等多种形式，带领1300多万农户参与农业产业化经营，户均来自产业化的收入达12000元。产业化龙头企业还为社会提供了120万个工作岗位，其中近70%来自农村，每年为农户带来130多亿元工资收入。总之，民营农业产业化企业已成为农业农村经济发展的重要推动力量，地位不容质疑，作用不可替代；民营企业家已成为引领农村改革发展的宝贵财富，必须特别关心，倍加爱护！

二、大力支持民营农业产业化企业加快发展

刚才，几位企业家的发言讲到了企业发展过程中遇到的困难和问题，我到企业调研走访时候也了解了一些，感觉突出困难集中表现为“五难”：一是融资难。这是一个普遍问题，还伴随着由此派生出来的融资贵、融资慢、担保难等等，越是小企业越突出。二是要素保障难。土地供应、环境容量、技术人才等制约因素明显。有的项目引进来了没有土地指标，许多企业人才不愿来，来了难扎根。三是降低成本难。能源原材料成本、劳动力成本等上升较快，水电等要素成本较高，企业降低成本难度加大。四是创新难。部分企业创新积极性不足，创新费用高，缺乏有力技术支撑。五是开拓市场难。尤其是中小企业，生产规模有限，营销费用没保障，没力量打广告做宣传。当然还有一些困难，比如，保定徐水一家鲜食出口企业，去年8月对美出口的订单一夜之间全部退回，企业措手不及，无力应对。总之，每家企业都有“一本难念的经”，不同企业、不同发展阶段面临着不同的困难。正如习近平总书记指出的，民营企业遇到的困难和问题是多方面的，是外部因素和内部因素、客观因素和主观因素等多重矛盾问题碰头的结果。从国际方面看，世界经济持续低迷、复苏缓慢，贸易保护主义、单边主义抬头，给世界经济预期带来更多不确定性。从国内看，经济发展的不确定性明显上升，下行压力有所加大。长期以来，耕地、水等自然资源约束趋于刚性，劳动力价格抬升，制约瓶颈没有破解。从企业内部看，在经济高速增长时期，一些企业经营粗放，热衷于铺摊子、上规模，负债过高，在环保、社保、质量、安全、信用等方面存在不规范、不稳健甚至不合规合法的问题，等等。

对民营企业的困难和问题，省政府各有关部门要高度重视，认真研究，精准制定措施，全力推动解决。一要认真落实政策。去年，省委省政府制定了《关于促进民营经济高质量发展的若干意见》，明确了支持民营经济发展的总体要求、基本原则、工作目标、重点任务和保障措施。11月份，省政府召开了全省农业产业化工作会议，制定了《关于做大做强农业产业化龙头企业的意见》，有许多政策含金量很高。比如，对新获得国家高新技术企业称号的农业产业化重点龙头企业进行奖补支持，对省级示范农业产业化联合体给予奖补，对引进和建设重点项目给予奖补（引进年实际投资额达到10亿元、5亿元项目，分别给予1000万元、500万元奖补；新建、改扩建项目年实际投资额达到3亿元以上的，给予300万元奖补），对获得中国质量奖、提名奖和中国驰名商标的给予奖励，等等。各级各有关部门要加强政策宣传，让企业了解政策、掌握政策；要抓好政策落实，细化实化到位，把好事办好、实事办实。二要破解发展难题。企业反映的“钱、地、人”等问题，是各地共同面临的难题。各有关部门要力所能及地提供支持，通过创新办法，对症下药，一企一策，帮助解决难题。比如，在融资方面，省产业化办要总结试点经验，推广农业产业化增信基金做法；要开展多种形式的银企对接活动，发挥农行、农发行、农村信用社等金融机构支农作用，破解企业融资难题；要建立上市企业后备库，选择有前景的企业重点辅导，支持企业直接融资。在用地方面，要在符合政策前提下尽量保障龙头企业用地需求，不能厚此薄彼。要鼓励龙头企业参与土地整治、高标准农田建设、空心村治理和乡村振兴，整合利用农村零星存量建设用地，用于发展一二三产业融合项目。三要搞好贴心服务。要认真落实全省“三深化、三提升”工作会议精神，真正把民营企业家当成自己人，把构建亲清新型政商关系的要求落到实处，把支持民营企业发展作为一项重要任务，花更多时间和精力关心民营企业家成长。要积极作为、靠前服务，悉心听取民营企业家的正当诉求，坚决保护其合法权益，帮助解决实际困难，真正让他们放下包袱，吃下定心丸，安心谋发展。

三、踏踏实实把民营农业产业化企业做大做强

习近平总书记指出：“非公有制经济要健康发展，前提是非公有制经济人士要健康成长”。这是对民营企业家的深切关爱和殷切期望。在座的各位民营企业家是企业的“领头雁”“总舵手”。企业要行稳致远、打造百年老店，就必须大力弘扬企业家精神，不断激发应对风险挑战的智慧和潜力。在这里提几点希望，供各位企业家参考。

第一，加快转型升级。当前，农业发展进入新阶段，民营农业产业化企业发展的内在动因和外部环境都发生了深刻变化，面对新形势新变化，我们要咬紧牙关、爬坡过坎、加快转型升级。在动能培育上，要由要素驱动向创新驱动转变，改变靠拼资源、拼消耗的要素驱动发展模式；在产品生产上，要由生产导向向消费导向转变，适时调整产业结构和产品结构，打造新产品、引领新消费；在资源利用上，要由粗放增长向绿色生产转变，改进生产工艺，加大对加工副产品利用，减少排放，提高附加值；在发展模式上，要由单兵作战向融合发展转变，延长产业链，构

建组织链，完善供应链，通过市场效应吸引上下游企业集聚发展，形成区域增长极。

第二，借力资本市场。当前，一些企业家对上市、挂牌工作存在一些误区，担心别人参股控股，影响自己对企业的控制权；认为上市手续繁琐、程序规范，一旦上市用现代企业制度管理，会束缚自己手脚；习惯于“小富即安、小进则满”，片面认为不差别人的钱睡觉安稳。各位企业家一定要摒弃“惧怕”的心态，善于利用外力，走多元股权、产权开放之路，积极引入社会资本，借助资本市场之力发展壮大企业。要敢于走进资本市场，大胆开展高位嫁接、战略重组，加快企业主板上市、“新三板”挂牌步伐，通过资本市场实现资源优化配置和制度创新。

第三，增强发展后劲。每个企业、每个产品都有生命周期，要想使企业发展生生不息、历久弥坚，企业产品后劲十足、永立潮头，必须适时进行技术改造，促进产品升级换代，为企业发展注入强劲动力、持久动力。要加快技术改造步伐，积极上项目、扩项目，提高企业现代化生产水平。要提升自主创新能力，以科技创新促进企业提质增效，推动企业从低端向高端、从低附加值向高附加值、从低效益向高效益升级，全面提升企业科技水平和产品科技含量。

第四，优化企业管理。经济形势越严峻，越是民营企业“苦练内功”“强身健体”的最佳时机。管理就是效率、就是效益，好的管理能够增强企业对人才、技术、资金等生产要素的吸纳能力和承载能力。作为现代企业的经营者、管理者，各位企业家要学会用先进管理理念、科学管理方法来降低企业成本、扩大利润空间、增强竞争优势。要建立规范的法人治理结构，加强企业顶层设计；建立运转高效的企业经营管理制度，推广数字化、网络化管理，提高运行效率，降低管理成本；健全完善用人机制，打造发挥才能、施展本领的舞台。

第五，勇担社会责任。民营农业产业化企业是农民增收致富的领头羊，要采取多种形式，与广大农户建立更加紧密的利益联结关系，把他们纳入农业产业化经营的链条中来，让他们更多地分享加工增值环节的收益。企业家要注重回报社会，积极投身脱贫攻坚、光彩事业、公益慈善事业，做好社会公益事业。同时，也要切实履行好环保责任、安全责任、降耗责任、减排责任、保障职工权益责任等，为经济社会健康发展作出应有贡献！

时清霜同志在全省非洲猪瘟动物疫病防控工作电视电话会议上的讲话

（2019年2月24日）

刚才，国发厅长通报了保定市徐水区新大畜牧公司非洲猪瘟疫情。这次疫情发生后，省委省政府高度重视，王东峰书记批示要求，“高度重视，采取有力有效措施，依法依规核查和科学处置，在全省进行全面排查，坚决防止疫情扩散”。许勤省长批示要求，“立即启动应急预案，组织力量全力处置，绝不允许非洲猪瘟疫情扩大传播，及时回应社会关切，依法依规依纪处理”。2月22日，发现微博刊登“大午新大猪场死猪信息”后，省农业农村厅和保定市反应迅速、积极应对，连夜派人赴徐水进行现场核查，采集样品，并指导当地立即启动防控预案。昨天下午，我带领农业农村厅负责同志，到保定徐水区现场指导，实地调度。昨天中午，省动物疫病防控中心实验室检测为疑似病例，今天上午，国家参考实验室检测确诊了我省首例非洲猪瘟疫情。目前，疫情处置工作正在有序进行，流行病学调查已经开始，病毒传播途径尚不清楚。

当前，全国“两会”即将召开，“3.15”消费者权益保护日马上到来，正值民众关键敏感期。疫情发生后，我省生猪外调受限，将对生猪产业、销售价格、屠宰加工、市场消费及饲料行业等带来严重影响。在这种情况下，我们不仅要集中力量歼灭疫情、防止疫情扩散，还要保障首都市场猪肉供应，防控形势更加严峻，各项工作任务更加繁重。对全省来讲，从没有疫情到发现首例疫情，形势已经发生了实质性变化，整个防控工作也要由外堵内控为主的防控战，转向尽快拔点灭源、防止传播蔓延为主的歼灭战。各地各有关部门一定要站在践行“四个意识”、落实“两个维护”的高度，深刻认识面临的严峻形势，牢固树立风险意识、底线思维，高度警觉、积极行动，履职尽责、科学应对，全力打好打赢非洲猪瘟疫情“歼灭战”，坚决阻断疫情传播流行，坚决防止再次发生新的疫情，坚决把疫情影响降到最低。

一要尽快拔点灭源。保定市要以“封得住、杀得净、消得全”为目标，在前期工作基础上，加大处置力度，落实好疫点、疫区、受威胁区管控措施。要严格执行封锁令，对疫区实施绝对封锁，出入疫区交通路口的临时消毒站，要对进出疫区人员和车辆严格消毒，禁止易感动物和相关产品调出，尽快拔点灭源。要组织专业队伍在全面扑杀的基础上，对扑杀生猪、污染或可能污染的物品、交通工具等进行消毒、无害化处理。要加强对疫区、受威胁区临床监视，发现异常情况及时采取果断措施。总之，要用最坚决的态度、最严格的措施，在最短时间内彻底拔除疫点，防止疫情扩散蔓延。

二要抓紧追踪溯源。省农业农村厅和保定市要全力配合农业农村部工作组，加强疫情追踪。按照有关规定，对前一段时间从疫点输出的易感动物、相关产品、运载工具及密切接触人员的去向进行追踪调查，对相关的养殖、屠宰加工场所进行采样检测，分析评估疫情扩散风险。疫情追踪追溯过程中发现异常情况的，要根据检测结果和风险分析情况采取相应处置措施。

三要加强舆情管控。这次徐水区疫情与其他地方疫情有所不同，不是有关部门核查出来的，是企业在微博上爆料出来的，有其特殊性，群众关注度高，很多不明真相网民跟帖传播，对控制疫情和当地群众情绪稳定极为不利。宣传部门要坚持主动宣传、正面宣传，第一时间发出权威声音，牢牢占领舆论高地。未经国务院畜牧兽医主管部门授权，各级政府和部门不得擅自发布疫情信息。

四要继续监测排查。各地要对前期监测排查工作开展一次“回头看”，乡镇政府和农业农村部门要继续发挥双轨制排查作用，组织力量对辖区生猪养殖场户进行一次彻底全面的排查，绝不能漏掉一场一户一猪，尤其是对与疫区、受威胁区有业务往来的场户要重点核查，相关信息要了如指掌。公路临时检查站要24小时上岗执勤，做好对跨省调运生猪及其产品车辆的消毒和监督检查；交通部门要密切配合，严查经高速公路非法运输生猪和猪肉产品的行为。

五要统筹疫病防控。冬春是动物疫病高发季节，从目前动物疫病发生情况来看，不仅病种多，而且继发性强，容易在同一动物身上多病叠发。各地要在重点做好非洲猪瘟防控同时，统筹做好口蹄疫、禽流感等重大动物疫病和常见多发病防控工作，不能顾此失彼，捡了西瓜也不能丢芝麻。要加强基层动物防疫体系建设，配齐人员设备，保障工作经费，坚决不能因缺人、缺钱、缺物影响疫病防控、贻误战机。

六要规范疫情报告。各地要进一步健全应急机制，一旦出现疫情，务必按照“早、快、严、小”的原则，在最短时间内拔除疫点，防止疫情扩散蔓延。要严格落实24小时专人值守和领导带班制度，备好备足应急处置物资。要按照疫情报告程序，及时、准确、规范报送疫情信息，不得瞒报、谎报、迟报。要切实履行疫病排查属地管理和层级监测诊断职能，规范做好临床症状排查、鉴别诊断和疫情信息上报工作，既不能麻痹大意，更不能惊慌失措。对可疑疫情，在送样、送检的同时，要同步采取封锁隔离、限制移动、消毒监管等严格措施，避免疫病扩散。

七要压实防控责任。关于防控责任问题，我们逢会必讲，每次都强调，肩上的担子有多重，大家都很清楚。关键是每个环节、每个人都要尽心尽力、履职尽责。各地各有关部门要继续坚持政府统一领导、部门联防联控，逐级逐部门压实动物防疫责任，科学、周密、扎实做好防控工作，确保政令畅通、反应快速、行动统一。

梁田庚同志在全省扶持壮大村级集体经济工作会议上的讲话

（2019年2月28日）

刚才，赵一德副书记作了工作部署，深刻阐述了发展壮大村级集体经济的重要性和紧迫性，提出了当前和今后一个时期全省发展壮大村级集体经济的总体思路、主要任务、方法路径、运行机制和政策保障，对抓好1500个扶持村的工作提出了要求，明确了各级党委、政府和相关职能部门推动村级集体经济发展的职责任务。赵一德副书记的讲话着眼全局、紧扣实际、要求明确，具有很强的针对性和指导性，各级各部门要认真学习，深刻领会，抓好落实。

下面，我就贯彻落实会议精神再提点要求。

第一，要认真传达精神，切实把思想和行动统一到中央和省委的部署要求上来。各市和省直有关部门要尽快传达这次会议精神特别是赵一德副书记的讲话精神，市县要在党委常委会会议、政府党组会议上汇报并研究提出贯彻落实的具体意见和措施。要切实提高政治站位，把发展壮大村级集体经济作为学习贯彻习近平新时代中国特色社会主义思想和党的十九大精神、推进乡村全面振兴、打赢脱贫攻坚战、夯实党在农村执政基础的重大举措，精心谋划部署，扎实组织推动，务求取得实效。要紧紧抓住中央和省委扶持壮大村级集体经济的机遇，用足用好财政扶持政策，加大政策、资金支持力度和统筹推进力度，确保1500个扶持村率先取得突破。要坚持点上示范与面上推动相结合，在抓好扶持村的基础上，加快消除空壳村、不断发展壮大薄弱村的集体经济，持续培育集体经济强村，推动全省村级集体经济全面发展、整体提升。

第二，要盯住重点问题，形成加快发展村级集体经济的有力局面。各级各部门要迅速行动，抓紧安排部署，提出具体要求，要按照赵一德副书记提出的“五个好”要求，尽快对扶持村的工作作出安排，在推动全省村级集体经济发展中发挥示范带动作用。要搞好摸底调查，按照省里确定的选点条件和标准，抓紧选点定村，确定扶持对象，按时上报2019年度扶持村名单。要精心制定实施方案，特别是要加强对扶持项目的研究把关，从一开始就把拟发展的经济类型、组织经营方式、投资盈利模式、预期收益情况等研究透、谋划好。要把扶持村的党组织书记、村主任纳入省级“万人示范培训”范围，进行重点培训，讲清政策要求，开阔思路视野，切实提高发展村级集体经济的能力素质。要加强面上工作调研，省市县三级都要组织力量，聚焦相关政策、组织领导方式、营运模式和机制等重点问题，进行深入调查研究，制定发展规划，出台具体政策，促进村级集体经济加快发展。

第三，要健全体制机制，推动村级集体经济健康发展。发展壮大村级集体经济是一项政治性、政策性、专业性很强的工作，必须完善体制机制，促使村级集体经济持续健康发展。要健全工作机制，坚持省市统筹协调、县抓组织推动、乡村具体落实，建立项目化管理、领导包联、定期调度、观摩拉练等制度，形成分级负责和以县为主的工作机制。要开阔眼界思路，在资源利用、资产盘活、股份合作、生产服务、产业带动、楼宇经济等方面进行积极探索，坚持从实际出发，不断创新发展村级集体经济的路径模式。要完善运行机制，按照“支部引领、主体明确、市场运作、管理科学”的要求，健全党组织领导、法人治理、收益分配、监督管理和考核激励等机制，构建科学有效、务实管用的运营方式，确保集体资产保值增值，确保收益惠及集体组织及成员。要强化政策支持，研究出台含金量高、操作性强的扶持政策，在财政、产业、土地、金融、税收等方面形成集成效应，为发展壮大村级集体经济提供有力支撑。

第四，要明确职责要求，加强对发展壮大村级集体经济的组织领导。中央三部委文件要求：“建立党委统一领导，组织、财政和农业农村部门统筹推进，乡镇和村具体落实的工作格局。各级党委和政府主要负责同志要抓在手上，主持研究，部署推动，调研指导。”赵一德副书记的讲话明确了各级党委、政府和相关部门的职责任务，各级各部门要坚决贯彻中央和省委要求，认真履行职责，精心组织推动，狠抓工作落实。县级党委、政府是发展壮大村级集体经济的责任主体，主要负责同志要亲自抓、负总责，成立由县（市、区）党委书记或副书记任组长的领导小组，建立工作专班，配强领导和工作力量。要搞好工作统筹，注重与脱贫攻坚、乡村振兴等工作紧密结合，与农村集体产权制度改革有机衔接，在实施乡村振兴战略的进程中把发展壮大村级集体经济工作抓好抓实。

时清霜同志关于推进农村人居环境整治工作的发言

（2019年3月19日）

全国“两会”刚刚结束，中央党校就结合贯彻落实“两会”精神、围绕实施乡村振兴战略举办专题研讨班，非常必要，非常及时。

大家知道，实施乡村振兴战略是“三农”工作的总抓手。3月9日，习近平总书记在参加河南代表团审议时发表重要讲话，进一步明确了乡村振兴的主要内容（产业振兴、人才振兴、文化振兴、生态振兴、组织振兴）、总目标（农业农村现代化）、总方针（坚持农业农村优先发展）、总要求（产业兴旺、生态宜居、乡风文明、治理有效、生活富裕）和制度保障（建立健全城乡融合发展体制机制和政策体系），要求扛稳粮食安全这个重任，推进农业供给侧结构性改革，树牢绿色发展理念，补齐农村基础设施这个短板，夯实乡村治理这个根基，用好深化改革这个法宝。习近平总书记的重要讲话，丰富发展了关于“三农”工作的重要论述，是对决胜全面建成小康社会战略任务的再动员再部署，为我们深入实施乡村振兴战略、进一步做好“三农”工作提供了根本遵循。

按照中央的决策部署，实施乡村振兴战略的第一场硬仗是改善农村人居环境。我国发展最薄弱的环节在农村，最应该整治的环节也在农村，最直观的体现是农村基础设施和人居环境与城市差距大，如厕难、环境脏、道路差等问题尤为突出。为此，今年的政府工作报告提到：“因地制宜开展农村人居环境整治，推进厕所革命、垃圾污水治理，建设美丽乡村”；今年中央一号文件提出，要深入学习推广浙江“千村示范、万村整治”工程经验，全面推开以农村垃圾污水治理、厕所革命和村容村貌提升为重点的农村人居环境整治。改善农村人居环境这场硬仗，牵扯面广、涉及部门多，涵盖农业农村生产生活生态方方面面。

下面，结合河北实际，我就改善农村人居环境谈些认识和体会：

一是顶层设计、规划先行。乡村振兴是一项长期任务，既要有紧迫感，也不可一哄而上，必须坚持规划先行，谋定而后动。对照国家规划，结合河北实际，我们编制了《河北省乡村振兴战略规划（2018-2022年）》和5个专项规划，细化实化工作重点和政策举措；围绕乡村振兴目标，还制定一系列专项文件，初步形成了乡村振兴战略"1+N"规划体系。在规划过程中，要注意避免用城市的眼光设计乡村。美丽乡村并不是大广场、大绿地和大景观，它必须是符合当地实际，能够传承乡村特色的宜居乡村，也是能望得见山、记得住乡愁、留得住绿水青山的美丽乡村。同时，要注重将一村一乡的小规划与省市县的大蓝图统一起来，特别是充分考虑影响群众生活中的小事情、小困难、小矛盾，盯住群众急需的事做好规划设计。

二是高位推动、强化约束。这是"浙江经验"中的重要一条。胡春华副总理在去年12月27日的农村人居环境整治会议上也反复强调，要学习借鉴浙江经验，坚持高位推动，党政"一把手"亲自抓，"五级书记"一起抓，下功夫、花气力，真抓实干。推动农村人居环境整治工作，是难事儿，也是必须完成的硬任务，应明确要求各级党委、政府把推进农村人居环境整治工作列入重要议事日程，让党委、政府"一把手"对这项工作真正重视起来，亲自谋划部署、协调调度、推动落实。特别是在组织推动、资金筹措、指标落实、队伍配备等方面制定硬性措施、出台硬性规定。相关责任部门也应按照分工，明确职责任务，量化考核细则，确保协调顺畅、紧密配合，形成工作合力。同时，还应制定严格的考核措施，完不成任务、作风不扎实、弄虚作假等行为，应予追责问责。

三是实事求是、因地制宜。农村人居环境整治不是一步建成生态宜居的美丽乡村。这一点，胡春华副总理讲得非常明确："中央出台《农村人居环境整治三年行动方案》，只是一个阶段性方案，未来还会有若干个三年、五年的整治规划。"各地应该找准符合实际的整治内容和目标任务，根据自身发展水平，充分考虑农民群众的实际需要和可接受程度，既尽力而为，又量力而行，聚焦重点，循序渐进，着力解决群众最急、最忧、最盼的问题，不能超过自身承受能力搞建设，更不能搞形象工程、数字工程、面子工程。

四是农民主体、社会参与。推进农村人居环境整治，农民是受益者，更应是参与者、建设者，政府不能大包大揽。要尊重农民意愿，倾听群众呼声，比如，制定村庄发展规划时，更多征集村民意见和建议，集思广益，博采众长，力求让群众满意。要引导农民把该承担的责任和义务担当起来，通过一事一议、事前竞争、事后奖补等方式，支持农民积极参与相关项目建设。应适当放宽小型基础设施建设项目招投标范围，尽量把农村能工巧匠能干的项目交给他们去干，既降低建设成本，也增加农民收入。应出台相关措施，吸引社会资本参与农村垃圾治理、污水处理等公共服务设施项目，鼓励企业家、乡村能人、在外成功人士等回馈家乡，共同建设美丽宜居乡村。

五是严格标准、确保质量。农村人居环境整治每项工作都有明确的完成时限和标准。我们从媒体上可以看到，个别地方在厕所改造、污水治理等方面出现重进度、轻质量的倾向。我在实地调研中，部分群众也反映了一些工程存在质量隐患。比如，在改厕过程中，有的县忙于抓进度、凑数量、赶工期，对质量不提明确要求，在资金受限的情况下，采用最低价中标，导致工程质量不高、标准低下，建成后出现厕具冻裂、配件损坏、瓮体塌陷等问题，在群众中造成很坏影响。今年是农村人居环境整治的攻坚之年，资金投入、项目数量都要远超去年，应进一步把"保质量"作为所有工作的前提和基础，强化项目招投标管理，抓好技术规范、设备准入、施工监督、验收复核等重点环节，建成经得起检验的放心工程。

时清霜同志关于推进乡村产业振兴的发言

（2019年3月21日）

乡村振兴战略的"二十字"总要求里，"产业兴旺"排在了第一位。这是乡村振兴的源头和基础。生产力决定生产关系，没有产业的发展，就没有农村生产力的进步，就没有农民生活的富裕，也就没有农村可持续发展的支撑。

振兴乡村产业，农业是最重要的内容。当前，农业发展已进入新的历史阶段，主要矛盾由总量不足转变为结构性矛盾，突出表现为阶段性供过于求和供给不足并存，矛盾的主要方面在供给侧。为此，中央提出要大力推进农业供给侧结构性改革，并将其作为当前和今后一个时期"三农"工作的主线。习近平总书记多次对此作出重要指示。今年全国"两会"上，总书记参加河南代表团审议时再次强调，要推进农业供给侧结构性改革，抓住粮食这个核心竞争力，延伸粮食产业链、提升价值链、打造供应链，不断提高农业质量效益和竞争力，实现粮食安全和现代高效农业相统一。农业供给侧结构性改革不同于一般意义上的结构性改革，既要考虑量的平衡，也要实现质的提升和可持续发展；既要调整结构、调整布局，又要转变方式、创新机制；既要突出发展生产力，又要注重完善生产关系。按照中央统一部署，结合河北实际，我们在推进农业供给侧结构性改革的实践中，作了一些探索和尝试。

一、坚持把发展农业特色产业作为推进农业供给侧结构性改革的有效载体

河北省高度重视农业供给侧结构性改革，近年来出台了一系列政策措施。省政府制定了《农业供给侧结构性改革三年行动计划》，提出大力发展科技农业、绿色农业、品牌农业、质量农业。在落实农业供给侧结构性改革三年行动计划过程中，我们坚持把打造“四个农业”作为主攻方向，把发展特色产业作为有效载体，把推进产业化经营作为根本路径，加强顶层设计，加大政策支持，强力组织推动。

农业特色产业各个历史阶段内涵不同，但本质都是“少”，也就是通常所说的“物以稀为贵”。在农产品总量供给不足阶段，相对于粮、棉、油等日常生活必需品而言，畜牧、蔬菜、果品就是特色产业。现在，农业发展进入新阶段，市场出现精准细分趋势，个性化、专用化、高端化的产品才具有特色。随着加工业发展和用途的变化，小麦、玉米等大宗农产品中的一些专用品种、功能产品就成为特色产品；畜牧、蔬菜、果品总量增加后，黑猪肉、旱黄瓜、薄皮核桃就成为特色产品。

可以说，特色就是优势、就是品牌、就是竞争力。做大做强农业特色产业，就要坚持以推进农业供给侧结构性改革为主线，立足区域资源禀赋和产业比较优势，不断注入现代农业要素，优化农产品生产结构，打造一批特色鲜明、优势聚集的区域品牌，加快形成科学合理的农业生产力布局，提高供给体系的质量、效率和竞争力。

二、坚持因地制宜抓好一批农业特色优势产业

河北地形地貌多样、自然资源丰富，发展农业特色产业有基础、有条件、有优势。基于此，我们决定，选择一批品质独特、功能特殊、认知度高、市场前景好的特色农产品，在原产地或生态条件最适宜、有生产传统、技术成熟的地区，重点扶持，集中连片规模发展，尽快提高市场竞争力。

一是大产业抓小品种。这里的“大产业”指的是小麦、玉米、生猪、大白菜、鸡蛋等大宗农产品；“小品种”指的是具有特殊用途的产品。大宗农产品生产规模大、分量重，是基础农产品，也是农民收入的“压舱石”、城乡供应的“稳定器”。通过优化品种品质结构，把特色品种做成品牌、做成产业，稳定产能、提高效益。

二是新产业抓大基地。这里的新产业，是指中药材、食用菌、花卉、马铃薯繁种等新兴起的产业；大基地，就是集中连片建设规模化、集约化、标准化的核心生产区。这些产业市场空间大、经济效益高、增收效果好，起步就应坚持高标准，突出抓好规范化生产，扩大规模，提升质量，培育竞争新优势。

三是老产业抓新提升。老产业是指畜牧、蔬菜、果品三大主导产业，目前占全省农业总产值的70%。这些产业河北有基础、有优势，过去主要是抓数量增加、规模扩张，新形势下重点应转移到挖掘特色、提升品质、增强竞争力上来。

四是强产业抓固根基。梨、板栗、冬枣等在河北都有上千年历史，是特色林果中的精华，在国内外市场享有盛誉。其中鲜梨和板栗出口均达全国一半以上。这些产业主要任务是强基固本、保持优势，避免急功近利、盲目扩张，把秩序搞乱了、把市场搞丢了、把牌子搞砸了。重点是恢复传统品质，在最适宜地区建设一批规模化、标准化、轻简化外向型基地，淘汰低质低效和非适生区产能，提升产业集中度和竞争力。

三、坚持抓好农业特色产业发展的关键环节

特色既可源于历史传承，也可经过后天培育。我们立足已有基础，抓住薄弱环节，出台支持政策，整合现有资源，努力提质量、育品牌、降成本、增效益，走内涵式发展之路。

一是延伸产业链，促进一二三产融合发展。科学布局生产基地、加工基地和仓储物流基地，促进产加销游一体化、一二三产深度融合，打造科技高端、标准高端、品质高端的现代特色农业精品园、科技园。引导龙头企业向上游拓展，建设高标准种养基地；鼓励种养业园区向下游延伸，拉长产业链、提升价值链。

二是筑牢组织链，增强龙头辐射带动能力。大力培育引进一批龙头企业、农民合作社等新型经营主体，支持龙头企业开展股份合作、资产重组、联合经营、上市融资，多种形式扩规模、增实力。支持龙头企业、合作社，通过土地经营权流转、代耕代种、股份合作等形式，实现规模化生产。指导新型经营主体与农民建立稳定的利益联结关系，带动农户深度参与特色产业发展。

三是打造创新链，增强现代科技支撑能力。瞄准世界科技前沿，瞄准特色产业发展需要，组织实施农业科技研发专项，培育壮大农业高新技术产业。以食用菌、中药材等18个优势特色产业为重点，构建农业科技创新联盟，加快科技成果转化。引导龙头企业加大科技投入，与科研院所开展联合攻关，开发或引进更多的新产品、新技术、新工艺。

四是强化安全链，促进优质高效绿色发展。深入贯彻落实习近平总书记“四个最严”的指示精神（最严谨的标准、最严格的监管、最严厉的处罚、最严肃的问责），把质量安全放在首位，确保舌尖上的安全。严格实施国家标准和行业标准，制修订省、市地方标准，提升特色农产品的观感品质、营养品质、卫生品质和安全品质，增强特色农产品质量话语权。引导生产经营主体制定要求更严、水平更高的企业标准，大力推行质量认证，提高企业公信力与核心竞争力。

五是完善服务链，提高规模化集约化水平。调整充实基层农技推广力量，切实发挥生产服务主力军作用。支持科技人员离岗创业，与新型经营主体开展合作，促进科研成果转化。加快培育专业性服务公司，为生产主体提供农机作业、统防统治等社会化服务。培育壮大经纪人队伍，积极引入拍卖、期货、电商等交易方式，扩大特色农产品销售渠道。

时清霜同志在奶业振兴专题工作会议上的讲话

(2019年4月12日)

刚才，省直部门、奶业大县、乳品企业负责人和专家分别作了发言，对奶业振兴提出了很好的意见和建议。一会儿，一德副书记还要作重要讲话，我们要认真学习领会，抓好贯彻落实。借此机会，我谈点想法，与大家交流探讨。

一、实施“千万吨奶”工程条件基本成熟

大家知道，省两办4月4日印发了《奶业振兴规划纲要》，提出到2025年，在全国率先建成奶业振兴示范省，生鲜乳产量达到1000万吨。这是省委、省政府准确把握奶业发展新阶段，经过反复论证作出的重大战略部署。决策背景有以下几个方面：

第一，中央和省委省政府高度重视。习近平总书记2013年7月指导我省群众路线教育实践活动时，说有两个“沉重”，一个是足球，一个是奶粉。2017年1月，总书记在旗帜乳品公司考察时要求，让祖国下一代喝上好奶粉。胡春华副总理在全国奶业振兴大会上提出，决不能让奶业成为我国第二个大豆产业；做优做强乳制品加工企业，只有蒙牛、伊利两家世界前十强的乳制品加工企业是远远不够的。去年两次到河北考察，提出河北要实施“千万吨奶”工程。为贯彻落实中央决策部署，省委、省政府多次召开省委常委会、省政府常务会专题研究奶业振兴工作。

第二，有良好条件和坚实基础。我省奶业发展区位独特、条件优越，属于国际公认的黄金奶源带，气候条件适宜奶牛养殖。奶业发展基础雄厚、优势明显，2018年奶牛存栏115万头，规模化养殖比例达100%（按国家标准，100头以上为规模养殖），高于全国40个百分点；奶类产量391万吨（包括牛奶和其他奶），居全国第三位；君乐宝、蒙牛、伊利等大型乳品企业在我省都有布局，全省乳品加工企业有43家，乳制品年产量365万吨，居全国第一位。

第三，有快速发展的成熟经验。2008年，省政府出台了《大力整顿奶业秩序促进奶业发展的意见》（冀政〔2008〕91号），重点支持规模养殖场建设，两年时间，奶牛规模养殖比例由30%提高到80%。2013年，出台《关于加快全省乳粉业发展的意见》（冀政〔2013〕57号），年均安排资金3.4亿元，重点支持乳粉企业、奶牛场和饲草基地建设。4年时间，乳粉和婴幼儿乳粉产能分别增长1.4倍、4.7倍（达到20万吨、15.5万吨）。实践证明，有针对性的支持政策能够起到事半功倍的作用。

第四，设定目标积极科学可行。到2025年实现“千万吨奶”目标，是基于以下四个方面因素确定的。一是奶业市场广阔，需求旺盛；二是技术支撑能力强劲，奶牛繁殖能力、单产水平不断提升；三是随着政策支持力度的加大，养殖和生产主体积极性高涨；四是奶业发展进入新阶段，行业龙头需要优化布局、扩大产能、抢占先机。同时，也是对奶业高质量跨越式发展趋势的科学把握，属于“跳一跳”可以够得着的目标。

二、实施“千万吨奶”工程的总体设计和基本考虑

在全面分析我省奶业发展优势和差距的基础上，深入研究奶业发展基本规律，把握国内外乳业市场发展趋势，经过反复研讨论证，多方征求意见，对振兴全省奶业、实施“千万吨奶”工程的顶层设计作出了规划，并制定了《奶业振兴规划纲要》和《实施意见》两个文件。

关于总体思路，就是认真落实总书记重要指示批示，对标“世界一流”，把建设现代奶业体系、在全国率先建成奶业振兴示范省作为中心任务。坚持把“提质增效、做大做强，问题导向、精准施策，政府引导、主体发力，区域联动、协同推进”作为基本工作原则。考虑到既要反映现代奶业的发展水平，又能引导提升产业整体竞争力、提振群众对民族乳业的信心，确定了“四个一流”的发展目标（奶源基地世界一流、乳品加工企业世界一流、乳品品质世界一流、乳品品牌世界一流），并设计了规模化养殖、牛奶单产、全产业链产值、百亿以上乳企、婴幼儿乳粉产量、乳品品质、知名品牌等主要指标。

关于主要任务，考虑到乳业市场的竞争，是涵盖生产、加工、销售各环节的全产业链竞争，而不是单个环节的竞争；产业的发展趋势是三产融合互促，而不是单打独斗，实现奶业振兴需要全产业链发力，必须在“加工能力、养殖模式、利益联结、风险防控”四个方面取得实质性突破。为此，我们把实施“四大工程”作为重点任务（绿色优质奶源基地建设工程、乳制品加工领军企业培育工程、产品质量提升工程、乳品知名品牌创建工程）。在奶源生产方面，主要抓良种繁育、规模养殖、布局优化和饲草料基地建设；在精深加工方面，重点抓龙头企业培育、产品研发、利益联结、品质提升；在市场拓展方面，重点抓品牌建设、宣传推介和产销对接。

关于保障措施，考虑到除组织协调、规划引导、要素支撑、科技服务、督导考核外，精准制定扶持政策、放大政策效应是最重要、最有效的保障措施。因此，我们充分借鉴91号和57号文件的做法，发挥财政资金四两拨千斤作用，把影响奶业发展的关键环节作为支持重点。比如，在奶源基地建设上，针对奶产量提高的关键因素（饲养条件、饲草料质量、种质资源），对智能化养殖场建设、饲草种植和良种繁育等给予补贴。又如，在加工龙头企业培育上，突出龙头带动作用，针对企业做大做强的关键环节（加工能力、产品开发、科技支撑、市场开拓），对新建扩建生产线、开发高端新产品、建设研发中心和园区、拓宽销售渠道等给予补贴。再如，在品牌创建上，着眼发挥知名品牌的名片效应，对获得中国质量奖、国际权威奖项和认证的给予奖励补贴。

三、近期需要抓好的几项重点工作

一是完善支持政策。奶业振兴办公室要按照一德副书记的讲话要求，根据今天会议上各位提出的意见建议，尽快修改完善实施意见。要借鉴兄弟省市的好经验、好做法，凡是有利于奶业发展的支持政策都可以考虑吸收采纳。省政府有关部门也要从大局出发，全力给予政策倾斜支持。同时，要再次认真审视、修订各环节的支持政策，做到一视同仁、公平公正。

二是搞好规划衔接。奶业振兴办公室要加强指导，督促各市县根据省里规划纲要和实施意见确定的总体要求、区域布局和分解到各市的目标任务，抓紧研究制定本地奶业振兴实施方案，细化具体目标、出台配套政策、制定年度计划，做到与省里规划纲要和实施意见有机衔接。同时，要指导乳品企业对照全省发展规划，抓紧制定自己的规划，做到政企衔接、上下配套，全省“一盘棋”。

三是加强协调指导。各有关部门和市县要充分发挥职能作用，引导奶业健康有序发展。要做好宣传发动，让龙头企业充分了解省市县的支持政策，依据政府导向和市场规律谋划布局、发展生产。要充分发挥行业协会的桥梁纽带作用，引导企业规范发展，科学确定鲜奶收购价格，避免出现恶性竞争局面。

四是抓紧筹备奶业大会。奶业振兴办公室要按照省委、省政府要求，全力筹备奶业振兴大会，交流发展经验，宣传支持政策，安排部署工作，调动各地发展奶业的主动性、积极性。扶持政策出台后，要尽快召开会议。

时清霜同志在防治重大动物疫病指挥部会议上的讲话

（2019年4月24日）

省委省政府高度重视非洲猪瘟防控工作，王东峰书记多次作出批示，亲临防控一线检查慰问；许勤省长也多次主持召开省政府常务会议研究部署。去年8月份以来，全省上下认真贯彻落实中央和省委、省政府工作要求，一手抓疫病防控、一手抓供给保障，指挥部各成员单位联防联控，做了大量工作，取得了阶段性成效。2月24日，农业农村部通报，我省保定市徐水区发生首例非洲猪瘟疫情后，指挥部各成员单位密切配合、省市区联动处置，迅速果断扑灭疫了情。4月9日，徐水疫区解除封锁，我省与全国防控形势一样，进入持久战和歼灭战并重的新阶段。指挥部召开这次会议的目的是，研究如何调整防控战略、完善工作措施，发挥各部门优势，齐心协力做好下一步防控工作。

刚才，国发厅长通报了全省非洲猪瘟防控情况，一雷副厅长对今年防控工作要点作了说明，大家也结合本单位工作职责作了发言。会后，指挥部办公室要根据大家讨论的意见，抓紧对工作要点进行修改完善，按程序报批印发执行。

目前，全国31个省份发生了129起非洲猪瘟疫情，疫情零星还时有发生，但发生频次明显减少。农业农村部专家对2019年的疫情形势总体评价是：疫情防控态势将会持续向好，不会出现暴发流行，局部点状散发可能性较大。但是，非洲猪瘟病毒已在全国形成一定污染面，我国养猪场户防疫意识普遍薄弱，防疫水平整体低下，清洗消毒措施难以完全落实到位，车辆人员机械带毒传播疫情问题不容忽视，使用餐厨剩余物喂猪行为禁而不绝，养殖环节疫情传播风险持续存在。从我省情况看，当前防控工作中也存在一些不容忽视的问题，主要表现为四个“不适应”：一是思想意识不适应。经过持续、长期、繁重的防控工作，一些地方产生疲劳厌战情绪和松懈麻痹思想，松松劲、歇歇脚的现象有所抬头，打持久战的思想准备不足。二是基层队伍能力不适应。当前疫情排查、日常监管等任务十分繁重，基层普遍存在工作人员少、业务素质不高、保障条件较差的现象，不能保障防控措施高标准落实。三是联防联控不适应。从徐水疫情处置情况看，有的部门对联防联控工作不重视、信息沟通不及时、相互支持不给力。四是统筹措施不适应。生猪产业转型升级的有效措施不多，推进力度不够大，还存在大量小型散养户，增加了疫情传播风险。

当前，我们既要防控疫情，又要保供应、稳肉价，还要推动生猪产业持续发展。3月12日，指挥部制定了精准防控10条规定，刚才大家讨论研究了《2019年非洲猪瘟防控工作要点》。这两个文件针对关键环节、关键点位明确了今年防控工作的主要措施。各成员单位要在此基础上，结合部门职能和工作实际，进一步细化实化工作举措，精准发力、补齐短板，狠抓落实，确保到位。

一、加强疫情排查处置

要继续落实“双轨制”排查和养殖场户基层干部包联责任制等有效措施，不间断地开展养殖环节疫情排查，做到第一时间发现，第一时间处置。农业农村部门要对无害化处理、屠宰检疫、生猪保险理赔等数据及时分析、综合研判，及早发现疫情线索；要督促生猪屠宰场、养殖场开展非洲猪瘟自检，及时发现并清除非洲猪瘟病原。林业和草原部门要继续加大野猪监测巡查力度，严防家猪与野猪之间传播疫情。要做好非洲猪瘟应急处置各项准备，加强值班值守，一旦发生疫情，严格落实《非洲猪瘟应急处置实施方案》，严防疫情二次扩散。对口蹄疫、高致病性禽流感等其他重大动物疫病防控工作，也不能忽视，防止摁下葫芦起来瓢。

二、搞好生猪调运监管

农业农村部门要会同交通、公安部门，适应防控工作需要，抓紧研究制订公路临时检查站调整优化方案，合理设置、适度整合。要充分发挥公路收费站、交通治超站、公安治安检查站等常设站作用，搞好运输生猪及其产品车辆的检查工作，发现违规运输生猪行为，及时通知农业农村部门。落实农业农村部要求，探索建立动物及动物产品跨省调运指定通道制度，变部门被动堵截为企业主动接受监督。加强生猪运输车辆备案管理，严格审查准入条件，严禁未备案车辆承载生猪，督促承运人认真落实车辆清洗消毒制度。

三、严格餐厨剩余物监管

住建、市场监管和农业农村等部门要联合行动，严格落实餐厨剩余物全链条监管责任，强化餐厨剩余物收集、运输、处置能力建设，全面禁止餐厨剩余物饲喂生猪行为。特别是要加强乡村两级餐厨剩余物监管，消除监管空白，严防餐厨剩余物流入生猪养殖环节。要适时开展专项排查整治行动，严厉打击使用餐厨剩余物饲喂生猪行为。

四、全面建立消毒制度

省农业农村厅要会同市场监管局、林业和草原局尽快制定定期消毒制度，做到消毒工作科学化、制度化、常态化，探索有效的消毒机制。要督促养殖场、屠宰场、无害化处理厂、肉品交易市场、猪肉制品加工企业、冷库、动物诊疗机构等场所，定期开展生产厂区、运输工具、周边环境等消毒灭源工作，有效切断非洲猪瘟病毒传播途径。《2019年河北省非洲猪瘟防控工作要点》确定5月份为集中消毒月，各地要组织制定具体工作方案，强化宣传发动、加大经费投入，确保取得实效。

五、加快养殖业转型升级

要按照“规模化养殖、标准化生产、集中化屠宰、冷链化运输、冷鲜化上市、品牌化经营”思路，支持养殖企业通过兼并、重组等方式，发展规模养殖，推进生猪产业转型升级。鼓励有条件的养殖场改造升级，发展标准化养殖，进一步提高生物安全水平。狠抓生猪生产扶持政策落实，稳定生猪基础产能。指导各地开展招商引资活动，引进大型生猪养殖龙头企业，促进生猪产业高质量发展。

六、全力做好肉品市场供应

据专家研判，当前市场猪肉产品价格已出现攀升态势，下半年随着生猪出栏量下降，叠加节日需求高峰，猪价或将出现阶段性快速增长。我们一定要有一个事先预判，及早拿出可行性应对措施。要落实“菜篮子”市长负责制，切实抓好生猪生产和猪肉市场供应。要保证肉品供应质量，严格落实食品加工、经营企业主体责任，对检测复核阳性的猪肉产品要坚决销毁。严厉打击私屠滥宰、屠宰病死猪、贩卖加工病死猪肉等违法行为，强化对肉品交易市场、餐饮服务单位、商场超市、冷库等场所的监督检查，防止病死猪及其产品流向市场、进入餐桌。强化猪肉调运信息监测预警，主动对接京津等主销区，适当扩大地方冻肉储备规模，合力调节吞吐节奏。

七、强化成员单位联防联控

指挥部办公室要尽快建立信息共享、工作会商和督办检查等工作制度，提高工作效率。信息共享方面，要在确保及时、准确和全面共享信息的基础上，进一步强化信息运用，研判苗头性问题，分析找出原因，为防控工作提供支撑。工作会商方面，要进一步提高协商机制的制度化、规范化水平，定期召开联防联控成员和联络员会议，遇到重大突发事件，随时研究。督办检查方面，要进一步加大力度，针对生猪全产业链中的防控薄弱环节，适时组成联合调查组，对各地各有关部门落实防控措施情况和难点问题重点督查，推动工作落实落地。

时清霜同志在科技农业发展座谈会上的讲话

(2019年5月14日)

去年以来，省政府着眼推进农业供给侧结构性改革，决定把科技农业、绿色农业、品牌农业、质量农业作为主攻方向。为把打造“四个农业”要求落到实处，在深入调研，反复论证基础上，坚持把发展特色产业作为有效载体，把推进产业化经营作为根本路径，分别召开会议进行安排，从总体上作出部署。今年，将针对制约现代农业发展的突出瓶颈，分专题对“四个农业”逐项研究、逐个突破。4月24日、5月6日，我分别到省农科院、中科院农业资源研究中心进行了调研，今天在这里召开一个座谈会，主要是听取大家对科技农业的意见建议，研究部署相关工作。

刚才，省农业农村厅、4个农业技术体系创新团队代表、承德市、保定市、石家庄藁城区、玉田县、曲周县、邯郸滏东现代农业产业园分别作了发言，其他农业技术体系创新团队提交了书面发言材料。从发言情况看，近年来，全省各级农业农村和科技部门认真贯彻省委、省政府决策部署，坚持把科技创新作为促进现代农业的重要支撑，着力搭建平台、组建团队、完善体系、破解瓶颈，科技农业取得了丰硕成果，有力推动了农业高质量发展。一是培育了一批叫得响的优良品种（强筋麦、张杂谷、脱毒马铃薯、高油酸花生、金凤蛋鸡、皇冠梨等），主要农作物良种覆盖率达到98%以上，良种对农业增产增收的贡献率超过了43%。二是集成配套了一批共性关键技术（小麦“一水千斤”栽培、黑龙港流域浅层微咸水利用、生物防控、保护性耕作等），主推技术到位率达到95%以上。三是研发了一批先进实用农机装备（玉米籽粒收割机、设施园艺及果园生产智能装备、畜禽智慧养殖技术装备等），主要农作物耕种收机械化率达到78%，高于全国平均水平8个百分点。四是探索了一批行之有效的服务模式（河北农大的农业创新驿站、曲周的农业科技小院、固安的农技推广“一条龙服务”体系等），全省农业科技进步贡献率达到58.5%（全国为58.3%）。

但是也要清醒地看到，与先进省份相比，我省科技农业发展仍存在不小差距。一是种业整体竞争力弱。比如玉米，省内品种仅占种植面积的50%左右，而河南、山东本地品种占到70%-80%；全省种业企业年销售收入为40多亿元，河南、山东达70-80亿元。二是非粮产业机械化水平低。与主要农作物（小麦、玉米等）机械化水平相比（78%），设施蔬菜、花卉机械化水平仅为33%，畜牧业为36%，林果业为21%，渔业为19%，农产品初加工为22%。三是高层次创新人才少。我省没有农业领域的院士，山东有3个、河南有2个；我省建立了18个产业技术创新团队，山东有26个，江苏有20个。四是部分重大科研成果转化难。由于多数龙头企业规模小、实力弱（我省年销售收入亿元以上龙头企业600多家，山东、河南均为3000多家），难以承接重大科技成果转化。比如，畜禽养殖废弃物综合利用技术和设备，投入高、技术复杂，规模小的养殖企业没有能力用、也用不起。

当前正处在深入推进农业供给侧结构性改革、转变农业发展方式、建设农业现代化的关键时期。农业农村发展的内外部环境和内在动因正在发生深刻变化，主要矛盾已经由总量不足转变为阶段性供过于求和供给不足并存。传统小农户分散经营加速向适度规模经营转变，新型农业经营主体成为现代农业的生力军。社会消费结构升级，一二三产业融合步伐加快，资源条件和生态环境两道“紧箍咒”越绷越紧。信息技术、生物技术、制造技术、新材料技术、新能源技术等广泛渗透到农业农村各领域。人才、知识、技术、资本等创新要素全球流动的速度、范围和规模达到空前水平。

面对新形势、新任务，我们必须以习近平新时代中国特色社会主义思想为指导，全面贯彻党的十九大精神，认真落实中央和省委省政府重大决策部署，以科技创新支撑引领农业供给侧结构性改革，着力完善体制机制，健全农业科技创新体系，提高农业科技创新供给质量，加快培育农业农村发展新动能，为建设农业强省提供强有力的科技支撑。到2022年，全省农业科技进步贡献率达到61.5%，主要农作物优良品种覆盖率保持在98%（到2020年节水小麦品种实现全覆盖）；主要农作物耕种收综合机械化水平达到80%（2018年为78%），花生耕种收实现全程机械化，智慧农机水平走在全国前列；肥料和农药利用率达到40%（2018年为35%）；农田灌溉水有效利用系数达到0.675（2018年为0.673）；院士工作站达到40家（2018年为36个）；国家级重点实验室达到10家（2018年为8个）。今后几年，重点要抓好以下五方面工作：

一、明确科研主攻方向

毛泽东同志在延安文艺座谈会上指出：“（文艺创作）为什么人的问题，是一个根本的问题、原则的问题。”科技创新工作也面临同样的问题。习近平总书记三个“面向”的论述（面向科技前沿，致力于未来发展；面向国家战略需求，赢得战略主动；面向经济发展主战场，为人民创造更多财富），指明了我国科技创新的主攻方向。就我省农业科技创新来讲，重点是为省委、省政府中心工作和产业发展服务，加快实现三个“转变”，即从注重数量为主，向数量质量效益并重转变，统筹提升土地产出率、劳动生产率和资源利用率；从注重粮食生产为主，向粮经饲统筹和大农业转变，促进一二三产业融合发展；从注重农业种养为主，向种养加、资源环境等全过程全要素转变，促进质量安全和生态安全。一是瞄准农业特色产业。去年，省政府在综合考虑全省资源禀赋、区位特点、产业现状和市场需求基础上，确定了重点发展的7大类24个特色优势农产品。要按照全产业链提升的要求，培育优质特色新品种，加强智能装备和技术研发，攻克农兽药残留速测等难题，创新“互联网＋农业”和农产品加工技术，系统集成组装配套，3年内，24个特色产业都要形成从种子到餐桌的技术体系。二是破解资源环境制约。我省是严重的资源型缺水省份，农业是第一用水大户。省委、省政府把破解水资源瓶颈制约作为事关全局、事关长远的重大战略来谋划和推进。国家正在开展华北地区地下水超采治理，其中农业节水放在了第一位。要在已有成绩基础上，进一步在节水品种、节水技术研发上扩大战果，寻求新的更大突破、作出更多贡献。同时，要围绕绿色发展，大力开展减肥、减药、循环利用等关键技术集成创新，构建起农业绿色发展的技术支撑体系。三是聚焦市场和企业需求。推进农业供给侧结构性改革，就是以市场需求为导向，提高农业供给质量。龙头企业的需求一定程度上代表着市场需求。农业科技创新要围绕龙头企业需求展开，坚持“订单式”研发，以加工技术为引领，集成储藏、运输、销售等环节的先进配套技术，带动种养环节技术革新，提升产业链条整体竞争力（比如，适应棉纺企业加工需要，河北农大马峙英教授研发的农大13号棉花，纤维长度、韧性强度都达到优等标准，纺织过程中不容易断线，适合生产高档面料，深受企业欢迎）。同时，有关科研单位和创新团队要发挥优势，利用互联网、云计算、卫星遥感等先进前沿技术，及时提供农业基础数据和信息，加强产业预测预警分析，为省委、省政府科学决策提供依据。

二、整合科研攻关力量

从发达国家的经验看，美国、法国、以色列等国家均建有协同创新机制，共同特点就是强化农业科技创新的系统性、整体性和顶层设计。我省既有中科院农业资源研究中心这样的国家队，也有省农林科学院、各市农科院这样的地方队，还有河北农大、河北科技师范学院等高等院校，可以说，农业科研力量并不算少。但是，农业科技资源分布比较分散，不同区域、不同部门的农业科研力量各自为战、重复投入、重复立项问题依然存在，尚未形成有效的协同创新格局。为此，要创新体制机制，借鉴国内外先进经验，利用多种形式整合科研力量，促进资源共建共享，实现效率效益最大化。一是整合农科院系统资源。农业科研院所是推动农业科研的主导力量，省市农科院既要依据自身优势，找准功能定位，也要依托重大项目、重点任务，探索通过行政、市场等手段，统筹资源力量，开展联合攻关，实现优势互补。省科技厅要会同省农业农村厅、省农科院，共同研究深化体制改革、整合科研力量的路径和方法。二是统筹创新团队力量。调研中我了解到，我省农业科技创新团队有两个系列，一个是省农业农村厅牵头组织的18个产业技术体系创新团队，一个是省科技厅组织的14个育种科技创新团队。这些团队主要是以品种进行划分，各有优势，各有侧重。科技创新团队之间，要按照粮经饲统筹、一二三产业融合的思路，开展多内容、多方式的对接合作，实现共性技术的重大突破。省农业农村厅和省科技厅要进一步研究资源信息共用、人才专家互通、科研成果共享的合作共建机制，达到“1加1大于2”的效果。三是完善产业技术创新联盟。国内外实践表明，将科研院所、高校、农业企业、农业园区组织起来，成立科技创新联盟，更适应农业科研活动综合性突出、创新环节多、学科交叉明显等要求，具有综合优势与独特作用。目前，我省也有一些创新联盟（国家级2个，省级22个），比如刚才承德汇报中提到，成立了中药材、山楂、马铃薯、国光苹果等创新战略联盟，有效推动了企业创新发展，提升了特色产业综合竞争力。省农业农村厅和省科技厅要借鉴国内外经验，进一步完善任务牵引机制、资源共享机制、评价激励机制，促进联盟成员联系更紧密、工作更务实、运行更有效。四是善用京津农业科技资源。毗邻京津是河北开展农业科技创新的最大优势。要围绕“京津研发、河北转化”，加强与京津涉农高校及科研院所合作，通过联建实验室、共享仪器设备、成果交易转化等途径，构建农业科技创新协作体系。前两天我去中科院农业资源研究中心调研时，他们提出共建“河北-中科院雄安绿色与智慧农业研究院”，利用中科院的人才、技术等优势，打造河北农业科技创新高地，我觉得这个提议很好。省科技厅正在牵头建设的环首都现代农业科技示范带，也是一个很好的合作平台。省农业农村厅、省科技厅要深入研究优惠政策，支持扩大合作范围，提高合作层次。

以上提到的关于创新体制机制需要研究的几个问题，省农业农村厅、省科技厅、省农科院要抽调专门力量，深入调查研究，提出有效措施，年底前报告省政府。

三、完善成果转化应用平台

习近平总书记指出：“要加快创新成果转化应用，彻底打通关卡，破解实现技术突破、产品制造、市场模式、产业发展‘一条龙’转化的瓶颈。”在一定意义上讲，打造成果转化平台，与科研攻关同样重要。我省农业科技创新成果不算少，有些新品种、新技术位居全国前列（比如张杂谷、强筋麦、脱毒马铃薯、杂粮杂豆等），但由于缺少有效平台，还存在成果转化率低的问题，甚至出现“墙内开花墙外香”的现象。为此，我们要善于引入市场机制，搭建有效的成果转化平台，把“锁在柜子里”的科研成果更多搬到田间地头。一是搭建政府部门主推平台。农业农村部门作为科技成果转化应用的主管部门，要及时全面掌握全省科技创新最新成果，通过多渠道、多角度、多方式进行推广应用。要充分发挥现代信息技术的作用，10月底前，在涉农网站设立专栏、开发手机 APP、注册微信公众号，利用大数据定向精准推送成果信息。要建立省市两级农业科技成果展示大厅，通过实物展示、图片介绍、网络视频等方式，集中展示新品种、新技术。省级大厅年内要抓紧谋划，力争明年建成；各市大厅也要同步建设，力争明年建成。要提升县乡科技服务站功能，设立网络展示终端，与省市互联互通。要在“9•26”农交会、产销对接会等活动中增加科技成果展示推广内容，每年组织2-3次科技成果展示对接洽谈会、现场观摩会等专题活动，为供需双方提供合作契机。二是完善市场主体示范平台。要充分发挥各类市场主体的作用，坚持依托功能、各有侧重，从不同生产环节、不同角度展示推广农业科技成果。130个省级农业科技园，都要展示高、新、特品种和技术；200个省级现代农业产业园，都要普及应用区域性新品种、新技术；55个省级农产品特优区，要筛选高端品牌技术，探索组装标准化应用模板；农业产业化龙头企业，要引进示范精深加工技术，带动上下游产业应用新技术、新品种。三是培育社会中介服务平台。科技成果转化，涉及信息沟通、成果评价、技术交易、风险防控等各种业务，是一件繁琐复杂的工作。科研人员主业是技术攻关，成果转化应该交给专业机构来干，也就是请专业的人干专业的事。省科技厅、省农业农村厅要借鉴国内外经验，探索培育壮大中介机构的做法。要营造良好的发展环境，鼓励科研院所设立专业性的科技中介机构，支持社会力量发展信誉度高、运作规范的成果转移中介组织。

四、加强人才队伍建设

无论是推进科技创新，还是加快成果转化，都离不开高素质人才。科技创新实质上是人才创新，科技实力竞争归根结底是人才竞争。一要加强领军人才培养引进。要突出“高精尖缺”导向，以更宽广的眼界、思路和胸襟，面向国内外引进更多高层次农业科技创新人才。要依托院士工作站、博士后工作站、京津冀协同创新联盟等平台，充分发挥赵志海、郭进考、孙建设等领军人才作用，通过承担重大课题、研究专项，组建创新团队，实现“传、帮、带”，加快形成衔接有序、梯次配备的人才结构，提高整体科研实力。二要打造过硬农技推广队伍。要进一步完善基层农技推广体系县办县管体制，加大财政投入，落实人员待遇，保障工作经费。要通过政府购买服务、技术入股等形式，鼓励农技人员开展增值取酬服务。要实施基层农技人员技能提升工程，多渠道、多方式开展知识更新培训和学历提升，有效破解基层人员学历层次低、专业匹配度低、年龄断层的困境。要继续实施科技“特派员”制度，落实特聘农技员计划，遴选优秀涉农大学生、乡土专家、农业科研人员，补充基层农技推广力量。三要营造良好的工作环境。农业科技工作者长期深入田间地头、生产一线，风里来雨里去，条件非常艰苦，需要给予更多的关心关爱。一定要千方百计提高他们的待遇，改善工作条件，解决后顾之忧，让他们心无旁骛搞科研。要赋予科研人员科研管理和经费使用自主权，真正为他们“松绑”。要给予他们特别的支持和宽容，建立容错机制，尊重科研规律，允许科研失败。近年来，国家和省在项目和经费管理自主权、科技成果转化激励制度、改革创新尽职免责机制等方面，出台了一系列政策。我们要不折不扣抓好贯彻落实，为人才创新创业营造良好的环境。

五、强化保障措施

一要加强统筹推进。发展科技农业既涉及农业农村和科技等主管部门，又涉及科研院所、高校等单位，还涉及不同的市场主体，牵扯部门多、范围广，必须统筹协调、形成合力。省农业农村厅要会同省科技厅、财政厅、中科院农业资源研究中心、省农科院、河北农大等有关部门和单位，建立联席会议制度，统筹推进全省农业科技创新工作，定期研究解决重大问题，抓好资源优化配置。

二要加大投入力度。各级政府要建立健全财政农业科技资金快速增长机制，持续加大财政投入力度，对农业科技创新重点项目优先保障。明年预算编制工作即将开始，省级将调整预算安排，加大对科技农业的支持力度。市县也要参照省里做法，对预算安排进行调整。要发挥财政资金“四两拨千斤”的作用，引导社会资金更多投向科技农业。要加强对农业科技项目资金的监管，确保资金使用合法合规，最大限度发挥效益。

三要科学考核考评。要坚持日常指导、过程监管和结果评价并重，督促科研主体按计划落实攻关任务，并将考核结果与团队调整、项目资金安排挂钩。要健全以创新能力、知识价值为导向的评价体系，克服“四唯”倾向（唯论文、唯职称、唯学历、唯奖项），打破“以资历论英雄”的束缚，完善科学有效的绩效考核、薪酬分配和股权激励制度，将收入与创造的科学价值、经济价值和社会价值挂钩。

四要强化宣传引导。要加强对科技农业创新过程中新经验、新做法、新机制、新模式的总结提炼，挖掘培树更多李保国式的先进典型，充分利用电视、报纸、网络、微博、微信等加大宣传力度，强化示范引领作用。要加强日常农业科技知识宣传普及，营造全社会关注农业科技、支持农业科技创新发展的良好氛围。

时清霜同志在省防汛抗旱指挥部全体会议上的讲话

（2019年5月17日）

刚才，省应急管理厅、水利厅、气象局、自然资源厅和住建厅先后汇报了有关工作和情况，与会同志都讲了很好的意见。一会儿，桐利常务副省长还要作重要讲话，大家要认真学习领会，抓好贯彻落实。防汛工作事关人民群众生命财产安全，这个事极端重要，容不得半点懈怠或马虎。做好防汛工作，防重于抢，关键一条是“宁可有备无汛、不可有汛无备”。今年是机构改革后的第一年，一方面新的指挥体系和工作架构运转起来需要磨合；另一方面全省局部洪涝灾害可能呈多发、频发、重发态势。这就要求我们必须高度戒备，既讲分工，更讲合作，齐心协力把备汛工作做深入、做扎实。

一要强化隐患排查。汛期不过，检查不止。在前期工作的基础上，要组织开展重点部位“回头看”，按照“四不两直”（不发通知、不打招呼、不听汇报、不用陪同接待、直奔基层、直插现场）的方式，对水毁工程修复、小型水库安全管理、山洪灾害易发区非工程措施落实、气象水文监测预警设施维护等进行实地检查。发现的问题，要形成工作台账，采取“一地一单”方式及时反馈，并由专人负责督促整改，确保汛前全部整改到位，最大限度消除安全隐患。

二要强化工程建管。要加快防洪工程、水毁工程、应急度汛项目建设，汛前全部完成，实在完不成的要落实安全度汛措施；中小河流治理和水库除险加固项目，力争主汛期前完工，确保关键时刻用得上、靠得住。要强化日常监督管理，强力推进河道“四清”（ 清乱占、清乱采、清乱堆、清乱建），排除行洪障碍，恢复提升行洪能力；要持续推进水库规范化管理，健全安全管理制度，全面落实水库防汛“三个责任人”“三个重点环节”（水库行政责任人、技术责任人、巡查责任人；水库预测预报、调度运用、应急预案），严格执行汛限水位管理，病险水库一律空库迎汛。蓄滞洪区要明确分洪口门，完善避险设施，确保预警及时、分洪顺畅。

三要强化监测预警。要密切监视汛期天气变化，充实监测力量，加密监测频次，实时掌握雨情、水情和工情。水文、气象等部门要加强联合会商和分析研判，滚动预测预报，优化预报方法，提高预报精度，延长预见期，为防汛指挥、工程调度、抗洪抢险等提供有力支撑。要强化局地突发性暴雨洪水的预测预报，充分利用广播、电视、手机短信、网络等多种途径，提前发布预警信息，打通预警“最后一公里”。要增设河道监测断面，落实巡测队伍，完善洪水测报方案，提高洪水预报能力。

四要强化洪水调度。要进一步修订完善水库、河道防洪调度方案和蓄滞洪区运用预案，立足实战，开展演练，不断提高洪水调度能力和精细化水平。要依据水情工情变化，坚持依法依规调度，按照批准的调度方案，统筹考虑上下游、左右岸、干支流，实施水库、河道堤防、分洪闸涵和蓄滞洪区联合调度，全力减少灾害损失。河北十分缺水，汛期既要保安全，也要多蓄水。要在确保防洪安全的前提下，最大限度拦蓄雨洪资源。

五要强化协作意识。按照安排，今年省应急厅和水利厅将组成防汛专班，联合办公。水利部门要适应形势变化和任务需要，转变工作思路，尽快进入角色。要做好技术支撑，尽快构建完善预测预报、防洪调度、抗洪抢险等技术专家库，健全工作机制，组织开展实地查勘，提高专家支撑能力。要做好信息共享，汛前完成雨情、水情、汛情、险情信息系统的链接耦合，配合应急部门调试防汛指挥系统，确保上下贯通、左右互联，遇有险情时，第一时间报送预警信息。

六要强化实战观念。防汛抢险，刻不容缓。省防指作为省政府依法设立的防汛抗旱指挥机构，职责所在、责无旁贷，成立之日起，我们必须打起十二分精神，切实肩负起领导组织全省防汛抗旱工作的重任。省防指办公室既要按照职责分工，安排部署、监督指导做好防汛抗旱日常工作；又要充分发挥参谋部和战斗中枢作用，全面掌握突发情况，及时向指挥长汇报，发出战斗指令，统筹调度指挥各级各有关部门共同抵御灾害侵袭。汛期将近，雨情就是号角，汛情就是命令，要时刻绷紧防大汛、抗大洪、抢大险、救大灾这根弦，尽快熟悉法律法规，熟练掌握应急预案，提前组织实战演练，确保遇险不慌、处乱不惊，来之能战、战之能胜。

时清霜同志在全省气象灾害防御指挥部会议上的讲话

(2019年5月22日)

再有一周左右就要进入汛期了，省气象灾害防御指挥部决定召开这次会议，主要任务是总结工作，提高认识，分析形势，安排部署下步气象灾害防御工作。刚才，张晶同志汇报了气象灾害防御工作情况，分析了今年以来气候特征，通报了汛期天气预测情况；世恩同志就今年汛期气象灾害防御工作要点进行了说明；大家在讨论中也都提出了很好的意见建议。会后，指挥部办公室要充分吸收借鉴大家的意见建议，进一步修改完善工作要点，汛前下发执行。

总体来看，省气象灾害防御指挥部成立以来，各成员单位深入贯彻落实防灾减灾救灾新理念新要求，主动作为，密切配合，加大投入力度，加强基础建设，完善体制机制，基本建立了具有河北特色的气象灾害防御体系，综合防御能力显著提升。一是有较为完备的组织体系。在全国率先成立省、市、县三级气象灾害防御指挥部及其办公室，承担气象灾害防御综合协调和应急指挥职能。二是有较为完善的法规标准体系。在全国率先出台两部气象灾害防御政府规章（《河北省暴雨灾害防御办法》和《河北省暴雪大风寒潮大雾高温灾害防御办法》），省级形成了三部地方性法规、五部政府规章、一部应急预案和14项地方标准组成的气象灾害防御法规标准体系（三部地方性法规：《河北省实施〈中华人民共和国气象法〉办法》《河北省气象灾害防御条例》《河北省气候资源保护和开发利用条例》，五部政府规章：《河北省防雷减灾管理办法》《河北省气象探测环境保护办法》《河北省人工影响天气管理规定》《河北省暴雨灾害防御办法》《河北省暴雨大风寒潮大雾高温灾害防御办法》，《河北省重大气象灾害应急预案》）。三是有全国领先的气象灾害监测预报预警体系。基本建成天地空一体化的综合观测网，全省地面观测站平均间距5.2公里(有3900多个气象观测站)，强对流天气预警发布提前量达50分钟以上（全国平均水平为30分钟左右）。四是有明显的灾害防御成效。在各成员单位共同努力下，2018年成功防御了台风“安比”、持续高温、大风寒潮等严重气象灾害，全省因气象灾害死亡人数、直接经济损失，较2000年以来平均值分别减少89%和84%。全省气象灾害造成的直接经济损失占GDP比重，由上世纪90年代的3%下降到了1%以下。但是，与建设经济强省、美丽河北的要求相比，与人民群众的需求和期盼相比，与发达省份的应对能力和水平相比，我们的防灾减灾工作还存在一些薄弱环节。比如，基层职能部门防灾减灾意识还不强，人民群众防灾避险能力还比较弱，突发性灾害性天气预见期、精准度还有待提升，气象预警信息传播还存在“最后一公里”的瓶颈。对此，要认真研究，切实加以解决。下面，就做好当前和今后一个时期气象灾害防御工作，我讲三点意见。

一、提高政治站位，增强做好气象灾害防御工作的责任感和使命感

做好气象灾害防御工作，事关群众生命安危，事关社会和谐稳定，事关改革发展大局。党的十八大以来，以习近平同志为核心的党中央高度重视防灾减灾救灾工作。2016年7月28日，总书记在唐山视察时，从全局和战略的高度，提出“两个坚持”“三个转变”的防灾减灾救灾新理念（坚持以防为主、防抗救相结合，坚持常态减灾和非常态救灾相统一，努力实现从注重灾后救助向注重灾前预防转变，从应对单一灾种向综合减灾转变，从减少灾害损失向减轻灾害风险转变，全面提升全社会抵御自然灾害的综合防范能力）。在党的十九大报告中，总书记指出，要树立安全发展理念，弘扬生命至上、安全第一的思想，提升防灾减灾救灾能力。2018年10月10日，总书记在中央财经委员会第三次会议上强调，要建立高效科学的自然灾害防治体系，提高全社会自然灾害防治能力，为保护人民群众生命财产安全和国家安全提供有力保障。今年1月在省部级主要领导干部专题研讨班上，习近平总书记强调“坚持底线思维，增强忧患意识，提高防控能力，着力防范化解重大风险”。总书记的这些重要批示指示，为我们做好气象灾害防御工作指明了前进方向，提供了根本遵循。

省委、省政府历来重视气象灾害防御工作。王东峰书记、许勤省长多次作出重要指示批示，强调要采取一切有效措施，全力做好防大灾、抗大洪、抢大险的各项准备工作，确保人民群众生命财产安全。今年是新中国成立70周年，是全面建成小康社会、实现第一个百年奋斗目标的关键之年，做好气象灾害防御工作责任重大、任务艰巨。从区域发展大局看，河北地处京畿要地，区位十分特殊。当前，京津冀协同发展、雄安新区规划建设、2022年冬奥会筹办等重大国家战略和国家大事深入实施，全省稳增长、促改革、调结构、惠民生、防风险、保稳定任务十分繁重，对气象灾害防御工作提出了新的更高要求。可以说，做好气象灾害防御工作关系全省大局，关系首都安全，是当好首都政治“护城河”的重要保障。从气象灾害特点看，一是种类多。我国大陆常见的干旱、暴雨洪涝、雾霾等18种气象灾害在我省均有发生，且往往多灾并发。由气象因素引发的滑坡、泥石流、山洪、城市内涝以及森林草原火灾等次生、衍生灾害也常有发生。二是频率高。气象灾害在我省一年四季都可能出现，有些灾害每年反复发生多次，比如旱灾，有春旱、夏旱、夏秋连旱，又如大风和雾霾，一年四季都有发生。三是强度大。2009年11月的暴雪，石家庄市降雪量达到93.5毫米，是有气象记录以来的最大值；2012年“7•21”、2016年“7•19”特大暴雨等极端天气事件中，降雨历时短，覆盖面广，局地雨量大，多次突破历史极值。从汛期天气形势看，今年以来，我省气候异常，气温波动大，降水时空分布极不均匀，强对流天气来势迅猛。据气象部门预测，受2018年9月开始的厄尔尼诺事件影响，今年全国气候状况总体偏差。张晶局长刚才介绍了我省汛期的天气形势，整体呈现温高雨少特点，降雨时空分布不均，局地暴雨、流域性洪水随时有可能发生。这些都对群众生命财产安全造成较大威胁。

各地各有关部门一定要牢固树立“四个意识”，坚定“四个自信”，做到“两个维护”，认真学习贯彻习近平总书记重要讲话精神，坚决落实党中央、国务院决策部署，按照省委、省政府要求，切实增强做好气象灾害防御工作的责任感和使命感，进一步强化各项防范措施，确保人民群众生命财产安全，确保社会大局和谐稳定。

二、坚持以防为主，坚决打赢打好气象灾害防御硬仗

做好气象灾害防御工作的总体要求是，以习近平总书记新时代防灾减灾救灾新理念为指导，坚持以人为本、预防为主、防治结合的方针，科学防灾，依法防灾，全民防灾，风险防灾，加快建立健全分级管理、属地为主，分工明确、协调有序，上下联动、运转高效的防范机制，全面提升气象灾害防范和应对能力，最大限度减轻气象灾害造成的人员伤亡和财产损失，为全面建设经济强省、美丽河北提供坚强保障。

一要加强监测预报基础建设。准确及时的监测预报预警是做好防灾减灾工作的第一道防线，必须增加设备，更新技术，完善体系，增强监测预报预警能力。一方面，要加快升级气象灾害监测站点设备，促进由单要素（雨量）采集向多要素（雨量、雪量、气压、湿度、温度、风向风速等）监测升级，由地面向空中拓展，逐步完善天空地一体化气象灾害综合监测网，2020年，实现重点区域主要气象灾害全天候、高时空分辨率的立体监测。另一方面，要加强人工智能、大数据、云计算等新技术在气象灾害监测预报中的应用，2020年，实现从分钟到月度的无缝隙智能网格预报，强对流天气预警发布时间提前量达到1小时以上。气象、自然资源、水利、住建等相关部门要加强监测会商和分析研判，共同做好强对流天气、暴雨、山洪、泥石流、滑坡、城市内涝等灾害预报预警。

二要完善预警信息发布机制。预警信息“发得出、收得到、用得上”是防灾减灾工作的关键环节。要提高新一代预警信息发布系统能力。5月底前，指挥部办公室要更新完成应急联系人数据库，与三大运营商沟通对接，畅通气象预警信息传输渠道，将信息送达时间缩短到5分钟之内，确保政府决策者、部门责任人、村（居）委会和重点企事业单位负责人第一时间接受到预警信息。要畅通预警信息社会传播渠道。指挥部办公室要及时与宣传、广播电视、通信管理等部门沟通协调，修改完善预警信息播发机制，减少环节，提高效率。暴雨橙色、红色和暴雪红色等预警信息发出后，15分钟之内，要在广播、电视、网络等媒体及时播发。同时，要利用手机短信、微博、微信、客户端等及时向社会公众点对点发布，提高信息传递的精准性和即时性。要进一步扩大预警信息覆盖面，为偏远山区、远海海域等地区的应急责任人配备专用设备，依托北斗卫星短信功能等通信技术，有效解决信息传播“最后一公里”瓶颈问题。

三要强化风险排查整治。坚持将气象灾害防御关口前移，加强风险管理，降低灾害风险，多措并举防范气象灾害。要全面开展隐患排查。省政府办公厅已经下发汛前检查通知，5月下旬开始，指挥部办公室将对全省气象灾害防御重点单位开展应急准备检查。有关成员单位要将这两项检查结合起来，按照相关要求，深入细致开展风险隐患大排查行动，实现横向到边，纵向到底，不留死角。要切实做好隐患整改。“隐患就是事故，事故就要处理”。对排查发现的问题和隐患要逐一建立台账，明确整改时限、标准、措施，确定责任单位、责任人，确保5月底前全部整改到位。对因检查不细、整改不力造成严重后果的，要依法依规严肃处理。

四要做好各项应急准备。宁可有备无灾，不可有灾无备。各地各有关部门要抓紧完善本地区、本系统的气象灾害应急预案，5月底前完成修订任务，明确灾害预警、决策指挥、应急联动、物资储备等相关工作，做到科学周密、务实管用。6月中旬前，要有针对性地开展一次实战演练，完善军民联防机制，提高各类突发情况的应急处置能力，确保关键时刻拉得出、顶得上、打得赢。指挥部办公室要抓紧完善气象灾害防御决策指挥系统，6月10日前，开发完成应急联动模块，实现与成员单位无缝对接，为灾害应急指挥和风险管理提供技术支撑。

五要突出科普宣传教育。在历次暴雨洪灾中，总有一些群众因为缺乏防灾避险常识而伤亡。各级各有关部门要高度重视科普工作，尤其是加强对基层干部的防灾减灾知识培训。近期，市县要组织一次针对乡（镇）、村干部的专题培训，帮助他们掌握本地气象灾害特征、应对处置技能等内容。教育部门要将气象灾害科普知识纳入中小学生安全教育范围，让孩子们更多了解相关知识，提高防范意识。宣传部门要结合汛期气象灾害多发的特点，组织新闻媒体广泛宣传气象灾害防御知识，做到家喻户晓、人人皆知。

汛期即将到来，做好暴雨洪水和强对流天气应对是当前气象灾害防御工作的重点。各地各有关部门要坚持问题导向，抓住重点、强化举措，全面落实保障措施。要突出雄安新区、冬奥会赛场、山洪地质灾害易发区等重点区域，要密切关注水库、尾矿库、行洪河道、蓄滞洪区、南水北调左岸、城市低洼地带、地质灾害隐患点等重点部位，落实预测预报、运行调度、抢险避险措施，细化人员转移、物资调运、救援队伍组建等相关工作，保障安全度汛。

三、凝聚工作合力，切实落实气象灾害防御各项保障措施

一是全面压实责任。气象灾害防御工作实行行政首长负责制，政府主要负责人为第一责任人，分管负责人为主要责任人。市、县政府要发挥主体作用，加强气象灾害防御工作的组织领导，确定乡（镇）政府、街道办事处、村（居）委会、气象灾害防御重点企事业单位的责任人和联络人，及时传递预警信息、开展自救互救、调查报告灾情。指挥部要与减灾委、防汛、防火等相关指挥部加强协调沟通，共同做好气象及相关灾害防御工作。各成员单位要按照职责分工，各司其职、高效履责，服从命令、听从指挥，做到平时互通信息、资源共享，灾时密切配合、协同作战。

二是健全体制机制。气象灾害防御指挥部要加强气象灾害防御体系建设，办公室要配强人员、充实力量，制定工作目标和方案，切实发挥职能作用。要按照省“两办”加强重要气象信息报告工作的要求，健全信息报送机制，及时收集上报有关信息，为党委、政府领导科学决策提供依据。指挥部办公室要建立定期会商机制，遇有突发灾害性天气过程时，及时组织有关成员单位研判形势，提出应对措施。

三是加大投入力度。各级各有关部门要持续增加对气象灾害监测预警、信息发布、风险普查、应急指挥和基础设施建设的投入。要加强对气象及其次生、衍生灾害成灾规律、发生机理、预报技术和防御对策等科研工作的支持。要健全气象防灾减灾资金多元投入机制，按照“谁投入、谁受益”的原则，在防灾减灾基础设施、设备投资等领域，充分调动社会资源和社会力量，不断扩大全社会对气象灾害防御的资金投入。

四是强化督导问责。指挥部办公室要按照《气象防灾减灾绩效管理工作方案》，健全对市县气象防灾减灾督查督办、绩效评估体系，狠抓过程管理，强化结果运用。5月底前，要制定对各成员单位的考核评估办法，压实各自

职责，推动工作落实，形成事岗对应、权责清晰、传导准确的责任链条。对措施不落实、组织不得力、应对不及时造成严重后果的，要依法依纪追责问责。

在这里，我再强调一下人工影响天气工作。人工影响天气是气象灾害防御的有效工程性措施，特别是在农业抗旱防雹、森林草原防灭火、地下水超采综合治理、生态环境保护等方面发挥着重要作用。各级各有关部门要继续大力支持人工影响天气工作，建立和完善生态修复人工影响天气保障体系，实施云水资源开发利用工程，强化石家庄、冀东、冀西北三个飞机增雨基地建设，加快火箭高炮等地面作业系统升级换代和作业站点标准化建设，进一步提升空地一体化人工影响天气作业能力。气象部门要完善科学作业指挥和安全保障机制，在确保安全前提下，抓住有利天气时机，大力开展人工增雨和防雹作业，到2020年，确保全省年人工增雨量达到50亿立方米（2018年为30亿立方米）。

做好气象灾害防御工作意义深远、责任重大，大家一定要认真贯彻落实党中央、国务院和省委、省政府决策部署，以更加严明的责任，更加有力的措施，更加过硬的作风，切实抓好气象灾害防御各项工作，以优异的成绩庆祝新中国成立70周年。

时清霜同志在地下水超采综合治理工作会议上的讲话

（2019年6月4日）

省委、省政府高度重视地下水超采综合治理工作，东峰书记、许勤省长亲自调度安排，省委常委会、省政府党组会专题研究部署。刚才，铁强同志通报了2019年地下水超采综合治理实施计划，重点工作、任务目标均已明确。下面，我再强调几点意见。

一、充分认识重要意义

水是万物之母、生存之本、文明之源。党的十八大以来，习近平总书记多次就治水兴水发表重要讲话，指出治国先治水，治水之道即治国之道，强调民生为上、治水为要。省委省政府认真贯彻中央决策部署，始终把兴水利、除水害摆在重要位置，坚持从与民生联系最密切的工作抓起，从影响高质量发展最基础的工作抓起，从最薄弱最紧迫的环节抓起，积极探索治水兴水新模式，力求达到事半功倍的效果。

抓好地下水超采综合治理，事关河北长远发展。今年2月，经国务院同意，水利部、农业部、财政部、发改委联合印发了《华北地区地下水超采综合治理行动方案》，这标志着华北地区地下水超采治理已经上升为国家战略、进入了新阶段。与以往试点相比，治理目标从追求采补平衡转变为修复地下漏斗，治理措施从以减为主转变为减补并重，治理区域从河北省扩展到京津冀地区，更加注重治理的全面性、系统性和实效性。实施华北地下水超采综合治理，能够加快修复水生态、水环境，彻底解决历史超采问题，为区域可持续发展创造空间，为建设京津冀生态环境支撑区提供保障。这不仅是从根本上解决我省水资源、水生态问题的难得机遇，也是京津冀协同发展战略赋予我省的重大历史责任。

各级各有关部门一定要充分认识抓好地下水超采综合治理的重要性、紧迫性，站在全局和战略的高度，增强“四个意识”，坚定“四个自信”，做到“两个维护”，强化使命担当，抓住历史机遇，主动作为，密切配合，坚决把好事办好、实事办实。

二、扎实推进河道内村庄防洪整治

这项工作的总体要求是，全面落实习近平总书记防灾减灾救灾新理念，牢固树立以人民为中心的发展思想，着眼提高人民群众生活质量和安全水平，以实施乡村振兴战略为总抓手，因地制宜、协同推进，采取易地搬迁和工程措施，到2021年全面解决河道内村庄防洪安全问题。要严格按照方案明确的目标任务、时间节点、整治标准有力有序组织实施。推进中要把握好以下几点。

（一）明确两条途径。解决河道内村庄防洪安全问题，让村庄远离洪水威胁，可行的路有两条，一个是“搬村庄”，就是将河道内的村庄整体搬迁到河道之外；另一个是“筑河堤”，就是通过河道束堤、新筑堤防、加高加固小埝等工程措施将村庄置于河道堤防之外。具体到某个村庄，到底采取哪个途径，方案都已明确，这是省水利厅会同市县综合考虑经济社会发展水平、河道状况、村庄位置、防洪标准、防洪规划等因素，综合论证确定的，各地要严格执行。“搬村庄”的128个村，已经开始实施的有44个（邯郸38个、衡水5个、唐山1个），要加快施工进度，确保年底前完成搬迁任务；计划2020年搬迁的41个，市县要按照时间节点要求，按月细化任务，明确责任分工，制定保障措施，确保年底前全部开工；计划2021年搬迁的43个，明年6月底前要完成前期工作，10月开工建设。“筑河堤”的255个村，省水利厅、省发展改革委要协助市县尽快完成前期工作，尽早开工建设，确保青龙河新筑堤防2019年完工，北运河和沙河河道束堤、唐河新筑堤防2020年完工，滦河小埝加高加固、滹沱河和漳河河道束堤2021年完工。

（二）注重两个结合。实施易地搬迁的村庄，不仅是从河道内外迁安置，避开洪水侵袭，而且要充分考虑生产生活条件的改善，确保搬得出、稳得住、能致富。一方面，可以与新型城镇化相结合，新建村庄尽量在县城周边或产业发展较好、基础设施和公共服务设施较为完善的中心镇选址，待农民入住后，依法依规办理国有建设用地使用权和房屋所有权登记，促进农民向市民转变。另一方面，可以与乡村振兴相结合，充分考虑当地的区位条件、资源禀赋和发展空间，按照产业园区、生态园区、新型社区“三区同建”的模式，瞄准乡村振兴的目标，同步规划设计，同步建设推进，一步到位，既解决安全问题，也解决发展问题。关于“三区同建”的做法，我们去年召开现场会都在衡水市枣强县八里庄参观过，这里我就不再多讲了。

（三）发挥两手作用。河道内村庄防洪整治工程是一项民生工程，政府应负主体责任，但也要注重发挥市场机制作用。就政府来讲，市县作为实施主体，要集中人力、物力、财力，整合资源要素，做好前期工作，高质量编制工程可研、初设和搬迁方案，保证按方案明确的时间节点开工建设。要逐村细化目标任务，明确责任部门和责任人，建立工作台账，倒排工期，挂图作战，强力推进各项工作。就发挥市场作用来讲，就是要制定优惠政策，创造便利条件，留出利润空间，充分发挥财政资金四两拨千斤的作用，引导社会力量投资工程建设。同时，也要加强宣传教育，让广大农民认识到防洪整治工程是自己的事情，引导他们不等不靠，积极投工投劳，参与工程建设全过程。

（四）强化两大保障。推进河道内村庄防洪整治，最关键的是落实资金和用地保障。资金方面，匡算总投资224亿元，需要市县配套214亿元（其中易地搬迁188亿元，工程措施26亿元），省财政厅要指导各地用足用好现有政策，以县域为单元整合资金，集中用于河道内村庄防洪整治，充分发挥财政资金引导作用，通过购买服务、转让城乡建设用地增减挂钩指标等方式，多渠道筹措资金。土地方面，各地在新建村庄时，要依据现行城乡总体规划和土地利用总体规划选址，优化建设方案，集约利用土地。新建村庄不得占用生态保护红线和永久基本农田，选址确有困难的，可在编制国土空间总体规划时，统筹考虑将新建村庄纳入规划，保证新建住宅、基础设施、公益设施等用地需求。同时要对旧村腾出的土地及时复垦，达到验收标准，补充占用耕地指标。省自然资源厅要在国土空间总体规划编制、用地组卷报批等方面，加强业务指导，加快审核进度，成熟一个，报批一个。

（五）守住两道底线。河道内村庄防洪整治既是一件功在当代、利在千秋的好事，也是一件事关农民切身利益的难事，我们一定要考虑周全，安排妥当，把难事办成，把好事办好。一要依法推进。无论是房屋拆迁、土地征占、产业转移，还是堤防加固、新村建设，都要符合法律规定，该签协议的要签协议，该补偿的要补偿，该公示的要公示，坚决杜绝违法占地、未批先建、边批边建等行为。二要保持稳定。要建立基础信息台账，摸清村、户、人、房、地等底数，完整保存文字和影像资料。要充分发挥村两委作用，逐户逐人做好思想工作，充分听取群众意见，赢得群众理解和支持。要注意工作方式方法，防止简单粗暴、强拆硬搬，形成不稳定因素。要做好舆论引导和风险防控，加强正面宣传，防止借机炒作，引发群体事件，形成不稳定因素。

三、全力推进地下水超采综合治理

2014年开展地下水超采综合治理试点以来，我省通过实施“节、引、蓄、调、管”等综合措施，形成了“科学规划、确权定价、控管结合、内节外引、综合施策”的地下水治理模式，治理工作取得阶段性成效。但由于地下水超采时间长、范围广、程度深，造成的危害重、影响大，治理修复需要一个持续、长期的过程。省水利厅根据地下水超采综合治理实施意见，编制了2019年实施计划，目标是新增压减地下水超采量6.88亿立方米。要集中力量，综合施策，重点突破，确保实效。

（一）节约使用量。我省水资源供需矛盾突出，但有些地区、行业和领域仍存在用水粗放、浪费严重、效率不高等问题，必须大力实施节水行动，稳步提高水资源利用效率和效益。一是农业节水。农业用水占用水总量的70%，其中70%取用的是地下水，农业是用水大户，也是节水潜力最大的产业。要继续在冀中南地区普及小麦节水品种，坚持农机农艺结合，推广秸秆还田、播后镇压、节水灌溉等技术；在黑龙港和坝上地区开展季节性休耕200万亩、发展旱作雨养30万亩，新增压减地下水超采量0.86亿立方米。二是工业节水。加强工业园区节水改造，实施废水深度处理和达标再利用，推广集中供水、统一处理、循环应用，工业用水重复利用率提高到84%。三是生活节水。全面推进节水型社会建设，加快供水管网改造，降低漏损率；大力普及节水器具，建设节水家庭、节水单位和节水城镇，今年节水型城市达到7个（石家庄、沧州、唐山、廊坊已建成，邢台、衡水、秦皇岛今年建成）。

（二）增加置换量。充分利用引江引黄水和当地地表水，置换地下水，是解决我省地下水超采最直接最有效的办法。引黄方面。加快完成引黄入冀补淀收尾工程，建立常年引黄机制，力争年引黄河水10亿立方米。完善引黄灌溉工程体系，扩大黄河水灌溉面积，新增压减地下水超采量1.68亿立方米。本地水方面。充分利用潘家口、大黑汀、岳城、东武仕等水库水源，完善灌溉渠系工程，实现河湖库渠水系连通，扩大渠灌区面积，新增压减地下水超采量0.58亿立方米。引江方面。我要多说两句，按照省政府办公厅《关于用足用好南水北调引江水的意见》，2018至2019调水年度我省南水北调受水区引江水最低消纳量为15.2亿立方米。从去年11月到今年4月底，消纳7.34亿立方米，时间已经过半，但任务没有过半。从各市情况看，邢台（86%）、辛集（77%）、邯郸（53%）完成较好，超过了半年任务，廊坊（19%）、定州（32%）、沧州（34%）和雄安新区（34%）进度比较慢。各市县要加大财政投入，加快管网建设，拓展供水目标，扩大直供范围，强力推进江水利用。

（三）严控开采量。我省地下水管理基础薄弱、方式粗放、手段偏少，无序开采的局面一直没有得到根本扭转，必须从源头上严格把控。一要严格取水许可审批，从严控制禁采区、限采区取用地下水行为，地表水覆盖范围内一律不再新增工业取用地下水，未经审批的取水井要依法处置，一律不准供电。二要严格取水井管理，健全登记、建档、认证和监督管理制度；加快城镇公共供水管网改造建设，扩大覆盖范围，具备条件的城镇自备井本月底前全部依法关停（总量4164眼，已关停3347眼，剩余817眼）；旱作雨养区、非农作物替代区和地表水覆盖区，年内有序关停农村灌溉机井3104眼。三要严格地下水监控，加密监控计量设施，完善监测体系，提高监测能力，年底实现超采区地下水位自动监测、5万立方米以上的取水户在线监控。

（四）回补亏空量。我省地下水长期过度开采，已累计超采1500亿立方米，形成了全国最大的集中连片漏斗群，历史亏空巨大。为探索地下水回补途径，去年9月13日，我省启动滹沱河、滏阳河、南拒马河地下水回补试点，目前已补水11.5亿立方米，形成水面40平方公里，河道两侧1公里范围内水位平均上升2.75米，社会和生态效益十分明显。今年我们计划增加生态补水量，扩大河湖补水范围。眼下要抓好两件事。一个是，把“水盆”清干净。要加快推进七里河、泜河等9条河道主槽疏浚和砂坑整治，结合“清四乱”（乱占、乱采、乱堆、乱建）专项行动，彻底清理河道内垃圾、障碍物、违法建筑物，保证河道通畅，提升存蓄能力。另一个是，把水源统筹好。省水利厅要加强与水利部、河南、山东等方面沟通对接，创造良好条件，尽可能多地调引长江水、黄河水。要统筹引江、引黄和水库水，将实施生态补水的河渠扩大到36条（含23条引黄河渠），各市县要做好沿河管护工作，相关河湖长要履职尽责，加强河道巡护检查，维护补水秩序和河道生态环境。要切实加强汛期安全管理和宣传教育，防止发生溺水事件，确保安全度汛。

四、切实加强组织领导

一是要完善工作机制。省里成立了推进华北地下水超采综合治理行动领导小组，许勤省长担任组长，桐利常务副省长和我任副组长。各地要参照省里的做法，成立工作机构，组建推进专班，健全工作制度，协调解决问题，强力组织实施。省水利厅作为业务主管部门，要发挥好牵头作用，加强督导检查，实行月调度、季报告、半年通报、年终考核；省直有关部门要各司其职，各负其责，协调联动，密切配合，形成强大工作合力。

二是要压实市县责任。各市县是工作责任主体，要制定具体的实施方案，细化目标任务，卡住时间节点，强化工作举措，明确责任部门和责任人，确保各项任务落地落实。对组织实施不力、工作进展滞后的，该通报的通报，该约谈的约谈，该问责的问责。

三是要加大投入力度。各地要强化资金保障，在安排财政预算时，从工程建设管护、技术研发等方面加大支持力度。要积极探索项目融资新模式，创新以奖代补等投入机制，吸引社会资本以合资、独资、特许经营等方式参与工程建设，逐步形成政府投入为主、社会力量为辅、金融部门积极支持、农民群众广泛参与的多渠道、多形式投融资机制。

四是要广泛宣传发动。要充分利用电视、广播、网络等媒体，深入宣传地下水超采治理的重要意义，增强全民节水意识，引导全社会积极参与治理工作。

赵一德同志在全省贫困地区脱贫攻坚座谈会上的讲话

（2019年6月8日）

这次座谈会的任务是，深入学习贯彻习近平总书记关于加大深度贫困地区脱贫攻坚力度的重要指示精神，全面落实全国扶贫开发工作会议、全国深度贫困地区脱贫攻坚座谈会、全国脱贫攻坚专项巡视整改电视电话会议精神，认真落实王东峰书记要求，听取10个深度贫困县脱贫攻坚工作汇报，研究部署全省深度贫困地区脱贫攻坚工作，进一步加大攻坚力度，确保深度贫困地区与全省一道同步进入全面小康社会。

刚才，时清霜同志传达了全国深度贫困地区脱贫攻坚座谈会精神和我省贯彻落实意见，10个深度贫困县主要负责同志作了很好的发言，其他县区及省直有关部门提交了书面交流材料，讲得都很好，听了很受启发。2017年3月，省委、省政府在全国率先启动了深度贫困地区脱贫攻坚工作，加大政策倾斜力度，实施“五包一”帮扶等一系列支持措施，取得了明显成效。胡春华副总理和国务院扶贫办都给予了充分肯定。总的看，有4个突出特点：一是脱贫步伐明显加快。2018年，10个深度贫困县共减贫20.8万人，贫困发生率下降8.02个百分点，下降幅度高于全省平均水平5.38个百分点。二是群众收入稳定增长。2018年，10个深度贫困县农民人均可支配收入9334元，同比增长13.1%，高于全省农村平均水平4.2个百分点。三是农村面貌显著提升。实施易地扶贫搬迁、危房改造和空心村治理，推进“双基”提升工程，开展农村环境综合整治，群众生产生活条件不断改善。四是干部群众精神面貌发生很大变化。扎实开展县乡党委书记“擂台赛”，持续加强干部作风建设，深度贫困地区脱贫攻坚主体责任进一步压实，干部群众脱贫热情进一步高涨，比学赶超的氛围日益浓厚。下面，我就聚焦重点、精准发力，坚决啃下深度贫困地区这个脱贫攻坚“硬骨头”，讲五点意见。

一、提高政治站位，进一步增强打好深度贫困地区脱贫攻坚战的责任感、使命感和紧迫感

以习近平同志为核心的党中央高度重视深度贫困地区脱贫攻坚工作，党的十九大报告明确提出要“重点攻克深度贫困地区脱贫任务”。习近平总书记身体力行，多次赴深度贫困地区视察并主持召开专门的座谈会，强调“要加大深度贫困地区脱贫攻坚力度”。2015年2月13日在延安主持召开陕甘宁革命老区脱贫致富座谈会，2015年6月18日在贵阳主持召开涉及武陵山、乌蒙山、滇桂黔集中连片特困地区扶贫攻坚座谈会，2016年7月20日在银川主持召开东西部扶贫协作座谈会，特别是2017年6月23日在太原主持召开深度贫困地区脱贫攻坚座谈会时发出“攻克深度贫困堡垒”的动员令，2018年2月12日在成都主持召开打好精准脱贫攻坚战座谈会。

习近平总书记对河北知之深、爱之切，党的十八大以来7次视察河北，每次都强调脱贫攻坚。2012年12月底，总书记专程到阜平考察脱贫攻坚工作，对我省脱贫工作作出重要指示。2016年7月，总书记视察唐山时要求“在脱贫攻坚、推进共享中努力提高人民生活水平”“扎实做好脱贫攻坚工作”。2017年1月，总书记视察张家口时提出“扎扎实实推进脱贫攻坚”。今年1月16日，总书记在京津冀三省市考察并主持召开京津冀协同发展座谈会时强调，要加大力度推进贫困地区脱贫攻坚工作，发挥好京津对口帮扶机制的作用，确保2020年京津冀地区贫困县全部摘帽。总书记和党中央的高度重视、亲切关怀，为我们打赢深度贫困地区脱贫攻坚战指明了正确方向、提供了根本遵循、注入了强大动力。各地各部门要站在自觉践行“四个意识”、坚决做到“两个维护”的高度，充分认识打好打赢深度贫困地区脱贫攻坚战的特殊重大意义。

一是从全国脱贫攻坚大局看，打好深度贫困地区脱贫攻坚战具有特殊政治意义。河北在全国脱贫攻坚大局中地位特殊。京津冀协同发展、雄安新区规划建设、北京冬奥会筹办，给全省发展带来了千载难逢的重大机遇，河北越来越受到国内外的广泛关注。特别是张家口作为2022年北京冬奥会的主赛区，承担着向世界展现全面小康社会成就、展示美丽中国新形象的光荣使命和政治责任。从一定意义上讲，河北深度贫困地区的减贫成效是世界观察中国减贫成果的一扇窗口。到2020年，如果我们不能高质量完成脱贫攻坚任务，不能有效改变深度贫困地区落后面貌，就会带来政治影响和国际影响。打好我省深度贫困地区脱贫攻坚战，是一个严肃的重大政治问题。

二是从全省脱贫攻坚工作看，打好深度贫困地区脱贫攻坚战具有特殊标志意义。一方面，深度贫困地区自然条件差、地理位置偏远、产业基础薄弱、贫困程度深、基础设施和公共服务滞后、解决“两不愁三保障”突出问题任

务最重，是最难啃的“硬骨头”。另一方面，贫困程度越深，生存条件越差，贫困群众过上好日子的愿望就越迫切。深度贫困地区脱贫攻坚的成效直接决定着全省脱贫攻坚的质量水平，可以说，我省全面小康社会目标能否如期实现，关键取决于深度贫困地区脱贫攻坚战能否打好打赢。把深度贫困地区脱贫问题解决好，是落实总书记嘱托、回应百姓期盼的最好方式，是推动全省脱贫攻坚取得全面胜利的重要标志。

三是从当前脱贫攻坚形势看，打好深度贫困地区脱贫攻坚战具有特殊现实意义。经过两年多的努力，10个深度贫困县脱贫攻坚迈出坚实步伐，取得显著成效。但也要清醒看到，深度贫困县脱贫任务仍然相当艰巨。今年，全省计划实现“10+3+1”（10个深度贫困县＋赤城、怀安、蔚县3个国定贫困县＋涿鹿县赵家蓬区）贫困县区全部摘帽、33万贫困人口脱贫目标，时间紧迫，任务艰巨。截至2018年底，全省10个深度贫困县剩余贫困人口15.95万人，占全省贫困人口的40%，平均贫困发生率6.16%；全省206个深度贫困村有贫困人口27547人，平均贫困发生率13.03%。这是脱贫攻坚的重中之重、坚中之坚。全省脱贫攻坚战能否如期打赢，深度贫困地区脱贫攻坚战是决定性的一战。要从政治和全局的高度，深刻认识如期完成深度贫困地区脱贫攻坚任务的极端重要性和现实紧迫性，以强烈的政治自觉、思想自觉、行动自觉，更加扎实地推进深度贫困地区脱贫攻坚各项工作。

二、紧盯底线任务，着力解决“两不愁三保障”突出问题

实现“两不愁三保障”，是打赢脱贫攻坚战的底线任务和标志性指标。从我省“两不愁三保障”情况看，难点集中在义务教育、医疗保障、住房安全、饮水安全上，集中在“10+3+1”贫困县。要坚持以人民为中心的发展思想，坚持问题导向、结果导向，突出重点、突破难点，加大力度，确保如期实现目标任务。

一是着力抓好义务教育保障。要全面落实教育扶贫政策，加强省级教育经费统筹，加大对深度贫困县的重点支持力度。要加大控辍保学力度，在辍学高发区“一县一策”制定工作方案，实施贫困学生台账化精准控辍，确保贫困家庭子女完成义务教育。要强化“全面改薄”资金支持，将深度贫困县全部纳入山区教育扶贫工程实施范围，重点加强乡镇寄宿制学校和乡村小规模学校建设。要实行贫困家庭子女就读排查机制，落实建档立卡学生“两免一补”、“三免一助”政策，健全覆盖各级各类教育资助体系，实现贫困家庭学生应助尽助。

二是着力抓好基本医疗保障。要深入推进深度贫困地区健康扶贫攻坚行动，加大托底医疗保障力度，全面落实基本医疗保险、大病保险和医疗救助三重保障制度。要扎实推进贫困地区县乡村医疗卫生机构标准化、一体化建设，实施10个深度贫困县、206个深度贫困村卫生室能力提升工程，按规定配备合格医生，切实把小病、常见病解决在基层医院。要加强农村贫困人口大病集中救治，逐步扩大集中救治病种范围，让贫困人口方便看病、看得起病、得大病能够得到应有保障。

三是着力抓好住房安全保障。要进一步摸清农村危房底数，认真落实农村危房改造认定标准和要求，确定分类补助标准，规范识别标准和改造程序，倒排时序、逐户销账，确保按期完成改造任务。部分县要针对气候原因造成的施工时间短问题，早动手、快动手，在保证质量的前提下提高效率，用足用好有效施工时间。

四是着力抓好饮水安全保障。要深入实施深度贫困地区农村饮水安全巩固提升工程，因地制宜推进多种形式的供水工程项目建设，提高深度贫困村自来水普及率、集中供水率和供水保证率，确保年底前深度贫困地区全部达到安全饮水标准，全面解决贫困人口饮水安全问题。

三、聚焦重点发力，持续提升脱贫攻坚质量水平

着眼统筹解决“后两年”和“两年后”问题，全面落实精准方略，下足绣花功夫，加大攻坚力度，切实把扶真贫、真扶贫、真脱贫落到实处。重点在8个方面下功夫。

一是在推进产业就业科技扶贫上下功夫。把产业就业科技扶贫作为持续稳定脱贫的重中之重和治本之策，推进一乡一业、一村一品、一户一策，努力实现村村有特色产业、户户有增收项目、人人有致富门路。要扎实推进产业扶贫，利用“互联网＋”信息化手段，大力发展电子商务，培育壮大特色扶贫产业，畅通产品销售渠道，健全股份合作等利益联结机制，让贫困群众从产业发展中获得更多更稳定的收益。要扎实推进就业扶贫，有针对性地开展职业技能培训，加强与京津的扶贫劳务协作，提高劳务输出组织化、精准化程度，确保有劳动能力的贫困人口都能实现就业。要扎实推进科技扶贫，深入实施科技扶贫三年行动计划，加强科技下乡和指导服务，推动科技成果在贫困地区转化应用，提高科技在产业扶贫工作中的贡献度。要扎实推进生态扶贫，大力发展林果经济、林下经济，积极探索造林绿化变专业队实施为合作社实施和贫困户入股分红、务工挣钱的模式，让贫困群众在推进贫困地区生态改善的同时拓宽增收渠道。

二是在打好易地扶贫搬迁“组合拳”上下功夫。要坚持易地扶贫搬迁与危房改造、空心村治理统筹推进，特别

是针对坝上地区农村空心化、老龄化问题突出的实际，加强顶层设计，分类施策，稳步推进。要突出抓好易地扶贫搬迁工程建设，加快搬迁进度，强化项目质量，确保列入搬迁规划的建档立卡贫困人口应搬尽搬。要强化后续帮扶工作，把搬迁后的产业发展和稳定就业作为重点，逐户落实后续扶持措施，确保搬得出、稳得住、能就业、可致富。

三是在补齐基础设施和公共服务短板上下功夫。要加大资金项目倾斜，科学合理调配资源，加快推进深度贫困地区基础设施建设和公共服务项目落地。要突出脱贫效果，重点支持能够有效带动贫困群众脱贫的重大基础设施和公共服务建设，注重开展能够有效改善贫困群众生产生活条件的小型设施，严格控制脱贫效果不明显的项目，集中力量打好攻坚战。要加强督导调度，建立项目台账，制定责任清单、任务清单、目标清单、效果清单，定期通报进展，确保如期高质量完成2019年深度贫困地区“双基”提升任务。要制定差异化政策，在项目立项审批、验收报账、考核指标及权重设置等方面，充分考虑坝上地区无霜期短、有效施工期短的特点，适当增加弹性和灵活性。

四是在规范基层基础工作上下功夫。要进一步完善建档立卡系统，对2017年前标注的脱贫人口，逐户逐人采集信息，抓紧补录脱贫措施，确保贫困群众的有关情况记得住、标得准、说得清。要严格落实动态调整要求，加强数据横向比对，符合建档立卡条件的及时纳入，达到稳定退出标准的及时退出，不符合条件的及时清退，切实提高识别退出精准度。要规范扶贫资金项目管理，完善脱贫攻坚项目库建设，加强项目论证和储备，抓好项目入库、出库和后期管理，未入库项目一律不得安排扶贫资金，确保项目跟着贫困户走、资金跟着项目走，提高扶贫资金使用效益。

五是在强化扶志扶智上下功夫。坚持扶贫与扶志扶智相结合，充分调动贫困群众的积极性、主动性、创造性，增强脱贫内生动力和自我发展能力。要加强政策引导，通过加大生产奖补、劳务补助、劳动增收奖励等方式，形成有劳有得、多劳多得的正向激励，引导贫困群众用自己的辛勤之手脱贫致富。要加强宣传教育，办好各种类型的农民培训班，加大政策宣讲力度，激发贫困群众脱贫致富信心和决心。要搞好技能培训，帮助贫困群众提高脱贫技能，让有创业就业意愿的贫困群众能够如愿以偿地创业就业。要改进帮扶方式，让贫困群众通过劳动获得收入，而不能简单地发钱发物、送钱送物，坚决防止政策“养懒汉”，坚决防止助长“不劳而获”、“等靠要”等不良习气。

六是在统筹脱贫攻坚与乡村振兴上下功夫。中央已经明确，脱贫之后各项帮扶政策还要持续一段时间。贫困县宣布脱贫之日，就是实施乡村振兴战略顺利接续之时。要提前谋划部署，搞好统筹衔接。要把深度贫困县作为乡村振兴优先扶持重点，用乡村振兴措施接续推动贫困县经济社会发展和群众生活改善，提高贫困地区产业和经济发展质量，增强贫困地区和贫困群众自我发展能力。要坚持扶贫与防贫两手抓，统筹解决“后两年”与 “两年后”的问题，多措并举，特别是推广魏县设立“防贫险”的做法，以市场手段撬动专业力量开展工作，防止返贫致贫现象。要建立贫困监测预警机制，对脱贫户实施常态跟踪、动态监测，对返贫人口和新发生的贫困人口及时纳入给予扶持。

七是在搞好农村人居环境整治上下功夫。要全面开展以垃圾处理、污水治理、厕所改造、黑臭水体和村容村貌提升、家容家貌改善为重点的农村人居环境整治。特别是要因地制宜推进深度贫困村垃圾处理、污水治理等专项行动，加快推进农村无害化卫生厕所改造，广泛开展村庄清洁行动，9月底前取得全面成效。省直有关部门要在资金项目上向深度贫困县倾斜，各县要按规定统筹整合好相关资金，集中用于农村人居环境整治。

八是在加强基层组织建设上下功夫。要全面开展“脱贫攻坚党旗红”活动，抓实堡垒示范、致富先锋、能力提升、人才返乡、结对帮扶“五大工程”。要深入实施农村“领头羊”工程，加强贫困村党组织建设，着力提升带领群众脱贫致富的能力素质。要持续开展基层党组织书记“万人示范培训”，加大村“两委”换届后干部培训力度，确保年内深度贫困村党组织书记培训实现全覆盖。

四、加大倾斜力度，对深度贫困地区脱贫攻坚给予更多支持

张承保三市和10个深度贫困县要认真贯彻习近平总书记“三个新增”（新增脱贫攻坚资金主要用于深度贫困地区，新增脱贫攻坚项目主要布局于深度贫困地区，新增脱贫攻坚举措主要集中于深度贫困地区）要求，切实把对深度贫困地区的倾斜落到实处。对于“3+1”县区，省直部门也要统筹资金项目，加大支持力度。

一是在资金投入上给予更多倾斜。省委明确要求，在脱贫攻坚上，省市县各级财政投入力度只能加大、不能减少，对深度贫困县扶贫资金更要加大投入力度。今年省财政扶贫专项资金投入比去年增长33.9%，远高于全国平均水平。各地要把账算好，把大盘子定好，加大转移支付力度，强化深度贫困县的资金保障。目前，中央和省财政专项扶贫资金已下拨张承保三市39.9亿元，占全省的61.6%；安排10个深度贫困县22.5亿元，占34.7%。后续资金要尽快下拨，进一步向深度贫困地区倾斜。要管好用好扶贫资金，解决好“资金趴在账上”、“资金等项目”问题。要提高资金使用效益，加强财政专项扶贫资金绩效评价工作，

切实让扶贫资金发挥更大效益。要加强扶贫资金使用监管，深入开展扶贫领域和作风问题专项治理，充分发挥驻村工作队、第一书记的监督作用，对深度贫困县扶贫资金实行审计全覆盖。

二是在政策支持上给予更多倾斜。在金融政策方面，要坚持新增金融资金优先满足深度贫困地区、新增金融服务优先布设深度贫困地区、扶贫再贷款优先满足深度贫困县县域地方法人金融机构需要，持续推广“政银企户保”金融扶贫模式，扎实推进深度贫困地区产业扶贫“深贫保”工作，切实兜住贫困群众生产风险底线。在土地政策方面，要结合空心村治理、未利用土地开发整理所需增减挂钩和占补平衡指标、工矿废弃地复垦利用计划予以重点保障，加快土地项目审批验收步伐，设区市不要干预深度贫困县结余指标交易范围。在生态政策方面，加强深度贫困地区生态建设，优先安排退耕还林任务，重点支持防护林建设和经济林发展，加大生态护林员选聘力度，落实生态保护补助奖励政策，提高贫困户在生态建设中的参与度和获得感。在兜底政策方面，加大低保扩面提标力度，加快深度贫困县农村特困人员供养服务机构建设，确保没有劳动能力的贫困人口都能得到有效保障，提高生活不能自理特困人员集中供养率。省民政厅要在原有基础上摸好底、算好账、定好措施，切实把底兜好。

三是在社会帮扶上给予更多倾斜。充分发挥京津扶贫协作和对口帮扶作用，加强与京津10个县区和中央国家机关的沟通联系，创新协作模式，强化工作保障，推动签订协议项目化，把结对关系转化为实质性帮扶。要从长远发展、稳定脱贫的角度谋划和推进帮扶协作，立足取长补短、互利共赢，全面推进基础设施改善、特色产业培育、大型企业引进、教育交流发展、职业技能培训、劳务定点输出、各类人才培养等工作。要整合社会帮扶资源，统筹抓好中央和国家机关定点扶贫、省内对口帮扶、“千企帮千村”行动，发挥群团组织、志愿者、公益组织作用，动员和凝聚全社会力量广泛参与脱贫攻坚。要积极推进消费协作扶贫，争取在京津两市及所辖县区设立深度贫困地区名优农产品专卖点，为特色优势农产品进入京津市场提供绿色通道。

四是在监测评估上给予更多倾斜。对贫困发生率在7%以上的阳原、尚义、沽源、康保、涞源等5个深度贫困县和贫困发生率在20%以上的深度贫困村开展贫困监测，重点跟踪实施方案进度、政策落实和脱贫攻坚任务完成等情况。对发现的问题，要逐一分析研究，每季度评估一次，加强工作指导，及时预警和纠偏，确保工作质量，确保如期脱贫摘帽。一旦发现工作不到位特别是有可能影响如期完成目标任务的，要提早做工作、提前抓提升。

五、狠抓责任落实，确保深度贫困地区脱贫攻坚决战决胜

各地各部门要进一步强化责任担当，切实做到人员到位、责任到位、工作到位、效果到位，坚决打好打赢深度贫困地区脱贫攻坚战。

一是全面压实责任。要压实市县的主体责任，深度贫困地区党委、政府主要负责同志要亲自抓，分管负责同志要具体抓，逐一研究细化实化攻坚措施，集中力量进行攻坚。要压实基层一线的落实责任，加大帮扶干部和新任村“两委”干部的培训力度，全面提高基层干部攻坚克难的能力和本领。要压实行业部门的主管责任，省直有关部门要立足部门职责落实脱贫攻坚责任，统筹调度部门和行业力量，加大支持保障力度。民政、教育、卫生健康、医保、住房城乡建设、发展改革、水利、农业农村、金融等部门要指导深度贫困县拿出针对性措施，提高工作质量，如期完成脱贫任务。

二是狠抓问题整改。要深入贯彻习近平总书记关于脱贫攻坚专项巡视的重要指示和全国脱贫攻坚专项巡视整改工作电视电话会议精神，反复开展“回头看”，严肃认真做好专项巡视整改工作，确保通报指出的突出问题和共性问题逐项整改落实到位。重点做到“三个对照”：要对照去年中央巡视、2017年度国家扶贫成效考核及2018年6月国务院扶贫开发领导小组巡查反馈我省的意见问题，进行再梳理、再排查，重点看哪些已经整改到位、哪些还没有整改到位，没有整改到位抓紧整改、尽快到位。要对照中央脱贫攻坚专项巡视通报指出的问题，逐一检查反思，逐一认真研究，举一反三排查，全面彻底整改。要对照2018年度国家扶贫成效考核期间发现的问题以及省级考核反馈的问题，对标对表考核要求，全面自查自纠，主动整改解决。对所有查摆出的问题，坚持一体整改、一体解决，务求见底清零。

三是落实包联制度。要继续实行“五包一”、“三包一”，坚持“谁包联谁负责、不脱贫不脱钩”，严格实行责任捆绑和“双线考核”。省扶贫办要定期梳理、通报包联工作开展情况，对因机构改革人员发生变动的，及时协调有关部门抓紧调整到位。牵头部门要督促责任部门抓好落实。包联领导干部要定期到深度贫困地区基层调研，不发通知、不打招呼、不听汇报、不用陪同接待，真正做到察实情、办实事，掌握一手情况，解决实际问题。

四是加强督导考核。要把深度贫困地区脱贫攻坚摆在重点工作大督查更加突出的位置，进一步加大工作力度。省扶贫办要加强协调督导。省脱贫攻坚督查巡查组要加大对“10+3+1”贫困县区的督导检查力度，对发现的问题线

索，及时按程序移交纪检监察机关，定期印发督查巡查通报，指导督促基层尽快整改到位。督查巡查要以暗访为主。要统筹督查巡查职责，实行省市县三级督查巡查成果共享共用。

打赢深度贫困地区脱贫攻坚战，时间紧、任务重、责任大，使命光荣。要深入学习贯彻习近平总书记关于扶贫工作的重要论述，全面落实党中央和省委、省政府决策部署，咬定目标不放松，苦干实干拼命干，强弱项、补短板、守底线，狠抓落实，坚决打好打赢深度贫困地区脱贫攻坚战，努力向党中央和全省人民交上一份满意的答卷，以优异成绩庆祝中华人民共和国成立70周年。

时清霜同志在平泉市调研食用菌产业发展时的讲话

(2019年7月22日)

按照省政府统一安排，我包联平泉市食用菌产业发展工作。今天和省直有关部门负责同志过来，主要任务是共同了解平泉市食用菌产业发展现状，分析面临的困难和问题，研究实现高质量发展的举措和路径。

上午，我们实地考察了金稻田、森源、中润公司和绿河食用菌产业园。刚才，平泉市汇报了食用菌产业发展相关情况和下步工作安排，省农业农村厅、省工信厅、承德市负责同志也讲了很好的意见。在农业供给侧结构性改革深入推进的大背景下，我感觉，当前，平泉食用菌产业发展已经进入新的时期、新的阶段，需要我们重新审视食用菌产业发展的形势，准确把握自己的定位和方向，加快推动转型升级步伐，努力实现食用菌产业发展新跨越、新提升。

来平泉调研之前，我让省政府综合三处、省农业农村厅特产处，对平泉食用菌产业发展进行了一些研究，对国内外食用菌产业形势进行了深入分析，感觉当前平泉食用菌产业发展既有传统的产业优势，也面临良好的发展机遇，同时还存在不少困难和挑战。从有利因素看，一是有良好的产业基础。平泉市历届党委、政府高度重视食用菌产业发展，始终如一地作为县域支柱产业持续推动，食用菌产业取得了扎实成效，归纳起来就是四个“突出”：1、规模效应突出。去年产销量58万吨，占全省的1/5；全市有一半以上的农民从事食用菌产业，他们的收入也有一半来自食用菌产业。2、产品特色突出。全市主打香菇品种，产销量占整个产业的70%以上；平泉成为农业农村部认定的全国首个香菇特色农产品优势区；在中国农产品区域公用品牌价值评估中，“平泉香菇”品牌价值达13.36亿元，成为平泉一张靓丽的名片。3、产业扶贫作用突出。全市40多家食用菌企业、400多个合作社带领1.6万贫困群众实现脱贫致富，户均年增收2.7万元；探索的“三零”精准扶贫模式（零成本生产、零风险经营、零距离就业），被列为“全国十大产业扶贫范例”。4、创新能力突出。在省内成立首家食用菌产业技术研究院，聘请了李玉、李天来院士和国家食用菌产业技术体系首席科学家张金霞等一批行业顶尖人才，培养了一批食用菌乡土人才，研发了一批新品种、新技术、新产品。二是有巨大的市场潜力。随着人们消费水平的提高，食用菌健康、营养、美味越来越被人们认可。从国内看，近十年来，我国食用菌产量持续增长，年产量近3700万吨，产值在种植业中排名仅次于粮、菜、果，居第四位。据专家预测，未来几年，国内食用菌市场有望继续保持10%以上的增长率。从国外看，人均消费量每年递增8%左右，尤其是发达国家供求缺口大。国内外市场尚有很大的需求空间。三是有强有力的政策支持。省政府去年制定了《加快发展农业特色产业的意见》和《推动农业产业化转型升级的意见》，对创新能力提升、产业聚集发展、产业链条延伸、重点项目建设、知名品牌培育以及用地、金融、人才等方面都明确了支持政策。食用菌生产机械（包括塑料大棚设施设备、烘干设备、遮阳网等相关物资），已经纳入国家农业机械购置补贴产品范围。国家和省里都建立了食用菌产业技术体系，组织了顶级专家团队攻克技术难关。

同时，我们也要清醒地认识到，自身发展还存在一些问题和差距。从市场来看，平泉食用菌虽然年产销量位居全国县域前列，在国内市场具有一定影响力，但出口渠道不畅，年出口额仅为0.256亿美元（河南西峡县香菇出口额达11.8亿美元，占全国近1/3）。同时，缺乏大型交易市场，没有形成区域性集散地，市场话语权不足（西峡县以干菇交易为主的双龙香菇市场、以鲜菇交易为主的丁河香菇市场，年交易额突破15亿元，被业界公认为中国北方地区的香菇集散中心、信息交流中心、价格形成中心）。从产业链条看，基本上停留在“种蘑菇卖蘑菇”的初级阶段，虽有少部分干品、腌制品、罐头等产品，但深加工产品占比较小，尤其是缺少保健品、药品级的精深加工产品；配套产业发展相对缓慢，能生产简单的食用菌机械设备，大型、高端设备仍需从河南、山东、福建等省购进。从产业竞争力看，生产加工主体还存在“多、小、散”的问题，种植户达3.5万户（2万袋以上），200万袋以上的只有14家，多年来，只有森源、润隆、瀑河源三家加工流通企业，而且产品档次不高、销售额增长不快（西峡县仅加工出口企业就达50多家，产值10多亿美元，浙江省庆元县规模较大的种植企业有120多家，加工企业有80多家）。从生产模式看，规模化、专业化水平不高，种植户仍然是独立制棒、自己种植为主（80%左右），存在成本高、效率低、质量不稳定的问题（浙江省庆元县从2012年开始推广工厂化制棒模式，目前专业化菌棒生产企业有近80家）。从技术支撑看，在菌种选育能力、配套栽培设施设备及工艺技术等方面，个别环节比较先进，但整体性、配套性技术与先进地区相比还有差距；缺乏顶尖的技术创新平台（河南、山东都有国家级食用菌加工技术研发中心）；本土中青年人才、技术推广人才短缺，人才梯队出现断档，结构不合理。

既然平泉市把食用菌产业作为富民立市的特色主导产业，就要综合分析当前面临的形势、自身的优势、存在的问题，放眼省内外、国内外，重新审视产业的定位和目标，进一步搞好顶层设计，制定实实在在的推进措施。我与省农业农村厅进行了商议，提出了几个目标，供你们参考。力争经过3-5年努力，全市食用菌产业年产量突破80万吨，综合产值突破100亿元，出口额突破1亿元，引进3 5家加工企业，产业综合实力达到全国公认的一流水平。实际工作中，我感觉应把握好以下四个方面：

一、加大科技创新力度，努力实现可持续发展。习近平总书记强调，科技是第一生产力，创新是引领发展第一动力。省政府提出打造“四个农业”，其中放在第一位的就是科技农业，5月份，省政府组织召开了科技农业发展座谈会，就科技创新提出了具体要求。下一步，平泉要认真检视食用菌产业的每一个环节，深入查找科技创新方面还有哪些短板和问题，有针对性地制定破解措施。要加大财政投入。参照省里做法（明年预算编制工作即将开始，省级将调整预算安排，加大对科技农业的支持力度），尽快对下一年度预算安排进行调整，进一步整合资金，增加对食用菌科技创新方面的投入。同时发挥财政资金“四两拨千斤”的作用，引导社会资金更多投向食用菌产业的研发。要加强领军人才培养引进。对一个县而言，如果没有超常规的政策，很难留住高端人才。要面向国内外引进更多高层次的科技创新人才，加快申报国家级食用菌研发中心，依托这一平台，吸引更多创新型人才，逐步形成衔接有序、梯次配备的人才结构，提高可持续的研发能力。要发挥企业的主体作用。任何时候，企业都应该是科技创新的主体（比如，全国食用菌产业化十强企业——河南世纪香食用菌公司，高度重视科技研发，下设有河南省食用菌工程技术研究中心、河南省博士后研发基地、国家一级食用菌菌种厂、食用菌培训学校等等）。要引导企业加大科技投入，支持有技术实力和创新意愿的龙头企业，牵头联合高校和科研院所合力攻克一些难题。

二、提高规模化生产水平，切实增强市场竞争力。从国内外食用菌生产规律看，随着产业规模的不断壮大，一家一户的“小作坊式”生产必然走向园区化、基地化。这是提升产业层次、实现周年化生产、增强整体竞争力的关键所在。平泉这几年在这方面也作了有益的探索（建成10亩以上标准化园区1500多个，标准化基地面积达到6.5万亩，标准化覆盖率达到90%以上）。下一步，要坚持以园区建设为载体，以产业化经营为路径，壮主体、扩规模、提标准，提升产业层次，推动一二三产实现融合发展。要提高工厂化种植水平。实践证明，食用菌的工厂化生产模式可以极大提高生产效率、产品品质和综合效益（临西县的九道菇公司，投资15亿元打造工厂化生产基地，年产约7万吨，为平泉总产量的1/8）。要学习借鉴先进企业的生产技术和模式，加大资金、技术投入，加快工厂化种植对传统生产模式的替代（不适合工厂化生产的品种，可采用工厂化制棒，降低人工成本，促进标准化生产）。要促进产业融合发展。着力发展以大带小、协力配套、错位发展、上下游互动的食用菌产业集群，打造集生产、试验示范、观光采摘、科普教育于一体的综合性、现代化食用菌产业园区。要提高标准化生产水平。针对主打产品，制定完善标准化生产技术规程，尽快建立健全质量安全标准体系、农业投入品控制体系、质量安全追溯体系，逐步实现生产源头无隐患、肥药投入无违禁、管理措施无盲区、出口销售无障碍。在这方面，省农业农村厅要加强业务指导和政策支持，对平泉给予更多关心和关注。

三、培育引进加工业龙头企业，带动产业转型升级。提升农业特色产业竞争力，产业化经营是根本路径，推进产业化经营，培育壮大产业化龙头企业是关键。对平泉而言，食用菌产业发展一个重要短板就是缺少大型加工龙头企业。要加大培育力度。支持有条件的合作社延长产业链、提升价值链，发展精深加工。要指导现有加工企业加快由传统企业向现代公司转变，按照现代企业制度要求，进行公司制、股份制改造，创新管理机制和管理手段，提高市场竞争力。要加大引进力度。省工信厅、省农业农村厅要加强业务指导，帮助平泉开展招商引资，抓住北京企业外迁机遇，瞄准世界500强、知名央企、国家级龙头企业，引进一批经济效益好、带动作用强的食用菌大项目。要打造良好的营商环境。实事求是地讲，与沿海发达省份相比，我省无论是优惠政策还是优质服务，都有不小差距，一些地区的农业产业化龙头企业，已经开始有向外转移的苗头（汇福粮油在江苏的项目，年加工能力达550万吨，已经超过了在燕郊的总部）。全省营商环境方面的通病，我想在平泉也不同程度存在。要按照习近平总书记提出的“构建亲清新型政商关系”要求，主动作为、靠前服务，悉心听取民营企业家的正当诉求，坚决保护其合法权益，帮助解决实际困难，实打实地为市场主体着想、为项目建设服务，确保留住本土企业、壮大已有企业、引来外阜企业。

四、坚持工业设计理念，培育打造知名品牌。现在经常讲，要以工业的发展理念抓农业。这其中，我感觉最重要的是要把工业设计的理念贯穿到农业发展全过程，对食用菌产业而言也是如此。要加强工业设计。从顶层设计入手，将工业设计元素充分渗透到食用菌产业生产、经营、销售等各个领域、各个环节，进行全方位、全过程、全链条设计。为提高我省工业设计能力，2017年，省工业和信息化发展研究院、深圳市工业设计行业协会联合成立了河北工业设计创新中心。平泉市有关部门、食用菌企业可以主动与他们对接沟通，借助专业人士的力量做好工业设计。要强化品牌打造。经过深入调研、综合分析，根据市场需求确定产品定位、外观造型、包装图案、营销策略等，为特定消费群体量身打造适销对路的产品，最终形成消费者认可的品牌。要做好市场营销。好酒也怕巷子深。要用好“平泉香菇”地理标志品牌，借助报纸、广播、电视等传统媒体和互联网、微博微信、客户端等新媒体，对“平泉香菇”乃至整个食用菌产业进行全方位宣传，提高知名度和美誉度。要扩大出口份额。进一步严把质量关口，改进营销方式，拓宽出口渠道，强化政策支持，力争3年内出口额实现大幅增长。

王晓东同志在《河北省水资源情势调研报告》座谈论证会上的讲话

（2019年8月2日）

“水”的问题，一直是党中央、国务院和省委、省政府高度关注的重点、难点问题，也是人民群众普遍关心的焦点、热点问题。长期以来，我省“水少、水多、水脏”的问题一直困扰着我们。水少主要表现为，河流干涸、湿地减少、草原沙化、土地干旱、地下水超采等问题；水多主要表现为，暴雨连雨季节河道泄洪能力差、河湖淀库蓄水能力不足、洪涝灾害泛滥；水脏主要表现为，水资源严重污染。随着京津冀协同发展、雄安新区建设、举办冬奥会等国家重大战略的深入推进，我省水少、水多、水脏的问题与全省经济社会发展的矛盾越来越突出。

近年来，省委、省政府认真贯彻落实习近平生态文明思想，高度重视水生态治理与保护工作，采取一系列重大举措，全区域规划、全方位推进、全社会参与水生态文明建设，着力打好碧水保卫战，取得明显成效。东峰书记对“水”的问题高度关注，要求省人大在推进水生态建设上发挥作用。去年，省人大常委会修订了地下水管理条例；今年7月份，作出了关于加强张承地区草原生态建设和保护的决定；下半年，还要制定河湖保护和治理条例，作出加强太行山和燕山绿化建设的决定，开展地下水管理条例执法检查。近期，照兵主任多次强调把全省水的底数搞清楚，抓紧开展水资源情况专题研究。这项调研任务，重要而复杂、紧迫而艰巨。这项工作从5月底启动，到今天起草完成这个报告（讨论稿），农工委、水利厅，特别是省水利水电第二勘测设计研究院的同志们，克服了许多困难，付出了辛勤的劳动，很不容易。今天。我们又把大家召集到一起，对报告进行研究讨论，特别是邀请了王浩院士和赵勇院长，听取知名专家的意见，就是为了提高报告的专业性、科学性和权威性。刚才，大家都讲了非常好的意见，都很中肯、很客观、很专业、很有见地。我都同意。下面，我简单讲三点意见，供大家参考。

第一，要从政治的高度认识水的问题。水是生命之源、生产之要、生态之基。党的十八大以来，习近平总书记多次就水生态保护和治理发表重要讲话、作出重要指示，深刻指出随着我国经济社会不断发展，水安全中的老问题仍有待解决，新问题越来越突出、越来越紧迫，明确提出了“节水优先、空间均衡、系统治理、两手发力”的治水方针，突出强调要从改变自然、征服自然转向调整人的行为、纠正人的错误行为。这是习近平总书记深刻洞察我国国情水情、针对我国水安全严峻形势提出的治本之策，是习近平新时代中国特色社会主义思想在治水领域的集中体现。河北内环京津，外沿渤海，地跨海河、滦河两大水系，在京津冀水生态建设方面肩负着重大责任。总书记对河北知之深、爱之切，十八大以来7次视察河北，作出一系列重要指示，要求河北省“扎实推进生态文明建设，扎扎实实推进去产能，在治理污染修复生态中加快营造良好人居环境”。这其中，水的问题非常重要。这次水资源情势调研，就是深入学习贯彻习近平生态文明思想的具体体现，一定要提高政治站位、树立必胜信心，勇于担当责任、积极攻坚克难，全力以赴完成。

第二，要以系统的思维看待水的问题。世界上万事万物都处在普遍联系之中。就水来说，它最初只是一个自然系统，随着人们对水的开发利用，流域内自然的、经济的、社会的因素都与水发生了一定的联系和作用，水就构成了一个集自然、社会、经济为一体的复合系统。曾经有段时间，我们就水看水、就水论水、就水治水，有一些顾此失彼的情况，走了一些弯路。比如说，我省农业用水占用水总量的75%，一个时期在农业用水开发利用上，兴渠废井，发生了土壤次生盐碱化；兴井废渠，又出现了地下水位下降，地面沉降，海水入侵等环境问题。后来，我们改变了认识事物的视角，调整了思维方式，把地表水地下水作为同一个整体、同一个系统，统一管理，使地表水地下水资源余缺相济，使旱涝盐碱得到综合治理，获得水资源最好的经济、社会和生态效益。这是系统思维的生动体现。现在，我们深刻认识到，水资源、水环境、水生态是一个不可分割统一体，没有水资源就无所谓水环境，没有好的水生态系统就不可能有好的水资源（量）和好的水环境（质）。看待水的问题，需要充分运用好系统思维，统筹谋划好各个方面、各个层次、各个要素，在科学上，需要学科交叉，不能各立学派；在管理上，应该部门协调，不能九龙治水；在思路上，应多维考虑，不能“单打一”。

第三，要以发展的眼光解决水的问题。近年来，省委、省政府深入贯彻习近平生态文明思想、关于河北工作的指示批示以及关于水资源保护的重要指示精神，认真落实党中央、国务院决策部署，围绕水资源保护利用和水生态环境建设制定了一系列规划政策、采取了一系列工程措施，特别是地下水超采治理取得了阶段成效。同时，我们也要清醒地看到，全省还面临着水资源短缺和水环境污染并存、地表水污染治理和地下水超采治理并存、自身发展与京津冀水源涵养功能区建设并存的形势，双重或多重治理任务仍然相当艰巨。解决这些问题，必须用发展的办法、以打攻坚战和持久战的姿态做好工作。当前，生态环境保护迎来前所未有的大好机遇，进入了快速发展的新时代。党中央、国务院和省委、省政府对生态环保的重视程度前所未有，贯彻绿色发展理念的自觉性和主动性显著增强，政治上的保证、制度上的优势、政策上的激励、物质上的支持等各种有利条件汇成巨大的力量，使我们完全有条件、有能力解决突出的环境问题，加快改善环境质量。我们一定要牢牢把握机遇、乘势而上，用发展的眼光、发展的办法，高质量地完成目标任务，满足人民对美好生活的期待。

赵一德同志在脱贫攻坚成效考核整改工作电视电话会议上的讲话

（2019年8月6日）

这次会议的主要任务是，深入学习贯彻习近平总书记关于扶贫工作的重要论述，全面落实国务院扶贫开发领导小组解决“两不愁三保障”突出问题和考核整改工作电视电话会议精神，认真落实王东峰书记在省委常委会（扩大）会议上的讲话要求，通报我省2018年扶贫开发工作成效考核结果，安排部署2018年度国家脱贫攻坚成效考核反馈意见问题整改工作，以强有力举措抓整改、补短板、强弱项，提升脱贫攻坚质量水平，确保如期高质量打赢脱贫攻坚战。

刚才，时清霜同志传达了国务院扶贫开发领导小组解决“两不愁三保障”突出问题和考核整改工作电视电话会议精神，李志刚同志通报了我省2018年扶贫开发工作成效考核情况，各地各部门要认真学习领会，结合实际抓好落实。下面，我讲4点意见。

一、充分肯定2018年脱贫攻坚取得的显著成绩，进一步增强打赢脱贫攻坚战的政治责任感和历史使命感

2018年，是我省脱贫攻坚极为特殊、极不平凡的一年，是知耻后勇、负重奋进的一年，也是近几年来进步最明显、成效最显著的一年。一年来，在省委、省政府的坚强领导下，全省上下坚持以习近平新时代中国特色社会主义思想为指导，认真贯彻习近平总书记关于扶贫工作的重要论述和关于河北工作的重要指示精神，全面落实党中央决策部署，把打赢脱贫攻坚战作为自觉践行“四个意识”、坚决做到“两个维护”、当好首都政治“护城河”的现实检验，以做好中央巡视、国家扶贫成效考核、国务院扶贫开发领

导小组巡查反馈意见问题整改为抓手，举全省之力扎实推进扶贫脱贫工作，打了一场具有标志性意义的“翻身仗”。在2018年度国家脱贫攻坚成效考核和东西部扶贫协作考核中取得好成绩，均进入“好”的行列，得到中央领导的充分肯定。总结2018年全省脱贫攻坚工作，最突出的有“六个显著”。一是脱贫质量显著提高。全省实现65万贫困人口脱贫，2510个贫困村出列，21个贫困县通过省级验收宣布摘帽，圆满完成年度减贫任务，贫困发生率下降1.08个百分点，贫困人口识别准确率、退出准确率均为100%，帮扶工作群众综合满意度提高9.86个百分点。二是基层基础显著提升。扎实开展基层基础工作规范提升行动，推广承德备、训、访、帮、档、验、录、示“八字工作法”，紧盯调研准备、业务培训、走访座谈、精准帮扶、档案规范、逐级验收、系统录入、公告公示等关键环节，提高了贫困识别、退出和帮扶精准度。对村“两委”换届后新当选村干部实现培训全覆盖，农村基层党组织的凝聚力战斗力明显增强。三是保障力度显著加大。2018年省级财政专项扶贫资金投入增长306%，市县两级财政专项扶贫资金投入增长94.1%，2018年财政专项扶贫资金绩效评价等次为优秀；贫困县城乡建设用地增减挂钩第一次实行跨省域调出，预计调剂收益17.9亿元；“政银企户保”金融扶贫模式入选2018年全国产业扶贫十大机制创新典型。四是生产生活条件显著改善。贫困地区新建改建农村道路比上年增长71.7%，建制村通硬化路比例、通生活用电村数和人口数、通动力电村数均实现100%，贫困村光纤宽带通达率、4G信号覆盖率均达99.6%以上，贫困地区村域生活垃圾收集处理率达90%以上。五是攻坚合力显著增强。中央单位直接投入帮扶资金比上年增长7.9%，京津两市帮扶投入比上年增长41.8%，社会组织捐赠帮扶资金比上年增长82.8%，构建起社会各方面广泛参与的大扶贫格局。六是干部作风显著转变。坚持脱贫攻坚和作风攻坚两场战役一起打，把2018年作为脱贫攻坚作风建设年，通过举办县乡党委书记脱贫攻坚“擂台赛”营造了比学赶超的浓厚氛围，通过狠抓专项治理坚决纠正形式主义、官僚主义问题，严肃查处扶贫资金管理使用中的违规违纪问题，在全省凝聚起风清气正、扎实苦干的强大力量。

这些成绩的取得，是以习近平同志为核心的党中央坚强领导的结果，是中央部委、京津等对口援助单位支持帮助的结果，是省委、省政府带领全省广大干部群众艰苦奋斗的结果。在此，我代表省委、省政府，代表王东峰书记、许勤省长，向为河北扶贫工作作出贡献的各级各部门和社会各方面人士，向奋战在脱贫攻坚一线的同志们，表示衷心的感谢和崇高的敬意！

一年来，各地各部门进行了不少有益的探索与实践，形成了很多值得在以后工作中坚持的好经验好做法。概括起来，主要有5个方面：一是必须坚持五级书记一起抓，充分发挥各级党委总揽全局、协调各方的作用，实行脱贫攻坚一把手负责制，省市县乡村五级书记一起抓，全党动员齐攻坚，为脱贫攻坚提供坚强有力的政治保证。二是必须坚持精准扶贫精准脱贫，认真贯彻精准方略，下足绣花功夫，全面落实扶持对象精准、项目安排精准、资金使用精准、措施到户精准、因村派人精准、脱贫成效精准“六个精准”要求，因村因户因人施策，精准解决扶持谁、谁来扶、怎么扶、如何退问题。三是必须坚持从严从实作风，切实把全面从严治党要求特别是作风建设贯穿脱贫攻坚全过程和各环节，做到扶贫工作务实、脱贫过程扎实、脱贫结果真实，使脱贫成效经得起历史和实践检验。四是必须注重激发内生动力，坚持扶贫和扶志扶智相结合，充分调动贫困群众积极性、主动性和创造性，着力提高贫困群众自我发展能力，引导贫困群众靠自己辛勤劳动脱贫致富。五是必须用好考核指挥棒，实行最严格的考核评估，科学设置考核办法，切实用好考核结果，以考核促进真抓实干、保证脱贫质量。

我们既要充分肯定成绩、坚定必胜信心，又要客观分析当前形势、正确对待面临的任务。2018年工作做得好，不等于今年工作好，更不等于明年也好。全面完成脱贫攻坚任务，留给我们只有一年多的有效时间，2020年下半年就要进行验收。当前，全省脱贫攻坚还存在一些突出问题，深度贫困地区脱贫攻坚任务艰巨，基础工作依然脆弱，“三保障”工作不够平衡，等等。对此，我们一定要保持清醒头脑，看到差距不足，以时不我待、只争朝夕的精神，进一步拧紧螺丝、上紧发条，持续攻坚奋进，确保全面完成今年脱贫攻坚任务，确保2020年如期打好打赢脱贫攻坚战。

二、坚持目标需求导向，坚决完成年度脱贫攻坚任务

2019年是脱贫攻坚决战决胜之年，也是全面建成小康社会极为关键的一年。各地各部门要围绕脱贫攻坚目标任务，响鼓重锤，尽锐出战，靶向发力，确保圆满完成33万人脱贫、“10+3+1”（10个深度贫困县+赤城、怀安、蔚县3个国定贫困县＋涿鹿县赵家蓬区）贫困县摘帽任务，确保2019年国家脱贫攻坚成效考核和东西部扶贫协作考核都进入“好”的行列。

一是在抓重点上下功夫，以更大力度推动深度贫困地区脱贫攻坚。要加大投入支持力度，用足涉农财政资金整合政策，加大金融、土地、生态、科技等方面政策倾斜，完善特殊贫困群体兜底保障政策，全力保障脱贫攻坚需求。要加大包联责任落实力度，深化“五包一”、“三包一”

帮扶举措，强化“双线考核”结果运用，建立包联领导现场办公制度，多渠道整合资源力量，确保深度贫困地区如期实现脱贫目标。要加大“双基”提升推进力度，加快206个深度贫困村基础设施和基本公共服务提升项目建设，年内项目完工率达到100%，从根本上改善深度贫困村生产生活条件。

二是在破难题上下功夫，以更大力度解决“两不愁三保障”突出问题。要全覆盖开展普查，省教育厅、省卫生健康委、省住房城乡建设厅、省水利厅、省医疗保障局牵头，从现在开始到5月底前，在全省范围集中开展“两不愁三保障”突出问题大普查，市县党委、政府一体落实，逐村逐户逐人排查，市县乡村逐级签字背书，做到不漏一户、不落一人，全面彻底摸清底数。要全力解决问题，省直牵头部门和各市县按照解决“两不愁三保障”突出问题，逐项列出解决义务教育、基本医疗、住房安全、饮水安全“3+1”问题的具体方案，加大支持力度，统筹调配资金项目，严格实行清单管理，确保“两不愁三保障”政策落到实处。要全方位压实责任，在工作摆布、考核评估、监督检查等方面向“两不愁三保障”聚焦，将其作为成效考核、贫困退出、督查、巡查、巡视、审计、民主监督及脱贫攻坚“擂台赛”的重点内容，以强化责任推动工作落实。

三是在补短板上下功夫，以更大力度抓好防止致贫返贫工作。要着力推进精准防贫，把防贫工作摆上更加突出的位置，对非建档立卡低收入户、非持续稳定脱贫户以及收入水平略高于建档立卡贫困户的群体，有针对性地进行扶持和救助，防止发生边脱贫边返贫边增贫现象。特别是对没有纳入农村低保的建档立卡贫困人口和脱贫人口、没有纳入建档立卡的低保对象、有大额刚性支出的家庭、低收入边缘困难人群等重点群体，要加强重点监测，加大综合保障兜底力度，精准落实产业、就业等帮扶措施，防止致贫返贫。要着力提升非贫困县、非贫困村脱贫攻坚水平，统筹整合资源，加大对非贫困县、非贫困村支持力度，有针对性地强化非贫困地区脱贫攻坚薄弱环节，确保贫困群众高质量脱贫、不发生致贫返贫问题。要着力做好常态化监测，主要是搞好贫困人口规模和贫困发生率动态监测，对贫困发生率在7%以上的深度贫困县和贫困发生率在20%以上的深度贫困村加强分析研判，发现问题及时采取有效措施；对退出县贫困发生率进行纵向比对，严防出现反弹回潮。

四是在可持续上下功夫，以更大力度提升脱贫攻坚质量水平。要抓好产业就业科技扶贫，因地制宜发展扶贫产业，完善利益联结机制，开展消费扶贫，提高贫困群众参与度和收益水平；深入实施就业扶贫“五个一批”工程，加强京津扶贫劳务协作，提高贫困群众就业率；实施科技扶贫三年行动计划，做好选派科技特派员工作，完善创新创业平台，加快科技扶贫成果转化。要抓好易地扶贫搬迁，全面完成13.59万贫困人口易地扶贫搬迁任务和剩余4.9万户危房改造任务，尤其要完善搬迁后续帮扶措施，加强产业园区和公共服务体系建设，做好就业帮扶、社会融入等工作，确保搬迁贫困人口稳得住、可就业、能致富。要抓好脱贫攻坚和乡村振兴统筹衔接，着眼于解决“后两年”和“两年后”的问题，用好乡村振兴措施巩固脱贫攻坚成果，接续推动群众生活改善，切实提高贫困地区经济社会发展质量。

对于省政府刚刚宣布摘帽的21个县，更要再接再厉、更加奋发有为地做好后续工作，绝不能产生撤摊子、甩包袱、歇歇脚等错误思想，切实做到摘帽不摘责任、摘帽不摘政策、摘帽不摘帮扶、摘帽不摘监管。要坚持一手抓剩余贫困人口脱贫，一手抓防止返贫和出现新的贫困人口，不断巩固扩大脱贫成果，确保圆满完成脱贫攻坚任务。国家将于6月份对18个摘帽国定贫困县中的20%进行抽查。摘帽县要利用这段时间把工作做得更深入、更扎实、更有成效，确保国家抽查结果好于省里检查验收结果，绝不能出现不达标、不合格、不过关问题。

三、坚持问题导向，全面彻底抓好问题整改

抓好问题整改，是打好打赢脱贫攻坚战的关键举措，也是必须完成好的政治任务。要把2018年国家脱贫攻坚成效考核反馈我省8个方面26项49个具体问题和5个方面的建议，国家专项巡视反馈的4个方面问题，中央办公厅、国务院办公厅印发的《关于2018年脱贫攻坚成效考核情况的通报》中指出的8个方面问题和6个方面要求以及省内考核、督查、巡查、审计等“回头看”发现的问题全部纳入整改范围，抓紧改、全面改、彻底改，尽快整改到位。

这里特别提醒大家要高度关注以下3个方面的问题：第一，帮扶工作群众综合满意度不理想问题。第三方评估结果显示，我省帮扶工作群众综合满意度为83.67%，比2017年明显提高，但低于全国平均水平2个百分点。主要原因是一些地方贫困群众对就业扶贫成效、企业带动成效、扶贫小额信贷、医疗扶贫等政策落实及干部作风问题满意度不够高。第二，2018年我省考核主要失分问题。除了帮扶工作群众综合满意度不够高以外，还包括3个方面：一是“三保障”工作不够到位，医疗保障方面，存在慢性病签约服务、“先诊疗后付费”等政策落实不到位和过度保障问题；饮水安全方面，有的地方饮水安全鉴定不准，有的贫困户饮水安全无保障被脱贫；住房安全方面，有的地方建档立卡贫困户危房鉴定不规范、底数不清、房屋改造质量差。二是产业就业扶贫不够到位，产业扶贫长效机制尚未建立，“一发了之”、“一股了之”、“一光了之”等

问题仍然存在；就业扶贫存在“变相发钱”的苗头，有的地方虚设扶贫公益岗位、轮流坐庄、变相发钱。三是易地扶贫搬迁执行政策不够到位，存在分散购房安置超面积和大额举债、拆迁复垦进度较慢、资金管理不规范等问题。第三，打赢脱贫攻坚战的弱项和风险问题。有的县脱贫攻坚责任落实不够到位，有的脱贫摘帽县有松劲懈怠现象，巩固脱贫的长效机制不够健全；“三保障”政策落实不到位问题还不同程度存在；产业带贫机制没有有效建立，带贫效果还不明显；一些非贫困县、非贫困村基础工作不扎实；扶贫资金项目和资产管理存在风险；易地扶贫搬迁拆旧复垦、后续帮扶任务艰巨，等等。

在整改上，要聚焦重点问题，结合本地实际，突出以下4点。

一是不折不扣抓整改，确保“点对点”问题全部整改到位。无论是国家反馈指出的还是省内发现的，只要是存在的问题，就要纳入整改范畴，实行台账管理，逐一整改到位。要坚持质量标准，对标对表国家考核标准，把工作做深做细做实，钉是钉、铆是铆，整改不到位不放过，质量不达标不放过，群众不满意不放过。要坚持一抓到底，不论有多大难度、有无时限要求，都要毫不含糊、毫不放松，在保证质量的前提下尽早整改到位。要坚持较真碰硬，讲原则不讲情面，讲效果不讲理由，越是棘手问题越要下大力气解决，越是有影响问题越要下大功夫处理，绝不能碰见问题绕着走、遇到困难就回避。

二是举一反三抓整改，确保类似问题不再发生。在国家考核反馈的问题中，不少是带有普遍性的，有的虽然没有点到我省，没有涉及我省的某个县、某个部门，但并不说明我们这方面没问题。各地各部门要对照指出的问题，深查细照，认真查摆，全面整改。要大处着眼，从政治和大局的高度抓整改，把问题看得更重一些，把标准定得更高一些，把工作想得更深一些，把措施定得更硬一些。要见微知著，抓早抓小抓苗头，切实把问题解决在萌芽状态、解决在初始阶段。要深挖根源，不仅要抓具体问题整改，而且要从思想认识、作风纪律等方面深入剖析原因，从根子上抓好整改。比如，中央办公厅、国务院办公厅印发的《通报》点出了我省“有的地方给二级视力残疾者安排‘防火员’岗位”的问题，这样的帮扶不仅不能从根本上帮助贫困群众脱贫，而且还会助长“懒汉”思想。对此，必须引起高度重视。

三是驰而不息抓整改，确保不发生反弹回潮。抓好问题整改，既是歼灭战又是持久战。比如，产业发展的问题，不是一朝一夕的事，克服形式主义、官僚主义不可能一蹴而就，必须坚持力度不减、尺度不松。要标本兼治，既要“就事论事”，在最短时间内解决发现的问题；又要建章立制、堵塞漏洞、防微杜渐。要综合施策，对涉及面宽的问题，要加强衔接配合，出台配套措施，打好“组合拳”，形成协同效应。如易地扶贫搬迁后续帮扶问题，就需要从产业、就业、资金等多个方面同向用力、多个部门共同努力。要常抓长管，对整改情况特别是容易出现反复的问题，经常开展“回头看”，严防整改不彻底和死灰复燃等问题。

四是上下联动抓整改，确保工作深入扎实推进。有些问题表现在下面、根子在上面，与政策导向和工作指导有关，必须坚持以上率下、上下联动，形成工作合力。要强化统筹协调指导，省直部门不仅负责本单位而且要统筹本系统本行业的整改工作，既要与对口部委进行对标对表，又要加强对市县工作的具体指导，深入基层面对面帮助解决基层难以解决的实际问题。要完善政策措施，在土地利用、财政投入、科技人才、融资贷款等方面，健全政策支撑体系，加大资源整合力度，以政策精准促问题整改到位。

四、加强组织领导，推动各项工作落地落实

习近平总书记强调，脱贫攻坚战进入决胜的关键阶段，务必一鼓作气、顽强作战，不获全胜决不收兵。各地各部门要提高政治站位，主动担当担责，积极履职尽责，全力推动落实。

一是压实工作责任。各级党委、政府要切实负起主体责任，党政“一把手”要切实履行第一责任人责任，亲自研究，亲自上手，亲自解决问题；分管领导要负起具体责任，靠前指挥，一线推进；领导班子成员要落实包联责任，深入调研指导，解决具体问题。对国家反馈的8个方面问题，每项内容都要明确一个领导主抓、一个部门牵头、一个专班负责。各部门要发挥好职能作用，针对本行业本系统存在的突出问题，各司其职、各负其责，认真抓好整改；对需要几个部门共同完成的工作，要主动沟通、协调联动，重要问题“一把手”亲自解决；对职责范围内没有明确但中央有要求、省里有部署的，必须积极主动抓好落实，不能推诿扯皮、推卸责任。

二是夯实基层基础。要深入推进抓党建促脱贫攻坚，大力整顿贫困村软弱涣散党组织，夯实贫困地区农村基层党组织领导核心地位，提高带领贫困群众脱贫能力。在脱贫攻坚任务较重的村，配足村“两委”力量，既要有熟悉情况、善于做群众工作的老干部，也要有具有开拓精神的“新鲜血液”。对于班子软弱、支部涣散的村，要进行一对一专项整顿，提升工作能力。要选好派强第一书记和驻村工作队，注重从县级以上党政机关选派过硬的优秀干部驻村帮扶，严格规范管理，务求帮扶实效。派出单位要切实当好后盾，在资金、项目、政策等方面加大支持力度。

三是严格督导检查。要充分发挥省重点工作大督查办公室、6个脱贫攻坚督查巡查组的作用，坚持问题导向，

注重工作方法，强化工作指导，多到基层一线开展针对性调研，与一线同志们一起找路子、解难题。要改进督导方式，不搞层层陪同，不搞常规性的座谈汇报交流，以进村入户、暗访暗查、指导督促为主，对发现的问题，要及时反馈督促落实。要认真落实党中央和省委关于“基层减负年”的要求，实事求是地开展督查，不搞没有实质意义的督导检查，切实减轻基层负担，让基层集中精力抓整改。

四是强化考核问责。要把脱贫攻坚工作作为常态化约谈事项，对整改不敬畏、不在乎、喊口号、装样子的，及时进行约谈；对工作中弄虚作假、走过场的，坚决推倒重来；对责任不落实、工作不扎实、贻误工作、造成严重后果的，依规依纪严肃追责问责。各地整改情况要作为脱贫攻坚成效考核的重要内容，列入年终考核体系。

五是营造浓厚氛围。要旗帜鲜明抓整改，在全社会形成抓整改、补短板、促提升态势。要培树扶贫典型，推出一批叫得响、立得住的典型，示范引领脱贫攻坚工作。要凝聚帮扶合力，构建专项扶贫、行业扶贫、社会扶贫互为补充的大扶贫格局。要高度重视涉贫舆情防控引导工作，防止个别问题炒作影响脱贫攻坚大局。

这里特别强调，奋战在基层脱贫一线的扶贫干部，为全省脱贫攻坚工作付出了很大艰辛、作出了重要贡献，要落实激励政策，强化人文关怀，关注干部身心健康，关心干部家庭生活，努力消除他们的后顾之忧，保护和发挥好他们的工作积极性。

脱贫攻坚责任重大、使命光荣。让我们深入学习贯彻习近平总书记关于扶贫工作的重要论述，全面落实党中央和省委、省政府决策部署，进一步坚定信心、精准发力，推动全省脱贫攻坚工作取得新的更大成绩，向党中央和全省人民交上一份满意的答卷。

时清霜同志在部分市县奶业振兴工作座谈会上的讲话

（2019年8月28日）

河北是奶业大省，省委、省政府历来高度重视奶业发展，今年相继出台《奶业振兴规划纲要》和《关于加快推进奶业振兴的实施意见》。上午，我和省农业农村厅负责同志实地考察了武强县的奶牛养殖和加工企业，听取了相关汇报。下午，组织南部5个市召开奶业振兴座谈会，之所以在衡水召开座谈会，主要是因为衡水市委、市政府高度重视奶业发展，在推动规模养殖、企业转型升级、产品质量监管、龙头企业引进等方面，近几年力度比较大、发展速度比较快，很多做法值得学习借鉴。

刚才，听了5个市、10个县的汇报，总体上感觉各地对奶业振兴都非常重视，思路清晰、目标明确、行动迅速，制定的政策措施切实可行，同时也提出了许多好的意见建议。奶业振兴工作领导小组办公室要认真梳理，与有关厅局深入研究、吸收借鉴，对有关政策进行修改完善。下面，我讲几点意见：

一、充分把握历史机遇。自2008年“三聚氰胺”事件以来，省委、省政府采取了一系列整顿和振兴奶业的政策举措，各地各有关部门坚持从“从哪里跌倒就从哪里站起来”，出台支持政策，加大投资力度，创新体制机制，加强市场监管，奶业发展进入全面振兴的新阶段，面临前所未有的历史机遇。一是中央领导高度重视。习总书记多次就奶业发展提出明确要求，强调“要生产出让人民群众满意放心的高品质乳业产品、打造出具有国际竞争力的乳业企业、培育出具有世界知名度的乳业品牌”。2018年3月，胡春华副总理在全国春季农业生产会期间，要求我省加快发展1000万吨奶；多次强调“不要让中国奶业成为第二个大豆产业”“做优做强乳制品加工企业，只有蒙牛、伊利两家世界前十强的乳制品加工企业是远远不够的，必须培育出一批世界级的乳制品加工企业”。他还指出，河北奶业振兴具有特殊重要意义，要高度重视、多措并举，尽快实现河北奶业振兴。河北在奶业振兴中被委以重任、寄予厚望，这是对我们的信任和关爱，也是最大的动力。二是乳品产业基础扎实。我省地处黄金奶源带，有深厚的奶牛养殖传统，奶牛存栏和生鲜乳产量连续多年居全国第三，乳制品产量连续5年居全国第一，规模养殖比例达98%（300头以上）、高出全国40个百分点，奶牛单产7.6吨、高出全国0.3吨。引进了蒙牛、伊利等大型乳企，培育出了君乐宝、乡谣、天香、小洋人、康诺等本土知名企业。我们在奶业振兴上有理由、有条件走在全国前列。三是消费市场潜力巨大。《中国居民膳食指南》提出，满足健康需求人均奶类年消费为109公斤，还有72公斤的增长空间。我省毗邻京津两大消费市场，拥有1.2亿消费人群。随着城乡居民收入水平不断提高、城乡融合发展加快推进和全面二孩政策的实施，未来一个时期，奶类消费增长蕴含着巨大潜力。四是支持力度前所未有。省委、省政府对任何一个农业特色产业，从来没有像对待奶业这样重视，王东峰书记多次作出批示、提出明确要求，许勤省长多次专题研究、直接推动相关工作。省里成立领导小组、制定发展规划、多方筹措资金、完善政策措施，等等。奶业作为一个战略性产业，既事关国民健康，又事关农民增收；既有必要的资源条件，又有大量国内购买力支撑；既是一项重要的经济任务，也是一项重要的政治任务，我们一定要抓住这一千载难逢的历史机遇，主动作为，乘势而上，全力推动我省奶业在全国率先实现振兴。特别是有资源条件、产业基础的贫困县，要充分利用特殊的金融、土地政策，抢抓机遇，营造良好发展环境，借势奶业实现跨越式发展。

二、抓紧完善政策措施。目前，奶业振兴省级层面的顶层设计基本完成，"四个一流"的目标和"四大工程"的举措已经安排部署，千万吨奶的任务目标也分解到了各市。下一步，市县要对标对表省里的规划、政策，结合本地实际完善配套政策。一要细化目标措施。按照规划，我省计划用7年时间达到千万吨奶目标，如期完成这一任务，必须将各项目标细化到年度、分解到市县，落实到加工企业、奶牛养殖场、饲草饲料种植地块。各市县要按照统一安排部署，实行"双规划"管理，即：纵向上，省、市、县规划要相互配套；横向上，政府规划和企业规划要彼此衔接。政府的主攻方向和企业的战略布局要协同，政策的支持重点和企业的发展需求要合拍。只有这样，才能将市场配置资源的决定性作用和政府宏观调控的作用有效叠加起来。据了解，伊利、蒙牛、君乐宝、三元、新希望等大型乳品企业，正在对接我省奶业振兴规划纲要，制定河北区域内的发展规划。到2025年，全省计划新建、扩建乳品企业40个，伊利、蒙牛、君乐宝在我省生鲜乳收购量分别达到500万吨、360万吨和370万吨，总量超过1000万吨。各市和奶业大县、奶业新兴县，要依据《规划纲要》和《实施意见》，主动与相关企业对接，制定配套的发展规划，将任务目标分解到年度、企业和具体项目，不折不扣抓好落实（目前，石家庄、张家口、衡水、邢台、邯郸5市已出台实施方案，沧州正在修改完善，其他各市正在审批）。二要拿出"真金白银"。支持奶业发展，我们有成熟的经验和做法。2013年，为提高全省乳粉尤其是婴幼儿乳粉生产能力，省政府出台《关于加快全省乳粉业发展的意见》，年均安排资金3.4亿元，重点支持乳粉企业新上生产线、自建奶牛场和配套饲草基地建设。4年时间，乳粉和婴幼儿乳粉产能分别增长1.4倍、4.7倍。实践证明，哪里是政策洼地哪里就是投资高地，有针对性的支持政策能够起到事半功倍的作用。据了解，黑龙江、内蒙古等奶业大省，正在制定含金量比较高的支持政策。如果我们的政策不能同步跟进，在竞争中就会处于被动地位，甚至出现乳企外流。因此，我省的《实施意见》明确，2019-2022年，省级财政计划每年安排10亿元支持奶业发展。省农业农村厅每年争取农业农村部"粮改饲"、苜蓿种植、家庭牧场等国家资金约4亿多元。可以说，支持力度之大达到了历史顶峰。同时，《实施意见》要求市县每年安排7-10亿元资金，配套支持奶业发展。张家口市确定每年安排5000万元、奶业大县每年安排2000万元以上，石家庄市计划每年筹措2亿元，专项支持奶业振兴。各市县政府要参照这两个市的做法，结合本地实际，抓紧制定强力扶持政策，统筹整合相关资金，明确具体支持金额、方向、项目等，并尽快向社会公布。省财政厅要会同省农业农村厅、省发改委、省工信厅，制定完善专项资金使用办法，确保"好钢用在刀刃上"。三要坚持一体化发展。奶业市场的竞争，不是某一个环节的竞争，而是整个产业链条的竞争。乳业是包含饲料种植、奶牛养殖、加工包装、物流配送、市场营销等诸多环节的综合性产业。各地推进奶业发展时，要着眼延长产业链、提升价值链，按照农业供给侧结构性改革的要求，以市场为导向，以需求为引领，坚持加工先行、养殖跟进、种植配套、利益共享，全产业链布局发展，既要支持乳品企业同步规划、配套建设自有牧场，又要鼓励养殖企业发展特色乳制品加工流通。

三、加大招商引资力度。乳品加工企业是整个奶业发展的"龙头"，无论是生产高质量乳制品、重塑消费者对国产奶业的信任，还是推动奶业科技进步、提升奶业供给体系效率，都离不开乳制品加工企业。当前，省内外乳品企业正在争相布局，资源整合力度持续加大。我们要抓住机遇，营造良好发展环境，吸引更多知名乳企投资落户。一要引进培育并重。坚持多措并举、多点发力，做强龙头企业、做大区域企业、做多新兴企业。一方面，瞄准国际国内乳业20强，主动上门沟通对接，利用廊坊农交会、全省农产品加工业大会等平台，采用"一对一招商""小团组招商""产业链招商"等模式，引进更多龙头企业。另一方面，要为本地龙头企业升级改造项目的谋划、审批和建设提供贴心服务，推动企业扩大产能、加快升级，提升本土企业的竞争力。同时，要支持一些企业的创新发展模式，促进一二三产业深度融合。比如，辛集市的"健康飞扬奶吧"，是全省第一家"鲜奶吧"品牌，拥有自营店20余家、加盟店200余家；石家庄市藁城区的"分秒健康鲜奶吧"，全部使用自产鲜奶生产，全程冷链送货上门；唐山市杰恩牧业生产的"万乳香"牌牛奶，富含纯天然共扼亚油酸，在电商平台销售火爆。这些奶业创新发展的典型案例，与地方政府的支持推动密不可分。对这些意愿强烈、规模较大、发展经营理念先进的产销模式，在加强质量监管的同时，应该给予必要支持。二要设法突破瓶颈。当前制约乳企加工扩能的政策主要有两个：一是半径100公里范围内不能重复建设乳品加工厂，新建厂日处理生鲜乳能力不得低于500吨，扩建厂要达到300吨，这就限制了新建厂和小型特色乳品加工厂的发展。据了解，国家将加快修订乳制品加工业产业政策，省发改委、省工信厅也要积极呼吁，争取国家尽快修订完善。当前，可以支持企业通过扩建、兼并等方式，解决加工布局的半径限制问题；通过养殖场办奶吧等方式，解决日处理能力限制问题。二是加工厂、养殖场和饲草基地用地难度加大。比如，伊利集团计划在定州、滦州两个加工基地配套建设万头牧场，但土地难以落实。在这方面，市县政府要抓住土地调规机遇，提早预留建设用地和养殖用地，主动帮助企业解决用地难题。省奶业振兴工作领导小组办公室要抓紧摸清各地乳业发展用地需求底数，会同省自然资源厅研究提出解决办法。三要兑现优惠政策。各地在招商引资过程中一定要做到言必信、行必果，营造良好发展环境，达到以商招商的目的。据了解，蒙牛集团在我省两个市投资建厂时（保定、衡水），当地承诺给企业的优惠一直没有兑现，涉及资金8000多万元。如果这类问题解决不好，会极大损害政府的公信力。

四、切实加强组织领导。奶业振兴工作涉及方方面面，是一项系统工程，各级各有关部门要配强工作力量，强化组织引导，密切协同配合，加强督导考核，为如期实现千万吨奶目标提供强有力的支撑和保障。一是成立专门机构。为加快推进奶业发展，省里成立了由一德副书记任组长、桐利常务副省长和我任副组长的奶业振兴工作领导小组，在省农业农村厅设立了办公室，确定了专门工作人员负责日常工作。各市、县要参照省里做法，尽快组建工作专班，配备工作人员，明确职责分工，做到工作有专人管理、进度有专人统计、督导有专人负责。二是合力攻坚克难。要梳理工作推进中遇到的困难和问题，分析深层原因，找准制约因素，研究对策措施。能在市县解决的，要及时向主要领导汇报，协调各方力量，全力破解难题；需要省里统一解决的，要主动汇总上报，适时研究解决。三是营造良好氛围。要将各级出台的政策措施，挂在网上、贴在墙上、送到奶农和企业手中，便于各类主体充分了解和利用。要宣传全省奶业振兴的成效，培树群众对国产乳制品的信心、坚定干部抓奶业振兴的决心。各市县可参考省里做法，利用《信息摘编》《信息简报》等形式，交流经验、宣传成效。

王晓东同志在地下水管理条例执法检查汇报动员会上的讲话

（2019年10月8日）

刚才，水利厅、发改委、工信厅、财政厅、自然资源厅、生态环境厅、住建厅、农业农村厅、市场监管局负责同志，结合自身职责和工作，汇报了贯彻实施地下水管理条例的情况。从大家汇报情况看，各部门都给予了高度重视，为搞好这次检查活动打下了良好基础。下面，我就搞好这次执法检查，深入推进条例实施，讲几点意见。

一、提高政治站位，深刻认识开展这次执法检查的重要意义。水是生命之源、生产之要、生态之基。党的十九大报告指出，保护生态环境必须依靠制度、依靠法治。习近平总书记指出：“只有实行最严格的制度、最严密的法治，才能为生态文明建设提供可靠保障。”总书记的重要讲话和中央的重大决策部署，为我们做好新时代治水兴水、促进地下水可持续利用指明了方向、提供了遵循。加强地下水管理和保护、修复地下水生态，对于促进生态文明建设和经济社会可持续发展意义重大。我们一定要站在政治和全局的高度，深刻认识开展好这次执法检查的重要意义。

（一）开展这次执法检查，是贯彻落实习近平总书记对河北工作重要指示批示精神，推进生态文明建设的现实需要。党的十八大以来，总书记多次对河北地下水综合治理和生态建设作出重要指示批示。2014年3月在中央财经领导小组会议上指出，要把华北地面沉降问题作为一个重大专项，提出可操作的实施方案，纳入京津冀协同发展的顶层设计中，开展地下水超采漏斗区综合治理，扩大京津平原的森林湿地面积，提高燕山、太行山绿化水平、增强水涵养能力，统筹永定河、潮白河上下游用水，进行中小河流综合治理等对策，要考虑把白洋淀再恢复起来。2016年7月在唐山考察时总书记指出，要深入开展地下水超采综合治理，努力实现采补平衡，使华北平原这一世界上最大的地下水漏斗区得到有效控制和改善。2019年1月在京津冀协同发展座谈会上进一步强调，持之以恒推进京津冀地区生态建设，加快形成节约资源和保护环境的空间格局、产业结构、生产方式、生活方式。习近平总书记的重要指示批示高瞻远瞩、充满深情，对我省加强地下水管理和保护、修复地下水生态指明了路径、提出了要求。开展这次执法检查，我们一定要深入学习贯彻习近平生态文明思想，切实与习近平总书记重要指示批示对标对表，以对党和人民高度负责的精神，深入推进管理条例各项制度规定和法律责任落实，为推进水源涵养区和首都生态支撑区建设、促进京津冀协调发展做出积极贡献。

（二）开展这次执法检查，是加强地下水综合治理，促进全省经济社会可持续健康发展的重要举措。我省是严重资源型缺水省份。长期以来，由于地下水严重超采、水资源长期得不到补充，造成地下水位持续下降、地下水漏斗不断扩大、地面沉降日趋严重、河湖生态加剧恶化。近年来，省委省政府认真落实党中央、国务院关于地下水超采综合治理的决策部署，围绕水资源保护利用和水生态环境建设制定了一系列规划政策、采取了一系列工程措施，地下水超采治理取得了阶段成效。2018年全省浅层地下水水位比2014年上升0.22米，深层地下水水位上升2.29米。但是，地下水超采治理形势依然严峻，特别是随着雄安新区建设、京津冀协同发展和2022冬奥会举办，水资源短缺的矛盾日益突出，成为制约我省经济社会持续快速发展和影响人民生产生活的重要瓶颈。今年5月下旬，在推动全省高质量发展专题研讨班上，王东峰书记特别强调，要深化地下水超采综合治理，坚持蓄、引、补、治、留并举，特别是用好南水北调水和汛期水，尽快实现水位和水质双提升。开展这次执法检查，就是要坚持问题导向，着力发现条例贯彻中存在的突出问题，深入分析原因，推动问题解决，为推进全省经济社会可持续健康发展提供坚强有力的法治保障。

（三）开展这次执法检查，是检验“不忘初心、牢记使命”主题教育成效，推进干事创业敢担当、为民服务解难题的实际行动。当前，第一批“不记初心、牢记使命”主题教育已经结束。在主题教育中，省人大常委会机关和省直各部门认真贯彻守初心、担使命、找差距、抓落实的总要求，把思想摆进去、把工作摆进去、把职责摆进去，始终把检视问题、整改落实贯穿主题教育全过程，努力实现思想政治受洗礼、干事创业敢担当、为民服务解难题的目标。这次执法检查，就是要检验主题教育的实际成效，看一看政府部门有没有查找出在贯彻总书记关于兴水治水的重要指示、落实中央省委关于地下水综合治理的重大决策部署方面存在的突出问题，有没有查找出在实施地下水管理条例、保障人民群众生产生活用水安全中存在的突出问题，以及这些问题是否得到整改落实。同时，也要看一看省人大常委会机关是否能够善于监督、发现问题，能不能坚持原则、直面问题。通过这次执法检查，来一次主题教育回头看，实际检验“不忘初心、牢记使命”主题教育的成效，切实推动解决地下水管理条例实施的突出问题，向党和人民交上一份满意的答卷。

二、明确任务责任，切实增强执法检查的针对性和实效性。坚持“依照法定职责、限于法定范围、遵守法定程序”的原则，准确把握检查的定位目的、明确检查的重点内容、厘清检查的任务责任，切实增强执法检查的针对性和实效性。

（一）准确把握执法检查的定位和目的。栗战书委员长指出，人大执法检查是国家权力机关对法律实施情况的检查监督，不同于一般的工作检查、行政督查，也不是一般的工作调研、工作指导，目的是保证法律全面有效实施，让法律制度的牙齿真正“咬合”起来，督促有关国家机关把法律执行到位、落到实处。这次执法检查，就是要充分发挥“法律巡视”利剑作用，全面推进地下水管理条例各项法律责任落实落地。要把执法检查的过程作为地下水管理条例宣传普及的过程，促进各级政府、用水企业、人民群众增强法治观念和法律意识，自觉履行法定责任和法律义务，推动全社会形成尊法、学法、守法、用法的良好氛围。

（二）明确执法检查的重点任务和责任。这次执法检查要以条例规定为准绳，在全面了解地下水管理条例法律制度和责任贯彻落实的基础上，重点检查以下内容：一是学习贯彻习近平生态文明思想，统筹经济发展和地下水保护，推进发展理念和发展方式转变，从源头上解决地下水超采的情况。二是编制和落实地下水利用与保护规划，落实地下水审批许可制度，防止和治理地下水污染的情况。三是落实最严格水资源管理制度和节水用水计划，推进全社会节约用水，特别是制定取水井关停方案、开凿和关停取水井的情况。四是安排地下水超采综合治理项目资金，实行农业用水总量控制和定额管理制度，实施地表水替代地下水农田节水灌溉，特别是调整农业种植结构的情况。五是加强引江引黄和其他地表水源工程建设，推进地表水厂和城市供水管网建设，开展生态补水和河道清理治理的情况。六是加强地下水开采总量控制，建立地下水位、水量、水质监测和管理平台，完善地下水监测站网，实现地下水有效、动态和精准管理的情况。

（三）切实增强执法检查实效。东峰书记多次强调，人大要真监督、真检查、动真格。要突出问题导向，问题出现在哪里，检查工作就要指向哪里。在检查中，要直奔主题，一杆子插到底，敢于动真碰硬，不怕“红脸”不怕“出汗”。对存在问题，要刨根问底、追根溯源。要灵活检查方式，采取听取汇报、召开座谈会、现场察看、随机抽查、个别走访等多种方式，全面了解地下水管理条例的实施情况，切实找准原因和症结所在，推动问题解决。

三、精心组织实施，确保法执法检查有力有序有效。地下水资源、地下水生态是关系中华民族永续发展和子孙后代福祉的千年大计。要牢固树立“河北发展、人大尽责”的思想，以高度负责的精神和求真务实的态度，扎实做好执法检查各项工作。一要认真学习，提高能力。地下水管理条例执法检查，法律性、政策性、专业性很强，我门请专家进行了辅导、编印了执法检查法律法规资料汇编。检查组成员要深刻领会习近平总书记关于地下水综合治理的重要指示批示和中央、省委的部署要求，认真学习有关法律法规各项条款和规定，熟悉主要内容、把握政策标准，提高法律政策水平。二要精心组织，密切配合。检查组成员要妥善处理好本职工作与人大履职的关系，优先保障履行委员和代表职务，全身心投入到检查活动中，做到善始善终。工作人员要加强协调、密切配合，科学安排、精心组织，把握好时间节奏，尽职尽责做好服务保障工作。三要求真务实，改进作风。牢固树立以人民为中心的发展思想，发扬“严、细、深、实”的工作作风，深入引水蓄水补水工程、地下水监测中心终端、城乡生活和农用机井现场、农业节水项目、污水处理厂及用水企业和单位，听真话、察实情，掌握第一手资料，坚决克服形式主义、官僚主义。严格遵守中央八项规定，注重言行举止，坚持轻车简从，不给基层增负担，不给群众添麻烦，用实际行动自觉维护人大形象和权威。

时清霜同志在全省河湖长制、休闲渔业发展、奶业振兴、生猪稳产保供会议上的讲话

（2019年10月11日）

为了节约时间、提高效率，这次会议设置了四项内容，一是河湖长制工作；二是休闲渔业发展；三是奶业振兴；四是生猪稳产保供。这次会议之所以在秦皇岛市召开，是因为秦皇岛市委市政府担当作为、开拓创新，许多工作抓得很实，很有成效。今天上午，我们观摩了秦皇岛市推进河湖系统治理现场，提标增效的设施、优美宜人的河道、生机盎然的园区，给大家留下了深刻的印象。秦皇岛全面落实河湖长制，坚持高位推动、全流域治理，实现了从单一河道治理向流域综合治理、从工程治理向生态治理、从阶段性治理向常态化治理、从政府治理向全民治理“四个”转变。参观休闲渔业观摩点的同志们也反映，秦皇岛的休闲渔业有规模、有档次、有品位，探索了渔业转型升级的新模式，实现了生态效益和经济效益的统一。刚才，铁强同志通报了全省河湖长制工作进展情况和秀美河湖评选结果，国发同志通报了全省休闲渔业发展情况，4个市和2个县分别就河湖长制落实和休闲渔业发展作了发言。下面，我再就有关工作讲些意见。

一、关于河湖长制

两年多来，全省上下扎实推进河湖长制落实，河湖长制正在从“建体系”向“见行动”转变，从“建制度”向“见成效”转变，从“正其名”向“归其实”转变。这一转型期间，需要进一步从思想上、行动上、措施上升级加力，将河湖长制工作向纵深推进。

(一)认识要再深化。

总得来说，河湖长制有成绩、有差距、有要求。

一是有成绩。主要体现在：组织体系全面建立，省市县乡村五级明确河湖长5万多名，全部上岗履职，实现了河流湖泊全覆盖。制度机制不断创新，建立了河长巡查、河长会议、督查督办、名单公告等制度，完善了信息共享、协同推进、考核激励等机制，形成了“河长主抓、部门联动、上下协同、社会参与”的工作格局。河湖“四乱”有效治理，持续开展河湖清理行动，90%多的“四乱”问题得到整治，河道内臭气熏天、垃圾成山的现象基本消除，河湖水域岸线逐步恢复；水生态环境明显改善，1-8月，全省地表水国考断面达到或优于Ⅲ类断面比例为52.7%，同比提高8.1个百分点。通过实施河湖生态补水，常年干涸的河道重现生机。

二是有差距。去年以来，中央主流媒体先后曝光了一大批破坏河湖生态环境问题。我省河湖问题也被多次曝光，比如，中央环保督查指出大沙河新乐、定州段存在垃圾带，新华社和中央电视台报道唐山、承德长河尾矿污染，保定宋各庄水库旁建别墅、大沙河非法采砂等。这些都给我们敲响了警钟，说明河湖现状与人民期盼还有差距，河湖长制的落实与省委、省政府要求还有差距。一些地方思想认识不到位、河长履职不到位、部门协同不到位的问题需要认真解决。

三是有要求。习近平总书记高度重视水安全和河湖管理保护工作，亲自倡导、亲自推动实行河长湖长制。王东峰书记在省委常委会议上强调，全面推行河长制湖长制，是必须坚决完成的重大政治任务。各地各部门要进一步提高政治站位，切实把思想和行动统一到中央和省委、省政府的决策部署上来，积极主动作为，扎实推进河湖系统保护和水生态环境改善，以实际行动维护河湖健康生命。

(二)工作要再实化。

各地要对照《2019年河湖长制重点工作推进方案》明

确的任务，查漏补缺，强力推进。要立足长远，着眼打造“河畅、水清、岸绿、景美”的优美环境，持续在以下几个方面用力气。

一是严格水资源管理。这是实现水资源可持续利用的关键，更是落实河湖长制的首要任务。针对河北水资源极度匮乏的省情水情，省委省政府强力推进地下水超采治理工作，省委常委会专题研究，王东峰书记、许勤省长多次调度部署。各地各有关部门要按照要求，大力调整农业种植结构，统筹推进工业和生活节水，全面提高用水效率。要加大引江、引黄力度，高效配置地表水，最大限度置换地下水。要严格执行《河北省地下水管理条例》，对各类机井深入核查，实行动态管理，按照“先通水后关井、没有引水和水源条件的严禁随意关闭自备井”的原则，持续推进机井关停行动。

二是加强河湖水域岸线管控。2015年我省基本完成了流域面积200平方公里以上的河流管理范围划界，但工作比较“粗”，很难实现精准监管。各地要按照水利厅编制的技术指南，对已完成划定任务的进行复核，存在问题的要及时纠正，划界任务要在2020年底前完成。要依据划界成果，强化水域空间用途管制和刚性约束，全面落实生态保护红线制度，严格涉水规划、土地、项目审批，严防非法侵占河湖管理范围。

三是坚决防治河湖水污染。要坚持水岸同治、标本兼治、联防联治，统筹推进污染源治理。要加强工矿企业污染治理，加快城镇生活污水垃圾处理设施建设，深入推进农村人居环境治理，因地制宜整治农村生活污水。要聚焦重点区域，强力推进白洋淀及其上游水生态修复和综合治理，尽快消除劣Ⅴ类水体。比如，衡水市搬迁衡水湖周边413家企业作坊，封堵所有入湖排污口，全部取缔网箱和拦网，水质由劣Ⅴ类提升到Ⅲ类，效果很好。

四是强化河湖水生态保护。修复河湖水生态，有水是前提。2018年9月，我省开始向滹沱河、滏阳河、南拒马河进行生态补水，累计补水14亿立方米，形成最大水域面积45.5平方公里，生态效益、社会效益十分显著。要统筹引江水、引黄水和水库水，加大生态补水力度。冀中南地区重点是用好引江引黄水，连通河湖水系，加快恢复白洋淀、衡水湖水生态功能。冀东北地区重点是统筹山区和平原水资源保护利用，加大滦河水开发力度，在滨海区域实施近岸海域环境治理。冀西北地区重点是加快推进万家寨引黄，完善地表水功能体系，努力打造首都水源涵养功能区和生态环境支撑区。

五是严厉打击河湖违法违规行为。持续推进清理“四乱”专项行动，已列入“不忘初心、牢记使命”主题教育漠视侵害群众利益问题专项整治范畴。目前我省在水利部台账上还有228个问题尚未销号，各地务必高度重视，包括省级台账上剩余的1226个问题，要逐一研究整改方案，确保11月底前整改到位。深入开展打击非法采砂专项整治行动，继续保持高压态势，盯紧河中到岸上、生产到销售全过程，坚决打击开采、运输、堆放、销售各环节的非法活动，逐步建立采砂有效管控机制。纵深推进环境保护专项行动，严厉打击涉河涉湖违法行为，特别是对河湖沿线违法建设的房地产项目，要依法坚决取缔；严厉打击向河湖非法转移、倾倒、处置固体废物等违法犯罪行为，依法严惩相关责任人，加大典型案例的曝光力度，形成强有力的震慑。

（三）措施要再强化。

推进河湖长制，核心是责任，关键是落实。

一是河湖长要履职尽责。“河湖长”是河湖长制的责任主体。要“履河长之责”，对河湖水域岸线管理保护、水污染防治、水环境整治、河湖执法监管等重要工作要亲自部署、协调、督办。要“行河长之实”，坚持问题导向，着力改善河湖面貌和水生态环境。发挥抓总优势，重点解决需要多方协调、合力攻坚的“疑难杂症”。要“管河长之用”，加强明查暗访，强化督查督办，建档立卡，跟踪问效，提高工作成效。比如，秦皇岛市孟祥伟书记，作为戴河河长，徒步踏察100多公里，走遍了干流和支流，摸清问题，逐个解决，值得各地学习。

二是各方要凝聚合力。各级河湖长制责任部门是河长、湖长的“左膀右臂”，要牢固树立“一盘棋”思想，打破部门和地域界限，加强协调联动，主动作为、勇于担当，把自身职责切实履行到位。要按照“岸上与岸下齐抓、上游与下游共管、河道与湖泊一体、治标与治本同步”的思路，进一步完善联防联控机制。要加强区域之间、部门之间、市县之间的联动协作，形成齐抓共管的良好局面。

三是考核要严格认真。省河长办要根据阶段工作重点，及时调整完善考核内容和指标体系，引入第三方，加强日常考核和公众满意度测评，更加科学全面地评价工作成效。要将考核结果作为地方党政领导干部综合考核评价的重要依据。要丰富督查手段，运用无人机航拍、卫星遥感影像分析等先进技术，及早发现问题；要用好提示、约谈、通报等手段和办法，督促市县及时解决问题。

二、关于休闲渔业发展

近年来，我省围绕提质增效、减量增收、绿色发展、富裕渔民的目标，转方式、调结构，压产能、拓功能，全省渔业发展呈现良好发展态势，突出表现为“三降三增一亮点”。“三降”，即水产品产量降低，2018年总产量109.5万吨，同比下降11%；捕捞强度降低，3年减船234艘、减少功率1.3万千瓦；养殖密度降低，3年压减近岸养殖面积15万亩，清理湖库养殖网箱10万多个，养殖密度降低50%。

"三增"，即渔业产值增长，2018年总产值264.5亿元、同比增5.96%；渔民收入增长，2018年人均收入1.68万元、同比增10.8%；海洋牧场规模增长，建成18个，控海面积225万亩，数量、规模均居全国第三位。"一亮点"，即休闲渔业异军突起，成为渔业发展的新亮点，2018年产值超8亿元，比"十二五"末增长2.8倍，年均增长56%。

在看到成绩的同时，也要清醒地认识到，当前我省渔业发展也面临着诸多考验。一是发展空间受到挤压。涉海工程、工业开发等用海面积不断扩大，养殖滩涂、捕捞海域面积日渐减少；大部分湖库投饵养殖方式退出，淡水养殖面积大幅缩减。二是生态环境形势严峻。水污染事件时有发生，渔业资源衰退趋势未能缓解；水产养殖尾水治理水平有待提升；捕捞强度需进一步降低。三是产业链条依然过短。渔业生产以个体经营为主，一产占比高（85%），二、三产业占比低（15%），企业实力弱，知名品牌少，产业链条短，产品附加值低。

在渔业发展转型升级的关键时期，要坚持生态优先、资源养护、市场导向、品牌带动、科技引领的原则，加快优化产业布局，转变生产方式。一方面，要建设高端、绿色、标准化养殖基地，持续加大渔业资源增殖放流力度，打造更多高标准海洋牧场；另一方面，要引导和培训传统捕捞、养殖渔民发展休闲渔业，带动传统养殖、捕捞业提高水平、延伸链条、融合发展、增加效益。

休闲渔业把"吃鱼"变为"玩鱼"，能够挖掘渔业新功能，推动传统渔业转型升级，拓宽渔民增收渠道。针对我省休闲渔业发展无序、制度标准滞后、转型成本高、人才缺乏等问题，着眼实现渔业强起来、渔民富起来、渔村美起来，要在以下四个方面下功夫。

（一）科学规划布局。省农业农村厅经过反复调研、多方论证，提出了"一带三区"的总体布局，即：在秦皇岛、唐山等沿海旅游区，积极打造海上观光型休闲渔业产业带；在京津周围、省内大中城市周边，积极构建假日游览型休闲渔业产业区；依托垂钓赛事、摸鱼捕鱼体验、科普展示、鱼鲜美食节等活动，积极构建渔文化品鉴型休闲渔业产业区；依托观赏鱼养殖，积极构建观赏鱼休闲渔业产业区。各市县在这一大框架下，要结合本地实际，编制自己的发展规划。

（二）明确发展路径。休闲渔业的发展离不开养殖、捕捞、加工等产业，实践中，必须做到"四个结合"，即：与绿色养殖相结合。要严格按照绿色养殖标准，改造升级养殖设施，发展名特优品种，推广外海深水网箱养殖、稻田综合种养等健康养殖模式，实现养殖场区景观化。与捕捞转型相结合。要研究休闲渔船生产改造标准，帮助近海捕捞渔船向休闲渔船转变，为游客提供出海观光、捕捞展示、乘船海钓等服务。与海洋牧场建设相结合。要科学投放人工鱼礁，加强增殖放流，适度建设海上观光平台和水下视频监控系统，增强休闲旅游、潜水采捕等体验功能。与渔港经济区发展相结合。要在秦唐沧地区规划建设渔港经济区，配套卫生防疫、环保监测、救生救助等设施，引进生产加工、冷链物流、批发零售等项目，使渔港经济区具备乘船出海、餐饮住宿、旅游购物等综合功能，带动休闲渔业全面发展。

（三）严格规范管理。要始终把安全管理、有序经营放在首位，一方面，加快完善制度标准。要借鉴山东、浙江等先进省份做法，探索制定休闲渔船、水上观光平台等管理办法（国家层面尚未出台），保障休闲渔船水上航行以及游客观光、渔事体验等活动的安全。另一方面，认真执行法规制度。要加强宣传教育，帮助休闲渔业经营者掌握海域管理、渔业资源增殖保护、渔业安全生产、水产品质量管理等方面的法律法规，避免违规违法。相关部门要加强管理，规范执法，既保护合法经营，又严打违法行为。

（四）加大扶持力度。各地各有关部门要密切协作配合，整合资源要素，合力推动休闲渔业快速发展。要拓宽资金渠道，充分发挥财政资金的撬动作用，引导金融机构支持休闲渔业重点项目，吸引更多社会资本投向这一领域。要用好现有的渔业产业扶持政策，在具备条件的海洋牧场、健康养殖示范场、渔港等建设中，统筹考虑休闲渔业设施建设。要充分利用油补退坡释放出来的资金，采用建设扶持、以奖代补、贷款贴息等多种形式，支持开展休闲渔业示范基地创建。

三、关于奶业振兴

省委、省政府印发《奶业振兴规划纲要》和《实施意见》以来，各地各有关部门出台支持政策，加大投资力度，创新体制机制，加强市场监管，奶业进入迅猛发展的新阶段。行业初步统计，截至9月底，奶牛存栏122万头，同比增加5.3%；生鲜乳产量320万吨，同比增长9.2%；新建成重点乳制品加工项目3个，增加生鲜乳年处理能力56万吨，总能力达596万吨。目前正在和计划建设的重点加工项目还有7个，建成后，全省将新增生鲜乳年处理能力124.5万吨。各地推进奶业振兴的劲头非常足，奶业发展势头非常好，完成全年任务目标没有问题（存栏123万头、生鲜乳产量425万吨）。各地各有关部门要再接再厉，持续用力，延续奶业发展的好势头。

（一）抓紧完善政策措施。目前，奶业振兴省级层面的顶层设计基本完成，千万吨奶的任务目标也分解到了各市。市县要对标对表省里的规划、政策，结合本地实际完善配套政策。一要细化目标措施。各市县要按照统一部署，实行"双规划"管理，即：纵向上，省、市、县规划要相互配套；横向上，政府规划和企业规划要彼此衔接。政府的重点工作和企业的战略布局要协同，政策的支持方向和企业的发展需求要合拍。据了解，伊利、蒙牛、君乐宝、三元、新希望等大型乳品企业，对接我省奶业振兴规划纲要，已经制定河北区域的发展规划。各市和奶业大县、奶业新兴县，要主动与相关企业对接，制定配套的发展规划，将任务目标分解到年度、企业和具体项目，不折不扣抓好落实（石家庄、张家口、衡水、邢台、邯郸、唐山、保定、秦皇岛、廊坊、辛集等10市已出台实施方案，沧州、承德、定州正在修改完善）。二要拿出“真金白银”。支持奶业发展，我们有成熟的经验和做法。2013年，为提高乳粉尤其是婴幼儿乳粉生产能力，省政府出台《关于加快全省乳粉业发展的意见》，年均安排资金3.4亿元，重点支持乳粉企业新上生产线、自建奶牛场和配套饲草基地建设。4年时间，乳粉和婴幼儿乳粉产能分别增长1.4倍、4.7倍。实践证明，有针对性的支持政策能够起到事半功倍的作用。据了解，黑龙江、内蒙古等奶业大省，已经制定含金量较高的支持政策。如果我们的政策不能同步跟进，在竞争中就会处于被动地位，甚至出现乳企外流。因此，我省的《实施意见》明确，2019-2022年，省级财政计划每年安排10亿元支持奶业发展。省农业农村厅每年争取农业农村部“粮改饲”、苜蓿种植、家庭牧场等国家资金约4亿多元。可以说，支持力度之大达到了历史顶峰。同时，《实施意见》要求市县每年安排7-10亿元资金，配套支持奶业发展。据了解，张家口市确定每年安排5000万元、奶业大县每年安排2000万元以上，专项支持奶业振兴；石家庄市计划每年筹措2亿元用于奶业发展；唐山每年对完成年度存栏指标任务前三名的县（市、区）分别给予100万元、70万元和50万元奖励。各市县政府要参照这3个市的做法，抓紧制定扶持政策，明确具体支持金额、方向、项目等，并尽快向社会公布。省财政厅要会同省农业农村厅、省发改委、省工信厅，制定完善专项资金使用办法，确保“好钢用在刀刃上”。三要坚持一体化发展。各地要着眼延长产业链、提升价值链，以市场为导向，以需求为引领，坚持加工先行、养殖跟进、种植配套、利益共享，全产业链布局发展，既要支持乳品企业同步规划、配套建设自有牧场，又要鼓励养殖企业发展特色乳制品加工流通。

（二）加大招商引资力度。乳品加工企业是整个奶业发展的“龙头”。当前，省内外乳品企业正在争相布局，资源整合力度持续加大。我们要抓住机遇，营造良好发展环境，吸引更多知名乳企投资落户。一要引进培育并重。坚持多措并举、多点发力，做强龙头企业、做大区域企业、做多新兴企业。一方面，瞄准国际国内乳业20强，主动上门沟通对接，采用“一对一招商”“小团组招商”“产业链招商”等模式，引进更多龙头企业。另一方面，要为本地龙头企业升级改造项目的谋划、审批和建设提供贴心服务，推动企业扩大产能、加快升级。同时，要支持创新发展模式，促进一二三产业深度融合。对一些意愿强烈、规模较大、发展经营理念先进的产销模式，在加强质量监管的同时，要给予必要支持（比如，辛集市的“健康飞扬奶吧”，是全省第一家“鲜奶吧”品牌，拥有自营店20余家、加盟店200余家；石家庄市藁城区的“分秒健康鲜奶吧”，全部使用自产鲜奶生产，全程冷链送货上门；唐山市杰恩牧业生产的“万乳香”牌牛奶，富含纯天然共扼亚油酸，在电商平台销售火爆）。二要突破发展瓶颈。当前制约乳企加工扩能的政策主要有两个：一是半径100公里范围内不能重复建设乳品加工厂，新建厂日处理生鲜乳能力不得低于500吨，扩建厂要达到300吨。这就限制了新建厂和小型特色乳品加工厂的发展。据了解，国家将加快修订乳制品加工业产业政策，省发改委、省工信厅要积极呼吁，争取国家尽快修订完善。当前，可以支持企业通过扩建、兼并等方式，解决加工布局的半径限制问题；通过养殖场办奶吧等方式，解决日处理能力限制问题。二是加工厂、养殖场和饲草基地用地难度加大（比如，伊利集团计划在定州、滦州两个加工基地配套建设万头牧场，但土地难以落实）。在这方面，市县政府要抓住土地调规机遇，提早预留建设用地和养殖用地，主动帮助企业解决用地难题。省奶业振兴工作领导小组办公室要抓紧摸清用地需求底数，会同省自然资源厅研究提出解决办法。三要兑现优惠政策。各地在招商引资过程中一定要做到言必信、行必果，营造良好发展环境。据了解，蒙牛集团在我省两个市投资建厂时（保定、衡水），当地承诺给企业的优惠一直没有兑现，涉及资金8000多万元。如果这类问题解决不好，会极大损害政府的公信力。

（三）切实强化保障措施。各级各有关部门要配强工作力量，强化组织引导，密切协同配合，加强督导考核，为如期实现千万吨奶目标提供强有力的支撑和保障。一方面要成立专门机构。省里已成立由一德副书记任组长、桐利常务副省长和我任副组长的奶业振兴工作领导小组，确定了专门工作人员负责日常工作。各市、县要参照省里的规格，尽快组建工作专班，配备工作人员，明确职责分工，做到工作有专人管理、进度有专人统计、督导有专人负责。另一方面要合力攻坚克难。要梳理工作推进中遇到的困难和问题，分析深层原因，找准制约因素，研究对策措施。能在市县解决的，要及时向主要领导汇报，协调各方力量，全力破解难题；需要省里统一解决的，要主动汇总上报，适时研究解决。

四、关于生猪稳产保供

这是当前农业农村工作中最紧迫的任务。9月27日，全国促进农民合作社和家庭农场高质量发展、村庄规划、生猪生产工作推进会在邢台召开，胡春华副总理出席会议并作重要讲话，明确提出“今年尽快遏制生猪生产下降趋势、努力实现恢复性增长，确保‘两节’期间猪肉供应不断档，明年基本恢复到正常水平”。从我省来看，6月份开始，生猪存栏已经止跌回升，目前猪肉市场供应充足，确保“两节”期间猪肉供应不断档没有太大问题。关键是“明年基本恢复到正常水平”，需要各级各有关部门继续努力。

一要优化区域布局。推动生猪养殖向环境承载力高、玉米产量大的地方集中。要提高生猪屠宰加工产能，增加冷库建设和冷藏车配备等，创新流通方式，变“运猪”为“运肉”。

二要推动转型升级。指导中小养猪场（户）提高设施装备水平、散养户提升技术水平；支持大型龙头企业在智能化养殖方面走在前头，发挥引领带动作用；新扩建生猪养殖场要高点定位、高标准规划，打造现代养殖业样板。

三要加大补贴力度。目前，国家和省级层面在非洲猪瘟强制扑杀、种猪场贷款贴息、良种冻精、规模养殖场基础设施建设等方面已经出台了补贴政策。各市县要结合本地实际，研究制定支持政策。

四要增加替代品生产。鼓励养殖主体调整生产方向，扩大肉鸡、肉鸭和蛋鸡生产，增加肉牛、肉羊、水产品养殖规模。要加大宣传力度，引导群众调整消费习惯，增加牛羊禽肉和鱼肉消费比重。同时，要严格落实政策，抓好生猪及猪肉制品储备。

五要抓好疫病防控。督促落实现行有效防控措施；加强动物防疫体系建设，配强市县动物疫病防控机构人员和设备；有效运用行政和市场手段，支持科研院所开展第三方检测，实现政府服务与社会服务相互促进、互为补充。

六要促进绿色发展。全面落实规模养殖场粪污治理项目和政策，做到全覆盖、无死角；新建养殖场要同步建设粪污处理设施；要鼓励粪肥还田，支持养殖场粪肥就地就近施用，实现种养结合；要通过建沼气池、污水处理设施等，促进生猪养殖废弃物利用。

时清霜同志在河道内村庄防洪整治工作调度视频会上的讲话

（2019年11月11日）

关于河道内村庄防洪整治工作，今年以来省政府已经先后两次召开专题会议调度部署，今天利用视频会议的形式，再次把大家召集起来，主要目的是进一步统一思想、压实责任、强化举措，切实加快工作进度，确保如期完成整治任务。从省水利厅通报情况看，这项工作虽然取得了一定成绩，但各地进展不平衡，对照省委、省政府明确的明年汛前完成村庄易地搬迁、后年汛前完成工程措施的要求差距还不小。针对前一阶段各地反映比较突出的问题，上周国彦同志召集省自然资源厅、财政厅等有关部门进行了专题研究，刚才，这两个部门分别详细做了解答，有些问题政策上是可以解决的，有些困难还需要我们想办法克服，但不管怎样，任务是必须完成的，不能打任何折扣。下面，我就加快推进河道内村庄防洪整治工作再强调几点意见。

一、进一步提高政治站位

河道内村庄防洪整治是省委、省政府做出的重大决策部署，王东峰书记亲自谋划、多次批示、反复过问，对这项工作看得很重、盯得很紧。这是一件事关34万群众民生福祉的大事要事，习近平总书记指出，民生问题不仅仅是经济问题、社会问题，更是政治问题，关乎我们的政治安全和政权安全，关乎我们政党的合法性和公信力。从这个角度讲，抓好河道内村庄防洪整治不仅是对各级党委政府执政能力的考验，更是对我们政治站位和政治立场的考量。为此，各地一定要进一步提高对这项工作的认识程度和重视程度，自觉上升到政治的高度来把握，结合正在开展的“不忘初心、牢记使命”主题教育，将其作为强化宗旨意识、践行群众路线的现实举措，列入当前急需解决的民生事项，坚持高位推动、主动作为，创新办法、攻坚克难，把这项关系广大群众最现实利益和幸福的问题牢牢抓在手上，切实抓出成效。

二、进一步压实主体责任

全省河道内村庄防洪整治工作的推进机制是“省级指导、市负总责、县级实施”，这是省政府早就明确的。不客气地讲，导致工作进展缓慢，主要原因就是有的市县还有幻想、有畏难情绪，总想等一等、看一看，主要领导重视不够，没有真正动起来，责任压得不实，工作抓得不紧，拖了全省的“后腿”。河道内村庄防洪整治工作是一项复杂的系统工程，涉及多个部门，组织协调难度比较大，市县党政主要负责同志要切实重视起来，特别是各位县区长，今天让你们参会，就是要再提提醒、压压担子，各位要摒弃当“甩手掌柜”“把工作推给分管副职来抓”的思想和认识，亲自研究部署、亲自督导推动，做到心里有底数，工作向前赶；任务重的区县，党政领导要实施包联制度，一个领导一个村，包联同志要一线调度，紧盯目标任务、掌握实施进度，及时研究解决整治过程中的问题，全力加快工程进度。

三、进一步破解工作难题

从各地集中反映情况来看，开展河道内村庄防洪整治面临的最大困难，一个是“地”，一个是“钱”。现在看，就搬迁说搬迁，就整治说整治，这两个难题是很难破解的，必须开拓思路，拓展视野，把搬迁整治工作同“空心村”治理和“美丽乡村建设”相结合，着眼实现乡村振兴战略目标，统筹谋划、整体推进。比如，有的地方反映新村建设需占用基本农田，刚才省自然资源厅已经讲过了，这是国家红线，占1亩地也需要国务院审批，控制非常严格，基本上是行不通的，怎么办?可以考虑就近与河道外村庄一起开展“联村并建”，配套规划好基础设施和产业园区，按照“产业兴旺、生态宜居、乡村文明、治理有效、生活富裕”的总要求，高标准打造样板村、示范村。方式上可以走开发式治理路子，通过市场运作，与县域内开发项目挂钩，打包推进，一并招商，留出合理利润空间，吸引战略投资者先行垫资或出资开展，实现企业发展和河道内村庄防洪整治工作的双赢。采取束堤工程措施需要占用基本农田的(占用基本农田的工程措施均已列入水利部相关规划)，要抓紧按程序办理相关用地手续。

四、进一步搞好协调配合

前一阶段，省水利、发改、财政、自然资源、住建等部门，密切配合，和市县一道共同推进河道内村庄防洪整治。今后还要继续通力合作，按照职能分工、条线管理，做好协调和指导工作。省水利厅要发挥好牵头作用，加强统筹调度，定期召集有关市县和相关部门研究解决共性问题；省自然资源厅要主动担当，帮助市县做好土地调规、用地审批等工作，指导用好增减挂钩、占补平衡等政策；省财政厅要帮助市县积极拓展筹资渠道，根据各地债务情况，对符合政府债券资金使用要求的，给予新增一般债券和专项债券支持；省发展改革委要指导协调市县发改部门，搞好新村建设立项审批。市县各职能部门也要加强协调配合，密切沟通，形成合力，需要国家或省批复的事项，要提前准备材料，主动汇报，及时报审，最大限度为工程实施创造便利条件。

五、进一步强化督导调度

各地要根据目标时限倒排时间节点，制定工作台账，省水利厅要在市县台账基础上汇总形成全省推进台账，严格落实一月一通报、一季一调度、半年一总结、年终总考核制度，会同有关部门定期开展督导检查，动态掌握整治工程进度，对工作成效突出的给予通报表扬，对抓得不紧、进展缓慢、落实不力的予以通报批评。10月10日，在秦皇岛开会时我就讲过，“对完不成年度任务的，省政府将严肃追责问责”，今天再郑重重申一次，年底省政府是会动真格的。同时，要注重及时总结推广好的经验和做法，组织开展实地观摩，相互交流、取长补短，推动该项工作更好更快开展。

时清霜同志在河道内村庄防洪整治工作视频调度会上的讲话

（2019年12月16日）

在年终岁末，大家手头工作都很繁重的情况下，再次把大家召集在一起，研究调度河道内村庄防洪整治，体现出这项工作的极端重要性和紧迫性。这段时间，各市县按照省委、省政府决策部署，做了大量工作，取得了一定成效。但从刚才石家庄、唐山、廊坊、保定4市的汇报情况看，各地进展仍不平衡，部分地区明显滞后，对照既定的时限要求还有很大的差距和压力。今天会议的主要目的就是进一步压责任、催进度、拓思路、强举措，集中资源和力量，破除困难和障碍，千方百计加快推进工作进度，确保如期完成整治任务。下面，我再强调几点意见。

一、力度要再加大

河道内村庄防洪整治是省委、省政府做出的重大决策部署，2020年汛前必须完成128个村庄的易地搬迁，2021年汛前完成255个村庄的工程措施，这是硬指标，是必须要完成的政治任务。开弓没有回头箭，各地一定要清醒认识到当前面临的形势和任务，把思想和行动统一到省委省政府的决策部署上来。关于这项工作的重要性，我已讲过多次，这儿就不再重复了。当前最紧要、最关键的就是整合力量，加大力度，凝心聚力推动工作取得实质性进展。从省水利厅掌握情况看，全省128个易地搬迁村中，23个至今仍然没有动静，涉及深泽、藁城、安次、广阳、固安、蠡县、高碑店、河间、大名9个县（市、区）。不客气地讲，导致进展缓慢的主要原因，就是有的市县还心存幻想、有畏难情绪，总想再等一等、看一看，没有真正动起来，责任压得不实，工作抓得不紧，拖了全省“后腿”。现在已经到了不得不奋起直追、迎头赶上的时候了，在座的各位县区长，必须要摒弃“等、靠、看”思想，紧紧把握明年汛前和后年汛前两个时间节点，认真落实“省级指导、市负总责、县级实施”的推进机制，亲自研究部署、亲自督导推动，充分发挥防洪整治工作领导小组的组织协调作用，以时不我待、只争朝夕的精神状态，全力推进河道内村庄防洪整治各项工作。进度滞后的9个县（市、区），要对今年以来的工作开展情况进行全面自查，并研究制定下一步工作推进方案，在一周内将相关情况报水利厅。

二、进度要再加快

东峰书记多次作出批示指示，要求明年汛前完成河道内村庄搬迁任务。从现在算起，满打满算只有半年时间，如果再不加快工作进度、取得实质性进展，恐怕到时很难交差交账。各市县要始终绷紧实施进度再加快这根弦，集中一切人力、物力，在加快进度上动脑筋、想办法、下功夫。要以春节前完成土地手续办理、明年汛前完成村庄搬迁为控制性节点，对新建村庄选址、村庄设计、新筑堤防工程可研编制、初设批复，以及建设招标、开工完工等各个环节，逐项明确任务清单和责任清单，进一步细化工作流程和完成时限，倒排工期，挂图作战，做到环环相扣，压茬推进。同时，为提高效率、节约时间，要坚持并行推进，同步办理好用地、规划选址、环评等相关手续。各地调整后的工作计划要及时报水利厅备案。水利厅作为牵头部门，要做好统计汇总，随时掌握各地进展情况。对实施过程中遇到的共性难题，省直各相关部门要加强调查研究，从省级层面提出政策措施，最大限度给予支持指导。

三、措施要再创新

上次调度会上，自然资源厅和财政厅分别就土地和资金方面有关政策进行了解读，详细说明了土地利用总体规划调整、土地手续办理、资金债券申请等办理渠道和程序。按照进度安排，2020年春节前，各市县所有易地搬迁村庄都要完成土地手续办理工作，具备新村开工建设条件，这是时限底线，否则，明年汛前完成村庄易地搬迁就是一句空话。从目前情况看，需要集中破解的制约性因素还是土地和资金问题。关于土地问题，各市县新村选址要主动避开基本农田，不得以占用基本农田为借口和挡箭牌，拖后村庄易地搬迁工作，同时，加快土地利用总体规划调整工作，积极推进土地手续办理，省自然资源厅要加大督促指导力度，帮助各地解决好土地问题。关于资金问题，省委、省政府已明确由市县自行解决。各地要充分发挥自主能动性，用足用好已有财政支持政策，充分发挥财政资金引导和杠杆作用，通过政府购买服务、贷款贴息、转让城乡建设用地增减挂钩指标等方式，多渠道筹措资金，大力吸引社会资本参与搬迁安置。要统筹财政资金、社会资本和政府债券，以县域为单元，整合资金，集中用于河道内村庄防洪整治。财政厅要加强政策支持和监督管理，指导各地合法合规使用好、管理好建设资金。实施过程中，有的市县已经探索积累了一些好的经验做法，各地要注意相互学习借鉴。

四、发展要再借势

实施村庄易地搬迁，不仅是简单地将村庄从河道内外迁出来，更要充分考虑群众生产生活条件的改善，确保搬得出、稳得住、能致富。当前，乡村振兴已经全面展开。各市县可以先从河道内的村庄抓起，集中要素资源重点支持，探索路子，积累经验，把搬迁村庄打造成乡村振兴战略示范村。目前，一些市县已进入新村设计阶段，各地一定要坚持规划先行，做到高起点规划，高标准建设。一方面，要注重与新型城镇化相结合，新建村庄尽量在县城周边或产业发展较好、基础设施和公共服务设施较为完善的中心镇选址，农民入住后，依法依规办理国有建设用地使用权和房屋所有权登记，促进农民向市民转变。另一方面，要充分考虑当地的区位条件、资源禀赋和发展空间，按照产业园区、生态园区、新型社区“三区同建”的模式，瞄准乡村振兴目标，同步规划设计，同步建设推进，既解决安全问题，也解决发展问题。

最后，我再着重强调一点，那就是新村建设的质量问题。百年大计，质量第一。实施河道内村庄防洪整治，事关人民群众生命财产安全和安居乐业，各地一定要加强新村建设工程质量管理，切实提高工程质量水平，把实事办实、好事办好，靠过硬的质量信誉赢得群众信赖，保质保量完成好河道内村庄防洪整治工作。

会后，请各市对照明年汛前完成易地搬迁任务这个时间节点，抓紧对今年工作开展情况进行梳理，认真谋划明年的工作计划和推进措施，包括存在的问题，形成专题报告，12月20日之前以正式文件报省政府。

III 社会经济发展报告

综 合 篇

全省农村经济综述

2019 年，在省委、省政府的正确领导下，全省各地各有关部门以习近平新时代中国特色社会主义思想为指导，坚持农业农村优先发展，以实施乡村振兴战略为总抓手，以农业供给侧结构性改革为主线，扎实推进现代农业高质量发展，全省农业农村呈现平稳增长、稳中向好的发展态势，粮食单产再创新高。但生猪生产持续下降，提振产能仍需时日。下阶段要狠抓农业生产保障供给，加快恢复生猪生产，发挥好储备调节作用，切实保障市场供应。

一、2019 年农林牧渔业运行特点

2019 年，全省农林牧渔业实现增加值 3727.5 亿元，同比增长 2.1%，增速比一季度、上半年和前三季度分别加快 0.7、0.4 和 0.4 个百分点。其中，农业增加值 2173.0 亿元，同比增长 2.0%；林业增加值 149.9 亿元，增长 5.3%；畜牧业增加值 1060.4 亿元，增长 0.5%；渔业增加值 135.2 亿元，增长 1.0%；农林牧渔服务业增加值 209.1 亿元，增长 9.9%。

全省农林牧渔业实现总产值 6061.5 亿元，比上年增长 1.9%，增速比一季度、上半年和前三季度分别加快 0.2、0.5 和 0.5 个百分点。生产结构进一步调整优化。农业、林业、畜牧业、渔业、服务业占全省农林牧渔业总产值的比重分别为 51.4%、3.8%、33.6%、3.5%和 7.7%。与上年相比，林业、畜牧业、农林牧渔服务业产值比重分别提高 0.5、1.8 和 0.5 个百分点，农业、渔业产值比重分别下降 2.7 和 0.1 个百分点。畜牧、蔬菜、果品三大支柱产业稳定发展壮大，共实现产值 3916.3 亿元，占农林牧渔业总产值比重达到 64.6%，比上年提高 0.5 个百分点。

（一）粮食单产再创新高，种植结构进一步优化

1. 粮食喜获丰收，单产再创新高。2019 年，农业气候条件好，全省加强科技指导服务，科学开展防灾减灾、技术推广和田间管理加强。全年粮食作物播种面积 6469 千公顷，同比下降 1.1%；粮食总产量 3739 万吨，提高 1.0%，居全国第 6 位；粮食单产 5780 公斤/公顷，提高 2.1%。粮食生产继续保持连年丰收好形势，为经济社会发展大局稳定打下坚实基础。

2. 种植结构进一步优化。全省各地在保障粮食生产能力不降低的同时，调减低质低效作物种植，减少非优势产区籽粒玉米和普通小麦面积，调减玉米面积，扩大大豆、薯类、杂粮等优质高效作物种植规模，因地制宜发展经济作物，粮、经、饲种植结构进一步优化。2016 年以来，粮食播种面积连续 4 年持续下降，内部结构不断优化。其中，2019 年玉米播种面积比上年减少 29.5 千公顷，下降 0.9%；小麦播种面积减少 34.7 千公顷，下降 1.5%；豆类播种面积增加 9.1 千公顷，增长 7.9%；甘薯播种面积增加 5.2 千公顷，增长 8.3%。

（二）经济作物种植结构继续优化

全省大力发展优质高效经济作物。全省棉花播种面积 203.9 千公顷，比上年减少 6.5 千公顷，下降 3.1%，棉花总产量 22.7 万吨，下降 5.0%，单产 74.4 公斤/亩，下降 1.9%；油料播种面积 364.5 千公顷，下降 0.9%，产量 119.5 万吨，虽下降 1.5%，但油菜籽与胡麻籽增长较快，分别增长 3.3% 和 41.2%；糖料播种面积、产量“双下降”，分别下降 31.5% 和 31.7%；烟叶播种面积、产量“双增长”，分别增长 0.1% 和 4.4%；作为战略型新兴产业的中草药材继续保持良好发展势头，播种面积 98.9 千公顷，增长 15.6%，产量 62.6 万吨，增长 19.4%。

（三）蔬菜生产稳中略减

全省蔬菜生产保持平稳发展。蔬菜播种面积 794.6 千公

顷，增长 0.9%，总产量 5093.1 万吨，下降 1.2%，比一季度、上半年和前三季度分别收窄 3.0、1.5 和 1.5 个百分点。其中，胡萝卜、生姜和冬瓜产量增加较快，分别增长 9.1%、9.8%和 15.6%。种植规模较大的大白菜产量下降 2.6%，降幅比前三季度收窄 4.7 个百分点。传统种植的黄瓜、茄子、辣椒、西红柿播种面积有所萎缩，分别下降 2.8%、1.0%、10.6%和 2.0%。

食用菌产业发展势头良好。受政策扶持、食用菌生产效益较高等因素影响，农民种植积极性较高。2019 年食用菌总产量 145.1 万吨，增长 3.0%。

（四）水果生产平稳增长

园林水果生产平稳增长。全省园林水果总产量 1004.4 万吨，增长 5.0%，同比加快 6.3 个百分点，比上半年和前三季度分别加快 0.8 和 2.0 个百分点。其中，梨产量 363.2 万吨，增长 10.2%；桃产量 135.7 万吨，增长 6.9%；葡萄产量 118.8 万吨，增长 4.7%；苹果产量 221.6 万吨，增长 0.7%；红枣产量 78.0 万吨，增长 1.2%。

瓜果类种植面积持续增长。随着农业种植结构调整，瓜果类种植面积平稳增长。瓜果类播种面积 74.6 千公顷，增长 1.1%，增速比前三季度加快 0.8 个百分点。其中，西瓜播种面积 46.0 千公顷，增长 2.3%；总产量 251.8 万吨，增长 3.0%；草莓播种面积 8.3 千公顷，增长 4.5%；总产量 28.9 万吨，增长 2.7%。

（五）林业渔业生产平稳增长

全省积极实施国土绿化三年行动，大力实施天然林保护、退耕还林、防沙治沙等重点工程，全力推进林业草原事业高质量发展。根据林业部门预计，2019 年林业增加值 149.9 亿元，增长 5.3%。全省预计完成人工造林面积 344.1 千公顷，飞播造林有效面积 19.9 千公顷。受捕捞强度控制、生态环境整治力度加大等因素影响，捕捞产量有所降低。根据农业部门预计，2019 年全省水产品总产量为 99.0 万吨，同比下降 9.7%。

（六）畜牧业生产稳中有升

生猪生产止跌回升。生猪生产恢复仍面临非洲猪瘟疫情防控形势严峻、生产周期长等困境，提振产能仍需时日。2019 年，生猪存栏 1418.4 万头，同比减少 22.1%，环比增长 2.9%；能繁殖母猪 141.4 万头，同比减少 18.7%，环比增长 0.2%；生猪出栏 3119.8 万头，下降 15.9%，增速回落 13.9 个百分点，降幅比前三季度扩大 2.9 个百分点；猪肉产量 241.9 万吨，下降 15.5%，增速同比减少 13.7 个百分点。养殖户补栏积极性有所提高，生猪存栏连续 2 个季度持续向好，但受省长周期影响，猪肉市场供应仍将持续趋紧，猪肉价格上涨压力较大。

牛羊生产平稳增长。牛羊养殖业走势平稳，养殖效益相对稳定。牛出栏 349.1 万头，增长 1.0%，牛肉产量 57.2 万吨，增长 1.3%；羊出栏 2234.5 万只，羊肉产量 31.0 万吨，均增长 1.5%。受消费转移效应影响，人们对牛羊肉消费需求大幅增加，市场价格走高，养殖利润不断增加，出栏量明显增多。

奶牛存栏、生牛奶产量“双增长”。全省奶牛存栏 114.8 万头，增长 8.4%，增速比前三季度加快 2.5 个百分点；生牛奶产量 428.7 万吨，同比增长 11.4%，增速比前三季度加快 2.0 个百分点。

家禽生产稳步增长。近两年，全省无大规模禽流感发生，再加上非洲猪瘟疫情影响，作为替代品的禽肉和禽蛋需求增加，禽类生产总体养殖效益较好。2019 年，家禽存栏 3.9 亿只，增长 2.6%，增速比一季度、上半年和前三季度分别加快 1.6、0.6 和 0.8 个百分点；出栏 6.7 亿只，增长 11.6%；禽肉产量 99.5 万吨，增长 11.9%；禽蛋产量 385.9 万吨，增长 2.1%。

二、存在的主要问题及原因分析

（一）蔬菜产量继续下降

2019 年，全省蔬菜总产量下降 1.2%，蔬菜生产整体布局分散，品种多、规模小，品牌产品较少、竞争优势弱。蔬菜产业精深加工较少。主要以冷藏、冷储等初级加工为主，产品附加值低，种植、加工、营销、流通一体化格局有待进一步完善。从事蔬菜生产的劳动力年龄偏大，设施投入大、生产门槛不断提高、用工成本持续增加、管理技术欠缺、生产效益不稳定等因素限制了蔬菜的发展。农业科技创新能力不强，盲目跟从现象明显。

（二）生猪产能持续下降

受非洲猪瘟疫情、环境整治、生猪养殖周期等多重因素影响，2019 年，生猪存栏减少 22.1%，降幅比一季度、上半年和前三季度分别扩大 2.4、4.6 和 2.0 个百分点。猪肉产量下降 15.5%，降幅比一季度、上半年和前三季度分别扩大 9.2、9.5 和 2.0 个百分点。生猪生产难以在短期内恢复，分析影响因素：一是养殖信心还未完全恢复，当前非洲猪瘟缺少有效疫苗，养殖场户特别是中小型养殖场户自身防控技术和条件有限，养殖风险大，部分养殖户对补栏恢复生产仍存有顾虑，“想养不敢养”是目前大部分养殖户的普遍心态。二是养殖成本高。仔畜、饲料、人工等成本不断上升，能繁殖母猪及仔猪生产周期长，数量有限，价格高，补栏慢，恢复产能需要有个过程。

三、2020 年形势展望

2020 年是全面建成小康社会和“十三五”规划收官之年，随着乡村振兴战略深入推进和农业农村优先发展政策的实施，农业农村经济发展将迎来重大战略机遇，富民乡村企业将得到大力发展，农村人居环境将得到改善，农林牧渔业生产有望继续保持平稳发展。粮食生产平稳增长，粮食单产有望保持较高水平。在不出现极端天气及其他自然灾害条件下，预计蔬菜瓜果生产将保持稳定发展。畜牧业将在供给侧结构性改革中继续优化。随着非洲猪瘟疫情的有效控制，生猪生产将逐步恢复。牛、羊、禽、蛋、奶生产保持稳定；林业渔业生产将延续稳定发展态势。

四、对策建议

（一）加大农村基础设施建设力度，提高农村保障水平

加强农业基础设施建设。改善与农民生活息息相关的基础设施，完善农村生活垃圾、污水处理、排放设施，加大农村“水、气、电、路、田”等农业基础设施建设投入，完善农业基础设施管护体制。强化农业投入力度。加大财政投入和资金整合，确保农业农村财政投入总量持续增加，比重稳步提升。扩大财政补贴覆盖范围，完善农产品加工和流通税收优惠政策，支持涉农企业、合作社和专业化组织发展，引导农业补贴资金重点向粮食主产区和新型农业经营主体倾斜。

（二）完善政策措施，提升农民生产积极性

大力提振农民家庭生产经营信心，关注小农户农业生产，支持农户种养，切实提高农业生产者经营收入。大力培育新型农业经营主体，发挥好对小农户的带动作用，实现小农户家庭经营与合作经营、集体经营、企业经营共同发展，提升小农户组织化程度。科学引导小农户发展特色优质农产品，鼓励小农户创业就业，推进农业与旅游、文化、生态等产业深度融合，拓展小农户增收空间。对农业生产资料生产企业加大帮扶力度，稳定农资价格、降低农业生产经营成本。加大政策和资金支持力度，使专项资金在农业产业化、现代农业生产经营中发挥效益最大化。

（三）推进规模畜禽养殖，提高畜牧业现代化水平

通过市场调节、行政推动，科学把握养殖场饲养规模，加快淘汰小散养户，压缩小规模养殖，鼓励和引导发展标准化适度规模养殖场。加快研究高效、廉价疫苗。引导市场资金支持绿色养殖，并做好动物疫病防疫管理等相关工作。支持鼓励畜禽养殖企业采用先进的技术和生产设备，推动全省畜禽养殖业进一步向规模化、标准化和现代化发展。鼓励中小养殖场加快技术升级改造，提高自动化、智能化、设施化装备水平。

（河北省统计局　李晓梅）

部 门 篇

农业生产

【概况】2019年是实施乡村振兴战略、推进全面建成小康社会的关键之年，全省农业农村系统深入学习贯彻习近平新时代中国特色社会主义思想，认真贯彻落实党中央和省委、省政府“三农”决策部署，按照“一体两翼”工作布局，以实施乡村振兴战略为总抓手，大力推进农业高质量发展，大力推进农村人居环境整治，抓重点、补短板、促转型，农业农村发展继续保持稳中有进、稳中向优的良好态势，为建设经济强省、美丽河北提供了有力支撑。

全年粮食总产量747.8亿斤，连续7年保持在700亿斤以上，有效保障粮食安全供给。在确保粮食稳定生产的基础上，深化农业供给侧结构性改革，完成“两区”划定任务，新建280万亩高标准农田、达到4696万亩，调减非优势区高耗低质低效农作物318.2万亩，大力发展高效作物种植，种植结构更加优化，特色优势粮油快速发展。全省蔬菜（含西甜瓜、食用菌）播种面积86.9万公顷，同比增0.93%，总产5480万吨，同比减1.2%，居全国第四位。其中设施蔬菜播种面积337万亩，居全国第五位。蔬菜供应能力不断增强，蔬菜特色化、品牌化取得阶段进展。加快发展绿色农业，化肥、农药持续保持负增长，畜禽粪污资源化率和秸秆综合利用率均高于全国平均水平。大力发展节水农业。全年节约农业用水6.7亿方、同比增长19.2%。农产品加工业稳步发展，全省农业产业化经营总量达6666.9亿元，农业产业化经营率达67.1%。加强数字农业建设，促进全省农业信息化和农业现代化进程。强化品牌农业建设，加快培树一批特色鲜明、知名度高、发展潜力大、带动能力强的“冀”字号农业品牌。科技对现代农业的支撑能力增强，农业科技贡献率达到58.5%。全省未发生重大农产品质量安全事件，省级农产品监测总体合格率达到99.3%。全省农业农村经济继续保持稳中有进、稳中向优的良好态势。

【粮食生产】2019年全年粮食生产再获丰收，优质特色农产品快速发展，有效促进了种植业高质量发展。一是粮食生产保持稳定。在播种面积微减的情况下，粮食生产实现单产、总产“双增加”，单产385.3公斤，比上年增加8.0公斤，增长2.1%；全年粮食总产量3739.2万吨，同比增加38.4万吨，增长1.0%。总产量连续7年保持在700亿斤以上。夏粮总产量为1476.6万吨，比上年增加10.1万吨，增0.7%。秋粮总产量2262.7万吨，同比增长28.3万吨，增长1.3%。农业农村部韩长赋部长赴我省调研时，对我省夏粮生产工作予以充分肯定。二是特色粮油产业快速发展。扎实推进“一减四增”，适当压减非优势区高耗低质低效粮食作物，种植结构进一步优化，强筋麦、高油酸花生、双高大豆面积分别为360万亩、40万亩、63万亩，同比分别增长21%、74%和58%。全省种植业呈现“专用品种替代普通品种、特色粮油替代籽粒玉米”的发展趋势。三是化肥农药减量增效取得新进展。全年农作物化肥使用量降低5万吨，推广测土配方施肥9500万亩次以上，主要农作物化肥利用率达39%以上。四是现代种业发展实现突破。节水小麦、强筋小麦、马铃薯种薯、杂交谷子、“双高”大豆、高油酸花生、瓜菜种苗等特色种子走在全国前列。主要农作物新品种通过省级审定216个，完成引种备案416个，上报农业农村部登记新品种共8批494个品种，获准复核公告301个。制订实施《河北省特色种业发展推进方案（2019-2022年）》和《特色小麦等作物种业发展专项推进方案（2019-2022年》，谋划现代种业特别是特色种业发展新思路新举措。主要农作物良种覆盖率保持在98%以上，现代种业已经成为推动现代农业和农业高质量发展的重要支撑力量。

【蔬菜产业】2019年全省蔬菜（含西甜瓜、食用菌）播种面积86.9万公顷，同比增0.93%，总产5480万吨，同比减1.2%，居全国第四位。其中设施蔬菜播种面积337万亩，居全国第五位。全省蔬菜形成了冀北坝上错季种植、冀东日光温室生产、环京津棚室栽培和冀南拱棚叶菜四大产区。蔬菜设施化生产水平和周年供应能力不断增强，蔬菜特色化、品牌化取得阶段进展。特色蔬菜势头强劲，饶阳设施蔬菜、乐亭薄皮甜瓜、围场胡萝卜、成安草莓、固安番茄、阜平香菇、新乐西瓜、平泉黄瓜、承德县食用菌、安次厚皮甜瓜、丰润生姜等11个特色农产品优势区被认定为省级特色农产品优势区。产销对接效果显著，举办了第四届京津冀蔬菜食用菌产销对接大会暨河北省特色优势农产品推介活动，有力推动了特色产业基地与京津市场的有效对接，取得了重要合作成果。此次活动共达成购销意向95项，购销协议达56.7万吨。王东峰书记、许勤省长、赵一德副书记和时清霜副省长分别对大会的成功举办作出肯定性批示。

【农业供给侧结构性改革】一是粮食生产再获丰收。完成“两区”划定任务，新建280万亩高标准农田、达到

4696万亩，粮食总产747.8亿斤、增加7.7亿斤，连续七年保持在700亿斤以上。二是“一减四增”加快落实。调减非优势区高耗低质低效农作物318.2万亩，大力发展高效作物种植，成方连片打造示范区。三是“四个农业”加快发展。建成8个国家级、95个省级特优区，位列全国第一梯队。创建72家省级现代农业精品园区，邯郸滏东产业园被认定为第二批国家现代农业产业园。实施农业品牌提升行动，开展品牌设计、品牌提升、品牌宣传，举办京津冀蔬菜、中药材等特色农产品产销对接系列活动，品牌农产品溢价率平均达到30%以上，主要“菜篮子”产品北京市场占有率38.82%、同比提高3.8个百分点。建设81个集科研、孵化、中试、应用、推广于一体农业创新驿站，被中央农办、农业农村部在全国推介。加快发展绿色农业，化肥、农药持续保持负增长，畜禽粪污资源化率和秸秆综合利用率均高于全国平均水平。组织召开全省休闲渔业大会。四是大力发展节水农业。全年节约农业用水6.7亿方、同比增长19.2%。其中，实施季节性休耕200万亩，实现节水3亿立方米；推广小麦节水品种及配套技术536万亩，实现节水2.4亿立方米；实施旱作雨养30万亩，实现节水0.46亿立方米；发展高效节水灌溉140万亩，实现节水0.84亿立方米。五是奶业振兴行动深入实施。实行“千万吨奶”企业和地方政府双规划管理，新建150个智能奶牛场、6个婴幼儿乳粉和液奶加工厂，全年生鲜乳产量420万吨、乳制品产量370万吨，均超额完成目标任务，呈现出良好发展势头。六是农业大招商成果丰硕。首次举办全省农产品加工业发展大会等“综合+专业”系列招商引资活动，签约农业招商项目174个，总投资额1034亿元。建设12个年产值超50亿元的农产品加工集群，省级龙头企业销售额达3500亿元、增长16.7%

【农业产业化】2019年全省农产品加工业稳步发展。在全国农产品加工企业百强企业评选中，我省5家农产品加工企业入选，居全国第六位；全省农业产业化经营总量达6666.9亿元，农业产业化经营率达67.1%。一是龙头企业发展态势良好。省级以上重点龙头企业834家，国家级重点龙头企业61家；年销售额亿元以上龙头企业650家，10亿元以上的70家，100亿元以上的6家；上市企业6家，股权交易市场挂牌企业46家。龙头企业为社会提供了120万个就业岗位，带动省内1300万农户参与农业产业化经营，农户增收总额360亿元。二是一二三产业融合有创新。筛选60个省级示范农业产业化联合体进行示范创建，支持合作社、家庭农场等农业经营主体参与农业产业化联合经营。筛选了15个农业产业强镇，打造全国产业强镇。22个村（镇）被农业农村部评为“第九批全国一村一品示范村镇”。大力推进农产品产地初加工设施建设，新增加工设施500个，新增加工能力5万吨，解决了农产品产地存储、延时保鲜等问题，为农业增效、农民增收发挥了很好作用。三是农业大招商工作初步打开局面。制定《河北省农业大招商工作推进方案》，采取“请进来，走出去”的办法开展各种重大活动20余次，组织300余家企业赴浙江、江苏等沿海发达地区举办“走出去”招商。与泰国正大集团、北京首农食品集团、益海嘉里集团等重点企业进行深入对接洽谈，与北京首农食品集团签订《战略合作框架协议》。编印了《河北省现代农业招商项目指南》，制作了2部河北招商宣传片和多本招商画册。四是休闲农业快速发展。贯彻落实省委省政府决策部署，狠抓产业结构调整，优化产业布局，积极发挥乡村资源、生态和文化优势。据统计，全省休闲农业共有7224个经营主体，从业人员44.78万人，全年休闲农业接待人次达到7533.4万人次，营业收入83.5亿元，农副产品销售收入46.64亿元，带动农户39.56万户。

【农业信息化】2019年切实加强数字农业建设，初步形成了数字农业技术、应用和运行管理体系，促进了全省农业信息化和农业现代化进程。一是全面实施信息进村入户工程。作为信息进村入户整省推进示范省，制定了《信息进村入户工程建设方案》，印发了《河北省农业厅关于做好信息进村入户工程整省推进示范工作的通知》等系列文件，明确各地建设任务等内容，确保在整省推进示范工作中创出河北典型和特色。截至2019年底，省级平台已开发完成。二是推进农业数字化转型。通过现代信息技术在生产、经营、管理、服务等方面综合应用，初步形成了“1+4+N”的智慧农业云平台。（1个农业大数据中心，4个（生产、经营、管理、服务）应用体系，N 个涉农业务系统）。围绕提升政务管理和便民服务水平，搭建了省级协同办公平台；围绕消费引导生产，信息助力增收，启动了农产品市场信息分析预警平台建设；围绕农业技术推广服务，建立了省农业技术推广信息化云平台。农业管理者通过大数据平台及时掌握相关信息，分析研判农业生产和管理信息，农民不出户、不出田，就可以获得技术指导和服务。三是推动农业装备智能化。优化了省级智慧农机决策管理信息平台，扩大深松作业测亩测深电子监控、农机作业智能优化调度等物联网应用范围，提升农机管理智能化水平，已在全省广泛应用。完善了省级农业物联网综合管理平台建设，按照“三统一分”的原则，将物联网平台向市县进一步延伸，已筛选接入60个农业物联网应用典型，在设施农业生产和规模化养殖园区利用物联网和自动化控制技术，实现对种养殖环境的动态监测与控制。四是大力培育新型职业农民。实施了新型职业农民培育工程，重点在118个县实施青年农场主培养、新型经营主体带头人轮训、农业产业精准扶贫培训和农村实用人才带头人培训等4个计划。重点围绕“手机助力农产品线上营销”主题，深入开展农民手机应用技能培训工作。培训周活动期间，我省利用多种形式开展培训、发放宣传资料。

【农产品品牌建设】2019年加强品牌农业建设，突出重点、加大力度，加快培树一批特色鲜明、知名度高、发展潜力大、带动能力强的“冀”字号农业品牌。宣化牛奶葡萄、易县磨盘柿、玉田包尖白菜等6个农产品品牌入选中国农业品牌目录；山海关大樱桃、新乐西瓜、五得利面粉等农业品牌荣获2019年全国首届“神农奖”。一是强化品牌培树。制定了《2019年河北省品牌农业工作推进方案》《河北省2019年品牌农业重点工作实施方案》，重点围绕水果、蔬菜、马铃薯、中药材、食用菌、畜禽产品等6大品类特色主导产业和梨、苹果、葡萄、蔬菜、香菇等5个优势品种，明确“三个一批”工作思路和“十个一”工作任务。推动成立了“河北省农产品品牌协会”“河北省品牌农业发展联盟”和“河北省农业品牌创意设计联盟”，为河北品牌农业造势、汇智、引资、聚能、创新，形成“拳头效应”。在廊坊农交会上首次举办了品牌农业展，130多家国内一流品牌打造和包装设计机构现场展示并与我省品牌主体洽谈对接，达成区域公司品牌打造合作意向12个，企业品牌打造意向100多个。农交会期间以省政府名义召开了河北省品牌农业发展大会。编制了《河北省农产品品牌推介目录》，发布“河北农品.百膳冀为先”农产品品牌口号和LOGO，举办了河北省品牌农业专题培训班，为河北品牌农产品进军全国市场奠定了坚实的基础。二是加大产销对接。组织参加中国国际农交会、第七届北京农业嘉年华、中国（上海）优质农产品博览会、第三届中国国际茶叶博览会、世界农业博览会等一系列农业展会；举办了河北农产品品牌万里行、河北优质农产品进京年货节、河北农产品进京宣传推介、河北品牌推介暨贫困地区农产品产销对接、“品味河北”2019炫“冀”品鉴暨河北品牌农产品进京对接推介、京津冀农产品产销对接等系列活动，进一步扩大冀字号农业品牌的市场认可程度、知名度和影响力；完善了北京新发地河北优质农产品展销中心，采用“展销+渠道+批发市场”新模式，组织省内企业免费入驻，长期展示展销，定期组织产销对接活动，同时引入“北京蔬菜进社区直通车”、“社区直营店”等销售模式，是河北农产品在北京市场的展示窗口，目前入驻企业45家，产品800余种。三是加大宣传报道。广泛利用河北传统媒体和互联网、微信平台等新媒体加强品牌宣传，扩大品牌影响。举办“庆丰收”杯农业农村摄影大赛、农业品牌创新创意设计大赛、我最喜爱的河北农业品牌评选、我为家乡农产品代言等多项活动，掀起全社会“懂品牌、唱品牌、消费品牌”的热潮。

【农业科技进步】2019年坚持强化科技创新，搭建平台、组建团队、完善体系、破解瓶颈，着力增强科技对现代农业的支撑能力，农业科技贡献率达到58.5%。一是农业科技扶贫。印发了《河北省农业产业扶贫技术服务体系建设方案》，建立了省际联系会议制度，依托省级19个农业产业体系创新团队，建立市级专家团队9个、270人，县级专家团队62个、620人，乡镇扶贫产业服务队632个、6320人，贫困村产业技术指导员7843名，实现了技术指导到村到户到项目。依托基层农技推广补助项目，在全省62个贫困县组织实施特聘农技员计划，通过公开选拔方式每年遴选不少于300名特聘农技人员，有针对性地开展农技指导、咨询服务和政策宣贯。在全省62个贫困县组织实施农业产业精准扶贫培训计划，培训帮扶带动作用强的新型农业经营主体带头人10000人和有劳动能力有培训意愿的贫困户或小农户18600人，满足当地确定的扶贫主导产业需求，让贫困户具备依靠劳动改善生活的能力。二是产业技术体系建设。2019年产业技术体系创新团队建设实现了三个突破：岗位设置上，注重一二三产业融合、全产业链发展；运行方式上，注重围绕重点共性问题，增强各团队间的协同攻关；管理体制上，注重产业处室全方位参与。今年增设了大豆创新团队，二期团队数量达到19个，专家岗位265个，年度资金6943万元。三是基层农技推广体系改革。据2019年底统计，全省设有公益性农技推广机构2676个，省市县乡四级农技推广人员16410人，完善的基层农技推广服务体系稳定运行，良种良法覆盖率保持稳定提升，农业主导品种、主推技术到位率分别稳定在98%、95%以上。四是农民教育培训。在全省122个县组织实施农民教育培训工作，实现62个贫困县全覆盖，全省共培训高素质农民44466人。遴选认定农民教育培训基地221个、实训实习基地189个。其中，正定泽润农业科技有限公司、青县大司马农业专业合作社等4个基地成为全国第二批示范基地。

【农产品质量安全】2019年认真落实“四个最严”要求，省级农产品监测总体合格率达到99.3%，全省未发生重大农产品质量安全事件，农产品质量安全状况保持了稳中有进、稳中向优的良好态势。一是实施农安县全覆盖创建。在全省162个县区开展农产品质量安全县创建，实现了创建工作全覆盖。唐山市被命名为国家农产品质量安全市，14个县区被命名国家农产品质量安全县，87个县区被命名为河北省农产品质量安全县，61个县区完成中期评价。二是规范农业标准化生产。组织制修订省级农业地方标准68项，推动特色农产品优势区、现代农业精品园区全面实施标准化生产，农业标准化生产覆盖率达到64%。三是强化农产品监测。全年定量检测农产品6万批次，应急监测 3000批次，抽检4大类 107种农产品。制定农兽药残留、生鲜乳、畜禽屠宰等“七大”专项整治行动方案，多途径查处各类问题878起，有效防范了区域性、系统性风险发生。四是建立农产品追溯“六挂钩”机制，开展电子追溯的生产主体数量达到2168家。省级安县第三方调查群众满意度达到76.1%，比2018年增长3.76个百分点，公众对农产品质量安全的认可度进一步提升，社会共治的氛围进一步形成。

（河北省农业农村厅　刘　洁）

林业和草原

【综述】2019年，是省市县机构改革后的第一年，党中央和省委赋予林业和草原部门新的重任。一年来，全省林草系统认真学习领会习近平新时代中国特色社会主义思想，全面贯彻落实省委、省政府决策部署，聚焦聚力“三件大事”、“三大攻坚战”和“两区”建设，大力弘扬塞罕坝精神，认真履行新职责新使命，笃定实干、攻坚克难，各项工作取得新成效。

【生态建设】2019年全省造林绿化高质量开展，超额完成造林绿化任务。以“两山、两翼、三环、四沿”为主攻方向，以京津风沙源治理、三北防护林等国家重点工程为依托，加大造林绿化攻坚力度。一是科学统筹规划。省委、省政府出台了《河北省国土绿化规划（2018-2035年）》《河北省2019年国土绿化实施方案》《京雄京张高铁生态廊道绿化实施方案》，省人大颁布了《关于加强太行山燕山绿化建设的决定》，为造林绿化工作提供了法律政策保障。二是重点区域造林深入推进。完成冬奥会赛区周边及张家口全域绿化122666公顷，张家口市林木绿化率达到50%。雄安新区累计植树造林20666公顷，雄安绿博园建设全面启动。完成太行山燕山绿化268000公顷，京津保生态过渡带绿化43333公顷，廊道绿化39333公顷，打造了一批规模大、标准高、特色突出的精品工程。三是创森工作成效显著。唐山、廊坊、保定被授予国家森林城市称号，实现“三城共建、三城同创”，全省国家森林城市达到7个。衡水、沧州、邢台、邯郸4市启动创森工作。开展森林乡村创建认定工作，认定国家级森林乡村332个，评选首批“河北省森林乡村”503个，带动城镇绿化水平大幅提升，人居生态环境进一步改善。

2019年，全省完成人工造林350969公顷，完成2019年国土绿化实施方案的105%；飞播造林21365公顷，封山育林140156公顷，飞播造林和封山育林完成2019年国土绿化实施方案的121%；退化林修复3946公顷，人工更新4208公顷。森林抚育面积254164公顷，完成2019年国土绿化实施方案的127%。

【重点工程】 2019年全省各地林业重点工程扎实推进。京津风沙源治理工程、三北防护林体系工程等林业重点工程完成人工造林77273公顷，与上年同期相比增长3%；飞播造林3333公顷，无林地和疏林地新封山育林40891公顷，飞播造林和无林地新封与上年同期相比增长17%。退化林修复3554 公顷，人工更新1067公顷。

分工程看，京津风沙源工程完成造林32740公顷，三北防护林工程完成造林47617公顷，沿海防护林工程造林14250公顷，太行山绿化工程造林29585公顷，国家储备林建设工程完成1926公顷。三北防护工程占比最高，占林业重点工程的38%。

三北工程建设按照京津冀协同发展林业生态率先突破的战略要求，对标京津，自我加压，推进顺利，在造林苗木、整地、管护等工程建设环节坚持高标准、严要求，取得较好的实效，三北工程造林与上年同期相比增长26%。

【草原管护】草原保护管理稳步推进。省人大颁布了《关于加强张家口承德地区草原生态建设和保护的决定》，全面系统规范草原规划、建设、保护与监督管理，填补了我省在草原立法方面的空白。印发了《关于进一步加强草原保护和建设的意见》《关于推进张家口市退耕还草及草原科学利用的意见》《草原生态修复资金实施指导意见》，启动实施了退化草原生态修复治理试点，在坝上草原重点修复区开展大规模围栏封育，加强牧草品种补播改良，推进典型区域综合治理。

全省草原保护修复主要在张家口承德两地，2019年种草面积4467公顷，草原改良面积26380公顷，草原管护面积1416620公顷，均为张承两地草原禁牧面积。草原生态修复治理种草面积1134公顷，草原改良面积23047公顷。

【林草产业】省绿化委员会印发《关于促进经济林产业高质量发展的意见》。组建了核桃、板栗等7个经济林产业技术支撑体系，加快现代林果花卉产业基地建设，新增经济林面积26666公顷，提质增效60666公顷，新增花卉种植面积2133公顷，种苗、森林旅游、林板（纸）产业发展态势良好。加强经济林产品质量安全风险监测，完成抽检1025批次。

2019年全省林业草原产业总产值14610068万元（1461亿元），与上年同期相比基本持平，增长0.5%，其中：第一产业产值6626352万元，与上年同期相比下降4.2%，第一产业产值下降的主要原因是张家口市2019年完成造林任务与上年同期相比下降近70%，同时水果中苹果、梨价格下降，对林业产业总产值也造成了一定的影响；第二产业产值6831785万元，与上年同期相比增长4.1%，第三产业产值1149036万元，与上年同期相比增长8.6%。

全省林草产业受整体经济形势影响增速有所放缓，但以森林旅游为主的林业第三产业仍然连续保持增长势头，林业旅游与休闲服务业实现产值 1149036万元，与上年同期相比增长8.6%，契合了近年来旅游产业的蓬勃发展，林草产业结构进一步优化。

【生态扶贫】严格落实生态惠民政策，组织群众参加重点生态工程建设，大力发展经济林、林下经济，精准带动一批贫困人口稳定增收或脱贫致富。《中国绿色时报》整版介绍河北生态扶贫经验。认真落实沽源县脱贫攻坚“五包一”牵头责任，积极协调12家责任单位加大帮扶力度。在对口帮扶村谋划实施合作造林、金莲花种植、养殖园区、民宿旅游等产业项目，大力开展“双基”提升活动，扶贫工作取得扎实成效。省林草局驻沽源县大石砬村工作队荣获“河北省扶贫攻坚先进集体”。

2019年全省生态护林员70635人，其中：中央资金选聘建档立卡贫困人口生态护林员51101人。生态护林员全部管护面积5120090公顷。

【资源管理】资源管护力度进一步加大。省委将森林草原防火工作纳入大督查重点内容，13位省领导带队包联督导。在市县机构改革、防火职责交接过渡的特殊时期，各级林草部门主动承担防范重特大森林草原火险的责任，强宣传、治隐患、严管火、重扑救，及时有效处置突发火情，全省没有发生重大等级以上森林火灾、“进京火”和重大人员伤亡，没有发生等级以上草原火灾，森林草原防火形势保持持续稳定。加强防火视频监控系统建设，火灾监测能力进一步提升。开展有害生物防治1920万亩次，美国白蛾、草原虫鼠害等得到有效遏制。非洲猪瘟等疫原疫病防控工作有力有序有效。完成全省森林资源主要指标年度变化监测评价，省市县森林资源数据实现更新。完成新增40000公顷省级公益林区划落界，省级重点公益林达到306667公顷。严格规范建设项目使用林地和采伐林木审批管理，没有超出国家下达的使用林地定额和采伐限额。切实做好天然商品林停伐工作，878000公顷天然商品林得到全面保护。组织开展了“绿卫2019”森林草原执法、“昆仑四号”、打击破坏野生动物资源违法犯罪和“金钺”“金剑”“金网”“金盾”等专项行动，查处违法案件3307起，处罚3166人次。“3•18”破坏野生动物资源案得到公安部、国家林草局充分肯定，并作为办案典型上报公安部。

【林业改革】一是国有林场改革任务全面完成。全省130个国有林场有68个定性为公益一类事业单位，58个定性为公益二类事业单位，4个定性为公益性企业。完成省级自查验收，达到国家“优等”标准。加快推进塞罕坝“二次创业”，塞罕坝森林防火隔离带、生态安全隔离网、视频监控布局提升等方案经省政府批准实施，“二次创业”、林场及周边区域体制改革创新、塞罕坝集团组建等方案呈报省政府。二是集体林权制度配套改革扎实推进。配合省有关部门修订了《河北省农村产权流转交易管理办法》，进一步规范林权交易行为，吸引社会资本有序进山入林。全省森林保险参保面积6059万亩，同比增长4.6%。平泉市集体林业综合改革试验示范区建设取得阶段性成效。三是“放管服”改革不断深化。深入开展“三深化、三提升”，向雄安新区下放省级行政许可事项27项，向省自贸试验区下放11项。开展“双随机一公开”抽查13次，随机抽查项目111个。省林草局44项行政审批事项全部进驻省政务中心集中办理，实现了“应进皆进”。

（河北省林业和草原局　闫香妥）

畜牧业生产

【发展概况】2019年全省各级畜牧部门在农业农村部和省委省政府的正确领导下，以习近平新时代中国特色社会主义思想为指导，树立“四个意识”，坚定“四个自信”，做到“两个维护”，不忘初心，牢记使命，紧紧围绕乡村振兴战略，扎实推进畜牧业转型升级、克服非洲猪瘟带来的不利影响，全省畜牧业高质量发展，主要畜产品市场供应充足，奶业振兴开局良好，生猪生产逐步恢复，粪污利用提前完成年度任务。全省肉类总产量429.6万吨，其中猪肉241.9万吨，禽肉99.5万吨，牛肉57.2万吨，羊肉31万吨，分别占比56.3%、23.2%、13.3%和7.2%；禽蛋产量385.9万吨，同比增长2.1%；生牛奶产量428.7万吨，同比增长11.4%；年底全省生猪存栏1418.4万头，出栏3119.8万头，生猪生产从2019年6月底开始止跌回升，已连续六个月环比正增长；全省奶牛存栏114.8万头，同比增加8.4%；肉牛（含役用牛）存栏235.3万头，与去年基本持平，出栏349.1万头，同比增加1%；羊存栏1194.9万只，出栏2234.5万只，分别同比增长1.3%和1.5%；家禽存栏3.95亿只，其中肉鸡存栏0.77亿只，蛋鸡存栏2.79亿只；2019年家禽出栏6.66亿只，同比增加11.6%。

【奶业振兴工作】坚决贯彻落实习近平总书记的重要指示，按照党中央、国务院和河北省委、省政府的部署要求，深入研究、制定措施、完善政策、强力推进，奶业振兴开局良好。2019年生鲜乳产量429万吨，同比增长11.4%，产量居全国第三位，增速为近10年最快；奶牛平均单产7.9吨、创历史新高；乳制品产量357万吨，同比增长5.8%，连续6年全国第一；婴幼儿乳粉产量8万吨，同比增长60%，增速全国第一。一是奶牛养殖场智能化水平实现新跨越。新建智能化牧场150家，全省智能化牧场总数达到510余家，占牧场总数57%，实现精准化、智能化管理，提高了生产效率和养殖水平。升级改造200家家庭奶牛场，配备更新控温控湿、饲喂清粪、挤奶存储、粪污处理等设施设备。全省奶牛养殖规模化比率达到100%，其中300头以上规模存栏比例98%以上，奶牛场粪污处理设施装备配套率实现100%。7家奶牛养殖场通过“GLOBAL GAP（全球良好农业规范）”认证。全省奶牛养殖规模化、智能化、绿色化水平进一步提升，为奶业持续健康发展奠定了坚实基础。二是饲草基地建设实现新扩展。合理布局饲草基地，扩大全株饲用玉米种植面积，在黑龙港流域发展苜蓿连片种植。制定了《河北省2019年粮改饲试点工作实施方案》《2019年山前平原区奶牛养殖大县整县推进粮改饲专项工作方案》，全年全省种植全株玉米220万亩，苜蓿种植面积在去年37.36万亩的基础上，新增7万亩，苜蓿品质由过去的3级为主提升到2级为主，所有奶牛养殖场全部饲喂全株青贮玉米和苜蓿，实现了饲草生产与奶牛养殖协同高质量发展。三是奶牛良繁体系建设实现新突破。引进世界顶级种公牛胚胎200枚，培育种公牛10头。与美国合作，利用全基因组测定技术，开展种质遗传评估。参加美国 TPI 遗传评估，选育优秀后备种公牛20头，种子母牛21头；参加美国 IPI 遗传评估，组建母牛核心群2200头，选育后备公犊牛110头；在育种核心群奶牛场，对5218头荷斯坦奶牛开展 A2基因检测，为君乐宝开发 A2功能性牛奶新品提供技术支撑；初步实现种公牛评价体系与国际接轨。全年在已有52个单产10吨以上高产奶牛核心群的基础上，新增30个，到达了82个。完成奶牛生产性能测定19.7万头，测定奶样141万份，出具分析报告3795份，精准施策，指导奶牛场提质增效，参测奶牛单产由年初的8409kg 提高到8875kg。组织采购优质奶牛性控冻精18.46万剂，进一步夯实全省良种奶牛快速扩繁基础。全省以自繁为主的良繁体系建设不断完善，激发奶业现代化内生动力。四是利益联结机制进一步完善。定期召开全省生鲜乳价格协调会，推动养殖场与乳制品加工企业签订长期购销合同，并对协商价格和收购合同执行情况进行监督。针对乳品企业和奶牛养殖场不遵守生鲜乳收购合同现象，多次约谈乳制品加工企业和奶牛养殖场，有效遏制抢奶行为。严厉打击违法违规私收散奶以及强卖饲料、兽药和养殖设备行为，维护生鲜乳收购秩序。支持乳品加工企业自建牧场、与奶牛养殖场合建示范家庭牧场，推进饲草种植，奶牛养殖、乳品加工一体化发展，产业链各环节主体共享收益。蒙牛、伊利、君乐宝等大型加工企业出台奶农扶持政策，累计提供贷款10多亿元。日趋密切的利益联结机制，有力保障奶业持续稳定健康发展。五是乳品加工能力实现新飞跃。按照做强骨干龙头企业、做大区域龙头企业的思路、做多新兴龙头企业的思路，以婴幼儿奶粉为重点，梯次布局乳制品加工项目：2019年建设9个乳制品加工厂，总投资40亿元，5个已建成投产，年增生鲜乳处理能力66万吨；4个正在建设，2020年投产后年增生鲜乳处理能力42万吨；还有6个项目正在筹建，年增生鲜乳处理能力140万吨。养殖场积极探索通过开办奶吧、建加工厂、与乳企合作代加工和开办餐饮等方式进入加工流通领域，构建一二三产业融合发展模式。全省22家奶吧日处理生鲜乳能力总计约10吨。辛集市牧兴顺奶牛场正在与苏州米吉乳业合资建厂，可日处理生鲜乳100吨。廊坊4家奶牛场合资成立“河北鼎牛餐饮管理有限公司”，日处理生鲜乳25吨。六是乳品品质实现新提升。对标国际一流标准，我厅研究起草了推荐性生乳团体标准，以标准升级带动产品升级。我厅牵头制定了《河北省奶业质量安全风险管控方案》，推动落实生鲜乳生产运输、乳制品加工仓储、市场流通销售全链条质量安全风险标准化管控。君乐宝乳业筹建婴幼儿奶粉检测中心和河北省乳制品产业技术研究院，提升乳制品质量安全保障能力。全年全省生鲜乳第三方抽检合格率100%，乳制品监督抽检乳合格率100%。七是乳品品牌知名度达到新高度。狠抓乳品品牌建设，提升品牌知名度。乳企进一步优化乳制品结构，提高高端乳制品、功能乳制品、婴幼儿配方乳粉市场占比。君乐宝开发的“悦鲜活”生牛乳、全产业链至臻 A2奶粉、唐山杰恩牧业委托生产富含天然共轭亚油酸的乳制品等高端产品顺利上市，助推了河北乳业科技水平提升。成功举办河北国际奶业博览会、河北省奶农大会等大型宣传活动，营造奶业振兴良好氛围。全省15家乳制品加工厂陆续开放工业旅游，其中1家为国家4A 级旅游景区、4家为3A 级旅游景区。在2019中国品牌强国盛典活动上，君乐宝入选“榜样100品牌”和“十大年度新锐品牌”。君乐宝“悦鲜活”牛奶和乐铂 K2奶粉分别荣获13届全球乳制品大会“最佳工艺创新奖”和“最佳儿童乳品奖”，旗帜奶粉获得世界食品品质评鉴大会的最高荣誉—特别金奖。河北乳业的品牌影响力持续扩大。

【畜禽良繁体系建设】2019年河北省共有种畜禽生产经营企业268家，其中曾祖代、祖代或原种场61家，其它扩繁场207家。在曾祖代、祖代或原种场中，有国家级核心育种场及国家良种扩繁基地12家，包括生猪国家级核心场4家：河北美丹畜牧科技有限公司、 河北裕丰京安养殖有限公司、安平县浩源养殖有限公司、中道牧业有限公司；蛋鸡国家级核心场1家：河北大午农牧集团种禽公司；蛋鸡国家级良种扩繁基地3家：河北大午农牧集团种禽公司、华裕农业科技有限公司、曲周县北农大禽业有限公司；肉鸡国家级良种扩繁基地1家：河北飞龙家禽育种有限公司；奶牛国家级核心育种场1家：石家庄天泉良种奶牛有限公司；肉牛国家级核心育种场2家：张北华田牧业科技有限公司、河北天河肉牛养殖有限公司；国家级保种场1家：海兴县绿洲生态畜禽养殖有限公司（渤海驴）。从品种上分，种猪场118家，种公猪站14家，种公牛站3家，种牛胚胎生产企业1家，蛋种鸡场54家，肉种鸡场35家，种奶牛场4家，种肉牛场3家，种羊场22家，种鸭场12家，其他种畜禽生产经营企业3家，其中2家省级地方品种保种场（深县猪和太行鸡）。2019年审核省级种畜禽场13家，比2018年多4家，其中新增5家省级种畜禽场， 更新省级种畜禽场生产经营许可证8家。2019年是所用种畜禽场效益最好的一年，由于受猪周期和非洲猪瘟的影响，生猪种畜禽场存栏量下降50-60%，因代偿作用，其它种畜禽企业生产经济效益很高。围绕畜禽种业发展的短板和河北省畜牧业发展的方向，突出抓了稳定生猪生产，推进奶业振兴、提高种猪繁殖技能、调研地方品种资源情况等工作。存在主要问题有：河北省现有畜禽地方品种资源11个，得到保护的只有3家种畜禽场，其它得不到有效保护和利用，存在丧失风险。

【畜禽标准化规模养殖】一是及时印发《方案》。2019年我省按照农业农村部关于畜禽养殖标准化示范场创建通知要求，及时印发了河北省农业农村厅《关于开展2019年畜禽养殖标准化示范创建活动的通知》；二是组织畜禽规模养殖场申报。各市按照活动方案有关创建条件，积极发动各县，推动畜禽养殖示范创建，通过各市县宣传发动，积极组织畜禽规模养殖场申报，市县组织有关技术专家进行技术指导，调动申报养殖企业积极性，确保高质量创建。三是认真审核上报材料。我们对畜禽规模养殖场申报材料进行了认真审核，严格把关，并组织专家对有关市示范场创建情况进行现场核实评分，根据专家评分情况及上报材料内容的齐全完整情况综合评定，上报了2019年拟创建示范场8个，最后通过部级审核的6个。四是发挥示范场作用。两年累计创建部级畜禽养殖示范场16个，充分发挥示范场设施装备先进、环境优良、管理先进、粪污无害化处理的带动作用，促进畜禽规模化养殖标准化生产，提高畜禽产品质量安全，实现畜禽规模养殖效益。

【畜禽粪污资源化利用】2019年，深入贯彻落实《国务院办公厅关于加快推进畜禽养殖废弃物资源化利用的意见》和《河北省畜禽养殖废弃物资源化利用工作方案》，聚焦关键环节，狠抓工作落实，全省规模养殖场粪污处理设施装备配套率达到97.4%，较2018年提高3.6个百分点。全省畜禽粪污综合利用率达到75.8%，较2018年提高1.2个百分点，畜禽粪污资源化利用水平进一步提高，为推进农牧业与生态环境协调发展奠定了扎实基础。一是设施建设加快推进。对规模养殖场粪污处理设施逐一排查，全数登记，填报直联直报信息监管平台。按照“一场一策一方案”要求，对未配建粪污处理设施的规模养殖场加快设施配建并确保正常运行，完成一个，销号一个，对处理设施不达标的责令限期整改。到2019年底，全省11533个规模养殖场中已有11239个配建有粪污处理设施装备，配套率达到97.4%，超额完成了2019年底设施装备配套率95%以上的任务目标，大型规模养殖场设施装备配套率达到100%，规模养殖场粪污处理设施装备水平不断提升。二是资源化利用水平持续提升。坚持政府引导、企业主体、市场运作方针，引导社会力量参与畜禽粪污资源化利用，培育形成畜禽粪污资源化利用新产业。在40个县开展了畜禽养殖环境承载能力评估，对养殖规模超过土地承载能力的区域，提出预警和调整养殖总量的建议，促进畜禽养殖与环境承载能力相匹配。坚持种养结合、农牧循环，精准引导种养业协调发展。截止目前，全省畜禽粪污综合利用率达到75.8%，超额完成了2019年底综合利用率73%以上的任务目标。三是产业形态初步形成。推行“政府引导、部门监管、专业治理、市场运作”的第三方治理模式，调动社会资本投入积极性。中央财政支持35个畜牧大县、省级财政支持35个养殖大县实施畜禽粪污资源化利用整县推进，引导效果初显。已建成金太阳、京安瑞能、华昕、天龙等一批有机肥生产和清洁能源企业，畜禽粪污资源化利用产业化发展步伐加快。初步建立了受益者合理付费、粪污等价置换有机肥等市场化运营机制，为畜禽粪污资源化利用产业长效可持续运营打下良好基础。

【统计监测工作】一是做好畜牧业统计监测报表工作。2019年共完成部、省两级 16059张报表，171.27万个监测数据的催报、审核与汇总工作，主要包括：30个畜禽饲料与价格监测县及13个交易量监测县的周监测；65个全固定监测县、950多个生鲜乳收购站、900多个畜禽定点规模场、6个定点规模商品猪场的月监测，部级年报；全省畜禽生产月报、规模场（小区）季报、省级专业年报等，有力的支持了全省畜牧业生产及全国的畜牧业统计监测工作。二是关注生产和市场变化，发布行情信息。多次进行畜牧业生产形势调研，了解目前畜牧业生产基本情况及基层工作中存在的困难与问题，多方搜集材料，加强监测数据分析，密切跟踪市场变化，高质量完成了各季度全省畜牧业产销形势分析，为领导决策、引导生产提供了精准参考。同时利用“河北牧业”微信公众平台及短信平台共发布市场行情、京津冀价格、行业信息等170多条。三是完成农业农村部在我省数据报送的试点工作。农业部畜牧业司为了进一步加强畜牧业统计监测工作，提高数据质量，规避在采集、上报环节数据出现偏差，初选了我省的蛋鸡监测县辛集与生猪监测县黄骅作为畜禽养殖户APP数据直报试点县，2019年该APP实现了由监测村养殖户和村级信息员利用手机直接采集和上报数据。

（河北省农业农村厅　李海涛）

渔业生产

【概况】2019年，全省渔业系统把加快渔业绿色发展作为渔业渔政重点工作，不忘初心、砥砺前行，加快转方式、调结构，积极推动渔业供给侧结构性改革不断深化。积极发展水产健康养殖，促进水产养殖从量的增长到质的提升；积极发展远海远洋捕捞，推动捕捞业从资源依赖型向环境友好型转变；积极开展渔业资源增殖放流、海洋牧场、水产种质资源保护区建设，渔业资源和水域生态环境保护工作力度不断增强；积极发展渔业二、三产业，大力发展休闲渔业，持续发力解决发展不平衡和不充分问题，促进渔业产业绿色高质量发展；积极做好渔业安全生产检查督导、强化渔船渔港信息化建设、着力加强休渔禁渔管理，全省渔业安全水平又上新台阶。全省渔业经济发展呈现出稳中向好，质量效益同步提高的有利局面。

全省全年水产品总产量预计为93.42万吨，同比下降9.36%。其中海洋捕捞19.09万吨，同比下降10.09%；海水养殖产量44.88万吨，同比下降8.38%；淡水捕捞产量3.55万吨，同比下降15.69%；淡水养殖产量25.9万吨，同比下降9.57%。渔业二、三产业有新的提升，培育了渔业发展新动能，促进了渔业经济稳步增长。全省全年渔业经济总产值279.4亿元，同比增长5.6%；渔民人均纯收入18443元，同比增长9.84%。

【捕捞业】捕捞业结构进一步优化。以“优生态、抓转型、促发展”为核心，以保护资源和减量增收为重点，积极开展海洋捕捞渔民减船转产工作，疏导转移压减捕捞过剩产能，扎实推进海洋捕捞生产结构调整。2019年海洋捕捞产量19.09万吨，同比下降10.09%，海洋捕捞渔船3571艘，同比下降6.71%。截至目前，共完成减船851艘、减少功率32994.13千瓦，更新改造渔船129艘，进一步降低了近海捕捞强度。规范发展远海远洋渔业。2019年远洋捕捞5.6万吨，全年23艘渔船从事远洋渔业生产；西非等过洋性远洋渔业生产进一步巩固，大洋性鱿钓生产逐步拓展，远洋渔业总产量、效益稳步增长。淡水捕捞得到有效控制。淡水捕捞产量3.6万吨、同比下降15.69%，淡水捕捞渔船1115艘，同比减少4.9%。近年来对湖泊、水库进行治理，淡水捕捞船减少，捕捞产量趋于合理。

【养殖业】海水养殖“双降”。2019年海水养殖产量44.9万吨，同比下降8.38%；养殖面积107041公顷，同比下降3.92%。因台风、环保取缔等原因，海水养殖产量、面积双下降，其中扇贝产量29.8万吨，同比下降21.22%，面积48304公顷，同比下降5.24%。淡水养殖继续下降。淡水养殖产量25.9万吨，同比下降9.57%，近年来水库进行网箱、围网整治，部分池塘取缔，水库产量2.4万吨，同比减少18.83%，池塘产量22.6万吨，同比减少7.96%。

【第二三业】水产加工品总量提升。2019年我省水产加工品8.4万吨，同比上涨14.98%，其中加工海产品7.1万吨，同比增长18.83%，主要为扇贝加工；水产品加工产值达29.3亿元，同比增长31.92%。休闲渔业新型业态发展迅速。2019年全省休闲渔业经营主体达到918家，接待游客数量达434万人次，休闲渔业经济总产值达8.63亿元，同比增长8.37%。

【经济发展】渔业经济产值稳定增长。2019年渔业经济总产值279.4亿元，同比增长5.6%，第一产业产值 227.7亿元，同比增加2.51%；第二产业产值33.5亿元，同比增加30.13%；第三产业产值18.2亿元，同比增加8.86%。虽渔业产量下降，但水产品价格保持高位运行，渔业新型业态加快发展，渔民收益进一步增加，渔民人均收入18443.26元，同比增长9.8%，渔业产出效益逐步提高。

【资源养护】渔业资源养护力度不断加大。在全省沿海海域及白洋淀、衡水湖、潘大水库、官厅水库、岳城水库等内陆湖库水域，增殖放流中国对虾、三疣梭子蟹、海蜇、牙鲆、鲢鱼、鳙鱼、草鱼、青虾等各类水生生物苗种21.99亿单位；已批准建立国家级海洋牧场示范区14个，控海面积近1万公顷，投放人工鱼礁500万空方；进一步完善水产种质资源保护区基础设施建设，调查评估保护区渔业资源现状。白洋淀水域生态修复工作取得阶段性进展。组织有关单位对白洋淀开展了五次水生生物调查监测，协同省生态环境厅指导地方政府对外来物种的蔓延进行处置，参加了涉及水域巡回督导以及处置工作调度会，并就生物防治工作赴湖北省考察学习。在雄安新区白洋淀举办了“海河、辽河、松花江流域禁渔期制度暨执法行动同步启动活动和2019年白洋淀水生生物增殖放流活动”，农业农村部于康震副部长、人民政府时清霜副省长出席活动，并对活动成功举办给予充分肯定。

（河北省农业农村厅　雷　霞）

农村居民收入与消费

据河北省住户抽样调查资料显示，2019 年河北农村居民收入、消费呈现整体平稳、逐季向好的运行态势，全年人均可支配收入 15373 元，比上年增加 1342 元，增长 9.6%；人均消费支出 12372 元，比上年增加 989 元，增长 8.7%。

一、收入特征

（一）收入保持较快增长。

1. 收入增速为 2015 年以来最高。2019 年，全省农村居民人均可支配收入 15373 元，比上年增加 1342 元，增长 9.6%，增速比上年快 0.7 个百分点，年度增速为 2015 年以来的最高点。

2. 增速逐季加快。农村居民人均可支配收入与上年同期相比，一季度增长 8.9%，上半年增长 9.3%，前三季度增长 9.4%，全年增长 9.6%，同比增速呈逐季走高运行趋势。

（二）四项收入全面增长。

从收入来源分析，四大项收入均保持在 8%以上的较高水平增长速度。

1. 工资性收入增长 8.9%。2019 年，人均工资性收入 8120 元，比上年增加 666 元，增长 8.9%。由于国内国外经济下行压力加大，经济增长步伐放缓，工资性收入的增长幅度有所收窄，增速比上年放慢 0.1 个百分点。

2. 经营净收入增长10.6%。2019年，人均经营净收入5099元，比上年增加488元，增长10.6%，增速比上年快1.5个百分点。其中，第一产业经营净收入同比增长13.9%，增速比上年快4.5个百分点；第二产业、第三产业经营净收入同比分别增长3.3%、8.5%，增速有所放慢。

3. 财产净收入增长8.1%。2019年，人均财产净收入323元，比上年增加24元，增长8.1%，增速比上年慢0.8个百分点。

4. 转移净收入增长9.9%。2019年，人均转移净收入1831元，比上年增加164元，增长9.9%，增速比上年快1.5个百分点。主要原因：一是扶贫力度加大，扶贫政策支持作用明显；二是多数地区提高了农村低保补贴标准；三是多地相继出台了退役军人补贴、残疾人补贴等新的政府补贴政策。

（三）收入结构比重保持稳定。

全年农村居民人均工资性收入、家庭经营净收入、财产净收入和转移净收入占可支配收入的比重分别为52.8%、33.2%、2.1%和11.9%，近年来结构比重保持相对稳定。

（四）农村居民收入增速快于城镇。

2019年，城镇居民人均可支配收入增长8.4%，农村居民人均可支配收入增长9.6%，农村比城镇快1.2个百分点；城乡居民人均可支配收入比值由上年的2.35:1（以农村居民收入为1）缩小为今年的2.32:1，城乡居民人均可支配收入差距进一步缩小。但绝对金额仍呈扩大态势，城乡居民人均可支配收入差距由上年的18946元扩大到20365元。

（五）河北农民收入位居全国各省份中游水平。

全年河北农村居民人均可支配收入比全国平均水平低648元，在全国31个省份中位居第14位，排名在河北之前的地区分别是：上海、浙江、北京、天津、江苏、福建、广东、山东、湖北、辽宁、江西、安徽、湖南。与周边省份相比，河北高于山西、内蒙古、河南，低于北京、天津、山东、辽宁。

二、生活消费特征

2019年，农村居民人均生活消费支出为12372元，比上年增加989元，增长8.7%，增幅比上年快0.7个百分点，年度增速为4年来最高点。

（一）消费支出全面增长。

从各项消费支出分析，八大类呈现全面增长态势，其中增长最快的有三类：教育文化娱乐、其他用品和服务、医疗保健消费支出分别为1367元、269元、1334元，分别增长16.7%、15.6%、11.0%。

农村居民消费支出情况

	支出金额	同比增长	比重
消费支出	12372	8.7	——
一、食品烟酒	3298	9.8	26.7
二、衣着	793	9.8	6.4
三、居住	2689	5.8	21.7
四、生活用品及服务	796	2.8	6.4
五、交通通信	1827	5.2	14.8
六、教育文化娱乐	1367	16.7	11.0
七、医疗保健	1334	11.0	10.8
八、其他用品和服务	269	15.6	2.2

（二）服务性消费增长势头良好。

全年农村居民人均服务性消费支出为4675元，比上年增加543元，增长3.1%，增速比商品性消费快6.9个百分点。2019年服务性消费占总消费的比重为37.8%，比上年提高1.5个百分点。可见农村居民消费观念正在发生转变，服务性消费势头良好。

服务性消费变化情况

	生活消费支出	服务性消费	商品性消费	服务性消费占比（%）
2019	12372	4675	7697	37.8
2018	11383	4132	7251	36.3
增长（%）	8.7	13.1	6.2	-

（三）生活水平和消费质量有了较大提升。

随着生活水平提高和消费观念的转变，全省农村居民居住和生活条件明显改善，2019年人均居住面积为38.9平方米，比上年增长0.5%，生活用水、电、气、暖等供应能力明显提高。农村家庭拥有新式耐用消费品数量持续增长，每百户拥有汽车39辆，增长7.7%，每百户拥有助力车114辆，增长13.9%，每百户拥有可上网的计算机40台，增长10.6%，人均拥有可上网的移动电话75部，增长13.4%。

（四）农村居民生活消费支出增速快于城镇。

全年农村居民人均生活消费支出增长8.7%，城镇居民人均生活消费支出增长6.1%，农村快于城镇2.6个百分点。从绝对金额比值上看，城乡居民人均生活消费支出金额比值由上年的1.94:1（以农村居民支出为1）缩小为1.90:1，但消费支出金额差距仍在扩大，由上年10744元扩大到11111元。

城乡居民消费支出对比情况

	城镇居民消费支出	农村居民消费支出	城乡支出比值	城乡支出差距
2019年	23483	12372	1.90	11111
2018年	22127	11383	1.94	10744
同比增长（%）	6.1	8.7	-	-

三、主要问题

（一）经济运行趋缓影响农村居民收入增长。

宏观经济运行情况是决定居民收入水平的基础，宏观经济运行趋势直接影响居民收入增长。2019 下半年以来全省经济发展面临下行压力，规模以上工业增加值、固定资产投资和限额以上单位消费品零售额等增速都呈现回落态势，企业效益和政府税收不容乐观，势必影响农民经营收入和务工收入增长。

（二）农村居民收入的稳定性持续性不够。

与城市经济相比，农村生产经营受季节、气候、病虫害影响较大，农村经济运行的稳定性连续性不够，农村居民收入也随之波动。因非洲猪瘟疫情，虽猪肉价格高涨，但出售数量下降较多，以普通农民为主的中小规模养殖户受损较大。以采摘、家庭旅馆、农家乐为主的乡村旅游业，随着北方冬季的到来多数也进入了淡季或歇业状态。可以说，农业、畜牧、家庭式作坊等生产经营方式的不稳定、不可持续严重影响农村居民收入的增长步伐。

（三）农民增收多依赖价格的上涨。

2019 年，河北农村居民人均可支配收入同比增长 9.6%，扣除物价上涨因素实际增长 6.2%，农民增收约三分之一来自于物价上涨。另外，全年农民人均出售主要农产品收入约 880 元，扣除物价上涨因素实际收入约 660 元，物价因素影响达 25.0%。

（四）消费潜力有待进一步激发。

农村居民在消费环境、消费观念、消费能力上都与城市还有较大差距，部分生产、营销企业没有按农村居民实际需求进行供给侧改革，农村消费品供应渠道还比较单一，产品质量档次相对偏低。在部分地区，受路、水、电、气、暖、网等基础公共服务资源不足制约，即使农村居民有意愿和能力购置高档次商品，也只能打消消费念头。2019 年，全省农村居民人均生活消费支出为 12372 元，同比增长 8.7%，虽实现了快速增长，但比收入增速慢 0.9 个百分点，且收支结余由上年的 2648 元扩大到 3001 元，说明农村居民消费潜能有待进一步激发。

农村居民收入与支出对比情况

	农村居民可支配收入	农村居民消费支出	收支结余
2019 年金额	15373	12372	3001
2018 年金额	14031	11383	2648
同比增长（%）	9.6	8.7	13.3

四、对策建议

（一）加强协调联动，保持宏观经济健康平稳运行。

积极推进“京津冀”协同发展，大力吸引省外前沿产业、科技企业来冀投资，持续开展“双创双服”活动，加快高污染、高耗能产业的转型升级。有效推进供给侧结构性改革，积极探索新型产品营销模式，优化市场经营环境，激发市场主体活力，全面提升河北企业的市场竞争力，确保全省宏观经济持续健康平稳运行。

（二）优化营商环境，搞活涉农产业经营方式。

深化种植业结构调整，改良小麦、玉米等农作物品种，改进农业生产经营方式，提高机械化率，降低人工成本，保证农业增产增收。推进畜牧业集中养殖或合作社养殖，提高养殖户抵御市场风险和疫情危害的能力。提高农产品加工生产能力和水平，向深加工、精加工转变，打造河北农产品知名品牌，畅通销售渠道。加快农村服务业发展，推进农村旅游、文化、教育、卫生、养老、电子商务等新产业新业态发展，改善农村生活环境、引导文明健康生活方式。

（三）拓展就业渠道，提高农民非农务工收入。

成立农民工就业协调组织，搭建外出务工信息共享平台，加强与用工大省的联系，有组织有秩序开展劳务输出。加强职业技能培训，提高本区域农村劳动力的劳动技能。鼓励农民工返乡创业，以返乡创业带动农民就业。支持“企业+农户”生产模式，把其生产环节转移到农户家中，以计件或计量方式给予劳务报酬，增加农民分散就业、短期就业、灵活就业机会。

（四）完善保障机制，保证富农惠农政策落实落地。

完善土地承包经营权流转程序，推进农村集体资产确权，鼓励农村集体经济开展股份合作经营模式，增加农民财产性收入。适当扩大农民医疗保险报销范围和比例，引导农民参加社会保险，提高其社会保障水平。继续实施各项农业补贴，推进民生工程，提高低收入群体的政策性补贴标准，加大资金投入，增强农村发展内生动力，提升农村社会公共服务水平，增强农民获得感和幸福感。

（五）激发消费潜能，提升农村居民的生活消费水平。

加快农村地区基础设施建设，为农民消费提供良好外部环境；鼓励和支持消费新业态新模式向农村市场拓展，健全农村商品营销网络；引导农民从吃穿住行等基本消费向文教娱乐、旅游休闲、健康养老等享受性消费转变，健全农村消费维权机制，提高农民维权意识与维权能力，依法维护其消费权益。

（六）降低疫情影响，保障农民收入和消费持续增长。

鼓励个体工商户开展分散性生产，积极协调解决畜牧、生鲜产品企业生产经营中遇到的供销不畅问题，保证企业生产尽早复产复工；提前开展春耕备播工作，备足化肥、种子等生产资料。加强与用工企业联系，积极稳妥帮助农民工返岗就业；对新冠肺炎疫情期间，生活困难或返贫群众进行摸排，积极开展社会救助和帮扶。

（国家统计局河北调查总队　王君昌）

农产品生产者价格

2019年河北农产品生产者价格指数为107.05，价格指数比上年同期上涨7.05%。

【农产品生产价格“高位运行”】2019年农产品生产者价格走势与上年相似，告别了低位运行区间。河北农产品生产者价格指数保持向上态势，全年主要农产品生产者价格指数连续四个季度正增长。在第四季度增速到达峰值，一、二、三、四季度分别为1.16%、8.54%、3.33%、11.39%。

【农、林、牧、渔业生产价格“涨多降少”】分行业看，农林牧渔四大板块三涨一降。其中种植业、畜牧业、渔业同比分别上涨0.95%、18.77%和0.69%；林业产品生产者价格比上年同期下降了9.38%。

（一）种植业产品生产者价格同比上涨了0.95%

2019年，全省种植业产品生产者价格总体呈涨势，全年同比上涨了0.95%。其中八类产品价格“六涨二降”。薯类、油料、豆类、蔬菜食用菌、水果及坚果、香料原料价格分别上涨了7.49%、6.82%、5.26%、2.97%、2.1%、0.43%；而谷物和棉花价格则分别下降了0.93%和0.86%。

（二）林业产品生产者价格同比下降了0.53%

2019年，全省林业产品生产者价格总体呈下降态势，全年同比下降了9.38%；四季度同比下降了10.76%。林业价格下降主要受松树苗价格下降影响。河北南部地区植保类树苗需求量有所减少，导致道路两边及观赏性树苗价格下降。

（三）畜牧业产品生产者价格同比上涨了18.77%

2019年，全省畜牧业产品生产者价格涨幅较大，全年同比上涨了18.77%。其中三类产品价格“二涨一降”，活性畜和活家禽分别上涨了36.6%和14.72%；而畜禽产品则较上年下降了3.56%。

（四）渔业产品生产者价格同比上涨0.69%

2019年，渔业产品生产者价格小幅上涨，全年同比上涨了0.69%；四季度同比上涨了5.47%。渔业产品价格小幅上涨主要是由于捕捞量不稳定,运输保鲜成本较高，淡水鱼价格上涨。

【主要品种生产者价格变动分析】

（一）小麦价格持续下降。

2019年，全省小麦生产者价格平均为每公斤2.27元，同比下降2.99%，从分季走势看，一至四季度均保持下降态势，分别比上年同期下降了3.27%、6.09%、1.33%和1.27%。小麦价格走低主要是由于小麦生产能力逐年提高，市场供应较为充足，同时由于小麦用途相对较为单一，市场需求潜力尚未得到充分挖掘。

（二）玉米价格止跌回升。

2019年，全省玉米生产者价格平均为每公斤1.77元，比上年上涨0.57%。从分季走势看，除一季度较上年同期下降1.69%外，二至四季度呈上涨态势，同比分别上涨了0.55%、1.76%和1.71%。据调查，玉米价格上涨主要有三方面原因：一是近两年来种植结构调整力度加大，各地积极推进“粮改饲”工作，调减籽粒玉米种植面积，促使玉米价格上涨；二是2018年以来中美双边贸易摩擦加剧，大宗农产品进出口市场平衡被打破，玉米市场供应量不稳定，对价格上涨带来影响；三是2019年活猪价格明显上涨，玉米作为主要供应饲料，价格随之上涨。

（三）马铃薯价格走高。

马铃薯生产者价格自2017年度达到历史最高点每公斤2.46元之后，开始持续走低，2019年，全省马铃薯平均价格为1.33元/公斤，比上年同期上涨了7.49%。从分季走势看，除四季度较上年同期下降6.61%外，一至三季度呈上涨态势，同比分别上涨了7.87%、4%和30.21%。马铃薯价格走高的主要原因是：2018年入冬以来，马铃薯的集中产区——张承两地陆续减产，当地马铃薯储备减少，库存不足，市场价格出现上浮。

（四）花生价格上涨。

2019年，全省花生生产者价格为每公斤4.94元，比上年上涨了6.82%。从分季走势看，除一季度较上年同期下降9.69%外，二至四季度呈上涨态势，同比分别上涨了28.83%、1.53%和11.62%。近几年来，花生价格持续走低，特别是2018年价格降幅较大，到2019年二季度开始强势反弹。据调查，花生价格回升主要受国际市场形势的影响，外贸进口量减少；同时本地轧油厂企业原材料采购吃紧，外销、内供双方面原因，造成花生价格回升明显。

（五）棉花价格小幅下降。

2019年，全省棉花生产者价格为每公斤6.52元，比上年下降了0.86%。四季度价格平均为每公斤6.29元，同比下降5.56%。棉花价格下降主要原因是受新疆等地优质棉冲击，本地市场持续疲弱，加之国际市场价格偏低，导致棉花价格持续低位运行。

（六）蔬菜类价格小幅上涨。

2019年，全省蔬菜类价格总体呈现上涨趋势，全年同比上涨了2.97%。调查的八类蔬菜呈现“二涨六降”。其中：瓜菜类、茄果类分别上涨18.57、17.2%；甘蓝类、白菜类、叶菜类、根茎类、葱蒜类、豆类六个类别蔬菜价格呈现下降态势，降幅分别为24.34%、18.66%、14.86%、13.68%、7.2%、1.93%。

（七）水果类价格小幅上涨。

2019年，全省水果类生产者价格同比上涨了2.5%，其中苹果上涨了13.53%，雪花梨上涨了36.36%。从四季度看，水果类生产者价格同比下降了9.4%，其中红富士苹果的生产者价格为每公斤4.31元，同比下降了27.32%。主要原因是2018年出现霜冻，全省各地普遍大幅降温，果树花蕾受冻，挂果率低，产量大幅减少，市场货源供应不足，苹果、梨价格随之大幅度上涨，但随着新果上市，水果价格趋向稳定。

（八）活猪价格一路走高。

2019年，全省活猪生产者价格平均每公斤19.26元，比上年上涨了48.94%。从分季度来看，除一季度下降13.69%以外，二至四季度分别较上年上涨37.31%、60.76%、106.09%。其中，四季度活猪价格为每公斤30.11元，为历史最高点。据调查，受非洲猪瘟疫情与周期性因素叠加影响，2019年生猪和能繁母猪的存栏降幅较大，市场供给阶段性趋紧。随着国家鼓励生猪生产政策的实施，后市活猪价格涨幅将会有所放缓。

（九）活牛价格涨势明显。

2019年，全省活牛生产者价格为每公斤27.38元，比上年上涨10.06%。从分季度来看，一至四季度分别比上年上涨了5.46%、4.27%、11.02%和18.83%。其中，四季度价格为历史新高的每公斤31.17元。主要原因是：随着人民生活水平的逐步提高，高质量健康饮食需求明显增加，加之同期猪肉价格持续走高，部分消费者转向牛肉消费，拉动了市场需求，带动活牛价格上涨。

（十）活羊价格大幅上涨。

2019年，全省活羊生产者价格每公斤27.08元，比上年上涨了15.73%。一至四季度持续走高，分别比上年同期上涨了14.79%、12.71%、17.51%和17.61%。其中，四季度达到历史最高的每公斤29.99元。主要原因是：自2014年三季度开始，活羊价格连续两年处于低谷，挫伤了养殖户的积极性，养殖规模减少，导致活羊价格上涨，经过两年的回调之后，2016年二季度养殖规模得到控制，存出栏数有所减少，下行空间收缩，价格开始反弹，目前活羊价格维持在相对理性的区间。

（十一）禽、蛋价格同比一涨一降。

2019年，全省活鸡生产者价格为每公斤9.45元，比上年上涨了14.72%。鸡蛋生产者价格为每公斤8.28元，比上年下降了4.99%。活鸡价格大幅回升主要原因是：2018年部分地区出现了禽流感疫情，市民购买禽蛋十分慎重，部分活鸡被迫低于成本价出售。2019年一季度开始，全省范围饲养、流通、销售各环节更加规范，卫生防疫工作保障在先，无禽流感疫情发生，价格逐步走向合理区间。

（国家统计局河北调查总队　刘　珺）

农产品中间消耗

一、冬小麦消耗增加

2019年冬小麦亩均生产投入费用505.45元，比上年增加9.24元，增1.86%。其中，物质投入费用352.01元，比上年增加14.71元，增4.36%；生产服务支出费用153.44元，比上年减少5.47元，减3.44%。

（一）物质消耗中的种籽、肥料、用水和用电亩均投入费用略增，燃料、农药费用同比减少。

种籽、肥料、用水和用电每亩投入费用分别为78.97元、180.41元、2.52元和71元，比上年分别增加0.6元、2.74元、1.97元和10.18元，分别上涨了0.77%、1.54%、357.25%和16.74%。

（二）生产服务支出中的外雇运输费、外雇排灌费、保险费和其他服务费亩均投入增加，外雇机械作业费用减少。

外雇运输费、外雇排灌费、保险费和其他服务费每亩消耗分别1.34元、8.05元、0.74元和0.48元，同比分别增加0.12元、2.11元、0.12元和0.29元，增10.05%、35.64%、19.82%和159.27%。

二、秋粮及棉花中间消耗三增一减

（一）黄玉米：平均消耗支出为350.53元/亩，比上年增加26.8元，增8.28%。其中物质消耗支出237.45元/亩，占总消耗支出的67.75%，比上年增加20.15元，增加9.27%；生产服务支出113.08元/亩，占总消耗支出的32.25%，比上年增加6.65元，增6.25%。

从物质消耗支出看，调查的11 项支出中，除农膜、农药、用水量、其他消耗比上年减少外，其它均比上年有所上涨。其中占比重较大的项目是：肥料平均131.3元/亩，比上年增加了6.94元，增5.58%；用种47.97元/亩，比上年增加2.82元，增6.24%，用电量34.92元/亩，比上年增加9.91元，增39.62%；其它消耗类所占比重较小。

从生产服务支出看，调查的6项支出中呈现五增一减的态势，其中占比重较大的是外雇机械作业费，消耗支出为108.86元/亩，比上年增加了4.53元，增4.34%。其它各项所占比重很小。

（二）马铃薯：平均消耗支出为1169.93元/亩，比上年增加60.04元，增5.41%。其中物质消耗支出为1060.91元/亩，占总消耗支出的90.68%，平均比上年增加59.95元，增5.99%；生产服务支出为109.02元/亩，占总消耗支出的9.32%，比上年增加0.1元，增0.09%。

从物质消耗支出看：主要是肥料支出471.32元/亩、用种支出392.13元/亩、农药支出92.49元/亩、燃料支出28.59元/亩、用电支出28.01元/亩、农膜支出7.8元/亩。与上年对比，燃料比上年减少6.45元；肥料比上年增加40.42元，用种比上年增加31.86元，农药比上年增加3.35元。

从生产服务支出：主要是外雇机械作业和外雇运输费两项，其中外雇机械作业支出为77.65元/亩，比上年减少了0.38元，外雇运输费支出为31.36元/亩，比上年增加了0.48元。

（三）大豆：平均消耗支出150.34元/亩，比上年支出增加0.06元，增0.04%。其中物质消耗支出为115.58元/亩，占总消耗支出76.88%，平均每亩比上年减少6.05元，减4.97%；生产服务支出为34.76元/亩，占总消耗支出23.12%，平均每亩比上年增加6.11元，增21.33%。

从物质消耗支出看：占比重较大的用种为41.7元/亩，比上年增加了1.51元；肥料和农药平均分别为57.15元/亩和10.79元/亩，分别减少5.55元和0.32元。

从生产服务支出看：外雇机械费用平均消耗支出为33.46元/亩，比上年增加了6.06元；外雇排灌费用为1.3元/亩。

（四）细绒棉：平均消耗支出为415.65元/亩，比上年减少15.26元，减3.54%。其中物质消耗支出362.62元/亩，占总消耗支出的87.24%，比上年减少11.22元，减3%；生产服务支出53.03元/亩，占总消耗支出的12.76%，比上年减少4.04元，减7.08%。

从物质消耗支出看：有数据的6项支出中呈一增五减态势。其中用种支出为49.95元/亩，较去年增加8.56元；肥料、燃料、农膜、农药和用电量支出分别为139.33元/亩、11.49元/亩、34.72元/亩、96.7元/亩和30.43元/亩，比上年分别减少了0.15元、7.43元、1.82元、10.04元和0.34元。

从生产服务支出看：外雇机械作业费用为53.03元/亩，比上年减少4.04元，减7.08%。

三、畜牧业中间消耗三增三减

2019年畜牧业调查品种中间消耗呈现“三增三减”态势。其中活猪、活牛和活羊中间消耗分别增24.9%、8.59%和13.05%；而活鸡、鸡蛋和牛奶中间消耗分别减5.66%、3.93%和6.29%。具体情况如下：

（一）活猪：平均每头养殖中间消耗为1389.12元，比上年同期增加290.68元，增26.46%。其中物质消耗支出1369.99元，比上年同期增加290.71元，增26.94%。生产服务支出19.13元，比上年同期减少0.03元，减0.18%。

（二）活牛：平均每头养殖中间消耗为5941.93元，与上年同期相比增加469.87元，增8.59%。其中物质消耗支出5893.39元，比上年同期增加462.22元，增8.51%。生产服务支出48.54元，比上年同期增加7.65元，增18.72%。

（三）活羊：平均每只养殖中间消耗为411.86元，与上年同期相比，增加47.53元，增13.05%。其中物质消耗支出404.23元，比上年同期增加54.39元，增15.55%，饲料、养殖用药以及用电量等消耗减少。生产服务支出7.63元，比上年同期减少6.86元，减47.34%。

（四）活鸡：平均每只养殖中间消耗为14.39元，与上年同期相比减少了0.86元，减5.66%，主要原因是由于占养殖总中间消耗70%以上的饲料投入减少所致，平均每只鸡饲料消耗费用为10.7元，比上年减少1.63元，减13.22%。

（五）鸡蛋：平均消耗费用为每公斤5.67元，比上年同期减少0.23元，减3.93%。主要下降在占总消耗九成以上的饲料消耗费用中，今年鸡蛋的饲料成本为每公斤5.24元，同比减少0.31元，减5.66%。仔畜购买价格为0.15元，较去年同期增长0.12元，主要是部分调查户淘汰产能较低蛋鸡，新购蛋鸡所致。

（六）牛奶：平均消耗费用为每公斤2.33元，比上年同期减少0.16元，减6.29%。主要下降在占比大的饲料消耗费用中，今年牛奶的饲料成本为每公斤2.14元，同比减少0.23元，减9.55%。

（国家统计局河北调查总队　肖　超）

居民消费价格

2019 年，河北居民消费价格（CPI）总水平呈现稳步趋升走势。全年平均上涨 3.0%，涨幅比上年扩大了 0.6 个百分点。其中，城市上涨 2.8%，农村上涨 3.2%；食品上涨 7.6%，非食品上涨 1.7%；工业品上涨 1.1%，服务项目上涨 2.3%。

一、2019 年河北 CPI 主要运行特点

（一）平均指数：价格总水平稳步趋升。

平均指数（即月度同比指数的平均值，也称累计指数），综合反映了全省居民消费价格的总体水平。从全年的调查数据看，河北 CPI 总水平呈现稳步趋升走势。一季度，平均指数为 102.0，居民消费价格总水平触摸“2 时代”；二季度，平均指数达到 103.1，价格总水平进入“3 时代”；三季度，平均指数在 102.6 上下徘徊，价格总水平运行比较平稳；四季度，平均指数涨势明显，达到了 104.1，跨入到“4 时代”的门槛。

（二）环比指数：较好地反映了当月价格变动。

从月度环比指数来看，调查数据较好地反映了当月的价格变动情况。我们选择两个有特色的月份数据进行解读：

1.2 月份环比上涨 0.9%。2019 年 2 月 5 日恰逢春节。众所周知，春节是最受国民重视的节日，影响巨大，加之天气比较寒冷，该月鲜菜的环比价格上涨了 23.3%，对总指数影响度达到 65.3%。此外，2 月份鲜果、汽车修理与保养、电影票的环比价格分别上涨了 7.4%、6.5%、7.6%。

2.9 月份环比上涨 1.0%。2019 年猪肉总体供应偏紧，再加上中秋、国庆双节影响，该月猪肉价格环比上涨 19.4%，对总指数的影响度达到了 51.0%。此外，牛肉、羊肉、畜肉副产品、鸡肉、鸡蛋分别上涨了 7.9%、8.1%、14.0%、7.2%、7.3%；9 月份也是新学期开学季，受政策影响，小学初中教育、课外教育分别上涨了 14.2%和 3.8%。

可以说，全省的环比指数及时、客观地反映了全省居民消费价格月度变动情况和特点。

（三）同比指数：总体呈现“升→降→升”态势。

2019 年 2 月份，居民消费价格同比涨幅为 1.7%，为年内涨幅最低月份。自 3 月份始，伴随着猪肉价格连续上涨，全省 CPI 同比价格持续走高。5 月份 CPI 同比涨幅达到了 3.3%，当月在全国 31 个省（市、区）位列涨幅第一；之后 CPI 涨幅小有回落，8 月份 CPI 涨幅回落至 2.3%；进入 10 月份以后，猪肉价格长期持续较大幅度上涨的累积效应凸显，CPI 涨幅快速扩大。10-12 月，全省 CPI 涨幅分别为 3.6%、4.3%、4.4%。

（四）八大类商品（服务）价格同比“七升一降”。

2019 年，八大类商品（服务）价格同比呈现为“七升一降”。其中，食品烟酒上涨 5.9%，涨幅居第一位；其他用品和服务、医疗保健、教育文化和娱乐涨幅分别为 4.6%、4.4%、3.4%，分列二、三、四位；交通通信下降 2.1%；衣着、居住、生活用品及服务涨幅较小。

从各大类对总指数影响程度来看，食品烟酒影响度最大，拉动 CPI 上涨约 1.71 个百分点；其次是医疗保健、教育文化娱乐、居住三大类，分别拉动 CPI 上涨约 0.45、0.37 和 0.35 个百分点。

（五）涨幅在全国并列第八位。

2019 年河北 CPI 平均涨幅为 3.0%，比全国高 0.1 个百分点，与河南、吉林两省并列第八位。

与周边省份相比，高于北京（平均上涨 2.3%，下同）、天津（2.7%）、山西（2.7%）、内蒙（2.4）、辽宁（2.4%）；低于山东（3.2%）；与河南持平。

二、影响因素分析

2019 年全省 CPI 平均上涨 3.0%，时隔五年再次跨进“3 时代”，和猪肉、鲜菜、鲜瓜果等食品价格涨跌变化密不可分，特别是猪肉价格的大幅上涨带动作用突出。

从数据分析，可以归纳两点：

一是扣除食品和能源价格指数（即核心价格指数）运行平稳，涨跌幅变化不大，说明当前未出现物价全面上涨的通胀特征；

二是总指数伴随食品价格指数的走势而波动，二者运行趋势更加吻合；

当然，翘尾因素、服务项目对总指数的影响亦不能忽视。2019 年，在总指数大约 3 个百分点的涨幅之中，食品影响大约是 1.54 个百分点，其中猪肉大约影响 0.88 个百分点；服务项目大约影响 0.87 个百分点；翘尾影响大约 1.00 个百分点。

（国家统计局河北调查总队　许文丽）

民营经济

2019年以来，省工信厅认真学习习近平总书记对中小企业促进工作、民营经济发展工作的重要指示精神，贯彻落实省委省政府的决策部署、工信部工作安排，明确方向，引导中小企业走“专精特新”道路，强化政策环境支撑和服务体系支撑，加强载体平台建设，做好政策服务、融资服务、创新服务和培训服务。着力推动营商环境优化，推动民营企业发展壮大，推动特色产业振兴发展工作。各项工作取得了新的进展。

2019年，省工信厅组织线上线下服务企业近5万家，全面完成了3.5万家以上目标；培育省级小微基地17家、市级59家，全面完成省级10家以上，市级30家以上的目标；预计新认定“专精特新”中小企业500家，全面完成230家以上的年度目标；新增国家小微企业创业创新示范基地3家、中小企业公共服务示范平台4家；首次举办“创客中国”河北创新创业大赛，推荐的大赛项目，有5个进入全国200强，2个进入全国24强并获得3等奖，我厅被大赛组委会授予“优秀组织单位”荣誉称号；我省9家企业被工信部命名为专精特新“小巨人”企业。

全省民营经济实现增加值24105.4亿元，同比增长7.0%。全省县域特色产业集群实现营业收入19885亿元，同比增长14.85%；实现实缴税金471亿元，同比增长12.83%。

一、推动“一法一意见”贯彻落实。主要通过分析形势任务，明确工作目标，制定工作举措，加强调度指导，组织推动实施，先后制定印发了《河北省2019年民营经济工作要点》（含中小企业工作，提出8个方面33项任务）、《关于开展抓好政策落实推动民营经济高质量发展的实施方案》（提出6个专项行动27条具体举措）、《关于进一步开展中小企业法律政策宣传活动的实施方案》，并按照省领导批示意见，对照《关于大力促进中小企业健康发展的指导意见》，逐条梳理我省政策措施，形成对照表，提出了贯彻落实意见并呈报省政府。配合全国人大《中小企业促进法》执法检查工作，组织有关部门自查并形成报告向省人大汇报，印发了《全省中小企业促进工作开展情况和下一步工作举措》（提出6方面具体举措），统筹推进工作开展。

二、进一步完善中小企业公共服务体系。一是进一步健全平台网络管理制度和考核办法，优化服务功能模块。截至目前，平台网络注册优质社会服务机构589家，注册企业6万家；二是完善《河北省中小企业公共服务示范平台认定管理办法》，加大培育力度，提升服务能力；三是拓展政策信息发布渠道，发送信息能够覆盖24万人；四是参与建设投融资服务平台（促进中心牵头），加强调查研究，制定了方案，召开3次共20多个部门参加的座谈会，10月1日上线试运行，初步实现了投融资机构产品发布和投资意向发布、企业融资需求发布、企业生产经营数据信息归集功能。

三、统筹开展系列服务活动。一是平台网络开展服务活动2006次，服务企业3.64万家。二是15家国家级示范平台服务企业1865家。三是制定工作方案和绩效评价体系，加强调度指导，统筹开展“百场万家”公益服务活动101场次，服务企业1.3万家；四是政策服务。截至目前，政策平台点击量32.1万人次，推送涉企政策2393条，政策解读702条。辑印3期民营经济政策指引；五是融资服务。截至目前，投融资服务平台注册企业1342家，入驻金融机构17家，企业需求发布224次，企业意向融资额628亿元。会同人行开展应收账款融资工作，征集59家民营大企业和产业链核心企业。组织开展2场科创板培训活动，近200家企业300余人参加；举办县域特色产业龙头企业上市培育辅导班（2天），150多人参加。六是微信群服务。建立了500人的厅长直通车专精特新企业家群，及时回复企业家诉求，发布最新政策信息，向省有关部门反馈企业诉求，受到企业家欢迎。

四、培育“专精特新”中小企业。制定印发了2019年培育提升工作计划，新增培育库企业942家，总数达到1600家；组织开展13场次培育服务活动和3场上市培育辅导活动，服务中小企业约3000家次；新认定第四批“专精特新”中小企业500家，总数突破1000家；选拔52家“专精特新”示范企业，连同9家工信部专精特新“小巨人”企业合计认定61家“专精特新”示范企业；在石交所设立 “专精特新板”，首批35家企业挂牌培育；组织对第一批105家“专精特新”中小企业复核，组织14家企业参加“双创”活动周“专精特新”中小企业创新成果展，完成前2批“专精特新”中小企业名录资料征集和辑印工作；开展了系列宣传活动，向河北日报推荐改革开放70年中小企业“专精特新”发展10家代表企业，新闻媒体报道“专精特新”发展超过100篇次，取得较好的成效。

五、培育小微企业创业创新基地。制定了专项工作实施方案，构建协同推进工作机制；建立基地培育库，组织各市筛选确定77个基地进行重点培育，省市服务活动实现基地和基地内企业全覆盖；开展2期创业辅导师培训，新增创业辅导师192名；组织推荐国家基地，组织专家开展检查、指导和测评。新增的省级17家基地服务人员204人、创业辅导师57人，入驻小微企业1153家，吸纳就业5万多人，组织开展服务活动144场次，服务企业达4760家次。

六、成功举办“创客中国”河北省中小企业创新创业大赛。制定工作方案，举办启动仪式，先后组织35家国家、省市媒体宣传报道216篇次，参赛项目437个；分地市组织4场次大赛宣讲活动，1000多人参加；组织专家初赛评审、路演辅导，并经决赛路演答辩评审，产生我省的12个奖项和37个优胜奖项，从中推选16个项目参加全国大赛；组织参赛团队与投融资、工业设计、品牌推广等机构深度对接服务，目前，参赛项目获得投融资支持总额9243.6万元，帮助34个参赛项目落地孵化，浓厚了创新创业氛围。

七、推动百家民企集团发展壮大。制定2019年百家民企集团发展壮大专项工作实施方案；省市结合，筛选了122家民企集团重点培育；结合“三深化三提升”，将企业纳入省市政府领导包联；组织指导各市县制定工作方案，建立帮扶台账，协调解决企业困难。

八、组织开展民营企业建立现代企业制度试点。在全省遴选10家民营企业，组织开展产权制度专项服务活动，着力解决民营企业普遍存在产权不清晰、治理结构不完善、资本意识不强、资本运作能力不足等问题，为企业上市创造条件。

九、扎实推进县域特色产业振兴。一是各县（市）拟《计划》编《规划》定《方案》，实现县域全覆盖、重点集群全覆盖。二是综合各县产业基础、产业水平和发展潜力等，筛选确定107个省级重点支持的特色产业集群，整合优势资源予以重点支持发展。三是落实包联机制。选择12个特色产业、22个产业集群确定省政府领导包联。及时做好包联领导调研时情况搜集、问题征集、方案制定，调研相关问题的协调解决，情况总结等。我厅总结的《关于省市县政府领导包联县域特色产业情况的报告》，许勤省长批示“很好！有一个良好的开端，要全力持续推进”。围绕省领导调研，我们对组织对全省分市逐县、分行业产业基础情况进行了梳理，并编印成册，较好的保障了工作需要。

十、推动实施“六个一”工程。各市县围绕集群“力争发布一个指数、主导或参与一项标准制修订、建设一个检验检测或创新平台、打造一个区域品牌、培育一家上市企业（每市）、组建一个行业协会或联盟”，谋划工程项目，实施重点突破，有力推进了全省县域特色产业的提档升级。

（河北省工信厅　司　磊）

农垦经济

【综述】2019年，河北垦区在省委、省政府和农业农村部的正确领导下，以习近平新时代中国特色社会主义思想为指导，深入贯彻中央一号文件精神，落实全国农业农村会议的部署，深化农垦改革，继续坚定不移地推进垦区集团化、农场企业化改革，完善市场化经营机制，强化创新驱动，不断增强农垦内生活力、市场竞争力和影响力，加快建设现代农业的大基地、大企业、大产业，努力培育全省农业领域航母，垦区经济持续稳定健康发展。

农垦经济平稳增长，经济总量又上新台阶。全省32个农牧场和1个农垦科学研究所。全年实现农垦生产总值达到585.38亿元，比上年增长10.21%。其中，第一产业增加值75.95亿元，增长31.45%；第二产业增加值286.38亿元，增长5.35%；第三产业增加值223.05亿元，增长12.88%。2018年人均 GDP 净增加11342元，达到127233元，比上年增长9.79%。人均纯收入19527元，比上年增长12.13%。

【第一产业】2019年，垦区切实贯彻落实惠农强农政策，加快农业科技推广，加强现代农业建设，农业综合生产能力平稳增强。全年实现农林牧渔业总产值125.09亿元，比上年增长12.17%。年农作物总播种面积为85.82千公顷，比上年减少0.38千公顷，减少1.25%。其中:粮食作物播种面积69.98千公顷，与上年基本持平，占农作物总播种面积的81.54%；棉花面积1.66千公顷，减少1.23千公顷，下降42.56%；油料面积3.09千公顷，增长0.57千公顷，增长22.62%；蔬菜、瓜类面积5.89千公顷，增加0.35千公顷，增长6.32%。其他作物4.67千公顷，增加0.26千公顷，增加5.89%。

垦区全年农作物种子播种面积1702.28公顷，其中，原种播种面积202.15公顷，良种播种面积1500.13公顷。生产量合计10924.51吨；加工厂7个，加工生产能力50500吨；种子公司7个；年末从业人员165人，其中技术人员28人；种子质量检验室5个，种子检验人员12人。

粮食总产量稳步增长。2019年粮食总产量60.28万吨，比上年增加3.23万吨，增长 5.66%。

畜牧业保持健康发展。2019年末大牲畜存栏179308头。奶牛数量达到149939头，比上年基本持平；牛奶总产量594958吨，增加36258吨，比上年增加6.49%。察北、沽源两个农场牛奶产量分别达到215235吨和262000吨占全垦区牛奶总产量的80.21%。

水产养殖业良好发展。2019年末水产品养殖面积16748公顷，比上年增加3.24%。养殖面积中淡水8130公顷，海水8618公顷。全年水产品总产量163468吨，比上年增加8828吨，增长5.71%。其中：淡水产品产量87871吨，减少1.33 %；海水产品产量75597吨，增长15.26%。对虾产量27741吨，比上年增长15.02%。

全年植树造林面积4.41千公顷，其中用材林0.31千公顷，经济林0.95千公顷，防护林3.15千公顷。年末林地面积76.36千公顷。

农业基础设施建设平稳发展。年末农业机械总动力106.59万千瓦，比上年减少1.77%。农用排灌动力机械11321台，大中型农用拖拉机3589台，小型拖拉机17979台，播种机2174台，联合收获机857台，机动割晒机244台，机动脱粒机2024台，农用运输车辆3519辆。温室486万平方米，大棚626万平方米。当年机播面积75.60千公顷，占农作物总播种面积的比重达88.10%，机械收获面积71.09千公顷，占农作物总播种面积的82.84%。

【第二产业】2019年第二产业实现增加值286.38亿元，比上年增长5.35%，增加值占农垦生产总值的48.92%，其中工业增加值255.78亿元，比上年增长5.08%；建筑业增加值30.60亿元，比上年增长7.63%。

工业保持平稳发展。2019年工业企业总数为1178个，其中规模以上工业企业和规模以下工业企业220个，销售产值583.55亿元，增长12.37%。乳制品产量29.84万吨，比上年减少20.5%，液体乳产量26.40万吨，比上年减少23.83%。

2019年实现工业总产值831.08亿元，比上年增长16.96%。国有工业总产值224.10亿元，增长51.61%；战略性新兴工业产值151.36亿元。

建筑业稳步发展。建筑企业669个，年末从业人员9571人。全年实现增加值30.60亿元，比上年增长7.75%。年末固定资产原值6.14亿元，全年施工房屋建筑面积24.23平方米，房屋竣工面积8.91万平方米。

【运输业、批发零售贸易业、服务业及出口商品】交通运输业全年完成货运量33333万吨，客运486万人次；年末单位个数7772个，从业人员20236人，运输工具12343台；营业总收入24.85亿元，比上年减少8.84%。

批发零售业、餐饮业、服务业年末单位个数14445个，固定资产原值35.21亿元，比上年增长5.74%，营业用房面积60.52万平方米，增长7.29%；营业总收入332.02亿元，比上年增长10.09%，其中批发零售业231.89亿元，比上年增长6.54%；餐饮业21.79亿元，与上年持平；服务业78.34亿元，比上年增长25.10%；批发零售业、餐饮业、服务业营业网点数16922个，年末从业人员5.29万人。

全年出口商品总金额25.10亿元，比上年增长3.42%。其中：水产品3119万元，增长25.06%；工业品247841万元，增长3.21%。

【固定资产投资】固定资产投资持续快速增长。固定资产投资对垦区经济持续增长起着较强推动作用。2019年全垦区完成固定资产投资总额429.62亿元，比上年减少39.24亿元，减少8.37%。国有固定资产投资28.52亿元，比上年增长198.01%。

【科研】2019年末全垦区拥有科研单位4个，其中省、地属科研单位1个，场属 3个；从业人员90人，其中科技人员64人。科研经费1021.22万元，其中省地局自筹1010.22万元，企业自筹11万元。

【人口、职工、收入与社会保障】2019年末垦区总人口42.12万人，年末全垦区从业人员25.32万人。其中第一产业8.33万人，比上年减少9.75%；第二产业7.67万人，减少4.84%；第三产业9.32万人，增长10.82%。

职工生活水平稳步提高。2019年全垦区实现居民人均可支配收入20948元，比上年增长7.28%。垦区危房改造工作自2011年开展以来，职工居住条件得到改善，年末职工实有住房面积1620万平方米，人均住房面积38.68平方米。

【农垦绿色、有机食品、无公害农产品】截止2019年末，我垦区认证了39个绿色、有机食品、无公害农产品，带动19499个农户。

【农垦民生建设】一是按照年初国家下达的危房改造工作任务，加强协调，全力推进，垦区危房改造工作完成阶段性责任目标。2019年国家下达我省危房改造任务401户，涉及沧州和唐山市，3个农(牧)场。开工项目建设进展顺利，各项工作正常开展；中央预算内投资260.65万元，地方配套300.75万元。二是贫困农场全部脱贫。2019年我省农垦贫困农场中央扶持资金1918万元，用于贫困农场扶贫产业发展建设。“十三五”期间河北垦区康保牧场、孤石牧场、鱼儿山牧场、卡伦后沟牧场、红松洼牧场、青县农场、梅庄洼农场和海兴农场等8个贫困农场列入全国贫困农场范围，按照程序经市农业农村局进行核查、认定、上报;第三方机构（石家庄中基会计师事务所）对贫困农场进行现场核查、评估、认定，2019年度底全省农垦系统8个农业农村部认定的重点贫困农场全部脱贫，并于2019年12月30日报农业农村部。

【农垦改革】2019年2月，河北省农垦改革发展工作领导小组出台了《全省农垦改革发展工作推进方案》（冀垦改革〔2019〕1号），就加快农垦区域集团化作出具体部署，明确提出2019年基本完成农场企业化、区域集团化改革，以设区市为主，推进大型骨干农场和中小农场合并重组，组建区域农垦集团公司。

（河北省农垦局　王　伟）

自然灾害救助

一、防灾减灾救灾工作的顶层设计情况

为贯彻落实习近平总书记关于防灾减灾救灾的重要论述和省委省政府的工作要求，面对机构改革的新情况和我省自然灾害防治方面的突出问题，我们加强了防灾减灾救灾工作的顶层设计，主要做了以下工作：一是为贯彻落实中央财经委员第三次会议关于提高自然灾害防治能力的工作要求，5月23日印发了《中共河北省委 河北省人民政府关于切实做好防灾减灾救灾工作的意见》（冀发〔2019〕25号），明确了我省提升自然灾害防治能力9项重点工程、5项工作任务的具体内容、责任分工和工作措施；二是根据工作需要，报经省政府批准，对原省减灾委的职责进行了调整，于8月28日以省减灾办的名义印发了《河北省减灾委员会办公室关于调整河北省减灾委员会组成人员及工作职责的通知》，在原省减灾委职责的基础之上，进一步强化了各成员单位防灾减灾工作责任，成员单位由41个增加到了49个；三是根据机构改革之后各单位职能的变化，报经省委、省政府批准，于8月28日以省减灾办名义印发了《河北省减灾委员会办公室关于调整〈中共河北省委 河北省人民政府关于推进防灾减灾救灾体制机制改革的实施意见〉分工方案的通知》，对2017年印发的《中共河北省委、河北省人民政府关于推进防灾减灾救灾体制机制改革的实施意见》的任务分工进行了调整。通过制定以上三个文件，明确了省直有关部门、各市、县政府在防灾减灾救灾方面的最新工作任务、工作要求和工作责任，构建了我省防灾减灾救灾工作的新格局。重新调整充实各级防汛抗旱指挥部，确定16名省领导分包各市和雄安新区及河系、重点防洪工程等防汛工作。以省防指名义印发《关于健全全省防汛抗旱体制机制的实施意见》，完善全省防汛抗旱指挥体系和协调机制，进一步细化部门间职责。组织省市县乡村逐级签订防汛责任书，并逐级备案，压实防汛责任，形成了一级抓一级、层层抓落实的防汛工作格局。修订完善《河北省防汛抗旱应急预案》《河北省防台风应急预案》。指导水利部门修订了主要行洪河道调度、大中型水库运用、山洪灾害防御、蓄滞洪区分洪等预案方案。组织指导各地开展山洪灾害防御、水库（尾矿库）下游群众转移、蓄滞洪区分洪等预案修订完善，建立健全预案体系，不断提升预案可操作性和实用。建立健全新区防汛指挥体系，组织编制了《2019年雄安新区起步区安全度汛方案》，修订完善了雄安新区起步区省级应急抢险预案。根据机构改革后各厅局职责调整和实际工作需要，调整了抗震救灾指挥部、省突发地质灾害应急救援指挥部、省防震减灾工作联席会议成员，形成了《关于调整河北省抗震救灾指挥部组成人员的请示》（冀应急呈〔2019〕98号）和《关于调整成立河北省地质灾害应急救援指挥部组成人员的请示》（冀应急呈〔2019〕100号），报送省政府审批。组织相关成员单位对我省地震和地质灾害应急预案进行了修订，进一步优化了工作分工，明确了响应程序，并向省政府提交了《关于印发河北省地震应急预案的请示》（冀应急呈〔2019〕99号）《关于印发河北省突发地质灾害应急预案的请示》（冀应急呈〔2019〕101号），报送省政府审批。根据机构改革精神，经多次深入基层调查研究，多次到各部门征求意见，多轮修改向省政府提交了《关于调整成立河北省人民政府森林草原防灭火指挥部的请示》《河北省人民政府森林草原防灭火指挥部主要职责及工作制度》《河北省森林草原火灾防治联合工作专班工作机制》并获得批准，10月18日，河北省人民政府森林草原防

火指挥部调整为河北省人民政府森林草原防灭火指挥部，办公室设在省应急管理厅，成员单位和组成人员进行了相应调整。11月份，根据征求的各成员单位意见及国家颁布的《应急预案》完成对《河北省森林草原火灾应急预案》的修订并下发。起草印发了《河北省应急管理厅自然灾害救助工作预案》，进一步梳理、规范厅机关重大自然灾害救助的工作程序和制度；印发了《河北省应急管理厅救灾物资申请发放管理制度》、《河北省应急管理厅灾情报送管理制度》、《河北省自然灾害灾情核查工作规程》，明确了全厅救灾物资信息共享、物资调拨程序和自然灾害灾情信息收集、核实、上报、发布等工作流程和规范。与省粮食和物资储备局就全省救灾物资管理工作有关情况进行了交流座谈并形成共识，确认了部门职责边界，建立了救灾物资管理工作联系协调机制、救灾物资规划采购管理调拨工作机制和全省救灾物资信息共用共享机制。

二、防灾减灾救灾工作开展情况

（一）统筹做好自然灾害防治九项重点工程实施。按省政府要求，建立了由省应急管理厅、省发改委、省财政厅共同牵头、17个省直部门参加的自然灾害防治联席会议制度，于8月23日召开了河北省自然灾害防治工作联席会议第一次全体会议，对自然灾害防治9项工程的实施工作进行了安排部署。实施了全省自然灾害防治月调度、季通报措施，印发了第一期自然灾害9项工程实施情况通报。

（二）全面开展各类督导检查。为积极应对春季严峻的防火形势,消除火灾隐患,减少森林草原火灾损失，与省林业和草原局成立联合督导暗防组，于春防期间，尤其是“清明”“五一”等重点时段，先后组织了4次暗查暗访行动，分别对全省各市，重点是张家口、承德、保定等火险市、县进行暗查暗访，通过听汇报、查资料、实地查看相结合的方法,督促各地、各单位落实春防各项防控措施,发现和解决工作中的问题和不足，努力提升森林草原火灾综合防控能力。5月份会同省林草局联合转发了《国家森林草原防灭火指挥部办公室、应急管理部、国家林业和草原局开展春防关键期森林草原消防安全大检查的通知》，督导各市、县认真抓好工作落实，重点强调对查出的问题隐患全部登记造册，建立责任清单，明确整改时限，限期完成整改任务，坚决把各种隐患消除在萌芽状态。9月份按照国家森林草原防灭火指挥部办公室统一安排，下发《开展秋冬季森林草原防灭火工作专项检查暨打击森林草原火灾违法行为专项行动通知》，并制定了具体工作实施方案，划分了5个组，从即日起至12月底，各检查组要结合工作实际，深入所检查设区市基层一线开展专项检查和督查工作。11月初向国家森防指提交了一期《森林草原防灭火工作专项检查统计表》。在全省范围内组织开展了3轮次防汛安全隐患督导检查，对发现的327处安全隐患建立台帐，跟踪督办，彻底消除安全隐患，做到“汛期不结束，检查不停止，整改不间断”。

（三）强化自然灾害监测预警能力建设。加强与省水利厅、省气象局沟通协调，连通天气预测、防汛抗旱综合服务、水库工程视频监控等系统。升级雨水情信息移动查询系统，并安装到全省防汛有关人员手机中，实现了雨水情信息的随时查阅，防汛有关基础资料的及时查询。与省地震局、省自然资源厅建立了灾害信息互报机制，接入了EQIM地震速报系统，将地质灾害隐患点、学校、医院、重大危险源、高危企业信息和军队、武警、消防等部门的救援力量信息接入应急平台，为灾害救援提供了辅助决策依据。

（四）落实各类应急队伍和物资保障。积极申请国家防汛抗旱补助资金5000万元，购置防汛抗旱急需装备设备。及时补充更新防汛物资，使全省物资储备达到3.38亿元。落实各类抢险力量3万余人，调整充实省级防汛抢险专家库，专家人数95名。分批对全省519名消防救援骨干人员开展冲锋舟驾驶员培训，指导各地开展防汛演练1800余次。统筹全省防汛抢险救援力量，编印《河北省防汛抗旱抢险救援队伍物资装备》手册，实现省市县三级应急救援信息共享。通过函询、走访、座谈会等方式摸清我省地震和地质灾害应急救援队伍和装备情况；组织地震、卫生、军队、武警、消防等重点部门座谈，明确应急救援队伍紧急调动程序，建立快速反应机制。为切实加强我省塞罕坝机械林场森林防火工作经向国家应急部请示沟通，于3月28日与9月29日两次申请调动了国家森林消防力量赴塞罕坝机械林场靠前驻防，执行森林火灾预防、扑救任务，为保护塞罕坝森林资源春防期安全作出了重要贡献。为解决我省现有森林草原火灾扑救力量与资源增长速度极不适应的问题，缓解雄安新区、北戴河联峰山、冬奥会赛区等重要林区防灭火任务的巨大压力，确保完成首都政治“护城河”、生态“防火墙”的光荣使命，我们联合省林业和草原局，代省政府起草了《河北省人民政府关于申请森林消防救援队伍驻防河北的请示（代拟稿）》，以省政府名义呈报国务院，申请建立驻防一支专业化程度高的森林消防救援队伍。目前请示已呈报至国务院，相关工作正在积极推进中。健全全省应急物资信息台账，通过多方收集信息，汇总了自然灾害生活救助、防汛抗旱、森林草原防火、地震灾害应急救援、地质灾害防治、消防、安全生产等七大类应急物资装备信息资料，基本建立了省市县三级自然灾害救助物资和应急救援物资信息台账，其中各类应急物资共涉及120110家单位，物资数量7260475件，基本摸清了全省各类应急物资储备底数和管理联络人等相关信息。科学安排救灾物资储备，研究拟定了2019年救灾物资采购品种和数量，函付省物资储备部门实施采购，新购置的600

万元救灾物资已全部入库；9月27日，我厅又分别与今麦郎面品有限公司等四家省内食品企业签订了《救灾物资紧急紧急征调协议》，提升向受灾群众提供食品救助的应急保障能力。高标准、大规模推进灾害信息员队伍建设和报灾业务培训，努力打造一支能够“拉得出、扛得住”的灾害信息员队伍。目前，省级培训220余名市县骨干、市级培训县乡骨干2440余名、县级培训乡村灾害信息员共2万余名，乡镇以上灾害信息员人员配备和培训率均达到100%，成为全国首批完成乡镇灾害信息员培训的省份，省市县乡四级救灾专业队伍已初步形成工作能力。为各级政府、部门和领导及时掌握灾情、科学救援救灾、切实保障人民群众生命财产安全和社会稳定夯实了基础。

（五）积极开展防灾减灾宣传教育。组织了“5.12”全国减灾日宣传活动，在邯郸市举办了全省抗洪抢险演练，应急管理部郑国光副部长出席并对演练给予肯定。7月份，联合省地震局、省教育厅、省科技厅举办了《第二届全省防震减灾知识竞赛》。加强地震和地质灾害应急队伍建设，大力实施素质提升工程，9月18-19日联合河北省地震局在石家庄举办了2019年河北省地震应急系统培训班，10月8日-19日组织全省地震救援系统、地矿系统骨干赴山东省地震局培训中心进行业务培训。

（六）扎实做好灾害预防其他各类工作。8月组织对全省地震应急避难场所建设情况进行调研，谋划进一步提高应急避难场所建设的措施。9月29日组织召开了《全省秋冬季森林草原防灭火工作电视电话会议》，袁桐利常务副省长就做好全省秋冬季森林草原防灭火做了重要讲话，为做好秋冬季的森林草原防灭火工作指明了方向。10月份开展了《森林草原火灾应急处置预案》桌面推演，对演练的内容程序提出了修订意见，并要求在全厅范围内做示范，此次推演为下步综合实战演练打下了坚实的基础，对推进我省森林草原火灾科学应急救援具有一定的指导意义。按照部司领导有关要求，配合国家开展了救灾物资行业标准修订工作，将我省13种创新型救灾物资产品的有关标准，向国家推荐为救灾物资新行业标准。

（七）引导扶持政策性农房保险。2019年度，省财政投入专项资金5910万元，全省开展农房保险的县(市、区)达到117个,参保农户968万户，每户每年保额达到3万元，全省共为参保群众住房提供灾害风险保障金额6187.72亿元。农保工作开展以来，保险公司已累计承保农户2982.80万户次，对农房发生灾害的13.5万户群众进行了保险救助，支付保险赔款1.87亿元。

三、各类突发自然灾害应对情况

（一）全力做好暴雨洪水应对工作。为全力做好强降雨应对工作，省委办公厅、省政府办公厅5次下发紧急通知，要求各地各部门迅速行动，协调联动，全力做好强降雨防范和台风“利奇马”应对工作。8月10日，在我省迎战台风“利奇马”关键时刻，许勤省长深入到省防指，亲自指挥调度台风防御工作。袁桐利、时清霜副省长5次召开紧急调度会议，调度降雨较大市县。各级防汛行政责任人靠前指挥，周密部署，有序有力开展各项应对工作，确保度汛安全。根据天气趋势预测和降雨情况，省防指超前研判，先后启动防汛Ⅲ级应急响应1次，防汛Ⅳ级应急响应3次，防台风Ⅳ级应急响应1次，防台风Ⅲ级应急响应1次，及时向预报受强降雨、台风影响较重的市派出工作组11个。在启动响应期间，省防办全员24小时在岗，并对受影响区县实行点对点调度，累计电话提醒830多次。加强与水利、气象、自然资源等部门的沟通协调，坚持早晚两次会商，遇有强降雨过程，适时加密会商频次，密切监视雨情、水情发展趋势，及时跟踪台风路径，滚动作出预测预报预报。仅台风“利奇马”影响期间，就发布台风暴雨预警信息384期，组织6945艘渔船回港避风、3.6万人上岸避险，关闭21处涉海涉水旅游景区，转移群众768人。组织水利、气象等部门根据实时雨情水情，及时会商，联合运用库、河、区，对洪水实施精准调度，对桃林口、洋河、石河等水库进行科学调度，削峰率均在90%以上，实现了“保安全、多蓄水”的调度目标。

（二）切实做好汛期地质灾害应急工作。7月份，印发了《关于加强汛期地质灾害应急救援准备工作的通知》，对汛期地质灾害应急救援提出了具体工作要求。联合省地质环境监测院开展了覆盖全省的地质灾害隐患点应急检查。汛期密切关注地质灾害预报预警，及时向各市发送提示信息。为应对9号台风“利奇马”，及时向受影响的秦皇岛、唐山、沧州发布了紧急通知，提出具体工作要求，并安排专人值守。

（三）妥善应对地震突发事件。自省应急厅成立以来，不断强化值班值守，接到地震速报后，迅速反应，指导地市开展地震应急工作，妥善应对了石家庄元氏县、唐山滦州市、张家口宣化区、怀安县、涿鹿县等14次地震事件。

（四）强化自然灾害应急处置。一是切实做好灾害管理工作。密切关注全省各类突发自然灾害，第一时间收集、汇总、上报各类灾情，今年以来共收集、汇总、统计各地灾情数据5171条，编制报送灾情信息379条，拟制《灾情专报》228期，《每月灾情》6期。二是快速反应，开展救灾应急工作。针对今年以来全省灾害过程，我们第一时间开展研判评估，累计派出8个救灾工作组赶赴灾区一线查灾核灾，密切关注灾害过程及当地灾害救助需求。三是组织开展了年度灾情会商评估工作。10月23日，河北省应急管理厅、省减灾委员会办公室组织省水利厅等10个成员单位和有关专家开展了年度灾情会商，对今年以来全省自然灾害基本情况进行了核定评估，对整体灾害形势进行了会商认定。四是及时开展受灾群众救助。11月17日，省应急管理厅会同省财政厅研究下拨了省级救灾资金1317万元，切实保障了全省受灾群众吃、穿、住、医等基本生活需求，维护了灾区的社会稳定。

（河北省应急管理厅　艾　军）

水利建设

2019年，在省委、省政府的正确领导下，全省水利系统坚决贯彻落实习近平总书记治水系列讲话精神，积极践行新时期治水方针，紧扣水利工程补短板、水利行业强监管总基调，真抓实干，攻坚克难，砥砺奋进，全力推动省委、省政府治水兴水决策部署落实，圆满完成年度各项目标任务。

一、创新方式方法，水利工程建设取得新突破。抢抓实施京津冀协同发展、雄安新区规划建设等国家重大战略机遇，积极谋划和推进重点水利工程建设。2019年争取中央水利投资75.8亿元，比2018年增加近30%，其中水利发展资金47.8亿元，为全国最多省份。加快推进地下水超采治理工程，精心组织实施一批农村生活水源置换、灌溉水源置换和河道整治工程。确保雄安新区水安全保障，推行防洪工程可研设计一体化招标模式，大大缩短了前期工作周期，南拒马河、白沟引河、萍河等防洪工程和雄安新区调蓄库相继开工建设。白洋淀引黄大树刘泵站如期建成生效。加强防洪薄弱工程建设，23条（段）中小河流治理、2条（段）主要江河支流治理等项目全部开工建设，完成66座小型病险水库除险加固。承德双峰寺水库实现下闸蓄水。加大水生态修复治理，依托国家启动的永定河流域综合治理项目，加快实施清水河、洋河、桑干河综合整治，完成投资8.53亿元。全年治理水土流失面积2098平方公里。大型灌区恢复改善灌溉面积51万亩。为加快推进工程建设，尽早发挥工程效益，建立了年度投资计划考核制度，采取调度、督查、约谈等措施，加快项目建设进度，中央投资计划完成率达到92%；推行工程验收完成率与质量考核相挂钩，强化项目全周期管控，水利基建工程验收率达到86%，较2018年提高了25个百分点。

二、坚守安全“底线”，加强水旱灾害防御。增强底线思维意识，紧盯水利领域风险隐患，全面排查梳理，从严从实防范。全省水旱灾害防御、供水保障等方面没有发生安全事故。省水利厅被省政府表彰为安全生产目标管理优秀单位。在水旱灾害防御方面，积极适应机构改革新变化、新任务、新要求，密切协同，主动作为，提前组织开展水利工程隐患排查，完善各类安全度汛预案，强化预测会商，实施精准调度，有效应对8次强降雨过程和“利奇马”台风，发送预警信息16.65万条，转移人口3200多人，最大程度减轻了洪涝灾害损失，实现了洪涝灾害人员零死亡。廊坊、保定、石家庄、沧州等4市服从大局、主动担当，加强监测预警和科学调度，全力保障雄安新区安全度汛。同时，坚持防汛抗旱两手抓，累计抗旱浇地9554万亩次，解决因旱临时性饮水困难人口2.5万人。在供水安全保障方面，加快实施南水北调中线左岸防洪影响处理一期收尾工程，124个项目全部完工；深化南水北调受水区供水管理体制改革，河北供水公司全面履行职能职责，进一步强化了引江输水管理，全年供水平稳安全，为受水区2200多万人提供了优质江水。

三、助力脱贫攻坚，全力保障农村饮水安全。围绕农村饮水安全水利脱贫攻坚中心任务，全力打好主动仗，水利厅被评为脱贫攻坚工作先进单位和“五包一”先进单位。统筹推进贫困村和非贫困村农村饮水安全，争取中央和省级财政提前下达2020年专项资金，全部解决了排查出的3.43万人饮水安全问题，完成了130万农村居民饮水安全巩固提升任务，提前一年实现“十三五”规划目标。结合地下水超采综合治理，以黑龙港高氟水区域为重点，在33个县推进农村饮水江水置换工程，受益人口330万人，2019年完成投资90%以上。邯郸邱县、沧州孟村、衡水枣强等7个县率先实现江水置换全覆盖。沧州市下大力推进全域农村水源置换，打造江水村村通示范区。持续组织开展农村饮水安全隐患排查整治，着力推进农村饮水安全长效管护机制建设，落实“三个责任”，建立“三项制度”，促进农村饮水工程良性运行。

四、多措并举，加快推进地下水超采综合治理。聚焦2022年实现地下水采补平衡的总目标，科学谋划、精准施策、统筹推进地下水超采综合治理。全年压减地下水超采量7.3亿立方米，浅层地下水位相对回升0.88米，深层地下水位相对回升3.32米。制定地下水超采综合治理总体方案和年度实施计划，研究建立地下水超采治理考核评估机制，全力推进“节、引、调、补、蓄、管”六大治理举措，形成了修复地下水生态的综合治理体系。重点做好“一减一增”两篇文章。在压减地下水量方面，通过调整农业种植结构、实施地表水替代和严控地下水开采、关停取水井等综合措施，压减地下水超采量。农业农村压减3.9亿立方米，城市工业生活压减3.4亿立方米。张家口市下大力压减坝上高耗水农作物面积，新增旱作雨养面积20万亩，压减地下水开采量0.24亿立方米。在增加地表水量方面，水利部下达我省引江水计划15亿立方米，经过努力，全省共引调江水22.4亿立方米，石家庄、邯郸、定州、辛集完成了年度用水计划；通过建立协调沟通机制，争取黄委、山东、河南支持，突破了冬季引黄调水的限制，全年引调黄河水10.5亿立方米，实现历史性突破。近33亿立方米引江引黄水，为冀中南地区生活生产生态提供了宝贵水源，对地下水超采治理至关重要。

五、加大治理力度，河湖环境面貌焕然一新。着眼全面改善河湖面貌，坚持“清、治、补、管”并重，集中整治河湖突出问题，取得了显著成效。全面开展河湖“四乱”清理，排查出的10458个问题，完成整改10448个，完成率99.9%；河湖管理范围内55处违建别墅，年底前已全部拆除。深化水利扫黑除恶专项斗争，联合公安部门开展“飓风行动”，查处非法采砂418起，行政立案398件，处罚407人，有效遏制了河道非法采砂乱象。谋划推进“以河代库”行动，重点对泜河、午河、唐河等9条河道，以及滹沱河、沙河等4个跨京昆高速河段，综合实施河槽规整、砂坑整治，治理河段总长286公里，新增蓄水能力1.7亿立方米。邢台市探索的“采砂+治河+蓄水+生态修复”河道采砂治理模式，得到水利部充分肯定。积极推进河道内村庄防洪整治，河道内村庄搬迁和堤防工程有序推进。把河湖补水与河湖清理同步推进，完成滹沱河、滏阳河、南拒马河三条河道地下水回补试点任务，实施生态补水15.7亿立方米。向白洋淀补水4亿立方米，白洋淀水位始终保持在6.5米以上，水面面积250平方公里以上。首次调度东武仕、朱庄等17座大中型水库及中线引江水，累计向下游唐河、沙河等21条河道生态补水17.7亿立方米。石家庄市滹沱河生态修复工程加快推进，唐山市全域治水清水润城工程初显成效。

六、深入落实河湖长制，水生态环境不断改善。加强完善河湖长制工作机制，着力推进河湖长履职尽责。在省级市级河湖长的示范带动下，全年各级河湖长巡河90多万人次，发现解决问题2.9万多个。秦皇岛、唐山、沧州、承德、邯郸等5市在年度河湖长制考核中获优秀等次。一是地下水管理成效显著。按照省委、省政府要求，将地下水取水许可审批权限上收到省级，完成了全省102万眼机井的摸底调查，建立了基础信息库，在全国率先实现了机井精准动态管理；加大机井关停力度，全年共关停城区自备井2345眼，农业灌溉井4741眼。二是河湖生态补水试点初见成效。滹沱河、滏阳河、南拒马河三条河道作为生态补水试点，通过“清、补、管、测”等综合措施，实施地下水回补，累计补水6.27亿立方米，形成水面面积40平方公里，试点河流重现生机，沿线地下水水位逐步回升，补水的社会效益和生态效益初步显现。三是水土流失防治力度加强。争取省级以上水土流失治理资金4.95亿元，治理水土流失面积2235平方公里；革命老区、坡改梯、京津风沙源治理和密云水库上游清洁小流域等项目平稳有序推进。

七、增强监管能力，推进治水体系和治水能力现代化。提高依法治水管水能力，注重建章立制，改进方式方法，推进行业强监管有力有序有效开展。完善政策法规体系，制定出台涉水法规、规章和规范性文件14个，特别是省人大颁布实施的《河北省河湖保护和治理条例》，为加强河湖保护、治理、修复提供了法律保障。研究制定了《河北省水利监督工作规程》《水利建设项目稽查管理办法》等12个制度文件。加大监管内容和方式，突出工程运行、工程质量的监管，采取“四不两直”方式，排查问题隐患，堵塞安全漏洞。对地下水超采治理、水土保持等7大类52个项目进行专项稽查，共发现问题846个，整改完成716个。对小型水库、农村饮水工程和水毁修复等与民生保障直接相关的项目，持续组织开展暗查暗访，共查出问题隐患1628个，整改完成1424个。派出11个检查组，对雄安新区、张家口冬奥会水利工程等重大在建水利工程质量进行督查；委托第三方检测机构对全省138个在建项目开展质量检测抽检；对在建基建项目进行质量考核，以考核促质量提升，唐山、承德、沧州、衡水等市获A级等次。各市县水利部门也采取多种形式强化监管，共发现和查处各类问题2020个，已整改完成2012个，实施责任追究6人。增强水资源监管，把握节水优先治水方针，着力推进最严格水资源管理制度落实，联合省发展改革委出台《河北省节水行动实施方案》，以省政府办公厅名义印发《河北省推进全社会节水工作十项措施》。完成电力、医药等行业69个产品用水定额修订，推动建成24个节水型社会建设达标县，推进节水服务企业与高校的对接，探索建立高校合同节水模式。强化工业、生活取水管控，非农纳税人97%的取水量实现了在线监控，监控水量31亿立方米。全年共征收水资源税22亿元，比上年度增加6%。严厉打击违法违规取水行为，对616家违规取水单位进行处罚，罚金1400多万元。持续推进水权水价改革，全省完成地表水灌区水价改革面积30万亩，累计完成1830万亩。

（河北省水利厅　苏运芳）

农业机械

2019年，全省各级农机管理部门认真贯彻省委、省政府决策部署，以落实《国务院关于加快推进农业机械化和农机装备产业转型升级的指导意见》（国发[2018]42号）为主线，围绕服务农业农村工作大局，推进农机化从种植业向畜牧养殖、水产养殖、农产品初加工等领域扩展，从平原向丘陵山区延伸，从主要粮食作物向经济作物和果蔬转变，全省农机化发展保持了稳中有进、进中有新的良好态势。

一、农机社会化服务质量不断提高。2019年我省农机服务组织达到0.59万个、年末人数达到6.76万人。其中拥有农机原值50万元以上的有0.20万个，年末人数3.21万人，比上年同期分别增长3.94%和2.39%。农机合作社达到0.29万个，年末人数达到5.28万人。其中拥有农机原值100

万元以上的机构和人数分别为0.089个，2.02万人，分别比上年同期增长7.1%和4.51%。全省农机户共有286.85万，年末人数为393.97万人，分别比上年同期降低1.72%和1.97%。其中拥有农机原值为20万元以上机构和人数分别为3.83万个和7.73万人，分别比上年同期增长3.76%和1.33%。农机作业服务专业户年末共有机构和人数分别为20.15万个和32.03万人。全省农机户、农机服务组织、农机合作社总数虽略有下降，但拥有原值50万元及100万元的数量均有明显增加，农机作业服务组织逐渐向高质量、规模化、实力强的方向发展。全省农机大户、大型农机化作业服务组织、农机专业合作社分别居全国第4位、第9位、第7位。各地充分发挥农机大户、农机专业合作社机具多、组织能力强、规模作业面积大等优势，托管式、订单式、租赁式等作业服务新模式不断涌现，农机化服务组织、合作社在重要农时季节机械化生产中承担超过60%的作业面积，农机化服务总收入达到198.8亿元，成为全国农机使用大省。

二、农业机械保有量稳步增长。2019年，全省农业机械总动力达到7830.73万千瓦，比上年同期增长1.62%，位居全国三甲（仅次于山东10679万千瓦左右、河南10356万千瓦左右），总体保持稳定。柴油发动机动力5516.16万千瓦，同比增长2.88%。汽油发动机动力143.33千瓦，比上年同期增长5.37%；电动机的动力为2171.14万千瓦，同比降低1.69%。全省农机亩均动力达到0.6千瓦，比全国平均水平高出近40个百分点。全省拖拉机保有量为147.33万台，同比降低2.03%，机械动力达到2918.14万千瓦，同比增长2.26%。拖拉机台均动力19.81千瓦，比上年同期增长0.83千瓦。其中58.8千瓦、73.5千瓦以上的中大型拖拉机分别为5.56万台和6.07万台，同比分别增长0.54%和8.99%。小型拖拉机117.66万台，同比降低3.86%。拖拉机大型化趋势明显。免耕播种机19.03万台，同比增长0.49%。谷物联合收割机16.63万台，同比增长3.64%。其中稻麦联合收割机9.34万台、616.50万千瓦，分别比上年同期增长3.74%、7.56%；玉米收割机7.40万台，同比增长0.57%。大豆收获机、油菜籽收获机分别为131台和130台，同比降低57.74%、58.06%。大马力、大喂入量高效联合收获机型所占比重不断提升，粮食主产区大喂入量联合收获机已占当地保有量80%以上；作业进度明显加快，小麦机收一个县3-5天内，一个市7天左右即可完成，玉米机收周期平均缩短5天左右，农机装备的持续优化对保障粮食生产安全的作用日益明显。

三、农业生产机械化水平稳定提升。2019年，全省完成机耕作业5434.56千公顷，同比增长8.21%；机播面积达到6689.23千公顷，同比降低1.10%；机收面积达到5839.28千公顷，同比增长0.24%，机耕、机播、机收的机械化水平分别达到89.09%、82.23%、71.76%，综合机械化水平达到81.83%，继续位居全国前列。其中，小麦的机耕、机播、机收面积分别为2255.19千公顷、2306.88千公顷和2309.65千公顷，机耕、机播、机收的机械化水平分别达到99.27%、99.17%、99.24%，综合机械化水平达到99.50%以上，高出全国平均水平4个百分点。玉米的机耕、机播、机收面积分别为1338.06千公顷，3188.12千公顷和2847.38千公顷，机械化水平分别为95.63%、93.14%、82.66%，综合机械化水平达到90.99%，小麦、玉米主要粮食作物基本实现机械化生产。大豆、马铃薯、花生、棉花的综合机械化水平分别达到62.13%、82.48%、71.03%和65.04%。“三夏”期间，小麦联合收割机、拖拉机、夏玉米播种机、秸秆还田机等200万台农业机械圆满完成跨区机收组织调度、后勤服务和安全生产等工作，小麦机收16天完成，机收水平达到99.7%，创历史新高。“三秋”期间，抓好玉米机收、机械化秸秆还田、深松耕、小麦机播、播后镇压重点作业环节，中南部地区玉米机收水平均超过了90%，赵县、馆陶等57个平原县（区市）玉米机械化收获达到100%。

四、农机购置补贴有序推进。农机化资金投入力度放缓，2019年中央安排我省补贴资金10.23亿元，受益农户达5.5万人。其中农机化投入的财政资金6.26亿元，基本建设投入0.38亿元，同比降低8.33%；农业机械购置投入33.87亿元，同比降低了16.01%。农机科研、试验鉴定大幅减少，2019年全省分别投入19.5万元、4万元，同比分别降低97.58%和96.77%，呈逐年降低趋势。2019年通过不断健全制度，扩大补贴范围，严肃违规处理，确保农机购置补贴政策平稳高效实施，全省共补贴各类农机具72089台（套）、补贴报废机具1432台（套）、直接受益农户65078户。其中补贴动力机械17165台（套），收获机械13854台（套），耕整地机械23189台（套），种植施肥机械8887台（套），田间管理机械5640台（套），畜牧机械1664台（套），排灌机械351台（套），收获后处理机械409台（套），农田基本建设机械281台（套），农产品初加工机械4台（套），农业废弃物利用处理设备483台（套），其他机械157台（套）。

五、“三员”清理认定和补贴发放圆满完成。省农业农村厅2019年6月19日印发《全省原乡镇（公社）农机员农技员基层兽医群体风险防范和信访维稳工作方案》，明确2019年7月20日为“三员”身份认定截止日期，8月底前生活补贴全部发放到位。根据2019年10月份的各市报告显示，截止2019年8月底，全省“三员”共认定88109人，发放77203人（不含至今未满60周岁的10906人），符合发放条件的全部发放。至此，“三员”身份认定工作完结，转入县（市、区）政府按政策要求稳定落实此项惠民政策。

六、构建互联网+农机精准作业新格局。2019年，围绕精细整地、精量播种、精准施肥和精确收获等农机精准作业关键技术，持续开展小麦、玉米等主要农作物全程机械化示范县创建，全力打造智慧农场。利用区位优势，引进智库，与国家农业智能装备工程技术研究中心开展合作，将现代农业精准作业技术成果引进河北，实现了由单个试验，向多群体示范的转化。搭建国家农业智能装备技术中心与河北省农林科学院联袂组成的创新平台，结合地处黄淮海一年两熟区的实际，孵化了一批技术项目，研发和试验了精准变量施药、精准变量施肥、高速精量播种、节水与水肥一体化灌溉、土壤肥力遥感测试、全程无人自动驾驶等系列技术，集成应用了全球导航卫星、地理信息、遥感、传感器以及无线移动通讯和自动控制技术，探索建立了一整套以智能化为主导、以精准作业为核心的技术体系，推广面积达到100万亩，全省智慧农场实现了农机管理信息化、田间作业智能化、生产过程自动化、经营服务网络化，现代农业生产模式得以显现。

七、安全监管能力不断提升。“平安农机”创建活动不断深化，截至2019年底，共创建14个全国“平安农机”示范县。监理惠农政策不断拓展，全面开展除驾驶员考试以外的免征收费政策，全省106个县实施政策性农机保险补贴，参保农业机械达到43668台，理赔金额1323.92万元。安全生产意识不断提高，积极推进农机安全生产文化建设，大力组织农机“安全生产月”“安全生产宣传咨询日”活动，创新宣传形式，增强机手安全意识。农机安全生产形势明显好转。截止2019年底，全省农机事故起数、死亡人数和受伤人数三项指标明显下降，农机安全生产和安全监管水平大幅度提升。

（河北省农业机械化管理局　张建虹）

气象防灾减灾服务

河北省地处中纬度欧亚大陆东岸，属温带半湿润半干旱大陆性季风气候，四季分明，温度适宜，雨热同季，干湿明显。具有春季冷暖多变、干旱多风，夏季炎热潮湿、雨量集中，秋季风和日丽、凉爽少雨，冬季寒冷干燥、雨雪稀少的特点。气象灾害种类多、频次高、损失大。干旱、暴雨洪涝、大风、冰雹、高温、雷电、雾霾、连阴雨、干热风、低温冻害、风暴潮等，每年均有不同程度的发生，其中干旱影响最大。近50年，河北省气温平均每10年升高0.26℃，其中张家口南部、石家庄和唐山2市东部平均气温上升趋势最为显著；总云量、雾日和积温呈增加趋势；年降水量、平均风速、暴雨日数、寒潮日、干热风日数、沙尘暴日数、雪日、冰雹日数、日照时数和潜在蒸散均呈减少趋势；相对湿度无显著增减趋势。

【基本气候概况】2019年，河北省气温显著偏高，降水接近常年，日照偏少。天气气候特点为：全省年平均气温12.9℃，较常年偏高1.1℃，春季显著偏高，为有气象记录以来同期第三高值年，夏、秋季偏高，冬季接近常年。全省年平均降水量437.6毫米，较常年偏少13.1%，冬、秋季降水偏少，春、夏季接近常年，4月降水异常偏多。全省年平均日照时数2373.3小时，较常年偏少113.9小时，呈北多南少的分布形势，冬、夏季日照时数偏少，部分时段偏少超过5成，春、秋季接近常年。

气温　年平均气温显著偏高，局地气温异常偏高，近3成站点年平均气温突破有气象记录以来的最高值。2019年，全省年平均气温12.9℃，较常年偏高1.1℃，属显著偏高年份，为建站以来第二高（仅次于2014年、2017年的13.0℃）。各地年平均气温在2.6～15.6℃之间。与常年相比，全省仅承德县、隆化、围场、保定站气温略偏低，其余地区气温接近常年或偏高。时间分布上，除2月偏低外，其余各月平均气温均高于常年，其中3月异常偏高。冬季，全省平均气温-2.8℃，属正常年份。春季，全省平均气温14.5℃，较常年偏高1.5℃，属显著偏高年份，为有气象记录以来同期第三高（仅低于2014和2017年）。夏季，全省平均气温25.8℃，较常年偏高0.9℃，属偏高年份，为有气象记录以来第五高（2001年以来第二高），季内各月气温均高于常年值。秋季，全省平均气温13.4℃，较常年偏高1.3℃，属偏高年份，为有气象记录以来秋季第三高。

降水　年降水量接近常年，盛汛期降水量偏多超过5成。2019年，全省年平均降水量437.6毫米，较常年偏少13.1%，属正常年份。各地年降水量在254.4～703.3毫米之间，区域差异明显。承德南部、秦唐大部、保定中部和西部、石家庄西北部等地降水超过500毫米，秦皇岛站最多为703.3毫米；冀南山区和平原中部、保定东北部、雄安新区、廊坊中部等地降水不足400毫米，南和最少，仅254.4毫米。与常年相比，除张家口中部、保定和石家庄局部外，全省大部分地区接近常年或偏少。从时间分布看，冬、秋季降水偏少，春、夏季接近常年，4月降水异常偏多，12月显著偏多，盛汛期降水量偏多超过5成。冬季，全省平均降水量6.9毫米，较常年偏少34.9%，属于偏少年份。其中，1月偏少96.3%，为有气象记录以来历史同期第二少，季内气象干旱严重。春季，全省平均降水量74.9毫米，较常年偏多3.2%，属正常年份。夏季，全省平均降水量288.5毫米，较常年同期偏少13.7%，属于正常年份。秋季，全省平均降水量65.1毫米，较常年同期偏少24.4%，属偏少年份，季内气象干旱阶段性发展。

日照　年日照时数较常年偏少，呈北多南少分布。2019年，全省年平均日照2373.3小时，较常年偏少113.9小时，属偏少年份。各地年日照在1864.6～3128.3小时之间。与常年相比，石家庄北部、保定和廊坊及其以北大部地区日照接近常年或偏多；邯郸大部、邢台中西部、石家庄南部、秦皇岛南部以及保定、衡水、沧州、廊坊和唐山等地的局部偏少超过200小时。冬季，全省平均日照447.3小时，较常年偏少74小时，属偏少年份；春季，全省平均日照758.3小时，较常年偏多40小时，属正常年份；夏季，全省平均日照时数614.7小时，较常年偏少50.6小时，属偏少年份；秋季，全省平均日照时数557.3小时，较常年偏少33.5小时，属正常年份。

【主要气象灾害】2019年，河北省气象灾害发生的种类多，影响程度偏轻。年内干旱日数偏多，阶段性干旱严重，7月初首次发布气象干旱橙色预警；暴雨日数接近常年，部分地区降水强度大、极端性强，台风“利奇马”影响持续时间长；高温日数较常年偏多超过1倍；寒潮日数偏多、强度偏强，11月寒潮异常偏多；大雾日数总体偏少，局地大雾日数突破历史最多值；霾天气主要出现在冬、春季，日数为近5年最少；大风日数接近常年、冰雹日数偏少，风雹灾害极端性强；降雪和连阴雨天气偏少；干热风偏多，6月影响范围广、持续时间长。总体而言，2019年河北省气象灾害损失程度与常年相比偏轻，属于“偏轻”年份，气候年景属于“偏好”年份。

干旱　干旱日数偏多，阶段性干旱严重，首次发布干旱橙色预警。2019年，全省气象干旱（轻旱及以上）日数为210.6天，较常年偏多66.8天，为2007年以来最多。空间分布上，冀东和冀中南大部气象干旱日数在200天以上，唐山西部、衡水大部、沧州西南部、邢台西南部、邯郸西部和北部等地超过250天，局地超过300天，平山、栾城、南和、唐山、饶阳、深州气象干旱日数突破历史极值。年内，气象干旱阶段性多发，其中春季、盛夏旱情重，影响大。1月降水异常偏少，气温偏高，干旱长时段大范围维持，9成以上站点为中度及以上干旱等级，其中43个县（市、区）为重旱，6个县（市、区）为特旱。进入3月，旱情再次发展，3月20日全省9成以上站点出现气象干旱，28个县（市、区）达到重旱，承德县、青龙和抚宁为特旱。入夏以后，降水持续偏少，气温持续偏高，沧州、衡水等地重度气象干旱影响面积不断扩大。7月2日，河北省气象局首次发布干旱橙色预警。旱灾共造成邯郸、邢台、张家口、石家庄、承德、秦皇岛6市15县130个乡镇126万人受灾，农作物受灾面积130.54千公顷，造成直接经济损失9亿元。

暴雨　暴雨日数接近常年，台风“利奇马”影响持续时间长，携风带雨强度大。全年出现暴雨184站次，较常年偏少8.2%。全省平均暴雨日数1.3天，接近常年（1.4天）。空间分布上，冀东、冀中偏多，冀南偏少。秦唐东南部、沧州东北部和南部、廊坊和保定等地部分地区暴雨日数偏多超过1天，局地偏多2天以上。暴雨主要集中在夏季，占全年的91%，其中盛汛期（7月21日-8月10日）占68%。2019年仅1个台风影响河北，影响持续时间近4天。年内强降水过程主要出现在7月5～7日、22～23日、28～30日，8月1～2日、9～10日、11～13日。7月22～23日，全省平均降水量29.7毫米，期间20个县（市、区）降水达到暴雨等级；7月28～30日，全省平均降水量44.5毫米，最大降水量深泽达116.8毫米；8月9～10日，全省平均降水量28.0毫米，秦皇岛北部和西部、唐山东部和南部、邢台、衡水和邯郸3市东部、沧州南部和东部等地区降水在50毫米以上，局部超过100毫米，广平150.8毫米为全省最多，突破历史同期（8月上旬）最大值，期间25个县（市、区）降水达到暴雨及以上等级。

高温　高温日数异常偏多，春、秋季高温强度大，夏季高温范围广、持续时间长。2019年，全省平均高温（日最高气温≥35℃，下同）日数21.3天，较常年（10.2天）偏多超过1倍，为1998年以来第二多，仅次于2017年（21.7天）。7月21日，滦平日最高气温（38.7℃）突破有气象记录以来历史最高值。高温天气主要集中在5月22～25日，6月2～4日、8日、10～15日、18～27日，6月29日～7月5日，7月12～16日、7月21日～8月1日，9月7～8日。任县、藁城、南和等18个县（市、区）高温日数达到或突破历史极值，峰峰、魏县、磁县等7个县（市、区）最长连续高温日数达到或突破历史极值。

寒潮降温　寒潮日数偏多、强度偏强，11月寒潮异常偏多。2019年，影响河北的冷空气过程共29次，接近常年值，冷空气强度偏强，为1999年以来最强。全省平均寒潮日数8.9天，较常年偏多61.8%，为1972年以来最多，其中强寒潮以上等级3.2天，较常年偏多1倍。10～12月寒潮日数异常偏多，其中11月寒潮日数为有气象记录以来历史最多，较常年同期偏多2.4倍。影响范围超过20个县（市、区）的寒潮降温过程12次，超过30个县（市、区）的寒潮降温过程8次，其中3月21～23日与11月24～26日寒潮影响范围最广、降温幅度最大、影响最重。11月24～26日，河北省出现全年影响范围最广的寒潮天气，全省131个县（市、区）出现寒潮，其中52个县（市、区）达到特强寒潮级别。期间，顺平、承德县和青县等7个县（市、区）48小时最低气温最大降幅突破历史极大值。受寒潮天气影响，承德大部、唐山西部、沧州东部以及张家口、秦皇岛和廊坊局部地区最低气温最大降幅在16～19.2℃，全省14个县（市、区）最低气温降幅突破历史11月极大值。

雾和霾　大雾日数偏少，春、秋季偏少较多，冬季影响范围广。2019年，河北省平均大雾日21.3天，接近常年。张家口大部、承德西北部、邯郸西部等地大雾日数不足10天，崇礼和围场全年未出现大雾天气；其他大部分地区在

10天以上，秦皇岛东部、保定和石家庄的南部、雄安新区、邯郸中东部以及廊坊、沧州、衡水和邢台4市的大部在20天以上，新河、威县、香河、沙河超过50天。与常年相比，全省大雾日数以偏少为主，石家庄东部、邢台和邯郸的中部以及唐山、保定和衡水3市的部分地区偏少10天以上，广平和深泽偏少超过30天；秦皇岛东南部、廊坊北部以及冀中南部分地区偏多10天以上，南皮（46天）、海兴（36天）年大雾日数突破历史最多值。

霾天气主要出现在冬、春季，日数为近5年最少。2019年，全省平均霾日35.5天，为近5年最少，比上年偏少10.2天。张家口北部、承德西北部以及唐山、沧州和廊坊等市的个别地区霾日数在10天以下，康保、沽源、崇礼和赤城全年未出现霾天气；冀东和冀中南地区的大部在20天以上，唐山北部、石家庄中西部、邢台西部以及邯郸大部等地超过50天。年内，霾影响较大的时段主要集中在1～3月，全年影响范围超过50个县（市、区）的日数有39天。3月3日，全省122个县（市、区）出现霾，为2019年影响范围最大的一天，单日影响范围为近5年第二广。

大风与冰雹　大风日数接近常年，冰雹日数偏少，风雹灾害极端性强，影响损失重。2019年，全省共出现大风1308站次，接近常年，为2006年以来最多。大风天气主要集中在3～5月、7～8月和11月，占全年的83%。全年共有13天单日大风影响范围超过30个县（市、区），3天超过50个县（市、区），其中，5月19日影响范围达82个县（市、区），为1983年以来5月单日影响范围最大，11个县（市、区）的极大风速超过10级，康保、宣化、沽源、崇礼和滦县的极大风速突破有记录以来极大值。全年出现冰雹41站次，较常年偏少70.6%。冰雹天气主要出现在5月中旬、7月上旬和8月中旬，占全年的48.8%。全省因风雹受灾面积86.06千公顷，成灾面积42.13千公顷，绝收面积3.84千公顷，分别比2018年同期增加0.99千公顷、6.18千公顷和减少1.67千公顷。

沙尘　全年出现沙尘296站次，较常年偏少71.0%，为近三年最少；出现浮尘61站次，较常年偏少80.8%；扬沙239站次，较常年偏少67.7%；年内未出现沙尘暴天气。2019年，沙尘影响范围涉及全省92个县（市、区），其中，21个县（市、区）沙尘日数在5天以上。主要分布在张家口、廊坊、沧州、衡水、石家庄、邢台和邯郸等地，其中，威县出现10天，为全省最多。沙尘天气主要出现在1月、4～5月和11月，占全年的61.9%，4月18日和10月28日单日影响范围在25个县（市、区）以上。

降雪　降雪日数偏少，年初降雪频繁。2019年，河北省年平均降雪日数为9.2天，较常年偏少5.5天（偏少37.4%）。单日影响范围超过50个县（市、区）的较强降雪过程有4次，主要出现在2月12～15日、18～19日、11月29～30日和12月15～16日。其中2月12～15日过程持续时间最长，12月15～16日过程降雪量最大。2019年2月12～15日，全省出现影响范围广、降雪量最大的一次降雪天气过程。141个县（市、区）监测到降雪天气，降雪量在0.1～9.6毫米，临西9.6毫米为全省最大，康保日最大降雪量4.0毫米，位列建站以来历史同期（2月中旬）第二位。2月14日，全省138个县（市、区）出现降雪天气，影响范围为2010年以来同期（2月中旬）最广。降雪期间，兴隆、临西、怀安、新乐和固安5个县（市、区）的日最大积雪深度突破2010年以来同期（2月）最大值；涿州、固安、迁安、秦皇岛、遵化、承德县和三河7个县（市、区）的初雪日再创历史最晚记录。受降雪天气影响，2019年2月13日，全省大部分地区的最低气温达-4℃以下，沽源、康保最低气温突破2004年以来历史同期（2月）最低值。

连阴雨　年连阴雨天气偏少，9月影响较大。2019年，全省共出现连阴雨350站次，较常年偏少28.4%，为1987年以来最少。连阴雨天气主要出现在8～9月，较常年偏多36.8%。全年较大范围连阴雨天气过程出现在9月9～15日，影响范围达78个县（市、区），张家口中西部、邢台中南部以及邯郸大部连阴雨日数超过3天，临漳、沙河、涉县等14个县（市、区）达6天，其中，万全、张家口最长连阴雨日数为5天，排历史同期（9月）第一位。

干热风　年干热风站次偏多，6月影响范围广、持续时间长。全省共出现干热风711站次，较常年偏多24.6%。5月21～25日和6月7～15日干热风影响范围广，持续时间长。5月21～25日，干热风影响范围达124个县（市、区），92个县（市、区）为重度干热风，主要分布在张家口南部、承德西部和东部、秦唐大部以及冀中南大部分地区。6月7～15日，全省111个县（市、区）出现干热风，71个县（市、区）达到重度等级，主要出现在冀中南大部分地区，其中峰峰和临西最长连续干热风日数分别为5天和6天，排历史同期（6月）第一位。

【气候对农业等相关行业的影响】年内极端天气和气候变化对农林、畜牧水产、交通运输等行业产生较大影响。

气候与农业　2019年，全省农业气象灾害发生面积接近平均水平，但轻于2018年，灾害发生总面积59.6万公顷，比上年减少12.9万公顷。分地区看，衡水、邯郸、邢台市受灾面积较大；分灾情看，受灾最多的为旱灾，占到全部气象灾害受灾面积的80.7%，其次是风雹灾害，占到15.1%。全年对农业影响较重的气象灾害有干旱、干热风、短时降水、大风冰雹等。冬小麦播种期未出现大范围降水，冬小麦适期播种率达83.8%。全省主体麦田播后冬前光温条件整体偏好，光温充足，冻害发生较轻，中南部麦区基本实现带绿越冬，北部麦区带绿越冬率35%～45%。受夏季干旱的影响，玉米播种面积340.8万公顷，比上年减少3.0万公顷，减少0.9%。8月，受台风“利奇马”外围云系影响，河北省东部地区出现区域性暴雨天气，台风引起的强风雨天气造成衡水、沧州、唐山、秦皇岛、承德等地16.62公顷农作物遭受不同程度的渍涝灾害，其中，部分玉米、芝麻、蔬菜等农作物出现倒伏，作物产量受到很大程度影响。1～2月，大雾过程强度大、范围广、持续时间长，对设施农业产生不利影响。

气候与林业　2019年，河北省林果产业主要受旱灾、降温及冰雹等灾害影响。邯郸市遭受旱灾影响较为严重，共造成涉县、武安市、磁县48个乡镇907个村不同程度受灾，核桃、花椒等林果类受灾632.10万株，减产3～8成不等，直接经济损失1.77亿元，灾害涉及19.6万户68.5万人。5月5～6日、13日出现降温过程，张家口、承德两市部分地区最低气温降到-2.6～-0.1℃，导致部分处于幼果期的杏扁遭受冻害；5月15～17日，廊坊北部、保定东北部、唐山西部、承德的宽城和兴隆、张家口怀来等地出现冰雹，板栗等林果不同程度受灾。

气候与畜牧业　全年对畜牧业造成影响的因素主要有低温、干旱、降雪等，对坝上地区牧草生长和牲畜影响较大。1月，坝上地区出现低温和降雪天气，冷季放牧的牲畜难以扒开雪层吃草，造成饥饿，同时冰壳易划破羊和马的蹄腕，造成冻伤，致使牲畜瘦弱、母畜流产，仔畜成活率低，老弱幼畜死亡增多。3月底，全省出现大范围倒春寒，且降水显著偏少，干旱影响严重，影响了坝上地区牧草返青，天然草原牧草返青比常年偏晚15天左右。气温回升晚，温度低，加之干旱影响，造成豆科牧草无法返青而死亡。丰宁、围场还出现了返青后牧草被冻死情况。4月末5月初，气温逐渐回升，但旱情较为严重，全省天然草原牧草返青较差。调查监测显示，全年草原植被盖度总体水平达72.5%，平均草群高度17.6厘米，平均鲜草产量3109千克/公顷，全省牧草鲜草总产量达到2410万吨左右，低于2018年水平。

【基本业务与公共气象服务系统建设】开发满足省市县三级监测预警、预报预测、气象服务、产品制作、产品发布、信息共享、监控管理等功能需求的集约化综合气象业务平台，实现全省数据实时化、业务一体化、流程规范化、系统集成化。省突发事件预警信息发布系统实现省市县三级业务运行，并与集约化综合气象业务平台及12379短信平台、外呼平台和传真系统等有效对接。智能网格预报实现业务化运行。预报时空分辨率分别达到1小时和1公里，24小时温度预报准确率超过76%，24小时晴雨预报准确率超过91%，暴雨预警信号准确率达87%。

【综合观测与信息网络建设】发展天地空一体化气象监测系统。组织完成了X波段雷达和风廓线雷达的频率协调，编制了X波段雷达实效发射测试方案，两部雷达均在建设之中。协调推进塞罕坝大气成分站建设。《河北雄安新区国家气候与生态观象台建设方案》编制实施。“一网”（智能泛在感知网）、“两池”（气象大数据资源池、信息化基础设施资源池）、“四平台”（集约化综合气象业务平台、公众气象服务云平台、气象综合业务实时监控平台、气象灾害防御决策指挥平台）和“多应用”（云+端业务系统）的业务总体布局进一步完善。高性能计算集群系统峰值运算速率达到120万亿次/秒。

【气候预测与气候评估】建立了京津冀6-8月降水和华北地区7-8月降水降尺度预测模型，实现站点降水多模式集合；开展了京津冀雨季起止日期预测业务。开展区域气候可行性论证评估，《雄安新区区域气候可行性论证评估报告》作为建设项目前置审批条件之一，提交雄安新区公共服务局。承担完成邢台低温供热堆气象调查与评价、河北丰润经济开发区区域气候可行性论证报告等项目。

【气象科研技术】2019年度获省科技厅省级科技计划拟支持项目立项10项，获批项目通过率创历史新高。全年各类科研项目到帐经费首次突破2000万元，较上年增加1031.963万元，创五年来历史新高。首次对约180个科研项目开展科技投入绩效评估。完成软件著作权登记119项，申请实用新型专利11项，发明专利1项，发表专著6部、核心期刊以上论文100篇，其中 SCI\EI 收录7篇，非核心期刊论文260篇。

【科技进步奖】河北省气象科学研究所姚树然承担的《小麦白粉病发生的气象监测预警和评价技术》获2019年度河北省科学技术进步奖三等奖。《小麦白粉病发生的气象监测预警和评价技术》围绕河北省小麦白粉病气象服务精细化、定量化的迫切需求，在国内首次提出了“日界限温度累计时”概念，揭示了小麦白粉病流行速度与日温度逐时变化的量化关系，创建了田间冠层量化指标，将影响小麦白粉病流行速度的温度因子从日尺度提升到时尺度，实现了白粉病流行速度的动态判识；创建了多方法、多模型集成的白粉病气象预警预报技术，突破了白粉病气象监测预警预报的指标构建难题；创建了基于旬尺度的白粉病动态定量化评价指标体系；建立了白粉病气象监测预警预报和评价业务系统，形成了省、市、县三级白粉病气象服务业务能力，全面形成了小麦白粉病实时监测、精细预警、等级预测、定量评价应用服务能力。项目成果已在气象和农业植保部门推广应用，为白粉病进行科学防治决策提供了有效技术支撑。

【创新工作室】2019年10月29日，“魏瑞江创新工作室（联合）”正式成立。旨在充分发挥劳模和工匠人才创新工作室集聚人才、集智创新、技能传承和示范带动等平台和优势，更好的发挥气象服务农业生产的作用。工作室由省气象局农业气象灾害监测预警创新团队联合河北省农林科学院经济作物研究所尹庆珍研究团队对现代农业生产中的气象问题、重大科技问题以及气象业务中的技术难点进行研究，为农业的防灾减灾、提质增效、人才培养奠定基础。工作室紧紧围绕农业生产中的重大科技问题、气象问题、气象业务中的技术难点，联合河北省农林科学院经济作物研究所，以“立足岗位，服务农业生产”的工作理念，坚持“人无我有，人有我新，人新我精”的信念，以提升业务服务能力为目标，积极凝练科研课题，在“创”字上做文章，在“新”字上下功夫，开展攻关克难，主持或主研国家级课题或子课题2项，省部级课题5项，市级或厅局级课题十余项，科研成果获省部级科技进步三等奖3项，出版专著2部，在核心期刊发表科研论文20余篇。魏瑞江职工创新工作室荣获2019年度省直十佳“劳模（职工）创新工作室”。

【科研项目】2019年河北省气象局涉及农业气象方面项目有：河北省科技厅项目《雄安新区千年秀林生态需水监测研究》1项，河北省气象局科研项目支持《河北省干旱遥感监测综合模型研究》《玉米高温热害监测预警评估技术研究》《干热风气象指标小时尺度耦合对冬小麦千粒重的影响》《元氏石榴越冬期冻害气象指标方法研究与探索》《气候变化对冀北马铃薯生长发育及产量影响的研究》《梨花期预报及晚霜危害研究》等6个项目。《基于河北中南部多源遥感数据的梨种植区域提取方法研究》《巨鹿县金银花气象灾害指标研究》《涿州油葵气象预报预警服务研究》等6个项目通过验收。

【气象灾害风险防范】全省有59个县开展“六个一”基层气象防灾减灾标准化建设，气象灾害防御基础数据完备度达85%。研发了高温中暑、设施农业大风灾害风险等级预报格点化产品；建立了精细化动态山洪阈值模型，实时开展动态临界雨量计算；初步构建了暴雨致灾能力综合指数和评估流程，提升了暴雨灾害风险快速评估能力。与广电部门建立预警信息全网发布、广播电视插播等机制，预警信息覆盖面达96%；全年发布气象预警信息26937条，发送预警短信2238万人次。

【智慧农业气象服务基础能力建设】智慧农业气象服务“好天气”APP升级UI和功能设计，数据源由站点数据向格点数据转化；部署国家级智慧农业气象业务平台CAgMSS V2.0版，启动业务化运行，实现国省两级业务平台同步支撑；省市县农业气象业务服务平台实现格点预报数据源提取，基于全省智能网格预报“一张网”研发了农业网格化预报预警产品，研发制作了冬小麦干热风格点化预报和评估产品；特色农业“气象+互联网+”试点（黄骅冬枣）工程建设完成，汇集气象、农业、保险等数据，开展灾情提醒、种植指导、气候信息溯源等定制化服务，通过多媒体终端实现生产、经营、资源智慧化管理；开展大宗粮食作物长势的遥感动态监测和农业气象灾害发生发展情况实时监测，形成作物面积、长势与产量遥感监测评估产品；完成全省特色作物全生育期气象指标、灾害气象服务指标库建设；饶阳农业气象试验站完成基础建设，启动中国气象科学研究院等单位科技项目试验研究。

【气象助力乡村振兴和精准脱贫】安排山洪项目和三农专项等项目资金300余万元，支持阜平、围场、崇礼等33个贫困县率先开展基层防灾减灾标准化建设。11个省级农业气象分中心在全省建立45个观测基地，开展特色作物物候、病虫害和产品品质监测。首批授牌认证巨鹿金银花、宁晋鸭梨、赵县雪花梨等农产品为“气候好产品”，丰宁、青龙、内丘开展了“黄旗小米”“板栗”“富岗苹果”气候品质评估，丰宁、宽城研发谷子、板栗天气指数保险产品，有针对性开展农业保险气象服务探索。升级好天气 APP，面向贫困县85%的新型农业经营主体开展智慧直通式为农气象服务。利用中国兴农网“气象扶贫特产馆”推介河北省扶贫产品；推动张家口市获评“避暑旅游十强城市”。天气预报预警模块嵌入河北驻村帮扶信息管理服务平台，实现了全省2.2万驻村干部气象服务信息全覆盖。

【科技支撑保障生态文明建设】应用多源卫星和飞机遥感监测数据，对白洋淀、衡水湖、塞罕坝开展监测评估，构建了白洋淀最低水位预测模型。大气污染综合治理气象保障能力进一步提升，在国内率先利用数值模式开发了静稳天气指数、混合层高度等格点化环境气象参数预报产品，精细化预报时效提前到10天，重污染天气的预报准确率达87%，实现了任意地区、任意时间气象条件贡献率、减排贡献率、PM2.5浓度变化率评估；基于重污染天气分型进行减排调控模拟，为错峰生产和重污染应急提供了科学依据。常态化开展人工增雨雪作业。以河湖地下水回补、衡水湖水生态和燕山水涵养生态修复为重点，组织开展飞机增雨作业120余架次，组织地面作业2045点次，估算增加降水31.05亿立方米。

（河北省气象局　毛翠辉）

农业科研

【科研项目】

全年落实各级各类科研项目527项，科研经费总计2.34亿元，较上年度增长10%。在大宗作物育种、农田高效用水、绿色高效生产技术、农产品储藏及深加工等方面研究取得显著进展，优势领域专家及团队均进入国家重点计划序列。主持的“禾谷类杂粮提质增效品种筛选及配套栽培技术”项目获批立项，经费总额3003万元，是我省2019年唯一获批主持级别的农业类国家重点研发计划。大力实施“现代农业科技创新工程”，制定《创新工程科技专项管理办法》，研发启用创新工程科技专项管理系统，实现规范化、信息化管理，31个任务113项课题实施进展顺利。新增智慧农业、农产品质量安全监测、园艺作物栽培生理等研究方向课题6项，项目结构更加优化，创新能力不能提升。

【科研成果】

全年获得省部级以上科技成果奖励18项。其中，参加完成的“饲草优质高效青贮关键技术与应用”项目获得国家科技进步二等奖，主持完成的“防治果蔬白粉病和灰霉病的微生物杀菌剂创制及产业化”项目和“西瓜抗病、耐低温、耐贮运种质创制与新品种选育及应用”项目获省科技进步一等奖，主持获得农业农村部丰收奖一等奖1项，省科技进步三等奖2项，参加获得中华神农一等奖1项、二等奖2项；审（鉴）定农作物新品种59个（其中国审品种22个），制（修）订省市地方标准31项，获得授权发明专利58项，获得软件著作权110项，发表学术论文476篇（其中 SCI/EI 论文58篇）。自主培育的衡4399、冀麦325等10个小麦品种被列为全省节水补贴小麦品种。观35、垦育38、冀谷39、冀豆17、冀863、丹杂2号、冀研108等11个作物品种被列入省级以上主推品种，其中高油酸花生品种冀花13和冀花16在全国农业科技成果转化大会上被评为“100项重大科技成果”，为全省高油酸花生大面积推广奠定基础。自主研发的水肥一体化技术、果园“四适三减”高效用水关键技术等13项绿色安全生产技术被列入省级以上主推技术，其中“丘陵山区春播绿豆地膜覆盖生产栽培技术”被农业农村部列为国家级主推技术。

【科研平台】

新落实农业农村部“黄淮海大豆生物学与遗传育种重点实验室”“国家植物保护保定观测实验站”和“国家节水小麦育种创新基地”建设项目，全院承担的部级科研平台序列数量达到23个，保持全国省级农科院前列。农业农村部“华北地区果树科学观测实验站”和“国家环渤海地区园艺作物种质资源圃”建设项目通过预验收，实现平稳运行，服务科技创新工作能力逐步提升。“河北省盐碱地绿化技术创新中心”和“河北省药用植物技术创新中心”顺利通过验收，纳入省级管理序列，全院创新平台条件有效改善。

【院市农业科技合作】

深入实施“八个一”院市科技合作新模式，按照“优势产业抓升级、新兴产业扩规模、特色产业做亮点、传统产业促调整、绿色农业强引领”的工作思路，精选26个专家服务团队120多名科技专家，服务衡水、邯郸等市（县）18个县（市、区），13个省级以上现代农业园区和农业科技园区、74个龙头企业及新型经营主体，打造45个高效样板基地，助力培育区域公用品牌8个，打造企业品牌或产品品牌20个，7个农产品登记为地理标志产品，培训新型职业农民5000多名。示范面积20万亩以上，辐射面积500万亩以上，社会经济效益提升12亿元，实现科技与产业深度融合，多位省领导实地视察并给予充分肯定。

【农村科技服务】

围绕全省特优区布局，集中打造粮棉油、优质杂粮、果蔬、中药材等高标准示范基地30个，示范新品种、新技术200余项，培训农民和基层技术人员3.1万人。其中，武安基地成功举办中国谷子文化与产业发展研讨会，《粟说——一粒小米的故事》系列片在央视黄金时间连续播出，社会反响强烈。曲周基地引领育苗产业迅速壮大，全县育苗规模达到7亿株，产值突破2.8亿元，打造了现代育苗“硅谷”。大力实施科技扶贫，调整完善专家服务团，人数增至229人，其中83人获颁国家科技特派员称号。组织142名科技人员深入120个贫困乡村，示范脱贫致富新品种新技术117项，科技支撑贫困地区新型经营主体带动脱贫能力显著增强。积极发挥农业科技智库作用，全年提交产业发展报告或技术建议19份，其中3份获省领导批示，11份得到省主管部门采纳并印发全省实施。

【农业科技对外开放】

落实省级以上国际合作项目4项，落实国际合作基地1个，引进澳大利亚双院士1人。促成与日本信州大学合作，加快红肉苹果、梨矮砧选育合作研究。全年向日本、印度、法国、俄罗斯、美国、澳大利亚等14个国家派遣交流团组22批90人次，接待11批92人次国外专家、官员来访，相关研究领域对外交流成效进一步显现。围绕京津冀农业绿色防控、农产品质量安全等重大问题，京津冀三地农科院共同实施科技项目50项以上，引进展示京津新品种、新技术24项，举办京津冀青年学术论坛、产业发展研讨等交流活动10场次，开展技术培训或现场观摩14场次，培训农民技术代表630余人次。在秦皇岛市成功举办京津冀农业科技创新联盟2019年工作会议，来自京津冀三地农业主管部门、科研院所、高校、涉农企业等共82个单位的216名代表参加会议，有力助推三地农业科技协同创新。

（河北省农林科学院　宋　健）

农村科技

2019年，是实施乡村振兴战略推进农业供给侧改革的关键一年，是为打赢脱贫攻坚战、全面建成小康社会打下决定性基础的一年，也是确保完成河北省科技创新三年行动计划目标任务的衔接之年。一年来，全省科技农业发展质量持续提升，农业创新支持力度切实加大，乡村振兴战略加快推进。农业科技进步贡献率达到59.55%，高于全国平均水平。全省农业创新主体平台快速发展。省级以上农业科技园区达到140家，省级以上星创天地达到470家，省级农业科技小巨人企业达到910家。涉农研发专项的支持力度空前加大。专项数量由1个增加为3个，资金支持增长1.6倍，项目立项数量增加1.3倍。一些工作得到肯定和表扬。时清霜副省长在科技农业发展专题报告上批示表扬；省科技厅获得远程教育专题教材优秀制作单位奖。全省科技农业支持力度进一步加大，发展速度进一步加快，发展质量进一步提升。

一、农业科技园区：增、升、扩、验、报并举推进。一是新增备案新园区。按照《河北省农业科技园区管理办法》，经过推荐申报、现场考察、专家论证、社会公示等环节，新认定11家省级园区，每家给予100万元资金支持。二是提档升建国家园区。张家口（怀来）省级农业科技园区升建国家园区已报科技部，力争2020年升建成功。三是率先完成园区扩区。邯郸国家农业科技园区成为全国首个扩区园区，建设模式示范全国。四是顺利通过验收评估。承德、邯郸、辛集等11个国家园区完成验收考核和中期评估，7家获评优秀。五是积极启动农高区升建。承德（滦平）国家农业科技园区升建国家农高区工作，经省政府批准后已正式报科技部，标志着我省农高区升建工作正式启动。同时，继续实施农业科技园区及环首都现代农业科技示范带建设专项，按照“京津研发，河北转化”的要求，坚持借力首都、对接首都、服务首都，进一步加快环首都现代农业科技示范带建设，建成京津冀协同创新平台41个，实现京津冀农业协同创新。

二、涉农科技专项：数量、强度、绩效、质量同步提升。一是支持力度和强度空前。2019年，经过科技需求征集、意见建议征询、专家咨询评议、实施方案编制等阶段，设立了农业高质量发展关键共性技术攻关、现代种业科技、奶业振兴重大技术创新3个专项，农业研发类专项支持力度和单体项目支持强度大幅增长，农业创新水平持续提升。会同财政厅实施了农业科技成果转化资金专项，立项支持63项，加快农业科技成果落地转化。二是科技育种“冀军”突起。以14个育种创新团队为主体，部分育种领域在全国占有一席之地。棉花基因组重测序成果获评2019中国农业科学10大进展之一，标志着我国在棉花核心种质重要性状表型、新基因发掘等领域跃居国际领先行列。一批标志性品种取得突破，“张杂谷”系列杂交种继续保持世界谷子高产纪录；“石麦”系列小麦新品种继续引领全国小麦节水高产育种方向；‘冀豆12’是全国第一个亩产超300公斤高产高蛋白大豆；‘冀花4号’是全国唯一产量突破500公斤的高油高油酸花生品种；‘冀绿15号’是国内第一个绿豆高抗豆象新品种；‘中华金叶榆’是我国首个同时具有中、美和欧盟新品种权的彩色榆树新品种。同时，在四倍体枣、板栗、水稻、燕麦等方面，也取得了填补省内国内空白的研究成果。进一步加大育种技术创新，逐步实现以杂交等传统育种方法为主，向开展分子标记辅助选择、分子设计、全基因组选择、基因编辑等现代育种技术与常规育种相结合的转变，育种效率和水平进一步提高。三是争取国家资金再创新高。2019年，继续紧盯国家专项，组织项目申报推荐。到目前，共立项主持或课题项目6项，支持资金5202万元。其中，由省农科院、河北农大分别主持的禾谷类杂粮提质增效品种筛选及配套栽培技术、枣与枸杞生态经济型品种筛选及配套栽培技术项目，分获支持资金3003万元和777万元。四是科技项目管理加大力度。加强对在研项目的督导验收，对逾期项目进行全面清理。完成了2019年度农业农村领域相关专项绩效自评，全部评价为“优”，形成了一批创新技术和成果。

三、农业科技扶贫：组团、建站、派员贫困地区全覆盖。一是加强团站员建设。在所有贫困县组建科技专家服务团172个，建立了一批科技特派员工作站，完成1000名科技特派员选派和培训，制作颁发了一批科技特派员证书和工作站牌匾，实现科技特派员持证挂牌精准帮扶。二是主动对接帮扶。多次到承德、张家口等深度贫困地区开展调研，形成《“科技+产业”扶贫，助力乡村振兴》专题报告，编印了《河北省科技特派员科技扶贫“三区”科技人员专项计划派遣情况总览（2019年度）》。目前，在贫困地区已建立农业科技园区54家，星创天地144家，农业科技小巨人企业180家。三是形成协同推进机制。会同省扶贫办等联合印发《关于进一步弘扬李保国精神，扎实推进科技助力扶贫脱贫工作意见》，联合北京市科委，在张家口赤城县召开科技扶贫现场会，形成京冀对口帮扶“6+1”模式（支持北京市在我省贫困地区建立种苗繁育、农业绿色发展技术推广、农产品加工和电商销售、农产品质量安全检测、有机食品生产辅导及认证、乡村振兴实用人才培训中心和科技特派员产业扶贫工作站）。配合省扶贫办筹备召开了全省科技扶贫现场会，王东峰书记作出重要批示。

四、农业科技创新主体：引领、聚力、服务提升创新活力。按照科技部统一安排部署，推动农村农业领域“大众创业、万众创新”，全省上下深入开展“星创天地”创建工作，积极引导和支持地方结合当地特色主导产业创建了一批具有一定产业背景和科技支撑、稳定专业服务团队和完整的线上线下服务平台的农业“星创天地”。省级以上星创天地达到470家，新增87家，国家级星创天地达88家，位列全国第5名，为农业科技创新创业营造了低成本、专业化、社会化、便捷化的服务环境。进一步加快农业创新主体培育，省级农业科技小巨人企业达到910家，新增

221家，不断增强内生发展动能。

五、农业科技宣传：不同形式、各类媒体全面推介。改变日常单一单篇宣传形式，凝练工作亮点，突出工作特色，形成系列专题，增强宣传效果，全年共刊发宣传稿件86篇。与长城网合作，以育种创新团队和优秀科技特派员为切入点，开辟了“他们，在希望的田野上”系列专题，共刊发11篇，被省委网信办列为重点推介内容，中宣部“学习强国”平台予以转发。与《河北科技报》合作，依托农业技术专家，建立“现代农业技术”服务专栏，共刊发文稿23篇。会同河北省科技情报院，专题组织“中组部共产党员网”远程教育视频制作，上网播放视频26篇，全国排名第3位；科技特派员典型文章《河北省万余名科技特派员一线解难题》被人民网刊发，《给农业插上科技的翅膀》在《河北共产党员》刊发，并被“学习强国”采用。两篇调研报告被省直工委评为“我为高质量发展献一策”优秀建议和“千件为民实事”之一。

（河北省科学技术厅　田　硕）

财政支农

【综述】2019年，面对严峻复杂的国内外形势，全省各级财政部门坚持以习近平新时代中国特色社会主义思想为指导，深入学习贯彻党的十九大精神和习近平总书记对河北工作的重要指示批示，坚决落实党中央、国务院和省委、省政府决策部署，持续增强“四个意识”，坚决做到“两个维护”，坚持稳中求进工作总基调，坚定贯彻新发展理念，按照高质量发展要求，以供给侧结构性改革为主线，全面落实积极财政政策，优化财政支出结构，强化财政资金管理，着力推进农业供给侧结构性改革、着力支持打赢脱贫攻坚战、着力深化农村综合改革、着力创新财政支农体制机制，着力支持乡村振兴战略实施，改革创新、事争一流，圆满完成全年各项工作任务，多项工作取得新的突破，为巩固和发展全省农业农村好形势提供了有力支撑。

【财政支农投入稳步增长】坚持把农业农村作为财政支出的优先保障领域，持续增加财政农业农村支出，加快完善支农投入稳定增长机制，确保财政投入与打赢脱贫攻坚战、补上全面小康“三农”短板任务相适应。省财政不断加大对农业农村工作支持力度，拨付省级财政支农专项资金151.1亿元，比去年增加16.1%；积极争取中央支农专项资金293.3亿元，比去年增加,9.7%，确保了全省支农投资力度不减。

【全力支持打赢脱贫攻坚战】把扶贫工作作为工作重中之重，全力以赴抓好省委省政府决策部署落实。一是落实专项扶贫资金投入要求。2019年省财政安排财政专项扶贫资金55亿元，较2018年增长33.9%，超出国家考核增幅要求8.8个百分点；与中央财政专项扶贫资金的占比为162.2%，高出国家考核占比要求（40%）122.2个百分点。二是完善涉农资金整合政策。建立40项整合资金台账，实行资金下达会签制度，确保每项资金按国家政策下达贫困县的增幅均不低于该项资金平均增幅。围绕聚焦现行脱贫标准，明确资金使用11项“负面清单”，并明确优先保障有助于贫困人口持续增收的产业发展资金需求。下达62个贫困县省以上整合使用资金173.4亿元，增长21.5%，为如期脱贫提供了资金保障。三是研究制定支持深度贫困县财政政策。研究落实对10个深度贫困县分别单独安排财政专项扶贫资金1亿元，该项政策得到胡春华同志肯定。2019年，下达10个深度贫困县10项财政支持政策资金143.2亿元，增长22.9%。四是扎实做好易地扶贫搬迁资金保障工作。落实省委省政府推进易地扶贫搬迁部署，安排易地扶贫搬迁财政贴息资金补助2.8亿元，下达2019年支持易地扶贫搬迁一般债务规模12.9亿元，切实保障易地扶贫搬迁项目建设。五是做好“三清单一报告”和“五包一”工作。按年度建立财政扶贫资金投入、使用、绩效情况清单报省政府，完成全省财政扶贫资金综合绩效报告。深入开展“五包一”工作，建立联席会议制度，牵头协调督办，支持康保县脱贫攻坚。

【大力支持高质量农业建设】围绕领导重视、社会关注、群众关心的问题，研究制定财政支持保障政策，重点干了5件大事。一是制定稳定生猪生产惠民政策。围绕非洲猪瘟防疫、稳定生猪生产等群众关注问题，出台非洲猪瘟扑杀补助、生猪养殖临时贷款贴息、生猪良种补贴、生猪保险保额补贴等惠民政策，落实省以上相关资金7.81亿元，支持做好稳定生猪生产保障市场供应有关工作，全省猪肉市场供应充足，猪肉价格低于全国平均价格水平。二是支持推进奶业振兴发展。持续加大对奶业支持力度，安排省级奶业振兴专项资金2亿元，壮大乳品加工企业，提升我省奶业品牌知名度，全省奶牛存栏量、乳制品产量均位居全国前列。三是认真落实绿色农业补贴政策。深入推进农业绿色补贴制度改革，通过“一卡通”方式，将68.5亿元补贴资金兑现到农民手中。四是支持鼓励新型农业经营主体发展。出台新型农业经营主体培育政策，落实省以上资金3亿元，支持农民合作社、家庭农场、产业化联合体等新型农业经营主体高标准建设，让更多农户特别是贫困户分享乡村产业发展红利。五是积极扶持村集体经济发展。出台扶持村级集体经济发展资金管理意见，安排省以上财政资金6.75亿元支持1500个村建设，四年来累计为村集体累计增收近5000万元。六是深入推进农业担保工作。担保业务实现快速上升，累计担保额25.9亿元、惠及5636个新型农业经营主体，农担业务在全省13个市及153个县（市、区）落地，实现了我省主要农业大县业务全覆盖。

【支持提升农业农村生态环境水平】不断加强农业农村生态环境治理水平，重点在4个方面取得突破。一是出台畜禽粪污资源化利用方案，鼓励建设以畜禽粪污和农作物秸秆为主要原料的能源化综合集中利用。投入财政资金5.16亿元，项目县畜禽规模养殖场粪污处理设施装备配套率达到100%，畜禽粪污综合利用率达到75%以上。二是支持开展城乡水源替换行动。充分运用南水北调等水资源优化配置工程，筹措资金17.9亿元，在具备地表水水源条件的8市33个县实施江水置换，稳定实现农村饮水安全336万人。三是积极争取国家生态用水优惠政策。多次向国家有关部委争取国家生态用水优惠政策，引江生态用水价格从0.97元/m3降低为0.68元/m3，2019年实现生态补水6亿方，极大改善了我省水生态环境。积极向国家争取雄安新区防洪工程一揽子支持政策，省级安排引黄调水补助1亿元支持白洋淀生态补水，有效改善雄安新区水生态环境。四是支持开展河湖综合治理。利用中央地下水超采资金2.2亿元推进11条主要河段开展综合治理；统筹省以上水利发展资金7.3亿元治理中小河流360公里，推动河湖系统保护，增强水资源调控能力，提高水环境容量。

【支持促进全省农村环境改善】以推进农村人居环境改善为重点，安排省级资金19.36亿元，重点奖补了31个全域推进县、14个示范区和40个综合体。一是集中资金支持“厕所革命”。2019年，统筹省以上财政资金12.22亿元，集中用于农村厕所改造和后期运营维护，全年完成厕所改造任务200万座，全省卫生厕所普及率大幅提高。二是支持“空心村”治理工作。认真落实省委省政府“空心村”治理支持政策要求，向张家口市张北县等8个省财政直管县拨付调度资金共30.78亿元，有效解决了张家口市“空心村”治理前期启动资金缺口问题。三是扎实推进农村一事一议财政奖补工作。省以上财政安排奖补资金16.67亿元，带动农民筹资筹劳和社会资金投入1.78亿元，共8234个村、社区实施了街道硬化、街道照明等公益项目9327个，直接受益人口达到1097万人。

【加快补上农村公共服务短板】集中发挥财政支持政策效应，努力补上“三农”短板重点任务，全面支持推进农业农村优先发展。一是不断加大农村社会保障支持力度。省定农村低保指导标准在2019年的4000元/年基础上，2020年提高到4400元/年。扎实推进农村危房改造工程，投入5.4亿元，改造农村危房2.1万户，有效缓解了农村贫困群众住房困难和安全问题。二是加大农村教育支持力度。2019年起安排11.7亿元用于全省103个县农村小学营养改善计划，每生每年补助500元，受益学生277.7万人。安排资金2.3亿元用于提高乡村教师生活补助标准，补助标准由每人每年3000元提高到3600元，受益教师6.3万人。三是加大农村科技工作支持力度。安排资金6192万元开展农村科技人员选派和培训工作，支持农业创新团队建设，进一步提升了农村地区自身科技服务能力。四是加强村级组织运转经费保障。基层组织运转经费补助标准由每村每年补助6.5万元提高到7.5万元，切实保障了全省农村基层组织正常运转。

【涉农资金管理实现新跨越】推进实施以结果导向配置涉农资金的绩效管理，开展重点专项资金绩效评价，强化绩效评价结果应用。一是全面推进涉农资金统筹整合。深入调研全省涉农资金统筹整合工作，选择一批涉农资金统筹整合试点，落实“大专项+任务清单”机制，理顺资金项目管理职责，加快实现资金归口管理和统筹使用。二是开展重点项目绩效评价。财政专项扶贫资金绩效评价获得优秀等次，国家奖励8000万元；耕地轮作休耕制度试点绩效评价位居全国第一；中央水库移民扶持基金绩效评价获得优秀等次，比上年有了大幅提高。三是制定完善涉农资金管理制度。全面加强涉农资金管理，修订完善农村综合改革转移支付资金、动物防疫资金、农田建设补助资金、水库移民扶持基金等7项资金管理和绩效管理办法，切实规范了资金使用管理。

（河北省财政厅　马　磊）

农业信贷

【概况】2019年，中国农业发展银行河北省分行作为全省唯一一家农业政策性金融机构，在省委省政府和总行党委的正确领导下，在人民银行、银监局、财政专员办、新闻媒体等有关部门的大力支持下，聚焦农业农村薄弱领域和重点关节，持续加大信贷支持力度，为服务全省乡村振兴作出积极贡献。

——信贷支农再创佳绩。全年累放贷款452.5亿元，年末贷款余额1477.6亿元，较年初增长207亿元，增幅16.2%，高于全系统平均水平6.6个百分点。累放粮油贷款153.2亿元，增幅55%，支持收购粮食165.5亿斤，占全省粮食商品量31.5%；中长期贷款首破千亿，达到1014.3亿元，支持拆迁棚改面积1545万平方米、治理修复河道86.5公里、造林绿化211万亩，社会成效显著。

——资产质量不断优化。不良贷款持续“双降”，年末不良贷款余额和占比分别较年初下降3049万元和0.11个百分点，资产质量优于系统平均水平。拨备覆盖率达264%，高于监管标准上限114个百分点，抗风险实力进一步增强。

——经营绩效持续攀升。年末存款余额517.2亿元，守住了500亿元大关；存贷比35%，全系统排名第3位。全年实现账面利润11.55亿元，创历史新高，超总行利润预算6.42亿元。亏损行数量创历史新低，全面完成总行下达的10项经营任务。

【坚守初心使命，履职担当源动力进一步增强】坚持把开展好“不忘初心、牢记使命”主题教育作为首要政治任务，提前安排，周密部署，强力督导，在扎实做好规定动作的同时，精选“十个一”自选动作。“六个结合”夯实理论学习。坚持指定内容与特色内容、集中学习与日常自学、传统学习与“互联网+”、典型引领与警示教育、参观辅导与研讨交流、活动调动与指导规范相结合，累计举办集中学习周165次，组织党委理论中心组学习会721次。“三个深入”搞好调查研究。坚持深入调查了解实情，深入研究发现问题，深入思考提出思路，开展调研1094次，形成专题调研材料526篇。“四个坚持”深刻检视问题。坚持开门搞整治、对照找差距、深入挖顽疾、开好专题会，刀刃向内检视问题，共梳理问题4351条。“四种方式”狠抓整改落实。坚持雷厉风行抓整改、求真务实抓整改、一以贯之抓整改、统筹兼顾抓整改，既当下改，又长久立，问题整改率93%。经主题教育洗礼，全行员工信仰之基更加牢固、精神之钙更加充足，对党忠诚、为党工作的思想共识不断转化为支农为国、立行为民的实践共为。我行的一些做法被总行予以刊发，中央主题教育办公室联络组副组长、中组部干部四局副局长孙德同志对此给予充分肯定。

【坚持创新驱动，信贷支农实力进一步增强】着力优化发展环境，积极促成总行与省政府、雄安新区签署合作协议，广泛开展大规模业务宣介，与一大批市县政府和优质企业建立战略合作关系，服务乡村振兴的银行品牌形象进一步树立。打造支农的银行。力促小麦最低收购价预案启动，累放夏粮收购贷款87亿元，完成总行下达任务的174%，全系统排名首位。大力支持农业供给侧结构性改革，以“四+”为抓手向玉锋、金沙河等粮油骨干龙头企业投放贷款31亿元。打造国家的银行。聚焦水利、交通、生态等重点领域，累放中长期贷款276亿元。全力服务“千年大计、国家大事”，发放雄安新区首笔政策性 PSL 资金，建立小微企业线上服务中心，年末雄安新区相关贷款余额近10亿元。打造补短板的银行。全力服务脱贫攻坚，累放精准扶贫贷款125.1亿元，带动服务建档立卡贫困人口241.3万人次，其中产业扶贫近100亿元。年末，精准扶贫贷款余额434.5亿元，在全省同业中继续稳居首位。省分行创新处等多个集体和个人被省委省政府和总行评为脱贫攻坚先进。大力支持实体经济，服务小微企业，探索通过“租金贷”模式向新发地物流园80多家商户发放贷款4.6亿元，民营小微客户数和贷款增加额均居系统首位。

【坚持夯基固本，经营管理能力进一步增强】强化“六化”管理理念，着力提高经营管理水平。风控为先，加快推进全面风险管理体系建设，持续开展不良贷款清收处置“攻坚战”，累计清收处置不良贷款7198.7万元，化解风险贷款64.5亿元，清收风险基金1.45亿元。合规为本，开展“依法办行、合规办事”专项整治深化年活动，有序推进警示教育、排查整改等工作。深化内控体制改革，建立联合监督机制，配备内控风险专员，探索开展综合检查，合规经营防线更加巩固。增效为要，积极应对，通过“攻坚战”“专项改善计划”等形式全力稳存增存。存款余额奋力守住500亿元大关，通过组织存款降低支农资金成本17.2亿元。积极拓展国际业务和中间业务，实现国际业务结算量6.8亿美元、中间业务收入583万元 ，均超额完成总行下达任务。

【坚持深化改革，创新发展牵引力进一步增强】模式创新亮点纷呈，试点建立市县级粮食产业信用保证基金，在“空心村”治理、现代农业园区、土地增减挂和占补平衡等领域实现突破，发放全系统首笔新兴产业扶贫固定资产贷款等多个首笔，一些业务模式被总行在全系统推广。体制机制不断完善，加强信贷管理体系建设，建立省分行放款中心，完善“三直三员五个一”贷后管理机制。成立运营管理处，建立集授、后督、财务集中核算中心“三个中心”，全行运营效率显著提升。科技支撑更加有力，克服机构最多、情况最复杂等重重挑战，全力打赢新核心系统上线攻坚战，圆满完成全国唯一银企直联绿灯测试和试营业任务。全面推广网银业务，有效客户覆盖率达到100%，电子支付替代率居系统第2位，科技服务功能进一步完善。

【坚持党建统领，员工队伍活力进一步增强】连续三年以党字1号文印发全年党建工作要点，持续以加强党的建设凝聚人心、改变面貌。砥砺家国情怀，充分运用河北丰富红色资源，各行与121个红色教育基地开展党建共建，扎根燕赵沃土，传承红色基因。借助“党建云”等信息载体，着力加强爱国主义教育，党言党语更加入脑入心。培育专业素养，大力开展“十百千”人才工程，加强条线人才库考核管理，通过燕赵讲堂、联合办学等方式常态化开展培训。抓牢“关键少数”，选树“十佳”县支行行长等先进标杆，突出典型引领。树立正确用人导向，调整交流科级及以上干部308人次，不断优化班子结构。着眼薪火相传，制定《关于进一步加强和改进青年工作意见》《青年员工成长积分管理办法》，完成市县行170名管理岗位助理、市级分行11名专职团委书记配备，多渠道加强干部选拔培养。坚持严管厚爱，对49个市县行开展三轮巡察，推动全面从严管党治行向基层延伸。认真贯彻中央和总行要求，多措并举为基层减负，集中整治“近亲繁殖”、裙带关系，全行风气持续向好。坚持“零容忍”，严肃查处违法违规违纪问题7个，处理责任人12人。加强和改进思想政治工作，组织开展多形式文体活动，广泛凝聚队伍向心合力。

（农业发展银行河北省分行　王如楠）

农村扶贫开发

【概述】2019年是全面建成小康社会关键之年，是全省脱贫攻坚决战决胜之年。河北省委、省政府深入学习贯彻习近平总书记关于扶贫工作的重要论述和指示批示精神，认真落实党中央、国务院决策部署，坚决落实精准扶贫精准脱贫基本方略，坚持脱贫防贫一起抓，实施清单管理，强化督导考核，转变工作作风，压实工作责任，全省脱贫攻坚呈现出人心干劲凝聚，“三落实”“三精准”“三保障”水平提升，减贫任务全面完成，机制建设富有成效的新局面。全年共减贫36.6万人，剩余1448个贫困村全部脱贫出列，13个贫困县和涿鹿县赵家蓬区实现脱贫摘帽，超额完成年度减贫任务。截至2019年底，全省7746个贫困村全部出列，62个贫困县全部摘帽，历史上首次消除区域性整体贫困。2018年、2019年，河北连续两年在省级党委和政府扶贫开发工作成效考核、东西部扶贫协作成效考核中综合评价为“好”的等次，在财政专项扶贫资金绩效评价中连续两年为“优秀”等次，张家口、承德、保定3市在东西部扶贫协作成效考核中连续两年综合评价为“好”的等次。汪洋主席、胡春华副总理先后对河北省脱贫攻坚工作、阜平县骆驼湾顾家台做法和建立健全脱贫防贫长效机制等作出肯定批示；省委、省政府在全国产业扶贫工作推进会、全国扶贫开发工作会议上分别就产业扶贫、防止致贫返贫作典型发言；李保国同志被授予“人民楷模”国家荣誉称号；建立6个重点任务清单、太行山农业创新驿站、建立扶贫资产资本监督管理制度、举办脱贫攻坚“擂台赛”等做法，受到国务院扶贫办充分肯定。

【“两不愁三保障”问题全面解决】全力组织推进，出台了《关于解决“两不愁三保障”突出问题的工作方案》，督促省直部门制定专项方案、市县制定具体实施方案，省市县逐级成立工作专班、开展专项行动。全部销号清零，组织五级干部逐村逐户、逐人逐项排查，层层签字背书，彻底兜清底数，全部建立问题台账，逐项整改清零，全部解决到位。全面落实政策，扎实推进教育扶贫、健康扶贫、危房改造和饮水安全巩固提升工作，建立“两不愁三保障”常态化排查机制，发现问题随时解决。

【脱贫攻坚问题整改】统筹推进整改，中央巡视、专项巡视、国家脱贫攻坚成效考核及督查反馈问题与省内考核、督查、巡视、审计等发现问题一并整改落实。落细落实整改，组织29个督查组对85个县开展了2轮暗访督查。2018年国家脱贫攻坚成效考核、专项巡视、2019年国家脱贫攻坚督查反馈的各方面问题全部整改到位。持续查摆整改，开展脱贫攻坚“回头看”，明确10个方面47项重点内容，以“钉钉子”精神推动整改落地。

【深度贫困地区攻坚】强化政策支持，安排深度贫困县省以上财政专项扶贫资金39亿元，同比增长41%。每县分别单独安排财政专项扶贫资金1亿元。加大对深度贫困县低保保障标准、医疗救助资金、土地增减挂钩项目等倾斜力度。强化项目落地，以206个深度贫困村为重点，实施了一批带贫项目，943个“双基”（基础设施和基本公共服务）提升工程全部完工。强化重点监测，对贫困发生率较高的5个县145个村开展贫困监测，覆盖建档立卡贫困户15.15万户31.05万人，确保各项政策和工作落实。全省10个深度贫困县全部脱贫摘帽。

【产业就业科技扶贫】做强产业。实施特色产业扶贫项目5.3万个，有劳动能力的贫困户产业项目实现全覆盖。累计认定省级扶贫龙头企业448家，发展农民专业合作社5.26万家，贫困村新型农业经营主体实现全覆盖。建成扶贫产业园197个，总数达551个，贫困县扶贫产业园区实现全覆盖。光伏扶贫装机容量393万千瓦、帮扶贫困群众29.3万户。建成115个旅游扶贫重点村，3万贫困人口实现增收。做实就业。推进职业技能培训全覆盖行动，面向京津市场推动跨省就业，开发扶贫公益岗位，发展扶贫车间，累计帮扶28.33万贫困劳动力实现就业。做活科技。深化农业科技精准扶贫三年行动，设立科技特派员工作站891个，派遣科技特派员1000名，形成省市县乡村五级科技服务体系。做大消费。与阿里巴巴签署合作协议落实工作方案，45个国定贫困县全部列为国家电子商务进农村综合示范县。62个贫困县实现网络零售额206亿元，完成全年任务121%。全省销售贫困地区农特产品价值19.87亿元，带动14.08万贫困人口增收。

【易地搬迁扶贫和“空心村”治理】扎实推进易地搬迁扶贫，纳入“十三五”搬迁计划的30.2万人全部搬迁安置，其中贫困人口13.59万人；406个集中安置项目全部交付使用。全面落实后续帮扶，坚持“两区同建”，配套建设的632个扶贫产业园区或项目已建成568个，贫困人口全部落实后续帮扶举措。同步推进“空心村”治理，统筹开展旧房拆除、土地复垦、增减挂钩等工作，拆除旧房3.92万套，复垦复绿1.45万亩。

【脱贫防贫长效机制】创新政策措施。出台《关于建立健全脱贫防贫长效机制的意见》，在全国率先建立脱贫防贫长效机制，国务院扶贫办将我省文件转发各省（区、市）借鉴。制定解决“两不愁三保障”突出问题、“千企帮千村”结对扶贫等一系列行动方案。开展定向监测。深入排查非建档立卡低收入户和非持续稳定脱贫户，准确锁定防贫边缘群体。强化保险保障。向11.3万救助对象支出保险金2.63亿元。太平洋保险公司与魏县首创“防贫保”的做法荣获全国脱贫攻坚组织创新奖。设立救助基金。制定《关于设立社会救助基金的指导意见》，重点资助兜底政策覆盖不到、有特殊困难的群众，形成有效防贫堤。推进扶志扶智。创办脱贫攻坚“农民夜校”、“讲习所”6900余个，设立“爱心公益超市”1100余家。

【全社会参与的大扶贫格局】推进东西部扶贫协作。京津两市把助力河北打赢脱贫攻坚战作为党中央交给的重大政治任务，北京市、天津市党政主要领导分别率领党政代表团到我省对接，我省党政主要负责同志率队赴京津学习考察。2019年东西部扶贫协作协议任务全部完成。京津两市共投入财政帮扶资金14.69亿元、较协议资金增长40.55%；实施项目744个，完工719个；干部挂职99人，支援专业技术人员829人。推进中央单位定点扶贫。出台《对接服务中央单位驻河北省定点扶贫工作机制》，31个中央国家机关和有关单位共派出挂职干部122名。中央国家机关主要负责同志及分管负责同志深入定点县调研推动脱贫攻坚，直接投入帮扶资金3.84亿元，帮助引进资金9.94亿元、项目318个，培训基层干部2.56万人次，培训技术人员5.85万人次，购买贫困地区农产品0.51亿元，帮助销售贫困地区农产品3.23亿元。推进驻冀部队帮扶。河北省军区局办以上干部、军分区（警备区）处以上干部每人联系帮扶一个贫困村，重点帮扶100个贫困村。军委办公厅、联合参谋部等11个军队单位定点帮扶，实施扶贫项目92个、投入资金5187万元。推进“千企帮千村”行动。动员1.12万家企业和社会组织结对帮扶1.64万个行政村（其中贫困村7746个），累计投入资金57.9亿元。

【扶贫资金管理使用绩效】加大资金投入力度，2019年中央和省级财政专项扶贫资金分别投入33.9亿元、55亿元，较上年分别增长25.1%、33.89%。市县实际投入35.7亿元，同比增长14.3%。2016年以来累计整合各类资金443.78亿元。严格规范资金管理，健全完善扶贫资金监督管理追责、支付监控和扶贫资产资本监督管理等制度，实行贫困县审计全覆盖，确保扶贫资金真正发挥效益。提高项目库建设水平，有扶贫任务的县（市、区）全部建立脱贫攻坚项目库，入库项目3.72万个、比上年增长41.3%，预算总投入335.6亿元。加强扶贫信贷管理，全省新增扶贫小额信贷6.48亿元，历年累计贷款378.4亿元，逾期率0.03%，低于全国平均水平。

【扶贫领域作风能力建设】深入改进工作作风，严格执行国务院扶贫办《关于进一步落实贫困县约束机制的通知》要求，持续深入开展力戒形式主义官僚主义集中整治，杜绝“面子工程”“形象工程”“政绩工程”。切实减轻基层负担，统筹整合省级脱贫攻坚成效考核，市级以下未经省级批准不得开展第三方评估。深入开展扶贫领域腐败和作风问题专项治理。采取32项有效措施，扎实开展漠视侵害群众利益专项整治，扶贫领域腐败和作风问题得到有效遏制。加大脱贫攻坚干部教育培训力度。组织省级示范培训57期、市级重点培训229期、县级兜底培训1558期，累计培训34.2万人次。

【扶贫宣传工作】积极总结推广脱贫攻坚先进典型，段春亭、孙建设、贾菇、邯郸市魏县等7名先进个人和先进集体获评全国脱贫攻坚奖；省级脱贫攻坚奖共评选出先进集体73个、先进个人183名，营造了崇尚先进、争当先进的浓厚氛围；孙建设、贾菇、邯郸市魏县等3个典型入选全国脱贫攻坚先进事迹报告团，精心组织我省巡回报告会，省委省政府主要领导出席，全省3.44万人集中收看，在社会上引起强烈反响。全年省级以上主流媒体报道316篇次，被国务院扶贫开发领导小组办公室评为2019年度扶贫宣传工作先进集体。与新华社总社合作，深入集中连片特困地区进行采访报道，以《河北阜平县骆驼湾村和顾家台村脱贫调查》拉开了新华社“集中连片特困地区贫困村调研行”的序幕。我省5大类9个案例入选第二届全国优秀扶贫案例，数量位居全国前列。10篇优秀案例入选《我的驻村故事》征文活动，居全国第2名。

（河北省扶贫开发办公室　张亚楠）

粮食工作

2019年，全省省、市、县三级粮食和物资储备部门组建完毕，省粮食和物资储备局作为省发改委管理单位正式运行，市、县两级粮食部门整合到同级发改部门，工作力量调整优化，职能定位更加明确。一年来，全系统广大干部职工立足新机构新职能新使命，坚持以习近平新时代中国特色社会主义思想为指导，认真贯彻省委、省政府决策部署，扎实开展“不忘初心、牢记使命”主题教育，全力做好抓改革、促转型、保安全各项工作，在机构、职能、人员融合中砥砺前行，在落实“两决定一意见”中创新实践，在依法管粮管储中担当作为，各项工作取得新的成效，重点领域实现新的突破。

（一）库存清查任务圆满完成。开展全国政策性粮食库存数量和质量大清查，是党中央、国务院做出的重大决策部署，是2019年全系统的重要政治任务。在省政府坚强领导和全系统密切配合下，突出省级统筹，争取财政支持，严格程序标准，强化督导检查，顺利完成了企业自查、市级普查、省级巡查各阶段工作。以3月31日为时点，全省共出动1万余人，清查中央和地方政策性粮食248.6亿斤，检查储粮库点426个、仓房货位6501个，扦取样品2533个，排查风险隐患637个。清查结果显示，我省辖区内的承储企业能够较好执行国家粮食政策，各类政策性粮食库存账实相符、账账相符，库存粮食数量真实、质量良好、储存安全，库贷一致，补贴费用落实到位。建立完善了分区域、分性质、分品种、分库点、分货位的全省政策性粮食库存数量和质量数据库，为全面加强监管奠定了坚实基础。

（二）粮食收购政策执行到位。全系统坚持把粮食收购摆在突出位置抓紧抓好。市场化收购方面，各级粮食行政管理部门认真推动“放管服”改革，为各类市场主体创造公平收购环境，充分发挥市场机制的决定性作用。2019年，全省各类粮食企业共收购粮食468.5亿斤，其中非国有粮食企业收购量占比达82%。政策性收购方面，及时在张承廊以外的10个市（含定州、辛集市）启动了小麦最低收购价执行预案，全省确定委托收储库点146个，收购托市小麦41亿斤，增加了国家粮食库存，增强了政府调控能力；同时，带动加工企业等入市收购89亿斤，稳定了市场粮价。结合部门特点深化“双创双服”，建立粮食收购贷款信用保证基金取得实质性突破，为破解融资瓶颈、促进企业发展提供了新的机遇。

（三）粮食储备监管全面加强。健全储备粮管理制度。省局起草的《关于改革完善全省粮食储备体制机制加强粮食储备安全管理的实施意见》经省政府第69次常务会议和省委深改委第7次会议审议通过，即将以省“两办”名义印发。在省农发行支持下，破解了市县级储备增储贷款难题，2019年，6个县建立县级储备、邯郸市及15个县新增市县级储备，共计4.1亿斤。推动地方储备粮轮换公开竞价交易，全省入市交易成交率达到60%以上，邯郸市覆盖面达到90%。加强规范化信息化建设。全省投资8700万元用于科技储粮项目，推广应用先进装备和技术，提高储粮安全水平。以粮库智能化升级改造项目为牵引，加快信息化建设步伐，组织了省级平台OA办公、价格监测等5大应用系统的开发建设，完成了13个市局监测中心和165个粮库的智能化设备安装，打通了对接通道，部分储备库与国家、省实现了视频和数据互通。省级储备粮远程监控巡查步入常态化，数量、质量和安全监管得到全面加强。柏粮集团、玉田粮库被评为全国第一批粮食安全宣传教育基地，受到国家局通报表扬。

（四）物资储备监管有力有效。与省级储备承储企业重新签定承储协议，进一步明确双方责权利关系。制定了省级食糖、食盐储备两个监管办法，推进储备物资管理规范化和应急保障专业化。优化省级食盐储备网点布局，提升监管效能。开展专项监督检查，促进整改提高。在省救灾物资储备中心启动我省2019-2020年冬春救助物资发放工作，向受灾较重的23个县（市）发放救灾衣被6.2万余件（套）。着眼于构建统一协调的物资储备体系，对全省物资储备开展摸底调查。

（五）粮食宏观调控机制更加完善。加强粮食产销合作。深入落实京津冀协同发展战略，代储北京市级粮食储备达到1.7亿斤。组织参加第二届中国粮食交易大会，意向交易粮食2.2亿斤。与山西等省份签订了政府间产销合作协议，活跃粮食流通，调剂品种余缺。强化价格监测分析。对主要原粮和成品粮价格开展实时监测，做好粮油市场分析预测，为政府部门和相关企业提供市场信息服务。结合新职能，在各设区市大型超市启动食盐、食糖价格监测，定期发布价格信息。提升粮食应急能力。修订了《河北省粮食应急预案》，编制了物资应急保障等三个专项预案。省局与石家庄市局联合组织了省级层面的首次粮食应急联合演练，开展全省应急工作培训，为锻炼应急队伍、增强处置能力奠定坚实基础。以“河北军粮”为主脉的应急网络建设得到进一步加强。提高统计工作质量。认真执行粮食流通统计制度，数据报送更加及时、准确，统计分析实现了情况、问题、建议有机结合；开展专项供需调查，为领导决策提供依据；加强业务培训，提升能力素质，健全工作队伍。

（六）行业监管有序推进。落实行业管理职能。以落实“两个责任”为载体抓好安全生产，印发了《粮食仓储企业安全生产风险分级管控与隐患排查治理指导手册》等文件，加强日常检查，加大整改力度，提升整体防控能力。印发了《河北省超标粮食收购处置管理暂行办法》《关于加强地方储备粮质量安全管理的通知》，为严防不符合食品安全标准的粮食流入口粮市场提供制度保障。省质检中心共检测粮油样品4637份，出具检验报告1968份，监管范围和密度进一步加大。依法行政成效显著。把依法管粮管储贯穿到决策、执行全过程，各类执法督查有序开展，粮食流通秩序进一步规范，粮食和物资储备监管得到加强。省局作为全国粮食和物资储备系统唯一的“七五”普法中期先进集体，受到全国普法办通报表彰。

（七）军粮供应开创新局面。按照国家统一部署，顺利完成军粮集中统筹改革，实现了质量安全可靠、军粮供应及时、业务对接顺畅、各方满意的预期目标。大力推进军粮供应军民融合发展，联合省融办制定了《河北省主副食品区域集约化保障军民融合示范工程实施方案（2020-2022）》，得到中央融办、中央军委后勤保障部、国家粮食和物资储备局的肯定。及时召开《实施方案》推进会议，促进工作开展。河北军粮军民融合工作继续走在全国前列，10月14日，“国防大学全国政协委员知名专家调研组”到我省调研军民融合军粮供应工作，予以高度评价，形成调研报告上报军委首长；国家局张务锋局长对此高度重视，听取专题汇报，两次做出批示，要求对河北经验进一步总结提炼。

（八）粮食安全责任落实落地。扎实开展2018年度考核。各级粮食和物资储备局切实履行考核办职责，推动相关部门落实粮食安全责任制目标任务，我省第三次被国家确定为优秀等次。从严开展省对市、市对县考核，各市、县政府在粮食生产、储备和流通能力建设方面的资金投入和推进力度不断加大，粮食安全保障水平有效提升。认真部署2019年度考核工作。制发我省《2019年度落实粮食安全省长责任制工作方案》及考核通知，结合区域特点，确定了52项年度考核目标。开展责任制考核省级模拟自评，自查自纠、补齐短板。召开责任制考核工作推进会议，压实责任，推动落实，确保完成年度目标任务。研发了考核系统软件，开展应用测试，举办三期培训班，提升考核人员业务能力，提高工作效率。

（河北省粮食和物资储备局　姚辰彦）

农村供销

【综述】2019年，全省供销系统坚持以习近平新时代中国特色社会主义思想为指导，认真贯彻落实中央和省委、省政府决策部署，围绕“3689”工作思路和服务科技农业、绿色农业、质量农业、品牌农业的要求，坚持守底线、防风险、求突破、上台阶，系统工作以服务乡村振兴的十项重点工作为抓手，社有企业以稳定和发展为着力点，机关工作以思想作风建设为突破口，扎实推进“不忘初心、牢记使命”主题教育，深入推动各项工作开展，系统综合实力和为农服务能力显著增强，干部职工信心倍增、精神面貌焕然一新，干事创业的氛围越来越浓，讲贡献比业绩的正能量成为主流。全系统全年销售、利润、资产总额分别实现3489.6亿元、21.3亿元、1557.7亿元，比上年增长12.9%、21.7%、9.2%，荣获全国总社综合业绩考核省级优胜单位一等奖，居全国第三位。

【坚持为农服务根本宗旨，服务能力全面提升】紧紧围绕“三农”工作大局和服务乡村振兴，强力推进十项重点工作。一是大力推进供销合作社综合改革。在巩固河北试点改革成果的基础上，全面推广全国总社确定的11项综合改革模式，圆满完成昌黎县“联合社治理机制创新”专项试点任务，得到全国总社充分肯定。二是大力推进基层组织建设。按合作制原则规范运作，重点培育14个基层组织示范片区，培育示范农民合作社200家，新建村级供销社60家，乡镇基层社达到1961家、庄稼医院3780家，领办创办农民专业合作社及联合社27527家。三是大力推进农村社区综合服务中心建设。培育推广定州经验，进一步创新服务供给，拓展服务功能，为农民提供一站式政务、商务、公益性服务。农村社区综合服务中心达到3790家，定州经验受到省领导和全国总社主要领导的高度肯定，并在全国系统会上作经验介绍。四是大力推进农村电商发展，与阿里巴巴合作共同打造河北“数字供销”升级版。整合系统电商资源，加强与淘宝、京东等电商平台的战略合作。全省供销社开展电子商务的企业206家、电商服务站（点）23691个，实现电子商务销售额72.1亿元，增长31.5%，其中农产品电子商务销售额32.6亿元，同比增长52.9%。五是大力推进物流体系建设。以农产品市场改造和冷链物流体系建设为重点，整合系统仓储配送资源，推动物流平台与全系统经营网络有机融合。全系统农产品市场100个，交易额335.6亿元，增长9%；物流业务营业收入2.1亿元，增长2.5倍。六是大力推进开放办社。创新联合社运行机制，逐步把各级联合社办成由下级社共同出资、各类合作经济组织广泛参与、实行民主管理的合作经济组织。开放办社企业达到473家。七是大力推进农村产权交易。配合农村产权制度改革，建立健全农村产权交易市场，完善交易管理办法，纳入省公共资源交易平台，着力抓好栾城试点经验推广。全系统建立农村产权交易中心155个，乡（镇）服务站658个、村服务站2400个，交易2.35亿元，增长71.5%。八是大力推进脱贫攻坚。重点推进贫困县消费扶贫、电商扶贫、产业扶贫、产权扶贫和金融扶贫。与京津供销社签订三方协议，在商超设立贫困县农产品专柜，组织贫困县参加廊坊、南京、南昌等全国性农产品交易会。推进“政银企户保”金融扶贫，政府风险补偿金达16亿元，争取政策贷款97.45亿元，惠及14.52万农户。扎实做好3个深度贫困村对口帮扶工作，支持150万元，捐赠化肥241吨。九是大力推进土地托管。推广邯郸、唐山、定州等典型经验，围绕耕、种、管、收、加、销开展农业生产性服务，托管面积达1202.3万亩。十是大力推进风险防控。

【树牢新发展理念，推动社有企业高质量发展】一是统一思想。强化在发展中解决困难和问题的发展意识，坚定事业发展的信心和决心；强化凡事有解、遇事找法的斗争意识，增强迎难而上、探索事物发展规律、寻找科学解决办法的斗争精神和斗争艺术；强化化危为机“四变”意识，只为成功想办法，不为失败找借口，变挑战为机遇，变包袱为财富，变难点为亮点，变“绊脚石”为“垫脚石”，创造性开展工作；强化狠抓落实的“四干”意识，把每一项工作按照“干什么、怎么干、谁来干、什么时间干成”四要素来分解落实责任。二是防控风险。深入排查社有企业风险点，由省社领导分包，建立问题清单、责任清单和整改清单，限期整改到位，在止损和清欠上下功夫。加强与银行等金融机构沟通，用市场的方法降低企业的贷款负担，使到期变续贷、短债变长债、高息变低息。三是严格管控。修订“三重一大”报告制度和人事、财务、融投资、资本、审计综合管理办法，对出资企业采取派驻纪检、财务、审计人员等管事项用的办法，实施最严格的全面监管。四是换道超车。打破传统思维和经营模式，与阿里巴巴合作进行数字化改造，加强与国开、农发、建设、农业、河北、民生银行和燕赵财险等金融机构的战略合作，谋划实施一批立社、兴社、强社的大项目，加快推进中商大厦、邯郸棉库开发、石家庄康养中心和大宗商品交易等项目，开辟新的经济增长点，从根本上解决发展问题。五是运行平稳。农资、食盐供应总体平稳。省社集团公司资产额489.9亿元，同比增长10.4%，利润总额超6.2亿元，同比增长22.8%。

【提高政治站位，建设高素质干部队伍】扎实开展“不忘初心、牢记使命”主题教育，把思想作风建设作为根本保障，着眼解决忠心、公心、责任心和上进心不足问题，狠抓“三四五”思想作风建设，提振干部职工精神，着力打造一支忠诚、干净、担当和懂农业、爱农村、爱农民的供销干部职工队伍。一是推进“三个一”文化建设，着力把省社建设成为一支具有铁的纪律、坚强战斗力的部队，一所具有优良学风、坚强执行力的学校，一个具有团结和谐、坚强凝聚力的家庭；二是锤炼“四最四铁”的政治品格，即最讲忠诚、打造政治过硬的“铁血”，最讲干净、打造纪律严明的“铁军”，最讲担当、打造勇挑重担的“铁肩”，最讲实干，打造铮铮有声的“铁骨”，树立鲜明的用人导向，营造风清气正的政治生态；三是培树“清准高快狠”工作作风，谋划、推动、检验工作，做到形势清、政策清、底数清，做到目标精准、措施精准、责任精准，做到高标准、高站位，做到动作快、见效快，做到狠抓落实。初步达到了思想认识统一起来、精神状态振作起来、智慧力量凝聚起来、工作水平提升起来、政治生态清朗起来、省社形象树立起来的目的，主题教育整改问题23项、“10＋1”专项整治问题25项已整改到位。

（河北省供销合作总社　夏铭玉）

卫生健康

2019年是新中国成立70周年，也是卫生健康事业改革发展史上具有里程碑意义的一年。一年来，在省委、省政府坚强领导下，全系统始终坚持以人民健康为中心，认真贯彻落实中央和省委、省政府重大决策部署，着力建机制、补短板、强弱项，抓重点、解难点、梳堵点，扎实推进全省卫生健康事业高质量发展，109项工作受到上级表扬或成为全国典型。其中，鼠防工作得到孙春兰副总理批示肯定，深化医改被国务院办公厅通报表彰，药品供应保障、提升基层服务能力、大病救治、农村医养结合等工作在全国会上作典型发言。

一、启动实施“健康中国•河北行动”。坚持关注生命全周期、健康全过程，以政府办公厅名义印发贯彻健康中国行动意见的实施方案，聚焦我省主要健康影响因素、重点人群和重大疾病，谋划实施15个专项行动，为实施健康中国战略画好河北施工图、路线图。作为国家唯一试点，打造健身与健康融合中心78家，城乡居民《国民体质测定标准》达标人数占比89%。注重发挥爱国卫生运动优势，强化卫生城镇创建，秦皇岛、石家庄、张家口市有望实现我省设区市国家卫生城市“零突破”。助推“厕所革命”，10个深度贫困县户厕公厕全部改造完成。加强控烟履约，创建无烟党政机关100家。深化“三减三健”行动，居民健康素养水平达到15.5%。成立省级健康科普专家委员会，打造《健康河北》《燕赵名医堂》等专题栏目和“燕赵健康大讲堂”新品牌，全社会关注健康、维护健康的氛围日益浓厚。

二、深化医药卫生体制改革。始终注重整体性、系统性和协同性，统筹推进医药卫生体制改革。强化顶层设计，先后出台《关于进一步深化医药卫生体制改革的意见》《关于进一步做好短缺药品保供稳价工作的若干措施》等7个文件，深化医改的政策体系得到健全完善。强化示范引领，持续深化公立医院综合改革，省级现代医院管理制度试点扩大至213家，打造建设样板5家。全省467家二级以上公立医院实行党委领导下的院长负责制，公立医院党的建设进一步加强。主动跟进落实国家药品集中采购和使用试点，全力做好短缺药品保供稳价工作，群众基本用药得到满足并享受到降价实惠。强化督导考核，充分发挥考核“指挥棒”作用，制发省直公立医院医改考核办法，横向建立以公益性为导向的考核评价机制。持续加强对市县纵向医改考核，网格化、常态化医改考核体系更加完备。

三、持续完善基层公共医疗卫生服务体系。狠抓基层服务能力提升民心工程，规划建设255家医联体，推动633家乡镇卫生院与村卫生室实现“六统一”管理和标准化建设，超额完成省委、省政府确定的目标任务。聚焦群众“看得上病”，探索开展村医招录、大学生村医招聘等工作，村卫生室、村医“空白点”全部消除。创建社区医院试点14家，制定乡镇卫生院和社区卫生服务中心设备药品配置清单，基本满足群众就医需求。聚焦群众“看得好病”，组织 79家三级医院“组团式”对口帮扶197家县级医院；实施“春雨工程”，向贫困县865个乡镇卫生院派驻二级以上医院医师挂职副院长，引导大医院专家下沉基层；45家县医院、38家县中医院纳入国家县级医院综合能力提升项目，我省“优质服务基层行”活动被评为全国7个最佳实践案例。聚焦群众“方便看病”，加强省远程医疗服务平台建设，62个贫困县全部实现远程门诊会诊服务。建立农村地区失能半失能老年人紧急医疗呼叫系统，基本覆盖目标人群。

四、深入推进健康扶贫。聚焦“基本医疗有保障”，精准实施“三个一批”行动计划，全省因病致贫返贫建档立卡贫困户减至1.61万户、3.38万人，因病致贫返贫占比降到42.4%。坚持因病施策，将大病集中救治病种扩大至25种，贫困患者救治率达99.71%。落实三重保障制度，实行县域内住院“先诊疗后付费”“一站式”结算，惠及105

万人次。实施慢病规范管理，对6种主要慢病患者发放健康教育处方。以提高质量为核心，规范家庭医生签约服务，贫困人口实现应签尽签。坚持防病先行，积极开展贫困地区健康促进行动，62个贫困县农村妇女“两癌”筛查和儿童营养改善、新生儿疾病筛查项目实现全覆盖，艾滋病感染者和肺结核、严重精神障碍患者全部纳入治疗管理。坚持社会协同，加强东西部协作，统筹利用京津资源，着力解决基本医疗有保障突出问题。张家口“流动村卫生室”做法得到国家卫健委充分肯定。协调中国残疾人福利基金会等社会力量捐助医疗设备、扶贫经费4230万元。“政府主导、部门主责、社会参与”的健康扶贫工作格局基本形成。

五、持续提升医疗卫生服务水平。注重医疗安全抓质量，加强院感和血液安全管理，推动落实无偿献血优待政策，年采集全血量288.5吨，医疗安全和临床用血得到保障。实施改善患者就医体验专项行动，规范发展互联网医疗、远程医疗和电子病历，95%以上三级医院可提供预约诊疗服务。注重关口前移抓预防，有效落实艾滋病、结核病等传染病防控措施，全省法定报告传染病疫情总体平稳。进一步理顺疫苗管理体制，国家计划免疫接种率稳定在90%以上。完善居民健康体检政策，积极防控以近视为重点的儿童青少年常见病。组织开展地方病三年攻坚行动，2255例现症患者全部得到救治。启动尘肺病攻坚和尘毒治理专项行动，重点职业病监测超额完成国家任务，信息化工作取得突破，基层基础工作全面加强，得到国家卫健委通报表扬。注重平战结合抓应急，在全国率先出台鼠疫防控工作方案，正式启用国家鼠疫防控应急演练基地，实现疫情输入风险清零。圆满举办2019年国家卫生应急演练暨京津冀联合演练，央视新闻联播专题报道。建成我省首支国家突发急性传染病防控队和3支省级区域卫生应急队伍，有效处置突发公共卫生事件78起，高效实施各类紧急医学救援40余起，多次得到省委省政府充分肯定。注重群众共享抓公卫，大力促进基本公卫服务均等化，人均补助标准提高到69元。全面推开免费无创产前基因筛查和孕期耳聋基因筛查项目，启动实施新生儿先心病筛查，新生儿严重缺陷发生率有效降低。加强食品安全地方标准管理，企业标准备案全部实行网上办理，食源性疾病监测实现乡镇以上医疗机构全覆盖，确保群众舌尖上的安全。

六、加快推进中医药强省建设。认真贯彻全国中医药大会精神，成立中医药事业发展领导小组，出台加快中医药产业发展实施意见，构建中医药全方位、全产业链发展格局。争取中央资金2.1亿元，实施省中医院传承创新和5所县级中医院改扩建项目；成立省级中医质控中心6个，新建“国医堂”201个和省级中医重点专科304个，中医药服务能力稳步提升。实施“扁鹊计划”“名医入冀”计划和中医药人才“百千万”工程，2名中医大师荣获“全国中医药杰出贡献奖”，13个名中医传承工作室落地建成，中医药人才队伍日趋强大。创新发展中医药，与澳门签署战略合作协议，确定5家省中医药健康养老基地，秦皇岛市中医院成为国家首批中医药服务贸易出口示范基地；成立“京津冀燕赵医学研究中心”，中医馆健康信息平台通过国家验收。

七、扎实推进重点人群健康服务。完善生育支持政策，印发生育服务管理办法和促进3岁以下婴幼儿照护服务发展实施意见，在全国率先编制《保教师专业能力要求》，为80.8万计生家庭奖扶特扶对象发放扶助金11.4亿元，加快构建有利于生育养育的社会环境。市级计生协改革方案全部出台，走在全国前列。保障母婴安全，全面落实母婴安全五项制度，组织开展全省孕产妇和5岁以下儿童死因评审，孕产妇和儿童危急重症救治能力不断提高，全省母婴安全形势稳中向好。关注老年健康。创建医养结合优质服务单位33家，确定省级首批安宁疗护培训基地8家，石家庄、邯郸、邢台、唐山入选国家第二批安宁疗护试点城市，老年人心理关爱、老年健康等项目稳步推进。全省实现65周岁以上老年人免费乘坐城市公交车。

（河北省卫生健康委员会　陈泽斌）

农村经济发展及调控

一、全省农村经济发展情况

2019年以来，全省各地各部门深入学习贯彻习近平总书记关于“三农”工作重要论述，认真贯彻党中央、国务院和省委、省政府有关决策部署，以实施乡村振兴战略为总抓手，以农业供给侧结构性改革为主线，抓重点、补短板、强基础，推动农业由增产导向转向提质导向，全省农业农村经济发展呈现稳中向好、稳中提质的良好态势。2019年我省一产增加值3518.4亿元，增长1.6%，农村居民人均可支配收入15373元，增长9.6%，完成年初设定的计划目标。全省“三农”工作可概括为“好”“多”“快”“绿”“稳”五个特点。

三个“好”。一是乡村振兴开局好。省市层面乡村振兴战略规划全部出台实施，全省推进乡村振兴战略的规划体系初步建立。15个省级乡村振兴示范区工程启动建设，规划确定的105项重大工程、重大计划、重大行动有序推进。二是结构调整成效好。压减非优势区高耗低质低效农作物228万亩，新增优质强筋小麦62万亩，高油酸花生10万亩、“双高”大豆23万亩、杂粮杂豆25.8万亩。新建省级特色农产品优势区30个，饶阳设施葡萄、巨鹿金银花、张北种用马铃薯等规模水平居全国第一，主要“菜篮子”产品北京市场占有率达到38.8%、同比提高3.8%。三是脱贫攻坚成绩好。全年实现33万贫困人口脱贫、13个贫困县摘帽任务，206个深度贫困村的943个基础设施和基本公共服务提升项目完成765个。7市35县10.2万户30.2万搬迁人口全部实现搬迁安置，“十三五”易地搬迁任务提前一年完成，群众满意度高。在全国率先建立脱贫防贫长效机制，被汪洋、胡春华同志批示并转发全国学习。

三个“多”。一是农民收入增加多。2016至2018年，我省农村居民人均可支配收入增速分别为7.9%、8.1%、8.9%，增长幅度逐年提升。2019年农村居民人均可支配收入15373元，同比增长9.6%，比上年增0.7%。二是基础设施提升多。深入开展农村饮水安全巩固提升工程，集中供水率达到89%，受益人口120万人。加快实施新一轮农村电网改造升级，新建改造线路1000公里。大力实施数字乡村战略，全省99%以上的行政村实现光纤宽带通达和4G 信号覆盖。三是人居环境改善多。实施农村垃圾治理、厕所革命、污水治理、村庄清洁等10个专项行动，完成年度任务目标。全省92.3%的村庄、87.5%的县实现垃圾城乡一体化处理；无害化卫生厕所普及率达50.1%，卫生厕所普及率达到71%；新增生活污水得到有效管控的村18706个，新建污水集中收集或分散式处理设施的村4964个； 44762个村庄完成清洁行动任务。“空心村”治理加快推进，全省农宅空置率50%以上的1073个“空心村”中，已开工建设818个，占全省总任务数的76.2%。

四个“快”。一是奶业振兴步伐加快。对标世界一流，加快建设智能奶牛场150个，新建婴幼儿乳粉和液奶加工厂6个。全省牛奶产量428.7万吨，同比增长11.4%。二是品牌影响提升快。发布“百膳冀为先”整体品牌形象，对25个区域公用品牌进行重点创意打造。组织24家高端农业品牌主体参加阿里巴巴河北品牌农产品展，推动特优农产品线上销售。举办河北品牌万里行等对接活动，累计签约销售金额40.86亿元。三是园区创建进展快。争创国家农村产业融合示范园8个，创建国家现代农业产业园2家，建成省级现代农业园区231个，全省县级以上现代农业园区达到1742个。四是新型主体发展快。实施省级重点龙头企业产值倍增计划，新增国家级重点龙头企业15家，省级重点龙头企业数量达到834家。新增家庭农场7480家，总数达到4.1万家，全国排位第10。

四个“绿”。一是国土绿化有序开展。持续开展绿色攻坚，大力实施京津风沙源治理、三北防护林、太行山绿化、沿海防护林等国家重大生态工程，全年完成营造林任务1026万亩。二是首都“两区”建设初见成效。国家发展改革委、河北省人民政府联合印发了《张家口首都水源涵养功能区和生态环境支撑区建设规划（2019—2035年）》，省政府办公厅印发了“两区”规划实施意见，启动实施了一批水源涵养、生态建设等重点工程项目。三是水安全持续巩固。南水北调中线配套、引黄入冀补淀等重大水资源配置工程建成运营，永定河等一批骨干河流综合治理、病险水库和水闸除险加固等防洪工程加速实施，水安全保障体系日益完善。地下水超采治理稳步推进，节约农业用水6.7亿方。四是面源污染有效治理。化肥、农药使用量继续保持负增长，畜禽粪污资源化利用率达82.35%、提高7个百分点，秸秆综合利用率保持在95%以上，高于全国平均水平，其中离田利用率达到36%、提高4%。

五个“稳”。一是粮食生产保持稳定。深入实施“藏粮于地、藏粮于技”战略，新建高标准农田280万亩，累计达到4696万亩。全年粮食总产747.84亿斤，同比增长1.0%，连续七年跨上700亿斤台阶。二是科技支撑稳步增强。新建院士工作站1个、国家农业重点实验室2个、京津冀农业协同创新平台11家，总量分别达到37个、10个和41家，研发新技术138项。完善省级农业产业体系技术团队19个，建设农业创新驿站81个。4家育繁推一体化企业入选全国种业50强，主要农作物良种覆盖率保持在98%以上，规模养殖良种覆盖率达到100%，耕收综合机械化率达到80.6%（比全国平均水平高11个百分点）。三是产品质量稳步提升。省级共监测各类农产品样品8523个，其中蔬菜类3176个、畜产品类4787个、水产品类560个，监测总体合格率达到99%。四是肉蛋生产基本稳定。果断处置徐水区非洲猪瘟疫情，有效防止了疫情蔓延扩散。强化生猪稳产保供，6月份开始止跌回升，猪肉价格一直低于全国平均水平。牛、羊、禽肉和禽蛋等替代品产量较快增长，全年猪牛羊禽肉产量429.6万吨，其中猪肉产量241.9万吨，同比下降15.5%；牛肉产量57.2万吨，增长1.3；羊肉产量31万吨，增长1.5%；禽肉产量99.5万吨，增长11.9%，肉品市场供应充足稳定。五是重点改革稳步推进。承包地确权登记颁证实现全覆盖。土地流转面积3121万亩，占家庭承包经营面积的37%。农村集体产权制度改革整省试点全面推开，14个国家级、20个省级试点县全部完成改革试点任务。全省99.98%的村完成清产核资，46.9%的村完成集体经济组织赋码登记。

二、宏观调控及改革情况

（一）稳定生产保障市场供应

2019年以来，全省居民消费价格走势呈现“总体温和上涨、单品涨幅突出”的特点。生猪及猪肉价格的大幅上涨，带动替代猪肉的肉、蛋价格同步走高。我们积极应对市场价格波动，密切跟踪居民生活必需品价格变化，加强分析及时提出意见建议，及时启动价格临时补贴联动机制，做好保供稳价工作。保供是稳价的基础。河北省委、省政府高度重视生猪生产保障工作，省政府办公厅印发《关于稳定生猪生产保障市场供应的通知》，明确了到2020年生猪存栏恢复到常年生产水平，提出了落实生猪生产责任制、加大生猪生产政策支持、保障猪肉市场供应、增加替代品消费等九条举措。严格落实稳定生猪生产保障市场供应的政策措施，强化生猪生产责任制，加大政策支持力度，严格执行禁养区划定政策，防止随意扩大禁养限养范围。支持生猪生产用地需求，对规模养猪场、种猪场实行流动资金贷款贴息，落实能繁母猪和育肥猪保险政策，加大对规模化养殖场信贷担保扶持力度，吸引大型养殖企业投资建场。

（二）加强价格监测预警

2019年3月，省价格监测中心启动对生猪、猪肉价格应急监测，加大对生猪、猪肉价格的监测频率，每周一、三、五各市上报当地价格情况，4月19日恢复正常监测。9月5日，为应对生猪、猪肉市场价格波动，确保居民日常生活供应，省价格监测中心启动应急监测工作机制，印发《关于加强启动猪肉、粮油等重要商品价格应急监测工作的通知》，自9月7日起，启动生猪、猪肉、粮油等重要商品零售价格应急监测日报告制度，各市每天通过省商品价格监测平台日报系统报送数据，确保异常价格变化实时掌握、动态跟踪。

（三）落实价格临时补贴联动机制

2019年3月以后我省居民消费价格尤其是食品价格上涨，6月份我们下发提示函，要求各市密切关注价格变动情况，认真执行社会救助和保障标准与物价上涨挂钩联动机制。根据我省联动机制启动要求， 4月至7月我省居民消费价格（CPI）中食品价格涨幅分别为6.3%、8.2%、8.7%和7.5%，达到省级联动机制启动条件。经省政府同意，我委会同民政厅等六部门在全省范围内启动联动机制，向困难群体发放价格临时补贴。

（四）开展冻猪肉收储

按照国家发改委关于冻猪肉储备要求，明确我省冻猪肉储备任务，8月省发改委会同商务厅印发《关于加强地方冻猪肉储备工作的通知》，将收储任务分解到各市作为市级储备。督导各市抓紧落实冻猪肉收储工作，确保完成国家下达给我省的冻猪肉收储任务，并视市场情况及时组织投放。

三、农业水价综合改革

为做好我省2019年农业水价综合改革工作，落实好国家发展改革委等四部委《关于加快推进农业水价综合改革的通知》要求，创新工作思路，多措并举，较好地完成了全年的工作任务。

（一）完善机制，构建政策框架体系。我省高度重视农业水价综合改革工作，先后制定了《河北省人民政府办公厅关于推进农业水价综合改革的实施意见》、《河北省水权确权登记办法》、《河北省农业水权交易办法》、《农业用水限额及水量核定工作办法》、《农业用水以电折水计量实施细则》、《河北省农业水价综合改革工作绩效评价办法》、《农业水价改革及奖补办法》等一系列配套文件，形成了具有河北特色的农业水价综合改革政策框架体系。

（二）创新改革思路，探索典型模式。实施了“超用加价”、“一提一补”、“以电折水”和“终端水价”四种水价改革模式。“超用加价”模式以邯郸成安县为代表，以水权额度和灌溉用水定额为控制指标，水权内执行规定价格，超水权在规定水价基础上每立方米加价0.1元，在水权和定额之间，每低于定额一立方米奖0.2元，这种模式在126个县推广。“一提一补”模式以衡水市桃城区为代表，采取“先提价、后返还”的方式，先对水价提高每立方米0.2元，将水价提高部分和财政补贴，按亩平均返还用水户，这种模式在12个县推广。创新“以电折水”计量模式以石家庄市元氏县为代表，计量方式操作简单，水表有水量数字显示，投资小，一套组合水表2000元左右；工程维修管护统一由协会管理，统一水费标准，产权为个人的，采取自愿原则，交纳0.04元/立方米工程维修基金统一由协会管理。“终端水价”模式以石津灌区为代表，采取“斗口计量、按时收费”的模式，按各用水户田间进水口的放水时间，核算用水户水费，重点在地表水灌区推行。全省11个设区市全部开展农业水价改革工作，改革范围覆盖130个县，969个乡镇，11664个村，涉及实施改革面积1830万亩。达到了农业节水、农户省钱、工程良性运行的目标。

（三）多措并举，确保改革落到实处。印发了《关于做好农业水价综合改革有关工作的通知》，对农业水价综合改革工作提出了新要求。组织开展大中型灌区农业灌溉成本核算，树立地表水灌区改革标杆，我省分别在大型灌区、重点中型灌区、现代化灌区和压采地表水置换项目中选取了具有代表性的4个单位作为第一批地表水灌区水价改革试点，逐步实现运行维护成本水价。高效节水灌溉任务重点向地下水超采区和坝上地区倾斜，印发计划编报通知，指导市县选项立项、编制年度项目实施计划，及时对市级项目实施计划进行了批复，在以多种形式督导实施的同时，建立了定期调度制度，保证工程建设任务的圆满完成。举办了全省水价管理培训班，组织省、市、县三级200余名水价管理人员，采取先实地观摩考察再集中培训的形式，进一步开拓了各地工作的思路，提升了整体素质和业务水平，为农业水价改革打下坚实基础。

（四）扎实推进，确保完成年度实施计划。各项改革稳步推进，2019年完成新增实施改革面积130万亩的年度任务。一是实行季节性休耕，推广农艺节水技术，节约农田用水。2019年完成季节性休耕200万亩，推广冬小麦节水稳产配套技术536万亩，实施旱作雨养种植30万亩，累计实施面积766万亩。二是落实精准补贴和节水奖励政策。按照《河北省农业水价改革及奖补办法》，2019年下拨水价改革资金

3800万元，用于计量设施配套、用水合作组织建设、宣传培训和用水户奖补。三是建立健全农业水价形成机制。稳步推行"定额管理超用加价"、"一提一补按亩返还"、"斗口计量按时收费"等水价管理模式。开展大中型灌区农业供水成本核算工作，截至2019年底，我省19处大型灌区、62处重点中型灌区已全部完成了成本测算工作。

我省农业水价改革取得积极成效，实施范围已扩大到130个县，面积达1830万亩，占全省灌溉面积的30%。一是提高了节水效益。通过水价改革每年亩均节水27立方，年节水量3亿立方；通过推广农艺节水技术，实现节水6.7亿立方，合计年节水9.7亿立方。二是减轻了农民负担。年灌溉成本由每亩120元下降到86.7元，减少33.3元，下降27.8%。三是降低了管护费用。年管护费由每亩39元下降到24.3元，减少14.7元，降低37.7%。四是农业用水价格调整提高。石津灌区农业水价由每方0.15元调整到0.25元，滦下灌区农业水价由0.17元调整到0.22元，漳滏河灌区和跃峰渠灌区农业水价由0.1元调整到0.2元，八一灌区农业水价由0.1元调整到0.2元，逐步实现运行维护成本水价。

（河北省发展和改革委员会　武纪成）

农业和农村法制建设

2019 年是打赢脱贫攻坚战和全面建成小康社会关键之年。省人大常委会农工委坚持以习近平新时代中国特色社会主义思想为统领，自觉把各项工作紧紧扣在贯彻落实党中央和省委关于"三农"工作重大决策部署上来，紧紧扣在回应人民群众重大关切上来，紧紧扣在厉行法治、全面推进依法治农上来，深入践行"河北发展、人大尽责"理念，以推进乡村振兴战略实施为主线，对标全面建成小康社会必须完成的硬任务，强化统筹协调，努力开拓创新，积极奋发作为，圆满完成各项目标任务，为推动乡村振兴提供坚实的法治保障。

一、坚持用党的创新理论武装头脑，不断提高政治业务素质。坚持将学习作为提升能力、增强本领的重要手段，深入反思知识上的短板、能力上的弱项，以学修身、以学增智、以学促干，使思想、能力、行动跟上中央要求、跟上时代步伐、跟上发展需要。一是明确主题系统学。把学习习近平新时代中国特色社会主义思想特别是总书记关于坚持和完善人民代表大会制度的重要思想作为"看家本领"，带着感情学、带着责任学、带着问题学，把"学"与"思"结合起来、"懂"与"悟"结合起来、"知"与"行"结合起来，入心入脑、融会贯通。二是以上率下引领学。省人大农委分党组成立后，分党组成员充分发挥"关键少数"作用，带头深入学习党的十九届四中全会精神，《习近平关于"三农"工作论述摘编》《习近平扶贫论述摘编》，省委九届九次、十次全会精神等，每位同志都撰写体会、交流发言，辑印成册、互学共鉴。三是专题培训深入学。采取理论与实践相结合、室内讲课与实践教学相结合、工作座谈交流与先进事迹报告相结合的形式，在河北农业大学举办全省人大农委系统提升履职能力培训班，深入学习党的十九届四中全会精神，深刻把握乡村振兴的新形势，积极探讨依法治农的新途径，精神上补了"钙"、知识上充了电、能力上加了油。四是搭建平台长效学。结合工作需要，不断学习新知识、新理论，每周汇编人民日报、学习时报、光明日报、农民日报等 4 份报刊重要文章，编辑《三农工作动态摘编》27 期，打造学习平台。通过学习，进一步增强对人大制度的政治认同、思想认同和情感认同，提高以科学理论指导方向、制定政策、谋划工作、解决问题的能力。

二、充分发挥主导作用，着力打造立法精品。坚持突出地方特色，体现创新精神，完成 4 项立法任务。立足推进"厕所革命"，在全国率先出台《河北省人民代表大会常务委员会关于深入推进农村改厕工作的决定》，做好小厕所这篇大文章；围绕深化"两区"建设，制定出台《河北省人民代表大会常务委员会关于加强张家口承德地区草原生态建设和保护的决定》，填补我省草原领域法治建设空白；聚焦加强"两山"绿化，制定出台《河北省人民代表大会常务委员会关于加强太行山燕山绿化建设的决定》，进一步筑牢京津冀生态安全屏障；着眼河湖生态系统治理，组织协调《河北省河湖保护和治理条例（草案）》两次审议，为省十三届人大三次会议提供高质量法规草案。全国人大农业与农村委员会主任委员陈锡文，省人大常委会常务副主任范照兵、副主任王晓东分别对农委、农工委立法工作作出批示，给予充分肯定。一是深入调查研究。脚上有"土"才能心中有"谱"。范照兵常务副主任、王晓东副主任亲自带领立法调研组深入基层一线调研。农村改厕立法调研先后深入 18 个县、30 多个村，张承草原立法调研先后深入承德、张家口市和 7 个县（市、区），太行山燕山绿化建设调研走遍了沿线 8 个设区市、18 个县（市、区），河湖保护和治理调研覆盖所有设区市、20 多个县（市、区），真正找准问题、了解实情，掌握第一手材料。二是发挥主导作用。将人大主导作用体现在方案制定、论证座谈、审议修改等各个环节，在涉及部门利益和责任义务等条款"拉扯不清、互不相让"时，坚持原则"唱黑脸"，不做"和事佬"，敢于在矛盾焦点上"砍一刀"。三是创新工作方法。完善会商机制，与省农业农村厅、水利厅、林草局密切配合，适时开展立法协商，先后 10 多次到相关部门、30 多次邀请部门到我委，对重点条款反复研究。借助外脑力量，邀请中国工程院王浩院士、中国农业大学教授王堃、水利部海河委总工程师梁凤刚、国家林草原局教授级高级工程师许传德等专家学者参加立法论证座谈；先后两次专程赴全国人大农委、水利部、国家林草局就相关草案座谈交流、听取意见；在河北农业大学建立立法基地，充分发挥高等院校人才优势，助力提高立法质量和效率。强化论证审查，针对法规草案中争议较大的问题召开论证座谈会，以辩促论、凝聚共识。四是反复推敲打磨。发扬工匠精神，对每个法规文本，都乐于“打磨”、敢于“打磨”、善于“打磨”，力求重点突出、特色明显，逻辑严密、表达准确。农村改厕决定先后修改 30 余次，张承草原决定草案先后修改 21 次，太行山燕山绿化建设决定草案先后形成了两种体例、27 个修改稿。河湖保护和治理条例草案两次提请常委会审议，期间做了大幅调整和修改，由原来的 6 章 48 条修改为 7 章 63 条。

三、积极探索监督工作规律，切实增强监督实效。紧紧围绕推进我省“三农”工作和生态文明建设，把增强监督实效作为着力点，综合运用多种监督方式，开展了深化扶贫脱贫攻坚、地下水管理条例、渔业法等 3 项执法检查，听取了省人民政府关于全省乡村产业发展工作的报告等 3 项专项工作报告，进行了秸秆综合利用和禁烧跟踪监督。一是突出持续性。把跟踪监督作为重要方法，对长期存在的突出问题紧盯不放、跟踪问效，反复监督、一抓到底。农作物秸秆综合利用和禁止露天焚烧决定出台以来，每年组织一次监督活动，重点对唐山、衡水市进行跟踪调研。赵一德副书记在《关于衡水市农作物秸秆综合利用情况的调研报告》上批示：“省人大农业农村委调研选题准、很深入，提出的建议有针对性。衡水市这项工作抓得早抓得实，经验可鉴。”并要求省农业农村厅总结好衡水市的做法，提出我省下一步推进（包括政策）建议。省农业农村厅制定了 2019—2020 年秸秆综合利用实施方案。二是增强针对性。即针对重点问题，查清病灶、对症下药。在 2018 年三项联动监督的基础上，2019 年针对产业扶贫、易地扶贫搬迁、贫困地区农村饮水安全，进行了深化扶贫脱贫攻坚执法检查，同时听取省扶贫办关于扶贫脱贫攻坚有关工作情况的报告。针对我省“资源型缺水省份、全国最大的地下水漏斗区”的现状，开展了地下水管理条例执法检查，分析了存在问题，有针对性地提出了意见建议，同时听取省人民政府贯彻实施《河北省地下水管理条例》工作的报告。为贯彻落实中央和省委关于实施乡村振兴战略的决策部署，推动农业农村优先发展，听取了省人民政府关于全省乡村产业发展的专项情况报告。针对渔业发展中的突出问题，开展了渔业法自 1986 年颁布实施以来首次执法检查，提出了意见建议，助推提升依法治渔、依法兴渔水平。三是体现权威性。在检查过程中，主动到问题多、情况复杂、矛盾突出的地方去，敢于直面揭露问题，不怕红脸，不怕得罪人；对政府有关部门向常委会报告工作讲成绩多、讲问题少的文稿，督促及时改正，主动提出修改建议，确保问题和原因部分占报告的三分之一以上，真正做到“监”之有理，“督”之有力。

四、坚持问题导向，做细做实调查研究。坚持把调查研究作为做好工作的基本功、必修课，全年共开展 7 项调研。选题求“准”，科学确定题目。乡村振兴的关键是产业兴旺，为此开展了关于乡村产业发展情况的专题调研。易地扶贫搬迁是脱贫攻坚最难啃的“硬骨头”，而做好后续管理和服务是确保“稳得住能致富”的关键所在，为此开展了易地扶贫搬迁安置小区管理和服务调研。我省一直面临“水少、水脏”的问题，水资源与人口、经济组合极不平衡，为此开展了全省水资源情势专题调研。调研求“深”，不断改进方式。深入基层，以 10 个基层联系点为依托，开展了“进农村、摸实情、取真经”专题调研，撰写了 5 篇调研报告，其中 2 篇得到省领导肯定性批示。借助外脑，在开展水资源情势调研时，邀请水利水电第二勘测设计研究院、水文水资源局专家参加调研组，就专业问题向他们学习请教。对农作物秸秆综合利用和禁止露天焚烧决定，则采取持续跟踪、系列调研的方式，发现新问题，提出新建议。效果求“实”，注重成果转化。关于乡村产业发展情况的调研报告，以参阅文件形式提交常委会会议，有关意见建议转省政府研究办理；易地扶贫搬迁安置小区管理和服务的调研报告，转有关部门研究；关于修改《河北省农村土地承包条例》立法调研、关于修改《河北省陆生野生动物保护条例》立法调研，为条例修改完善打下了基础。

五、充分发挥代表主体作用，认真办理议案建议。坚持以人民为中心的发展思想，始终把为代表履职搭建平台、提供优质服务作为重大责任，积极邀请代表参与人大农业农村立法监督活动，认真办理代表议案和建议。高质量完成全国人代会代表建议起草工作。把起草全国人代会意见建议作为代表人民发声、促进河北发展难得机遇，主导起草了关于加强张承地区草原生态保护和修复等 6 件代表建议，是历年来最多的一次。其中，加大退耕还林还草还湿支持力度，尽快改善京津冀水生态环境；加大超采治理力度，加快地下水修复；支持太行山绿化建设；发挥南水北调中线工程综合效益等 4 件代表建议，以河北代表团名义提交大会。认真办理和督办代表议案建议。办理陈聪敏等 11 名代表提出的《关于制定〈河北省河道采砂管理条例〉的议案》，将相关内容在《河北省河湖保护和治理条例（草案）》中予以吸收采纳；魏海金等 10 名代表提出的《关于制定〈河北省农村能源条例〉的议案》，将议案转请省能源局和省农业农村厅等部门共同研究办理，并建议省人大法制委员会将《河北省新能源开发利用管理条例》修订工作列入年度立法计划适时提请审议修改；任泸均代表提出的《关于制定〈河北省粮食安全保障条例〉的建议》，并专程赴代表所在单位当面反馈意见办理情况；李基石、刘春海2名代表提出的关于加强产业扶贫项目建设、加快扶贫脱贫产业发展和加大农业龙头企业扶持力度、带动贫困户脱贫致富的建议，邀请代表参加乡村产业发展调研，调研报告充分吸纳代表建议内容。

（河北省人大常委会农工委　闫凌云）

各 市 篇

石家庄市

石家庄是农业大市，辖17个农业县（市）区，耕地面积780万亩，家庭承包经营地面积647.56万亩。近年来，石家庄市坚持以农业供给侧结构性改革为主线，立足资源禀赋，突出特色挖潜力，聚焦绿色提质量，强化融合增效益，重点做好种养结构调整、绿色先进技术支撑、区域特色品牌培育、一二三产融合发展“四篇文章”，为农业农村发展增添新动能。2019年，全市农林牧渔业产值达到637.5亿元，同比增长1.7%，增加值达到424.4亿元，同比增长1.9%。农村居民人均可支配收入达到15853元，位居全省第3位。

一、着力培育优势主导产业，农业生产能力大幅提升

从政策、资金、技术等方面入手，双管齐下、千方百计抓好粮食、蔬菜、畜牧业、渔业生产。主要特点和成效：一是粮食生产再获丰收。全市粮食播种面积995.3万亩，小麦玉米单产持续增长，总产实现丰收。小麦播种面积441.4万亩，单产446.4公斤，同比增长2.8%，总产197万吨，同比增长0.6%，全市优质强筋小麦达到65万亩；2019年，实施小麦节水品种及配套技术推广补贴项目91.5万亩，累计实施该项目482.54万亩。全市玉米播种面积475.6万亩，同比下降7.0%，单产435.7公斤，同比增长2.7%，总产207.2万吨，同比下降4.5%。二是“菜篮子”供给能力持续稳定。肉、蛋、奶产量分别达到47.24万吨、67.55万吨、67.98万吨;水产品达到1.74万吨；瓜菜播种面积92.3万亩，总产472万吨。全市水果、中药材种植面积分别达到85万亩、7.95万亩，产量分别达到186万吨、3.1万吨。全市肉、蛋、奶总量占全省五分之一强；蔬菜播种面积、总产均处于全省先进水平；水果面积和总产稳居全省第一。三是奶业振兴扎实推进。以做大做强君乐宝乳业集团、河北三元为重点，着力在优质奶源基地建设、壮大乳品企业和提升乳业品牌影响力等方面下功夫。建成智能化奶牛场78个，君乐宝公司年产2.2万吨婴幼儿乳粉生产线和日产660吨液态性生产线正式投产，荣获2019年世界“最佳儿童乳品奖”和“最佳工艺创新奖”两项大奖。四是渔业健康绿色发展。组织编制了《石家庄市养殖水域滩涂规划(2019-2035)》，科学划定禁止养殖区、限养区和允许养殖区。开展水产健康养殖示范场创建，实施池塘标准化改造，完善循环水和进排水处理设施，积极创建部级水产健康养殖示范场8家。推动传统水产养殖场生态化、休闲化改造，打造集水产养殖、休闲垂钓、旅游观光、餐饮服务一体的休闲观光渔业，创建省级休闲渔业示范基地6家。

二、大力提高现代化水平，增强农业发展新动能

以提升质量效益和综合竞争力为核心，以一二三产融合发展为路径，以科技农业、绿色农业、品牌农业、质量农业发展为方向，推进现代农业发展。主要特点和成效：一是科技农业实现快速发展。充分发挥市农林科学院现代农业科技创新引领作用，年内合作在研市级以上科研项目59项，其中国家级12项、省级25项。新申报省级以上课题13项，其中包括“863”课题2项、国家重大转基因专项2项、国家产业技术体系项目1项。以智慧农业大数据中心系统建设为重点，完成了智耕、办公平台及重点项目的管理开发和升级工作。强化农业科技培训，省级“农民教育培训基地”达到32家，“农民教育培训实训基地”达到14家。二是绿色农业迈出新步伐。全市农作物测土配方施肥面积达478万亩，统防统治作业面积302.4万亩次；主要农作物绿色防控覆盖率达到34.3%，农作物秸秆综合利用率达到97.5%。创建农业清洁生产示范区28个；规模养殖场粪污处理设施配套率达到95.8%，畜禽粪污资源化利用率达到95.2%。平山县被评为国家农业绿色发展先行区。三是品牌农业有序推进。实施品牌培育工程，着力打造农产品品牌、企业品牌和区域公用品牌。2019年全市绿色农产品数量达到142个；新培育行唐苹果、元氏石榴、藁城宫米3个省级区域公用品牌；全市拥有中国驰名商标5家、国家地理标志农产品16个、省级区域公用品牌8个。四是质量农业取得阶段成效。积极推进追溯试点建设，全市农业标准化生产覆盖率达到69.6%，建成农产品追溯试点245家，100家市级以上重点园区实现了二维码追溯全覆盖。全年共抽检各类农产品16.8万批次，全市农产品抽检合格率继续保持在99.9%以上。元氏县顺利通过国家级农产品质量安全示范县创建验收，栾城、鹿泉等9个县（市、区）通过省级安全县考核。五是都市型现代农业加速推进。制定出台《石家庄市加快发展都市型现代农业的实施方案》，以“城区周边三区一县”和“两高一场一河沿线”区域为重点，以提高农业观光感、市民参与感、农民获得感为目标，大力发展生态旅游观光农业、高效作物农业和精品产业园区建设，推进城乡融合发展，激发市民消费升级，增加农业农民收入，推进都市乡村一体化发展水平明显提升。六是现代农业园区建设。制定出台《石家庄市推进农业供给侧结构性改革打造现代农业精品园区实施方案》，打造出了晋州市周家庄等4个省级现代农业精品园区，井陉梨岩、元氏轩鑫等10个市级现代农业精品园区。全市县级以上现代农业园区318个，其中省级23个、市级90个、县级205个。七是智慧农业建设有了新进展。以智慧农业大数据中心系统建设为重点，完成了智耕、办公平台及重点项目的管理开发和升级工作，对全市40多个定点屠宰场实现了全部监控，对藁城30万亩优质麦和正定、元氏百亩高产创建示范田生产实施了实时监控，实现了精准管理和远程控制。我市智慧农业12316落地服务模式在全省推广应用

三、积极推进农业产业化，促进一二三产融合发展

坚持以农业供给侧结构性改革为主线，以农业产业化联合体和增信基金为主要抓手，以培育龙头企业、打造知名品牌、推进农产品加工、植入利益联结为支撑，扩大农产品精深加工规模，大力发展休闲农业、农村电子商务、乡村旅游等新产业新业态，拓展农业产业链价值链。实施龙头企业转型升级计划，培育一批种业型、加工型、流通型、服务型农业龙头企业。主要特点和成效：一是新型农业经营主体发展明显加快。新培育市级示范合作社55家，示范家庭农场75家，30家农民合作社入围全国500强，39家家庭农场评为省级示范家庭农场。栾城区天亮种植专业合作社、元氏县生源种养专业合作社被评为全省“十佳”农民合作社，藁城区国奇农兴家庭农场被评为全国典型示范家庭农场。鹿泉、深泽、平山被确定为全省合作社高质量发展示范县，行唐、元氏、灵寿被确定为全省家庭农场规范发展示范县。市级农业产业化重点龙头企业达到306家，其中省级农业产业化重点龙头企业达到75家，有6家龙头企业获得省级创新型农业企业称号；培育了3家全国主食加工业示范企业（正定惠康食品、赵县纽康恩食品、元氏米莎贝尔饮食食品）和12个全国一村一品示范村镇；市级以上农业产业化联合体101家，其中省级示范农业产业化联合体达到16家。二是工商资本投向农业农村力度不断加大。积极探索建立“政银”合作模式，全市财政累计注入政府担保金4050万元，投放贷款5.58亿元，扶持新型农业经营主体990余户。政府和社会资本合作（PPP）模式入库项目37个，总投资1143亿元。三是农村土地流转经营加速推进。认真开展农村承包地确权登记颁证“回头看”，积极搭建农村承包地确权登记成果应用平台。全市土地流转达到279万亩，规模经营达到230.9万亩，分别占家庭承包耕地总面积的43.6%和35.5%，促进了农业产业化经营。

四、扎实推进农业供给侧结构性改革，促进农业提质增效

深入实施藏粮于地、藏粮于技战略，突出粮食安全和“菜篮子”包供两个重点，大力推进农业结构调整，促进优势特色高效农业发展。主要特点和成效：一是统筹调优粮经饲种植结构。制定出台市委、市政府《关于农业产业种植结构调整的意见》，按照“一减四增”工作要求，积极优化农业品种结构，主推优质专用和节水小麦品种，明确2019年—2020年全市压减非生产功能区作物44.45万亩任务。2019年非优势区籽粒玉米种植面积得到压减，全市优质强筋小麦达到65万亩，推广小麦节水品种354.9万亩；发展青贮玉米49万亩，种植豆类52万、谷子9.4万亩（张杂谷6.5万亩），“双高”大豆25万亩非优势区籽粒玉米种植面积得到压减，大豆、杂粮、青贮玉米面积稳步增加，油料作物、棉花种植稳中趋减。二是发展规模高效养殖业。稳定生猪生产，建立健全生物安全体系，强化生物安全意识。全面排查生物安全控制关键点，做到“管住车、守住门、把住料、盯住人、看住猪、消好毒、关注邻”等重点环节，有效指导养殖户提高生产效率，缓解市场供求矛盾，科学有序恢复生产，印发了《生猪养殖商品代仔猪留作种用技术指导方案》《感染非洲猪瘟养殖场恢复生产技术指南》手册2000本，发放到养猪场，指导恢复生产。争取生猪规模养殖场信贷贴息担保资金149万元，用于种猪场和年出栏5000头以上商品猪场贷款贴息和担保费补贴。上报四个新建规模养猪场申报2020年规模化养殖场建设补助项目，增加生猪出栏近7万头。市财政扶持牧工商原种猪场200万元引进原种猪900头。三是做大做强优势特色产业。按照“稳中求优，统筹平衡”的发展思路，主动调整农业种植结构、品种结构和品质结构，加快优化区域布局，在小麦、玉米等播种面积保持稳定的基础上，重点实施“特产兴农”战略。承担省优势特色主导产业项目2个，分别是晋州鸭梨和新乐西瓜。承担省级“2019年蔬菜产业发展补助项目”2个（藁城、高邑）、“2019年中药材产业发展补助项目”2个（深泽、行唐）、“2019年水果产业发展补助项目”1个（行唐）。资金共计安排2050万元。其中产业补助项目资金1100万元，占全省20%。

五、统筹推进乡村振兴战略，促进农业农村可持续发展

紧紧围绕实施乡村振兴战略“20字”方针及“五大振兴”目标要求，统筹谋划，科学布局，农业综合竞争力显著增强，农村生态环境显著改善，乡村治理能力显著加强。农村人居环境整治、农村集体产权制度改革、乡村治理体系建设、乡村振兴示范区创建等多项工作走在了全省前列。行唐、灵寿、赞皇3个贫困县全部摘帽，贫困人口实现清零。主要特点和成效：一是实施乡村振兴战略体制机制进一步完善。强化政策支持。制定出台市委、市政府《关于坚持农业农村优先发展扎实推进乡村振兴战略的实施意见》（石发〔2019〕4号），组织召开全市农村工作会议和农业工作会议，对年度工作作出全面安排。加快规划编制。指导和督促各县（市、区）全面完成了《实施乡村振

兴战略规划》及产业、人才、文化、生态、组织等五个振兴专项工作方案编制，并通过了专家论证。突出示范引领。制定《石家庄市乡村振兴示范区创建工作实施方案》（石乡〔2019〕1号），确定市领导包联省级乡村振兴示范区创建工作责任制，并开展了示范区申报创建工作。全年共申报示范区23个，规划面积200余万亩，涉及44个乡镇，455个行政村，28万农户。其中元氏县槐阳镇、栾城区、正定滹沱河沿岸等三个示范区获批为省级示范区。鹿泉区和藁城、井陉分别被评为国家和省级乡村治理试点。强化产业扶贫。出台《石家庄市2019年产业扶贫工作指导意见》和《石家庄市关于加强易地扶贫搬迁产业发展的指导意见》，共安排扶贫资金7.4亿元，发展产业项目240个，选聘产业发展指导员2536名，帮扶贫困户5183户，覆盖贫困人口达16万人。二是农村人居环境整治水平大幅提升。全面开展农村环境整治。以鹿泉、正定等13个全域推进县为重点，以"五清三建一改"（清理农村生活垃圾、清理房前屋后乱堆乱放、清理闲置宅基及残垣断壁、清理沟渠坑塘黑水污水、清理畜禽粪便乱倒乱摊乱放；对清理出的场地规划建设小游园、小菜园、小果园；改变影响农村人居环境的不良习惯）为主要内容，大力推进农村清洁行动和全域人居环境整治示范县创建。全年共清理农村生活垃圾246万立方米；清理村内塘沟3190处；清理畜禽养殖粪污等农业生产废弃物65.3万立方米；清理残垣断壁或杂物1.6万处；建设小游园、小菜园、小果园2675个，打造出村庄清洁行动示范线50条、示范片100个、示范村500个。强力推动厕所改造。按照"政策扶持、示范带动、培训先行、质量第一"要求，坚持抓两头、带中间，蹄疾步稳推进农村厕所革命。全年共完成厕所改造26.1万座，超额完成4.4%，市、县、乡级示范村分别达到14个、163个和375个。大力实施"两高"沿线环境治理。以京石高铁、京石高速"两高"沿线117个村庄为重点，深入开展"六集中三建设一提升"行动，通过专项督办、明察暗访、限期整改、逐项销号等手段，圆满完成了"两高"沿线环境整治任务。三是农村改革发展更具活力。着重把握农村改革的重大方向与关键环节，最大限度保障集体成员的经济权益，不断推动农村集体经济发展壮大。圆满完成国家农村集体产权制度改革整市推进试点工作任务。摸清了全市农村家底，全市农村集体资产共有624.45亿元，其中经营性资产438.55亿元，非经营性资产185.9亿元，资源性资产1487.21万亩；共确认集体经济组织成员666.8595万人；有4065个村完成了改制任务，全部成立了农村集体股份经济合作社，并获得了全国统一组织机构登记赋码；制定了《石家庄市农村集体资产量化和股权配置管理办法》等21个政策文件，初步探索了以"五定、四有、三能"为主要内容的"石家庄模式"；开展的清理规范农村集体合同行动，受到省委赵一德书记充分肯定，并在全省推广。认真开展农村承包地确权登记颁证"回头看"，积极搭建农村承包地确权登记成果应用平台。四是乡村治理水平明显提升。对全市所有后进村全部落实"四包一"包联机制，形成一抓到底、齐抓共管的工作机制。鹿泉区被评为国家级乡村治理体系建设试点县，藁城区被评为省级乡村文明引领示范县、井陉县被评为法治乡村创建示范县。坚持和加强党对农村工作的全面领导，提高党的农村基层组织建设质量，巩固党在农村的执政基础。2019年，举办2期村党组织书记和村"两委"班子成员综合素质提升培训班，全市村党组织书记全部轮训一遍。全市20.6万名农村党员参加农村党建工作年会，参与率80%以上。摸排集体经济合同14.6万份，集体经济"空白点"占比由23%降至1.5%。省委副书记赵一德，省委常委、组织部部长梁田庚分别在《河北日报内参》(第36期)上，作出肯定性批示。县级以上文明村镇组织认定占比均达到50%以上，藁城区被列为新时代文明实践中心全省试点，《杜村精神文明建设重融入见实效》在中央文明办《精神文明建设》杂志第17期刊发。全市10573个网格普遍实现了"一格一员一终端"，视联网系统与所有县、乡及200多个村（居）实现直连直通。全市21个全国民主法治示范村（社区）通过了省司法厅复核。

（石家庄市人民政府）

唐山市

2019年，唐山市认真贯彻落实党中央、国务院和省委、省政府重大决策部署，坚持农业农村优先发展，大力实施乡村振兴战略，经过全市上下合力攻坚，圆满完成年度各项目标任务。全市年内实现一产增加值531.2亿元，增速达2.1%；农村居民人均可支配收入达到19316元，增长9.4%，居全省前列。蔬菜、肉类、水产品、奶类等产量均居全省第一，在全省率先实现了农产品质量安全县创建全覆盖，农产品质量安全工作位列全省第一、全国前列。

（一）着力深化农业供给侧结构性改革，夯实乡村振兴发展根基。深入实施农业供给侧结构性改革三年行动计划，做大做强"四个农业"，大力推进农业高质量发展。一是深入推进农业结构调整。在全省率先开展"粮改饲"整市推进试点，30万亩的试点任务全部完成。完成强筋小麦17.41万亩，优质专用玉米79.6万亩，高油酸花生6万亩，发展绿色水稻30万亩。二是着力发展科技农业。年内新增农业高新技术企业19家，新增市级农业科研平台6家，省级农业科技园区累计达到12个；新增农机总动力5万千瓦，全市主要粮油作物耕种收综合机械化率继续保持在86%以上；开展农村实用技术培训22万人次。三是全力发展绿色农业。全市年内农药、化肥使用量实现了“零增长”，全市2052家规模养殖场粪污处理配套建设任务已全部完工，畜禽粪污处理设施配建率达到95%以上，畜禽养殖废弃物资源化利用率达到73%以上。四是大力发展品牌农业。全市认证绿色食品农产品达到102个、地理标志农产品8个，实施区域、企业、产品“三位一体”品牌战略，农产品中国驰名商标达到10个、国家地理标志证明商标达到21个、河北省著名商标达到134个。“三品一标”和品牌农产品生产面积占全市耕地总面积的53%。五是全力发展质量农业。年内组织验收市级农业地方标准17项，组织立项省级农业地方标准1项、市级6项。启用唐山市“智慧农安”管理平台，强化对农业企业全程质量监管。全市通过农产品质量检测“双认证”的县级检测中心达到10个，年完成检测任务9万多批次，农产品质量安全监测合格率总体达到99.97%。2019年11月，我市被农业农村部命名为“第二批国家农产品质量安全市”，成为河北唯一的国家农产品质量安全市。

（二）大力发展新产业新业态，强化乡村振兴产业支撑。大力开发农业多种功能，加快发展新产业新业态，延长产业链、提升价值链、完善利益链，促进一二三产业融合发展，农业产业化经营率达到67.9%，增速达2.3%。一是大力发展特色优势产业。印发了《唐山市做大做强农业优势特色产业行动方案（2019—2022年）》，重点培育了1个国家级特色农产品优势区、4个省级特色农产品特优区。实施标准化牧场改造，累计建成120家智能奶牛场，规模化奶牛养殖场率先在全省实现“五个100%”。全市奶牛存栏24.6万头，在全省率先实现奶牛单产超过8.5吨。落实非洲猪瘟防控各项措施，加大对生猪养殖场户政策支持力度，年生猪存栏251万头、出栏524万头左右。二是大力推进农业产业化发展。全市谋划实施1000万元以上的农业产业化重点项目206个，完成投资85亿元。市级以上农业产业化重点龙头企业达到367家，其中省级龙头企业新增25家，总数达到88家，国家级龙头企业新增1家，总数达到6家。积极培育农业新型主体，全市省级农业产业化联合体达到12家；家庭农场新增省级59个、市级160个，总数达到897个；农民合作社新增国家级29个、省级99个、市级215个，总数达到8958个；市级以上现代农业园区培育87个，省级现代农业园区新增6家，总数达到21个。大力发展休闲农业，推进迁西花乡果巷国家级田园综合体试点建设，培育省级以上星级企业84个、省级美丽休闲乡村5个、省级美丽田园4个，打造省级精品乡村旅游线路14条。三是加快农产品加工业发展。全市规上农产品加工企业数量达到258家，农产品加工业产值较上年增长10%以上。全面开展农业大招商活动，年内签约农业项目13个，总投资20.2亿元。

（三）全力推进“十百千”工程，打造乡村振兴示范典型。一是确定创建目标。按照“统筹规划、分类实施，因地制宜、各具特色，集中打造、连片成线，梯次推进、动态提升”的创建思路，组织实施乡村振兴“十片引领、百村示范、千村提升”创建行动。2019年创建10个市级示范区、120个示范村、1108个提升村，强力打造乡村振兴唐山样板，充分发挥示范带动作用。二是制定创建标准。示范区按照“空间优化布局美、生态宜居环境美、业旺民富生活美、文明和谐风尚美”要求，确定11条具体标准；示范村标准重点对标浙江农村“生态美、风貌美、环境美、风尚美、生活美”创建导向，从唐山实际出发，确定19条具体标准；提升村对照示范村的指标体系，坚持梯次推进、动态提升、逐步达标，确定19条具体标准。三是实施项目带动。市级乡村振兴“十百千”专项奖补资金1.5亿元，建立了“十百千”工程项目库，将创建任务细化落实到32类、3017个具体项目上，到年底各项建设任务全部完成，共完成投资24.04亿元，创建成效明显，有效发挥了示范带动作用。

（四）坚决打赢脱贫攻坚战，完成乡村振兴优先任务。年内完成2039户、3709名贫困人口脱贫，在全省率先基本实现高质量整体脱贫。一是狠抓问题整改。完善全方位、常态化督导检查机制，对中央专项巡视、国家考核、省考核、国家督查以及省第五督查组、市纪委、市人大“三项联动”检查反馈共计538个问题，全面彻底整改到位。二是实施精准扶贫脱贫。主要是配套推进“八方面”组合政策措施。产业扶贫，全市安排产业扶贫资金9684.81万元，开展产业扶贫项目61个，实现建档立卡户产业项目全覆盖。就业扶贫，对有就业意愿且有劳动能力的1636人100%实现就业创业，发放扶贫专岗补贴1000.54万元。健康扶贫，将大病专项救治由25种扩增到30种，救治率达到100%，贫困人口累计就医13.97万人次，报销医疗费用8653.03万元。教育扶贫，对全市1718名建档立卡贫困家庭学生严格落实资助政策，实现“应免尽免、应补尽补”，为291名贫困学生发放补助金43.65万元。兜底保障，将2019年农村低保标准提高到每人每年4824元，5328名贫困人口纳入低保，1009人纳入特困供养。消费扶贫，组织社会各界累计购买贫困地区、贫困户的产品和服务228.82万元。科技扶贫，组建19支科技扶贫服务队，开展对接活动34次，指导、培训贫困群众800余人次。金融扶贫，发放扶贫小额信贷贷款481.4万元和“政银企户保”贷款250万元。三是广泛开展社会扶贫。深入开展“百企帮千户”行动，全市370多家企业对3467户建档立卡户和1343户贫困边缘户实施了“一对一”帮扶。做好对口扶贫工作，7个对口帮扶承德市的县（市、区）实施帮扶项目46个，拨付帮扶资金1.4亿元。四是完善防贫机制。市县两级财政投入防贫资金

2632.9万元。实施动态跟踪管理，排查出贫困边缘户14502户、29966人，对481户、759名防贫对象发放防贫保险金274.85万元。

（五）强力实施全域治水，厚植乡村振兴生态优势。按照《全域治水清水润城工程三年行动方案》部署，严格执行“清、准、高、快、狠”工作要求，组织实施河湖水系连通、河道综合治理、污水处理厂改造提升、水源涵养及供水、水库除险加固、沿河村庄环境综合整治等6大类、47个项目。到2019年年底，全部完成年度建设任务，全市河系水质状况持续向好，主城区全面消除劣五类水体，国省考核9个河流断面水质达标率100%，全域治水得到城乡群众广泛赞誉。建成35处农村饮水地表水置换工程、67处降氟改水工程、56处集中供水工程、327处饮水维修养护工程，强力推动农村饮水安全持续提升，全市集中供水率达到95.9%，受益人口13.29万人，全部建档立卡贫困人口饮水安全得到保障。同时，以落实最严格水资源管理制度为抓手，加强水资源全过程管理和保护。取水许可管理严格高效，完成3936件100万 m³ 以下项目取水许可技术审查和延续评估，新增286个非农实时计量监控点。地下水压采综合治理取得突破，年内关停城市自备井90眼，实施生态补水 2.09亿立方米，压采地下水9648万立方米，平原区浅层地下水埋深回升至9.01米，深层地下水变幅达标。水旱灾害防御取得全面胜利，全市除险加固病险水库21座，5个中小河流及骨干河道治理完成省达目标，同步完成123个陈旧项目建设。先后2次启动四级应急响应、1次三级应急响应，有效应对9号台风“利奇马”过境造成的强降雨，年内引滦调水8.66亿立方米，实现了水旱灾害防御的决战决胜。

（六）深入开展农村人居环境整治，擦亮乡村振兴靓丽底色。按照中央、省开展农村人居环境整治三年行动的决策部署，唐山市坚持把农村人居环境整治行动作为实施乡村振兴战略的重要工作来抓，组织开展村庄清洁、生活垃圾治理、污水治理、厕所改造、村容村貌提升五大行动，全党动员、全民发动、全域整治，形成了整治铺天盖地、成效翻天覆地的生动局面。全市5017个村提前完成村庄清洁任务，累计清理农村生活垃圾514.7万方、沟塘13973处、畜禽养殖粪污等农业生产废弃物73.6万方、残垣断壁或杂物15.5万处，拆除违章建筑53276处，建设小游园、小菜园、小果园7697个；完成无害化卫生厕所改造190481座，占年度任务目标145%，累计完成厕所改造971055座；18个县（市、区）全部实行了生活垃圾全域市场化保洁；全市统一规划建设8个垃圾焚烧发电项目，其中有3个年内建成运营；326个村建设了污水集中收集或分散式处理设施，108个村接入了城市污水管网，2547个村实现了生活污水有效管控；道路硬化、村庄绿化、美化、亮化等全部完成或超额完成目标任务，村容村貌焕然一新。

（七）稳妥推进农村改革，激发乡村振兴内生动力。以处理好农民和土地的关系为主线，以激活主体、激活要素、激活市场为目标，推进改革扩面提速，培育壮大农业农村发展新动能。一是扎实推进农村承包地确权工作。高标准完成承包地确权，颁证率达到95%，18个县（市、区）全部通过了农业农村部数据库成果人工质检。二是推进农村集体产权制度改革。全市3566行政村已全部完成改革任务，其它村完成了成员身份界定，圆满完成全年目标任务。三是开展农村产权抵押融资。按照“三全、四有、六统一”标准，全市实现农村产权流转交易中心全覆盖，全年办理农村产权交易业务852宗，交易金额达到3.71亿元。推进农村产权抵押贷款，完成“农权贷”9402万元。四是深化供销综合改革。全国总社百强县级社、基层社标杆社、农民专业合作社示范社分别达到7家、20家、13家。五是持续深化水资源税改革。核定非农用水户2718户、水量5.51亿立方米，水量核定率达100%。

（唐山市人民政府）

秦皇岛市

2019年，全市上下认真学习贯彻习近平总书记关于“三农”工作的重要论述，坚持以实施乡村振兴战略为总抓手，以深化农业供给侧结构性改革为主线，不断解放思想、开拓创新，全市实现农业增加值206.32亿元，农业产业化经营率达到72％，农村居民人均可支配收入达到15035元，各项农村改革扎实推进，农业农村发展呈现良好态势。

一、现代农业持续发展

坚持以农业供给侧结构性改革为统领，大力发展特色农业、绿色农业、科技农业、质量农业、品牌农业，全市现代农业发展水平稳步提升。

一是农业结构进一步优化。全面落实“一减四增”工作要求，全市玉米种植面积3年累计减少73.55万亩，调减比例达到37.87%，其中2019年调减5.54万亩，新增油料作物6.17万亩，蔬菜、瓜类1.7万亩，中药材1.47万亩。3个村镇获评全国“一村一品”示范村镇，山海关大樱桃、青龙北苍术入选第二批“河北省特色农产品优势区”。

二是绿色生产技术加快普及。大力实施农药化肥减量增效行动，完成测土配方施肥300万亩次，有机肥替代320万吨，实现化肥减量1.5万吨。建设农药减量示范基地25个，绿色防控面积达到100万亩，主要农作物绿色防控覆盖率达到34%，农药使用量下降3%以上。北戴河、山海关全域化学农药零使用示范区建设全面启动。加快推进畜禽废弃物资源化利用，大力推广“畜禽粪污→有机肥→有机产品→有机商品（旅游商品）”全产业链循环利用模式，全市畜禽规模养殖场粪污处理设施配建率达到99%，畜禽粪污综合利用率达到77.21%，达到全省领先水平。抚宁、卢龙成为国家级畜禽废弃物资源化利用试点县，昌黎、青龙成为省级试点县。集中开展春季地膜专项整治行动，推进农作物秸秆“五化”利用，秸秆综合利用率、地膜回收率分别达到98%和75%。

三是科技农业快速崛起。坚持政府、学校、企业三级联动，全面加快成果转化应用平台建设，昌黎嘉诚、卢龙中薯、中保绿都、夏都菌业被评为全省首批农业创新驿站。小江菜社建成冀东首个省蔬菜创新体系工作站。加大新品种新技术推广力度，试验推广农作物新品种27个、新技术12项，畜禽粪便纳米膜好氧发酵堆肥等5项技术入选全省50项主推技术之列，主要畜禽品种良种覆盖率达到90%以上。推进信息进村入户工程，1686个益农信息社覆盖了全市75%的行政村。全市农业综合机械化率达到64%，卢龙县被认定为全国第四批率先基本实现主要农作物生产全程机械化示范县。全年培训高素质农民1650人，为现代农业发展注入新的活力。

四是农产品质量安全稳定。坚持以创建农产品质量安全示范市为抓手，认真组织实施农药及农药残留、“瘦肉精”、兽用抗菌药、畜禽屠宰、生鲜乳、农资打假六大专项整治行动，着力构建产地准出与市场准入衔接机制，2883家企业录入省市两级农产品质量安全追溯监管平台，全市农业标准化生产覆盖率达到66.5%，在代表我省参加国家农产品例行监测抽检中，抽检合格率达到99.1%。卢龙县成功创建国家级农产品质量安全县，昌黎、青龙、抚宁成为省级农产品质量安全县。全面落实《非洲猪瘟防控精准十条》规定，非洲猪瘟等动物疫病得到有效预防。

五是品牌农业蓬勃兴起。大力实施“三位一体”品牌战略，昌黎葡萄酒入选全省十大高端区域品牌，卢龙甘薯、昌黎玫瑰香葡萄成为全省二十大区域公用品牌。加快推进“三品一标”认证，全市绿色、有机农产品数量分别达到82个和17个，山海关大樱桃等5种农产品成为全市首批地理标志商标。

二、农业产业化

按照“请进来、走出去”思路，集中开展系列大招商活动，着力以龙头企业发展带动农业产业化水平的持续提升。

一是项目建设成效显著。成功举办了第十四届中国山海关大樱桃节暨第二届全市农业项目招商推介会，15个农业产业化项目集中签约，计划总投资162亿元。昌黎县东亚香誉国际红酒创新交易中心和开发区佳龙食品产业园2个项目在全省农产品加工业发展大会上现场签约，计划总投资53.7亿元。全年谋划实施千万元以上农业产业化项目48个，完成投资21.5亿元，其中8个项目入选省级农业产业化终点项目。

二是农业产业化经营水平稳步提升。全面推进农业产业化增信基金试点工作，共发放贷款1.3亿元，有力缓解了企业“融资贵”“融资难”问题。全市市级以上农业产业化龙头企业实现销售收入232亿元，出口创汇3.18亿美元，农业产业化经营率达到70.9%。金海粮油、宏都集团、嘉诚实业跻身国家级农业产业化龙头企业，3家园区获批成为全省现代农业精品园区，昌黎县被评为全省农业产业化先进县，卢龙县、抚宁区成为农产品产地初加工试点县。

三是各类新型经营主体快速发展。全市年内新发展农民合作社147家，总数达到2526家；新发展家庭农场161家，总数达到1039家，合作社入社农户达到25.03万户，占农户总数的38.5%。17家合作社入选全国500强合作社。昌黎县被评为国家级农民合作社质量提升整县推进试点和全省农民合作社高质量发展示范县。

三、乡村振兴战略扎实推进

坚持顶层设计、行政推动、示范带动的思路，制定出台《关于坚持农业农村优先发展加快实施乡村振兴战略的意见》以及《农村集体产权制度改革工作推进方案》《农业招商引资和重大项目建设推进方案》《国家农产品质量安全市创建的实施方案》等30个专项工作方案，形成了“1+N”的乡村振兴战略政策支撑体系。市县两级分别成立工作专班，建立健全考核评价机制，落实市县党委书记包联乡村振兴示范区制度。昌黎葡萄酒产业聚集区成为省级乡村振兴示范区，卢龙县刘田各庄镇、海港区房庄村等“一镇五村”成为全国乡村治理示范村镇，北戴河区被评为省级乡村振兴治理体系建设综合试点县，卢龙县被评为省级乡风文明引领专项试点县。

四、农村人居环境整治全面推进

认真贯彻落实中央和省有关要求，制定出台《2019年全面推进农村人居环境整治实施方案》及垃圾治理、厕所改造等十二个专项实施方案，明确考评办法，每月对县区进行考核排名，超额完成各项任务。

一是农村“厕所革命”取得新进展。一方面，集中开展“厕所革命”回头看，集中整改质量不达标、改而不用、冬季易冻等问题；另一方面，加快推进年度改厕任务，全市完成农村厕所改造11.7万座，超额完成年度任务。

二是村庄清洁行动扎实推进。围绕“五清三建一改”全市共清理农村生活垃圾33万立方米、残垣断壁1万余处、黑丑污水沟塘5386处、畜禽粪污1万余立方米，建设小游园、小果园、小菜园1205处，全市农村人居环境得到明显改善。

三是“两高”沿线环境集中整治取得新成效。围绕“六集中、三建设、一提升”，扎实推进“两高”沿线村容村貌、村庄绿化和垃圾治理等终点工作，共清理残垣断壁450余处、各类垃圾8万余立方米。

五、农村改革不断深化

坚定深化改革作为推动乡村振兴战略，加快农业农村发展的根本动力，深度谋划，统筹推进。

一是农村集体产权制度改革取得阶段性成果。全市2287个村完成了清产核资工作，完成率100%。2261个村完成成员界定，2232个村实现股权量化，2220个村建立了“三会”，1380个村完成了集体经济组织登记工作。卢龙县、青龙满族自治县全面完成国家和省级改革试点任务。

二是农村土地制度改革稳步推进。在完成农村土地承包经营权确权登记颁证工作的基础上，重点开展遗留问题“回头看”工作。农村土地承包经营权证发放率达到95.6%。全市土地流转面积102.8万亩，流转率达到40.6%，其中流入合作社、家庭农场、专业大户等新型经营主体的面积达到67万亩，占流转总面积的65.2%。市级搭建了土地流转管理服务平台，县乡两级实现了流转管理服务机构全覆盖。

三是“创新联合社治理机制”专项试点工作顺利通过国家总社验收。圆满完成昌黎县供销合作社“创新联合社治理机制”专项试点任务，“为全国供销合作社系统提供了有益借鉴”。时清霜副省长作出批示：“请供销社系统以此为起点，复制推广经验，加快改革创新，逐步建立起高质量的合作经济体系，为服务‘三农’，助力乡村振兴做出贡献”。

此外，高标准农田建设、农业综合执法改革、洁净煤确村确户、农业安全生产、粮食生产功能区划定、全国第二次污染源普查、大棚房整治等多项工作扎实推进，圆满完成了年度任务。

（秦皇岛市人民政府）

邯 郸 市

2019年，在市委、市政府的坚强领导下，认真贯彻落实中央、省农村工作会议和中央、省委一号文件精神，坚持把乡村振兴战略作为总抓手，抓重点、破难点、育亮点，农业农村各项工作取得新成效。成功承办第四届京津冀蔬菜食用菌产销对接大会；全省农村人居环境整治工作现场观摩会在峰峰矿区召开；全省村庄清洁行动观摩活动、农村厕所革命长效管护机制建设现场观摩会在邱县召开；我市在全省农村集体产权制度改革推进会上作了典型发言，全省唯一。

（一）坚持高质量发展，现代农业发展取得新突破。

1.农业综合生产能力稳步提升。新建高标准农田39.74万亩，划定粮食生产功能区小麦528万亩、玉米479万亩，粮食总产连续八年达到100亿斤以上，其中小麦平均亩产449.2公斤，总产达245万吨，单产、总产位居全省第一。蔬菜播种面积315万亩（其中设施蔬菜面积210万亩），总产1338万吨，位居全省第一。肉蛋奶产量分别达到50万吨、90万吨和16.5万吨，水产品产量为2.55万吨，形成了生猪、蛋鸡、肉羊和奶牛四大优势产区。

2.特色优势产业加快发展。落实“一减四增”要求，调减非优势区高耗低质低效农作物22万亩，推广强筋小麦70万亩、优质谷子等杂粮85万亩、高效间套棉花40万亩、鲜食和粮饲兼用玉米50多万亩、优质花生45万亩、中药材26万亩，初步形成了中东部优质粮食、西部优质杂粮和中药材、东南部优质花生、东北部优质高效棉花、东部高效优势蔬菜等特色优势产业带。全市重点发展特色粮油、特色蔬菜、特色中药材、优质梨、优势畜禽、奶类等6大产业，高标准打造鸡泽辣椒、武安小米2个国家级特优区，新创建邱县红薯、文冠果，馆陶艾草，临漳韭菜4个省级特优区，总数达到12个。全市各类特色产业面积达到241万亩，预计农业特色产业产值占全市农业总产值比重达到49%。

3.畜牧水产业转型取得突破性发展。在生猪产业发展方面，引进了河南牧原、湖南唐人神、江西双胞胎等3家上市企业，分别在我市馆陶县投资14.5亿元建设百万头生猪项目、在大名县投资2亿元建设30万头商品苗猪项目、在肥乡区投资20亿元建设80万头生猪产业链田园综合体项目，带动生猪规模化养殖大幅度提升，也为畜牧转型发展探索了新路径。全市年出栏500头以上生猪、存栏2000只以上蛋鸡规模场比重分别达到51%、80%。在奶业发展方面，力邀省乳业龙头企业君乐宝公司落户邯郸，全面支持君乐宝公司在大名县投资4亿元的乳制品加工厂项目和投资5亿元、存栏奶牛1万头的牧场项目建设，加快邯郸市康诺食品有限公司日加工300吨乳制品技改项目建设。在渔业发展方面，突出休闲、垂钓积极发展新品种，创建涉县、永年、高开区小龙虾养殖规模达到2000亩以上，泥鳅、稻田蟹养殖规模达到1000亩以上，创建休闲渔业省级示范基地2家。

4.“四个农业”发展成效显著。在科技农业上，开展农业科技大培训活动，共举办各类技术培训班910期，其中市级办班230期。年内，全市培训农民10.3万人次，培育新型职业农民4600人。在绿色农业上，完成农业节水项目175.05万亩，实现压采能力1.25亿立方米；全年减少化肥用量5673吨、农药用量176吨，分别完成减施任务的113.5%和110%，连续三年化肥、农药实现负增长；农作物秸秆综合利用率保持在96%以上；完成20个规模化养殖场粪污处理设施配套建设任务，配套率达到100%；积极推进清洁取暖洁净煤确村确户，实现省方案任务户数全覆盖。

在品牌农业上，全市绿色、有机、地理标志农产品认证达到78件，涉农中国驰名商标总量达到17件；鸡泽辣椒被农业农村部等九部委认定为首批“中国特色农产品优势区”；创建成安草莓、魏县杏孢菇2个省级区域公用品牌，省级区域公用品牌达到10个。在质量农业上，新创建8个农安县，实现全覆盖；全市标准化生产覆盖率达到64%；5个县（市、区）质监站通过“双认证”。

5.三产融合发展取得新进展。推动现代农业园区提档升级，经开区滏东现代农业园区顺利通过农业农村部验收，成为全省首家国家级农业园区；创建4个省级精品园区；联合中国农大创建曲周全国农业绿色发展示范区，鸡泽县、邱县、魏县列入全国农村一二三产融合发展先导区创建单位。新创建省级现代农业园区5个，累计拥有省级25个，辐射带动农民148万人，园区内人均可支配收入达2.06万元，高出全市农民人均收入30%以上。大力发展都市现代农业，围绕主城区周边8个县区、10个都市农业示范区的近30余处精品端点进行重点打造，创建省级农业精品旅游线路3条（占全省三分之一），初步形成了以发展休闲观光、科普体验、创意精品等为主的半小时都市近郊休闲农业发展圈。

6.农业产业化水平持续提升。全市建成市级以上农业产业化重点龙头企业477家，其中年内新增国家级1家，总数达到7家；新增省级21家，总数达到96家，数量居全省第一。创建市级以上农业产业化联合体49家，其中省级新增7家，达到21家，数量全省第一。7个项目入选省重点项目，22个项目入选省农业产业化重点项目，数量全省第一。尚格魔芋产业园等100个重点项目已完成投资53.3亿元，占年度任务的106.6%。争取农产品产地初加工补助项目资金1715万元，总量居全省前列。邱县新马头镇礼村、曲周县安寨镇前衙村被农业农村部认定为第九批“全国一村一品示范村镇”，全市累计达到15个；建成全国“一村一品”专业村1093个。

（二）深入推进人居环境整治，农村环境面貌得到新改观。

1.持续开展村庄清洁行动。围绕“五清三建一改”，全面清理空闲宅基，全面开展坑塘整治，全面拆除违占违建。全市共清理垃圾523.8万余立方、清理坑塘、沟渠1.3万余处、清理畜禽养殖粪污等农业生产废弃物38.9万余立方、清理残垣断壁或杂物15.7万余处，建设“三园”1.27万余个，4855个村庄已经完成村庄清洁行动任务。

2.健全完善农村环境整治常态长效机制。农村环卫保洁基本实现公司化、专业化全覆盖，城乡垃圾一体化处理覆盖率已达到95%的预期目标。肥乡区、邱县等6个2018年度省级全域完成示范县已完成县级自查、市级验收和省级抽验；临漳县、武安市等7个2019年度全域完成县也已基本完成任务。

3.逐步补齐美丽宜居乡村建设短板。改造各类无害化卫生厕所40.2万座，占任务量134%；新建设污水集中收集或分散式处理设施村655个、得到有效管控村新增1713个；完成入户道路硬化村庄1032个、完成穿村公路硬化村庄610个，累计有3590个村庄完成小街巷硬化，占比68%；新增村庄绿化面积6.7万亩，建设美丽庭院50.8万个。全市累计投入资金18.7亿元，10个专项行动已全面完成既定任务。

（三）发挥牵头抓总作用，乡村振兴战略扎实推进。

1.坚持政治站位。开展“学习习近平总书记‘三农’工作重要论述”谈体会活动，组织全市农业农村系统开展深入调研，形成一批有针对性和操作性的调研成果；围绕落实《中国共产党农村工作条例》和《河北省贯彻落实〈中国共产党农村工作条例〉实施办法》，开展系列学习贯彻活动，推动《条例》及《实施办法》各项规定落实。

2.搞好统筹谋划。研究制发了《关于坚持农业农村优先发展扎实推进乡村振兴战略实施的意见》《邯郸市2019年度实施乡村振兴战略工作要点》《创建乡村振兴示范区的实施方案》等系列文件，以及产业振兴、人才振兴、文化振兴、生态振兴、组织振兴等5个专项方案，健全完善了乡村振兴战略实施的政策体系。2月27日，市委、市政府以“多会合一”的形式，对乡村振兴工作进行安排部署。围绕乡村振兴战略实施，成功组织10余次现场观摩和调度会议，有力推动了各项工作的扎实开展。在今年10月份，全市城乡建设观摩点评会上，市四大班子领导给予高度评价。

3.强化示范创建。全市重点创建乡村振兴示范区22个，其中省级2个，市级3个，涉县太行红河谷乡村振兴示范区成功争列2020年度省级示范区。峰峰矿区太行跃峰渠乡村振兴示范区作为2019年度省级示范区，坚持全域打造，在污水治理、“三区同建”、乡村休闲旅游等方面走在全市、乃至全省前列，擦亮“太行跃峰渠”精品旅游品牌。5月13日，全省农村人居环境整治现场观摩会在峰峰召开，省委副书记赵一德在会上对示范区建设给予高度肯定。7月2日，省委书记王东峰到该示范区调研，称赞示范区内“万亩秀林”是真正的“绿色银行”。

在工作推进上，主要有四个特点：一是发挥牵头抓总作用。机构改革后，农业农村部门成为综合性的大部门、大系统。市委市政府乡村振兴领导小组办公室、市委农村工作领导小组办公室、市农村人居环境整治领导小组办公室、市非洲猪瘟防控领导小组办公室均设在市农业农村局，承担着大量综合协调的任务。我们充分发挥四大办公室职能作用，明确目标任务，建立工作台账，强化督导调度，真正压实有关部门的主体责任，形成了强大的工作合力，有效推动了各项任务的顺利开展。二是集中力量办大事。无论是大棚房整治、京津冀蔬菜对接大会、农村产权制度改革、农村人居环境整治等，在重要节点、关键时期，工作不分份内份外，实行县级领导包县制度，深入县乡村，现场督导，有效破解了工作中的难点。坚持每周一召开局领导碰头会，雷打不动、一以贯之。三是实施专班推进。为推动重点工作任务落地落实，对每项重点工作均成立工作专班，明确一名牵头领导挂帅、一个有力团队负责、一个推进方案配套，一抓到底、跟踪问效。四是强化专函督办。对工作推进中发现的难以解决的问题，采取专函督办的方式，以党委农办名义直接向县委、县政府发函，指出问题，提出建议，限期整改，推动问题解决，取得了很好效果。

（邯郸市人民政府）

邢台市

2019年，邢台市认真贯彻落实中央和省关于农业农村发展的各项决策部署，以实施乡村振兴战略为总抓手，深入推进农业供给侧结构性改革，持续深化农业农村重点领域改革，农业农村工作扎实推进并取得优异成绩。

一、农业生产持续稳定

农业生产稳中向好。全市农林牧渔业总产值494.0亿元，同比增长3.3%。粮食播种面积1158.8万亩，总产474.5万吨，同比增长1.7%。棉花、油料和蔬菜分别达到9.1万吨、12.8万吨和275.9万吨，肉、蛋、奶和水产品分别完成29.2万吨、42.4万吨、25.7万吨和5417吨。加强粮食生产功能区和重要农产品保护区建设，完成划定任务1089万亩，其中，粮食生产功能区小麦486万亩、玉米473万亩，重要农产品生产保护区棉花130万亩。全国农民合作社和家庭农场高质量发展工作现场会在我市召开，国务院副总理胡春华出席会议并讲话。积极调整种植结构。争取季节性休耕绿肥种植试点项目1万亩，位居第一，强力推进市区大外环油菜种植项目，规模达8万亩。打造了1个国家级、7个省级特色农产品优势区。成功举办首届邢台国际十字花科蔬菜产业大会，向30多个国家和地区的150余家企业、科研单位展示了我市十字花科蔬菜产业优势。扎实推进奶业振兴，君乐宝（威县）年产16万吨液态奶工厂投产运营，柏乡县君乐宝千头高端奶牛家庭牧场顺利开工，伊利集团高端牧场项目已达成初步战略合作协议。成功举办首届邢台国际十字花科蔬菜产业大会，向30多个国家和地区的150余家企业、科研单位展示了我市十字花科蔬菜产业优势。大力推进农业机械化。坚持“藏粮于地、藏粮于技”，争取农机购置补贴政策资金1.218亿元，补贴各类机具9883台，受益农户数7183户。南宫市获得“全国率先实现主要农作物全程机械化示范县”称号。全市农作物耕、播、收综合机械化水平达到89.96%，其中小麦、玉米耕、播、收三大环节实现了全程机械化。

二、农业供给侧结构性改革深入推进

大力发展科技农业。围绕主导产业和农业园区，重点抓好2个省级集成创新示范基地和13个基层农技推广补助示范县建设。推广主导品种45个，推广技术示范35项。启动创建省级农业科技创新驿站9个、市级以上农业科技创新驿站20个。开展“互联网+”现代农业行动，大力实施信息进村入户工程，启动建设益农信息社3967个，行政村覆盖率达80.7%。大力发展绿色农业。开展农田残膜“白色污染”防治，农膜回收率达到75%以上。完成测土配方施肥技术推广面积1183.5万亩次，化肥使用量同比减2.75%。开展农药零增长行动，农药使用量同比减2%。积极推广秸秆“五化”利用模式，秸秆综合利用率达95%以上，临西县列为农业农村部秸秆综合利用试点县。畜禽粪污综合利用率达到80.27%。新认证绿色食品企业5家、产品9个，全市拥有绿色食品企业51家、产品102个。大力发展品牌农业。坚持以龙头企业为引领，实施品牌驱动战略。印发《关于做大做强农业产业化龙头企业的实施意见》，新增1家国家级19家省级重点龙头企业，启动2家领军品牌企业、3家创新型企业培育，新认定农产品区域公用品牌2个，全市公用品牌数量达到6个。大力发展质量农业。抽检各类农、畜、水产品2800余批次，合格率达99.2%，农业标准化生产覆盖率达到66.68%。宁晋县通过国家级农产品质量安全县验收，省级农产品质量安全示范县创建实现全覆盖。通过省级监管追溯平台，基本建立农资和农产品生产经营主体电子信用档案。

三、乡村振兴战略强力实施

农村人居环境整治成效显著。率先在全省实现农村垃圾治理率、市场化覆盖率、城乡一体化覆盖率“三个百分之百”。2019年度考核全省排名第一。实施整县推进农村人居环境整治项目6个，位列第三。我市在全省乡村振兴工作推进会、全省农村人居环境整治现场观摩会上作典型发言，任县“家园革命”和垃圾分类经验得到省委副书记赵一德同志、副省长张古江同志肯定批示。宁晋县贾家口镇小河庄村被评为中国美丽休闲乡村。农村创新创业成效明显。宁晋县被确定为全国农村创新创业典型县，临城县凤凰岭现代农业园区被确定为国家农村创新创业园区，南和县金沙河农作物种植专业合作社魏海金被农业农村部确定为全国农村创新创业带头人。隆尧县山口镇东尚村（隆尧鸡腿葱）、威县第什营镇西梨园村（葡萄）被评为第九批全国一村一品示范村镇；隆尧县被评为河北省农业产业化先进县。乡村治理体系持续加强。任县被确定为全国乡村治理体系建设试点；基层党建工作进一步加强，健全村级治理体系。加强村民自治组织规范化制度化建设，村级议事协商制度不断健全，村级事务公开全面推进，“两会一约”覆盖率持续提升。乡风文明成效凸显。制定印发了《邢台市乡风文明建设行动计划》，明确了“四个一”阵地建设、“四个一”组织制度、六项重点活动等14项具体建设标准，重点打造了南和县宋台村、沙河市兴固村、宁晋县西黄儿营村等53个示范样板，启动实施了农民素质提升工程和“好乡风、好家风、好民风”征集展示及“学家训、传家训、晒家训”等系列主题活动。任县被农业农村部确定为全国创建乡村治理体系建设试点县，内丘县获评“美丽中国乡村振兴发展示范县”。

四、脱贫攻坚成效显著

落实“两不愁三保障”要求，坚决打好脱贫攻坚战，全市剩余26个贫困村全部脱贫出列，减贫32349人。扎实做好危房改造、易地搬迁等工作，提前1年完成“十三五”2449人的易地扶贫搬迁任务，提前3个月完成年度2415户农村危房改造任务。围绕“两不愁三保障”突出问题及国家、省考核交办问题，细化工作责任落实，举一反三开展整改，1657户3027人“两不愁三保障”问题全部整改到位。着力推进产业扶贫。全年实施扶贫产业项目719个，实现46612名贫困劳动力就业。探索建立的“164就业扶贫体系”，入选人社部2019年人社扶贫典型事例。新河县建立扶贫车间和扶贫小院，为农村贫困劳动力安排就业岗位做法，被新华社《国内动态清样》刊发，得到汪洋主席肯定性批示。威县“金鸡帮扶”入选联合国粮农组织“全球减贫案例征集活动”最佳案例。织密织牢防贫防返贫保障网，探索构建我市“114”防贫防返贫保障体系，并在全国设区市中率先建立市级防贫防返贫大数据平台，得到汪洋主席和王东峰书记肯定性批示。2019年全市返贫人口为零，新增建档立卡贫困人口327人，较2018年大幅下降。

五、水生态环境持续优化

强化水生态建设，大力实施水生态环境治理与保护。实施节水行动计划。认真落实最严格水资源管理制度，持续开展地下水综合治理，强力关停城镇自备井405眼，完成率101.5%，名列全省第一。积极引调黄河水约1.2亿方，消纳南水北调引江水2.7亿方，消纳比例在全省位列第一，向河道补充生态水1.57亿方。全面落实河长制要求。深入推进河湖清理整治，利用“河长云”开展巡河，实现巡河动态、问题整治、督查督办信息化。推进督查督办常态化，先后开展专项督导检查38次，下达督办函、督办令54次。推进清理整治标准化，扎实开展河道“四乱”问题排查整治，累计整改问题934个。推进重大水利建设。持续实施大沙河综合治理工程，完成了右堤50年一遇、左堤20年一遇标准设计洪水位以下筑堤固堤工程，并启动了左、右堤堤顶硬化工程。大沙河治理模式先后得到了国家水利部和省水利厅领导的充分肯定。加强水利风景区建设与管理。我市综合利用水利设施、水域岸线建设了一批富有特色、山水怡人的水利风景区，其中国家级4家、省级6家，在全省位列第一；七里河市区段获省“秀美河湖”称号，排名在全省位列第二。

（邢台市人民政府）

保定市

2019年，保定市全面贯彻落实中央、省、市“三农”工作部署要求，牢牢把握稳中求进工作总基调，坚持农业农村优先发展总方针，以实施乡村振兴战略为总抓手，以深化农业供给侧结构性改革为主线，落实高质量发展要求，对标全面建成小康社会“三农”工作必须完成的硬任务，适应新形势新任务新要求，立足全局抓重点，担当作为抓落实，圆满完成全年各项目标任务。

一、农业发展质量持续提升。一是农业综合生产能力显著增强。2019年，全市农林牧渔业总产值完成591.2亿元，比上年增长1.8%。畜牧、蔬菜、果品等三大优势产业产值占农林牧渔业的比重为66.1%。全市一二三产业结构为10.8:34.4:54.8。二是粮食生产再获丰收。全面完成粮食生产区划定任务，建成高标准农田480万亩，粮食播种面积1005.5万亩，粮食总产量406.3万吨，比上年增长2.1%。其中，夏粮总产量177.3万吨，下降0.5%；秋粮总产量229.0万吨，增长4.3%。三是菜篮子产能略有下降。蔬菜播种面积98.2万亩，比上年下降0.6%；总产量399.3万吨，比上年下降2.7%。其中，食用菌（干鲜混合）产量7.3万吨，增长13.3%。肉类总产量45.5万吨，比上年下降11.7%。其中，猪肉产量26.8万吨，下降24.3%；牛肉产量4.4万吨，增长6.4%；羊肉产量6.0万吨，增长2.8%；禽蛋产量27.9万吨，下降1.2%；奶产量34.9万吨，增长5.9%。年末生猪存栏154.3万头，下降33.2%；生猪出栏350.0万头，下降22.4%。四是特色产业发展成效明显。安国中药材被评为国家特色农产品优势区，蠡县麻山药、清苑西瓜、满城草莓、阜平食用菌入选省级特色农产品优势区。

二、农业供给侧结构性改革深入推进。以“四个农业”为抓手，深化农业供给侧结构性改革。一是做精科技农业。在全省率先创建50个集科研、孵化、中试、应用、推广于一体的太行山农业创新驿站，省委、省政府在全省推广，中央农办、农业农村部在全国推介。50个驿站涵盖蔬菜、果品、食用菌、畜禽、中药材、苗木、食品加工、文创旅游等10大类35个特色农业产业，规划面积32.5万亩，建成面积14.2万亩，累计引进新品种、新技术717项、申请专利55个，科技贡献率达到80%以上。二是做实绿色农业。整市创建省级农业绿色发展先行区。化肥、农药持续保持负增长，全市秸秆综合利用率始终保持在95%左右。全市畜禽粪污处理设施配建率达到96.08%，畜禽粪污综合利用率达到85.38%。三是做大品牌农业。重点支持和打造9个河北省农产品区域公用品牌，将19个县级区域公用品牌列入全省重点打造品牌名录，持续提升我市20个河北省地理标志农产品市场影响力和美誉度，河北德力食品有限公司等2家企业、保定冰花食品有限公司等3家企业分获省级领军企业品牌、创新型农业企业。四是做强质量农业。深入开展农产品质量安全“七大专项整治行动”，开展国家、省农产品质量安全县创建，涿州市、涞水县被农业农村部命名为“国家级农产品质量安全县”，徐水区、清苑区、定兴县、高碑店市等13个县（市、区）被授予为“河北省农产品质量安全县”。

三、农业产业化经营水平持续提升。2019年，全市农业产业化经营率66.5%，全市共有市级以上农业产业化重点龙头企业275家，其中国家级龙头企业3家、省级龙头企业66家。市级以上农业产业化联合体发展到31家，其中省级14家，保定硕丰等6家联合体入选全省农村产业融合发展示范建设项目。2019年，实现销售收入（含交易额）899.5亿元，实现利润25.58亿元，完成出口创汇8570万美元。2019年，谋划推进市级农业产业化重点项目137个，总投资599.6亿元，年度完成计划投资81.9亿元。

四、现代农业园区实现新提升。坚持把现代农业园区作为践行“四个农业”的载体，以提高农业质量效益和竞争力为核心，打造现代生产要素聚集的现代农业产业集群。全市共建成县级以上现代农业园区193个，其中省级园区26个、省级精品园区3个、市级园区105个、市级精品特色园区65个，县级园区62个。园区规划面积252.94万亩，累计建成125.1亩，土地流转面积69.3万亩。园区内产业齐全，基本涵盖了种、养、加、销、游等各个产业，其中，种植业112.77万亩，占90.1%；养殖业2.94万亩，占2.4%；加工流通业1.12亩，占0.90%；休闲旅游业3.65万亩，占2.9%。248家工商企业、290家农民专业合作社参与园区建设，累计投资352.9亿元。

五、农村面貌持续改善。一是推进农村厕所革命。坚持因地制宜选择改厕技术和模式，2019年改造无害化卫生厕所22.26万座。二是推进农村垃圾和污水治理。5108个村实现生活垃圾城乡一体化处理；建成生活垃圾转运站127座，配备生活垃圾转运车290辆，转运能力达到3062吨/日；建成并投运生活垃圾处理设施10座。坚持集中处理与分散治理相结合，有序推进农村污水治理，全市累计投入15.7亿元完成了555个村庄农村生活污水治理，实现生活污水原位消纳、循环利用，有效杜绝村庄生活污水横流现象，实现了1869个村庄的农村生活污水有效管控。三是改造提升村容村貌。2019年1017个村完成通村路建设，840个村完成主街道硬化，完成村庄绿化3.235万亩，2083个村完成美化整治，1005个村实现公共照明达标，美丽宜居乡村展现新风貌，农民群众获得感、幸福感显著提升。

六、农村发展活力持续增强。一是农村土地改革持续深化。开展承包土地确权登记颁证“回头看”，通过国家验收；推动多种形式适度规模经营，农村土地经营权流转率达到34.6 %。二是农村集体产权制度改革深入推进。全市5187个应改革村已全面完成清产核资工作；5143个村完成成员身份确认工作，完成率近100%；5082个村完成股权量化，完成率近98%；5052个村建立“三会”，完成率近98%；3012个村登记发证，完成率近59%。三是新型经营体系建设取得新进展。开展农民合作社规范提升行动，实施家庭农场培育计划，全市农民合作社发展到12936家，其中国家级示范社28家，省级示范社86家；家庭农场发展到3398家，省级示范家庭农场74家。建立万亩以上农业生产社会化托管组织14家，千亩以上托管组织18家，全市土地托管、半托管面积超过50万亩。

七、产业扶贫质量水平全面提升。积极推进“十百千”示范以及12大特色产业扶贫工程，实现扶贫样板村贫困县全覆盖、贫困地区贫困户达到2个以上产业全覆盖，促进了农民增收致富。注重典型示范，阜平食用菌产业扶贫模式入选2019年农业农村部22大产业扶贫典型案例；科技创新驿站典型、涞水“双带四起来”等2个案例入选国扶办14个典型案例；保定太行山农业科技创新驿站、阜平香菇产业、涞源光伏扶贫、涞水“双带四起来”旅游扶贫、易县“三带四金”模式、顺平管理创新、唐县产销对接等7个案例入选全省26大产业扶贫典型案例；阜平县“小硒鸽”产业扶贫模式获评“2019年度中国脱贫攻坚与精准扶贫十佳案例”奖。

八、农民收入持续增长。坚持多措并举，着力增加农民工资性收入、经营性收入、财产性收入、转移性收入，2019年农村居民人均可支配收入15618元，同比增长10.7%。

（保定市人民政府）

张家口市

一、扎实推进脱贫攻坚

紧紧围绕“两不愁三保障”标准和脱贫攻坚目标，着力在抓重点、攻难点、补短板、强弱项上下真功，在抓党建、促脱贫、强责任、转作风上求突破，推动各项政策措施精准落地落实，圆满完成了年度脱贫攻坚各项目标任务。2019年，全市97895名建档立卡贫困人口实现脱贫，剩余的747个贫困村全部出列，剩余的8个贫困县和涿鹿县赵家蓬区全部摘帽。国务委员兼国务院秘书长肖捷，省委书记王东峰、省长许勤等领导，对我市脱贫攻坚工作给予了充分肯定。全面解决“两不愁三保障”突出问题，教育、医疗、住房各项政策全部落实，服务保障水平进一步提升。资助5.34万名贫困家庭学生，为1.74万名困难家庭大学生提供助学贷款，有效保证了贫困家庭学生不因贫失学辍学；“三重保障”政策和“先诊疗后付费”服务分别惠及贫困人口62.04万人次和17.48万人次，2.08万名大病贫困患者和16.4万名贫困慢病患者均获得及时救治，贫困患者实现应治尽治；先后组织开展8轮次摸底排查，提前完成省下达2018—2019年度9754户和2019—2020年度4795户农村危改任务，同时对5819户“非四类重点对象”危房进行改造提升，农村危房隐患得到全面排除；水利扶贫专班牵头，彻底解决摸排出的33个村1912户4212名贫困人口的饮水安全问题，实施618个村农村饮水安全巩固提升工程，有效惠及贫困人口8.3万人。突出抓好长效产业扶贫，以“四方联动”新机制为抓手，围绕特色种养、光伏、生态、旅游、电商等扶贫产业，年内投资21.28亿元，实施项目1075个，实现了贫困人口产业扶贫项目及帮扶措施全覆盖；探索创新“八销”消费扶贫模式，多渠道帮助贫困地区销售农产品总额达9.8亿元，有效带动5.52万贫困人口增收；推行“四个一批”就业扶贫做法，全市有劳动能力且有就业意愿的18.15万建档立卡贫困人口实现就业。着力健全防贫返贫机制，制定《关于进一步健全脱贫防贫长效机制的实施意见》，建立防贫对象发现、上报、反馈、解决工作体系，累计将5383户10715名脱贫监测户和边缘户列为防贫对象，实行台账管理、动态监测；落实多层次、复合式帮扶措施，将24.3万建档立卡贫困人口纳入低保和特困供养保障范围，实施临时救助10.62万人次；通过防贫保险救助2318人次，累计理赔1699.1万元。狠抓反馈问题整改，把问题整改贯穿脱贫攻坚工作全过程，2017年以来国省考以及巡视、审计、督查等反馈的829条点对点问题和梳理的3424条举一反三问题已全部整改到位。

二、扎实推进生态建设

深入贯彻习近平总书记生态文明思想，坚持山水林田湖草综合治理。全面提升造林绿化成效，造林绿化由“要成果”向“要效果”转变，抓巩固提升、抓廊道绿化、抓山体修复、抓资源管护、抓资金破解、抓造林成果，全年完成营造林任务185.33万亩。其中：人工造林75.83万亩、封山育林38万亩、营林抚育71.5万亩，占全年任务的101.27%，全市林木绿化率稳定在50%。完成村庄绿化52854亩，占全年总任务的137.51%，全市共有53个村庄获得“省级森林乡村”称号。累计完成高速、高铁廊道两侧绿化49.6万亩；积极争取到国家在张承坝上地区植树造林项目省以上投资21.88亿元。新建以干果为主的经济林基地8.83万亩，嫁接改造面积2.66万亩。建设示范园区8处，林下经济经营面积达到100.92万亩，干果产量达到2.83万吨。全面提升水源涵养能力，编制《张家口市水资源管理及集约利用实施方案》，严格落实河湖长责任制，实施地下水超采综合治理，退减水浇地21.64万亩，关停农用井3278眼，实现地下水压减2400万立方米目标，坝上四县地下水位与去年同期相比出现回升。加强水资源管理，完成62眼城镇自备井关停任务。实施永定河综合治理与生态修复项目，清水河、洋河、桑干河、永定河综合整治工程和怀来县洋河二灌区续建配套与节水改造工程全部开工。结合河道综合整治项目，推动“以河代库”蓄水工程。根据相关监测数据显示，全市8个国省考断面水质优良（达到或优于Ⅲ类）比例达到87.5%，达标率达到100%，达到年度考核目标。全面落实休耕种草任务，按照首都“两区”规划，编制印发了《张家口市坝上地区休耕种草实施方案》，成立了专项工作领导小组，按照“党委领导、政府主导、连片布局、规模流转、市场运作、公司经营、绿色发展”的原则，对张家口市坝上4县2个管理区沙化、盐碱化的耕地和农业基础差、种植效益低的旱地，谋划实施休耕种草180万亩，涉及60个乡镇、782个行政村、11.9万农户、33.8万人。通过引进市场主体，采取种植饲料饲草作物、中草药和人工干预自然修复等措施推动种植业结构调整，致力将坝上地区打造成草原公园和国家示范牧场，实现生态产业发展和农民增收。

三、扎实推进乡村振兴

坚持与脱贫攻坚有效衔接，狠抓农业产业提质增效，围绕农业供给侧结构性改革，积极推动科技农业、绿色农业、品牌农业、质量农业向纵深发展，全年压减春小麦等低产低效作物10.36万亩，种植栽培设施蔬菜（瓜果）17.28万亩、优质水果24.45万亩、中药材19.7万亩、张杂谷29.17万亩、荞麦7.5万亩、藜麦3.66万亩，打造奶业、马铃薯产业、葡萄产业、优质杂粮产业、鲜食玉米产业5大产业集群和12个特色产业带，形成了奶业、马铃薯、蔬菜、肉业“四大优势产业”，种业、草业、禽蛋产业、特色种养业“四大特色产业”和食用菌、藜麦、中药材“三大新兴产业”。在坝上实施地下超采综合治理旱作雨养试点21.64万亩，积极推进耕地轮作制度试点，为“首都两区”建设趟出新路径。创建国家现代农业示范区1家，省级现代农业园区18家，市级现代农业园区78家；创建坝上国家示范牧场23家，创建坝下农业公园26家；全市国家级龙头企业达到4家、新增1家，省级龙头企业达到72家，市级龙头企业达到264家。截至2019年底，市级龙头企业固定资产达到115.76亿元，实现销售收入227.6亿元。狠抓农村人居环境改造提升，全市农村厕所改造、垃圾治理、污水治理、畜禽粪污治理、村庄清洁行动、街道硬化、村庄绿化、村庄亮化、村庄美化、美丽庭院、规划编制11个农村人居环境整治专项行动全部完成，共实施项目10555个，累计完成投资28.99亿元。共清理农村生活垃圾212.6万立方米，

615个村生活污水得到有效治理，1200个村生活污水得到有效管控，2028个村完成通村道路建设、入户道路硬化、主街道硬化、穿村公路硬化和主村到自然村道路建设，983个村完成村庄美化任务，完成农村厕所改造达到61421座。在高铁高速沿线83个村实施精品示范创建工程，推动沿线环境和村庄风貌进一步提档升级。狠抓“空心村”治理，编制完成了《张家口市“空心村”治理专项规划》，探索确定易地新建、联村并建、整治提升三种治理模式，创新思路积极破解治理难题，争取省下达我市跨省土地交易指标3525亩，多方筹集到位治理资金73.91亿元，向省申请过桥资金42.65亿元，全市924个“空心村”全部启动治理。

四、扎实推进保障冬奥和服务民生工作

在保障冬奥方面，协助省气象局完成《冬奥雪务气象保障系统（赛道雪质气象监测系统）建设项目实施方案》，完成了《张家口冬奥赛事区水资源调配与节约用水工作方案》和《张家口冬奥赛事区水资源保障与应急调度方案》，完成冬奥赛事核心区6个气象站新建、8个气象站迁建任务，培育了冬奥农产品供应备选基地35个。在服务民生方面，提升养老服务水平，新建成农村互助幸福院38所，新改建社区居家养老服务中心15所，完成全年任务的166%；完成特困供养中心提升改造4所，完成率100%；培育星级示范养老机构47所，完成年初目标任务的427%。开展特殊群体关爱保护行动，加强对农村留守儿童和困境儿童的动态监管，散居和机构集中养育孤儿基本生活费分别提高到950元和1450元，增幅达到35.7%和26.1%。深入推进殡葬改革，建立殡葬改革工作机制，重新划分了火葬区和土葬改革区，全市土葬改革区由原来的15个县区减少至6个县区，人口数量由93.5万人减少至3.8万人；坚持试点先行，选择9个县区（单位）先行示范，开展公益性纪念堂、公益性纪念林、节地生态安葬、殡葬综合执法、村（社区）红白理事会、殡葬服务提升、智慧墓园、“互联网+殡葬”等试点工作，引领带动全市殡葬改革。

（张家口市人民政府）

承德市

2019年，承德市坚持以习近平新时代中国特色社会主义思想和党的十九大精神为指导，认真贯彻落实农业农村优先发展总方针，抓重点、补短板、促转型，农业农村持续保持稳中有进、稳中向优的良好态势，各项重点工作成效明显。2019年，全市实施投资千万元以上农业产业化项目162个，完成投资79.9亿元。农村综合改革持续深化，成绩显著；先后在天津和北京成功举办农业产业扶贫协作推进会议，累计签约合作项目40个、投资和销售总额34.63亿元，37个项目进展顺利、完成投资和销售额4.2亿元；全市农村土地流转面积达到166.3万亩、流转率达到40.1%，家庭农场达到1358家、农民合作社达到12792家；全市累计争取中央省级政策性投资项目401个、总投资15.8076亿元。

一、聚焦优化产业结构，农业供给侧改革取得新进展。深入落实农业供给侧结构性改革三年行动计划，紧密对接市场需求，加快调整产业结构，大力发展“六个”农业，持续提升全市农业供给质量和竞争力。一是品牌农业扩影响。以“承德山水”农产品区域公用品牌建设为引领，大力实施区域、企业、产品“三位一体”品牌战略，平泉香菇入选“2019中国区域农业品牌影响力排行榜（食用菌产业类）”，成为全省唯一获评品牌，同时在第十七届中国国际农产品交易会上成功入选中国农业品牌目录2019农产品区域公用品牌（全省共6个）；承德山水、围场马铃薯、承德国光苹果、平泉香菇获评“我最喜爱的河北农产品品牌”区域公用品牌，宇璐(宇航人)获评农业企业品牌。全市新认证绿色食品企业6家、产品12个，累计达到52家、产品114个。先后组织50余家市级以上农业龙头企业参加北京农业嘉年华、京津冀蔬菜食用菌产销对接大会、第三届中国国际茶业博览会、韩国国际食品展、廊交会等10多项大型展会活动，王成副市长在河北省品牌发展大会上作典型发言，取得了良好的品牌宣传效果。二是质量农业守关口。推进农业标准化生产，3项省级农业地方标准制订成功立项，制定并发布7项市级农业地方相关标准，全市农业标准化生产覆盖率达到67.4%，同比提高10.89个百分点。深入开展风险评估、隐患排查和专项整治行动，全市共调解举报纠纷案件41起、查处农资经营违法案件43起，抽检蔬菜、食用菌等种植样品2358个、合格率为99.95%，抽检畜禽水产品、饲料及饲料添加剂样品1123个、合格率100%，圆满完成了5个国家级、省级农产品质量安全县验收、考核和中期评估工作，全市未发生农产品质量安全事件。加强追溯体系建设，150家省、市级追溯试点企业、6000多个农产品纳入省级质量追溯体系平台进行管理，209家生产经单位开具食用农产品合格证。全力做好疫病防控，累计强制免疫牲畜465.39万头只、禽类1933.13万只，完成产地检疫6647.47万头只、屠宰检疫3885.74万头只，同步加强畜禽定点屠宰管理，全市未发生重大动物疫情。深化区域监管协同，市农业农村局与天津市农业农村委签订《促进两地农产品质量安全合作框架协议》，津承两地在农产品质量安全监管领域合作进一步深化。三是科技农业见实效。加强技术成果引进推广，依托12个省级现代农业产业技术体系创新团队承德综合试验站和36个试验示范基地，开展高素质农民培训工作，争取省资金750万元，累计开班25个培训班、培训1130人。争取省基层农技推广体系改革与建设补助项目资金1048万元，8个任务县正在有序组织实施，推介发布146个主导品种、23项主推技术，成功引进新品种100项。共落实中央农机购置补贴专项资金2104.02万元，补贴各种农机具3872台件，受益农户3474户，争取农机深松补助资金1417万元，完成深松作业46.5万亩。四是绿色农业保生态。推进节水节肥节药，完成旱作节水技术推广341万亩、累计节水1.7235亿立方米；推广测土配方施肥518万亩次，推广应用有机肥125万吨，化肥使用量同比降低2%以上；主要农作物病虫害绿色防控覆盖率达到32.5%、专业化统防统治覆盖率达到42%，农药使用量同比降低2.44%。抓好畜禽粪污治理，782个规模养殖场配套建设了粪污处理设施，全市畜禽粪污资源化利用率达到73%以上。促进废弃物回收利用，全市秸秆综合利用率达到95.37%，农膜回收利用率达到82.29%。抓好高标准农田建设，全市累计争取上级资金2.5亿元，建设高标准农田16.2万亩、实施高效节水灌溉项目2万亩。推进草原生态建设和管护，指导相关项目县和牧场做好总额5200万元的草原生态补奖禁牧补助和总额8199万元的奖励项目实施，新增圈舍2.6万平米、完成草地治理10.5万亩；稳步推进总额4606万元的"粮改饲"试点项目，完成粮改饲面积27.65万亩、收储78.3万吨。积极推进洁净型煤推广工作，高质量完成农村清洁取暖全覆盖精准确村确户工作，全市累计完成全覆盖确村确户79.6558万户（其中配备炉具和洁净型煤28.3041万户、只配洁净煤不配炉具26.4812万户、利用生物质取暖5.0113万户、使用其他清洁方式取暖或不取暖19.8592万户）。五是功能农业亮特色。以全国首个"功能农业扶贫综合示范区"建设为引领，全市新建富硒蔬菜、苹果等"单品冠军"示范区7个，新增富硒农作物种植面积5万亩，总面积达到15.5万亩。经国务院参事、原农业部副部长、国务院扶贫办原主任刘坚等七位行业顶尖专家评审论证，《承德市功能农业产业发展规划（2019-2025）》编制完成并对外发布。六是美丽农业展风采。完成国家"一号风景大道"沿线花海种植5万余亩，成功申报"春观花"和"夏纳凉"休闲农业和乡村旅游精品线路7条。七是调整结构壮产业。通过调减高耗低质低效农作物，全市蔬菜新增播种面积6.1万亩、总面积达到93.3万亩，其中设施菜面积11.97万亩，蔬菜总产量402.6万吨、同比增长7.9%；中药材种植总面积达到32.9万亩，总产量达到16.1万吨；食用菌（干鲜混合）产量达到67.3万吨；马铃薯播种面积达到78.5万亩、产量达到198.4万吨；水果种植面积达139.3万亩。

二、聚焦延伸产业链条，农业产业化发展迈上新台阶。采取政策支持、管理监测、全程服务等重点措施，大力实施扶持龙头、加工提速、项目开放、创新创业等行动，全力推进农业产业化和农产品加工业发展。一是实施"扶龙行动"。落实《承德市支持农业30家领军龙头企业和30家创新成长型企业的实施意见》，新培育怡达食品、中红三融两个省级农业领军企业和绿天生物、华郎食品、宇航人三个省级创新型企业，利用唐山500万元对口帮扶资金支持11家龙头企业进行"技改扩能"，召开增信基金领导小组会议六次、审批贷款40笔1.98亿元，累计放款达到11.337亿元，全市市级龙头企业达462家，其中省级龙头企业86家，国家级7家。二是实施产业化项目建设行动。今年全市实施投资千万元以上农业产业化项目162个、总投资639.5亿元，12个项目列入省级重点项目，项目开工数、总投资数和完成投资数均创历史最好水平。三是实施农产品加工提速行动。争取省级农产品产地初加工项目资金2403万元，6个试点县正在有序实施；京美农业产业融合、神栗食品板栗产业融合、森源食用菌科技园等一批精深加工项目将于年底竣工投产；新申报全国一村一品示范村镇2个，全市970个村达到"一村一品"专业村标准，环京津贫困县"一村一品"交流活动在围场成功召开，承德市作为全国6个典型之一在全国"一村一品"交流现场会上发言。全市19个农业产业化联合体被批准为省级示范现代农业产业化联合体，争取联合体先建后补项目资金1050万元，对承德森源中央厨房食材加工产业联合体等7家联合体进行扶持，新评选认定市级产业化联合体16家，总数达到47家，同时新筛选申报农产品加工集群重点培育对象17个。四是实施农村"双创"行动。新申报国家级农村创新创业典型县1个、典型园区1个、典型孵化实训基地1个和先进个人1名，丰宁五道营乡成功申报省级产业强镇项目，获得省级奖补资金1000万元；组织5家龙头企业参加"第三届河北省农村创新创业大赛"，平泉市杏林春晓公司获得三等奖；成功征集农村创新创业实用技术5项，上报农业农村部备选"全国百项农村创新创业实用技术"。

三、聚焦打赢首场硬仗，农村人居环境呈现新面貌。深入学习推广浙江"千万工程"经验，强力推进厕所革命、垃圾治理、污水治理等十二个专项行动，全力打赢乡村振兴第一场硬仗。全市累计投入20.07亿元，农村厕所改造累计改造各类无害化卫生厕所156737万座，781个村完成无害化卫生厕所改造任，全市新购置抽粪车984台。农村生活垃圾治理全部完成年度任务，乡镇转运站建设累计完成16个，新建或扩建焚烧发电、填埋及其他垃圾处理设施完成1座，实现"村收集、乡镇转运、县集中处理"模式的村累计完成540个，生活垃圾得到处理的村累计完成2289个，全域由专业化公司负责日常保洁的县累计完成1个。农村生活污水治理全部完成年度任务，生活污水有效管控村庄累计完成900个，60个村生活污水得到有效治理。畜禽粪污治理全部完成年度任务，配建畜禽粪污处理设施累计完成20处，农业生产废弃物集中处理中心累计完成1个。村庄清洁行动全部完成年度任务，累计有2395个村完成清洁行动，累计清理农村生活垃圾132.24万立方米、村内塘沟7709处、畜禽养殖粪污等农业生产废弃物370.64万立方米、残垣断壁或杂物2.02万处，建设小游园、小菜园、小果园1644个。村庄街道硬化全部完成年度任务，完成通村道路建设村40个、主村到各自然村有一条畅通道路的村171个、主街道硬化村54个、入户道路硬化村36个、穿村公路硬化村99个。村庄绿化全部完成年度任务，累计完成村庄绿化1.34万亩，绿化覆盖率达标的村累计达到709个。村庄美化亮化全部完成年度任务，新安、更换、维修路灯4.91万盏，村庄公共照明达标的村数完成1164个，美化整治的村完成735个，建设美丽庭院19.55万个、精品庭院4.04万个。村庄规划编制全部完成年度任务，完成实用性村庄规划编制的村259个，县域乡村建设规划编制或修编的县累计完成8个。地名设置标准化累计完成960个村。

四、聚焦盘活资源资产，农村综合改革实现新突破。牢固树立“一盘棋”思想，扎实推进农村各项重点改革，不断强化农牧业发展制度供给保障，激发农业农村发展活力。一是积极推进农村集体产权制度改革。截至2019年底，全市2469个行政村的农村集体资产清产核资工作主体任务全面完成，共清查账面资产104.58亿元、其中经营性资产22.08亿元，清查资源总量4916.62万亩，其中农用地4390.88万亩、建设用地155.47万亩、未利用地370.27万亩，已向省厅呈报工作完成情况报告，承德市清产核资工作被评为优秀档次。截至2019年底，隆化县、滦平县两个省级试点各项改革基本完成，全市有2434个村完成农村集体经济组织成员身份确认工作，2394个村完成资产量化（有经营性资产的村163个、无经营性资产的村2231个），985个行政村在农业农村部门完成集体经济组织登记工作。二是加快推进土地“三权分置”改革。农村承包地确权登记颁证工作基本结束，12个县（市、区）土地确权成果数据全部通过农业农村部人工核查并汇入国家和省级数据库，档案数字化及整档移交进入收尾阶段，信息化及平台建设逐步完善，权证印制发放率达到86.35%。与此同时，积极引导农村土地经营权规范有序流转，截至2019年底，全市新增农村土地流转面积15.9万亩，累计达到166.3万亩，流转率达到40.1%，全市50亩以上承包地通过流转实现规模经营面积112.3万亩，占流转总面积的67.6%，流转出承包耕地的农户数22.9万户，签订土地流转合同21.3万份，涉及土地面积113.1万亩。三是着力培育壮大新型农业经营主体。大力发展家庭农场，争取2019年中央财政支持家庭农场项目资金1310万元，重点支持示范家庭农场发展，截至2019年底，全市新认定家庭农场221家、累计达到1358家，经营土地面积达到26.8万亩，遴选推荐31家家庭农场参评2019年度省级示范家庭农场。深入实施农民合作社规范提升工程，承德县被确定为农民合作社质量提升整县推进试点，完成23家国家级合作社（18家监测合格、5家监测不合格）和108家省级示范社（96家监测合格、12家监测不合格）监测工作，全市目前登记注册合作社12792家。四是开展农业生产社会化服务。平泉、围场被确定为省级2019年农业生产全程社会化服务试点，分别获得补助资金1800万元和1700万元，重点开展食用菌和马铃薯社会化服务工作，目前正在积极推进中。五是不断深化农垦改革。5个牧场办社会职能改革各项任务基本完成，正在逐步化解债务，农垦国有土地使用权已完成确权登记发证170.68万亩、登记发证率达到93.4%，红松洼牧场存在争议面积13.36万亩，正在进行调处。

五、聚焦深化区域协同，农业对外开放收获新成果。抢抓京津冀协同发展和“一带一路”战略机遇，加大农业“走出去”和“引进来”步伐，实施大招商、找好商，增强农业发展动力。一是持续开展农业大招商。5月15日，市委、市政府在天津成功举办“第二届津承农业产业扶贫协作推进会议，”天津市人民政府副市长李树起出席会议，市委书记周仲明亲自带队进行推介，会上双方签约项目21个、总金额10亿元（双方达成了42项项目合作意向、金额35.6亿元，具备签约条件的项目27个）。8月9日，市委、市政府在北京成功举办“京承农业扶贫战略合作暨‘承德山水’农产品区域公用品牌推介活动”，北京市人大常委会副主任李颖津、河北省人民政府副省长时清霜、国务院扶贫办社会扶贫司司长曲天军等领导出席会议，市委书记周仲明再次带队推介“承德山水”农产品区域品牌，会上京承两地部门、企业、院校之间签订了19个合作项目协议、投资和销售总额24.63亿（达成了53个项目合作意向，具备签约条件36个，投资和销售总额达到32.35亿元）。二是拓展出口新渠道。就融入“一带一路”战略、开辟“承德山水”农产品北方出口渠道赴内蒙古二连浩特市进行考察对接，双方就建立友好合作城市、签署农业合作协议等达成了一致，平泉榆树林子蔬菜果品批发市场已通过二连浩特市向蒙古国出口蔬菜20吨。累计争取到出口企业支持资金1360万元，推荐中润生物科技、恒泰电子商务等7家企业申报2019年国际标准农产品生产示范基地，正在等待省厅批复，全市新增国际标准农产品生产示范区（基地）7个、总数达到26个，新增获得企业出口认证补贴企业7家、总数达到29家，出口农产品一次检验合格率达到99%以上。

六、聚焦提高带贫质量，产业扶贫工作得到新巩固。按照“巩固覆盖率，提升收益率，增强带动力，提升产业扶贫质量水平”总体思路，进一步强化举措，推动产业扶贫工作稳步开展。一是加强产业扶贫制度建设。先后制定印发《承德市2019年产业扶贫工作要点》《承德市2019年农业产业扶贫工作要点》《2019年产业扶贫宣传工作要点》等政策文件，将11类、47项重点工作逐项分解到月、做到挂图作战，全年组织召开产业扶贫工作会议、调度会议等专题会议7次、组织开展产业扶贫专题督导2次，有效推动了产业扶贫工作扩面提质。二是扩大扶贫产业覆盖比例。2019年全市涉农整合资金21.8亿元，用于产业扶贫项目13.24亿元，占比60.7%，截至2019年底，实施特色种养业、光伏扶贫、资产收益等产业扶贫项目2476个，覆盖875个贫困村，扶持贫困户10.07万户，收益贫困人口26.6万人，贫困户产业扶贫一重覆盖率达到100%、两重覆盖率达到80%以上。三是完善产业扶贫技术服务体系。全面构建了市、县、乡、村四级农业产业扶贫技术服务体系，组建专家服务团队，开展优选产业、引进良种等产业链“十项服务”，推动贫困村、贫困户产业指导全覆盖；全面落实贫困户产业发展指导员制度，共选聘产业发展指导员3377名。四是充分发挥典型带动作用。深入实施产业扶贫“十百百”示范工程，总结推广产业扶贫典型案例10个，打造省级扶贫龙头企业100家，建设产业扶贫样板村160个，丰宁“振兴传统工艺 助力产业扶贫”、隆化“协同推进培强肉牛扶贫产业”“险资直投”助力扶贫产业发展入选河北省产业扶贫典型案例并在全省推广。五是强化监测评估和问题整改。开展特色扶贫产业调查，分县、分产业形成报告12个，组织省、市、县三级产业专家成立专家组，逐县开展特色扶贫产业成效评估，逐县形成1+N 产业评估报告。开展产业扶贫成效监测，利用农业农村部、省农业农村厅系统共监测45个贫困村、1712户贫困户，有效提升了产业扶贫精准度。持续开展产业扶贫领域腐败和作风问题专项治理工作，确保所有问题归仓清零，2018年省产业扶贫成效考核反馈的50项问题（其中省对市反馈问题3个、省对县反馈问题47个）以及国家考核反馈问题6项、中央脱贫攻坚专项巡视反馈问题1项，均已按照时间节点全部完成整改。经过督促指导7个贫困县和双滦区扎实做好迎检工作，圆满完成了2019年度全省脱贫攻坚成效考核，受到考核组一致好评，为迎检国考奠定了坚实基础。

（承德市人民政府）

沧州市

2019年，沧州市委、市政府全面贯彻落实中央和省各项决策部署，深入推进乡村振兴战略，按照“产业兴旺、生态宜居、乡风文明、治理有效、生活富裕”的总要求，补短板、强弱项，推动全市农业全面升级、农村全面发展、农民全面增收，农业农村经济发展呈现良好态势，全市实现第一产业增加值292.6亿元，增长2.2%；农村居民人均可支配收入14854元，增长9.9%。

一、农产品供给提质增效。农业是各行业稳定发展的基础。沧州市依托京、津、冀区位优势，利用辖区内农民科技意识强，农业生产基础雄厚的特点，立足本地特色，构建了以畜牧养殖、无公害蔬菜、优质林果为支撑的现代农业生产体系。2019年全市畜牧、蔬菜、果品三大支柱产业产值为299.4亿元，占农林牧渔业总产值比重达到49.5%，比上年提高2个百分点。全年粮食播种面积1351.1万亩，增长1.1%，总产量451.9万吨，增长4.6%。其中夏收粮食199.8万吨，秋收粮食252.1万吨，粮食亩产334.4公斤；棉花播种面积20.9万亩，总产量1.5万吨，单产每亩增加1.7公斤；油料播种面积15.8万亩，总产量3.8万吨；园林水果产量98.5万吨，增长6.1%；全年农林牧渔业总产值完成605亿元，增长2.3%。

二、农业产业化水平不断提升。沧州市始终坚持把农业产业化作为深化农业供给侧结构性改革，促进一二三产融合发展，促进农民增收的主抓手持续深入推进，努力创新，细化措施，狠抓落实，加快培育发展新动能，全力实施了十大加工园区、十大产业集群、十大行业龙头“三个十”培育工程。

全市农业产业化经营水平得到显著提升。2019年全市农业产业化经营率达到68.8%，增长2.24个百分点，增幅居全省第二位。全市有中国驰名商标7件，分别是 “小洋人”、“妙恋”、“大司马”、“思盼”、 “国欣”、“怡嘉奇”、“本斋”；国家地理标志产品7个，分别是沧州金丝小枣、黄骅冬枣、黄骅梭子蟹、泊头鸭梨、青县羊角脆、肃宁裘皮和肃宁贡梨；省十大农产品企业品牌3个，分别是小洋人生物乳业集团有限公司、泊头东方果品有限公司、河北乐寿鸭业有限责任公司。

三、现代农业园区建设加快。沧州市持续推进现代农业园区建设，印发《沧州市人民政府办公室关于印发〈沧州市现代农业园区认定管理办法〉的通知》（沧政办字[2019]57号），规范沧州市现代农业园区的认定程序、提升管理水平。2019年全市新增市级现代农业园区12个、省现代农业精品园区3个，全市市级现代农业园区总数达94个，其中20个被省政府认定为省级现代农业园区，7个被省农业农村厅认定为省现代农业精品园区。省、市两级园区覆盖村庄总数1546个，流转土地112万亩，规划总面积287万亩，累计培训农民达15万余人。园区内共建成院士工作站2处、博士（后）工作站3处；获批专利78项，其中发明专利11项；拥有有机认证10个、绿色认证22个、地理标志认定7个；注册商标214个，其中省级以上著名商标31个。2019年全市共有省级示范农业产业化联合体9个，分别是泊头东方鲜梨产业联合体、河间市种植业产业联合体（河间市国欣棉业联合体）、肃宁县皮草产业联合体、泊头市庞龙果品产业联合体、泊头亚丰果品产业联合体、肃宁县肉鸭产业联合体、孟村回族自治县肉鸡养殖产业联合体、中捷产业园区农牧业产业联合体、献县肉鸭产业联合体。

四、农业供给侧结构性改革有序推进。土地流转有序推进，全市土地流转总面积达501.4万亩，农民专业合作社发展到12647家，其中国家级示范社31家，省级示范社89家。家庭农场发展到3974家，其中省级示范家庭农场48家，市级示范家庭农场180家。创新科技农业有序推进，我市拥有农业院士工作站7个，农业产业技术体系综合试验站9个，拥有国家级农业科技园区1个，省级农业科技园区15个，国家级“星创天地”5个，省级“星创天地”42个，省级农业科技小巨人企业38个。实施农业科技研发专项行动，推广绿色高效优质新品种、成熟适用技术、粮改饲技术成果转化项目9个，全市主导品种、主推技术到位率稳定在98%和95%。质量农业有序推进，组织申报制修订农业地方标准项目58项（省级16项、市级42项），全市累计创建部级蔬菜标准园15个、省级蔬菜产业园8个，部级畜禽养殖标准化示范场16个、省级22个，部级水产健康养殖示范场44个，农业标准化覆盖率达到70.24%，认证绿色食品累计达到32个。积极推进农产品质量安全追溯体系建设，全市共发放合格证1457本，建立电子信用档案10034个，建设追溯试点180个。14个县建立农产品质检机构并开展检测工作，实现了农业县（市、区）安全县创建全覆盖。

五、绿色生态农业良性发展。沧州市多措并举有力推进绿色农业发展，印发了《沧州市秸秆综合利用实施方案（2019-2020年）》（沧农办字[2019]56号），出台了《沧州市畜禽养殖废弃物资源化利用规划（2019-2025年）》。全市秸秆可收集利用资源量为647.5万吨，秸秆综合利用总量为628.8万吨，综合利用率达到97.11%。全市规模畜禽养殖场粪污资源化利用设施配建率达到99.85%，畜禽粪污综合利用率达到89.59%。2019年全市农膜使用量为10767.73吨，回收10253.19吨，完成省农业农村厅下达80%以上的回收任务。季节性休耕30.68万亩，小麦节水品种及配套技术推广补贴项目实施面积77.7万亩，实施旱作雨养种植试点项目1.2万亩，结合高标准农田建设同步发展高效节水灌溉项目30万亩。

六、乡村振兴战略实施亮点纷呈。农业高质量发展取得新进展，第二届农业招商推介会签约项目33个，引资总额达到132.4亿元，建设总面积12.88万亩的高标准农田项目，为全市现代农业高质量发展注入了巨大动力。农业农村改革取得新成就，全市5664个单位全面推进清产核资、身份认定、股权量化，5550个单位完成集体经济组织登记工作，成立了集体经济组织，工作进度在全省排名第二。全市土地流转率达到了50.7%，在全省名列前茅，完善土地承包合同比例和建立土地承包经营权登记簿比例均已超过99%。农村人居环境整治取得新成果。建立了“1+2+3”体系，特别是“卡单函令”管理办法，有力推动了工作落实，全面完成2019年度农村人居环境整治各项目标任务。全市共申报入库乡村振兴示范点100个，其中省级乡村振兴示范区1个、示范点11个。

七、脱贫攻坚成绩斐然。2019年全市在实现整体脱贫的基础上，乘胜追击、不断扩大战果，为2020年脱贫攻坚决战决胜奠定坚实的基础。开展“十二大专项行动”摸实底数，着力解决产业、就业、科技、金融、资金、助残、教育、医疗、安全住房、安全饮水、驻村帮扶、兜底保障等方面存在的突出问题。开拓思路，落实产业、金融、就业等扶贫政策，累计投资10.8亿元，建设产业扶贫项目408个，2019年度新增扶贫小额贷款369笔、1638.3万元，全市贫困劳动力实现就业14140人，稳定就业13512人，稳定就业率为98%。实现减贫1.7万人，超出省定减贫任务0.3万人，剩余贫困人口0.25万人，全市贫困发生率降至0.046%，为全面建成小康社会奠定了坚实基础。

（沧州市人民政府）

廊坊市

2019年，廊坊市委、市政府坚持以习近平新时代中国特色社会主义思想为指导，全面贯彻党的十九大和十九届二中、三中、四中全会精神，认真落实中央和省市委的各项决策部署。坚持农业农村优先发展，大力实施乡村振兴战略，深入推进都市现代农业发展、乡村振兴示范区创建、农村人居环境整治，抓重点、补短板、促转型，农业农村发展继续保持稳中有进、稳中向优的良好态势。

一、农业综合生产能力稳步提升

（一）粮食作物。坚持“藏粮于地，藏粮于技”总要求，提高粮食产能，促进粮食生产能力与保护生态环境协调发展。2019年，全市粮食播种面积395.4万亩，总产量154.62万吨，同比增产4.7%。

（二）果蔬产业。充分发挥环京津蔬菜产业优势，重点培育特色品种，打造万亩以上规模示范区，完善配套栽培技术，提高产品竞争力。2019年认定省级“特色农产品优势区”2个，市级“特色农产品优势区”8个。全市瓜菜播种面积116.25万亩，总产量468.45万吨，产值64.97亿元。

（三）畜牧养殖业。优化畜禽生产布局，推进畜禽业转型升级，延长畜牧业产业链条，促进一二三产业融合发展，着力提高综合生产能力和效益。2019年，全市猪存栏61.44万头，牛11.38万头（其中奶牛3.70万头），羊51.17万头，禽1479.03万只，猪出栏109.12万头，牛出栏7.98万头，羊出栏62.12万头，禽出栏2800.84万只。肉、蛋、奶产量分别为16万吨、8.13万吨、13.71万吨，水产品产量1.86万吨。

二、乡村振兴战略强势开局

（一）健全政策制度体系。研究制定《关于坚持农业农村优先发展扎实推进乡村振兴战略实施的意见》《关于深入贯彻落实习近平总书记“三农”思想扎实推进农业农村优先发展的决定》《中共廊坊市委关于深入学习贯彻<中国共产党农村工作条例>和<河北省贯彻落实中国共产党农村工作条例实施办法>的通知》《2019年度实施乡村振兴战略工作要点》等指导性文件，为实施乡村振兴战略打下了坚实的工作基础。

（二）创建乡村振兴示范区。按照“全域整治、连片打造、三区同建、四村联创”的要求，梯次推进，动态提升，着力打造乡村振兴示范区。全市10个县（市、区）都创建了1个乡村振兴示范区，其中大厂、固安、香河分别创建省级示范区。同时，加快“三区同建”，积极优化农村生活、生产、生态空间布局，同步推进农村新型社区、现代农业园区、生态功能区建设，全市建成23个农村新型社区、68个现代农业园区、50个生态功能区，培育了固安林城村、永清胜利村等一大批成功典型。

（三）改善农村人居环境。实施10个专项行动，打好厕所革命、垃圾和污水治理、村容村貌整治4大战役，推进3条高铁、8条高速和1条重要普通铁路沿线环境集中整治。一是聚焦重点，强化工作推进机制。“厕所革命”抓扩面提标，对21.2万座厕所进行改造；垃圾治理抓常态长效，配备12000余名农村保洁员保障垃圾日产日清，全年共清理农村生活垃圾251万立方米，统筹推进垃圾终端设施建设，建成2座生活垃圾焚烧发电厂、1座建筑垃圾消纳场并投入运行，开工建设3座生活垃圾焚烧厂；污水治理抓分类施策，基本实现农村生活污水治理管控全覆盖的目标；村容村貌抓提升延伸，全市所有村街完成主街道硬化任务，完成绿化3.4万亩，新装更换维修路灯2.65万盏，建设美丽庭院29.3万个。二是突破难点，强化投入保障机制。市县两级财政共安排24.5亿元专项资金投入环境整治，大力推广污水、垃圾治理 PPP 模式，企业投入垃圾治理基础设施建设资金达3.74亿元。同时，采取命名认建、品牌捐赠等形式，吸引更多社会资本参与农村公共服务项目建设，支持社会资本开发休闲旅游、养老等新业态。

三、现代都市农业建设不断加快

（一）着力提升农业产业化经营水平。加快农产品加工业和农业新业态发展，做强龙头、做优项目、做响品牌，培育创建联合体。一是大力发展龙头企业。2019年新增国家级重点龙头企业1家、省级重点龙头企业7家，全市市级以上重点龙头企业达到260家，其中国家级6家、省级50家，2019年市级龙头企业完成销售收入430亿元。支持龙头企业创新发展，天鹏牧业股份有限公司、新苑阳光农业有限公司2家企业列入“河北省农业供给侧结构性改革创新型企业培育计划”。河北慈心环保科技有限公司获“第三届河北省农村创业创新项目创意大赛”成长组三等奖。二是加快推进项目建设。按照全产业链发展的理念，筛选建设50个经济效益好、带动作用强、绿色环保的市级重点建设项目，推荐霸州益海嘉里年加工100万吨小麦制粉项目等5个总投资亿元以上农产品加工项目争列省级重点项目，已完成年度投资4.9亿元，其中建成投资项目1个。三是打造企业发展“联合”模式。以农业产业化龙头企业为核心、以家庭农场和专业大户为基础，加快推进龙头“联合”发展，积极打造农业产业化联合体，全市共创建市级联合体20家，省级联合体9家。2019年重点建设省联合体促进农村产业融合发展示范建设项目3个。

（二）强化科技支撑农业产业化发展。大力实施科教兴农战略，把提升农业科技水平和改善农业设施装备条件作为着力点，不断强化农业科技支撑。一是扎实推进基层农技推广体系项目。积极承接首都农业科技成果转移转化，结合全市5大类、25种特色优势农产品，推广绿色高效优质新品种、成熟适用技术，推广使用新型农机智能装备和粮改饲等综合配套技术，遴选发布了47个农业主导品种和29项主推技术，全市主导品种、主推技术到位率稳定在98%、95%。二是全面提升农机装备水平。利用农机购置补贴、土地深松、全程机械化等项目以及农机合作示范社评选，引领和带动全市农机服务体系建设。全市小麦综合机械化率接近100%，玉米综合机械化率达到98.7%，农作物秸秆机械化利用率96%以上，保持综合机械化率始终高于全省平均水平。三是实施农民教育培训项目。全市共举办设施蔬菜、果树、大田作物等各类农业科技实用技术培训班20期，培训农民1800人次。组织实施新型职业农民培育工程，推荐申报15家省级实训教学基地和20家市级实习实训教学基地，建立了培训师资库教材库，录入全国新型职业农民培育师资库216人、教材库165本。申报5家省级培训基地、10家实训基地承担培育任务，确保完成100人青年农场主和800人农民培育任务。

（三）结构改革推动农业产业化创新。一是创新农业绿色发展机制。推动形成农业资源节约和环境保护的空间布局、产业结构、生产生活方式。实行休耕制度，推广节水农作物品种及配套栽培技术，实施化肥减量增效技术，倡导绿色防控，统防统治，优化农业废弃物资源利用，完善废旧农资回收体系。二是促进休闲农业发展。依托14个国家级、28个省级休闲农业企业及1个国家级、7个省级休闲农业示范点，不断丰富休闲农业内涵，打造“京津第一农业休闲空间”，已认定市级休闲农业示范点10家。三是逐步扩大农业合作。成功举办第二十三届中国（廊坊）农产品交易会。本届农交会联合20多个专业展主办单位，进一步扩大招商规模，深挖国际国内市场，面向国内外广泛邀请大型批发市场、农业电商、连锁超市、商业综合体等重要客商。以市场为导向，带动区域农业发展新增长。

四、农业农村改革全面深化

（一）农村承包地改革持续深化。扎实做好农村承包地确权登记颁证后续工作，积极引导土地经营权向新型农业经营主体集中。全市土地确权面积454.04万亩，占应确权面积的99.85%。全市颁发经营权证书590409本，发证率95.31%。全市10个县（市、区）确权数据库成果全部通过农业农村部人工初检。同时，加快农村土地经营权流转工作，推进流转合同乡村两级备案制度，全市农村土地经营权流转面积102.69万亩，占家庭承包经营耕地面积的21.95%。50亩以上规模经营的面积57.18万亩，占土地流转总面积的55.68%。全市已签订土地流转合同107389份，流转合同涉及的土地面积71.73万亩。

（二）农村集体产权制度改革稳步推进。全市累计清查账面资产总额161.74亿元，其中经营性资产25.06亿元；核实资产总额230.05亿元，其中经营性资产71.46亿元。清查集体土地总面积899.31万亩，其中农用地面积681.97万亩。完成成员界定3000个，股权量化885个，选举建立“三会”1188个，集体经济组织登记168个。

（三）新型农业经营主体快速发展。发展壮大农民合作社、家庭农场和股份合作经济组织等新型农业经营主体，全市注册农民合作社6140家，创建市级以上示范社122家，注册家庭农场1319家，创建市级以上示范家庭农场146家，带动20多万农户，连接100余家重点龙头企业，“农户+基地+合作社+龙头企业”利益联结机制初步建成。

（廊坊市人民政府）

衡 水 市

2019年，衡水市农业农村工作以实施乡村振兴战略为总抓手，以深化农业供给侧结构性改革为主线，对标全面建成小康社会“三农”工作必须完成的硬任务，抓重点、补短板、强基础，全力抓好重点工作落实，各项工作取得明显成效。全市第一产业增加值216.6亿元，增长2.1%；农村居民人均可支配收入13917元，增长11.4%。

一、主要农产品生产稳中有进。在2019年天气条件总体偏旱等不利条件下，全市以粮食为重点的主要农产品生产保持稳定。全市小麦播种面积492.5万亩，单产426.2公斤，夏玉米552.7万亩，单产379.5公斤，粮食种植面积保持稳定，全年粮食总产85.1亿斤。除生猪因非洲猪瘟影响，存出栏数量下降，价格上涨幅度较大外，其它重要农产品产量保持稳中有升。据初步统计，以苹果、梨、桃为主，全市水果总产100.6万吨，同比增长1.5%；鲜奶总产27.5万吨，同比增长7.2%；蔬菜、禽蛋产量和肉牛、肉羊、肉禽出栏基本持续稳定，其中蔬菜总产量276.5万吨、禽蛋总产40.3万吨、肉牛出栏13.9万头、肉羊出栏146.3万只。

二、农业结构稳中调优。按照产业调特、产品调优的总要求，大力调整优化种植业结构，在稳定粮食综合生产能力的基础上，全面落实 “一减四增” 任务，适度压减非优势区高耗低质低效农作物种植面积，切实增加设施农业、农业产业园区、农业规模化生产基地和生态绿化面积。今年全市小麦播种面积比上年减少9.2万亩，棉花播种面积比去年统计数减少6.8万亩，设施蔬菜新增1.0万亩，新发展果树面积5.0万亩，新认定市级农业园区12家，市级以上园区达到89家，省级以上园区达到19家，省级精品园区2家，精品现代果园达到16个。

三、都市农业建设全面启动。坚持把现代都市型农业建设作为推进乡村振兴战略实施的重要抓手，研究制定了衡水市《关于推进现代都市型农业发展的指导意见》，确定了一带（以衡水湖为中心的现代都市型农业精品带）、一区（饶阳国家现代农业科技园区）、一线（运河现代都市型农业纵贯线）结合、多节点支撑的发展思路。2019年全市谋划实施现代都市农业项目28个，制定了2019-2021年三年推进计划，把项目建设具体到年度，排出了时间表、路线图，按图索骥、强力推进。截至年底，已有15个项目落地建设，其中桃城区邓庄国际设施产业园已完成30公里的景观环路建设和10公里的樱花大道建设任务，饶阳县华商贵澳都市田园综合体项目6栋10万平方米智能联栋温室正抓紧建设。

四、农业优势特色产业发展加快。研究制定了《衡水市做大做强农业优势特色产业行动方案（2019-2022年）》，组织编写了强筋小麦等15个产业的市级提质增效推进方案，按照全产业链打造、全价值链提升、提升产品品种、打造高端农产品。饶阳蔬菜、安平生猪、故城肉鸡、武邑红梨、阜城高粱成功入选河北省第二批特色农产品优势区，全市特色农产品优势区总数达到7个，提前两年完成6个省级特优区创建任务。深州蜜桃通过了国家级特优区初审；饶阳县被评为农业特色产业发展先进县，饶阳县良品果蔬合作社的甜瓜获省“十大菜王”称号；深州穆村乡西马庄村（蜜桃）和饶阳县王同岳乡（葡萄）两个特色果品生产专业村镇被农业农村部认定为第七批全国“一村一品”示范村镇，阜城县霞口镇刘老人村（阜城鸭梨）被农业农村部认定为第九批全国“一村一品”示范村镇。

五、奶业振兴成效显著。市委、市政府成立了奶业振兴工作领导小组，统筹研究推进全市奶业振兴中的重大问题和战略举措，研究制定了《衡水市奶业振兴实施意见（2019-2025年）》《2019年衡水市奶业振兴工作推进方案》，就推进奶业振兴做出全面部署。2019年，武强蒙牛乳业一期新增两条日处理生鲜乳240吨的生产线，产能由原来的每天600吨提高到840吨，年新增产值3亿元。康宏牧业“认养一头牛”品牌现由德州光明乳业代加工，年销售收入4亿元；武强县蒙牛百亿产业园区、故城县康宏牧业（河北认养一头牛乳业有限公司）二期万头牧场等绿色优质奶源基地建设加快推进。故城县康宏牧业二期1.4万头牧场（分二期建设）土地手续已报省待批。

六、“四个农业”扎实推进。科技农业：充分利用我市与中国农科院、省农科院合作平台，深化合作内容，强化科技创新引领。目前我市与中国农科院相关研究所合作的桃城区国际设施园艺产业园建设项目、郑州果树研究所武邑试验站项目、深州蜜桃提质增效等八个项目正在扎实推进；围绕打造现代农业升级版，省农科院组建16个专家团队抽调近百名专家，与阜城、饶阳、武邑等8个县的龙头企业、园区建立合作关系；以农业科研院校为技术依托，以农业龙头企业或现代农业园区为运营主体，今年全市创建农业创新驿站4个，农业科技示范基地19个；建立国家级“双创”园区13个，吸纳返乡创业、到衡就业的各类人才400余人。绿色农业：实施地下水超采综合治理耕地季节性休耕项目69.88万亩、旱作雨养种植7万亩、小麦节水品种及配套技术8.6万亩，预计可压减农业灌溉用地下水1.2亿立方米以上；推广测土配方施肥技术800万亩次、绿色防控技术410万亩，开展小麦统防统治面积230万亩；全市粪污处理设施配建率100%，粪污综合利用率83%；全市秸秆综合利用率保持在96%以上。品牌农业：全市有注册农产品2252个，三品认证数量达到了100个，地理标志产品登记数量达到了7个，其中中国驰名商标6个、地理标志商标6个，省级以上农产品区域品牌3个，同时将阜城杏梅等6个产品列入了下一步重点培育计划。为进一步提高全市农产品包装设计水平、培树名牌，11月份组织开展了全市首次优秀农产品包装设计、品牌评选活动，共评出优秀农产品包装设计奖9个，“武邑红梨”等优秀农产品品牌奖36个。质量农业：全市“三品一标”认证农产品104个，其中无公害认证产品54个、绿色认证产品47个、农产品地理标志产品3个；今年以来共抽检蔬菜1233批次，其中风险监测1032批次，不合格11批次，监督抽检201批次，抽检合格率99.1%。畜产品共抽检296批次，其中风险监测75批次，速检100批次，监督抽检121批次。抽检合格率100%。

七、农村人居环境综合整治推进力度大。研究制定了《衡水市2019年全面推进农村人居环境整治实施方案》，通过召开调度推进会、现场观摩会、开展多轮抽查暗访（共暗访1005个村）等形式，强力推进全市农村人居环境综合整治，取得明显成效。累计改造农村厕所近22.5万座，1755个村完成了无害化卫生厕所改造任务。800个村实现农村生活污水治理，2406个村实现农村生活污水管控，76个村完成通村道路，317个村完成主街道硬化的村，新安、更换、维修路灯36933盏，2149个村完成美化整治，清理农村生活垃圾184万立方米、清理村内沟塘1.4万处、清理畜禽养殖粪污等农业生产废弃物68万立方米、清理残垣断壁或杂物3.1万处，建设小游园、小菜园、小果园5.8万个，建设美丽庭院262796个，农村面貌进一步提升。新华社、新华网、长城网、凤凰网、河北新闻网等一大批主流媒体对我市农村人居环境整治工作成效进行了宣传报道。9月22日，央视13频道新闻联播对我市景县留智庙镇白草洼村人居环境整治工作进行宣传报道。同时，全市新谋划启动“三区”同建示范点34个，10个已完成组卷报省备案。枣强县的文登社区、太湖社区、吉祥社区和饶阳县的桑园社区等4个示范点获批省示范项目。各示范点建设拆迁进展较快，共签订协议1129户，完成投资6.4亿元，完成建筑面积24万平方米，入住1248户，拆迁旧村1412亩。

八、农村改革成效显著。全市4538个应确权村已完成确权登记颁证4498个，占全市应确权村的99.1%；已颁发农村土地承包经营权证778050份，颁证率达96.59%；5009个应开展集体资产清产核资的村组已全部完成集体资产清查核实任务，5006个村组完成集体经济组织成员界定，4958个村组完成资产量化，4954个村选举建立了成员（股东）代表大会、理事会、监事会，3859个村完成了集体经济组织赋码登记颁证；今年共消除集体收入空白村1135个，全市所有村都有了集体经济收入，其中5万元以上村达到2564个，占比51.3%；投入资金3398万元，完成了578个村的村级活动场所建设任务；全市注册农民合作社总量达到了14031家，其中国家级示范社34家，省级示范社132家，市级示范社290家，省级示范社数量和农民合作社登记总量均居全省首位。组织开展了农民合作社规范化提升行动，共排查出“空壳社”1179家、注销915家，近三年共注销农民合作社1715家，武强县、故城县被评为2019年河北省农民合作社整县推进高质量发展示范县，深州市三和养禽专业合作社被评为2019年度河北省“十佳”农民合作社。全市注册的农机合作社达到1200家，其中有7家国家级农机合作社示范社，31家省级农机合作社示范社，农机合作社数量和国家级、省级农机合作社示范社数量位列设区市第一，深州市众联农机合作社理事长王磊被评为2019年“全国20佳农机合作社理事长”。

九、脱贫攻坚取得显著成效。全市紧紧围绕“1.65万贫困人口脱贫、剩余贫困村全部出列”的年度脱贫目标，进一步压实责任、强化措施、攻坚克难，大力实施“非贫困县非贫困村脱贫攻坚工程”，推动脱贫攻坚工作取得明显成效。2019年，全市新识别贫困户10户28人，自然增加268人，自然减少2558人。全市投入各级财政专项扶贫资金6.58亿元，共完成18480人贫困人口脱贫，剩余89个贫困村全部出列，超额完成年度减贫任务，脱贫攻坚工作取得显著成效。

（衡水市人民政府）

Ⅳ　农业法规　文件选载

中共河北省委办公厅　河北省人民政府办公厅 印发《关于打赢脱贫攻坚战实现稳定脱贫可持续发展的意见》的通知

(2019年1月12日)

各市（含定州、辛集市）、县（市、区）党委和人民政府，雄安新区党工委和管委会，省直各部门，各人民团体：

《关于打赢脱贫攻坚战实现稳定脱贫可持续发展的意见》已经省委、省政府同意，现印发给你们，请结合实际认真贯彻落实。

（冀办〔2019〕3号）

关于打赢脱贫攻坚战实现稳定脱贫可持续发展的意见

党的十九大以来，全省上下认真学习贯彻习近平总书记重要指示和党中央决策部署，勇于担当尽责，不断加大力度，推动脱贫攻坚工作取得重大决定性成就。思想认识和政治站位明显提升，五级书记抓扶贫、全党动员促攻竖的行动更加自觉，形成了党政同责、“一岗双责”、上下联动、条块结合的工作格局。脱贫攻坚力度和质量明显提升，贫困退出工作进入全国先进行列，一批国定贫困县顺利通过国家评估检查，部分省定贫困县同步脱贫摘帽。产业就业扶贫和造血功能明显提升，稳定脱贫和可持续发展能力不断增强，推动产业项目覆盖、贫困劳动力就业、易地扶贫搬迁的力度进一步加大。困难帮扶和保障水平明显提升，义务教育、基本医疗、住房安全等兜底措施全面覆盖，基础设施和公共服务得到有效改善。解决问题和整改落实成效明显提升，中央巡视、国家扶贫成效考核及巡查反馈意见问题全部整改到位，脱贫攻坚工作得到全面加强。

2019年是新中国成立70周年，是河北脱贫攻坚决战决胜之年，确保如期高质量实现脱贫攻坚目标，工作中仍面临不少问题和挑战。脱贫攻坚责任有待进一步压实，扶贫脱贫精准度和群众认可度有待进一步提高，产业就业科技扶贫的广度和深度有待进一步拓展，“两不愁三保障”薄弱环节有待进一步加强，稳定脱贫长效机制有待进一步健全，扶贫资金项目管理使用有待进一步规范，扶贫领域腐败和作风问题专项治理有待进一步深化。我们既要充分肯定成绩，鼓舞士气，增强信心，又要高度重视存在问题，升级加力，补齐短板，不断提高精准扶贫脱贫的质量和水平。

按照党的十九大总体部署和中共中央、国务院《关于打赢脱贫攻坚战三年行动的指导意见》（中发〔2018〕16号），围绕贯彻中央经济工作会议、中央农村工作会议、全国扶贫开发工作会议精神，全面落实省委、省政府《关于打赢脱贫攻坚战三年行动的实施意见》（冀发〔2018〕36号），结合当前和今后一个时期全省脱贫攻坚形势任务，现就打赢脱贫攻坚战实现稳定脱贫可持续发展若干重要问题，提出如下意见。

一、深入学习贯彻习近平总书记关于扶贫工作的重要论述，把思想行动高度统一到党中央决策部署上来

（一）坚持把学习贯彻习近平总书记关于扶贫工作的重要论述作为重大政治任务。习近平总书记关于扶贫工作的重要论述，是马克思主义反贫困理论中国化的最新成果，是习近平新时代中国特色社会主义思想的重要组成部分，为打赢脱贫攻坚战提供了根本指引、总体框架、核心要求、基本方略、力量之源。各地各部门党委（党组）要把习近平总书记关于扶贫工作的重要论述作为理论学习中心组学习的重要内容，作为干部培训的必修课程，作为扶贫干部的“枕边书”，力求学深悟透、融会贯通。要立足实际组织开展学习宣传、理论研讨等活动，主要负责同志要以身作则，带头抓好学习贯彻，一级抓一级，层层抓落实。

（二）准确把握习近平总书记关于扶贫工作重要论述的深刻思想内涵。要深入学习领会习近平总书记关于扶贫工作重要论述蕴含的鲜明人民立场，牢固树立和自觉践行以人民为中心的发展思想，把脱贫攻坚作为头等大事和第一民生工程来抓。要深入学习领会习近平总书记关于扶贫工作重要论述蕴含的强烈历史担当，自觉践行“四个意识”，坚决落实“两个维护”，以脱贫攻坚的实际行动和扎实成效坚决当好首都政治“护城河”。要深入学习领会习近平总书记关于扶贫工作重要论述蕴含的科学方法路径，坚持精准方略，提高脱贫质量，培育可持续发展的产业，建立可持续脱贫的机制，提升可持续致富的能力，为打赢脱贫攻坚战、实现稳定脱贫可持续发展奠定坚实基础。

（三）始终把习近平总书记关于扶贫工作的重要论述作为根本行动指南。党的十八大以来脱贫攻坚的成功实践，充分证明了习近平总书记关于扶贫工作重要论述的科学性真理性。在最后攻坚阶段，各地各部门要始终坚持用习近平总书记重要论述武装头脑、指导实践、推动工作。要坚决按照习近平总书记的要求，坚持现有目标标准不动摇，牢牢把握正确方向，锁定现有建档立卡贫困户，确保焦点不散、靶心不变，聚力解决绝对贫困问题。坚决反对擅自拔高或降低目标标准，坚决反对急躁蛮干、消极拖延，坚决反对数字脱贫、虚假脱贫。要始终坚持党的领导，压实各级责任，继续保持攻坚力度和政策强度，强化扶贫投入，优化政策供给，凝聚社会合力，以钉钉子精神全面抓好落实，确保如期完成脱贫攻坚任务。

二、进一步明确脱贫攻坚的目标任务，真正谋在深处、干在实处、走在前列

（四）解决区域性整体贫困，推动脱贫攻坚主要工作决战决胜。2019年完成33万贫困人口脱贫、1448个贫困村（含382个新识别贫困村）出列和剩余贫困县摘帽任务，实现所有贫困县、贫困村脱贫退出，全面完成全省13.59万贫困人口易地扶贫搬迁任务。

（五）全面完成脱贫攻坚任务，确保2020年现行标准下农村贫困人口全部脱贫。2020年上半年集中扫尾，实现剩余贫困人口脱贫，下半年巩固提升，迎接国家考核评估验收，消除绝对贫困，贫困地区和贫困群众同全省一道进入全面小康社会，为乡村振兴奠定坚实基础。

（六）全面统筹脱贫和防贫工作，确保建立形成稳定脱贫和可持续发展的长效机制。统筹衔接开发式扶贫与保障性扶贫，提高产业就业科技扶贫质量，加强兜底性保障措施，全面彻底实现“两不愁三保障”。统筹脱贫与防贫工作，完善非贫困低收入户、非持续稳定脱贫户扶持政策，减存量、控增量。统筹衔接脱贫攻坚与乡村振兴，尚未摘帽的贫困县要把打好脱贫攻坚战作为实施乡村振兴战略的优先任务，保持工作重心不偏移；已经摘帽的县要把乡村振兴的资金投入、项目安排、政策举措，优先支持脱贫退出村和脱贫人口接续推动群众生活改善。要及早谋划脱贫攻坚目标任务2020年完成后的战略思路，提出对收入水平较低人口的中长期帮扶意见。

三、聚焦深度贫困地区，集中力量攻克“坚中之坚”

（七）继续加大倾斜支持力度。把扶贫工作重心、政策支持重心、社会帮扶重心进一步向深度贫困地区聚焦，把脱贫攻坚资金、重大工程项目、扶贫政策举措进一步向深度贫困地区倾斜。中央、省财政专项扶贫存量资金、新增资金进一步向深度贫困地区倾斜，统筹整合的财政涉农资金和教育、卫生等社会事业资金向深度贫困地区倾斜，年度增幅高于该类资金全省平均增幅。脱贫攻坚期内，每年对10个深度贫困县分别单独安排财政专项扶贫资金1亿元。加大对深度贫困村基础设施和基本公共服务提升工程投入力度，在按现有渠道统筹省以上可用资金投入外，缺口资金由省级财政专项扶贫资金解决。继续实施金融、土地、人才、科技政策倾斜。继续强化“五包一”“三包一”定点帮扶。

（八）加强跟踪问效和预警评估。针对制约深度贫困地区脱贫的重点难点问题，列出清单，逐项明确责任、对账销号。对前期深度贫困地区攻坚工作进行深入分析，研究解决问题，总结推广经验，促进政策措施落实。加强对10个深度贫困县、206个深度贫困村的跟踪监测评估，重点跟踪实施方案进度、政策落实和脱贫攻坚任务完成情况，及时预警和纠偏，防止出现工作“死角”。

四、夯实脱贫攻坚基础，确保“两不愁三保障”精准落实到户

（九）扎实开展中央专项巡视、督查巡查、考核评估等反馈问题整改工作。深入学习贯彻习近平总书记重要讲话精神，落实中央脱贫攻坚专项巡视工作动员部署会精神，坚持问题导向，提高政治站位，强化巡视监督。围绕打赢脱贫攻坚战三年行动，统筹安排常规巡视、专项巡视、机动巡视和巡视“回头看”，将承担脱贫攻坚任务的部门和单位作为党委巡视巡察的重点，实现对贫困县的巡视全覆盖。深化扶贫领域腐败和作风问题专项治理，坚决推动中央脱贫攻坚决策部署落地落实。在全省对脱贫攻坚全过程各环节进行一次系统大梳理，继续深化国家扶贫成效考核、国家巡查和中央巡视反馈意见问题整改，做好中央专项巡视反馈意见问题整改，逐条逐项核查，到村到户到人，确保件件有着落、条条有整改，同时做好举一反三工作。对各类监督检查发现问题整改不到位不及时的进行常态化约谈。

（十）深入开展基层基础工作规范提升行动，实现扶贫脱贫标准化规范化信息化。聚焦国家考核和贫困退出，大力推广承德市经验，采取备、训、访、帮、档、验、录、示“八字工作法”，全面提升工作精准度和群众满意度。强化扶贫信息的精准和共享，提高精准识别质量，完善动态管理机制，做到“脱贫即出、返贫即入”。对2017年前标注脱贫人口脱贫措施进行采集，充实完善。加强扶贫开发大数据平台建设，建立健全省市县乡村五级纵向互通，民政、教育、住房城乡建设、卫生健康等部门横向互联的信息网络。

（十一）落实动态管理服务机制，着力解决影响“两不愁三保障”的突出问题。健全完善贫困户收入登记制度，一户一干部常态联系、一户一档案全面建档、一户一措施精准帮扶、一月一登记掌握实情。切实改进帮扶工作，引导帮扶力量更加注重送思路送政策送技术，更加注重深入交心解决困难，更加注重长期增收稳定脱贫，更加注重帮扶贫困户和贫困边缘户并重。扎实开展走访暖心活动，用心用情用力解决好贫困群众就业、教育、医疗、危房改造、安全温暖过冬等切身利益问题，全面落实“两不愁三保障”各项要求。

五、加大产业就业科技扶贫力度，提高扶贫脱贫可持续发展能力

（十二）增强产业扶贫的精准度和实效性。扩大产业覆盖面，规范和加强脱贫攻坚项目库建设，实施产业扶贫规范提升工程，搞好精准对接，建立工作台账，提高贫困群众参与度，把所有有劳动能力的贫困人口纳入“种养加”等脱贫产业中来。增强产业扶贫针对性，结合贫困地区资源优势、产业基础和群众意愿，加强扶贫产业基地和园区建设，实施一村一品、一户一策，以村为单元因地制宜调整农业产业结构，以户为单元加快落实种植养殖、乡村旅游、光伏、电商和家庭手工业等产业扶贫项目，鼓励中医药企业到贫困地区建设中药材基地，搞出特色，打出品牌，下功夫解决扶贫产业同质化及竞争力不强问题。提高产业收益率，大力推广股份合作、订单帮扶、生产托管等有效做法，完善利益联结机制，实现贫困户与现代农业发展紧密衔接、与新型农业经营主体联动发展，努力提高抗风险能力，让贫困群众在扶贫产业发展中得到实惠、增加收入。开展产销对接，推进消费扶贫，促进贫困地区贫困群众产品变商品、收成变收入，带动贫困人口增收脱贫。支持贫困村发展壮大集体经济。

（十三）提升就业扶贫的组织化程度。突出抓好职业培训，促进教育、人力资源社会保障部门与企业的紧密合作，充分运用市场化的办法，整合各类培训资源，开展订单、定岗、定向式培训，实现培训一个、就业一个、脱贫一家。突出抓好就地安置，通过扶贫车间吸纳、返乡创业带动、有组织劳务输出、各类公益岗位安置就业，促进贫困劳动力就地就近就业。突出抓好劳务协作，用好京津两大市场，实施劳务对接扶贫行动，建立输出地与输入地劳务协作机制，通过劳务输出就业、产业帮扶项目吸纳就业、多渠道帮扶就业等途径，有效提高劳务协作助力就业扶贫成效。

（十四）推动贫困县贫困村科技扶贫全覆盖。创新激励政策，在项目立项、经费申请、职称评定、专项补贴、成果转化收益等方面，对科技人员下乡扶贫予以倾斜，广泛动员省市县三级科技人员帮扶贫困村、贫困户，提高科技兴农水平。创新服务体系，实行县派专家服务团、乡镇建科技服务站、村派科技特派员制度，开展技术咨询、农技培训等科技帮扶，培养一批本土人才，提升科技扶贫整体水平。创新工作机制，总结发扬李保国团队精神，推广保定市“太行山农业创新驿站”做法，促进扶贫产业提质增效。

六、实施综合保障性扶贫脱贫计划，提高贫困人口社会保障和救助水平

（十五）推进农村特困群体社会救助全纳入。加强农村低保制度和扶贫开发政策有效衔接，实行农村低保扩面提标。在核算困难家庭收入时，可适当扣减家庭成员因残疾、患重病等增加的刚性支出和必要的就业成本等，扣减后符合当地农村低保标准和财产状况规定的，可按规定程序纳入农村低保范围。纳入农村低保的贫困户人均收入超过当地低保标准后，可给予一定时间的渐退期，确保实现稳定脱贫后再退出低保范围。健全低保认定方法，实行按户施保与按人施保结合，对贫困户中靠家庭供养且无法单独立户的重度残疾人、重病患者、困难老人、未成年人等完全丧失劳动能力和部分丧失劳动能力的贫困人口，可以按照单人户纳入低保范围。对非建档立卡贫困户中的老弱病残、鳏寡孤独等农村特殊困难群体，参照单人户纳入低保范围。全面落实特困人员救助供养制度，鼓励有条件的特困供养服务机构在满足特困人员集中供养需求的前提下，为农村低保、低收入家庭和贫困家庭中的老年人、残疾人提供低偿或无偿集中托养服务，进一步加大临时救助力度。将农村特殊困难群体及政策边缘人群全部纳入监控范围，实行建档立卡，建立信息化管理平台，符合社会救助条件的及时纳入，防止滑入贫困群体范围。

（十六）推进解决因病致贫返贫问题取得新突破。强化“基本医疗保险+大病保险+医疗救助”等多重保障，加大医疗救助力度，提高贫困群众待遇水平，确保贫困人口有地方看病，小病、常见病、慢性病能看得起，大病重病也能确保全家吃穿有保障。推进大病集中救治，2020年贫困人口大病集中救治病种扩大至30种。优化基层公共服务，实行县级医院、乡镇卫生院、村卫生室一体化管理，严格村医准入门槛和退出、考核机制，加强乡域内村医统一管理，强化药品供应，优化村卫生室药品结构，降低贫困人口就医负担。推广临西县健康扶贫经验，坚持早预防、早发现、早治疗，推行农村“健康之家”建设。

（十七）推进教育扶贫水平再提升。以保障义务教育为核心，精准实施控辍保学措施，进一步提高贫困地区义务教育巩固水平。全面推进贫困地区义务教育薄弱学校改造工作，重点加强乡镇寄宿制学校和乡村小规模学校建设，确保贫困县所有义务教育学校达到基本办学条件。优先实施教育信息化2.0行动计划，加强学校网络教学环境建设，共享优质教育资源。建立贫困家庭子女就读全面排查机制，全面落实建档立卡学生“三免一助”政策，健全覆盖各级各类教育的资助政策体系，实现建档立卡贫困家庭学生应助尽助。

七、强化易地扶贫搬迁人口脱贫措施，解决稳定脱贫和可持续发展问题

（十八）把易地扶贫搬迁与推进新型城镇化结合起来。用好城镇化政策，尊重农民意愿，围绕国家“促进约1亿农业转移人口落户城镇”的要求，科学布局和建设集中安置区，推行货币化安置和大产权制，有序推进农民变市民、村委会改居委会。全面推进易地扶贫搬迁工程建设，2019年基本完成“十三五”易地扶贫搬迁规划建设任务。做好产业、就业等后续扶持工作，培育发展特色优势产业，完善带贫减贫机制，因地制宜建设扶贫车间，设立扶贫岗位，确保搬迁群众就业有门路、增收有来源，实现搬得出、稳得住、能致富。加强安置区社区管理和服务，完善迁入地基础设施和公共服务，加快促进搬迁人口融入当地社会。

（十九）把易地扶贫搬迁与深化农村改革结合起来。对村庄撤并的搬迁村，有效盘活耕地、林地、宅基地等闲置资源，加大土地流转力度，完善农民闲置宅基地和闲置农房政策，探索农村承包地和宅基地“三权分置”改革，通过转包、转让、入股、合作、租赁、互换等方式，积极推进规模化、产业化经营，提高土地使用效益，在不改变土地性质的情况下，增加贫困群众收入。

（二十）把易地扶贫搬迁与农村危房改造、“空心村”治理结合起来。对贫困地区危房进行全面排查梳理，建立工作台账，及时将符合危房改造条件的纳入改造计划。因地制宜确定危房认定标准，加强危房改造资金保障，落实支持政策，做到应改尽改，让贫困户都能住上安全房。要深化“空心村”治理，落实“五级两规一导则”，全域规划，加快进度，盘活土地资源，优化村庄布局，同步解决搬新不拆旧、闲置复垦难问题。2019年已列入易地扶贫搬迁计划的“空心村”全部完成搬迁，2020年基本完成治理任务。

（二十一）把易地扶贫搬迁与农村养老服务结合起来。总结推广沧州市规模化集中供养贫困老年人的做法，科学规划布局，完善服务功能，加强农村养老服务体系建设，彻底解决兜底保障人群养老问题。整合医疗资源与养老资源，健全医养结合政策保障体系，完善投融资、用地、财税价格等支持政策，推进贫困地区居家健康养老服务，针对老年人特点提供医疗护理个性化服务。提高农村医养结合服务能力，探索开展农村幸福院和卫生室联合建设，建立一批农村卫生室托管幸福院的基层医养结合试点和优质服务单位，带动农村医疗和养老资源有效整合，有效解决失能、半失能等特殊困难群体兜底保障难题。

八、下大力完善防贫常态长效机制，多措并举防止返贫和出现新的贫困

（二十二）强化脱贫后续扶持。对退出的贫困县、贫困村和脱贫户，进一步明确脱贫不脱政策、不脱帮扶、不脱监管，继续加大产业扶贫、就业扶贫、消费扶贫、教育扶贫、健康扶贫、保障性扶贫等方面的政策支持力度，保持支持政策一段时间稳定不变，进一步提高脱贫质量，促进逐步致富。开展脱贫摘帽县脱贫攻坚普查，实施脱贫户跟踪监测，建立健全稳定脱贫长效机制，坚决避免扶贫工作中出现新的短期行为，确保脱贫退出稳定可持续。

（二十三）强化贫困边缘人口扶持。加强贫困预警监测，对非建档立卡低收入户和非持续稳定脱贫户，实施针对性扶持和救助，防止出现新的贫困人口，防止边脱贫边返贫边增贫现象发生。对非建档立卡低保对象，由民政部门组织开展摸底调查，进一步完善建档立卡，防止低保对象成为贫困人口。坚持精准方略，坚决防止借机“搭车”。

（二十四）强化内生动力提升。坚持扶贫与扶志扶智相结合，充分调动贫困群众的积极性、主动性、创造性，增强其内生动力和自我发展能力，坚决防止包办代替、越俎代疱甚至强迫命令，坚决防止政策“养懒汉”、助长“不劳而获”“等靠要”等不良习气。加强教育引导和技能培训，办好各类“农民夜校”、扶贫脱贫“讲习所”，帮助贫困群众转变思想观念，提高脱贫能力。改进帮扶方式，注重激励和约束并重，开展以奖代补、事后奖补、生产奖补、劳务补助等奖补式帮扶方式，推行扶贫公益岗制度，动员更多贫困群众积极投工投劳、主动参与脱贫攻坚。大力推广自建、自管、自营等以工代赈方式，组织贫困群众积极参与工程建设。研究产业就业扶贫“以奖代补”政策，对贫困群众就业创业实现稳定增收的进行奖补，企业吸纳贫困户就业达到一定规模的予以奖励。加强教育引导，弘扬中华民族传统美德，大力倡导孝道文化，强化家庭成员瞻养、扶养老人的责任意识。持续开展移风易俗活动，发挥村规民约作用，改变婚丧嫁娶、节庆活动大操大办和天价彩礼、厚葬薄养等陈规陋习，教育引导贫困群众树立文明新风。

九、强化攻坚资金保障，提高扶贫资金使用效率和效益

（二十五）加大财政扶贫资金投入力度。充分发挥政府投入主体和主导作用，坚持增加政府扶贫投入与提高资金使用效益并重，确保扶贫投入与打赢脱贫攻坚战需求相匹配。脱贫攻坚期内，优先安排财政专项扶贫资金并保持适度增长，省本级预算安排的财政专项扶贫资金不低于全国平均水平，确保省本级预算安排的财政专项扶贫资金增幅高于中央安排我省的财政专项扶贫资金增幅，占中央安排我省的财政专项扶贫资金比例高于国家规定的比例，各市县财政投入扶贫资金不低于全省平均水平。加大对非贫困县脱贫攻坚支持力度，省级可统筹整合使用的财政涉农资金，可用于非贫困村脱贫攻坚项目建设。加大金融扶贫力度，严格规范扶贫小额信贷管理，推动扶贫再贷款等政策落实，扩大贫困地区农业保险覆盖面。

（二十六）加强财政扶贫资金常态化监管。建立健全财政扶贫资金监管制度体系，建立全链条、全覆盖的跟踪监管和全面审计机制，确保财政扶贫资金尤其是到户到人的资金落到实处。强化整合资金监管，省财政厅、省审计厅和省市有关部门履行监管责任，县级政府履行整合资金监管首要责任，县级资金使用部门和财政部门落实具体监管责任，确保管住用好。完善县级脱贫攻坚项目库建设，健全公告公示制度，确保资金围绕脱贫攻坚项目精准使用。

（二十七）实施扶贫项目资金绩效管理。聚焦脱贫质量和减贫效果，各级财政部门要做好全面实施预算绩效管理的组织协调工作，各级资金使用部门要严格落实绩效管理主体责任，建立资金使用绩效目标指标体系，加强绩效执行跟踪，强化评价结果运用，对支持脱贫攻坚项目的各类财政资金预算的编制、执行、决算实施全过程绩效管理，实行资金使用部门自我管理和外部监管相结合，促进财政资金发挥最大效益。

十、始终保持高压态势，持续深入推进扶贫领域腐败和作风问题专项治理

（二十八）继续深入推进专项治理。对扶贫领域腐败问题“零容忍”，严肃查处贪污挪用、截留私分、虚报冒领、强占掠夺等行为，坚决查处发生在民生资金、“三资”管理、征地拆迁、教育医疗、生态环保等领域的严重违纪违法行为，坚决查处基层干部吃拿卡要、盘剥克扣、优亲厚友等问题。依纪依法坚决查处贯彻党中央脱贫攻坚决策不坚决不到位、弄虚作假问题，解决主体责任、监督责任和职能部门监管职责不落实问题。把作风建设贯穿脱贫攻坚全过程，坚决纠正在脱贫攻坚工作中搞形式主义、官僚主义，盲目决策、弄虚作假、数字脱贫，扶持对象、措施到户、脱贫成效不精准，以及贫困县、贫困村、贫困户虚假“摘帽”等问题。加强扶贫审计，有重点、有步骤、有深度、有成效地对扶贫政策、资金、项目进行审计，实现全覆盖，坚决防止资金闲置、挥霍浪费等行为。坚决落实中共中央办公厅《关于统筹规范督查检查考核工作的通知》（中办发〔2018〕56号）要求，严格控制检查考核总量和频次，实行年度计划和审批报备制度。原则上每年对县的考核不超过2次。未经省批准，市级以下不得开展第三方评估。每年4-6月份，国家脱贫攻坚成效考核结束后，严禁省市县开展各类督查检查等，给基层留出足够时间抓整改，把主要精力放在抓落实上。改进调查研究，注重工作实效。

（二十九）继续加强基层组织建设改进扶贫干部队伍作风。深入开展“脱贫攻坚党旗红”活动，抓实堡垒示范、致富先锋、能力提升、人才返乡、结对帮扶“五大工程”，齐心协力打赢脱贫攻坚战。深入实施党支部书记“领头羊工程”，进一步优化贫困村党组织书记队伍结构，突出能力提升，打造素质过硬的干部队伍。持续开展基层党组织书记“万人示范培训”，加大村“两委”换届后村党组织书记培训力度，省级抓示范培训、市级抓重点培训、县级抓兜底培训、部门抓分口培训，确保贫困村党组织书记实现每年培训全覆盖。

十一、认真贯彻省负总责市县抓落实的要求，为全面提升脱贫攻坚水平提供坚强保障

（三十）坚持以上率下，压实工作责任。坚持五级书记一起抓，实行党政同责，认真落实党委政府定期研究脱贫攻坚、县乡党委书记“擂台赛”、领导干部包联、五级书记遍访贫困对象等制度。各级党委、政府主要负责同志要把打赢脱贫攻坚战作为重大政治任务，亲自研究、亲自部署、亲自推动，及时解决问题，推动工作落实。贫困县党委书记要当好脱贫攻坚"一线总指挥"，切实抓好各项政策措施落地落实。进一步增强贫困县统筹整合使用财政涉农资金、确定扶贫项目等方面的自主权，放手让基层从实际出发，创造性开展工作。强化非贫困县党委、政府脱贫攻坚责任，紧盯目标任务，切实做到扶贫脱贫一个也不能少。抓好扶贫队伍建设，严格驻村工作队和帮扶责任人管理，更好地带领群众脱贫致富。

（三十一）注重协调联动，形成工作合力。坚持统筹协调，发挥各级扶贫开发和脱贫工作领导小组作用。坚持各负其责，严格按照行业部门脱贫攻坚责任分工，实行谁主管谁负责、谁牵头谁协调，加强协调配合，形成推动脱贫攻坚的政策合力、工作合力，坚决防止推诿扯皮、相互掣肘。坚持上下联动，落实请示报告和"事不过三"协调机制，解决不了的问题要按程序及时请示报告，沟通两次得不到回应或没有明确意见的要及时上报。用好中央单位定点扶贫、京津协作扶贫、省内对口帮扶等社会帮扶资源，继续推进"千企帮千村"行动，充分发挥社会扶贫网的平台作用，广泛动员社会力量参与脱贫攻坚，凝聚强大合力。

（三十二）严格督查问责，推动工作落实。组织开展脱贫攻坚督查巡查和常态化约谈，发现问题随时约谈。整合督查力量，开展明查暗访。对思想不重视、工作不扎实，在国家扶贫成效考核或重点工作常态化约谈中造成严重影响、拖全省后腿的，坚决追责问责。要倍加关心爱护扶贫干部，坚持严管与厚爱相结合，及时帮助解决基层工作生活中的实际困难，严禁以简单问责代替问题整改，激发和保护扶贫干部干事创业的积极性。对在脱贫攻坚中圆满完成任务、各方面表现优秀的干部，予以提拔重用。

（三十三）总结推广典型，营造浓厚氛围。深入学习宣传习近平总书记关于扶贫工作的重要论述，宣传党中央、国务院和省委、省政府关于精准扶贫精准脱贫的重大决策部署，宣传脱贫攻坚典型经验及取得的显著成效，为打赢脱贫攻坚战注入强大精神动力。结合全国脱贫攻坚奖和全国脱贫攻坚模范评选表彰，加强经验总结，在全省选树一批脱贫攻坚工作先进典型和自强不息、自力更生脱贫典型，引导贫困群众向身边人身边事学习，激发脱贫致富奔小康的热情和信心，营造合力攻坚的浓厚氛围。

中共河北省委办公厅　河北省人民政府办公厅
印发《关于加快推进中医药产业发展的实施意见》的通知

（2019年3月22日）

各市（含定州、辛集市）、县（市、区）　党委和人民政府，雄安新区党工委和管委会，省直各部门，各人民团体：

《关于加快推进中医药产业发展的实施意见》　已经省委、省政府同意，现印发给你们，请结合实际认真贯彻落实。

（冀办〔2019〕14号）

关于加快推进中医药产业发展的实施意见

为全面提升河北中医药产业发展的规模和质量，培育壮大经济发展新动能，加快推动河北由中医药大省向中医药强省迈进，提出如下实施意见。

一、总体要求

（一）指导思想。以习近平新时代中国特色社会主义思想为指导，深入贯彻落实党的十九大和十九届二中、三中全会精神，认真学习贯彻习近平总书记关于发展中医药的重要论述，牢固树立新发展理念，将发展中医药产业作为调整农业结构、产业结构、经济结构和推动健康中国、健康河北建设的重要抓手，突出转型升级、提质扩量两大着力点，科学有效配置中医药资源，统筹推进中药材种植、中药工业、商贸流通、中医药健康服务和健康养老等领域发展，坚持产学研用一体化，立足河北，面向全国，走向世界，加快中医药全产业链晋档升级，切实将河北中医药资源创造性转化为促进人民健康、经济发展、科技创新、生态保护和文化繁荣的重要优势，为推动高质量发展，建设新时代经济强省、美丽河北提供有力支撑。

（二）基本原则

——坚持保护发展并重。坚持中药资源保护与产业发展相结合，推动中药材野生资源繁育研究，促进中药材规范化规模化种植，实现中药资源永续利用。

——坚持产业协同推进。促进中药农业、工业、商业、中医药服务业及相关产业协调发展，推动行业间有效衔接，做大中医药产业总量，促进跨越提升。

——坚持科技创新驱动。注重发挥科技支撑作用，强化科技研发和技术改造，促进中医药全产业链创新发展，提高产业科技化、自动化、信息化水平。

——坚持政府市场联动。发挥政府规划引导、政策激励和组织协调作用，突出企业在中医药产业发展中的主体作用，促进中医药产业规范有序发展。

——坚持质量标准引领。建立健全中医药质量标准体系和技术规范，推动中医药行业治理能力现代化，提高中医药产品质量和服务水平，促进中医药产业高质量发展。

（三）发展目标。到2020年，全省中药材种植、中药工业、中药商贸流通，以及相关健康产业全面快速发展，中医药产业总规模超过880亿元。

——全省大宗道地中药材规范化规模化种植水平稳步提升，中药材产业成为助力脱贫攻坚的富民产业。全省中药材种植面积达到150万亩、产值达到60亿元。

——中药工业及其相关产业总体规模进一步扩大，结构进一步优化。中药工业主营业务收入年均增长达到15%，到2020年，主营业务收入超过280亿元。

——安国中药都在国内外的影响力进一步增强，中药材综合交易、仓储物流、电子商务期货交易三大平台功能更加健全，市场交易年均增长达到15%，到2020年，交易总额达到340亿元。

——中医药健康养生、养老、旅游等服务能力明显提升，实现收入200亿元，初步构建起特色鲜明、融合发展、多点支撑的健康服务体系。

到2025年，我省中医药产业竞争力显著增强，产业总规模超过1700亿元。其中中药材种植面积达到200万亩、产值达到80亿元，中药工业及相关产业主营业务收入达到550亿元，均跻身全国前列；安国中药材市场交易额达到680亿元，引领全国中药材交易市场发展，国际市场广泛拓展；中医药健康养生、养老、旅游收入达到400亿元，中医药促进人民健康和经济社会发展的作用日益凸显。

二、实施跨越提升“六大工程”

根据全省中医药资源分布、中药材种植、中药工业、中药商贸流通、相关健康产业等发展现状，以及中医药产业面临的形势和任务，重点实施“六大工程”，促进中医药产业全面发展，实现跨越提升。

（一）中药材种植提质增效工程

1.中药资源保护开发和利用。建立健全河北中药资源动态监测网络，掌握资源动态变化，及时提供预警信息。加强燕山、太行山重点区域野生中药材资源保护，依法保护珍稀濒危野生药材植物。推动道地药材野生资源繁育研究，加强河北野生资源变家种的关键技术研究，建立濒危野生中药材种子种苗研究基地，制定10种以上繁育难度大或濒危野生中药材种子种苗繁育规程，实现20种野生中药材的人工栽培及规模化种植，降低对野生资源的依赖程度。（牵头单位：省卫生健康委、省中医药管理局；责任单位：省农业农村厅、省自然资源厅、省科技厅、省农科院）

2.合理规划中药材经济区划。着力打造中药材种植“两带三区”（燕山产业带、太行山产业带、冀中平原产区、冀南平原产区和坝上高原产区），突出优势道地和药食两用品种，强化中药材市场分析研究，加强政府对区域重点种植品种引导，推广“公司+基地+农户”、“公司+基地+合作社+农户”模式，深入开展中药材种植标准化基地建设，实现生产资料统购统供、良种覆盖、病虫害统防统治、测土配方施肥、无公害技术普及、产后初加工等“六个百分之百”，提高产品品质和附加值，打造规范化规模化中药材产区经济。（牵头单位：省农业农村厅；责任单位：省扶贫办、省工业和信息化厅、省农科院）

3.打造绿色道地“冀药”品牌。深入推进黄芩、黄芪、防风、苦杏仁、知母、金银花、酸枣仁、柴胡、连翘、“八大祁药”、丹参、关黄柏、款冬花、山楂等我省道地中药材“三品一标”认证，打造中药材区域公用品牌，培育“争第一、创唯一”和“一地供全国”的拳头产品和优势产品。推进区域化布局、规模化种植、标准化生产，加快建设巨鹿金银花、青龙北苍术、涉县柴胡、兴隆山楂、热河黄芩、邢台酸枣仁以及滦平县、安国市等特色鲜明、优势集聚、竞争力强的中药材特色农产品优势区。深入推进中药材建设产地仓储物流基地，建设完善邢台酸枣仁、巨鹿金银花、内丘王不留行、平泉杏仁、围场桔梗等一批产地交易市场。鼓励药农选择适宜中药材品种开展产地初加工，推广微波干燥、电热烘干、速冻脱水、干燥切片等初加工技术，提高产品附加值。（牵头单位：省农业农村厅；责任单位：省市场监管局、省农科院）

4.加快中药材产业扶贫。指导贫困县编制大宗、道地中药材种植目录，因地制宜、科学合理布局中药材扶贫产业，促进道地中药材向最佳生产区域集中。积极发挥安国中药材市场辐射带动作用，引导广大农民调整农业结构，做大做强中药材产业，切实增加农民收入。引导、支持医药企业到贫困地区新建中药材基地，或在现有基地发展订单生产、农企联结和股份合作，设立“扶贫车间”，吸纳贫困人口就地就近就业。支持集中连片贫困地区建设“中药材产业扶贫示范基地”和区域性中药材良种繁育基地。

鼓励有条件的贫困地区建立中药材产地电子交易中心，充分发挥农业服务中心、中药原料质量监测信息和技术服务中心（站）等服务机构作用，构建种植、养殖、加工、研发、销售服务一体化综合服务体系。（牵头单位：省农业农村厅、省卫生健康委、省中医药管理局、省扶贫办；责任单位：省工业和信息化厅）

（二）中药工业现代化工程

1.优化产业布局。发挥龙头企业带动作用，培育壮大中医药产业集群。推进石家庄国家生物产业基地现代中药产业聚集区建设，重点支持神威现代中药产业园、以岭生物医药产业园建设，打造国内知名中药及保健品生产基地。支持承德、邯郸、邢台等市以颈复康药业、邯郸制药、君临药业等企业为龙头，依托燕山、太行山山脉道地药材资源，加快构建现代化的中药生产加工体系和市场营销与服务体系。支持唐山、衡水等市以太阳石药业、百善药业、葵花药业等企业为龙头，重点研发妇女儿童用药以及治疗肝病、心脑血管疾病等具有中医药特色的新药。支持安国瞄准国内知名中药企业，开展“一对一”精准招商，引进同仁堂、国药集团、步长药业、葵花药业、康美药业、贵州百灵等一批知名中药企业，加速产业集聚。鼓励企业兼并重组、股份制改造，鼓励企业通过上市融资做大做强。（牵头单位：省工业和信息化厅；责任单位：省发展改革委、省市场监管局）

2.培育中药大品种。建立中药大品种大品牌高标准培育机制，筛选优势产品，实施“一品一策”，从工艺改进、质量标准提升、临床再评价、扩能技术改造、市场营销、品牌塑造等方面加大扶持力度，着力提高产品的市场占有率和品牌影响力。（牵头单位：省工业和信息化厅；责任单位：省发展改革委、省市场监管局）

3.做大做强中药饮片加工业。引导中药饮片生产企业向规模化、精深化、差异化、高档化、品牌化发展，打造20家中药饮片加工生产旗舰企业，壮大提升传统饮片规模。支持神威药业、以岭药业、石药集团做大做强中药配方颗粒。引导和支持企业大力发展新型饮片产品，建立和完善企业标准，培育饮片品牌，推进中药饮片向标准化、可控化、集群化方向发展。（牵头单位：省工业和信息化厅；责任单位：省发展改革委、省市场监管局）

4.延伸中药工业产业链。大力发展以中药为基源的保健品、功能食品、日用品、化妆品、食品添加剂，以中医诊疗技术为基础的医疗保健器械，以及中药农药、兽药、饲料添加剂等绿色产品，发展中医药衍生产品。鼓励华药神草、以岭药业、神威药业、藏诺生物、金木集团、新华科极等骨干企业，创新中药健康产业模式，构建中药健康产业研发平台，开发质量可靠、功能明确的中药保健品、功能食品、中药兽药等系列产品，打造品牌，做大市场规模。（牵头单位：省工业和信息化厅；责任单位：省发展改革委、省农业农村厅、省市场监管局）

（三）安国中药都综合实力提升工程

1.推进安国数字中药都建设。打造全国领先的中药材集散地，铸牢安国“千年药都”金字招牌。持续支持安国数字中药都建设项目。加强全国各道地中药材产地招商，支持知名品牌中药饮片建立专店专柜。建设优质道地中药材原料、中药饮片、成品药、生物医药及西药展示、大宗中药材、医疗器械和药用器械、保健品等七大专业交易区，建成全国领先的中药材交易中心，打造集中药材现代商贸、仓储物流、电子商务、期货交易、会展推介等功能于一体的全新中药材市场。每年高规格举办安国国际药材节暨中国安国药材医药保健品交流会，广泛邀请国内外药品生产经营企业、医疗机构、行业协会参加，持续打造在国内、国际有重大影响的中药贸易洽谈、产业论坛、投资合作的平台，成为我省中医药对外展示形象、交流合作的重要名片。（牵头单位：保定市、安国市政府；责任单位：省商务厅、省卫生健康委、省中医药管理局、省市场监管局）

2.建立标准化仓储物流示范基地。加强黄芩、黄芪、丹参、虫草、人参等优质中药材储备。建立中药材保税仓，争取中药材出口保税区，建成全国最大的中药材、中药饮片和中药材提取物出口创汇示范区。加快建立中药材现代流通体系，规范流通经营秩序，建设仓储物流中心网络，引入智能化仓储管理系统和现代新型仓储技术，加强东北专线、西北专线、成都专线、云贵专线、两广专线等分区物流配送专线，提高物流配送效率。鼓励发展第三方公共检测平台，为地方产业发展提供技术支撑。（牵头单位：保定市、安国市政府；责任单位：省商务厅、省市场监管局、石家庄海关）

3.健全质量追溯体系和诚信体系。依托安国中药材市场，通过现代信息技术和物联网技术，建立“来源可溯、去向可追、质量可查、责任可究”的中药材质量安全可追溯体系，逐步实现全过程追溯管理，确保药品质量安全。整合监管力量，依法加强对中药材市场监管，严厉打击各类制售假冒伪劣中药材等违法行为。建立健全中药材市场准入标准，强化市场诚信体系建设，建立“黑名单”制度，提高市场主体自律意识，营造诚实守信的市场环境。（牵头单位：保定市、安国市政府；责任单位：省市场监管局、省商务厅）

4.改善安国中药都基础条件。推进津石高速安国段建设工程，持续改善安国市交通环境。加快安国市星级酒店、商务快捷酒店等基础设施建设，营造舒适、便利的商务环境。鼓励金融机构进驻安国市，完善配套的金融服务体系。着力打造安国市场、物流、会展等公共商贸信息平台，为商贸物流业发展提供全方位、多层次的信息服务和技术支撑，探索建立安国中药材市场价格指数。汇聚京津冀中医药科研单位、高等院校和知名企业优势资源，在安国建设全国一流的中医药研究院，开展中药材科技攻关、技术研究、产品研发、专利申请，提高自主科技创新的能力。加强与京津知名中医医院的合作，支持鼓励在安国建立分院。建立中医药领域院士、国医大师、全国名中医联系沟通机制，通过建立名医工作室、远程会诊等形式，形成名家聚集效应。深化安国市国家中医药健康旅游示范区建设，开发中医药旅游线路和独具特色、具有较高附加值的中医药旅游产品，打造集展示、观光、体验、康养为一体，在海内外具有较大影响力的中医药健康旅游品牌。（牵头单位：保定市、安国市政府；责任单位：省交通运输厅、省商务厅、省市场监管局、省卫生健康委、省中医药管理局、省文化和旅游厅、省地方金融监管局、河北银保监局、河北证监局）

5. 推动安国中药产业转型升级。坚持绿色环保、可持续发展的原则，按照“资源—产品—再生资源”的循环经济模式，建立现代中药产业链条，促进中药材种植、加工、贸易、养生、文化等协调发展。着力推动安国由单纯以中药为主向医药并重方向转变提升，由以低中端中药产品为主向中高端方向转变提升，由以侧重生产流通为主向产学研协调发展方向转变提升，由以面向国内为主向国际化发展方向转变提升，打造全国中医药产业创新聚集之都。（牵头单位：保定市、安国市政府；责任单位：省农业农村厅、省工业和信息化厅、省科技厅、省市场监管局、省商务厅、省卫生健康委、省中医药管理局、省文化和旅游厅）

（四）中医药健康服务工程

1. 健全中医药医疗服务体系。健全完善以公立医疗服务为主，社会力量办中医药服务为补充的覆盖省市县乡村五级的中医药医疗服务体系。加强与京津中医医疗资源对接，提高我省基层常见病、多发病诊疗水平，提升省市级中医医院重大疑难疾病防治能力，缓解首都就医压力。支持省中医院高标准完成国家中医临床研究基地建设。将市级中医医院打造成区域性中医诊疗中心。全省建成20个以上三级甲等中医医院。支持县级中医医院完成基础设施建设。加快县级中医医院能力提升，达到二级甲等水平。在乡镇卫生院、城市社区卫生服务中心（站）广泛建设“国医堂（馆）”。面向农村招聘能中会西、能治病会防病、懂健康管理的大学生村医，纳入乡镇卫生院聘用管理，在村卫生室工作。支持社会资本举办专科性质的中医或中西医结合医院，促进有实力的社会办中医诊所和门诊部等机构做大做强，努力实现跨省市连锁经营、规模发展。（牵头单位：省卫生健康委、省中医药管理局；责任单位：省发展改革委、省人力资源社会保障厅、省财政厅）

2. 全面推进中医治未病健康服务。实施“健康河北人中医药行动”，编写中医治未病知识普及手册，开办中医养生保健大讲堂，大力宣传中医治未病的理念和方法，在全社会推广普及中药药膳、八段锦、太极拳、内养功等知识，强化人民群众应用中医药养生保健防病治病的意识，将中医治未病理念融入百姓衣食住行。支持社会资本举办中医养生保健机构，构建中医养生保健机构与医疗机构协同发展的中医养生保健服务网络，建立满足人民群众不同层次需求的中医预防保健服务体系，促进形成职业化、家政化、多元化的中医预防保健服务格局。鼓励中医医疗机构、中医医师为中医养生保健机构提供技术支持，促进中医养生保健服务规范化、专业化、规模化发展，形成一批具有品牌效应的中医养生保健机构。不断拓展省市级中医医院治未病中心功能，加强县级中医医院治未病科建设，支持有条件的综合医院、妇幼保健机构、乡镇卫生院和社区卫生服务机构设立治未病科室。充分发挥中医治未病在深化医改、推进医联体建设、建立分级诊疗制度中的作用，突出中医药特色优势，推进医疗机构从注重治病向更加注重防病转变，逐步实现让居民不生病、少生病、少住院、少花钱的目标。（牵头单位：省卫生健康委、省中医药管理局；责任单位：省市场监管局）

3. 发展中医药文化和健康旅游。启动实施“扁鹊计划”，叫响河北中医药文化品牌。开展燕赵中医药名家理论精华整理传承行动，编辑出版系列丛书；开展中医药非物质文化遗产传承保护行动，培育一批重点项目和代表性传承人；开展中医药文化传播平台建设行动，依托河北中医学院高标准建设省中医药博物馆，抓好中医药文化宣传教育基地、中医药文化主题公园建设；开展中医药文化精品创作行动，推出以扁鹊、刘完素、张元素、张锡纯等河北历代名医大家为主题的电影、电视剧、纪录片、宣传片、文化丛书等，讲好河北中医药故事；开展中医药文化产业提升行动，重点在扁鹊故里任丘和行医圣地内丘，打造集中药材种植、加工、贸易以及中医药文化交流、健康养生、旅游观光等于一体的中医药文化产业园；规范办好扁鹊文化节、扁鹊论坛、医祖祭祀等系列活动，扩大扁鹊文化在国内外影响力。鼓励各地充分利用海滨、森林、温泉、湿地等自然资源优势，开展海滨疗养、森林康养、温泉养生等保健项目。积极推动中医药文化元素突出的名胜古迹、中药材种植基地、生产企业、中医药文化基地等中医药资源，有效融入旅游产业发展范畴。开展中医药健康旅游示范区（基地、项目）建设，支持举办层次高、影响大的中医药健康旅游展览、会议和论坛。（牵头单位：省卫生健康委、省中医药管理局、省教育厅、省文化和旅游厅；责任单位：省农业农村厅、省自然资源厅）

4. 推动河北中医药走向世界。实施中医药“走出去”

战略，面向“一带一路”沿线重点区域，大力发展跨境中医药医疗、养生、保健、教育、科研、文化等服务。全面加强与澳门的中医药交流合作，将其作为向葡语系和欧洲国家延伸的“桥头堡”。推动与澳门中医药重点实验室合作，开展科研联合攻关项目；对标欧美药品生产质量管理规范，引入澳门资源参与制定和完善我省中药材、中成药质量标准，助力中药材和中药复方制剂走出国门；建立冀澳中医药人才联合培养长效机制，依托澳门现有资源和优势，加强我省中医药涉外骨干人才培养。推动在海外建设中医孔子学院、中医中心，开展中医医疗服务，培养海外中医药人才，弘扬传播中医药文化。鼓励以岭药业、神威药业等企业以药品、保健品、功能食品等方式扩大海外注册范围，提高国际市场占有率。加大河北中医药海外招商引资推介力度，推进中医药和入境旅游深度融合，大力发展入境中医药健康旅游项目，为入境消费者提供优质中医药医疗保健服务。加强我省中医药国际化教学基地建设，吸引海外留学生来我省接受中医药学历教育、非学历教育、短期培训和临床实习。继续举办中医药健康节、中国—匈牙利医学论坛、冀港澳台中华传统医药文化发展大会等活动，提升河北中医药国际影响力。（牵头单位：省商务厅、省教育厅、省卫生健康委、省中医药管理局；责任单位：省文化和旅游厅、省市场监管局）

5.大力发展“中医药＋互联网”和“互联网＋中医药”。强化省中医药数据中心建设，完善中医馆健康信息平台，实现与省全民健康信息平台互联互通。推进以中医电子病历为基础的中医医院信息系统建设，鼓励发展中医医院互联网医院。推进中医远程医疗、移动医疗、智慧医疗发展，为患者提供预约诊疗、检验检查结果查询、诊间结算、移动支付等便捷服务。鼓励养老机构应用便携式体检、紧急呼叫监控等设备，向老年人提供中医养生保健、康复、护理的线上商务、线下实体服务。引导开发一批适合移动新媒体传播的中医药文化精品佳作和科普作品，创作具有地方特色、民族特色的中医药文化数字产品，开发线上线下融合发展的中医药健康旅游项目和产品。（牵头单位：省卫生健康委、省中医药管理局；责任单位：省民政厅、省文化和旅游厅）

（五）中医药健康养老工程

1.加快中医药健康养老服务机构建设。瞄准京津冀老年高端消费人群，支持秦皇岛、承德、张家口、保定等环京津市县发展中医药健康养老产业，培育中医药健康养老服务集团或连锁机构，按照“医、护、养”一体化新模式，着力打造绿色生态中医药健康养老基地。鼓励社会力量举办以老年人为主要服务对象的中医养生保健机构，为老年人提供中医健康状态辨识与评估、咨询指导、健康管理、健康干预等服务。加强中医医院特色服务能力建设，积极推行县级中医医院发展集医疗康复、养生养老于一体的全链条服务模式。鼓励有条件的养老机构申请开办中医养生保健机构和以老年病诊治及保健、康复、照护为主的中医医疗机构。（牵头单位：省卫生健康委、省中医药管理局；责任单位：省民政厅）

2.推进中医药健康养老相关产业融合发展。鼓励中医药健康养老服务与现代高新技术产品相结合，促进中医药与互联网、旅游、体育、餐饮、住宿等其他产业融合并协同发展，推进中医药体验式服务融入健康旅游、传统文化等主题项目建设，培育壮大中医药健康养老服务产业。支持中医医疗机构、养生保健机构和中医科研机构、院校、企业研发推广面向老年人的食品药品、康复辅具、日常照护、文化娱乐等产品和服务。积极运用移动互联网、物联网等信息技术开发智能化服务产品，为老年人提供融中医健康监测、咨询评估、养生调理、跟踪管理和生活照护于一体的中医药健康养老服务。鼓励保险公司开发中医药健康养老类保险产品，提供与其相结合的中医药特色健康管理服务，创新中医药健康养老保障模式。（牵头单位：省卫生健康委、省中医药管理局；责任单位：省民政厅）

3.规范中医药健康养老服务。建立中医药健康养老服务行业组织，畅通相关政策信息渠道，将适宜行业组织行使的职责委托或转移给行业组织。加强行业自律，强化行业组织在中医药健康养老服务质量、费用、内容等方面的自律作用，支持行业组织研究、制订相关技术目录、服务规范、操作流程等行业标准。发挥行业组织在规范从业人员执业行为、维护行业信誉方面的作用，逐步建立中医药健康养老服务机构及其从业人员不良执业记录制度、失信惩戒以及退出机制。（牵头单位：省卫生健康委、省中医药管理局；责任单位：省民政厅）

（六）中医药创新发展工程

1.强化科技研发。搭建科研成果转化平台，为企业从产品研发到成果转化提供“一站式”服务。加强中药生产企业与河北中医学院、中国中医科学院等省内外科研院所开展技术合作，研发基于古代经典名方、民间验方、秘方或者以中药制剂为基础的中药新药，注重丰富剂型、改良口感、优化包装。围绕大宗食药同源药材，进行资源、物质基础、药理毒理以及饮片、中药、提取物、保健用品等全方位系统研发。支持省内名优中药大品种开展符合国际规范的循证医学研究，探究作用机理、治疗靶点和不良反应等，加快二次开发，提高有效性、安全性。（责任单位：省科技厅、省市场监管局、省卫生健康委、省中医药管理局、省工业和信息化厅、省农科院）

2.加强技术改造。加强中医药产业关键技术的研究和应用，加大技术改造力度，提升技术装备水平，扶持一批优势企业做大做强。中药材种植领域，重点加强中药材优良新品种培育、种源繁育、标准制定、质量控制、绿色生产、产地加工和机械化生产等关键技术的升级和推广应用。中药饮片生产领域，重点加强中药饮片炮制加工技术的规范化研究和产业化推广。中药提取纯化领域，重点加强多级动态罐组提取、微波提取、大孔树脂吸附、超临界流体萃取、膜分离、微波干燥等新技术在中药生产中的应用，提高效率和降低能耗，促进生产技术的升级。中药制剂领域，重点解决中药注射剂、经皮和粘膜给药制剂、缓控释制剂生产中存在的关键技术问题。生产过程控制领域，重点加强中药生产过程自动化控制、在线监测和质量控制技术的推广应用。（牵头单位：省工业和信息化厅；责任单位：省科技厅、省发展改革委、省农业农村厅、省市场监管局、省农科院）

3. 推动雄安新区建设中医药科技创新高地。推动建立以传统中医为技术核心的国家中医医疗中心。建设集科学研究、临床治疗、国际培训于一体的针灸中心，开展针灸原理研究、引领世界针灸学术发展；建设中药研发中心，运用最前沿现代科学技术研发中药新药，推动中药打入国际主流药品市场；建设重大疑难病中医药防治中心，探索重大疑难病防治中医药方案。推动建立中国中医科学院雄安新区分院，推进中国中医科学院与中国人民大学在雄安新区合作建设国医学院。（牵头单位：雄安新区管委会，省卫生健康委、省中医药管理局；责任单位：省发展改革委、省科技厅、省市场监管局）

4. 强化科技智力支撑。加强中医药高层次和国际化专业人才引进与培养，聘请全国中医药产业领军人物作为我省中医药产业发展总顾问。推动成立燕赵医学研究会，推动建立京津冀中医药高层次人才流动共享机制。强化中医药传承，举办多种形式的中医和老药工学术经验讲习班、培训班。实施“名医入冀计划”，聘请省外院士、国医大师、全国名中医等领军人物，参与、指导河北重大中医药科技创新、重大疑难疾病攻关，切实提高河北中医药的创新能力、临床疗效和行业影响。加快河北中医学院发展，支持更名为河北中医药大学。加强河北省中医药科学院建设，为中医药产业发展提供智力支撑。（责任单位：省教育厅、省卫生健康委、省中医药管理局、省人力资源社会保障厅、省民政厅）

5. 建立健全质量标准体系。完善中药材种植标准体系，加强河北道地中药材新品种选育、优良种源繁育、种子种苗质量检验、土壤环境动态评价、有效成分分析、农药残留量及重金属检测等工作，建立健全我省道地中药材种子种苗标准、规范化种植标准、加工贮藏标准，提高中药材质量控制水平。健全中药饮片生产质量控制体系，推动河北大宗道地中药材饮片加工、饮片炮制、提取等技术标准研究和制定，为国家中药行业标准提供支撑，严格按照标准规范企业生产。建立中成药生产质量标准体系，研究借鉴日本、德国等国家中药萃取、分离、浓缩、过滤、干燥等先进技术，开展中药经典名方复方制剂标准煎液、生产工艺及质量标准研究，提升中成药产品质量和疗效。建立贯穿中药材种植、中药饮片加工、中成药生产、中药储存、市场流通和终端消费等各环节的全程监测追溯体系，逐步形成可追溯的倒逼约束机制，推动完善中药质量保证体系，为下游用户选择中药材、中药饮片提供质量参考，促进形成优质优价市场机制。（责任单位：省农业农村厅、省市场监管局、省工业和信息化厅）

6. 创新中医药产业发展模式。推动跨界创新，努力整合全产业链资源，积极打造融合一、二、三产业的“大健康+大平台＋大数据＋大服务”新业态、新模式。创新中药材种植业发展，着力构建中药材种植科技研发、标准化生产、质量可追溯和市场营销“四大体系”，逐步实现“产前环评、产中规范化生产、产后初加工”和采前检测，支持产业大县根据需求新建一批产地交易市场，培育一批具有一定知名度和市场占有率的骨干品牌，增强在全国市场的主导权。创新中药生产工艺技术，充分利用现代科学技术，引入“大数据”分析方法，着力在中药标准化、中药新药研发、安全性评价以及中药工业绿色智能升级等关键领域争取实现突破，培育一批具有自主知识产权的名优大品种。创新中医药服务模式，借鉴深圳“和顺堂”运营经验，鼓励发展一批精品中药“国药堂”，订制优质道地药材，聘请名中医坐诊，打造“名药＋名医＋名店”于一体的连锁经营品牌。加快中医药产业与其他产业融合发展，提高统筹资源协同创新能力，着力推进中医药供给侧结构性改革，形成医疗服务、餐饮食品、养生保健、康复养老、休闲旅游等产业融合发展新格局，全方位全周期保障人民健康。（牵头单位：省发展改革委；责任单位：省农业农村厅、省工业和信息化厅、省商务厅、省市场监管局、省卫生健康委、省中医药管理局）

三、加大政策扶持力度

（一）强化医药医保支持政策。整合产业要素，盘活企业闲置中药药品文号资源。支持各级各类医疗机构加大冀产大宗道地中药产品的采购使用。对传统工艺配制的医疗机构中药制剂实行备案制管理。遴选效果好、价格优、应用广的医疗机构中药制剂按规定调剂使用。将符合条件的中医诊疗项目、中药饮片、中成药和医疗机构中药制剂纳入医疗保险支付范围，对于统筹基金不予报销的中成药，可用职工医保个人账户支付。继续实施不取消中药饮片加成政策。（责任单位：省卫生健康委、省中医药管理局、省市场监管局、省医疗保障局）

（二）强化财政金融扶持政策。健全投入机制，发挥政府对中医药特色品种、基地、工程、企业和项目等的引导作用，鼓励社会资本与政府引导基金开展合作，设立专项基金投资中医药产业发展重点潜力项目。统筹支农资金，加大道地中药材生产基地建设投入。引导金融机构加大对省级中医药产业发展重大项目的融资支持和利率优惠。鼓励金融机构和担保机构向符合条件的中医药企业提供贷款。支持创新、增加中药材特色保险品种及扩大保险覆盖面，积极运用金融保险手段，分散化解中药材种植风险和中药企业生产经营风险。（责任单位：省发展改革委、省财政厅、省农业农村厅、省地方金融监管局、人行石家庄中心支行、河北银保监局、河北证监局）

（三）强化服务市场准入政策。鼓励支持社会资本举办中医药健康服务机构，凡是法律法规没有明令禁入的中医药健康服务领域，都要向社会资本开放，并不断扩大开放领域；凡是对本地资本开放的中医药健康服务领域，都要向外地资本开放。全部放开中医门诊部、诊所设置，医疗机构设置规划和区域卫生发展规划不作布局限制。支持社会办中医医疗及健康服务机构用电、用水、用气、用热，与公立医疗机构执行相同的保供与价格政策。（责任单位：省卫生健康委、省中医药管理局、省发展改革委、省市场监管局）

（四）强化创新激励政策。鼓励中医药企业加大创新研发投入，对符合条件的中医药企业优先认定高新技术企业，优先支持重点中医药企业申报全国驰名商标。鼓励中医药企业积极申报专利，对经国家知识产权局授权的发明专利给予奖励。对带技术、带项目、带成果、带资金来冀工作的高层次科技创新创业中医药人才，同等条件下优先给予项目支持。对在中医药理论创新、产业发展作出突出贡献的单位和个人予以表扬。对中医药领域科技成果转化工作业绩突出者，可按有关规定破格评定相应的专业技术职务任职资格。（责任单位：省科技厅、省人力资源社会保障厅、省市场监管局）

（五）强化人才引进培养政策。充分发挥院士、国医大师、全国名中医引才荐才作用，坚持“一人一策”，着力引进一批中医药高端人才和技术创新团队。高度重视高等院校中医、中药人才培养，鼓励高校毕业生围绕中医药产业创业就业。建立中医药师承教育体系，大力发展职业教育，加强中药材种植技术人员和中药材生产、流通、炮制基层从业人员培训，培养一支强有力的中药资源保护、种植、加工、鉴定技术和信息服务队伍。完善中医药人才评价机制，做好河北省名中医评选和国医大师、全国名中医推荐，营造名医辈出的良好氛围。实施中医医术确有专长人员医师资格考核注册管理制度，壮大中医药队伍。完善高级职称晋升政策，建立吸引、稳定基层中医药人才的长效激励机制。（责任单位：省人力资源社会保障厅、省教育厅、省卫生健康委、省中医药管理局、省市场监管局）

（六）强化中药临床应用政策。加大中药临床应用在中医（中西医结合）医院评审、公立中医（中西医结合）医院绩效考核中的比例。中医医院门诊中药处方（含饮片、中成药、医疗机构中药制剂）占门诊处方总数比例不低于60%，中药饮片处方占药品处方总数比例不低于30%；中西医结合医院门诊中药处方占门诊处方总数比例不低于40%，中药饮片处方占药品处方总数比例不低于20%；综合类医院中医门诊中药饮片处方占中医门诊处方总数比例不低于40%。（责任单位：省卫生健康委、省中医药管理局）

（七）强化中医药用地保障政策。在国土空间规划中统筹考虑中医药发展需要，优化中医医疗、养生保健、中医药健康养老服务等设施空间布局。在城镇化建设中，优先保障非营利性中医药健康服务机构用地，优先保障中医药产业发展重大建设项目用地，支持中药材加工、仓储、物流等设施建设。（责任单位：省自然资源厅）

四、组织实施

（一）加强组织领导。各市县党委、政府和省有关部门要进一步提高政治站位，将中医药工作摆上重要日程，党政主要负责同志要亲力亲为亲自抓，分管负责同志要强化担当全力抓。市县两级要成立中医药工作领导小组，建立党委领导、政府主导、政策引导、企业主体、科技支撑、市场化运作、注重实效的中医药发展机制，健全中医药管理体系，配强配足中医药管理机构和人员；要结合实际制定出台具体方案，细化任务，压实责任，确保实施意见工作任务落实见效。（责任单位：各级党委、政府，中医药工作联席会议制度相关成员单位）

（二）强化督导考核。加强中药材种植生产、规模以上中医药工业企业、中药材商贸销售、中医药健康服务指标监测分析，为中医药产业发展提供决策依据和量化考核支撑。将中医药作为医改考核的重要内容，加强对各级党委、政府的年度考核。实行中医药产业发展信息年度通报制度，及时通报工作进展和任务落实情况。（责任单位：省农业农村厅、省工业和信息化厅、省商务厅、省卫生健康委、省中医药管理局、省市场监管局）

（三）广泛宣传引导。建设集线上线下于一体的河北省中医药网络信息平台，整合全省中医、中药、市场、产业、人才、信息等要素，加大宣传力度，培树河北品牌。大力开展中医药在经济发展、富民脱贫、养生保健、健康养老、文化提升等方面的宣讲工作。积极宣传推介贫困地区中药材产品，组织企业参加国内外中医药博览会、展销会、产业发展大会、文化节、研讨会等活动，提升河北中医药影响力。（责任单位：省卫生健康委、省中医药管理局、省发展改革委、省委网信办、省商务厅、省工业和信息化厅、省市场监管局）

中共河北省委办公厅　河北省人民政府办公厅
印发《关于地下水超采综合治理的实施意见》的通知

（2019年3月24日）

各市（含定州、辛集市）、县（市、区）党委和人民政府，雄安新区党工委和管委会，省直各部门，各人民团体：

《关于地下水超采综合治理的实施意见》已经省委、省政府同意，现印发给你们，请结合实际认真贯彻落实。

关于地下水超采综合治理的实施意见

河北省水资源严重短缺，长期依靠超采地下水支撑经济社会发展，引发地下水位下降、河道断流、地面沉降等一系列生态环境问题，已成为华北地区生态文明建设的突出短板。党中央、国务院高度重视华北地区水安全保障问题，2014-2016年，在我省开展了地下水超采综合治理试点，探索修复地下水生态环境的措施与模式。为进一步提高我省水资源水环境承载能力，保障京津冀协同发展和雄安新区规划建设，在梳理借鉴《河北省水资源统筹利用保护规划》、《河北省地下水超采综合治理规划》、《河北省地下水超采综合治理五年实施计划》等成果基础上，根据水利部、财政部、国家发展改革委、农业农村部印发的《华北地区地下水超采综合治理行动方案》（水规计〔2019〕33号），提出如下实施意见。基准年为2017年，近期目标为2022年，远期展望到2035年。

一、现实基础

河北为典型的资源型缺水省份，全省多年平均（1956-2000年）降水量532毫米，平均水资源总量205亿立方米，人均水资源量307立方米，仅为全国平均水平的1/7。从上世纪80年代以来，全省水资源量呈现衰减趋势，特别是近十年来，水资源总量衰减到157亿立方米，减少了近1/4。

我省经济社会用水与水资源承载能力严重失衡，与上世纪50年代相比，经济社会发展规模大幅增加，用水总量从50亿立方米增加到200亿立方米左右，水资源开发利用率达到95%以上，尤其是地下水开发利用率高达150%以上。地下水超采量为59.7亿立方米，累计亏空量达1500亿立方米。

自2014年开展地下水超采综合治理试点以来，我省通过实施“节、引、蓄、调、管”等综合措施，形成了“科学规划、确权定价、控管结合、内节外引、综合施策”的地下水治理模式，地下水超采治理取得阶段性成效，时任国务院副总理汪洋批示“压采成效明显，而试点形成的制度成果更为可贵”。截至2017年底，全省累计压减地下水超采量26.6亿立方米，占治理任务的45%。

我省地下水超采时间长、范围广、程度深，造成的危害重、影响大。治理修复地下水生态环境是一个持续、长期的过程，既要完善工程网络体系又要创新体制机制，既要持续压减超采量又要大幅回补地下水，既要优化水资源配置又要调整产业结构，必须在认真总结试点经验的基础上，进一步整合资源、集中力量、统筹规划，采取行政、经济、技术、法律等措施，加大综合治理力度，从根本上解决地下水超采问题。

二、总体要求

（一）指导思想。以习近平新时代中国特色社会主义思想为指导，全面贯彻党的十九大和十九届二中、三中全会精神，树牢新发展理念，把实施地下水超采综合治理作为贯彻落实习近平生态文明思想的实际行动，积极践行“节水优先、空间均衡、系统治理、两手发力”治水方针，围绕打造首都水源涵养区和京津冀生态环境支撑区，统筹推进河湖水生态修复与防洪安全，统筹配置外调水与本地水，统筹保障生活生产用水与生态用水，以“节、引、调、补、蓄、管”为抓手，系统推进地下水超采综合治理，有效压减地下水超采量，实现地下水采补平衡，持续改善水生态环境，为新时代全面建设经济强省、美丽河北提供可靠的水安全保障。

（二）基本原则

——坚持节水优先、严控消耗。把水资源承载能力作为刚性约束，推进农业节水压采和工业节水增效、城镇节水降损、园区节水减污，打造适水发展的产业布局和产业结构，严控高耗水产业发展，把水资源消耗总量和强度控制在合理水平。

——坚持控补并重、综合施治。优先利用外调水和当地地表水，严格控制开采地下水，禁止新增取用深层地下水，减少取用地下水总量。推进河湖综合治理，实施河湖生态补水蓄水，入渗回补地下水，逐步填补超采亏空，实现水资源优化配置、持续利用。

——坚持改革创新、完善机制。深化水资源税改革，完善水价机制，建立水权水市场，发挥好价格杠杆的调节作用。健全地下水利用和保护管理制度，建立地下水超采治理的长效机制，修复保护地下水。

——坚持统筹推进、协调联动。以节水压采目标为导向，坚持开源节流并重、建设管理并举、治理保护同步，加强依法治水，明确地下水超采治理的主体责任，分类制定专项实施计划，有序有力组织实施，确保达到压采效果。

（三）治理范围。涉及除承德市外的10个设区市，雄安新区和定州、辛集市，共128个县（市、区），面积约7万平方公里，覆盖全省地下水超采区所有县（市、区），占京津冀治理区总面积的80%。

（四）治理思路。综合考虑地下水超采现状、河流水系分布、水资源条件和产业结构状况等因素，按照“节水优先、少采多补、分区施策”的工作思路，重点推进“节、引、调、补、蓄、管”六大行动，严格控制地下水开采，着力增引外调水源，切实增加河湖库塘蓄水，持续回补地下水，逐步实现地下水采补平衡。

冀中南地区，即京津以南地区，该区域长期大量超采地下水，已形成9处地下水位降落漏斗，是超采治理重点区域。主要治理措施：增加引江引黄外调水量，调减小麦等高耗水作物种植面积，大力推广节水品种和技术，增加河湖生态补水蓄水，坚决关停城镇自备水源井，有序关停农业灌溉深井。

冀东北地区，涉及唐山、秦皇岛市，该地区地下水超采呈点状分布，大部分位于唐山市城镇工业和农业集中开采区。主要治理措施：加大滦河水开发利用力度，提高河湖地表水蓄水能力，建设地表水引水工程，替代城镇地下水源，调减钢铁产业规模，尽快取缔依靠地下水灌溉的水稻种植。

冀西北地区，即张家口市，该地区地下水超采主要集中在坝上。主要治理措施：围绕打造首都水源涵养功能区和生态环境支撑区，调减灌溉农业种植面积，实施退耕还草，推广旱作雨养技术，合理利用当地地表水，加快建设引蓄水工程。

三、治理目标

到2022年，河北省要累计压减地下水超采量51.6亿立方米，回补地下水8亿～13亿立方米，总体实现省域地下水采补平衡，城镇地下水位全面回升，浅层地下水超采问题得到解决，深层地下水开采量大幅压减。具体目标为：在巩固实际压采量26.6亿立方米的基础上，通过强化节水、增加引水、调整结构、生态补水、严格管控等综合措施，2018-2022年再压减25亿立方米。治理效果为：超采区范围大幅缩减，张家口、秦皇岛、邢台、邯郸等4市和雄安新区率先实现地下水采补平衡，60%的县（市、区）退出超采行列，城市地下水漏斗特征基本消失；漏斗中心水位大幅回升，浅层回升5～10米，深层回升10～20米；河湖生态明显改善，力争年均河湖生态补水15亿～23亿立方米，河湖和湿地水面面积由现状260平方公里增加到410～460平方公里，主要河流河段实现季节性有水。

到2035年，进一步采取节约用水、加大非常规水利用、优化产业结构等措施，充分利用南水北调东线、中线后续工程，加大河道生态补水力度，扩大河湖补水范围，力争年均河湖生态补水30亿～40亿立方米，逐步填补地下水亏空水量，全面实现地下水采补平衡，努力打造河湖贯通、水系相连、水清岸绿的水生态环境。

四、重大举措

借鉴地下水超采治理试点成功经验，重点推进“节、引、调、补、蓄、管”六大行动，全面实施29项具体措施。

（一）“节”，即推进全社会节水行动，压减地下水超采量2.5亿立方米

1.强化节水宣传教育。坚持把节水宣传教育作为实施节水行动的重要举措，紧密结合我省省情、水情，研究制定节水宣传教育实施方案，细化实化节水宣传教育的内容、方法、形式。发挥新闻媒体和网络作用，组织省内主要媒体和网络媒体，开设节水专题专栏，利用“世界水日”、“中国水周”和重大专项行动等契机，加强节水形势宣传、政策解读和知识普及，报道先进典型，发挥示范引领带动作用。推进节水宣传教育进机关、进学校、进社区、进企业、进农村，开发制作通俗易懂、主题鲜明、内容鲜活的主题宣传片、公益广告等宣传品，提高全民节水意识。（牵头部门：省水利厅；配合部门：省委宣传部、省教育厅、省住房城乡建设厅、省工业和信息化厅、省农业农村厅。相关市县政府为责任主体，以下不再列出）

2.实施农业节水增效。我省治理区高效节水灌溉面积已达4600多万亩，占有效灌溉面积的68%，农田灌溉水有效利用系数0.672，处于全国先进水平。在加强现有高效节水工程管理、推广农艺节水技术、巩固压采成效的基础上，大力推广节水先进经验，积极推行测墒灌溉、保水剂应用等农艺节水措施，推行水肥一体化，实施规模养殖场节水改造和建设，发展节水渔业。依托高标准农田建设项目，在浅层地下水超采区实施喷微灌和高标准管灌工程，发展高效节水灌溉面积398万亩，其中高标准管灌266万亩，喷灌、微灌132万亩　（含水肥一体化100万亩）；实施石津、漳滏河、沙河等6处大中型灌区节水改造，改善灌溉面积35万亩。到2022年，农田灌溉水有效利用系数提

高到0.675以上，压减地下水超采量约2.4亿立方米。（牵头部门：省农业农村厅、省水利厅；配合部门：省自然资源厅）

3.加快工业节水减排。推进工业节水改造，定期开展水平衡测试及水效对标，对超过用水定额标准的企业，限期完成节水改造。加快高耗水行业节水改造，加强废水深度处理和达标再利用。推进现有工业园区节水改造，新建企业和园区推广应用集成优化用水系统。结合工业供给侧结构性改革和化解过剩产能，依法压减或淘汰高耗水产业不达标产能，推进高耗水工业结构调整。到2022年，工业用水重复利用率力争达到90%，万元工业增加值用水量下降到12.8立方米，年用水量1万立方米以上的工业企业用水计划管理实现全覆盖，抑制工业用水增长，控制地下水开采量增加，压减地下水超采量0.1亿立方米。（牵头部门：省工业和信息化厅、省水利厅、省发展改革委）

4.加强城镇节水降损。加快实施供水管网改造建设，降低供水管网漏损率。推进公共领域节水，公共建筑采用节水器具，城镇居民家庭推广节水型器具，限期淘汰不符合节水标准的用水器具。全面推进节水型城市建设，提高城市节水工作系统性，将节水落实到城镇规划、建设、管理各环节，落实城市节水各项基础管理制度，实现优水优用、循环循序利用。到2020年，各设区市全部达到国家节水型城市标准，城市公共供水管网漏损率下降到10%。（牵头部门：省住房城乡建设厅；配合部门：省水利厅）

5.增加非常规水利用。结合海绵城市建设，鼓励有条件的城市逐步推进城市雨水收集利用。推广微咸水、地表水轮灌混灌，鼓励企业利用微咸水替代淡水，增加海水淡化利用量。加强人工增雨（雪）工作，开发利用空中水资源。到2022年，全省开发利用非常规水由现状7.7亿立方米增加到17亿立方米。其中微咸水利用量由2亿立方米增加到4.1亿立方米，海水淡化利用量由0.6亿立方米增加到1.4亿立方米。（牵头部门：省水利厅；配合部门：省住房城乡建设厅、省农业农村厅、省发展改革委、省气象局）

6.切实提高污水处理水质。加强水污染防治，提高污水处理厂出水水质标准，加大污水管网建设和更新改造力度，到2020年，城镇污水收集率提高到100%，各市及白洋淀上游地区城镇污水处理厂率先执行地表水Ⅳ类排放标准，全省其他城镇污水处理厂逐步执行地表水Ⅳ类排放标准。加大再生水利用力度，城市绿化、市政环卫、生态景观等优先使用再生水。再生水利用量由5.1亿立方米增加到11.5亿立方米，利用率提高到30%。（牵头部门：省生态环境厅、省住房城乡建设厅；配合部门：省水利厅、省农业农村厅、省工业和信息化厅）

（二）“引”，即推进外调水引足用好行动，压减地下水超采量7.4亿立方米

7.扩大企业引江水直供范围。对工业园区和用水大户企业，积极谋划建设江水直供工程，增加江水消纳量。抓紧编制江水直供方案，确定直供目标、责任主体，到2020年底前，完成工程建设任务，实现应供尽供。（牵头部门：省水利厅）

8.拓展引江水供水目标。着眼保障雄安新区建设用水需求，实施天津干线口门改造、调节池、输水管道、水厂工程建设，新增供水能力1亿立方米；建设廊涿干渠固安支线工程，实现京冀南水北调中线工程互通互联，为北京新机场临空经济区提供用水保障；推进廊坊市北三县供水工程建设，新增供水能力0.5亿立方米，2020年底建成通水。（牵头部门：省水利厅；配合部门：省发展改革委）

9.推进农村集中供水水源替换。在具备地表水水源条件的超采区，推行城乡供水一体化，通过增加南水北调水厂供水能力，新建连通工程，充分利用引江水和本地地表水替换地下水，改善农村供水水质，到2022年，压减地下水超采量0.7亿立方米。（牵头部门：省水利厅）

10.增引中东线引江水实施农业灌溉。按照国家安排，到2022年，在保障规划目标用水的前提下，利用南水北调中线总干渠民有、田庄、中管头分水口门，向黑龙港运东和石津、沙河灌区供水，用引江水替换地下水灌溉，压减地下水超采量2.6亿立方米。（牵头部门：省水利厅、省农业农村厅）配合国家做好南水北调东线一期北延应急供水工程建设，争取每年向河北增加供水2.72亿立方米，用于沿线河湖生态补水和农业灌溉，压减地下水超采量1.5亿立方米。

配合国家加快东线二期工程前期工作，优化河北境内工程布局，最大程度增加东线沿线生态和农业供水。（牵头部门：省水利厅、省农业农村厅；配合部门：省发展改革委）

11.增加引黄水利用量。加快完成引黄入冀补淀工程收尾工作，建设白洋淀扬水泵站，年引黄河水8.6亿立方米，为沿线河渠、白洋淀补水，增加农业灌溉水量，有效改善白洋淀水生态环境。在条件具备的情况下，争取国家利用现有引黄工程相机增加引黄水量。（牵头部门：省水利厅;配合部门:省农业农村厅）

12.加大引滦水利用量。针对唐山市地下水严重超采和天津市用水得到缓解的现状，充分利用潘家口、大黑汀水库蓄水，建设完善城乡地表水供水体系，向唐山市增供引滦水3.2亿立方米，压减地下水超采量2.6亿立方米。（牵头部门：省水利厅）

（三）“调”，即推进种植结构调整行动，压减地下水超采量5.9亿立方米

13.调整农业种植结构。以地下水超采漏斗区和坝上地区为重点，运用政府补贴、水资源税、价格杠杆等措施，

推进农业种植结构调整。在地表水无法覆盖的深井灌区和浅层地下水严重超采区，推进适水种植和量水生产，减少小麦等高耗水农作物种植面积，扩大低耗水作物和耐旱药材花卉等种植面积，变灌溉农业为旱作雨养农业。在坝上地区，压减灌溉农业种植面积，实施退耕还草。发展半雨养设施农业，推广设施棚面集雨及高效利用技术。在实施季节性休耕面积200万亩、推广小麦节水品种600万亩的基础上，新增季节性休耕75万亩、旱作雨养面积400万亩；雄安新区农业灌溉面积由现状113万亩减少到60万亩。到2022年，压减地下水超采量5.9亿立方米。（牵头部门：省农业农村厅、省发展改革委；配合部门：省自然资源厅、省水利厅）

（四）“补”，即推进河湖清洁补水行动，年补水量15亿～23亿立方米

14.开展河湖综合治理。推进河湖清洁行动，完成河道内垃圾、障碍物、违章建筑清理任务。以市为单元逐河编制具体方案，重点推进滹沱河、滏阳河、南拒马河等14条主要河道和白洋淀等3个湖泊湿地整治，在确保河湖防洪安全的前提下，统筹上下游、左右岸、主槽滩地，实施主槽疏浚、采砂取土坑整理等，实现河湖水流畅通，形成一定的生态水面，增加地下水回补入渗量。加强规范化建设，严格入河排污总量控制，提高河湖水质标准。支持城镇周边和重点河段开展生态景观综合治理，建设绿色生态廊道，实现河畅景美、水清岸绿。（牵头部门：省水利厅；配合部门：省生态环境厅）

15.实施河湖生态补水。到2022年，统筹调度引江水、引黄水和上游水库水，力争河湖生态补水年均达到15亿～23亿立方米，其中通过南水北调中线相机补水10亿～13亿立方米，南水北调东线一期应急北延和引黄相机补水3亿～6亿立方米，利用雨洪资源、上游水库补水约2亿～4亿立方米。通过多水源联合调度，14条补水河流1400公里河段季节性有水，新增河湖和湿地水面150～200平方公里，丰水年力争使一、二级河流主要河段不断流，回补地下水8亿～13亿立方米。（牵头部门：省水利厅；配合部门：省农业农村厅）

16.开展河湖地下水回补试点。按照国家安排，2018年9月至2019年8月，通过联合调度引江水、水库水、再生水，在滹沱河、滏阳河和南拒马河开展地下水回补试点，补水河段总长477公里，实现生态补水7.5亿～10亿立方米（其中引江水5.5亿～7.5亿立方米）。实施河湖清洁行动，加强河道巡查管护，开展补水试点动态监测评估，力争新增水面27～37平方公里，沿线地下水位回升0.5～3米。（牵头部门：省水利厅；配合部门：省生态环境厅、省农业农村厅）

17.加强水资源统筹调度。在管辖权限不变的前提下，按照批准的水量调度计划，统一配置引江水、引黄水和当地水库水，用足用好引江水、引黄水和雨洪水。制定和实施引江水、引黄水、当地地表水年度用水计划，统筹不同水源、不同区域、不同用户，逐步实现外调水和当地水合理配置、统一管理、科学调度、实时监控。（牵头部门：省水利厅）

（五）“蓄”，即推进河湖库塘蓄水行动，蓄水能力达到220亿立方米

18.加大河湖蓄水能力。充分利用冀中南地区的漳卫河、子牙河、大清河等河系主要河流，以及白洋淀、衡水湖、南大港等湖泊湿地，修建必要的壅水增渗导流设施，汛期增加雨洪水蓄水量，年可蓄调水量90亿立方米以上，为充分利用外调水、雨洪水回补地下水创造条件。（牵头部门：省水利厅）

19.兴建地表水水库工程。完成承德双峰寺水库工程建设，今年汛期下闸蓄水。开工建设张家口乌拉哈达水库、云州水库调水二期工程，谋划研究内蒙古托克托引黄向张家口引水工程。积极推动邯郸娄里和茅岭底、廊坊广阳水库等项目前期工作，增加雨洪水拦蓄量。全省水库蓄水能力达到120亿立方米。（牵头部门：省水利厅；配合部门：省发展改革委、省自然资源厅）

20.建设平原蓄水坑塘。大力支持平原地区因地制宜建设各类小型蓄水工程，调蓄能力达到10亿立方米，有效增加外调水和雨洪水的调蓄能力。加强水源涵养保护，大力推进水源涵养区建设，有效提高水土保持能力，增加水源涵养量。（牵头部门：省水利厅；配合部门：省发展改革委、省自然资源厅、省农业农村厅）

21.补齐水利工程短板。以病险水库除险加固、堤防达标建设、险工险段治理、河道清淤疏浚为重点，2020年前全面完成《河北省病险水库除险加固行动方案》确定的157座病险水库除险加固任务；加快11条（段）江河重点支流、114条（段） 中小河流治理，推进13处蓄滞洪区安全建设，加强防洪预报预警和水文测报系统建设，全面提升防洪保安能力。（牵头部门：省水利厅；配合部门：省发展改革委、省财政厅、省自然资源厅）

（六）“管”，即推进地下水严格管控行动，管住管好地下水开采，压减地下水超采量9.2亿立方米

22.严格水资源承载能力刚性约束。坚持以水定城、以水定地、以水定人、以水定产，加强重大规划和建设项目水资源论证，促进区域发展、城镇规模、产业布局与水资源承载能力相均衡。实行严格的产业准入制度，严把取水许可关口，不得新建扩建高耗水项目，加强地下水取水大户、特殊行业用水户的监督管理。严格用水定额管理，对超计划用水的自备井取水户加倍征收水资源税，对公共供水的工业企业和城镇用水户实行差别水价、累进加价和

阶梯水价制度，对超限额的农业灌溉用水征收水资源税。（牵头部门：省水利厅；配合部门：省发展改革委、省住房城乡建设厅、省工业和信息化厅、省农业农村厅）

23.严格地下水禁限采区管理。严格地下水开采管控，取水许可由省级水行政主管部门审批。在地下水禁采区，除临时应急供水和无替代水源的农村地区生活用水外，严禁取用地下水，已有的要限期关停；在地下水限采区，一律不准新增地下水开采量，对当地社会发展和群众生活有重大影响的重点建设项目，确需取用地下水的，应按照“用1减2”的比例，同步削减其他取水单位的地下水开采量；在南水北调受水区和有地表水源的地区，一律不再审批工业取用地下水许可。（牵头部门：省水利厅）

24.依法关停城镇自备水源井。加快城镇公共供水管网改造建设，扩大管网覆盖范围，城市基础设施配套费调整后的增量资金，必须优先保障管网建设和水费缴纳等江水消纳，确保2019年底前受水区城市用水全部实现地下水与引江水替换，全部关停南水北调受水区县城以上自备井，逐井明确关停时间、措施、责任人，由各市（含定州、辛集市）政府制定关井方案，并报省水利厅、省住房城乡建设厅备案。到2020年，通过水源替换、关停自备井，压减地下水超采量9.2亿立方米。（牵头部门：省水利厅、省住房城乡建设厅）

25.有序关停农村灌溉机井。坚持分类施策、有序推进，结合年度建设项目实施，在季节性休耕、旱作雨养、非农作物替代农作物项目区和地表水水源覆盖区，对农村灌溉机井实施填埋，或采取切断电源、拆除设备、加装井盖等措施进行封存。未经许可的新打机井一律不得供电，对违法打井的单位和个人依据相关法规严格处罚，对供电企业进行严肃追责。（牵头部门：省水利厅、省农业农村厅；配合部门：省自然资源厅、省发展改革委）

26.健全地下水监测计量体系。健全地下水取用水户监控与计量，城市和工业用水严格按照国家技术标准安装计量设施；农村地区暂不具备安装条件的，要通过“以电折水”实现用水计量。2019年底前，年取水量超过5万立方米的非农业生产用机井，必须安装在线监控设施。统筹谋划建设河湖水网和地下水监控管理信息系统，实时收集、动态分析河湖生态补水和地下水监测数据，确保超采治理目标可监控、易考核。（牵头部门：省水利厅；配合部门：省农业农村厅、省发展改革委）

27.深化水资源税和水权水价改革。完善差别化水资源税税额标准，大幅提高包括公共供水企业在内的地下水税额标准，适当降低地表水税额标准；从严核定用水限额，对超过限额的农业生产用水征收水资源税，建立有利于地下水压采的税收政策。推进水权制度改革，将用水总量逐级分解到市县和用户，明晰水权；制定农业水权交易细则，引导农民将水权额度内节余水量进行交易。落实城镇居民用水阶梯价格、工业用水差别价格政策，健全农业用水精准补贴和节水奖励机制。（牵头部门：省发展改革委、省财政厅、省水利厅）

28.建立引足用好外调水的政策体系。按照国家确定的引江水价政策，统筹引江水量分配指标、城镇生活工业实际用水量、供水成本和承受能力，制定引足用好引江水的激励政策，统筹运用法律、行政、经济等手段，确保引江水足量利用。落实引黄水费财政补贴政策。（牵头部门：省财政厅、省发展改革委、省水利厅）

29.推进依法治水管水。加快节约用水、农田水利、河湖管理、执法监督等重点领域立法工作，出台《河北省河湖保护和治理条例》，修订《河北省水利工程供水价格管理办法》、《河北省节约用水条例》等涉水法规规章。加大普法宣传力度，进一步完善水利执法体制机制，强化综合执法。加强饮用水水源地管理保护，严禁在保护区范围内进行开发建设。（牵头部门：省司法厅、省水利厅、省生态环境厅）

五、资金筹措

结合已开展地下水超采综合治理项目投资情况，对治理项目进行投资估算和资金筹措。初步估算，2018-2022年，地下水超采综合治理工程建设投资共262亿元。其中：

大中型灌区节水改造工程投资、高效节水灌溉工程投资、农村集中生活水源置换工程、农业灌溉水源置换工程、河湖综合治理（规划内）投资、水资源监控体系建设投资、监测评估费，共108.1亿元，按现行投资政策和渠道，积极筹措建设资金。

南水北调东线一期应急供水工程投资5.3亿元，按要求由国家立项安排投资，统一组织实施。

扩大企业引江水直供范围、拓展引江供水目标等工程投资63.1亿元，按照省与市县的事权责任，由市县政府多渠道筹资解决。

河湖综合治理（规划外）投资85.5亿元，通过进一步争取国家支持，各级地方财政加大支持力度，结合河道采砂、生态景观建设，吸引社会资本，多渠道筹措落实建设资金。

工程投资外，农业种植结构调整年补贴资金通过进一步争取国家支持、加大省市县财政投入力度、吸引社会资本等多渠道筹措落实。

六、保障措施

（一）加强组织领导。建立和实行省级抓总、市县抓落实的工作机制，市县政府是地下水超采治理的责任主体。省级成立由许勤省长任组长，袁桐利常务副省长和时清霜副省长任副组长的推进地下水超采综合治理行动领导小组，领导小组办公室设在省水利厅。领导小组负责织推进全省地下水超采综合治理工作，协调解决重大问题，跟踪督导，严格考核。市县政府要参照建立相应的领导机制，建立工作制度，压实工作责任，确保各项治理措施落到实处。省水利厅是总牵头部门，具体负责协调推进地下水超采综合治理工作；各项任务明确的牵头部门、配合部门要各司其职，各负其责，协调联动，形成合力。

（二）逐级分解任务。2019年4月底前，相关市（含定州、辛集市）政府和雄安新区管委会要依据本实施意见制定具体实施计划，进一步细化各年度目标、任务和措施，建立任务清单、责任清单，层层传导责任和压力，确保各项任务落实到位。省水利厅、省农业农村厅等省有关部门要依据本实施意见分别制定专项实施计划，细化项目和资金管理措施。

（三）加大投资力度。省有关部门要加大与国家相关部委对接，争取国家最大支持；各级政府要加大对地下水超采综合治理工作的投入力度，确保现有治理投入不减少，相关专项资金向地下水超采区倾斜；注重运用市场化办法，拓宽投融资渠道，撬动更多社会资金用于超采治理。

（四）规范建设管理。省有关部门要指导市县编制年度项目实施方案，督导各地规范项目建设。深化“放管服”改革，项目建设实行“县申报、市审批、省备案”制度。加快项目建设进度，依法必须招标和政府采购的项目，按照现行法律法规执行。

（五）严格考核奖惩。制定地下水超采综合治理具体考核办法，省政府每年组织对市县政府进行考核。考核重点内容主要包括地下水位变化、外调水利用量、自备井关停数量、河道生态补水量、地下水开采量、农业种植结构调整等，考核结果作为重要指标纳入市县领导班子和领导干部实绩考核体系。省有关部门根据职责分工，做好本系统对市县地下水超采综合治理年度任务完成情况督促指导，负责本系统年度实施项目的绩效评价，建立奖惩制度，评价结果与后续项目安排挂钩。对绩效评价优秀的，加大后续项目的安排规模，对较差的减少或暂停后续项目安排；对压采措施不落实、压采目标任务未完成的要严肃问责。

（六）强化舆论引导。采取多种方式，大力宣传地下水超采综合治理的必要性、重要性和紧迫性，宣传中央和省里出台的治理政策、治理措施和治理成效，把握正确舆论导向，引导全省上下支持和参与地下水超采综合治理。发挥媒体监督和社会监督作用，公布举报电话，曝光典型案例，形成正向激励，营造良好的社会氛围。

（冀办〔2019〕17号）

中共河北省委办公厅　河北省人民政府办公厅
关于印发《河北省奶业振兴规划纲要(2019-2025年)》的通知

（2019年4月3日）

各市（含定州、辛集市）、县（市、区）　党委和人民政府，雄安新区党工委和管委会，省直各部门，各人民团体：

《河北省奶业振兴规划纲要（2019-2025年）》已经省委、省政府同意，现印发给你们，请结合实际认真贯彻落实。

各地各有关部门要提高政治站位，充分认识奶业振兴的重要意义，把奶业振兴作为贯彻以人民为中心发展思想的具体体现，作为树牢“四个意识”、坚定“四个自信”、践行“两个维护”的现实检验，作为落实党中央、国务院和省委、省政府重大决策部署的实际行动，以强烈的责任感、使命感和紧迫感全力推动，努力实现奶业振兴目标。要对标国际先进水平，按照打造“四个世界一流”（奶源基地世界一流、乳品加工企业世界一流、乳品品质世界一流、乳品品牌世界一流）的要求，找准本地奶业在高质量发展方面存在的差距，按照《规划纲要》分解的任务，深入研究、周密部署，明确发展重点，制定年度实施方案，细化任务目标，实化工作举措，确保各项目标措施真正落到实处。

河北省奶业振兴规划纲要（2019-2025年）

为认真贯彻落实习近平总书记对河北奶业发展作出的一系列重要指示精神，积极落实国务院办公厅《关于推进奶业振兴保障乳品质量安全的意见》（国办发〔2018〕43号）、省部《共建奶业振兴示范省战略合作协议》和省委、省政府《关于全面推进高质量发展的决定》（冀发〔2017〕37号）等部署，促进我省奶业高质量发展，提升奶业竞争力，全面建成奶业振兴示范省，制定本规划纲要。

一、发展优势

（一）奶业发展区位独特、条件优越。我省地处北纬36°～42°之间，属于国际公认的黄金奶源带，气候条件适宜奶牛养殖。全省草原面积4266万亩，全株玉米种植203万亩，年产风干牧草722万吨，全株玉米青贮560万吨，饲草饲料资源充足丰富。毗邻京津，交通便利，物流通畅，京津冀协同发展、雄安新区规划建设和2022年北京冬奥会筹办等国家重大战略和国家大事的实施，为奶业发展提供了历史机遇和强大动力。

（二）奶业发展基础雄厚、优势明显。2017年全省奶类产量388万吨，居全国第三位；规模化奶牛养殖场（区）1070个，300头以上奶牛存栏比例占98%以上，高于全国平均水平40个百分点；乳制品加工企业43家，年产量373万吨，位居全国第一位；婴幼儿乳粉产量3.4万吨，同比增长50%，增速全国第一；生鲜乳质量达到发达国家标准，乳制品抽检合格率99.2%。

（三）奶业发展市场广阔、增势强劲。根据国家产业发展规划，到2025年全国生鲜乳产量将达到4500万吨以上，还有1300多万吨的发展潜力。《中国居民膳食指南》提出，满足健康需求人均奶类年消费为109千克，还有72千克的增长空间。2017年我国乳制品产量、进口量分别由2008年的1810万吨和38.7万吨增加到2935万吨和247.1万吨，分别增长62%和539%。2017年全球乳制品零售额近4万亿元，我国乳制品零售额超过5000亿元。我省婴幼儿乳粉产业特色明显，君乐宝婴幼儿乳粉供不应求。随着国家优质乳工程的实施，以保障牛奶活性物质为核心的巴氏杀菌乳、低温酸奶等乳制品生产正在提速，适应高端消费的奶酪、黄油和功能性奶粉等进入扩张期。广阔的市场前景和强大的消费拉动力将对我省奶业振兴起到重要的支撑作用。

（四）奶业发展浴火重生、率先示范。省委、省政府牢记习近平总书记嘱托，从哪里跌倒从哪里爬起来，坚持把奶业作为事关民众健康、引领现代农业发展的大事要事来抓，出台了一系列扶持政策，建基地、强加工、育品牌、严监管，在奶站规范化管理、奶牛规模养殖、乳品加工能力、乳品质量安全等方面走在了全国前列，君乐宝已获得中国质量奖提名奖，是全国唯一通过国际权威 BRC、IFS认证的乳品企业，婴幼儿乳粉率先在香港、澳门销售。2016中国奶业20强（D20）峰会暨奶业振兴大会在我省召开，省政府与原农业部、工业和信息化部、原国家质检总局、原国家食品药品监管局等部委签订了《共建奶业振兴示范省战略合作协议》，开启了河北奶业发展新征程。

二、差距分析

对标国际先进水平，我省奶业在高质量发展方面差距依然明显。

（一）奶牛养殖竞争力不强。生产成本高，我省每千克生鲜乳成本3元，比发达国家高0.5～0.8元，特别是与美国、加拿大、澳大利亚和新西兰等资源禀赋优越的奶业发达国家相比，每吨玉米价格高200～300元，每吨优质苜蓿高800～1000元。单产水平低，我省泌乳牛平均单产7.3吨，虽高于全国平均水平0.3吨，但仍比奶业发达国家低2.1吨，差距较大。管理比较粗放，美国、加拿大、荷兰、以色列等国奶牛场智能化管理达到90%，均建立了全国联网的计算机管理系统，而我省智能化奶牛场建设仍处于起步阶段。

（二）乳品企业和乳品品牌市场影响力不强。我省乳品加工企业年销售收入300亿元，仅相当于全球第一雀巢公司的1/5。君乐宝作为河北省最大的乳品加工企业，年销售收入102亿元，不足全球排名第20名公司的1/3。在全国乳品品牌市场知名度调查中，我省只有君乐宝进入前20强，排名第11位，婴幼儿乳粉排名第6位，与国际知名品牌相比差距巨大。

（三）乳制品结构不完善、高端产品少。我省乳制品以普通产品为主，90%以上为液体乳，低脂、无糖等功能性产品少，奶酪、黄油等高附加值产品空白，高端乳制品市场供给能力差距尤为明显。奶业发达国家巴氏杀菌乳消费占98%以上，我省不足5%；世界年人均奶酪、黄油消费2.6千克，欧美等发达国家12千克，我省仅为0.1千克。

（四）乳品企业与奶农利益联结机制不健全。发达国家奶业主要有3种组织形式，一是奶农合作社联合兴办乳品加工企业，二是奶农通过合作社入股乳品加工企业，三是奶牛养殖场自主兴办小型特色乳品加工企业。不论哪种形式，都形成了养殖与加工互为依存、风险共担、利益共享的共同体。我省只有婴幼儿乳粉和少数高端乳制品生产企业自建奶牛场，多数乳品加工企业与奶牛养殖场之间为合同收购关系，乳品加工企业主导收购价格，奶牛养殖场缺乏话语权，限收、拒收和倒奶现象时有发生，生鲜乳收购秩序不规范，奶业发展不稳定。

三、总体要求

（一）工作思路。深入贯彻习近平总书记关于做好“三农”工作和“让祖国的下一代喝上好奶粉”、“希望国产品牌在市场中起主导作用”的重要论述，勇扛民族奶业振兴大旗，以实施乡村振兴战略为总抓手，以农业供给侧结构性改革为主线，以高质量发展为方向，以巩固提升奶业全产业链竞争力为核心，按照发展科技农业、绿色农业、品牌农业、质量农业的要求，对标国际一流水平，着力建设优质奶源基地，壮大乳品加工企业，完善利益联结机制，提升绿色优质乳制品供给能力，提高民族乳品品牌影响力和知名度，加快形成奶牛养殖、饲料生产、乳制品加工、市场销售、质量监管为一体的河北奶业现代产业体系，全面建成奶业振兴示范省，为新时代全面建设经济强省、美丽河北提供有力支撑。

（二）基本原则。坚持提质增效、做大做强，适应消费市场升级需求，发挥主产区比较优势，优化产业结构、布局结构、企业结构和产品结构，降成本、提质量、增活力；坚持问题导向、精准施策，按照国际对标、国内示范要求，找准差距、明确定位、补齐短板、融合发展、实现赶超；坚持政府引导、主体发力，处理好政府和市场的关系，发挥市场在资源配置中的决定性作用，加强科学规划和政策支持，激发主体活力，力求在智能管理、产品研发、品牌创建、市场开拓等关键环节实现突破；坚持区域联动、协同推进，把奶业振兴作为京津冀现代农业协同发展的重要内容，推动要素优先保障、产业集聚发展、市场合力开拓，促进富民强省。

（三）任务目标。到2022年，奶业实现跨越式发展；到2025年，全面实现奶业振兴，在全国率先实现奶业现代化，奶源基地、乳品加工、乳品品质、乳品品牌整体水平进入世界先进行列。

1.奶源基地世界一流。到2022年，奶牛存栏164万头，全部实现规模化养殖、标准化生产和信息化管理，其中500头以上奶牛场存栏占90%以上。泌乳牛平均单产8.5吨，其中9吨以上奶牛存栏占50%以上，进入世界先进行列。生鲜乳总产量595万吨，比2017年增长53%；到2025年，生鲜乳总产量力争达到1000万吨。

2.乳品加工企业世界一流。建设一批具有国际竞争力乳品加工企业，到2022年，销售收入100亿元以上的乳品集团达到3家，其中300亿元以上的1家，进入全国前3名、全球前20强。乳制品产量达到500万吨，居全国第一。婴幼儿乳粉产量达到20万吨，进口替代率达到30%。到2025年，乳制品产量力争达到760万吨。

3.乳品品质世界一流。乳制品产品结构完善、品类齐全，婴幼儿乳粉、巴氏杀菌乳等优势产品生产能力提升，奶酪、黄油、冰品等高附加值产品生产实现突破。生鲜乳和乳制品质量安全达到美国等发达国家标准，婴幼儿乳粉达到欧盟标准。

4.乳品品牌世界一流。打造一批获得国内、国际乳品大奖的品牌，培育1家销售收入全球排名前5位、市场占有率全国第一的婴幼儿乳粉龙头企业。

四、重点工程

（一）绿色优质奶源基地建设工程

1.优化布局结构。以奶牛养殖集聚发展为方向，立足现有产业基础，实施加工带动，按照“种好草、养好牛、产好奶”全产业链发展要求，科学规划，引导奶牛养殖企业向饲草饲料丰富、生态容量大的区域转移，集中打造坝上草原牧区、山前平原农牧结合区和黑龙港流域农草牧结合区三大奶牛养殖集聚区，大力发展优质奶源基地。每个集聚区建设1个技术高端、设备高端、产品高端的现代奶业产业园，组建2个以上奶业产业化联合体，实现龙头带动、产加销游全产业链发展。到2022年，三大奶牛养殖集聚区奶牛存栏和奶类产量占全省总量90%以上。（牵头部门：省农业农村厅；责任单位：相关市县政府）

2.发展农户适度规模养殖。按照规模化养殖、标准化生产、信息化管理的要求，加快推进奶牛养殖转型升级。通过托管、入股、收购等方式，严格收奶标准和环保标准、采取差异化奶价等办法，引导奶牛小区转型为规模养殖场，积极发展奶牛家庭牧场，培育适度规模奶牛养殖主体，加快确立奶农规模化养殖的基础性地位。建立省级奶牛养殖管理云平台，鼓励养殖场配备信息化设备，实现精准化、智能化管理。着眼稳定奶农收入预期，推广“奶农+合作社+公司”的奶业发展模式，发挥乳品企业主导作用，对符合质量标准的生鲜乳要应收尽收，保护奶农利益，调动奶牛家庭牧场发展积极性。到2022年，奶牛家庭牧场存栏比例达到50%以上。（牵头部门：省农业农村厅；责任单位：省财政厅，各市县政府）

3.建设优质专用饲草料基地。适应优质奶源发展需要，坚持以养定种、以种促养，加快种植业结构调整，合理布局饲草基地，大力发展优质专用饲草产业。按照每头成年奶牛3亩地标准，规划建设一批优质专用饲草基地。坝上地区重点扩大优质牧草种植面积，结合“空心村”治理和张家口“两区建设”，科学编制草原牧区恢复规划，建设退耕还牧示范区、国家草原公园和国家牧场，大力推进退耕还草，大幅调减粮食作物。山前平原区重点发展全株饲用玉米，在奶牛养殖大县整县推进“粮改饲”，优选专用品种，扩大全株饲用玉米种植，通过“过腹还田”提高秸秆资源化利用率。黑龙港流域重点发展优质苜蓿，开展轮作休耕，引进国外苜蓿良种进行连片种植。支持牧草种植、收割、加工设备引进，建设集约化人工草地示范基地。选择一批重点奶牛饲料企业，加大扶持培育力度，做大做强做优饲料产业。统筹利用省级乳粉业发展专项资金、“粮改饲”、地下水超采综合治理、优质苜蓿种植、轮作休耕等政策，用于优质专用饲草基地建设。到2022年，全省发展优质牧草150万亩（其中优质苜蓿50万亩），全株青贮玉米达到250万亩。（牵头部门：省农业农村厅、省自然资源厅；责任单位：各市县政府）

4.健全奶牛良种繁育体系。坚持自主培育为主、引进和繁育相结合、政府主导和社会参与相结合，加快建设育繁推一体的良种繁育体系。促进品种多元化，主推荷斯坦奶牛，兼推乳肉兼用型西门塔尔、娟姗等品种，满足不同乳制品加工需求。加强种公牛培育，加快良种奶牛扩繁。利用基因选择和后裔测定技术，引进品种优良的顶级种公牛胚胎、冻精，到2022年，自主培育优秀种公牛40头，遗传性能进入世界先进行列，基本满足全省奶牛改良需要。扩大核心群规模，选择骨干奶牛养殖场，选用单产水平10吨以上的奶牛胚胎和优质冻精，建立200个单产10吨以上、存栏500头以上的高产奶牛核心群，提高泌乳牛单产水平。普遍推广生产性能测定技术，加快引进世界一流测定设备，配齐配强技术力量，按照“自愿采样、应测尽测”的原则，不断扩大测定覆盖面。到2022年，全省泌乳牛生产性能测定率达到35%。利用省级乳粉业发展专项资金、畜牧良种繁育体系建设等资金，对胚胎、冻精引进、生产性能中心设备购置及测定费用进行补贴。(牵头单位：省农业农村厅、石家庄海关；责任单位：省财政厅，相关市县政府)

5.强化生鲜乳收购站监管。实施国务院《乳品质量安全监督管理条例》，落实生产经营者主体责任，对生鲜乳收购站和运输车实行全方位监管。严格生鲜乳收购许可证和运输车准运证发放，生鲜乳收购站必须达到“五有一符合”（有收购场所、有冷藏低温运输设备、有化验检测设备、有健康从业人员、有质量安全保障制度、符合建设规划布局）标准，运输车达到生鲜乳运输车管理技术规范要求。省市县每年开展专项整治行动，对生鲜乳收购站、运输车进行全覆盖现场检查。落实年度生鲜乳质量安全监测计划，开展风险监测，依法严厉打击违法违规添加行为。推动生鲜乳收购站全部实施视频监控，运输车辆全部安装GPS 定位系统，做到生鲜乳生产、收购、贮存、运输、销售环节全程信息化管控。(牵头部门：省农业农村厅；责任单位：各市县政府)

6.加强动物疫病防控。按照国家及省中长期动物疫病防治规划和建设无规定疫病区的要求，落实政府属地责任、部门监管责任、企业主体责任。针对薄弱环节，严格奶牛养殖场（区）防疫条件，健全防疫制度，完善防疫措施，实施奶牛养殖场重点动物疫病净化，奶牛疫病发生率保持全国最低水平。强化奶牛口蹄疫免疫、疫病监测和净化、养殖场环境消毒等措施，实现奶牛养殖场口蹄疫稳定控制。加强奶牛布鲁氏菌病和结核病防控，每年开展一次全面监测，依法扑杀淘汰阳性奶牛。强化流通环节检疫监管，严格限制奶牛从疫病高风险区向低风险区移动，对跨省引进的奶牛严格实施调运审批和隔离观察制度，防止疫情传入。(牵头部门：省农业农村厅；责任单位：相关市县政府)

7.提高养殖废弃物资源化利用水平。落实省政府《畜禽养殖废弃物资源化利用工作方案》，对奶牛养殖场粪污资源化处理设施建设情况逐一调查、登记造册，实行台账式管理。按照“一场一策一方案”的要求，对现有养殖场处理设施不达标的限期整改，对未建设施的督促其加快建设粪污处理利用设施，保持正常运行，完成一个销号一个。对新建和改扩建奶牛养殖场依法开展环境影响评价，严格执行“三同时”规定，配套建设粪污收集、贮存、处理、利用设施，配备与养殖规模和处理工艺相适应的粪污消纳用地。国家和省级畜禽粪污资源化利用资金，重点向奶牛养殖大县倾斜。到2020年，全省奶牛养殖场粪污处理设施配建率达到100%，资源化利用率达到75%以上。(牵头部门：省农业农村厅、省生态环境厅；责任单位：各市县政府)

（二）乳制品加工领军企业培育工程

1.做大做强乳品企业。优化乳品企业结构，重点依托三大奶业集聚区，按照做强骨干龙头企业、做大区域龙头企业、做多新兴龙头企业的思路，加快形成骨干龙头带动、产业集群发展的奶业加工新格局，构建布局匹配、生产协调、功能完备、产加销游协调的现代奶业产业体系。加大政策扶持力度，支持乳品企业建设智能工厂（数字化车间），提高乳品企业智能制造、绿色制造、高端制造水平。支持骨干龙头企业通过兼并重组、新建、扩建，引进国际最先进加工设备和加工工艺，扩大优势产品生产能力，建设世界一流乳品加工基地。瞄准国际奶业20强和国内奶业20强，加大招商引资力度，实施战略性合作，引进一批大型乳品加工企业，增强奶业核心竞争力。支持现有区域龙头企业，改造提升加工设备，提高加工层次和水平，根据各地实际条件选择适合区域建设巴氏杀菌乳加工企业，扩大低温特色乳制品生产能力。支持乳品企业利用资本市场，在主板、新三板等挂牌上市。到2022年，全省乳品企业销售收入翻一番。(牵头部门：省工业和信息化厅；责任单位：省发展改革委、省农业农村厅、省市场监管局、河北证监局，各市县政府)

2.支持奶农发展乳制品加工。推进一、二、三产业融合发展，鼓励奶牛养殖向乳制品加工流通全面拓展，让奶农更多分享增值收益。加大金融信贷支持、用地用电保障和政策扶持力度，严格执行生产许可、食品安全标准等法律法规标准。支持具备条件的奶牛养殖场、合作社建设乳品加工厂，形成一批区域特色小型乳品加工企业，推行生产加工销售一体化。积极培育鲜奶消费市场，满足高品质、差异化、个性化需求。(牵头部门：省工业和信息化厅；责任单位：省市场监管局、省发展改革委，省自然资源厅，省地方金融监管局)

3.优化企业产品结构。针对不同消费群体和市场需求，重点发展婴幼儿乳粉和巴氏杀菌乳，稳定发展高温灭菌乳、低温酸奶和常温酸奶，积极开发奶酪、黄油、冰品等新产品，加快形成中高档产品为主体、特色功能性产品为补充的产品体系。重点依托乳品企业，大力发展婴幼儿乳粉和巴氏杀菌乳。重点依托乳品企业，巩固提升高温灭菌乳、高端常温酸奶和低温酸奶。培育引进新的乳品加工企业，发展奶酪、黄油、冰品等产品生产。充分发挥政府的监督职能和引导作用，切实加强复原乳监管，严格落实复原乳标识制度，鼓励以生鲜乳为原料生产灭菌乳、发酵乳、调制乳等乳制品，替代大包粉进口。到2022年，婴幼儿乳粉、巴氏杀菌乳、发酵乳、奶酪、黄油等高端优势特色产品销售收入占全省乳制品销售收入总额的50%以上。（牵头部门：省工业和信息化厅；责任单位：省发展改革委、省农业农村厅、省市场监管局）

4.健全乳制品销售保障机制。着眼稳定乳品企业销售预期，加大政策支持力度，当企业因扩大生产造成销售困难时，探索采取定向补贴方式，扩大市场消费渠道。全面实施城乡义务教育学生营养改善计划，每个学生每天1杯奶，逐步实现全覆盖，适时出台婴幼儿、老人、贫困人口饮奶补贴办法。支持乳品企业创新营销模式，建造与加工能力相匹配的智能化仓储设施，提高冷链物流配送能力。支持乳品企业、流通企业、电商企业对接融合，开拓“互联网+”消费体验、线上线下融合的新型营销模式。发展居民小区和周边酒店、饭店、商店乳制品供应，通过直营、电商等服务当地和周边群众。鼓励乳品企业以港澳市场为桥头堡，积极开拓“一带一路”沿线国家市场，对出口企业申办生产许可和配方注册开辟绿色通道。（牵头部门：省教育厅、省商务厅；责任单位：省工业和信息化厅、省市场监管局、石家庄海关）

5.创新利益联结机制。以产加销一体化为目标，采取多种利益联结方式，形成风险共担、利益共享的产业发展共同体。创新奶业发展模式，引导奶牛家庭牧场组建奶农专业合作组织，支持乳品企业自建牧场，与奶牛养殖场、合作社相互参股，形成股份制联合体。完善合同购销关系，引导乳品企业每年制定生鲜乳收购计划，与奶牛养殖场签订3年以上长期购销合同，确定收购数量和合理波动范围，促进生鲜乳产销衔接。支持开展第三方检测，构建公开、公平、公正的市场环境。充分发挥省奶业协会作用，每季度开展生鲜乳收购价格协调，发布全省生鲜乳交易参考价格，提倡通过溢价收购、利润保障等方式，稳定奶牛养殖收益预期。建立生鲜乳价格大幅波动政府备案制度，对不合理波动进行约谈，有效保护奶农合法权益。依法查处和公布不履行生鲜乳购销合同以及强推强卖饲料、兽药和养殖设备的乳品企业。（牵头部门：省农业农村厅；责任单位：省工业和信息化厅，各市县政府）

（三）产品质量提升工程

1.提高科技创新能力。坚持自主创新、引进创新、协同创新相结合，突出产品研发、关键技术、生产工艺，不断提高奶业创新发展能力。以企业为主体，联合国内外科研机构和高等学校，建立国家级乳品研发中心或重点实验室，建立乳品产业技术研究院，占领世界乳品研发技术制高点。充分利用引智引才计划和支持政策，引进国内外“高精尖缺”人才团队，加强院士工作站建设，重点开展婴幼儿乳粉、功能奶粉、低温酸奶、奶酪、黄油等高端乳制品的研发。推广应用新型益生菌、新型包装材料和膜处理、冷冻浓缩、自动化控制等新技术，优化生产工艺，改进包装设计，提升加工层级。创新科技成果转化机制，鼓励企业采取股权激励、分红奖励等方式，激发科技人员积极性。（牵头部门：省科技厅；责任单位：省发展改革委、省工业和信息化厅、省农业农村厅）

2.提升乳品品质。把握乳制品消费升级趋势，对标世界一流标准，研究制定高于或相当于奶业发达国家水平的生鲜乳和乳制品标准体系，以标准升级带动产品升级，以产品升级促进消费升级。严格执行奶牛养殖规范和生鲜乳生产标准，采用优质饲草饲料、科学饲养配方、先进饲养管理操作规程，提高生鲜乳标准化生产水平，生鲜乳乳蛋白率达到3.2%、乳脂肪率达到3.8%，菌落总数10万／毫升以内，体细胞数控制在20万／毫升以内，超过美国等奶业发达国家标准。严格乳品企业市场准入，帮助现有乳品企业改造提升，依法整改和取缔不按标准生产的乳品企业，建立乳品企业“黑名单”制度和市场退出机制。乳品领军企业要制定高于欧盟的企业标准，按照国际先进管理体系调整生产工艺，健全技术规范，完善质量追溯，产品质量达到全球领先、全国领跑。引导乳品企业完善生鲜乳分级计价标准体系，对达到发达国家标准的生鲜乳提高收购价格，实行优质优价。鼓励乳品企业开展国际权威标准体系认证。到2022年，培育2～3家通过国际权威标准体系认证的乳品企业。（牵头部门：省市场监管局、省农业农村厅、省工业和信息化厅；责任单位：各市县政府）

3.强化质量安全监管。加强乳品质量安全监管能力建设，创新监管方式，加大监管密度，强化乳品生产加工、储存运输、经营销售等环节质量安全监管。实施省市县生鲜乳定期分级抽检全覆盖，严格投入品和小规模奶牛养殖场（户）的监管。落实乳品企业质量安全第一责任，实行全过程标准化管理和质量追溯，督促乳品企业落实生鲜乳入厂批批检测制度。制定乳品安全风险监测方案，鼓励乳品企业参加食品安全责任险，增强抵御食品安全风险的能力。支持乳品企业与国内外科研机构深度合作，探索开发食品安全生物评价技术，提高质量安全防控能力。严格规范奶吧经营，防范质量安全风险。到2022年，婴幼儿乳粉的品质、竞争力和美誉度显著提升。（牵头部门：省市场监管局、省农业农村厅、省卫生健康委、省工业和信息化厅；责任单位：各市县政府）

（四）乳品知名品牌创建工程

1.扩大市场影响力。坚持政府、企业、社会共同发力，采取媒体宣传、品牌推介、消费者体验等多种方式，形成全方位、立体化整体宣传效应，提振消费者信心。有关部门定期发布生鲜乳及乳制品质量安全监测权威信息，引导消费者预期。通过专题报道、专家访谈、公益广告等形式，宣传奶业振兴成效、品牌形象、技术创新和产品质量，帮助企业拓展市场，提升消费者科学饮奶认知。推广“就地养殖、就地加工、就地消费”模式，落实国家“学生奶饮用计划”。组织牛奶公益捐赠扶贫活动，培育民众乳品消费习惯。（牵头部门：省农业农村厅、省教育厅；责任单位：省委宣传部、省工业和信息化厅、省市场监管局、省卫生健康委、省广播电视局，各市县政府）

2. 提升品牌知名度。积极探索专业化、高端化、国际化品牌推介路线，努力打造享誉国内、世界知名的乳品品牌。鼓励乳品企业聘请国际知名专业化广告公司和咨询公司开展广告创意、媒介策略分析、市场研究和投放计划等品牌策划营销，提高品牌美誉度。鼓励乳品企业参加中国质量奖评选，每两年举办一次“婴幼儿乳粉发展大会”和“奶农大会”。支持乳品企业参加国际展销会，参与评选全球食品工业大奖、世界食品品质评鉴大会金奖和全球最佳新品品牌奖等国际权威奖项。到2022年，婴幼儿乳粉出口3～5个国家，获领中国质量奖1项、国际大奖3～5项。（牵头部门：省市场监管局、省工业和信息化厅；责任单位：省科技厅、省文化和旅游厅、省农业农村厅）

3. 加强消费体验。支持崇礼奥运生态示范牧场、鹿泉奶业小镇等产加销游一体化基地建设，指导开展奶业特色精品景区创建，纳入中小学生研学实践教育基地管理范围。统筹区域旅游资源，每个奶业发展集聚区规划建设1条以上奶业观光旅游线路，加强旅游服务中心、停车场、旅游厕所、交通指示牌等配套设施建设，提升接待服务能力。鼓励奶业旅游景点全天候免费开放，让消费者零距离体验奶牛养殖、乳品加工全过程，了解生鲜乳和乳制品各项质量安全指标，普及巴氏杀菌乳、奶酪等乳制品消费知识。有关部门要积极回应社会关切，澄清不实报道和不当言论，增强国产乳制品消费信心。到2022年，实现奶业观光旅游年接待游客200万人次。（牵头部门：省农业农村厅；责任单位：省文化和旅游厅、省教育厅、省交通运输厅等相关部门）

五、保障措施

（一）强化组织协调。成立省奶业振兴工作领导小组，省委副书记任组长，省政府常务副省长、分管副省长任副组长，省委宣传部、省农业农村厅、省财政厅、省发展改革委、省工业和信息化厅、省生态环境厅、省市场监管局、省科技厅、省自然资源厅、省商务厅、省教育厅、省文化和旅游厅、省交通运输厅、省地方金融监管局等单位主要负责同志为成员，研究部署奶业振兴战略举措，协调解决工作推进中遇到的重大问题。领导小组办公室设在省农业农村厅，具体负责奶业振兴综合协调、组织推动、督导检查等工作。省有关部门要主动作为，加强协作，形成合力。奶业重点市县要参照省做法建立相应机制，加强组织领导。

（二）强化要素保障。积极争取国家对我省奶业振兴行动的政策和资金支持，争取农业农村部加大对我省“粮改饲”和苜蓿种植的支持力度。各级财政要加大对奶业的扶持，统筹相关资金，重点支持奶业发展集聚区建设、乳品品牌培育，保障疫病防控经费，谋划一批重点项目，加强跟踪检查，提高资金使用效益。采取政府、企业和社会资本合作的方式，探索设立奶业发展基金，引导奶业创新发展、绿色发展、高质量发展。创新金融产品，优化金融服务，拓宽奶业贷款抵（质）押范围，用足用好农业发展银行等优惠信贷资源。有效发挥各级农业担保公司作用，撬动金融和社会资本投入奶业振兴。支持各类金融机构与乳品企业、奶牛养殖场合作创新金融服务模式，有效发挥金融工具作用。探索开展牧场保、青贮保及生鲜乳目标价格保险。新建、扩建乳品企业所需用地指标优先安排，用电用水优先保障。

（三）强化科技服务。加大科技创新力度，把奶业科技研发纳入全省科技支持计划的重点，在品种繁育、提高单产、提升工艺、提高质量等方面开展联合攻关，突破一批关键技术。聚集国内知名专家，在坝上地区创建国家级奶业工作站、检测中心，促进技术成果转化应用。利用全基因组选择技术和活体采卵、胚胎移植技术，加快种公牛选育和良种繁育。推广精准营养饲喂和养分调控技术，开发新型能量饲料，提高生鲜乳质量和产量。推广奶牛生产性能测定，开展奶公犊育肥配套技术研究，提高奶牛养殖综合效益。加强粪污资源化利用设施设备研发，推广粪污无害化处理技术，保护生态环境。开展具有自主知识产权的益生菌生产技术研究。开展母乳益生元、免疫活性因子、活性分子技术研究，开发适合中国婴幼儿的好乳粉。研究巴氏杀菌控制技术、褐变产品稳定性控制技术，提升产品品质保障能力。

（四）强化国际合作。坚持在开放条件下推进奶业振兴，实行“引进来”和“走出去”相结合，促进资本、资源和技术等优势互补，增强自我发展能力。学习借鉴国际先进经验，利用好“两个市场、两种资源”，把河北奶业振兴纳入全球化大市场之中审视。积极吸引战略投资者，拓展市场渠道、技术渠道、创新渠道。加强与国际一流高等学校和科研院所合作，共同组建研发团队，开展婴幼儿乳粉、发酵乳、益生菌等产品技术攻关。加强与国际乳业加工巨头合作，引进先进设备、技术和管理模式，鼓励乳品企业到国外建立奶源基地和加工厂，提高国际资源开发利用率。加强与国际奶业组织的合作，共同举办博览会、展销会，开展技术交流、人员培训和标准合作，全方位提升奶业国际合作发展水平。

（五）强化督导考核。各级各有关部门要根据职责分工，制定年度实施方案，细化任务目标，实化工作举措，明确时间节点，落实责任到人。省奶业振兴工作领导小组办公室研究制定考核办法，定期开展协调调度，组织督导检查，年底进行考核评价，对完成任务好的市县予以表扬奖励，对完成任务较差的进行通报约谈。将奶业振兴工作纳入实施乡村振兴战略专项考核和重点工作大督查内容。

河北省人民代表大会常务委员会关于深入推进农村改厕工作的决定

（2019年5月30日）

第一条　为了深入推进农村改厕工作，改善农村人居环境，提高农民生活品质，根据有关法律规定，结合本省实际，作出本决定。

第二条　本决定适用于本省行政区域内农村户用厕所、公共厕所的改造、新建和维护管理。

第三条　农村改厕工作应当坚持政府引导、农民主体，规划先行、统筹安排，因地制宜、分类施策，建管并重、长效运行，示范带动、整村推进的原则。

第四条　各级人民政府负责本行政区域内农村厕所改造、新建和维护管理工作。

省人民政府负责编制规划、明确目标、完善政策；设区市人民政府负责协调督导、制定配套措施；县级人民政府负责做好项目落实、资金筹措、推进实施；乡（镇）人民政府负责具体组织实施工作。

村民委员会协助做好农村改厕宣传发动、组织协调、施工监督、维护管理等工作。

第五条　县级以上人民政府应当建立农村改厕工作协调机制，综合运用行政、法治、经济、科技、教育等手段，推进农村厕所改造、新建和维护管理。

县级以上人民政府农业农村、卫生健康部门统筹推动农村改厕工作，住房和城乡建设、文化和旅游、发展和改革、财政、生态环境、自然资源等部门在各自职责范围内共同做好农村改厕工作。

第六条　各级人民政府和相关部门应当加大对农村改厕工作的宣传力度，鼓励组织开展农村“厕所革命”公益宣传活动，多层次、全方位宣传农村改厕的重要意义，加强对厕所日常使用管护、卫生健康等知识的教育普及，提升农民卫生文明和环境保护意识。

第七条　县级以上人民政府应当根据当地地理环境、气候条件、经济水平、农民生产生活习惯等因素，结合乡村振兴、脱贫攻坚、全域旅游、改善农村人居环境等规划，按照村庄类型，突出乡村特色，体现风土人情，因地制宜编制改厕专项方案，明确年度任务并组织实施。

第八条　县级以上人民政府应当将改厕资金纳入本级一般公共预算，统筹相关渠道资金，重点支持厕所改造、新建、后续管护维修、粪污无害化处理和资源化利用等。各级财政应当采取以奖代补、先建后补等方式，引导农民主动改厕。

鼓励社会资本参与投入，推动建立政府补助、用户付费、市场化管理的运行维护机制。

第九条　县级人民政府应当按照国家农村户厕卫生规范标准施工建设，有序推进，整体提升，按时完成农村改厕任务，促进农村人居环境改善。

第十条　县级人民政府应当结合本地地理、气候、生活习惯等特点，因地制宜确定改厕模式。鼓励探索使用改厕新模式。

鼓励农村户厕退街、进户、入室。在城镇污水管网覆盖村庄、配建污水处理设施的重点饮用水源地保护区内村庄和新型社区，优先采用节水型水冲式厕所，建立粪便管网集中收集处置系统；在气候条件适宜的平原区、浅山区，可选择使用三格化粪池式、双瓮漏斗式厕所等模式改造；在高寒缺水地区，可选择使用粪尿分集、双坑交替式厕所等模式改造。农民新建住房应当配建卫生厕所。

第十一条　县级人民政府应当在农村社区综合服务中心、文化活动中心、中小学、集贸市场等公共场所，以及中心村等人口较集中区域建设农村公共厕所。根据需要在城乡结合部、公路沿线乡村和乡村旅游景点建设公共厕所。公共厕所应当在醒目位置设置标识和导向牌。

县级人民政府应当对农村公共厕所用地、用水、用电及后期运维管护等方面给予政策支持。

第十二条　县级人民政府应当制定农村公共厕所服务规范标准，鼓励通过政府购买服务等方式，提升公共厕所管理水平。农村公共厕所实行属地管理，建立规范化的运行维护机制。

任何单位和个人不得擅自拆除公共厕所。确因村庄改造、道路拓宽等公共利益需要拆除的，应当遵循拆一补一、就近建设原则，不得减少现有公共厕所数量和建筑面积，不得擅自占用或者改变公共厕所使用性质。

第十三条　县级人民政府应当统筹推进厕所粪污分散处理、集中处理或者接入污水管网处理，逐步在人口居住相对集中的地区建设与当地人口规模相适应的污水处理设施，实现农村厕所污水集中处理。

县级人民政府应当加强对粪液、粪渣等进行集中收集、清运、处理、利用，积极探索粪污肥料化、污水达标排放等经济实用技术模式，推行沼气发酵、堆肥和有机肥生产等方式，推动农村厕所粪污减量化、无害化处理和资源化利用。

第十四条　各级人民政府应当通过政策鼓励、资金投入支持科研单位、高等院校和厕具设备生产企业研发适合农村实际的卫生厕所新技术、新产品。加大对厕所建设材料、除臭杀菌、智能管理、粪污无害化处理和资源化利用等科技研发。强化成果转化和技术推广，组织开展多种形式的农村卫生厕所新技术新产品展示交流活动。

第十五条　县级以上人民政府主管部门和乡（镇）人民政府应当建立健全农村改厕质量管理制度，加强厕具设备采购和施工质量巡查与指导监督，确保工程质量。

第十六条　县级人民政府应当建立政府引导与市场运作相结合的长效管护机制。组织开展农村厕所建设和维护相关人员培训，引导当地农民组建社会化、专业化、职业化服务队伍。鼓励乡（镇）、村设立农厕服务站（所），负责厕所维修管护等工作。

第十七条　各级人民政府应当加强对农村厕所改造和运行维护的监督检查，建立农村改厕信息化台账，对改厕户信息、工作进度、施工过程、检查验收等环节进行全程监督，实现逐村逐户精准管理。

县级以上人民政府应当将农村改厕纳入生态环境保护督察检查范畴，建立群众监督机制，实行改厕信息公开，接受群众和社会监督。

第十八条　各级人民政府应当充分发挥农民的主体作用，尊重农民意愿，引导农民投劳投物，主动参与农村改厕工作。

村民委员会应当引导和推动将村民主动改厕、文明如厕等事项纳入村规民约。

第十九条　各级人民政府应当建立健全农村改厕工作考核评价机制和奖惩制度，对在改厕工作中成绩显著的单位和个人，给予表彰和奖励。

第二十条　违反本决定未依法履行职责的，由其上级机关责令限期改正；情节严重或者造成严重后果的，由相关机关对主管人员和直接责任人员依法处理。

第二十一条　县级以上人民政府应当将改厕情况作为农村人居环境整治工作的重要内容，向本级人民代表大会及其常务委员会报告。

县级以上人民代表大会及其常务委员会应当采取执法检查、代表视察、专题调研等多种方式对农村改厕工作进行监督。

第二十二条　本决定自2019年6月1日起施行。

（河北省十三届人大常委会第十次会议通过）

河北省第十三届人民代表大会常务委员会
公　　告（第33号）

（2019年7月25日）

《河北省人民代表大会常务委员会关于加强张家口承德地区草原生态建设和保护的决定》已经河北省第十三届人民代表大会常务委员会第十一次会议于2019年7月25日通过，现予公布，自2019年8月1日起施行。

河北省人民代表大会常务委员会
关于加强张家口承德地区草原生态建设和保护的决定

（2019年7月25日河北省第十三届人民代表大会常务委员会第十一次会议通过）

第一条　为了加强张家口、承德地区草原生态建设、保护和合理利用，推进首都水源涵养功能区和京津冀生态环境支撑区建设，维护草原生态平衡，打造良好生态环境，促进经济社会可持续发展，根据《中华人民共和国草原法》等法律法规，结合本省实际，作出本决定。

第二条　本决定所称草原是指具有草原生态功能或者适用于畜牧业生产的天然草原和人工草地。

第三条　在张家口、承德行政区域内从事草原规划、建设、保护、利用和监督管理等活动，适用本决定。

第四条　加强草原生态建设、保护和合理利用，应当坚持生态优先、统筹规划，综合施策、系统治理，科学利用、建管并重的原则，建设稳定的草原生态系统、优美的草原生态环境、先进的草原生态经济。

第五条　省人民政府应当依据国家草原建设、保护和利用规划，结合本省国土空间规划，编制全省草原建设、保护和利用规划，重点加强对张家口、承德地区草原工作指导；张家口市、承德市人民政府应当依据全省草原规划和本行政区域特点编制相应规划；各县（市、区）人民政府应当结合当地实际，编制专项规划并组织实施。

第六条　县级以上人民政府是草原生态建设和保护的责任主体。

县级以上人民政府草原行政主管部门负责本行政区域内草原规划、建设、保护、利用和监督管理工作。发展和改革、财政、自然资源、生态环境、农业农村、水利、科学技术、工业和信息化、公安、文化和旅游、应急管理等有关部门按照各自职责，共同做好草原规划、建设、保护、利用和监督管理相关工作。

乡（镇）人民政府应当履行本行政区域内草原建设、保护和利用职责，加强监督检查，根据需要可以设专职或者兼职人员负责具体监督检查工作。

第七条　县级人民政府应当强化草原监督管理职责，健全完善职能体系，探索建立综合监管、协调配合机制，整合执法力量和资源，加强执法队伍建设，保障工作经费，改善工作条件。鼓励通过政府购买服务方式设立草原管护公益岗位，负责草原看护工作。

第八条　县（市、区）和乡（镇）人民政府应当落实属地监管责任，综合利用科学监测手段，对草原基础设施、草原火情、违规放牧及其他破坏草原的行为实行全方位、全天候监控，并建立健全应急处置机制。

第九条　各级人民政府应当加强草原建设、保护和利用的宣传教育，广泛宣传普及草原法律法规和科技知识，树立绿水青山就是金山银山的发展理念，营造全社会关心支持参与草原建设保护的良好氛围。

第十条　省人民政府应当完善省对下转移支付制度，加大对国家及省级重点生态功能区的资金支持力度，有效保障生态功能区草原保护支出。市、县人民政府应当根据草原生态建设保护需要和财力状况，加大财政投入力度，统筹使用县级以上相关资金。坚持政府主导、市场运作，多渠道筹措资金，鼓励引导社会资金投入草原生态建设保护。

省人民政府应当探索建立草原生态保护补偿机制，加快推进受益地区与保护生态地区、流域下游与上游的横向生态补偿。

第十一条　县级以上人民政府应当加强草原管理、科学研究、技术推广专业人才的培养和使用，扩大与科研院所合作，支持科研单位、高等院校开展草原生态建设和保护的研究，加强退化草原改良与恢复重建、荒漠化防治、有害生物防控和优质抗逆牧草品种选育等关键技术研发，推进草原科研成果的转化和推广应用。

第十二条　省人民政府应当建立健全草原生态建设、保护和利用工作考核评价机制和工作奖惩制度，对草原生态建设、保护和利用情况进行考核。对考核优秀的县（市、区）人民政府给予通报表扬和物质奖励。对考核不合格的县（市、区）人民政府给予通报批评。

第十三条　依法确定给全民所有制单位、集体经济组织等使用的国家所有的草原，由县级以上人民政府登记造册，确认使用权，核发使用权证书。未确认使用权的草原，由县级以上人民政府登记造册，负责保护管理。

第十四条　依法确定给集体经济组织使用的国家所有的草原，可以由本集体经济组织内的家庭或者联户承包经营。依法确定给全民所有制单位使用的草原，由该单位自主承包经营。承包经营草原的单位和个人，应当按照承包合同约定的用途合理利用草原，承担建设保护义务。草原承包经营权的互换、转让及草原经营权的流转，应当依照有关法律、法规规定进行。

第十五条　县级人民政府应当根据草原建设、保护和利用规划，对符合国家退耕还草政策的耕地实施退耕还草。积极推进种植结构调整和草田轮作，鼓励和支持在弃耕地和生产条件差的耕地种植饲草饲料作物，积极发展现代草产业。探索建设以草原生态保护为重点的国家公园。

第十六条　县级以上人民政府应当根据草原建设、保护、利用规划，对退化、沙化、盐碱化和水土流失严重的草原，划定治理区，采取围栏封育、补播改良、切割松耙、沙障固沙等措施，组织专项治理。鼓励和支持已垦撂荒草原采取有效方式建设多年生人工草地，加快恢复草原植被。

第十七条　县级以上人民政府草原行政主管部门应当加强草种基地建设和保护，鼓励依法选育、引进、推广优良牧草品种。加强对草种生产经营的监督管理，草原建设用草种应当经有资质的质量检验检疫机构检验合格，保障草种质量。

第十八条　县级以上人民政府应当鼓励和支持单位

或者个人开展草原围栏、牲畜圈舍、饲草饲料储备等基础设施建设，培育家庭牧场、专业合作社、龙头企业等新型经营主体。加强天然草原改良、人工草地和饲草饲料基地建设，稳定和提高草原生产能力。

第十九条　县级以上人民政府应当统筹草原生态建设和农牧民的生产生活，实行分类指导、科学施策，鼓励有序发展绿色能源、生态旅游、特色种养、康养产业等，多渠道增加农牧民收入。

第二十条　县级人民政府应当将生态红线范围内的草原划定为基本草原，建立基本草原保护制度，统一设立保护标志，并予以公告。任何单位和个人不得擅自改变基本草原的性质、功能和用途。

第二十一条　实行草原禁牧、休牧、轮牧制度。县级人民政府应当制定本行政区域内草原禁牧、休牧、轮牧实施意见，明确区域、期限、方式等内容，设置标志、界桩、围栏等设施，由草原行政主管部门会同乡（镇）人民政府组织实施。草原承包经营者或者使用者应当按照实施意见的要求，落实草原禁牧、休牧、轮牧和舍饲圈养等措施，合理均衡利用草原。

第二十二条　实行以草定畜、草畜平衡制度。县级人民政府草原行政主管部门应当定期组织开展草畜平衡核定，核定草原载畜量。草原发包方应当和承包经营者或者使用者签订草畜平衡责任书，并监督实施。

第二十三条　县级以上人民政府草原行政主管部门应当加强草原生物灾害监测、预警和防治工作。草原承包经营者或者使用者对其承包或者使用的草原负有灭鼠、防治病虫害、清除毒害草、防止污染等保护草原的义务。

第二十四条　草原防火工作贯彻预防为主、防消结合方针，各级人民政府应当落实草原防火责任制，制定草原防火灭火预案，加强草原防火设施及灭火队伍建设，做好草原火情监测、火灾预防和扑救工作。草原承包经营者或者使用者对其承包或者使用的草原负有火灾预防义务。

第二十五条　县级人民政府草原行政主管部门负责草原野生植物的管理工作。未经批准不得在草原上采集甘草、麻黄草、红景天、金莲花、二色补血草（干枝梅）等重点保护野生植物。草原野生动物保护工作按照《中华人民共和国野生动物保护法》等法律法规的有关规定执行。

第二十六条　严格落实水资源管理和用水总量控制制度。县级人民政府应当根据本地水资源承载能力，合理划定禁采区和限采区，加强地下水位动态监测，从严控制地下水开采。在人工草地推广耐旱品种和高效节水技术，发展节水农业和草原节水灌溉，积极推进雨水、再生水、微咸水等非常规水源利用。

第二十七条　矿藏开采、工程建设应当不占或者少占草原。确需占用或者使用的，必须经省级以上人民政府草原行政主管部门审核同意后，依照有关土地管理的法律、行政法规办理建设用地审批手续。占用或者使用草原的单位或者个人，应当依法缴纳草原植被恢复费。

第二十八条　在草原上修建直接为草原保护和畜牧业生产服务的工程设施，应当按照下列规定履行审批手续：

（一）使用草原不足三十公顷的，由县级人民政府草原行政主管部门审批；

（二）使用草原三十公顷以上不足七十公顷的，由设区的市人民政府草原行政主管部门审批；

（三）使用草原七十公顷以上的，由省人民政府草原行政主管部门审批。

第二十九条　因地质勘查、工程建设、开展经营性旅游活动以及其他需要临时占用草原的，应当编制植被恢复方案，经县级人民政府草原行政主管部门审核同意，并收取恢复植被保证金。恢复植被保证金管理办法由省级有关部门另行制定。

临时占用草原的单位或者个人应当按照批准的地点、面积和方式使用，并对草原承包经营者或者使用者给予补偿；占用期限不得超过二年，并不得在临时占用的草原上修建永久性建筑物、构筑物；占用期满，用地单位或者个人应当恢复草原植被并及时退还。

第三十条　严格控制在天然草原上建设人工饲草饲料基地，确需建设的，应当符合草原建设、保护、利用规划和技术规程。建设单位或者个人应当向县级人民政府草原行政主管部门提交实施方案，由县级人民政府草原行政主管部门批准同意后方可实施，并不得改变其用途。

第三十一条　未经批准，不得在草原上从事下列活动：

（一）建房、建窑、建窖等；

（二）采土、采砂、采石等；

（三）建设旅游服务设施。

第三十二条　禁止在草原上从事下列活动：

（一）开垦草原；

（二）毁坏围栏、防火防灾等草原设施；

（三）在禁牧、休牧期放牧和轮牧区超载过牧；

（四）使用剧毒、高残留以及可能导致二次中毒的农药；

（五）向草原排放污水，或者倾倒生活垃圾、废料、废渣等固体废弃物；

（六）非抢险救灾和农牧民搬迁的机动车辆离开道路在草原行驶或者从事地质勘探、科学考察、旅游等活动未按照确定的行驶区域和行驶路线在草原上行驶；

（七）在严重退化、沙化、盐碱化、水土流失的草原以及生态脆弱区的草原上采挖植物和从事破坏草原植被的其他活动；

（八）野外宿营、野炊；

（九）其他破坏草原的行为。

第三十三条 县级以上人民政府草原行政主管部门工作人员以及相关国家机关工作人员有下列行为之一的，对直接负责的主管人员和其他直接责任人员依法给予处分；构成犯罪的，依法追究刑事责任：

（一）发现违法行为或者接到对违法行为的举报不予查处的；

（二）不依法作出行政许可决定或者办理审批手续的；

（三）截留、挪用恢复植被保证金的；

（四）其他弄虚作假、滥用职权、徇私舞弊的。

第三十四条 在临时占用的草原上修建永久性建筑物、构筑物的，由县级人民政府草原行政主管部门依法责令限期拆除；逾期不拆除的，依法强制拆除，所需费用由违法者承担。

临时占用草原期满，应当及时恢复植被，验收合格后及时退还恢复植被保证金;对未恢复植被的，由县级人民政府草原行政主管部门依法责令限期恢复；逾期不恢复的，由县级人民政府草原行政主管部门用保证金代为恢复。

第三十五条 违反本决定第三十条规定，由县级人民政府草原行政主管部门责令停止违法行为，限期恢复植被，并处每亩一千元以上二千元以下罚款，罚款总额最高不得超过五万元；构成犯罪的，依法追究刑事责任。

第三十六条 违反本决定第二十七条、第二十八条、第三十一条，第三十二条第一项、第六项、第七项和第九项规定，依照《中华人民共和国草原法》的有关规定进行处罚。

第三十七条 违反本决定第三十二条第二项规定，由县级以上人民政府草原行政主管部门责令限期恢复原状，拒不恢复原状的，由县级人民政府草原行政主管部门代为恢复，所需费用由违法者承担；

违反本决定第三十二条第三项规定，由县级以上人民政府草原行政主管部门责令停止违法行为，拒不改正的，处以每只(头)牲畜三十元以上一百元以下罚款；

违反本决定第三十二条第四项规定，造成草原污染的，依照《中华人民共和国环境保护法》有关规定进行处罚；

违反本决定第三十二条第五项规定，由县级以上人民政府草原行政主管部门责令停止违法行为，限期恢复草原植被，并处每平方米五十元罚款。违反治安管理处罚有关规定的，由公安机关依法给予治安管理处罚，构成犯罪的，依法追究刑事责任；

违反本决定第三十二条第八项规定，由县级以上人民政府草原行政主管部门予以劝阻；破坏草原生态的，限期恢复草原植被，并处一千元以上三千元以下罚款。

第三十八条 阻挠、妨碍草原监管执法人员依法执行公务的，依法给予治安管理处罚；构成犯罪的，依法追究刑事责任。

第三十九条 本省其他地区草原生态建设和保护参照本决定执行。

第四十条 本决定自2019年8月1日起施行。

中共河北省委办公厅 河北省人民政府办公厅 印发《关于建立健全脱贫防贫长效机制的意见》的通知

（2019年9月2日）

各市（含定州、辛集市）、县（市、区） 党委和人民政府，雄安新区党工委和管委会，省直各部门，各人民团体：

《关于建立健全脱贫防贫长效机制的意见》已经省委、省政府领导同意，现印发给你们，请结合实际认真贯彻落实。

（冀办〔2019〕49号）

关于建立健全脱贫防贫长效机制的意见

为切实提高脱贫攻坚质量，巩固提升脱贫成果，有效防止致贫返贫，按照党的十九大关于打赢脱贫攻坚战总体部署，根据省委、省政府《关于打赢脱贫攻坚战三年行动的实施意见》（冀发〔2018〕36号），现就建立健全脱贫防贫长效机制，提出如下意见。

一、坚持提高政治站位，充分认识脱贫防贫工作的重

要性和紧迫性

习近平总书记强调，要多管齐下提高脱贫质量，巩固脱贫成果，把防止返贫摆在重要位置，减少和防止贫困人口返贫。这一重要论述，为我们今后一段时期做好脱贫防贫工作提供了基本遵循。党的十八大以来，特别是2018年以来，全省上下认真学习贯彻习近平总书记关于扶贫工作的重要论述和指示批示精神，坚决扛起脱贫攻坚政治责任，精准落实政策措施，不断强化工作保障，脱贫攻坚取得重大决定性进展，打了一个具有标志意义的翻身仗。全省农村仍有贫困人口39.95万人，贫困村1448个，尚有13个县未实现脱贫摘帽，剩余的贫困对象都是坚中之坚、难中之难，脱贫难度巨大；同时，随着脱贫攻坚进程加快，脱贫人口比例逐年上升，巩固脱贫成果、防止致贫返贫任务日益繁重。全面建成小康社会一个都不能少，面对脱贫与防贫压力双重叠加的严峻形势，建立脱贫防贫长效机制迫在眉睫。各级各部门要充分认识脱贫防贫工作的重要性和紧迫性，把做好脱贫防贫作为践行“四个意识”、做到“两个维护”的具体实践，作为“不忘初心、牢记使命”主题教育的重要内容，切实增强做好脱贫防贫工作的政治自觉、思想自觉和行动自觉。

脱贫防贫工作的总体要求和主要目标是：坚持以习近平总书记重要指示和党中央决策部署统一思想和行动，聚焦深度贫困地区和解决“两不愁三保障”突出问题，坚定信心不动摇，咬定目标不放松，整治问题不手软，落实责任不松劲，转变作风不懈怠，确保2019年13个贫困县、33万贫困人口脱贫出列；确保2020年剩余6.95万贫困人口全部稳定脱贫，高标准高质量打赢脱贫攻坚战；确保做到“四不摘”，巩固扩大脱贫成果，建立健全防贫长效机制，夯实贫困地区乡村振兴和长远发展基础。

二、全面提升脱贫质量，夯实脱贫防贫坚实基础

实现高质量脱贫是有效防止返贫的基础，紧盯剩余贫困县退出和39.95万贫困人口脱贫目标，采取超常规举措集中攻坚，全面提升脱贫质量，坚决打赢脱贫攻坚硬仗。

（一）加快解决“两不愁三保障”突出问题。省级教育、卫生健康、医疗保障、住房城乡建设、水利等部门牵头，市县党委、政府属地具体负责，在全面摸清底数、建好台账的基础上，制定工作方案，实施专项行动，建立长效工作机制，从根本上解决“两不愁三保障”突出问题。强力推进控辍保学。压实县级政府义务教育控辍保学主体责任，完善政府多部门入学联控联保工作机制，落实“七长”（县长、局长、乡长、村长、校长、家长、师长）责任制。采取随班就读、特殊教育、送教上门、“一对一”学习帮扶等方式，保障适龄残疾儿童、厌学辍学学生接受义务教育。充分运用信息化手段，完善跟踪监测机制，实施清单制度和台账管理，把行政区域内与外出务工家长一起生活的孩子，全部纳入监管范围，确保贫困家庭适龄学生不因贫失学辍学。强力推进健康扶贫。织牢织密医疗保障网络，实现医疗保障政策贫困人口全覆盖。2020年将贫困人口大病专项救治病种扩大到30种，对大病、重病患者建档立卡，落实大病医疗保障制度。探索推进医联体、医共体建设，在抓好7个县医联体试点建设的基础上，2020年实现62个贫困县每个县至少建设1个医联体。推行乡镇卫生院、村卫生室一体化管理，增加乡村医疗机构常见病、多发病等药物品种，确保常见病、慢性病能够在县乡村三级医疗机构及时就地就近诊治。针对1608个常住人口500人以上、非乡镇所在地行政村无卫生室问题，2019年建成1500个村卫生室，2020年建成108个村卫生室，消除行政村卫生室“空白点”。通过邻村代管、乡镇卫生院驻村服务或定期巡诊等方式临时解决当前医务人员短缺和常住人口500人以下行政村群众就医难问题。加强村医队伍建设，2019年短期培训1600人、订单定向培训培养237人、招聘大学生村医和全科医生600人，2020年招聘大学生村医500人、订单定向培训培养385人，彻底解决1739个村村医“空白点”问题，做到贫困人口看病有地方、有医生、有制度保障。在巩固贫困人口县域内住院“先诊疗后付费”和“一站式”结算全覆盖的基础上，不断优化流程，提高服务质量。推进慢性病签约服务全覆盖，不断提高服务质量，实现签约信息化管理、经常性服务。强力推进农村危房改造。将建档立卡贫困户、低保户、农村分散供养特困人员和贫困残疾人家庭等4类重点对象的21335户存量危房全部纳入2019-2020年度改造计划。统筹推进其他危房户改造，夯实精准防贫基础。2019年底前全面完成9941户建档立卡贫困户危房改造任务，2020年6月底前全部完成4类重点对象改造任务。强力推进饮水安全巩固提升。逐步改善用水设备老化、水源条件落后等状况，保障贫困群众饮水安全。2019年10月底前全部解决贫困人口饮水安全问题，2019年底前解决其他人口安全饮水问题。注重用好引江水，加强管网建设，使更多沿线乡村从中获益。强力推进困难群体救助。深入做好社保兜底工作，对丧失劳动能力的残疾人、鳏寡孤独、大病重病患者等，建档立卡，纳入城乡低保兜底范围，切实保障基本生活。全面摸清留守儿童、妇女、老人底数，在生产、生活、心理等方面，加强关心关爱。由民政部门负责，调查摸清农村60岁以上老人底数，建档立卡。加快养老服务体系建设，鼓励老人入驻敬老院和幸福互助院，通过宅基地置换等市场化办法，解决养老资金支出等问题。对符合条件的60岁以上困难老人和无劳动能力的贫困对象实施低保兜底。强力推进问题排查处置。各地要结合月走访服务制度，常态化开展“两不愁三保障”问题排查，建立定期会商机制，随时发现问题，随时列入台账，快速处置到位，确保不影响脱贫进度

和质量。

（二）强化贫困地区基础设施和公共服务体系建设。改善贫困地区生产生活条件。抓好农村电网升级改造，提升负荷承载能力，保证生产生活用电。抓好农村用气基础设施建设，保气源供应，保安全运行。抓好清洁取暖，扎实做好煤改气、煤改电和型煤推广，有条件的发展分布式光伏、地热等清洁取暖。抓好乡村道路提升，建好“四好农村路”，确保路网畅通、快捷方便。抓好通讯设施建设，扩大宽带覆盖，提升质量，降低成本，为农村电商发展和信息化提供支撑。抓好农村生活污水处理，采取管网归集、集中处理、分布式技术等多种措施治理，彻底整治纳污坑塘和黑臭水体，切实改变污水乱倒问题。抓好农村垃圾治理，建立村收集、乡转运、县集中处理机制，建立台账，尽快实现垃圾发电厂农村地区全覆盖。抓好厕所革命，加大旱厕改水厕力度，因地制宜普及不同类型的卫生厕所，切实提高农民群众的生活品质。抓好农村综合服务站建设，落实村“两委”成员值班值守和代办制度，打通群众最后一公里。坚决攻克深度贫困地区“坚中之坚”。全面落实向深度贫困地区倾斜的资金项目等帮扶措施，扎实开展驻村帮扶、“三包一”“五包一”包联、定点帮扶和东西部协作。聚焦全省206个深度贫困村，集中资源组织实施一批“双基”提升项目，年内完工投入使用率达到100%。加强贫困监测，将贫困发生率在7%以上的贫困县和20%以上的贫困村全部纳入监测范围，发现问题及时预警纠偏。

（三）全力推进贫困人口脱贫。坚持开发式和保障性扶贫统筹，确保按时高质量完成脱贫攻坚任务。拓宽增收渠道。对有劳动能力的贫困人口，精准落实产业、就业、科技扶贫政策措施，通过扶持发展特色农业、建设扶贫车间、开发公益岗位、实施家庭手工业项目等方式拓宽产业就业渠道，扶贫产业就业项目要到村到户，增强造血功能，提高贫困群众的参与程度，多措并举增加收入。强化兜底保障。对无法通过产业就业帮扶脱贫的无劳动能力的贫困群体，在严格落实教育、医疗、住房等保障政策，享受股份合作、资产收益、光伏等扶贫收益的基础上，进一步加大兜底保障力度，全面落实“应保尽保”政策，将符合条件的贫困人口按程序全部纳入低保范围，支持有条件的地方适当提高低保补差标准。脱贫攻坚期内，纳入农村低保的建档立卡贫困户人均纯收入超过当地低保标准后，可给予一定时间的渐退期，实现稳定脱贫后再退出低保范围。完善城乡居民基本养老保险制度，加快农村特困人员供养服务能力建设，探索推进特困人员集中照料和集中供养。引导社会帮扶。深入实施“千企帮千村”行动，动员更多民企参与脱贫攻坚。建立完善企业结对帮扶机制，确保贫困村中的帮扶空白村都有结对帮扶企业。优化发展环境，落实各项优惠政策，对帮扶成效明显的企业，优先给予扶贫再贷款等金融政策支持，优先列入土地使用计划，优先安排农业产业化资金。探索建立税费减免、信贷支持等正向激励机制，引导和鼓励企事业单位、社会组织、慈善机构通过设立慈善信托、结对帮扶、捐赠款物、消费扶贫等方式，加大对剩余贫困人口帮扶力度，开展多种形式的志愿者服务活动，加快建立以社会保险、社会救助、社会福利制度为主体，以慈善帮扶、社工助力为辅助的综合保障体系。

三、坚持多措并举，有效防止致贫返贫

在确保贫困人口高质量脱贫的同时，对存在返贫和致贫风险的重点群体，按照抓重点、保基本、托底线的原则，坚持政府主导、群众主体、社会参与、市场化运作相结合，坚持社会保障政策与扶贫政策相衔接，有针对性地实施多层次、复合式的保障性防贫措施，实现“事前预防、事中救助、事后保障”，防止这一群体成为新的贫困人口。

（一）突出防贫范围。防贫包括防返贫和防致贫两个方面。防返贫范围是非持续稳定脱贫户，即脱贫成果不稳定、持续稳定增收能力不强的脱贫户。重点为人均纯收入高于脱贫线但低于全省低保指导线的对象。防致贫范围是农村非建档立卡低收入户，即不在建档立卡范围内、不享受扶贫政策的农村低收入群体。

（二）认定救助对象

建立大数据平台。依托全国扶贫开发信息系统和社会救助信息管理系统，建立全省统一、市县共享的防贫大数据平台，扶贫、民政、教育、卫生健康、医疗保障、住房城乡建设、水利、银行、保险公司等部门共享共用防贫对象家庭信息、收入状况等情况和数据。

强化监测分析。采取信息筛查和个人申请相结合的形式，确定预警信息。县级承担发布预警的主体责任，教育、卫生健康、医疗保障、住房城乡建设、人力资源社会保障、残联等部门根据职责，对因学、因病、因灾、因残等情况导致家庭支出明显超过上年度家庭收入的，及时发布预警信息。县级扶贫部门负责接受个人救助申请，纳入预警信息。

启动救助程序。县乡村明确专人核查预警信息，按照“两公示一公告”（即村评议公示、乡审核公示、县审定公告）的程序，确定救助对象。建立救助对象工作台账，根据疾病、灾害、子女就学等返贫、致贫风险，落实防贫政策，采取有针对性救助措施防止返贫致贫。

（三）落实防贫保障

实施重大病生活保障。经城乡居民基本医保、大病保险报销和医疗救助后，合规自付费用较高、影响基本生活、致贫风险较高的，通过商业保险、临时救助、社会捐助，确保得大病重病后基本生活有保障。

教育专项救助。对防贫救助对象中当年在我省参加高考并被全日制普通高等院校录取、具有河北省户籍的大学新生，给予一次性救助2000～3000元。高校勤工助学岗位优先安排防贫救助对象，福彩助学项目优先支持防贫救助对象。对防返贫救助对象就读我省普通高中、省内公办普通高校（不含独立学院）和中等职业学校的，按规定继续享受“三免一助”政策。对防致贫救助对象申请生源地信用助学贷款的本专科生，每人每年最高可贷款8000元，研究生可贷款1.2万元，同时，可按规定政策享受国家助学金。确保所有学生不因家庭经济困难上不起学。加大职业培训力度，加强校企对接，对未考上大学的救助对象，实施职业技能免费订单培训，让其掌握一技之长，就业增收。

民政帮扶救助。对重病患者、重度残疾人、困难老人和未成年人等无劳动能力的救助对象，低保补差标准可上浮一档或按最高档次发放。鼓励有条件的农村特困供养服务机构（农村敬老院），在满足特困人员集中供养需求前提下，逐步为救助对象提供低偿或无偿的集中供养服务。对遭遇突发灾害、交通事故、重大疾病的，可先行临时救助，后补程序。对于特殊重大生活困难情形，可采取一事一议方式，适度提高临时救助额度。民政部门对非贫困低保户建档立卡，建立台账，统筹用好社会保障和各类救助措施，防止低保户变为贫困户。

实施防贫保险。鼓励各市县多渠道筹措资金，为防贫对象购买精准防贫保险。按照“政府主导、市场化运作”的原则，探索推进政府补贴、社会捐助、市场调节的商业补充医疗保险、自然灾害公众责任保险、政府救助保险等，提高防贫对象的保险保障水平。根据实际情况，设定因病、因灾等赔付启动线，实行阶梯性保险赔偿。

产业就业扶持。产业项目、就业岗位向有劳动能力的救助对象倾斜。对具备发展产业能力和意愿的，通过龙头企业带动、参与合作社生产经营等方式增加收入。对有就业意愿的，实行“就业需求”“岗位供给”清单管理，加强就业培训，提供跟踪服务。多渠道开发就业公益性岗位，新增和腾退的就业公益性岗位优先安置救助对象，建立稳定有效可持续的托底帮扶机制，促进救助对象就业。

社会力量防贫。引导社会组织将人才、项目、资金资源向救助对象倾斜，加大防贫支出比例。支持公益慈善组织设立防贫慈善项目、防贫专项救助基金，开展公益慈善捐赠。动员组织各类社工机构、志愿服务团队、社会爱心人士开展防贫志愿服务。社会组织参与防贫活动，依照国家有关规定，享受税收减免、信贷支持、行政事业性费用减免等政策。

（四）实施跟踪监测。对救助对象由乡（镇）或村建立一对一联系服务制度，定期到救助对象家中了解情况，搞好服务，监测救助进程。致贫因素消失且收入持续稳定后，按照村评定、乡审核、县审定的程序，评估退出救助范围。

四、有效巩固脱贫成果，提高可持续发展能力

统筹衔接脱贫攻坚和乡村振兴，提高贫困地区和贫困群众可持续发展能力，切实增强贫困群众获得感。

（一）严格落实“四不摘”，防止脱贫县松劲懈怠。稳定脱贫攻坚政策和工作体系，保持摘帽退出贫困县党政正职稳定，做到摘帽不摘责任；继续执行脱贫攻坚主要政策，做到摘帽不摘政策；扶贫工作队不能撤，做到摘帽不摘帮扶；把防止返贫放在重要位置，做到摘帽不摘监管。脱贫攻坚期后，扶贫政策和驻村工作队稳定一段时间，继续做好驻村帮扶工作，做好脱贫前后的任务衔接，巩固脱贫成果，确保工作不断档、精神不懈怠、标准不降低。组织开展对摘帽县和脱贫人口“回头看”，对返贫人口和新发现贫困人口及时帮扶。实施常态化约谈。把摘帽县巩固提升工作作为常态化约谈事项，对明显松懈的摘帽县党政主要负责同志，要常态化约谈，坚决防止撤摊子、歇歇脚、转重心、换频道。

（二）全力抓好产业科技扶贫，提高经营性收入。做大培强扶贫产业。加大农业结构调整力度，推广迁西县等地的经验做法，大力推进农业“一减四增”，加快发展绿色农业、设施农业、优质高效农业、节水农业，持续扩大苗圃、花卉、中药材和生态林、经济林种植面积，推动规模化、产业化、市场化。因地制宜搞好旅游扶贫、电子商务、特色手工业、村级光伏扶贫电站建设等，实现有劳动能力的贫困户产业扶贫全覆盖。加强扶贫产业基地和园区建设，2019年支持贫困地区创建10个省级现代农业园区、10个省级特色农产品优势区，实现省级现代农业园区贫困县全覆盖。每个贫困县建设1个以上农业产业化联合体，独立或联合打造1～2个区域公共品牌。完善产业扶贫带贫利益联结机制，严格选定实施主体，规范签订入股协议，切实保障扶贫资金安全。创新推广“政府＋金融＋科研＋龙头＋园区（合作社）+农户”产业发展模式。到2020年，力争每个贫困县培育出1～3个特色鲜明、优势集聚、产业融合、带贫能力强的扶贫主导产业，形成一县一特、一乡一业、一村（多村）一品产业布局。提升科技扶贫整体水平。建立科技人才下基层机制，持续开展“团、站、员”建设行动，在县级组建科技扶贫服务团，乡镇建立科技特派员工作站，乡村选派科技特派员，2020年实现每个贫困县组建一支科技服务团、每个有深度贫困村的乡镇建成一家科技服务站，完成1000名科技特派员的选派。加快科技成果转化应用或示范推广，推广河北农业大学“太行山农业创新驿站”做法，全面开展农业创新驿站建设，到2020年，全省贫困县建成驿站80个，实现62个贫困县全覆盖。引导京津高校院所、农业科技园区、农业科技“小巨人”企业等与贫困地区精准对接，2020年底前在贫困地区培育农业科技“小巨人”企业200家。大力发展消费扶贫。鼓励各级机关、国有企事业单位、金融机构等从贫困地区采购产品、聘用工勤人员。建立消费扶贫协作机制，拓宽农产品流通和销售渠道，形成农产品从田间到餐桌的全链条联动。健全完善贫困地区网络基础设施和公共服务平台，有条件的贫困地区设立电商产业孵化园，培育规模化电商企业。

（三）深入推进就业扶贫，提高工资性收入。突出抓好职业培训。借鉴天津市帮扶承德市建设应用技术职业学院的经验，充分运用市场化的办法，整合培训资源，加强校企合作，全面摸排，建档立卡，开展订单、定岗、定向式培训，实现培训一个、就业一个、脱贫一家。对有培训意愿的贫困劳动力，到2020年底前做到“应培尽培，能培尽培”。突出抓好就地安置。支持各地发展扶贫车间，鼓励各地通过扶贫车间吸纳、返乡创业带动、组织劳务输出、各类公益岗位安置就业，促进贫困劳动力就地就近就业。突出抓好劳务协作。支持贫困地区与发达地区开展劳务对接，用好京津两大市场，建立输出地与输入地劳务协作机制，大力发展家政服务，创造河北月嫂、燕赵保姆等品牌，拓宽贫困群众就业渠道和增收空间。

（四）盘活集体资产，提高群众财产性收入。完善集体经济管理。积极推进集体产权制度改革，有序开展集体资产股份合作制，科学量化集体资产，2019年内基本完成集体资产清产核资，明晰集体产权关系。加快农村集体资产监督管理平台建设，健全村级“三资”管理制度。发展服务经济。依托集体耕地资源，按生产经营实际由村集体牵头组建土地股份合作经济组织，与农业产业化龙头企业、农民合作社等发展股份合作经营，集体按股分红。大力推进集体资源开发。加强对贫困村集体土地、林地、水面、自然景观等资源的开发利用，宜农则农、宜林则林、宜牧则牧。引导农民以土地、林地、草原、农宅等资源资产入股开展股份合作，推动资源变资产、资金变股金、农民变股东。发展物业经济。支持贫困村在符合建设规划和土地利用总体规划的前提下，利用集体土地建设农业生产、加工、经营、服务等设施，开展房屋、设施、场地等物业经营，与企业开展互利合作，用足用好国家扶贫资金，发展来料加工等无污染产业，增加村集体和贫困户收入。建立完善收益分配机制。支持村集体采取购买公益岗位、发展小型公益事业、开展小微奖励等措施，实行集体收益差异化二次分配。到2019年底，实现有集体经济收入的村占比达到80%，年集体经济收入5万元以上的村占比达到40%；到2020年底，基本消灭集体经济收入空白村，年集体经济收入超过5万元的村达到60%以上。建立扶贫资产资本监督管理制度，构建“产权清晰、权责明确、管理科学、经营高效、监督到位”的运行机制和监管管理体制，落实扶贫资产资本产权归属，实行所有权、经营权、收益权、监管权“四权分置”，打造经营高效的组织体系，建立健全扶贫资产资本统计管理台账，实行全方位监管，实现扶贫资产资本滚动使用、保值增值。

（五）加快搬迁进度，强化易地扶贫搬迁后续帮扶。有序推进易地扶贫搬迁。坚持质量与进度并重，用好占补平衡、增减挂钩政策，用市场化办法解决资金问题，确保列入实施计划的30.51万农村易地搬迁人口（含13.59万建档立卡贫困人口），2019年底前全部实现搬迁入住。推进后续产业就业帮扶。立足迁入地资源禀赋和产业基础，大力培育新型经营主体，推广平泉市“两区同建”经验，完善产业带贫益贫机制。按照以岗定搬、以业定迁原则，加大就业培训力度，强化后续产业发展和转移就业工作，确保有劳动能力和就业意愿的贫困搬迁家庭中至少有1个劳动力实现稳定就业。加强安置区社区管理服务。按照“缺什么补什么”和“适当留有余地”的原则，完善迁入地基础设施和公共服务建设，同步建好搬迁社区、产业园区、生态绿地，同步推进水电气路讯、污水垃圾处理等基础配套设施和教育、医疗、养老等服务设施建设，同步抓好基层治理和基层组织改革创新，推行大产权制，指导市、县不动产登记机构压缩登记办理时间，依法依规加快办理房屋所有权登记。有序推进“农民变市民、村委会改居委会”，做好搬迁群众户口迁移、上学就医、社会保障、心理疏导等接续服务，促进搬迁人口融入当地社会。注重统筹结合。完善顶层设计，抓住新一轮国土空间规划编制机遇，把易地扶贫搬迁与深化农村改革、农村危房改造、“空心村”治理以及农村养老服务结合起来，以此为契机促进新型城镇化，搬出新面貌，创造新模式，打造新亮点。对村庄撤并的搬迁村，有效盘活耕地、林地、宅基地等闲置资源，提高土地使用效益；实行全域规划，优化村庄布局，同步解决搬新不拆旧、闲置复垦难问题；总结推广沧州市规模化集中供养贫困老年人的做法，完善服务功能，加强农村养老服务体系建设，解决兜底保障人群养老问题。

（六）强化扶志扶智，激发群众内生动力。突出造血功能，坚持产业项目到村到户，职业培训到户到人，因地制宜，多措并举，持续提高贫困群众自我发展能力。加强教育引导。开展扶志教育活动，创办脱贫攻坚“农民夜校”、“讲习所”等，加强思想、文化、道德、法律、感恩教育，弘扬自尊、自爱、自强精神，防止政策养懒汉、助长不劳而获和“等靠要”等不良习气。总结推广脱贫典型，用自强不息、自力更生脱贫致富的先进事迹和先进典型鼓舞带动贫困群众。加强职业技能培训。通过“请进来”和“走出去”的方式，有针对性地邀请农业、林业、畜牧专家进行专题培训，深入田间地头，现场指导。组织有劳动能力和就业意愿的贫困户到先进地区，开展电商、科技农业、品牌农业和农业产业化等方面的交流，开拓视野，着力打造一批爱农业、懂技术、善经营的高素质农民。改进帮扶方式。减少直接发钱发物、送钱送物，加大以工代赈力度，动员更多贫困群众投工投劳，推广以表现换积分、以积分换物品的“爱心公益超市”等自助式帮扶做法，实现社会爱心捐赠与贫困群众个性化需求的精准对接。发挥村规民约和村民自治组织作用。引导贫困村修订完善村规民约，发挥村民议事会、道德评议会、红白理事会、禁毒禁赌会等群众组织作用，坚持自治、法治、德治相结合，教育引导贫困群众弘扬传统美德、树立文明新风。大力倡导孝道文化，成立孝心养老理事会，设立孝心养老公益金，开展孝道评选系列活动，有效解决分户老人脱贫问题，形成子女尽责、集体担责、社会分责、政府履责的贫困老人脱贫路径。选树一批文明村镇和星级文明户，推广“星级评比”等做法，加强对高额彩礼、薄养厚葬、子女不赡养老人等问题的教育引导。深入推进文化扶贫工作，提升贫困群众的公共文化服务获得感。

五、严格落实工作责任，强化组织和纪律保障

（一）加强组织领导。脱贫防贫工作实行省负总责、市县抓落实的工作机制，实行五级书记一起抓，党政同责、“一岗双责”，在各地扶贫开发和脱贫工作领导小组统一领导下开展工作，防贫工作由扶贫部门统筹推进，发展改革、财政、民政、教育、卫生健康、医疗保障、住房城乡建设、水利、农业等行业部门要落实工作责任，加强工作指导，抓好协调推进。市县党委、政府要切实担负起主体责任，属地负责，县级党政主要领导是脱贫防贫工作第一责任人。鼓励各地结合实际探索防贫模式，具体救助标准、程序等由各市县自行确定，因地制宜开展防贫工作。

（二）加大资金投入。各级财政专项扶贫资金只能增加不能减少，要统筹财政专项扶贫资金和教育、卫生健康、医疗保障、住房城乡建设、水利、民政、农业等各类扶贫资金，加大对脱贫防贫工作的投入力度。鼓励县（市、区）采取政府主导、社会参与的方式，筹措防贫救助资金，设立专户，加强监管，确保防贫资金规范精准安全高效使用，切实帮助救助对象阻断“病根”。支持保险机构开设脱贫防贫险种。

（三）提升基层服务能力。加强基层党建，坚持抓党建促扶贫，组织开展“脱贫攻坚党旗红”等活动，强化贫困村党组织书记和“两委”成员教育培训，切实提高带领贫困群众脱贫能力。充分发挥乡村两级干部、驻村工作队和帮扶责任人作用，落实脱贫防贫工作责任，切实加大脱贫防贫政策宣传，让脱贫防贫政策家喻户晓，让救助对象接受便捷高效的帮扶服务。各地要从实际出发，量力而行，防止搞形式、走过场，防止过度救助、吊高胃口，引发攀比。要注重发挥救助对象主体作用，激发内生动力，防止政府包办代替。

（四）严格督查考核。把脱贫防贫工作纳入脱贫攻坚成效考核范围，严格考核评估。将脱贫防贫工作纳入督查重点，推进脱贫防贫责任落实、政策落实、工作落实。严肃工作纪律和问责，把脱贫防贫工作作为常态化约谈事项，对工作不力、造成大量返贫致贫的，进行约谈问责。

各地各部门可按照本意见制定符合本地本部门实际情况的具体措施，确保落实到位，取得实效。

中共河北省委办公厅　河北省人民政府办公厅
印发《关于加强和改进乡村治理的若干措施》的通知

（2019年10月25日）

各市（含定州、辛集市）、县（市、区）党委和人民政府，雄安新区党工委和管委会，省直各部门，各人民团体：

《关于加强和改进乡村治理的若干措施》已经省委、省政府领导同意，现印发给你们，请结合实际认真贯彻落实。

关于加强和改进乡村治理的若干措施

为深入贯彻落实全国乡村治理体系建设工作会议和中央办公厅、国务院办公厅印发的《关于加强和改进乡村治理的指导意见》（中办发〔2019〕41号）精神，扎实推进我省乡村治理体系和治理能力现代化，结合实际制定如下措施。

一、总体要求

1. 指导思想。坚持以习近平新时代中国特色社会主义思想为指导，全面贯彻落实党中央和省委、省政府决策部署，按照实施乡村振兴战略的总体要求，以保障和改善农村民生、促进农村和谐稳定为根本目标，以完善乡村治理体系、提升治理能力为主攻方向，以活动创建、制度创新为重要抓手，加强示范带动引领，健全党组织领导的自治、法治、德治相结合的乡村治理体系，加快构建共建共治共享的社会治理格局。

2.工作目标。到2020年，现代乡村治理的制度框架和政策体系基本形成，村党组织、村民委员会、村民代表会议、村务监督委员会、村集体经济组织“五位一体”治理新机制和农村综合服务站广泛建立，所有行政村实现务实管用的村规民约全覆盖、红白理事会全覆盖、“一乡一法庭”工作制度全覆盖。到2035年，党组织领导的自治、法治、德治相结合的乡村治理体系更加完善，治理体系和治理能力基本实现现代化。

二、重点举措

3.深入开展“基层党建质量提升年”活动。巩固扩大农村“两委”换届成果，落实村级组织运转经费保障政策，加强绩效考核和日常管理，全面提升村党组织的组织力、凝聚力、战斗力，推动农村基层党组织建设全面进步、全面过硬。每年打造100个硬件完善、制度规范、特色鲜明、成片连线的党建示范区。（牵头部门：省委组织部；责任单位：省民政厅、省公安厅、省财政厅、省农业农村厅）

4.推动构建“五位一体”治理新机制。创新农村基层社会治理，充分发挥农村党组织战斗堡垒作用，积极构建村党组织、村民委员会、村民代表会议、村务监督委员会、村集体经济组织“五位一体”农村基层治理架构，促进乡村治理体系和治理能力现代化。（牵头部门：省委组织部；责任单位：省民政厅、省农业农村厅）

5.创新文明乡风培育载体。实施公民道德建设工程，组织开展道德模范、身边好人、新时代好少年、优秀志愿者等评选表彰活动。深入开展“星级文明户”、“五好家庭”、“文明家庭”、“最美家庭”创建活动。深入开展文明村镇创建活动，到2020年底全省县级及以上文明村镇占比达到50%以上。发挥好红白理事会、道德评议会等群众组织的监督教化作用，整治婚丧陋习、天价彩礼等不良风气，培育文明乡风、良好家风、淳朴民风。大力推广邯郸市肥乡区规范红白喜事、破除婚丧陋习经验做法。（牵头部门：省委宣传部；责任单位：省文明办、省民政厅、省委农办、团省委、省妇联、省文化和旅游厅）

6.全面推广“四议两公开”工作法。健全村级议事协商制度，在村级重要事项和重大问题决策上，按照党组织提议、村“两委”会商议、党员大会审议、村民代表会议或村民会议决议和决议事项公开、实施结果公开程序进行，确保村务公开透明。（牵头部门：省委组织部、省民政厅；责任单位：省委农办）

7.大力推行“小微权力清单”制度。全面推广迁安市村级事务“小微权力清单”制度，梳理微权力清单，规范权力运行流程，健全小微权力监督制度，把村级“小微权力”关进制度的“笼子”里。（牵头部门：省委组织部；责任单位：省纪委监委机关、省民政厅、省财政厅、省审计厅）

8.全面制定修订村规民约。突出问题导向，重点针对滥办酒席、天价彩礼、薄养厚葬、攀比炫富、铺张浪费、“等靠要”、懒汉行为、家庭暴力、拒绝赡养老人等突出问题，开展村规民约制定或修订工作，提出有针对性的抵制和约束内容，对违反村规民约的情形，提出相应的惩戒措施。到2020年底，全省所有行政村普遍制定或修订形成务实管用的村规民约。（牵头部门：省民政厅；责任单位：省文明办、省司法厅、省公安厅、省农业农村厅）

9.深入推进平安乡村创建。广泛开展以无刑事案件、无赴省进京访、无安全生产事故和重大矛盾纠纷排查率、突出治安隐患整治率、高风险人群管控率3个100%为主要内容的“三无三百”平安村创建活动。大力推行“一村一辅警”农村警务工作机制，到2025年底覆盖所有行政村。实施数字乡村发展战略，推进农村“雪亮工程”建设。持续推进扫黑除恶专项斗争和“一案三查”，严厉打击农村黑恶势力，不断增强农民群众获得感、幸福感、安全感。坚持发展新时代“枫桥经验”，紧紧抓住做好群众工作这条主线，相信群众、依靠群众，就地解决问题，从源头预防和减少矛盾纠纷，实现“小事不出村、大事不出乡、矛盾不上交”，打造形成平安河北“升级版”。（牵头部门：省委政法委；责任单位：省纪委监委机关、省公安厅、省司法厅、省民政厅、省农业农村厅）

10.广泛开展法治乡村建设。完善涉农领域地方性立法，规范农村行政执法，加强对执法工作的监督，将政府涉农事项纳入法治化轨道。加大农村普法工作力度，深入开展“法律进农村”、“民主法治示范村（社区）”创建、“法律明白人”培养工程等。加强乡镇司法所、公共法律服务工作站建设，打造综合性、一站式服务型窗口。完善“一乡一法庭”工作制度，到2020年实现法律服务乡村全覆盖。（牵头部门：省司法厅；责任单位：省公安厅、省民政厅、省农业农村厅）

11.加快推进农村“六有”综合服务站建设。推广邱县“两集中两下放”模式，突出便民利民，结合推进“放管服”改革和“最多跑一次”改革，整合乡镇和县级部门派驻机构职责，推进政务服务工作向基层延伸，建设有固定服务场所、有统一服务标志、有公示服务信息、有配套便民设施、有规范管理制度、有完善配套服务的综合服务站，为农民提供“一门式办理”、“一站式服务”。推进村级便民服务点和网上服务站点全覆盖，积极开展代缴代办代理等便民服务，逐步扩大公共服务事项网上受理、网上办理、网上反馈范围，打通服务群众“最后一公里”。（牵头部门：省委组织部、省政务服务办；责任单位：省民政

厅、省委编办、省委农办、省财政厅、省人力资源社会保障厅）

12.抓好乡村治理试点示范。深入开展乡村治理体系综合性试点创建工作，重点推进石家庄市鹿泉区、河间市、饶阳县、任县、邯郸市峰峰矿区5个全国试点县创建。围绕基层组织、乡风文明、平安乡村、法治乡村、村民自治等方面，选择15个左右县（市、区），开展专项省级试点创建工作，突出特色，抓出亮点。（牵头部门：省委农办；责任单位：省委组织部、省委宣传部、省委政法委、省民政厅、省司法厅、省公安厅等省有关部门）

三、保障措施

13.建立协同推进机制。各级党委、政府要充分认识加强和改进乡村治理的重要意义，把乡村治理工作摆在重要位置。加强部门联动，由各级党委农村工作部门会同有关部门，建立乡村治理体系联席会议制度，健全乡村治理工作领导体制和工作机制。相关部门各司其职、各尽其责，强化政策、资源和力量配备，加强工作指导，做好协同配合，形成齐抓共管工作合力。（牵头部门：省委农办；责任单位：省委组织部、省委宣传部、省委政法委、省民政厅、省司法厅等省有关部门）

14.强化各项工作保障。落实村级组织运转经费和乡村治理经费保障政策，因地制宜发展壮大集体经济，增强村级组织自我保障能力。加强乡村治理人才队伍建设，引导农村致富带头人、外出务工有成人员、高校毕业生、退役军人等在乡村治理中发挥积极作用。坚决整治形式主义、官僚主义，让基层干部从繁文缛节、文山会海、迎来送往中解脱出来。（牵头部门：省委农办；责任单位：省委组织部、省委宣传部、省民政厅、省财政厅、省人力资源社会保障厅等省有关部门）

附件：河北省乡村治理体系联席会议组成人员名单（略）

河北省人民代表大会常务委员会关于加强太行山燕山绿化建设的决定

（2019年11月29日河北省第十三届人民代表大会常务委员会第十三次会议通过）

为了进一步加强太行山、燕山绿化建设，全力推进太行山绿化造林攻坚，全面促进燕山绿化提质增效，践行绿水青山就是金山银山理念，构筑京津冀生态安全屏障，促进区域经济社会可持续发展，根据《中华人民共和国森林法》等有关法律法规，结合本省太行山、燕山绿化建设实际，作出如下决定。

一、在本省太行山、燕山分布行政区域内开展造林绿化、森林保护和经营、综合开发和利用等活动，适用本决定。

二、太行山、燕山绿化建设应当坚持生态优先、绿色发展，政府主导、全民参与，因地制宜、精准施策，建管并重、科学利用的原则，按时高质量完成河北省国土绿化规划（2018—2035年）确定的近期、中期、远期规划目标。

三、县级以上人民政府是太行山、燕山绿化建设的责任主体，应当建立健全行政首长负责制、目标管理责任制、工作协调机制和考核评价机制，综合运用行政、经济、市场、科技等手段，全面推进太行山、燕山绿化建设。

县级以上人民政府林业主管部门负责本行政区域内太行山、燕山绿化建设的规划编制、建设指导、保护利用、监督管理等工作，依法查处破坏森林资源的违法行为以及不履行本决定规定义务的行为。发展和改革、财政、自然资源、交通运输、住房和城乡建设、水利、农业农村、生态环境、人力资源和社会保障、科学技术、公安、文化和旅游、应急管理、金融监管等有关部门按照职责分工，共同做好太行山、燕山绿化建设相关工作。

乡镇人民政府负责协助做好辖区内的造林绿化、资源监测、巡护监管、护林防火等工作，可以确定相关机构或者设置专职、兼职人员，具体负责绿化建设相关工作。

四、县级以上人民政府应当将太行山、燕山绿化建设纳入国民经济和社会发展规划、乡村振兴战略规划，坚守生态和发展两条底线，统筹生产、生活、生态三大空间，组织编制本行政区域绿化建设规划，并与国土空间规划体系等相衔接。省人民政府负责编制太行山、燕山绿化建设总体规划，明确任务目标、部门职责、政策措施；设区的市人民政府应当依据全省太行山、燕山绿化建设总体规划和本行政区域特点编制相应规划；县级人民政府应当依据上一级人民政府的总体规划和相应规划，编制符合当地实际的太行山、燕山绿化建设专项规划并组织实施。

五、县级以上人民政府应当根据太行山、燕山绿化建设实际需要，将造林绿化和管理养护资金纳入年度财政预算，并结合财力状况，逐步加大财政投入力度。依法依规统筹整合农业、水利、交通、电力、矿山等相关项目资金，按规划用于太行山、燕山绿化建设。创新财政资金投入方式，建立绿化成效与资金分配挂钩的激励机制，采取“以奖代补”“先造后补”等形式，对现代林业示范园区、森林生态综合体、林业龙头企业、林农合作社、造林大户等符合政策规定的优先给予资金奖励和补助。

六、造林绿化应当结合山区地形地貌特点，因地制宜、精准施策、分区施治。深山远山区，坚持以封山育林和飞播造林为主，大面积自然恢复林草植被；浅山丘陵区，坚持以人工造林为主，快速增加森林面积，提升森林质量；近山平原区，加快农业种植结构调整，发展高效经济林和特色产业，全面提升太行山、燕山生态涵养和绿色富民功能。

加快推进河流上游、矿山、沙源、水库和湖泊周边、重要水源地等重点生态区位造林绿化；加快推进公路、铁路、河流等两侧生态廊道建设；加快推进中心城市、县城、乡镇、村庄、景区周边等重点区域绿化美化，提高生态功能和景观效果。

充分发挥政府的主导作用，统筹资金，集中人力、物力、财力，在太行山区森林植被稀少、水土流失严重区域，特别是立地条件差、绿化难度大、造林成本高的浅山丘陵区，大力开展造林绿化攻坚，扩大森林面积，提高森林质量，增强区域生态承载力。

七、造林绿化应当坚持生态效益和经济效益相结合，大力发展名特优果品、木本粮油等经济林和苗木、花卉、中药材等优势特色产业。加强对林果产业发展的引导和调控，按照优势产品向优势产区集中的原则，立足资源禀赋，发挥区域优势，优化布局，调整结构，提质增效，做大做强优势骨干树种，巩固提高传统优势树种，加快发展区域特色树种，促进林果富民产业发展，实现农业增效、农村增绿、农民增收。

八、各级人民政府应当强化森林经营管理，编制森林经营方案，创新森林经营模式，在太行山、燕山山区重点实施中幼林抚育、退化林修复、疏林封育及补植补造、灌木林经营提升、经济林提质增效，改善林木生长条件，优化林分结构，完善生态功能，增强抗灾能力，全面提升森林质量和效益。

在不改变林地用途、不破坏生态环境的前提下，鼓励依托现有森林资源，依法有序发展林下经济，建设森林人家、森林乡村、森林小镇、森林公园、科技示范基地、科普教育基地、现代农业园区和生态综合体，开展观光采摘、林下种植养殖、生态旅游、森林康养、文化产业等非木质资源利用经营活动，实现生态产业化、产业生态化。

九、县级以上人民政府应当按照“谁造林、谁所有，谁经营、谁受益”原则，制定优惠政策，鼓励家庭林场、专业合作社、龙头企业等新型市场主体参与太行山、燕山绿化建设。鼓励国有林场依托技术、人员等优势，依法依规流转周边集体林地和未利用土地，参与和带动当地造林绿化，逐步扩大林场规模；鼓励农村集体经济组织、造林专业合作社或者其他市场开发主体，按照政府购买服务有关规定和造林规划安排，参与造林绿化和后期管护；鼓励企业通过林业碳汇开发和交易开展造林绿化；积极探索森林景观康养资源置换造林机制，以森林景观康养资源置换造林绿化。

企业、集体、社会组织或者个人等社会力量实施造林绿化，符合国家或者地方绿化工程项目要求并经验收合格的，优先按照相关规定享受补贴政策；符合法律规定、取得承包经营权的，发放不动产权属证书；符合生态公益林标准的，逐步纳入生态公益林管理并给予补贴。社会力量造林绿化成林后，可以安排一定比例的土地指标建设配套基础设施，限于开展林业生产经营、森林旅游、森林康养、林下经济等活动。五千亩以下的按成林面积的百分之三、超出五千亩至一万亩的部分按百分之二、超出一万亩的部分按百分之一的比例（允许三个面积幅度的用地指标叠加），在符合国土空间规划的前提下，优先保障用地指标，依法办理用地手续。

十、集体所有的宜林荒山荒地可以依法实行承包经营。承包方享有宜林荒山荒地的承包经营权和所种植林木的所有权，合同另有约定的从其约定。承包方可以自主决定依法采取出租(转包)、入股、抵押、转让等方式流转所承包林地经营权、林木所有权和使用权。承包方的合法权益受法律保护，任何单位和个人不得侵犯。宜林荒山荒地的承包期限由发包方与承包方双方协商确定，最长不超过七十年，承包期届满后可以按照国家有关规定继续承包。

通过划拨、承包、租赁、拍卖、股份合作等方式取得宜林荒山荒地使用权的，应当依法订立合同。林地合同应当合理设定绿化期限和标准等内容。宜林荒山荒地承包方违反法律法规或者合同约定造成林木、林地严重毁坏的，或者未按合同约定完成造林绿化任务的，发包方有权收回林地经营权。

十一、拓展林业投融资渠道。鼓励和引导金融机构开展符合林业特点的信用贷款业务，通过林权抵押贷款、林权收储担保、贴息贷款等方式支持造林绿化。落实国家森林保险保费补贴政策，鼓励和引导保险机构开展政策性森林保险，对符合条件的商品林和公益林按规定给予补贴。多层次搭建林业融资平台，探索运用企业债券、投资基金、森林资源资产证券化产品等新型融资工具，筹措林业发展资金。

十二、广泛开展全民义务植树活动。机关、企事业单位、社会组织和个人通过造林绿化、抚育管理、自然保护、认种认养、设施修建、捐资助林等形式参与太行山、燕山绿化建设。开展“互联网+全民义务植树”，建立各级义务植树基地，实现义务植树主题化、基地化、常年化、多样化。积极推进部门绿化，按照守土有责、应绿尽绿原则，做好生产区、办公区、生活区绿化。

十三、县级以上人民政府林业主管部门应当加强对太行山、燕山绿化建设的技术指导和服务。深化与科研机构合作，开展困难立地绿化技术攻关，因地制宜推广使用造林绿化先进实用技术，破解立地条件较差区域栽树难、成活难的难题，提高造林成活率和保存率。优化树种结构和配置，推广使用优良乡土树种，科学选育引进适应本地自然条件的优良树种。制定优惠政策，引导和鼓励大专院校、科研院所等科研机构和广大科技工作者投身太行山、燕山绿化建设事业。

十四、各级人民政府负责本行政区域内的森林资源管护工作。创新林木管护机制，通过招投标组织实施的林业重点工程，实行“造管一体”，把补植补造、后期管护、有害生物防治等费用纳入造林主体的造林成本，用于项目管护，根据造林成活率、保存率分期拨付资金；新造林地达到公益林管护条件的，可以由同级政府采取委托管护、合同管护等购买服务方式，开展森林经营，加强抚育管护。鼓励成立以国有为主，个人、集体、企业参与的股份制林场，符合条件的可以纳入国有林场管理系列，实行专业管护。

根据太行山、燕山山区造林绿化和森林资源保护需要，探索建立林长制试点工作，逐步构建责任明确、监管严格、管护有力的保护机制。林长制试点具体办法由省人民政府林业主管部门制定。

十五、县级以上人民政府负责本行政区域内的森林防灭火工作，划定森林火险区，规定森林火险期，配备防灭火装备和物资，加强森林防灭火基础设施建设，健全完善森林防灭火监测预警体系，做好森林火灾的科学预防、扑救和处置工作，全面落实人防、物防、技防措施，严防森林火灾发生。县级以上人民政府应当根据区域森林火险等级，建立森林消防专业队伍和行业专业队伍；乡镇人民政府应当建立森林消防半专业化队伍；国有林场、森林公园、风景名胜区等各类自然保护地应当成立与森林防火任务相适应的行业森林消防专业队伍。

十六、加强县、乡、村护林组织体系建设，落实相关责任和工作经费，普遍配备专职或者兼职护林员，负责森林资源巡护，制止破坏森林资源行为，及时发现和报告火情，协助相关执法部门查处违法违规案件。鼓励结合扶贫开发，在贫困地区设立公益性护林岗位，通过政府购买服务方式，面向贫困户选聘生态护林员。

加强森林资源安全巡护，开展跨区域联防巡护工作，综合运用无人机、视频监控、卫星监测等现代化手段，推进森林资源源头保护网格化和信息化，实现林业资源安全巡护全方位、全天候、全覆盖。

十七、县级以上人民政府应当统筹交通运输、水利、电力、通信、防灭火等基础设施规划建设，对达到一定规模的造林绿化区域，优先建设供水、供电、供热、供气、通信及防火隔离带、作业道路、望火楼等基础设施。

县级以上人民政府林业主管部门应当加强林业有害生物防控工作，做好林业有害生物的监测、检疫、预防和治理。重大林业有害生物灾害防治实行地方人民政府负责制，当发生松材线虫、美国白蛾等暴发性、危险性重大林业有害生物危害时，当地人民政府应当及时组织除治。林业经营主体在政府支持引导下，负责防治其经营管理范围内的林业有害生物。

十八、严格控制矿产资源开发，保护山区森林草原植被。禁止在生态保护红线范围内、各类自然保护地、饮用水水源保护区和铁路、高速公路、国道两侧各一千米以及直观可视范围内新批固体矿产资源开发项目。已批建的，应当提出分类处置意见，逐步依法关闭。

严格落实矿山植被恢复治理责任。矿山企业是矿山环境保护与恢复治理的责任主体，按照“谁开发、谁恢复，谁治理、谁受益”的原则，严格落实“边开采、边治理、边恢复”要求，做好生产矿山的治理恢复工作。加快推进已停产关闭、运行终结尾矿库等矿山林草植被恢复。县级人民政府负责组织开展本行政区域内责任主体灭失矿山的恢复治理工作。严格落实矿山环境治理恢复基金制度，强化部门监管、社会监督，督促矿山企业严格履行恢复治理、土地复垦义务。

十九、各级人民政府应当加强太行山、燕山绿化建设的宣传教育。积极利用多媒体融合，多平台传播，全方位普及绿化法律法规政策、科学技术知识，广泛宣传绿化建设先进典型和事迹，营造人人参与、共建共享的浓厚氛围，增强全民爱绿、植绿、护绿意识，凝聚社会共识，引导公众参与，形成全社会持续参与国土绿化的强大合力。

二十、县级以上人民政府应当建立健全太行山、燕山绿化建设工作考核评价机制和工作奖惩制度，定期对绿化建设进度、质量和完成情况进行考核评比。省绿化委员会办公室会同有关部门定期对在绿化建设中做出突出贡献的单位给予表彰奖励，对个人授予河北省绿化奖章，并享受相关待遇。

二十一、擅自改变林地用途或者超出批准范围占用林地进行开发建设的，非法毁林开荒、开山采石、挖砂取土、探矿采矿、滥伐盗伐以及以其他方式毁坏林木和林地的，向林地排放重金属或者其他有毒有害物质含量超标的污水、污泥以及可能造成林地污染的清淤底泥、尾矿、矿渣的，森林防火期内未经批准擅自在森林防火区内野外用火的，依照《中华人民共和国森林法》《中华人民共和国土壤污染防治法》等法律法规由相关执法部门予以处罚；构成犯罪的，依法追究刑事责任。

县级以上人民政府林业主管部门或者其他有关部门未依法履行职责，或者因玩忽职守、滥用职权、徇私舞弊等致使辖区内森林资源遭受破坏，造成严重后果的，依法对直接负责的主管人员和其他直接责任人员给予处分；构成犯罪的，依法追究刑事责任。

二十二、本决定自2020年1月1日起施行。

V 统计图

现价农林牧渔业总产值

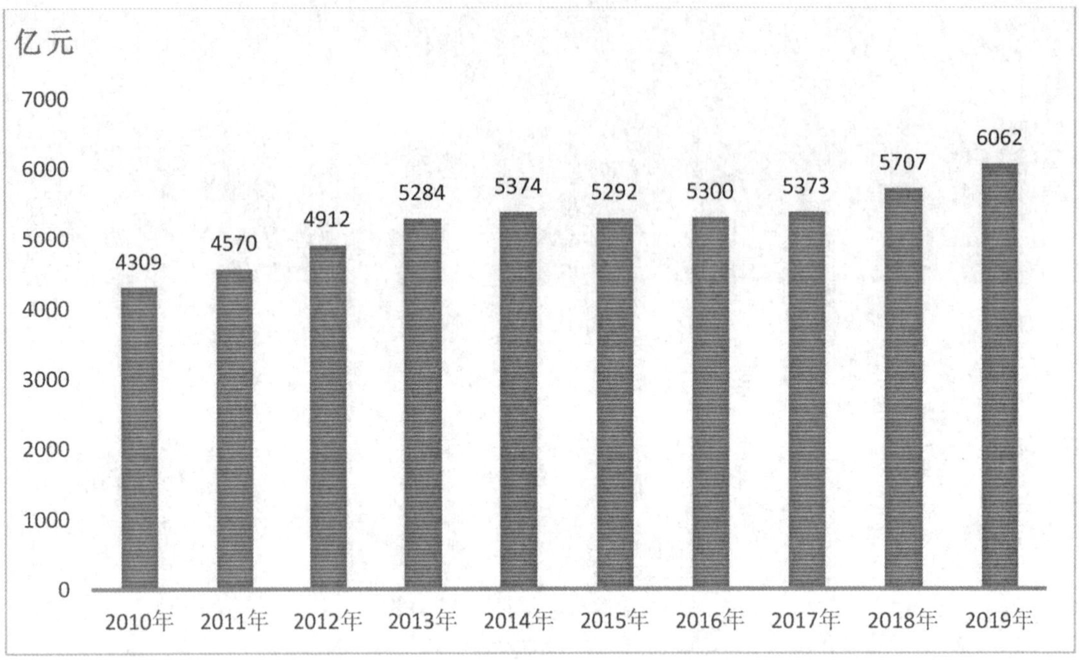

现价农林牧渔业总产值构成

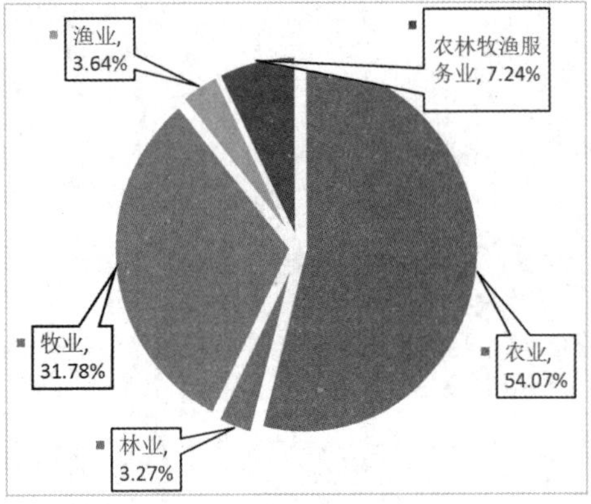

2018年

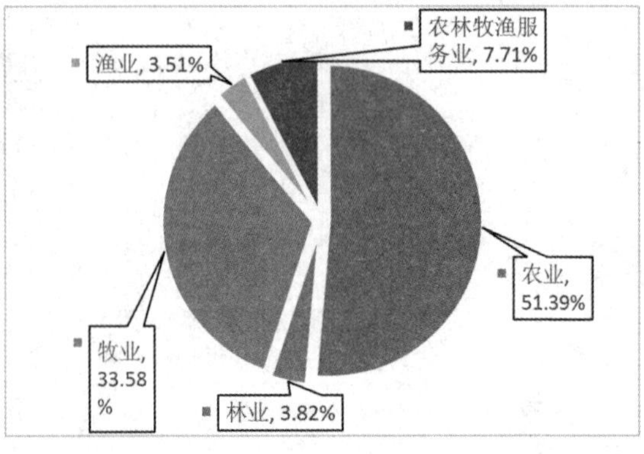

2019年

农林牧渔业增加值

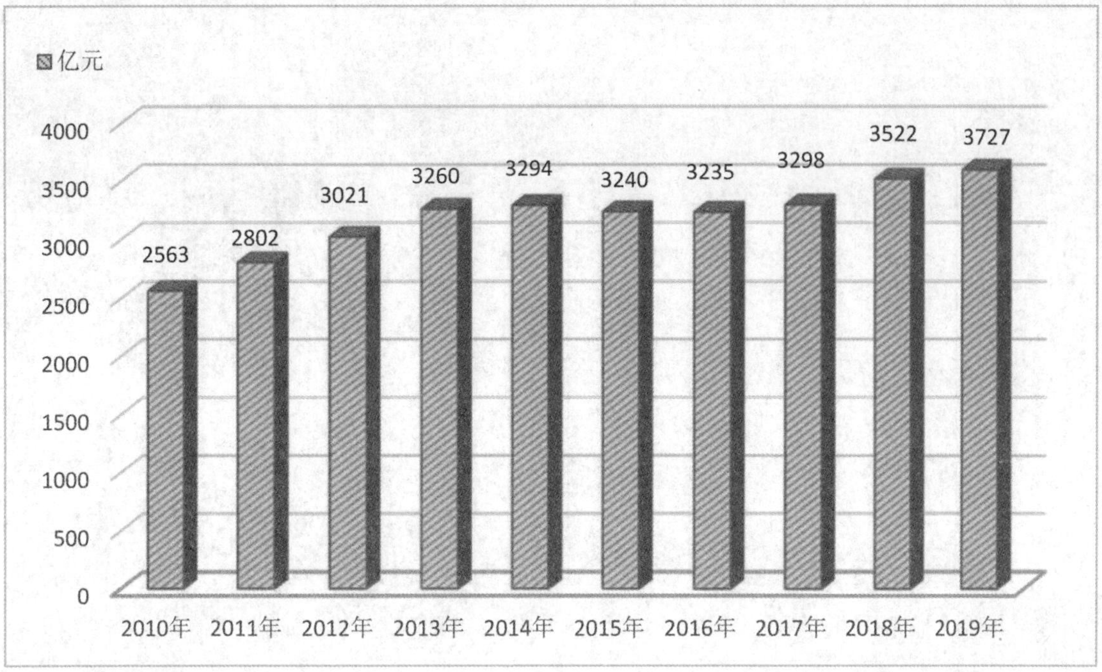

粮食、蔬菜和水果产量

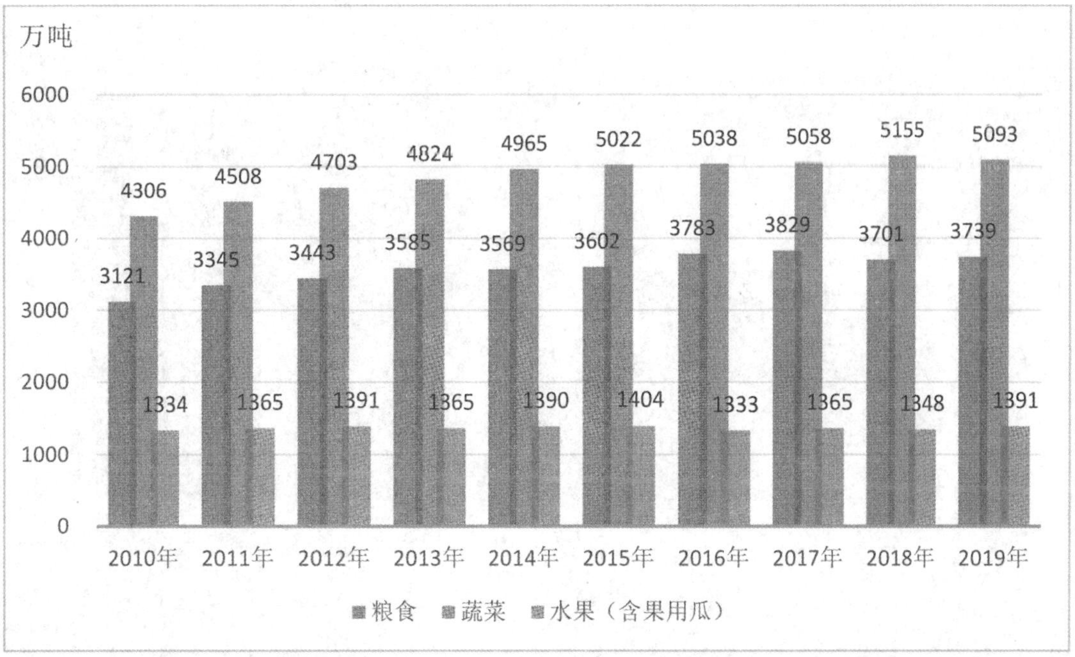

猪牛羊肉产量

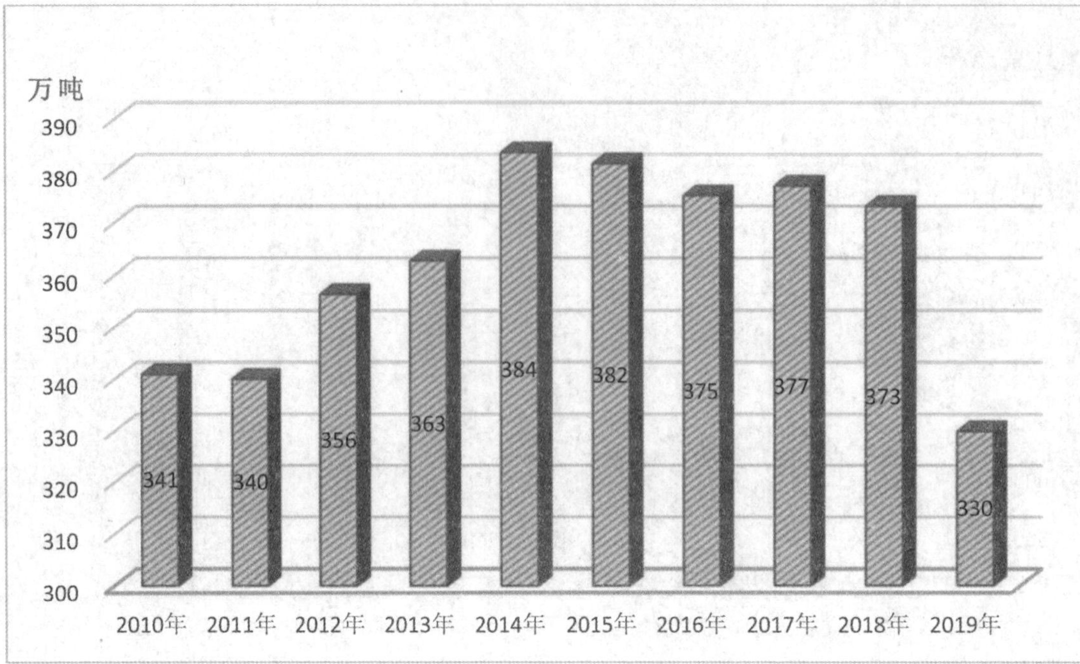

农民人均纯收入及生活消费支出

从 2013 年起，农村居民人均纯收入改为新口径：农村居民人均可支配收入；农村人均生活消费支出改为农村人均消费支出。

Ⅷ 统计资料

1-1-1 全省行政区划

(2019年底)

单位：个

名称	地级单位数	县级单位数	市辖区	县级市	县	乡镇级单位数	街道办事处	乡数	镇数	居民委员会	村民委员会
全省	**11**	**168**	**47**	**21**	**100**	**2255**	**310**	**789**	**1155**	**4352**	**48719**
石家庄市（包含辛集市）	1	22	8	3	11	276	60	89	127	748	4287
石家庄市（不含辛集市）	1	21	8	2	11	261	60	82	119	731	3943
辛集市		1		1		15		7	8	17	344
唐山市	1	14	7	3	4	231	54	45	132	675	5313
秦皇岛市	1	7	4		3	97	23	24	50	176	2265
邯郸市	1	18	6	1	11	242	30	92	120	527	5202
邢台市	1	19	2	2	15	198	27	68	103	507	4894
保定市（包含定州市）	1	24	5	4	15	340	31	130	179	536	6186
保定市（不含定州市）	1	23	5	3	15	315	27	125	163	464	5716
定州市		1		1		25	4	5	16	72	470
张家口市	1	16	6		10	233	23	110	99	318	4173
承德市	1	11	3	1	7	218	14	95	109	182	2456
沧州市	1	16	2	4	10	194	26	83	85	250	5757
廊坊市	1	10	2	2	6	108	18	18	72	303	3202
衡水市	1	11	2	1	8	118	4	35	79	130	4984

1-1-2 总人口、人口自然变动及从业人员

年 份	总人口(万人)	#男	出生率(‰)	死亡率(‰)	自然增长率(‰)	就业人员(万人)	#一产业就业人员	城镇登记失业人数(万人)
1949	3086.06	1564.23	27.30	12.73	14.57			
1952	3271.95	1652.81	29.17	12.10	17.07			
1957	3670.10	1865.23	29.62	11.30	18.32			
1962	3883.58	1961.29	28.68	9.06	19.62			
1965	4086.96	2084.19	32.93	8.74	24.18			
1970	4549.55	2320.15	26.73	6.49	20.24			
1975	4913.39	2514.52	17.78	7.22	10.56			
1978	5057.47	2595.40	20.88	6.49	14.39	2109.39	1621.61	
1980	5167.62	2650.65	20.47	6.46	14.01	2182.80	1637.42	
1985	5547.52	2851.51	17.10	5.30	11.80	2555.43	1603.36	3.56
1990	6158.88	3147.00	20.46	6.82	13.64	2955.47	1820.51	7.70
1995	6436.51	3265.89	13.93	6.32	7.61	3252.01	1729.29	17.50
1996	6483.67	3309.37	13.85	6.55	7.30	3300.16	1635.17	15.64
1997	6524.58	3327.63	13.11	6.82	6.29	3324.23	1634.03	15.53
1998	6569.30	3343.24	13.01	6.18	6.83	3367.18	1650.22	15.86
1999	6613.66	3356.43	12.99	6.26	6.73	3322.30	1653.25	16.20
2000	6674.27	3397.20	11.30	6.21	5.09	3385.71	1678.12	17.40
2001	6699.13	3383.67	11.16	6.18	4.98	3409.16	1676.34	19.50
2002	6734.60	3419.96	11.53	6.25	5.28	3435.00	1662.59	22.20
2003	6769.44	3453.92	11.43	6.27	5.16	3470.23	1672.26	25.80
2004	6808.75	3479.62	11.98	6.19	5.79	3516.71	1612.85	28.01
2005	6850.83	3441.17	12.84	6.75	6.10	3568.97	1564.72	27.82
2006	6897.86	3485.69	12.86	6.59	6.23	3609.99	1524.89	28.69
2007	6943.19	3528.97	13.33	6.78	6.55	3664.97	1481.52	29.29
2008	6988.82	3562.35	13.04	6.49	6.55	3725.66	1481.37	32.24
2009	7034.40	3582.08	12.93	6.43	6.50	3792.49	1479.22	34.50
2010	7193.60	3647.18	13.22	6.41	6.81	3865.14	1464.21	35.14
2011	7240.51	3742.62	13.02	6.52	6.50	3962.42	1439.63	35.99
2012	7287.51	3693.75	12.88	6.41	6.47	4085.74	1426.27	36.83
2013	7332.61	3723.50	13.04	6.87	6.17	4183.93	1404.49	37.17
2014	7383.75	3750.64	13.18	6.23	6.95	4202.66	1398.88	38.30
2015	7424.92	3757.23	11.35	5.79	5.56	4212.50	1387.83	39.41
2016	7470.05	3795.17	12.42	6.36	6.06	4223.95	1380.33	39.73
2017	7519.52	3817.66	13.20	6.60	6.60	4206.66	1366.90	40.00
2018	7556.30	3827.27	11.26	6.38	4.88	4196.09	1360.05	38.04
2019	7591.97	3838.50	10.83	6.12	4.71	4182.46	1331.15	36.00

注:1999年以后年份就业人员不包括离开本单位仍保留劳动关系的职工。

1-1-3 历年农业基本生产条件

年份	一、户数、人口、劳动力								
	乡村户数(万户)	乡村人口数(万人)	乡村从业人员(万人)	#农林牧渔业	工业	建筑业	批发和零售业	交通运输、仓储和邮政业	住宿和餐饮业
1957	767.53	3322.06	1382.83	1382.83					
1962	836.21	3555.11	1375.24	1375.24					
1965	846.79	3703.83	1456.74	1456.74					
1970	921.07	4156.23	1635.57	1635.57					
1975	985.81	4415.46	1716.84	1617.61	37.40				
1978	1040.77	4490.38	1726.00	1475.43	95.39	11.87			
1980	1075.10	4537.77	1766.59	1542.02	126.25	22.51			
1985	1159.84	4793.36	2059.76	1639.03	167.98	81.15	35.96	31.14	
1990	1325.48	5211.59	2360.50	1780.42	220.73	102.01	53.59	48.07	
1995	1387.10	5324.29	2573.51	1715.42	325.04	157.83	98.00	78.23	
1996	1390.10	5319.26	2583.16	1621.83	365.92	184.06	116.48	85.58	
1997	1394.43	5313.76	2613.43	1620.31	380.19	188.14	122.16	89.11	
1998	1398.67	5322.46	2635.91	1635.83	380.10	191.51	125.73	89.63	
1999	1401.18	5336.29	2654.31	1639.90	382.38	198.06	129.69	90.63	
2000	1422.61	5382.39	2707.10	1665.45	388.36	202.47	135.33	92.13	
2001	1434.07	5385.64	2717.88	1664.96	390.30	205.74	137.46	93.69	
2002	1434.69	5388.84	2731.76	1651.97	403.47	212.53	141.17	94.55	
2003	1436.10	5383.04	2748.04	1660.24	441.88	243.73	124.89	101.01	37.81
2004	1439.38	5389.87	2771.98	1600.43	481.54	259.35	140.60	107.92	43.05
2005	1448.55	5422.28	2805.94	1552.75	518.86	275.22	154.26	114.71	48.61
2006	1445.65	5412.04	2817.80	1513.04	545.32	285.43	161.03	117.63	50.38
2007	1461.93	5456.94	2846.53	1479.04	576.85	301.50	165.60	121.22	53.11
2008	1476.82	5495.58	2894.82	1478.23	597.96	309.50	172.04	126.96	55.69
2009	1497.39	5531.18	2944.36	1472.50	623.63	327.11	178.03	129.21	57.52
2010	1525.58	5570.20	2976.55	1458.33	640.13	342.13	182.49	132.36	59.60
2011	1536.91	5599.62	3003.83	1433.17	657.96	352.33	188.10	137.87	63.88
2012	1551.16	5628.36	3023.37	1419.85	670.96	359.83	190.89	140.15	65.69
2013	1564.25	5659.96	3039.17	1397.22	678.97	361.10	202.82	133.99	77.86
2014	1575.24	5695.41	3055.91	1389.29	689.86	364.60	207.42	134.99	79.33
2015	1579.05	5711.49	3055.31	1371.37	695.43	365.92	211.87	135.33	80.71
2016	1590.45	5746.56	3063.83	1369.28	695.76	366.89	215.22	135.88	82.87
2017	1609.73	5736.31	3061.75	1354.71	699.30	366.70	216.57	136.78	84.34
2018	1660.26	5829.24	3023.20	1354.33	685.20	357.32	210.21	124.09	88.30
2019	1683.11	5861.38	3018.16	1338.01	686.43	356.99	214.09	124.70	90.41

注：1.乡村从业人员：指乡村人口中16岁以上实际参加生产经营活动并取得实物或货币收入的人员。
2.2002年及以前年度的批发和零售业从业人员包括批发和零售业以及住宿和餐饮业从业人员。

1-1-3续1　历年农业基本生产条件

年 份	二、耕地面积(千公顷)				三、农业机械化情况		
	年末耕地面积	#年末常用耕地面积	#有效灌溉面积	有效灌溉面积占耕地面积比重(%)	1.农用机械总动力(万千瓦)	2.大中型拖拉机(台)	3.小型拖拉机(万台)
1949		7265.79	769.21	10.6			
1952		7616.41	962.84	12.6		34	
1957		7545.97	1577.55	20.9		1953	
1962		6953.83	1357.31	19.5		4724	
1965		6983.71	1754.27	25.1		5614	
1970		6849.55	2678.31	39.1		6909	0.07
1975		6718.61	3553.22	52.9	769.04	17017	1.94
1978		6675.01	3660.17	54.8	1083.17	28092	9.10
1980		6648.01	3622.25	54.5	1253.84	42133	11.06
1985		6603.41	3572.70	54.1	1993.74	37341	29.04
1990		6556.03	3758.49	57.3	2822.25	30063	59.39
1995		6517.25	4040.01	62.0	4336.44	29040	91.53
1996	6897.11	6498.80	4248.15	61.6	5137.72	32961	101.20
1997	6888.52	6493.74	4322.57	62.8	5808.66	38414	108.64
1998	6874.94	6484.58	4388.04	63.8	6263.90	45767	116.34
1999	6868.77	6478.71	4444.45	64.7	6622.75	52953	123.12
2000	6857.08	6465.96	4482.32	65.4	7000.39	63624	129.85
2001	6854.04	6448.93	4485.39	65.4	7244.43	66771	132.14
2002	6691.13	6125.15	4415.17	66.0	7451.21	76753	134.94
2003	6486.51	5991.27	4403.99	67.9	7764.54	81165	133.79
2004	6441.51	6000.63	4459.77	69.2	8135.63	89745	139.60
2005	6396.25	5988.93	4547.75	71.1	8487.21	100894	144.68
2006	6315.34	5882.52	4569.77	72.4	8795.77	111080	145.47
2007	6314.53	5893.61	4579.02	72.5	9134.53	114345	148.15
2008	6331.89	5901.44	4560.51	72.0	9525.37	136169	150.05
2009	6561.35	6060.83	4509.60	68.7	9861.37	155153	149.15
2010	6551.42	6057.53	4520.87	69.0	10151.30	172676	150.50
2011	6563.78		4596.61	70.0	10349.19	197882	149.10
2012	6558.33		4165.03	63.5	10553.81	213733	146.27
2013	6551.20		4349.03	66.4	10786.45	234425	142.43
2014	6537.74		4404.22	67.4	10942.86	254604	138.62
2015	6525.47		4447.98	68.2	11102.81	274346	136.26
2016	6520.50		4457.64	68.4	7401.97	298740	131.81
2017	6518.86		4474.67	68.6	7580.58	314728	128.99
2018	6523.55		4495.13	68.9	7706.20	280018	122.39
2019			4482.16		7830.73	297151	

注:1.年末常用耕地面积不包括25° 以上坡地。从2011年起，不再统计常用耕地面积。
2.2012年有效灌溉面积为全国第一次水利普查数据(下同)。
3.因统计口径变化，2018年起小型拖拉机不再统计。

1-1-3续2 历年农业基本生产条件

年份	三、农业机械化情况(续)						四、农业现代化项目水平	
	4.大中型拖拉机配套农具(台)	5.小型拖拉机配套农具(万台)	6.农用排灌电动机(万台)	7.农用排灌柴油机(万台)	8.联合收割机(台)	9.农用水泵(万台)	1.机耕地面积(千公顷)	机耕地面积占总播种面积比重(%)
1952	156						2.05	0.03
1957	4563		0.05	0.16			480.45	6.37
1962	16239		3.03	1.11			1321.67	19.01
1965	15365		6.96	1.13			1764.31	25.26
1970	13537		14.50	4.76			1485.02	21.68
1975	33078		31.82	41.09	237		2740.69	40.79
1978	76803	16.84	40.17	48.60	269	63.87	3863.28	57.88
1980	88589	11.11	46.46	47.09	397	65.28	3819.53	57.45
1985	53091	18.33	62.29	71.12	558	87.01	2792.11	42.28
1990	40962	56.01	75.26	109.00	1624	111.15	4249.63	64.82
1995	45809	89.69	97.45	125.67	12265	134.87	4595.89	70.52
1996	51395	102.08	115.34	130.43	16277	148.88	4765.60	73.33
1997	59013	113.21	122.14	136.34	25006	165.65	4924.14	75.83
1998	76953	130.30	126.05	136.27	32041	163.04	5056.51	77.98
1999	94202	136.69	126.92	136.64	37756	161.42	5141.02	79.35
2000	108349	156.69	131.23	138.23	41945	163.71	5072.60	78.45
2001	123114	163.99	128.01	135.14	43946	156.75	4916.85	76.24
2002	132318	167.61	130.43	131.83	45808	163.72	4874.29	79.58
2003	143412	170.63	133.60	119.46	50578	162.73	4740.87	79.13
2004	163534	182.54	136.61	128.44	53619	159.65	4707.93	78.46
2005	183516	191.63	139.46	125.84	56015	165.85	4745.47	79.24
2006	205530	227.69	139.87	124.33	60412	164.99	4768.88	81.07
2007	223486	200.55	142.62	123.12	63618	170.51	4860.07	60.63
2008	260496	198.96	145.24	117.94	68595	174.44	4914.24	59.28
2009	320043	199.45	146.93	115.00	72937	171.28	5251.56	63.49
2010	345268	201.04	148.18	113.21	79264	172.09	5317.10	64.37
2011	379647	199.38	148.76	109.36	85926	172.22	5332.02	64.41
2012	409718	195.46	149.88	105.28	101418	172.15	5401.96	64.60
2013	435351	191.04	152.41	100.75	115167	172.03	5408.02	64.26
2014	458201	183.74	153.62	97.03	127713	170.61	5432.65	64.25
2015	497756	180.39	154.46	94.27	137703	169.73	5475.26	64.74
2016	538025	173.39	152.91	88.47	147449	164.83	5473.05	64.64
2017	597906	168.78	147.36	75.35	155957	164.71	5480.01	65.38
2018					160464	155.23	5022.44	61.27
2019					167401	156.70	5434.56	66.82

注:因统计口径变化，大中型拖拉机配套农具、小型拖拉机配套农具、农用排灌电动机、农用排灌柴油机不在统计。

1-1-3续3　历年农业基本生产条件

年 份	四、农业现代化项目水平(续)							
	2.机械播种面积(千公顷)	机播面积占总播种面积比重(%)	3.机械收获面积(千公顷)	机收面积占总播种面积比重(%)	4.化肥施用量(折纯)(万吨)	5.农村用电量(亿千瓦小时)	6.旱涝保收面积(千公顷)	7.年末实有机电井(眼)
1952					0.48			5
1957					3.04	0.11		5786
1962					2.73	1.92		47382
1965					4.65	5.42	806.64	76557
1970					18.52	11.43	1566.41	217105
1975	365.95	3.87	86.14	0.91	36.94	20.12	1933.87	555211
1978	1699.25	18.13	141.74	1.51	65.32	23.84	2008.10	587389
1980	1725.62	19.14	237.32	2.63	74.74	30.77	2041.28	565650
1985	1161.85	13.42	313.37	3.62	110.36	40.93	2225.33	630762
1990	2201.65	25.06	1172.05	13.34	145.21	58.81	2681.20	735470
1995	2956.26	33.90	1881.15	21.57	220.68	118.51	3081.48	798012
1996	3351.66	37.78	2045.29	23.05	259.28	150.02	3176.99	814821
1997	3865.74	43.65	2323.93	26.24	262.44	161.32	3272.56	828334
1998	4306.06	47.33	2579.49	28.35	270.23	167.37	3389.74	889574
1999	4608.08	50.89	2693.47	29.75	272.41	172.91	3423.18	877442
2000	4550.57	50.43	2688.00	29.79	270.62	180.45	3428.17	880324
2001	4498.87	50.04	2570.34	28.59	273.38	184.07	3461.67	893224
2002	4712.83	52.74	2504.62	28.03	278.80	201.73	3372.52	909821
2003	4672.01	54.08	2312.39	26.77	283.31	216.77	3420.42	918432
2004	4778.86	54.96	2258.13	25.97	289.88	266.58	3455.84	918495
2005	5282.47	60.13	2480.45	28.23	303.39	337.05	3609.66	937207
2006	5354.98	61.45	2623.25	30.10	304.89	388.22	3638.66	943907
2007	5472.76	68.28	2682.37	33.47	311.87	430.14	3733.94	952795
2008	6018.41	72.60	2846.50	34.34	312.40	418.90	3751.87	961710
2009	6183.34	74.76	3147.03	38.05	316.17	486.05	3450.17	960346
2010	6274.51	75.96	3428.52	41.50	322.86	511.81	3568.32	964516
2011	6451.91	77.94	3715.28	44.88	326.28	559.22	3659.75	983695
2012	6592.46	78.84	4209.83	50.35	329.33	593.94	3678.54	906250
2013	6571.87	78.09	4680.15	55.61	331.04	616.37	3561.43	913808
2014	6623.45	78.34	4988.42	59.00	335.61	631.33	3548.63	922302
2015	6624.64	78.33	5192.38	61.39	335.49	611.82	3590.44	917192
2016	6669.38	78.77	5397.25	63.74	331.79	600.78	3597.60	914284
2017	6825.28	81.43	5533.93	66.02	321.98	615.16	3754.12	913585
2018	6763.35	82.51	5825.05	71.06	312.40	505.16	3597.78	986134
2019	6689.23	82.25	5839.28	71.80	297.27	501.57	3437.92	976058

注：1.从2009年开始，机耕面积按播种面积计算，机耕面积占耕地面积的比重为机耕面积占播种面积的比重。
　　2.2012年机电井数据为全国第一次水利普查数据。

1-1-4 历年受灾和成灾面积

单位：公顷

年 份	受灾面积			成灾面积			成灾率(%)
		#旱 灾	水 灾		#旱 灾	水 灾	
1949	1127333	91333	956667	715333	26000	531333	63.5
1952	1394000	768667	173333	955333	238000	107333	68.5
1957	1165333	510667	157333	726000	168000	98000	62.3
1962	3198000	1596000	916000	2044667	843333	674000	63.9
1965	2697333	2352667	27333	1624000	1192667	19333	60.2
1970	662000	113333	136000	347333	96667	192667	52.5
1975	1971933	1576933	94933	1048000	865933	45200	53.1
1978	1474413	760440	311873	970187	504920	199367	65.8
1980	2721460	2386353	4547	1976447	1764400	2440	72.6
1985	2570013	847813	619420	1844233	592140	461700	71.8
1990	3095293	217653	244067	1783887	70807	176240	57.6
1995	2762177	289226	787140	1875069	151565	575190	67.9
1996	2507050	368585	1387067	1708628	216716	1028734	68.2
1997	4044083	3439195	16610	3063959	2684902	12137	75.8
1998	2444726	1030099	139899	1358898	562018	102401	55.6
1999	3617217	3048057	13925	2602177	2269793	10761	71.9
2000	3560282	2974700	114161	2541304	2210543	62783	71.4
2001	2924925	2224193	40795	2063339	1656829	32128	70.5
2002	3696377	2660998	19101	2617448	1959847	14979	70.8
2003	2622015	1316182	105837	1664419	938896	69388	63.5
2004	1543220	391253	110778	797522	198684	61610	51.7
2005	1721821	934146	108803	976022	596169	65277	56.7
2006	1774124	1046985	118614	899864	530335	67098	50.7
2007	1847462	1243650	102746	1170210	876055	84220	63.3
2008	1397714	735875	72775	825872	479858	51673	59.1
2009	1944331	1218240	67906	1301122	928342	31833	66.9
2010	1668172	844652	127120	1058292	640473	58048	63.4
2011	811365	497273	95774	479815	319801	53479	59.1
2012	1107557	338989	456026	758574	236924	310506	68.5
2013	752708	195702	226454	485081	118760	160609	64.4
2014	1164465	976120	17463	721840	599239	10605	62.0
2015	1794902	1104150	320992	976931	543319	239997	54.4
2016	1447833	216054	953218	560582	20601	371143	38.7
2017	803234	367400	58237	381442	146100	23055	47.5
2018	578825	44030	107816	361202	36056	60301	62.4
2019	318800	130500	174000	218700	97300	108700	68.6

注：2015年后数据为民政部门数，其他年份为统计部门数。

1-1-5 农村基层组织和从业人员

指　　标	单 位	2010年	2015年	2018年	2019年	2019年比上年增减(%)
一、农村基层组织情况						
乡个数	个	953	890	790	789	-0.1
镇个数	个	1007	1067	1156	1155	-0.1
村民委员会个数	个	48953	48974	48724	48719	
二、乡村户数、人口、从业人员						
乡村户数	万户	1525.6	1579.0	1660.3	1683.1	1.4
乡村人口数	万人	5570.2	5711.5	5829.2	5861.4	0.6
乡村从业人员	万人	2976.5	3055.3	3023.2	3018.2	-0.2
#男从业人员	万人	1602.5	1650.1	1642.4	1640.7	-0.1
三、乡村从业人员按行业分						
农林牧渔业	万人	1458.3	1371.4	1354.3	1338.0	-1.2
工　业	万人	640.1	695.4	685.2	686.4	0.2
建筑业	万人	342.1	365.9	357.3	357.0	-0.1
批发和零售业	万人	182.5	211.9	210.2	214.1	1.9
交通运输、仓储和邮政业	万人	132.4	135.3	124.1	124.7	0.5
住宿和餐饮业	万人	59.6	80.7	88.3	90.4	2.4
其他非农行业	万人	161.5	194.7	203.8	207.6	1.9

1-1-6 农业主要资源

指　　标	单 位	2010年	2015年	2018年	2019年	2019年比上年增减(%)
一、年末耕地面积	**千公顷**	**6551.4**	**6525.5**	**6523.6**		
#有效灌溉面积	千公顷	4520.9	4448.0	4495.1	4482.16	-0.3
二、森　　林						
森林面积	千公顷	4875.3	5800.0	9628		
森林覆盖率	%	26.00	31.00	34.00		
林木储蓄量	万立方米	12145	13975	17070		
三、草原面积	**千公顷**	**3692.85**	**2774.35**	**2844**	**2844**	
四、水文、水利						
水资源总量	亿立方米	138.92	135.09	164.04	113.50	-30.8
水能资源可开发量	万千瓦	120.6	120.6	120.6	120.6	
淡水养殖面积	公　顷	74955	55781	41000	35973	12.3
海水养殖面积	公　顷	123810	117533	111404	107041	-3.9
海岸线长度	公　里	487	487	487	487	

注：1.2015年草原面积数据为二调数据。
2.2015年森林面积、森林覆盖率数据为预计数。

1-1-7 主要农用机械年末拥有量及增减

指 标	单 位	2010年	2015年	2018年	2019年	2019年比上年增减(%)
一、农用机械总动力合计	**万千瓦**	**10151.30**	**11102.81**	**7706.20**	**7830.73**	**1.6**
柴油发动机动力	万千瓦	8011.62	8760.15	5361.58	5516.16	2.9
汽油发动机动力	万千瓦	121.57	146.03	136.03	143.33	5.4
电动机动力	万千瓦	2018.11	2196.63	2208.49	2171.14	-1.7
其他机械动力	万千瓦			0.10	0.10	
二、主要农业机械与设备						
大中型拖拉机	万 台	17.27	27.43	28.00	29.72	6.1
小型拖拉机	万 台	150.50	136.26	122.39	41.94	
大中型拖拉机配套农具	万 台	34.53	49.78			
小型拖拉机配套农具	万 台	201.04	180.39			
农用排灌电动机	万 台	148.18	154.46			
农用排灌柴油机	万 台	113.21	94.27			
联合收获机	万 台	7.93	13.77	16.05	16.74	4.3
割晒机	台	39881	30374			
机动脱粒机	万 台	21.78	19.81	15.96	15.69	-1.6
农用运输车	万 辆	268.19	269.41			
节水灌溉机械	万 套	4.39	5.69	5.79	5.89	1.6
农用水泵	万 台	172.09	169.73	155.23	156.70	0.9

注：1.根据《道路交通安全法》和《机动车运行安全技术条件》（GB7258-2012）的规定，取消了“农用运输车”的称谓，统一称为“低速载货汽车”，2016年起不再对“农用运输车”进行单独统计。
2.因统计口径变化，2018年起，大中型拖拉机配套农具、小型拖拉机配套农具、农用排灌电动机、农用排灌柴油机不在统计。

1-1-8 农业机械化、电气化及农田水利建设情况

指 标	单 位	2010年	2015年	2018年	2019年	2019年比上年增减(%)
一、农业机械化情况						
机耕地面积	千公顷	5317.10	5475.26	5022.44	5434.56	8.2
机械播种面积	千公顷	6274.51	6624.64	6763.35	6689.23	-1.1
机械收获面积	千公顷	3428.52	5192.38	5825.05	5839.28	0.2
二、农村电气化情况						
1.农村水电站处数	处	135	248	251	257	2.4
装机容量	千 瓦	63222	395658	403748	407408	0.9
发电量	万千瓦小时	11588	42078	67103	59860	-10.8
2.农村用电量	亿千瓦小时	511.81	611.82	505.16	501.57	-0.7
三、农田水利建设情况						
有效灌溉面积	千公顷	4520.87	4447.98	4495.13	4482.16	-0.3
旱涝保收面积	千公顷	3568.32	3598.52	3597.78	3437.92	-4.4
年末机电井数	万 眼	96.45	91.72	98.61	97.60	-1.0

1-1-9 农用化肥、农药、农膜和柴油使用量

指　　标	单　位	2010年	2015年	2018年	2019年	2019年比上年增减(%)
一、农用化肥施用量(折纯)	**万　吨**	**322.86**	**335.49**	**312.40**	**297.27**	**-4.8**
氮　肥	万　吨	153.07	147.95	114.47	106.49	-7.0
磷　肥	万　吨	47.31	46.36	23.94	23.37	-2.4
钾　肥	万　吨	26.84	28.05	23.97	22.20	-7.4
复合肥	万　吨	95.64	113.14	150.02	145.20	-3.2
二、农药使用量	**万　吨**	**8.46**	**8.33**	**6.15**	**5.73**	**-6.7**
三、农用塑料薄膜使用量	**万　吨**	**11.86**	**13.80**	**10.98**	**10.32**	**-6.0**
#地膜使用量	万　吨	6.40	6.57	5.30	5.03	-5.1
地膜覆盖面积	千公顷	1066.13	1068.55	812.31	773.85	-4.7
四、农用柴油使用量	**万　吨**	**298.47**	**293.19**	**217.56**	**200.14**	**-8.0**

注：2016年走农用柴油使用量不包含农用运输车的柴油使用量。

1-1-10 历年灌区、水库和节水灌溉情况

项　　目	单　位	1990年	1995年	2000年	2005年	2010年	2015年	2018年	2019年
年底万亩以上灌区	处	158	163	147	141	140	149	151	152
#五十万亩以上	处	4	4	5	5	5	6	6	6
三十至五十万亩	处	2	3	12	13	15	15	15	15
水库	座	1173	1169	1107	1096	1063	1065	1070	1060
#大型水库	座	17	17	18	18	19	23	23	23
中型水库	座	35	38	39	39	42	45	45	45
小型水库	座	1121	1114	1050	1039	1002	997	1002	992
水利工程向农业年供水量	亿立方米	148.14	163.98	170.67	150.69	151.70	130.24	120.66	110.84
易涝面积	千公顷	1865.29	1865.07	1865.07	1870.46	1870.70	1870.70	1870.70	1870.70
除涝面积	千公顷	1564.95	1616.47	1638.16	1642.67	1648.64	1641.14	1638.25	1638.25
占易涝面积比重	%	83.90	86.67	87.83	87.82	88.13	87.73	87.57	87.57
水土流失面积	千公顷	6878.20	6978.65	6978.64	7071.62	7125.49	7125.49	7125.49	7125.49
水土流失治理面积	千公顷	4020.70	4589.00	5407.14	5977.24	6290.31	5061.55	5532.54	5722.22
占流失面积比重	%	58.46	65.76	77.48	84.52	88.28	71.03	77.64	80.31
堤防长度	公　里	17572.00	20106.00	20258.18	21115.67	21393.84	11728.36	11967.30	12046.17
堤防保护耕地面积	千公顷	3191.00	2977.12	3106.46	3343.98	3283.87	3794.26	3574.70	3574.80
节水灌溉面积	千公顷		1225.94	1978.75	2405.21	2698.83	3139.98	3594.25	3623.91
#喷滴灌	千公顷		47.46	371.74	366.61	241.92	193.37	252.07	259.04

1-1-11 受灾情况

指　　标	单 位	2010年	2015年	2018年	2019年
一、受灾面积	**千公顷**	**1668.17**	**1794.90**	**578.83**	**318.80**
#旱　灾	千公顷	844.65	1104.15	44.03	130.50
水　灾	千公顷	127.12	320.99	107.82	13.50
风雹灾	千公顷	149.83	347.77	139.69	115.90
霜冻灾	千公顷	252.98	10.68	121.07	10.30
病虫灾	千公顷	118.80	11.31	15.26	4.00
二、成灾面积	**千公顷**	**1058.29**	**976.93**	**361.20**	**218.70**
#旱　灾	千公顷	640.47	543.32	36.06	97.30
水　灾	千公顷	58.05	240.00	60.30	8.10
风雹灾	千公顷	86.92	159.00	95.63	82.30
霜冻灾	千公顷	146.53	2.80	74.31	9.70
病虫灾	千公顷	35.32	6.25	3.99	3.00
三、绝收面积	**千公顷**		**170.85**	**80.79**	**52.30**
四、因灾损失情况					
成（受）灾人口	万人	484.03	1701.80	540.31	294.96
死亡人口	人	7	16	4	3
倒塌房屋	间	2046	621	498	202

注：2015年后数据为民政部门数，其他年份为统计部门数。

1-2-1 历年主要农作物播种面积

单位：千公顷

年份	总播种面积	#粮食作物播种面积	#夏收粮食	谷物	#小麦	稻谷	玉米	豆类	#大豆	薯类
1949	8471.0	7242.9	1621.5		1577.1	38.6	1246.3		632.1	350.2
1952	9071.4	7418.8	1634.1		1586.4	53.5	1129.0		548.9	456.9
1957	9707.9	7983.2	2474.9		2397.0	145.0	1473.7		813.6	481.2
1962	8470.3	7085.5	1795.8		1724.1	57.5	1216.6		535.5	768.1
1965	8615.1	7215.5	1978.7		1851.6	122.2	1457.6		480.0	673.6
1970	8998.8	7670.7	2278.4		2076.1	92.8	1735.6		410.7	694.6
1975	9448.1	8054.1	2954.9		2813.2	73.5	1895.9		241.1	630.3
1978	9370.9	7949.4	2979.2		2854.8	110.2	2236.2		260.0	608.5
1980	9013.9	7487.2	2703.8		2648.9	145.2	2340.9		261.2	473.6
1985	8656.5	6492.7	2367.5		2351.9	127.6	1749.5		300.7	473.9
1990	8786.7	6827.8	2515.0		2508.4	147.7	2040.8		403.5	433.7
1995	8720.1	6829.5	2515.3	5767.2	2500.6	128.7	2290.8	655.4	481.4	407.0
1996	8872.1	7137.3	2610.4	6068.6	2591.2	141.8	2524.9	637.6	473.4	431.1
1997	8856.9	7099.4	2745.3	6068.4	2720.7	155.3	2425.9	610.2	460.0	420.8
1998	9097.7	7305.7	2793.8	6243.8	2764.0	153.2	2581.0	647.8	496.2	414.1
1999	9055.2	7236.1	2765.8	6230.7	2729.9	154.7	2663.8	584.6	438.1	420.8
2000	9024.4	6918.7	2716.6	5879.1	2678.8	143.9	2478.6	592.2	423.7	447.4
2001	8990.8	6628.9	2629.6	5736.1	2579.8	94.1	2543.4	484.0	379.2	408.8
2002	8935.1	6484.4	2493.2	5625.8	2449.6	111.0	2577.4	452.1	331.3	406.5
2003	8638.5	5944.0	2232.9	5183.5	2192.9	75.6	2488.8	384.0	280.5	376.5
2004	8695.4	6003.4	2200.5	5322.9	2161.5	83.5	2630.6	359.7	274.3	320.8
2005	8785.5	6240.2	2415.4	5611.3	2377.1	87.7	2677.4	333.1	254.9	295.8
2006	8713.9	6271.7	2535.6	5752.2	2504.5	88.7	2799.9	270.0	210.9	249.5
2007	8248.2	6201.5	2441.0	5715.3	2420.2	84.0	2903.2	236.6	180.5	249.6
2008	8283.9	6201.0	2451.7	5714.1	2431.8	80.5	2885.4	236.6	180.4	250.3
2009	8266.9	6317.4	2418.5	5893.5	2397.8	83.4	3080.4	189.5	145.7	234.4
2010	8352.0	6441.3	2472.7	6055.9	2451.4	77.6	3191.0	160.4	124.5	225.0
2011	8422.2	6488.6	2455.3	6115.5	2435.0	80.3	3264.7	140.5	109.7	232.6
2012	8462.5	6553.6	2476.9	6197.8	2457.1	82.6	3323.2	127.8	98.5	228.0
2013	8443.8	6607.3	2450.3	6272.6	2432.0	82.9	3428.5	117.9	92.1	216.7
2014	8432.1	6678.6	2421.7	6361.8	2404.0	80.5	3542.1	110.1	86.6	206.7
2015	8482.2	6772.1	2413.5	6463.4	2394.2	79.9	3654.4	98.5	78.6	210.2
2016	8467.5	6791.4	2408.3	6490.6	2389.8	76.3	3696.1	89.1	68.7	211.8
2017	8381.7	6658.5	2400.5	6356.7	2373.4	75.0	3544.1	90.1	70.1	211.6
2018	8197.1	6538.7	2385.1	6196.5	2357.2	78.4	3437.7	116.0	87.6	226.2
2019	8132.7	6469.2	2346.7	6121.7	2322.5	78.2	3408.2	125.1	93.5	222.4

1-2-1续 历年主要农作物播种面积

单位：千公顷

年 份	#棉 花	#油 料	#花 生	芝 麻	#麻 类	#甜 菜	#烟 叶	#烤 烟	#蔬菜播种面积	#瓜 果 类播种面积
1949	625.4	322.7	232.5	52.5	21.9		4.1	0.3		
1952	978.1	348.8	229.9	45.4	40.0		8.1	1.6		
1957	935.8	358.6	220.5	36.9	40.2		5.0	0.8		
1962	667.8	208.7	80.6	46.7	25.0	1.2	5.2	0.5		
1965	716.5	287.3	142.5	39.4	41.1	0.2	3.7	0.7		
1970	580.8	273.3	123.5	46.2	26.3	2.2	4.0	0.8		
1975	582.3	300.3	137.9	40.4	37.9	11.3	8.5	3.3	210.0	25.3
1978	576.6	300.2	133.1	32.1	30.2	15.2	11.8	6.3	225.4	26.0
1980	548.7	461.0	237.1	52.3	27.8	10.0	5.6	1.0	213.7	36.5
1985	850.3	749.8	331.6	123.3	24.6	11.5	11.5	3.3	263.2	82.7
1990	910.9	543.5	296.2	59.7	9.0	7.7	12.2	7.2	288.5	45.2
1995	700.5	604.5	371.7	46.4	4.9	11.9	5.5	3.7	408.9	53.0
1996	427.5	601.1	374.1	39.2	4.4	7.2	6.6	5.0	529.4	60.1
1997	377.1	602.7	399.7	27.2	5.6	7.2	8.9	6.9	599.3	54.4
1998	315.7	632.4	425.2	29.8	5.0	8.0	5.7	4.3	667.7	79.8
1999	266.6	635.2	430.5	27.4	3.4	8.0	5.9	4.3	735.6	78.5
2000	307.4	686.4	463.3	25.9	3.0	9.9	5.5	3.7	866.1	87.7
2001	418.5	631.7	494.5	26.1	2.6	9.3	4.1	2.9	925.8	109.7
2002	407.4	642.0	479.8	21.3	3.6	11.6	4.9	3.2	1028.9	104.1
2003	581.4	634.0	489.5	19.2	2.1	11.5	4.7	3.1	1068.5	111.8
2004	669.1	583.6	448.9	16.2	2.1	8.6	4.4	2.9	1082.2	109.3
2005	573.5	559.0	438.8	15.2	2.2	10.5	3.7	2.6	1104.8	105.4
2006	664.1	485.9	377.6	13.0	2.0	13.9	1.9	1.1	1066.7	103.1
2007	678.5	488.4	383.5	9.7	1.5	15.7	1.9	1.1	653.6	99.9
2008	679.4	496.5	384.3	7.4	0.4	15.7	2.6	2.3	670.3	92.8
2009	581.7	467.6	352.8	5.8	0.4	12.5	2.4	2.1	669.6	82.7
2010	558.9	428.5	336.4	4.4	0.3	14.1	2.2	1.9	693.2	83.3
2011	603.7	403.9	317.8	3.8	0.3	11.5	2.1	1.9	705.7	83.3
2012	547.3	404.5	311.4	3.1	0.3	12.2	2.1	2.0	734.0	84.1
2013	451.2	411.7	311.6	2.5	0.3	12.5	2.1	2.0	743.6	84.8
2014	375.5	390.9	287.6	2.1	0.3	11.1	1.7	1.6	754.7	85.6
2015	322.5	383.8	276.7	2.1	0.2	11.6	1.6	1.5	755.1	85.8
2016	230.7	383.1	270.6	1.5		12.1	1.4	1.4	751.6	70.3
2017	220.6	394.6	266.8	1.4		12.2	1.3	1.3	748.6	70.7
2018	210.4	367.9	258.1	1.6		18.1	1.4	1.3	787.6	73.9
2019	203.9	364.5	250.2	1.4		12.4	1.4	1.0	794.6	74.6

1-2-2 历年主要农作物产品产量

年 份	粮 食 总产量 (万吨)	#夏收粮食	谷 物	#小 麦	稻 谷	玉 米	豆 类	#大 豆	薯 类	棉 花 总产量 (万吨)
1949	469.5	90.2		86.4	3.1	86.1		30.7	47.5	10.82
1952	772.2	119.3		115.5	9.7	134.7		39.2	95.8	28.14
1957	819.1	167.0		161.7	22.5	207.8		70.7	106.5	30.05
1962	662.8	109.7		104.2	10.5	140.4		33.8	153.4	13.02
1965	964.5	206.0		192.0	27.1	250.7		34.5	159.1	26.07
1970	1272.5	256.5		228.0	36.4	368.1		53.1	210.7	25.28
1975	1543.4	487.4		460.0	36.7	421.1		27.5	199.2	18.30
1978	1687.9	655.2		631.4	54.3	516.6		32.3	163.8	11.71
1980	1522.5	387.9		378.8	83.1	663.2		29.7	125.2	24.72
1985	1966.6	748.2		744.3	78.0	678.9		38.5	144.5	62.86
1990	2276.9	929.8		927.7	91.6	829.2		53.5	138.6	57.08
1995	2739.0	1065.4	2507.0	1060.3	90.3	1183.4	94.3	78.6	137.7	37.05
1996	2789.5	1146.8	2557.1	1139.1	92.2	1168.4	89.9	73.6	142.5	25.84
1997	2746.7	1341.5	2554.1	1330.7	102.4	1009.5	68.0	58.2	124.6	24.87
1998	2917.5	1265.3	2680.3	1253.6	99.2	1187.2	95.0	76.0	142.2	27.02
1999	2746.3	1294.4	2552.1	1280.5	93.1	1088.0	68.6	56.7	125.6	22.26
2000	2551.1	1219.8	2355.6	1208.0	65.8	994.5	74.5	62.9	121.0	30.01
2001	2491.8	1140.6	2309.0	1122.7	47.2	1059.5	67.1	56.3	115.7	41.93
2002	2435.8	1114.2	2256.2	1099.5	55.7	1035.0	60.6	49.4	119.0	40.19
2003	2387.8	1035.4	2205.9	1018.8	41.1	1073.6	60.6	46.4	121.3	52.20
2004	2480.1	1069.0	2319.4	1053.2	47.3	1157.6	57.6	44.3	103.1	66.54
2005	2598.6	1166.0	2452.9	1150.3	51.6	1193.8	51.2	42.4	94.5	57.72
2006	2780.6	1203.4	2640.2	1189.7	51.2	1348.8	46.9	39.5	93.5	70.02
2007	2897.3	1205.3	2781.7	1197.6	57.0	1478.2	40.6	34.8	75.0	71.69
2008	2995.0	1237.8	2862.5	1229.8	54.8	1532.6	41.4	35.0	91.1	72.69
2009	3017.4	1248.9	2926.3	1241.8	56.3	1579.4	30.1	25.0	61.0	58.10
2010	3121.0	1255.1	3018.3	1246.6	52.8	1663.8	27.5	23.3	75.2	54.80
2011	3345.0	1305.5	3237.4	1296.9	58.2	1823.0	28.1	23.8	79.4	62.44
2012	3442.6	1373.5	3330.8	1363.9	47.9	1856.2	24.2	20.0	87.6	53.48
2013	3584.9	1428.5	3474.2	1419.0	56.1	1922.8	22.2	18.1	88.4	43.15
2014	3569.0	1453.1	3468.9	1444.3	51.0	1898.8	23.7	18.2	76.4	39.47
2015	3602.2	1492.6	3505.8	1482.8	51.2	1897.7	19.1	15.3	77.3	32.35
2016	3783.0	1491.8	3645.6	1480.2	51.2	2031.2	19.8	16.0	117.6	23.90
2017	3829.2	1520.8	3674.5	1504.1	50.4	2035.5	20.8	17.1	133.9	24.00
2018	3700.9	1466.5	3524.9	1450.7	52.5	1941.2	28.1	21.2	147.9	23.93
2019	3739.2	1476.6	3566.9	1462.6	48.7	1986.6	30.1	23.0	142.3	22.74

1-2-2续　历年主要农作物产品产量

年 份	油 料 总产量 (万吨)	#花 生	芝 麻	麻 类 总产量 (吨)	#黄红麻	甜 菜 总产量 (万吨)	烟 叶 (吨)	#烤 烟	蔬 菜 总产量 (万吨)	瓜果类 总产量 (万吨)
1949	26.36	23.25	1.37	9875		0.01	2455	125		
1952	30.99	25.87	2.00	31420		0.06	9040	1990		
1957	29.47	24.34	1.46	25870		0.05	3845	545		
1962	8.42	5.22	1.75	4825		0.32	2310	225		
1965	17.85	10.66	1.95	16785		0.11	2385	535		
1970	24.18	14.89	2.56	11610		2.15	3975	990		
1975	24.05	15.29	2.33	18630	10030	6.05	6715	2515	523.8	33.0
1978	24.50	17.37	1.26	16615	9130	8.31	10940	6385	550.7	29.7
1980	45.14	35.77	3.23	17785	9720	9.44	5900	1540	531.6	45.9
1985	86.92	58.01	5.14	59890	52305	19.89	20135	5440	921.2	173.1
1990	74.89	57.81	2.74	20148	18158	12.34	22090	11596	1157.0	110.6
1995	109.86	94.68	2.47	13996	13095	12.36	9427	6513	2148.4	186.6
1996	120.65	100.48	2.22	11575	10805	6.86	16334	9661	2581.8	221.9
1997	117.98	106.79	1.62	14294	12966	7.09	18872	13965	3033.8	215.1
1998	138.82	118.53	2.23	14257	13313	17.08	12488	8302	3587.8	313.6
1999	129.51	117.98	1.85	9042	8535	7.53	12082	7839	3815.4	310.0
2000	146.97	132.59	2.03	7951	7436	11.53	12429	7360	4454.0	341.9
2001	153.81	144.27	1.99	7231	6897	9.90	9356	4062	4892.6	405.0
2002	151.26	140.45	1.64	10271	10060	14.73	11083	5252	5477.2	420.8
2003	163.10	148.14	1.64	6214	5801	22.03	10693	4378	5903.4	473.8
2004	154.32	137.85	1.50	4329	778	20.99	10952	5135	6187.5	469.4
2005	152.73	140.33	1.46	7262	767	42.66	9759	4928	6467.6	479.4
2006	133.78	121.87	1.32	7328	810	56.82	4984	2286	6314.4	460.3
2007	135.24	128.00	0.97	3962	717	53.08	4223	2271	3916.1	453.4
2008	146.59	131.33	0.83	710	617	59.38	5321	3378	4068.4	433.5
2009	134.90	121.28	0.68	745	699	30.73	5399	3628	4100.5	392.4
2010	129.46	118.33	0.59	677	648	48.98	4926	3192	4306.3	400.6
2011	126.36	113.74	0.53	729	688	42.79	4812	3518	4507.9	407.2
2012	127.25	111.50	0.41	780	738	51.05	4626	3491	4692.7	416.4
2013	132.28	113.99	0.35	786	736	56.92	4714	3697	4823.8	433.7
2014	125.92	105.46	0.29	612	592	54.79	5088	4439	4965.1	448.8
2015	126.01	102.81	0.29	499	480	60.57	3424	2839	5022.2	455.3
2016	126.20	102.68	0.20	3		60.44	2318	2265	5038.9	390.2
2017	129.40	103.41	0.20	3		62.49	2231	2189	5058.5	395.4
2018	121.38	98.45	0.22	8		94.11	3321	3192	5154.5	391.0
2019	119.54	96.46	0.20	12		64.28	3468	2163	5093.1	387.1

1-2-3 历年主要农作物单位面积产量

单位：公斤/公顷

年 份	粮食播种面积单产	#小麦	稻谷	玉米	大豆	薯类	棉花播种面积单产
1949	648	548	798	691	487	1355	173
1952	1041	728	1820	1193	714	2096	288
1957	1026	675	1552	1410	869	2214	321
1962	935	605	1818	1154	632	1997	195
1965	1337	1037	2220	1721	719	2362	364
1970	1659	1098	3926	2121	1293	3033	435
1975	1916	1635	4994	2222	1141	3161	314
1978	2123	2212	4928	2310	1245	2693	203
1980	2034	1430	5722	2833	1140	2640	451
1985	3029	3165	6113	3881	1283	3045	739
1990	3335	3698	6201	4063	1326	3196	627
1995	4011	4240	7019	5166	1654	3384	529
1996	3908	4396	6501	4628	1555	3307	604
1997	3869	4891	6591	4161	1265	2960	660
1998	3993	4536	6477	4600	1532	3434	856
1999	3795	4691	6017	4085	1295	2985	835
2000	3687	4509	4573	4012	1485	2705	976
2001	3759	4352	5021	4166	1486	2830	1002
2002	3756	4489	5019	4015	1492	2926	986
2003	4017	4646	5433	4314	1655	3223	898
2004	4131	4873	5659	4400	1616	3214	994
2005	4164	4839	5882	4459	1664	3193	1007
2006	4434	4750	5770	4817	1873	3747	1054
2007	4672	4948	6784	5092	1929	3005	1057
2008	4830	5057	6814	5312	1939	3641	1070
2009	4776	5179	6751	5127	1716	2604	999
2010	4845	5085	6805	5214	1873	3341	981
2011	5155	5326	7249	5584	2169	3415	1034
2012	5253	5551	5798	5586	2028	3844	977
2013	5426	5835	6768	5608	1962	4080	956
2014	5344	6008	6333	5361	2102	3697	1051
2015	5319	6193	6405	5193	1950	3676	1003
2016	5570	6194	6713	5495	2332	5551	1036
2017	5751	6338	6722	5743	2434	6327	1088
2018	5660	6155	6693	5647	2424	6537	1137
2019	5780	6297	6224	5829	2463	6396	1115

1-2-3续　历年主要农作物单位面积产量

单位：公斤/公顷

年 份	油料播种面积单产	#花 生	麻类播种面积单产	甜菜播种面积单产	烟叶播种面积单产	#烤 烟	蔬菜播种面积单产	瓜果类播种面积单产
1949	817	721	452		601	391		
1952	888	742	785	14000	1115	1254		
1957	822	679	644	12250	776	717		
1962	403	250	193	2674	448	462		
1965	621	371	408	4800	647	819		
1970	885	545	442	9636	983	1248		
1975	801	509	492	5370	786	756	24938	13052
1978	816	1305	548	5468	930	1013	24435	11400
1980	979	1509	638	9398	1058	1478	24870	12518
1985	1159	1750	2438	17250	1755	1665	34995	20940
1990	1378	1951	2229	16027	1818	1606	40110	24479
1995	1817	2548	2843	10408	1729	1761	52547	35241
1996	2007	2686	2654	9527	2458	1951	48769	36913
1997	1957	2672	2565	9816	2123	2012	50618	39546
1998	2195	2787	2864	21465	2187	1931	53733	39274
1999	2039	2740	2689	9389	2052	1821	52870	39467
2000	2141	2862	2642	11695	2267	1976	51424	38996
2001	2435	2918	2739	10636	2265	1396	53377	36914
2002	2356	2927	2885	12654	2248	1636	53236	40420
2003	2573	3026	2988	19105	2256	1431	55250	42370
2004	2644	3071	2061	24291	2478	1771	57175	42941
2005	2732	3198	3317	40704	2635	1918	58542	45486
2006	2753	3227	3684	40769	2612	2169	59194	44663
2007	2769	3338	2717	33851	2213	2028	59915	45395
2008	2952	3417	1994	37851	2030	1449	60694	46695
2009	2885	3438	2105	24540	2224	1698	61240	47466
2010	3021	3517	2212	34813	2206	1659	62127	48105
2011	3129	3579	2202	37246	2339	1815	63879	48857
2012	3146	3581	2241	41911	2211	1725	63932	49547
2013	3213	3658	2382	45584	2253	1807	64870	51144
2014	3221	3667	2242	49574	3001	2692	65790	52420
2015	3283	3716	2160	52015	2183	1873	66512	53067
2016	3294	3794	2876	49784	1661	1639	67046	55543
2017	3279	3876	1379	51238	1656	1640	67575	55894
2018	3300	3815	1420	51914	2459	2479	65445	52939
2019	3280	3855	534	51761	2566	2228	64096	51872

1-2-4 主要农作物播种面积增减

指　　标	播种面积(千公顷)					
	2010年	2015年	2017年	2018年	2019年	2019年比上年增减(%)
农作物总播种面积	**8352.0**	**8482.2**	**8381.7**	**8197.1**	**8132.7**	**-0.8**
一、粮食作物	**6441.3**	**6772.1**	**6658.5**	**6538.7**	**6469.2**	**-1.1**
#夏收粮食	2472.7	2413.5	2400.5	2385.1	2346.7	-1.6
1.谷　物	6055.9	6463.4	6356.7	6196.5	6121.7	-1.2
#稻　谷	77.6	79.9	75.0	78.4	78.2	-0.3
小　麦	2451.4	2394.2	2373.4	2357.2	2322.5	-1.5
玉　米	3191.0	3654.4	3544.1	3437.7	3408.2	-0.9
谷　子	161.6	158.4	127.2	118.4	115.6	-2.3
高　粱	16.8	12.2	2.4	9.8	10.8	10.4
2.豆　类	160.4	98.5	90.1	116.0	125.1	7.9
#大　豆	124.5	78.6	70.1	87.6	93.5	6.7
3.薯　类	225.0	210.2	211.6	226.2	222.4	-1.7
#马铃薯	141.7	161.7	162.8	163.1	154.2	-5.5
二、油　料	**428.5**	**383.8**	**394.6**	**367.9**	364.5	**-0.9**
#花　生	336.4	276.7	266.8	258.1	250.2	-3.1
油菜籽	22.5	18.2	24.5	19.4	19.9	2.2
芝　麻	4.4	2.1	1.4	1.6	1.4	-14.5
胡麻籽	39.7	31.4	38.1	35.7	41.6	16.7
葵花籽	23.2	53.6	62.1	51.8	50.2	-3.0
三、棉　花	**558.9**	**322.5**	**220.6**	**210.4**	**203.9**	**-3.1**
四、麻　类	**0.3**	**0.2**				**326.9**
#黄红麻	0.3	0.2				
五、甜　菜	**14.1**	**11.6**	**12.2**	**18.1**	12.4	**-31.5**
六、烟　叶	**2.2**	**1.6**	**1.3**	**1.4**	1.4	**0.1**
#烤　烟	1.9	1.5	1.3	1.3	1.0	-24.6
七、药　材	**28.4**	**62.1**	**74.9**	**85.5**	**98.9**	**15.6**
八、蔬　菜	**693.2**	**755.1**	**748.6**	**787.6**	**794.6**	**0.9**
九、瓜果类	**83.3**	**85.8**	**70.7**	**73.9**	**74.6**	**1.1**
十、其他农作物	**101.9**	**87.3**	**200.2**	**113.7**	**113.3**	**-0.4**
#青饲料	64.3	55.8	115.0	71.0	66.5	**-6.3**

1-2-5 主要农作物播种面积构成

(以农作物总播种面积为100) 单位：%

指 标	2010年	2015年	2018年	2019年
农作物总播种面积	**100.00**	**100.00**	**100.00**	**100.00**
一、粮食作物	**77.12**	**79.84**	**79.77**	**79.55**
#夏收粮食	29.01	28.45	29.10	28.85
1.谷 物	72.51	76.20	75.59	75.27
#稻 谷	0.93	0.94	0.96	0.96
小 麦	29.35	29.23	28.76	28.56
玉 米	38.21	43.08	41.94	41.91
谷 子	1.93	1.87	1.44	1.42
高 粱	0.20	0.14	0.12	0.13
2.豆 类	1.92	1.16	1.41	1.54
#大 豆	1.49	0.93	1.07	1.15
3.薯 类	2.69	2.48	2.76	2.73
#马铃薯	1.70	1.91	1.99	1.90
二、油 料	**5.13**	**4.53**	**4.49**	**4.48**
#花 生	4.03	3.26	3.15	3.08
油菜籽	0.27	0.21	0.24	0.24
芝 麻	0.05	0.02	0.02	0.02
胡麻籽	0.48	0.37	0.44	0.51
葵花籽	0.28	0.63	0.63	0.62
三、棉 花	**6.69**	**3.80**	**2.57**	**2.51**
四、麻 类				
#黄红麻				
五、甜 菜	**0.17**	**0.14**	**0.22**	**0.15**
六、烟 叶	**0.03**	**0.02**	**0.02**	**0.02**
#烤 烟	0.02	0.02	0.02	0.01
七、药 材	**0.34**	**0.73**	**1.04**	**1.22**
八、蔬 菜	**8.30**	**8.90**	**9.61**	**9.77**
九、瓜果类	**1.00**	**1.01**	**0.90**	**0.92**
十、其他农作物	**1.22**	**1.03**	**1.39**	**1.39**
#青饲料	0.77	0.66	0.87	0.82

1-2-6 主要农作物产品产量增减

指 标	总 产 量（万吨）				
	2010年	2015年	2018年	2019年	2019年比上年增减(%)
一、粮食作物	**3120.99**	**3602.19**	**3700.86**	**3739.24**	**1.0**
#夏收粮食	1255.10	1492.61	1466.47	1476.55	0.7
1.谷 物	3018.29	3505.81	3524.86	3566.90	1.2
#稻 谷	52.82	51.18	52.49	48.65	-7.3
小 麦	1246.60	1482.79	1450.73	1462.57	0.8
玉 米	1663.79	1897.74	1941.15	1986.64	2.3
谷 子	41.00	51.69	43.61	37.01	-15.1
高 粱	4.72	3.94	3.81	4.28	12.2
2.豆 类	27.53	19.09	28.13	30.08	6.9
#大 豆	23.31	15.33	21.23	23.02	8.4
3.薯 类	75.18	77.29	147.87	142.27	-3.8
#马铃薯	40.51	52.61	106.06	101.19	-4.6
二、油 料	**129.46**	**126.01**	**121.38**	**119.54**	**-1.5**
#花 生	118.33	102.81	98.45	96.46	-2.0
油菜籽	2.95	3.06	3.40	3.51	3.3
芝 麻	0.59	0.29	0.22	0.20	-6.8
胡麻籽	2.63	2.97	3.42	4.82	41.2
葵花籽	3.66	15.12	15.63	14.33	-8.3
三、棉 花	**54.80**	**32.35**	**23.93**	**22.74**	**-5.0**
四、麻 类	**0.07**	**0.05**			
#黄红麻	0.06	0.05			
五、甜 菜	**48.98**	**60.57**	**94.11**	**64.28**	**-31.7**
六、烟 叶	**0.49**	**0.34**	**0.33**	**0.35**	**4.4**
#烤 烟	0.32	0.28	0.32	0.22	-32.2
七、蔬 菜	**4306.31**	**5022.23**	**5154.50**	**5093.14**	**-1.2**
八、瓜果类	**400.64**	**455.31**	**390.96**	**387.10**	**-1.0**

1-2-7　主要农作物播种面积单产增减

指　标	每公顷产量(公斤)				
	2010年	2015年	2018年	2019年	2019年比上年增减(%)
一、粮食作物	**4845**	**5319**	**5660**	**5780**	**2.1**
#夏收粮食	5076	6184	6149	6292	2.3
1.谷　物	4984	5424	5688	5827	2.4
#稻　谷	6805	6405	6693	6224	-7.0
小　麦	5085	6193	6155	6297	2.3
玉　米	5214	5193	5647	5829	3.2
谷　子	2538	3262	3684	3201	-13.1
高　粱	2803	3217	3896	3960	1.6
2.豆　类	1716	1938	2426	2404	-0.9
#大　豆	1873	1950	2424	2463	1.6
3.薯　类	3341	3676	6537	6396	-2.2
#马铃薯	2858	3254	6501	6564	1.0
二、油　料	**3021**	**3283**	**3300**	**3280**	**-0.6**
#花　生	3517	3716	3815	3855	1.1
油菜籽	1312	1683	1752	1770	1.0
芝　麻	1341	1381	1336	1462	9.5
胡麻籽	662	945	958	1159	21.0
葵花籽	1577	2822	3019	2854	-5.5
三、棉　花	**981**	**1003**	**1137**	**1115**	**-1.9**
四、麻　类	**2212**	**2160**	**1420**	**534**	**-62.4**
#黄红麻	2258	2212		530	
五、甜　菜	**34813**	**52015**	**51914**	**51761**	**-0.3**
六、烟　叶	**2206**	**2183**	**2459**	**2566**	**4.3**
#烤　烟	1659	1873	2479	2228	-10.1
七、蔬　菜	**62127**	**66512**	**65445**	**64096**	**-2.1**
八、瓜果类	**48105**	**53067**	**52939**	**51872**	**-2.0**

1-2-8 历年水果及食用坚果产量

单位：吨

年 份	食用坚果产 量	#核 桃	板 栗	园林水果产 量	#苹 果	梨
1949	12005	3947	4497	228090	1338	80849
1952	12989	3880	5692	351161	1897	61517
1957	22969	5962	12078	226090	3256	52619
1962	14030	4780	8701	319229	2503	79072
1965	37170	9519	19784	331610	6580	73089
1970	36635	7102	13667	523832	32743	188355
1975	31185	6257	15261	645190	75250	263840
1978	42932	10688	22234	795113	172303	370708
1980	43625	11895	23340	801200	178060	359985
1985	51335	12391	23801	1601587	467727	738079
1990	50042	12254	26565	1754709	467647	763038
1995	65532	19099	28812	4319652	1255794	1686062
1996	87502	21742	39976	5031989	1566759	1977097
1997	102402	27905	43021	5561208	1751374	2113339
1998	92742	29441	42490	6296892	1930339	2388517
1999	97254	30365	43023	6437654	1871157	2509805
2000	90259	30102	34620	6773066	1806155	2551647
2001	83036	28761	50725	6697927	1845447	2445536
2002	89177	30613	55049	7485270	1965571	2662857
2003	110723	32746	71595	7969744	2002769	2820702
2004	132974	38401	84661	8769525	2142882	3131868
2005	164307	47032	107079	9184789	2202273	3246220
2006	189815	46044	134895	9685262	2357620	3334972
2007	231374	51456	167010	9713484	2362054	3347961
2008	243575	59725	162469	9678244	2366367	3288870
2009	304221	67339	204690	9730566	2355805	3329744
2010	269790	69955	167057	9329937	2201352	3300410
2011	317541	89721	197001	9577056	2244548	3400943
2012	374194	115476	228212	9750031	2267802	3572023
2013	394748	93688	263287	9317969	2212819	3433953
2014	428051	142041	251822	9410679	2246426	3503857
2015	490628	150959	296354	9486293	2261148	3559909
2016	521816	159170	314510	9428457	2172984	3325068
2017	565865	179177	339030	9699378	2281498	3424349
2018	562129	158423	374954	9569641	2200948	3296768
2019	532474	160489	324516	10043854	2216273	3632304

1-2-8续　历年水果及食用坚果产量

单位：吨

年　份	园林水果产量（续）					
	桃	葡　萄	红　枣	柿　子	杏	红　果
1949			82555			
1952			164183			
1957			73243			
1962			134948			
1965			126425			
1970			121811			
1975		10270	153100	64880		
1978	36309	5647	92855	75207		
1980	34585	7585	124400	55955		
1985	48082	25807	139912	102230	24561	16724
1990	178001	80921	122889	57405	25022	31175
1995	499684	293034	212812	153893	39577	107888
1996	538423	304721	215382	151833	56363	127609
1997	576184	361689	284032	188173	67924	136759
1998	649389	404436	359256	221166	70685	166754
1999	713701	447002	353051	241482	80511	123897
2000	735804	523601	441657	246119	120141	96121
2001	868119	580139	419954	225584	109040	117828
2002	1009618	758280	488031	257519	126981	120480
2003	1133773	803418	551313	291535	140877	123716
2004	1223842	840916	666445	323962	156907	156359
2005	1248910	863938	807577	333382	173335	161367
2006	1316853	878417	909161	345685	185692	191765
2007	1298950	905761	858355	371241	177447	242711
2008	1284671	907415	889867	363726	173589	243501
2009	1229754	923113	972562	348889	170851	264053
2010	1179372	903748	877147	350691	177144	215372
2011	1167064	904699	970749	347961	184757	228139
2012	1139624	954819	919029	350896	187205	238422
2013	1140820	902013	803771	291382	188728	236326
2014	1098516	975973	755500	322929	188097	250450
2015	1091282	1000043	751968	303676	189912	261204
2016	1180743	1095222	771358	319254	194319	258608
2017	1207222	1115727	772949	318444	196978	275096
2018	1269785	1134124	771250	303444	196109	273285
2019	1357115	1187912	780487	292995	195518	258209

1-2-9 园林水果及食用坚果生产

指　　标	单　位	2010年	2015年	2018年	2019年	2019年比上年增减(%)
一、园林水果产量	**吨**	**9329937**	**9486293**	**9569641**	**10043854**	**5.0**
#苹　果	吨	2201352	2261148	2200948	2216273	0.7
梨	吨	3300410	3559909	3296768	3632304	10.2
桃	吨	1179372	1091282	1269785	1357115	6.9
葡　萄	吨	903748	1000043	1134124	1187912	4.7
红　枣	吨	877147	751968	771250	780487	1.2
柿　子	吨	350691	303676	303444	292995	-3.4
杏	吨	177144	189912	196109	195518	-0.3
红　果	吨	215372	261204	273285	258209	-5.5
二、食用坚果产量	**吨**	**269790**	**490628**	**562129**	**532474**	**-5.3**
#核　桃	吨	69955	150959	158423	160489	1.3
板　栗	吨	167057	296354	374954	324516	-13.5
三、果园面积	**千公顷**	**811.4**	**594.1**	**529.7**	**506.0**	**-4.5**
#苹果园	千公顷	199.0	126.9	119.5	125.3	4.9
梨　园	千公顷	155.6	131.0	120.3	117.9	-2.0
桃　园	千公顷	68.0	52.4	52.9	63.2	19.3
葡萄园	千公顷	52.9	45.4	41.8	43.9	4.9

1-2-10 林　业　生　产

指　　标	单　位	2010年	2015年	2018年	2019年	2019年比上年增减(%)
一、营造林情况						
(一)人工造林面积	千公顷	138.37	284.08	359.05	350.97	-2.3
(二) 飞播造林面积	千公顷	76.60		14.93	21.37	43.1
(三)当年新封山育林面积	千公顷	68.91	58.84	223.83	140.16	-37.4
(四)退化林修复面积	千公顷		11.69	0.24	3.95	1545.8
(五)人工更新面积	千公顷	4.20	5.26	2.91	4.21	44.7
(六)森林抚育面积	千公顷	263.75	444.49	449.10	254.16	-43.4
(七)当年零星四旁植树	万　株	10036.95	10786.14	9378.94		
(八)当年新增育苗面积	千公顷	16.12	28.86	24.86		
二、商品材采伐量	**万立方米**	**71.34**	**80.45**	**87.42**		
#村及村以下木材采伐量	万立方米	44.20	48.29	68.53		
三、花椒产量	**吨**	**12271**	**10726**	**8257**	**4577**	**-44.6**

注：森林抚育面积是指中、幼龄林抚育面积。

1-2-11 历年牲畜存栏头数

单位：万头

年份	大牲畜年末存栏	#牛	马	驴	骡
1949	299.80	146.69	8.65	127.08	17.37
1952	369.92	189.15	12.19	148.91	19.64
1957	346.55	174.66	18.12	136.57	17.17
1962	258.13	142.40	19.48	83.10	13.13
1965	300.65	171.71	24.37	90.32	14.24
1970	366.55	198.52	41.01	102.12	24.66
1975	380.70	165.03	70.91	98.43	44.93
1978	354.70	134.60	79.81	83.07	56.95
1980	341.05	120.71	78.02	78.26	63.88
1985	446.50	155.10	71.95	142.57	76.88
1990	525.22	207.90	56.95	176.71	83.66
1995	870.88	579.34	48.68	167.69	75.17
1996	885.85	598.52	49.36	164.23	73.74
1997	860.33	582.96	49.54	158.17	69.66
1998	835.89	563.76	49.03	155.36	67.74
1999	811.94	543.33	48.21	153.61	66.79
2000	774.24	516.73	45.04	149.14	63.33
2001	730.17	487.72	43.31	138.92	60.22
2002	702.92	476.64	40.64	130.04	55.60
2003	685.06	477.87	36.83	121.05	49.31
2004	721.81	528.39	35.53	112.56	45.33
2005	762.63	584.92	33.13	104.11	40.47
2006	613.00	458.93	28.99	90.16	34.92
2007	571.85	448.21	22.78	74.05	26.81
2008	536.23	435.71	18.98	59.45	22.09
2009	491.90	410.19	15.52	48.55	17.64
2010	449.68	380.62	13.17	40.88	15.01
2011	431.71	371.33	11.63	36.25	12.50
2012	423.26	368.35	10.77	33.07	11.07
2013	400.17	351.69	9.65	29.32	9.49
2014	398.18	356.84	8.33	25.03	7.94
2015	395.85	360.31	7.13	21.78	6.60
2016	369.55	340.74	6.17	17.25	5.36
2017	387.87	359.50	5.86	17.35	5.12
2018	371.61	342.03	6.12	17.96	5.46
2019	376.97	350.11	6.27	16.11	4.41

1-2-11续 历年牲畜存栏头数

年 份	生猪存栏（万头）	羊存栏（万只）	山 羊	绵 羊	活家禽存栏（万只）
1949	346.5	170.3	81.7	88.6	
1952	502.9	306.1	155.6	150.5	
1957	704.4	463.4	263.3	200.1	
1962	524.4	799.7	529.2	270.5	
1965	772.9	573.6	331.1	242.5	
1970	923.8	665.4	391.6	273.8	
1975	1622.8	659.0	382.9	276.1	
1978	1245.7	600.7	346.1	254.6	
1980	1293.4	814.9	461.4	353.5	4210.8
1985	1421.4	721.1	372.8	348.3	10233.0
1990	1494.2	1074.5	562.6	511.9	12838.2
1995	2052.8	1565.7	803.4	762.3	35670.5
1996	2061.2	1654.2	840.1	814.1	44078.6
1997	2097.8	1728.8	872.8	856.0	44971.5
1998	2069.6	1738.8	866.8	872.1	45153.6
1999	2029.2	1719.3	844.9	874.4	45066.2
2000	1959.6	1676.6	801.8	874.8	45515.9
2001	1904.2	1639.5	751.3	888.2	44432.9
2002	1909.9	1572.5	672.9	899.6	47707.8
2003	1926.2	1594.3	664.5	929.8	42212.7
2004	1964.3	1664.5	673.7	990.9	51602.9
2005	1977.5	1679.1	678.3	1000.8	41070.5
2006	1812.8	1552.6	634.9	917.8	37495.5
2007	1923.5	1580.6	784.0	796.7	39177.3
2008	2050.2	1610.8	748.0	862.8	38133.2
2009	2019.5	1556.1	548.2	1007.8	35111.3
2010	1910.7	1397.8	458.7	939.1	33345.5
2011	1968.1	1443.2	463.0	980.2	35990.5
2012	1945.4	1397.2	445.3	951.9	38946.8
2013	2052.9	1435.6	444.8	990.7	37677.8
2014	2052.0	1503.0	474.2	1028.8	39255.4
2015	2015.9	1425.1	467.6	957.5	38421.6
2016	1982.5	1359.8	461.3	898.4	39260.6
2017	1957.8	1228.1	401.4	826.7	39653.2
2018	1820.8	1179.6	365.2	814.3	38463.6
2019	1418.4	1194.9	364.3	830.6	39466.6

1-2-12 历年牲畜出栏及主要畜产品产量

年份	年内出栏肉猪(万头)	年内牛出栏(万头)	年内羊出栏(万只)	活家禽出栏(万只)	肉类总产量(万吨)	#猪牛羊肉产量(万吨)	奶类产量(万吨)	#生牛奶产量(万吨)	绵羊毛产量(吨)	禽蛋产量(万吨)
1975	584.3		150.5				2.2	1.4	2649.0	
1978	570.5	4.0	135.7			41.7	2.5	1.8	3652.0	
1980	716.9	5.4	174.9			52.5	4.5	2.7	5134.0	
1985	1018.5	15.2	325.9		85.9	81.9	10.1	7.3	7511.0	33.4
1990	1395.5	45.0	644.4	5246.6	130.1	121.2	14.3	11.2	12634.0	51.3
1995	2409.6	333.3	1200.7	31457.4	310.7	258.8	38.9	32.6	17427.0	205.3
1996	2454.1	325.8	1392.0	40690.8	315.9	253.1	47.9	40.1	19284.0	266.6
1997	2564.5	329.0	1470.0	42762.5	332.7	262.5	54.7	46.7	21547.0	294.0
1998	2620.4	329.3	1491.3	42920.7	339.8	268.1	65.9	55.8	23172.0	305.6
1999	2666.6	320.7	1493.2	43913.3	343.7	270.5	78.8	68.4	25715.0	317.8
2000	2675.2	326.3	1511.5	44471.3	342.4	270.0	96.2	84.2	27788.0	329.3
2001	2699.4	315.5	1502.7	45073.9	347.7	269.7	119.3	107.4	27475.0	335.5
2002	2757.1	321.2	1609.6	45671.3	356.6	277.1	148.9	136.9	28657.0	346.9
2003	2853.0	329.5	1591.6	46542.5	365.8	285.3	207.6	197.9	30004.0	358.6
2004	2991.0	403.2	1615.8	47033.9	378.8	298.7	277.0	266.5	31678.0	367.2
2005	3145.0	360.4	1695.5	48690.1	395.6	314.2	348.6	340.4	36466.0	385.2
2006	3246.7	348.8	1726.4	48743.0	406.2	323.5	384.4	375.0	33254.0	382.3
2007	2989.8	359.7	1785.6	52201.6	396.6	309.5	415.3	407.1	32051.0	397.2
2008	3286.9	354.1	1938.7	54094.5	422.3	333.3	430.4	419.6	30660.0	412.5
2009	3420.1	344.3	2047.2	52837.1	429.7	343.3	385.0	375.5	30232.0	355.1
2010	3335.8	361.2	2127.0	48327.2	420.7	340.9	375.1	365.7	29290.0	341.5
2011	3378.1	339.0	2031.0	51189.1	423.9	340.0	389.7	381.7	27748.0	342.9
2012	3576.7	340.3	2047.6	58564.5	450.7	356.4	399.8	391.2	27663.0	346.3
2013	3666.4	325.3	2076.9	59315.3	458.8	362.7	388.6	380.9	28104.5	350.4
2014	3897.8	320.6	2155.7	60491.7	481.1	383.6	414.0	405.7	27929.8	368.0
2015	3837.1	325.4	2216.1	59388.6	477.5	381.5	401.3	393.5	26851.0	379.7
2016	3742.6	331.9	2259.7	61875.3	472.1	375.3	373.0	366.4	23376.1	395.6
2017	3785.3	340.5	2168.9	60637.8	472.3	377.2	387.8	381.0	23157.9	383.7
2018	3709.6	345.6	2201.4	59728.2	466.7	373.3	391.1	384.8	20816.0	378.0
2019	3119.8	349.1	2234.5	66628.3	433.4	330.1	433.8	428.7	19095.9	385.9

1-2-13 历年猪、牛、羊、禽出栏率及胴体重

年 份	猪出栏率(%)	牛出栏率(%)	羊出栏率(%)	家禽出栏率(%)	平均每头猪产肉(公斤)	平均每头牛产肉(公斤)	平均每只羊产肉(公斤)	平均每只家禽产肉(公斤)
1978	41.9	2.8	22.5					
1980	53.0	4.2	24.0					
1985	84.3	11.3	44.9		74.9	122.8	11.4	
1990	94.4	22.2	55.7	45.1	77.2	123.7	12.3	1.11
1995	134.4	71.7	98.5	105.3	77.8	163.8	14.0	1.41
1996	119.5	56.2	88.9	114.1	75.8	150.2	13.1	1.39
1997	124.4	55.0	88.9	97.0	75.2	153.7	13.0	1.36
1998	124.9	56.5	86.3	95.4	75.4	155.3	13.1	1.38
1999	128.8	56.9	85.9	97.3	75.5	154.5	13.1	1.38
2000	131.8	60.1	87.9	98.7	75.3	150.1	13.0	1.38
2001	137.8	61.0	89.6	99.0	75.3	148.6	13.0	1.41
2002	144.8	65.9	98.2	102.8	75.4	151.0	12.9	1.42
2003	149.4	69.1	101.2	97.6	75.3	151.4	12.9	1.42
2004	155.3	84.4	101.3	111.4	75.5	128.3	13.2	1.44
2005	160.1	68.2	101.9	94.4	75.7	149.3	13.2	1.38
2006	164.2	59.6	102.8	118.7	76.0	155.0	13.1	1.41
2007	164.9	78.4	115.0	139.2	76.1	160.5	13.6	1.45
2008	170.9	79.0	122.7	138.1	76.1	160.5	13.6	1.45
2009	166.8	79.0	127.1	138.6	76.1	160.5	13.6	1.46
2010	165.2	88.1	136.7	137.6	76.1	160.8	13.7	1.46
2011	176.8	89.1	145.3	153.5	76.2	160.7	13.9	1.47
2012	181.7	91.7	141.9	162.7	76.3	162.5	13.9	1.47
2013	188.5	88.3	148.6	152.3	76.8	160.8	13.8	1.48
2014	189.9	91.2	150.2	160.5	77.3	163.4	13.9	1.48
2015	187.0	91.2	147.4	151.3	77.4	163.4	14.0	1.49
2016	185.7	92.1	158.6	161.0	77.3	163.4	14.0	1.49
2017	190.9	99.9	159.5	154.4	77.0	163.3	13.9	1.49
2018	189.5	96.1	179.3	150.6	77.2	163.4	13.9	1.49
2019	171.3	102.1	189.4	173.2	77.5	163.9	13.9	1.49

1-2-14 主要牲畜出栏和畜产品产量及增减情况

指 标	单 位	2010年	2018年	2019年	2019年比上年增减(%)
一、牲畜出栏量					
1.大牲畜出栏	万头	392.0	364.4	366.6	0.6
#牛	万头	361.2	345.6	349.1	1.0
2.猪 出 栏	万头	3335.8	3709.6	3119.8	-15.9
3.羊 出 栏	万只	2127.0	2201.4	2234.5	1.5
4.活家禽出栏	万只	48327.2	59728.2	66628.3	11.6
5.兔 出 栏	万只	1197.8	348.4	293.5	-15.8
二、肉类总产量	**万吨**	**420.7**	**466.7**	**433.4**	**-7.1**
#猪 肉	万吨	253.8	286.3	241.9	-15.5
牛 肉	万吨	58.1	56.5	57.2	1.2
羊 肉	万吨	29.1	30.5	31.0	1.6
禽 肉	万吨	70.4	88.9	99.5	12.0
兔 肉	万吨	2.045	0.617	0.513	-16.9
三、其他畜产品产量					
1.奶类产量	万吨	375.1	391.1	433.8	10.9
#生牛奶	万吨	365.7	384.8	428.7	11.4
2.山羊粗毛产量	吨	1952	2360	1962	-16.9
3.绵羊毛产量	吨	29290	20816	19096	-8.3
4.羊绒产量	吨	776	705	633	-10.3
5.天然蜂蜜产量	吨	11152	11272	10947	-2.9
6.禽蛋产量	万吨	341.5	378.0	385.9	2.1
7.蚕茧产量	吨	1417	153	33	-78.2

1-2-15 牲畜年末存栏头数及增减情况

指 标	单 位	2010年	2018年	2019年	2019年比上年增减(%)
一、大牲畜存栏头数	**万头**	**449.7**	**371.6**	**377.0**	**1.4**
#牛	万头	380.6	342.0	350.1	2.4
马	万头	13.2	6.1	6.3	2.8
驴	万头	40.9	18.0	16.1	-10.3
骡	万头	15.0	5.5	4.4	-19.8
二、猪	**万头**	**1910.7**	**1820.8**	**1418.4**	**-22.1**
#能繁母猪	万头	190.6	173.9	141.4	-18.7
三、羊	**万只**	**1397.8**	**1179.6**	**1194.9**	**1.3**
1.山 羊	万只	458.7	365.2	364.3	-0.2
2.绵 羊	万只	939.1	814.3	830.6	2.0
四、家禽	**万只**	**33345.5**	**38463.6**	**39466.6**	**2.6**
五、兔	**万只**	**628.5**	**151.7**	**125.9**	**-17.0**

1−2−16 历年水产品产量

单位：吨

年 份	水产品总产量	海水产品	#鱼	#虾蟹类	淡水产品	#鱼	#虾蟹类	远洋捕捞
1949	50184	30158	7081	12934	20026	19251	300	
1952	68915	53463	9988	30428	15452	14928	88	
1957	96142	68534	19763	37583	27608	26882	82	
1962	47030	32568	20632	11025	14462	14014	280	
1965	64290	45586	28688	13531	18704	18192	219	
1970	72091	64610	30816	29211	7481	6678	7	
1975	131128	121457	35029	52722	9671	9146	459	
1978	139017	128043	43988	63856	10974	10232	214	
1980	97610	86479	41902	38144	11131	9811	643	
1985	127495	104529	58578	39276	22966	21464	1489	
1990	218553	164880	61762	71295	53673	50912	2722	
1995	396070	210215	73868	62853	185855	178218	6330	
1996	506930	283038	81682	72035	223892	215806	5317	
1997	606110	338322	119981	69949	267788	255759	11192	
1998	693317	384917	156073	84556	308400	290273	14679	
1999	759566	423429	180402	84302	336137	316480	15356	
2000	809496	482032	187944	80707	327464	306535	15084	
2001	848887	514411	185570	92362	334476	312911	15942	
2002	870571	518440	181557	91831	352131	315759	19720	
2003	862715	489702	177773	90483	373013	340328	25936	
2004	928218	541332	190417	94519	386886	351315	26843	
2005	989461	571808	191613	95057	417653	386333	23696	
2006	871418	499047	155456	77803	372371	342458	22504	
2007	906437	524303	160388	75141	382134	353175	22909	
2008	966400	549250	164631	80317	417150	385537	25009	
2009	1004100	553884	151520	78503	450216	415983	26465	
2010	1063300	582600	151653	78882	480700	443331	27725	
2011	1067131	563281	145094	71757	503850	464896	28464	
2012	998232	634631	141882	81978	363601	319201	33498	
2013	1060219	682809	134634	77538	377410	328514	39094	
2014	1097300	731594	143783	74982	365706	323490	32328	
2015	1129198	756931	153972	77740	368267	327368	30960	4000
2016	1194099	759208	155961	76951	387300	346506	32652	47591
2017	1164600	763207	148731	76994	353193	313725	33197	48200
2018	1096152	702184	133366	77142	328487	293397	29931	65481
2019	990116	639734	116666	69987	294476	264516	27252	55906

1-2-17 水产品产量和养殖面积及增减情况

指 标	单 位	2010年	2015年	2018年	2019年	2019年比上年增减(%)
一、水产品总产量	**吨**	**1063300**	**1129198**	**1096152**	**990116**	**-9.7**
1.海水产品产量	吨	582600	756931	702184	639734	-8.9
海洋捕捞产量	吨	253292	250447	212348	190932	-10.1
海水养殖产量	吨	329308	506484	489836	448802	-8.4
按品种分:						
鱼 类	吨	151653	153972	133366	116666	-12.5
虾蟹类	吨	78882	77740	77142	69987	-9.3
贝 类	吨	308017	482177	451880	379372	-16.0
其 他	吨	44048	43042	38793	73709	90.0
2.淡水产品产量	吨	480700	368267	328487	294476	-10.4
淡水捕捞产量	吨	92247	57935	42436	35523	-16.3
淡水养殖产量	吨	388453	310332	286051	258953	-9.5
按品种分:						
鱼 类	吨	443331	327368	293397	264516	-9.8
虾蟹类	吨	27725	30960	29931	27252	-9.0
贝 类	吨	3886	3818	1575	24	-98.5
其 他	吨	5758	6121	3584	2684	-25.1
3.远洋捕捞产量	吨		4000	65481	55906	-14.6
二、水产养殖面积	公顷	**198765**	**173314**	**152404**	**143014**	**-6.2**
1.海水养殖面积	公顷	123810	117533	111404	107041	-3.9
海上养殖	公顷	77046	65773	61941	59900	-3.3
滩涂养殖	公顷	27838	33584	22708	22147	-2.5
其他养殖	公顷	18926	18176	26755	24994	-6.6
2.淡水养殖面积	公顷	74955	55781	41000	35973	-12.3
池塘养殖	公顷	26995	22746	21730	21962	1.1
湖泊养殖	公顷	4142	1656	1560	1104	-29.2
河沟养殖	公顷	1719	1217	771	664	-13.9
水库养殖	公顷	41449	29883	16582	11891	-28.3
其他养殖	公顷	650	279	357	352	-1.4

1-2-18　历年平均每人主要农产品产量

(按年平均人口计算)

年　份	人均耕地面　积(亩/人)	人均常用耕地面积(亩/人)	粮　食(公斤)	棉　花(公斤)	油　料(公斤)	蔬　菜(公斤)	园林水果(公斤)
1949		3.53	152.14	3.51	8.54		7.39
1952		3.49	238.44	8.69	9.57		10.84
1957		3.08	225.70	8.28	8.12		6.23
1962		2.69	172.64	3.39	2.19		8.31
1965		2.56	238.63	6.45	4.42		8.20
1970		2.26	282.97	5.62	5.38		11.65
1975		2.05	315.78	3.74	4.92	107.11	13.20
1978		1.98	335.72	2.32	4.87	108.38	15.81
1980		1.93	296.42	4.81	8.79	103.50	15.60
1985		1.79	356.43	11.39	15.75	166.96	29.03
1990		1.60	378.23	9.48	12.44	192.19	29.15
1995		1.52	427.17	5.78	17.13	335.05	67.37
1996	1.60	1.50	431.80	4.00	18.68	399.65	77.89
1997	1.58	1.49	422.30	3.82	18.14	466.44	85.50
1998	1.57	1.48	445.62	4.13	21.20	548.01	96.18
1999	1.56	1.47	416.64	3.38	19.65	578.84	97.67
2000	1.54	1.45	383.97	4.52	22.12	670.38	101.94
2001	1.53	1.44	372.65	6.27	23.00	738.99	100.17
2002	1.49	1.36	362.63	5.98	22.52	815.54	111.44
2003	1.44	1.33	353.64	7.73	24.16	874.32	118.03
2004	1.42	1.32	365.30	9.80	22.73	911.39	129.17
2005	1.40	1.31	380.48	8.45	22.36	946.97	134.48
2006	1.37	1.28	404.49	10.19	19.46	918.55	140.89
2007	1.36	1.27	418.65	10.36	19.54	565.87	140.36
2008	1.36	1.27	429.94	10.43	21.04	584.03	138.94
2009	1.40	1.29	430.35	8.29	19.24	584.81	138.78
2010	1.37	1.26	438.71	7.70	18.20	605.33	131.15
2011	1.36		463.48	8.65	17.51	624.62	132.70
2012	1.35		473.93	7.36	17.52	647.44	134.22
2013	1.34		490.40	5.90	18.10	659.88	127.47
2014	1.33		485.04	5.36	17.11	674.78	127.89
2015	1.32		486.50	4.37	17.02	678.28	128.12
2016	1.31		507.95	3.21	16.95	676.59	126.60
2017	1.29		510.92	3.20	17.27	674.94	129.42
2018	1.30		490.97	3.17	16.10	683.81	126.95
2019			493.69	7.00	15.78	672.44	133.61

注：人均耕地面积、人均常用耕地面积、人均生猪存栏按年末人口计算。

1-2-18续　历年平均每人主要农产品产量

(按年平均人口计算)

年份	生猪存栏(头)	肉类总产量(公斤)	#猪牛羊肉(公斤)	禽蛋(公斤)	奶类产量(公斤)	#生牛奶(公斤)	水产品(公斤)
1949	0.11						1.63
1952	0.16						2.13
1957	0.19						2.65
1962	0.14						1.22
1965	0.19						1.59
1970	0.21						1.60
1975	0.33				0.44	0.29	2.68
1978	0.25		8.29		0.48	0.36	2.76
1980	0.25		13.45		0.88	0.52	1.90
1985	0.26	15.57	14.84	6.06	1.82	1.33	2.31
1990	0.25	21.61	20.13	8.52	2.37	1.86	3.64
1995	0.32	48.46	40.36	32.02	6.07	5.08	6.18
1996	0.32	48.90	39.18	41.27	7.42	6.20	7.85
1997	0.32	51.16	40.36	45.21	8.41	7.19	9.32
1998	0.32	51.90	40.96	46.68	10.06	8.53	10.59
1999	0.31	52.14	41.04	48.21	11.96	10.37	11.52
2000	0.29	51.53	40.64	49.57	14.48	12.67	12.18
2001	0.28	52.00	40.33	50.18	17.84	16.06	12.70
2002	0.28	53.10	41.26	51.64	22.17	20.38	12.96
2003	0.29	54.17	42.25	53.10	30.75	29.31	12.78
2004	0.29	55.79	44.00	54.09	40.79	39.25	13.67
2005	0.29	57.92	46.00	56.40	51.05	49.83	14.49
2006	0.26	59.09	47.06	55.61	55.92	54.55	12.68
2007	0.28	57.31	44.72	57.39	60.01	58.82	13.10
2008	0.29	60.63	47.84	59.21	61.79	60.24	13.87
2009	0.29	61.28	48.96	50.65	54.91	53.56	14.32
2010	0.27	59.14	47.93	48.01	52.72	51.41	14.95
2011	0.27	58.73	47.12	47.51	54.00	52.88	14.79
2012	0.27	62.05	49.06	47.67	55.04	53.85	13.74
2013	0.28	62.76	49.62	47.94	53.16	52.11	14.50
2014	0.28	65.39	52.14	50.01	56.27	55.13	14.91
2015	0.27	64.50	51.52	51.28	54.20	53.15	15.25
2016	0.27	63.39	50.39	53.12	50.08	49.19	16.03
2017	0.26	63.02	50.32	51.20	51.74	50.84	15.54
2018	0.24	61.91	49.52	50.14	51.89	51.05	14.54
2019	0.19	57.22	43.58	50.95	57.27	56.60	13.07

1-3-1 全省饲料工业情况

指 标	单 位	2010年	2015年	2018年	2019年	2019年比上年增减(%)
一、饲料工业企业个数	**个**	**1209**	**820**	**965**	**993**	**2.9**
#国 有	个	6	10	10	9	-10.0
集 体	个	13	4	3	3	
私 营	个	795	402	154	150	-2.6
联 营	个	9	1	2		
股 份	个	309	226	770	788	2.3
港澳台	个	4	3	3	5	66.7
外 商	个	12	6	7	5	-28.6
其 他	个	12	2	16	33	106.3
二、饲料工业企业职工人数	**人**	**30800**	**29959**	**42165**	**42102**	**0.2**
三、饲料工业企业营业收入	**亿元**	**301.68**	**363.88**	**438.00**	**348.07**	**-20.5**
饲料工业企业总产值	亿元	315.75	407.07	442.00	344.28	-22.1
四、饲料企业加工产品产量	**万吨**	**1086.36**	**1338.29**	**1346.00**	**1188.63**	**-11.7**
1.配合饲料小计	万吨	913.30	1133.38	1146.20	1061.62	-7.4
(1)猪 料	万吨	164.51	283.08	339.50	153.03	-54.9
(2)蛋禽料	万吨	551.84	466.44	540.30	369.27	-31.7
(3)肉禽料	万吨	94.09	190.48	222.50	391.86	76.1
(4)水产料	万吨	41.23	60.85	75.50	37.86	-49.9
(5)精料补充料	万吨	53.83	89.04	120.00	82.42	-31.3
(6)其 他	万吨	7.80	43.49	48.10	27.18	-43.5
2.浓缩饲料小计	万吨	160.00	192.79	177.19	99.12	-44.1
(1)猪 料	万吨	49.58	105.93	71.00	48.92	-31.1
(2)蛋禽料	万吨	81.59	52.86	87.00	15.30	-82.4
(3)肉禽料	万吨	13.62	2.26	7.00	6.86	-2.0
(4)水产料	万吨					
(5)反刍料	万吨	13.00	28.12	26.00	27.34	5.2
(6)其 他	万吨	2.21	3.63	3.00	0.70	-76.7
3.添加剂预混合饲料小计	万吨	13.06	12.13	22.79	27.89	22.4
(1)猪 料	万吨	4.50	3.76	8.00	6.43	-19.6
(2)蛋禽料	万吨	6.03	3.17	9.00	9.91	10.1
(3)肉禽料	万吨	0.94	1.67	1.00	1.84	84.0
(4)水产料	万吨	0.15	0.22	1.00	0.28	-72.0
(5)反刍料	万吨	0.90	1.42	6.00	7.66	27.7
(6)其 他	万吨	0.54	1.88	1.00	1.77	77.0

1-3-2 历年农林牧渔业总产值

（按不变价格计算）

单位：万元

年 份	农林牧渔业总产值	农 业	#种植业	林 业	牧 业	渔 业	农林牧渔服务业
			（按1957年不变价格计算）				
1949	180184	160414	143067	2259	15590	1921	
1952	276429	248413	229976	4128	21228	2660	
1957	307677	273043	254034	7008	24331	3295	
1962	226665	202497	185116	4001	18456	1711	
1965	316859	277629	255519	7067	30218	1945	
1970	394415	344471	316986	10970	36911	2063	
			（按1970年不变价格计算）				
1970	538644	465517	433677	16966	53518	2643	
1975	644961	534377	503486	18876	87040	4668	
1978	685638	578756	537142	21615	80213	5054	
1980	687381	567304	532420	18063	98200	3814	
1981	713639	577428	548941	15454	117673	3084	
			（按1980年不变价格计算）				
1981	965451	783410	752099	24911	151142	5988	
1985	1499092	1188118	1136301	48833	252570	9571	
1990	1809563	1358777	1262566	51454	374372	24960	
			（按1990年不变价格计算）				
1990	3866785	2700871	2543021	116894	909030	139990	
1995	5710110	3585601	3275738	133792	1801282	189435	
1996	6244990	3728188	3361601	137844	2145537	233421	
1997	6713897	3915014	3480571	145024	2373523	280336	
1998	7238692	4204617	3705008	148058	2577014	309003	
1999	7589684	4296375	3721825	152417	2799615	341277	
2000	8020111	4526321	3892416	149942	2972928	370920	
2001	8445318	4763377	4089170	183017	3112180	386744	
2002	8868986	4953650	4246754	202936	3312898	399502	
	10368416	5210064	5210064	204132	3952010	426910	575300
2003	11018504	5499430	5499430	228033	4231138	424484	635419
2004	11752370	5873088	5873088	213894	4511036	457731	696621
2005	24341854	12032927	12032927	387778	9957063	750095	1213991
2006	25095512	13338640	13338640	388189	9228634	810000	1330049
2007	25617141	14387805	14387805	502403	8499134	764337	1463462
2008	32335656	16996031	16996031	568762	12220756	909995	1640112
2009	36172789	18183875	18183875	624720	14433198	1072496	1858500
2010	37666607	20337909	20337909	403715	13818542	1424679	2018294
2011	44755491	26052575	26052575	531106	14602615	1449986	2119209
2012	47565183	25734034	25734034	656227	17204090	1616601	2354230
2013	50736286	28189038	28189038	888218	17303441	1771069	2584521
2014	55008012	30685436	30685436	1135920	18619140	1716349	2851166
2015	55168145	29740995	29740995	1236052	19285563	1799874	3105661
2016	54763719	28566779	28566779	1316884	19683308	1833512	3363236
2017	55091169	29077208	29077208	1600739	18851044	1868737	3693441
2018	55368662	29497815	29497815	1737071	18092112	1983195	4058469
2019	58172176	31394103	31394103	1955974	18209346	2087640	4525112

注：1.1996–2006年数据按第二次全国农业普查数据进行了调整。
2.2002年下边一行数和2003–2016年数据按新分类。
3.从2005年起，农林牧渔业总产值使用可比价格计算。
4.从2011年起，农林牧渔业总产值使用农普核定后数据。

1-3-3 历年农林牧渔业总产值指数

(上年=100)

年 份	农林牧渔业总 产 值	农 业	林 业	牧 业	渔 业	农林牧渔服务业
1950	123.0	123.7	127.4	116.2	112.1	
1951	104.2	103.7	114.9	107.6	109.7	
1952	119.7	120.8	124.8	108.8	112.6	
1953	91.1	89.8	113.5	98.9	111.4	
1954	103.1	103.0	105.9	100.3	121.5	
1955	113.0	115.6	104.6	88.9	103.7	
1956	88.5	85.6	133.6	115.1	96.2	
1957	118.6	120.0	101.0	113.0	91.7	
1958	104.6	104.7	124.5	98.3	100.7	
1959	94.8	94.3	101.0	99.0	95.8	
1960	84.4	84.6	84.2	79.0	108.4	
1961	86.7	87.9	66.1	85.3	57.4	
1962	101.5	101.0	81.5	115.7	86.5	
1963	84.9	82.1	81.5	110.8	137.5	
1964	132.5	132.9	186.2	123.5	108.9	
1965	124.3	125.6	116.4	119.6	75.9	
1966	107.1	105.5	147.0	114.7	72.9	
1967	99.6	99.0	84.4	108.8	125.1	
1968	97.1	97.9	100.8	90.5	84.3	
1969	107.9	109.8	123.1	89.1	93.5	
1970	111.3	110.5	100.8	121.4	147.6	
1971	105.7	99.5	90.8	164.7	88.4	
1972	87.3	88.0	94.4	81.2	135.3	
1973	115.2	119.5	116.6	91.1	102.8	
1974	109.3	109.1	93.5	114.7	112.4	
1975	103.1	100.6	118.9	116.3	127.7	
1976	94.4	93.8	105.5	96.2	92.2	
1977	93.5	92.4	95.9	98.6	115.7	
1978	122.1	125.0	113.1	97.2	101.5	
1979	106.9	106.4	86.8	117.7	74.8	
1980	93.8	92.1	96.2	104.0	100.9	

1-3-3续　历年农林牧渔业总产值指数

(上年=100)

年　份	农林牧渔业总产值	农　业	林　业	牧　业	渔　业	农林牧渔服务业
1981	103.8	101.8	85.6	119.8	80.9	
1982	117.6	117.2	154.5	113.1	116.6	
1983	117.2	121.7	100.9	97.8	93.1	
1984	109.1	107.7	120.2	115.3	116.6	
1985	103.3	98.6	104.6	131.1	126.2	
1986	98.5	97.0	91.7	106.0	123.2	
1987	104.5	104.3	103.3	105.3	116.9	
1988	107.8	105.6	104.8	117.6	115.4	
1989	103.1	102.5	98.8	105.5	109.4	
1990	105.4	104.4	107.3	107.1	143.7	
1991	103.6	102.1	104.3	106.6	111.4	
1992	100.9	95.1	103.8	110.3	140.7	
1993	108.7	109.3	95.2	119.5	57.8	
1994	116.2	113.1	105.4	123.6	120.3	
1995	111.9	110.5	105.4	114.0	124.3	
1996	109.4	104.0	103.0	119.1	123.2	
1997	107.5	105.0	105.2	110.6	120.1	
1998	107.8	107.4	102.1	108.6	110.2	
1999	104.8	102.2	102.9	108.6	110.4	
2000	105.7	105.4	98.4	106.2	108.7	
2001	105.3	105.2	122.1	104.7	104.3	
2002	105.0	104.0	110.9	106.4	103.3	
2003	106.3	105.6	111.7	107.1	99.4	110.5
2004	106.7	106.8	93.8	106.6	107.8	109.6
2005	106.5	106.0	96.9	107.7	104.1	107.5
2006	105.5	106.0	96.7	104.9	102.0	108.8
2007	103.9	104.2	109.6	102.1	105.1	108.4
2008	105.1	103.7	108.6	106.6	106.9	107.8
2009	103.2	103.3	111.8	102.3	104.4	106.2
2010	103.5	103.8	101.8	102.4	105.8	106.5
2011	103.9	105.5	103.6	101.1	101.8	105.0
2012	104.1	103.6	105.5	104.7	104.1	105.0
2013	103.3	104.0	106.5	101.2	106.0	107.0
2014	104.1	103.1	108.9	105.1	103.2	107.0
2015	102.7	102.8	104.3	101.7	102.4	107.0
2016	103.5	101.3	97.8	106.8	101.2	107.4
2017	104.0	104.9	107.9	102.1	98.2	108.0
2018	103.0	102.1	99.0	104.4	101.3	108.1
2019	101.9	101.7	104.8	100.4	100.6	109.5

注：1.本表按可比价计算，2003–2014年数据不包括农民家庭兼营商品性工业，包括农林牧渔服务业。
2.从2011年起，农林牧渔业总产值指数使用农普核定后数据。

1-3-4 历年农林牧渔业总产值指数

(1952年=100)

年 份	农林牧渔业总产值	农 业	林 业	牧 业	渔 业	农林牧渔服务业
1949	65.2	64.6	54.7	73.4	72.2	
1952	100.0	100.0	100.0	100.0	100.0	
1957	111.3	109.9	169.8	114.6	123.9	
1962	82.0	81.5	96.9	86.9	64.3	
1965	114.6	111.8	171.2	142.3	73.1	
1970	142.7	138.7	265.7	173.9	77.6	
1975	170.8	159.2	295.7	282.8	137.0	
1978	181.6	172.4	338.6	260.6	148.3	
1980	182.1	169.0	282.9	319.0	111.9	
1985	293.5	260.9	474.5	638.9	144.6	
1990	354.3	298.3	500.0	947.0	377.2	
1995	523.2	396.1	572.3	1876.5	510.5	
1996	572.2	411.8	589.6	2235.1	629.0	
1997	615.2	432.4	620.3	2472.6	755.4	
1998	663.3	464.4	633.3	2684.6	832.7	
1999	695.4	474.6	651.9	2916.5	919.6	
2000	734.9	500.0	641.3	3097.0	999.5	
2001	773.9	526.2	782.8	3243.0	1042.1	
2002	812.8	547.2	868.0	3452.2	1076.5	
2003	864.3	577.5	969.7	3697.3	1070.4	110.5
2004	922.2	616.8	909.5	3941.3	1154.2	121.1
2005	982.1	653.8	881.3	4244.8	1201.5	130.2
2006	1036.1	693.0	852.3	4452.8	1225.5	141.6
2007	1076.5	722.1	934.1	4546.3	1288.0	153.5
2008	1131.4	748.8	1014.4	4846.4	1376.9	165.5
2009	1167.6	773.5	1134.1	4957.8	1437.5	175.8
2010	1208.5	802.9	1154.5	5076.8	1520.9	187.2
2011	1255.0	846.8	1196.3	5134.7	1548.0	196.6
2012	1306.1	877.0	1261.6	5374.0	1610.7	206.4
2013	1348.7	912.1	1343.7	5438.4	1707.4	220.9
2014	1404.2	940.8	1463.3	5713.2	1762.3	236.3
2015	1440.2	966.7	1526.7	5814.3	1803.4	252.9
2016	1491.0	998.6	1492.9	6209.5	1826.5	271.6
2017	1549.5	1046.2	1753.4	6111.7	1839.1	295.0
2018	1596.0	1068.1	1735.8	6380.6	1863.1	318.9
2019	1626.3	1086.3	1819.1	6406.1	1874.3	349.2

注：农林牧渔服务业指数以2002年为100。

1-3-5 历年农林牧渔业总产值

(按当年价格计算)

单位：亿元

年份	农林牧渔业总产值	农业	林业	牧业	渔业	农林牧渔服务业
1949	20.31	18.08	0.25	1.76	0.22	
1952	29.70	26.69	0.44	2.28	0.29	
1957	30.77	27.31	0.70	2.43	0.33	
1962	31.26	27.93	0.55	2.55	0.24	
1965	45.49	39.86	1.01	4.34	0.28	
1970	59.69	51.59	1.88	5.93	0.29	
1975	72.73	60.26	2.13	9.82	0.53	
1978	75.86	64.03	2.39	8.87	0.56	
1980	97.79	79.86	3.10	14.00	0.83	
1985	167.33	128.65	6.15	31.16	1.37	
1990	357.63	254.77	9.58	83.38	9.90	
1995	1147.83	753.52	23.50	344.18	26.63	
1996	1298.04	801.26	24.80	437.59	34.39	
1997	1437.29	845.18	26.38	523.14	42.59	
1998	1505.91	885.88	27.37	547.57	45.09	
1999	1539.77	879.64	28.14	582.96	49.03	
2000	1544.65	846.72	25.37	613.68	58.88	
2001	1680.33	899.38	34.02	685.77	61.16	
2002	1728.85	918.62	37.49	706.82	65.92	
2003	1877.37	958.30	41.27	721.31	57.72	98.78
2004	2285.56	1135.75	40.02	924.78	72.08	112.93
2005	2379.17	1258.00	40.13	879.38	79.44	122.21
2006	2466.37	1380.45	45.85	832.32	72.75	135.00
2007	3075.77	1639.07	52.37	1146.99	85.14	152.20
2008	3505.23	1760.75	55.89	1410.82	102.77	175.00
2009	3640.93	1958.79	39.69	1350.10	108.38	183.99
2010	4309.42	2470.11	51.26	1443.76	142.47	201.83
2011	4570.27	2484.67	62.23	1643.80	155.36	224.21
2012	4912.42	2710.55	83.40	1709.84	167.08	241.54
2013	5284.43	2975.01	104.30	1772.37	166.28	266.46
2014	5373.76	2893.29	118.47	1895.90	175.85	290.25
2015	5291.68	2820.11	134.62	1842.65	181.12	313.18
2016	5299.66	2772.86	148.30	1846.23	190.30	341.97
2017	5373.38	2890.60	175.54	1735.82	195.86	375.55
2018	5707.00	3085.86	186.64	1813.82	207.49	413.19
2019	6061.46	3114.86	231.38	2035.42	212.54	467.26

注：1.本表按当年价格计算，2003-2018年数据按新分类、生产者价格计算，不包括农民家庭兼营商品性工业，包括农林牧渔服务业(下同)。
2.从2011年起，农林牧渔业总产值使用农普核定后数据。

1-3-6 历年农林牧渔业总产值构成

(按当年价格计算)

单位：%

年份	农林牧渔业总产值	农业	林业	牧业	渔业	农林牧渔服务业
1949	100.00	89.03	1.25	8.65	1.07	
1952	100.00	89.87	1.49	7.68	0.96	
1957	100.00	88.74	2.28	7.91	1.07	
1962	100.00	89.34	1.77	8.14	0.75	
1965	100.00	87.62	2.23	9.54	0.61	
1970	100.00	86.42	3.15	9.94	0.49	
1975	100.00	82.85	2.93	13.50	0.72	
1978	100.00	84.41	3.15	11.70	0.74	
1980	100.00	81.66	3.17	14.32	0.85	
1985	100.00	76.88	3.68	18.62	0.82	
1990	100.00	71.24	2.68	23.31	2.77	
1995	100.00	65.65	2.05	29.98	2.32	
1996	100.00	61.73	1.91	33.71	2.65	
1997	100.00	58.80	1.84	36.40	2.96	
1998	100.00	58.83	1.82	36.36	2.99	
1999	100.00	57.13	1.83	37.86	3.18	
2000	100.00	54.82	1.64	39.73	3.81	
2001	100.00	53.53	2.02	40.81	3.64	
2002	100.00	53.14	2.17	40.88	3.81	
2003	100.00	51.05	2.20	38.42	3.07	5.26
2004	100.00	49.69	1.75	40.46	3.16	4.94
2005	100.00	52.87	1.69	36.96	3.34	5.14
2006	100.00	55.97	1.86	33.75	2.95	5.47
2007	100.00	53.29	1.70	37.29	2.77	4.95
2008	100.00	50.23	1.60	40.25	2.93	4.99
2009	100.00	53.80	1.09	37.08	2.98	5.05
2010	100.00	57.32	1.19	33.50	3.31	4.68
2011	100.00	54.37	1.36	35.97	3.40	4.91
2012	100.00	55.18	1.70	34.81	3.40	4.92
2013	100.00	56.30	1.97	33.54	3.15	5.04
2014	100.00	53.84	2.20	35.28	3.27	5.40
2015	100.00	53.29	2.54	34.82	3.42	5.92
2016	100.00	52.32	2.80	34.84	3.59	6.45
2017	100.00	53.79	3.27	32.30	3.65	6.99
2018	100.00	54.07	3.27	31.78	3.64	7.24
2019	100.00	51.39	3.82	33.58	3.50	7.71

注：1.2003-2018年数据按新分类，不包括农民家庭兼营商品性工业，包括农林牧渔服务业(下同)。
　　2.从2011年起，农林牧渔业总产值构成使用农普核定后数据。

1-3-7 分项农林牧渔业产值及构成

(按当年价格计算)

指　　标	绝 对 数(亿元)		构　成(%)	
	2018年	2019年	2018年	2019年
农林牧渔业总产值	**5707.00**	**6061.46**	**100.00**	**100.00**
一、农业产值	**3085.86**	**3114.86**	**54.07**	**51.39**
(一)谷物及其他作物	1083.61	1044.14	18.99	17.23
1.谷　物	740.89	751.58	12.98	12.40
2.薯　类	117.34	114.57	2.06	1.89
3.油　料	62.11	63.09	1.09	1.04
4.豆　类	15.68	16.92	0.27	0.28
5.棉　花	47.30	43.34	0.83	0.72
6.生　麻		0.00		0.00
7.糖　类	4.71	3.86	0.08	0.06
8.烟　草	0.30	0.35	0.01	0.01
9.其他农作物	95.28	50.45	1.67	0.83
(二)蔬菜、食用菌及花卉盆景园艺	1335.31	1374.26	23.40	22.67
1.蔬　菜	1196.14	1223.71	20.96	20.19
2.食用菌	108.17	119.20	1.90	1.97
3.花　卉	8.38	10.85	0.15	0.18
4.盆景园艺	22.62	20.49	0.40	0.34
(三)水果、食用坚果、饮料和香料	551.67	542.40	9.67	8.95
1.水　果	459.98	460.40	8.06	7.60
(1)园林水果	348.19	346.54	6.10	5.72
(2)瓜果类	111.78	113.85	1.96	1.88
2.食用坚果	82.16	77.55	1.44	1.28
3.香料原料	9.53	2.77	0.17	0.05
(四)中草药材	115.28	154.06	2.02	2.54
二、林业产值	**186.64**	**231.38**	**3.27**	**3.82**
(一)林木的培育和种植	152.71	191.86	2.68	3.17
1.育种育苗	22.22	18.33	0.39	0.30
2.造　林	100.24	159.32	1.76	2.63
3.抚育和管理	12.47	13.42	0.22	0.22
(二)木材采运	4.51	6.54	0.08	0.11
(三)林产品	29.42	32.98	0.52	0.54
三、牧业产值	**1813.82**	**2035.42**	**31.78**	**33.58**
(一)牲畜饲养	605.31	687.73	10.61	11.35
1.牛的饲养	277.01	306.23	4.85	5.05
2.羊的饲养	191.62	224.09	3.36	3.70
3.其他牲畜饲养	3.00	3.05	0.05	0.05
4.奶产品	127.18	148.13	2.23	2.44
5.毛绒产品	6.50	6.23	0.11	0.10
(二)猪的饲养	600.04	730.07	10.51	12.04
(三)家禽饲养	448.27	498.50	7.85	8.22
1.肉　禽	119.08	149.89	2.09	2.47
2.禽　蛋	329.19	348.61	5.77	5.75
(四)猎狩和捕捉动物				
(五)其他畜牧业	160.20	119.11	2.81	1.97
四、渔业产值	**207.49**	**212.54**	**3.64**	**3.51**
(一)海水产品	150.84	157.13	2.64	2.59
(二)淡水产品	56.64	55.41	0.99	0.91
五、农林牧渔服务业产值	**413.19**	**467.26**	**7.24**	**7.71**

注：1.本表按新分类、生产者价格计算，不包括农民家庭兼营商品性工业，包括农林牧渔服务业。

1-3-8　历年农林牧渔业增加值及指数

年 份	农林牧渔业增加值(亿元)	指数(以上年为100)	年 份	农林牧渔业增加值(亿元)	指数(以上年为100)	年 份	农林牧渔业增加值(亿元)	指数(以上年为100)
1952	25.23		1975	50.66	110.2	1998	790.60	106.2
1953	24.10	88.3	1976	45.86	91.9	1999	805.97	104.3
1954	25.38	103.1	1977	48.42	106.3	2000	824.55	105.1
1955	28.18	111.6	1978	52.20	110.4	2001	913.82	105.3
1956	25.01	88.0	1979	61.11	104.2	2002	956.84	105.4
1957	26.11	111.3	1980	68.09	97.4	2003	1064.05	106.1
1958	27.89	103.9	1981	71.03	105.3	2004	1333.57	106.7
1959	27.00	94.7	1982	85.59	119.5	2005	1400.00	106.2
1960	23.43	82.1	1983	102.10	118.7	2006	1461.81	105.0
1961	23.99	79.8	1984	111.46	108.0	2007	1804.72	104.0
1962	24.07	102.3	1985	120.34	102.2	2008	2034.59	104.9
1963	19.84	83.6	1986	123.45	97.4	2009	2207.34	103.3
1964	27.15	138.1	1987	137.66	101.6	2010	2562.81	103.5
1965	37.20	128.4	1988	162.31	101.1	2011	2802.47	104.0
1966	40.12	107.2	1989	196.35	103.7	2012	3021.33	104.0
1967	40.06	100.0	1990	227.89	105.7	2013	3260.29	103.4
1968	40.35	97.3	1991	236.89	102.5	2014	3293.72	103.9
1969	44.11	108.5	1992	257.08	99.4	2015	3239.75	102.7
1970	46.41	103.0	1993	301.68	104.4	2016	3234.52	103.7
1971	44.06	95.4	1994	451.91	111.8	2017	3297.76	104.1
1972	38.35	87.9	1995	631.34	108.6	2018	3522.29	103.2
1973	43.16	111.7	1996	700.94	105.5	2019	3727.43	102.1
1974	45.62	105.6	1997	761.76	105.4			

注：1.指数按可比价格计算。2003-2018年数据按新分类、生产者价格计算，不包括农民家庭兼营商品性工业，包括农林牧渔服务业(下同)。
　　2.从2011年起，农林牧渔业增加值及指数构成使用农普核定后数据。

1-3-9　农林牧渔业增加值、构成及占产值比重

指　　标	绝对数(万元)		构　　成(%)		中间消耗、增加值占产值比重(%)	
	2018年	2019年	2018年	2019年	2018年	2019年
一、农林牧渔业总产值	**57069968**	**60614633**	**100.00**	**100.00**	**100.00**	**100.00**
农　　业	30858611	31148609	54.07	51.39	100.00	100.00
林　　业	1866372	2313832	3.27	3.82	100.00	100.00
牧　　业	18138185	20354166	31.78	33.58	100.00	100.00
渔　　业	2074873	2125446	3.64	3.51	100.00	100.00
农林牧渔服务业	4131927	4672581	7.24	7.71	100.00	100.00
二、中间消耗	**21847068**	**23340313**	**100.00**	**100.00**	**38.28**	**38.51**
农　　业	9439897	9418909	43.20	40.35	30.59	30.24
林　　业	662305	815928	3.03	3.50	35.49	35.26
牧　　业	8697295	9750422	39.80	41.78	47.95	47.90
渔　　业	758547	773076	3.47	3.31	36.56	36.37
农林牧渔服务业	2289021	2581977	10.50	11.06	55.40	55.26
三、农林牧渔业增加值	**35222900**	**37274320**	**100.00**	**100.00**	**61.72**	**61.49**
农　　业	21418714	21729700	60.82	58.30	69.41	69.76
林　　业	1204068	1497904	3.42	4.02	64.51	64.74
牧　　业	9440889	10603743	26.81	28.45	52.05	52.10
渔　　业	1316323	1352369	3.74	3.63	63.44	63.63
农林牧渔服务业	1842906	2090604	5.22	5.61	44.60	44.74

注：2017年农林牧渔增加值、构成及占产值比重使用农普核定后数据。

1-3-10 历年农林牧渔业商品产值

单位:亿元

年 份	农林牧渔业商品产值	农 业	林 业	牧 业	渔 业
1987	110.57	73.75	1.98	31.04	3.80
1990	199.71	127.85	2.85	59.97	9.04
1991	212.78	130.15	4.19	68.23	10.21
1992	244.92	145.60	5.59	80.10	13.63
1993	301.39	179.77	7.24	102.89	11.49
1994	487.46	277.70	9.74	181.16	18.86
1995	714.11	417.00	10.26	262.08	24.77
1996	845.92	454.07	12.64	347.30	31.91
1997	950.42	483.49	13.46	414.27	39.20
1998	1013.48	521.77	13.85	436.96	40.90
1999	1060.90	535.14	13.76	468.12	43.88
2000	1084.35	531.08	11.66	489.55	52.06
2001	1203.96	583.44	17.55	547.45	55.52
2002	1262.29	615.29	18.46	568.43	60.11
2003	1399.47	644.27	18.81	684.34	52.05
2004	1728.80	759.15	20.75	885.06	63.84
2005	1934.80	862.26	23.86	976.03	72.65
2006	1817.08	993.23	29.89	726.78	67.18
2007	2312.00	1187.10	35.92	1010.60	78.38
2008	2605.73	1260.86	36.63	1215.56	92.67
2009	2764.35	1467.40	10.79	1184.59	101.57
2010	3304.70	1881.19	12.76	1275.55	135.20
2011	3524.22	1894.94	18.11	1467.42	143.74
2012	3811.90	2112.42	23.00	1532.02	144.46
2013	4093.65	2336.45	31.53	1592.65	133.02
2014	4158.32	2264.22	34.83	1708.21	151.06
2015	4092.33	2233.12	46.03	1652.86	160.32
2016	4180.32	2272.50	51.70	1680.99	175.13
2017	4234.16	2404.65	60.86	1580.64	188.01
2018	4517.35	2600.43	45.98	1671.43	199.50
2019	4799.93	2664.92	55.49	1873.54	205.98

注：从2011年起,农林牧渔业商品产值使用农普核定后数据。(不含农林牧渔服务业)

1-3-11　历年农林牧渔业商品率

单位：%

年　份	农林牧渔业商品率	农　业	林　业	牧　业	渔　业
1987	55.10	50.56	28.99	71.09	88.58
1990	55.84	50.18	29.75	71.92	91.31
1991	56.34	50.20	33.84	71.92	91.98
1992	58.34	51.55	40.13	73.82	91.35
1993	58.95	52.18	47.32	73.97	92.89
1994	61.21	53.58	50.10	76.06	93.02
1995	62.21	55.34	43.66	76.15	93.02
1996	65.17	56.67	50.97	79.36	92.81
1997	66.13	57.21	51.01	79.19	92.06
1998	67.30	58.90	50.60	79.80	90.70
1999	68.90	60.84	48.90	80.30	89.50
2000	70.20	62.72	45.97	79.77	88.40
2001	71.64	64.87	51.59	79.81	90.76
2002	73.00	66.98	49.25	80.39	91.17
2003	74.52	67.23	45.59	83.40	90.19
2004	75.64	66.84	51.86	85.29	88.56
2005	77.33	68.54	59.46	86.80	91.45
2006	77.94	71.95	65.19	87.32	92.34
2007	79.08	72.42	68.59	88.11	92.06
2008	78.24	71.61	65.54	86.16	90.17
2009	79.97	74.91	27.20	87.74	93.72
2010	80.45	76.16	24.90	88.35	94.90
2011	81.09	76.27	29.11	89.27	92.52
2012	81.61	77.93	27.58	89.60	86.46
2013	81.58	78.54	30.23	89.86	80.00
2014	81.80	78.26	29.40	90.10	85.90
2015	82.20	79.19	34.19	89.70	88.52
2016	84.32	81.96	34.86	91.05	92.03
2017	84.72	83.19	34.67	91.06	95.99
2018	85.33	84.27	24.64	92.15	96.15
2019	85.80	85.55	23.98	92.05	96.91

1-3-12　历年农业劳动生产率、土地生产率、投入产出率

单位：元

年　份	每一农村农林牧渔业从业人员创造农林牧渔业总产值	每一农村农林牧渔业从业人员创造农林牧渔业增加值	每公顷耕地创造农林牧渔业总产值	每公顷耕地创造农林牧渔业增加值	农业投入产出率(%)
1978	510	351	1136	782	220.6
1980	629	438	1479	1024	229.3
1985	1031	741	2534	1822	256.1
1990	2041	1307	5455	3476	175.7
1995	6558	3627	17612	9687	122.2
1996	7738	4201	19974	10786	117.4
1997	8821	4699	22133	11731	112.8
1998	9202	4856	23223	12192	110.5
1999	9352	4921	23767	12440	109.8
2000	9298	4989	23889	12752	114.5
2001	10091	5488	26056	14170	119.2
2002	10424	5769	28225	15622	123.9
2003	11336	6425	31335	17760	130.8
2004	14019	8180	38089	22224	140.1
2005	15091	8880	39726	23376	143.0
2006	16090	9536	41927	24850	145.5
2007	20559	12063	52188	30622	142.0
2008	23706	13760	59396	34476	138.3
2009	24678	14961	55491	33642	154.0
2010	29408	17489	65778	39118	146.7
2011	31606	19381	69629	42696	158.5
2012	34425	21173	74903	46069	159.8
2013	37505	23139	80663	49766	161.1
2014	38577	23645	82196	50380	158.3
2015	38346	23476	81093	49648	157.9
2016	38684	23610	81278	49606	156.6
2017	39452	24213	82428	50588	158.9
2018	42133	25999	87483	53984	161.2
2019	45027	27689			159.7

注：1.按从业人员年平均人数计算。
　　2.从2011年起，农业劳动生产率、土地生产率、投入产出率使用农普核定后数据。

1-3-13 历年农村经济在国民经济中的地位

单位：%

年 份	农林牧渔业增加值占地区生产总值比重	乡村人口占总人口比重	农林牧渔业从业人员占全社会从业人员比重	农村消费品零售额占全社会消费品零售额比重
1952	62.31		87.44	63.71
1957	49.92	90.52	89.91	61.20
1962	49.39	91.54	79.21	63.85
1965	51.16	90.63	87.60	67.14
1970	44.52	91.35	89.92	64.65
1975	38.15	89.87	83.17	63.04
1978	28.52	88.79	69.95	64.20
1980	28.43	87.81	74.74	67.82
1985	30.33	86.41	64.14	61.45
1990	25.42	84.62	60.24	53.18
1995	23.38	83.89	52.75	48.87
1996	21.92	82.04	49.14	49.80
1997	20.86	81.44	48.74	51.16
1998	20.15	81.02	48.58	53.02
1999	19.38	80.69	49.76	53.72
2000	17.82	80.72	49.56	53.56
2001	18.05	80.39	49.17	52.92
2002	17.34	80.02	48.40	52.20
2003	16.80	79.52	48.19	51.13
2004	18.06	79.16	45.86	50.82
2005	15.96	79.15	43.84	53.18
2006	14.56	78.46	42.24	52.55
2007	14.85	78.59	40.42	52.10
2008	14.33	78.63	39.76	52.14
2009	14.42	78.63	39.00	52.28
2010	14.24	77.43	37.88	23.73
2011	13.11	77.34	36.33	23.35
2012	13.09	77.23	34.91	23.26
2013	13.44	77.19	33.57	23.16
2014	13.07	77.14	33.29	21.71
2015	12.27	76.92	32.95	22.06
2016	11.36	76.93	32.68	22.06
2017	10.76	76.29	32.20	22.53
2018	10.84	77.14	32.28	23.45
2019		77.20		21.58

注：1.本表为经普后对历史数据进行调整的数据。
2.从2010年起，社会消费品零售额按销售单位所在地分为城镇和农村。
3.从2011年起，农林牧渔业增加值占地区生产总值比重使用农普核定后数据。

1-3-14 历年平均每一乡村农林牧渔业从业人员生产的主要农产品

单位：公斤

年 份	粮 食	棉 花	油 料	猪牛羊肉	禽 蛋	水 产 品
1957	592.34	21.73	21.31			6.95
1962	431.95	9.47	6.12			3.42
1965	662.09	17.90	12.25			4.41
1970	778.02	15.46	14.78			4.41
1975	948.56	11.31	14.87			8.11
1978	1144.01	7.94	16.61	28.26		9.42
1980	933.24	15.15	27.67	34.05		5.98
1985	1199.86	38.35	53.03	49.97	20.44	7.78
1986	1200.19	31.23	37.71	56.06	21.83	9.47
1987	1181.89	38.55	42.40	58.66	22.68	11.04
1988	1229.81	35.07	39.73	65.98	26.77	12.57
1989	1212.90	31.43	32.83	65.67	26.24	12.25
1990	1278.86	32.06	42.06	68.07	28.80	12.28
1995	1596.69	21.60	64.04	150.86	119.67	23.09
1996	1719.96	15.93	74.39	156.08	164.40	31.26
1997	1695.17	15.35	72.81	162.00	181.46	37.41
1998	1783.49	16.52	84.86	163.92	186.82	42.38
1999	1674.67	13.57	78.98	164.95	193.77	46.32
2000	1531.76	18.02	88.25	162.13	197.75	48.61
2001	1496.61	25.18	92.38	161.96	201.52	50.99
2002	1474.45	24.33	91.56	167.76	209.98	52.70
2003	1438.22	31.44	98.24	171.84	215.97	51.96
2004	1549.63	41.57	96.42	186.66	229.46	58.00
2005	1673.53	37.17	98.36	202.33	248.06	63.72
2006	1837.75	46.28	88.42	213.79	252.67	57.59
2007	1958.91	48.88	91.44	209.25	268.53	61.29
2008	2026.06	49.56	99.16	225.45	279.04	65.38
2009	2049.19	39.68	91.61	233.15	241.17	68.19
2010	2140.11	29.31	88.78	233.79	234.19	72.91
2011	2333.97	31.54	88.17	237.27	239.26	74.46
2012	2424.64	29.03	89.62	251.01	243.88	70.31
2013	2565.71	27.73	94.67	259.60	250.82	75.88
2014	2568.92	26.63	90.64	276.14	264.86	78.98
2015	2626.71	17.43	91.89	278.19	276.87	82.34
2016	2762.75	17.45	92.17	274.06	288.90	83.73
2017	2826.63	17.74	95.52	278.41	283.25	82.41
2018	2732.64	17.67	89.62	275.60	279.08	80.94
2019	2794.63	17.00	89.35	246.70	288.42	74.00

注：按年末从业人数计算。

1-3-15 历年农业产业化经营情况

指　　标	单 位	1998年	2000年	2005年	2006年	2007年	2008年	2009年	2010年	2011年
农业产业化经营总量	亿元	618.5	795.1	1873.1	2171.8	2496.8	2996.4	3213.3	4062.9	4757.1
农业产业化经营率	%	28.4	36.1	49.4	51.8	53.6	55.3	56.8	58.6	60.0
龙头经营组织个数	个	582	604	1118	1172	1203	1230	1252	1465	1576
龙头经营组织销售额	亿元	209.1	306.7	907.3	1106.6	1332.2	1562.8	1614.2	2122.5	2424.0
龙头企业(集团)个数	个	411	471	908	954	989	1016	1030	1218	1307
龙头企业销售额	亿元	171.4	267.8	832.6	1018.2	1242.4	1460.7	1497.2	1963.6	2235.5
专业批发市场个数	个	115	103	123	127	125	127	120	129	129
专业批发市场销售额	亿元	32.6	35.3	66.3	76.0	77.6	91.1	105.4	140.9	167.0
中介服务组织个数	个	56	30	87	91	89	87	102	118	140
中介服务组织销售额	亿元	5.2	3.7	8.4	12.4	12.1	11.0	11.6	18.0	21.5
农产品生产(加工)基地个数	个	343	385	469	481	497	505	500	556	590
农产品生产(加工)基地销售产值	亿元	384.2	463.0	955.5	1056.3	1160.0	1417.8	1582.1	1927.1	2313.1
农产品生产(加工)基地联系农户	万户	431.1	512.2	681.6	749.0	753.0	758.3	747.9	798.8	818.3
种植业生产基地个数	个	191	227	261	263	272	274	271	309	322
种植业生产基地种植面积	千公顷	849.5	1036.5	1581.8	1705.9	1846.1	1883.6	1964.8	2152.5	2191.6
种植业生产基地销售产值	亿元	160.3	218.9	434.0	487.2	568.7	661.8	774.6	961.1	1118.3
种植业生产基地联系农户数	万户	309.4	363.7	465.1	499.4	497.0	499.4	493.8	535.4	544.4
养殖业生产基地个数	个	132	137	183	191	198	203	202	218	238
养殖业生产基地销售产值	亿元	111.4	131.8	316.5	365.6	388.5	512.1	540.5	643.3	840.5
养殖业生产基地联系农户数	万户	111.3	133.2	195.1	227.2	235.3	236.2	231.1	239.4	246.2
生产加工基地个数	个	20	21	25	27	27	28	27	29	30
生产加工基地销售产值	亿元	112.5	112.3	205.0	203.6	202.7	243.9	267.0	322.7	354.3
生产加工基地联系农户数	万户	10.4	15.3	21.5	22.4	20.8	22.7	22.9	24.0	27.7
农户参与度	%	30.8	36.0	47.1	51.8	51.5	51.3	49.9	52.4	53.2
参与农户增收比率	%	28.7	28.7	35.6	35.6	36.2	38.2	40.5	41.3	40.4
农民受益率	%	10.1	11.9	16.5	17.5	16.0	16.1	16.5	17.4	15.9

1-3-15续　历年农业产业化经营情况

指　　标	单 位	2012年	2013年	2014年	2015年	2016年	2017年	2018年	2019年
农业产业化经营总量	亿元	5394.3	6147.7	6666.1	6934.8	6297.9	6743.5	6737.4	6669.9
农业产业化经营率	%	61.5	63.0	64.2	65.6	64.7	66.6	65.9	67.1
龙头经营组织个数	个	1662	1834	1974	2181	2529	2575	2552	2951
龙头经营组织销售额	亿元	2719.1	3108.8	3448.0	3637.8	3776.2	4063.3	3885.3	4370.2
龙头企业(集团)个数	个	1338	1555	1703	1899	2212	2303	2297	2707
龙头企业销售额	亿元	2496.5	2861.9	3158.4	3296.7	3390.3	3622.0	3373.0	3821.5
专业批发市场个数	个	127	126	111	113	113	106	98	93
专业批发市场销售额	亿元	199.5	222.7	265.6	314.3	357.0	410.9	470.3	521.2
中介服务组织个数	个	147	153	160	169	204	166	157	151
中介服务组织销售额	亿元	23.1	24.2	23.9	26.8	28.9	30.4	41.9	27.6
农产品生产(加工)基地个数	个	633	671	688	699	724	742	715	564
农产品生产(加工)基地销售产值	亿元	2675.2	3038.9	3218.1	3297.0	2521.7	2680.2	2852.1	2299.7
农产品生产(加工)基地联系农户	万户	885.4	852.5	860.7	885.5	807.3	812.8	787.8	640.0
种植业生产基地个数	个	340	366	374	382	398	415	402	349
种植业生产基地种植面积	千公顷	2097.0	2457.4	2433.7	2373.7	1855.0	1885.5	1851.0	1685.3
种植业生产基地销售产值	亿元	1338.5	1552.7	1598.9	1646.4	1109.2	1161.6	1337.1	1332.2
种植业生产基地联系农户数	万户	591.0	583.3	582.4	605.3	558.2	565.4	559.6	509.7
养殖业生产基地个数	个	259	271	281	286	293	295	282	208
养殖业生产基地销售产值	亿元	903.2	980.5	1059.1	1090.1	759.1	832.2	878.5	783.3
养殖业生产基地联系农户数	万户	260.8	239.2	251.8	252.8	215.0	213.1	192.5	124.2
生产加工基地个数	个	34	34	33	31	33	32	31	7
生产加工基地销售产值	亿元	433.4	505.8	560.2	560.5	653.4	686.4	636.5	184.2
生产加工基地联系农户数	万户	33.6	30.0	26.5	27.3	34.1	34.4	35.7	6.1
农户参与度	%	57.1	54.5	54.6	56.1	50.8	50.5	47.5	38.0
参与农户增收比率	%	43.4	41.1	40.0	43.0	41.1	40.7	40.1	40.6
农民受益率	%	29.0	16.2	14.7	15.7	11.9	11.5	10.5	8.0

1-3-16　历年城乡居民人均消费水平对比

单位：元

年份	居民消费水平			
	居民消费水平	城镇居民	农村居民	城乡消费水平对比(农村居民=1)
1978	165	402	137	2.93
1980	199	460	164	2.80
1981	223	481	187	2.57
1982	236	507	198	2.56
1983	258	513	221	2.32
1984	301	569	261	2.18
1985	366	672	319	2.11
1986	413	773	356	2.17
1987	494	917	423	2.17
1988	664	1300	557	2.33
1989	722	1557	583	2.67
1990	783	1592	605	2.63
1991	847	1839	675	2.72
1992	950	2182	729	2.99
1993	1044	2393	797	3.00
1994	1276	2909	968	3.01
1995	1598	3220	1238	2.60
1996	1782	3240	1439	2.25
1997	1987	3478	1580	2.20
1998	2035	3534	1596	2.21
1999	2144	3639	1661	2.19
2000	2324	4150	1696	2.45
2001	2523	4581	1755	2.61
2002	2826	5296	1822	2.91
2003	2993	5548	1868	2.97
2004	3354	5896	2005	2.94
2005	3728	6337	2212	2.87
2006	4295	7231	2478	2.92
2007	5041	8431	2826	2.98
2008	5739	9493	3121	3.04
2009	6357	10510	3247	3.24
2010	7077	11649	3467	3.36
2011	8286	13175	4278	3.08
2012	9279	14287	4978	2.87
2013	9839	14642	5500	2.66
2014	10357	14967	5976	2.50
2015	11279	15759	6740	2.34
2016	12645	17011	7852	2.17
2017	13891	18139	8871	2.04
2018	15186	19324	9978	1.94

注:1.居民消费水平2000年以后数据为按经济普查口径调整后数据。
　2.本表数据来源于国民经济核算资料，与城乡住户抽样调查数据的指标口径不同。

1-4-1 农村居民家庭基本情况

指　　标	单 位	2000年	2005年	2010年	2015年	2017年	2018年	2019年
一、调查户数	**户**	**4200**	**4200**	**4200**				
二、调查户人口								
户均常住人口	人	4.11	3.92	3.70	3.40	3.39	3.40	3.27
户均整半劳动力	人	2.74	2.81	2.76	2.42	2.40	2.24	2.15
整半劳动力占常住人口比重	%	66.62	71.67	74.47	71.34	70.80	65.66	65.83
平均每个劳动力负担人口	人	1.50	1.40	1.34	1.40	1.41	1.52	1.52
三、劳动力就业情况								
整半劳动力	人	11503	11801	11583				
各业劳动力比重	%	100.00	100.00	100.00	100.00	100.00	100.00	100.00
1.第一产业	%	71.86	63.90	58.22	52.61	45.92	48.77	49.33
2.第二产业	%		16.90	22.75	26.90	29.65	27.28	26.41
(1)采矿业	%		0.74	0.77	1.01	0.95	0.77	0.61
(2)制造业	%	8.50	10.48	14.37	16.64	17.33	12.85	13.68
(3)电力、热力、燃气及水生产和供应业	%		0.26	0.56	0.61	0.64	1.49	0.82
(4)建筑业	%	4.02	5.42	7.05	8.64	10.73	12.18	11.30
3.第三产业	%		19.20	19.03	20.49	24.43	23.95	24.26
(1)批发和零售业	%	4.51	4.97	5.01	5.48	6.46	4.57	5.57
(2)交通运输、仓储和邮政业	%	1.88	2.64	3.03	3.78	4.09	5.24	4.72
(3)住宿和餐饮业	%		1.30	1.51	1.38	2.35	2.53	2.41
(4)信息传输、软件和信息技术服务业	%				0.22	0.38	0.53	0.25
(5)金融业	%				0.25	0.33	0.20	0.24
(6)房地产业	%				0.08	0.12	0.11	0.15
(7)租赁和商务服务业	%				0.18	0.21	0.40	0.18
(8)科学研究和技术服务业	%				0.08	0.09	0.06	0.05
(9)水利、环境和公共设施管理业	%				0.15	0.20	0.30	0.29
(10)居民服务、修理和其他服务业	%	1.85	3.24	4.06	5.15	6.24	6.04	5.36
(11)教育	%		1.19	1.00	1.17	1.22	1.10	1.60
(12)卫生和社会工作	%		0.62	0.66	0.67	0.75	1.08	1.29
(13)文化、体育和娱乐业	%		0.23	0.39	0.27	0.35	0.37	0.62
(14)公共管理、社会保障和社会组织	%		4.99	3.37	1.64	1.64	1.43	1.52
(15)国际组织	%							

1-4-2 农村居民家庭劳动力文化程度

指　　标	单 位	2000年	2005年	2010年	2015年	2017年	2018年	2019年
平均每百个劳动力中								
未上过学	人	2.68	2.80	1.55	2.54	2.21	1.97	2.54
小　学	人	25.00	19.21	17.52	20.49	18.99	21.89	22.38
初　中	人	57.99	59.73	59.74	58.69	59.99	57.11	56.44
高　中	人	13.84	17.13	19.17	14.78	14.87	15.02	14.05
大专及以上	人	0.49	1.12	2.02	3.51	3.94	4.01	4.59

1-4-3 农村居民家庭平均每百户年末拥有生产性固定资产数量

指　　标	单 位	2000年	2005年	2010年	2015年	2017年	2018年	2019年
生产性用房及建筑物	平方米	1179.10	1965.17	2203.59	1179.08	1324.26	1818.47	2255.34
大中型农用拖拉机	台	2.03	2.48	2.92	2.46	2.10	2.23	2.59
小型农用拖拉机	台	34.49	36.43	32.13	36.68	30.57	22.97	24.07
农用排灌动力机械	台		32.04	26.59	8.25	7.91	6.71	7.21
收割机	台		2.07	1.76	0.64	0.76	2.38	0.91
脱粒机	台	6.30	2.17	2.73	2.68	1.92	5.78	1.37
役　畜	头	25.04	11.95	8.32	3.30	2.77	2.81	2.83
产品畜	头	19.88	60.95	40.26	60.96	52.64	71.36	114.07

1-4-4 农村居民家庭平均每户年末拥有生产性固定资产原值

单位：元

指　　标	2000年	2005年	2010年	2015年	2017年	2018年	2019年
平均每户生产性固定资产原值	**6328.32**	**9335.54**	**11455.36**	**15252.44**	**19302.89**	**19778.62**	**22915.47**
1.农　业		4646.31	5683.50	6287.34	5226.31	6982.48	6558.81
2.林　业	4132.77	9.05	11.27	59.15	10.19	8.80	9.34
3.牧　业		1449.07	1417.95	1534.27	2003.77	1618.89	2164.68
4.渔　业				6.93			
5.农林牧渔服务业				53.04	53.64	35.52	11.84
6.采矿业		14.88	26.19			8.32	
7.制造业	586.06	1070.92	1354.51	1587.37	3518.57	3485.59	1919.18
8.电力、热力、燃气及水生产和供应业			4.76		12.71	81.98	53.36
9.建筑业	31.57	38.33	158.33	238.89	1017.04	630.89	697.47
10.批发和零售业		457.83	727.00	2362.73	4242.49	2023.86	3208.80
11.交通运输、仓储和邮政业		1356.43	1585.74	2232.68	2040.82	3831.84	7083.19
12.住宿和餐饮业		70.19	101.55	217.22	317.99	358.58	308.00
13.房地产业	1577.92				21.64		
14.租赁和商务服务业				108.53	17.85	129.36	182.36
15.居民服务、修理和其他服务业		123.43	206.44	487.58	588.43	471.69	429.02
16.其他行业		99.10	178.12	76.71	231.44	110.84	289.43

1-4-5 农村居民住房情况

指标	单位	2000年	2005年	2010年	2015年	2017年	2018年	2019年
一、年末拥有房屋面积	**平方米／人**	**22.87**	**28.35**	**32.48**	**37.66**	**39.45**	**39.67**	**38.90**
现住房面积	平方米／人	22.87	28.35	32.23	36.52	38.26	38.66	38.87
#钢筋混凝土	平方米／人	2.98	6.11	7.53	2.88	3.67	3.45	4.02
砖混材料	平方米／人	18.35	21.10	23.57	18.25	20.45	22.61	21.96
砖瓦砖木	平方米／人				14.58	13.44	11.73	12.18
竹草土坯	平方米／人				0.68	0.55	0.39	0.25
其他	平方米／人				0.13	0.15	0.49	0.48

1-4-6 历年农村居民人均可支配收入及指数

单位：元/人

年份	一、收入合计(元)	从集体得到的收入	从经济联合体得到的收入	家庭经营纯收入	其他非生产性收入	二、指数 以上年为100	以1978年为100
1954	63	3		49	11		
1957	64	49		2	14		
1962	90	55		25	11		
1965	88	55		20	13		
1966	88	56		20	12		
1977	83	60		17	7		
1978	114	84		20	10	137.2	100.0
1979	136	98		24	14	119.3	119.3
1980	176	105		45	26	129.1	154.1
1985	385	35	9	305	36	111.7	337.7
1986	408	40	11	319	37	105.8	357.4
1987	444	44	12	357	33	109.0	389.6
1988	547	50	13	445	39	123.0	479.2
1989	589	58	14	472	45	107.8	516.7
1990	622	55	12	507	48	105.5	545.0
1991	657	69	8	524	56	105.7	576.3
1992	682	78	9	530	65	103.8	598.4

1-4-6续　历年农村居民人均可支配收入及指数

单位：元/人

年　份	一、可支配收入(元)	1.工资性收入	2.经营净收入	3.财产净收入	4.转移净收入	二、指数 以上年为100	以1978年为100
1993	804	220	550	6	27	117.8	704.7
1994	1107	294	753	32	29	137.8	970.8
1995	1669	441	1150	41	37	150.7	1463.0
1996	2055	575	1391	49	40	123.1	1801.6
1997	2286	762	1449	36	39	111.2	2004.2
1998	2405	787	1520	42	56	105.2	2108.8
1999	2442	896	1432	53	60	101.5	2140.5
2000	2479	949	1418	52	60	101.5	2173.3
2001	2604	978	1501	76	48	105.0	2282.7
2002	2685	1044	1506	78	58	103.1	2354.2
2003	2853	1072	1645	76	61	106.3	2501.6
2004	3171	1111	1888	79	93	111.1	2780.2
2005	3482	1294	1989	94	106	109.8	3052.5
2006	3802	1515	2040	108	140	109.2	3333.2
2007	4293	1754	2250	116	174	112.9	3764.2
2008	4795	1980	2416	119	281	111.7	4204.3
2009	5150	2251	2440	124	334	107.4	4514.9
2010	5958	2653	2730	182	392	115.7	5223.5
2011	7120	3424	3006	206	483	119.5	6242.1
2012	8081	4005	3255	218	603	113.5	7085.2
2013	9188	4453	3166	166	1403	112.6	7979.9
2014	10186	5133	3435	204	1413	110.9	8847.1
2015	11051	5812	3685	234	1320	108.5	9597.8
2016	11919	6263	3970	257	1429	107.9	10352.4
2017	12881	6841	4228	274	1538	108.1	11187.6
2018	14031	7454	4612	299	1667	108.9	12186.4
2019	15373	8120	5099	323	1831	109.6	13352.1

注：2013年以前农村居民为人均纯收入，以后为新口径人均可支配收入，指数为可比。

1-4-7　农村居民人均可支配收入

单位：元/人

指　　标	2000年	2005年	2010年	2015年	2018年	2019年
可支配收入	**2479**	**3482**	**5958**	**11051**	**14031**	**15373**
一、工资性收入	**949**	**1294**	**2653**	**5812**	**7454**	**8120**
二、经营净收入	**1418**	**1989**	**2730**	**3685**	**4612**	**5099**
（一）按产业划分						
1.第一产业	914	1456	2053	2144	2298	2617
2.第二产业	113	155	214	276	534	551
3.第三产业	390	378	463	1265	1780	1931
三、财产性净收入	**52**	**94**	**182**	**234**	**299**	**323**
四、转移净收入	**60**	**106**	**392**	**1320**	**1667**	**1831**

注：2013年以前农村居民为人均纯收入，以后为新口径人均可支配收入。

1-4-8 历年农村居民人均消费支出及构成

单位：元

年份	合计	一、生活消费品支出						二、非商品支出
		小计	食品	衣着	燃料	用品及支出	住房	
1954	57	55	39	6	4	3	3	1
1957	58	56	38	8	4	4	3	2
1962	81	76	44	7	10	10	5	4
1965	77	73	52	8	6	4	4	3
1978	95	93	63	14	7	6	3	2
1980	142	139	80	20	8	17	14	3
1985	298	290	149	32	16	43	50	8
1986	333	324	162	35	19	48	61	9
1987	365	356	180	38	18	54	65	10
1988	446	425	209	45	22	68	81	21
1989	495	470	238	48	28	70	86	25
1990	486	457	249	47	28	65	69	29
1991	558	516	268	58	29	82	79	42
1992	579	530	298	56	29	79	69	49
构成(%)								
1954	100.00	97.50	68.75	11.36	7.72	4.96	4.71	2.50
1957	100.00	97.04	64.93	13.24	7.44	6.87	4.56	2.96
1962	100.00	94.73	54.10	8.92	12.67	12.64	6.40	5.27
1965	100.00	95.95	67.58	10.33	7.97	5.36	4.71	4.05
1978	100.00	97.82	66.27	14.68	7.68	6.27	2.92	2.18
1980	100.00	97.76	56.06	13.88	5.81	11.85	10.16	2.24
1985	100.00	97.46	50.03	10.83	5.54	14.39	16.67	2.54
1986	100.00	97.37	48.51	10.60	5.73	14.30	18.23	2.63
1987	100.00	97.33	49.36	10.49	4.87	14.82	17.80	2.67
1988	100.00	95.34	46.95	10.06	4.99	15.17	18.17	4.66
1989	100.00	94.86	48.12	9.65	5.56	14.11	17.42	5.14
1990	100.00	94.06	51.19	9.59	5.72	13.31	14.24	5.94
1991	100.00	92.42	47.94	10.46	5.13	14.74	14.15	7.58
1992	100.00	91.54	51.52	9.67	4.93	13.56	11.86	8.46

1-4-8续 历年农村居民人均消费支出及构成

单位：元

年 份	合 计	食品烟酒	衣 着	居 住	生活用品及服务	交通通信	教育文化娱乐	医疗保健	其他用品和服务
1993	697	407	52	97	36	11	41	44	9
1994	779	442	65	109	43	19	57	33	11
1995	1104	627	90	165	58	33	73	41	16
1996	1399	730	134	210	78	58	107	60	22
1997	1395	701	124	221	79	57	126	61	26
1998	1299	617	112	212	77	60	130	64	26
1999	1338	585	106	262	81	72	136	69	27
2000	1365	539	105	322	65	85	131	78	40
2001	1430	568	106	329	67	99	139	81	40
2002	1476	575	109	319	69	110	157	99	39
2003	1600	639	115	311	72	150	186	102	25
2004	1835	780	127	341	80	183	116	177	31
2005	2166	888	156	399	101	222	226	135	39
2006	2495	916	168	532	116	286	265	166	47
2007	2787	1026	186	628	140	318	243	188	57
2008	3126	1193	204	696	152	347	250	219	65
2009	3350	1196	218	797	170	351	264	289	66
2010	3845	1351	251	840	219	465	296	344	79
2011	4711	1580	334	1090	317	520	315	435	120
2012	5364	1817	397	1137	350	604	358	544	157
2013	7377	2205	522	1628	470	932	649	795	176
2014	8248	2421	582	1858	508	1147	759	789	185
2015	9023	2578	625	2014	527	1298	870	921	188
2016	9798	2745	650	2207	597	1511	953	928	206
2017	10536	2817	684	2381	668	1689	1014	1073	209
2018	11383	3003	722	2542	774	1737	1171	1202	232
2019	12372	3298	793	2689	796	1827	1367	1334	269
构成(%)									
1993	100.00	58.39	7.50	13.86	5.16	1.63	5.90	6.32	1.24
1994	100.00	56.69	8.37	14.00	5.50	2.40	7.33	4.26	1.45
1995	100.00	56.82	8.12	14.98	5.27	3.03	6.61	3.71	1.46
1996	100.00	52.18	9.55	15.05	5.57	4.14	7.63	4.29	1.59
1997	100.00	50.28	8.88	15.88	5.64	4.05	9.03	4.40	1.84
1998	100.00	47.51	8.60	16.33	5.93	4.65	10.05	4.96	1.97
1999	100.00	43.68	7.94	19.55	6.07	5.41	10.17	5.13	2.05
2000	100.00	39.50	7.68	23.59	4.79	6.19	9.57	5.73	2.95
2001	100.00	39.72	7.43	23.04	4.66	6.91	9.74	5.69	2.81
2002	100.00	38.92	7.39	21.61	4.65	7.48	10.63	6.71	2.61
2003	100.00	39.94	7.19	19.47	4.48	9.34	11.65	6.35	1.58
2004	100.00	42.51	6.92	18.58	4.38	9.95	6.32	9.62	1.71
2005	100.00	41.02	7.18	18.42	4.69	10.25	10.43	6.22	1.79
2006	100.00	36.69	6.73	21.31	4.64	11.45	10.64	6.67	1.88
2007	100.00	36.81	6.66	22.53	5.04	11.42	8.73	6.75	2.06
2008	100.00	38.17	6.52	22.27	4.86	11.09	8.00	7.02	2.07
2009	100.00	35.69	6.50	23.78	5.09	10.48	7.87	8.64	1.96
2010	100.00	35.15	6.53	21.84	5.69	12.09	7.70	8.95	2.05
2011	100.00	33.53	7.09	23.14	6.73	11.04	6.69	9.23	2.55
2012	100.00	33.53	7.09	23.14	6.73	11.04	6.69	9.23	2.55
2013	100.00	29.89	7.07	22.07	6.38	12.63	8.79	10.78	2.38
2014	100.00	29.36	7.05	22.53	6.16	13.90	9.20	9.56	2.24
2015	100.00	28.57	6.93	22.32	5.85	14.39	9.65	10.20	2.09
2016	100.00	28.02	6.64	22.52	6.09	15.42	9.72	9.47	2.11
2017	100.00	26.74	6.50	22.60	6.34	16.03	9.63	10.18	1.98
2018	100.00	26.38	6.35	22.33	6.80	15.26	10.29	10.56	2.04
2019	100.00	26.66	6.41	21.73	6.43	14.76	11.05	10.78	2.17

注：2013年以前为生活消费支出，之后为消费支出。

1-4-9　农村居民家庭人均主要食品消费量

指　　标	单 位	2000年	2005年	2010年	2015年	2017年	2018年	2019年
一、粮食(原粮)	公斤	215.88	200.84	181.69	145.41	134.25	138.63	157.55
（一）谷物	公斤	211.00	196.52	178.60	137.58	125.79	128.52	144.38
1.小麦	公斤	153.10	139.80	122.09	93.32	86.69	87.32	106.44
2.稻谷	公斤	14.63	17.47	21.10	24.85	24.10	24.91	23.15
（二）薯类	公斤	2.76	1.52	1.23	2.15	2.29	3.22	4.37
（三）豆类	公斤	2.12	2.81	1.86	5.68	6.16	6.90	8.79
二、蔬菜及菜制品	公斤	61.45	57.70	55.38	82.41	75.09	83.69	83.35
#鲜菜	公斤	61.23		54.69	80.61	73.07	81.35	80.47
三、肉禽及其制品	公斤	8.06	10.54	10.95	18.58	19.13	22.84	21.01
#猪肉	公斤	6.63	7.15	7.12	11.26	10.95	14.16	12.18
牛肉	公斤	0.35	0.47	0.34	0.44	0.50	0.50	0.51
羊肉	公斤	0.19	0.37	0.38	0.83	0.94	0.67	0.75
禽类	公斤	0.37	0.75	1.02	2.93	3.22	3.87	4.25
四、蛋类及蛋制品	公斤	5.09	6.27	7.26	11.49	12.96	11.81	14.28
五、奶和奶制品	公斤	0.22	2.40	3.48	7.55	8.26	7.47	8.39
六、水产品	公斤	1.79	2.48	2.52	3.41	3.66	4.17	4.81
七、油脂类	公斤	5.91	6.75	8.33	11.87	9.50	7.65	7.36
#植物油	公斤	5.32	6.28	8.12	11.73	9.34	7.36	7.13
八、食糖	公斤	0.59	0.77	0.66	1.10	1.18	1.14	1.29
九、鲜瓜果	公斤	16.74	16.57	21.11	41.51	46.85	49.88	57.41
十、坚果类	公斤	0.60	1.11	1.11	3.24	3.90	4.06	4.61
十一、茶叶	公斤		0.13	0.12	0.10	0.11	0.07	0.10
十二、酒	公斤	6.50	9.16	8.84	11.97	11.55	10.49	11.82

1-4-10　农村居民家庭平均每百户年末耐用消费品拥有量

指　　标	单 位	2000年	2005年	2010年	2015年	2017年	2018年	2019年
家用汽车	辆				23.61	31.27	37.62	38.49
摩托车	辆	34.33	58.17	61.43	66.43	57.69	48.83	39.89
助力车	辆			40.50	91.11	102.66	103.73	112.35
洗衣机	台	58.86	74.17	86.33	96.72	98.98	99.39	100.29
电冰箱	台				90.12	95.84	98.56	97.21
微波炉	台				15.77	17.93	18.50	16.81
彩色电视机	台	64.76	102.14	116.55	120.81	121.11	115.17	112.11
#接入有线电视网	台		23.64	42.14	51.63	52.28	40.18	
空　调	台				55.25	70.43	80.97	83.01
热水器	台				56.37	64.54	65.29	67.56
#太阳能热水器	台				49.79	55.83	56.22	
消毒碗柜	台				0.29			
洗碗机	台				0.57	0.68	0.25	1.39
抽油烟机	台	1.86	3.81	8.05	17.21	24.05	27.71	31.73
固定电话	部	31.17	76.74	61.45	33.21	21.39	8.72	5.21
移动电话	部				226.22	240.52	244.54	246.35
#接入互联网	部				68.85	98.98	167.71	182.45
计算机	台				37.82	40.26	37.46	39.12
#接入互联网	台				29.20	30.61	30.01	31.85
摄像机	台	0.24	0.43	0.69	0.72			
照相机	台	4.17	3.50	4.24	4.54	4.54	3.95	1.99
中高档乐器	架	0.19	0.17	0.38	0.46	0.90	0.88	0.44
健身器材	部				0.64	1.08	0.82	1.04
组合音响	套	8.12	11.74		2.59			

1-4-11 历年城乡居民可支配收入与消费支出及恩格尔系数

单位：元，%

年份	可支配收入				消费支出		恩格尔系数	
	全体居民	城镇居民	农村居民	城乡收入水平对比(农村居民=1)	城镇居民	农村居民	城镇居民	农村居民
1978		276	114	2.42	402	137		66.27
1980		401	176	2.28	460	164	60.08	56.06
1981		402	204	1.97	481	187	53.34	52.19
1982		433	239	1.81	507	198	56.28	54.29
1983		449	298	1.51	513	221	56.93	53.52
1984		519	345	1.51	569	261	55.36	52.24
1985		631	385	1.64	672	319	49.96	50.03
1986		766	408	1.88	773	356	50.24	48.51
1987		855	444	1.92	917	423	51.67	49.36
1988		1080	547	1.98	1300	557	46.50	46.95
1989		1257	589	2.13	1557	583	52.00	48.12
1990		1397	622	2.25	1592	605	51.16	51.19
1991		1489	657	2.27	1839	675	51.34	47.94
1992		1763	682	2.58	2182	729	49.51	51.52
1993		2201	804	2.74	2496	831	46.31	58.39
1994		3008	1107	2.72	3009	1001	47.29	56.69
1995		3992	1669	2.39	3397	1306	46.22	56.82
1996		4430	2055	2.16	3499	1554	44.78	52.18
1997		4959	2286	2.17	3765	1711	41.95	50.28
1998		5085	2405	2.11	3833	1731	40.02	47.51
1999		5365	2442	2.20	3950	1803	37.70	43.68
2000		5661	2479	2.28	4523	1848	34.39	39.50
2001		5985	2604	2.30	4991	1912	35.35	39.72
2002		6679	2685	2.49	5776	1987	35.42	38.92
2003		7239	2853	2.54	6063	2042	35.16	39.94
2004		7951	3171	2.51	7096	2167	36.82	42.51
2005		9107	3482	2.62	7851	2426	34.56	41.02
2006		10305	3802	2.71	8971	2714	33.94	36.69
2007		11690	4293	2.72	10031	3067	33.88	36.81
2008		13441	4795	2.80	10835	3515	34.73	38.17
2009		14718	5150	2.86	12195	3606	33.59	35.69
2010		16263	5958	2.73	13619	3867	32.32	35.15
2011		18292	7120	2.57	15331	4893	33.80	33.53
2012		20543	8081	2.54	16554	5766	33.60	33.53
2013	15190	22227	9188	2.42	14970	7377	26.88	29.89
2014	16647	24141	10186	2.37	16204	8248	26.17	29.36
2015	18118	26152	11051	2.37	17587	9023	26.05	28.57
2016	19725	28249	11919	2.37	19106	9798	26.13	28.02
2017	21484	30548	12881	2.37	20600	10536	24.60	26.74
2018	23446	32977	14031	2.35	22127	11383	25.11	26.38
2019	25665	35738	15373	2.32	23483	12372	25.65	26.66

注：1. 1996年以前城镇居民为人均生活费收入，1996-2012年为可支配收入，2013年为新口径可支配收入，指数为可比。
2. 2013年以前农村居民为人均纯收入，以后为新口径人均可支配收入，指数为可比（下同）。

1-5-1　种植业生产成本收益与劳动生产率

指　　标	单位	三种粮食平均		小　麦		玉　米	
		2018年	2019年	2018年	2019年	2018年	2019年
一、每亩							
主产品产量	公斤	502.29	552.94	383.95	472.50	474.34	501.59
产值合计	元	1149.82	1302.68	939.33	1107.00	879.85	967.01
主产品产值	元	1128.84	1281.71	913.64	1081.01	848.13	934.98
副产品产值	元	20.98	20.97	25.69	25.99	31.72	32.03
总成本	元	1301.52	1323.42	1053.15	1102.23	933.85	957.31
生产成本	元	950.41	971.43	863.97	917.25	743.11	765.22
物质与服务费用	元	518.41	521.49	488.71	518.93	364.73	372.56
人工成本	元	432.00	449.94	375.26	398.32	378.38	392.66
家庭用工折价	元	375.96	395.08	375.26	398.32	372.14	385.04
雇工费用	元	56.04	54.86			6.24	7.63
土地成本	元	351.11	351.99	189.18	184.98	190.74	192.09
流转地租金	元	83.27	77.73	4.80	4.54	3.45	3.52
自营地折租	元	267.84	274.26	184.38	180.44	187.29	188.57
净利润	元	-151.70	-20.74	-113.82	4.77	-54.00	9.70
现金成本	元	657.72	654.08	493.51	523.47	374.42	383.71
现金收益	元	492.10	648.60	445.82	583.53	505.43	583.30
成本利润率	%	-11.66	-1.57	-10.81	0.43	-5.78	1.01
二、每50公斤主产品							
平均出售价格	元	112.37	115.90	118.98	114.39	89.40	93.20
总成本	元	127.20	117.75	133.40	113.90	94.89	92.27
生产成本	元	92.88	86.43	109.43	94.78	75.51	73.75
净利润	元	-14.83	-1.85	-14.42	0.49	-5.49	0.93
现金成本	元	64.28	58.19	62.51	54.09	38.04	36.98
现金收益	元	48.09	57.71	56.47	60.30	51.36	56.22
附：							
每亩用工数量	日	5.15	5.09	4.81	4.80	4.84	4.70
每亩主产品已出售数量	公斤	407.21	460.28	267.59	371.34	390.83	394.88
每亩主产品已出售产值	元	910.46	1075.78	635.58	847.75	694.33	735.10
商品率	%	89.56	91.85	76.77	82.41	97.55	97.75
商品已出售率	%	81.07	83.24	69.69	78.59	82.39	78.73
每亩补贴收入	元	69.78	68.88	53.91	51.74	61.55	60.62

注：1.“三种粮食平均”为粳稻、小麦、玉米简单平均。
2.“每亩主产品已出售数量”和“每亩主产品已出售产值”截止当年年底（下同）。

1-5-1续1 种植业生产成本收益与劳动生产率

指标	单位	粳稻		谷子		大豆	
		2018年	2019年	2018年	2019年	2018年	2019年
一、每亩							
主产品产量	公斤	648.59	684.74	247.86	256.69	156.36	169.21
产值合计	元	1630.29	1834.01	1269.10	1313.20	796.80	699.79
主产品产值	元	1624.76	1829.13	1237.48	1272.04	796.80	699.79
副产品产值	元	5.53	4.88	31.62	41.16		
总成本	元	1918.55	1909.61	948.94	979.66	813.49	817.19
生产成本	元	1245.13	1230.71	813.39	846.02	616.16	618.33
物质与服务费用	元	701.76	672.97	208.42	208.16	223.27	219.27
人工成本	元	543.37	557.74	604.97	637.86	392.89	399.06
家庭用工折价	元	381.50	400.81	597.25	637.86	392.89	399.06
雇工费用	元	161.87	156.94	7.73			
土地成本	元	673.42	678.90	135.55	133.64	197.33	198.86
流转地租金	元	241.57	225.14	1.47	1.43		
自营地折租	元	431.85	453.76	134.08	132.21	197.33	198.86
净利润	元	-288.26	-75.60	320.16	333.55	-16.69	-117.40
现金成本	元	1105.20	1055.05	217.62	209.59	223.27	219.27
现金收益	元	525.09	778.96	1051.48	1103.61	573.53	480.52
成本利润率	%	-15.02	-3.96	33.74	34.05	-2.05	-14.37
二、每50公斤主产品							
平均出售价格	元	125.25	133.56	249.63	247.78	254.80	206.78
总成本	元	147.40	139.07	186.66	184.85	260.14	241.47
生产成本	元	95.66	89.63	159.99	159.63	197.03	182.71
净利润	元	-22.15	-5.51	62.97	62.93	-5.34	-34.69
现金成本	元	84.91	76.83	42.81	39.55	71.40	64.79
现金收益	元	40.34	56.73	206.82	208.23	183.40	141.99
附：							
每亩用工数量	日	5.80	5.75	7.71	7.69	5.04	4.81
每亩主产品已出售数量	公斤	563.22	614.63	216.57	190.48	129.57	128.42
每亩主产品已出售产值	元	1401.47	1644.50	1086.81	925.38	658.94	521.32
商品率	%	94.37	95.38	90.58	93.06	88.13	89.36
商品已出售率	%	86.84	89.76	87.38	74.21	82.87	75.89
每亩补贴收入	元	93.88	94.28	85.10	85.34	61.91	46.20

1-5-1续2 种植业生产成本收益与劳动生产率

指标	单位	花生		棉花	
		2018年	2019年	2018年	2019年
一、每亩					
主产品产量	公斤	285.34	287.69	95.47	97.38
产值合计	元	1583.80	1775.57	1695.08	1573.29
主产品产值	元	1575.02	1760.47	1373.03	1252.40
副产品产值	元	8.78	15.10	322.05	320.89
总成本	元	1467.84	1492.60	2315.38	2507.63
生产成本	元	1224.32	1266.75	2022.41	2222.09
物质与服务费用	元	492.14	506.39	401.49	434.60
人工成本	元	732.18	760.36	1620.92	1787.49
家庭用工折价	元	682.03	724.26	1620.92	1787.49
雇工费用	元	50.15	36.10		
土地成本	元	243.52	225.85	292.97	285.54
流转地租金	元	12.32	12.33	43.04	17.70
自营地折租	元	231.20	213.52	249.93	267.84
净利润	元	115.96	282.97	-620.30	-934.34
现金成本	元	554.61	554.82	444.53	452.30
现金收益	元	1029.19	1220.75	1250.55	1120.99
成本利润率	%	7.90	18.96	-26.79	-37.26
二、每50公斤主产品					
平均出售价格	元	275.99	305.97	719.09	643.05
总成本	元	255.78	257.21	982.23	1024.94
生产成本	元	213.35	218.29	857.95	908.23
净利润	元	20.21	48.76	-263.14	-381.89
现金成本	元	96.65	95.61	188.58	184.87
现金收益	元	179.34	210.36	530.51	458.18
附：					
每亩用工数量	日	9.38	9.18	20.78	21.54
每亩主产品已出售数量	公斤	215.77	253.23	95.02	95.28
每亩主产品已出售产值	元	1183.98	1550.11	1366.81	1224.67
商品率	%	84.86	89.29	100.00	99.56
商品已出售率	%	75.62	88.02	99.53	97.84
每亩补贴收入	元	58.70	73.34	223.69	255.31

1-5-1续3 种植业生产成本收益与劳动生产率

指　　标	单位	苹　果		鸭　梨	
		2018年	2019年	2018年	2019年
一、每亩					
主产品产量	公斤	1840.01	1928.22	2995.15	3191.10
产值合计	元	6960.89	5913.95	5586.25	5034.32
主产品产值	元	6946.50	5901.15	5586.25	5034.32
副产品产值	元	14.39	12.80		
总成本	元	3702.98	3869.96	4439.57	4852.47
生产成本	元	3415.35	3582.50	3845.84	4184.40
物质与服务费用	元	1036.60	1070.81	1303.24	1514.12
人工成本	元	2378.75	2511.69	2542.60	2670.28
家庭用工折价	元	1754.53	1922.61	1921.45	2068.03
雇工费用	元	624.22	589.08	621.15	602.26
土地成本	元	287.63	287.46	593.73	668.07
流转地租金	元	1.44	1.46	24.10	29.67
自营地折租	元	286.19	286.00	569.63	638.40
净利润	元	3257.91	2043.99	1146.68	181.85
现金成本	元	1662.26	1661.35	1948.49	2146.05
现金收益	元	5298.63	4252.60	3637.76	2888.27
成本利润率	%	87.98	52.82	25.83	3.75
二、每50公斤主产品					
平均出售价格	元	188.76	153.02	93.25	78.88
总成本	元	100.41	100.13	74.11	76.03
生产成本	元	92.61	92.70	64.20	65.56
净利润	元	88.35	52.89	19.14	2.85
现金成本	元	45.08	42.99	32.53	33.63
现金收益	元	143.68	110.03	60.72	45.25
附：					
每亩用工数量	日	30.63	30.25	30.88	30.88
每亩主产品已出售数量	公斤	1802.34	1889.48	2897.93	3051.49
每亩主产品已出售产值	元	6808.19	5784.99	5419.55	4833.74
商品率	%	98.58	98.80	98.53	98.80
商品已出售率	%	97.95	97.99	96.75	95.63
每亩补贴收入	元	35.93	47.88	68.46	61.21

1-5-2 种植业生产费用和用工

指标	单位	三种粮食平均		小麦		玉米	
		2018年	2019年	2018年	2019年	2018年	2019年
一、每亩物质与服务费用	**元**	**518.41**	**521.49**	**488.71**	**518.93**	**364.73**	**372.56**
(一)直接费用	元	510.55	513.98	478.37	508.43	357.16	365.62
1.种子费	元	51.19	55.66	71.35	78.28	45.68	47.69
2.化肥费	元	152.28	156.55	157.40	162.29	114.90	118.11
3.农家肥费	元	18.06	18.51	30.13	30.97	24.05	24.57
4.农药费	元	29.76	32.63	17.21	18.36	16.92	18.00
5.农膜费	元	2.88	2.44			0.56	0.54
6.租赁作业费	元	250.11	242.82	198.50	214.71	150.66	152.31
机械作业费	元	179.46	152.36	140.11	141.73	122.06	118.88
排灌费	元	70.65	90.46	58.39	72.98	28.60	33.43
#水费	元	23.33	34.21	1.72			
畜力费	元						
7.燃料动力费	元						
8.技术服务费	元	0.63					
9.工具材料费	元	2.98	2.96	2.01	2.05	2.43	2.47
10.修理维护费	元	2.66	2.41	1.77	1.77	1.96	1.93
11.其他直接费用	元						
(二)间接费用	元	7.86	7.51	10.34	10.50	7.57	6.94
1.固定资产折旧	元	5.17	5.08	4.79	5.00	5.06	5.16
2.保险费	元	2.69	2.43	5.55	5.50	2.51	1.78
3.管理费	元						
4.财务费	元						
5.销售费	元						
二、每亩人工成本	**元**	**432.00**	**449.94**	**375.26**	**398.32**	**378.38**	**392.66**
1.家庭用工折价	元	375.96	395.08	375.26	398.32	372.14	385.04
家庭用工天数	日	4.82	4.76	4.81	4.80	4.77	4.64
劳动日工价	元	78.00	83.00	78.00	83.00	78.00	83.00
2.雇工费用	元	56.04	54.86			6.24	7.63
雇工天数	日	0.33	0.33			0.07	0.06
雇工工价	元	169.82	166.24	77.15	83.31	89.14	127.08
附：							
1.每亩种子用量	公斤	8.20	8.20	17.13	17.56	2.36	2.30
2.每亩化肥用量(折纯)	公斤	28.53	28.74	30.52	31.14	20.78	20.88
3.每亩农膜用量	公斤	0.23	0.20			0.04	0.04

注："三种粮食平均"为粳稻、小麦、玉米简单平均。

1-5-2续1　种植业生产费用和用工

指　　标	单位	粳　稻		谷　子		大　豆	
		2018年	2019年	2018年	2019年	2018年	2019年
一、每亩物质与服务费用	**元**	**701.76**	**672.97**	**208.42**	**208.16**	**223.27**	**219.27**
(一)直接费用	元	696.11	667.89	204.92	204.11	219.01	214.98
1.种子费	元	36.55	41.00	15.26	14.65	41.63	44.80
2.化肥费	元	184.53	189.25	76.13	80.69	69.31	57.90
3.农家肥费	元			31.11	26.60	7.60	3.63
4.农药费	元	55.15	61.52	11.64	15.08	13.28	15.34
5.农膜费	元	8.08	6.78				
6.租赁作业费	元	401.16	361.45	65.64	63.21	83.68	88.51
机械作业费	元	276.20	196.47	54.39	60.23	55.85	56.44
排灌费	元	124.96	164.98	2.11	2.98	27.83	32.07
#水费	元	68.27	102.64				
畜力费	元			9.14			
7.燃料动力费	元						
8.技术服务费	元	1.90					
9.工具材料费	元	4.49	4.37	3.55	2.45	2.07	2.63
10.修理维护费	元	4.25	3.52	1.59	1.43	1.44	2.17
11.其他直接费用	元						
(二)间接费用	元	5.65	5.08	3.50	4.05	4.26	4.29
1.固定资产折旧	元	5.65	5.08	3.50	4.05	4.26	4.29
2.保险费	元						
3.管理费	元						
4.财务费	元						
5.销售费	元						
二、每亩人工成本	**元**	**543.37**	**557.74**	**604.97**	**637.86**	**392.89**	**399.06**
1.家庭用工折价	元	381.50	400.81	597.25	637.86	392.89	399.06
家庭用工天数	日	4.89	4.83	7.66	7.69	5.04	4.81
劳动日工价	元	78.00	83.00	78.00	83.00	78.00	83.00
2.雇工费用	元	161.87	156.94	7.73			
雇工天数	日	0.91	0.92	0.05			
雇工工价	元	177.88	170.58	154.54	76.83	84.22	97.53
附：							
1.每亩种子用量	公斤	5.12	4.75	0.67	0.64	5.35	5.05
2.每亩化肥用量(折纯)	公斤	34.26	34.21	14.23	15.56	14.40	11.52
3.每亩农膜用量	公斤	0.66	0.55				

1-5-2续2　种植业生产费用和用工

指　　标	单位	花　生		棉　花	
		2018年	2019年	2018年	2019年
一、每亩物质与服务费用	**元**	**492.14**	**506.39**	**401.49**	**434.60**
(一)直接费用	元	486.54	501.20	396.00	428.57
1.种子费	元	193.01	206.37	46.81	50.69
2.化肥费	元	106.63	112.64	134.88	142.02
3.农家肥费	元	6.13	6.31		
4.农药费	元	20.68	20.86	73.94	78.87
5.农膜费	元	25.37	22.36	25.67	25.26
6.租赁作业费	元	129.60	127.85	110.67	125.40
机械作业费	元	103.19	101.13	70.46	69.09
排灌费	元	26.41	26.72	40.21	56.31
#水费	元				
畜力费	元				
7.燃料动力费	元				
8.技术服务费	元				
9.工具材料费	元	2.62	2.38	2.16	3.31
10.修理维护费	元	2.50	2.43	1.87	3.02
11.其他直接费用	元				
(二)间接费用	元	5.60	5.19	5.49	6.03
1.固定资产折旧	元	5.60	5.19	5.49	6.03
2.保险费	元				
3.管理费	元				
4.财务费	元				
5.销售费	元				
二、每亩人工成本	**元**	**732.18**	**760.36**	**1620.92**	**1787.49**
1.家庭用工折价	元	682.03	724.26	1620.92	1787.49
家庭用工天数	日	8.74	8.73	20.78	21.54
劳动日工价	元	78.00	83.00	78.00	83.00
2.雇工费用	元	50.15	36.10		
雇工天数	日	0.64	0.45		
雇工工价	元	78.36	80.22	72.29	75.27
附：					
1.每亩种子用量	公斤	17.46	17.72		
2.每亩化肥用量(折纯)	公斤	18.67	18.35	23.90	24.75
3.每亩农膜用量	公斤	1.89	1.75	2.23	2.20

1-5-2续3 种植业生产费用和用工

指 标	单位	苹 果		鸭 梨	
		2018年	2019年	2018年	2019年
一、每亩物质与服务费用	**元**	**1036.60**	**1070.81**	**1303.24**	**1514.12**
(一)直接费用	元	1017.63	1050.73	1265.97	1477.66
1.种子费	元				
2.化肥费	元	389.61	408.10	286.04	369.59
3.农家肥费	元	137.53	138.39	58.93	81.62
4.农药费	元	235.63	246.55	343.23	371.45
5.农膜费	元				
6.租赁作业费	元	147.54	152.35	142.22	162.34
机械作业费	元	62.49	66.68	63.46	62.34
排灌费	元	85.05	85.67	78.76	100.00
#水费	元	6.45			
畜力费	元				
7.燃料动力费	元			17.18	17.61
8.技术服务费	元				
9.工具材料费	元	91.13	87.61	404.69	461.15
10.修理维护费	元	16.19	17.73	13.68	13.90
11.其他直接费用	元				
(二)间接费用	元	18.97	20.08	37.27	36.46
1.固定资产折旧	元	17.78	18.82	30.52	29.37
2.保险费	元				
3.管理费	元				
4.财务费	元				
5.销售费	元	1.19	1.26	6.75	7.09
二、每亩人工成本	**元**	**2378.75**	**2511.69**	**2542.60**	**2670.28**
1.家庭用工折价	元	1754.53	1922.61	1921.45	2068.03
家庭用工天数	日	22.49	23.16	24.63	24.92
劳动日工价	元	78.00	83.00	78.00	83.00
2.雇工费用	元	624.22	589.08	621.15	602.26
雇工天数	日	8.14	7.09	6.25	5.96
雇工工价	元	76.69	83.09	99.38	101.05
附：					
1.每亩种子用量	公斤				
2.每亩化肥用量(折纯)	公斤	60.43	62.73	49.49	63.37
3.每亩农膜用量	公斤				

1-5-3 种植业主要品种中间消耗(2019年)

指 标	单位	小 麦	玉 米	棉 花	马铃薯	大 豆
一、调查县数	**个**	**32**	**36**	**6**	**5**	**12**
调查单位数	个	158	158	15	12	48
调查面积	亩	7067.35	9177.61	608.80	5323.20	85.19
二、每亩面积产量	**公斤**	**420.40**	**388.60**	**74.40**	**2188.00**	**164.20**
三、每亩中间消耗合计	**元**	**505.45**	**350.53**	**415.65**	**1169.93**	**150.34**
(一)物质消耗	元	352.01	237.45	362.62	1060.91	115.58
#种 子	元	78.97	47.97	49.95	392.13	41.70
占中耗比重(%)						
肥 料	元	180.41	131.30	139.33	471.32	57.15
占中耗比重(%)						
燃 料	元	2.42	3.78	11.49	28.59	1.15
农 膜	元		1.33	34.72	7.80	2.42
农 药	元	16.05	16.04	96.70	92.49	10.79
占中耗比重(%)						
水电合计						
占中耗比重(%)						
水 费	元	2.52	0.22		1.20	
电 费	元	71.00	34.92	30.43	28.01	2.25
棚架材料费	元					
小农具	元	0.59	1.86		0.89	0.12
其 它	元	0.05	0.02		38.49	
(二)生产服务支出	元	153.44	113.08	53.03	109.02	34.76
#修理费	元					
外雇运输费	元	1.34	1.84		31.36	
外雇排灌费	元	8.05	1.83			1.30
外雇机械作业费	元	142.79	108.86	53.03	77.65	33.46
技术咨询费	元	0.05	0.01			
上交管理费	元					
其它费	元	0.48	0.08			

1-5-4 养殖业主要品种中间消耗(2019年)

指　　标	单 位	生 猪	活 牛	牛 奶	鸡 蛋	肉 鸡	活 羊
一、调查县数	**个**	**13**	**12**	**5**	**5**	**4**	**11**
调查单位数	个	41	32	12	14	10	29
调查数量	头(只)	8921	1602			537490	7390
二、平均每头(只)毛重	**公斤**	131.78	492.17			2.00	47.16
三、每头(只)、公斤中间消耗合计	**元**	1389.12	5941.93	2.33	5.67	14.39	411.86
(一)物质消耗	元	1369.99	5893.39	2.29	5.55	14.19	404.23
#种　子	元	321.74	2802.36		0.15	2.90	144.31
占中耗比例(%)							
饲料、饲草	元	1006.28	3024.52	2.14	5.24	10.70	254.03
占中耗比例(%)							
燃　料	元	6.86	13.88			0.16	
养殖用药	元	21.11	23.41	0.02	0.06	0.27	1.87
水　费	元	1.56	2.49		0.01		0.99
电　费	元	10.82	24.56	0.09	0.08	0.13	2.98
小农具	元	0.13	2.16			0.04	
其　它	元	1.49		0.04			0.04
(二)生产服务支出	元	19.13	48.54	0.04	0.11	0.20	7.63
#修理费	元						
外雇运输费	元	0.57	15.11	0.01			2.22
配种费	元	1.46	20.83	0.01			
防疫费	元	15.76	12.04	0.01	0.10	0.20	5.41
技术咨询费	元	0.24					
上交管理费	元						
其它费	元	0.38	0.56	0.02	0.01		

1-6-1 历年社会消费品零售总额和商品市场情况

年份	社会消费品零售总额(亿元)	#农村	亿元以上商品交易市场个数(个)	亿元以上商品市场成交额(万元)
1949	8.3			
1952	15.8			
1957	26.6			
1962	26.3			
1965	26.6			
1970	32.3			
1975	47.6			
1978	60.3	40.4		
1980	81.2	54.7		
1985	169.7	105.3		
1990	308.0	163.8		
1995	816.5	399.0		
1996	965.5	480.8		
1997	1112.9	569.4		
1998	1223.5	648.7		
1999	1320.4	709.3		
2000	1440.1	771.2		
2001	1564.4	827.9		
2002	1707.1	890.4		
2003	1862.1	952.1		
2004	2180.8	1159.4		
2005	2478.7	1318.2		
2006	2827.5	1485.8		
2007	3289.3	1713.8		
2008	3993.4	2082.2		
2009	4545.3	2376.3		
2010	5297.5	1257.1		
2011	6143.3	1434.5	278	44305944
2012	6971.4	1621.7	268	47739831
2013	7807.2	1808.0	253	48745310
2014	8644.2	1876.8	244	51930114
2015	9367.5	2066.1	235	53656163
2016	10191.4	2248.3	224	55507063
2017	11138.5	2509.1	217	59180279
2018	11973.9	2557.9	200	58483147
2019	12985.5	2802.1	190	59824318

注：自2010年起社会消费品零售总额按销售单位所在地分为城镇和乡村；根据第四次全国经济普查结果对1993年以来的社会消费品零售总额进行了修订。

1–6–2 历年各种物价总指数

(上年=100)

年 份	全省居民消费价格总指数	城市居民消费价格总指数	农村居民消费价格总指数	全省零售物价总指数	城市零售物价总指数	农村零售物价总指数	农产品生产价格总指数	农业生产资料价格指数
1952		101.2		102.8	101.2	102.8	102.6	111.3
1957		101.2		101.3	101.6	100.6	102.1	99.5
1962		100.1		100.4	100.1	101.8	92.2	100.9
1965		96.5		97.1	96.6	97.6	98.2	96.2
1970		99.7		99.6	99.7	99.5	99.7	99.7
1975		100.0		100.0	100.0	100.0	100.6	99.8
1978		100.2		99.8	100.2	99.8	106.1	99.0
1980		107.2		105.3	107.5	103.7	114.2	101.2
1985	106.8	108.9	105.7	106.8	109.2	105.5	112.2	104.9
1990	100.6	101.2	99.9	99.9	99.9	100.0	102.8	103.5
1995	115.2	116.1	114.8	115.8	115.2	116.6	128.5	120.9
1996	107.1	107.6	106.8	106.2	106.0	106.3	99.1	108.0
1997	103.5	103.7	103.4	102.1	102.0	102.1	93.3	104.3
1998	98.4	98.7	98.1	97.7	97.9	97.3	90.1	98.7
1999	98.1	98.7	97.6	97.8	98.0	97.7	86.0	97.5
2000	99.7	100.5	99.1	99.1	99.2	98.9	93.0	101.5
2001	100.5	100.4	100.6	99.8	99.4	100.2	103.3	100.2
2002	99.0	98.6	99.5	99.2	98.8	99.6	98.0	100.4
2003	102.2	102.3	102.0	100.2	100.1	100.4	107.5	99.8
2004	104.3	103.7	104.8	103.2	102.3	104.0	110.1	106.7
2005	101.8	101.4	102.2	101.1	101.0	101.2	102.5	106.8
2006	101.7	101.7	101.7	101.5	101.6	101.5	100.2	101.6
2007	104.7	104.3	105.1	104.1	103.5	104.6	116.2	106.9
2008	106.2	105.2	108.1	106.7	105.4	107.9	109.0	118.6
2009	99.3	98.8	100.3	99.0	98.9	99.1	99.7	100.6
2010	103.1	102.8	103.6	103.1	102.7	103.5	115.1	104.4
2011	105.7	105.3	106.5	105.0	104.7	106.0	110.9	112.6
2012	102.6	102.7	102.5	102.2	102.1	102.3	100.7	108.2
2013	103.0	102.7	103.5	102.2	102.1	102.5	105.1	101.1
2014	101.7	101.7	101.8	101.0	101.0	101.1	100.2	99.1
2015	100.9	101.1	100.5	100.2	100.3	100.0	97.5	99.8
2016	101.5	101.5	101.5	101.2	101.1	101.3	96.4	100.0
2017	101.7	101.9	101.4	101.4	101.2	102.2		101.0
2018	102.4	102.5	102.4	102.2	102.1	102.6		103.2
2019	103.0	102.8	103.2	101.8	101.7	102.2		103.1

1–6–3 历年各种物价总指数

(1952年=100)

年 份	全省居民消费价格总指数	城市居民消费价格总指数	农村居民消费价格总指数	全省零售物价总指数	城市零售物价总指数	农村零售物价总指数
1957		105.5		106.3	106.3	106.0
1962		117.9		116.8	118.6	114.2
1965		95.1		101.0	93.8	106.7
1970		95.2		100.1	94.4	104.9
1975		95.8		98.3	95.0	101.6
1978		96.7		98.4	96.1	101.6
1980		105.4		105.1	105.0	106.5
1985	109.5	125.8	107.9	122.0	125.1	121.3
1990	175.6	200.1	175.5	194.2	197.1	195.2
1995	309.8	387.7	285.7	326.3	357.1	312.4
1996	331.8	417.2	305.1	346.5	378.5	332.1
1997	343.4	432.6	315.5	353.8	386.1	339.1
1998	337.9	427.0	309.5	345.7	378.0	329.9
1999	331.5	421.4	302.1	338.1	370.4	322.3
2000	330.5	423.5	299.4	335.1	367.4	318.8
2001	332.2	425.2	301.2	334.4	365.2	319.4
2002	328.9	419.2	299.7	331.7	360.8	318.1
2003	336.1	428.8	305.7	332.4	361.2	319.4
2004	350.6	444.7	320.4	343.0	369.5	332.2
2005	356.9	450.9	327.4	346.8	373.2	336.2
2006	363.0	458.6	333.0	352.0	379.2	341.2
2007	380.0	490.9	349.9	375.7	399.6	368.1
2008	403.5	516.4	378.4	401.0	421.3	397.3
2009	400.8	510.3	379.7	396.9	416.5	393.7
2010	413.1	524.7	393.4	409.2	427.7	407.4
2011	436.7	552.5	418.9	429.7	447.9	431.6
2012	448.1	567.3	429.4	439.0	457.4	441.5
2013	461.4	582.7	444.3	448.6	466.9	452.7
2014	469.3	592.6	452.1	453.1	471.4	457.8
2015	473.6	598.9	454.3	454.1	472.8	457.9
2016	480.8	607.9	461.1	459.6	478.0	463.8
2017	489.1	619.3	467.8	466.1	483.6	474.1
2018	501.1	634.6	479.2	476.3	493.6	486.3
2019	516.1	652.4	494.5	484.9	502.0	497.0

注：1.从1994年开始，“零售物价总指数”中不再包括“农业生产资料”。
2.表中全省和农村居民消费价格总指数是以1983年为100。

1-6-4 居民消费价格分类指数

(上年=100)

指　　标	全　省		城　市		农　村	
	2018年	2019年	2018年	2019年	2018年	2019年
居民消费价格总指数	**102.4**	**103.0**	**102.5**	**102.8**	**102.4**	**103.2**
一、食品烟酒	**102.0**	**105.9**	**102.0**	**105.9**	**101.9**	**105.9**
1.食品	102.2	107.6	102.2	107.6	102.2	107.6
(1)粮食	99.9	100.9	99.7	100.7	100.1	101.0
(2)薯类	110.2	97.7	110.7	100.4	109.2	92.2
(3)豆类	101.0	100.5	100.8	100.6	101.4	100.2
(4)食用油	99.5	99.1	100.0	99.8	98.8	98.2
(5)菜	108.5	102.2	107.8	103.0	109.9	100.5
(6)畜肉类	95.9	129.1	96.3	127.5	95.1	131.8
(7)禽肉类	103.9	113.1	103.9	112.6	104.0	114.4
(8)水产品	103.2	96.5	103.2	95.8	103.1	98.9
(9)蛋类	112.9	104.1	111.5	104.8	114.8	103.1
(10)奶类	100.6	100.4	100.5	100.4	100.7	100.4
(11)干鲜瓜果类	106.3	106.6	105.9	106.7	107.3	106.2
(12)糖果糕点类	102.2	99.8	102.2	99.5	102.4	100.2
(13)调味品	102.6	101.5	102.7	101.8	102.4	100.9
(14)其他食品类	102.4	101.3	102.1	101.4	102.8	101.2
2.茶及饮料	102.5	102.2	102.3	101.8	102.8	103.1
3.烟酒	100.4	100.5	99.6	100.4	101.1	100.7
4.在外餐饮	101.9	102.6	102.1	102.8	101.3	102.3
二、衣着	**101.7**	**101.2**	**101.7**	**101.4**	**101.8**	**100.9**
1.服装	102.4	101.7	102.5	101.9	102.4	101.1
2.服装材料	100.9	100.3	100.7	100.4	101.1	100.1
3.其他衣着及配件	100.7	100.3	101.0	100.0	99.7	101.3
4.衣着加工服务费	102.8	101.3	102.1	101.5	104.5	100.7
5.鞋类	99.8	100.1	99.6	99.9	100.3	100.6
三、居住	**102.5**	**101.6**	**101.9**	**101.1**	**103.7**	**102.7**
1.租赁房房租	100.8	100.7	100.9	100.5	100.8	102.3
2.住房保养维修及管理	102.0	101.3	103.2	101.4	101.1	101.3
3.水电燃料	106.0	102.5	103.7	101.9	109.6	103.5
4.自有住房	101.1	101.3	101.1	100.8	101.1	102.7
四、生活用品及服务	**101.7**	**101.2**	**101.8**	**101.2**	**101.4**	**101.3**
1.家具及室内装饰品	103.3	101.8	103.7	101.8	102.4	101.9
2.家用器具	101.2	100.7	101.6	101.0	100.4	100.0
3.家用纺织品	100.3	100.4	100.3	100.3	100.3	100.6
4.家庭日用杂品	101.3	100.5	101.2	99.9	101.5	101.6
5.个人护理用品	101.5	102.1	101.7	102.3	100.8	101.2
6.家庭服务	104.3	104.7	103.8	104.6	105.5	104.8
五、交通和通信	**100.4**	**97.9**	**100.3**	**97.7**	**100.5**	**98.2**
1.交通	101.6	97.6	101.6	97.5	101.7	97.8
2.通信	98.0	98.3	97.9	98.0	98.3	98.9
六、教育文化和娱乐	**102.4**	**103.4**	**102.4**	**103.4**	**102.3**	**103.4**
1.教育	102.7	104.6	102.8	104.9	102.7	104.3
2.文化娱乐	101.7	101.1	101.9	101.3	100.9	100.6
七、医疗保健	**107.4**	**104.4**	**109.2**	**104.5**	**104.4**	**104.3**
1.药品及医疗器具	107.3	107.5	106.6	106.2	108.7	110.1
2.医疗服务	107.5	102.3	111.1	103.2	102.0	100.9
八、其他用品和服务	**102.5**	**104.6**	**101.9**	**104.6**	**103.6**	**104.7**
1.其他用品类	100.0	103.1	100.1	103.9	99.8	101.6
2.其他服务类	104.3	105.7	103.2	105.0	106.6	107.0

1-6-5 商品零售价格分类指数

(上年=100)

指标	全省		城市		农村	
	2018年	2019年	2018年	2019年	2018年	2019年
商品零售价格指数	**102.2**	**101.8**	**102.1**	**101.7**	**102.6**	**102.2**
一、食品	**102.2**	**106.7**	**102.2**	**106.7**	**102.1**	**106.9**
1.粮食	100.0	100.9	99.8	100.7	100.4	101.2
2.薯类	109.7	97.3	110.0	99.4	108.8	90.6
3.豆类	100.7	100.5	100.6	100.6	101.0	100.3
4.食用油	99.8	98.9	100.2	99.4	99.0	97.9
5.菜	107.6	102.0	107.7	102.5	107.3	100.5
6.畜肉类	96.0	129.2	96.3	128.5	95.1	131.1
7.禽肉类	104.8	113.6	104.6	113.6	105.6	113.4
8.水产品	103.6	95.9	103.7	95.3	103.0	99.1
9.蛋类	112.0	104.4	110.8	105.1	114.8	102.7
10.奶类	100.7	100.3	100.6	100.2	100.8	100.9
11.干鲜瓜果类	106.6	105.4	106.5	105.5	107.0	105.3
12.糖果糕点类	102.0	99.6	102.1	99.5	102.0	100.4
13.调味品	102.5	101.3	102.6	101.4	102.4	100.9
14.其他食品类	102.0	101.2	101.5	101.3	103.2	100.8
15.在外餐饮	102.2	102.9	102.1	102.8	102.5	103.0
二、饮料、烟酒	**100.5**	**100.8**	**100.2**	**100.7**	**101.6**	**101.4**
1.茶及饮料	102.9	102.8	102.9	102.6	103.0	103.8
2.烟草	99.9	100.6	99.6	100.3	100.5	101.4
3.酒类	100.1	100.1	99.1	99.9	102.5	100.6
三、服装、鞋帽	**101.6**	**101.1**	**101.7**	**101.2**	**101.2**	**101.0**
1.服装	102.4	101.5	102.5	101.7	102.0	101.2
2.鞋帽袜	99.6	100.1	99.6	100.0	99.4	100.5
3.其他衣着配件	100.8	100.3	100.9	100.0	100.1	101.8
四、纺织品	**100.6**	**100.7**	**100.5**	**100.9**	**100.8**	**100.3**
1.服装材料	100.9	100.2	100.5	100.3	102.0	100.0
2.床上用品	100.5	100.8	100.5	101.0	100.6	100.4
五、家用电器及音像器材	**100.6**	**99.8**	**100.7**	**99.9**	**100.3**	**99.5**
1.家庭设备	101.3	100.9	101.5	101.2	100.7	100.0
2.文娱用耐用消费品	99.2	97.3	99.1	97.0	99.5	98.3
3.专业音像器材	98.5	98.4	98.4	98.4	98.7	98.3

1-6-5续　商品零售价格分类指数

(上年=100)

指　　标	全　省		城　市		农　村	
	2018年	2019年	2018年	2019年	2018年	2019年
六、文化办公用品	**100.1**	**100.0**	**99.7**	**99.8**	**101.5**	**101.0**
七、日用品	**101.4**	**100.6**	**101.5**	**100.5**	**101.2**	**100.9**
1.日用百货	101.3	99.8	101.3	99.7	101.2	100.3
2.厨具餐具茶具	102.5	98.7	103.1	98.0	100.7	100.6
3.清洗用品	102.3	103.8	102.3	104.1	102.3	103.1
4.其他日用品	100.7	100.6	100.7	100.5	100.7	100.7
八、体育娱乐用品	**101.2**	**100.6**	**100.9**	**100.6**	**101.9**	**100.6**
1.体育户外用品	100.9	100.5	100.9	100.6	100.7	100.1
2.娱乐用品	101.2	100.6	100.9	100.6	102.0	100.7
九、交通、通信用品	**97.1**	**96.6**	**97.4**	**96.8**	**96.1**	**95.7**
1.交通运输机械	97.9	98.4	98.2	98.4	96.5	98.1
2.通信器材	95.3	92.5	95.3	92.5	95.4	92.5
十、家具	**103.5**	**101.9**	**103.8**	**101.9**	**102.1**	**102.1**
十一、化妆品	**101.5**	**102.8**	**101.7**	**103.2**	**100.8**	**101.1**
十二、金银饰品	**98.6**	**106.6**	**98.6**	**107.3**	**98.6**	**104.1**
十三、中西药品及医疗保健用品	**107.3**	**108.2**	**106.7**	**107.3**	**109.0**	**110.7**
1.医疗卫生器具	100.6	100.5	100.1	100.5	101.0	100.4
2.中药	106.2	106.1	105.1	105.7	108.8	106.9
3.西药	109.1	110.6	108.9	109.6	109.8	113.0
4.保健器具及用品	101.1	100.6	100.9	100.5	103.8	101.5
十四、书报杂志及电子出版物	**105.3**	**103.0**	**105.6**	**102.8**	**104.4**	**103.8**
1.教材及参考书	103.2	102.8	102.7	102.3	104.8	104.4
2.书报杂志	107.8	104.8	109.1	104.8	102.5	104.8
3.计算机办公软件	106.5	100.0	106.5	100.0	106.5	100.0
十五、燃料	**112.5**	**97.6**	**111.6**	**97.0**	**115.3**	**99.1**
1.煤炭及制品	117.4	102.6	116.3	102.4	118.8	102.7
2.石油及制品	110.5	95.4	110.4	95.5	111.3	94.8
十六、建筑材料及五金电料	**101.1**	**100.2**	**101.2**	**100.1**	**100.8**	**100.3**
1.建筑装璜材料	101.4	100.0	101.6	100.1	100.7	99.8
2.五金水暖	100.4	100.8	100.1	100.3	101.1	102.0

1-6-6 农业生产资料价格分类指数

(上年=100)

年 份	农业生产资料价格指数	一、农用手工工具	二、饲料	三、产品畜	四、半机械化农具	五、机械化农具
1995	120.9	115.1	144.8	123.6	108.9	115.8
1996	108.0	113.5	110.6	97.5	106.9	105.7
1997	104.3	115.8	92.2	143.8	102.5	100.0
1998	98.7	101.2	98.1	95.8	100.2	99.1
1999	97.5	99.3	101.7	82.6	99.9	96.6
2000	101.5	98.8	96.2	113.5	99.1	97.7
2001	100.2	101.2	104.7	104.2	99.0	98.6
2002	100.4	103.0	99.6	103.4	98.2	98.3
2003	99.8	99.8	101.6	101.3	94.8	97.8
2004	106.7	99.6	110.7	124.4	99.7	99.1
2005	106.8	100.5	99.2	106.2	99.9	101.3
2006	101.6	100.8	100.0	83.2	99.9	100.5
2007	106.9	100.1	107.6	140.6	100.4	101.0
2008	118.6	112.2	120.7	135.6	106.2	107.2
2009	100.6	104.9	100.5	89.1	100.8	102.2
2010	104.4	105.0	108.2	105.0	99.9	101.8
2011	112.6	105.1	108.4	153.6	108.2	111.1
2012	108.2	105.4	106.5	110.9	107.3	106.7
2013	101.1	100.2	104.0	102.1	101.0	101.0
2014	99.1	99.6	104.3	95.0	98.6	100.8
2015	99.8	100.0	99.3	104.4	100.0	100.4
2016	100.0	99.9	96.0	133.5	100.3	100.6
2017	101.0	100.7	99.6	101.0	102.0	100.2
2018	103.2	100.8	103.6	89.6	101.7	100.7
2019	103.1	100.6	100.0	137.4	101.0	100.2

注：2016年第三大类“产品畜”改为“仔畜幼禽及产品畜”

1-6-6续 农业生产资料价格分类指数

(上年=100)

年 份	六、化学肥料	七、农药及农药械	八、农用机油	九、其他农业生产资料	十、农业生产服务
1995	129.5	119.1	103.8	119.0	
1996	109.9	112.0	107.0	109.2	
1997	92.3	97.5	119.0	99.4	
1998	94.4	96.0	99.7	102.2	
1999	96.6	98.1	101.8	98.5	
2000	95.0	97.7	120.3	97.8	
2001	100.3	96.9	99.7	99.4	
2002	101.6	97.8	98.4	108.0	
2003	100.8	98.5	109.7	85.9	
2004	106.4	102.9	110.8	106.6	
2005	112.0	101.2	116.6	108.6	
2006	101.0	100.4	115.1	107.7	110.4
2007	101.6	100.6	105.1	104.5	108.2
2008	121.2	104.3	116.9	110.9	115.7
2009	101.2	100.7	90.2	100.0	111.2
2010	100.2	97.6	115.2	108.0	103.1
2011	111.8	105.0	113.4	113.0	107.4
2012	108.5	107.3	106.2	111.1	110.0
2013	95.3	103.2	100.8	102.8	104.8
2014	91.6	101.7	98.6	102.8	101.2
2015	101.4	99.6	86.4	99.1	100.5
2016	98.3	98.6	98.4	99.4	100.3
2017	102.4	100.9	107.8	100.5	100.1
2018	108.4	105.2	111.2	101.8	100.2
2019	101.8	103.8	94.7	100.3	102.8

1-6-7 主要农产品生产价格及指数

指　　标	单　位	2019年生产价格	生产价格指数(以上年为100)	
			2018年	2019年
农产品生产价格指数			**104.65**	**107.05**
一、农业产品			**104.49**	**100.95**
(一)谷　物	元/公斤		103.09	99.07
稻　谷	元/公斤			
小　麦	元/公斤	2.27	97.92	97.01
玉　米	元/公斤	1.77	106.85	100.57
谷　子	元/公斤			
高　粱	元/公斤			
(二)薯　类	元/公斤		97.28	107.49
马铃薯	元/公斤	1.33	97.28	107.49
(三)油　料	元/公斤		85.51	106.82
花　生	元/公斤	4.94	85.51	106.82
油菜籽	元/公斤			
葵花籽	元/公斤			
芝　麻	元/公斤			
(四)豆　类	元/公斤		93.37	105.26
大　豆	元/公斤	4.00	93.37	105.26
绿　豆	元/公斤			
(五)棉　花	元/公斤		97.39	99.14
籽　棉	元/公斤	6.52	97.39	99.14
(六)蔬菜及食用菌	元/公斤		106.50	102.97
1.蔬　菜	元/公斤		106.71	102.79
叶菜类蔬菜	元/公斤		121.45	85.14
芹　菜	元/公斤	1.60	142.56	61.23
油　菜	元/公斤		118.64	
菠　菜	元/公斤			
白菜类蔬菜	元/公斤		92.19	81.34
大白菜	元/公斤	0.70	92.19	81.34
甘蓝类蔬菜	元/公斤		138.72	75.66
结球甘蓝	元/公斤	0.86	138.72	75.66
花椰菜	元/公斤			
根茎类蔬菜	元/公斤		95.10	86.32
白萝卜	元/公斤	0.82	95.10	86.32
胡萝卜	元/公斤			
瓜菜类蔬菜	元/公斤		116.41	118.57
黄　瓜	元/公斤	3.15	117.15	121.39
冬　瓜	元/公斤			
西葫芦	元/公斤	2.02	108.72	89.46
豆类蔬菜	元/公斤		101.54	98.07
四季豆	元/公斤	4.07	101.54	98.07

1-6-7续1　主要农产品生产价格及指数

指　　标	单　位	2019年生产价格	生产价格指数(以上年为100)	
			2018年	2019年
茄果类蔬菜	元/公斤		96.36	117.20
茄　子	元/公斤	2.77	110.00	90.52
青　椒	元/公斤			
西红柿	元/公斤	3.50	88.43	132.70
葱蒜类蔬菜	元/公斤		92.05	92.80
大　葱	元/公斤	1.30	81.59	79.71
蒜　苔	元/公斤			
蒜　头	元/公斤	4.00	91.66	104.18
韭　菜	元/公斤	2.90	104.39	103.38
2.食用菌	元/公斤		101.84	106.90
平　菇	元/公斤	5.18	101.86	104.38
香　菇	元/公斤	8.72	101.79	112.81
其他食用菌	元/公斤	4.10		
(七)水果及坚果	元/公斤		114.30	102.10
1.水果（园林水果）	元/公斤		114.87	102.50
苹　果	元/公斤		116.21	113.53
红富士苹果	元/公斤	5.71	116.21	113.53
梨	元/公斤		119.87	99.03
雪花梨	元/公斤	2.55	92.17	136.36
鸭　梨	元/公斤	2.07	148.09	66.99
葡　萄	元/公斤			
巨峰葡萄	元/公斤			
玫瑰香葡萄	元/公斤			
瓜类水果	元/公斤			
西　瓜	元/公斤			
伊利沙白瓜	元/公斤			
其他水果	元/公斤		108.11	99.36
枣	元/公斤	4.67	108.11	99.36
柿　子	元/公斤			
桃	元/公斤			
杏	元/公斤			
草　莓	元/公斤			
2.食用坚果	元/公斤		101.97	93.48
核　桃	元/公斤	15.25	99.43	88.39
栗　子	元/公斤		103.60	96.75
板　栗	元/公斤	13.21	103.60	96.75
(八)香料原料	元/公斤		110.85	100.43
调味香料	元/公斤		110.85	100.43
花　椒	元/公斤	69.36	110.85	100.43

1-6-7续2　主要农产品生产价格及指数

指　　标	单　位	2019年生产价格	生产价格指数(以上年为100)	
			2018年	2019年
二、林业产品			**100.53**	**90.62**
(一)育种和育苗			100.53	90.62
苗木类	元/株		100.53	90.62
针叶乔木苗类	元/株	230.78	100.64	89.91
阔叶乔木苗类	元/株	3.80	100.00	95.00
(二)木材采伐产品	元/立方米			
1.原　木	元/立方米			
非针叶原木	元/立方米			
杨树原木	元/立方米			
2.薪　材	元/立方米			
三、饲养动物及其产品	**元/公斤**		**104.62**	**118.77**
(一)活牲畜	元/公斤		91.91	136.60
猪	元/公斤	19.26	83.98	148.94
牛	元/公斤	27.38	103.31	110.06
羊	元/公斤	27.08	109.70	115.73
(二)活家禽	元/公斤		110.96	114.72
活　鸡	元/公斤	9.45	110.96	114.72
(三)畜禽产品	元/公斤		119.84	96.44
1.生　奶	元/公斤	3.36	102.56	103.55
2.禽　蛋	元/公斤		125.06	95.01
鸡　蛋	元/公斤	8.28	125.06	95.01
鸭　蛋	元/公斤			
3.动物毛类	元/公斤		115.67	62.07
绵羊毛	元/公斤	6.23	115.67	62.07
四、渔业产品	**元/公斤**		**109.85**	**100.69**
(一)海水养殖产品	元/公斤			
1.海水养殖虾	元/公斤			
海水养殖中国对虾	元/公斤			
其他海水养殖海虾	元/公斤			
2.海水养殖蟹	元/公斤			
海水养殖梭子蟹	元/公斤			
3.海水养殖贝类	元/公斤			
海水养殖扇贝	元/公斤			
海水养殖蛤	元/公斤			
(二)淡水养殖产品	元/公斤		109.85	100.69
养殖淡水鱼	元/公斤		109.85	100.69
养殖淡水鲤鱼	元/公斤	11.13	112.71	101.32
养殖淡水草鱼	元/公斤	12.27	101.18	98.79
养殖淡水鲢鱼	元/公斤			
养殖淡水鲫鱼	元/公斤			

1-7-1　石家庄海关出口农副产品及加工品数量

指　　标	单 位	2010年	2015年	2018年	2019年
肉及杂碎	吨	6597	12573	13917	12403
牛　肉	吨	138	50		807
冻　鸡	吨	347	3914	6034	6546
水海产品	吨	22056	46610	30337	28134
活　鱼	吨	237	394	159	231
冻鱼、冻鱼片	吨	792	1267	619	741
鲜、冻对虾	吨	30			
冻虾仁	吨	214	82	21	73
粮　食	吨	69037	69730	57999	63834
谷物及谷物粉	吨	3104	3668	2885	6164
玉　米	吨	2	25	156	286
淀粉块茎及薯类	吨		620	936	385
豆　类	吨		65442	54177	57286
蔬　菜	吨	93736	115996	142978	141197
鲜或冷藏蔬菜	吨	43518	55648	68008	60924
干的食用菌类	吨	126	128	80	34
鲜、干水果及坚果	吨	122492	120179	191564	166472
橘、橙	吨	275			6
苹　果	吨	3832	894	583	524
梨	吨	100362	105220	178534	149973
乳品	吨		133	162	163
果蔬汁	吨	9309	15232	17877	11014
食用油籽	吨	11522	3975	2086	1604
大　豆	吨	936	2779	872	811
花生、花生仁	吨	7306	762	708	499
食用植物油(包括棕榈油)	吨	3038	1495	202	3737
豆　油	吨	54	137	95	156
烘焙花生	吨	1445	4081	1904	1034
天然蜂蜜	吨	792	102		
茶　叶	吨		101		
辣椒干	吨	1726	1675	1624	1804
猪肉罐头	吨		1		
番茄酱	吨	56	28012	26611	31427
蘑菇罐头	吨	1669	1420	315	321
啤　酒	升		20909		291
肠　衣	吨	3947	6800	5866	4265
填充用羽毛；羽绒	吨	6	5		12
药　材	吨	5726	3304	3582	3374
锯　材	立方米	660	12(吨)	89(吨)	325
山羊绒	吨	1014	1628	2074	1935

注：2015年、2016年，锯材计量单位“立方米”改为“吨”。

1−7−2 石家庄海关出口农副产品及加工品金额

单位：万美元

指　　标	2010年	2015年	2018年	2019年	2019年比上年增减(%)
农产品	122770.7	165557.3	160528.0	160200.7	0.0
肉及杂碎	10494.3	13867.0	16621.0	12996.0	-21.8
牛　肉	73.4	55.0		928.1	-34.9
冻　鸡	69.7	1282.4	1539.0	1909.2	24.1
水海产品	12073.6	45255.0	23900.3	23117.8	-3.3
活　鱼	255.1	611.8	237.4	327.4	37.9
冻鱼、冻鱼片	364.2	899.4	332.2	462.6	39.3
鲜、冻对虾	13.5				
冻虾仁	127.4	62.0	19.9	84.9	326.2
粮　食	6733.6	8406.0	5916.3	6685.8	13.0
谷物及谷物粉	161.1	315.3	196.8	415.6	111.2
玉　米	0.2	2.3	13.7	16.3	19.5
淀粉块茎及薯类		84.8	29.2	23.1	-21.0
豆　类		8006.0	5690.4	6247.1	9.8
蔬　菜	8312.9	11050.7	14648.1	13492.4	-7.9
鲜或冷藏蔬菜	2645.1	3340.9	5471.9	3557.4	-35.0
干的食用菌类	139.1	96.7	125.9	28.4	-77.5
鲜、干水果及坚果	9301.6	12935.1	15293.0	15431.0	0.9
橘、橙	12.5			0.3	
苹　果	307.9	89.7	55.8	58.1	4.0
梨	4934.2	8296.3	11499.9	10979.7	-4.5
乳品		15.5	125.6	98.2	-21.8
果蔬汁	892.6	1854.7	1923.8	1144.9	-40.5
食用油籽	1323.3	560.8	207.4	158.2	-23.7
大　豆	84.5	385.0	76.2	65.4	-14.1
花生、花生仁	872.0	119.3	76.6	55.6	-27.4
食用植物油(包括棕榈油)	362.4	137.6	22.7	317.5	1299.4
豆　油	7.0	16.5	14.0	19.0	36.2
花生油					
烘焙花生	225.0	897.8	339.3	182.3	-46.3
天然蜂蜜	129.4	18.6			
茶　叶		329.8			
辣椒干	560.7	609.5	465.0	540.4	16.2
猪肉罐头		1.8			
番茄酱	4.3	2925.7	2214.0	2653.0	19.8
蘑菇罐头	238.2	315.6	103.5	104.7	1.2
啤　酒		1.5	0.0	16.0	166427.1
肠　衣	9407.3	11535.5	13448.7	9935.1	-26.1
填充用羽毛；羽绒	13.9	4.1		13.4	
药　材	2182.0	1774.4	2762.7	2263.0	-18.1
锯　材	53.5	4.9	22.3	40.7	82.5
山羊绒	6734.6	11264.4	12862.8	11091.5	-13.8

1-7-3 石家庄海关进口农副产品及加工品数量

指　　标	单位	2010年	2015年	2018年	2019年
冻　鱼	吨	571	64	3978	4103
鲜、干水果及坚果	吨	57441	1914	17505	8637
香　蕉	吨	56136		14481	4174
乳　品	吨		4565	10771	5924
粮　食	吨	3089461	3969551	5187226	5151015
谷物及谷物粉	吨	80383	171152	322351	360949
小　麦	吨	8732	12595	24414	12240
大　麦	吨	71651	136665	249756	288825
稻谷和大米	吨		513	1815	1849
大　豆	吨	3002514	3763921	4847250	4762909
食用植物油	吨	84432	40269	18291	10818
豆油			2913	5259	462
花生油					
橄榄油	吨	11	54	29	196
棕榈油	吨	74722	35502	2210	3291
菜了油和芥了油#				7028	3236
食　糖	吨	2856	4354	15852	8159
酒　类	千　升	46247	33690	31082	20744
啤　酒	千　升	93	518	847	452
葡萄酒	千　升	46152	33170	30225	20288
饲料用鱼粉	吨	2	185		
豆饼、豆粕	吨		50917		27
天然橡胶(包括胶乳)	吨	6695	60086	59375	24846
合成橡胶(包括胶乳)	吨	19981	24035	27860	39720
原　木	吨	37863(立方米)	29970	324662	605457
锯　材	吨	125657(立方米)	10543	46939	78682
纸　浆	吨	55648	269964	277020	483551
羊　毛	吨	3778	2368	11790	10216
棉　花	吨	68685	4793	29421	33274
肥　料	吨		139043	46516	77126
矿物肥料及化肥	吨		139043	46515	77126
氯化钾	吨		139042	46515	77126

注：2015年起，原木、锯材计量单位“立方米”改为“吨”。

1-7-4 石家庄海关进口农副产品及加工品金额

单位：万美元

指　　标	2010年	2015年	2018年	2019年	2019年比上年增减(%)
农产品	216221.1	257531.0	344103.2	321513.8	-6.7
冻　鱼	60.6	6.9	836.4	1013.2	21.1
鲜、干水果及坚果	2826.0	807.0	1810.7	1201.8	-33.6
香蕉（包括芭蕉）	2440.4		1065.5	252.5	-76.3
乳 品		1789.4	2607.8	2439.5	-6.5
粮　食	138385.0	163379.9	224180.9	197613.1	-12.1
谷物及谷物粉	1799.5	5028.5	8251.0	10647.9	29.1
小　麦	217.8	373.3	591.5	425.8	-28.0
大　麦	1581.8	3924.0	6453.6	8320.6	28.9
稻谷和大米		34.2	103.2	92.7	-10.2
大　豆	136362.9	157186.6	214497.7	185070.8	-14.0
食用植物油	7101.0	2712.3	1461.3	925.9	-36.6
豆油		257.6	402.8	34.7	-91.4
花生油					
橄榄油	9.2	29.5	16.9	60.6	259.0
棕榈油	6242.3	2193.3	147.0	205.8	40.0
菜子油和芥子油#			574.4	261.6	-54.5
食　糖	203.7	181.7	634.3	313.1	-50.6
酒　类	3784.3	2141.1	5033.6	3690.6	-26.7
啤　酒	6.6	26.0	64.8	28.9	-55.3
葡萄酒	3775.4	2113.2	4962.0	3656.3	-26.3
饲料用鱼粉	1.9	15.8			
豆饼、豆粕		3327.2		1.2	
天然橡胶(包括胶乳)	1684.1	6236.5	6467.2	2583.8	-60.0
合成橡胶(包括胶乳)	3250.8	2998.1	3433.9	4268.6	24.3
原　木	436.3	637.8	5846.0	10242.0	75.2
锯　材	2515.0	791.1	2351.5	3198.5	36.0
纸　浆	7988.9	20267.1	24114.6	36638.8	51.9
羊　毛	611.2	585.4	2179.0	1658.1	-23.9
棉　花	14339.3	1001.2	5846.6	6439.2	10.1
肥　料	0.5	4410.9	1220.4	2240.9	83.6
#矿物肥料及化肥		4410.9	1219.6	2240.9	83.7
#氯化钾		4410.4	1219.5	2240.8	83.7

1-8-1　农垦系统国有农牧场基本情况

指　标	单　位	2005年	2010年	2015年	2017年	2018年	2019年	2019年比上年增减(%)
一、农场数	**个**	**30**	**32**	**33**	**33**	**33**	**33**	
二、农场人口及职工								
总人口	人	397033	422544	459210	421873	420874	421230	0.1
职工人数	人	85212	71138	66068	62539	57425	59259	3.2
三、土地总面积	**公顷**	**352607**	**354669**	**393149**	**387607**	**384934**	**382819**	**-0.5**
耕地面积	公顷	80297	89095	97763	92756	95797	99269	3.6
牧草地面积	公顷	70062	77909	94430	97720	95075	93582	-1.6
#已利用	公顷	52126	51891	63911	64599			
林地面积	公顷	89785	83774	79527	73966	74111	76364	3.0
水面面积	公顷	48663	36939	26702	28824	29876	29634	-0.8
#养殖面积	公顷	15156	13042	18277	18269		18480	
茶果桑园面积	公顷	2913	1964	1589	1901	2029	1448	-28.6
四、农用机械总动力	**千瓦**	**508748**	**898694**	**1194250**	**1049925**	**1085079**	**1065920**	**-1.8**
大中型农用拖拉机	台	1046	2586	4749	4791	4274	3589	-16.0
小型及手扶拖拉机	台	17147	22672	23186	16924	16068	17979	11.9
联合收割机	台	202	348	806	764	762	857	12.5
农用化肥施用量	吨	21559	24185	33443	51885	64838	63009	-2.5
农场用电量	万千瓦小时	69732	99125	206115	409549	207857	149849	-27.9
五、生产总值	**万元**	**681963**	**2287295**	**4556503**	**4889130**	**5311558**	**5853757**	**10.2**
#第一产业增加值	万元	174177	322098	478212	518297	577772	759450	31.4
第二产业增加值	万元	324760	1383855	2350858	2585506	2718426	2863835	5.3
第三产业增加值	万元	183026	581342	1727433	1785327	2015360	2230472	10.7
人均生产总值	元/人	17300	54034	99225	115891	127233	139760	9.8
农林牧渔业总产值(现价)	万元	335053	621483	889766	915659	1115189	1250871	12.2

1-8-1续　农垦系统国有农牧场基本情况

指　标	单　位	2005年	2010年	2015年	2017年	2018年	2019年	2019年比上年增减(%)
六、农作物总播种面积	**公顷**	**87903**	**99098**	**100743**	**85045**	**86205**	**85816**	**-0.5**
1.粮　食	公顷	59393	64341	78239	65774	70175	69982	-0.3
#谷　物	公顷	54083	59771	68009	56407	59844	59762	-0.1
#小　麦	公顷	15975	17504	16114	10754	12023	12011	-0.1
稻　谷	公顷	17962	18145	24062	25337	27506	27309	-0.7
2.棉　花	公顷	21454	19881	7657	3838	2891	1658	-42.6
3.油　料	公顷	920	2015	1262	1411	2517	3089	22.7
七、主要农产品产量								
1.粮　食	吨	339161	415799	532361	653090	570494	600841	5.3
#谷　物	吨	324412	389171	401920	423812	350480	379911	8.4
#小　麦	吨	54400	75643	75169	44516	58663	54036	-7.9
稻　谷	吨	174670	179027	211730	262041	178162	216543	21.5
2.棉　花	吨	25133	32481	9410	5076	3134	3771	20.3
3.油　料	吨	983	2626	1324	1614	3427	4703	37.2
4.鲜　果	吨	21762	16037	24292	27877	16323	39596	142.6
八、林业生产情况								
当年造林面积	公顷	8011	3110	4227	6059	7457	4411	-40.8
林木采伐量	立方米	2758	3636	1621	1093	1149	1174	2.2
九、畜牧业渔业生产								
年末大牲畜存栏	头	82832	137400	202800	195641	174400	179308	2.8
#牛	头	80991	135800	199400	192221	172421	175224	1.6
年末猪存栏	头	199849	273700	328300	376516	366153	272408	-25.6
年末羊存栏	只	102147	54000	128000	106005	80109	69329	-13.5
#山羊	只	8373	4300	3600	3927	3898	3206	-17.8
年末家禽存栏	万只	167.15	219.06	285.81	297.92	415.74	279.22	-32.8
畜产品产量								
肉类总产量	吨	42800	56021	61005	73176	71772	68256	-4.9
牛奶产量	吨	208148	473614	538743	515048	558699	594958	6.5
禽蛋产量	吨	7801	10027	12438	20308	19044	17447	-8.4
水产品产量	吨	68933	78115	136907	113425	154640	163468	5.7
#养殖产量	吨	61000	71562	115135	96230	135379	148411	9.6

1-8-2　主要农牧场经济指标

指　标	单　位	柏各庄农　场	芦　台农　场	汉　沽农　场	中捷友谊农场	南大港农　场	大曹庄农　场	察　北农　场	沽　源农　场	御道口牧　场
一、2010年数量	**人**									
总人口	人	142617	40420	44766	40400	43944	43001	20951	7886	4012
耕地面积	公顷	26703	7716	5640	5551	6345	5502	6718	7959	2120
农作物总播种面积	公顷	22858	7668	5492	10417	9682	11005	6718	7786	2120
粮食总产量	吨	192113	15513	6537	26928	27878	73347	9308	12083	3218
#小麦	吨	1154			8925	8361	36986			
稻谷	吨	169356	8603	96						
水产品产量	吨	66870	630	5811	3005	1410				
#养殖	吨	60628	630	5530	3005	1380				
农业总产值	万元	263071	37898	58937	35355	30122	39666	82546	40938	6350
二、2015年数量										
总人口	人	165102	41487	44690	46891	46933	46364	20697	8092	4035
耕地面积	公顷	28457	7676	6092	6375	6345	5502	9713	8529	2120
农作物总播种面积	公顷	25165	8469	7089	6594	8750	10581	7655	7866	2120
粮食总产量	吨	200100	37065	14711	13622	13692	75862	10473	98137	8652
#小麦	吨	416	1468		5870	5206	39181	160		
稻谷	吨	187219	22436	1211						
水产品产量	吨	127186		4970	3040	1540				
#养殖	吨	108754		4690	3040	1520				
农业总产值	万元	405007	49329	81605	38372	38655	51695	133473	66281	9864
三、2019年数量										
总人口	人	168103	44672	42952	50279	48769	3830	20567	6957	4357
耕地面积	公顷	28482.7	9073	7952	6375	10180	1017	9713	9933	2120
农作物总播种面积	公顷	24285	7793	7330	2452	8014	2108	8245	10180	2120
粮食总产量	吨	181792	63932	39582	6000	28315	13997	24428	132600	43955
#小麦	吨	610	1873	14320	3750	4905	6901			
稻谷	吨	157440	54239	4421						
水产品产量	吨	150803		8446	3448	620				
#养殖	吨	136046		8166	3448	600				
农业总产值	万元	592355	106071	78265	101231	44303	3800	135279	141101	10020

1-8-2续 主要农牧场经济指标

指 标	单 位	柏各庄农场	芦台农场	汉沽农场	中捷友谊农场	南大港农场	大曹庄农场	察北农场	沽源农场	御道口牧场
一、2010年数量										
生产总值(现价)	万元	746476	225453	188313	603278	195000	83016	115225	88933	8590
第一产业增加值	万元	142260	24010	32436	16909	15935	18353	36000	20807	3190
第二产业增加值	万元	309639	156188	92934	506221	122825	49480	64300	62710	1161
第三产业增加值	万元	294577	45255	62943	80148	56240	15183	14925	5416	4239
人均生产总值	元/人									
工业总产值(现价)	万元	542918	524400	303419	1586419	481300	60440	156443	186800	
职工人数	人	33519	4079	3283	7588	7002	2185	1214	2632	1040
利润总额	万元	93871	18323	5372	10280	29065	14121	23602	37487	
外贸出口总额	万元	8568	53837	7423	4500	1710				
二、2015年数量										
生产总值(现价)	万元	1018727	386437	302586	1301002	850000	158194	252000	170179	57987
第一产业增加值	万元	200535	31162	50295	19092	29000	26056	65000	36531	5576
第二产业增加值	万元	377184	279474	144042	584910	495000	101273	170000	115339	43198
第三产业增加值	万元	441008	75801	108249	697000	326000	30865	17000	18309	9213
人均生产总值	元/人	61703	93147	67707	277452	181109	34120	121757	210305	143710
工业总产值(现价)	万元	1147712	1232828	462221	2372126	1421543	221868	482636	445886	62944
职工人数	人	33000	3218	2576	3620	7369	988	1150	2301	818
利润总额	万元	62035	32900	8187	18500	51977	61870	30517	58500	2187
外贸出口总额	万元	18420	94658	19866	5262	1781	2978		229	
三、2019年数量										
生产总值(现价)	万元	1985476	632892	313198	1364604	1122627	2653	143854	115299	90381
第一产业增加值	万元	366837	52607	40398	92168	35185	2233	67209	75819	5946
第二产业增加值	万元	813441	478294	118453	671794	586478	420	47438	20123	70737
第三产业增加值	万元	805198	101991	154347	600642	500964		29207	19357	13698
人均生产总值	元/人	118218	142210	72392	272921	233875	6936	85653	154722	207771
工业总产值(现价)	万元	642869	1842801	392618	2811006	1971811	607	384592	19845	83869
职工人数	人	28609	2266	2430	11184	7873	96	1017	2370	939
利润总额	万元	-296	2289	116	615	1	92	97	85	859
外贸出口总额	万元	15442	179000	21373	27072	30				

1-9-1　历年财政收支情况

单位：亿元

年　份	地方公共财政预算收入	比上年增长 (%)	公共财政预算支出	比上年增长 (%)
1952			1.88	68.7
1957			5.07	-19.2
1962			5.88	-46.8
1965			9.65	-19.6
1970			12.13	24.4
1975			20.92	5.9
1978			32.44	2.9
1980			28.36	-17.1
1985			41.66	16.2
1990			87.29	12.9
1991			91.14	4.4
1992			101.19	11.0
1993			142.26	40.6
1994	95.22		160.84	13.1
1995	119.95	26.0	191.18	18.9
1996	151.78	26.5	231.90	21.3
1997	183.31	20.8	270.46	16.6
1998	206.76	12.8	301.55	11.5
1999	223.28	8.0	350.80	16.3
2000	248.76	11.4	415.54	18.5
2001	283.50	14.0	514.18	23.7
2002	302.31	14.8	576.59	12.1
2003	335.83	15.3	646.74	12.2
2004	407.83	43.9	785.56	21.5
2005	515.70	26.5	979.16	24.6
2006	620.53	20.3	1180.36	20.5
2007	789.12	27.2	1506.65	27.6
2008	947.59	20.1	1881.67	24.9
2009	1067.12	12.6	2347.59	24.8
2010	1331.85	24.8	2820.24	20.1
2011	1737.77	30.5	3537.39	25.4
2012	2084.28	19.9	4079.45	15.3
2013	2295.62	10.1	4409.58	8.1
2014	2446.62	6.6	4677.30	6.1
2015	2649.18	8.3	5632.19	20.4
2016	2849.87	7.6	6049.53	7.4
2017	3233.83	13.5	6639.18	9.7
2018	3513.86	8.7	7726.21	16.5
2019	3738.99	6.4	8309.04	7.5

1-9-2 农村集体和农村居民个人固定资产投资额

年 份	全社会固定资产投资总额(万元)	#农村集体单位固定资产投资	占全社会固定资产投资比重(%)	#农村居民个人固定资产投资	占全社会固定资产投资比重(%)
“七五”时期	**8643259**	**1131570**	**13.1**	**2228365**	**25.8**
1986	1312984	132659	10.1	359822	27.4
1987	1520053	192059	12.6	398281	26.2
1988	2108484	375802	17.8	499057	23.7
1989	1929602	277289	14.4	541861	28.1
1990	1772136	153761	8.7	429344	24.2
“八五”时期	**27649417**	**5766951**	**20.9**	**4210837**	**15.2**
1991	2404473	250938	10.4	766958	31.9
1992	3357908	632424	18.8	546134	16.3
1993	5401987	1168929	21.6	630000	11.7
1994	7091874	1533235	21.6	939969	13.3
1995	9393175	2181425	23.2	1327776	14.1
“九五”时期	**79546083**	**20242326**	**25.4**	**8938514**	**11.2**
1996	11876934	3264185	27.5	1435517	12.1
1997	14699903	3987635	27.1	1905761	13.0
1998	16511500	4172899	25.3	1924263	11.7
1999	17985435	4380020	24.4	1756132	9.8
2000	18472311	4437587	24.0	1916841	10.4
“十五”时期	**139663377**	**25790810**	**18.5**	**10671746**	**7.6**
2001	19418957	4507361	23.2	2086309	10.7
2002	20466852	4680000	22.9	2050000	10.0
2003	25158590	5057295	20.1	1994491	7.9
2004	32516504	5601372	17.2	2166461	6.7
2005	42102474	5944782	14.1	2374485	5.6
“十一五”时期	**486474443**	**57526969**	**11.8**	**18654705**	**3.8**
2006	55009984	7734309	14.1	2935796	5.3
2007	68846817	8723906	12.7	3219779	4.7
2008	88665605	10071465	11.4	3956398	4.5
2009	123118505	13998564	11.4	3934497	3.2
2010	150833532	16998725	11.3	4608235	3.1
“十二五”时期					
2011	163893254	16972913	10.4	6090686	3.7
2012	196612832	24055135	12.2	5566535	2.8
2013	231942296	33229695	14.3	5644603	2.4
2015	294482706	62069003	21.1	5425323	1.8
“十三五”时期					
2016年	317500152	80823028	25.5	4099479	1.3
2017年	334068022	90804817	27.2	3945707	1.2
2018年			23.1		1.7
2019年			22.8		1.5

注：2006-2010年，农村集体与农村个人分组为农村非农户与农村农户分组，2011年及以后为农村建设项目投资。

1-9-3 农业基本建设投资

年份	基本建设投资(亿元)	#农业(包括水利业)基本建设投资	#水利基本建设投资	农业基本建设投资占基本建设投资比重(%)	水利基本建设投资占农业基本建设投资比重(%)
"一五"时期	**19.21**	**2.32**		**12.1**	
"二五"时期	**53.01**	**11.70**		**22.1**	
1963-1965年	14.10	4.54		32.2	
"三五"时期	**29.19**	**9.20**		**31.5**	
"四五"时期	**68.05**	**11.69**		**17.2**	
"五五"时期	**124.40**	**16.33**		**13.1**	
"六五"时期	**133.84**	**9.13**		**6.8**	
"七五"时期	**275.14**	**6.33**		**2.3**	
"八五"时期	**871.96**	**25.37**		**2.9**	
"九五"时期	**2617.63**	**123.03**	**68.34**	**4.7**	**55.5**
"十五"时期					
2001	591.87	43.93	16.60	7.4	37.8
2002	597.24	36.64	14.76	6.1	40.3
2003	845.84	42.01	16.69	5.0	39.7
2004	1308.96	61.96	25.77	4.7	41.6
	城镇投资	农林牧渔业投资	水利管理业投资	农林牧渔业占城镇投资比重(%)	水利管理业占城镇投资比重(%)
2005	3378.32	61.21	33.00	1.8	1.0
"十一五"时期	**41029.28**	**943.19**	**393.01**	**2.3**	**1.0**
2006	4433.99	83.71	57.32	1.9	1.3
2007	5690.31	116.26	55.01	2.0	1.0
2008	7463.77	188.41	60.14	2.5	0.8
2009	10518.54	244.43	112.43	2.3	1.1
2010	12922.66	310.38	108.11	2.4	0.8
	固定资产投资	农林牧渔业投资	水利管理业投资	农林牧渔业占固定资产投资比重(%)	水利管理业占固定资产投资比重(%)
"十二五"时期					
2011	15780.26	590.36	84.87	3.7	0.5
2012	19104.63	651.84	171.68	3.4	0.9
2013	22629.77	794.72	205.38	3.5	0.9
2014	26147.20	1120.95	298.04	4.3	1.1
2015	28905.74	1510.11	324.83	5.2	1.1
	固定资产投资	农林牧渔业投资	水利管理业投资	农林牧渔业占固定资产投资比重(%)	水利管理业占固定资产投资比重(%)
"十三五"时期					
2016	31340.07	1686.58	269.33	5.4	0.9
2017	33012.23	1796.19	259.89	5.4	0.8
2018				4.3	0.5
2019				3.8	0.9

1-10-1 普通中学和普通小学基本情况

指标	单位	合计				#农村			
		2010年	2015年	2018年	2019年	2010年	2015年	2018年	2019年
一、普通中学									
学校数	所	3264	2956	3022	3084	1456	857	781	772
学生数	万人	348.76	351.92	416.64	438.51	74.89	45.09	50.46	51.69
二、普通小学									
学校数	所	13563	12126	11545	11604	11084	7368	6616	6559
学生数	万人	511.59	596.24	658.85	679.11	309.80	238.91	228.73	222.06

1-10-2 乡镇卫生院、床位、卫生人员和村卫生室及人员数

指标	单位	2010年	2015年	2018年	2019年
一、乡（镇）情况					
1、乡镇卫生院	个	1962	1960	2006	1998
#中心卫生院	个	641	641	640	643
乡卫生院	个	1321	1319	1366	1355
2、乡镇卫生院床位	张	57097	64853	71831	71652
#中心卫生院	张	25349	28387	31122	30895
乡卫生院	张	31748	36466	40709	40757
3、乡镇卫生院卫生机构人员	人	53966	55793	56291	57387
#中心卫生院	人	26112	24759	24165	24383
乡卫生院	人	27854	31034	32126	33004
乡镇卫生院卫生技术人员	人	44902	45867	46266	47441
#中心卫生院	人	21623	20380	19929	20213
乡卫生院	人	23279	25487	26337	27228
二、村情况					
1、村卫生室个数	个	66356	60492	59047	59518
#村办	个	28575	28399	28491	28833
2、乡村医生和卫生员数	人	86986	82355	72779	65657
#乡村医生	人	84080	77733	69341	64798

1-10-3 农村文化机构和农村老年福利机构情况

指标	单位	2015年	2018年	2019年
一、乡镇文化站	**个**	**1985**	**1989**	**1986**
二、农村养老服务机构	**-**			
机构数	个	431	388	465
工作人员数	人	5983	6315	5013
床位数	张	73780	66777	55926
年末收养人数	人	33337	27431	22594
三、农村最低保障资金	**万元**	**302394.2**	**351130.7**	**445448.9**

2-1-1 各市总户数、总人口

名称	年末总户数(万户)		年末常住人口(万人)		城镇人口(万人)		城镇化率(%)	
	2018年	2019年	2018年	2019年	2018年	2019年	2018年	2019年
全省	**2462.50**	**2478.83**	**7556.30**	**7591.97**	**4264.02**	**4374.49**	**56.43**	**57.62**
石家庄市（包含辛集市）	308.22	311.49	1095.16	1103.12	691.69	710.54	63.16	64.41
石家庄市（不含辛集市）	286.27	289.43	1031.49	1039.42	658.40	676.14	63.83	65.05
辛集市	21.95	22.06	63.67	63.70	33.29	34.40	52.28	54.01
唐山市	230.11	230.83	793.58	796.42	501.07	512.26	63.14	64.32
秦皇岛市	115.27	118.26	313.42	314.63	186.23	191.04	59.42	60.72
邯郸市	270.29	274.41	952.81	954.97	541.86	555.12	56.87	58.13
邢台市	246.02	249.89	737.44	739.52	390.18	401.04	52.91	54.23
保定市（包含定州市）	407.79	417.19	1173.14	1063.00	616.36	581.28	52.54	54.68
保定市（不含定州市）	371.19	379.89	1050.45	939.91	551.17	514.04	52.47	54.69
定州市	36.59	37.30	122.69	123.09	65.19	67.24	53.13	54.63
张家口市	193.98	195.30	443.36	442.33	253.78	258.23	57.24	58.38
承德市	141.10	141.98	357.89	358.27	186.35	190.81	52.07	53.26
沧州市	242.13	227.18	758.60	754.43	406.91	414.26	53.64	54.91
廊坊市	149.27	151.78	483.66	492.05	290.24	301.63	60.01	61.30
衡水市	158.33	160.53	447.24	448.57	232.83	238.73	52.06	53.22
雄安新区			122.00	124.66	53.86	56.60	44.15	45.40

注：1.年末总户数为公安年报数，年末常住人口数为人口变动情况抽样调查推算数。
2.为方便社会公众了解雄安新区情况，雄安新区首次和各级区市并列。（下同）

2-1-2 各市人口出生、死亡、自然增长率

单位：‰

名称	出生率		死亡率		自然增长率	
	2018年	2019年	2018年	2019年	2018年	2019年
全省	**11.26**	**10.83**	**6.38**	**6.12**	**4.88**	**4.71**
石家庄市（包含辛集市）	11.17	10.51	5.98	5.25	5.19	5.26
石家庄市（不含辛集市）	11.20	10.60	5.90	5.20	5.30	5.40
辛集市	10.60	9.04	7.20	6.03	3.40	3.01
唐山市	10.40	10.50	7.50	7.07	2.90	3.43
秦皇岛市	9.16	8.90	5.77	6.33	3.39	2.57
邯郸市	12.20	11.80	6.38	6.24	5.82	5.56
邢台市	12.03	11.50	6.50	6.10	5.53	5.40
保定市（包含定州市）	10.57	10.20	5.79	6.52	4.78	3.68
保定市（不含定州市）	10.63	10.23	5.83	6.71	4.80	3.52
定州市	10.02	9.95	5.44	5.00	4.58	4.95
张家口市	9.37	8.30	7.77	7.10	1.60	1.20
承德市	11.20	10.91	7.70	7.18	3.50	3.73
沧州市	12.70	12.20	6.40	5.00	6.30	7.20
廊坊市	12.80	12.50	5.81	5.60	6.99	6.90
衡水市	10.51	10.01	5.62	5.96	4.89	4.05
雄安新区		11.50		4.80		6.70

2-1-3 各市农村基层组织情况

单位：个

名 称	乡镇个数		乡个数		镇个数		村委会个数	
	2018年	2019年	2018年	2019年	2018年	2019年	2018年	2019年
全 省	**1946**	**1944**	**790**	**789**	**1156**	**1155**	**48724**	**48719**
石家庄市（包含辛集市）	216	216	89	89	127	127	4289	4287
石家庄市（不含辛集市）	201	201	82	82	119	119	3945	3943
辛集市	15	15	7	7	8	8	344	344
唐 山 市	177	177	45	45	132	132	5305	5313
秦皇岛市	75	74	25	24	50	50	2265	2265
邯 郸 市	212	212	92	92	120	120	5202	5202
邢 台 市	172	171	68	68	104	103	4905	4894
保 定 市（包含定州市）	309	279	130	120	179	159	6186	5613
保 定 市（不含定州市）	288	258	125	115	163	143	5716	5143
定州市	21	21	5	5	16	16	470	470
张家口市	209	209	110	110	99	99	4173	4173
承 德 市	204	204	95	95	109	109	2456	2456
沧 州 市	168	165	83	82	85	83	5757	5693
廊 坊 市	90	90	18	18	72	72	3202	3202
衡 水 市	114	114	35	35	79	79	4984	4984
雄安新区								

2-1-4 各市农村基础设施

单位：个

名 称	自来水受益村数		通有线电视村数		通宽带村数		通公共交通村数	
	2018年	2019年	2018年	2019年	2018年	2019年	2018年	2019年
全 省	**46349**	**46702**	**44346**	**45623**	**48310**	**48566**	**39996**	**40971**
石家庄市（包含辛集市）	4230	4202	3807	3865	4318	4330	4105	4146
石家庄市（不含辛集市）	3886	3858	3463	3521	3975	3986	3768	3803
辛集市	344	344	344	344	343	344	337	343
唐 山 市	5204	5188	4888	5052	5388	5394	4209	4155
秦皇岛市	1564	1609	2061	2112	2251	2256	1899	1937
邯 郸 市	5090	5168	4998	5144	5166	5268	4896	4999
邢 台 市	4883	4885	4541	4613	4873	4883	4232	4436
保 定 市（包含定州市）	5774	5305	4838	4655	6127	5571	5424	4979
保 定 市（不含定州市）	5306	4837	4368	4185	5657	5101	5004	4548
定州市	468	468	470	470	470	470	420	431
张家口市	3772	3910	3360	3522	3860	3940	2972	3081
承 德 市	1948	1952	2367	2365	2431	2440	1001	1034
沧 州 市	5727	5663	5722	5662	5727	5662	5189	5233
廊 坊 市	3187	3195	2778	3052	3184	3198	2491	2638
衡 水 市	4970	4988	4986	4988	4985	4988	3578	3771
雄安新区		637		593		636		562

2-1-5 各市乡村户数、人口和劳动力资源

单位：户、人

名称	乡村户数		乡村人口		1.男		2.女	
	2018年	2019年	2018年	2019年	2018年	2019年	2018年	2019年
全省	**16602647**	**16831070**	**58292409**	**58613772**	**30149197**	**30296471**	**28143212**	**28317301**
石家庄市（包含辛集市）	1917668	1953606	7243641	7312872	3713332	3743714	3530309	3569158
石家庄市（不含辛集市）	1747917	1779774	6690845	6760812	3430701	3462704	3260144	3298108
辛集市	169751	173832	552796	552060	282631	281010	270165	271050
唐山市	1603607	1598508	5520611	5516206	2805687	2800663	2714924	2715543
秦皇岛市	715672	732206	2058922	2065390	1060073	1061753	998849	1003637
邯郸市	1908362	1931680	7820485	7918201	4102782	4152917	3717703	3765284
邢台市	1660404	1680231	6261897	6311490	3234607	3262623	3027290	3048867
保定市（包含定州市）	2844447	2544290	9939465	8910805	5137478	4604479	4801987	4306326
保定市（不含定州市）	2545367	2242436	8815197	7790187	4549959	4022308	4265238	3767879
定州市	299080	301854	1124268	1120618	587519	582171	536749	538447
张家口市	1211395	1187758	3024663	2950048	1580191	1540566	1444472	1409482
承德市	984178	1014858	3084324	3093198	1623354	1618274	1460970	1474924
沧州市	1705704	1691936	6186811	6134563	3205269	3183076	2981542	2951487
廊坊市	911682	938662	3422653	3461714	1776588	1794126	1646065	1667588
衡水市	1139528	1162136	3728937	3747048	1909836	1920099	1819101	1826949
雄安新区		395199		1192237		614181		578056

2-1-5续 各市乡村户数、人口和劳动力资源

单位：人

名称	乡村劳动力资源数		1.男		2.女	
	2018年	2019年	2018年	2019年	2018年	2019年
全省	**34388316**	**34422652**	**18455508**	**18479185**	**15932808**	**15943467**
石家庄市（包含辛集市）	4199612	4221719	2223042	2240941	1976570	1980778
石家庄市（不含辛集市）	3858948	3880217	2044574	2062231	1814374	1817986
辛集市	340664	341502	178468	178710	162196	162792
唐山市	3380505	3384613	1788665	1789238	1591840	1595375
秦皇岛市	1285901	1285896	699816	698308	586085	587588
邯郸市	4507359	4523673	2430609	2438167	2076750	2085506
邢台市	3495641	3512631	1864238	1874566	1631403	1638065
保定市（包含定州市）	5921746	5303462	3186635	2848666	2735111	2454796
保定市（不含定州市）	5200924	4577191	2806219	2465086	2394705	2112105
定州市	720822	726271	380416	383580	340406	342691
张家口市	1873832	1811159	1030687	998704	843145	812455
承德市	1889199	1888671	1048830	1048671	840369	840000
沧州市	3711470	3686183	1977700	1964575	1733770	1721608
廊坊市	2015156	2025992	1085252	1094112	929904	931880
衡水市	2107895	2101306	1120034	1116277	987861	985029
雄安新区		677347		366960		310387

2-1-6　各市乡村从业人员

单位：人

名　称	乡村从业人员数		按性别分			
			男		女	
	2018年	2019年	2018年	2019年	2018年	2019年
全　省	**30231998**	**30181632**	**16423557**	**16407400**	**13808441**	**13774232**
石家庄市（包含辛集市）	3710503	3719169	1997678	2003363	1712825	1715806
石家庄市（不含辛集市）	3415915	3423886	1839672	1845631	1576243	1578255
辛集市	294588	295283	158006	157732	136582	137551
唐 山 市	2971330	2967377	1595833	1590162	1375497	1377215
秦皇岛市	1128520	1126519	620850	619250	507670	507269
邯 郸 市	3980463	3984374	2173645	2177192	1806818	1807182
邢 台 市	3081550	3097325	1648949	1660371	1432601	1436954
保 定 市（包含定州市）	5228940	4717016	2847854	2565814	2381086	2151202
保 定 市（不含定州市）	4580164	4068890	2499192	2218182	2080972	1850708
定州市	648776	648126	348662	347632	300114	300494
张家口市	1538059	1478012	868630	836261	669429	641751
承 德 市	1605463	1604163	906939	906169	698524	697994
沧 州 市	3325694	3272686	1791398	1765656	1534296	1507030
廊 坊 市	1746201	1755991	947789	956861	798412	799130
衡 水 市	1915275	1908918	1023992	1021257	891283	887661
雄安新区		550082		305044		245038

2-1-7　各市分行业乡村从业人员

单位：人

名　称	1.农林牧渔业		2.工业		3.建筑业	
	2018年	2019年	2018年	2019年	2018年	2019年
全　省	**13543291**	**13380100**	**6852006**	**6864254**	**3573189**	**3569853**
石家庄市（包含辛集市）	1445759	1444346	1019088	1002965	362307	362790
石家庄市（不含辛集市）	1353001	1349893	905132	892293	333805	335967
辛集市	92758	94453	113956	110672	28502	26823
唐 山 市	1187929	1180542	814446	815366	317949	313198
秦皇岛市	701919	695396	116986	118551	139014	139897
邯 郸 市	1721924	1721884	632141	629409	550401	554220
邢 台 市	1361736	1351836	853791	863289	280529	282960
保 定 市（包含定州市）	2562776	2282579	959976	814887	811043	788343
保 定 市（不含定州市）	2363182	2082465	880960	735560	580041	568443
定州市	199594	200114	79016	79327	231002	219900
张家口市	1020559	981689	95909	86256	161997	160159
承 德 市	929673	929077	144974	144959	268719	266591
沧 州 市	1059195	1038113	1125534	1112085	326420	320892
廊 坊 市	699504	677569	546737	559405	166732	170590
衡 水 市	852317	852123	542424	542830	188078	182068
雄安新区		224946		174252		28145

2-1-7续1 各市分行业乡村从业人员

单位：人

名称	4.批发和零售业		5.交通运输、仓储和邮政业		6.住宿和餐饮业		7.信息传输、软件和信息技术服务业	
	2018年	2019年	2018年	2019年	2018年	2019年	2018年	2019年
全　省	**2102099**	**2140892**	**1240869**	**1246997**	**882981**	**904102**	**118190**	**121260**
石家庄市（包含辛集市）	274329	277577	195821	198616	122983	129438	21537	22732
石家庄市（不含辛集市）	257120	259254	186874	189990	115572	120937	19457	20801
辛集市	17209	18323	8947	8626	7411	8501	2080	1931
唐山市	220021	223346	168969	167613	60329	62712	6549	6714
秦皇岛市	46386	46226	37996	38832	28702	29302	3344	3313
邯郸市	329484	331072	176570	176963	162436	161600	27130	27695
邢台市	208356	213472	130790	131792	77866	79812	7362	7675
保定市（包含定州市）	321793	290450	147989	137920	144754	136885	17479	17062
保定市（不含定州市）	270717	235831	134258	123370	126320	116552	13284	13275
定州市	51076	54619	13731	14550	18434	20333	4195	3787
张家口市	65538	63813	48881	47089	45011	45552	6208	6068
承德市	70958	72177	55279	54932	54882	54923	5614	5370
沧州市	321118	315860	159017	156597	93985	93935	13441	14092
廊坊市	114084	119163	67134	70188	45204	48311	4967	4706
衡水市	130032	127981	52423	51364	46829	45668	4559	4906
雄安新区		59755		15091		15964		927

2-1-7续2 各市分行业乡村从业人员

单位：人

名称	8.金融业		9.房地产业		10.租赁和商务服务业		11.科学研究和技术服务业	
	2018年	2019年	2018年	2019年	2018年	2019年	2018年	2019年
全　省	**72993**	**74020**	**49029**	**53057**	**173240**	**182191**	**21870**	**21902**
石家庄市（包含辛集市）	15453	15202	7217	8676	34505	37607	5868	5720
石家庄市（不含辛集市）	13324	13263	6796	8265	32769	34484	5534	5666
辛集市	2129	1939	421	411	1736	3123	334	54
唐山市	5493	5641	2695	2901	15597	15481	1364	1367
秦皇岛市	1470	1536	1310	1410	4910	4627	526	581
邯郸市	16550	18080	15828	16020	36635	37954	5695	5992
邢台市	3890	4033	2341	2572	11856	12058	1417	1483
保定市（包含定州市）	10569	10319	5538	7007	24472	24487	2144	2277
保定市（不含定州市）	9335	8697	5003	5996	20859	20955	1874	2061
定州市	1234	1622	535	1011	3613	3532	270	216
张家口市	2338	2172	3649	3505	6104	5472	1070	846
承德市	1937	2089	1796	2107	5986	5978	571	572
沧州市	6800	6419	5224	5126	19178	19234	1997	1789
廊坊市	3982	3519	1944	1947	7611	10342	661	629
衡水市	4511	4434	1487	1658	6386	6701	557	576
雄安新区		576		128		2250		70

2-1-7续3　各市分行业乡村从业人员

单位：人

名　称	12.水利、环境和公共设施管理业		13.居民服务、修理和其他服务业		14.教　育	
	2018年	2019年	2018年	2019年	2018年	2019年
全　省	**61676**	**63279**	**793362**	**807623**	**256976**	**260069**
石家庄市（包含辛集市）	7934	8672	87622	90119	35501	36058
石家庄市（不含辛集市）	7336	7976	74636	75863	33166	33901
辛集市	598	696	12986	14256	2335	2157
唐 山 市	3257	3385	91303	93355	23345	23542
秦皇岛市	1715	1933	26822	26047	4870	5145
邯 郸 市	17634	17613	147049	146093	45539	45432
邢 台 市	4041	3909	70509	71772	27392	29421
保 定 市（包含定州市）	7754	7105	107516	103399	35913	32233
保 定 市（不含定州市）	6615	5967	75281	68116	31675	27835
定州市	1139	1138	32235	35283	4238	4398
张家口市	3546	3751	44829	42008	9110	8039
承 德 市	1760	2030	32902	32489	9418	9769
沧 州 市	6899	6463	103835	104001	33377	32587
廊 坊 市	5100	5038	39008	41578	17385	17316
衡 水 市	2036	2209	41967	44544	15126	14998
雄安新区		1171		12218		5529

2-1-7续4　各市分行业乡村从业人员

单位：人

名　称	15.卫生和社会工作		16.文化、体育和娱乐业		17.公共管理、社会保障和社会组织	
	2018年	2019年	2018年	2019年	2018年	2019年
全　省	**186173**	**190482**	**108392**	**109590**	**195662**	**191961**
石家庄市（包含辛集市）	26307	28326	20913	21461	27359	28864
石家庄市（不含辛集市）	25411	27380	20014	20455	25968	27498
辛集市	896	946	899	1006	1391	1366
唐 山 市	16969	17381	7290	7534	27825	27299
秦皇岛市	5017	5121	1932	2240	5601	6362
邯 郸 市	35682	35873	27166	27071	32599	31403
邢 台 市	16563	17301	9537	9838	13574	14102
保 定 市（包含定州市）	25598	23206	14879	12756	28950	26101
保 定 市（不含定州市）	23357	20897	12244	10074	25362	22796
定州市	2241	2309	2635	2682	3588	3305
张家口市	9151	9408	3891	3535	10268	8650
承 德 市	7343	7660	3219	3222	10432	10218
沧 州 市	20865	20334	8737	8732	19869	16427
廊 坊 市	12814	12306	5232	5245	8102	8139
衡 水 市	9864	10007	5596	5510	11083	11341
雄安新区		3559		2446		3055

2-1-8　各市乡村从业人员的文化程度

单位：人

名　称	未上过学		小学文化程度		初中文化程度	
	2018年	2019年	2018年	2019年	2018年	2019年
全　省	**233469**	**215959**	**6436441**	**6264939**	**14951145**	**14907056**
石家庄市（包含辛集市）	33312	32762	673379	660330	1700078	1684267
石家庄市（不含辛集市）	32734	32243	620835	605420	1560492	1548481
辛集市	578	519	52544	54910	139586	135786
唐 山 市	10060	8129	658099	640762	1441167	1436935
秦皇岛市	6256	5563	238388	232177	587947	588705
邯 郸 市	56617	54541	831739	822140	1937281	1942236
邢 台 市	8162	6943	644033	636043	1552716	1559001
保 定 市（包含定州市）	32198	20680	1261180	1090290	2581873	2299451
保 定 市（不含定州市）	29949	18687	1117446	954256	2251092	1981511
定州市	2249	1993	143734	136034	330781	317940
张家口市	37186	35601	418900	392712	660981	643016
承 德 市	10940	9734	372572	362838	787311	787198
沧 州 市	9395	9098	622316	597788	1710485	1680554
廊 坊 市	24859	19060	382665	371173	934517	934451
衡 水 市	4484	3840	333170	330429	1056789	1054324
雄安新区		10008		128257		296918

2-1-8续　各市乡村从业人员的文化程度

单位：人

名　称	高中文化程度（包括中专）		大专及以上文化程度	
	2018年	2019年	2018年	2019年
全　省	**7240414**	**7331665**	**1370529**	**1462013**
石家庄市（包含辛集市）	1079976	1097764	223758	244046
石家庄市（不含辛集市）	999881	1017021	201973	220721
辛集市	80095	80743	21785	23325
唐 山 市	706729	716645	155275	164906
秦皇岛市	243919	246083	52010	53991
邯 郸 市	963530	970503	191296	194954
邢 台 市	757958	770718	118681	124620
保 定 市（包含定州市）	1132088	1074598	221601	231997
保 定 市（不含定州市）	991566	921236	190111	193200
定州市	140522	153362	31490	38797
张家口市	329346	318220	91646	88463
承 德 市	364585	369363	70055	75030
沧 州 市	844096	841166	139402	144080
廊 坊 市	351341	366246	52819	65061
衡 水 市	466846	463748	53986	56577
雄安新区		96611		18288

2-1-9　各市农用机械年末拥有量

单位：千瓦

名　　称	一、农用机械总动力		#柴油发动机动力		汽油发动机动力		电动机动力	
	2018年	2019年	2018年	2019年	2018年	2019年	2018年	2019年
全　　省	**77062035**	**78307309**	**53615762**	**55161552**	**1360328**	**1433312**	**22084912**	**21711464**
石家庄市（包含辛集市）	12837189	13008144	7811302	8058593	103786	111590	4922101	4837960
石家庄市（不含辛集市）	11562579	11733534	7013362	7206239	83566	91323	4465651	4435971
辛集市	1274610	1274610	797940	852354	20220	20267	456450	401989
唐 山 市	7879315	7934053	4443486	4487537	91725	104829	3344104	3341687
秦皇岛市	1762364	1775373	1086011	1092497	30586	34351	645767	648525
邯 郸 市	10263228	10462074	6879906	7305357	135798	156361	3246544	2999375
邢 台 市	8780280	9000330	6573000	6785793	222541	222807	1984686	1991730
保 定 市（包含定州市）	7865117	7103292	5874057	5168359	33212	48404	1957846	1886530
保 定 市（不含定州市）	6906292	6112017	5241993	4506626	28341	43254	1635956	1562137
定州市	958825	991275	632064	661733	4871	5150	321890	324393
张家口市	2605132	2730350	1984775	2092991	62362	64568	557995	572790
承 德 市	2581705	2635880	1877647	1930690	39052	42408	665006	662782
沧 州 市	10296697	10416217	8532452	8646703	130140	130258	1634106	1639256
廊 坊 市	3932784	3906400	2247055	2357311	30360	30638	1655369	1518451
衡 水 市	8258224	8382816	6306071	6428006	480766	484236	1471388	1470574
雄安新区		952381		807715		2862		141804

2-1-9续1　各市农用机械年末拥有量

单位：台

名　　称	二、主要农业机械与设备					
	#大中型拖拉机		拖拉机配套农具		联合收获机	
	2018年	2019年	2018年	2019年	2018年	2019年
全　　省	**280018**	**297151**	**1223857**		**160464**	**167401**
石家庄市（包含辛集市）	41023	43006	119964		30518	30994
石家庄市（不含辛集市）	39509	41464	104325		27685	28149
辛集市	1514	1542	15639		2833	2845
唐 山 市	22868	24131	148621		4311	4642
秦皇岛市	4919	4954	44864		491	529
邯 郸 市	36903	38370	74712		23562	26155
邢 台 市	37012	38436	170105		22468	23610
保 定 市（包含定州市）	27346	28546	83292		23383	24040
保 定 市（不含定州市）	27871	25568	93076		22791	20323
定州市	2777	2978	10329		3626	3717
张家口市	16497	18222	76282		1423	1525
承 德 市	16329	17437	52963		278	292
沧 州 市	31350	32945	222273		21254	22112
廊 坊 市	14594	14937	47985		7466	7591
衡 水 市	27875	32453	162683		22276	23106
雄安新区		3714				2805

2-1-9续2 各市农用机械年末拥有量

名称	二、主要农业机械与设备(续)					
	机动脱粒机(台)		节水灌溉机械（套）		农用水泵（台）	
	2018年	2019年	2018年	2019年	2018年	2019年
全　省	**159558**	**156946**	**57947**	**58901**	**1552335**	**1566963**
石家庄市（包含辛集市）	23073	23004	3604	4749	192256	189558
石家庄市（不含辛集市）	22182	22141	3583	4728	169294	166627
辛集市	891	863	21	21	22962	22931
唐山市	11358	9271	11902	11660	215792	222851
秦皇岛市	5820	5826	5630	5771	63818	64803
邯郸市	27503	28430	2882	2919	241768	241582
邢台市	16633	16345	1525	1633	155706	154771
保定市（包含定州市）	15047	12381	1640	1522	217664	197869
保定市（不含定州市）	15047	12381	1622	1502	189386	168403
定州市			18	20	28278	29466
张家口市	11884	11947	8742	8444	23502	25183
承德市	16121	16012	5937	5910	58919	57410
沧州市	18539	17961	5031	4925	229962	225687
廊坊市	7040	6998	9269	9228	91432	89264
衡水市	6540	6461	1785	1974	61516	74521
雄安新区		2310		166		23464

2-1 10 各市农业机械化情况

单位：公顷

名称	机耕面积		机播面积		机收面积	
	2018年	2019年	2018年	2019年	2018年	2019年
全　省	**5022441**	**5434563**	**6763351**	**6689232**	**5825049**	**5839279**
石家庄市（包含辛集市）	433082	530690	770706	772855	720143	739995
石家庄市（不含辛集市）	384553	482089	675754	676467	631793	650705
辛集市	48529	48601	94952	96388	88350	89290
唐山市	512366	496595	549869	538012	385739	423774
秦皇岛市	183733	170313	99162	90424	68798	78810
邯郸市	568863	589188	837471	818315	760740	727243
邢台市	568532	580638	911473	911519	776197	761684
保定市（包含定州市）	610961	556733	869026	776399	827569	747465
保定市（不含定州市）	518234	465428	743515	646290	703566	628475
定州市	92727	91305	125511	130109	124003	118990
张家口市	544957	541742	424727	434204	288585	297545
承德市	249294	259088	223155	231361	101285	108353
沧州市	525149	549468	909684	920035	854219	889959
廊坊市	317724	312975	343508	311069	297838	253919
衡水市	507780	776622	824571	786212	743937	709250
雄安新区		70512		98826		101284

2-1-11 各市农村电气化情况

名称	1.农村水电站数（处）		装机容量（千瓦）		发电量（万千瓦时）		2.农村用电量（万千瓦时）	
	2018年	2019年	2018年	2019年	2018年	2019年	2018年	2019年
全　　省	**251**	**257**	**403748**	**407408**	**67103**	**59860**	**5051571**	**5015685**
石家庄市（包含辛集市）	57	58	112983	113383	23515	19679	619158	646378
石家庄市（不含辛集市）	57	58	112983	113383	23515	19679	589232	615412
辛集市							29926	30966
唐 山 市	15	15	33705	33705	3679	6395	732965	514708
秦皇岛市	6	6	27670	27670	6344	6236	80188	83513
邯 郸 市	67	70	65651	66831	13622	6422	415473	426433
邢 台 市	11	11	9359	9359	1404	572	325183	336401
保 定 市（包含定州市）	51	52	92405	93365	12054	14186	709245	735103
保 定 市（不含定州市）	51	52	92405	93365	12054	14186	669041	526366
定州市							40204	43197
张家口市	14	14	13875	13875	2557	2721	139569	138971
承 德 市	30	31	48100	49220	3928	3649	240996	242468
沧 州 市							799276	860695
廊 坊 市							660201	695035
衡 水 市							331126	335979
雄安新区								165540

2-1-12 各市农用化肥、农药使用量

单位：吨

名称	一、农用化肥施用量(按实物量计算)					
	合计		1.氮肥		2.磷肥	
	2018年	2019年	2018年	2019年	2018年	2019年
全　　省	**8118428**	**7760213**	**3269549**	**3068880**	**1523551**	**1422089**
石家庄市（包含辛集市）	1163406	1126541	559044	538380	297362	278226
石家庄市（不含辛集市）	968942	946174	460983	445027	228052	218106
辛集市	194464	180367	98061	93353	69310	60120
唐 山 市	965719	884471	476942	428486	50192	44133
秦皇岛市	299590	262486	99548	86602	21117	15719
邯 郸 市	1141484	1132402	332247	330348	288323	278010
邢 台 市	775110	755098	237433	224455	150635	146037
保 定 市（包含定州市）	1123388	1042827	497370	449365	158669	139426
保 定 市（不含定州市）	877566	760480	373053	312321	105825	91666
定州市	245822	215324	124317	107949	52844	38675
张家口市	357161	359197	129079	127440	77557	75326
承 德 市	282498	270822	134395	126494	45114	41539
沧 州 市	761841	723071	322624	306069	150842	139946
廊 坊 市	334608	326406	124554	116351	40123	34504
衡 水 市	913623	876893	356313	334890	243617	229222
雄安新区		67023		29095		9085

2-1-12续1　各市农用化肥、农药使用量

单位：吨

名　称	一、农用化肥施用量(按实物量计算)（续）			
	3.钾　肥		4.复合肥	
	2018年	2019年	2018年	2019年
全　省	**479762**	**448388**	**2845566**	**2820857**
石家庄市（包含辛集市）	37997	37283	269003	272651
石家庄市（不含辛集市）	31715	31114	248192	251926
辛集市	6282	6169	20811	20725
唐 山 市	82275	73634	356310	338219
秦皇岛市	22803	17755	156122	142410
邯 郸 市	56833	52156	464080	471887
邢 台 市	41891	40759	345151	343846
保 定 市（包含定州市）	48783	41987	417983	383206
保 定 市（不含定州市）	42636	36031	355470	320463
定州市	6147	5956	62513	62743
张家口市	34681	33976	115843	122454
承 德 市	21379	19287	81609	83502
沧 州 市	57421	55085	231538	221971
廊 坊 市	21647	19817	148285	155734
衡 水 市	54052	51420	259642	261360
雄安新区		5228		23615

2-1-12续2　各市农用化肥、农药使用量

单位：吨

名　称	二、农用化肥施用量(按折纯法计算)					
	合　计		1.氮　肥		2.磷　肥	
	2018年	2019年	2018年	2019年	2018年	2019年
全　省	**3123959**	**2972687**	**1144700**	**1064948**	**239380**	**233704**
石家庄市（包含辛集市）	406290	395361	198885	189204	46465	45576
石家庄市（不含辛集市）	342351	333778	159812	152240	35627	34676
辛集市	63939	61583	39073	36964	10838	10900
唐 山 市	396803	353606	160067	141548	8000	7519
秦皇岛市	130402	116015	35139	30344	3208	2500
邯 郸 市	439524	434803	120002	119267	45467	46119
邢 台 市	313509	304870	84520	80138	23663	22991
保 定 市（包含定州市）	441987	386402	173549	146438	24899	22242
保 定 市（不含定州市）	351017	303311	127469	106622	16517	14970
定州市	90970	83091	46080	39816	8382	7272
张家口市	135194	135218	45125	43746	12070	13323
承 德 市	104324	100438	44882	42218	7048	7126
沧 州 市	289952	273424	114487	108403	23655	22047
廊 坊 市	140409	135767	45303	41012	6513	5665
衡 水 市	325565	312623	122741	113467	38392	37035
雄安新区		24163		9163		1561

2-1-12续3 各市农用化肥、农药使用量

单位：吨

名　称	二、农用化肥施用量(按折纯法计算)(续)				三、农药使用量	
	3.钾　肥		4.复合肥			
	2018年	2019年	2018年	2019年	2018年	2019年
全　省	**239679**	**222006**	**1500200**	**1452029**	**61450**	**57344**
石家庄市（包含辛集市）	18968	18547	141973	142032	8433	8053
石家庄市（不含辛集市）	15809	15487	131103	131374	6446	6194
辛集市	3159	3060	10870	10658	1987	1859
唐 山 市	41355	36838	187381	167701	4779	4432
秦皇岛市	11381	8913	80674	74258	4234	3731
邯 郸 市	28296	26148	245760	243269	5792	5294
邢 台 市	20945	20399	184381	181341	8273	7946
保 定 市（包含定州市）	24371	20672	219170	197048	9593	8336
保 定 市（不含定州市）	21255	17543	185778	164175	8469	7288
定州市	3116	3129	33392	32873	1124	1048
张家口市	17366	16251	60633	61897	2992	2979
承 德 市	10485	9475	41908	41619	1187	1114
沧 州 市	28643	27141	123164	115833	6328	5723
廊 坊 市	10728	9799	77865	79292	2468	2300
衡 水 市	27141	25473	137291	136647	7371	6842
雄安新区		2349		11091		595

2-1-13 各市农用薄膜及柴油使用量

名　称	农用塑料薄膜使用量（吨）		#地膜使用量（吨）		地膜覆盖面积（公顷）		农用柴油使用量（吨）	
	2018年	2019年	2018年	2019年	2018年	2019年	2018年	2019年
全　省	**109833**	**103211**	**52960**	**50270**	**812312**	**773845**	**2175628**	**2001369**
石家庄市（包含辛集市）	6168	5576	2201	1847	34378	28897	261207	246629
石家庄市（不含辛集市）	5381	4749	1909	1527	29144	22947	228092	213216
辛集市	787	827	292	320	5234	5950	33115	33413
唐 山 市	9532	10461	5261	5421	87768	86414	181042	110671
秦皇岛市	4174	4094	1628	1672	25547	26735	90429	89891
邯 郸 市	11489	11478	6429	6270	106677	104600	202238	189017
邢 台 市	11753	11474	7943	7461	144008	133928	289097	295855
保 定 市（包含定州市）	8249	7142	3470	3114	49286	45827	277308	187386
保 定 市（不含定州市）	6472	5562	3185	2828	46149	42510	259913	170630
定州市	1777	1580	286	286	3137	3317	17395	16756
张家口市	14106	9248	7865	7110	96777	92286	54745	52020
承 德 市	7494.6	7325	3244	3245	54284	53989	118506	116077
沧 州 市	12471	11350	3935	3506	60501	53728	369458	385204
廊 坊 市	7916	7606	3621	3415	44326	41825	90493	89792
衡 水 市	16480	17215	7363	7059	108762	104048	241105	232337
雄安新区		243		150		1570		6490

2-1-14 各市农田水利建设情况

名 称	有效灌溉面积（公顷）		旱涝保收面积（公顷）		机电井年末数（眼）	
	2018年	2019年	2018年	2019年	2018年	2019年
全 省	**4495133**	**4482161**	**3597781**	**3437924**	**986134**	**976058**
石家庄市（包含辛集市）	497830	498030	385601	385038	153539	151456
石家庄市（不含辛集市）	442340	442540	330138	330420	136132	133892
辛集市	55490	55490	55463	54618	17407	17564
唐 山 市	462870	462870	398764	395288	134664	130348
秦皇岛市	127730	127730	80933	81501	45654	45654
邯 郸 市	555980	555990	356983	274843	122815	122579
邢 台 市	587654	594374	508584	506988	100168	99710
保 定 市（包含定州市）	650106	581944	594845	511431	166289	147876
保 定 市（不含定州市）	564446	496284	509286	424982	138011	119898
定州市	85660	85660	85559	86449	28278	27978
张家口市	259370	246350	192276	158910	53658	52065
承 德 市	139983	142299	61712	56209	34335	33841
沧 州 市	507390	503824	398499	391872	52675	51114
廊 坊 市	227530	227530	197137	195833	51122	50564
衡 水 市	478690	479690	422448	420450	71215	70570
雄安新区		61530		59560		20281

2-1-15 各市水库、供水和水保情况

名 称	水库座数（座）		水利工程向农业年供水量（亿立方米）		已治理水土流失面积（千公顷）	
	2018年	2019年	2018年	2019年	2018年	2019年
全 省	1070	1060	120.66	110.84	5532.54	5722.22
石家庄市（包含辛集市）	239	239	18.24	17.22	513.89	540.7
石家庄市（不含辛集市）	239	239	16.28	15.27	513.89	540.7
辛集市			1.96	1.95		
唐 山 市	131	131	15.19	11.43	248.54	256.87
秦皇岛市	281	279	4.86	4.58	277.45	286.43
邯 郸 市	80	79	13.41	13.4	285.37	297.45
邢 台 市	49	49	10.03	9.73	308.54	328.68
保 定 市（包含定州市）	94	94	19.64	16.38	644.55	658.74
保 定 市（不含定州市）	94	94	16.96	14.12	639.45	653.64
定州市			2.68	2.26	5.1	5.1
张家口市	92	91	6.05	5.81	1535.62	1583.37
承 德 市	101	95	5.34	4.8	1634.47	1685.86
沧 州 市	3	3	9.43	9.05		
廊 坊 市			5.7	5.22	29.24	29.25
衡 水 市			12.78	11.37	54.87	54.87
雄安新区			2.04	1.84		

2-1-16　各市节水灌溉情况

单位：千公顷

名　　称	节水灌溉面积		#喷滴灌面积		低压灌溉面积	
	2018年	2019年	2018年	2019年	2018年	2019年
全　　省	**3594.25**	**3623.91**	**252.07**	**259.04**	**2777.92**	**2816.37**
石家庄市（包含辛集市）	464.79	476.75	14.74	20.51	360.22	365.88
石家庄市（不含辛集市）	413.26	425.22	13.12	18.89	311.20	316.86
辛集市	51.53	51.53	1.62	1.62	49.02	49.02
唐 山 市	316.89	320.10	13.34	7.13	252.89	253.90
秦皇岛市	90.84	93.65	3.81	4.12	49.52	52.33
邯 郸 市	457.61	470.12	49.10	5.61	329.50	342.94
邢 台 市	418.25	427.43	25.05	14.13	299.44	313.25
保 定 市（包含定州市）	484.97	437.46	19.52	4.93	413.33	370.20
保 定 市（不含定州市）	427.31	379.21	16.65	2.02	361.71	318.10
定州市	57.66	58.25	2.87	2.91	51.62	52.10
张家口市	216.89	202.55	30.22	41.88	73.47	72.42
承 德 市	128.76	129.94	40.83	21.52	57.43	57.20
沧 州 市	441.53	443.12	22.80	2.90	409.73	410.24
廊 坊 市	185.40	185.40	9.36	3.98	172.06	172.06
衡 水 市	388.32	387.72	23.30	4.69	360.33	359.86
雄安新区	51.45	49.67	3.58	3.58	45.49	46.08

2-1-17　各市自然灾害情况

单位：公顷

名　　称	一、受灾面积		#旱　灾		水　灾		风 雹 灾	
	2018年	2019年	2018年	2019年	2018年	2019年	2018年	2019年
全　　省	**578825**	**318800**	**44030**	**130500**	**107816**	**13500**	**139689**	**115900**
石家庄市（包含辛集市）	54494	6100		5900	10317	100	43547	200
石家庄市（不含辛集市）	54494	6100		5900	10317	100	43547	200
辛集市								
唐 山 市	13922	10200	284		1445	600	606	3300
秦皇岛市	42224	19600		200	3852	500	389	5800
邯 郸 市	31949	53300		48800	2034	2700	844	800
邢 台 市	113303	69900		53200	49201	100	30583	16800
保 定 市（包含定州市）	34104	37900			10454	3000	20820	34800
保 定 市（不含定州市）	25620	34300			10454	2900	12336	31300
定州市	8484	3600				100	8484	3500
张家口市	101334	58600	19878	15700	10552	4000	7532	28300
承 德 市	48391	33200	23868	6700	10114	2500	9320	20800
沧 州 市	103289	24700			6429		528	
廊 坊 市	7480	300			378		229	300
衡 水 市	28240	4500			2950		25290	4300
雄安新区		500						500

2-1-17续1 各市自然灾害情况

单位：公顷

名称	一、受灾情况（续）				二、成灾面积			
	霜冻灾		病虫灾				#旱灾	
	2018年	2019年	2018年	2019年	2018年	2019年	2018年	2019年
全省	**121070**	**10300**	**15263**	**4000**	**361202**	**218700**	**36057**	**97300**
石家庄市（包含辛集市）	563				48835	5400		5100
石家庄市（不含辛集市）	563				48835	5400		5100
辛集市								
唐山市					1814	6900		
秦皇岛市					22546	13600		100
邯郸市	22474		2882	900	4996	41000		39400
邢台市	30652				42439	44200		35000
保定市（包含定州市）	2830				16339	26500		
保定市（不含定州市）	2830				16339	22900		
定州市						3600		
张家口市	62423	9900	948	700	96923	48700	19878	13100
承德市	2128	400		2400	35211	25500	16179	4600
沧州市			7700		71149	5600		
廊坊市			3733		2519	200		
衡水市					18431	800		
雄安新区						300		

2-1-17续2 各市自然灾害情况

单位：公顷

名称	二、成灾面积（续）							
	水灾		风雹灾		霜冻灾		病虫灾	
	2018年	2019年	2018年	2019年	2018年	2019年	2018年	2019年
全省	**60301**	**8100**	**95632**	**82300**	**74305**	**9700**	**3994**	**3000**
石家庄市（包含辛集市）	8992	100	39319	200	455			
石家庄市（不含辛集市）	8992	100	39319	200	455			
辛集市								
唐山市	1152	500	338	2900				
秦皇岛市	2614	200	165	4600				
邯郸市	864	800	473	100	2120		329	700
邢台市	20183		14794	9200	7445			
保定市（包含定州市）	5556	2300	9568	24200	1215			
保定市（不含定州市）	5556	2200	9568	20700	1215			
定州市		100		3500				
张家口市	9077	2500	6081	22900	60942	9600	945	700
承德市	8525	1700	6201	17100	2128	100		1600
沧州市	3011		34				1600	
廊坊市	326		229	200			1120	
衡水市			18431	600				
雄安新区				300				

2-1-17续3　各市自然灾害情况

名　称	三、绝收面积(公顷)		四、因灾损失情况					
			受灾人口(人)		死亡人口(人)		倒塌房屋(间)	
	2018年	2019年	2018年	2019年	2018年	2019年	2018年	2019年
全　省	**80785**	**52300**	**5403077**	**2949600**	**4**	**3**	**498**	**202**
石家庄市（包含辛集市）	1306	800	684360	95900			51	2
石家庄市（不含辛集市）	1306	800	684360	95900			51	2
辛集市								
唐 山 市	229	800	184414	51200			15	53
秦皇岛市	1843	2100	499352	200400			51	79
邯 郸 市	330	15800	449716	761400	1			
邢 台 市	6366	14300	1143796	501600			33	
保 定 市（包含定州市）	4311	3500	473735	552100	2	3	20	22
保 定 市（不含定州市）	4311	3300	351975	528900	2	3	20	4
定州市		200	121760	33200				18
张家口市	46825	8800	551450	275200	1		194	38
承 德 市	3721	4300	361546	286600			89	3
沧 州 市	15252	1700	696178	167500			17	5
廊 坊 市	518		57787	3500			22	
衡 水 市	85	100	300376	34900			6	
雄安新区		100		9300				

2-2-1　各市粮食作物播种面积和产量

单位：公顷、公斤/公顷、吨

名　称	农作物总播种面积		一、粮　食　作　物					
			播种面积		播种单产		总　产　量	
	2018年	2019年	2018年	2019年	2018年	2019年	2018年	2019年
全　省	**8197129**	**8132691**	**6538677**	**6469174**	**5660**	**5780**	**37008601**	**37392377**
石家庄市（包含辛集市）	911663	891734	773567	756863	6300	6400	4873363	4843758
石家庄市（不含辛集市）	801860	780879	681140	663566	6237	6327	4247941	4198468
辛集市	109803	110855	92427	93297	6767	6917	625421	645290
唐 山 市	710739	717814	472737	480540	5884	5946	2781700	2857244
秦皇岛市	197689	194356	131254	126885	5655	5731	742235	727192
邯 郸 市	999757	985454	805829	785319	6555	6591	5281970	5175651
邢 台 市	977746	970423	782444	772558	5962	6141	4665223	4744635
保 定 市（包含定州市）	1098157	966193	918726	787458	5962	6147	5477381	4840273
保 定 市（不含定州市）	936450	806780	799558	670342	5879	6060	4700465	4062499
定州市	161707	159413	119168	117116	6520	6641	776916	777774
张家口市	670404	663659	482165	468513	3792	3835	1828387	1796887
承 德 市	374433	386229	276130	280502	5072	5156	1400509	1446244
沧 州 市	985989	984746	894913	900757	4855	5016	4344627	4518627
廊 坊 市	400928	386546	290121	279979	5081	5277	1474213	1477521
衡 水 市	869623	861084	710791	711895	5823	5975	4138993	4253911
雄安新区		124452		117906		6025		710434

注：2017年起，粮、棉全省总数为上报数之和(下同)。

2-2-1续1 各市粮食作物播种面积和产量

单位：公顷、公斤/公顷、吨

名 称	#夏收粮食					
	播种面积		播种单产		总 产 量	
	2018年	2019年	2018年	2019年	2018年	2019年
全 省	**2385067**	**2346680**	**6149**	**6292**	**14664741**	**14765500**
石家庄市（包含辛集市）	348894	342740	6556	6751	2287194	2313750
石家庄市（不含辛集市）	301184	294925	6508	6691	1959996	1973227
辛集市	47710	47815	6858	7122	327198	340523
唐 山 市	116162	120905	5617	5719	652479	691460
秦皇岛市	14613	14091	5871	6065	85798	85454
邯 郸 市	375087	363795	6517	6738	2444312	2451236
邢 台 市	355284	350755	6378	6538	2266094	2293075
保 定 市（包含定州市）	400134	340147	6243	6392	2498079	2174297
保 定 市（不含定州市）	337605	279802	6192	6336	2090351	1772729
定州市	62529	60345	6521	6655	407728	401568
张家口市						
承 德 市						
沧 州 市	377868	375393	5272	5321	1992299	1997545
廊 坊 市	62587	57760	5538	5733	346618	331144
衡 水 市	334438	328354	6255	6393	2091868	2099136
雄安新区		52740		6227		328404

2-2-1续2 各市粮食作物播种面积和产量

单位：公顷、公斤/公顷、吨

名 称	#秋收粮食					
	播种面积		播种单产		总 产 量	
	2018年	2019年	2018年	2019年	2018年	2019年
全 省	**4153610**	**4122494**	**5379**	**5489**	**22343860**	**22626877**
石家庄市（包含辛集市）	424673	414123	6090	6109	2586169	2530008
石家庄市（不含辛集市）	379956	368641	6022	6036	2287946	2225241
辛集市	44717	45482	6669	6701	298223	304767
唐 山 市	356575	359634	5971	6022	2129221	2165784
秦皇岛市	116641	112794	5628	5689	656437	641738
邯 郸 市	430742	421524	6588	6463	2837658	2724415
邢 台 市	427160	421803	5616	5812	2399129	2451560
保 定 市（包含定州市）	518592	447311	5745	5960	2979302	2665977
保 定 市（不含定州市）	461953	390540	5650	5863	2610114	2289770
定州市	56639	56771	6518	6627	369188	376207
张家口市	482165	468513	3792	3835	1828387	1796887
承 德 市	276130	280502	5072	5156	1400509	1446244
沧 州 市	517045	525364	4550	4799	2352328	2521082
廊 坊 市	227534	222219	4956	5159	1127595	1146377
衡 水 市	376353	383541	5439	5618	2047125	2154776
雄安新区		65167		5862		382030

2-2-1续3 各市粮食作物播种面积和产量

单位:公顷、公斤/公顷、吨

名称	（一）谷物合计					
	播种面积		播种单产		总产量	
	2018年	2019年	2018年	2019年	2018年	2019年
全省	**6196517**	**6121664**	**5688**	**5827**	**35248600**	**35668960**
石家庄市（包含辛集市）	736607	708371	6456	6630	4755442	4696441
石家庄市（不含辛集市）	647413	617668	6398	6572	4141861	4059557
辛集市	89194	90703	6879	7022	613581	636884
唐山市	454730	463505	5896	5965	2680940	2764720
秦皇岛市	103647	102025	5747	5834	595682	595232
邯郸市	794136	772160	6592	6650	5234860	5135093
邢台市	768829	758519	5983	6173	4599892	4682005
保定市（包含定州市）	887083	762387	5965	6164	5291484	4699505
保定市（不含定州市）	769804	647206	5878	6076	4525053	3932412
定州市	117279	115181	6535	6660	766431	767093
张家口市	375777	368786	3457	3511	1299088	1294850
承德市	219495	221027	4478	4646	982902	1026813
沧州市	882847	890213	4873	5031	4302248	4478700
廊坊市	272828	260694	5159	5391	1407626	1405392
衡水市	700538	701042	5850	6007	4098436	4210839
雄安新区		112934		6016		679371

2-2-1续4 各市粮食作物播种面积和产量

单位：公顷、公斤/公顷、吨

名称	1.稻谷					
	播种面积		播种单产		总产量	
	2018年	2019年	2018年	2019年	2018年	2019年
全省	**78430**	**78173**	**6693**	**6224**	**524900**	**486531**
石家庄市（包含辛集市）	21		2667		56	
石家庄市（不含辛集市）	21		2667		56	
辛集市						
唐山市	62780	62532	6637	6277	416700	392506
秦皇岛市	7070	6583	7509	6418	53092	42252
邯郸市	850	897	6084	5040	5171	4521
邢台市	569	547	5851	5861	3329	3206
保定市（包含定州市）	1184	709	7156	4777	8473	3387
保定市（不含定州市）	1184	709	7156	4777	8473	3387
定州市						
张家口市	638	619	6682	5772	4263	3573
承德市	5237	5249	6352	5902	33268	30981
沧州市						
廊坊市	81	134	6765	7266	548	970
衡水市						
雄安新区		904		5681		5136

2-2-1续5　各市粮食作物播种面积和产量

单位:公顷、公斤/公顷、吨

名　称	2.小　麦					
	播种面积		播种单产		总　产　量	
	2018年	2019年	2018年	2019年	2018年	2019年
全　省	**2357187**	**2322500**	**6154**	**6297**	**14507300**	**14625700**
石家庄市（包含辛集市）	348409	342065	6561	6755	2285796	2310672
石家庄市（不含辛集市）	300699	294250	6513	6695	1958598	1970149
辛集市	47710	47815	6858	7122	327198	340523
唐 山 市	107328	112358	5597	5703	600688	640797
秦皇岛市	4196	5360	6378	6482	26762	34743
邯 郸 市	374943	363650	6517	6738	2443373	2450286
邢 台 市	354751	350074	6380	6539	2263255	2289077
保 定 市（包含定州市）	393459	335699	6251	6397	2459323	2147525
保 定 市（不含定州市）	331801	276205	6200	6342	2057006	1751692
定州市	61658	59494	6525	6653	402317	395833
张家口市						
承 德 市						
沧 州 市	377868	375393	5272	5321	1992299	1997545
廊 坊 市	61795	56967	5566	5766	343936	328472
衡 水 市	334438	328354	6255	6393	2091868	2099136
雄安新区		52580		6228		327447

2-2-1续6　各市粮食作物播种面积和产量

单位：公顷、公斤/公顷、吨

名　称	(1)　冬　小　麦					
	播种面积		播种单产		总　产　量	
	2018年	2019年	2018年	2019年	2018年	2019年
全　省	**2347927**	**2307070**	**6159**	**6306**	**14460900**	**14548400**
石家庄市（包含辛集市）	348409	342065	6561	6755	2285796	2310672
石家庄市（不含辛集市）	300699	294250	6513	6695	1958598	1970149
辛集市	47710	47815	6858	7122	327198	340523
唐 山 市	98394	97478	5650	5810	555934	566348
秦皇岛市	3883	4817	6483	6626	25172	31919
邯 郸 市	374943	363650	6517	6738	2443373	2450286
邢 台 市	354751	350074	6380	6539	2263255	2289077
保 定 市（包含定州市）	393459	335699	6397	6374	2459323	2147525
保 定 市（不含定州市）	331801	276205	6342	6342	2057006	1751692
定州市	61658	59494	6524	6653	402317	395833
张家口市						
承 德 市						
沧 州 市	377868	375393	5272	5321	1992299	1997545
廊 坊 市	61782	56960	5566	5766	343880	328445
衡 水 市	334438	328354	6255	6393	2091868	2099136
雄安新区		52580		6228		327447

2-2-1续7　各市粮食作物播种面积和产量

单位：公顷、公斤/公顷、吨

名　　称	(2) 春 小 麦					
	播种面积		播种单产		总　产　量	
	2018年	2019年	2018年	2019年	2018年	2019年
全　　省	**9260**	**15430**	**5011**	**5010**	**46400**	**77300**
石家庄市（包含辛集市）						
石家庄市（不含辛集市）						
辛集市						
唐 山 市	8934	14880	5009	5003	44754	74449
秦皇岛市	313	543	5080	5197	1590	2824
邯 郸 市						
邢 台 市						
保 定 市（包含定州市）						
保 定 市（不含定州市）						
定州市						
张家口市						
承 德 市						
沧 州 市						
廊 坊 市	13	7	4308	4048	56	27
衡 水 市						
雄安新区						

2-2-1续8　各市粮食作物播种面积和产量

单位：公顷、公斤/公顷、吨

名　　称	3.玉　　米					
	播种面积		播种单产		总　产　量	
	2018年	2019年	2018年	2019年	2018年	2019年
全　　省	**3437740**	**3408200**	**5647**	**5829**	**19411500**	**19866398**
石家庄市（包含辛集市）	381093	358581	6441	6598	2454782	2366070
石家庄市（不含辛集市）	340880	317037	6366	6535	2170060	2071814
辛集市	40213	41544	7080	7083	284722	294256
唐 山 市	281567	285688	5870	6025	1652713	1721146
秦皇岛市	84608	82246	5678	5930	480443	487724
邯 郸 市	390806	380822	6866	6877	2683291	2618729
邢 台 市	390904	386359	5717	5983	2234896	2311432
保 定 市（包含定州市）	486706	420468	5764	6012	2805257	2527789
保 定 市（不含定州市）	431283	365002	5662	5911	2441915	2157557
定州市	55423	55466	6556	6675	363342	370232
张家口市	183900	186484	5085	5259	935063	980809
承 德 市	167159	168636	4923	5200	822917	876926
沧 州 市	499004	509019	4589	4835	2289715	2461321
廊 坊 市	209211	202031	5048	5298	1055997	1070285
衡 水 市	362782	368441	5503	5693	1996426	2097473
雄安新区		59425		5834		346695

2-2-1续9 各市粮食作物播种面积和产量

单位：公顷、公斤/公顷、吨

名 称	4.谷 子					
	播种面积		播种单产		总 产 量	
	2018年	2019年	2018年	2019年	2018年	2019年
全 省	**118370**	**115601**	**3684**	**3201**	**436100**	**370094**
石家庄市（包含辛集市）	7035	7628	2077	2542	14613	19392
石家庄市（不含辛集市）	5764	6284	2247	2751	12952	17287
辛集市	1271	1344	1307	1566	1661	2105
唐 山 市	2617	2402	3676	3368	9619	8090
秦皇岛市	5536	5421	4176	4114	23119	22302
邯 郸 市	27350	26536	3753	2298	102642	60988
邢 台 市	22546	21130	4356	3630	98216	76696
保 定 市（包含定州市）	5164	4971	3147	3762	16252	18699
保 定 市（不含定州市）	5141	4967	3147	3761	16177	18680
定州市	23	4	3261	4589	75	19
张家口市	26844	25436	3419	3236	91793	82316
承 德 市	15645	15108	4027	3919	62998	59208
沧 州 市	2345	3150	3117	3308	7309	10420
廊 坊 市	457	543	2387	2552	1091	1386
衡 水 市	2831	3278	2984	3233	8448	10598
雄安新区						

2-2-1续10 各市粮食作物播种面积和产量

单位：公顷、公斤/公顷、吨

名 称	5.高 粱					
	播种面积		播种单产		总 产 量	
	2018年	2019年	2018年	2019年	2018年	2019年
全 省	**9780**	**10799**	**3896**	**3960**	**38100**	**42759**
石家庄市（包含辛集市）	14	81	2214	3542	31	287
石家庄市（不含辛集市）	14	81	2214	3542	31	287
辛集市						
唐 山 市	388	477	2655	4260	1030	2034
秦皇岛市	281	275	3950	4127	1110	1133
邯 郸 市	187	256	2048	2223	383	569
邢 台 市	53	399	3132	3902	166	1558
保 定 市（包含定州市）	458	397	3835	3985	1698	1582
保 定 市（不含定州市）	283	180	3731	3178	1001	573
定州市	175	217	3983	4644	697	1009
张家口市	1137	1459	3022	3387	3436	4942
承 德 市	2028	2946	5077	4714	10296	13890
沧 州 市	3579	2607	3588	3590	12843	9361
廊 坊 市	1191	927	4635	4046	5520	3749
衡 水 市	464	949	3420	3752	1587	3560
雄安新区		25		3750		93

2-2-1续11 各市粮食作物播种面积和产量

单位：公顷、公斤/公顷、吨

名称	6.其他谷物					
	播种面积		播种单产		总产量	
	2018年	2019年	2018年	2019年	2018年	2019年
全省	**72383**	**64095**	**2151**	**1512**	**155680**	**96911**
石家庄市（包含辛集市）	35	5	4686	2402	164	11
石家庄市（不含辛集市）	35	5	4686	2402	164	11
辛集市						
唐山市	50	48	3800	3101	190	148
秦皇岛市	1956	2139	5703	3309	11156	7078
邯郸市						
邢台市	6	10	5000	3525	30	36
保定市（包含定州市）	112	124	4286	3877	480	481
保定市（不含定州市）	112	124	4286	3877	480	481
定州市						
张家口市	52847	45708	2066	1352	109174	61792
承德市	17210	15904	1962	1680	33764	26711
沧州市	51	44	1608	1205	82	53
廊坊市	93	93	5731	5700	533	530
衡水市	23	20	4652	3536	107	72
雄安新区						

2-2-1续12 各市粮食作物播种面积和产量

单位：公顷、公斤/公顷、吨

名称	#大麦					
	播种面积		播种单产		总产量	
	2018年	2019年	2018年	2019年	2018年	2019年
全省	**7**		**2857**		**20**	
石家庄市（包含辛集市）						
石家庄市（不含辛集市）						
辛集市						
唐山市						
秦皇岛市						
邯郸市						
邢台市						
保定市（包含定州市）						
保定市（不含定州市）						
定州市						
张家口市	7		2857		20	
承德市						
沧州市						
廊坊市						
衡水市						
雄安新区						

2-2-1续13 各市粮食作物播种面积和产量

单位：公顷、公斤/公顷、吨

名称	#燕麦（莜麦）					
	播种面积		播种单产		总产量	
	2018年	2019年	2018年	2019年	2018年	2019年
全省	**113960**	**116478**	**1407**	**1487**	**160300**	**173209**
石家庄市（包含辛集市）						
石家庄市（不含辛集市）						
辛集市						
唐山市						
秦皇岛市						
邯郸市						
邢台市						
保定市（包含定州市）						
保定市（不含定州市）						
定州市						
张家口市	103096	103650	1379	1491	142145	154515
承德市	10864	12828	1671	1457	18155	18694
沧州市						
廊坊市						
衡水市						
雄安新区						

2-2-1续14 各市粮食作物播种面积和产量

单位：公顷、公斤/公顷、吨

名称	#荞麦					
	播种面积		播种单产		总产量	
	2018年	2019年	2018年	2019年	2018年	2019年
全省	**8660**	**5818**	**1697**	**1265**	**14700**	**7358**
石家庄市（包含辛集市）		12		716		9
石家庄市（不含辛集市）		12		716		9
辛集市						
唐山市						
秦皇岛市						
邯郸市						
邢台市						
保定市（包含定州市）		19	2213	2195	1	43
保定市（不含定州市）		19	2213	2195	1	43
定州市						
张家口市	7308	5430	1805	1271	13194	6904
承德市	1352	356	1112	1130	1504	403
沧州市						
廊坊市						
衡水市						
雄安新区						

2-2-1续15　各市粮食作物播种面积和产量

单位：公顷、公斤/公顷、吨

名　称	(二)豆 类 合 计					
	播种面积		播种单产		总 产 量	
	2018年	2019年	2018年	2019年	2018年	2019年
全　省	**115970**	**125083**	**2426**	**2404**	**281300**	**300754**
石家庄市（包含辛集市）	25183	36112	2044	2193	51465	79176
石家庄市（不含辛集市）	23630	34539	2097	2225	49560	76841
辛集市	1553	1573	1227	1484	1905	2335
唐 山 市	5509	5402	3150	3125	17352	16880
秦皇岛市	6475	6426	2818	3060	18245	19666
邯 郸 市	5918	5906	2169	1775	12837	10486
邢 台 市	7616	7598	3006	2928	22896	22246
保 定 市（包含定州市）	8351	6533	2980	3029	24884	19789
保 定 市（不含定州市）	7670	5934	2968	2979	22762	17678
定州市	681	599	3116	3524	2122	2111
张家口市	22839	23025	2014	1930	46000	44429
承 德 市	6091	6286	2765	2814	16842	17687
沧 州 市	9205	6967	2395	2342	22049	16315
廊 坊 市	11504	12305	2524	2498	29041	30743
衡 水 市	7279	7397	2705	2754	19689	20372
雄安新区		1126		2632		2964

2-2-1续16　各市粮食作物播种面积和产量

单位：公顷、公斤/公顷、吨

名　称	#大　豆					
	播种面积		播种单产		总 产 量	
	2018年	2019年	2018年	2019年	2018年	2019年
全　省	**87570**	**93462**	**2424**	**2463**	**212300**	**230220**
石家庄市（包含辛集市）	24646	35468	2058	2212	50711	78453
石家庄市（不含辛集市）	23093	33895	2113	2246	48806	76118
辛集市	1553	1573	1227	1484	1905	2335
唐 山 市	3657	3513	3064	3095	11204	10874
秦皇岛市	4781	4362	2840	2985	13580	13020
邯 郸 市	4987	4647	2204	1743	10989	8099
邢 台 市	6329	6172	3100	3105	19617	19161
保 定 市（包含定州市）	6605	4884	2944	3094	19444	15111
保 定 市（不含定州市）	6054	4287	2920	3034	17678	13005
定州市	551	597	3205	3528	1766	2106
张家口市	7244	5778	1373	1684	9945	9730
承 德 市	5054	4872	2887	3050	14593	14858
沧 州 市	8591	6289	2463	2375	21160	14934
廊 坊 市	10215	10938	2515	2479	25686	27120
衡 水 市	5461	5460	2815	2935	15371	16027
雄安新区		1080		2620		2830

2-2-1续17 各市粮食作物播种面积和产量

单位：公顷、公斤/公顷、吨

名称	#绿豆					
	播种面积		播种单产		总产量	
	2018年	2019年	2018年	2019年	2018年	2019年
全省	**10460**	**10821**	**1711**	**1665**	**17900**	**18012**
石家庄市（包含辛集市）	295	322	1817	1444	536	465
石家庄市（不含辛集市）	295	322	1817	1444	536	465
辛集市						
唐山市	167	149	3060	2800	511	418
秦皇岛市	105	92	2333	2297	245	211
邯郸市	845	1150	1907	1874	1611	2155
邢台市	1271	1410	2549	2161	3240	3047
保定市（包含定州市）	546	524	3548	2622	1937	1374
保定市（不含定州市）	535	523	3578	2621	1914	1371
定州市	11	1	2091	2800	23	3
张家口市	5731	5449	1142	1162	6547	6333
承德市	391	444	2133	2417	834	1073
沧州市	375	446	1592	2334	597	1041
廊坊市	149	127	1268	1299	189	165
衡水市	585	707	2826	2447	1653	1730
雄安新区						

2-2-1续18 各市粮食作物播种面积和产量

单位：公顷、公斤/公顷、吨

名称	#红小豆					
	播种面积		播种单产		总产量	
	2018年	2019年	2018年	2019年	2018年	2019年
全省	**4620**	**4871**	**1732**	**1651**	**8000**	**8044**
石家庄市（包含辛集市）	239	237	883	624	211	148
石家庄市（不含辛集市）	239	237	883	624	211	148
辛集市						
唐山市	248	211	2008	2200	498	464
秦皇岛市	295	257	1929	2025	569	521
邯郸市	42	42	1357	905	57	38
邢台市	7	9	2000	1929	14	16
保定市（包含定州市）	211	192	2744	2318	567	445
保定市（不含定州市）	205	191	2707	2314	555	442
定州市	6	1	2000	2600	12	3
张家口市	1559	1769	1400	1258	2182	2225
承德市	371	496	1978	1911	734	948
沧州市	239	224	1222	1438	292	322
廊坊市	176	172	1199	1221	211	210
衡水市	1233	1230	2161	2127	2665	2616
雄安新区		32		2875		92

2-2-1续19 各市粮食作物播种面积和产量

单位：公顷、公斤/公顷、吨

名　称	(三)薯类合计					
	播种面积		播种单产		总产量	
	2018年	2019年	2018年	2019年	2018年	2019年
全　省	**226190**	**222427**	**32687**	**31980**	**7393500**	**7113315**
石家庄市（包含辛集市）	11777	12380	28214	27520	332277	340703
石家庄市（不含辛集市）	10097	11359	27989	27323	282600	310353
辛集市	1680	1021	29570	29736	49677	30350
唐 山 市	12498	11633	33368	32514	417039	378220
秦皇岛市	21132	18434	30359	30458	641539	561470
邯 郸 市	5775	7252	29674	20733	171365	150362
邢 台 市	5999	6442	35369	31346	212177	201922
保 定 市（包含定州市）	23292	18538	34564	32630	805061	604898
保 定 市（不含定州市）	22084	17202	34561	32673	763250	562046
定州市	1208	1336	34612	32081	41811	42852
张家口市	83549	76702	28923	29830	2416494	2288041
承 德 市	50544	53189	39645	37766	2003826	2008717
沧 州 市	2861	3576	35529	33011	101649	118056
廊 坊 市	5789	6979	32429	29650	187732	206931
衡 水 市	2974	3455	35084	32847	104341	113503
雄安新区		3847		36520		140493

2-2-1续20 各市粮食作物播种面积和产量

单位：公顷、公斤/公顷、吨

名　称	1.马铃薯					
	播种面积		播种单产		总产量	
	2018年	2019年	2018年	2019年	2018年	2019年
全　省	**163130**	**154165**	**32507**	**32820**	**5302800**	**5059621**
石家庄市（包含辛集市）	2266	2098	20902	23563	47364	49446
石家庄市（不含辛集市）	2266	2098	20902	23563	47364	49446
辛集市						
唐 山 市	7972	7552	31421	31837	250492	240447
秦皇岛市	8679	6434	30797	33306	267284	214292
邯 郸 市	1010	1059	30085	21939	30386	23231
邢 台 市	1217	1336	31352	31372	38155	41912
保 定 市（包含定州市）	7776	5729	32302	32496	251182	186167
保 定 市（不含定州市）	6905	4878	32459	32287	224129	157494
定州市	871	851	31060	33693	27053	28673
张家口市	83271	76451	28932	29846	2409158	2281739
承 德 市	49740	52359	39521	37886	1965774	1983654
沧 州 市	313	227	44217	38859	13840	8838
廊 坊 市	272	249	19070	19319	5187	4809
衡 水 市	614	521	39052	39266	23978	20471
雄安新区		149		31041		4615

2-2-1续21　各市粮食作物播种面积和产量

单位：公顷、公斤/公顷、吨

名　称	2.甘　薯					
	播种面积		播种单产		总　产　量	
	2018年	2019年	2018年	2019年	2018年	2019年
全　省	**63060**	**68262**	**33154**	**30085**	**2090700**	**2053694**
石家庄市（包含辛集市）	9511	10281	29956	28330	284913	291257
石家庄市（不含辛集市）	7831	9260	30039	28176	235236	260907
辛集市	1680	1021	29570	29736	49677	30350
唐 山 市	4526	4080	36798	33768	166547	137773
秦皇岛市	12453	12000	30053	28931	374255	347179
邯 郸 市	4765	6194	29586	20526	140979	127131
邢 台 市	4782	5106	36391	31340	174022	160010
保 定 市（包含定州市）	15516	12810	35697	32688	553879	418730
保 定 市（不含定州市）	15179	12325	35518	32824	539121	404551
定州市	337	485	43792	29250	14758	14179
张家口市	278	251	26388	25098	7336	6302
承 德 市	804	830	47328	30202	38052	25063
沧 州 市	2548	3349	34462	32614	87809	109218
廊 坊 市	5517	6730	33088	30033	182545	202122
衡 水 市	2360	2934	34052	31708	80363	93032
雄安新区		3698		36740		135878

2-2-2　各市油料播种面积和产量

单位：公顷、公斤/公顷、吨

名　称	油　料　作　物					
	播种面积		播种单产		总　产　量	
	2018年	2019年	2018年	2019年	2018年	2019年
全　省	**367876**	**364487**	**3300**	**3280**	**1213849**	**1195445**
石家庄市（包含辛集市）	39005	37058	3203	3202	124920	118671
石家庄市（不含辛集市）	33453	31679	2974	2981	99478	94430
辛集市	5552	5379	4582	4507	25442	24241
唐 山 市	77844	77306	4119	4137	320656	319844
秦皇岛市	23107	24565	3541	3714	81826	91243
邯 郸 市	34000	32080	3768	3787	128100	121495
邢 台 市	40133	37949	3414	3380	137004	128251
保 定 市（包含定州市）	37592	33824	3866	3908	145317	132189
保 定 市（不含定州市）	32013	28690	3823	3860	122393	110748
定州市	5579	5133	4109	4177	22924	21441
张家口市	58355	64222	1590	1474	92761	94636
承 德 市	12051	11876	2050	2175	24704	25830
沧 州 市	11587	10541	3225	3637	37374	38342
廊 坊 市	10753	10334	2707	2818	29110	29119
衡 水 市	23447	23851	3927	3870	92077	92314
雄安新区		882		3982		3512

2-2-2续1　各市油料播种面积和产量

单位：公顷、公斤/公顷、吨

名　　称	#花生					
	播种面积		播种单产		总　产　量	
	2018年	2019年	2018年	2019年	2018年	2019年
全　　省	**258078**	**250206**	**3814**	**3855**	**984526**	**964557**
石家庄市（包含辛集市）	34492	32401	3291	3296	113525	106788
石家庄市（不含辛集市）	29870	27965	3055	3064	91278	85686
辛集市	4622	4436	4813	4757	22247	21102
唐山市	77633	77113	4124	4142	320123	319395
秦皇岛市	22012	24048	3597	3740	79181	89944
邯郸市	28329	26802	4047	4094	114643	109732
邢台市	26049	23861	3544	3491	92323	83287
保定市（包含定州市）	34805	30978	3914	3954	136233	122472
保定市（不含定州市）	29517	26348	3885	3905	114378	102902
定州市	5288	4630	4133	4227	21855	19570
张家口市	248	233	3028	2715	751	633
承德市	219	234	3568	3263	783	763
沧州市	8196	8174	3653	3963	29867	32395
廊坊市	8579	8498	2746	2835	23555	24093
衡水市	17516	17093	4198	4206	73542	71897
雄安新区		771	3615	4092		3157

2-2-2续2　各市油料播种面积和产量

单位：公顷、公斤/公顷、吨

名　　称	#油菜籽					
	播种面积		播种单产		总　产　量	
	2018年	2019年	2018年	2019年	2018年	2019年
全　　省	**19425**	**19855**	**1752**	**1770**	**34034**	**35144**
石家庄市（包含辛集市）	1853	1742	2422	2429	4488	4231
石家庄市（不含辛集市）	1656	1577	2087	2118	3456	3340
辛集市	197	165	5237	5400	1032	891
唐山市	5	16	3230	2752	17	43
秦皇岛市	24	10	2287	2554	54	26
邯郸市	3398	3119	1918	1906	6518	5944
邢台市	2769	2727	1763	1827	4883	4982
保定市（包含定州市）	225	338	2512	2999	565	1013
保定市（不含定州市）	224	338	2510	2999	562	1013
定州市	1		3506		3	
张家口市	4787	6250	1056	976	5057	6098
承德市	3606	2847	1638	1947	5906	5544
沧州市	1345	616	2374	3112	3195	1918
廊坊市	13	40	3035	2473	40	100
衡水市	1400	2149	2365	2440	3311	5244
雄安新区				6143		

2-2-2续3　各市油料播种面积和产量

单位：公顷、公斤/公顷、吨

名　称	#芝　麻					
	播种面积		播种单产		总　产　量	
	2018年	2019年	2018年	2019年	2018年	2019年
全　省	**1616**	**1382**	**1336**	**1462**	**2159**	**2021**
石家庄市（包含辛集市）	39	48	803	877	31	42
石家庄市（不含辛集市）	39	48	803	877	31	42
辛集市						
唐 山 市	56	65	1682	1565	94	101
秦皇岛市	11	10	1534	1307	17	13
邯 郸 市	502	428	1729	1612	868	690
邢 台 市	156	165	1600	1616	249	266
保 定 市（包含定州市）	5	7	1610	1579	9	13
保 定 市（不含定州市）	5	5	1610	1777	9	8
定州市		2		2520		5
张家口市	107	2	110	1454	12	3
承 德 市	36	26	1444	1790	51	47
沧 州 市	100	98	1228	1822	122	179
廊 坊 市	240	143	852	887	205	127
衡 水 市	365	377	1371	1385	501	523
雄安新区		13		1237		17

2-2-2续4　各市油料播种面积和产量

单位：公顷、公斤/公顷、吨

名　称	#胡　麻　籽					
	播种面积		播种单产		总　产　量	
	2018年	2019年	2018年	2019年	2018年	2019年
全　省	**35659**	**41610**	**958**	**1159**	**34167**	**48235**
石家庄市（包含辛集市）						
石家庄市（不含辛集市）						
辛集市						
唐 山 市						
秦皇岛市						
邯 郸 市	…		311			
邢 台 市						
保 定 市（包含定州市）						
保 定 市（不含定州市）						
定州市						
张家口市	33776	38765	961	1128	32464	43718
承 德 市	1878	2845	907	1588	1703	4517
沧 州 市						
廊 坊 市						
衡 水 市						
雄安新区						

2-2-2续5　各市油料播种面积和产量

单位：公顷、公斤/公顷、吨

名　称	#葵花籽					
	播种面积		播种单产		总　产　量	
	2018年	2019年	2018年	2019年	2018年	2019年
全　省	**51752**	**50228**	**3019**	**2854**	**156256**	**143342**
石家庄市（包含辛集市）	2575	2833	2656	2674	6840	7575
石家庄市（不含辛集市）	1842	2055	2540	2592	4677	5327
辛集市	734	778	2949	2889	2163	2248
唐 山 市	123	87	2972	2871	366	249
秦皇岛市	1055	487	2434	2588	2568	1259
邯 郸 市	1722	1558	3445	3184	5932	4961
邢 台 市	10996	10995	3534	3538	38858	38900
保 定 市（包含定州市）	2551	2502	3325	3474	8483	8691
保 定 市（不含定州市）	2261	2000	3280	3412	7417	6825
定州市	290	502	3678	3721	1066	1866
张家口市	19328	18916	2813	2331	54369	44086
承 德 市	5679	5633	2588	2541	14694	14315
沧 州 市	1660	1274	2506	2864	4160	3649
廊 坊 市	1921	1652	2765	2905	5311	4799
衡 水 市	4144	4215	3541	3464	14674	14600
雄安新区		77		3359		258

2-2-3　各市棉花播种面积和产量

单位：公顷、公斤/公顷、吨

名　称	棉　花					
	播种面积		播种单产		总　产　量	
	2018年	2019年	2018年	2019年	2018年	2019年
全　省	**210387**	**203890**	**1137**	**1115**	**239273**	**227401**
石家庄市（包含辛集市）	1272	645	909	880	1156	568
石家庄市（不含辛集市）	418	332	788	783	329	260
辛集市	854	314	969	983	827	308
唐 山 市	11468	10116	1202	1177	13786	11908
秦皇岛市	38	24	1130	1238	43	29
邯 郸 市	45433	47338	1229	1185	55826	56142
邢 台 市	80833	82765	1152	1103	93141	91279
保 定 市（包含定州市）	739	563	981	1039	725	579
保 定 市（不含定州市）	729	547	982	1031	716	564
定州市	10	16	906	971	9	15
张家口市						
承 德 市						
沧 州 市	17210	13933	1081	1106	18607	15409
廊 坊 市	3593	3129	1013	1043	3641	3264
衡 水 市	49801	45268	1051	1063	52347	48117
雄安新区		109		960		105

2-2-4 各市生麻播种面积和产量

单位：公顷、公斤/公顷、吨

名　称	麻类合计					
	播种面积		播种单产		总产量	
	2018年	2019年	2018年	2019年	2018年	2019年
全　省	**5**	**23**	**1420**	**534**	**8**	**13**
石家庄市（包含辛集市）						
石家庄市（不含辛集市）						
辛集市						
唐山市	1		2055		2	
秦皇岛市						
邯郸市	3	23	1064	509	3	12
邢台市						
保定市（包含定州市）				5000		
保定市（不含定州市）				5000		
定州市						
张家口市	1		1493	3000	1	1
承德市	1		1795		2	
沧州市						
廊坊市						
衡水市						
雄安新区						

2-2-5 各市甜菜播种面积和产量

单位：公顷、公斤/公顷、吨

名　称	甜菜					
	播种面积		播种单产		总产量	
	2018年	2019年	2018年	2019年	2018年	2019年
全　省	**18128**	**12418**	**51914**	**51761**	**941089**	**642752**
石家庄市（包含辛集市）						
石家庄市（不含辛集市）						
辛集市						
唐山市						
秦皇岛市						
邯郸市						
邢台市						
保定市（包含定州市）						
保定市（不含定州市）						
定州市						
张家口市	18015	12394	51887	51712	934747	640904
承德市	113	24	56120	77118	6342	1849
沧州市						
廊坊市						
衡水市						
雄安新区						

2-2-6 各市烟叶播种面积和产量

单位：公顷、公斤/公顷、吨

名　　称	烟叶合计					
	播种面积		播种单产		总产量	
	2018年	2019年	2018年	2019年	2018年	2019年
全　　省	**1351**	**1352**	**2459**	**2566**	**3321**	**3468**
石家庄市（包含辛集市）	14	73	2021	3836	28	282
石家庄市（不含辛集市）	14	73	2021	3836	28	282
辛集市						
唐山市	54	54	2136	1542	115	84
秦皇岛市		1	4000	1800		2
邯郸市						
邢台市						
保定市（包含定州市）	77	76	1223	1234	94	94
保定市（不含定州市）	77	76	1223	1234	94	94
定州市						
张家口市	1200	1128	2562	2641	3074	2977
承德市	6	7	1595	1286	10	9
沧州市						
廊坊市						
衡水市						
雄安新区		12		1651		20

2-2-6续 各市烟叶播种面积和产量

单位：公顷、公斤/公顷、吨

名　　称	#烤烟					
	播种面积		播种单产		总产量	
	2018年	2019年	2018年	2019年	2018年	2019年
全　　省	**1288**	**971**	**2479**	**2228**	**3192**	**2163**
石家庄市（包含辛集市）	14	73	1999	3833	28	282
石家庄市（不含辛集市）	14	73	1999	3833	28	282
辛集市						
唐山市						
秦皇岛市						
邯郸市						
邢台市						
保定市（包含定州市）	73	73	1211	1222	89	89
保定市（不含定州市）	73	73	1211	1222	89	89
定州市						
张家口市	1200	825	2562	2174	3074	1793
承德市	1		1642		1	
沧州市						
廊坊市						
衡水市						
雄安新区						

2-2-7　各市药材及其他农作物播种面积和产量

名　称	药材				#甘草			
	播种面积（公顷）		药材产量（吨）		播种面积（公顷）		产量（吨）	
	2018年	2019年	2018年	2019年	2018年	2019年	2018年	2019年
全　省	**85499**	**98863**	**524306**	**626249**	**233**	**260**	**2210**	**1507**
石家庄市（包含辛集市）	4112	5439	25575	32263	8	3	22	12
石家庄市（不含辛集市）	3943	5302	24651	31385	8	1	22	1
辛集市	169	137	924	878		2		11
唐 山 市	1658	1919	10128	9726	10	10	215	218
秦皇岛市	3550	4170	87785	82679				
邯 郸 市	15827	16543	19256	22180	1	1	25	25
邢 台 市	18855	19185	77629	83012				
保 定 市（包含定州市）	15443	22434	126619	186473	157	35	1336	335
保 定 市（不含定州市）	11973	18507	74928	100157	157	35	1336	335
定州市	3470	3927	51691	86316				
张家口市	2966	4203	8875	23047		167		506
承 德 市	21468	21958	153823	161110	23	23	365	365
沧 州 市	459	972	2301	10966	21	22	47	47
廊 坊 市	425	419	1361	1315	13		200	
衡 水 市	736	1595	10953	13051				
雄安新区		27		426				

2-2-7续　各市药材及其他农作物播种面积和产量

名　称	枸杞				其他农作物播种面积（包括花卉种植面积）（公顷）		#青 饲 料	
	播种面积（公顷）		产量（吨）					
	2018年	2019年	2018年	2019年	2018年	2019年	2018年	2019年
全　省	**5629**	**4442**	**36442**	**21004**	**113747**	**113252**	**71026**	**66521**
石家庄市（包含辛集市）	194	101	942	541	16087	15784	10247	9433
石家庄市（不含辛集市）	25	4	46	25	14687	14363	8847	8012
辛集市	169	97	896	516	1400	1421	1400	1421
唐 山 市					20222	20495	11847	12130
秦皇岛市	464	409	17643	7248	3605	3759	455	651
邯 郸 市	3		12		2639	2435	13	52
邢 台 市	3561	3171	12564	11406	994	2892	361	2487
保 定 市（包含定州市）	13	30	65	160	22397	23851	6148	4012
保 定 市（不含定州市）	13	30	65	160	6263	9124	1399	2034
定州市					16134	14727	4749	1978
张家口市	79	469	229	441	26575	21980	25877	21034
承 德 市	1270	221	4883	1120	5320	7869	3905	6376
沧 州 市	36	36	79	79	5065	4076	3624	2814
廊 坊 市	3		15		3104	2952	1057	787
衡 水 市	5	5	10	10	7738	7133	7490	6744
雄安新区						25		

2-2-8 各市蔬菜播种面积和产量

单位：公顷、公斤/公顷、吨

名　　称	蔬菜(含食用菌)					
	播种面积		播种单产		总　产　量	
	2018年	2019年	2018年	2019年	2018年	2019年
全　　省	**787609**	**794607**	**65445**	**64096**	**51544955**	**50931401**
石家庄市（包含辛集市）	73230	71716	79700	77295	5836442	5543319
石家庄市（不含辛集市）	63902	61545	78629	76699	5024539	4720417
辛集市	9328	10171	87038	80907	811903	822902
唐 山 市	118684	118950	79336	77326	9415914	9197958
秦皇岛市	34961	33858	70798	70500	2475175	2387007
邯 郸 市	90260	95218	56456	55875	5095708	5320281
邢 台 市	50766	50793	56597	57252	2873205	2908020
保 定 市（包含定州市）	87275	83603	63802	62531	5568368	5227809
保 定 市（不含定州市）	70285	65434	61985	61024	4356657	3993074
定州市	16990	18169	71320	67958	1211711	1234735
张家口市	79405	89187	67954	59860	5395953	5338776
承 德 市	58100	62191	64232	64736	3731868	4026007
沧 州 市	47681	44771	67390	66283	3213176	2967556
廊 坊 市	83142	80189	60811	62639	5055995	5022939
衡 水 市	64105	59964	44976	46112	2883151	2765058
雄安新区		4167		54397		226671

2-2-8续1 各市蔬菜播种面积和产量

单位：公顷、公斤/公顷、吨

名　　称	1.叶　　菜　　类					
	播种面积		播种单产		总　产　量	
	2018年	2019年	2018年	2019年	2018年	2019年
全　　省	**56987**	**56017**	**52635**	**51955**	**2999508**	**2910359**
石家庄市（包含辛集市）	7970	7841	62061	59535	494608	466818
石家庄市（不含辛集市）	7175	6928	61487	58921	441146	408201
辛集市	795	913	67248	64193	53462	58617
唐 山 市	7044	6968	60573	61886	426677	431227
秦皇岛市	2056	2099	54804	52325	112677	109852
邯 郸 市	9324	9820	54340	55319	506667	543218
邢 台 市	4111	4266	40344	39366	165855	167927
保 定 市（包含定州市）	5897	5695	50145	51863	295691	295363
保 定 市（不含定州市）	4571	4283	49117	50676	224496	217027
定州市	1326	1412	53692	55465	71195	78336
张家口市	4767	4217	68099	61500	324628	259335
承 德 市	3292	3612	35579	36293	117125	131077
沧 州 市	2970	2443	51329	49524	152432	120998
廊 坊 市	5955	5248	44068	44907	262422	235681
衡 水 市	3603	3688	39058	38746	140727	142902
雄安新区		119		49931		5961

2-2-8续2　各市蔬菜播种面积和产量

单位：公顷、公斤/公顷、吨

名　称	#芹菜					
	播种面积		播种单产		总产量	
	2018年	2019年	2018年	2019年	2018年	2019年
全　省	**18828**	**18004**	**63709**	**64366**	**1199535**	**1158846**
石家庄市（包含辛集市）	1179	1091	72897	75391	85953	82252
石家庄市（不含辛集市）	1093	993	71111	75391	77732	73862
辛集市	86	98	95817	85673	8221	8390
唐山市	2867	2984	71865	72722	206058	217006
秦皇岛市	821	773	69761	68097	57257	52640
邯郸市	3084	3163	72788	76084	224509	240677
邢台市	806	624	45887	48658	36969	30375
保定市（包含定州市）	1621	1628	49286	55539	79875	90417
保定市（不含定州市）	1446	1372	48222	53782	69711	73771
定州市	175	256	58063	65140	10164	16646
张家口市	3127	2769	76321	70356	238659	194840
承德市	1017	1216	41792	42792	42498	52051
沧州市	1267	1092	61387	59049	77793	64505
廊坊市	2237	1851	50916	52459	113880	97120
衡水市	802	772	44967	44776	36084	34551
雄安新区		40		60093		2412

2-2-8续3　各市蔬菜播种面积和产量

单位：公顷、公斤/公顷、吨

名　称	#油菜					
	播种面积		播种单产		总产量	
	2018年	2019年	2018年	2019年	2018年	2019年
全　省	**9723**	**9278**	**42988**	**43299**	**417973**	**401746**
石家庄市（包含辛集市）	1747	1682	54287	53158	94858	89411
石家庄市（不含辛集市）	1547	1452	54309	53152	84034	77190
辛集市	200	230	54071	53129	10824	12221
唐山市	1106	1127	50758	50039	56139	56403
秦皇岛市	330	455	37170	36834	12266	16766
邯郸市	1485	1610	41011	40353	60902	64984
邢台市	222	225	28500	27231	6327	6129
保定市（包含定州市）	865	671	37808	44304	32723	29728
保定市（不含定州市）	733	568	35661	42701	26157	24255
定州市	132	103	49742	53179	6566	5473
张家口市	813	487	42737	54431	34745	26501
承德市	750	812	34324	34227	25743	27799
沧州市	480	420	42306	38297	20314	16093
廊坊市	1389	1236	37495	37287	52081	46094
衡水市	535	531	40888	39480	21875	20963
雄安新区		21		41908		876

2-2-8续4 各市蔬菜播种面积和产量

单位：公顷、公斤/公顷、吨

名称	#菠菜					
	播种面积		播种单产		总产量	
	2018年	2019年	2018年	2019年	2018年	2019年
全省	**28436**	**28735**	**48601**	**46974**	**1382000**	**1349767**
石家庄市（包含辛集市）	5043	5068	62222	58239	313796	295155
石家庄市（不含辛集市）	4534	4483	61616	57363	279379	257148
辛集市	509	585	67587	64948	34417	38006
唐山市	3070	2857	53570	55241	164480	157819
秦皇岛市	905	871	47684	46423	43154	40446
邯郸市	4755	5046	46531	47077	221256	237557
邢台市	3083	3417	39753	38467	122559	131423
保定市（包含定州市）	3411	3397	53684	51580	183093	175218
保定市（不含定州市）	2392	2343	53784	50791	128628	119001
定州市	1019	1054	53430	53342	54465	56217
张家口市	827	961	61940	39550	51224	37994
承德市	1525	1583	32055	32360	48884	51227
沧州市	1222	931	44446	43412	54325	40401
廊坊市	2329	2161	41417	42795	96461	92467
衡水市	2266	2386	36526	36633	82768	87388
雄安新区		58		45806		2673

2-2-8续5 各市蔬菜播种面积和产量

单位：公顷、公斤/公顷、吨

名称	2.白菜类					
	播种面积		播种单产		总产量	
	2018年	2019年	2018年	2019年	2018年	2019年
全省	**187763**	**187838**	**75608**	**73636**	**14196484**	**13831570**
石家庄市（包含辛集市）	17453	18564	84757	80588	1479279	1496042
石家庄市（不含辛集市）	16003	16462	83565	79936	1337298	1315918
辛集市	1450	2102	97929	85693	141981	180123
唐山市	35122	33747	89303	86063	3136451	2904381
秦皇岛市	12069	11413	81072	80707	978458	921084
邯郸市	14682	14579	66893	68355	982087	996557
邢台市	15113	14801	65289	65540	986731	970077
保定市（包含定州市）	22532	22260	75448	74556	1699984	1659617
保定市（不含定州市）	17357	16375	74805	73543	1298382	1204238
定州市	5175	5885	77597	77377	401602	455379
张家口市	19611	18344	82205	76714	1612148	1407204
承德市	18967	21586	62821	62577	1191500	1350810
沧州市	10702	10890	73674	71670	788464	780504
廊坊市	12315	12011	67948	67491	836808	810669
衡水市	9197	8685	54865	52917	504574	459574
雄安新区		958		78363		75051

2-2-8续6　各市蔬菜播种面积和产量

单位：公顷、公斤/公顷、吨

名　　称	#大白菜					
	播种面积		播种单产		总产量	
	2018年	2019年	2018年	2019年	2018年	2019年
全　　省	**187763**	**187838**	**75608**	**73636**	**14196484**	**13831570**
石家庄市（包含辛集市）	17453	18564	84757	80588	1479279	1496042
石家庄市（不含辛集市）	16003	16462	83565	79937	1337298	1315918
辛集市	1450	2102	97929	85691	141981	180123
唐山市	35122	33747	89303	86063	3136451	2904381
秦皇岛市	12069	11413	81072	80707	978458	921084
邯郸市	14682	14579	66893	68356	982087	996557
邢台市	15113	14801	65289	65540	986731	970077
保定市（包含定州市）	22532	22260	75448	74556	1699984	1659617
保定市（不含定州市）	17357	16375	74805	73541	1298382	1204238
定州市	5175	5885	77597	77380	401602	455379
张家口市	19611	18344	82205	76714	1612148	1407204
承德市	18967	21586	62821	62578	1191500	1350810
沧州市	10702	10890	73674	71672	788464	780504
廊坊市	12315	12011	67948	67494	836808	810669
衡水市	9197	8685	54865	52916	504574	459574
雄安新区		958		78341		75051

2-2-8续7　各市蔬菜播种面积和产量

单位：公顷、公斤/公顷、吨

名　　称	3.甘蓝类					
	播种面积		播种单产		总产量	
	2018年	2019年	2018年	2019年	2018年	2019年
全　　省	**40150**	**45511**	**67236**	**63179**	**2699498**	**2875309**
石家庄市（包含辛集市）	3816	3396	77719	74584	296550	253286
石家庄市（不含辛集市）	2555	2171	72045	72182	184051	156708
辛集市	1261	1225	89202	78849	112499	96578
唐山市	5722	6699	77194	76308	441672	511177
秦皇岛市	3548	3600	71874	71506	255017	257397
邯郸市	5422	6252	54614	55160	296140	344859
邢台市	721	781	54920	55673	39597	43470
保定市（包含定州市）	2521	2929	67037	64303	168977	188343
保定市（不含定州市）	1693	1631	62097	60777	105109	99149
定州市	828	1298	77153	68743	63868	89194
张家口市	11808	14981	70831	59842	836390	896466
承德市	2827	2932	57523	56308	162627	165084
沧州市	553	508	55804	55936	30834	28427
廊坊市	2126	2349	53732	54162	114248	127240
衡水市	1087	1036	52838	54893	57446	56875
雄安新区		49		54776		2684

2-2-8续8　各市蔬菜播种面积和产量

单位：公顷、公斤/公顷、吨

名　称	#卷心（圆白）菜					
	播种面积		播种单产		总　产　量	
	2018年	2019年	2018年	2019年	2018年	2019年
全　省	**40150**	**45511**	**67236**	**63178**	**2699498**	**2875309**
石家庄市（包含辛集市）	3816	3396	77719	74584	296550	253286
石家庄市（不含辛集市）	2555	2171	72045	72182	184051	156708
辛集市	1261	1225	89214	78839	112499	96578
唐 山 市	5722	6699	77194	77308	441672	511177
秦皇岛市	3548	3600	71876	71506	255017	257397
邯 郸 市	5422	6252	54618	55160	296140	344859
邢 台 市	721	781	54920	55673	39597	43470
保 定 市（包含定州市）	2521	2929	67037	64303	168977	188343
保 定 市（不含定州市）	1693	1631	62097	60790	105109	99149
定州市	828	1298	77135	68716	63868	89194
张家口市	11808	14981	70832	59841	836390	896466
承 德 市	2827	2932	57526	56308	162627	165084
沧 州 市	553	508	55792	55959	30834	28427
廊 坊 市	2126	2349	53738	54168	114248	127240
衡 水 市	1087	1036	52848	54899	57446	56875
雄安新区		49		54776		2684

2-2-8续9　各市蔬菜播种面积和产量

单位：公顷、公斤/公顷、吨

名　称	4.根　茎　类					
	播种面积		播种单产		总　产　量	
	2018年	2019年	2018年	2019年	2018年	2019年
全　省	**53014**	**56552**	**65744**	**62655**	**3485353**	**3543288**
石家庄市（包含辛集市）	4618	5147	79144	65254	365521	335887
石家庄市（不含辛集市）	4234	4743	79763	65503	337749	310659
辛集市	384	405	72323	62328	27772	25228
唐 山 市	7107	7062	79492	75296	564952	531716
秦皇岛市	2363	2544	60791	60650	143650	154296
邯 郸 市	4183	4349	67144	59720	280862	259726
邢 台 市	2671	2822	54861	53664	146534	151449
保 定 市（包含定州市）	4823	4800	63075	62371	304231	299393
保 定 市（不含定州市）	4151	4167	62506	62017	259483	258454
定州市	672	633	66589	64707	44748	40938
张家口市	6176	8610	63356	61882	391286	532797
承 德 市	8180	8777	59529	59127	486950	518933
沧 州 市	1857	1581	47849	46893	88836	74131
廊 坊 市	9160	8981	66307	65211	607372	585635
衡 水 市	1876	1838	56054	52603	105158	96667
雄安新区		42		63280		2659

2-2-8续10 各市蔬菜播种面积和产量

单位：公顷、公斤/公顷、吨

名称	#白萝卜					
	播种面积		播种单产		总产量	
	2018年	2019年	2018年	2019年	2018年	2019年
全省	**30132**	**30961**	**68417**	**64235**	**2061581**	**1988777**
石家庄市（包含辛集市）	3165	3135	86632	70892	274189	222246
石家庄市（不含辛集市）	3106	3078	86132	70842	262494	218062
辛集市	59	57	99859	73835	5848	4184
唐山市	3788	3698	80273	78549	304055	290482
秦皇岛市	1202	1156	61085	61745	73413	71389
邯郸市	3717	3771	68827	60697	255852	228881
邢台市	2081	2155	56050	55256	116635	119055
保定市（包含定州市）	3957	3935	64487	64213	255199	252678
保定市（不含定州市）	3427	3432	63726	63908	218414	219333
定州市	530	503	69406	66292	36785	33345
张家口市	3754	4880	66266	64146	248762	313035
承德市	2555	2629	63231	59067	161555	155259
沧州市	1470	1309	54447	49001	80015	64142
廊坊市	2883	2777	70748	68766	203966	190964
衡水市	1560	1488	56372	52950	87940	78789
雄安新区		29		64069		1858

2-2-8续11 各市蔬菜播种面积和产量

单位：公顷、公斤/公顷、吨

名称	#胡萝卜					
	播种面积		播种单产		总产量	
	2018年	2019年	2018年	2019年	2018年	2019年
全省	**19226**	**21133**	**60218**	**59743**	**1157734**	**1262524**
石家庄市（包含辛集市）	1301	1347	65655	60726	85444	81798
石家庄市（不含辛集市）	976	999	65055	60815	63520	60754
辛集市	325	348	67527	60457	21924	21044
唐山市	504	473	73230	65017	36892	30759
秦皇岛市	542	564	68879	65098	37357	36698
邯郸市	457	573	54037	53457	24695	30631
邢台市	588	645	50586	48607	29726	31360
保定市（包含定州市）	830	838	56909	54305	47243	45508
保定市（不含定州市）	710	734	56641	53227	40223	39079
定州市	120	104	58500	62076	7020	6429
张家口市	2422	3730	58839	58920	142522	219762
承德市	5623	6146	57856	59158	325325	363582
沧州市	382	266	22563	36616	8619	9732
廊坊市	6261	6189	64326	63667	402747	394035
衡水市	315	349	54495	51153	17166	17857
雄安新区		13		61615		801

2-2-8续12　各市蔬菜播种面积和产量

单位：公顷、公斤/公顷、吨

名　称	#生　姜					
	播种面积		播种单产		总　产　量	
	2018年	2019年	2018年	2019年	2018年	2019年
全　省	**3656**	**4459**	**72762**	**65490**	**266038**	**291988**
石家庄市（包含辛集市）	152	665	38796	47884	5888	31843
石家庄市（不含辛集市）	152	665	38796	47851	5888	31843
辛集市						
唐 山 市	2815	2890	79573	72817	224006	210474
秦皇岛市	619	824	53148	56070	32880	46210
邯 郸 市	9	5	36442	43000	315	215
邢 台 市	3	22	70592	46122	173	1033
保 定 市（包含定州市）	36	27	49986	44704	1790	1207
保 定 市（不含定州市）	14	1	61341	42000	847	42
定州市	22	26	42864	44808	943	1165
张家口市	…		15384		2	
承 德 市	2	2	35000	49164	70	92
沧 州 市	5	7	40400	36857	202	258
廊 坊 市	16	15	41188	42400	659	636
衡 水 市	1		52000	2850	52	20
雄安新区						

2-2-8续13　各市蔬菜播种面积和产量

单位：公顷、公斤/公顷、吨

名　称	5.瓜　菜　类					
	播种面积		播种单产		总　产　量	
	2018年	2019年	2018年	2019年	2018年	2019年
全　省	**87993**	**85881**	**72985**	**72757**	**6422126**	**6248425**
石家庄市（包含辛集市）	7893	7320	84241	81800	664907	598746
石家庄市（不含辛集市）	7016	6402	83707	81647	587262	522680
辛集市	877	918	88515	82865	77644	76067
唐 山 市	12162	12766	83009	82098	1009522	1048085
秦皇岛市	3972	3908	90271	92335	358525	360820
邯 郸 市	7848	7550	55522	56613	435741	427448
邢 台 市	3904	4057	55380	55819	216225	226441
保 定 市（包含定州市）	9152	8782	63357	61629	579874	541218
保 定 市（不含定州市）	8450	8090	63294	61514	534856	497656
定州市	702	692	64121	62969	45018	43561
张家口市	1935	1366	73487	63201	142220	86344
承 德 市	6535	6911	67058	67057	438207	463434
沧 州 市	13263	11755	88557	89438	1174534	1051362
廊 坊 市	13960	14256	70656	73751	986328	1051398
衡 水 市	7369	6865	56457	54487	416042	374060
雄安新区		344		55369		19070

2-2-8续14 各市蔬菜播种面积和产量

单位：公顷、公斤/公顷、吨

名称	#黄瓜					
	播种面积		播种单产		总产量	
	2018年	2019年	2018年	2019年	2018年	2019年
全省	**84058**	**81726**	**73853**	**73801**	**6207884**	**6031451**
石家庄市（包含辛集市）	7496	6811	85081	83587	637760	569314
石家庄市（不含辛集市）	6681	5955	84452	83456	564260	496995
辛集市	815	856	90234	84527	73500	72319
唐山市	11670	12242	83998	83287	980259	1019615
秦皇岛市	3937	3880	90776	92758	357403	359876
邯郸市	6964	6689	57159	57393	398032	383901
邢台市	3406	3273	54350	54677	185114	178979
保定市（包含定州市）	8160	7851	63946	63229	521801	496411
保定市（不含定州市）	7473	7176	63899	63206	477515	453568
定州市	687	675	64468	63471	44286	42843
张家口市	1864	1297	74383	65076	138662	84428
承德市	6336	6725	67913	67782	430331	455831
沧州市	13193	11702	88822	89696	1171846	1049622
廊坊市	13920	14236	70697	73775	984097	1050268
衡水市	7111	6675	56611	54553	402579	364138
雄安新区		344		55430		19068

2-2-8续15 各市蔬菜播种面积和产量

单位：公顷、公斤/公顷、吨

名称	#南瓜					
	播种面积		播种单产		总产量	
	2018年	2019年	2018年	2019年	2018年	2019年
全省	**2085**	**2056**	**47140**	**40350**	**98265**	**82967**
石家庄市（包含辛集市）	135	156	55114	43000	7450	6708
石家庄市（不含辛集市）	129	146	55947	43248	7189	6310
辛集市	7	10	39076	40581	261	398
唐山市	314	362	49235	44526	15480	16118
秦皇岛市	26	26	32677	33668	845	876
邯郸市	257	275	29984	31873	7703	8765
邢台市	74	93	32747	29978	2429	2786
保定市（包含定州市）	843	782	53810	41811	45355	32696
保定市（不含定州市）	830	766	53903	41791	44754	32012
定州市	13	16	47680	42750	601	684
张家口市	38	53	80491	32719	3058	1738
承德市	135	117	41754	40895	5632	4790
沧州市	67	46	38008	28978	2528	1333
廊坊市	9	1	36305	40000	332	40
衡水市	187	145	39945	49097	7454	7119
雄安新区						

2-2-8续16　各市蔬菜播种面积和产量

单位：公顷、公斤/公顷、吨

名　　称	6.豆　　类（菜用）					
	播种面积		播种单产		总　产　量	
	2018年	2019年	2018年	2019年	2018年	2019年
全　　省	**28692**	**28388**	**42307**	**38772**	**1213862**	**1100667**
石家庄市（包含辛集市）	1509	1517	49381	44745	74532	67887
石家庄市（不含辛集市）	1411	1390	49808	45716	70302	63544
辛集市	98	127	43224	34131	4229	4342
唐 山 市	3670	3952	58187	45431	213558	179547
秦皇岛市	1874	1734	39067	38217	73201	66286
邯 郸 市	2586	2811	33744	31715	87255	89136
邢 台 市	1378	1371	35606	35467	49049	48625
保 定 市（包含定州市）	5895	5975	41397	40173	244025	240045
保 定 市（不含定州市）	4939	5046	41523	39972	205070	201704
定州市	956	929	40749	41262	38955	38341
张家口市	5258	4379	42809	36733	225085	160869
承 德 市	1534	1515	29824	31098	45756	47113
沧 州 市	686	702	42892	39002	29422	27389
廊 坊 市	2984	2944	39229	38394	117066	113018
衡 水 市	1318	1362	41652	40986	54913	55808
雄安新区		125		39410		4945

2-2-8续17　各市蔬菜播种面积和产量

单位：公顷、公斤/公顷、吨

名　　称	#豇　　豆					
	播种面积		播种单产		总　产　量	
	2018年	2019年	2018年	2019年	2018年	2019年
全　　省	**6817**	**6901**	**39347**	**37900**	**268218**	**261551**
石家庄市（包含辛集市）	308	306	51313	43714	15785	13366
石家庄市（不含辛集市）	308	306	51313	43714	15785	13366
辛集市						
唐 山 市	151	120	46824	41056	7062	4942
秦皇岛市	196	176	40924	38521	8012	6792
邯 郸 市	1629	1606	35166	32487	57295	52174
邢 台 市	557	541	36579	36892	20369	19950
保 定 市（包含定州市）	1072	1150	42608	42242	45672	48578
保 定 市（不含定州市）	968	1018	42280	42350	40936	43112
定州市	104	132	45662	41409	4736	5466
张家口市	131	130	25178	19794	3288	2574
承 德 市	151	113	28631	28371	4337	3196
沧 州 市	320	365	38025	35203	12160	12849
廊 坊 市	1377	1411	39237	38948	54027	54956
衡 水 市	926	978	43437	42960	40212	42015
雄安新区		4		39750		159

2-2-8续18 各市蔬菜播种面积和产量

单位：公顷、公斤/公顷、吨

名称	#四季豆					
	播种面积		播种单产		总产量	
	2018年	2019年	2018年	2019年	2018年	2019年
全省	**21875**	**21487**	**43229**	**39053**	**945645**	**839116**
石家庄市（包含辛集市）	1202	1211	48887	45021	58747	54520
石家庄市（不含辛集市）	1104	1084	49389	46281	54518	50178
辛集市	98	127	43224	34189	4229	4342
唐山市	3519	3832	58674	45568	206497	174605
秦皇岛市	1678	1558	38850	38182	65189	59494
邯郸市	957	1204	31323	30699	29960	36962
邢台市	821	830	34946	34549	28680	28675
保定市（包含定州市）	4823	4826	41128	39674	198353	191466
保定市（不含定州市）	3971	4028	41338	39372	164135	158591
定州市	852	798	40151	41197	34219	32875
张家口市	5127	4249	43257	37251	221798	158296
承德市	1383	1402	29955	31317	41419	43917
沧州市	366	337	47144	43142	17262	14539
廊坊市	1607	1533	39222	37875	63039	58062
衡水市	393	383	37443	36013	14701	13793
雄安新区		121		39545		4785

2-2-8续19 各市蔬菜播种面积和产量

单位：公顷、公斤/公顷、吨

名称	7.茄果类					
	播种面积		播种单产		总产量	
	2018年	2019年	2018年	2019年	2018年	2019年
全省	**155076**	**148173**	**56094**	**57327**	**8698825**	**8494354**
石家庄市（包含辛集市）	13279	11989	71952	71442	955411	856485
石家庄市（不含辛集市）	10784	9560	69794	69983	752629	669042
辛集市	2495	2428	81277	77187	202782	187443
唐山市	22732	22816	72214	71273	1641582	1626179
秦皇岛市	3045	2805	67204	66839	204660	187484
邯郸市	18807	19163	54418	56454	1023427	1081849
邢台市	13155	12135	46992	48757	618195	591666
保定市（包含定州市）	17106	15524	59634	60128	1020105	933423
保定市（不含定州市）	14472	12450	59329	58764	858629	731593
定州市	2634	3074	61309	65648	161476	201830
张家口市	5001	5324	64193	56451	321042	300520
承德市	8606	8816	41267	42829	355136	377561
沧州市	12378	11063	52081	53020	644664	586589
廊坊市	14788	14518	64994	67907	961149	985848
衡水市	26178	22793	36422	40446	953454	921891
雄安新区		1227		36549		44860

2-2-8续20 各市蔬菜播种面积和产量

单位：公顷、公斤/公顷、吨

名　称	#茄子					
	播种面积		播种单产		总产量	
	2018年	2019年	2018年	2019年	2018年	2019年
全　省	**34194**	**33853**	**54921**	**54293**	**1877929**	**1837963**
石家庄市（包含辛集市）	4216	3815	67846	65975	286022	251694
石家庄市（不含辛集市）	3030	2681	64583	60473	195688	171762
辛集市	1186	1134	76183	70488	90334	79933
唐山市	3316	3443	68722	68623	227914	236274
秦皇岛市	552	518	46817	48255	25841	24983
邯郸市	4397	4970	57877	55732	254466	276986
邢台市	2530	2324	44362	45806	112249	106435
保定市（包含定州市）	4723	4619	58318	58063	275419	268191
保定市（不含定州市）	3907	3682	57354	56450	224096	207848
定州市	815	937	62935	64400	51323	60343
张家口市	832	770	57409	49571	47761	38163
承德市	2378	2405	40497	39439	96287	94837
沧州市	2767	2738	56175	57847	155452	158385
廊坊市	2466	2233	58183	58362	143483	130322
衡水市	6017	5860	42055	41775	253035	244804
雄安新区		158		43608		6890

2-2-8续21 各市蔬菜播种面积和产量

单位：公顷、公斤/公顷、吨

名　称	#辣椒					
	播种面积		播种单产		总产量	
	2018年	2019年	2018年	2019年	2018年	2019年
全　省	**48520**	**43395**	**42800**	**44332**	**2076651**	**1923806**
石家庄市（包含辛集市）	2108	2045	60574	57428	127687	117441
石家庄市（不含辛集市）	1839	1774	59562	56454	109554	100129
辛集市	269	271	67506	63882	18132	17312
唐山市	6995	6351	59983	57182	419589	363185
秦皇岛市	360	285	36051	34550	12966	9856
邯郸市	8411	8092	45024	48406	378683	391702
邢台市	5671	4889	36177	37463	205153	183149
保定市（包含定州市）	4188	3621	47659	51190	199602	185359
保定市（不含定州市）	3136	2409	44063	47217	138171	113745
定州市	1052	1211	58375	59136	61431	71614
张家口市	1812	2324	53118	48278	96262	112205
承德市	1842	1953	32701	33010	60250	64470
沧州市	4441	3541	40759	38259	180993	135476
廊坊市	1849	1746	54358	53739	100485	93828
衡水市	10843	7944	27204	33057	294980	262601
雄安新区		604		7507		4534

2-2-8续22　各市蔬菜播种面积和产量

单位：公顷、公斤/公顷、吨

名　　称	#西　红　柿					
	播种面积		播种单产		总　产　量	
	2018年	2019年	2018年	2019年	2018年	2019年
全　　省	**72363**	**70925**	**65562**	**66727**	**4744245**	**4732585**
石家庄市（包含辛集市）	6955	6129	77889	79515	541701	487350
石家庄市（不含辛集市）	5914	5106	75646	77785	447386	397152
辛集市	1041	1023	90636	88170	94315	90198
唐 山 市	12421	13022	80035	78846	994079	1026720
秦皇岛市	2134	2002	77729	76246	165853	152644
邯 郸 市	6000	6101	65051	67720	390277	413161
邢 台 市	4954	4923	60715	61367	300793	302082
保 定 市（包含定州市）	8195	7284	66512	65880	545084	479872
保 定 市（不含定州市）	7429	6358	66811	64486	496362	410000
定州市	766	926	63611	75456	48722	69872
张家口市	2357	2229	75102	67348	177019	150152
承 德 市	4386	4458	45284	48958	198599	218253
沧 州 市	5170	4784	59613	61189	308219	292728
廊 坊 市	10474	10539	68474	72274	717181	761699
衡 水 市	9318	8989	43513	46110	405439	414486
雄安新区		465		71908		33437

2-2-8续23　各市蔬菜播种面积和产量

单位：公顷、公斤/公顷、吨

名　　称	8.葱　　蒜　　类					
	播种面积		播种单产		总　产　量	
	2018年	2019年	2018年	2019年	2018年	2019年
全　　省	**45684**	**46069**	**52307**	**48657**	**2389628**	**2241585**
石家庄市（包含辛集市）	4225	3790	66206	62301	279725	236117
石家庄市（不含辛集市）	3555	3045	64179	61356	228184	186797
辛集市	670	745	76972	66162	51541	49320
唐 山 市	5513	5826	68627	67751	378324	394716
秦皇岛市	1530	1475	48382	46722	74029	68900
邯 郸 市	13739	14703	43005	41867	590833	615560
邢 台 市	3340	3568	59853	58316	199889	208066
保 定 市（包含定州市）	4893	4962	70524	53636	345091	266163
保 定 市（不含定州市）	4105	4072	55183	53397	226538	217435
定州市	788	890	150443	54726	118552	48728
张家口市	2760	2263	37654	28881	103910	65358
承 德 市	1851	1874	34358	35186	63605	65928
沧 州 市	1645	1788	38275	36806	62948	65812
廊 坊 市	2723	1963	49059	45693	133611	89709
衡 水 市	3466	3702	45489	42587	157665	157659
雄安新区		155		48864		7595

2-2-8续24 各市蔬菜播种面积和产量

单位：公顷、公斤/公顷、吨

名　　称	#大　　葱					
	播种面积		播种单产		总　产　量	
	2018年	2019年	2018年	2019年	2018年	2019年
全　　省	**27456**	**27866**	**58789**	**57247**	**1614124**	**1595213**
石家庄市（包含辛集市）	3211	2917	69721	65650	223883	191500
石家庄市（不含辛集市）	2662	2319	67968	63975	180960	148338
辛集市	549	598	78227	72196	42924	43162
唐 山 市	5014	5364	73202	71816	367064	385234
秦皇岛市	1168	1136	42380	43208	49479	49073
邯 郸 市	3004	3578	62615	57637	188094	206224
邢 台 市	2858	3055	62739	62852	179283	192030
保 定 市（包含定州市）	3810	3823	58729	58882	223740	225104
保 定 市（不含定州市）	3291	3225	57735	57559	190023	185628
定州市	518	598	65041	66013	33717	39476
张家口市	2058	1711	42132	31340	86719	53608
承 德 市	1444	1514	35604	37330	51415	56529
沧 州 市	1131	1235	41388	40852	46803	50452
廊 坊 市	1627	1235	56037	55760	91153	68864
衡 水 市	2132	2210	49948	50199	106490	110940
雄安新区		89		63551		5656

2-2-8续25 各市蔬菜播种面积和产量

单位：公顷、公斤/公顷、吨

名　　称	#蒜　　头					
	播种面积		播种单产		总　产　量	
	2018年	2019年	2018年	2019年	2018年	2019年
全　　省	**18228**	**18204**	**42544**	**35508**	**775504**	**646371**
石家庄市（包含辛集市）	1014	874	55074	51050	55842	44618
石家庄市（不含辛集市）	893	726	52880	52986	47225	38459
辛集市	121	148	71275	41722	8617	6159
唐 山 市	498	462	22594	20531	11260	9482
秦皇岛市	363	339	67708	58495	24549	19827
邯 郸 市	10735	11125	37518	36794	402739	409336
邢 台 市	482	513	42745	31281	20606	16036
保 定 市（包含定州市）	1084	1139	111993	36048	121350	41059
保 定 市（不含定州市）	814	847	44863	37553	36515	31807
定州市	270	292	314647	31685	84835	9252
张家口市	701	552	24511	21268	17190	11749
承 德 市	407	359	29939	26150	12190	9399
沧 州 市	514	553	31424	27778	16144	15361
廊 坊 市	1097	729	38710	28594	42458	20845
衡 水 市	1334	1493	38361	31292	51174	46719
雄安新区		67		28940		1939

2-2-8续26　各市蔬菜播种面积和产量

单位：公顷、公斤/公顷、吨

名　称	9.水 生 菜 类					
	播种面积		播种单产		总　产　量	
	2018年	2019年	2018年	2019年	2018年	2019年
全　省	**1142**	**1071**	**42390**	**36394**	**48388**	**38991**
石家庄市（包含辛集市）	39	40	65776	64147	2541	2576
石家庄市（不含辛集市）	39	40	65776	64147	2541	2576
辛集市						
唐 山 市	68	67	61563	63324	4204	4236
秦皇岛市	4		61593		259	
邯 郸 市	194	207	31427	21311	6087	4402
邢 台 市	47	48	39177	38570	1844	1832
保 定 市（包含定州市）	412	149	58132	25718	23975	3836
保 定 市（不含定州市）	411	149	58159	25718	23928	3836
定州市	1		46960		47	
张家口市	7	7		22738		155
承 德 市	1	2	23118	34949	22	55
沧 州 市	2	0	34765	29607	77	8
廊 坊 市	367	365	25516	26078	9366	9511
衡 水 市	…	2	43576	34106	14	71
雄安新区		186		66298		12310

2-2-8续27　各市蔬菜播种面积和产量

单位：公顷、公斤/公顷、吨

名　称	#莲　藕					
	播种面积		播种单产		总　产　量	
	2018年	2019年	2018年	2019年	2018年	2019年
全　省	**1142**	**1071**	**42390**	**36394**	**48388**	**38991**
石家庄市（包含辛集市）	39	40	65776	64147	2541	2576
石家庄市（不含辛集市）	39	40	65776	64147	2541	2576
辛集市						
唐 山 市	68	67	61563	63224	4204	4236
秦皇岛市	4		61593		259	
邯 郸 市	194	207	31427	21266	6087	4402
邢 台 市	47	48	39177	38570	1844	1832
保 定 市（包含定州市）	412	149	58132	25745	23975	3836
保 定 市（不含定州市）	411	149	58159	25745	23928	3836
定州市	1		46960		47	
张家口市	7	7		22738		155
承 德 市	1	2	23118	34949	22	55
沧 州 市	2		34765		77	8
廊 坊 市	367	365	25516	26058	9366	9511
衡 水 市	…	2	43576	35500	14	71
雄安新区		186		66183		12310

2-2-8续28 各市蔬菜播种面积和产量

单位：公顷、公斤/公顷、吨

名　　称	10.其　他　蔬　菜					
	播种面积		播种单产		总　产　量	
	2018年	2019年	2018年	2019年	2018年	2019年
全　　省	**131108**	**139107**	**60883**	**58916**	**7982259**	**8195678**
石家庄市（包含辛集市）	12488	12112	83813	85931	1046687	1040795
石家庄市（不含辛集市）	11189	10805	82798	85007	926445	918517
辛集市	1299	1307	92558	93556	120242	122278
唐 山 市	19546	19047	69872	70007	1365698	1333404
秦皇岛市	4500	4281	54171	54271	243777	232326
邯 郸 市	13476	15785	58345	55136	786242	870324
邢 台 市	6326	6945	47100	50279	297955	349185
保 定 市（包含定州市）	13982	12526	58316	58074	815402	727432
保 定 市（不含定州市）	10074	9171	54510	53361	549153	489374
定州市	3908	3355	68126	70956	266249	238058
张家口市	22082	29697	65134	54850	1438273	1628905
承 德 市	6310	6168	40030	37829	252573	233329
沧 州 市	3625	4039	64367	55937	233349	225931
廊 坊 市	18764	17554	54362	57511	1020051	1009542
衡 水 市	10009	9993	48183	49385	482253	493509
雄安新区		961		53066		50996

2-2-8续29 各市蔬菜播种面积和产量

单位：吨

名　　称	11.食　用　菌							
	合　　计		#香　菇(干品)		黑木耳(干品)		蘑　菇(鲜品)	
	2018年	2019年	2018年	2019年	2018年	2019年	2018年	2019年
全　　省	**1409023**	**1451175**	**200687**	**188766**	**13068**	**14705**	**1180541**	**1229137**
石家庄市（包含辛集市）	182529	188679	13831	13581	7259	7153	159633	162391
石家庄市（不含辛集市）	162779	165774	1231	981	209	103	159633	162391
辛集市	19750	22905	12600	12600	7050	7050		
唐 山 市	233273	233290	116	135	44	18	231852	232561
秦皇岛市	30923	28563	1240	729	195	230	27691	27128
邯 郸 市	100368	87200	2572	2917	106	139	95865	81996
邢 台 市	151329	149282	1186	91	305	505	148807	147672
保 定 市（包含定州市）	65169	72978	11345	10857	2959	2842	47966	57277
保 定 市（不含定州市）	65169	72608	11345	10857	2959	2842	47966	56915
定州市		370						362
张家口市	971	824	5	26		2	963	796
承 德 市	618367	672684	170392	160237	1703	3344	442356	502456
沧 州 市	7616	6405		40			7598	6346
廊 坊 市	7572	4687		80			7528	4564
衡 水 市	10905	6044		72	497	472	10283	5411
雄安新区		539						539

2-2-9 各市瓜果类播种面积和产量

单位：公顷、公斤/公顷、吨

名称	瓜果类合计					
	播种面积		播种单产		总产量	
	2018年	2019年	2018年	2019年	2018年	2019年
全省	**73851**	**74626**	**52939**	**51872**	**3909610**	**3870989**
石家庄市（包含辛集市）	4376	4155	49729	49503	217592	205686
石家庄市（不含辛集市）	4302	4019	50138	49960	215716	200776
辛集市	73	136	25661	36103	1876	4910
唐山市	8072	8433	61947	57404	500003	484115
秦皇岛市	1173	1094	42051	41966	49343	45923
邯郸市	5767	6499	47728	46932	275262	305012
邢台市	3721	4281	44100	43868	164088	187783
保定市（包含定州市）	15909	14386	46741	52235	743616	751451
保定市（不含定州市）	15554	14059	46627	52146	725239	733123
定州市	355	326	51719	56175	18378	18328
张家口市	1721	2033	36721	39895	63210	81102
承德市	1243	1802	30612	37197	38040	67029
沧州市	9074	9696	63241	57355	573832	556116
廊坊市	9790	9544	55786	55208	546140	526902
衡水市	13006	11379	56782	52721	738485	599907
雄安新区		1324		45290		59964

2-2-9续1 各市瓜果类播种面积和产量

单位：公顷、公斤/公顷、吨

名称	#西瓜					
	播种面积		播种单产		总产量	
	2018年	2019年	2018年	2019年	2018年	2019年
全省	**45029**	**46044**	**54292**	**54678**	**2444736**	**2517613**
石家庄市（包含辛集市）	2703	2508	56322	56903	152262	142713
石家庄市（不含辛集市）	2699	2486	56325	56883	151994	141434
辛集市	5	22	54719	59498	269	1279
唐山市	2177	2608	60239	60580	131167	157978
秦皇岛市	74	45	57848	60169	4252	2703
邯郸市	3990	5058	50094	48985	199882	247768
邢台市	3327	3751	44709	43172	148745	161926
保定市（包含定州市）	10027	8517	53090	63520	532334	541004
保定市（不含定州市）	9844	8394	53040	63532	522122	533284
定州市	183	122	55754	63279	10212	7720
张家口市	1044	1394	43428	44522	45340	62042
承德市	380	671	42053	51392	15984	34484
沧州市	3155	3617	47471	47255	149771	170923
廊坊市	6657	6735	59156	58806	393810	396056
衡水市	11495	9947	58391	54763	671189	544730
雄安新区		1196		46225		55285

2-2-9续2　各市瓜果类播种面积和产量

单位：公顷、公斤/公顷、吨

名　称	#香　瓜（甜瓜）					
	播种面积		播种单产		总　产　量	
	2018年	2019年	2018年	2019年	2018年	2019年
全　省	**16631**	**16562**	**58942**	**53977**	**980260**	**893951**
石家庄市（包含辛集市）	1144	922	40436	41236	46264	38020
石家庄市（不含辛集市）	1107	880	41279	41256	45704	36292
辛集市	37	42	15163	41143	560	1728
唐 山 市	5206	5278	64853	57839	337627	305279
秦皇岛市	143	149	53337	52886	7636	7876
邯 郸 市	563	469	42821	40520	24095	19004
邢 台 市	276	316	37995	56747	10487	17917
保 定 市（包含定州市）	837	669	39443	41985	33032	28088
保 定 市（不含定州市）	796	642	39264	41771	31267	26817
定州市	41	27	42917	47186	1765	1271
张家口市	359	389	26034	25558	9342	9943
承 德 市	220	270	14979	23256	3288	6279
沧 州 市	5550	5603	73479	65198	407823	365303
廊 坊 市	1258	1397	42568	39690	53557	55447
衡 水 市	1075	1010	43832	37028	47108	37398
雄安新区		91		37319		3396

2-2-9续3　各市瓜果类播种面积和产量

单位：公顷、公斤/公顷、吨

名　称	#草　莓					
	播种面积		播种单产		总　产　量	
	2018年	2019年	2018年	2019年	2018年	2019年
全　省	**7955**	**8317**	**35399**	**34771**	**281616**	**289171**
石家庄市（包含辛集市）	302	304	31902	32039	9620	9740
石家庄市（不含辛集市）	270	231	31718	33896	8572	7837
辛集市	31	72	33496	26278	1047	1903
唐 山 市	486	512	42213	37910	20529	19418
秦皇岛市	864	893	40006	39427	34566	35222
邯 郸 市	650	667	37419	37573	24318	25061
邢 台 市	54	81	45478	35419	2464	2867
保 定 市（包含定州市）	4824	4918	34483	34118	166335	167791
保 定 市（不含定州市）	4779	4863	34417	34068	164488	165673
定州市	44	55	41579	38509	1847	2118
张家口市	66	73	54891	43809	3597	3189
承 德 市	575	642	28683	30551	16499	19614
沧 州 市	54	39	26639	20282	1444	791
廊 坊 市	23	118	32828	31864	768	3760
衡 水 市	58	48	25669	19479	1476	935
雄安新区		23		34130		785

2-2-10 各市特种农作物生产

名称	1.花卉种植面积(公顷)		2.鲜切花(万枝)		3.盆栽观赏植物(盆)		4.香料(花椒)	
	2018年	2019年	2018年	2019年	2018年	2019年	2018年	2019年
全　省	**14795**	**17934**	**20061**	**15863**	**40808199**	**72703026**	**6697**	**4577**
石家庄市(包含辛集市)	1037	820	947	1226	3218266	5116034	4306	962
石家庄市(不含辛集市)	1037	820	947	1226	3218266	5116034	4306	962
辛集市								
唐山市	610	533	9638	9178	1503067	1522759		21
秦皇岛市	215	360	235	1957	8385877	8382243	13	42
邯郸市	1793	1599	4031	33	22138184	51192145	3655	3281
邢台市	371	253	10	14	131300	139813	1	12
保定市(包含定州市)	15560	12051	599	1099	1453922	2349801	139	32
保定市(不含定州市)	8431	1538	583	993	1453922	1597924	139	32
定州市	7129	10513	16	11		751877		
张家口市	5	9	700			42000		
承德市	450	257	767	206	1933003	1557325	143	227
沧州市	362	383	1623	1650	1039967	1030679		
廊坊市	1460	1398	489	500	919313	847927		
衡水市	61	245	1000		85300	522300		
雄安新区		25		95				

2-2-11 各市设施农业生产

名称	一、设施蔬菜生产				二、设施瓜果类生产			
	蔬菜种植面积(公顷)		蔬菜产量(吨)		瓜果类种植面积(公顷)		瓜果类产量(吨)	
	2018年	2019年	2018年	2019年	2018年	2019年	2018年	2019年
全　省	**189906**	**194803**	**12311014**	**12274021**	**30865**	**30005**	**1725092**	**1688448**
石家庄市(包含辛集市)	18388	18163	1485764	1377982	2577	2222	138755	117965
石家庄市(不含辛集市)	15468	14386	1227143	1062587	2560	2189	138069	116964
辛集市	2920	3777	258621	315395	18	33	686	1001
唐山市	34707	35099	2650374	2641984	5309	5258	345081	311170
秦皇岛市	10009	9228	737158	687979	933	941	39243	39491
邯郸市	19063	20709	1123862	1190895	1128	1340	45052	66370
邢台市	8755	8561	476859	488035	638	680	27230	34364
保定市(包含定州市)	15392	14959	936348	863634	7871	8346	333280	453357
保定市(不含定州市)	13942	13146	851202	754536	7827	8335	331165	452943
定州市	1450	1813	85146	109098	45	11	2115	414
张家口市	7030	11253	412025	570647	74	264	3743	10069
承德市	8829	8966	544374	579944	261	428	8790	13605
沧州市	16194	16700	1330501	1203307	3659	3541	286846	247091
廊坊市	26464	24751	1524015	1568317	2372	2159	125910	113455
衡水市	25074	26019	1089733	1071813	6042	4819	371162	281364
雄安新区		396		29485		6		146

注：设施包括温室、大棚和中小棚。

2-2-11续　各市设施农业生产

名　称	三、花卉苗木 种植面积(公顷)		四、食用菌 产　量(吨)		五、其他作物 (公顷)	
	2018年	2019年	2018年	2019年	2018年	2019年
全　省	**960**	**1620**	**1320076**	**1341139**	**8385**	**8587**
石家庄市（包含辛集市）	22	23	154938	169417	36	69
石家庄市（不含辛集市）	22	23	147798	153724	36	69
辛集市			7140	15693		
唐 山 市	177	168	231249	231612	2653	3052
秦皇岛市	29	64	28108	28100	1564	1699
邯 郸 市	9	31	77570	79325	861	42
邢 台 市	18	23	145745	121595	136	132
保 定 市（包含定州市）	448	1055	58247	58898	39	165
保 定 市（不含定州市）	56	67	58247	58790	39	162
定州市	392	988		108	5	3
张家口市		9	370	700	25	203
承 德 市	70	34	603719	635489	59	86
沧 州 市	5	15	5267	5856	84	121
廊 坊 市	181	190	6941	4276	72	71
衡 水 市	3	5	7924	5423	2852	2947
雄安新区		1		446		

2-2-12　各市水果及食用坚果生产

单位：吨

名　称	一、园林水果产量		1.苹　果		#红富士苹果		国光苹果	
	2018年	2019年	2018年	2019年	2018年	2019年	2018年	2019年
全　省	**9569641**	**10043854**	**2200948**	**2216273**	**1448793**	**1475155**	**204755**	**197904**
石家庄市（包含辛集市）	1875354	2213199	200108	181879	161398	142338	4066	4461
石家庄市（不含辛集市）	1528826	1860788	147120	127195	117540	97812	4066	4461
辛集市	346528	352411	52988	54684	43858	44526		
唐 山 市	796731	797323	194975	184504	153681	150614	7971	7623
秦皇岛市	617219	640878	310901	322308	243159	253961	40651	39189
邯 郸 市	586811	615775	126119	137960	80702	87200	7996	5861
邢 台 市	940370	980205	237175	245610	182800	189779	7437	7058
保 定 市（包含定州市）	1165778	1139754	125885	112666	89176	94244	3581	2111
保 定 市（不含定州市）	1128715	1115542	122781	109050	86369	82266	3581	2046
定州市	37063	24212	3104	3616	2807	3476		65
张家口市	193884	210728	24617	28234	17517	20775	4686	4102
承 德 市	1022715	985501	591928	600445	223965	224723	109204	114125
沧 州 市	928977	985506	47582	48402	36075	41273	7920	4522
廊 坊 市	449838	428073	35729	34079	17941	23096	947	892
衡 水 市	991965	1006480	305929	310140	242377	247153	10296	6862
雄安新区		40429		10045		8502		1100

2-2-12续1　各市水果及食用坚果生产

单位：吨

名　　称	一、园林水果产量(续1)							
	2.梨		#雪花梨		鸭　梨		3.桃	
	2018年	2019年	2018年	2019年	2018年	2019年	2018年	2019年
全　省	**3296768**	**3632304**	**683743**	**728707**	**1173817**	**1287033**	**1269785**	**1357115**
石家庄市（包含辛集市）	1299327	1649064	360651	423143	320637	421808	64333	69938
石家庄市（不含辛集市）	1062127	1413710	297912	358048	254036	350039	30602	32826
辛集市	237200	235354	62739	65095	66601	71769	33731	37112
唐 山 市	112893	112537	54739	50427	6536	6795	322398	329817
秦皇岛市	64498	63920	8825	8554	4662	6300	80117	103431
邯 郸 市	233406	227832	17934	12691	158204	157392	92814	104496
邢 台 市	248149	243980	60302	56611	41637	44437	32488	48172
保 定 市（包含定州市）	223969	189384	40254	25538	139014	123663	388778	378742
保 定 市（不含定州市）	218526	185559	39240	24485	136672	121730	364748	366922
定州市	5443	3826	1014	1053	2342	1933	24030	11820
张家口市	7691	7321	3970	3950	2709	3067	3484	4170
承 德 市	124123	118204	13328	14188	3050	3028	11403	10271
沧 州 市	447382	463179	40525	38140	262171	277139	24375	31222
廊 坊 市	153819	156441	57267	57034	44941	45029	88936	96614
衡 水 市	381512	387373	25948	27185	190256	197215	160659	165853
雄安新区		13068		11247		1159		14389

2-2-12续2　各市水果及食用坚果生产

单位：吨

名　　称	一、园林水果产量(续2)					
	4.猕猴桃		5.葡萄		6.红枣	
	2018年	2019年	2018年	2019年	2018年	2019年
全　省	**1066**	**1028**	**1134124**	**1187912**	**771250**	**780487**
石家庄市（包含辛集市）	650	652	107172	108343	173894	170159
石家庄市（不含辛集市）	650	652	85786	84125	173891	170159
辛集市			21386	24219	4	
唐 山 市	250	278	99771	103249	7395	6991
秦皇岛市	13	19	131986	120168	1246	1004
邯 郸 市	98	56	98703	119865	4941	4933
邢 台 市			211584	211537	93251	97424
保 定 市（包含定州市）	52	12	92413	106143	57952	76848
保 定 市（不含定州市）	52	12	89210	103364	57945	76825
定州市			3203	2779	7	24
张家口市			125232	129590	4905	8189
承 德 市	1	11	5400	5201	4729	4810
沧 州 市	3	1	15965	31040	380587	396222
廊 坊 市			116058	117393	38766	10228
衡 水 市			129840	132946	3584	3427
雄安新区				2438		252

2-2-12续3 各市水果及食用坚果生产

单位：吨

名 称	一、园林水果产量(续3)					
	7.柿子		8.杏		9.红果	
	2018年	2019年	2018年	2019年	2018年	2019年
全 省	**303444**	**292995**	**196109**	**195518**	**273285**	**258209**
石家庄市（包含辛集市）	5968	5992	7761	8122	2039	2023
石家庄市（不含辛集市）	5838	5992	6704	7111	2035	2019
辛集市	130		1058	1011	4	4
唐 山 市	22917	22673	14031	13777	13406	13423
秦皇岛市	253	448	3960	3783	7536	7855
邯 郸 市	14685	10019	4409	1955	42	28
邢 台 市	18476	17670	93902	89836	4749	24009
保 定 市（包含定州市）	224990	224153	33766	33609	1527	1331
保 定 市（不含定州市）	224961	223518	33497	33375	1263	1321
定州市	29	635	269	234	264	10
张家口市			7305	14249	186	1030
承 德 市	11261	9160	18174	17186	241588	206297
沧 州 市	287	231	1135	1597	841	898
廊 坊 市	4527	2571	7194	7297	122	131
衡 水 市	80	77	4473	3890	1248	1183
雄安新区				218		2

2-2-12续4 各市水果及食用坚果生产

单位:吨

名 称	一、园林水果产量(续4)		二、食用坚果产量			
	10.其他		合计		#核桃	
	2018年	2019年	2018年	2019年	2018年	2019年
全 省	**122861**	**122012**	**562129**	**532474**	**158423**	**160489**
石家庄市（包含辛集市）	14101	17027	45651	56071	40561	50093
石家庄市（不含辛集市）	14074	17000	45641	56056	40551	50078
辛集市	27	27	10	15	10	15
唐 山 市	8695	10075	116549	119301	20161	20359
秦皇岛市	16709	17942	54146	53866	9645	10308
邯 郸 市	11595	8631	23066	26057	19865	22925
邢 台 市	597	1967	63173	49624	25625	24564
保 定 市（包含定州市）	16444	16866	30390	21096	27738	17940
保 定 市（不含定州市）	15729	15597	29575	20380	26923	17224
定州市	715	1269	815	716	815	715
张家口市	20465	17945	12128	30951	350	616
承 德 市	14109	13916	214335	173189	11796	11369
沧 州 市	10821	12714	251	218	248	215
廊 坊 市	4686	3319	368	756	363	756
衡 水 市	4640	1592	2072	663	2071	663
雄安新区		17		681		681

2-2-12续5　各市水果及食用坚果生产

单位:吨

名　称	二、食用坚果产量(续)					
	板　栗		松　子		杏　扁	
	2018年	2019年	2018年	2019年	2018年	2019年
全　省	**374954**	**324516**	**35**	**54**	**28717**	47414
石家庄市（包含辛集市）	5089	5978			1	1
石家庄市（不含辛集市）	5089	5978			1	1
辛集市						
唐 山 市	96070	98555		9	317	378
秦皇岛市	44329	43415			173	143
邯 郸 市	3172	3131			30	
邢 台 市	37507	25060			41	
保 定 市（包含定州市）	1105	1092	32	27	1515	2038
保 定 市（不含定州市）	1105	1092	32	27	1515	2037
定州市						1
张家口市	101	1	1	2	11675	30333
承 德 市	187576	147284	1	17	14962	14519
沧 州 市					3	3
廊 坊 市	5					
衡 水 市	1					
雄安新区						

2-2-12续6　各市水果及食用坚果生产

单位:公顷

名　称	三、年末果园面积					
	合　计		#苹果园		梨　园	
	2018年	2019年	2018年	2019年	2018年	2019年
全　省	**529863**	**506025**	**119588**	**125256**	**120284**	**117859**
石家庄市（包含辛集市）	103917	70410	10677	9558	36687	36824
石家庄市（不含辛集市）	90050	56746	7771	6941	27927	28313
辛集市	13867	13664	2906	2617	8760	8511
唐 山 市	30957	31097	8379	8513	5648	5455
秦皇岛市	36668	34618	18133	17363	4981	4858
邯 郸 市	20134	21639	5513	5894	6290	6590
邢 台 市	52100	49546	10749	10583	15313	13207
保 定 市（包含定州市）	62177	68944	7550	6967	3872	3159
保 定 市（不含定州市）	61472	68217	7461	6880	3782	3067
定州市	705	726	89	86	90	92
张家口市	13018	16303	1429	2325	389	378
承 德 市	86857	92888	40215	47724	11834	11346
沧 州 市	62360	59743	3414	3159	15979	15996
廊 坊 市	28468	25463	2650	2415	8106	7902
衡 水 市	33207	34124	10879	10555	11185	11730
雄安新区		1251		200		414

2-2-12续7 各市水果及食用坚果生产

单位:公顷

名称	三、年末果园面积(续)					
	桃园		猕猴桃园		葡萄园	
	2018年	2019年	2018年	2019年	2018年	2019年
全省	**52947**	**63166**	**176**	**173**	**41841**	**43889**
石家庄市（包含辛集市）	3575	4078	75	82	4054	4265
石家庄市（不含辛集市）	2246	2512	75	61	3232	3368
辛集市	1329	1566		22	822	897
唐山市	9733	10297	45	43	2983	3080
秦皇岛市	4609	4506	2	16	3931	3325
邯郸市	3281	3710	1	6	3155	3441
邢台市	2309	3049			7488	7736
保定市（包含定州市）	12986	18949		3	3960	3729
保定市（不含定州市）	12659	18626		3	3822	3579
定州市	327	322			138	150
张家口市	162	240			5910	7452
承德市	997	1156	52	22	479	538
沧州市	1242	1699			886	1163
廊坊市	7415	7861		1	5229	5114
衡水市	6638	7130			3765	3920
雄安新区		492				126

2-2-13 各市林业生产

单位：公顷

名称	一.人工造林面积		二.飞播造林面积		三.新封山（沙）育林面积	
	2018年	2019年	2018年	2019年	2018年	2019年
全省	**359045**	**350969**	**14934**	**21365**	**223827**	**140156**
石家庄市（包含辛集市）	31648	36572			17880	16577
石家庄市（不含辛集市）	30848	35172			17880	16577
辛集市	800	1400				
唐山市	20427	23170			6867	12639
秦皇岛市	20620	20018		2699	6134	7335
邯郸市	24230	31656	6935	18666	14634	4072
邢台市	16569	24756	4666		4333	14666
保定市（包含定州市）	38702	46822	3333		12999	20919
保定市（不含定州市）	38272	44155				20919
定州市	430	2667				
张家口市	119563	50029			126383	24726
承德市	25446	42050			34597	39222
沧州市	23597	20058				
廊坊市	18356	21558				
衡水市	19887	20947				
雄安新区		13333				

2–2–13续1　各 市 林 业 生 产

单位：公顷

名称	四.退化林修复面积		五.人工更新面积		六.森林抚育面积	
	2018年	2019年	2018年	2019年	2018年	2019年
全　省	**238**	**3946**	**2912**	**4208**	**449100**	**254164**
石家庄市（包含辛集市）		466	214		81386	25529
石家庄市（不含辛集市）		466	214		81386	25529
辛集市						
唐 山 市	6		522	466	19758	21488
秦皇岛市	120	1621	32		4200	11290
邯 郸 市		11		301	20420	14618
邢 台 市		400			31415	20612
保 定 市（包含定州市）	100	1400	24	667	21310	25481
保 定 市（不含定州市）		1400		667		23891
定州市					1580	1590
张家口市					143186	46476
承 德 市	12	48	1496	2436	39876	64488
沧 州 市						3863
廊 坊 市					21885	13068
衡 水 市			624	338	65664	7251
雄安新区						

2–2–13续2　各 市 林 业 生 产

名　称	七、四旁（零星）植树（万株）		八、年末实有封山（沙）育林面积(公顷)		九、林木种子采集量（吨）		十、当年苗木产量（万株）	
	2018年	2019年	2018年	2019年	2018年	2019年	2018年	2019年
全　省	**9739**		**1019150**		**2335**		**353980**	
石家庄市（包含辛集市）	1607		143560		1622		15186	
石家庄市（不含辛集市）	1536		143560		1622		14047	
辛集市	71						1139	
唐 山 市	988		18199				4724	
秦皇岛市	464		27902		2		26504	
邯 郸 市	1431		20037		500		11776	
邢 台 市	1238		19100		43		10635	
保 定 市（包含定州市）	1066		42334				137730	
保 定 市（不含定州市）	955		42334				60097	
定州市	111						77633	
张家口市	1001		408210				52127	
承 德 市	720		337741		168		82829	
沧 州 市	314						2372	
廊 坊 市	361		2067				7720	
衡 水 市	190						2378	
雄安新区								

2-2-13续3 各市林业生产

名称	十一、育苗面积（公顷）		#本年新增育苗面积		十二、商品材（立方米）		#村及村以下各级组织和农民个人生产的木材	
	2018年	2019年	2018年	2019年	2018年	2019年	2018年	2019年
全　省	**95400**		**24862**		**874165**		**685284**	
石家庄市（包含辛集市）	6150		1143		29392		29392	
石家庄市（不含辛集市）	5570		1072		26195		26195	
辛集市	580		71		3197		3197	
唐山市	5211		1994		192729		172331	
秦皇岛市	3091		1665		28179		28047	
邯郸市	3651		2099		18461		17138	
邢台市	5084		1131		34896		34896	
保定市（包含定州市）	40623		11443		43447		35024	
保定市（不含定州市）	27489		4633		41447		33024	
定州市	13134		6810		2000		2000	
张家口市	6215				17706		17276	
承德市	5117		1417		331534		173932	
沧州市	6483		1372		19820		19727	
廊坊市	10029		1253		53184		53184	
衡水市	3746		1345		104817		104337	
雄安新区								

2-2-14 各市林业重点工程完成情况

单位：公顷

名称	林业重点工程完成情况合计		1.退耕还林工程		2.京津风沙源治理工程		3.三北及长江流域防护林建设工程合计	
	2018年	2019年	2018年	2019年	2018年	2019年	2018年	2019年
全　省	**114035**	**126118**			**44210**	**32740**	**69825**	**91452**
石家庄市（包含辛集市）	4932	9553					4932	9287
石家庄市（不含辛集市）	4932	9220					4932	8954
辛集市		333						333
唐山市	5934	7533					5934	7533
秦皇岛市	21186	18955					21186	18955
邯郸市	4003	7533					4003	7533
邢台市	3798	7199					3798	7066
保定市（包含定州市）	21732	21966					21732	21966
保定市（不含定州市）	21732	21966					21732	21966
定州市								
张家口市	21644	17871			21644	17871		
承德市	22566	16396			22566	14869		
沧州市	4240	4512					4240	4512
廊坊市	3467	1000					3467	1000
衡水市	533	267					533	267
雄安新区		13333						13333

2-2-14续　各市林业重点工程完成情况

单位：公顷

名　称	3.三北及长江流域防护林建设工程(续)					
	(1)三北防护林五期工程		(2)太行山绿化工程		(3)沿海防护林三期工程	
	2018年	2019年	2018年	2019年	2018年	2019年
全　省	**37781**	**47617**	**17133**	**29585**	**14911**	**14250**
石家庄市（包含辛集市）	1333	1734	3599	7553		
石家庄市（不含辛集市）	1333	1401	3599	7553		
辛集市		333				
唐 山 市	4334	5999			1600	1534
秦皇岛市	11132	9468			10054	9487
邯 郸 市			4003	7533		
邢 台 市			3798	7066		
保 定 市（包含定州市）	15999	14533	5733	7433		
保 定 市（不含定州市）	15999	14533	5733	7433		
定州市						
张家口市						
承 德 市						
沧 州 市	983	1283			3257	3229
廊 坊 市	3467	1000				
衡 水 市	533	267				
雄安新区		13333				

2-2-15　各市牲畜出栏

单位：百头

名　称	一、大牲畜		牛		马	
	2018年	2019年	2018年	2019年	2018年	2019年
全　省	**36437**	**36657**	**34560**	**34905**	**374**	**353**
石家庄市（包含辛集市）	5261	5150	5101	5002	21	14
石家庄市（不含辛集市）	4994	4883	4835	4736	21	14
辛集市	268	267	266	266		
唐 山 市	4878	5072	4714	4863	29	29
秦皇岛市	1406	1435	1309	1364	7	6
邯 郸 市	2490	2466	2406	2425	25	11
邢 台 市	1939	2007	1810	1883	32	33
保 定 市（包含定州市）	3506	3585	3199	3257	41	41
保 定 市（不含定州市）	2905	2961	2638	2678	28	25
定州市	602	624	560	579	13	16
张家口市	3709	3358	3291	3047	42	36
承 德 市	6707	6938	6330	6543	151	161
沧 州 市	2219	2443	2151	2390	14	6
廊 坊 市	1859	1789	1821	1749	3	8
衡 水 市	2462	2356	2429	2323	8	8
雄安新区		60		59		

注：猪、牛、羊、禽全省总数为畜禽监测数，因保留小数位不同，各市之和不等于总数(下同)。

2-2-15续1　各市牲畜出栏

单位：百头

名　称	驴		骡		骆驼	
	2018年	2019年	2018年	2019年	2018年	2019年
全　省	**1263**	**1204**	**240**	**194**	**1**	**1**
石家庄市（包含辛集市）	133	132	6	2		
石家庄市（不含辛集市）	132	131	6	2		
辛集市	1	1				
唐 山 市	122	164	14	15	1	1
秦皇岛市	83	61	7	4		
邯 郸 市	49	27	10	3		
邢 台 市	95	90	2	1		
保 定 市（包含定州市）	263	285	4	2		
保 定 市（不含定州市）	235	256	3	2		
定州市	28	29	1			
张家口市	286	214	90	60		
承 德 市	123	132	102	102		
沧 州 市	53	46	1	1		
廊 坊 市	34	32	1			
衡 水 市	22	22	3	3		
雄安新区		1				

2-2-15续2　各市牲畜出栏

单位：百头、百只

名　称	二、猪		三、羊		四、活 家 禽		五、家 兔	
	2018年	2019年	2018年	2019年	2018年	2019年	2018年	2019年
全　省	**370959**	**311977**	**220144**	**223447**	**5972822**	**6662826**	**34844**	**29347**
石家庄市（包含辛集市）	52299	42003	13842	13321	966446	898493	6158	4256
石家庄市（不含辛集市）	44683	35480	11805	11221	856314	783031	3973	3234
辛集市	7616	6523	2036	2100	110132	115462	2186	1022
唐 山 市	59259	52441	11410	11660	553797	663257	2217	2416
秦皇岛市	23416	21560	17848	19229	385641	411745	5200	4602
邯 郸 市	44559	38147	33961	31958	634741	699290	6330	4467
邢 台 市	22413	21401	12302	13209	532869	578650	2791	2452
保 定 市（包含定州市）	59495	41370	43169	44930	536778	594638	3669	3020
保 定 市（不含定州市）	50819	35003	40589	41477	471469	508627	3371	2711
定州市	8676	6367	2580	3453	65309	86011	298	309
张家口市	22762	18797	24363	25993	219640	337380	1933	2144
承 德 市	19428	16726	15159	15618	717686	775054	3571	3732
沧 州 市	26928	25312	18116	18766	898041	990500	1073	461
廊 坊 市	14901	11775	15402	13122	205871	271663	14	40
衡 水 市	25500	21269	14574	14424	321312	373473	1887	1740
雄安新区		1174		1218		68684		16

2-2-16　各市牲畜存栏

单位：百头

名　称	一、大牲畜		牛		马	
	2018年	2019年	2018年	2019年	2018年	2019年
全　省	**37161**	**37695**	**34203**	**35011**	**612**	**627**
石家庄市（包含辛集市）	4615	4603	4484	4446	14	29
石家庄市（不含辛集市）	4330	4324	4208	4177	12	24
辛集市	285	279	276	269	2	5
唐 山 市	5414	5593	5117	5323	40	41
秦皇岛市	1218	1386	1093	1265	9	11
邯 郸 市	2424	2139	2235	2075	27	8
邢 台 市	1918	1982	1837	1901	16	21
保 定 市（包含定州市）	3654	3415	3306	3083	41	41
保 定 市（不含定州市）	2845	2656	2539	2364	32	31
定州市	809	759	766	719	9	10
张家口市	4949	5180	4144	4468	101	126
承 德 市	7690	7930	6847	7121	337	328
沧 州 市	1843	1838	1763	1772	20	7
廊 坊 市	1249	1310	1221	1273	3	9
衡 水 市	2187	2248	2155	2217	4	3
雄安新区		68		66		1

2-2-16续1　各市牲畜存栏

单位：百头

名　称	驴		骡		骆驼	
	2018年	2019年	2018年	2019年	2018年	2019年
全　省	**1796**	**1611**	**546**	**441**	**4**	**5**
石家庄市（包含辛集市）	111	126	5	2		
石家庄市（不含辛集市）	105	121	5	2		
辛集市	6	5				
唐 山 市	229	202	25	25	2	2
秦皇岛市	109	103	8	7		
邯 郸 市	111	48	50	8		
邢 台 市	63	59	2	1		
保 定 市（包含定州市）	302	287	5	4		
保 定 市（不含定州市）	268	257	5	4		
定州市	34	30				
张家口市	499	420	204	163	1	3
承 德 市	262	253	244	228		
沧 州 市	57	58	1	1		
廊 坊 市	25	28				
衡 水 市	27	27	1	1		
雄安新区		1				

2-2-16续2　各市牲畜存栏

单位：百头、百只

名　称	二、猪存栏		#能繁母猪		三、羊存栏	
	2018年	2019年	2018年	2019年	2018年	2019年
全　省	**182075**	**141837**	**17391**	**14139**	**117956**	**119490**
石家庄市（包含辛集市）	26250	20722	2565	2100	7577	7476
石家庄市（不含辛集市）	21962	17252	2164	1740	6531	6359
辛集市	4288	3470	401	360	1046	1117
唐 山 市	34139	25131	3485	2598	6663	6946
秦皇岛市	10502	8950	1041	944	8801	8754
邯 郸 市	21106	17092	1800	1541	19227	16763
邢 台 市	10734	10263	1012	1246	6852	6651
保 定 市（包含定州市）	28991	18955	2949	1813	20523	22558
保 定 市（不含定州市）	24171	15431	2419	1496	18947	21222
定州市	4820	3524	530	317	1575	1336
张家口市	10551	7630	1059	953	14673	16730
承 德 市	9577	8021	734	595	8553	9046
沧 州 市	12076	10959	1122	1066	10450	10701
廊 坊 市	6169	4187	512	338	7565	6747
衡 水 市	11981	9924	1110	945	7074	6719
雄安新区		3				399

2-2-16续3　各市牲畜存栏

单位：百只

名　称	四、活家禽存栏		五、家兔存栏	
	2018年	2019年	2018年	2019年
全　省	**3846362**	**3946663**	**15171**	**12586**
石家庄市（包含辛集市）	828368	791170	3921	3103
石家庄市（不含辛集市）	694674	657651	3033	2658
辛集市	133693	133519	888	445
唐 山 市	331870	338018	1119	1170
秦皇岛市	140567	144983	1524	1281
邯 郸 市	713472	747898	2976	2067
邢 台 市	389596	394254	1390	1262
保 定 市（包含定州市）	339529	323307	1603	1502
保 定 市（不含定州市）	290864	255340	1498	1407
定州市	48665	67967	106	95
张家口市	126106	167670	634	621
承 德 市	226639	230263	640	680
沧 州 市	379715	389383	313	163
廊 坊 市	140808	150369	16	37
衡 水 市	229691	261281	1035	690
雄安新区		8068		8

2-2-17 各市肉类产量

单位：吨

名称	肉类总产量		猪肉		牛肉	
	2018年	2019年	2018年	2019年	2018年	2019年
全省	**4666951**	**4333844**	**2862530**	**2418838**	**564645**	**571985**
石家庄市（包含辛集市）	633133	562645	410276	342725	81163	79615
石家庄市（不含辛集市）	547480	477943	349876	284438	76565	75176
辛集市	85653	84702	60400	58287	4598	4439
唐山市	648606	622989	458344	410268	78221	82215
秦皇岛市	301472	290973	181905	163116	21962	22910
邯郸市	529338	478293	343491	293233	40108	40348
邢台市	295947	292259	171073	161721	29447	30470
保定市（包含定州市）	666285	535120	460392	320574	52292	53421
保定市（不含定州市）	580570	455189	398192	268042	43090	44083
定州市	85716	79931	62200	52532	9202	9338
张家口市	295379	282417	169511	141393	51110	47687
承德市	389144	377348	149344	128636	105505	108262
沧州市	413668	421561	207759	195642	35353	39094
廊坊市	196621	174760	115101	90388	30129	28701
衡水市	297361	273001	195334	162243	39355	38294
雄安新区		22478		8900		969

注：因保留小数位不同，全省数据与各市数据和不一致。

2-2-17续1 各市肉类产量

单位：吨

名称	肉类总产量(续2)					
	羊肉		禽肉		马肉	
	2018年	2019年	2018年	2019年	2018年	2019年
全省	**305414**	**309995**	**889356**	**995301**	**4212**	**3970**
石家庄市（包含辛集市）	18735	17965	119372	119783	228	169
石家庄市（不含辛集市）	15711	14797	102203	101193	226	167
辛集市	3024	3168	17169	18590	2	2
唐山市	16011	16584	93439	110960	323	324
秦皇岛市	25276	27330	61486	66023	88	67
邯郸市	45047	42484	90856	98288	272	112
邢台市	16391	17601	77117	80614	343	353
保定市（包含定州市）	64272	64490	85435	92761	425	437
保定市（不含定州市）	60389	59652	75427	80007	295	275
定州市	3883	4838	10007	12754	130	162
张家口市	33501	35720	36416	53736	450	398
承德市	20782	21788	108702	113820	1796	1854
沧州市	25204	26745	143858	158982	163	69
廊坊市	21169	18103	29792	37149	38	95
衡水市	19027	19199	42883	52575	87	90
雄安新区		1988		10610		3

2-2-17续2　各市肉类产量

单位：吨

名　称	肉类总产量(续1)					
	驴肉		骡肉		骆驼肉	
	2018年	2019年	2018年	2019年	2018年	2019年
全　省	**11070**	**10542**	**2745**	**2202**	**23**	**22**
石家庄市（包含辛集市）	1162	1166	64	21		
石家庄市（不含辛集市）	1150	1157	64	21		
辛集市	12	9				
唐山市	1070	1423	154	165	15	10
秦皇岛市	747	549	76	53		
邯郸市	451	233	99	38	1	
邢台市	824	794	25	12		
保定市（包含定州市）	2291	2486	38	21	2	
保定市（不含定州市）	2056	2241	32	20	2	
定州市	235	245	6	1		
张家口市	2476	1879	1005	682	1	11
承德市	1098	1144	1227	1164	2	1
沧州市	467	403	10	14		
廊坊市	290	268	16	1		
衡水市	195	192	31	28		
雄安新区		5		3		

2-2-17续3　各市肉类产量

单位：吨

名　称	兔肉		其他肉	
	2018年	2019年	2018年	2019年
全　省	**6166**	**5129**	**20792**	**15999**
石家庄市（包含辛集市）	1104	730	1029	611
石家庄市（不含辛集市）	658	522	1027	611
辛集市	446	207	2	
唐山市	426	459	604	582
秦皇岛市	881	776	9052	10149
邯郸市	1159	844	7853	2711
邢台市	446	419	281	276
保定市（包含定州市）	643	534	496	396
保定市（不含定州市）	591	473	495	395
定州市	52	61	1	1
张家口市	321	354	586	557
承德市	641	642	46	38
沧州市	221	74	633	539
廊坊市	3	10	83	44
衡水市	319	285	130	96
雄安新区		2		

2-2-18 各市畜产品产量

单位：吨

名称	一、禽蛋产量		二、奶类产量		#生牛奶		三、山羊粗毛产量	
	2018年	2019年	2018年	2019年	2018年	2019年	2018年	2019年
全　省	**3779658**	**3859031**	**3911338**	**4338050**	**3848100**	**4286783**	**2360**	**1962**
石家庄市（包含辛集市）	842741	834379	701693	740187	699682	737639	319	273
石家庄市（不含辛集市）	700037	675540	651382	682354	649372	679806	319	273
辛集市	142704	158839	50311	57833	50311	57833		
唐山市	293345	295179	1059739	1088459	1012582	1045638	224	220
秦皇岛市	82201	81501	63628	70320	58665	66200	330	279
邯郸市	897733	917685	141864	129258	133682	127659	411	227
邢台市	415086	424342	218462	256955	218461	256953	123	107
保定市（包含定州市）	374040	350470	498491	555746	498466	555727	368	370
保定市（不含定州市）	308438	278586	338424	348562	338399	348543	367	359
定州市	65602	71884	160068	207184	160068	207184	1	12
张家口市	176355	165459	818543	874890	818513	874750	35	14
承德市	98430	109875	99499	96766	99483	96749	420	381
沧州市	254317	311468	101896	119442	101896	119442	113	76
廊坊市	124624	126772	121349	132826	120497	132826	2	3
衡水市	220785	233080	86175	267209	86174	267208	15	12
雄安新区		8821		5992		5992		

2-2-18续1 各市畜产品产量

单位：吨

名称	山羊绒产量		四、绵羊毛产量		#细羊毛		半细羊毛	
	2018年	2019年	2018年	2019年	2018年	2019年	2018年	2019年
全　省	**705**	**633**	**20816**	**19096**	**4785**	**3886**	**12788**	**12389**
石家庄市（包含辛集市）	26	26	2092	1655	108	96	1755	1363
石家庄市（不含辛集市）	26	26	1761	1406	108	96	1425	1115
辛集市			331	249			330	248
唐山市	22	20	1175	1059	210	168	783	715
秦皇岛市	96	84	2078	2105	134	83	1892	1978
邯郸市	154	83	1676	1117	553	203	874	638
邢台市	42	36	871	745	54	47	743	627
保定市（包含定州市）	171	205	4062	4456	363	448	3396	3929
保定市（不含定州市）	171	205	3983	4181	360	241	3319	3862
定州市			79	275	2	207	77	67
张家口市	35	31	3387	3045	1965	1680	1119	1140
承德市	137	122	1933	1693	613	488	914	852
沧州市	6	8	778	635	385	287	327	297
廊坊市			1337	1251	77	68	90	11
衡水市	17	17	1427	1280	323	299	896	826
雄安新区				54		20		14

2-2-18续2　各市畜产品产量

单位：吨

名　称	五、天然蜂蜜产量		六、蚕茧产量		#桑蚕茧		柞蚕茧	
	2018年	2019年	2018年	2019年	2018年	2019年	2018年	2019年
全　省	**11272**	**10947**	**153**	**33**	**3**	**3**	**150**	**30**
石家庄市（包含辛集市）	2848	2335						
石家庄市（不含辛集市）	2844	2331						
辛集市	4	4						
唐 山 市	294	308						
秦皇岛市	872	844	153	33	3	3	150	30
邯 郸 市	416	185						
邢 台 市	1532	1706						
保 定 市（包含定州市）	1802	1939						
保 定 市（不含定州市）	1779	1919						
定州市	23	20						
张家口市	163	211						
承 德 市	3164	3250						
沧 州 市	30	22						
廊 坊 市	5							
衡 水 市	145	140						
雄安新区		7						

2-2-19　各市畜牧养殖小区情况

单位：个

名　称	养殖小区个数		养猪小区		养鸡小区		#养蛋鸡小区	
	2018年	2019年	2018年	2019年	2018年	2019年	2018年	2019年
全　省	**689**	**537**	**72**	**51**	**338**	**214**	**96**	**87**
石家庄市（包含辛集市）	146	200	12	5	46	46	46	46
石家庄市（不含辛集市）	145	199	11	4	46	46	46	46
辛集市	1	1	1	1				
唐 山 市	29	9	6	5	4	4	2	2
秦皇岛市	13	1						
邯 郸 市	69	59	2	2	44	42	6	4
邢 台 市	51	42			34	34	2	2
保 定 市（包含定州市）	46	46	22	22	23	23	20	20
保 定 市（不含定州市）	4	4			3	3		
定州市	42	42	22	22	20	20	20	20
张家口市	49	39	5	3	5		4	
承 德 市	184	67	14	3	122	29	10	7
沧 州 市	57	31			47	23		
廊 坊 市	1							
衡 水 市	44	43	11	11	13	13	6	6
雄安新区								

2-2-19续1　各市畜牧养殖小区情况

单位：个

名　　称	养牛小区		#养奶牛小区		养羊小区		#养绵羊小区	
	2018年	2019年	2018年	2019年	2018年	2019年	2018年	2019年
全　　省	**215**	**216**	**174**	**179**	**40**	**33**	**38**	**31**
石家庄市（包含辛集市）	67	128	39	100	21	21	21	21
石家庄市（不含辛集市）	67	128	39	100	21		21	
辛集市								
唐 山 市	19		19					
秦皇岛市	13	1	13	1				
邯 郸 市	22	15	22	15	1			
邢 台 市	13	4	10	1	3	3	3	3
保 定 市（包含定州市）	1	1	1	1				
保 定 市（不含定州市）	1	1	1					
定州市								
张家口市	35	36	35	36	4		4	
承 德 市	38	28	30	24	9	7	8	5
沧 州 市	3	1	3	1				
廊 坊 市	1		1					
衡 水 市	3	2	1		2	2	2	2
雄安新区								

2-2-19续2　各市畜牧养殖小区情况

单位：万头、万只

名　　称	猪 存 栏		活 鸡 存 栏		肉牛存栏	
	2018年	2019年	2018年	2019年	2018年	2019年
全　　省	**36.61**	**26.16**	**2483.73**	**2558.44**	**1.44**	**1.03**
石家庄市（包含辛集市）	5.87	5.80	304.31	301.41	0.30	0.14
石家庄市（不含辛集市）	4.86	4.70	304.31	301.41	0.30	0.14
辛集市	1.01	1.10				
唐 山 市	3.55	3.29	26.50	26.30		
秦皇岛市						
邯 郸 市	2.43	2.53	69.00	99.00		
邢 台 市	5.10	5.08	427.00	427.20	0.09	0.42
保 定 市（包含定州市）	3.23	2.14	77.22	35.22		
保 定 市（不含定州市）			44.00			
定州市	3.23	2.14	33.22	35.22		
张家口市	1.32	0.92	124.00			
承 德 市	12.70	4.00	1226.00	248.00	0.92	0.40
沧 州 市			178.70	76.20		
廊 坊 市						
衡 水 市	2.41	2.40	51.00	52.00	0.13	0.07
雄安新区						

2–2–19续3　各市畜牧养殖小区情况

单位：万头、万只

名　　称	#奶牛存栏		羊存栏		猪出栏	
	2018年	2019年	2018年	2019年	2018年	2019年
全　　省	**29.91**	**54.86**	**23.02**	**13.93**	**83.27**	**48.13**
石家庄市（包含辛集市）	10.87	11.28	0.03	0.03	8.78	10.46
石家庄市（不含辛集市）	10.87		0.03		8.78	8.62
辛集市						
唐 山 市	0.85				7.92	6.00
秦皇岛市	1.06	0.05				
邯 郸 市	0.43	1.17	0.06		3.88	3.89
邢 台 市	2.14	0.38	6.20	6.20	9.60	9.60
保 定 市（包含定州市）	0.17	0.16			7.25	4.79
保 定 市（不含定州市）	0.17					
定州市					7.25	4.79
张家口市	11.31	10.54	6.35	1.31	3.07	0.73
承 德 市	3.01	1.11	10.00	6.00	38.10	8.00
沧 州 市	0.03	0.04				
廊 坊 市						
衡 水 市	0.04	2.70	0.38	0.39	4.67	4.66
雄安新区						

2–2–19续4　各市畜牧养殖小区情况

单位：万只、万头

名　　称	#肉牛出栏		羊出栏		活鸡出栏	
	2018年	2019年	2018年	2019年	2018年	2019年
全　　省	**1.44**	**1.03**	**23.34**	**11.92**	**8617.83**	**3113.53**
石家庄市（包含辛集市）	0.30	0.50	0.05	0.05	435.40	431.01
石家庄市（不含辛集市）	0.30	0.50	0.05	0.05	435.40	
辛集市						
唐 山 市					71.50	62.50
秦皇岛市						
邯 郸 市			0.09		66.31	128.20
邢 台 市	0.09	0.09	7.30	7.31	827.00	738.00
保 定 市（包含定州市）					243.12	153.32
保 定 市（不含定州市）					220.00	128.00
定州市					23.12	25.32
张家口市			6.28	0.83	215.00	
承 德 市	0.92	0.30	8.90	3.00	5772.00	1200.00
沧 州 市					948.50	360.50
廊 坊 市						
衡 水 市	0.13	0.14	0.72	0.73	39.00	40.00
雄安新区						

2-2-19续5　各市畜牧养殖小区情况

单位：吨

名　　称	肉产量		蛋产量		奶产量	
	2018年	2019年	2018年	2019年	2018年	2019年
全　　省	**59393**	**45397**	**86874**	**60258**	**812100**	**1134923**
石家庄市（包含辛集市）	17731	18984	39315	39315	404082	441401
石家庄市（不含辛集市）	17731	17588	39315		404082	441401
辛集市		1396				
唐 山 市	5573	5693	1729	1206	68340	
秦皇岛市					30425	1300
邯 郸 市	674	475	8694	8198	39771	37215
邢 台 市	960	3975			104430	
保 定 市（包含定州市）	5796		4046	4290	6708	4017
保 定 市（不含定州市）	12				6708	
定州市	5784	3972	4046	4290		
张家口市	2246	674	3000		45767	474759
承 德 市	14286	7450	25200	2300	109328	66954
沧 州 市	12127	8146			1444	
廊 坊 市						1277
衡 水 市			4890	4950	1806	108000
雄安新区						

2-2-20　各市特种畜禽饲养存栏情况

单位：头、只

名　　称	貂		鹿		狐　　狸	
	2018年	2019年	2018年	2019年	2018年	2019年
全　　省	**1498552**	**615149**	**4217**	**12193**	**1741433**	**1507757**
石家庄市（包含辛集市）	157165	111720	250	260	104779	79630
石家庄市（不含辛集市）	154355				57979	
辛集市	2810	4300	250	260	46800	34200
唐 山 市	524143	122177	280	7217	502903	226185
秦皇岛市	333394	230178	570	470	752736	850798
邯 郸 市	9600	6000	198	1197	10580	6500
邢 台 市	3040	3353			8470	8760
保 定 市（包含定州市）	264865	55800	650	430	49715	41550
保 定 市（不含定州市）	264865		650		49715	
定州市						
张家口市	4150	4000	68	80	13460	50460
承 德 市	729	825	1919	2263	4500	4100
沧 州 市	38316	25988	110	111	274690	220174
廊 坊 市						
衡 水 市	163150	55108	172	165	19600	19600
雄安新区						

2-2-20续1　各市特种畜禽饲养存栏情况

单位：头、只

名　称	貉		肉　鸽		雉(山)鸡	
	2018年	2019年	2018年	2019年	2018年	2019年
全　省	**4245646**	**3897000**	**1300758**	**1150045**	**37600**	**39350**
石家庄市（包含辛集市）	112636	107370	616400	392246		
石家庄市（不含辛集市）	110036		604400			
辛集市	2600	3760	12000	14000		
唐 山 市	2443966	2141246	63824	42380		
秦皇岛市	1298709	1318456	580		4000	4000
邯 郸 市	4500	3200	121300	88500		1800
邢 台 市	755	920	152200	114250	6500	6500
保 定 市（包含定州市）	96160	50718	72198	117785	25500	25000
保 定 市（不含定州市）	96160		68518		25500	
定州市			3680	55235		
张家口市	21830	54800	300			
承 德 市	2260	2270				
沧 州 市	249830	204520	87237	85582	1600	1550
廊 坊 市			11319	13702		
衡 水 市	15000	13500	175400	295600		500
雄安新区						

2-2-20续2　各市特种畜禽饲养存栏情况

单位：头、只

名　称	鹌　鹑		鸵　鸟		獭　兔	
	2018年	2019年	2018年	2019年	2018年	2019年
全　省	**5380808**	**4619194**	**8719**	**9573**	**1762819**	**1473078**
石家庄市（包含辛集市）	1483310	1855610	4676	3600	24960	14790
石家庄市（不含辛集市）	1483310		4676		15100	
辛集市					9860	6760
唐 山 市	132000	32000			127982	60158
秦皇岛市	2469098	1701754			3261	4536
邯 郸 市		1000	340	1240	723910	590270
邢 台 市	118300	445830			208850	192482
保 定 市（包含定州市）	939500	247000	3552	4582	265650	207535
保 定 市（不含定州市）	939500	51000	3552		243490	204270
定州市		196000			22160	3265
张家口市	75000	40000	150	150	53700	50552
承 德 市		20000	1	1	32480	29980
沧 州 市	80000				152976	13550
廊 坊 市	53000	50000				
衡 水 市	30600	30000			169050	183960
雄安新区						

2-2-20续3　各市特种畜禽饲养存栏情况

单位：头、只

名　称	肉　犬		鹧　鸪		乌骨鸡	
	2018年	2019年	2018年	2019年	2018年	2019年
全　省	**185107**	**137064**			**70800**	**65500**
石家庄市（包含辛集市）	4830	4090				
石家庄市（不含辛集市）	4830					
辛集市						
唐山市	1364				30000	30000
秦皇岛市	15380	14750			30000	25000
邯郸市	33780	30780			300	
邢台市	260	270			6000	6000
保定市（包含定州市）	33850	26800				
保定市（不含定州市）	33850	26800				
定州市						
张家口市	40	48				
承德市					3000	3000
沧州市	23828	23826				
廊坊市	17275					
衡水市	54500	36500			1500	1500
雄安新区						

2-2-21　各市特种畜禽饲养出栏情况

单位：头、只

名　称	貂		鹿		狐　狸	
	2018年	2019年	2018年	2019年	2018年	2019年
全　省	**3367304**	**2599390**	**1811**	**18180**	**5081831**	**5431698**
石家庄市（包含辛集市）	382909	323650	70	80	279468	182224
石家庄市（不含辛集市）	378019				200268	
辛集市	4890	12000	70	80	79200	57880
唐山市	1018307	961275	240	8908	1746984	1129936
秦皇岛市	260934	344234	446	158	1865972	3102446
邯郸市	4200	800	38	8063	8020	10500
邢台市	7527	8681			43610	44600
保定市（包含定州市）	877035	373500	52	38	172205	115420
保定市（不含定州市）	877035	373500	52	38	172205	115420
定州市						
张家口市	2093	6200	30	32	16200	23200
承德市			912	878	3900	3080
沧州市	241189	93850	23	23	859672	682812
廊坊市						
衡水市	573110	468000			85800	79600
雄安新区						

2-2-21续1　各市特种畜禽饲养出栏情况

单位：头、只

名　称	貉		肉　鸽		雉(山)鸡	
	2018年	2019年	2018年	2019年	2018年	2019年
全　省	**10276465**	**10430829**	**2282564**	**2193965**	**31813**	**34726**
石家庄市（包含辛集市）	267218	255700	856600	829480		
石家庄市（不含辛集市）	264358		843700			
辛集市	2860	4130	12900	15050		
唐 山 市	4699703	4248756	30424	21000		
秦皇岛市	4254965	5088788	600		350	500
邯 郸 市	2200	4000	210300	161578		5000
邢 台 市	2850	3050	200100	199800	13000	12840
保 定 市（包含定州市）	216110	124436	232370	213080	16000	14000
保 定 市（不含定州市）	216110	124436	227330	137457	16000	14000
定州市			5040	75623		
张家口市	48940	48600				
承 德 市	2800	2450				
沧 州 市	709779	580469	354870	123354		2386
廊 坊 市			5000	4500		
衡 水 市	71900	70450	392300	550500		
雄安新区						

2-2-21续2　各市特种畜禽饲养出栏情况

单位：头、只

名　称	鹌　鹑		鸵　鸟		獭　兔	
	2018年	2019年	2018年	2019年	2018年	2019年
全　省	**4887434**	**3396291**	**12010**	**12537**	**5382435**	**4577790**
石家庄市（包含辛集市）	1536100	1779850	7630	7655	63600	31720
石家庄市（不含辛集市）	1536100		7630		50400	
辛集市					13200	15520
唐 山 市	78000	29000			434904	164754
秦皇岛市	2507784	1146641			6871	7878
邯 郸 市		1200	580	1290	1869799	1729662
邢 台 市	41000	61000			369982	303815
保 定 市（包含定州市）	604150	119000	3800	3592	911861	838485
保 定 市（不含定州市）	604150		3800	3592	845379	828911
定州市		119000			66482	9574
张家口市	60000	40000			225642	199585
承 德 市					106500	93300
沧 州 市	5000				992636	773417
廊 坊 市	2000					
衡 水 市	53400	53000			400640	425600
雄安新区						

2-2-21续3 各市特种畜禽饲养出栏情况

单位：头、只

名称	肉犬		鹧鸪		乌骨鸡	
	2018年	2019年	2018年	2019年	2018年	2019年
全省	**98279**	**87496**			**31000**	**28400**
石家庄市（包含辛集市）	7885	6630				
石家庄市（不含辛集市）	7885					
辛集市						
唐山市						10000
秦皇岛市	11580	11230			10000	8900
邯郸市	25690	22790				
邢台市	310	348			16000	4500
保定市（包含定州市）	25400	24600				
保定市（不含定州市）	25400	34600				
定州市						
张家口市	28	36				
承德市					2000	2000
沧州市	9286	9492				
廊坊市	30					
衡水市	18070	12370			3000	3000
雄安新区						

2-2-22 各市水产品产量

单位：吨

名称	水产品产量		(一)海水产品产量		鱼类		虾蟹类	
	2018年	2019年	2018年	2019年	2018年	2019年	2018年	2019年
全省	**1096152**	**990116**	**702184**	**639734**	**133366**	**116666**	**77142**	**69987**
石家庄市（包含辛集市）	18145	17457						
石家庄市（不含辛集市）	18108	17418						
辛集市	37	39						
唐山市	475260	530792	238613	314742	41641	36531	52194	48493
秦皇岛市	371335	245537	365030	238190	15328	12325	6844	6337
邯郸市	25311	23214						
邢台市	5632	5417						
保定市（包含定州市）	32006	13796						
保定市（不含定州市）	31996	13796						
定州市	10							
张家口市	8875	8627						
承德市	4586	4124						
沧州市	126223	112357	95259	84146	73581	65628	17660	14704
廊坊市	22389	20779	3282	2656	2816	2182	444	453
衡水市	6390	6040						
雄安新区		1976						

2-2-22续1 各市水产品产量

单位：吨

名　称	(一)海水产品产量（续）				按生产方式分			
	贝　类		其他海水产品		海洋捕捞产品产量		海水养殖产品产量	
	2018年	2019年	2018年	2019年	2018年	2019年	2018年	2019年
全　省	**451880**	**379372**	**39796**	**73709**	**212348**	**190932**	**489836**	**448802**
石家庄市（包含辛集市）								
石家庄市（不含辛集市）								
辛集市								
唐 山 市	112518	166390	32260	63328	104816	94856	133797	219886
秦皇岛市	337714	211391	5144	8137	22705	20339	342325	217851
邯 郸 市								
邢 台 市								
保 定 市（包含定州市）								
保 定 市（不含定州市）								
定州市								
张家口市								
承 德 市								
沧 州 市	1648	1591	2370	2223	81545	73081	13714	11065
廊 坊 市			22	21	3282	2656		
衡 水 市								
雄安新区								

2-2-22续2 各市水产品产量

单位：吨

名　称	(二)淡水产品产量		鱼　类		虾蟹类		贝　类	
	2018年	2019年	2018年	2019年	2018年	2019年	2018年	2019年
全　省	**328487**	**294476**	**293397**	**264516**	**29931**	**27252**	**1575**	**24**
石家庄市（包含辛集市）	18145	17457	17056	16375	493	523		
石家庄市（不含辛集市）	18108	17418	17019	16336	493	523		
辛集市	37	39	37	39				
唐 山 市	189310	177953	163645	153802	25352	23822		
秦皇岛市	4859	4410	4572	4199	185	108		
邯 郸 市	25311	23214	24898	22618	406	594	5	2
邢 台 市	5632	5417	5618	5342	3	7		
保 定 市（包含定州市）	32006	13796	26811	12159	1097	31	1563	22
保 定 市（不含定州市）	31996	13796	26801	12159	1097	31	1563	22
定州市	10		10					
张家口市	8875	8627	8167	7894	708	733		
承 德 市	4586	4124	4586	4124				
沧 州 市	14266	13339	12831	12145	1435	1194		
廊 坊 市	19107	18123	18972	17985	110	116		
衡 水 市	6390	6040	6241	5949	142	91	7	
雄安新区		1976		1924		33		

2-2-22续3　各市水产品产量

单位：吨

名　　称	(二)淡水产品产量（续）其　他　类		按生产方式分 淡水捕捞产品产量		淡水养殖产品产量	
	2018年	2019年	2018年	2019年	2018年	2019年
全　　省	**3584**	**2684**	**42436**	**35523**	**286051**	**258953**
石家庄市（包含辛集市）	596	559	9364	9038	8781	8419
石家庄市（不含辛集市）	596	559	9364	9038	8744	8380
辛集市					37	39
唐 山 市	313	329	3232	3195	186078	174758
秦皇岛市	102	103	782	520	4077	3890
邯 郸 市	2		6922	5894	18389	17320
邢 台 市	11	68	1260	1122	4372	4295
保 定 市（包含定州市）	2535	1603	16192	5186	15814	8610
保 定 市（不含定州市）	2535	1603	16192	5186	15804	8610
定州市					10	
张家口市			47	4562	8828	4065
承 德 市			1402	1411	3184	2713
沧 州 市			1344	984	12922	12355
廊 坊 市	25	22	639	257	18468	17866
衡 水 市			1252	1378	5138	4662
雄安新区				1976		

2-2-23　各市水产养殖面积

名　　称	远洋捕捞产量（吨）		水产养殖面积（公顷）		(一)海水养殖面积（公顷）	
	2018年	2019年	2018年	2019年	2018年	2019年
全　　省	**65481**	**55906**	**152404**	**143014**	**111404**	**107041**
石家庄市（包含辛集市）			1704	914		
石家庄市（不含辛集市）			1693	903		
辛集市			11	11		
唐 山 市	47337	38097	78670	77840	65517	63804
秦皇岛市	1446	2937	42448	39685	36181	33494
邯 郸 市			1879	1877		
邢 台 市			1402	1365		
保 定 市（包含定州市）			1859	1089		
保 定 市（不含定州市）			1852	1089		
定州市			7			
张家口市			7299	3376		
承 德 市			1728	1703		
沧 州 市	16698	14872	12580	12483	9706	9743
廊 坊 市			2158	2035		
衡 水 市			677	647		
雄安新区						

2-2-23续1 各市水产养殖面积

单位：公顷

名称	（一）海水养殖面积（续）					
	1.海上养殖		2.滩涂养殖		3.其他	
	2018年	2019年	2018年	2019年	2018年	2019年
全　省	**61941**	**59900**	**22708**	**22147**	**26755**	**24994**
石家庄市（包含辛集市）						
石家庄市（不含辛集市）						
辛集市						
唐 山 市	30503	30503	17717	17717	17297	15584
秦皇岛市	31438	29397	4600	4000	143	97
邯 郸 市						
邢 台 市						
保 定 市（包含定州市）						
保 定 市（不含定州市）						
定州市						
张家口市						
承 德 市						
沧 州 市			391	430	9315	9313
廊 坊 市						
衡 水 市						
雄安新区						

2-2-23续2 各市水产养殖面积

单位：公顷

名称	(二)淡水养殖面积		1.池塘养殖		2.湖泊养殖	
	2018年	2019年	2018年	2019年	2018年	2019年
全　省	**41000**	35973	**21730**	**21962**	**1560**	**1104**
石家庄市（包含辛集市）	1704	914	529	554		
石家庄市（不含辛集市）	1693	903	518	543		
辛集市	11	11	11	11		
唐 山 市	**13153**	14036	11945	12850	170	170
秦皇岛市	6267	6191	433	391		
邯 郸 市	1879	1877	1066	1064	146	146
邢 台 市	1402	1365	644	631	42	40
保 定 市（包含定州市）	1859	1089	664	354	430	
保 定 市（不含定州市）	1852	1089	657	354	430	
定州市	7		7			
张家口市	7299	3376	394	383	731	707
承 德 市	1728	1703	363	338	41	41
沧 州 市	2874	2740	2857	2715		
廊 坊 市	2158	2035	2158	2035		
衡 水 市	677	647	677	647		
雄安新区						

2-2-23续3　各市水产养殖面积

单位：公顷

名　称	（二）淡水养殖面积（续）					
	3.河沟养殖		4.水库养殖		5.其他养殖	
	2018年	2019年	2018年	2019年	2018年	2019年
全　省	**771**	**664**	**16582**	**11891**	**357**	**1016**
石家庄市（包含辛集市）			1175	360		
石家庄市（不含辛集市）			1175	360		
辛集市						
唐 山 市	215	193	673	673	150	343
秦皇岛市	150	150	5684	5650		150
邯 郸 市	286	286	381	381		286
邢 台 市			712	692	4	2
保 定 市（包含定州市）	103	10	459	525	203	210
保 定 市（不含定州市）	103	10	459	525	203	210
定州市						
张家口市			6174	2286		
承 德 市			1324	1324		25
沧 州 市	17	25				
廊 坊 市						
衡 水 市						
雄安新区						

2-2-24　各市水产品加工企业情况

名　称	加工企业个数（个）		加工能力（吨/年）		水产冷库（座）	
	2018年	2019年	2018年	2019年	2018年	2019年
全　省	**229**	**228**	**329028**	**334578**	**221**	**212**
石家庄市（包含辛集市）	1	1	1500	1500	3	3
石家庄市（不含辛集市）	1	1	1500	1500	3	3
辛集市						
唐 山 市	123	122	90628	87828	120	118
秦皇岛市	36	36	197660	206010	40	33
邯 郸 市	10	10	7500	7500		
邢 台 市						
保 定 市（包含定州市）						
保 定 市（不含定州市）						
定州市						
张家口市	1	1	1000	1000		
承 德 市	3	3	20000	20000	6	6
沧 州 市	55	55	10740	10740	52	52
廊 坊 市						
衡 水 市						
雄安新区						

2-2-24续 各市水产品加工企业情况

名　称	冻结能力（吨/日）		水产加工产量（吨）		#冷冻水产品	
	2018年	2019年	2018年	2019年	2018年	2019年
全　省	**6087**	**5948**	**73106**	**84057**	**57367**	**68705**
石家庄市（包含辛集市）	18	18	770	770	570	570
石家庄市（不含辛集市）	18	18	770	770	570	570
辛集市						
唐 山 市	1978	1948	31672	30767	29355	29329
秦皇岛市	869	760	23372	36550	20308	31615
邯 郸 市			6506	6580		
邢 台 市						
保 定 市（包含定州市）						
保 定 市（不含定州市）						
定州市						
张家口市			1000	1000	1000	1000
承 德 市	115	115	20	20	20	20
沧 州 市	3107	3107	9766	8370	6114	6171
廊 坊 市						
衡 水 市						
雄安新区						

2-2-25 各市主要人均指标(2019年)

单位 ：公斤

名　称	粮食产量	棉花产量	油料产量	蔬菜产量	园林水果产　量	肉类产量
全　省	**493.69**	**3.00**	**15.78**	**672.44**	**132.61**	**57.22**
石家庄市（包含辛集市）	440.69	0.05	10.80	504.33	201.36	51.19
石家庄市（不含辛集市）	405.47	0.03	9.12	455.88	179.71	46.16
辛集市	1013.25	0.48	38.06	1292.14	553.37	133.00
唐 山 市	359.40	1.50	40.23	1156.98	100.29	78.36
秦皇岛市	231.57	0.01	29.06	760.13	204.09	92.66
邯 郸 市	542.58	5.89	12.74	557.75	64.55	50.14
邢 台 市	642.49	12.36	17.37	393.78	132.73	39.58
保 定 市（包含定州市）	432.91	0.05	11.82	467.57	101.94	47.86
保 定 市（不含定州市）	433.14	0.06	11.81	425.74	118.94	48.53
定州市	632.90	0.01	17.45	1004.75	19.70	65.04
张家口市	405.76		21.37	1205.56	47.59	63.77
承 德 市	403.89		7.21	1124.33	275.22	105.38
沧 州 市	597.30	2.04	5.07	392.27	130.27	55.72
廊 坊 市	302.86	0.67	5.97	1029.60	87.75	35.82
衡 水 市	949.74	10.74	20.61	617.33	224.71	60.95
雄安新区	576.04	0.08	2.85	183.79	32.78	18.23

2-3-1 2019年各市农林牧渔业总产值(可比价)

单位：万元

名称	农林牧渔业总产值	一、农业产值	(一)谷物及其他作物	(二)蔬菜、食用菌及花卉盆景园艺产品	(三)水果、食用坚果、饮料和香料
全省	**58172176**	**31394103**	**10573721**	**13613270**	**5837711**
石家庄市（包含辛集市）	6846453	3554512	1239675	1388740	855193
石家庄市（不含辛集市）	6034369	3095826	1096988	1195900	733976
辛集市	812084	458686	142687	192840	121217
唐山市	8217726	4104582	1033803	2361085	688279
秦皇岛市	3701634	1504832	403137	521123	399242
邯郸市	5881708	3172762	1342580	1428557	353359
邢台市	4765330	3148298	1539120	779465	489760
保定市（包含定州市）	6647164	3757819	1266747	1433076	696683
保定市（不含定州市）	5566483	3099056	1082617	1112174	682719
定州市	1080681	658763	184130	320902	13964
张家口市	4021385	2300313	768344	1279808	202157
承德市	4258250	2566321	470070	1099859	641351
沧州市	5791692	2464680	1123006	811933	505486
廊坊市	3079143	2180187	373296	1518980	285001
衡水市	3841418	2399080	1140765	722558	507015
雄安新区	378598	270271	182806	58663	27858

注：有关产值、商品产值、中间消耗、增加值，全省总数为省计算数，分市为上报数，各市之和不等于总数(下同)。

2-3-1续1 2019年各市农林牧渔业总产值(可比价)

单位：万元

名称	一、农业产值（续） (四)中草药材	二、林业产值	(一)林木的培育和种植	(二)竹木采运	(三)林产品
全省	**1369401**	**1955974**	**1891170**	**64792**	**12**
石家庄市（包含辛集市）	70904	170796	150715	1767	18314
石家庄市（不含辛集市）	68962	170567	150486	1767	18314
辛集市	1942	229	229		
唐山市	21415	110348	96446	7787	6115
秦皇岛市	181330	130096	93799	3389	32908
邯郸市	48266	176412	175607	805	
邢台市	339953	108047	104609	3430	8
保定市（包含定州市）	361313	273703	243605	2356	27742
保定市（不含定州市）	221546	206381	177156	2356	26869
定州市	139767	67322	66449		873
张家口市	50004	185828	148650	1700	35478
承德市	355041	276064	154991	21336	99737
沧州市	24255	88713	69088	838	18787
廊坊市	2910	73493	66814	3952	2727
衡水市	28742	90237	84018	6219	
雄安新区	944	27547	27547		

2-3-1续2 2019年各市农林牧渔业总产值(可比价)

单位：万元

名称	三、牧业产值	(一)牲畜饲养	(二)猪的饲养	(三)家禽饲养	(四)猎狩和捕捉动物
全　省	**18209346**	**6475805**	**5659468**	**4950381**	
石家庄市（包含辛集市）	2549183	788783	715766	914098	2210
石家庄市（不含辛集市）	2222163	728728	611725	751661	2210
辛集市	327020	60055	104041	162437	
唐山市	2576104	866896	880410	404908	
秦皇岛市	1333123	321560	295458	157430	
邯郸市	2072399	533027	627631	903700	
邢台市	1236375	361888	373935	484542	288
保定市（包含定州市）	2254373	893046	729478	430718	2230
保定市（不含定州市）	1926412	746085	627144	352324	2230
定州市	327961	146961	102334	78394	
张家口市	1408884	838613	323808	213262	
承德市	1310211	723991	293939	253334	
沧州市	1463652	428024	437591	481529	1905
廊坊市	682223	306197	201881	170788	
衡水市	1049058	402431	363797	278874	
雄安新区	62501	17814	22273	22368	

2-3-1续3 2019年各市农林牧渔业总产值(可比价)

单位：万元

名称	三、牧业产值（续）	四、渔业产值			五、农林牧渔服务业
	(五)其他畜牧业		(一)海水产品	(二)淡水产品	
全　省	**1123692**	**2087640**	**1539016**	**548624**	**4525112**
石家庄市（包含辛集市）	128326	27457		27457	544505
石家庄市（不含辛集市）	127839	27418		27418	518395
辛集市	487	39		39	26110
唐山市	423890	1093393	729457	363936	333299
秦皇岛市	558675	384917	376459	8458	348666
邯郸市	8041	29654		29654	430481
邢台市	15722	7756		7756	264854
保定市（包含定州市）	198901	24707		24707	336562
保定市（不含定州市）	198629	24707		24707	309927
定州市	272				26635
张家口市	33201	15445		15445	110915
承德市	38947	5654		5654	100000
沧州市	114603	409406	386497	22909	1365534
廊坊市	3357	36655	11238	25417	106585
衡水市	3956	8589		8589	294454
雄安新区	46	2800		2800	15479

2-3-2　各市农林牧渔业总产值(现价)

单位：万元

名　称	农林牧渔业总产值		一、农业产值		(一)谷物及其他作物		1.谷　物	
	2018年	2019年	2018年	2019年	2018年	2019年	2018年	2019年
全　省	**57069966**	**60614633**	**30858611**	**31148609**	**10836101**	**10441444**	**7408936**	**7515762**
石家庄市（包含辛集市）	6739068	7259454	3371553	3563120	1251574	1204208	1007288	981165
石家庄市（不含辛集市）	5936666	6374919	2926324	3084031	1092083	1065400	876554	852646
辛集市	802402	884535	445229	479089	159491	138808	130734	128519
唐 山 市	8068295	8704370	3956264	4154202	1015625	1000191	591732	594098
秦皇岛市	3698760	3787459	1485191	1501181	395161	389471	123881	119898
邯 郸 市	5776355	6334109	3080503	3219191	1386568	1308040	1112858	1048881
邢 台 市	4612117	4939546	3053720	3103664	1652865	1414904	994556	985512
保 定 市（包含定州市）	7007223	7088569	3837237	3823255	1419272	1234637	1094923	970073
保 定 市（不含定州市）	5961080	5911867	3197205	3124958	1237063	1055531	936450	812237
定州市	1046143	1176702	640032	698297	182209	179106	158473	157836
张家口市	4036632	4385056	1950630	2385109	715468	740682	301564	309499
承 德 市	4080564	4560989	2498733	2611238	440771	453148	181435	184124
沧 州 市	5693732	6050611	2439507	2467619	1105477	1083597	909516	907338
廊 坊 市	3051891	3290887	2157539	2266108	359367	361190	271884	265169
衡 水 市	3773364	4072010	2345395	2417028	1105937	1108062	868882	874349
雄安新区		379179		266876		177503		138448

2-3-2续1　各市农林牧渔业总产值(现价)

单位：万元

名　称	1.谷物（续）						2.薯　类	
	#小　麦		稻　谷		玉　米			
	2018年	2019年	2018年	2019年	2018年	2019年	2018年	2019年
全　省	**3409216**	**3393162**	**188964**	**180005**	**3397013**	**3536219**	**1173384**	**1145688**
石家庄市（包含辛集市）	571881	568097	20		429586	404600	77640	82208
石家庄市（不含辛集市）	491828	491580	20		379760	354282	65121	74499
辛集市	80053	76517			49826	50318	12519	7709
唐 山 市	151105	148984	144890	145228	289224	294318	100908	73758
秦皇岛市	6694	8470	19115	15634	84077	83401	139686	122755
邯 郸 市	584511	566947	1861	1674	469575	447803	38505	38323
邢 台 市	547954	545315	1198	1186	391108	395256	48875	45850
保 定 市（包含定州市）	590990	523104	3049	1253	490921	432252	178997	133428
保 定 市（不含定州市）	496446	429020	3049	1253	427336	368942	170434	125608
定州市	94544	94084			63585	63310	8563	7820
张家口市			1535	1323	165574	167717	281341	270848
承 德 市			11977	11463	144011	149956	237620	240441
沧 州 市	496037	476418			400701	420887	23734	28789
廊 坊 市	83209	78880	197	359	184798	183019	46602	51908
衡 水 市	516579	510328			349374	358668	23031	26044
雄安新区		77240		1900		59285		35502

2-3-2续2 各市农林牧渔业总产值(现价)

单位：万元

名称	薯类（续）#马铃薯 2018年	薯类（续）#马铃薯 2019年	3.油料 2018年	3.油料 2019年	#花生 2018年	#花生 2019年	油菜籽 2018年	油菜籽 2019年
全省	**646528**	**624049**	**621145**	**630872**	**509985**	**518932**	**19446**	**19861**
石家庄市（包含辛集市）	5843	8228	59250	48923	53030	44182	4283	3382
石家庄市（不含辛集市）	5843	8228	46261	48406	41506	44182	3705	2865
辛集市			12989	517	11524		578	517
唐山市	58938	38762	166134	172131	165824	171835	10	24
秦皇岛市	45372	34570	42125	48156	41014	47178	29	13
邯郸市	2980	6031	67506	66078	59384	59038	3958	3434
邢台市	5022	5210	70623	68005	47822	44809	3051	2889
保定市（包含定州市）	39421	27069	74664	70629	70812	65892	325	971
保定市（不含定州市）	34577	22851	62904	59235	59491	55363	323	971
定州市	4844	4218	11760	11394	11321	10529	2	
张家口市	279461	269246	39503	77985	390	340	2706	5827
承德市	228030	234072	9924	13183	406	408	3160	3021
沧州市	1606	1045	19752	20410	15229	17084	1830	1243
廊坊市	601	568	14671	15260	12201	12963	21	55
衡水市	2781	2414	46544	48887	38095	38679	1822	2973
雄安新区		988		1850		1697		

2-3-2续3 各市农林牧渔业总产值(现价)

单位：万元

名称	4.豆类 2018年	4.豆类 2019年	#大豆 2018年	#大豆 2019年	5.棉花 2018年	5.棉花 2019年	6.生麻 2018年	6.生麻 2019年
全省	**156784**	**169162**	**101904**	**112798**	**473043**	**433438**	**3**	**13**
石家庄市（包含辛集市）	24998	39020	24341	38442	2067	470		
石家庄市（不含辛集市）	24084	37876	23427	37298	432	276		
辛集市	914	1144	914	1144	1635	194		
唐山市	10136	9675	5383	5328	27255	22473	1	
秦皇岛市	9095	9693	6557	6380	86	34		
邯郸市	6875	6063	5274	3971	110368	105940	1	5
邢台市	12269	12102	9415	9389	184139	172243		
保定市（包含定州市）	12265	10476	9548	7490	885	883		
保定市（不含定州市）	11233	9438	8700	6458	879	874		
定州市	1032	1038	848	1032	6	9		
张家口市	22886	24595	4775	4766				
承德市	8718	9665	7006	7281			1	
沧州市	10931	8534	10159	7319	36789	29077		8
廊坊市	15006	15748	12329	13289	7198	6159		
衡水市	11136	11705	7378	7854	103491	90794		
雄安新区		1505		1387		198		

2-3-2续4　各市农林牧渔业总产值(现价)

单位：万元

名　称	7.糖　料		8.烟　草		9.其他农作物		#饲料作物	
	2018年	2019年	2018年	2019年	2018年	2019年	2018年	2019年
全　省	**47054**	**38565**	**2989**	**3467**	**952763**	**504477**	**35513**	**33926**
石家庄市（包含辛集市）			25		80306	52422	2443	6018
石家庄市（不含辛集市）			25		79606	51697	1743	5293
辛集市					700	725	700	725
唐 山 市			103	84	119356	127972	11012	6092
秦皇岛市				1	80288	88934	228	189
邯 郸 市					50382	42750		
邢 台 市					342403	131192	181	2874
保 定 市（包含定州市）			85	94	57453	49054	3076	2671
保 定 市（不含定州市）			85	94	55078	48045	701	1662
定州市					2375	1009	2375	1009
张家口市	46738	37096	7181	2977	16255	17682	13223	10045
承 德 市	317	45	9	9	2747	5681	1954	1434
沧 州 市					104755	89441	1813	547
廊 坊 市					4006	6946	530	402
衡 水 市					52853	56283	3748	3441
雄安新区								

2-3-2续5　各市农林牧渔业总产值(现价)

单位：万元

名　称	(二)蔬菜、食用菌及花卉盆景园艺产品		1.蔬　菜		2.食用菌		3.花　卉	
	2018年	2019年	2018年	2019年	2018年	2019年	2018年	2019年
全　省	**13353054**	**13742596**	**11961355**	**12237114**	**1081694**	**1192021**	**83791**	**108517**
石家庄市（包含辛集市）	1374265	1448990	1228713	1280195	137832	152479	6844	8234
石家庄市（不含辛集市）	1192415	1239091	1062344	1089543	122351	133232	6844	8234
辛集市	181850	209899	166369	190652	15481	19247		
唐 山 市	2252780	2452679	2052474	2238833	177306	189334	22424	21771
秦皇岛市	521051	520240	485321	483730	23615	23583	12115	12927
邯 郸 市	1329341	1509483	1203311	1375117	76705	67171	36751	51311
邢 台 市	750132	809566	631544	685621	116023	121459	365	176
保 定 市（包含定州市）	1501148	1493149	1252811	1163984	55783	69050	2863	4450
保 定 市（不含定州市）	1172837	1152344	1061792	984953	55783	68751	2831	3658
定州市	328311	340805	191019	179031		299	32	792
张家口市	1098767	1378786	1096576	1378011	749	680	1400	40
承 德 市	984825	1151133	503408	583820	476897	559959	3503	2070
沧 州 市	875818	849631	854187	825023	5928	5199	4668	4859
廊 坊 市	1509915	1620983	1445841	1549853	5799	3848	1945	1906
衡 水 市	692523	781946	681709	775266	8403	4950	2411	1730
雄安新区		60904		60284		430		190

2-3-2续6 各市农林牧渔业总产值(现价)

单位：万元

名　称	4.盆景园艺		(三)水果、食用坚果、饮料和香料		1.水　果		(1)园林水果	
	2018年	2019年	2018年	2019年	2018年	2019年	2018年	2019年
全　省	**226214**	**204944**	**5516666**	**5423992**	**4599750**	**4603974**	**3481938**	**3465449**
石家庄市（包含辛集市）	876	8082	695978	830937	606724	744206	554757	685684
石家庄市（不含辛集市）	876	8082	594083	702750	504844	616040	454058	559982
辛集市			101895	128187	101880	128166	100699	125702
唐 山 市	576	2741	666685	677348	501723	502188	323212	330463
秦皇岛市			377886	389829	302220	316036	275867	285217
邯 郸 市	12574	15884	320508	347320	257216	288088	185773	207825
邢 台 市	2200	2310	480155	490208	384893	412395	360162	376833
保 定 市（包含定州市）	189691	255665	642715	680856	593992	644083	366682	392535
保 定 市（不含定州市）	52431	94982	626858	667052	579581	631346	355119	383932
定州市	137260	160683	15857	13804	14411	12737	11563	8603
张家口市	42	55	116976	211167	93971	138629	83024	123642
承 德 市	1017	5284	730405	608971	422358	364563	410980	347150
沧 州 市	11035	14550	453174	507027	452730	501763	292505	332678
廊 坊 市	56330	65376	285736	280647	282666	276887	154948	148697
衡 水 市			522964	494823	519357	493767	366224	367147
雄安新区				27403		26207		13956

2-3-2续7 各市农林牧渔业总产值(现价)

单位：万元

名　称	(1)园林水果（续）				(2) 瓜 果 类		2.食用坚果	
	#苹　果		梨					
	2018年	2019年	2018年	2019年	2018年	2019年	2018年	2019年
全　省	**1095923**	**916495**	**799082**	**884534**	**1117812**	**1138525**	**821571**	**775482**
石家庄市（包含辛集市）	100962	74560	320665	389862	51967	58522	66486	80947
石家庄市（不含辛集市）	74647	51883	264902	334390	50786	56058	66471	80926
辛集市	26315	22677	55763	55472	1181	2464	15	21
唐 山 市	97207	76201	28161	28002	178511	171725	164962	164546
秦皇岛市	151309	134868	15794	15647	26353	30819	75666	73539
邯 郸 市	56965	58964	54823	54061	71443	80263	42224	38892
邢 台 市	120167	100178	57895	57169	24731	35562	91395	72370
保 定 市（包含定州市）	61973	46731	52472	44135	227310	251548	47629	36339
保 定 市（不含定州市）	60445	45225	51161	43240	224462	247414	46183	35272
定州市	1528	1506	1311	895	2848	4134	1446	1067
张家口市	12217	11879	1563	1751	10947	14987	23005	72472
承 德 市	298395	245833	31243	29710	11378	17413	307192	239946
沧 州 市	22586	20584	94443	108507	160225	169085	442	384
廊 坊 市	17767	14063	38131	38760	127718	128190	670	1360
衡 水 市	151592	128478	91511	92794	153133	126620	3607	1056
雄安新区		4155		3209		12251		1196

2−3−2续8　各市农林牧渔业总产值(现价)

单位：万元

名　　称	2.食用坚果（续）				3.香料原料（花椒）		(四)中草药材	
	核　桃		板　栗					
	2018年	2019年	2018年	2019年	2018年	2019年	2018年	2019年
全　　省	**242310**	**241379**	**522462**	**442161**	**60839**	**27663**	**1152790**	**1540577**
石家庄市（包含辛集市）	59158	72624	7321	8316	22768	5784	49736	78985
石家庄市（不含辛集市）	59143	72603	7321	8316	22768	5784	47743	76790
辛集市	15	21					1993	2195
唐 山 市	31140	30145	133411	133870		10614	21174	23984
秦皇岛市	14727	14756	60560	58380		254	191093	201641
邯 郸 市	37450	34511	4644	4381	21068	19830	44086	54348
邢 台 市	40579	38593	50687	33777	3867	72	170568	388986
保 定 市（包含定州市）	40624	27284	1543	1499	1094	163	274102	414613
保 定 市（不含定州市）	39178	26218	1543	1499	1094	163	160447	250031
定州市	1446	1066					113655	164582
张家口市	519	930	134	1		36	19419	54474
承 德 市	19569	18562	264150	201940	855	1372	342732	397986
沧 州 市	438	380			2		5038	27364
廊 坊 市	663	1360	7		2400		2521	3288
衡 水 市	3606	1056	1				23971	32197
雄安新区		1196						1066

2−3−2续9　各市农林牧渔业总产值(现价)

单位：万元

名　　称	二、林业产值		(一)林木的培育和种植		1.育种育苗		2.造　林	
	2018年	2019年	2018年	2019年	2018年	2019年	2018年	2019年
全　　省	**1866372**	**2313832**	**1527111**	**1918592**	**222159**	**183301**	**1002448**	**1593150**
石家庄市（包含辛集市）	227779	191049	200234	169425	18912	5394	109573	150426
石家庄市（不含辛集市）	222506	190806	195081	169182	18912	5151	106085	150426
辛集市	5273	243	5153	243		243	3488	
唐 山 市	113584	127303	100703	112238	19214	15724	60153	87261
秦皇岛市	111514	151847	92096	112379	16266	17102	63310	89626
邯 郸 市	156458	204683	155293	203816	19711	20256	113548	177202
邢 台 市	106978	121284	104764	117511	10893	7869	67200	102007
保 定 市（包含定州市）	308825	327443	283817	294884	134319	90736	127330	191301
保 定 市（不含定州市）	241447	255419	216567	223777	69069	30596	125843	180946
定州市	67378	72024	67250	71107	65250	60140	1487	10355
张家口市	602948	250434	583562	209569	18499	2649	501356	188202
承 德 市	235422	333854	114882	202269	24329	12096	60714	166802
沧 州 市	106732	101883	83800	80381	13045	6878	67062	71315
廊 坊 市	85294	89877	78910	82614	15420	5646	40900	68031
衡 水 市	100279	103049	93644	96423	13072	6654	47767	62980
雄安新区		31850		31850				31850

2-3-2续10 各市农林牧渔业总产值(现价)

单位：万元

名称	3.抚育和管理		(二)木材采运		#村及村以下木材采运		(三)林产品	
	2018年	2019年	2018年	2019年	2018年	2019年	2018年	2019年
全省	**124670**	**134158**	**45112**	**65440**	**52265**	**65440**	**294150**	**329800**
石家庄市（包含辛集市）	71749	13605	1409	1943	1409	1943	26136	19681
石家庄市（不含辛集市）	70084	13605	1289	1943	1289	1943	26136	19681
辛集市	1665		120		120			
唐山市	21336	9253	11556	8338	11368	8338	1325	6727
秦皇岛市	12520	5651	1792	3693	1782	3482	17626	35775
邯郸市	22034	6358	1165	867	1082	867		
邢台市	26671	7635	2214	3765	2214	3765		8
保定市（包含定州市）	22060	12756	2630	2562	2584	2535	22378	29997
保定市（不含定州市）	21547	12235	2630	2562	2584	2535	22250	29080
定州市	513	612					128	917
张家口市	63707	18718	724	1840	689	1470	18662	39025
承德市	29839	23371	20583	22879	9716	12448	99957	108706
沧州市	3693	2188	1263	905	1263	905	21669	20597
廊坊市	22590	8937	3384	4263	3384	4263	3000	3000
衡水市	32805	26789	6635	6626	6605	6626		
雄安新区								

2-3-2续11 各市农林牧渔业总产值(现价)

单位：万元

名称	三、牧业产值		(一)牲畜饲养		1.牛的饲养		2.羊的饲养	
	2018年	2019年	2018年	2019年	2018年	2019年	2018年	2019年
全省	**18138185**	**20354166**	**6053061**	**6877305**	**2770095**	**3062343**	**1916166**	**2240856**
石家庄市（包含辛集市）	2598382	2914326	753743	854749	400273	432917	120734	133210
石家庄市（不含辛集市）	2272537	2536178	697361	789463	378674	409209	103028	112255
辛集市	325845	378148	56382	65286	21599	23708	17706	20955
唐山市	2593061	2946831	819132	938602	375671	427963	99458	116997
秦皇岛市	1299499	1459429	287701	348402	104908	119319	151470	192525
邯郸市	2098007	2435115	530606	584004	185734	212091	288052	320085
邢台市	1186786	1450896	330237	399780	145344	165165	106680	132639
保定市（包含定州市）	2462525	2565075	822681	977255	257297	287245	374463	465724
保定市（不含定州市）	2150819	2185974	702825	819337	212019	235480	351989	430936
定州市	311706	379101	119856	157918	45278	51765	22474	34806
张家口市	1365596	1618407	779509	915031	265285	270231	211950	257052
承德市	1238007	1506878	685455	790980	510642	574488	133814	157196
沧州市	1362402	1661990	389997	463868	172437	210233	157781	186823
廊坊市	664215	787226	283309	331739	121064	148691	121223	131232
衡水市	1029477	1239055	355299	445836	195597	204098	127829	145723
雄安新区		61577		19296		5090		12128

2-3-2续12　各市农林牧渔业总产值(现价)

单位：万元

名　　称	3.其他牲畜饲养		4.奶 产 品		#生牛奶		5.毛绒产品	
	2018年	2019年	2018年	2019年	2018年	2019年	2018年	2019年
全　　省	**30000**	**30500**	**1271834**	**1481291**	**1248752**	**1461805**	**64966**	**62314**
石家庄市（包含辛集市）	5319	21848	222551	251785	221859	251777	4878	2939
石家庄市（不含辛集市）	5319	21348	206004	232085	205312	232077	4348	2516
辛集市		500	16547	19700	16547	19700	530	423
唐 山 市		15916	341058	370209	327912	356942	2945	3017
秦皇岛市	3103	4527	19981	24012	19032	22514	7659	7439
邯 郸 市	1533	1533	45776	44080	42422	43428	9001	5592
邢 台 市	3358	11151	71787	87758	71788	87756	3068	3067
保 定 市（包含定州市）	15070	17190	161914	189827	161899	189821	13767	16821
保 定 市（不含定州市）	15070	17190	109884	118968	109869	118962	13693	16333
定州市			52030	70859	52030	70859	74	488
张家口市	12525	57140	264882	298049	264880	298000	5437	6341
承 德 市	260	17064	32084	32802	32078	32798	8255	8429
沧 州 市	9542	8152	33535	40712	33535	40712	514	1162
廊 坊 市	1478	2372	37640	45313	37329	45313	1904	2131
衡 水 市	889	2318	27946	90814	27946	90814	2988	2883
雄安新区		13		2038		2038		27

2-3-2续13　各市农林牧渔业总产值(现价)

单位：万元

名　　称	5.毛绒玩具（续） #羊　毛		山羊绒		(二)猪的饲养		(三)家禽饲养	
	2018年	2019年	2018年	2019年	2018年	2019年	2018年	2019年
全　　省	**36887**	**36885**	**28079**	**25429**	**6000419**	**7300714**	**4482691**	**4985033**
石家庄市（包含辛集市）	3837	1891	1041	1048	841612	960919	897499	957663
石家庄市（不含辛集市）	3307	1468	1041	1048	723930	820959	746702	785272
辛集市	530	423			117682	139960	150797	172391
唐 山 市	2134	2171	811	846	971784	1142842	373052	423718
秦皇岛市	3854	4054	3805	3385	363058	401357	150657	165620
邯 郸 市	3172	2287	5829	3305	700604	871313	857032	971405
邢 台 市	1547	1514	1521	1553	360368	525566	477369	512834
保 定 市（包含定州市）	6604	7709	7163	9112	989275	932292	441824	452468
保 定 市（不含定州市）	6530	7221	7163	9112	867366	795643	371998	368220
定州市	74	488			121909	136649	69826	84248
张家口市	4259	5051	1178	1290	367587	442667	198968	226135
承 德 市	3282	3179	4973	5250	305877	404277	214152	269080
沧 州 市	401	1001	113	161	431739	588298	412523	505083
廊 坊 市	1904	2131			222668	272022	152171	180032
衡 水 市	2307	2197	681	686	411091	494634	259547	294469
雄安新区		27				19314		22919

2－3－2续14　各市农林牧渔业总产值(现价)

单位：万元

名　称	(三) 家禽饲养 (续)				(四)狩猎和捕捉动物		(五)其他畜牧业	
	#肉　禽		禽　蛋					
	2018年	2019年	2018年	2019年	2018年	2019年	2018年	2019年
全　省	**1190835**	**1498893**	**3291856**	**3486141**			**1602014**	**1191113**
石家庄市（包含辛集市）	187532	205478	709967	752185			105528	138725
石家庄市（不含辛集市）	163149	176478	583553	608794			104544	138214
辛集市	24383	29000	126414	143391			984	511
唐 山 市	108741	149738	264311	273980			429093	441669
秦皇岛市	77687	91986	72970	73634			498083	544050
邯 郸 市	130984	159298	726048	812107			9765	8393
邢 台 市	108094	133229	369275	379605			18812	12428
保 定 市（包含定州市）	109955	138528	331869	313940			208745	200830
保 定 市（不含定州市）	97245	119219	274753	249001			208630	200544
定州市	12710	19309	57116	64939			115	286
张家口市	45910	76211	153058	149924			19532	34574
承 德 市	129704	170848	84448	98232			32523	42541
沧 州 市	188319	227526	224204	277557			128143	102741
廊 坊 市	40517	66265	111654	113767			6067	3433
衡 水 市	65235	85696	194312	208773			3540	4116
雄安新区		15438		7481				48

2－3－2续15　各市农林牧渔业总产值(现价)

单位：万元

名　称	(五) 其它畜牧业 (续)				四、渔业产值		(一)海水产品	
	#蚕　茧		家　兔					
	2018年	2019年	2018年	2019年	2018年	2019年	2018年	2019年
全　省	**459**	**106**	**15768**	**14655**	**2074870**	**2125446**	**1508436**	**1571335**
石家庄市（包含辛集市）			2767	2015	29449	28837		
石家庄市（不含辛集市）			1783	1504	29397	28796		
辛集市			984	511	52	41		
唐 山 市			991	1207	1076986	1132797	726636	751481
秦皇岛市	459	106	2330	2256	503407	314935	495595	306061
邯 郸 市			2506	2233	34719	30877		
邢 台 市			1258	1227	7991	8087		
保 定 市（包含定州市）			1536	1204	62754	25847		
保 定 市（不含定州市）			1421	1050	62739	25847		
定州市			115	154	15			
张家口市			813	1072	14535	16290	84	
承 德 市			1682	1433	6524	5941		
沧 州 市			262	105	441416	407741	416912	383794
廊 坊 市			7	20	40237	37838	13333	11614
衡 水 市			849	869	9675	9031		
雄安新区				8		2886		

2-3-2续16 各市农林牧渔业总产值(现价)

单位：万元

名称	(一)海水产品（续1）							
	#养殖		1.鱼类		2.虾蟹类		3.贝类	
	2018年	2019年	2018年	2019年	2018年	2019年	2018年	2019年
全省	**860357**	**1123570**	**492365**	**197440**	**646572**	**335126**	**289559**	**24370**
石家庄市（包含辛集市）								
石家庄市（不含辛集市）								
辛集市								
唐山市		459572	146916	143515	430662	412978	70647	107567
秦皇岛市	70256	232203	53985	44515	56281	54568	357328	143205
邯郸市								
邢台市								
保定市（包含定州市）								
保定市（不含定州市）								
定州市								
张家口市			84					
承德市								
沧州市		57610	258112	224522	144862	147957	1033	1039
廊坊市			9829	7769	3446	3805	16	
衡水市								
雄安新区								

2-3-2续17 各市农林牧渔业总产值(现价)

单位：万元

名称	(一) 海水产品（续2）		(二)淡水产品					
	4.其他类				#养殖		1.鱼类	
	2018年	2019年	2018年	2019年	2018年	2019年	2018年	2019年
全省	**79942**	**1014399**	**566435**	**554110**	**484574**	**471720**	**407055**	**191747**
石家庄市（包含辛集市）			29449	28837		8228	23988	23263
石家庄市（不含辛集市）			29397	28796		8228	23936	23222
辛集市			52	41			52	41
唐山市	78411	87421	350350	381316		351357	235775	237323
秦皇岛市	27994	63773	7812	8874	1580	5484	6446	7574
邯郸市			34719	30877	2859	19791	33450	30003
邢台市			7991	8087	16	6345	7923	7709
保定市（包含定州市）			62754	25847	380	14130	41760	20747
保定市（不含定州市）			62739	25847	380	14130	41745	20747
定州市			15				15	
张家口市			14451	16290		7299	11525	12878
承德市			6524	5941	41	2170	6524	5941
沧州市	12905	10276	24504	23947		21311	18052	18145
廊坊市	42	40	26904	26224	346	25323	26291	25588
衡水市			9675	9031	30	6880	8817	8609
雄安新区				2886				2726

2-3-2续18 各市农林牧渔业总产值(现价)

单位：万元

名 称	(二) 淡水产品（续）						五、农林牧渔服务业	
	2.虾蟹类		3.贝 类		4.其他类			
	2018年	2019年	2018年	2019年	2018年	2019年	2018年	2019年
全 省	**138947**	**51832**	**586**	**5**	**19847**	**310527**	**4131927**	**4672581**
石家庄市（包含辛集市）	2759	2770	10		2692	2804	511905	562122
石家庄市（不含辛集市）	2759	2770	10		2692	2804	485902	535108
辛集市							26003	27014
唐 山 市	113274	140348			1301	3645	328400	343237
秦皇岛市	697	497			669	803	299149	360067
邯 郸 市	1233	873	32	1	4		406668	444243
邢 台 市	14				54	378	256642	255615
保 定 市（包含定州市）	4728	150	577	1	15689	4949	335882	346949
保 定 市（不含定州市）	4728	150	577	1	15689	4949	308870	319669
定州市							27012	27280
张家口市	2894	3412	32				102923	114816
承 德 市							101878	103078
沧 州 市	6452	5797		5			1343675	1411378
廊 坊 市	505	544			108	92	104606	109838
衡 水 市	656	422	2		200		288538	303847
雄安新区		153		7				15990

2-3-3 各市农林牧渔业总产值及构成(2019年)

单位：万元

名 称	农林牧渔业总产值	农 业	林 业	牧 业	渔 业	农林牧渔服务业	农林牧渔业总产值构成(%)				
							农 业	林 业	牧 业	渔 业	农林牧渔服务业
全 省	**60614633**	**31148609**	**2313832**	**20354166**	**2125446**	**4672581**	**51.39**	**3.82**	**33.58**	**3.50**	**7.71**
石家庄市（包含辛集市）	7259454	3563120	191049	2914326	28837	562122	49.10	2.60	40.10	0.40	7.70
石家庄市（不含辛集市）	6374919	3084031	190806	2536178	28796	535108	48.40	3.00	39.80	0.50	8.40
辛集市	884535	479089	243	378148	41	27014	54.20		42.80		3.10
唐 山 市	8704370	4154202	127303	2946831	1132797	343237	47.70	1.50	33.90	13.00	3.90
秦皇岛市	3787459	1501181	151847	1459429	314935	360067	39.60	4.00	38.50	8.30	9.50
邯 郸 市	6334109	3219191	204683	2435115	30877	444243	50.80	3.20	38.40	0.50	7.00
邢 台 市	4939546	3103664	121284	1450896	8087	255615	62.80	2.50	29.40	0.20	5.20
保 定 市（包含定州市）	7088569	3823255	327443	2565075	25847	346949	53.94	4.62	36.19	0.36	4.89
保 定 市（不含定州市）	5911867	3124958	255419	2185974	25847	319669	52.90	4.30	37.00	0.40	5.40
定州市	1176702	698297	72024	379101		27280	59.30	6.10	32.20		2.30
张家口市	4385056	2385109	250434	1618407	16290	114816	54.40	5.70	36.90	0.40	2.60
承 德 市	4560989	2611238	333854	1506878	5941	103078	57.30	7.30	33.00	0.10	2.30
沧 州 市	6050611	2467619	101883	1661990	407741	1411378	40.80	1.70	27.50	6.70	23.30
廊 坊 市	3290887	2266108	89877	787226	37838	109838	68.90	2.70	23.90	1.10	3.30
衡 水 市	4072010	2417028	103049	1239055	9031	303847	59.40	2.50	30.40	0.20	7.50
雄安新区	379179	266876	31850	61577	2886	15990	70.40	8.40	16.20	0.80	4.20

2-3-4 各市农林牧渔业总产值指数(2019年)

(上年=100)

名称	农林牧渔业总产值	农业	林业	牧业	渔业	农林牧渔服务业
全省	**101.9**	**101.7**	**104.8**	**100.4**	**100.6**	**109.5**
石家庄市(包含辛集市)	101.6	105.4	75.0	98.1	93.2	106.4
石家庄市(不含辛集市)	101.7	105.8	76.7	97.8	93.3	106.7
辛集市	101.2	103.0	4.3	100.4	75.0	100.4
唐山市	101.9	103.8	97.2	99.4	101.5	101.5
秦皇岛市	100.1	101.3	116.7	102.6	76.5	116.6
邯郸市	101.8	103.0	112.8	98.8	85.4	105.9
邢台市	103.3	103.1	101.0	104.2	97.1	103.2
保定市(包含定州市)	102.0	105.4	92.4	97.6	85.7	106.9
保定市(不含定州市)	101.8	106.0	90.1	96.4	85.7	107.7
定州市	103.3	102.9	99.9	105.2		98.6
张家口市	99.6	117.9	30.8	103.2	106.3	107.8
承德市	104.4	102.7	117.3	105.8	86.7	98.2
沧州市	102.3	101.3	83.4	108.4	93.6	102.1
廊坊市	100.9	101.1	86.2	102.7	91.1	101.9
衡水市	101.8	102.3	90.0	101.9	88.8	102.1
雄安新区	76.9	99.3	220.6	40.9	8.3	73.3

2-3-5 各市农林牧渔业商品产值

单位:万元

名称	农林牧渔业商品产值		一、农业商品产值		(一)谷物及其他作物		1.谷物	
	2018年	2019年	2018年	2019年	2018年	2019年	2018年	2019年
全省	**45173472**	**47999289**	**26004316**	**26649167**	**8042045**	**7889869**	**5355179**	**5526340**
石家庄市(包含辛集市)	4884340	5275664	2545985	2699762	864130	849404	711352	703669
石家庄市(不含辛集市)	4286042	4613546	2217926	2349654	738067	736812	599965	598075
辛集市	598298	662118	328059	350108	126063	112592	111387	105594
唐山市	7215501	7813207	3662114	3866346	828101	819322	485289	491282
秦皇岛市	3005824	3021758	1275250	1307073	285993	287885	76155	80932
邯郸市	4577866	5045190	2580805	2733942	1093997	1056787	875169	832012
邢台市	3683558	4046066	2536780	2641312	1240300	1077399	738339	750589
保定市(包含定州市)	5487381	5600000	3062784	3128384	932166	829644	700933	638960
保定市(不含定州市)	4569231	4567224	2511308	2525044	776347	680177	566231	505737
定州市	918150	1032776	551476	603340	155819	149467	134702	133223
张家口市	3048353	3534007	1732506	2107947	634793	641040	263908	264535
承德市	3475053	3906392	2210940	2370932	353974	371201	138026	141054
沧州市	3648749	3932709	1994065	2031158	756872	757565	607066	614943
廊坊市	2558095	2775512	1920612	2030108	251459	263776	183997	187292
衡水市	3011679	3285420	2003286	2081576	813989	823280	610446	621938
雄安新区		264136		207847		131977		97883

2-3-5续1　各市农林牧渔业商品产值

单位：万元

名　　称	2.薯　类		3.油　料		4.豆　类		5.棉　花	
	2018年	2019年	2018年	2019年	2018年	2019年	2018年	2019年
全　　省	**957364**	**958483**	**498159**	**511259**	**112618**	**116365**	**450006**	**414843**
石家庄市（包含辛集市）	54210	59183	34189	28140	16364	26674	1060	285
石家庄市（不含辛集市）	46073	53863	29402	27759	15907	26045	325	197
辛集市	8137	5320	4787	381	457	629	735	88
唐 山 市	80514	58301	143005	149883	7925	7803	26440	21773
秦皇岛市	119000	105481	31076	34781	5091	5608	55	24
邯 郸 市	28548	30109	58978	58473	4693	4271	106938	102150
邢 台 市	33173	33885	57766	56604	9526	9653	172799	163223
保 定 市（包含定州市）	136141	100515	57881	53304	8956	8386	687	584
保 定 市（不含定州市）	128862	93868	47298	45497	8081	7506	682	581
定州市	7279	6647	10583	7807	875	880	5	3
张家口市	249520	245035	34692	65891	20018	20875		
承 德 市	201323	211094	7288	11154	5044	5634		
沧 州 市	16972	22901	15958	16896	6157	6023	35259	27903
廊 坊 市	37025	42038	10831	11383	10000	11284	6249	5460
衡 水 市	20111	21836	38103	40274	9893	10509	99801	88331
雄安新区		31572		1220		1125		177

2-3-5续2　各市农林牧渔业商品产值

单位：万元

名　　称	6.生　麻		7.糖　类		8.烟　草		9.其他农作物	
	2018年	2019年	2018年	2019年	2018年	2019年	2018年	2019年
全　　省	**3**	**12**	**46283**	**34489**	**2948**	**3447**	**619487**	**324631**
石家庄市（包含辛集市）					22		46933	31453
石家庄市（不含辛集市）					22		46373	30873
辛集市							560	580
唐 山 市	1				97	82	84830	90198
秦皇岛市							54616	61059
邯 郸 市	1	5					19670	29767
邢 台 市							228697	63445
保 定 市（包含定州市）						88	27568	27807
保 定 市（不含定州市）						88	25193	26900
定州市							2375	907
张家口市			45967	33169	7181	2977	13507	8558
承 德 市	1		317	45	1		1974	2220
沧 州 市		7					75460	68892
廊 坊 市							3357	6319
衡 水 市							35635	40392
雄安新区								

2-3-5续3 各市农林牧渔业商品产值

单位：万元

名 称	(二)蔬菜、食用菌及花卉盆景园艺		1.蔬 菜		2.食 用 菌		3.花 卉	
	2018年	2019年	2018年	2019年	2018年	2019年	2018年	2019年
全 省	**11932925**	**12318381**	**10634840**	**10917953**	**1031071**	**1119188**	**79911**	**104578**
石家庄市（包含辛集市）	1021188	1068223	884039	914616	131457	140514	5092	6593
石家庄市（不含辛集市）	904536	937830	781009	800320	117835	124417	5092	6593
辛集市	116652	130393	103030	114296	13622	16097		
唐 山 市	2174384	2373006	1988159	2175214	163812	174692	21857	21349
秦皇岛市	453027	459241	417897	423305	23587	23573	11543	12363
邯 郸 市	1162101	1313983	1046474	1186718	67225	61642	36187	50439
邢 台 市	684641	739881	571735	623786	110969	115919	337	176
保 定 市（包含定州市）	1272914	1273797	1069344	996485	52284	53565	2782	4344
保 定 市（不含定州市）	1004894	996795	898584	848432	52284	53565	2782	3552
定州市	268020	277002	170760	148053				792
张家口市	968542	1231901	966831	1231310	679	591	1000	
承 德 市	897649	1051803	428371	503983	464824	541706	3437	2064
沧 州 市	815189	786403	796365	766629	5603	3756	4393	4661
廊 坊 市	1408742	1510689	1347719	1445252	5626	3788	1842	1799
衡 水 市	661605	749110	650994	742495	8200	4885	2411	1730
雄安新区		52555		52035		356		164

2-3-5续4 各市农林牧渔业商品产值

单位：万元

名 称	4.盆景园艺		(三)水果、食用坚果、饮料和香料		1.水 果		(1) 园林水果	
	2018年	2019年	2018年	2019年	2018年	2019年	2018年	2019年
全 省	**187102**	**176662**	**4905723**	**4953799**	**4128648**	**4187346**	**3074551**	**3122370**
石家庄市（包含辛集市）	600	6500	616094	716411	530496	639848	486865	589883
石家庄市（不含辛集市）	600	6500	532503	611218	446919	534675	404292	486805
辛集市			83591	105193	83577	105173	82573	103078
唐 山 市	556	1751	638693	650274	477978	480288	306548	312023
秦皇岛市			345140	359143	273430	289296	251760	260802
邯 郸 市	12215	15184	282591	309348	220484	250999	157723	179175
邢 台 市	1600		447178	462944	357356	387737	334683	354970
保 定 市（包含定州市）	148504	219403	585203	612363	543188	577617	327165	339013
保 定 市（不含定州市）	51244	91246	571220	600073	530646	566391	317075	331491
定州市	97260	128157	13983	12290	12542	11226	10090	7522
张家口市	32		111257	184107	88679	126516	79147	113674
承 德 市	1017	4050	627926	558043	348878	326180	339053	309720
沧 州 市	8828	11357	417094	460727	416682	454413	267553	297052
廊 坊 市	53555	59850	257927	252398	255692	249467	139793	133333
衡 水 市			504836	477549	501451	476537	351102	353182
雄安新区				22482		21530		11506

2-3-5续5　各市农林牧渔业商品产值

单位：万元

名　　称	(2) 瓜 果 类		2.食用坚果		3.香料原料(花椒)		(四)中 药 材	
	2018年	2019年	2018年	2019年	2018年	2019年	2018年	2019年
全　　省	**1054097**	**1064976**	**747958**	**726238**	**29116**	**26300**	**1123624**	**1487119**
石家庄市（包含辛集市）	43631	49965	63675	71124		5439	44573	65724
石家庄市（不含辛集市）	42627	47870	63661	71104		5439	42820	63794
辛集市	1004	2095	14	20			1753	1930
唐 山 市	171430	168265	160715	160515		9471	20936	23744
秦皇岛市	21670	28494	71710	69599		248	191090	200804
邯 郸 市	62761	71824	41344	38531		19818	42116	53824
邢 台 市	22673	32767	86145	70141	3671	66	164661	361088
保 定 市（包含定州市）	216023	238604	41326	34426	108	109	272501	412580
保 定 市（不含定州市）	213571	234900	39885	33362	108	109	158847	247999
定州市	2452	3704	1441	1064			113654	164581
张家口市	9532	12842	22578	57561			17914	50899
承 德 市	9825	16460	278338	227799	30	1094	331391	389885
沧 州 市	149129	157361	410	314	2		4910	26463
廊 坊 市	115899	116134	635	1331	1600	1600	2484	3245
衡 水 市	150349	123355	3385	1012			22856	31637
雄安新区		10024		952				833

2-3-5续6　各市农林牧渔业商品产值

单位：万元

名　　称	二、林业商品产值		(一)林木的培育和种植		(二)木材采运		(三)林 产 品	
	2018年	2019年	2018年	2019年	2018年	2019年	2018年	2019年
全　　省	**459823**	**554878**	**198524**	**282609**	**38421**	**57372**	**222877**	**214898**
石家庄市（包含辛集市）	42049	48261	27956	44200	1173	1861	12920	2200
石家庄市（不含辛集市）	42049	48261	27956	44200	1173	1861	12920	2200
辛集市								
唐 山 市	21634	25869	9613	12316	10971	7825	1050	5728
秦皇岛市	25953	46683	8902	13461	1569	2926	15482	30296
邯 郸 市	6180	427	5470		710	427		
邢 台 市	12142	16765	9997	13191	2145	3574		
保 定 市（包含定州市）	113106	95681	91061	70599	1347	1665	20698	23417
保 定 市（不含定州市）	53477	39920	31560	15755	1347	1665	20570	22500
定州市	59629	55761	59501	54844			128	917
张家口市	54039	55711	42933	54544	530	1167	10576	
承 德 市	113820	125855	15442	11408	17686	20878	80692	93569
沧 州 市	39413	38232	23996	23756	857	712	14560	13764
廊 坊 市	10168	12226	5213	6366	2225	3120	2730	2740
衡 水 市	11498	8963	5268	2550	6230	6413		
雄安新区								

2-3-5续7 各市农林牧渔业商品产值

单位：万元

名称	三、牧业商品产值		(一)牲畜饲养		1.牛的饲养		2.羊的饲养	
	2018年	2019年	2018年	2019年	2018年	2019年	2018年	2019年
全 省	**16714301**	**18735404**	**5627034**	**6402159**	**2584499**	**2856248**	**1748502**	**2060467**
石家庄市（包含辛集市）	2268267	2500016	667799	734434	361787	391601	88091	96110
石家庄市（不含辛集市）	1998076	2188044	623169	684606	342132	370385	77119	83316
辛集市	270191	311972	44630	49828	19655	21216	10972	12794
唐山市	2483430	2812865	783920	890264	351829	398817	93212	109653
秦皇岛市	1205697	1356457	270465	329149	100009	113668	143378	183869
邯郸市	1957894	2281335	477928	532126	161594	187627	268604	300199
邢台市	1126795	1379973	320394	379002	140809	159080	103235	128522
保定市（包含定州市）	2251960	2351446	762288	904387	245002	273083	344677	430869
保定市（不含定州市）	1944930	1977771	642755	746880	199924	221548	322205	396071
定州市	307030	373675	119533	157507	45078	51535	22472	34798
张家口市	1248560	1355452	715182	792452	235214	248390	199722	246299
承德市	1144196	1404735	653052	753066	491115	557518	122612	145385
沧州市	1216792	1481439	350600	404918	161972	180262	138553	168351
廊坊市	588327	696518	258462	306361	114242	142297	107898	117817
衡水市	987755	1186112	336596	423665	187558	195872	117782	132906
雄安新区		53560		16566		4381		10229

2 3 5续8 各市农林牧渔业商品产值

单位：万元

名称	3.其他牲畜饲养		4.奶类		5.毛绒类		(二)猪的饲养	
	2018年	2019年	2018年	2019年	2018年	2019年	2018年	2019年
全 省	**15192**	**7256**	**1216636**	**1419077**	**62205**	**59111**	**5593591**	**6777983**
石家庄市（包含辛集市）	4341	473	209007	233256	4573	2744	753650	876248
石家庄市（不含辛集市）	4341	473	195438	217785	4139	2397	650087	753074
辛集市			13569	15471	434	347	103563	123174
唐山市		11060	335953	363244	2926	2990	945159	1121204
秦皇岛市	724	1800	18177	21817	7633	7415	337460	374888
邯郸市	683	424	38855	38888	8192	4988	678693	842435
邢台市	3311	2420	69985	85922	3054	3058	347214	511180
保定市（包含定州市）	1093	650	157983	183782	13028	16003	915549	850657
保定市（不含定州市）	1093	650	106073	113089	12955	15522	796912	717656
定州市			51910	70693	73	481	118637	133001
张家口市	9857	4446	252419	286381	5078	6130	333194	345693
承德市	260	9504	30779	31955	8086	7704	285715	385144
沧州市	4703	3103	30261	37550	748	1088	380083	528662
廊坊市	1161	1886	33614	40702	1547	1759	184135	220952
衡水市	747	2115	27508	89905	2981	2867	400066	477599
雄安新区				1932		24		16010

2–3–5续9 各市农林牧渔业商品产值

单位：万元

名称	(三)家禽饲养		1.肉禽		2.禽蛋		(四)狩猎和捕捉动物	
	2018年	2019年	2018年	2019年	2018年	2019年	2018年	2019年
全省	**4092235**	**4551630**	**1089733**	**1382729**	**3002502**	**3168902**		
石家庄市（包含辛集市）	790524	831317	165359	178001	625165	653316		500
石家庄市（不含辛集市）	669362	692781	145329	154173	524033	538608		500
辛集市	121162	138536	20030	23828	101132	114708		
唐山市	355623	405629	105231	145678	250392	259951		
秦皇岛市	136243	149252	73122	86464	63121	62788		
邯郸市	793435	900808	120031	148033	673404	752775		
邢台市	447761	481822	101643	125723	346118	356099		
保定市（包含定州市）	396168	409067	98617	127690	297551	281377		
保定市（不含定州市）	327309	326034	86252	108886	241057	217148		
定州市	68859	83033	12365	18804	56494	64229		
张家口市	185144	206716	43721	73373	141423	133343		
承德市	185706	241923	116404	157615	69302	84308		
沧州市	369787	453760	166916	203287	202871	250473		1600
廊坊市	140070	166073	38069	60662	102001	105411		
衡水市	248115	281275	62262	81772	185853	199503		
雄安新区		20977		14109		6868		

2–3–5续10 各市农林牧渔业商品产值

单位：万元

名称	(五)其他畜牧业		四、渔业商品产值		(一)海水产品		(二)淡水产品	
	2018年	2019年	2018年	2019年	2018年	2019年	2018年	2019年
全省	**1401442**	**1003632**	**1995032**	**2059840**	**1445988**	**1518696**	**549044**	**541144**
石家庄市（包含辛集市）	56294	57517	28039	27625			28039	27625
石家庄市（不含辛集市）	55458	57083	27991	27587			27991	27587
辛集市	836	434	48	38			48	38
唐山市	398728	395768	1048323	1108127	703323	730323	345000	377804
秦皇岛市	461529	503168	498924	311545	491403	302981	7521	8564
邯郸市	7838	5966	32987	29486			32987	29486
邢台市	11426	7969	7841	8016			7841	8016
保定市（包含定州市）	177955	187335	59531	27218			59531	27218
保定市（不含定州市）	177954	187201	59516	24489			59516	24489
定州市	1	134	15				15	
张家口市	15040	10591	13248	14897			13248	14897
承德市	19723	24602	6097	4870			6097	4870
沧州市	116322	92499	398479	381880	376156	359419	22323	22461
廊坊市	5660	3132	38988	36660	13229	11488	25759	25172
衡水市	2978	3573	9140	8769			9140	8769
雄安新区		7		2729				2729

2-3-6 各市农林牧渔业中间消耗

单位：万元

名称	农林牧渔业中间消耗		(一)农业中间消耗		1.农业物质消耗		(1)用种量	
	2018年	2019年	2018年	2019年	2018年	2019年	2018年	2019年
全省	**21853329**	**23340313**	**9439897**	**9418909**	**7459778**	**7396120**	**1026900**	**1031900**
石家庄市（包含辛集市）	2280292	2485114	766779	814585	589837	574897	95417	93094
石家庄市（不含辛集市）	1962676	2130797	646293	682659	515039	494159	85459	82282
辛集市	317616	354317	120486	131926	74798	80738	9958	10812
唐山市	2990842	3239854	1108852	1152773	838772	871791	127107	132143
秦皇岛市	1501656	1526185	459389	460738	380229	381790	44069	43957
邯郸市	2462110	2712180	1071473	1109473	904927	937095	137264	144268
邢台市	1834901	1978332	1008578	1011842	766046	765203	125312	124607
保定市（包含定州市）	2703660	2729237	1241485	1236155	924969	916972	139299	137538
保定市（不含定州市）	2294444	2263124	1024252	997414	760953	736717	115188	111040
定州市	409216	466113	217233	238741	164016	180255	24111	26498
张家口市	1713854	1883042	798245	979348	635056	668019	191911	212508
承德市	1358950	1533659	646963	667980	563225	578401	78051	81387
沧州市	2337245	2497002	754856	750309	580381	574905	106699	105532
廊坊市	1038610	1117902	618118	642793	467408	485214	79193	82432
衡水市	1640178	1770432	893219	905640	717727	727170	112629	115054
雄安新区		134648		86819		63376		10331

2-3-6续1 各市农林牧渔业中间消耗

单位：万元

名称	1.农业物质消耗(续1)							
	(2)役畜用饲料、饲草		(3)肥料		(4)燃料		(5)农药	
	2018年	2019年	2018年	2019年	2018年	2019年	2018年	2019年
全省	**39882**	**36882**	**3474839**	**3444839**	**477567**	**480567**	**735093**	**729823**
石家庄市（包含辛集市）	7097	6886	247130	215493	42439	63194	54730	52244
石家庄市（不含辛集市）	3408	3297	227002	195481	31181	50242	42218	40232
辛集市	3689	3589	20128	20012	11258	12952	12512	12012
唐山市	3837	3398	370335	383957	43934	46957	65190	67940
秦皇岛市	4024	4003	174677	174831	34194	34257	42309	42886
邯郸市	2666	3820	415492	427821	51012	52562	58967	59637
邢台市	2078	2058	319986	318197	46607	46078	60514	60932
保定市（包含定州市）	3908	4019	403483	398216	49644	49493	66069	64634
保定市（不含定州市）	3251	3297	330292	317778	40954	39943	52818	50071
定州市	657	722	73191	80438	8690	9550	13251	14563
张家口市	54139	61018	149251	155695	44057	50183	30838	33197
承德市	3825	4040	260382	262803	26448	27216	48902	48351
沧州市	5993	6356	210485	207184	35058	34939	46502	46266
廊坊市	1605	1670	208225	216695	22786	23491	34105	35054
衡水市	7298	7280	348418	352987	39273	39156	54466	54780
雄安新区		158		27123		3343		5272

2-3-6续2　各市农林牧渔业中间消耗

单位：万元

名　　称	1.农业物质消耗(续2)							
	(6)农用塑料薄膜		(7)用　电　量		(8)小农具购置		(9)办公用品购置	
	2018年	2019年	2018年	2019年	2018年	2019年	2018年	2019年
全　　省	**452842**	**450842**	**839258**	**809258**	**66271**	**68271**	**4656**	**4156**
石家庄市（包含辛集市）	23181	22062	95057	95804	3456	3523	1672	1731
石家庄市（不含辛集市）	19592	18843	82936	80717	2858	2654	1583	1519
辛集市	3589	3219	12121	15087	598	869	89	212
唐　山　市	38257	39832	131394	136535	4898	5110	2131	2228
秦皇岛市	11402	11672	32293	32188	1926	1939	993	1055
邯　郸　市	36555	38468	96066	99958	24722	26250	5118	6468
邢　台　市	42439	42123	112329	113989	8063	8086	3254	3327
保　定　市（包含定州市）	42006	41346	141687	143980	7410	5850	2320	2426
保　定　市（不含定州市）	34182	32747	116497	116296	6542	4896	1895	1959
定州市	7824	8599	25190	27684	868	954	425	467
张家口市	23769	25738	40438	38254	14542	15743	7197	7339
承　德　市	27266	27918	35773	37507	3907	4278	160	172
沧　州　市	38353	37705	94262	94249	6787	5637	1629	1606
廊　坊　市	20677	21431	71470	73414	2595	2692	1355	1505
衡　水　市	40394	40773	72695	73153	7006	6976	3984	3964
雄安新区		3399		8086		2061		109

2-3-6续3　各市农林牧渔业中间消耗

单位：万元

名　　称	(10)其　他		2.生产服务支出		(二)林业中间消耗		1.物质消耗	
	2018年	2019年	2018年	2019年	2018年	2019年	2018年	2019年
全　　省	**342467**	**339582**	**1980119**	**2022789**	**662305**	**815928**	**474029**	**564652**
石家庄市（包含辛集市）	19658	20866	176942	175080	56345	50700	43819	38312
石家庄市（不含辛集市）	18802	18892	131254	123892	54529	50620	42049	38272
辛集市	856	1974	45688	51188	1816	80	1770	40
唐　山　市	51689	53691	270080	280982	36941	43916	29600	34735
秦皇岛市	34342	35002	79160	78948	44630	57587	38781	50220
邯　郸　市	77065	77843	166546	172378	63460	83244	48745	63877
邢　台　市	45464	45806	242532	246639	53229	59768	43128	48273
保　定　市（包含定州市）	69143	69470	316516	319183	101249	107788	80728	85444
保　定　市（不含定州市）	59334	58690	263299	260697	83170	89224	66021	70343
定州市	9809	10780	53217	58486	18079	18564	14707	15101
张家口市	78914	68344	163189	203417	223239	96105	175395	44515
承　德　市	78511	84729	83738	89579	65632	90812	49991	68692
沧　州　市	34613	35431	174475	175404	39548	35352	33276	29595
廊　坊　市	25397	26830	150710	157579	30828	30411	25762	25260
衡　水　市	31564	33047	175492	178470	41697	43979	34419	36134
雄安新区		3494		23443		7753		6502

2-3-6续4 各市农林牧渔业中间消耗

单位：万元

名 称	1.林业物质消耗(续1)							
	(1)用种量		(2)肥 料		(3)燃 料		(4)农 药	
	2018年	2019年	2018年	2019年	2018年	2019年	2018年	2019年
全 省	**376499**	**449499**	**35209**	**38209**	**15970**	**16970**	**17309**	**16809**
石家庄市（包含辛集市）	18473	14065	11132	8888	4170	2970	3680	3009
石家庄市（不含辛集市）	17855	14065	10622	8888	3914	2970	3477	3009
辛集市	618		510		256		203	
唐山市	16997	19571	8058	9541	845	1009	2676	3320
秦皇岛市	23346	30197	10640	14287	894	1117	1316	1561
邯郸市	28606	36666	11536	15844	1694	2278	3267	4397
邢台市	23579	25843	10037	11361	1595	1828	3612	4121
保定市（包含定州市）	46865	50143	20319	21189	2524	2773	6556	6870
保定市（不含定州市）	38052	41094	16700	17473	2100	2338	5361	5643
定州市	8813	9049	3619	3716	424	435	1195	1227
张家口市	107959	28440	18788	5198	9485	1219	11858	2916
承德市	19985	24707	8212	11695	2740	4113	9000	11590
沧州市	23106	20299	4809	4194	834	676	665	743
廊坊市	15688	15535	6299	6149	748	735	2230	2034
衡水市	20893	23009	7908	7429	1264	1281	2161	1913
雄安新区		3825		1615		265		386

2-3-6续5 各市农林牧渔业中间消耗

单位：万元

名 称	1.林业物质消耗(续2)							
	(5)用电量		(6)小农机具购置		(7)办公用品购置		(8)其 他	
	2018年	2019年	2018年	2019年	2018年	2019年	2018年	2019年
全 省	**18159**	**26159**	**1546**	**2046**	**547**	**747**	**8789**	**14213**
石家庄市（包含辛集市）	1790	4207	2617	2285	405	323	1552	2565
石家庄市（不含辛集市）	1747	4207	2596	2285	383	323	1455	2525
辛集市	43		21		22		97	40
唐山市	557	668	109	154	63	110	295	362
秦皇岛市	1049	1268	268	340	228	251	1040	1199
邯郸市	1459	1876	671	824	456	600	1056	1392
邢台市	1215	1627	504	795	899	1025	1687	1673
保定市（包含定州市）	1841	1966	593	560	161	107	1869	1836
保定市（不含定州市）	1599	1718	537	502	161	107	1511	1468
定州市	242	248	56	58			358	368
张家口市	7360	1463	5626	485	4113	656	10206	4138
承德市	946	1532	65	167	38	46	9005	14842
沧州市	1047	902	288	719	652	890	1875	1172
廊坊市	439	410	88	93	7	23	263	281
衡水市	976	1046	439	501	169	246	609	709
雄安新区		129		152		1		129

2–3–6续6　各市农林牧渔业中间消耗

单位：万元

名　　称	2.生产服务支出		(三)牧业中间消耗		1.牧业物质消耗		(1)用种量	
	2018年	2019年	2018年	2019年	2018年	2019年	2018年	2019年
全　　省	**188276**	**251276**	**8697295**	**9750422**	**8364212**	**9332339**	**1240201**	**1460201**
石家庄市（包含辛集市）	12526	12169	1185139	1323231	1088826	1179426	144643	151862
石家庄市（不含辛集市）	12480	12129	1003576	1115255	920088	989602	123956	130150
辛集市	46	40	181563	207976	168738	189824	20687	21712
唐 山 市	7341	9181	1251294	1421226	1190422	1351764	196627	223314
秦皇岛市	5849	7367	626051	701777	594453	665602	121391	136623
邯 郸 市	14715	19367	1083057	1257135	1010589	1167695	197033	234497
邢 台 市	10101	11495	635453	769665	598891	722846	99358	131930
保 定 市（包含定州市）	20521	22344	1151609	1187852	1082749	1114480	172322	177387
保 定 市（不含定州市）	17149	18881	992719	994039	931486	929970	148541	148379
定州市	3372	3463	158890	193813	151263	184510	23781	29008
张家口市	47844	27631	639192	749179	581999	525948	60905	52184
承 德 市	15641	22120	588585	716585	550417	671196	116008	138725
沧 州 市	6272	5757	655606	798635	610055	743798	86711	106416
廊 坊 市	5066	5151	313625	366622	298382	348526	48013	55343
衡 水 市	7278	7845	539787	647193	503235	602456	94440	113464
雄安新区		1251		29652		28224		4633

2–3–6续7　各市农林牧渔业中间消耗

单位：万元

名　　称	1.牧业物质消耗(续1)					
	(2)饲料、饲草		(3)燃　料		(4)用 电 量	
	2018年	2019年	2018年	2019年	2018年	2019年
全　　省	**6736364**	**7456364**	**187110**	**199110**	**101643**	**106643**
石家庄市（包含辛集市）	835099	887785	22048	28916	38527	50854
石家庄市（不含辛集市）	701370	741889	16921	19592	33557	43979
辛集市	133729	145896	5127	9324	4970	6875
唐 山 市	918133	1041739	9755	11063	27529	31828
秦皇岛市	424407	474182	5625	6542	10211	11676
邯 郸 市	721621	827316	11275	12923	28481	32378
邢 台 市	453902	534519	6329	7372	15786	19447
保 定 市（包含定州市）	835588	857317	9470	9999	24284	25866
保 定 市（不含定州市）	717815	713658	8198	8447	20789	21603
定州市	117773	143659	1272	1552	3495	4263
张家口市	441275	395516	9955	10302	14989	16285
承 德 市	384656	468993	6556	8280	4742	6056
沧 州 市	487830	594972	6284	7827	10081	12444
廊 坊 市	232101	272219	2214	2645	6117	7010
衡 水 市	371809	445734	6142	7332	7295	8766
雄安新区		21848		238		517

2−3−6续8 各市农林牧渔业中间消耗

单位：万元

名 称	1.牧业物质消耗(续2)				2.生产服务支出	
	(5)畜牧用药品		(6)其 他			
	2018年	2019年	2018年	2019年	2018年	2019年
全 省	**58104**	**64233**	**40788**	**45788**	**333083**	**418083**
石家庄市（包含辛集市）	40477	50213	8032	9796	96313	116555
石家庄市（不含辛集市）	36470	45231	7814	8761	83488	98403
辛集市	4007	4982	218	1035	12825	18152
唐 山 市	26902	30591	11476	13229	60872	69462
秦皇岛市	19011	21534	13808	15045	31598	36175
邯 郸 市	31642	36475	20537	24106	72468	89440
邢 台 市	16273	20900	7243	8678	36562	46819
保 定 市（包含定州市）	25189	26250	15896	17661	68860	73372
保 定 市（不含定州市）	21864	22194	14279	15689	61233	64069
定州市	3325	4056	1617	1972	7627	9303
张家口市	34320	30704	20555	20957	57193	84021
承 德 市	8109	11274	30346	37868	38168	45389
沧 州 市	7992	9643	11157	12496	45551	54837
廊 坊 市	7158	8540	2779	2769	15243	18096
衡 水 市	15130	17227	8419	9933	36552	44737
雄安新区		760		228		1428

2−3−6续9 各市农林牧渔业中间消耗

单位：万元

名 称	(四)渔业中间消耗		1.渔业物质消耗		(1)饲 料		(2)燃 料	
	2018年	2019年	2018年	2019年	2018年	2019年	2018年	2019年
全 省	**758546**	**773077**	**559556**	**572457**	**363685**	**370083**	**50264**	**52664**
石家庄市（包含辛集市）	14169	13865	12014	11786	7421	7284	922	923
石家庄市（不含辛集市）	14148	13849	11999	11775	7413	7279	920	921
辛集市	21	16	15	11	8	5	2	2
唐 山 市	411328	431228	340225	356808	205392	215388	24328	25525
秦皇岛市	236977	144052	173309	108023	69593	21432	21847	66277
邯 郸 市	18267	16311	15166	13694	9554	8399	1816	1791
邢 台 市	3972	4024	3097	3117	2356	2382	163	167
保 定 市（包含定州市）	33561	13795	30420	11202	18530	7036	2358	820
保 定 市（不含定州市）	33553	13795	30413	11202	18526	7036	2357	820
定州市	8		7		4		1	
张家口市	6682	7639	5444	5399	2824	2861	252	216
承 德 市	2815	2676	2520	2378	1846	1685	103	115
沧 州 市	140980	128882	119393	109449	88905	81280	12041	11448
廊 坊 市	17953	17063	14497	13779	9468	9035	1044	988
衡 水 市	5194	4835	4129	3839	2545	2357	342	304
雄安新区		1543		1527		1305		153

2-3-6续10　各市农林牧渔业中间消耗

单位：万元

名　　称	1.渔业物质消耗(续1)						2.生产服务支出	
	(3)用电量		(4)办公用品购置		(5)其　他			
	2018年	2019年	2018年	2019年	2018年	2019年	2018年	2019年
全　　省	**10132**	**11132**	**931**	**1031**	**134546**	**137547**	**198990**	**200620**
石家庄市（包含辛集市）	684	677	122	65	2865	2837	2155	2079
石家庄市（不含辛集市）	682	675	121	64	2863	2836	2149	2074
辛集市	2	2	1	1	2	1	6	5
唐 山 市	14858	15612	136	132	95511	100151	71103	74420
秦皇岛市	3337	1551	255	224	78277	18539	63668	36029
邯 郸 市	652	585	305	192	2839	2727	3101	2617
邢 台 市	155	143	59	68	364	357	875	907
保 定 市（包含定州市）	1513	1176	5340	49	2679	2190	3141	2609
保 定 市（不含定州市）	1513	1110	5340	49	2677	2187	3140	2593
定州市					2		1	
张家口市	732	776	158	112	1478	1434	1238	1484
承 德 市	58	83	54	72	459	423	295	298
沧 州 市	1493	1424	4903	4213	12051	11084	21587	19433
廊 坊 市	696	662	14	16	3275	3078	3456	3284
衡 水 市	177	162	122	130	943	886	1065	996
雄安新区		66				3		16

2-3-6续11　各市农林牧渔业中间消耗

单位：万元

名　　称	(五)农林牧渔服务业中间消耗		1.物质消耗		2.生产服务支出	
	2018年	2019年	2018年	2019年	2018年	2019年
全　　省	**2295286**	**2581978**	**1175356**	**1331441**	**1119930**	**1250537**
石家庄市（包含辛集市）	257888	282733	181848	184239	76040	82016
石家庄市（不含辛集市）	244158	268414	169447	171488	74711	80448
辛集市	13730	14319	12401	12751	1329	1568
唐 山 市	182427	190711	80164	85272	102263	105439
秦皇岛市	134609	162031	83630	95977	50979	66054
邯 郸 市	225853	246017	165145	178777	60708	67240
邢 台 市	133669	133033	99752	98149	33917	34884
保 定 市（包含定州市）	175756	183647	77489	81627	98267	102020
保 定 市（不含定州市）	160750	168652	71085	75228	89665	93424
定州市	15006	14995	6404	6399	8602	8596
张家口市	46500	50771	28171	23016	18329	15214
承 德 市	54955	55606	33694	33667	21261	21939
沧 州 市	746255	783824	532208	559741	214047	224083
廊 坊 市	58086	61013	22064	23292	36022	37721
衡 水 市	160281	168785	98674	103754	61607	65031
雄安新区		8881		4370		4511

2-3-7 各市农林牧渔业增加值

单位：万元

名称	农林牧渔业增加值		1.农业		2.林业	
	2018年	2019年	2018年	2019年	2018年	2019年
全省	**35216639**	**37274320**	**21418714**	**21729700**	**1204068**	**1497904**
石家庄市（包含辛集市）	4458776	4774340	2604774	2748535	171434	140349
石家庄市（不含辛集市）	3973990	4244122	2280031	2401372	167977	140186
辛集市	484786	530218	324743	347163	3457	163
唐山市	5077453	5464516	2847412	3001429	76643	83387
秦皇岛市	2197104	2261274	1025802	1040443	66884	94260
邯郸市	3314245	3621929	2009030	2109718	92998	121439
邢台市	2777216	2961214	2045142	2091822	53749	61516
保定市（包含定州市）	4303563	4359332	2595752	2587100	207576	219655
保定市（不含定州市）	3666636	3648743	2172953	2127544	158277	166195
定州市	636927	710589	422799	459556	49299	53460
张家口市	2322778	2502014	1152385	1405761	379709	154329
承德市	2721614	3027330	1851770	1943258	169790	243042
沧州市	3356487	3553609	1684651	1717310	67184	66531
廊坊市	2013281	2172985	1539421	1623315	54466	59466
衡水市	2133186	2301578	1452176	1511388	58582	59070
雄安新区		244531		180057		24097

2-3-7续 各市农林牧渔业增加值

单位：万元

名称	3.牧业		4.渔业		5.农林牧渔服务业	
	2018年	2019年	2018年	2019年	2018年	2019年
全省	**9440890**	**10603743**	**1316324**	**1352369**	**1836642**	**2090604**
石家庄市（包含辛集市）	1413243	1591095	15280	14972	254045	279389
石家庄市（不含辛集市）	1268961	1420923	15249	14947	241772	266694
辛集市	144282	170172	31	25	12273	12695
唐山市	1341767	1525605	665658	701569	145973	152526
秦皇岛市	673448	757652	266430	170883	164540	198036
邯郸市	1014950	1177980	16452	14566	180815	198226
邢台市	551333	681231	4019	4063	122973	122582
保定市（包含定州市）	1310916	1377223	29193	12052	160126	163302
保定市（不含定州市）	1158100	1191935	29186	12052	148120	151017
定州市	152816	185288	7		12006	12285
张家口市	726404	869228	7853	8651	56427	64045
承德市	649422	790293	3709	3265	46923	47472
沧州市	706796	863355	300436	278859	597420	627554
廊坊市	350590	420604	22284	20775	46520	48825
衡水市	489690	591862	4481	4196	128257	135062
雄安新区		31925		1343		7109

2-3-8 各市农林牧渔业增加值构成(2019年)

名　　称	农林牧渔业增加值构成（以增加值为100）					
	合　计	农　业	林　业	牧　业	渔　业	农林牧渔服务业
全　　省	**100.00**	**58.30**	**4.02**	**28.45**	**3.63**	**5.61**
石家庄市（包含辛集市）	100.00	57.57	2.94	33.33	0.31	5.85
石家庄市（不含辛集市）	100.00	56.58	3.30	33.48	0.35	6.28
辛集市	100.00	65.48	0.03	32.09	0.00	2.39
唐 山 市	100.00	54.93	1.53	27.92	12.84	2.79
秦皇岛市	100.00	46.01	4.17	33.51	7.56	8.76
邯 郸 市	100.00	58.25	3.35	32.52	0.40	5.47
邢 台 市	100.00	70.64	2.08	23.01	0.14	4.14
保 定 市（包含定州市）	100.00	60.11	5.29	30.61	0.29	3.70
保 定 市（不含定州市）	100.00	58.31	4.55	32.67	0.33	4.14
定州市	100.00	64.67	7.52	26.08		1.73
张家口市	100.00	56.19	6.17	34.74	0.35	2.56
承 德 市	100.00	64.19	8.03	26.11	0.11	1.57
沧 州 市	100.00	48.33	1.87	24.30	7.85	17.66
廊 坊 市	100.00	74.70	2.74	19.36	0.96	2.25
衡 水 市	100.00	65.67	2.57	25.72	0.18	5.87
雄安新区	100.00	73.63	9.85	13.06	0.55	2.91

2-3-9 各市农林牧渔业增加值指数(2019年)

(上年=100)

名　　称	农林牧渔业增加值	农　业	林　业	牧　业	渔　业	农林牧渔服务业
全　　省	**103.2**	**102.7**	**97.9**	**104.7**	**102.8**	**108.1**
石家庄市（包含辛集市）	101.9	105.2	72.3	98.7	93.3	106.5
石家庄市（不含辛集市）	101.9	105.7	73.7	98.2	93.3	106.9
辛集市	102.0	102.3	4.5	103.9	77.4	100.0
唐 山 市	102.1	103.7	93.2	99.4	101.8	101.5
秦皇岛市	100.6	101.4	119.6	102.8	77.6	116.5
邯 郸 市	101.9	102.9	112.3	98.5	85.1	106.2
邢 台 市	103.3	103.0	101.5	104.7	97.0	103.1
保 定 市（包含定州市）	102.3	105.1	92.2	98.1	86.0	105.1
保 定 市（不含定州市）	102.1	105.7	89.2	97.1	86.0	105.6
定州市	103.1	102.5	101.5	105.2		99.9
张家口市	99.0	117.8	30.4	104.0	104.4	109.6
承 德 市	104.4	102.8	118.1	105.7	83.6	98.2
沧 州 市	102.2	101.6	85.9	108.4	94.1	102.1
廊 坊 市	101.1	101.0	88.8	103.8	90.3	101.9
衡 水 市	102.1	102.7	88.2	102.3	89.1	102.1
雄安新区	82.4	100.3	261.1	40.2	8.3	73.2

2-3-10 各市农林牧渔业中间消耗、增加值占总产值的比重 (2019年)

单位：%

名　称	农林牧渔业		1.农　业		2.林　业	
	中间消耗	增加值	中间消耗	增加值	中间消耗	增加值
全　省	**38.51**	**61.49**	**30.24**	**69.76**	**35.26**	**64.74**
石家庄市（包含辛集市）	34.23	65.77	22.86	77.14	26.54	73.46
石家庄市（不含辛集市）	33.42	66.58	22.14	77.86	26.53	73.47
辛集市	40.06	59.94	27.54	72.46	32.92	67.08
唐 山 市	37.22	62.78	27.75	72.25	34.50	65.50
秦皇岛市	40.30	59.70	30.69	69.31	37.92	62.08
邯 郸 市	42.82	57.18	34.46	65.54	40.67	59.33
邢 台 市	40.05	59.95	32.60	67.40	49.28	50.72
保 定 市（包含定州市）	38.35	61.65	32.35	67.65	32.16	67.84
保 定 市（不含定州市）	38.28	61.72	31.92	68.08	34.93	65.07
定州市	39.61	60.39	34.19	65.81	25.77	74.23
张家口市	42.94	57.06	41.06	58.94	38.38	61.62
承 德 市	33.63	66.37	25.58	74.42	27.20	72.80
沧 州 市	41.27	58.73	30.41	69.59	34.70	65.30
廊 坊 市	33.97	66.03	28.37	71.63	33.84	66.16
衡 水 市	43.48	56.52	37.47	62.53	42.68	57.32
雄安新区	35.51	64.49	32.53	67.47	24.34	75.66

2-3-10续 各市农林牧渔业中间消耗、增加值占总产值的比重 (2019年)

单位：%

名　称	3.牧　业		4.渔　业		5.农林牧渔服务业	
	中间消耗	增加值	中间消耗	增加值	中间消耗	增加值
全　省	**47.90**	**52.10**	**36.37**	**63.63**	**55.26**	**44.74**
石家庄市（包含辛集市）	45.40	54.60	48.08	51.92	50.30	49.70
石家庄市（不含辛集市）	43.97	56.03	48.09	51.91	50.16	49.84
辛集市	55.00	45.00	39.02	60.98	53.01	46.99
唐 山 市	48.23	51.77	38.07	61.93	55.56	44.44
秦皇岛市	48.09	51.91	45.74	54.26	45.00	55.00
邯 郸 市	51.63	48.37	52.83	47.17	55.38	44.62
邢 台 市	53.05	46.95	49.76	50.24	52.04	47.96
保 定 市（包含定州市）	46.35	53.65	53.38	46.62	53.05	46.95
保 定 市（不含定州市）	45.47	54.53	53.37	46.63	52.76	47.24
定州市	51.12	48.88			54.97	45.03
张家口市	46.29	53.71	46.89	53.11	44.22	55.78
承 德 市	47.55	52.45	45.04	54.96	53.95	46.05
沧 州 市	48.05	51.95	31.61	68.39	55.54	44.46
廊 坊 市	46.57	53.43	45.09	54.91	55.55	44.45
衡 水 市	52.23	47.77	53.54	46.46	55.55	44.45
雄安新区	48.15	51.85	53.47	46.53	55.54	44.46

2-3-11 各市农业劳动生产率、投入产出率(2019年)

单位：元

名 称	每一农村农林牧渔业从业人员创造农林牧渔业总产值	每一农村农林牧渔业从业人员创造农林牧渔业增加值	农业投入产出率(%)
全 省	**45027**	**27689**	**159.7**
石家庄市（包含辛集市）	50237	33039	192.1
石家庄市（不含辛集市）	47171	31404	199.2
辛集市	94496	56644	149.6
唐 山 市	73502	46144	168.7
秦皇岛市	54211	32366	148.2
邯 郸 市	36785	21034	133.5
邢 台 市	36406	21825	149.7
保 定 市（包含定州市）	29457	18160	160.8
保 定 市（不含定州市）	28135	17364	161.2
定州市	58878	35555	152.4
张家口市	43801	24992	132.9
承 德 市	49076	32574	197.4
沧 州 市	57699	33887	142.3
廊 坊 市	48569	32070	194.4
衡 水 市	47781	27007	130.0
雄安新区	33713	21741	181.6

注：按从业人员年平均人数计算。

2-3-12 各市农村经济比重(2019年)

名 称	年末常住人口(万人)	乡村人口(万人)	乡村人口比重(%)	社会消费品零售总额(亿元)	乡村零售额(亿元)	乡村零售额比重(%)
全 省	**7591.97**	**5861.38**	**77.20**	**12985.50**	**2802.13**	**21.6**
石家庄市（包含辛集市）	1103.12	731.29	66.29	2465.20	377.94	15.3
石家庄市（不含辛集市）	1039.42	676.08	65.04	2358.60	342.75	14.5
辛集市	63.70	55.21	86.67	106.60	35.19	33.0
唐 山 市	796.42	551.62	69.26	2983.60	514.00	17.2
秦皇岛市	314.63	206.54	65.65	585.26	144.39	24.7
邯 郸 市	954.97	791.82	82.92	1227.49	290.60	23.7
邢 台 市	739.52	631.15	85.35	986.02	204.93	20.8
保 定 市（包含定州市）	1063.00	891.08	83.83	1483.10	364.48	24.6
保 定 市（不含定州市）	939.91	779.02	82.88	1382.40	341.11	24.7
定州市	123.09	112.06	91.04	100.70	23.37	23.2
张家口市	442.33	295.00	66.69	559.47	142.53	25.5
承 德 市	358.27	309.32	86.34	486.33	122.20	25.1
沧 州 市	754.43	613.46	81.31	1084.60	270.36	24.9
廊 坊 市	492.05	346.17	70.35	1327.95	340.84	25.7
衡 水 市	448.57	374.70	83.53	591.40	152.99	25.9
雄安新区	124.66	119.22	95.64	94.08	29.73	31.6

注：根据第四次全国经济普查结果对2019年社会消费品零售总额进行了修订

2-3-13　各市非国有经济基本情况及效益

名　称	单位个数(个)		从业人数(人)		增加值(万元)	
	2018年	2019年	2018年	2019年	2018年	2019年
全　省	**3189935**	**3256837**	**22286594**	**22478378**	**244860515**	**241054000**
石家庄市（包含辛集市）	369974	337198	662176	3233548	39522652	36636780
石家庄市（不含辛集市）	352851	320444	352851	2997207	35461114	33214282
辛集市	17123	16754	309325	236341	4061538	3422498
唐 山 市	438035	472524	2492654	2689250	47614334	47698354
秦皇岛市	136738	138561	784320	801216	10987017	10774259
邯 郸 市	387533	375779	2768518	2433386	22752408	23367334
邢 台 市	306842	312212	2252567	2206139	14410359	14452456
保 定 市（包含定州市）	347263	321584	3230228	2748660	24469141	24464721
保 定 市（不含定州市）	315436	290197	2875322	2343054	22245412	22181412
定州市	31827	31387	354906	405606	2223729	2283309
张家口市	234552	271781	1021302	1244101	9090347	9224244
承 德 市	231297	231013	966863	1037733	9717293	9664787
沧 州 市	244788	243250	2356339	2555070	26102054	25654854
廊 坊 市	247804	279390	1823597	1677007	22348137	22910031
衡 水 市	245109	256648	1264490	1643879	11066773	10762368
雄安新区		16897		208389		1358178

2-3-13续　各市非国有经济基本情况及效益

单位：万元

名　称	营业收入		实交税金	
	2018年	2019年	2018年	2019年
全　省	**1077151617**	**1123318875**	**37847803**	**36684637**
石家庄市（包含辛集市）	183943328	171781002	6691737	6636337
石家庄市（不含辛集市）	169428728	156030967	6395470	6351172
辛集市	14514600	15750035	296267	285165
唐 山 市	182180854	212775291	6626847	5866010
秦皇岛市	51463217	57015194	1878031	1942633
邯 郸 市	129092338	132740468	3094085	3274305
邢 台 市	70014236	72259914	1875183	1655487
保 定 市（包含定州市）	125458358	107355289	4397985	4034466
保 定 市（不含定州市）	111834646	88566411	4142279	3712693
定州市	13623712	13333053	255706	246034
张家口市	39233412	43668983	1582370	1666667
承 德 市	48841266	43083165	1802546	1731115
沧 州 市	114062654	127516549	3209545	3205597
廊 坊 市	86719159	104213319	5273976	5275702
衡 水 市	46142795	50909699	1415498	1396318
雄安新区		5455825		75739

2-3-14　各市非国有出口企业情况

名　　称	企业单位个数(个)		年末职工人数(人)		出口产品交货值(万元)	
	2018年	2019年	2018年	2019年	2018年	2019年
全　　省	**6335**	**6361**	**14300927**	**609304**	**14300927**	**12947129**
石家庄市（包含辛集市）	310	536	1072082	43036	1072082	866945
石家庄市（不含辛集市）	291	505	970894	32746	970894	749349
辛集市	19	31	101188	10290	101188	117596
唐 山 市	318	382	1695527	62392	1695527	1098968
秦皇岛市	153	312	1908043	28763	1908043	1373991
邯 郸 市	169	168	320809	20636	320809	361771
邢 台 市	742	925	834985	63589	834985	1103299
保 定 市（包含定州市）	1478	1051	2921166	117044	2921166	2357854
保 定 市（不含定州市）	1397	967	2819978	107616	2819978	2347653
定州市	81	84	101188	9428	101188	10201
张家口市	73	97	75453	9910	75453	114977
承 德 市	59	62	107426	13108	107426	79624
沧 州 市	1110	1100	2031000	111520	2031000	2100180
廊 坊 市	458	472	1617571	97092	1617571	1622541
衡 水 市	1465	1241	1716865	34930	1716865	1368444
雄安新区		15		7284		498535

2-3-15　各市非国有经济园区情况

名　　称	园区个数(个)		园区内年末实有企业个数(个)		园区内企业年末从业人员数(人)		园区内企业营业收入(万元)	
	2018年	2019年	2018年	2019年	2018年	2019年	2018年	2019年
全　　省	**258**	**246**	**45322**	**63696**	**2657402**	**2699094**	**319228805**	**256085347**
石家庄市（包含辛集市）	33	35	8394	24076	464493	694440	65949245	65866315
石家庄市（不含辛集市）	29	34	7931	23645	385676	615267	58469985	57984409
辛集市	4	1	463	431	78817	79173	7479260	7881906
唐 山 市	17	16	2769	2410	252688	259746	42019471	46327969
秦皇岛市	14	13	1364	3238	80584	74016	12201431	8373098
邯 郸 市	31	30	4546	4448	233883	201725	20317049	18936002
邢 台 市	37	36	5174	6262	287905	312345	25672075	29090714
保 定 市（包含定州市）	26	23	6111	5837	442442	262146	89357922	26479063
保 定 市（不含定州市）	25	22	5850	5742	411008	251826	37892988	25374970
定州市	1	1	261	95	31434	10320	51464934	1104093
张家口市	16	16	773	991	50876	56342	7039545	9805841
承 德 市	13	11	3802	3945	116571	123245	8292444	8240254
沧 州 市	44	42	6489	5134	384289	311378	30263999	20784569
廊 坊 市	8	7	2444	2865	129061	105615	3984123	7567708
衡 水 市	19	16	3456	4453	214610	293896	14131501	14555854
雄安新区		1		37		4200		57960

2-3-16　各市非国有农产品加工经济单位情况

名　称	单位个数(个)		从业人员(人)	
	2018年	2019年	2018年	2019年
全　省	**72692**	**61579**	**1093832**	**770080**
石家庄市（包含辛集市）	7969	5810	155244	121872
石家庄市（不含辛集市）	7769	5642	151419	120504
辛集市	200	168	3825	1368
唐 山 市	6262	5673	62882	72787
秦皇岛市	2139	2158	30666	31037
邯 郸 市	12669	5107	361993	88984
邢 台 市	22514	20836	190976	166573
保 定 市（包含定州市）	6825	6253	93420	83843
保 定 市（不含定州市）	6211	5639	87417	76826
定州市	614	614	6003	7017
张家口市	5659	5809	40469	39840
承 德 市	2961	3266	43612	42482
沧 州 市	3062	3493	56255	54814
廊 坊 市	759	820	37976	52850
衡 水 市	1873	2351	20339	14987
雄安新区		3		11

2-3-16续　各市非国有农产品加工经济单位情况

单位：万元

名　称	营业收入		上缴税金	
	2018年	2019年	2018年	2019年
全　省	**48438558**	**37110430**	**970502**	**864739**
石家庄市（包含辛集市）	8873297	7668043	124335	197208
石家庄市（不含辛集市）	8679043	7603649	122471	196008
辛集市	194254	64394	1864	1200
唐 山 市	3604168	4573427	120629	55363
秦皇岛市	2850769	818367	66156	15043
邯 郸 市	8125270	4450595	117520	33170
邢 台 市	7358663	6571529	110638	104109
保 定 市（包含定州市）	5083958	3605216	102768	115012
保 定 市（不含定州市）	4859253	3382718	98844	111429
定州市	224705	222498	3924	3583
张家口市	1281054	1298144	37424	42559
承 德 市	1808621	1302063	71916	56456
沧 州 市	2891943	1852274	40703	27267
廊 坊 市	5209815	4241137	159183	200399
衡 水 市	1351000	728827	19230	18139
雄安新区		808		14

2-4-1 各市扶贫情况

名称	当年中央和省财政投入扶贫资金总额（万元）		脱贫人口数（万人）		解决饮水安全人口（万人）		“雨露”计划培训人数（万人）	
	2018年	2019年	2018年	2019年	2018年	2019年	2018年	2019年
全　省	**648203**	**879794**	**63**	**35**	**32**	**3**	**23**	**25**
石家庄市（包含辛集市）	29648	35738	6	2	4		3	2
石家庄市（不含辛集市）	29300	34996	6	2	4		2	2
辛集市	348	742					1	1
唐 山 市	1982	4373	1					
秦皇岛市	11000	12168	1	1			2	1
邯 郸 市	39752	56287	5	4			2	2
邢 台 市	52501	74273	6	3				
保 定 市（包含定州市）		144358		6				3
保 定 市（不含定州市）		142757		6				3
定州市		1601						
张家口市	197796	282036	18	10	13	2	6	7
承 德 市	136244	163359	14	6	4		2	5
沧 州 市	33978	51871	3	2	1	1	1	1
廊 坊 市	915	2619						
衡 水 市	33900	49821	3	2			4	3
雄安新区		2891						

2-4-2 各市粮食购销情况

单位：吨

名称	从生产者购进		#省外购进		销售		#省外销售	
	2018年	2019年	2018年	2019年	2018年	2019年	2018年	2019年
全　省	**21344608**	**23107900**	**1741577**	**2680361**	**30112209**	**32071319**	**5745591**	**8123302**
石家庄市（包含辛集市）	4339775	4784393	131224	337793	4632344	5296304	1207220	1411734
石家庄市（不含辛集市）	3479811	3904098	66479	182802	4314926	4982332	1015139	1220233
辛集市	859964	880295	64745	154991	317418	313972	192081	191501
唐 山 市	2025126	1810039	150966	103605	1663903	1798663	317487	312955
秦皇岛市	1916684	2776577	1196158	1965970	3974192	4500802	1492934	1554703
邯 郸 市	2298821	1923020	38304	15708	3267879	2755800	445950	71698
邢 台 市	4735686	6254599	138372	139633	5717352	7010135	226040	518377
保 定 市（包含定州市）	2492291	1659571	21513	3000	2702527	1822547	21674	66518
保 定 市（不含定州市）	2304153	1443107	12195	3000	2522490	1645308	21674	66518
定州市	188138	216464	9318		180037	177240		
张家口市	290284	276196	3609	16427	358720	393657	49989	61404
承 德 市	354753	302035		490	761027	1078453	135381	347884
沧 州 市	1550631	1327345	34032	28843	1599519	1216390	161335	199399
廊 坊 市	526230	499128	11004	43002	4269771	3996474	1446176	3049726
衡 水 市	1454549	1494999	16395	25892	2030967	2202095	241406	528904
雄安新区	640223	546529			865991	831752	395	

注：以上数据为入统全省粮食企业数据。

2–4–3 各市日照、降水和气温情况

名 称	日照(小时)		降水(毫米)		平均气温(℃)	
	2018年	2019年	2018年	2019年	2018年	2019年
全 省	**2449.6**	**2373.3**	**509.2**	**437.6**	**12.6**	**12.9**
石家庄市（包含辛集市）	2199.4	2227.8	459.0	418.1	14.3	14.5
石家庄市（不含辛集市）	2191.5	2235.4	459.5	422.6	14.2	14.4
辛集市	2324.8	2106.5	451.3	346.4	14.9	14.9
唐 山 市	2553.2	2479.5	636.8	501.5	12.4	12.9
秦皇岛市	2689.1	2547.4	586.3	615.9	11.3	12.0
邯 郸 市	2279.1	2059.0	491.9	422.2	14.7	14.8
邢 台 市	2223.0	2168.9	493.3	373.1	14.3	14.5
保 定 市（包含定州市）	2379.1	2350.4	508.4	455.6	12.9	13.2
保 定 市（不含定州市）	2379.7	2357.3	520.5	459.0	12.9	13.2
定州市	2369.3	2224.9	217.4	394.4	13.6	13.8
张家口市	2838.3	2804.0	420.2	433.4	7.1	7.3
承 德 市	2555.6	2640.8	557.1	491.3	8.2	8.4
沧 州 市	2566.5	2431.3	584.4	453.2	13.8	14.0
廊 坊 市	2547.2	2412.3	596.3	434.9	12.7	13.3
衡 水 市	2534.0	2353.1	448.4	357.0	14.1	14.4

注：全省数据取自142个气象台站的平均值。

2–4–4 各市乡（镇）卫生院、床位数、卫生人员情况

名 称	乡（镇）卫生院（个）		床位数（张）		卫生人员数（人）	
	2018年	2019年	2018年	2019年	2018年	2019年
全 省	**2006**	**1998**	**71831**	**71652**	**56291**	**57387**
石家庄市（包含辛集市）	228	233	8324	8302	6849	6979
石家庄市（不含辛集市）	213	218	7894	7867	6454	6585
辛集市	15	15	430	435	395	394
唐 山 市	189	192	6429	6351	6666	6689
秦皇岛市	75	75	2533	2634	1828	1946
邯 郸 市	214	214	12994	13055	8400	8629
邢 台 市	183	183	7082	6986	5519	5677
保 定 市（包含定州市）	312	283	9787	9144	8204	7489
保 定 市（不含定州市）	290	261	8824	8192	7399	6662
定州市	22	22	963	952	805	827
张家口市	212	212	4758	4740	3280	3512
承 德 市	219	203	6319	6182	3922	3881
沧 州 市	170	170	5488	5586	5400	5095
廊 坊 市	90	90	4421	4394	2922	3363
衡 水 市	114	114	3696	3621	3301	3361
雄安新区	29	29	726	657	742	766

2-5-1 各市主要经济指标排序

名 称	农用机械总动力(千瓦)				农村用电量（万千瓦时）			
	2018年数量	位 次	2019年数量	位 次	2018年数量	位 次	2019年数量	位 次
全 省	**77062035**		**78307308**		**5051571**		**5015685**	
石家庄市（包含辛集市）	12837189	1	13008144	1	619158	4	646378	3
唐 山 市	7879315	6	7934053	6	732965	2	514708	5
秦皇岛市	1762364	11	1775373	11	80188	11	83513	12
邯 郸 市	10263228	3	10462074	2	415473	6	426433	6
邢 台 市	8780280	4	9000330	4	325183	8	336401	7
保 定 市（包含定州市）	7865117	7	7103292	7	530130	5	569563	4
张家口市	2605132	9	2730350	9	137760	10	138971	11
承 德 市	2581705	10	2635880	10	240996	9	242468	9
沧 州 市	10296697	2	10416217	3	799276	1	860695	1
廊 坊 市	3932784	8	3906400	8	660201	3	695035	2
衡 水 市	8258224	5	8382816	5	331126	7	335979	8
雄安新区			952381	12			165540	10

注：各市数据均包含省直管县(下同)。

2-5-1续1 各市主要经济指标排序

名 称	有效灌溉面积(公顷)				粮食总产量（吨）			
	2018年数量	位 次	2019年数量	位 次	2018年数量	位 次	2019年数量	位 次
全 省	**44954133**				**37008601**		**37392377**	
石家庄市（包含辛集市）	497830	5	498030	5	4873363	3	4843758	2
唐 山 市	462870	7	462870	7	2781700	7	2857244	7
秦皇岛市	127730	11	127730	11	742235	11	727192	11
邯 郸 市	555980	3	555990	3	5281970	2	5175651	1
邢 台 市	578654	2	594374	1	4665223	4	4744635	4
保 定 市（包含定州市）	650106	1	581944	2	5477381	1	4840274	3
张家口市	259370	8	246350	8	1828383	8	1796887	8
承 德 市	139983	10	142299	10	1400509	10	1446244	10
沧 州 市	507390	4	503824	4	4344627	5	4518627	5
廊 坊 市	227530	9	227530	9	1474213	9	1477521	9
衡 水 市	478690	6	479690	6	4138993	3	4253911	6
雄安新区			61530	12			710434	12

2-5-1续2 各市主要经济指标排序

单位：吨

名称	棉花总产量				油料总产量			
	2018年数量	位次	2019年数量	位次	2018年数量	位次	2019年数量	位次
全省	**239273**		**227401**		**1213849**		**1195445**	
石家庄市（包含辛集市）	1156	7	568	8	124920	5	118671	5
唐山市	13786	5	11908	5	320656	1	319844	1
秦皇岛市	43	9	29	10	81826	8	91243	8
邯郸市	55826	2	56142	2	128100	4	121495	4
邢台市	93141	1	91279	1	137004	3	128251	3
保定市（包含定州市）	725	8	579	7	145317	2	132189	2
张家口市					92761	6	94636	6
承德市					24704	11	25830	11
沧州市	18607	4	15409	4	37374	9	38342	9
廊坊市	3641	6	3264	6	29110	10	29119	10
衡水市	52347	3	48117	3	92077	7	92314	7
雄安新区			105	9			3512	12

2-5-1续3 各市主要经济指标排序

单位：吨

名称	蔬菜产量				园林水果产量			
	2018年数量	位次	2019年数量	位次	2018年数量	位次	2019年数量	位次
全省	**51544955**		**50931401**		**9569641**		**10043854**	
石家庄市（包含辛集市）	5836442	2	5543318	2	1875354	1	2213200	1
唐山市	9415914	1	9197958	1	796731	7	797323	7
秦皇岛市	2475175	11	2387007	11	617219	8	640878	8
邯郸市	5095708	5	5320281	4	586811	9	615775	9
邢台市	2873205	10	2908020	9	940370	5	980205	6
保定市（包含定州市）	5568368	3	5227809	5	1165778	2	1139754	2
张家口市	5395953	4	5338776	3	193884	11	210728	11
承德市	3731868	7	4026007	7	1022715	3	985501	5
沧州市	3213176	8	2967556	8	928977	6	985506	4
廊坊市	5055995	6	5022939	6	449838	10	428073	10
衡水市	2883151	9	2765058	10	991965	4	1006480	3
雄安新区			226671	12			40429	12

2-5-1续4　各市主要经济指标排序

单位：吨

名　称	肉类总产量				禽蛋产量			
	2018年数量	位　次	2019年数量	位　次	2018年数量	位　次	2019年数量	位　次
全　省	**4666951**		**4333844**		**3779658**		**3859031**	
石家庄市（包含辛集市）	633133	3	562645	2	842741	2	834379	2
唐 山 市	648606	2	622989	1	293345	5	295179	6
秦皇岛市	301472	7	290973	8	82201	11	81501	11
邯 郸 市	529338	4	478293	4	897733	1	917685	1
邢 台 市	295947	9	292259	7	415086	3	424342	3
保 定 市（包含定州市）	666285	1	535120	3	374040	4	350470	4
张家口市	295379	10	282417	9	176355	8	165459	8
承 德 市	389143	6	377348	6	98430	10	109875	10
沧 州 市	413668	5	421561	5	254317	6	311468	5
廊 坊 市	196620	11	174760	11	124624	9	126772	9
衡 水 市	297361	8	273001	10	220785	7	233080	7
雄安新区			22478	12			8821	12

2-5-1续5　各市主要经济指标排序

单位：吨

名　称	奶类产量				水产品产量			
	2018年数量	位　次	2019年数量	位　次	2018年数量	位　次	2019年数量	位　次
全　省	**3911338**		**4338050**		**1096152**		**990116**	
石家庄市（包含辛集市）	701693	3	740187	3	18145	7	17457	6
唐 山 市	1059739	1	1088459	1	475260	1	530792	1
秦皇岛市	63628	11	70320	11	371335	2	245537	2
邯 郸 市	141864	6	129258	8	25311	5	23214	4
邢 台 市	218462	5	256955	6	5632	10	5417	10
保 定 市（包含定州市）	498491	4	555746	4	32016	4	13796	7
张家口市	818543	2	874890	2	8875	8	8627	8
承 德 市	99499	9	96766	10	4586	11	4124	11
沧 州 市	101896	8	119442	9	126223	3	112357	3
廊 坊 市	121349	7	132826	7	22389	6	20779	5
衡 水 市	86175	10	267209	5	6390	9	6040	9
雄安新区			5992	12			1976	12

2-6-1 各市农业产业化龙头经营组织发展情况

名称	一、龙头经营组织总数(个)		(一)按组织类型分(个)					
			1.龙头企业带动型		#销售额2千万元以上		#销售额1亿元以上	
	2018年	2019年	2018年	2019年	2018年	2019年	2018年	2019年
全省	**2552**	**2951**	**2297**	**2707**	**1757**	**2021**	**615**	**667**
石家庄市（包含辛集市）	343	416	321	400	248	311	87	112
石家庄市（不含辛集市）	317	388	295	372	228	288	80	100
辛集市	26	28	26	28	20	23	7	12
唐山市	250	349	228	319	175	228	58	71
秦皇岛市	172	180	131	138	90	87	24	25
邯郸市	293	342	276	326	245	282	81	91
邢台市	224	234	213	224	193	198	93	88
保定市（包含定州市）	259	403	244	386	201	276	88	85
保定市（不含定州市）	239	379	225	363	182	253	83	77
定州市	20	24	19	23	19	23	5	8
张家口市	180	173	139	138	86	95	24	24
承德市	202	214	188	200	118	122	29	28
沧州市	285	306	253	275	190	206	67	73
廊坊市	108	104	93	93	64	64	18	18
衡水市	199	202	184	188	130	141	41	49
雄安新区	37	28	27	20	17	11	5	3

注：龙头企业、专业市场的统计标准为年销售额500万元以上，中介服务组织年服务收入50万元以上(下同)。

2-6-1续1 各市农业产业化龙头经营组织发展情况

名称	(一)按组织类型分(个)(续1)					
	2.专业市场带动型		#成交额5千万元以上		#成交额1亿元以上	
	2018年	2019年	2018年	2019年	2018年	2019年
全省	**98**	**93**	**97**	**89**	**90**	**84**
石家庄市（包含辛集市）	11	9	10	7	7	6
石家庄市（不含辛集市）	11	9	10	7	7	6
辛集市						
唐山市	7	9	7	7	6	7
秦皇岛市	5	5	5	5	5	5
邯郸市	11	11	11	11	10	10
邢台市	6	6	6	6	6	6
保定市（包含定州市）	10	11	10	11	8	9
保定市（不含定州市）	9	10	9	10	8	9
定州市	1	1	1	1		
张家口市	5	5	5	5	5	5
承德市	4	4	4	4	4	4
沧州市	20	18	20	18	20	18
廊坊市	7	4	7	4	7	3
衡水市	11	10	11	10	11	10
雄安新区	1	1	1	1	1	1

2-6-1续2 各市农业产业化龙头经营组织发展情况

名称	(一)按组织类型分(个)(续2)					
	2.中介服务组织带动型		#专业合作经济组织		#服务收入1000万元以上的专业合作组织	
	2018年	2019年	2018年	2019年	2018年	2019年
全　省	**157**	**151**	**138**	**136**	**51**	**52**
石家庄市（包含辛集市）	11	7	6	5		
石家庄市（不含辛集市）	11	7	6	5		
辛集市						
唐 山 市	15	21	15	21	8	11
秦皇岛市	36	37	35	37	12	14
邯 郸 市	6	5	6	5	4	3
邢 台 市	5	4	5	3	5	3
保 定 市（包含定州市）	5	6	5	4	4	4
保 定 市（不含定州市）	5	6	5	4	4	4
定州市						
张家口市	36	30	35	30	3	3
承 德 市	10	10	2	2	2	2
沧 州 市	12	13	8	11	3	5
廊 坊 市	8	7	8	7	5	4
衡 水 市	4	4	4	4	1	
雄安新区	9	7	9	7	4	3

2-6-1续3 各市农业产业化龙头经营组织发展情况

名称	(二)按利益联结方式分(个)							
	1.合同关系		#订单关系		年订单额（万元）		年履约订单额（万元）	
	2018年	2019年	2018年	2019年	2018年	2019年	2018年	2019年
全　省	**1728**	**1923**	**1335**	**1468**	**15684662**	**19112495**	**14652636**	**21065186**
石家庄市（包含辛集市）	214	262	168	194	1894151	1844955	1457094	1593302
石家庄市（不含辛集市）	192	243	149	180	1635495	1601908	1215767	1368286
辛集市	22	19	19	14	258656	243047	241327	225016
唐 山 市	193	269	169	231	1622468	2513144	1579088	2391735
秦皇岛市	144	128	127	102	1167495	1046656	1108783	1004700
邯 郸 市	252	292	224	258	2023402	2857482	1835828	2632012
邢 台 市	119	129	56	65	1826288	2570511	1787845	2497977
保 定 市（包含定州市）	137	180	106	132	1182431	1720517	1075809	4659212
保 定 市（不含定州市）	123	164	93	117	968399	1400367	861177	4340340
定州市	14	16	13	15	214032	320150	214632	318872
张家口市	128	126	104	99	754188	954371	712220	934899
承 德 市	158	166	131	133	912907	1026471	886715	971946
沧 州 市	174	173	119	119	2485952	2772334	2444811	2629486
廊 坊 市	77	71	49	48	975328	976645	974020	957821
衡 水 市	118	120	76	85	815332	812271	768842	781968
雄安新区	14	7	6	2	24720	17138	21581	10129

2-6-1续4　各市农业产业化龙头经营组织发展情况

名　称	(二)按利益联结方式分(个)（续）					
	2.实行利润返还		3.股份分红		4.其他	
	2018年	2019年	2018年	2019年	2018年	2019年
全　省	**44**	**41**	**74**	**124**	**706**	**862**
石家庄市（包含辛集市）	7	9	11	12	111	133
石家庄市（不含辛集市）	7	9	11	12	107	124
辛集市					4	9
唐 山 市	6	6	6	4	45	70
秦皇岛市	2	4	2	4	24	44
邯 郸 市	6	6	1	7	34	37
邢 台 市	2		5	4	98	101
保 定 市（包含定州市）	2	1	16	45	127	177
保 定 市（不含定州市）	2	1	16	45	121	169
定州市					6	8
张家口市	8	4	6	11	38	32
承 德 市	2	3	3	8	39	37
沧 州 市	6	3	12	15	93	114
廊 坊 市		1	1	1	30	31
衡 水 市	3	3	11	13	67	66
雄安新区		1				20

2-6-1续5　各市农业产业化龙头经营组织发展情况

名　称	二、龙头经营组织按产业类型分(个)							
	合　计		(一) 种植业		1.粮食		2.饲料	
	2018年	2019年	2018年	2019年	2018年	2019年	2018年	2019年
全　省	**2552**	**2951**	**1206**	**1418**	**261**	**348**	**124**	**141**
石家庄市（包含辛集市）	343	416	180	220	39	66	30	30
石家庄市（不含辛集市）	317	388	170	207	37	62	29	29
辛集市	26	28	10	13	2	4	1	1
唐 山 市	250	349	112	171	30	46	19	27
秦皇岛市	172	180	78	83	25	27	3	4
邯 郸 市	293	342	151	183	33	42	10	14
邢 台 市	224	234	103	112	29	33	14	14
保 定 市（包含定州市）	296	403	120	167	18	25	9	8
保 定 市（不含定州市）	276	379	109	145	16	22	7	5
定州市	20	24	11	12	2	3	2	3
张家口市	180	173	94	92	27	29	6	4
承 德 市	202	214	91	100	15	15	3	3
沧 州 市	285	306	134	148	18	31	18	23
廊 坊 市	108	104	48	47	12	15	2	3
衡 水 市	199	202	95	91	15	15	10	9
雄安新区		28		14		4		2

2-6-1续6　各市农业产业化龙头经营组织发展情况

名　　称	二、龙头经营组织按产业类型分(个)(续1)							
	3.油料		4.糖料		5.水果		6.蔬菜及食用菌	
	2018年	2019年	2018年	2019年	2018年	2019年	2018年	2019年
全　省	**49**	**52**	**5**	**3**	**235**	**258**	**369**	**406**
石家庄市（包含辛集市）	5	8			46	45	37	40
石家庄市（不含辛集市）	3	4			42	42	36	39
辛集市	2	4			4	3	1	1
唐 山 市	4	2			20	39	36	45
秦皇岛市	2	3			16	13	24	29
邯 郸 市	15	15			19	24	48	55
邢 台 市	3	2			11	13	31	33
保 定 市（包含定州市）	3	5		1	27	34	31	41
保 定 市（不含定州市）	3	5		1	26	33	28	38
定州市					1	1	3	3
张家口市	5	5	1	1	8	5	38	38
承 德 市	2	2			26	24	31	38
沧 州 市	3	3	1		45	38	29	31
廊 坊 市	2	2	2		2	4	26	22
衡 水 市	5	5	1	1	13	17	32	29
雄安新区					2	2	6	5

2-6-1续7　各市农业产业化龙头经营组织发展情况

名　　称	二、龙头经营组织按产业类型分(个)(续2)							
	7.棉麻丝		8.中药材		9.花卉		10.其他种植业	
	2018年	2019年	2018年	2019年	2018年	2019年	2018年	2019年
全　省	**29**	**34**	**57**	**78**	**16**	**17**	**61**	**81**
石家庄市（包含辛集市）		3	7	10	4	3	12	15
石家庄市（不含辛集市）		3	7	10	4	3	12	15
辛集市								
唐 山 市			1	6	1	3	1	3
秦皇岛市			6	5	1	1	1	1
邯 郸 市	1	3	9	9	1	3	15	18
邢 台 市	3	5	7	8	1	1	4	3
保 定 市（包含定州市）	1	2	14	25	2	2	6	14
保 定 市（不含定州市）	1	2	14	25	1	1	4	13
定州市					1	1	2	1
张家口市			1	1	3	1	5	8
承 德 市			8	9			6	9
沧 州 市	15	17		1	1	1	4	3
廊 坊 市							2	1
衡 水 市	9	4	4	4	2	2	4	5
雄安新区							1	1

2-6-1续8　各市农业产业化龙头经营组织发展情况

名　称	二、龙头经营组织按产业类型分(个)（续3）							
	（二）畜牧业		1.猪		2.牛		3.羊	
	2018年	2019年	2018年	2019年	2018年	2019年	2018年	2019年
全　省	**811**	**924**	**257**	**286**	**102**	**136**	**54**	**59**
石家庄市（包含辛集市）	113	121	43	44	13	19	3	3
石家庄市（不含辛集市）	99	108	36	38	12	18	2	3
辛集市	14	13	7	6	1	1	1	
唐山市	69	89	22	21	7	13	2	2
秦皇岛市	39	44	7	10	2	4	8	7
邯郸市	95	114	36	43	11	15	9	10
邢台市	70	72	22	23	6	5	2	3
保定市（包含定州市）	93	152	33	45	6	19	9	12
保定市（不含定州市）	86	142	31	44	5	17	9	11
定州市	7	10	2	1	1	2		1
张家口市	48	55	17	19	8	12	3	5
承德市	52	55	14	16	9	13	5	4
沧州市	108	104	28	32	19	15	2	1
廊坊市	44	37	16	11	8	12	3	1
衡水市	68	74	16	21	12	9	6	9
雄安新区	12	7	3	1	1		2	2

2-6-1续9　各市农业产业化龙头经营组织发展情况

名　称	二、龙头经营组织按产业类型分(个)（续4）							
	4.禽肉		5.蛋类		6.奶类		7.皮毛类	
	2018年	2019年	2018年	2019年	2018年	2019年	2018年	2019年
全　省	**91**	**113**	**85**	**94**	**145**	**151**	**32**	**29**
石家庄市（包含辛集市）	6	10	9	8	27	24	3	3
石家庄市（不含辛集市）	6	10	7	7	24	21	3	3
辛集市			2	1	3	3		
唐山市	12	16	6	6	18	28		
秦皇岛市	6	10	6	5	2	1	4	4
邯郸市	9	10	13	16	8	10	1	1
邢台市	9	9	8	7	10	10	11	10
保定市（包含定州市）	8	18	9	23	20	24	1	1
保定市（不含定州市）	8	18	8	20	17	22	1	1
定州市			1	3	3	2		
张家口市	2	3	4	3	12	10	2	1
承德市	2	2	6	6	13	11		
沧州市	27	27	10	9	8	6	6	5
廊坊市	3	2	5	2	9	9		
衡水市	5	5	7	8	18	18	3	3
雄安新区	2	1	2	1			1	1

2-6-1续10 各市农业产业化龙头经营组织发展情况

名　　称	二、龙头经营组织按产业类型分(个)（续5）							
	8.其他畜牧业		（三）水产业		（四）林业		（五）其他	
	2018年	2019年	2018年	2019年	2018年	2019年	2018年	2019年
全　　省	**45**	**56**	**76**	**82**	**130**	**155**	**329**	**372**
石家庄市（包含辛集市）	9	10	3	2	11	16	36	57
石家庄市（不含辛集市）	9	8	3	2	11	16	34	55
辛集市		2					2	2
唐 山 市	2	3	25	35	21	24	23	30
秦皇岛市	4	3	28	27	13	14	14	12
邯 郸 市	8	9	1	1	16	19	30	25
邢 台 市	2	5	1	1	16	18	34	31
保 定 市（包含定州市）	7	10	4	3	4	11	53	80
保 定 市（不含定州市）	7	9	4	3	3	10	52	79
定州市		1			1	1	1	1
张家口市		2			8	6	30	20
承 德 市	3	3	1	1	17	17	41	41
沧 州 市	8	9	9	11	5	9	29	34
廊 坊 市					8	11	8	9
衡 水 市	1	1			10	9	26	28
雄安新区	1	1	4	1	1	1	5	5

2-6-1续11 各市农业产业化龙头经营组织发展情况

名　　称	三、龙头经营组织规模									
	（一）从业人员合计（人）		1.龙头企业		2.专业市场		3.中介服务组织		#专业合作经济组织	
	2018年	2019年	2018年	2019年	2018年	2019年	2018年	2019年	2018年	2019年
全　　省	**484603**	**493766**	**374365**	**387264**	**102645**	**99495**	**7593**	**7007**	**6837**	**6178**
石家庄市（包含辛集市）	64956	73610	45334	54454	19376	18960	246	196	173	169
石家庄市（不含辛集市）	62032	69970	42410	50814	19376	18960	246	196	173	169
辛集市	2924	3640	2924	3640						
唐 山 市	46623	50636	42505	45831	3196	3452	922	1353	922	1353
秦皇岛市	26357	25699	20638	20116	4483	4543	1236	1040	1214	1040
邯 郸 市	59725	67609	44952	52828	14575	14604	198	177	198	177
邢 台 市	50717	48018	47851	45222	2555	2575	311	221	311	146
保 定 市（包含定州市）	70506	76055	47130	50153	23206	25553	170	349	170	227
保 定 市（不含定州市）	67188	72723	43820	46829	23198	25545	170	349	170	227
定州市	3318	3332	3310	3324	8	8				
张家口市	27024	24752	20364	19307	4228	4232	2432	1213	2427	1213
承 德 市	26724	25542	25989	24715	116	119	619	708	171	295
沧 州 市	37373	35149	34041	31794	2740	2588	592	767	384	575
廊 坊 市	16267	15426	15659	14714	191	97	417	615	417	615
衡 水 市	54783	49149	26738	26318	27957	22749	88	82	88	82
雄安新区	3548	2121	3164	1812	22	23	362	286	362	286

2-6-1续12 各市农业产业化龙头经营组织发展情况

名称	三、龙头经营组织规模(续1)							
	(二)固定资产净值合计(万元)		1.龙头企业		2.专业市场		3.中介服务组织	
	2018年	2019年	2018年	2019年	2018年	2019年	2018年	2019年
全省	**12504192**	**13692936**	**11792150**	**12978462**	**565764**	**573823**	**146278**	**140651**
石家庄市(包含辛集市)	1589416	1921531	1567607	1902041	20347	18536	1462	954
石家庄市(不含辛集市)	1508371	1810159	1486562	1790669	20347	18536	1462	954
辛集市	81045	111372	81045	111372				
唐山市	1313003	1462214	1254196	1384087	45815	63546	12992	14581
秦皇岛市	813934	800965	759875	732619	20631	35562	33428	32784
邯郸市	1541579	1493310	1455400	1406685	84045	85086	2134	1539
邢台市	1810476	1583085	1774783	1548713	33141	33375	2552	997
保定市(包含定州市)	1444232	1796526	1239141	1616953	197553	171669	7538	7904
保定市(不含定州市)	1288451	1624365	1084360	1445815	196553	170646	7538	7904
定州市	155781	172161	154781	171138	1000	1023		
张家口市	893866	924961	849880	888705	24263	23236	19723	13020
承德市	826881	810023	787326	772651	4212	4187	35343	33185
沧州市	928192	1051920	805116	924785	109859	115556	13217	11579
廊坊市	489175	512355	473907	491505	6229	4556	9039	16294
衡水市	768191	1271064	747942	1252072	19564	18409	685	583
雄安新区	85247	64982	76977	57646	105	105	8165	7231

2-6-1续13 各市农业产业化龙头经营组织发展情况

名称	三、龙头经营组织规模(续2)							
	(三)带动农户合计(户)		#订单带动农户		1.龙头企业带动农户		#订单带动农户	
	2018年	2019年	2018年	2019年	2018年	2019年	2018年	2019年
全省	**20806908**	**19508926**	**9705228**	**8921532**	**19098376**	**17814465**	**9272727**	**8543198**
石家庄市(包含辛集市)	4993602	4161215	1560753	866593	4924810	4090400	1555710	854682
石家庄市(不含辛集市)	4882733	3936805	1476294	754583	4813941	3865990	1471251	742672
辛集市	110869	224410	84459	112010	110869	224410	84459	112010
唐山市	1284602	1513593	599997	667361	1000423	1266030	581097	647527
秦皇岛市	2219540	2472655	1850824	1820749	2073990	2156722	1788401	1751046
邯郸市	3542033	3115768	1674090	1905055	3249424	2849729	1603112	1868426
邢台市	2849336	2587237	1097778	534271	2677581	2462554	1084932	522355
保定市(包含定州市)	1370327	1304900	496043	480884	1295344	1173011	489373	473684
保定市(不含定州市)	1265892	1172674	429112	397504	1196209	1046202	422442	390304
定州市	104435	132226	66931	83380	99135	126809	66931	83380
张家口市	646997	669723	498514	428306	602349	611820	492203	420848
承德市	817742	760103	534623	496896	687894	632101	470248	435001
沧州市	1003730	957962	488491	473424	827100	798068	383206	368206
廊坊市	722199	579742	451663	461604	624006	547253	447721	458969
衡水市	1289348	1312313	443436	771252	1093852	1157479	372188	727823
雄安新区	67452	73715	9016	15137	41603	69298	4536	14631

2-6-1续14　各市农业产业化龙头经营组织发展情况

名　称	三、龙头经营组织规模(续3)							
	2.专业市场带动农户		#订单带动农户		3.中介服务组织带动农户		#订单带动农户	
	2018年	2019年	2018年	2019年	2018年	2019年	2018年	2019年
全　省	**1429205**	**1458241**	**302440**	**280084**	**279327**	**236220**	**130061**	**98250**
石家庄市（包含辛集市）	47410	50316	2723	10080	21382	20499	2320	1831
石家庄市（不含辛集市）	47410	50316	2723	10080	21382	20499	2320	1831
辛集市								
唐 山 市	268909	218225	16450	11304	15270	29338	2450	8530
秦皇岛市	90443	265424	23056	53158	55107	50509	39367	16545
邯 郸 市	279247	253848	67753	33354	13362	12191	3225	3275
邢 台 市	148142	113287	10883	10720	23613	11396	1963	1196
保 定 市（包含定州市）	69056	127808	2760	4625	5927	4081	3910	2575
保 定 市（不含定州市）	63756	122391	2760	4625	5927	4081	3910	2575
定州市	5300	5417						
张家口市	28234	48716	2050	2066	16414	9187	4261	5392
承 德 市	48900	50000	12300	12700	80948	78002	52075	49195
沧 州 市	170863	151857	103717	103945	5767	8037	1568	1273
廊 坊 市	94005	28713			4188	3776	3942	2635
衡 水 市	183296	149337	60748	38132	12200	5497	10500	5297
雄安新区	700	710			25149	3707	4480	506

2-6-1续15　各市农业产业化龙头经营组织发展情况

名　称	四、龙头经营组织效益							
	（一）销售总额（万元）		1.龙头企业		2.专业市场		3.中介服务组织	
	2018年	2019年	2018年	2019年	2018年	2019年	2018年	2019年
全　省	**38852734**	**43702134**	**33730318**	**38214704**	**4703113**	**5211558**	**419303**	**275872**
石家庄市（包含辛集市）	4725799	6099846	4423423	5718228	298279	380551	4097	1067
石家庄市（不含辛集市）	4452690	5612315	4150314	5230697	298279	380551	4097	1067
辛集市	273109	487531	273109	487531				
唐 山 市	3191714	4313943	3042807	4149545	116121	125277	32786	39121
秦皇岛市	2962207	3022040	2910547	2966241	7137	8233	44523	47566
邯 郸 市	3839220	4383492	3579966	4138261	246015	233350	13239	11881
邢 台 市	5445529	5688817	5035593	5395415	242450	258972	167486	34430
保 定 市（包含定州市）	4295022	5298497	3320783	3925997	958082	1358567	16157	13933
保 定 市（不含定州市）	3870008	4753123	2898223	3383129	955628	1356061	16157	13933
定州市	425014	545374	422560	542868	2454	2506		
张家口市	1519296	1743216	1430307	1654886	70684	75010	18305	13320
承 德 市	1598953	1677184	1509372	1591509	40678	40364	48903	45311
沧 州 市	5474474	5736084	3355346	3527688	2092964	2175440	26164	32956
廊 坊 市	1711151	1647160	1640337	1611088	55495	23024	15319	13048
衡 水 市	3713287	3815110	3175652	3288908	534707	523964	2928	2238
雄安新区	376082	276745	306185	246938	40501	8806	29396	21001

2-6-1续16　各市农业产业化龙头经营组织发展情况

名　　称	四、龙头经营组织效益（续1）							
	（二）净利润（万元）		1.龙头企业		2.专业市场		3.中介服务组织	
	2018年	2019年	2018年	2019年	2018年	2019年	2018年	2019年
全　　省	**5103750**	**5736477**	**2175856**	**2486576**	**2890223**	**3220616**	**37671**	**29285**
石家庄市（包含辛集市）	333365	423128	254688	338505	78156	84466	521	157
石家庄市（不含辛集市）	324121	410831	245444	326208	78156	84466	521	157
辛集市	9244	12297	9244	12297				
唐 山 市	267382	260911	218096	208959	45421	47551	3865	4401
秦皇岛市	86772	86732	80365	80301	3056	3503	3351	2928
邯 郸 市	404106	430389	260550	285266	142580	144290	976	833
邢 台 市	466653	457170	347479	329553	113738	125752	5436	1865
保 定 市（包含定州市）	979977	1324833	240946	318778	731670	1002184	7361	3871
保 定 市（不含定州市）	954957	1292453	217869	288381	729727	1000201	7361	3871
定州市	25020	32380	23077	30397	1943	1983		
张家口市	106746	122490	68690	82089	35928	38543	2128	1858
承 德 市	132131	177183	100052	140413	29569	29031	2510	7739
沧 州 市	1430811	1488381	169518	148171	1257971	1338329	3322	1881
廊 坊 市	-18386	79799	-29711	73275	9792	4927	1533	1597
衡 水 市	853340	856908	444725	461519	407340	394465	1275	924
雄安新区	60853	28553	20458	19747	35002	7575	5393	1231

2-6-1续17　各市农业产业化龙头经营组织发展情况

名　　称	四、龙头经营组织效益（续2）							
	（三）上交税金（万元）		1.龙头企业		2.专业市场		3.中介服务组织	
	2018年	2019年	2018年	2019年	2018年	2019年	2018年	2019年
全　　省	**1054856**	**1000439**	**870979**	**801404**	**182375**	**198109**	**1502**	**926**
石家庄市（包含辛集市）	98117	151018	89598	142452	8506	8552	13	14
石家庄市（不含辛集市）	95836	142615	87317	134049	8506	8552	13	14
辛集市	2281	8403	2281	8403				
唐 山 市	67799	53526	64294	49674	3491	3833	14	19
秦皇岛市	41825	43462	41424	42408	344	986	57	68
邯 郸 市	43545	46742	35408	38840	7942	7706	195	196
邢 台 市	102418	70891	92743	55233	9091	15509	584	149
保 定 市（包含定州市）	179495	193556	79577	81004	99918	112547		5
保 定 市（不含定州市）	174140	187598	74222	75046	99918	112547		5
定州市	5355	5958	5355	5958				
张家口市	40834	26959	40483	26643	324	311	27	5
承 德 市	69850	70115	68271	68667	1124	996	455	452
沧 州 市	37903	35640	25465	23463	12438	12175		2
廊 坊 市	173585	141000	173172	140910	413	90		
衡 水 市	195644	165954	158959	131007	36685	34947		
雄安新区	3841	1576	1585	1103	2099	457	157	16

2-6-1续18　各市农业产业化龙头经营组织发展情况

名　　称	四、龙头经营组织效益（续3）					
	（四）龙头企业出口创汇（万美元）		（五）龙头企业主要农产品原料采购值（万元）		（六）专业市场成交额（万元）	
	2018年	2019年	2018年	2019年	2018年	2019年
全　　省	**141327**	**148234**	**19083843**	**20038384**	**27645294**	**30103623**
石家庄市（包含辛集市）	18182	33550	2450621	2013077	1458052	1417886
石家庄市（不含辛集市）	16901	30457	2232820	1727402	1458052	1417886
辛集市	1281	3093	217801	285675		
唐 山 市	22528	23569	1507399	2538772	738184	744023
秦皇岛市	31364	26673	1865778	1843516	1719327	2172614
邯 郸 市	21212	28092	2139308	2297002	2648746	2780142
邢 台 市	11316	4134	3057336	3487693	508430	515468
保 定 市（包含定州市）	13465	7812	1682747	1915736	7076455	9133835
保 定 市（不含定州市）	13465	7812	1456680	1606374	7066836	9124005
定州市			226067	309362	9619	9830
张家口市	6371	5041	738992	750943	677396	691915
承 德 市	5872	7948	694350	719345	466460	448579
沧 州 市	9010	9429	2165421	1937925	9522115	10072345
廊 坊 市	1709	1487	1062836	989217	455260	185900
衡 水 市	298	499	1472688	1444324	2199757	1902395
雄安新区			246367	100834	175112	38521

2-6-1续19　各市农业产业化龙头经营组织发展发展情况

名　　称	五、龙头经营组织按重点级别分(个)							
	1.国家重点龙头		2.省级重点龙头		3.市级重点龙头		4.县级重点龙头	
	2018年	2019年	2018年	2019年	2018年	2019年	2018年	2019年
全　　省	**39**	**58**	**550**	**633**	**1455**	**1543**	**508**	**716**
石家庄市（包含辛集市）	3	6	55	81	169	187	116	142
石家庄市（不含辛集市）	3	6	48	67	169	187	97	128
辛集市			7	14			19	14
唐 山 市	5	6	56	72	133	147	56	124
秦皇岛市	4	7	38	44	110	115	20	14
邯 郸 市	5	7	65	84	187	203	36	47
邢 台 市	4	6	48	48	120	130	52	50
保 定 市（包含定州市）		2	56	61	144	136	59	204
保 定 市（不含定州市）		2	47	50	144	136	48	191
定州市			9	11			11	13
张家口市	3	4	49	36	66	85	62	48
承 德 市	3	6	49	56	136	145	14	7
沧 州 市	5	6	49	51	202	220	29	29
廊 坊 市	4	5	28	33	62	56	14	10
衡 水 市	3	3	51	63	109	105	36	31
雄安新区			6	4	17	14	14	10

2-6-1续20　各市农业产业化龙头经营组织发展发展情况

名　　称	六、龙头经营组织按上市情况分（个）					
	1.境内上市		2.境外上市		3.未上市	
	2018年	2019年	2018年	2019年	2018年	2019年
全　　省	**51**	**61**	**8**	**14**	**2493**	**2876**
石家庄市（包含辛集市）	4	7			339	409
石家庄市（不含辛集市）	4	6			313	382
辛集市		1			26	27
唐 山 市	7	5	2	2	241	342
秦皇岛市	1	2	1	1	170	177
邯 郸 市	9	9	2	1	282	332
邢 台 市	4	4		1	220	229
保 定 市（包含定州市）	5	9		1	254	393
保 定 市（不含定州市）	4	8		1	235	370
定州市	1	1			19	23
张家口市	5	6		2	175	165
承 德 市	3	4			199	210
沧 州 市	6	7	1	2	278	297
廊 坊 市	4	3	1	3	103	98
衡 水 市	3	5	1	1	195	196
雄安新区					37	28

2-6-1续21　各市农业产业化龙头经营组织发展发展情况

名　　称	七、龙头经营组织按产品辐射范围分（个）					
	1.本省内		2.跨省区		3.国　外	
	2018年	2019年	2018年	2019年	2018年	2019年
全　　省	**744**	**893**	**1628**	**1878**	**180**	**180**
石家庄市（包含辛集市）	147	174	180	218	16	24
石家庄市（不含辛集市）	140	165	163	201	14	22
辛集市	7	9	17	17	2	2
唐 山 市	62	103	155	221	33	25
秦皇岛市	51	53	90	101	31	26
邯 郸 市	53	75	227	253	13	14
邢 台 市	70	85	150	143	4	6
保 定 市（包含定州市）	64	116	167	260	28	27
保 定 市（不含定州市）	56	108	155	244	28	27
定州市	8	8	12	16		
张家口市	58	47	106	114	16	12
承 德 市	41	51	146	146	15	17
沧 州 市	87	97	180	189	18	20
廊 坊 市	31	23	76	78	1	3
衡 水 市	64	56	130	140	5	6
雄安新区	16	13	21	15		

2－6－2　各市农产品生产(加工)基地发展情况

名　　称	一、农产品生产(加工)基地个数(个)		（一）按基地类型分（个）					
			1.种植业生产基地(包括林果)		2.养殖业生产基地(包括水产)		3.农产品加工基地	
	2018年	2019年	2018年	2019年	2018年	2019年	2018年	2019年
全　　省	**715**	**564**	**402**	**349**	**282**	**208**	**31**	**7**
石家庄市（包含辛集市）	66	56	30	28	34	28	2	
石家庄市（不含辛集市）	61	53	28	26	31	27	2	
辛集市	5	3	2	2	3	1		
唐 山 市	64	61	27	27	34	32	3	2
秦皇岛市	45	41	25	24	18	16	2	1
邯 郸 市	114	77	59	44	50	33	5	
邢 台 市	67	58	43	39	22	17	2	2
保 定 市（包含定州市）	122	91	79	70	37	20	6	1
保 定 市（不含定州市）	115	86	75	68	34	17	6	1
定州市	7	5	4	2	3	3		
张家口市	42	31	24	19	15	12	3	
承 德 市	54	50	35	34	19	16		
沧 州 市	49	41	24	20	22	21	3	
廊 坊 市	35	20	24	20	9		2	
衡 水 市	49	38	30	24	18	13	1	1
雄安新区	8		2		4		2	

注：农产品生产基地的统计标准为销售产值500万元以上或种植面积5000亩以上，加工基地的统计标准为销售产值2000万元以上且基地内不够企业标准的个体加工户达1000户以上，商品率90%以上(下同)。

2－6－2续1　各市农产品生产(加工)基地发展情况

名　　称	（二）农产品生产（加工）基地按基地带动的龙头经营组织类型分（个）							
	1.龙头企业带动型		2.专业市场带动型		3.中介服务组织带动型		4.无龙头带动	
	2018年	2019年	2018年	2019年	2018年	2019年	2018年	2019年
全　　省	**352**	**276**	**70**	**58**	**33**	**22**	**260**	**208**
石家庄市（包含辛集市）	21	12	8	3	2	2	35	39
石家庄市（不含辛集市）	21	12	7	2	2	2	31	37
辛集市			1	1			4	2
唐 山 市	42	39	7	7	2	1	13	14
秦皇岛市	28	28	4	4			13	9
邯 郸 市	80	54	15	12	2	1	17	10
邢 台 市	32	27	5	5	7	6	23	20
保 定 市（包含定州市）	29	23	9	7	10	7	74	54
保 定 市（不含定州市）	26	20	8	6	8	7	73	53
定州市	3	3	1	1	2		1	1
张家口市	23	16	1	1	3	1	15	13
承 德 市	35	34	3	3	4	3	12	10
沧 州 市	23	21	6	7	1		19	13
廊 坊 市	12	3	4	3			19	14
衡 水 市	22	19	8	6	2	1	17	12
雄安新区	5						3	

2-6-2续2　各市农产品生产(加工)基地发展情况

名　称	(三) 农产品生产（加工）基地按产业类型分（个）							
	1.粮　食		2.饲　料		3.油　料		4.糖　料	
	2018年	2019年	2018年	2019年	2018年	2019年	2018年	2019年
全　省	**40**	**31**			**16**	**12**	**1**	
石家庄市（包含辛集市）	3	3			1	1		
石家庄市（不含辛集市）	3	3			1	1		
辛集市								
唐 山 市	4	4			2	2		
秦皇岛市	6	6			1	1		
邯 郸 市	7	5			1	1		
邢 台 市	2	2			2	2		
保 定 市（包含定州市）	5	4			5	3		
保 定 市（不含定州市）	5	4			4	3		
定州市					1			
张家口市	6	3					1	
承 德 市	3	3						
沧 州 市					1	1		
廊 坊 市	1	1			1			
衡 水 市	2				2	1		
雄安新区	1							

2-6-2续3　各市农产品生产(加工)基地发展情况

名　称	(三) 农产品生产（加工）基地按产业类型分（个）（续1）							
	5.水　果		6.蔬菜及食用菌		7.棉麻丝		8.中药材	
	2018年	2019年	2018年	2019年	2018年	2019年	2018年	2019年
全　省	**111**	**102**	**141**	**117**	**19**	**16**	**15**	**15**
石家庄市（包含辛集市）	10	12	10	8				1
石家庄市（不含辛集市）	9	11	9	7				1
辛集市	1	1	1	1				
唐 山 市	6	6	10	10	1	1		
秦皇岛市	7	7	6	6			2	1
邯 郸 市	12	7	22	18	5	3	3	2
邢 台 市	13	13	12	8	5	5	4	4
保 定 市（包含定州市）	25	24	27	20			3	4
保 定 市（不含定州市）	24	24	26	19			3	4
定州市	1		1	1				
张家口市	4	2	11	10				
承 德 市	6	7	13	12			3	3
沧 州 市	9	7	8	7	5	4		
廊 坊 市	10	9	10	8				
衡 水 市	9	8	11	10	3	3		
雄安新区			1					

2-6-2续4　各市农产品生产(加工)基地发展情况

名　　称	(三) 农产品生产（加工）基地按产业类型分（个）（续2）							
	9.花　卉		10.其他种植业		11.猪		12.牛	
	2018年	2019年	2018年	2019年	2018年	2019年	2018年	2019年
全　　省	**7**	**7**	**9**	**6**	**79**	**62**	**24**	**11**
石家庄市（包含辛集市）			1	1	11	10	1	
石家庄市（不含辛集市）			1	1	10	10	1	
辛集市					1			
唐 山 市					8	8	1	1
秦皇岛市					4	4		
邯 郸 市	3	2	1	1	14	12	4	2
邢 台 市			1	1	6	5	2	
保 定 市（包含定州市）	3	4	1	1	13	7	3	1
保 定 市（不含定州市）	2	3	1	1	12	6	3	1
定州市	1	1			1	1		
张家口市			2	1	5	4	1	
承 德 市					5	4	4	4
沧 州 市			2	1	2	2	2	1
廊 坊 市	1	1			3		3	
衡 水 市					7	6	3	2
雄安新区			1		1			

2-6-2续5　各市农产品生产(加工)基地发展情况

名　　称	(三) 农产品生产（加工）基地按产业类型分（个）（续3）							
	13.羊		14.禽　肉		15.蛋　类		16.奶　类	
	2018年	2019年	2018年	2019年	2018年	2019年	2018年	2019年
全　　省	**27**	**17**	**36**	**23**	**59**	**50**	**32**	**22**
石家庄市（包含辛集市）	2				12	12	6	6
石家庄市（不含辛集市）	1				11	11	6	6
辛集市	1				1	1		
唐 山 市	1	1	3	2	3	3	8	6
秦皇岛市	3	3	5	4	1	1	1	1
邯 郸 市	9	4	4	2	13	10	2	
邢 台 市	1	1	4	3	8	7	1	1
保 定 市（包含定州市）	4	3	5	1	7	5	7	3
保 定 市（不含定州市）	4	3	5	1	6	4	6	2
定州市					1	1	1	1
张家口市	3	2			4	4	3	2
承 德 市	3	3	3	2	1	1	1	1
沧 州 市			6	6	5	5	1	2
廊 坊 市	1		1		2			
衡 水 市			5	3	2	2	1	
雄安新区					1		1	

2-6-2续6　各市农产品生产(加工)基地发展情况

名　称	（三）农产品生产（加工）基地按产业类型分（个）（续4）							
	17.皮毛类		18.其他畜牧业		19.水产业		20.林　业	
	2018年	2019年	2018年	2019年	2018年	2019年	2018年	2019年
全　省	**10**	**5**	**3**	**1**	**23**	**18**	**50**	**40**
石家庄市（包含辛集市）	1				2		5	2
石家庄市（不含辛集市）	1				2		5	2
辛集市								
唐 山 市	1	1			9	9	5	5
秦皇岛市	2	1			3	2	4	4
邯 郸 市			2	1	3	2	9	5
邢 台 市	1	1					4	4
保 定 市（包含定州市）	1						9	8
保 定 市（不含定州市）	1						9	8
定州市								
张家口市							2	2
承 德 市			1		1	1	7	7
沧 州 市	2	1			4	4		
廊 坊 市							2	1
衡 水 市	1	1					3	2
雄安新区	1				1			

2-6-2续7　各市农产品生产(加工)基地发展情况

名　称	二、农产品生产(加工)基地规模效益							
	农产品生产(加工)基地产值(万元)		农产品生产(加工)基地销售产值(万元)		基地销售产值按产业类型分（万元）			
					1.粮　食		2.饲　料	
	2018年	2019年	2018年	2019年	2018年	2019年	2018年	2019年
全　省	**29562911**	**23715619**	**28520790**	**22996770**	**891743**	**856621**		
石家庄市（包含辛集市）	2860254	1499233	2769011	1467502	100854	74099		
石家庄市（不含辛集市）	2448144	1111430	2356901	1079699	100854	74099		
辛集市	412110	387803	412110	387803				
唐 山 市	4405473	4673846	4303086	4593058	112113	123899		
秦皇岛市	1999444	1656064	1940511	1627950	116031	124551		
邯 郸 市	3265117	2754911	3157856	2649699	148693	110278		
邢 台 市	2233110	2072967	2112800	1987166	38835	42482		
保 定 市（包含定州市）	3797178	2793871	3665329	2722081	35024	52096		
保 定 市（不含定州市）	3437775	2425091	3327449	2356236	35024	52096		
定州市	359403	368780	337880	365845				
张家口市	1147456	852728	1111858	820386	124770	97656		
承 德 市	2543737	2789119	2393671	2690179	199967	229942		
沧 州 市	2730145	1461288	2660746	1402977				
廊 坊 市	2032722	946436	1940080	887432	902	1618		
衡 水 市	2150861	2215156	2070937	2148340	5522			
雄安新区	397414		394905		9032			

2-6-2续8　各市农产品生产(加工)基地发展情况

名　　称	二、农产品生产(加工)基地规模效益（续1）							
	基地销售产值按产业类型分（万元）（续1）							
	3.油　料		4.糖　料		5.水　果		6.蔬菜及食用菌	
	2018年	2019年	2018年	2019年	2018年	2019年	2018年	2019年
全　　省	**141505**	**131896**	**13059**		**2588845**	**2515706**	**8257743**	**7687948**
石家庄市（包含辛集市）	5409	4820			383795	344357	686893	373519
石家庄市（不含辛集市）	5409	4820			308542	254234	566616	229595
辛集市					75253	90123	120277	143924
唐 山 市	42868	44561			323126	317654	1684646	1862111
秦皇岛市	8726	9314			185233	179212	325928	290819
邯 郸 市	30159	36612			91624	95089	1231933	1075023
邢 台 市	13549	13596			213561	242205	264075	246666
保 定 市（包含定州市）	25750	13569			342189	420395	723123	708916
保 定 市（不含定州市）	18508	13569			336979	420395	619230	600594
定州市	7242				5210		103893	108322
张家口市			13059		204437	14800	383725	403213
承 德 市					268998	246946	747657	915544
沧 州 市	2905	591			194147	275650	680309	458130
廊 坊 市	3520				96558	72750	1039884	783135
衡 水 市	8619	8833			285177	306648	481882	570872
雄安新区							7688	

2-6-2续9　各市农产品生产(加工)基地发展情况

名　　称	二、农产品生产(加工)基地规模效益（续2）							
	基地销售产值按产业类型分（万元）（续2）							
	7.棉麻丝		8.中药材		9.花　卉		10.其他种植业	
	2018年	2019年	2018年	2019年	2018年	2019年	2018年	2019年
全　　省	**1370285**	**289489**	**618385**	**885740**	**159848**	**243192**	**39684**	**28651**
石家庄市（包含辛集市）				4400			5679	7406
石家庄市（不含辛集市）				4400			5679	7406
辛集市								
唐 山 市	3498	627						
秦皇岛市			186400	175000				
邯 郸 市	139000	76202	21913	16700	47731	52063	1746	1915
邢 台 市	153490	147167	107460	275182			1050	1461
保 定 市（包含定州市）			121265	155620	87455	163480	6450	9408
保 定 市（不含定州市）			121265	155620	8885	29225	6450	9408
定州市					78570	134255		
张家口市							16036	6540
承 德 市			181347	258838				
沧 州 市	1017290	14018					3555	1921
廊 坊 市					24662	27649		
衡 水 市	57007	51475						
雄安新区							5168	

2-6-2续10 各市农产品生产(加工)基地发展情况

名 称	二、农产品生产(加工)基地规模效益（续3）							
	基地销售产值按产业类型分（万元）（续3）							
	11.猪		12.牛		13.羊		14.肉 禽	
	2018年	2019年	2018年	2019年	2018年	2019年	2018年	2019年
全 省	**3420854**	**3158852**	**883581**	**619655**	**597309**	**565652**	**353853**	**253703**
石家庄市（包含辛集市）	453454	234432	15745		16673			
石家庄市（不含辛集市）	366454	234432	15745		7103			
辛集市	87000				9570			
唐 山 市	726532	851675	51915	55312	15800	25526	21894	23733
秦皇岛市	247583	259114			92089	120116	46281	34486
邯 郸 市	534982	602976	21767	14430	165051	67491	20153	15507
邢 台 市	126178	148752	19357		15151	18261	27339	42246
保 定 市（包含定州市）	658535	321321	60053	53680	184714	240835	74874	2780
保 定 市（不含定州市）	574785	262691	60053	53680	184714	240835	74874	2780
定州市	83750	58630						
张家口市	119691	118914	36550		79935	63142		
承 德 市	168510	219105	402803	450555	25535	30281	86590	67005
沧 州 市	103393	122386	7227	6161			52377	40414
廊 坊 市	21819		190833		2361		1016	
衡 水 市	224594	280177	77331	39517			23329	27532
雄安新区	35583							

2-6-2续11 各市农产品生产(加工)基地发展情况

名 称	二、农产品生产(加工)基地规模效益（续4）							
	基地销售产值按产业类型分（万元）（续4）							
	15.蛋 类		16.奶 类		17.皮毛类		18.其他畜牧业	
	2018年	2019年	2018年	2019年	2018年	2019年	2018年	2019年
全 省	**1670246**	**1291334**	**549288**	**469787**	**3096597**	**1674295**	**4594**	**1615**
石家庄市（包含辛集市）	477845	275425	105639	107314	191565			
石家庄市（不含辛集市）	357835	121669	105639	107314	191565			
辛集市	120010	153756						
唐 山 市	101322	94796	230032	226279	77553	75558		
秦皇岛市	14472	14588	871	867	250570	241721		
邯 郸 市	475981	418337	12241				4092	1615
邢 台 市	163612	151897	20063	17516	826540	538000		
保 定 市（包含定州市）	133301	78193	108690	74512	565000			
保 定 市（不含定州市）	111846	54581	70930	33486	565000			
定州市	21455	23612	37760	41026				
张家口市	83845	64562	46273	16141				
承 德 市	14520	16500	18350	21011			502	
沧 州 市	101993	122224	4200	6147	47243	30241		
廊 坊 市	43067							
衡 水 市	51788	54812	505		843126	788775		
雄安新区	8500		2424		295000			

2-6-2续12 各市农产品生产(加工)基地发展情况

名称	二、农产品生产(加工)基地规模效益（续5）							
	基地销售产值按产业类型分（万元）（续5）				农产品生产(加工)基地上交税金（万元）		1.种植业生产基地种植面积（公顷）	
	19.水产业		20.林业					
	2018年	2019年	2018年	2019年	2018年	2019年	2018年	2019年
全省	**1470266**	**1119111**	**1422798**	**632892**	**157198**	**251170**	**1851025**	**1685250**
石家庄市（包含辛集市）	5752		126167	41730	16111	3586	171423	105567
石家庄市（不含辛集市）	5752		126167	41730	16111	3586	155397	91184
辛集市							16026	14383
唐山市	631256	658886	118885	130890	2539	108	262071	267967
秦皇岛市	403962	124544	62365	53618	4568	186	162777	147632
邯郸市	16034	9711	194756	55750	1658	1007	255499	241747
邢台市			61081	43904	40831	643	187083	186727
保定市（包含定州市）			60868	46300	11873	191988	163461	157680
保定市（不含定州市）			60868	46300	11873	191988	143266	137388
定州市							20195	20292
张家口市			3537	6931	10740	431	138228	93090
承德市	852	876	267624	231790	21116	22394	200265	243563
沧州市	380900	325094			5218	3360	106519	88906
廊坊市			515458	2280	11947	149	77673	57469
衡水市			12057	19699	30597	27318	124248	94902
雄安新区	31510						1778	

2-6-2续13 各市农产品生产(加工)基地发展情况

单位：万元

名称	二、农产品生产(加工)基地规模效益(续6)					
	种植业产值		种植业销售产值		种植业上交税金	
	2018年	2019年	2018年	2019年	2018年	2019年
全省	**13944696**	**13767296**	**13371284**	**13321585**	**45239**	**34074**
石家庄市（包含辛集市）	1359024	863669	1308797	850331	4568	2852
石家庄市（不含辛集市）	1163494	629622	1113267	616284	4568	2852
辛集市	195530	234047	195530	234047		
唐山市	2340137	2530043	2277136	2476432	1785	55
秦皇岛市	900906	835010	880340	820808	93	
邯郸市	1495915	1589663	1432500	1519632	350	390
邢台市	880479	1044087	853101	1012663	186	184
保定市（包含定州市）	1472185	1652363	1415636	1603977	2118	2229
保定市（不含定州市）	1264800	1407575	1220721	1361400	2118	2229
定州市	207385	244788	194915	242577		
张家口市	601819	583067	581299	557627	7420	431
承德市	1791624	1954574	1676009	1884846	21049	22320
沧州市	949377	778843	911686	750310	4709	3264
廊坊市	1242591	946436	1167796	887432	214	149
衡水市	892846	989541	850264	957527	2747	2200
雄安新区	17793		16720			

2-6-2续14　各市农产品生产(加工)基地发展情况

名　称	二、农产品生产(加工)基地规模效益(续7)					
	2.养殖业生产基地牲畜饲养量（百头）		禽类饲养量（百只）		水产养殖面积（公顷）	
	2018年	2019年	2018年	2019年	2018年	2019年
全　省	**462277**	**326384**	**5367110**	**4032335**	**82596**	**93330**
石家庄市（包含辛集市）	52211	18837	968470	571374	1831	
石家庄市（不含辛集市）	41607	18837	731370	339374	1831	
辛集市	10604		237100	232000		
唐 山 市	77994	60083	353623	320102	46856	50182
秦皇岛市	39242	37947	290500	227410	15463	25759
邯 郸 市	84332	53492	1052370	795611	603	182
邢 台 市	15497	12187	587710	580690		
保 定 市（包含定州市）	94691	69379	430608	103089		
保 定 市（不含定州市）	86782	65153	377408	74168		
定州市	7909	4226	53200	28921		
张家口市	27737	19726	119055	126285		
承 德 市	32383	30387	549297	414958	30	30
沧 州 市	9375	8060	575697	592673	17131	17177
廊 坊 市	3716		117837			
衡 水 市	22254	16286	288958	300143		
雄安新区	2845		32985		682	

2-6-2续15　各市农产品生产(加工)基地发展情况

单位：万元

名　称	二、农产品生产(加工)基地规模效益(续8)					
	2.养殖业生产基地养殖业产值		养殖业销售产值		养殖业上交税金	
	2018年	2019年	2018年	2019年	2018年	2019年
全　省	**9043862**	**8033584**	**8784609**	**7833209**	**13336**	**191260**
石家庄市（包含辛集市）	1107099	635564	1075108	617171	1433	734
石家庄市（不含辛集市）	890519	481808	858528	463415	1433	734
辛集市	216580	153756	216580	153756		
唐 山 市	1892284	2042772	1856304	2017745	663	53
秦皇岛市	818986	809054	802508	795436	714	186
邯 郸 市	1252375	1165248	1217970	1130067	729	617
邢 台 市	383368	392483	371700	378672	388	388
保 定 市（包含定州市）	1198660	787648	1166447	771321	2690	188352
保 定 市（不含定州市）	1046642	663656	1023482	648053	2690	188352
定州市	152018	123992	142965	123268		
张家口市	348436	269661	334605	262759	2015	
承 德 市	752113	834545	717662	805333	67	74
沧 州 市	728299	682445	697333	652667	77	96
廊 坊 市	92250		89408		1060	
衡 水 市	390539	414164	377547	402038	3500	760
雄安新区	79453		78017			

2-6-2续16 各市农产品生产(加工)基地发展情况

单位：万元

名　称	二、农产品生产(加工)基地规模效益(续9)					
	3.农产品加工基地加工业产值		加工业销售产值		加工业上交税金	
	2018年	2019年	2018年	2019年	2018年	2019年
全　省	**6574353**	**1914739**	**6364897**	**1841976**	**98623**	**25836**
石家庄市（包含辛集市）	394131		385106		10110	
石家庄市（不含辛集市）	394131		385106		10110	
辛集市						
唐山市	173052	101031	169646	98881	91	
秦皇岛市	279552	12000	257663	11706	3761	
邯郸市	516827		507386		579	
邢台市	969263	636397	887999	595831	40257	71
保定市（包含定州市）	1126333	353860	1083246	346783	7065	1407
保定市（不含定州市）	1126333	353860	1083246	346783	7065	1407
定州市						
张家口市	197201		195954		1305	
承德市						
沧州市	1052469		1051727		432	
廊坊市	697881		682876		10673	
衡水市	867476	811451	843126	788775	24350	24358
雄安新区	300168		300168			

2-6-2续17 各市农产品生产(加工)基地发展情况

名　称	三、农产品生产(加工)基地带动农户数(户)		#订单带动农户数		1.种植业生产基地带动农户数			
							#订单带动农户数	
	2018年	2019年	2018年	2019年	2018年	2019年	2018年	2019年
全　省	**7877933**	**6400419**	**1552499**	**1016323**	**5596080**	**5097287**	**1202624**	**831914**
石家庄市（包含辛集市）	771651	390547	80377	21746	559974	342178	63505	19533
石家庄市（不含辛集市）	594689	238034	80377	21746	427801	209665	63505	19533
辛集市	176962	152513			132173	132513		
唐山市	1136095	962850	166658	118420	808256	809075	127283	87799
秦皇岛市	661646	531905	88965	41266	468622	441109	48714	38407
邯郸市	1149083	952767	437151	438499	777648	714770	336465	367143
邢台市	714657	719117	158003	15413	549624	594251	153521	14812
保定市（包含定州市）	973034	858464	149515	77137	726276	721891	117343	71722
保定市（不含定州市）	900889	738405	128050	77137	656436	603300	96992	71722
定州市	72145	120059	21465		69840	118591	20351	
张家口市	619751	419822	170541	56078	333376	249963	136857	46347
承德市	735610	716978	110348	87272	528932	538079	79431	60213
沧州市	491990	400374	91360	81311	357933	323388	71340	67131
廊坊市	183886	107567	579	260	164205	107567	570	260
衡水市	429626	340028	94246	78921	318017	255016	67230	58547
雄安新区	10904		4756		3217		365	

2-6-2续18　各市农产品生产(加工)基地发展情况

名　　称	三、农产品生产(加工)基地带动农户数(户)(续1)					
	2.养殖业生产基地带动农户数		#订单带动农户数		3.农产品加工基地带动农户数	
	2018年	2019年	2018年	2019年	2018年	2019年
全　　省	**1924540**	**1242112**	**251722**	**174165**	**357313**	**61020**
石家庄市（包含辛集市）	196834	48369	15999	2213	14843	
石家庄市（不含辛集市）	152045	28369	15999	2213	14843	
辛集市	44789	20000				
唐 山 市	307225	146941	39375	30621	20614	6834
秦皇岛市	135614	78796	8151	2859	57410	12000
邯 郸 市	305536	237997	85489	71356	65899	
邢 台 市	136415	111990	4482	601	28618	12876
保 定 市（包含定州市）	222536	130931	23730	5415	24222	5642
保 定 市（不含定州市）	220231	129463	22616	5415	24222	5642
定州市	2305	1468	1114			
张家口市	230475	169859	8184	9731	55900	
承 德 市	206678	178899	30917	27059		
沧 州 市	86380	76986	20020	14180	47677	
廊 坊 市	10541		9		9140	
衡 水 市	80906	61344	13262	10130	30703	23668
雄安新区	5400		2104		2287	

2-6-2续19　各市农产品生产(加工)基地发展情况

名　　称	三、农产品生产(加工)基地带动农户数(户)(续2)		四、基地带动农户的户均纯收入(元)		#从产业化中经营中得到的户均纯收入	
	#农产品加工基地订单带动农户数					
	2018年	2019年	2018年	2019年	2018年	2019年
全　　省	**98153**	**10244**	**27225**	**27697**	**10908**	**11239**
石家庄市（包含辛集市）	873		25976	28218	11135	13826
石家庄市（不含辛集市）	873		28063	33760	12298	17113
辛集市			18963	19567	7226	8696
唐 山 市			33799	35706	12782	13224
秦皇岛市	32100		19437	17418	6486	4493
邯 郸 市	15197		26790	29798	8315	8984
邢 台 市			26707	29135	11661	11374
保 定 市（包含定州市）	10729		26117	25151	10463	11351
保 定 市（不含定州市）	10729		27106	27126	10477	11600
定州市			13767	13004	10290	9817
张家口市	25500		14196	12772	8184	6202
承 德 市			23114	23316	10829	10727
沧 州 市			27871	29775	13169	15223
廊 坊 市			29956	29961	14148	13117
衡 水 市	13754	10244	52618	42498	19170	20973
雄安新区			24167		9562	

2-6-3 各市农业产业化统计监测情况

名称	农业产业化总量(万元)		产业化经营率(%)		农副产品转化率(%)		农副产品加工增值率(%)	
	2018年	2019年	2018年	2019年	2018年	2019年	2018年	2019年
全省	**67373524**	**66698904**	**65.9**	**67.1**	**38.8**	**39.2**	**76.8**	**90.7**
石家庄市（包含辛集市）	7494810	7567348	63.2	59.1	35.4	21.9	80.5	184.1
石家庄市（不含辛集市）	6809591	6692014	63.2	58.4	33.2	18.5	85.9	202.8
辛集市	685219	875334	63.7	65.1	51.4	45.2	25.4	70.7
唐山市	7494800	8907001	65.6	67.9	51.2	51.6	101.9	63.5
秦皇岛市	4902718	4649990	70.9	72.0	45.5	47.2	56.0	60.9
邯郸市	6997076	7033191	69.1	68.5	45.9	45.0	67.3	80.2
邢台市	7558329	7675983	69.1	70.0	26.6	29.7	64.7	54.7
保定市（包含定州市）	7960351	8020578	66.9	64.8	39.6	35.2	97.3	104.9
保定市（不含定州市）	7197457	7109359	69.1	66.5	41.0	35.9	99.0	110.6
定州市	762894	911219	51.9	53.8	32.3	31.8	86.9	75.5
张家口市	2631154	2563602	45.7	42.6	22.7	19.2	93.6	120.4
承德市	3992624	4367363	70.3	71.2	58.7	60.4	117.4	121.2
沧州市	8135220	7139061	66.6	68.8	28.3	30.2	55.0	82.0
廊坊市	3651231	2534592	67.1	52.5	41.2	27.9	54.3	62.9
衡水市	5784224	5963450	69.4	71.2	32.5	36.1	115.6	127.7
雄安新区	770987	276745	66.0	43.3	19.2		24.3	144.9

2-6-3续 各市农业产业化统计监测情况

名称	农副产品商品率(%)		农民人均纯收入增长率(%)		农户参与度(%)		参与农户增收比率(%)		农民受益率(%)	
	2018年	2019年	2018年	2019年	2018年	2019年	2018年	2019年	2018年	2019年
全省	**85.3**	**85.8**	**8.9**	**9.6**	**47.5**	**38.0**	**40.1**	**40.6**	**10.5**	**8.0**
石家庄市（包含辛集市）	78.4	86.0			40.2	20.0	42.9	49.0		
石家庄市（不含辛集市）	78.6	87.0	8.8	9.2	34.0	13.4	43.8	50.7	7.5	3.8
辛集市	77.1	79.7	10.0	9.7	104.3	87.7	38.1	44.4	13.3	12.6
唐山市	93.2	93.5	8.8	9.4	70.9	60.2	37.8	37.0	14.9	12.0
秦皇岛市	88.4	98.5	9.2	9.6	92.5	72.6	33.4	25.8	15.2	7.7
邯郸市	85.3	92.7	8.8	9.7	60.2	49.3	31.0	30.2	8.5	6.9
邢台市	84.6	91.4	11.7	12.3	43.0	42.8	43.7	39.0	10.8	9.4
保定市（包含定州市）	88.8	87.6			33.9	33.7	40.1	45.1		
保定市（不含定州市）	88.6	86.6	10.4	10.7	35.0	32.9	38.7	42.8	7.5	7.0
定州市	90.1	92.0	10.2	9.7	24.1	39.8	74.7	75.5	4.1	5.9
张家口市	77.5	85.0	12.0	12.5	51.2	35.4	57.7	48.6	14.5	6.8
承德市	87.3	89.7	11.6	12.0	74.7	70.7	46.9	46.0	23.9	20.6
沧州市	83.9	121.8	9.3	9.9	29.3	23.7	47.3	51.1	7.9	6.7
廊坊市	86.8	90.4	8.9	9.5	20.2	11.5	47.2	43.8	4.5	2.2
衡水市	86.4	94.8	11.6	11.4	37.7	29.3	36.4	49.4	17.7	13.7
雄安新区	74.8	76.1			3.0		39.6			

3-1 县(市、区)国民经济主要指标(2019)(1-1)

县(市、区)	一、基本情况						
	行政区域面积(平方公里)	乡个数(个)	镇个数(个)	村民委员会个数(个)	自来水受益村数(个)	通有线电视村数(个)	通宽带村数(个)
石家庄市							
长安区	138		4	4	8	8	8
桥西区	70			15	14	16	16
新华区	92			13	13	12	12
井陉矿区	70	1	2				
裕华区	61		2	5	5	5	5
藁城区	836	1	12	164	219	216	219
鹿泉区	603	3	9	208	203	198	208
栾城区	326	3	5	173	173	173	173
井陉县	1381	7	10	321	308	262	305
正定县	468	5	3	154	165	165	165
行唐县	1025	11	4	322	291	326	330
灵寿县	1066	9	6	279	275	201	275
高邑县	222	1	4	107	107	107	107
深泽县	296	3	3	125	125	125	125
赞皇县	1210	7	4	212	166	212	212
无极县	524	5	6	213	213	213	213
平山县	2648	11	12	717	697	506	711
元氏县	675	7	8	208	182	196	208
赵　县	674	4	7	281	281	281	281
晋州市	619	1	9	224	224	110	224
新乐市	525	3	8	160	160	160	160
唐山市							
路南区	117	1	1	55	55	55	55
路北区	161	1		71	71	71	71
古冶区	248	3	2	122	122	122	122
开平区	257		6	134	134	125	134
丰南区	1288	3	12	444	444	399	444
丰润区	1154	3	19	480	480	455	479
曹妃甸区	1281		5	11	108	108	108
滦南县	1483		16	589	589	556	589
乐亭县	1020	3	11	531	473	438	466
迁西县	1461	8	9	417	243	417	417
玉田县	1170	4	16	750	750	641	750
遵化市	1514	12	13	648	643	648	648
迁安市	1227	7	10	464	428	458	458
滦州市	1027		10	504	499	410	504
秦皇岛市							
海港区	800		8	262	194	252	261
山海关区	194		3	96	94	96	95
北戴河区	113		3	43	43	43	43
抚宁区	968	2	5	363	180	298	363
青龙满族自治县	3510	13	11	396	238	395	396
昌黎县	1212	5	11	418	415	415	418

注：村民委员会个数与自来水受益村、通有线电视村、通宽带村统计口径不同。（下同）

3-1 县(市、区)国民经济主要指标(2019)(1-2)

县(市、区)	一、基本情况						
	行政区域面积(平方公里)	乡个数(个)	镇个数(个)	村民委员会个数(个)	自来水受益村数(个)	通有线电视村数(个)	通宽带村数(个)
卢龙县	956	3	9	548	342	481	548
邯郸市							
邯山区	209	5	4	169	122	122	122
丛台区	192	6	3	167	58	69	70
复兴区	137	3	2	94	28	34	41
峰峰矿区	341		9	148	149	132	149
肥乡区	503	4	5	255	255	255	255
永年区	761	8	9	342	342	336	342
临漳县	742	7	7	429	425	425	425
成安县	482	4	5	239	234	234	234
大名县	1053	10	10	609	609	609	609
涉　县	1509	8	8	308	298	306	307
磁　县	695	6	6	253	233	237	237
邱　县	449	2	5	217	217	217	217
鸡泽县	336	3	4	169	169	169	169
广平县	314		7	169	169	169	169
馆陶县	456	4	4	277	277	277	277
魏　县	864	9	12	489	561	552	560
曲周县	677	4	6	338	338	336	338
武安市	1806	9	13	502	438	422	499
邢台市							
桥东区	122	1	3	55	55	55	55
桥西区	120		2	31	31	30	31
邢台县	1848	6	10	519	519	456	501
临城县	797	4	4	220	220	220	220
内丘县	788	4	5	309	309	114	309
柏乡县	268	2	4	121	121	121	121
隆尧县	749	5	7	276	276	276	276
任　县	431	4	4	134	134	134	134
南和县	405	5	3	209	209	196	209
宁晋县	1111	5	11	322	333	333	333
巨鹿县	631	3	7	246	246	246	246
新河县	366	4	2	169	169	169	169
广宗县	504	4	4	196	196	196	196
平乡县	406	4	2	227	227	227	227
威　县	1012	5	11	519	519	519	519
清河县	501		6	305	305	305	305
临西县	542	3	6	299	299	299	299
南宫市	861	5	6	440	440	440	440
沙河市	859	4	4	242	222	222	238
保定市							
竞秀区	127	5		71	63	63	63
莲池区	178	6	1	119	110	110	110
满城区	658	6	5	183	183	166	183

3-1 县(市、区)国民经济主要指标(2019)(1-3)

县(市、区)	一、基本情况						
	行政区域面积(平方公里)	乡个数(个)	镇个数(个)	村民委员会个数(个)	自来水受益村数(个)	通有线电视村数(个)	通宽带村数(个)
清苑区	867	9	9	266	266	266	266
徐水区	723	4	10	304	283	223	299
涞水县	1662	4	11	284	249	167	280
阜平县	2496	7	6	209	209	209	209
定兴县	714	9	7	274	211	132	267
唐　县	1414	11	9	345	317	331	345
高阳县	441	2	5	149	163	163	163
容城县	314	3	5	127	127	109	127
涞源县	2448	9	8	283	284	267	283
望都县	358	2	6	142	143	143	143
安新县	779	4	9	223	223	217	223
易　县	2534	18	9	469	370	323	460
曲阳县	1084	9	9	367	334	353	367
蠡　县	652	3	10	232	232	189	232
顺平县	712	5	5	237	235	236	236
博野县	331		7	133	133	88	133
雄　县	661	4	8	287	287	267	286
涿州市	751	1	10	402	395	329	402
安国市	486	3	6	198	193	195	195
高碑店市	620		9	409	408	177	409
张家口市							
桥东区	374	1	2	47	47	47	46
桥西区	119		1	20	20	20	20
宣化区	2014	7	7	314	290	261	291
下花园区	315	4		46	46	46	46
万全区	1162	7	4	170	172	172	172
崇礼区	2324	8	2	211	202	200	194
张北县	3854	11	7	366	349	362	363
康保县	3365	8	7	326	327	202	304
沽源县	3363	10	4	233	218	200	230
尚义县	2601	7	7	172	168	143	171
蔚　县	3198	11	11	546	449	475	503
阳原县	1839	9	5	301	284	132	280
怀安县	1698	7	4	273	269	227	261
怀来县	1801	6	11	279	250	229	247
涿鹿县	2802	4	13	373	371	367	359
赤城县	5273	9	9	440	389	381	397
承德市							
双桥区	354		5	53	34	44	49
双滦区	452	1	5	63	44	61	63
鹰手营子矿区	149		4	15	13	15	15
承德县	3648	11	12	378	312	376	376
兴隆县	3117	5	15	289	147	227	284
滦平县	2993	10	10	199	133	198	199

3-1 县(市、区)国民经济主要指标(2019)(1-4)

县(市、区)	一、基本情况						
	行政区域面积(平方公里)	乡个数(个)	镇个数(个)	村民委员会个数(个)	自来水受益村数(个)	通有线电视村数(个)	通宽带村数(个)
隆化县	5473	15	9	357	267	350	356
丰宁满族自治县	8739	16	10	309	276	301	304
宽城满族自治县	1936	8	10	205	177	203	204
围场满族蒙古族自治县	9037	25	12	312	312	315	315
平泉市	3294	4	15	238	206	238	238
沧州市							
新华区	89	1		20	24	24	23
运河区	118	1	1	62	62	62	62
沧　县	1520	15	4	510	511	511	511
青　县	992	3	7	345	349	349	349
东光县	710	1	8	447	447	447	447
海兴县	868	4	3	197	199	199	199
盐山县	795	6	6	450	450	449	449
肃宁县	516	3	6	254	254	254	254
南皮县	790	3	6	312	312	312	312
吴桥县	582	5	5	473	473	473	473
献　县	1173	11	7	500	500	500	500
孟村回族自治县	387	2	4	126	126	126	126
泊头市	1009	4	8	657	657	657	657
任丘市	872	5	7	349	349	349	349
黄骅市	1718	7	4	331	327	327	327
河间市	1322	11	7	615	563	563	563
廊坊市							
安次区	578	4	4	288	284	284	284
广阳区	331	1	3	169	149	150	150
固安县	703	4	5	419	417	357	419
永清县	776	5	5	386	386	386	386
香河县	448		9	300	300	300	300
大城县	897		10	394	394	312	394
文安县	1037	1	12	383	383	382	382
大厂回族自治县	176		5	105	105	105	105
霸州市	802	3	9	363	363	363	363
三河市	643		10	395	395	395	395
衡水市							
桃城区	383	1	3	221	221	221	221
冀州区	878	4	6	382	382	382	382
枣强县	905	2	9	553	553	553	553
武邑县	800	2	7	522	524	524	524
武强县	443	2	4	230	238	238	238
饶阳县	572	2	5	197	197	197	197
安平县	496	3	5	230	229	229	229
故城县	941	2	11	538	538	538	538
景　县	1188	5	11	848	847	847	847
阜城县	695	4	6	610	610	610	610
深州市	1245	6	11	465	465	465	465
定州市	1284	5	16	470	468	470	470
辛集市	951	7	8	344	344	344	344

3-1　县(市、区)国民经济主要指标(2019)(2-1)

县(市、区)	二、人口与就业				
	户籍人口（万人）	乡村户数（户）	乡村人口（万人）	年末乡村从业人员（人）	#农林牧渔业从业人员（人）
石家庄市					
长安区	66.8	7033	2.5	11000	1870
桥西区	67.6	11508	3.8	14870	98
新华区	50.9	12195	4.6	20704	2532
井陉矿区	8.8	14671	5.4	22497	3392
裕华区	48.0	6890	3.2	15114	1161
藁城区	86.6	201093	76.0	399484	125455
鹿泉区	44.7	97988	38.7	176759	64557
栾城区	36.4	87387	34.2	175964	42572
井陉县	33.2	86366	29.9	144469	59681
正定县	51.7	104216	44.5	220272	65517
行唐县	46.3	116982	40.5	197747	114975
灵寿县	35.3	75173	28.4	150442	72972
高邑县	20.4	45577	18.3	99919	63588
深泽县	25.9	61645	22.9	124874	43848
赞皇县	28.1	65618	23.0	134154	49054
无极县	53.9	137766	50.3	256433	115541
平山县	50.5	135604	45.5	227894	140257
元氏县	44.7	97215	41.5	201653	113472
赵　县	62.3	143331	57.1	281512	127437
晋州市	57.7	134372	51.6	266288	77469
新乐市	51.9	104331	41.4	220012	50011
唐山市					
路南区	27.0	20430	6.4	32449	9610
路北区	67.2	32814	11.8	64795	25976
古冶区	33.3	38207	12.1	60063	25533
开平区	25.1	58099	17.9	82050	20694
丰南区	53.7	122619	45.8	245357	94502
丰润区	81.3	177795	62.4	331463	170408
曹妃甸区	21.4	44937	14.5	81683	37381
滦南县	56.9	152493	51.6	289756	189707
乐亭县	44.3	122082	37.8	224304	100881
迁西县	39.6	96668	34.9	194810	82670
玉田县	70.4	167288	60.8	334926	95501
遵化市	75.3	194160	68.3	335772	110748
迁安市	77.8	161031	55.9	295234	53935
滦州市	57.3	147422	51.5	289043	112074
秦皇岛市					
海港区	74.8	70646	19.6	98856	44149
山海关区	14.5	18985	5.7	30491	21340
北戴河区	9.7	25166	6.3	35228	12159
抚宁区	33.1	102106	29.1	155415	100393
青龙满族自治县	56.7	154497	50.0	272894	178845
昌黎县	52.3	182629	45.6	263843	162182

3-1 县(市、区)国民经济主要指标(2019)(2-2)

县(市、区)	二、人口与就业				
	户籍人口（万人）	乡村户数（户）	乡村人口（万人）	年末乡村从业人员（人）	#农林牧渔业从业人员（人）
卢龙县	41.5	130311	37.8	212065	139944
邯郸市					
邯山区	50.1	43857	18.6	93274	31068
丛台区	56.5	35002	15.1	54021	18514
复兴区	30.9	13627	6.1	30097	12507
峰峰矿区	47.8	54039	21.6	90990	29921
肥乡区	41.4	79942	35.9	195704	56432
永年区	97.2	179968	73.3	383373	149478
临漳县	75.8	147083	64.4	400943	271820
成安县	46.7	85225	34.6	192309	67270
大名县	93.6	162313	70.2	357339	178268
涉　县	43.3	124330	39.2	197946	77289
磁　县	47.9	90187	35.6	167278	42339
邱　县	25.8	54352	21.5	113440	68033
鸡泽县	34.2	70650	30.8	144214	23939
广平县	31.4	60775	26.0	140405	61240
馆陶县	36.3	72370	28.8	145698	79084
魏　县	104.4	230316	95.9	369496	188312
曲周县	53.6	102053	48.0	259084	115346
武安市	84.9	196976	73.9	380998	154179
邢台市					
桥东区	31.9	23804	7.7	37618	8222
桥西区	42.5	20750	7.2	35035	9462
邢台县	36.3	116550	34.3	171766	66957
临城县	22.1	56569	19.5	83809	46961
内丘县	29.8	66254	25.1	133235	54771
柏乡县	20.7	47357	18.9	92097	36433
隆尧县	57.3	125490	52.1	263693	111256
任　县	39.2	58234	24.3	125225	48429
南和县	40.0	87576	35.8	176452	79945
宁晋县	86.6	204462	74.0	348052	187048
巨鹿县	43.4	105817	35.4	186643	124238
新河县	17.8	46078	15.9	71965	42960
广宗县	33.7	75232	28.5	148557	54659
平乡县	36.9	63595	27.0	135303	34286
威　县	64.8	163017	60.3	308554	157103
清河县	45.0	89469	36.7	166453	31157
临西县	39.4	96312	34.8	173692	72982
南宫市	50.8	113672	43.3	204769	88253
沙河市	46.1	96575	39.6	171660	71062
保定市					
竞秀区	43.7	30376	12.1	61269	20596
莲池区	63.7	47115	17.8	92189	31719
满城区	41.0	91202	34.1	183929	111161

3-1 县(市、区)国民经济主要指标(2019)(2-3)

县(市、区)	二、人口与就业				
	户籍人口（万人）	乡村户数（户）	乡村人口（万人）	年末乡村从业人员（人）	#农林牧渔业从业人员（人）
清苑区	69.2	168666	63.9	350400	185512
徐水区	63.9	188324	58.1	309715	148959
涞水县	36.4	101641	32.0	177688	110949
阜平县	23.0	69430	20.1	77404	42231
定兴县	61.0	170507	57.2	322876	137498
唐　县	59.7	146025	54.1	268944	125236
高阳县	32.5	84982	28.2	159341	57485
容城县	28.0	76076	23.9	127414	37078
涞源县	28.8	88011	24.6	117767	77644
望都县	27.4	63517	23.3	126035	74582
安新县	51.3	168059	49.4	231551	110902
易　县	58.3	153733	51.8	235374	126715
曲阳县	66.0	177181	59.7	262348	139580
蠡　县	54.7	130385	51.7	282891	143750
顺平县	31.6	90554	29.8	159177	103962
博野县	27.2	90182	25.4	127243	68714
雄　县	49.7	151064	45.9	191117	76966
涿州市	70.4	126512	47.7	261952	141766
安国市	41.2	93796	34.5	203405	111791
高碑店市	57.0	111563	45.6	250837	119777
张家口市					
桥东区	26.0	22946	5.6	28489	20126
桥西区	20.7	7373	2.1	8709	1283
宣化区	52.2	81542	20.5	109482	73230
下花园区	6.5	12355	2.7	13969	7186
万全区	22.5	73495	19.4	95505	59279
崇礼区	13.1	35229	8.6	42580	23045
张北县	36.1	104812	25.7	114042	75962
康保县	26.9	101058	24.5	123409	68123
沽源县	22.5	84926	19.7	107068	86234
尚义县	18.6	41889	10.1	50808	37100
蔚　县	49.9	102143	27.1	105184	83016
阳原县	27.1	82541	22.0	113322	66606
怀安县	23.7	64069	16.8	95991	71207
怀来县	36.9	107464	27.8	152871	91707
涿鹿县	35.1	98462	24.1	134989	96782
赤城县	29.3	115108	25.5	117768	86344
承德市					
双桥区	31.5	25523	7.4	33559	9305
双滦区	14.9	29044	9.1	41179	13232
鹰手营子矿区	6.2	6070	1.9	8889	3141
承德县	42.8	128460	38.9	211330	120375
兴隆县	32.8	97932	29.2	156186	100370
滦平县	33.1	100375	29.4	153852	71656

3-1 县(市、区)国民经济主要指标(2019)(2-4)

县(市、区)	二、人口与就业				
	户籍人口(万人)	乡村户数(户)	乡村人口(万人)	年末乡村从业人员(人)	#农林牧渔业从业人员(人)
隆化县	44.9	120473	39.0	213830	126293
丰宁满族自治县	40.9	122998	34.9	172608	120683
宽城满族自治县	26.3	69077	23.1	122816	49817
围场满族蒙古族自治县	53.7	164560	48.1	241498	177660
平泉市	48.0	131991	41.9	218891	123756
沧州市					
新华区	18.6	11369	3.9	15518	5701
运河区	36.5	21949	8.5	38152	21003
沧　县	74.3	182493	69.9	381642	78157
青　县	44.1	101956	37.1	212289	52731
东光县	38.6	93853	34.0	168381	63665
海兴县	23.7	62544	20.2	113782	70342
盐山县	49.6	120124	44.1	214240	130046
肃宁县	37.1	95031	33.4	204113	54771
南皮县	40.0	92622	35.1	192774	97032
吴桥县	28.0	74702	24.2	142991	49975
献　县	66.3	146425	56.1	283311	131796
孟村回族自治县	23.3	49865	19.1	96509	37190
泊头市	63.2	152630	49.1	266245	63083
任丘市	81.5	154265	56.2	275987	63370
黄骅市	48.6	107967	41.6	210322	30452
河间市	90.7	205247	73.9	431689	80481
廊坊市					
安次区	37.9	74509	28.0	151719	80894
广阳区	43.1	36230	15.7	75169	34703
固安县	52.7	103669	39.6	175298	129011
永清县	41.4	87063	33.4	179836	96361
香河县	37.6	82404	29.0	147112	45105
大城县	53.9	127730	46.4	255946	83876
文安县	55.9	134986	48.3	244097	79786
大厂回族自治县	13.4	40775	10.3	44422	9205
霸州市	65.8	131290	53.4	267750	52477
三河市	74.7	109494	37.1	189174	61684
衡水市					
桃城区	50.7	52714	16.8	80010	18744
冀州区	34.5	97915	28.9	144059	71447
枣强县	40.5	110318	34.7	175083	88247
武邑县	31.8	71277	27.2	141681	77171
武强县	21.5	58915	19.8	102836	53863
饶阳县	28.9	77414	26.3	149291	53400
安平县	33.7	90324	30.5	150816	46087
故城县	52.6	130446	44.0	215773	107583
景　县	54.6	134161	49.0	251034	124542
阜城县	35.4	110687	33.2	167736	67111
深州市	56.5	191123	52.9	274461	120306
定州市	124.1	301854	112.1	648126	200114
辛集市	63.5	173832	55.2	295283	94453

3-1 县(市、区)国民经济主要指标(2019)(3-1)

县(市、区)	三、综合经济					
	农林牧渔业增加值（万元）	农业增加值（万元）	林业增加值（万元）	牧业增加值（万元）	渔业增加值（万元）	农林牧渔服务业增加值（万元）
石家庄市						
长安区	9047	5363	276	1466		1942
桥西区	1061	893		1		167
新华区	4643	3755	220	51		617
井陉矿区	3776	1771	181	1772	12	40
裕华区	712	575		117		20
藁城区	476173	259215	4721	189677	4	22556
鹿泉区	191529	127902	9718	37958	4322	11629
栾城区	183505	81456	2666	67441		31942
井陉县	106303	42298	19701	35489	384	8431
正定县	412786	209336	9567	175172		18711
行唐县	372841	191751	7677	147732	121	25560
灵寿县	274753	168986	16213	78998	4567	5989
高邑县	136085	110170	1102	19564		5249
深泽县	160869	95998	1060	46809	209	16793
赞皇县	201332	105249	17136	65612	226	13109
无极县	309181	166650	718	123676	1	18136
平山县	173215	60371	35806	50439	4845	21754
元氏县	204994	89953	6410	102757	256	5618
赵　县	259875	207243	1205	35171		16256
晋州市	390830	284456	2801	88770		14803
新乐市	355830	179198	2153	147889		26590
唐山市						
路南区	16445	8948	1146	6337		14
路北区	35680	30461	591	4403		225
古冶区	93290	57051	2742	28930	2655	1912
开平区	47327	16656	2320	24276	2516	1559
丰南区	471584	271093	5721	83818	89390	21562
丰润区	381541	201960	5565	155213	3157	15646
曹妃甸区	331125	67386	3306	46017	188206	26210
滦南县	854480	439968	4003	246743	136586	27180
乐亭县	805104	532793	6124	101084	160002	5101
迁西县	232349	146182	16315	54512	8672	6668
玉田县	650088	419230	9650	203772	6168	11268
遵化市	489338	325857	10329	141291	793	11068
迁安市	335108	152330	6756	163812		12210
滦州市	469732	260598	7536	193961	502	7135
秦皇岛市						
海港区	75107	31164	7816	24554	4742	6831
山海关区	88399	54100	471	19622	11797	2409
北戴河区	19235	12559	964	3143	1377	1192
抚宁区	392735	168912	15224	158942	676	48981
青龙满族自治县	466021	270268	36759	130064	2472	26458
昌黎县	695288	293586	14712	265204	50268	71518

3-1 县(市、区)国民经济主要指标(2019)(3-2)

县(市、区)	三、综合经济					
	农林牧渔业增加值（万元）	农业增加值（万元）	林业增加值（万元）	牧业增加值（万元）	渔业增加值（万元）	农林牧渔服务业增加值（万元）
卢龙县	377333	197821	16400	142924	1092	19096
邯郸市						
邯山区	23124	13767	1354	7859		144
丛台区	10145	5829	1018	2497		801
复兴区	5841	2001	2141	1331		368
峰峰矿区	48060	7105	4611	33064	1329	1951
肥乡区	293452	194474	4321	70557	14	24086
永年区	381933	247399	4977	119993	4036	5528
临漳县	253677	145015	3222	95168	31	10241
成安县	289807	168591	3154	74328	5	43729
大名县	286856	161304	3485	100925	60	21082
涉　县	109017	46616	25002	34130	2226	1043
磁　县	115414	37495	13882	58141	3744	2152
邱　县	172387	94464	3159	53058	47	21659
鸡泽县	152524	91359	3364	50746	26	7029
广平县	107545	81582	1635	23597	17	714
馆陶县	222398	114875	2696	97110	12	7705
魏　县	389601	275691	4063	86200	54	23593
曲周县	252286	134630	3953	91960	1305	20438
武安市	278591	121595	33518	120516	667	2295
邢台市						
桥东区	8876	6615	160	2002		99
桥西区	8669	4674	1265	2468	26	236
邢台县	125029	93320	7653	22717	545	794
临城县	87653	46146	3539	35589	1747	632
内丘县	141993	94661	8157	37991	28	1156
柏乡县	97981	67305	3316	26706		654
隆尧县	247715	180616	2148	59846		5105
任　县	128512	97028	1746	25359		4379
南和县	219559	174937	2236	35645	12	6729
宁晋县	315979	218268	2323	79173	13	16202
巨鹿县	302980	267375	1671	33300	48	586
新河县	136009	84561	2584	41864	468	6532
广宗县	132065	94480	891	31431		5263
平乡县	162365	127695	2278	28020		4372
威　县	294435	192216	4631	90355	158	7075
清河县	99343	49298	2790	13840	177	33238
临西县	164872	108939	1871	35169	100	18793
南宫市	199198	147307	5029	43710	254	2898
沙河市	74590	29265	5525	32595	457	6748
保定市						
竞秀区	14863	11845	54	1995		969
莲池区	24718	15024	165	8782		747
满城区	225772	141668	6972	61919	6	15207

3-1 县(市、区)国民经济主要指标(2019)(3-3)

县(市、区)	三、综合经济					
	农林牧渔业增加值（万元）	农业增加值（万元）	林业增加值（万元）	牧业增加值（万元）	渔业增加值（万元）	农林牧渔服务业增加值（万元）
清苑区	321946	247751	10321	57344		6530
徐水区	236384	112653	5057	102136	129	16409
涞水县	172866	86815	36406	44520	143	4982
阜平县	126974	85674	13380	21763	4477	1680
定兴县	312456	180996	3293	98290	256	29621
唐　县	304688	71720	6892	221538	1411	3127
高阳县	67631	44180	1922	12836	21	8672
容城县	66910	50822	4677	9419		1992
涞源县	73163	25232	15677	30911	280	1063
望都县	159305	113872	2723	38666	42	4002
安新县	90312	65273	10983	9005	1343	3708
易　县	283471	118838	16412	143812	2422	1987
曲阳县	166190	72112	9737	77617	2310	4414
蠡　县	171986	101009	4450	58305		8222
顺平县	226452	199082	7134	18465	38	1733
博野县	138748	93225	12141	30111		3271
雄　县	87309	63962	8437	13501		1409
涿州市	241688	143495	5826	76068	425	15874
安国市	207045	164693	5021	31831		5500
高碑店市	164016	91727	2570	53922	92	15705
张家口市						
桥东区	15974	6693	560	8428		293
桥西区	2430	259	448	1560		163
宣化区	134873	58402	8418	63384	473	4196
下花园区	27938	12514	1076	12604		1744
万全区	115682	33997	6847	65589	5	9244
崇礼区	55221	32206	17159	5672	15	169
张北县	358886	260399	7840	89453	192	1002
康保县	205967	111478	7583	86442	35	429
沽源县	258157	200022	6431	50169	1106	429
尚义县	166292	134364	7966	20527	128	3307
蔚　县	151629	66984	6340	73520	565	4220
阳原县	131033	38810	14727	72955	219	4322
怀安县	103379	39567	21608	40048	571	1585
怀来县	146021	84345	4476	49629	4285	3286
涿鹿县	120446	70968	13234	33492	181	2571
赤城县	268690	143827	29465	83422	876	11100
承德市						
双桥区	5513	3027	786	1583	40	77
双滦区	30298	19645	1515	4654	368	4116
鹰手营子矿区	7910	4913	622	2294		81
承德县	421979	287752	23576	102956	592	7103
兴隆县	247043	197088	17729	26339	212	5675
滦平县	312943	171452	37300	99654	326	4211

3-1 县(市、区)国民经济主要指标(2019)(3-4)

县(市、区)	三、综合经济					
	农林牧渔业增加值（万元）	农业增加值（万元）	林业增加值（万元）	牧业增加值（万元）	渔业增加值（万元）	农林牧渔服务业增加值（万元）
隆化县	494174	271108	34150	183227	398	5291
丰宁满族自治县	306304	112183	49195	134462	500	9964
宽城满族自治县	198815	132282	17379	42030	371	6753
围场满族蒙古族自治县	579693	385770	50323	141102	256	2242
平泉市	416595	355362	9632	49733	120	1748
沧州市						
新华区	1966	605	420	922	16	3
运河区	5490	2212	133	3097		48
沧　县	270129	145080	19107	80745	22	25175
青　县	453569	367747	6660	58827	219	20116
东光县	290059	74770	1664	43386	457	169782
海兴县	117911	32689	4781	42766	29511	8164
盐山县	111801	37699	5259	63562	630	4651
肃宁县	245379	173403	2926	58628		10422
南皮县	245159	136113	1742	35835	486	70983
吴桥县	313753	107120	3446	59356	191	143640
献　县	350191	172408	1912	124520	1980	49371
孟村回族自治县	78600	23696	2221	51890	201	592
泊头市	192561	127892	4250	51554	434	8431
任丘市	143810	95738	2776	22615	2026	20655
黄骅市	341549	74248	3342	78139	161171	24649
河间市	227468	125279	2802	51359	229	47799
廊坊市						
安次区	124252	87306	6672	21861	657	7756
广阳区	82165	53389	1268	24424	238	2846
固安县	452429	410108	4865	26422	167	10867
永清县	637788	529036	3312	98324	347	6769
香河县	198253	163221	3570	26705	1382	3375
大城县	183955	117452	12025	50131	388	3959
文安县	132490	77501	11388	34453	5897	3251
大厂回族自治县	48420	10352	695	36148	545	680
霸州市	119824	69810	9718	29617	6679	4000
三河市	190114	105050	5839	69511	4475	5239
衡水市						
桃城区	89284	56625	1048	24983	383	6245
冀州区	122186	84642	7612	23703	1441	4788
枣强县	145183	100013	4885	32606	185	7494
武邑县	269442	196465	3460	55099	109	14309
武强县	108705	43847	4649	51024		9185
饶阳县	331236	271964	5875	37282		16115
安平县	147382	57437	3834	74574	78	11459
故城县	261839	154619	4969	84212	969	17070
景　县	200055	119449	6864	58029	63	15650
阜城县	204611	143599	5348	40985	40	14639
深州市	391219	267015	8521	99227	141	16315
定州市	710589	459556	53460	185288		12285
辛集市	530218	347163	163	170172	25	12695

3-1 县(市、区)国民经济主要指标(2019)(4-1)

县(市、区)	三、综合经济(续1)			四、农业	
	一般公共预算收入（万元）	一般公共预算支出（万元）	住户储蓄存款余额（万元）	(一）农用机械总动力（千瓦）	大中型拖拉机（台）
石家庄市					
长安区	498248	363445		19321	20
桥西区	727154	482560		3889	11
新华区	290010	266349		1976	16
井陉矿区	40204	130510	541838	6488	13
裕华区	336258	236012		1441	
藁城区	458004	586960	3575736	1566443	3613
鹿泉区	307729	496662	3005969	461357	1203
栾城区	160870	322865	1925941	656356	2022
井陉县	82020	233464	1510018	362214	97
正定县	374221	655830	4420100	804813	2253
行唐县	61208	349825	1741805	896828	1957
灵寿县	59076	272480	1464941	495629	1828
高邑县	55107	166984	822578	491914	966
深泽县	51652	171553	1302214	247671	975
赞皇县	44193	201797	1023685	713798	15488
无极县	75859	446075	2195054	673636	1768
平山县	195248	422111	2176861	691660	1568
元氏县	101256	271202	1834823	738013	2392
赵　县	74336	303130	1738592	689857	964
晋州市	104528	361058	2906226	440015	1548
新乐市	101808	323511	1912801	1766354	2750
唐山市					
路南区	234280	203563		77372	164
路北区	456002	335134		42659	194
古冶区	150579	224807	2884000	75723	554
开平区	125455	166608	1929670	89076	434
丰南区	472005	673364	4799478	574139	2857
丰润区	302333	549678	6573934	812989	3338
曹妃甸区	712482	776017	2327635	574496	991
滦南县	140018	421103	2904978	969162	3971
乐亭县	171254	385774	3260156	756140	1770
迁西县	153352	302265	2711726	203960	397
玉田县	122187	397421	4594290	687300	2297
遵化市	160588	469170	4887119	1010037	2172
迁安市	630100	823069	7038983	1118890	1393
滦州市	221400	420399	3137392	593955	2261
秦皇岛市					
海港区	477474	439264	15835842	50044	118
山海关区	60228	105764		43705	82
北戴河区	61359	146726	1258564	16038	62
抚宁区	47561	219271	2148900	217580	590
青龙满族自治县	45647	318451	1601423	123104	127
昌黎县	164311	385007	4545786	690247	3049

3-1 县(市、区)国民经济主要指标(2019)(4-2)

县(市、区)	三、综合经济(续1)			四、农业	
	一般公共预算收入（万元）	一般公共预算支出（万元）	住户储蓄存款余额（万元）	(一) 农用机械总动力（千瓦）	大中型拖拉机（台）
卢龙县	58413	264421	1899577	634655	926
邯郸市					
邯山区	133091	260384		99951	727
丛台区	285269	227200		111009	417
复兴区	119228	161961		114333	41
峰峰矿区	170739	374790	2557985	106076	368
肥乡区	80229	281431	1075669	626882	3430
永年区	153446	372363	3456148	712685	2457
临漳县	58825	329791	1644691	700721	3949
成安县	107862	287596	1142834	680172	2250
大名县	54023	427212	2094600	764882	3604
涉　县	134731	285465	2234938	380000	251
磁　县	77970	258643	1936285	702943	4823
邱　县	51666	176191	819139	290043	1424
鸡泽县	51883	202581	968530	292661	780
广平县	69000	225631	873629	330504	2217
馆陶县	60009	265887	1080872	572477	2981
魏　县	95395	516973	2083995	774795	3600
曲周县	61523	252282	1445025	832936	2951
武安市	483271	718744	5719688	1811864	488
邢台市					
桥东区	124900	167778		17840	80
桥西区	181889	203983		72111	501
邢台县	125700	335919	1755158	361652	1639
临城县	32788	184251	1047604	266516	1939
内丘县	72500	194836	1195266	278299	884
柏乡县	22801	123468	624717	397769	1625
隆尧县	53134	225552	1649557	1035309	4574
任　县	39778	219103	1066475	551549	2051
南和县	50657	264753	1187962	508004	1883
宁晋县	120369	430034	2941193	1200455	3003
巨鹿县	50405	265678	1447370	476849	5256
新河县	21753	130747	758527	318900	2020
广宗县	29966	189131	762717	236817	959
平乡县	45606	247005	1180552	314500	760
威　县	62933	313564	1767011	705120	2982
清河县	93713	311978	2297584	425882	1785
临西县	48162	212272	1144858	576342	2410
南宫市	46020	242155	1998062	794642	2836
沙河市	127081	341500	2757193	330829	873
保定市					
竞秀区	212690	236468		48362	400
莲池区	375289	278089		63574	201
满城区	83675	281980	1836002	307480	1155

3-1 县(市、区)国民经济主要指标(2019)(4-3)

县(市、区)	三、综合经济(续1)			四、农业	
	一般公共预算收入（万元）	一般公共预算支出（万元）	住户储蓄存款余额（万元）	(一) 农用机械总动力（千瓦）	大中型拖拉机(台)
清苑区	77806	365011	2287524	560867	3542
徐水区	210370	445014	2521867	516386	1910
涞水县	68171	248210	1437641	184773	694
阜平县	47876	309040	1037494	87209	59
定兴县	82094	351086	1772760	491098	2271
唐　县	64951	317359	2100755	295507	1550
高阳县	76599	195564	1654514	184418	1627
容城县	23562	234917	2190790	279831	1496
涞源县	111254	341548	1017093	85605	524
望都县	40173	184636	1158280	326213	1408
安新县	28929	336536	2035537	406292	1127
易　县	83900	368367	2046101	245028	593
曲阳县	57496	357217	2109207	477933	864
蠡　县	60011	263222	1824534	504889	2449
顺平县	50088	216690	1109182	280537	823
博野县	28797	142251	901569	288488	1095
雄　县	26626	315322	2328140	266258	1091
涿州市	311941	500644	4139841	294974	1210
安国市	82304	259701	1987982	563595	1656
高碑店市	145128	353535	3911324	291269	1490
张家口市					
桥东区	38827	157406		11244	77
桥西区	42321	137983		18343	1
宣化区	160809	471712	3066553	111977	998
下花园区	32861	150279	490323	10648	37
万全区	47750	236426	516412	124023	807
崇礼区	57230	364149	961046	73378	457
张北县	82089	397957	1335240	364507	2702
康保县	34645	354563	525737	279821	1145
沽源县	34820	335486	670702	469487	3675
尚义县	25268	318880	554374	160517	1137
蔚　县	56005	375776	2049917	273238	1902
阳原县	40009	335225	1054142	126209	1007
怀安县	89982	258541	1027836	84647	364
怀来县	165550	403614	2153384	177072	937
涿鹿县	46167	299538	1396129	218220	1052
赤城县	68027	273268	1185879	116344	1065
承德市					
双桥区	143597	178861	6919710	21774	114
双滦区	127142	96951	1109108	62822	172
鹰手营子矿区	37666	70666	369443	34459	33
承德县	74472	299795	1681498	166297	1244
兴隆县	72070	324399	1664879	74990	141
滦平县	109979	340829	1445996	313494	654

3-1 县(市、区)国民经济主要指标(2019)(4-4)

县(市、区)	三、综合经济(续1)			四、农业	
	一般公共预算收入（万元）	一般公共预算支出（万元）	住户储蓄存款余额（万元）	(一) 农用机械总动力（千瓦）	大中型拖拉机(台)
隆化县	51064	443069	1534194	315585	1852
丰宁满族自治县	90153	570344	1546798	498129	3353
宽城满族自治县	109181	241218	2013029	92528	280
围场满族蒙古族自治县	60573	491084	1726142	717650	8409
平泉市	63407	335568	2313581	338152	1185
沧州市					
新华区	94823	106845		44136	337
运河区	151466	160818		79866	353
沧　县	124146	628251	2040543	1122236	2591
青　县	96912	302418	2206195	575995	1808
东光县	63115	314566	1997044	533882	1411
海兴县	48876	192628	785831	376503	1224
盐山县	62034	308354	1337868	473507	1774
肃宁县	112581	361467	1765745	729688	1631
南皮县	53636	264732	1527972	981580	3240
吴桥县	40090	232102	1302564	519428	2781
献　县	72870	368652	2581925	914691	2781
孟村回族自治县	40566	160656	963539	282578	1364
泊头市	105239	324149	3181366	1185140	2501
任丘市	401618	492779	5435849	556526	1336
黄骅市	206811	484390	3071663	876802	1936
河间市	128257	513910	4002582	1003200	5246
廊坊市					
安次区	200020	409631		141689	944
广阳区	242116	280577		117735	862
固安县	498675	813619	2974830	497728	2173
永清县	179711	410871	1762129	452812	1989
香河县	383728	631479	3386127	221454	1040
大城县	120997	360115	2922015	483800	2278
文安县	131393	398328	3053479	673142	1432
大厂回族自治县	306015	397750	1279807	148516	699
霸州市	284053	620859	5094897	761708	2211
三河市	612588	971971	6478596	407816	1309
衡水市					
桃城区	150150	269550	7459131	346366	2223
冀州区	67342	280073	2181191	751075	3636
枣强县	84436	338180	2434366	500246	2318
武邑县	50781	241524	1461069	591978	4420
武强县	40859	181547	1006260	596485	833
饶阳县	37462	235033	1269621	526255	1243
安平县	89302	288045	2238957	397093	1511
故城县	77302	325051	2108445	1171716	3120
景　县	93154	364792	2882943	1121744	7022
阜城县	51523	257307	1700985	669790	3533
深州市	99109	396917	2155994	1658500	1780
定州市	243967	721109	5044750	991275	2978
辛集市	240087	670690	3998571	1274610	1542

3-1 县(市、区)国民经济主要指标(2019)(5-1)

县(市、区)	四、农业（续1）						
	机耕面积（公顷）	机播面积（公顷）	机收面积（公顷）	化肥施用量(按折纯法计算)	农药使用量（吨）	地膜使用量（吨）	农村用电量（万千瓦时）
石家庄市							
长安区	2376	4344	4328	641	114		1170
桥西区	27	54	54	54	1		1720
新华区	733	733	733	137	5	3	3014
井陉矿区	209	119	119	165	10		4099
裕华区	59	114	113	2			788
藁城区	49815	74403	71357	23254	289	43	23372
鹿泉区	17937	25702	24079	12985	501	47	41157
栾城区	21166	33017	33017	14346	234	38	16199
井陉县	16756	12889	10656	9378	113	34	11104
正定县	32978	45661	44948	38316	356	237	24537
行唐县	32019	50204	50354	17819	247	17	12506
灵寿县	15246	27636	26982	18985	85	23	11246
高邑县	25403	28800	23800	8987	183	163	9525
深泽县	16137	31752	30711	16685	210	35	29021
赞皇县	13000	19500	13870	11008	349	136	68316
无极县	32000	53815	53815	30200	577	130	51698
平山县	20410	22149	20569	16987	143	103	15562
元氏县	29275	60986	60911	10195	255	19	11544
赵　县	75977	75711	72900	42612	1070	16	34007
晋州市	36753	47882	47882	36045	976	34	200326
新乐市	38440	55636	54190	23424	472	450	35792
唐山市							
路南区	3357	3315	2459	2937	58	43	8142
路北区	4320	3208	3100	2378	22	31	2487
古冶区	5480	5733	4862	3462	81	92	7925
开平区	6529	7073	6968	2540	9	52	19329
丰南区	45286	52176	40887	27856	466	677	29034
丰润区	48630	66213	50176	37802	480	417	50273
曹妃甸区	23419	23322	24225	11017	473	26	31329
滦南县	84800	80324	72300	39191	497	1063	21182
乐亭县	66000	41360	29999	69776	927	589	15599
迁西县	14207	5152	414	15022	75	93	14352
玉田县	52600	81500	79290	47760	365	812	152428
遵化市	45389	49425	27320	27220	237	375	59531
迁安市	24418	38263	13005	14279	93	376	50069
滦州市	46180	52984	42980	41761	408	617	22407
秦皇岛市							
海港区	6732	2166	1034	4998	67	10	8144
山海关区	3150	2043	226	1434	24	120	688
北戴河区	1667	1056	737	1583	49	27	12903
抚宁区	26415	6014	2986	20042	832	323	8926
青龙满族自治县	24850	8590		8389	533	11	17977
昌黎县	65299	52055	51217	50535	1610	955	18336

3-1 县(市、区)国民经济主要指标(2019)(5-2)

县(市、区)	四、农业（续1）						
	机耕面积（公顷）	机播面积（公顷）	机收面积（公顷）	化肥施用量(按折纯法计算)	农药使用量（吨）	地膜使用量（吨）	农村用电量（万千瓦时）
卢龙县	42200	18500	22610	27894	542	210	11854
邯郸市							
邯山区	7017	13667	12994	8029	80	14	12115
丛台区	5874	9739	9680	823	9		5720
复兴区	1853	3805	3329	661	17		3018
峰峰矿区	5750	8197	7499	5025	66	2	11667
肥乡区	57175	56161	47559	40963	389	806	17445
永年区	38945	65399	66166	40233	636	250	31139
临漳县	40980	77130	69700	44282	538	121	15745
成安县	32000	49999	38200	41034	156	1229	38596
大名县	84930	118587	110867	40740	678	729	23857
涉　县	20030	10900	8400	7270	241	6	11380
磁　县	22123	28531	26258	13173	64	125	35500
邱　县	35857	47277	26340	21598	297	1358	5037
鸡泽县	28800	31755	30867	19720	166	38	30802
广平县	20138	29840	31466	13673	490	312	14372
馆陶县	29000	53000	45290	21775	234	212	13448
魏　县	54200	84000	79270	40409	452	59	15201
曲周县	40500	58853	56233	45910	361	481	36636
武安市	32200	37300	23639	13560	130	57	72480
邢台市							
桥东区	2340	4451	4432	1974	19		5500
桥西区	2422	4726	4633	583	15		3097
邢台县	17450	28922	20650	12131	494	35	21267
临城县	19410	26533	23155	7798	145	2	6127
内丘县	33604	44352	39039	7612	181	6	12045
柏乡县	17138	30105	30125	12097	102	41	7720
隆尧县	48487	85187	82822	38784	665	110	46441
任　县	25808	51178	50853	15727	410	213	22239
南和县	23082	56514	54000	15975	516	514	23252
宁晋县	63487	127871	126042	41178	1352	170	37235
巨鹿县	40507	40507	39558	14177	440	592	13380
新河县	21739	37300	30751	6218	449	343	9051
广宗县	32742	34377	28149	11103	616	1183	10317
平乡县	30410	47100	36980	17487	115	392	25116
威　县	65339	72497	28418	31555	700	1912	13638
清河县	22990	43034	39526	14016	298	11	22473
临西县	31500	56977	53273	26382	279	473	12017
南宫市	66310	84917	38308	19127	1037	1463	24056
沙河市	11201	25500	21500	9270	112		19490
保定市							
竞秀区	2681	4563	4563	2791	156	26	13333
莲池区	2865	5438	5085	1899	134	27	9942
满城区	13633	22533	21180	12286	548	242	25553

3-1 县(市、区)国民经济主要指标(2019)(5-3)

县(市、区)	四、农业（续1）						
	机耕面积（公顷）	机播面积（公顷）	机收面积（公顷）	化肥施用量（按折纯法计算）	农药使用量（吨）	地膜使用量（吨）	农村用电量（万千瓦时）
清苑区	52123	69591	68488	44659	1121	775	38023
徐水区	39952	59379	59139	27562	375	46	45837
涞水县	16696	17550	15000	7664	156	130	20952
阜平县	2000	300	280	1650	91	5	5498
定兴县	49731	66510	65899	29317	468	184	38671
唐　县	21300	29166	26000	17317	186	25	20534
高阳县	15259	31912	30907	9880	304	252	59618
容城县	9353	20730	24000	7439	50	21	20061
涞源县	18000	15364	14964	4081	28	2	7853
望都县	37638	37617	37284	18302	285	75	10745
安新县	30395	48142	47330	10694	302	83	71920
易　县	25294	27073	24514	13465	779	50	18715
曲阳县	22210	19920	23161	11850	541	17	14556
蠡　县	24499	48537	43641	15306	222	214	43993
顺平县	16000	19712	19765	13247	537	208	34728
博野县	14400	27373	25312	11061	556	10	20144
雄　县	30764	29954	29954	6030	243	45	73559
涿州市	24851	50851	50851	22531	389	276	56451
安国市	36850	38806	38806	24020	259	23	7835
高碑店市	28032	50716	50256	12139	153	241	30281
张家口市							
桥东区	5260	1500	1620	1635	26	41	3936
桥西区	201			27			930
宣化区	24400	22370	4140	9382	156	1008	9715
下花园区	1667			461	35	6	2006
万全区	14396	13333	2467	5035	82	525	28748
崇礼区	6334	787	834	1728	26	151	1896
张北县	84053	78067	49000	9170	146	780	3209
康保县	88636	86060	79200	8256	89	530	3370
沽源县	79200	77100	72560	12885	81	1183	4043
尚义县	35133	21133	21000	7570	194	438	3782
蔚　县	54835	51665	20000	12597	158	1226	13733
阳原县	32000	11333	11335	9714	220	159	6489
怀安县	32200	18966	5300	14074	197	409	18089
怀来县	17900	15400	8660	16079	695	86	14007
涿鹿县	20100	9990	4662	21362	749	74	11197
赤城县	25333	10333	2373	3704	64	161	6919
承德市							
双桥区	1100	1035		430	1	3	3281
双滦区	2223	1979		771	4	18	3053
鹰手营子矿区	293	283		107	5	1	1007
承德县	25000	19520	953	9735	124	8	44096
兴隆县	6700	4500		6582	156	16	13810
滦平县	18355	14515	1761	8372	153	58	39106

3-1 县(市、区)国民经济主要指标(2019)(5-4)

县(市、区)	四、农业（续1）						
	机耕面积（公顷）	机播面积（公顷）	机收面积（公顷）	化肥施用量(按折纯法计算)	农药使用量（吨）	地膜使用量（吨）	农村用电量（万千瓦时）
隆化县	34800	21350	5238	17105	57	66	12255
丰宁满族自治县	65865	60012	28540	10058	74	152	11233
宽城满族自治县	7907	6000		5480	56	6	82028
围场满族蒙古族自治县	75805	66800	65700	21770	396	2616	14115
平泉市	19240	33977	6161	19476	80	299	16235
沧州市							
新华区	260	533	626	322	16		2238
运河区	1005	2505	2431	1278	34	12	2112
沧　县	35564	96334	99390	29655	986	8	97508
青　县	58955	63382	60200	19416	223	560	34341
东光县	67643	67643	59716	18976	888	736	31168
海兴县	28061	41135	40693	7236	167	20	14935
盐山县	29746	66947	69820	12545	210	20	14616
肃宁县	19809	43942	43853	17177	563	186	39193
南皮县	33000	67500	62580	17070	232	525	19594
吴桥县	28927	56800	52800	22499	231	326	16260
献　县	47939	80446	76436	22447	206	310	53782
孟村回族自治县	16129	32042	30321	6823	346	7	124571
泊头市	31316	68531	64772	34595	696	40	114016
任丘市	38098	54156	52590	15752	150	90	81590
黄骅市	45559	78534	77920	13295	300	105	66293
河间市	56377	87376	82833	33415	431	543	146077
廊坊市							
安次区	23511	24560	15667	6321	94	452	13236
广阳区	18100	17000	10800	5794	98	72	18037
固安县	50500	50000	37600	25001	960	981	27958
永清县	46166	59606	31719	25588	245	810	18243
香河县	6580	12778	12342	19600	168	133	22890
大城县	66700	49980	47100	16532	202	62	87789
文安县	41865	46097	53461	17189	144	344	107169
大厂回族自治县	2185	2715	2754	505	37		12850
霸州市	34170	29021	23580	9180	183	538	287588
三河市	23198	19312	18896	10056	171	23	97392
衡水市							
桃城区	25698	26356	24661	9296	269	201	38698
冀州区	77696	69332	59189	25625	860	1080	34584
枣强县	79616	73500	71200	23334	659	1043	26572
武邑县	62811	65573	54818	16126	409	530	14552
武强县	39209	43280	44000	7588	62	132	17695
饶阳县	47881	63816	44513	17585	91	953	20354
安平县	41741	40066	36400	17345	234	76	28130
故城县	75994	78384	65887	35168	775	1757	22026
景　县	124588	124935	119824	48439	627	249	21647
阜城县	72420	72420	59189	22570	714	779	25294
深州市	112961	113091	114170	84567	2063	257	71467
定州市	91305	130109	118990	83091	1048	286	43197
辛集市	48601	96388	89290	61583	1859	320	30966

3-1 县(市、区)国民经济主要指标(2019)(6-1)

县(市、区)	四、农业（续2）					
	（二）农作物总播种面积（公顷）	粮食播种面积（公顷）	#稻谷播种面积（公顷）	小麦播种面积（公顷）	玉米播种面积（公顷）	大豆播种面积（公顷）
石家庄市						
长安区	4344	4289		2185	1968	124
桥西区	160	54		27	27	
新华区	1274	812		407	326	79
井陉矿区	242	119			119	
裕华区	145	116		59	55	
藁城区	80176	71169		33694	25940	10364
鹿泉区	31038	24593		10961	10660	2294
栾城区	35998	31666		16400	11791	2974
井陉县	17942	14642		916	10823	936
正定县	54880	41352		20788	16410	3197
行唐县	69045	52316		22169	27748	188
灵寿县	34834	30444		10504	18117	106
高邑县	29355	23630		11449	11721	40
深泽县	34832	29964		13121	16127	529
赞皇县	23129	16895		4517	10867	448
无极县	65131	54105		26653	19799	6965
平山县	28858	22514		4256	16419	289
元氏县	62844	59278		25636	30850	638
赵　县	75977	74522		38600	35434	177
晋州市	60085	53552		24550	24450	2661
新乐市	64560	51732		24232	26120	500
唐山市						
路南区	3717	2638	28	757	1417	9
路北区	5132	2948		600	2348	
古冶区	8228	4123	197	754	3160	2
开平区	7942	5492	13	1042	4357	7
丰南区	70098	36520	8747	8904	18700	139
丰润区	74556	59787		21474	37796	122
曹妃甸区	24293	23322	21291	93	1546	20
滦南县	115958	66917	14905	19271	31057	72
乐亭县	67643	41546	5367	8151	26076	365
迁西县	18835	12328			8948	923
玉田县	116455	85549	531	31785	47499	104
遵化市	56421	40737	99	6547	33538	164
迁安市	51579	34059	97	986	30813	527
滦州市	66823	39926	659	7434	29231	1028
秦皇岛市						
海港区	7762	5235	22		4198	279
山海关区	3910	576	5		46	124
北戴河区	1700	799	237		295	191
抚宁区	27887	13737	881		9862	291
青龙满族自治县	32286	21952	110		15884	1159
昌黎县	73807	49551	2891	5032	32422	848

3-1 县(市、区)国民经济主要指标(2019)(6-2)

县(市、区)	四、农业（续2）					
	（二）农作物总播种面积（公顷）	粮食播种面积（公顷）	#稻谷播种面积（公顷）	小麦播种面积（公顷）	玉米播种面积（公顷）	大豆播种面积（公顷）
卢龙县	43489	32382	1052	329	18373	1423
邯郸市						
邯山区	14840	14293		6635	7202	74
丛台区	8601	8458		3058	4594	83
复兴区	3188	2971		951	1594	14
峰峰矿区	9214	8927		2666	5130	216
肥乡区	67238	48040		24208	22919	292
永年区	84303	70040		33021	35827	139
临漳县	86291	79470		37415	41116	120
成安县	60180	42118		21793	18862	231
大名县	131888	99505		56718	42690	76
涉　县	31369	14698	502	1573	8700	958
磁　县	35159	33401		12142	18743	309
邱　县	45291	26690		13337	12212	9
鸡泽县	40169	31492		17051	14225	14
广平县	38909	32008		15960	15354	145
馆陶县	51531	43760		21655	21217	484
魏　县	92438	81373		39884	40029	377
曲周县	76136	57449		27880	28425	196
武安市	63190	55183		12300	23115	815
邢台市						
桥东区	4734	4458		2340	2092	
桥西区	4952	4730		2422	2304	
邢台县	28515	21268		4720	14558	292
临城县	30655	27175		10462	15303	200
内丘县	49835	38497		16820	19467	321
柏乡县	33308	29678		13911	15315	260
隆尧县	92327	83230		40709	40565	657
任　县	55067	50299		24500	25130	270
南和县	56928	48274		23160	24627	69
宁晋县	134499	126981		61807	64864	299
巨鹿县	57502	40142		18804	19127	110
新河县	37739	32333		15617	16000	
广宗县	36906	18476		7290	6742	327
平乡县	51602	39665	547	15466	21427	344
威　县	72497	31028		16410	11533	1000
清河县	43738	41019		19403	20699	591
临西县	59447	54165		25867	26605	367
南宫市	84818	47876		18355	19940	941
沙河市	25810	23794		7340	15263	124
保定市						
竞秀区	4977	4565		2211	2352	
莲池区	5876	5085		2611	2474	
满城区	29727	24031		9659	13858	

3-1 县(市、区)国民经济主要指标(2019)(6-3)

县(市、区)	四、农业（续2）					
	（二）农作物总播种面积（公顷）	粮食播种面积（公顷）	#稻谷播种面积（公顷）	小麦播种面积（公顷）	玉米播种面积（公顷）	大豆播种面积（公顷）
清苑区	89208	69585		32665	35466	217
徐水区	61420	56113		27314	28002	344
涞水县	29967	23424	6	5998	14987	435
阜平县	17093	8661			5960	482
定兴县	81173	68031		32800	32427	399
唐　县	29221	26182	37	8692	15450	76
高阳县	33241	31103		13928	17031	80
容城县	33028	30522		16349	13961	15
涞源县	18423	16890	7		15763	120
望都县	41912	37638		20284	17307	47
安新县	56597	54332	904	26144	26785	41
易　县	38942	33668		7478	22488	239
曲阳县	36095	31270		8688	19076	326
蠡　县	59501	48867		19241	26825	989
顺平县	30020	21573	105	9733	10660	26
博野县	27379	23856		11642	11998	28
雄　县	34828	33052		10087	18678	1024
涿州市	57185	47326	555	19663	25820	259
安国市	57752	38806		19530	19276	
高碑店市	54206	50285		22306	26164	219
张家口市						
桥东区	5888	5642			5032	15
桥西区	302	286			258	
宣化区	30455	26911	3		19942	359
下花园区	2261	1680			1058	64
万全区	17047	14609	156		12350	71
崇礼区	10461	5109			503	54
张北县	97313	53443				1182
康保县	103291	70450				93
沽源县	97144	63724				
尚义县	40958	15794			956	658
蔚　县	64070	56763	135		39296	267
阳原县	42019	38656			24630	1516
怀安县	35058	25049	190		19430	455
怀来县	22169	19623	95		17741	303
涿鹿县	26506	24911	40		21936	179
赤城县	42943	30895			18669	561
承德市						
双桥区	1600	997			883	25
双滦区	3609	3003			2663	34
鹰手营子矿区	920	439			309	20
承德县	39411	33547	450		30209	760
兴隆县	6775	5466			4957	113
滦平县	32696	16486	479		14170	422

3-1 县(市、区)国民经济主要指标(2019)(6-4)

县(市、区)	四、农业（续2）					
	(二）农作物总播种面积（公顷）	粮食播种面积（公顷）	#稻谷播种面积（公顷）	小麦播种面积（公顷）	玉米播种面积（公顷）	大豆播种面积（公顷）
隆化县	60658	33542	4192		24578	988
丰宁满族自治县	76972	57683			25813	732
宽城满族自治县	14472	11242	56		8415	366
围场满族蒙古族自治县	100212	76333	24		20953	656
平泉市	46047	39289	47		33754	716
沧州市						
新华区	731	731		358	373	
运河区	2567	2514		784	1713	10
沧　县	96334	94227		39446	53012	828
青　县	70381	52503		11911	39323	730
东光县	67643	60155		29334	29121	770
海兴县	42422	41195		18687	22000	201
盐山县	70811	70357		33055	37250	20
肃宁县	51016	43809		18446	25186	43
南皮县	82933	75559		35886	39284	106
吴桥县	61672	54543		25580	28265	150
献　县	91878	79246		32353	44969	770
孟村回族自治县	32042	31412		15747	15294	117
泊头市	69209	67845		26070	41665	9
任丘市	61153	56949		22371	31006	1678
黄骅市	83737	79175		36319	40715	702
河间市	87392	80095		24587	54394	129
廊坊市						
安次区	31641	25363		580	22941	794
广阳区	12187	7671		1440	5750	220
固安县	67616	40302		16687	21783	666
永清县	60476	29738		3406	25404	556
香河县	22188	12573		4965	7559	32
大城县	63003	52703		3037	44303	3852
文安县	62248	58098	6	13842	39037	2297
大厂回族自治县	2823	1891		847	1044	
霸州市	36116	30020	127	5279	20379	1878
三河市	28106	21478		6867	13710	640
衡水市						
桃城区	31486	26978		12331	14191	94
冀州区	78910	60107		27579	31112	218
枣强县	90861	77964		37922	37912	520
武邑县	81175	58973		27334	29552	888
武强县	43669	39294		15246	23670	77
饶阳县	62376	37250		15190	20477	73
安平县	42703	38677		14677	23453	139
故城县	95085	68631		32490	32856	1499
景　县	127723	120870		57630	61889	817
阜城县	72423	59453		28829	29012	1123
深州市	117561	107116		51114	55793	1
定州市	159413	117116		59494	55466	597
辛集市	110855	93297		47815	41544	1573

3-1 县(市、区)国民经济主要指标(2019)(7-1)

县(市、区)	四、农　业 (续3)					
	油料播种面积(公顷)	棉花播种面积(公顷)	糖料播种面积(公顷)	蔬菜播种面积(公顷)	粮食总产量(吨)	#稻谷产量(吨)
石家庄市						
长安区	22	2		18	24464	
桥西区				103	313	
新华区	62			337	4638	
井陉矿区				99	642	
裕华区	3			26	722	
藁城区	992	2		7663	483719	
鹿泉区	828	23		5457	137431	
栾城区	29	4		965	211894	
井陉县	1212	84		1695	48675	
正定县	2683	3		6710	275097	
行唐县	4198	15		4049	332116	
灵寿县	1605	32		2122	153837	
高邑县	528	3		4880	158031	
深泽县	978			2823	206462	
赞皇县	4507	10		1650	64817	
无极县	3115			7295	333832	
平山县	2843	72		2365	117003	
元氏县	1576	81		1890	354932	
赵　县	97			1237	563606	
晋州市	1697			4833	343231	
新乐市	4700			5151	351163	
唐山市						
路南区	400			635	16385	150
路北区	268			1798	17973	
古冶区	1700			2297	23083	1408
开平区	1641			788	29435	92
丰南区	8607	8483		16205	218546	52772
丰润区	6924	38		7209	361837	
曹妃甸区	71			812	170931	157440
滦南县	15202	14		20696	390690	90261
乐亭县	2153	2		17921	247437	32187
迁西县	2350	122		1256	68150	
玉田县	718	76		26749	500538	2676
遵化市	11101	16		4493	229084	582
迁安市	9993	6		7202	186344	598
滦州市	15305	109		9904	257567	3273
秦皇岛市						
海港区	1451			1003	23357	130
山海关区	688			2548	2956	27
北戴河区	164			641	4705	1480
抚宁区	3677			7384	75637	5654
青龙满族自治县	1199			5330	108851	486
昌黎县	9679	11		13276	295868	19172

3-1 县(市、区)国民经济主要指标(2019)(7-2)

县(市、区)	四、农　业（续3）					
	油料播种面积（公顷）	棉花播种面积（公顷）	糖料播种面积（公顷）	蔬菜播种面积（公顷）	粮食总产量（吨）	#稻谷产量（吨）
卢龙县	7346	13		3380	200576	6616
邯郸市						
邯山区	165	55		326	87011	
丛台区	59	44		39	35634	
复兴区	176	40			12879	
峰峰矿区	115	8		131	40450	
肥乡区	1204	3566		11752	343409	
永年区	674	275		13248	508230	
临漳县	744	58		5811	602417	
成安县	1218	8844		6815	303532	
大名县	19221			12433	692606	
涉　县	423			1166	40864	2053
磁　县	351	28		1150	193521	
邱　县	185	16263		1800	173176	
鸡泽县	93	843		7664	213876	
广平县	986	1485		3531	225471	
馆陶县	861	813		5662	307907	
魏　县	1993	856		7398	560925	
曲周县	500	12018		4885	394976	
武安市	2332	1989		2463	210226	
邢台市						
桥东区	34			242	25871	
桥西区	115	14		72	26524	
邢台县	2852	148		1673	103300	
临城县	2223	7		1236	143878	
内丘县	5472	6		1365	209519	
柏乡县	600	45		2932	213779	
隆尧县	1631	863		5554	564992	
任　县	568	5		3930	353131	
南和县	437	2		7400	313770	
宁晋县	1142	252		6021	876946	
巨鹿县	4056	479		3539	211587	
新河县	1149	3655		449	170010	
广宗县	4512	8870		2488	99721	
平乡县	5830	313		4263	261803	3206
威　县	706	36113		2071	167665	
清河县	473	1917		273	265488	
临西县	1469	2669		868	339130	
南宫市	3323	27344		5777	244315	
沙河市	1359	63		566	104452	
保定市						
竞秀区	17			356	29595	
莲池区	121			648	32892	
满城区	433	12		3159	145563	

3-1 县(市、区)国民经济主要指标(2019)(7-3)

县(市、区)	四、农业(续3)					
	油料播种面积(公顷)	棉花播种面积(公顷)	糖料播种面积(公顷)	蔬菜播种面积(公顷)	粮食总产量(吨)	#稻谷产量(吨)
清苑区	1611	6		7966	462633	
徐水区	576	1		4031	356599	
涞水县	2772	20		2908	121087	19
阜平县	1256			1435	39251	
定兴县	3686	45		8867	440151	
唐　县	1008	11		1559	157125	209
高阳县	812	153		1080	186310	
容城县	285	1		1877	199900	
涞源县	29			471	54807	11
望都县	422			2413	269047	
安新县	79	108		1453	310736	5136
易　县	2227	5		2775	187438	
曲阳县	3005	53		1536	149011	
蠡　县	2334	221		7228	280200	
顺平县	672	4		5924	121552	437
博野县	532	15		1716	149240	
雄　县	518			837	199797	
涿州市	2379			6475	274014	2711
安国市	2975			3211	258475	
高碑店市	1827			1665	328490	
张家口市						
桥东区	45			197	32968	
桥西区				16	1096	
宣化区	795		11	1966	161461	19
下花园区	80			387	7922	
万全区	236			1699	96069	1015
崇礼区	928		7	4100	14957	
张北县	14595		4861	12274	154287	
康保县	20053		3133	7761	134561	
沽源县	7527		1161	21292	235845	
尚义县	9599		2678	9842	41493	
蔚　县	786			3951	200003	681
阳原县	2066			812	123627	
怀安县	3841		20	5783	113124	1138
怀来县	517			1841	106697	440
涿鹿县	548			1034	165860	280
赤城县	810		15	9844	127170	
承德市						
双桥区	260			247	4750	
双滦区	4			455	14642	
鹰手营子矿区	29			377	2321	
承德县	144			4675	198622	2516
兴隆县	36			1145	22335	
滦平县	341			7529	79345	2350

3-1 县(市、区)国民经济主要指标(2019)(7-4)

县(市、区)	四、农业(续3)					
	油料播种面积(公顷)	棉花播种面积(公顷)	糖料播种面积(公顷)	蔬菜播种面积(公顷)	粮食总产量(吨)	#稻谷产量(吨)
隆化县	1596			16430	202161	25388
丰宁满族自治县	4514			9865	178799	
宽城满族自治县	487			1997	54353	284
围场满族蒙古族自治县	4239		14	13610	455240	135
平泉市	191		10	5685	224765	309
沧州市						
新华区					3086	
运河区	2			52	9162	
沧　县	104	55		1584	427269	
青　县	431	16		12783	219477	
东光县	574	5378		1382	355385	
海兴县	301	121		499	141689	
盐山县	26	5		280	268396	
肃宁县	250	13		6782	253538	
南皮县	468	2893		3586	423630	
吴桥县	433	3251		3169	388608	
献　县	2985	450		6285	413853	
孟村回族自治县	339	58		225	135776	
泊头市	135	99		1029	377844	
任丘市	747	430		2679	335065	
黄骅市	841	740		1671	268747	
河间市	2880	426		2571	466048	
廊坊市						
安次区	1440	100		3571	120871	
广阳区	644	118		2974	40644	
固安县	1224	4		23009	219255	
永清县	3299	740		24443	161354	
香河县	8			9433	73159	
大城县	1828	1330		5063	257588	
文安县	178	112		1776	295059	40
大厂回族自治县				890	11716	
霸州市	1702	719		2801	167174	930
三河市	13	6		6229	129900	
衡水市						
桃城区	1086	276		2392	183761	
冀州区	2579	13792		2158	339214	
枣强县	1286	8403		2128	469811	
武邑县	3407	7231		9525	344214	
武强县	789	46		1540	236501	
饶阳县	3213	72		20167	212750	
安平县	1486			1913	218920	
故城县	2730	9492		9542	396616	
景　县	871	3229		2213	760375	
阜城县	344	2639		4325	325590	
深州市	5756	37		3925	663879	
定州市	5133	16		18169	777775	
辛集市	5380	314		10171	645290	

3-1 县(市、区)国民经济主要指标(2019)(8-1)

县(市、区)	四、农 业(续4)					
	小麦产量(吨)	玉米产量(吨)	大豆产量(吨)	油料产量(吨)	棉花产量(吨)	糖料产量(吨)
石家庄市						
长安区	13080	10854	435	79	3	
桥西区	166	147				
新华区	2411	2109	118	144		
井陉矿区		642				
裕华区	360	352		8		
藁城区	246236	205578	24925	4512	2	
鹿泉区	66649	62495	5040	2538	21	
栾城区	116017	85875	7686	79	2	
井陉县	4230	40777	772	2036	51	
正定县	144155	116619	8040	11770	2	
行唐县	137871	184136	274	16320	11	
灵寿县	50889	94301	197	3377	17	
高邑县	79000	77356	102	1244	4	
深泽县	89728	114226	1271	3674		
赞皇县	20557	39282	568	9937	7	
无极县	180068	135792	15460	8226		
平山县	26708	84600	310	6900	59	
元氏县	163160	180805	995	4302	81	
赵　县	282957	278232	635	403		
晋州市	164925	165778	4444	5488		
新乐市	161276	183971	676	13375		
唐山市						
路南区	4882	8617	24	1527		
路北区	3150	14823		1246		
古冶区	4353	17254	9	5908		
开平区	5778	23150	18	6710		
丰南区	47597	117759	260	36677	10357	
丰润区	128881	230371	348	30836	45	
曹妃甸区	610	10121	45	357		
滦南县	111001	181684	240	63440	16	
乐亭县	48632	156290	1081	10242	2	
迁西县		54136	3105	8560	138	
玉田县	175842	287220	229	2877	82	
遵化市	34961	191188	553	47852	13	
迁安市	4791	171210	1827	34960	8	
滦州市	42439	198549	3044	64964	138	
秦皇岛市						
海港区		19984	590	3904		
山海关区		245	230	2314		
北戴河区		2004	649	747		
抚宁区		56054	864	11256		
青龙满族自治县		81895	3352	4432		
昌黎县	32677	195981	2135	40964	12	

3-1 县(市、区)国民经济主要指标(2019)(8-2)

县(市、区)	四、农 业(续4)					
	小麦产量(吨)	玉米产量(吨)	大豆产量(吨)	油料产量(吨)	棉花产量(吨)	糖料产量(吨)
卢龙县	2066	125561	5018	26117	17	
邯郸市						
邯山区	42090	43643	181	414	50	
丛台区	17289	16068	187	200	60	
复兴区	5827	6481	21	281	48	
峰峰矿区	12116	26052	434	224	8	
肥乡区	167943	173042	635	4449	4062	
永年区	232142	273085	369	2402	269	
临漳县	273653	324714	441	2346	68	
成安县	153578	144042	641	5528	11121	
大名县	384743	307683	120	80816		
涉 县	7395	28308	342	621		
磁 县	69922	114001	742	834	33	
邱 县	82423	83802	38	680	19026	
鸡泽县	112071	101277	44	335	937	
广平县	109281	113580	281	4138	1690	
馆陶县	151010	154368	1191	3887	895	
魏 县	271480	285602	549	4725	812	
曲周县	189988	200962	834	1811	14719	
武安市	69765	96383	612	4957	2180	
邢台市						
桥东区	14623	11193		83		
桥西区	13725	12788		339	16	
邢台县	24428	72157	575	7058	96	
临城县	60732	79423	315	5560	6	
内丘县	99393	101502	877	16266	8	
柏乡县	100789	111017	1045	2205	39	
隆尧县	290901	264495	2742	6992	1159	
任 县	175600	174568	1033	2261	6	
南和县	153456	157869	238	1872	3	
宁晋县	452196	423777	893	3775	153	
巨鹿县	109156	95082	310	13508	605	
新河县	86026	81297		3681	3881	
广宗县	45404	34484	1203	16380	10193	
平乡县	101167	147224	818	22413	394	
威 县	95082	60297	3360	3427	40428	
清河县	133640	129242	1276	1688	2181	
临西县	158349	173056	961	3531	2991	
南宫市	104806	100913	3356	14633	29090	
沙河市	40325	61574	159	2577	32	
保定市						
竞秀区	13906	15684	1	61		
莲池区	16837	16055		481		
满城区	61431	81271		1465	13	

3-1 县(市、区)国民经济主要指标(2019)(8-3)

县(市、区)	四、农　业(续4)					
				油料产量(吨)	棉花产量(吨)	糖料产量(吨)
	小麦产量(吨)	玉米产量(吨)	大豆产量(吨)			
清苑区	215452	237832	819	6557	6	
徐水区	179690	173266	783	2364	1	
涞水县	35567	74185	1436	10650	24	
阜平县		26730	1029	3908		
定兴县	208220	213393	2094	15892	58	
唐　县	52214	95023	263	3327	11	
高阳县	79836	105790	233	3185	163	
容城县	104123	94545	53	1175	1	
涞源县		49922	465	78		
望都县	141481	127395	171	1918		
安新县	160530	141933	91	273	103	
易　县	45692	116543	632	8855	4	
曲阳县	54678	79512	651	8835	50	
蠡　县	118381	148642	2962	7832	215	
顺平县	56938	58363	84	2458	4	
博野县	72076	75647	129	2485	15	
雄　县	62794	110217	2686	2064		
涿州市	118022	146761	687	8335		
安国市	127152	131323		14256		
高碑店市	143931	175436	567	7807		
张家口市						
桥东区		31195	25	46		
桥西区		989				
宣化区		136862	556	1424		850
下花园区		5798	101	132		
万全区		84426	256	536		
崇礼区		3160	113	1482		321
张北县			3167	17907		251684
康保县			124	29597		159011
沽源县				7353		57506
尚义县		6323	991	19403		150070
蔚　县		155727	614	1130		
阳原县		98755	1382	2863		
怀安县		98174	787	7214		1500
怀来县		102518	278	1043		
涿鹿县		158270	175	933		
赤城县		71960	1160	1183		40
承德市						
双桥区		4238	93	606		
双滦区		14044	49	10		
鹰手营子矿区		1668	52	89		
承德县		182374	2679	445		
兴隆县		20053	377	141		
滦平县		68416	1712	602		

3-1 县(市、区)国民经济主要指标(2019)(8-4)

县(市、区)	四、农 业 (续4)					
	小麦产量(吨)	玉米产量(吨)	大豆产量(吨)	油料产量(吨)	棉花产量(吨)	糖料产量(吨)
隆化县		153934	3617	6184		
丰宁满族自治县		109361	1880	7702		
宽城满族自治县		44237	842	1178		
围场满族蒙古族自治县		68515	1433	8456		1099
平泉市		202590	2045	359		750
沧州市						
新华区	1407	1679				
运河区	3316	5802	16	4		
沧 县	195305	227252	1041	260	48	
青 县	60588	154993	1355	1181	20	
东光县	187840	161619	2691	1593	5843	
海兴县	54047	86134	403	849	137	
盐山县	152382	115873	19	92	4	
肃宁县	116080	136636	142	919	15	
南皮县	216763	205700	324	1821	3602	
吴桥县	183420	201566	490	1661	3503	
献 县	188184	217536	2489	12631	502	
孟村回族自治县	60360	74074	291	951	58	
泊头市	152597	224892	23	367	114	
任丘市	140343	180042	3927	2083	436	
黄骅市	120187	142703	1241	2404	616	
河间市	154298	305611	435	11437	511	
廊坊市						
安次区	2629	112010	1241	2826	101	
广阳区	7674	31251	796	1866	106	
固安县	101048	110503	2269	3677	4	
永清县	18965	138735	1363	8647	592	
香河县	29711	43268	112	22		
大城县	16432	224005	11440	5858	1648	
文安县	76109	198661	5386	468	121	
大厂回族自治县	5207	6509				
霸州市	29769	118552	3238	5709	688	
三河市	40827	86096	1267	46	5	
衡水市						
桃城区	85209	97033	226	4082	275	
冀州区	169576	164620	680	9495	14067	
枣强县	234224	227954	1556	5153	10111	
武邑县	169703	166451	1949	11714	7090	
武强县	97076	137925	196	2531	49	
饶阳县	94110	109641	202	10163	56	
安平县	92183	123866	358	4453		
故城县	209058	177730	4688	10938	10589	
景 县	383643	372096	2449	3085	3205	
阜城县	170070	149688	3689	1068	2563	
深州市	344483	318094	4	28814	48	
定州市	395833	370232	2106	21441	15	
辛集市	340523	294256	2335	24241	308	

3-1 县(市、区)国民经济主要指标(2019)(9-1)

县(市、区)	四、农　业 (续5)					
	蔬菜产量（吨）	园林水果产量（吨）	食用坚果产量（吨）	肉类总产量（吨）	#猪牛羊肉产量（吨）	禽蛋产量（吨）
石家庄市						
长安区	697	2591	814	557	499	440
桥西区	5413					1
新华区	14934	1156	193	10	10	8
井陉矿区	2754	2729	39	993	969	238
裕华区	1047		248	27	24	45
藁城区	577257	219504	743	56038	37787	99007
鹿泉区	433411	15442	1380	8271	5353	23338
栾城区	78048	3900	2810	15807	5609	71785
井陉县	78221	17710	2680	12862	10343	20049
正定县	588480	8279	176	59904	46147	86444
行唐县	263931	118768	2517	32819	26800	43875
灵寿县	373144	5663	7306	37104	34463	16253
高邑县	364021	2657	138	6851	5099	11525
深泽县	209046	89386	557	15340	13374	18220
赞皇县	115103	95760	23990	23413	20116	24171
无极县	525742	5833		38320	28749	70835
平山县	133579	6354	6957	17360	15921	11700
元氏县	115162	7316	4590	36315	26063	36306
赵　县	77569	570995	25	13122	9725	21185
晋州市	354861	676356	811	45924	41021	50871
新乐市	398901	9553	10	55456	45308	66625
唐山市						
路南区	33466	54	3	3012	2796	682
路北区	108515	2540		3223	971	580
古冶区	221106	8588	31	10921	8535	10303
开平区	47027	1541	186	8123	6960	3138
丰南区	1102656	13065	132	41814	32247	14392
丰润区	494298	33464	1598	57755	44640	44814
曹妃甸区	52028	18906	11	21416	19490	5111
滦南县	1550885	44245	88	115738	99690	35479
乐亭县	1400939	343366	117	26022	17223	8466
迁西县	116366	36989	67460	20034	16467	8321
玉田县	2137452	41982	490	84180	75360	61071
遵化市	500615	132942	41754	77977	71755	24546
迁安市	520354	62667	6728	65938	56404	33229
滦州市	846040	36346	508	47947	39818	26344
秦皇岛市						
海港区	40712	12726	4397	8412	3716	5490
山海关区	171056	23397	34	6523	4010	4037
北戴河区	39033	2709	2	1651	775	499
抚宁区	475482	132475	12977	97080	71915	13765
青龙满族自治县	307798	213792	31556	47026	30112	11302
昌黎县	1077344	110981	92	57400	43920	23199

3-1 县(市、区)国民经济主要指标(2019)(9-2)

县(市、区)	四、农　业（续5）					
	蔬菜产量（吨）	园林水果产量（吨）	食用坚果产量（吨）	肉类总产量（吨）	#猪牛羊肉产量（吨）	禽蛋产量（吨）
卢龙县	260163	139168	4805	67817	54270	18111
邯郸市						
邯山区	17691	5436	44	2043	1893	4022
丛台区	968	172	371	1400	617	1445
复兴区		84	176	519	446	612
峰峰矿区	4787	1937	72	20167	15641	8388
肥乡区	734219	56813	7	29583	24359	39348
永年区	917125	23908	371	36773	24817	140515
临漳县	290805	22732	44	34462	28369	32549
成安县	437451	69095	585	26744	22288	44161
大名县	518528	21466	74	51990	41084	76748
涉　县	67551	15070	8692	12365	8733	30670
磁　县	56657	2557	1458	22730	16106	50547
邱　县	68223	34455	117	16137	10192	40090
鸡泽县	395877	35515	9	20604	14851	37466
广平县	189039	15190	5	7989	6192	18651
馆陶县	328501	16454		36808	22265	149995
魏　县	467993	245582	84	32576	27098	59466
曲周县	238425	21034	122	31838	23849	97489
武安市	122490	20849	13821	77645	73896	26420
邢台市						
桥东区	11019	1481	183	737	529	2170
桥西区	2750	943	11	1343	795	1570
邢台县	98031	121399	21175	10531	8370	10012
临城县	65338	14731	7164	13801	9921	34620
内丘县	82807	53532	9823	18870	16974	17033
柏乡县	222648	70911	217	11075	7576	31404
隆尧县	407631	21395	1168	26436	15946	54784
任　县	266546	7720	127	10186	6785	27480
南和县	470946	3924	45	14412	10625	38903
宁晋县	288964	148730	5	27832	24651	28567
巨鹿县	181417	92568		17046	9745	13820
新河县	31358	142673		20579	19246	9324
广宗县	107366	13156	29	16423	14009	7629
平乡县	191219	25227	2947	11932	7735	19143
威　县	86820	185293	32	32473	14518	45957
清河县	12420	24575	1	10617	5269	3682
临西县	103938	12581	6	14167	10245	24108
南宫市	252363	26692	48	20437	18414	16073
沙河市	23610	12144	6375	11313	6613	37696
保定市						
竞秀区	20106	9843	13	1453	1451	
莲池区	38018	806	27	2023	1010	8936
满城区	177578	177922	39	18761	16146	30465

3-1 县(市、区)国民经济主要指标(2019)(9-3)

县(市、区)	四、农 业 (续5)					
	蔬菜产量（吨）	园林水果产量（吨）	食用坚果产量（吨）	肉类总产量（吨）	#猪牛羊肉产量（吨）	禽蛋产量（吨）
清苑区	544754	51110	25	25519	15573	31116
徐水区	308345	22185	230	42218	33243	21979
涞水县	188473	33318	2455	18314	16125	3198
阜平县	89193	64318	7876	6280	5573	2455
定兴县	614943	25955	45	40239	30705	28953
唐　县	75353	37734	3510	61255	58458	14238
高阳县	53312	5031	60	5812	5365	3986
容城县	132271	1783	67	5850	5191	975
涞源县	24088	3138	4313	19610	8271	4001
望都县	146579	14484	133	13531	8544	11604
安新县	51224	12972	23	6904	1500	4788
易　县	172718	98484	844	70537	67405	25388
曲阳县	81272	131518	334	28149	23728	10917
蠡　县	404409	25419	15	6278	4752	10618
顺平县	308308	326731	286	8759	7866	3912
博野县	98850	31714	36	14321	10972	9553
雄　县	43177	25674	592	9724	5165	3058
涿州市	373766	20836	46	34099	23628	16528
安国市	184528	7848		13623	12396	14289
高碑店市	87934	15039	68	24105	20364	24442
张家口市						
桥东区	7980	1023	639	3053	2178	5564
桥西区	798			638	624	336
宣化区	125248	2595	1900	25414	22937	17377
下花园区	18825	682	3896	5426	3211	8352
万全区	77188	4664	41	20404	18597	7566
崇礼区	213337	23		1841	1598	1069
张北县	1051231			31248	30858	1523
康保县	541249			41326	20552	1859
沽源县	1382976			12668	12484	706
尚义县	611698	70		6824	6519	744
蔚　县	153273	3164	5932	24252	21433	26016
阳原县	46693	5664	1721	22379	17136	46181
怀安县	84681	621	889	10842	10116	2004
怀来县	61684	136218	5452	25504	11857	14600
涿鹿县	32084	53499	10383	12584	8837	20899
赤城县	458763	1940	98	28585	27213	3798
承德市						
双桥区	12454	572	49	748	713	378
双滦区	52955	1180		2023	1794	1169
鹰手营子矿区	18243	1040	476	984	861	711
承德县	438901	238877	2781	80616	27609	21037
兴隆县	44444	281845	111030	13866	12676	1080
滦平县	549655	32850	1193	75986	35603	9787

3-1 县(市、区)国民经济主要指标(2019)(9-4)

县(市、区)	四、农 业(续5)					
	蔬菜产量（吨）	园林水果产量（吨）	食用坚果产量（吨）	肉类总产量（吨）	#猪牛羊肉产量（吨）	禽蛋产量（吨）
隆化县	733793	43396	202	68390	65531	8841
丰宁满族自治县	519506	5920	501	47806	42282	18318
宽城满族自治县	157525	48600	43100	17789	14893	7597
围场满族蒙古族自治县	858661	211640	11955	51010	41872	24390
平泉市	633351	118923	1868	16734	14425	14672
沧州市						
新华区		55		448	347	401
运河区	3829	1181		1150	617	3127
沧 县	91297	186134	5	35788	24979	42541
青 县	1076042	16579		17252	11018	16896
东光县	67850	5340	80	16809	13052	20113
海兴县	22588	29153		27423	14669	11304
盐山县	13012	821		41983	38479	1439
肃宁县	470926	58995	12	26803	8785	33089
南皮县	293974	63911		15734	13310	9171
吴桥县	126264	18252	20	21202	16487	17969
献 县	350956	68524	70	55972	43297	56193
孟村回族自治县	19948	7708		43424	6705	7008
泊头市	48548	379556		21107	15675	38933
任丘市	155089	14091	7	17353	5812	6508
黄骅市	71573	71931		44631	28682	14967
河间市	145397	61203	24	25505	14246	27360
廊坊市						
安次区	205349	50361	22	9448	6459	11998
广阳区	138387	6652		12876	4591	5819
固安县	1393561	77333		11821	10277	8099
永清县	1843118	206130	25	40925	37400	10835
香河县	518829	3503	280	7378	4480	34120
大城县	274915	31023	11	20798	14275	22148
文安县	104260	6104	16	12704	8150	9197
大厂回族自治县	50766	739		13025	12324	3688
霸州市	147372	8388	9	15103	11163	9801
三河市	346382	37840	392	29753	27246	10495
衡水市						
桃城区	177378	16128		11821	10069	6907
冀州区	48731	48975	327	10117	8182	12499
枣强县	95333	35587	30	13933	12718	4269
武邑县	605711	37168	4	24033	19074	16742
武强县	73676	2609	9	15783	7924	13253
饶阳县	801832	191911	222	17569	14137	25501
安平县	92031	19691	32	48606	47071	12302
故城县	375997	8863		35411	24166	30068
景 县	76313	13224	26	27471	23864	21483
阜城县	256555	35707		16571	13808	22639
深州市	155143	593882	12	47040	35067	61777
定州市	1234735	24212	716	79931	66708	71884
辛集市	822902	352411	15	84702	65893	158839

3-1　县(市、区)国民经济主要指标(2019)(10-1)

县(市、区)	四、农　业（续6）					
	奶类总产量（吨）	年内猪出栏（百头）	年内牛出栏（百头）	年内羊出栏（百只）	年末猪存栏（百头）	年末牛存栏（百头）
石家庄市						
长安区	1629	46	5	51		12
桥西区	1					
新华区				7		
井陉矿区		123		21	96	
裕华区	223	2		8		1
藁城区	40565	3444	439	1354	2998	385
鹿泉区	46173	521	69	155	190	100
栾城区	29450	473	101	237	188	133
井陉县	2650	836	176	602	505	190
正定县	73644	4058	532	433	2012	436
行唐县	219483	1644	862	732	604	661
灵寿县	36122	3660	204	568	2120	325
高邑县	3588	592	24	168	117	17
深泽县	15221	1402	79	910	344	44
赞皇县		1064	698	623	335	291
无极县	39894	2547	569	1402	1051	654
平山县	6555	1732	121	815	737	178
元氏县	24708	2002	505	1583	630	205
赵　县	8260	1093	49	345	446	53
晋州市	14942	4621	83	848	2580	78
新乐市	116684	5545	188	350	2250	383
唐山市						
路南区	5180	354	14	30	124	28
路北区	2870	100	6	89	58	8
古冶区	46798	880	80	315	418	111
开平区	13557	515	171	225	225	89
丰南区	69968	3624	118	324	2624	295
丰润区	45570	4860	333	1407	1710	282
曹妃甸区	665	2545	11	13	936	8
滦南县	403056	12011	521	618	5100	1200
乐亭县	24804	1800	105	909	785	105
迁西县	19480	1281	144	2642	458	163
玉田县	128114	6366	955	1043	3560	1075
遵化市	9274	7880	632	1665	4550	614
迁安市	79514	5274	749	1080	2482	562
滦州市	174892	2947	947	1032	1148	579
秦皇岛市						
海港区	2421	372	24	370	201	35
山海关区	2016	460	27	170	230	41
北戴河区		73	3	131	43	4
抚宁区	8128	8291	270	3314	3252	207
青龙满族自治县	167	2990	111	4298	733	74
昌黎县	33404	3563	518	4849	1581	458

3-1 县(市、区)国民经济主要指标(2019)(10-2)

县(市、区)	四、农　业(续6)					
	奶类总产量(吨)	年内猪出栏(百头)	年内牛出栏(百头)	年内羊出栏(百只)	年末猪存栏(百头)	年末牛存栏(百头)
卢龙县	20813	5250	386	6035	2550	361
邯郸市						
邯山区	18123	196	14	146	116	45
丛台区		62	1	71	55	1
复兴区	302	46		67	23	2
峰峰矿区	4741	1908	23	235	848	16
肥乡区	10784	2233	172	2901	816	186
永年区	23986	2420	226	2501	961	181
临漳县	4608	2151	362	4470	867	84
成安县	13032	1866	195	3757	806	95
大名县	3499	4265	282	2976	2540	359
涉　县		897	51	658	429	85
磁　县	6824	1741	96	1050	988	88
邱　县	131	613	85	2802	316	98
鸡泽县	5268	1318	103	1961	432	57
广平县	669	674	19	795	335	12
馆陶县	4371	2492	111	1187	682	103
魏　县	563	3093	85	2079	1401	98
曲周县	6591	2108	282	2582	697	157
武安市	1961	8860	165	465	4405	278
邢台市						
桥东区	581	56	5	31	24	7
桥西区	1298	91	4	21	35	7
邢台县	73	862	46	761	396	31
临城县		842	194	377	393	162
内丘县	680	2086	71	212	756	55
柏乡县	1516	917	19	92	295	13
隆尧县	5159	1710	36	1342	476	28
任　县		748	9	549	327	3
南和县	7861	1271	40	132	1006	41
宁晋县	108283	2520	273	641	1163	447
巨鹿县	4950	788	162	936	602	161
新河县	622	2319	141	317	1554	123
广宗县		1436	128	914	693	169
平乡县	1634	665	113	677	275	70
威　县	115784	1333	195	2193	438	335
清河县	3319	613	19	196	360	29
临西县	1184	664	201	1307	345	133
南宫市		1634	158	1908	675	38
沙河市	4010	614	64	592	371	48
保定市						
竞秀区		197			59	
莲池区	3809	28	54	40		
满城区	22700	1837	35	425	773	113

3-1 县(市、区)国民经济主要指标(2019)(10-3)

县(市、区)	四、农 业（续6）					
	奶类总产量（吨）	年内猪出栏（百头）	年内牛出栏（百头）	年内羊出栏（百只）	年末猪存栏（百头）	年末牛存栏（百头）
清苑区	61584	1778	70	578	667	208
徐水区	130153	3378	367	607	1576	424
涞水县	4328	1638	107	1496	527	91
阜平县	3855	476	62	628	218	159
定兴县	11719	3414	156	1731	2960	152
唐　县	6206	3022	103	21927	1150	134
高阳县	4730	616	31	243	342	36
容城县	5981	588	36	127	3	58
涞源县		680	136	509	467	100
望都县	29185	927	45	494	192	89
安新县		171	7	89		4
易　县	4043	6660	923	2507	2620	341
曲阳县	19458	1420	221	5772	319	173
蠡　县	5360	485	31	262	182	35
顺平县	4599	789	77	344	197	61
博野县	3661	1432	23	584	645	32
雄　县	11	414	15	1003		4
涿州市	16878	2559	73	1899	1116	126
安国市	4363	1442	28	539	538	14
高碑店市	11932	2200	135	891	877	74
张家口市						
桥东区	5703	255	10	118	294	22
桥西区	1341	72		52	32	5
宣化区	32908	2318	162	1976	1114	170
下花园区	3500	385	2	184	151	10
万全区	78445	1586	255	1757	706	246
崇礼区	2897	127	37	93	53	26
张北县	125716	2553	426	2273	402	716
康保县	48581	1196	206	5772	261	277
沽源县	16769	265	623	1836	132	332
尚义县	179	246	124	1957	95	190
蔚　县	19389	1641	362	2378	416	278
阳原县	6358	1474	159	2562	780	131
怀安县	13221	994	24	1474	508	156
怀来县	34385	1182	103	969	846	155
涿鹿县	10642	1049	26	368	858	60
赤城县	3630	2701	377	1588	760	461
承德市						
双桥区		85	1	38	58	3
双滦区	256	223	4	79	360	29
鹰手营子矿区		96	4	79	45	1
承德县	1173	2223	512	1435	891	330
兴隆县	126	1352	56	1015	460	19
滦平县	6429	3987	185	1307	1523	185

3-1 县(市、区)国民经济主要指标(2019)(10-4)

县(市、区)	四、农　业 (续6)					
	奶类总产量(吨)	年内猪出栏(百头)	年内牛出栏(百头)	年内羊出栏(百只)	年末猪存栏(百头)	年末牛存栏(百头)
隆化县	2188	3070	2260	3563	1394	2700
丰宁满族自治县	62199	1817	1453	2656	1173	899
宽城满族自治县		1557	58	1394	560	47
围场满族蒙古族自治县	23947	1476	1614	2460	1097	2400
平泉市	448	789	395	1556	414	506
沧州市						
新华区		38	2	17	32	4
运河区	43	65	3	52	28	2
沧　县	6935	2480	139	1804	1069	116
青　县	22105	1005	85	1362	713	147
东光县		961	235	1118	396	30
海兴县	2335	1745	53	427	1580	25
盐山县		4644	76	1108	518	21
肃宁县	3661	970	31	546	560	43
南皮县		1046	261	841	625	194
吴桥县		1172	330	1398	366	93
献　县	7465	3769	568	3142	1343	494
孟村回族自治县		234	213	1144	139	133
泊头市	4547	1594	82	1259	739	66
任丘市	3797	559	36	533	431	59
黄骅市	2485	3060	172	2400	1492	48
河间市	1586	1430	47	1491	551	57
廊坊市						
安次区	7561	722	16	535	352	45
广阳区	18714	414	85	270	127	101
固安县	7253	1175	16	778	447	29
永清县	22613	3682	191	4476	1439	236
香河县	6793	385	49	498	97	36
大城县	281	1146	201	1544	414	48
文安县	31939	628	96	1509	273	126
大厂回族自治县		424	520	505	91	169
霸州市	1412	1141	27	1252	449	25
三河市	36261	2058	504	1660	498	445
衡水市						
桃城区	5979	785	160	940	289	72
冀州区	5419	686	114	746	314	50
枣强县	7098	1154	183	1337	287	109
武邑县	8799	1109	489	1662	662	453
武强县	160098	737	99	426	432	332
饶阳县	13533	1572	58	690	691	75
安平县	7741	6226	20	238	4069	35
故城县	38604	1825	353	3252	351	715
景　县	4317	2038	352	1067	612	46
阜城县	8464	1299	121	1694	688	124
深州市	7157	3506	339	1982	1459	195
定州市	207184	6367	579	3453	3524	719
辛集市	57833	6523	266	2100	3470	269

3-1 县(市、区)国民经济主要指标(2019)(11-1)

县(市、区)	四、农 业（续7）					
	年末羊存栏（百只）	水产品产量（吨）	农业产业化经营率（%）	（三）农林牧渔业总产值（现价）（万元）	农业产值（万元）	林业产值（万元）
石家庄市						
长安区	86		25.9	14146	7187	276
桥西区			99.7	1507	1170	
新华区	10		81.3	6488	4946	227
井陉矿区	26	12	11.2	5991	2291	259
裕华区	13		98.4	1017	753	
藁城区	569	5	58.6	729650	340900	6609
鹿泉区	113	5115	78.1	278886	166025	12776
栾城区	159		59.1	297531	110578	3941
井陉县	603	310	27.9	158009	55745	21973
正定县	238		71.1	625709	271972	12858
行唐县	394	687	42.1	578914	246998	10544
灵寿县	319	5298	36.1	399867	214409	21855
高邑县	61		37.1	189608	141913	1425
深泽县	410	121	50.0	249497	129310	1327
赞皇县	433	239	51.5	298954	131479	22832
无极县	711	1	41.6	486331	222932	2376
平山县	534	5460	57.1	276998	86332	48730
元氏县	656	170	51.5	319695	112268	14925
赵　县	175		62.2	367984	271574	1424
晋州市	492		55.1	520254	324816	3199
新乐市	347		52.5	546266	229241	2305
唐山市						
路南区	16		42.0	26821	12714	1639
路北区	67		8.7	51345	41170	1091
古冶区	146	3947	46.9	147900	75946	3942
开平区	103	3652	39.5	79499	23535	3796
丰南区	321	58967	68.5	730125	363909	8056
丰润区	1086	4671	55.7	641653	284569	9763
曹妃甸区	13	150815	72.1	591504	99184	5185
滦南县	499	73306	71.1	1397268	627266	7068
乐亭县	651	169316	70.5	1172414	728493	8669
迁西县	1046	12875	70.7	339474	188119	20625
玉田县	647	3978	73.1	1060313	611742	15980
遵化市	951	1190	73.0	720432	417877	15119
迁安市	593		69.7	554339	204956	12327
滦州市	659	749	68.9	764527	366916	11851
秦皇岛市						
海港区	351	4412	47.6	119781	40822	10349
山海关区	131	3300	78.0	134188	71469	785
北戴河区	75	555	27.0	30840	16940	1811
抚宁区	1283	1011	70.0	654587	232132	24200
青龙满族自治县	1896	1300	60.9	778682	412597	61344
昌黎县	2529	70452	71.8	1163069	417866	24724

3-1 县(市、区)国民经济主要指标(2019)(11-2)

县(市、区)	四、农 业(续7)					
	年末羊存栏(百只)	水产品产量(吨)	农业产业化经营率(%)	(三)农林牧渔业总产值(现价)(万元)	农业产值(万元)	林业产值(万元)
卢龙县	2390	1613	55.8	628252	292708	25593
邯郸市						
邯山区	105		72.1	42792	22687	2735
丛台区	77		27.8	18023	9837	1697
复兴区	42		75.5	10247	3273	3650
峰峰矿区	70	2180	50.6	91500	11233	7854
肥乡区	1429	30	75.2	510977	305993	7375
永年区	1487	5852	46.6	650426	361220	8923
临漳县	953	22	54.1	439788	234704	5317
成安县	1987	6	71.4	491863	246595	5463
大名县	1557	138	75.6	583181	291738	6004
涉 县	386	3080	75.0	177955	63857	39525
磁 县	801	4920	68.5	217863	59865	25038
邱 县	1691	88	76.3	289446	137055	5286
鸡泽县	962	62	61.6	258200	137031	5409
广平县	383	25	75.0	176187	124605	2687
馆陶县	700	21	68.6	440446	174964	4578
魏 县	2545	60	75.4	627513	409576	6674
曲周县	773	3280	74.1	467498	210577	6593
武安市	262	1255	64.0	467295	169198	57267
邢台市						
桥东区	32		22.6	15151	10182	399
桥西区	32	40	4.1	15525	7306	2423
邢台县	390	568	58.6	198582	133329	14856
临城县	240	2390	68.8	156660	67700	6182
内丘县	73	45	69.4	241593	142451	16431
柏乡县	89		67.0	165903	99836	6377
隆尧县	413		64.6	419019	273667	5194
任 县	266		70.8	217290	148922	3440
南和县	67	14	74.2	355449	257260	3836
宁晋县	503	7	64.8	546255	335820	4585
巨鹿县	455	69	71.2	482919	407870	3500
新河县	249	666	68.3	230378	122320	4829
广宗县	661		47.9	225425	145157	1794
平乡县	327		71.5	256059	184091	4808
威 县	811	235	70.9	468385	256361	9480
清河县	218	240	87.6	176680	76294	4360
临西县	566	154	72.0	281363	162197	3918
南宫市	891	344	68.9	328879	220286	9836
沙河市	364	605	78.6	133366	42008	10206
保定市						
竞秀区			74.9	23074	16997	78
莲池区			78.7	42638	22753	186
满城区	488	10	69.0	375014	208135	11954

3-1 县(市、区)国民经济主要指标(2019)(11-3)

县(市、区)	四、农　业（续7）					
	年末羊存栏（百只）	水产品产量（吨）	农业产业化经营率（%）	（三）农林牧渔业总产值（现价）（万元）	农业产值（万元）	林业产值（万元）
清苑区	400		59.5	521718	375771	12483
徐水区	415	50	56.6	400595	169505	6717
涞水县	1148	207	72.6	276722	139019	45900
阜平县	836	5363	59.6	183305	114087	25543
定兴县	1481	80	76.8	521735	262277	5876
唐　县	9302	2100	70.8	466884	96448	12174
高阳县	179	29	62.2	108985	60054	3564
容城县	105		13.5	106771	76861	7301
涞源县	420	423	51.0	118124	33994	29829
望都县	236	9	64.8	253179	165254	4425
安新县	22	1976	21.3	140386	99790	11552
易　县	813	2708	54.3	463217	174151	27672
曲阳县	2432	2080	67.0	275264	104581	17800
蠡　县	275		66.3	319662	169091	7667
顺平县	526	13	70.3	316608	267086	11266
博野县	201		36.0	207234	129425	13470
雄　县	272		63.6	132022	90225	12997
涿州市	921	645	53.7	399710	212171	8338
安国市	312		71.9	352123	270565	5904
高碑店市	836	79	79.8	272410	125023	4531
张家口市						
桥东区	132			27881	10332	847
桥西区	38		73.5	4311	399	677
宣化区	968	600	45.8	231823	87900	13232
下花园区	141		30.8	48418	20004	1932
万全区	944	2	46.5	205359	54060	13104
崇礼区	66	16	44.4	96331	53002	31972
张北县	2453	218	36.2	610457	435533	12062
康保县	2145	45	62.0	392440	214565	13782
沽源县	1122	896	51.6	488579	385982	9622
尚义县	1289	156	32.0	304440	246112	11130
蔚　县	1407	420	28.4	267201	108459	13958
阳原县	2116	267	27.2	227464	58516	23854
怀安县	1220	330	34.5	167559	60004	32503
怀来县	806	4520	42.3	251780	135215	7271
涿鹿县	498	325	54.9	196513	106167	20477
赤城县	917	832	10.7	442849	228254	43781
承德市						
双桥区	46	60	80.7	8784	4215	1320
双滦区	249	460	65.9	44877	25543	2108
鹰手营子矿区	40		63.0	11810	6341	924
承德县	709	519	75.0	652358	392404	31999
兴隆县	361	320	59.9	345267	258082	24408
滦平县	560	405	65.2	494448	229981	47824

3-1 县(市、区)国民经济主要指标(2019)(11-4)

县(市、区)	四、农 业(续7)					
	年末羊存栏(百只)	水产品产量(吨)	农业产业化经营率(%)	(三)农林牧渔业总产值(现价)(万元)	农业产值(万元)	林业产值(万元)
隆化县	958	490	73.9	777009	381424	47869
丰宁满族自治县	1676	610	62.4	508458	162163	67453
宽城满族自治县	1235	610	71.7	283581	168423	22718
围场满族蒙古族自治县	1930	372	66.5	865760	527153	73060
平泉市	1224	182	73.9	558824	451712	13131
沧州市						
新华区	550	15	94.7	3419	958	650
运河区	28		77.4	9621	3309	217
沧　县	1080	25	78.1	447012	206629	27710
青　县	747	324	70.0	663973	492226	10107
东光县	308	678	60.0	588599	123307	3117
海兴县	161	7445	49.1	199296	48448	6666
盐山县	543	356	61.1	200319	58770	7410
肃宁县	382		75.3	395679	246105	4722
南皮县	620	508	50.5	432248	199971	2627
吴桥县	562	292	23.8	592038	155543	6441
献　县	2433	2105	59.7	607386	249706	3038
孟村回族自治县	645	130	44.3	142429	36690	4388
泊头市	832	467	73.3	309910	183795	6880
任丘市	450	2060	60.3	238104	141113	4552
黄骅市	594	56680	70.4	553150	107610	4831
河间市	576	125	81.9	393541	183556	4012
廊坊市						
安次区	374	950	61.7	195671	122878	9556
广阳区	234	344	62.7	133939	76641	2029
固安县	454	236	52.3	651588	569601	6835
永清县	2284	531	44.1	914868	716027	5317
香河县	297	2086	52.5	303522	230818	5750
大城县	530	586	32.0	295596	173185	18729
文安县	751	4083	27.9	212913	114520	18082
大厂回族自治县	71	836	46.2	78610	14626	1106
霸州市	844	4384	49.8	190970	98422	14596
三河市	664	6743	71.5	307037	149245	7676
衡水市						
桃城区	372	568	50.8	160953	91058	1803
冀州区	290	2032	46.1	217537	140265	13058
枣强县	547	275	80.3	262718	168991	8459
武邑县	787	158	61.5	475559	319745	6003
武强县	300		66.2	209351	71536	8278
饶阳县	440		67.8	544175	415743	10278
安平县	156	120	73.3	283881	95319	6761
故城县	1130	1432	65.3	466227	244097	8554
景　县	516	95	66.9	370082	203717	12069
阜城县	1041	66	48.4	357978	229751	9607
深州市	1024	213	72.5	665723	409149	14833
定州市	1336		53.8	1176702	698297	72024
辛集市	1117	39	65.1	884535	479089	243

3-1 县(市、区)国民经济主要指标(2019)(12-1)

县(市、区)	四、农业（续7）			五、交通与通讯		
	牧业产值(万元)	渔业产值(万元)	农林牧渔服务业产值(万元)	公路里程(公里)	固定电话用户(户)	移动电话用户(户)
石家庄市						
长安区	2778		3905			
桥西区	1		336			
新华区	77		1238			
井陉矿区	3348	16	77	118	7188	110000
裕华区	225		39			
藁城区	336803	8	45330	1713	35998	698333
鹿泉区	68076	8638	23371	1011	36258	382550
栾城区	118816		64196	836	22589	505258
井陉县	62522	824	16945	1524	12378	122700
正定县	303280		37599	988	47595	587000
行唐县	269758	246	51368	1494	13062	303727
灵寿县	142875	8693	12035	1252	13000	316000
高邑县	35727		10543	623	5004	205428
深泽县	84736	374	33750	526	7335	233113
赞皇县	117860	439	26344	924	10236	219441
无极县	224577	1	36445	849	22545	501521
平山县	88921	9296	43719	2806	28531	127860
元氏县	182171	261	10070	1050	18650	410532
赵　县	62421		32565	879	22312	519918
晋州市	162126		30113	1053	20839	401265
新乐市	261286		53434	962	19977	489169
唐山市						
路南区	12432		36			
路北区	8537		547			
古冶区	58007	5702	4303	343	45065	421168
开平区	43247	5414	3507	380	33901	147621
丰南区	156216	153437	48507	1432	32900	663400
丰润区	305333	6788	35200	1995	75069	1025886
曹妃甸区	92165	336005	58965	955	69000	441000
滦南县	494939	206842	61153	1989	38707	577238
乐亭县	192940	230833	11479	2055	33028	596544
迁西县	97091	18639	15000	1511	33336	411983
玉田县	393985	13257	25349	1618	70636	680128
遵化市	260832	1704	24900	1846	51700	735600
迁安市	309589		27467	3314	55743	814149
滦州市	368582	1078	16100	1634	49000	631054
秦皇岛市						
海港区	49233	6959	12418	732	177114	1375125
山海关区	40489	17050	4395	291		
北戴河区	7243	2678	2168	165	23468	110693
抚宁区	307750	1451	89054	1207	17500	435000
青龙满族自治县	252289	4352	48100	2700	25160	420000
昌黎县	503964	86484	130031	1989	38300	534412

3-1 县(市、区)国民经济主要指标(2019)(12-2)

县(市、区)	四、农业（续7）			五、交通与通讯		
	牧业产值(万元)	渔业产值(万元)	农林牧渔服务业产值(万元)	公路里程(公里)	固定电话用户(户)	移动电话用户(户)
卢龙县	272881	2350	34720	1655	17563	353702
邯郸市						
邯山区	17049		321			
丛台区	5176		1313			
复兴区	2522		802	130		
峰峰矿区	65172	2859	4382	590	22556	508752
肥乡区	143436	29	54144	1090	3520	298422
永年区	259175	8680	12428	1165		
临漳县	176702	31	23034	1235	16668	
成安县	141481	5	98319	1093	17122	316127
大名县	237936	129	47374	1789	26320	556000
涉　县	67900	4328	2345	1513	22430	438623
磁　县	120066	8052	4842	974	28700	721764
邱　县	98320	96	48689	890	6271	194824
鸡泽县	99901	55	15804	545	10000	250000
广平县	47265	26	1604	618	4500	157300
馆陶县	243149	27	17728	1012	9326	258521
魏　县	158156	86	53021	1473	17388	582946
曲周县	201585	2807	45936	1388	12125	183194
武安市	234235	1437	5158	1323	47000	904000
邢台市						
桥东区	4344		226			
桥西区	5210	56	530			
邢台县	47532	1081	1784	2496	22100	186700
临城县	77916	3462	1400	1013	10851	166647
内丘县	80116	65	2530	1210	21040	170123
柏乡县	58213		1477	362	8296	159870
隆尧县	128793		11365	1018	63020	441000
任　县	55078		9850	889	10261	296313
南和县	79357	21	14975	873	16930	311413
宁晋县	169746	18	36086	1797	31238	558276
巨鹿县	70131	98	1320	1384	12710	314764
新河县	88112	967	14150	651	10842	111669
广宗县	66639		11835	1155	11937	138655
平乡县	58387		8773	1113	17693	317229
威　县	187408	336	14800	1453	15245	404056
清河县	29994	342	65690	961	36892	311259
临西县	76225	218	38805	906	11592	298761
南宫市	91844	494	6419	1278	27173	244061
沙河市	69119	871	11162	1612	39000	507260
保定市						
竞秀区	3826		2173	52		
莲池区	18020		1679	27	5586	
满城区	131746	14	23165	995	29021	445780

3-1 县(市、区)国民经济主要指标(2019)(12-3)

县(市、区)	四、农业（续7）			五、交通与通讯		
	牧业产值(万元)	渔业产值(万元)	农林牧渔服务业产值(万元)	公路里程(公里)	固定电话用户(户)	移动电话用户(户)
清苑区	118819		14645	1227	29401	549159
徐水区	187212	251	36910	867	44793	561164
涞水县	80282	311	11210	1213	18982	288978
阜平县	31395	9622	2658	1589	13083	176828
定兴县	193797	548	59237	893	24876	443912
唐　县	348180	3052	7030	1116	29407	453367
高阳县	25820	42	19505	626	27630	372803
容城县	18127		4482	396	23911	277380
涞源县	51309	600	2392	1286	15393	264181
望都县	74449	51	9000	615	16622	251759
安新县	17818	2886	8340	653	30305	389652
易　县	251695	5226	4473	1796	31580	439655
曲阳县	137981	4968	9934	1577	31425	525607
蠡　县	124409		18495	903	27586	461629
顺平县	34295	62	3899	971	19741	259369
博野县	56981		7358	491	14521	234214
雄　县	25632		3168	908	32059	450235
涿州市	142579	914	35708	1164	61685	673593
安国市	63284		12370	634	27279	384920
高碑店市	107340	186	35330	1002	31524	536096
张家口市						
桥东区	16236		466			
桥西区	2929		306			
宣化区	121200	870	8621	1381	47858	739864
下花园区	23180		3302	295	5290	69846
万全区	121439	6	16750	1102	8517	232758
崇礼区	11026	24	307	1100	7934	105835
张北县	160849	308	1705	2763	10329	360648
康保县	163215	65	813	3108	4086	138109
沽源县	90258	1949	768	2200	1881	125808
尚义县	39362	223	7613	1156	2500	101000
蔚　县	135954	1162	7668	2006	13350	452831
阳原县	135583	380	9131	1442	7744	214100
怀安县	71672	1066	2314	1589	7112	192000
怀来县	95267	8327	5700	3038	47063	310000
涿鹿县	64451	439	4979	1594	15466	304600
赤城县	150827	1471	18516	1794	5949	190294
承德市						
双桥区	2987	86	176	641	63792	813072
双滦区	8725	651	7850	584	12004	211294
鹰手营子矿区	4358		187	224	7748	81825
承德县	211232	743	15980	2935	18821	355002
兴隆县	49551	456	12770	2766	13833	285434
滦平县	207285	582	8776	2220	11173	283532

3-1 县(市、区)国民经济主要指标(2019)(12-4)

县(市、区)	四、农业(续7)			五、交通与通讯		
	牧业产值(万元)	渔业产值(万元)	农林牧渔服务业产值(万元)	公路里程(公里)	固定电话用户(户)	移动电话用户(户)
隆化县	335110	705	11901	2915	14283	368333
丰宁满族自治县	257149	893	20800	3722	14937	354529
宽城满族自治县	76372	876	15192	1517	13241	269152
围场满族蒙古族自治县	259954	552	5041	5882	22889	452098
平泉市	89788	260	3933	2529	18948	416091
沧州市						
新华区	1785	22	4			
运河区	5987		108			
沧　县	156002	36	56635	1566	184580	604368
青　县	115918	468	45254	1067	36806	485000
东光县	79232	981	381962	1338	20759	368600
海兴县	82389	43428	18365	790	21960	240096
盐山县	122798	931	10410	971	32020	343601
肃宁县	121406		23446	673	20721	354018
南皮县	69234	725	159691	932	18056	370210
吴桥县	106490	411	323153	877	18000	220791
献　县	240574	3000	111068	1895	36488	502025
孟村回族自治县	99711	311	1329	579	40144	113718
泊头市	99605	660	18970	1050	36221	620200
任丘市	42957	3012	46470	1261	153804	895916
黄骅市	150277	234978	55454	1833	52365	575239
河间市	98105	335	107533	1449	34873	838962
廊坊市						
安次区	44432	1358	17447	921		
广阳区	48376	491	6402	691		
固安县	50285	337	24530	1512	33251	514825
永清县	177548	751	15225	1180	18300	396400
香河县	56388	2972	7594	1024	22361	496191
大城县	93939	836	8907	1301	42298	530700
文安县	63888	9110	7313	1663	28658	566127
大厂回族自治县	60247	1172	1459	554	12203	175307
霸州市	57760	11192	9000	1274	61165	629820
三河市	128707	9619	11790	1358	43763	855396
衡水市						
桃城区	53217	825	14050	844	118939	1016038
冀州区	50347	3097	10770	1393	48009	322531
枣强县	68007	401	16860	1794	37011	374969
武邑县	117389	235	32187	1385	24206	254925
武强县	108875		20662	770	14932	197828
饶阳县	81900		36254	682	9672	247462
安平县	155851	168	25782	796	42591	413507
故城县	173090	2083	38403	1331	43569	428789
景　县	118955	135	35206	1629	43987	442516
阜城县	85592	95	32933	1465	14749	295801
深州市	204737	301	36703	1684	36518	516973
定州市	379101		27280	1835	52150	1195280
辛集市	378148	41	27014	1275	20319	714952

3-1 县(市、区)国民经济主要指标(2019)(13-1)

县(市、区)	五、交通与通讯	六、教育、卫生			
	互联网宽带接入用户（户）	普通中学专任教师数（人）	普通中学在校学生数（人）	小学专任教师数（人）	小学在校学生数（人）
石家庄市					
长安区		2238	27952	2873	67688
桥西区		2399	38518	3137	70361
新华区		2420	29328	2506	55611
井陉矿区	36262	273	2881	415	4308
裕华区		1774	22283	2673	51042
藁城区	185764	3040	33766	3961	69739
鹿泉区	98600	1985	19022	1856	39467
栾城区	153436	1276	15233	1780	31420
井陉县	63602	959	14960	1430	17320
正定县	154873	1819	27074	2435	45510
行唐县	86820	1836	21995	2929	42081
灵寿县	61000	1511	17463	1537	28493
高邑县	50933	853	10717	1298	20391
深泽县	69023	592	8869	1036	17083
赞皇县	72000	763	11746	1684	30880
无极县	121523	1475	23581	2201	43874
平山县	77620	1922	29259	2706	41865
元氏县	41362	460	22446	2315	37102
赵　县	139316	1943	26869	2539	48783
晋州市	64360	1724	22070	2363	43625
新乐市	120542	2148	29325	2543	53365
唐山市					
路南区		799	11447	1021	18326
路北区		1932	25114	2526	49237
古冶区	90126	1162	8352	1470	14655
开平区	42530	1060	10156	1268	15958
丰南区	160200	2410	27204	2102	35098
丰润区	251204	3240	38200	3389	60407
曹妃甸区	92700	974	9957	1042	15810
滦南县	111333	2599	31331	2370	32107
乐亭县	151311	2156	19540	1676	16629
迁西县	95047	1801	23424	2297	33238
玉田县	182653	2648	34810	3105	53640
遵化市	191791	3673	45264	3815	65086
迁安市	176211	3303	41249	3995	71825
滦州市	139613	2631	28592	2569	41166
秦皇岛市					
海港区	410045	2463	27205	3526	64355
山海关区		374	3497	671	8186
北戴河区	48133	399	2637	653	5466
抚宁区	110400	1583	14563	1831	18883
青龙满族自治县	99000	1495	18471	2654	39652
昌黎县	146443	2041	26710	2372	30015

3-1 县(市、区)国民经济主要指标(2019)(13-2)

县(市、区)	五、交通与通讯	六、教育、卫生			
	互联网宽带接入用户（户）	普通中学专任教师数（人）	普通中学在校学生数（人）	小学专任教师数（人）	小学在校学生数（人）
卢龙县	68229	1834	17989	2153	22094
邯郸市					
邯山区		771	12536	2366	61085
丛台区		481	5049	1749	47768
复兴区		347	4095	1484	24652
峰峰矿区	110632	1726	20677	2139	35475
肥乡区	38965	1702	20046	2773	46434
永年区		4311	60286	5616	91680
临漳县		2883	42474	4496	80658
成安县	51452	1644	24719	2787	53946
大名县	143249	3468	53650	4902	86120
涉　县	85417	1632	24512	1782	36470
磁　县	181754	2746	47820	2727	51636
邱　县	49721	1300	22150	1868	32129
鸡泽县	57000	1440	22941	2095	40182
广平县	50000	1133	18494	2027	36938
馆陶县	68270	1535	25314	2329	42215
魏　县	95033	3671	55277	5567	100229
曲周县	73432	2100	30682	3217	65058
武安市	230000	3737	53160	5264	91042
邢台市					
桥东区		1315	24170	1495	35102
桥西区		2799	30263	2186	48150
邢台县	39680	1328	15042	1747	23956
临城县	53100	1271	18270	1192	20676
内丘县	39810	952	15556	1348	27908
柏乡县	38876	614	9243	1007	17032
隆尧县	130400	1423	18980	3020	46824
任　县	74378	1155	13013	1973	34657
南和县	83273	1970	21244	1569	33033
宁晋县	162670	2753	37639	4226	76308
巨鹿县	78504	1274	22871	2360	35903
新河县	39218	525	6138	656	9786
广宗县	18355	746	9916	1560	29625
平乡县	78919	1257	16126	1685	33881
威　县	104620	2473	32069	3215	64077
清河县	90121	1984	27411	3733	54774
临西县	78165	1404	20231	1902	38287
南宫市	71534	2230	33530	2355	41134
沙河市	133594	2713	28919	2371	44512
保定市					
竞秀区	15004	1143	14338	1823	31408
莲池区	20180	4910	34289	2640	56323
满城区	158307	1735	24098	2013	36605

3-1 县(市、区)国民经济主要指标(2019)(13-3)

县(市、区)	五、交通与通讯	六、教育、卫生			
	互联网宽带接入用户（户）	普通中学专任教师数（人）	普通中学在校学生数（人）	小学专任教师数（人）	小学在校学生数（人）
清苑区	219760	2606	33198	2828	55614
徐水区	232119	2412	39109	2681	50285
涞水县	98756	1509	18148	1665	22881
阜平县	61198	1382	13732	1328	19941
定兴县	195191	1822	35125	2758	39443
唐　县	160278	2565	37756	2812	51529
高阳县	171546	1549	20196	2023	31805
容城县	73770	1040	13074	1346	22508
涞源县	125491	1057	18965	1506	24355
望都县	110647	1003	12808	1216	19247
安新县	105148	1500	23920	2542	46183
易　县	180657	2325	34138	3017	38842
曲阳县	219728	3136	49958	3633	73017
蠡　县	165421	1854	28070	2516	51068
顺平县	100842	891	10411	1589	21769
博野县	109293	873	13907	959	20685
雄　县	110385	2119	30486	2326	49294
涿州市	373803	2476	29530	2217	45752
安国市	139442	1760	25724	1750	26899
高碑店市	254833	2384	31387	2130	39050
张家口市					
桥东区		662	8716	1104	21682
桥西区		630	8361	855	16549
宣化区	209484	2571	31530	2442	37096
下花园区	22829	243	2257	305	2364
万全区	61079	676	10014	1085	14529
崇礼区	28846	373	2593	606	4871
张北县	81998	1414	24973	1344	22439
康保县	29419	540	5373	715	5656
沽源县	48983	622	5811	763	10895
尚义县	28600	581	5265	752	5144
蔚　县	90587	1720	22101	2470	41425
阳原县	57759	784	9512	1291	16450
怀安县	39450	563	9117	845	12341
怀来县	64138	1380	20721	1895	27082
涿鹿县	71945	1101	18325	1655	22941
赤城县	45879	666	7807	1011	15449
承德市					
双桥区	166030	676	8533	1118	25363
双滦区	62243	592	6851	809	14297
鹰手营子矿区	23380	205	2676	228	2907
承德县	73520	1648	23889	1511	25833
兴隆县	73430	1182	14804	1675	19384
滦平县	81492	1231	17913	1733	21517

3-1 县(市、区)国民经济主要指标(2019)(13-4)

县(市、区)	五、交通与通讯	六、教育、卫生			
	互联网宽带接入用户（户）	普通中学专任教师数（人）	普通中学在校学生数（人）	小学专任教师数（人）	小学在校学生数（人）
隆化县	79608	1504	20645	2419	31378
丰宁满族自治县	85291	1555	20803	2213	28772
宽城满族自治县	61273	1057	13247	1959	23965
围场满族蒙古族自治县	100888	1881	33417	2437	41534
平泉市	94804	1460	28305	2107	29596
沧州市					
新华区		98	1389	718	17604
运河区		454	7915	2127	44589
沧　县	149753	2349	35714	3395	71202
青　县	125100	1292	17619	2313	40737
东光县	89500	1183	13207	1900	31517
海兴县	59468	829	11843	1288	19960
盐山县	58265	1705	24513	2674	52694
肃宁县	86964	1727	23859	1791	39841
南皮县	86251	1457	19568	1971	37063
吴桥县	59744	906	12019	1334	17517
献　县	122225	2852	45085	3651	74535
孟村回族自治县	9233	660	9658	1438	24012
泊头市	145616	2372	39513	3611	70631
任丘市	221566	3468	48113	4929	91547
黄骅市	149136	1974	29571	2104	44764
河间市	189016	1561	33116	2948	90382
廊坊市					
安次区		1269	16820	2206	37002
广阳区		750	10335	2042	37398
固安县	190551	2096	27396	3373	54313
永清县	89800	1407	16415	2058	36005
香河县	143483	1788	21245	2873	37399
大城县	143800	2248	22574	3620	60112
文安县	159912	1861	25179	3241	62375
大厂回族自治县	58526	666	7964	758	14489
霸州市	146705	2580	37737	3538	78635
三河市	365151	2826	43329	4590	78081
衡水市					
桃城区	294476	4175	60193	2728	48943
冀州区	63109	3781	43125	1093	25098
枣强县	74126	1748	26252	1521	34953
武邑县	50580	2952	36834	1164	22664
武强县	55474	669	7175	1177	15336
饶阳县	60347	866	9470	1518	20983
安平县	107126	1571	21232	1934	28046
故城县	78659	1971	32704	2338	44637
景　县	75154	2113	32070	2302	44415
阜城县	61447	1658	20693	1542	26944
深州市	132070	1834	23739	2176	34996
定州市	270230	5328	77698	4768	92572
辛集市	164383	2469	30583	2935	47147

3-1 县(市、区)国民经济主要指标(2019)(14-1)

县(市、区)	六、教育、卫生		七、居民收入		八、城镇化率(%)
	医疗卫生机构床位数(床)	医疗卫生机构技术人员数(人)	城镇居民人均可支配收入(元)	农村居民人均可支配收入(元)	
石家庄市					
长安区	10840	17104	43346		100.0
桥西区	7277	10368	44126		100.0
新华区	7237	11602	43476		100.0
井陉矿区	743	794	34863	20556	83.0
裕华区	7015	11719	44416		100.0
藁城区	2072	2434	38412	20903	56.9
鹿泉区	2042	2650	37150	20915	61.8
栾城区	1265	1622	34470	19096	62.4
井陉县	1460	1660	32031	14506	44.9
正定县	2195	3207	34862	20310	60.3
行唐县	1932	2029	32113	9667	41.1
灵寿县	1628	1780	31405	9313	41.1
高邑县	725	873	29895	15286	46.3
深泽县	946	946	30842	14714	39.8
赞皇县	1171	974	29300	8980	35.0
无极县	1378	1418	31697	16569	43.2
平山县	1881	2002	32771	10350	41.6
元氏县	2102	2374	30811	16214	41.1
赵　县	2663	2881	32801	16787	42.0
晋州市	1828	1856	36369	20815	46.8
新乐市	2161	2589	30885	18514	50.3
唐山市					
路南区	5386	6551	46132	19664	91.7
路北区	11956	10783	46081	22310	96.2
古冶区	2464	2153	40489	18680	88.1
开平区	1236	1444	39540	18486	67.2
丰南区	2089	3275	43883	18821	60.6
丰润区	4415	5096	43395	18423	59.8
曹妃甸区	1311	1530	42560	21212	73.5
滦南县	2824	2776	40405	16733	52.0
乐亭县	2217	2105	40302	19416	55.0
迁西县	2262	2084	42251	18949	51.4
玉田县	3419	3607	38922	18636	53.2
遵化市	3620	4484	41815	18508	59.3
迁安市	4453	6334	43674	25418	59.0
滦州市	2419	3005	43603	19136	56.1
秦皇岛市					
海港区	8192	11944	41190	21332	87.8
山海关区	1141	1210	36070	21145	95.0
北戴河区	1768	947	44506	21338	92.3
抚宁区	1723	1918	37904	16610	36.8
青龙满族自治县	1965	1613	36615	11932	32.9
昌黎县	2441	2789	34469	17744	50.3

3-1　县(市、区)国民经济主要指标(2019)(14-2)

县(市、区)	六、教育、卫生		七、居民收入		八、城镇化率(%)
	医疗卫生机构床位数(床)	医疗卫生机构技术人员数(人)	城镇居民人均可支配收入(元)	农村居民人均可支配收入(元)	
卢龙县	1844	1923	35306	15083	41.8
邯郸市					
邯山区	9940	11179	41404	17991	87.3
丛台区	6257	8462	42640	17479	87.2
复兴区	1356	2107	42079	16029	90.3
峰峰矿区	3249	2449	29906	15352	75.9
肥乡区	1073	1375	29559	17050	50.7
永年区	4893	3616	34344	18001	48.0
临漳县	2621	2391	32329	17179	47.5
成安县	1934	1701	37580	16910	52.7
大名县	4056	3546	32529	15170	49.6
涉　县	2766	2115	25386	14705	63.3
磁　县	2605	2459	32783	16423	55.0
邱　县	966	641	23488	15624	52.0
鸡泽县	1241	1202	30587	16661	45.8
广平县	1407	1098	27108	14686	49.9
馆陶县	1656	1610	28571	14652	50.4
魏　县	3571	2813	32006	15528	52.7
曲周县	2367	1962	31429	17202	47.0
武安市	3923	4295	40202	17211	54.8
邢台市					
桥东区	5678	6830	34085		94.9
桥西区	4273	6376	39251		96.8
邢台县	2020	1988	32762	15859	34.6
临城县	1149	1199	27808	10670	46.6
内丘县	1344	1367	30373	13986	46.3
柏乡县	923	721	27716	14963	45.5
隆尧县	2074	2205	29342	14200	46.6
任　县	1295	1457	28849	14227	47.0
南和县	1240	1305	32249	16650	58.0
宁晋县	3890	3314	30158	16472	49.0
巨鹿县	2071	1724	28342	9460	47.6
新河县	573	730	26907	9105	42.8
广宗县	1038	1086	28808	10323	41.5
平乡县	1376	1396	28426	11468	58.0
威　县	2113	2035	27252	10239	46.5
清河县	1954	2404	32520	16864	59.3
临西县	1577	1529	30324	15851	48.1
南宫市	1882	1640	28770	14545	49.3
沙河市	1672	2178	34508	17478	56.9
保定市					
竞秀区	2370	3725	38761	23856	97.5
莲池区	13296	16010	39268	22972	98.1
满城区	1613	2600	34233	18926	53.7

3–1 县(市、区)国民经济主要指标(2019)(14–3)

县(市、区)	六、教育、卫生		七、居民收入		八、城镇化率(%)
	医疗卫生机构床位数(床)	医疗卫生机构技术人员数(人)	城镇居民人均可支配收入(元)	农村居民人均可支配收入(元)	
清苑区	2685	2888	33955	19204	45.5
徐水区	3157	3450	34709	18953	49.8
涞水县	1108	1375	28399	11876	47.9
阜平县	953	931	21900	9844	42.1
定兴县	1559	1856	35008	17215	49.5
唐　县	2727	2316	23304	9301	36.9
高阳县	1475	1982	30134	20151	53.4
容城县	1207	1257	27998	18223	51.4
涞源县	1780	1673	27783	9218	51.4
望都县	1124	1392	29399	15149	47.9
安新县	1921	1785	29722	14848	41.0
易　县	2962	2768	27323	10470	35.4
曲阳县	3130	3335	24645	9218	39.3
蠡　县	2052	1497	29085	17446	43.9
顺平县	1419	1472	29412	8961	38.5
博野县	1239	1101	25626	14401	50.5
雄　县	1280	1776	33395	17609	46.5
涿州市	4120	5682	38859	20109	59.8
安国市	1495	1586	29624	19877	50.6
高碑店市	1865	2568	34294	18515	58.3
张家口市					
桥东区	2234	2427	39972		84.4
桥西区	6183	6207	37541		95.5
宣化区	3505	4040	35714	14936	71.8
下花园区	305	292	37111	14567	76.3
万全区	1360	943	33494	11677	56.5
崇礼区	424	449	35636	12120	48.0
张北县	2193	1522	31508	12349	52.6
康保县	906	765	28843	11282	41.8
沽源县	711	642	30253	11795	42.3
尚义县	826	490	27541	10539	39.3
蔚　县	2123	1735	33870	11714	44.4
阳原县	819	943	26678	11010	44.5
怀安县	818	699	30071	12336	45.2
怀来县	2191	1272	34360	18940	56.4
涿鹿县	1494	1288	35126	14435	49.4
赤城县	1106	689	32261	11979	41.1
承德市					
双桥区	5415	7430	37153	14247	95.5
双滦区	1591	1385	37698	14442	75.2
鹰手营子矿区	540	486	28947	11652	90.0
承德县	2588	1921	30338	12385	43.3
兴隆县	1606	1652	28887	13849	43.1
滦平县	2023	1933	33082	11411	46.7

3-1 县(市、区)国民经济主要指标(2019)(14-4)

县(市、区)	六、教育、卫生		七、居民收入		八、城镇化率(%)
	医疗卫生机构床位数(床)	医疗卫生机构技术人员数(人)	城镇居民人均可支配收入(元)	农村居民人均可支配收入(元)	
隆化县	2424	2288	28610	10239	44.3
丰宁满族自治县	2314	1999	25765	9586	41.0
宽城满族自治县	1864	1643	34801	14215	52.3
围场满族蒙古族自治县	2804	2877	27001	10118	41.8
平泉市	2306	2192	31327	14097	53.6
沧州市					
新华区	3723	4322	38013	15424	96.5
运河区	8992	10445	40755	17305	95.7
沧　县	2968	2607	36892	16501	38.7
青　县	1723	1946	36643	17995	52.4
东光县	1589	1639	36418	13895	52.1
海兴县	1002	959	31529	9758	47.4
盐山县	1446	1817	32696	11835	45.6
肃宁县	1617	1834	36712	15281	50.0
南皮县	1492	1772	36087	11704	45.2
吴桥县	1495	1382	34061	14686	49.4
献　县	1850	2044	33601	12820	44.1
孟村回族自治县	556	637	35418	13378	49.7
泊头市	2416	2413	36343	16108	57.6
任丘市	4483	5851	38455	18107	67.3
黄骅市	3459	3884	37058	17882	59.6
河间市	2464	3064	36880	16183	44.7
廊坊市					
安次区	1390	1950	40769	18031	62.5
广阳区	5356	8338	44122	17643	73.8
固安县	1301	2179	40274	17712	59.0
永清县	1184	1624	38597	17312	51.0
香河县	2171	2646	46685	19738	62.8
大城县	2111	2223	41100	16887	51.3
文安县	2577	2488	41528	18249	56.7
大厂回族自治县	490	753	45044	18418	65.3
霸州市	3311	4467	46579	18844	59.5
三河市	5791	7763	47911	20900	66.1
衡水市					
桃城区	6671	10403	37919	17387	81.6
冀州区	1256	1183	35440	16468	58.9
枣强县	1181	1401	32109	13342	47.3
武邑县	1339	1271	25057	10343	45.4
武强县	601	720	26184	10025	42.8
饶阳县	1354	1637	28832	10000	44.9
安平县	1267	1476	31145	17242	52.0
故城县	2349	2692	29347	13278	48.3
景　县	2159	1932	31316	16866	50.5
阜城县	1301	1194	29797	10140	45.8
深州市	1734	2353	28547	16685	51.7
定州市	5971	6547	36345	17828	54.6
辛集市	2301	3600	37493	19019	54.0

3-2　各县(市、区)棉花总产量排序(2019年)

单位：吨

县(市、区)	棉花总产量	位次	县(市、区)	棉花总产量	位次	县(市、区)	棉花总产量	位次
威　县	40428	1	辛集市	308	36	鹿泉区	21	71
南宫市	29090	2	桃城区	275	37	青　县	20	72
邱　县	19026	3	永年区	268	38	灵寿县	17	74
曲周县	14719	4	蠡　县	215	39	卢龙县	17	73
冀州区	14067	5	高阳县	163	40	滦南县	16	75
成安县	11121	6	宁晋县	153	41	邢台市桥西区	16	76
故城县	10589	7	迁西县	138	43	博野县	15	77
丰南区	10357	8	滦州市	138	42	肃宁县	15	79
广宗县	10193	9	海兴县	137	44	定州市	15	78
枣强县	10111	10	文安县	121	45	遵化市	13	80
武邑县	7090	11	泊头市	114	46	满城区	13	81
东光县	5843	12	广阳区	106	47	昌黎县	12	82
肥乡区	4062	13	安新县	103	48	行唐县	11	84
新河县	3881	14	安次区	101	49	唐　县	11	83
南皮县	3602	15	邢台县	96	50	迁安市	8	85
吴桥县	3503	16	玉田县	82	51	峰峰矿区	8	87
景　县	3205	17	元氏县	81	52	内丘县	8	86
临西县	2991	18	临漳县	68	53	赞皇县	7	88
阜城县	2563	19	丛台区	60	54	任　县	6	90
清河县	2181	20	平山县	59	55	清苑区	6	89
武安市	2180	21	孟村回族自治县	58	56	临城县	5	91
广平县	1690	22	定兴县	57	57	三河市	5	92
大城县	1648	23	饶阳县	56	58	高邑县	4	97
隆尧县	1159	24	井陉县	51	59	易　县	4	93
鸡泽县	937	25	邯山区	50	60	顺平县	4	96
馆陶县	895	26	曲阳县	50	61	盐山县	4	95
魏　县	812	27	武强县	49	62	固安县	4	94
霸州市	688	28	复兴区	48	64	长安区	3	99
黄骅市	616	29	沧　县	48	65	南和县	3	98
巨鹿县	605	30	深州市	48	63	藁城区	2	100
永清县	592	31	丰润区	45	66	正定县	2	101
河间市	511	32	柏乡县	39	67	栾城区	2	102
献　县	502	33	磁　县	33	68	乐亭县	2	103
任丘市	436	34	沙河市	32	69	容城县	1	104
平乡县	394	35	涞水县	24	70	徐水区	1	105

注：按照实际产量保留小数排序，存在部分县区四舍五入后产量相等，但位次不同的情况。

3-3 各县(市、区)油料总产量排序(2019年)

单位：吨

县(市、区)	油料总产量	位次
大名县	80816	1
滦州市	64964	2
滦南县	63440	3
遵化市	47852	4
昌黎县	40964	5
丰南区	36677	6
迁安市	34960	7
丰润区	30836	8
康保县	29597	9
深州市	28814	10
卢龙县	26117	11
辛集市	24241	12
平乡县	22413	13
定州市	21441	14
尚义县	19403	15
张北县	17906	16
广宗县	16379	17
行唐县	16320	18
内丘县	16266	19
定兴县	15892	20
南宫市	14633	21
安国市	14256	22
巨鹿县	13508	23
新乐市	13375	24
献　县	12631	25
正定县	11770	26
武邑县	11713	27
河间市	11437	28
抚宁区	11256	29
故城县	10938	30
涞水县	10649	31
乐亭县	10242	32
饶阳县	10163	33
赞皇县	9936	34
冀州区	9495	35
易　县	8855	36
曲阳县	8835	37
永清县	8647	38
迁西县	8560	39
围场满族蒙古族自治县	8456	40
涿州市	8335	41
无极县	8226	42
蠡　县	7832	43
高碑店市	7807	44
丰宁满族自治县	7702	45
沽源县	7353	46
怀安县	7214	47
邢台县	7058	48
隆尧县	6992	49
平山县	6900	50
开平区	6710	51
清苑区	6557	52
隆化县	6184	53
古冶区	5908	54
大城县	5858	55
霸州市	5709	56
临城县	5560	57
成安县	5528	58
晋州市	5488	59
枣强县	5153	60
武安市	4957	61
魏　县	4725	62
藁城区	4512	63
安平县	4453	64
肥乡区	4449	65
青龙满族自治县	4432	66
元氏县	4302	67
广平县	4138	68
桃城区	4082	69
阜平县	3908	70
海港区	3903	71
馆陶县	3887	72
宁晋县	3775	73
新河县	3681	74
固安县	3677	75
深泽县	3674	76
临西县	3531	77
威　县	3426	78
灵寿县	3377	79
唐　县	3327	80
高阳县	3185	81
景　县	3085	82
玉田县	2877	83
阳原县	2863	84
安次区	2826	85
沙河市	2576	86
鹿泉区	2538	87
武强县	2531	88
博野县	2485	89
顺平县	2458	90
黄骅市	2404	91
永年区	2402	92
徐水区	2364	93
临漳县	2346	94
山海关区	2314	95
任　县	2261	96
柏乡县	2205	97
任丘市	2083	98
雄　县	2064	99
井陉县	2036	100
望都县	1918	101
南和县	1872	102
广阳区	1866	103
南皮县	1821	104
曲周县	1811	105
清河县	1688	106
吴桥县	1661	107
东光县	1593	108
路南区	1527	109
崇礼区	1482	110
满城区	1465	111
宣化区	1424	112
路北区	1246	113
高邑县	1244	114
赤城县	1183	115
青　县	1181	116
宽城满族自治县	1178	117
容城县	1175	118
蔚　县	1130	119
阜城县	1068	120
怀来县	1043	121
孟村回族自治县	951	122
涿鹿县	933	123
肃宁县	919	124
海兴县	849	125
磁　县	834	126
北戴河区	747	127
邱　县	680	128
涉　县	621	129
双桥区	606	130
滦平县	602	131
万全区	536	132
莲池区	481	133
文安县	468	134
承德县	445	135
邯山区	414	136
赵　县	403	137
泊头市	367	138
平泉市	359	139
曹妃甸区	357	140
邢台市桥西区	339	141
鸡泽县	335	142
复兴区	281	143
安新县	273	144
沧　县	260	145
峰峰矿区	224	146
丛台区	200	147
石家庄市新华区	144	148
兴隆县	141	149
下花园区	132	150
盐山县	92	151
鹰手营子矿区	89	152
邢台市桥东区	83	153
长安区	79	154
栾城区	79	155
涞源县	78	156
竞秀区	61	157
三河市	46	158
张家口市桥东区	45	159
香河县	22	160
双滦区	10	161
裕华区	8	162
运河区	3	163

3-4 各县(市、区)蔬菜总产量排序(2019年)

单位：吨

县(市、区)	蔬菜总产量	位次	县(市、区)	蔬菜总产量	位次	县(市、区)	蔬菜总产量	位次
玉田县	2137452	1	青龙满族自治县	307798	57	井陉县	78221	113
永清县	1843118	2	南皮县	293974	58	栾城区	78048	114
滦南县	1550885	3	临漳县	290805	59	赵　县	77569	115
乐亭县	1400939	4	宁晋县	288964	60	万全区	77188	116
固安县	1393561	5	大城县	274915	61	景　县	76313	117
沽源县	1382976	6	任　县	266546	62	唐　县	75353	118
定州市	1234735	7	行唐县	263931	63	武强县	73676	119
丰南区	1102656	8	卢龙县	260163	64	黄骅市	71573	120
昌黎县	1077344	9	阜城县	256555	65	邱　县	68223	121
青　县	1076042	10	南宫市	252363	66	东光县	67850	122
张北县	1051231	11	曲周县	238425	67	涉　县	67551	123
永年区	917125	12	柏乡县	222648	68	临城县	65338	124
围场满族蒙古族自治县	858661	13	古冶区	221106	69	怀来县	61684	125
滦州市	846040	14	崇礼区	213337	70	磁　县	56657	126
辛集市	822902	15	深泽县	209046	71	高阳县	53312	127
饶阳县	801832	16	安次区	205349	72	双滦区	52955	128
肥乡区	734219	17	平乡县	191219	73	曹妃甸区	52028	129
隆化县	733793	18	广平县	189039	74	安新县	51224	130
平泉市	633351	19	涞水县	188473	75	大厂回族自治县	50766	131
定兴县	614943	20	安国市	184528	76	冀州区	48731	132
尚义县	611698	21	巨鹿县	181417	77	泊头市	48548	133
武邑县	605711	22	满城区	177578	78	开平区	47027	134
正定县	588480	23	桃城区	177378	79	阳原县	46693	135
藁城区	577257	24	易　县	172718	80	兴隆县	44444	136
滦平县	549655	25	山海关区	171056	81	雄　县	43177	137
清苑区	544754	26	宽城满族自治县	157525	82	海港区	40712	138
康保县	541249	27	深州市	155143	83	北戴河区	39033	139
无极县	525742	28	任丘市	155089	84	莲池区	38018	140
迁安市	520354	29	蔚　县	153273	85	路南区	33466	141
丰宁满族自治县	519506	30	霸州市	147372	86	涿鹿县	32084	142
香河县	518829	31	望都县	146579	87	新河县	31358	143
大名县	518528	32	河间市	145397	88	涞源县	24088	144
遵化市	500615	33	广阳区	138387	89	沙河市	23610	145
丰润区	494298	34	平山县	133579	90	海兴县	22588	146
抚宁区	475482	35	容城县	132271	91	竞秀区	20106	147
南和县	470946	36	吴桥县	126264	92	孟村回族自治县	19948	148
肃宁县	470926	37	宣化区	125248	93	下花园区	18825	149
魏　县	467993	38	武安市	122490	94	鹰手营子矿区	18243	150
赤城县	458763	39	迁西县	116366	95	邯山区	17691	151
承德县	438901	40	元氏县	115162	96	石家庄市新华区	14934	152
成安县	437451	41	赞皇县	115103	97	盐山县	13012	153
鹿泉区	433411	42	路北区	108515	98	双桥区	12454	154
隆尧县	407631	43	广宗县	107366	99	清河县	12420	155
蠡　县	404409	44	文安县	104260	100	邢台市桥东区	11019	156
新乐市	398901	45	临西县	103938	101	张家口市桥东区	7980	157
鸡泽县	395877	46	博野县	98850	102	石家庄市桥西区	5413	158
故城县	375997	47	邢台县	98031	103	峰峰矿区	4787	159
涿州市	373766	48	枣强县	95333	104	运河区	3829	160
灵寿县	373144	49	安平县	92031	105	井陉矿区	2754	161
高邑县	364021	50	沧　县	91297	106	邢台市桥西区	2750	162
晋州市	354861	51	阜平县	89193	107	裕华区	1047	163
献　县	350956	52	高碑店市	87934	108	丛台区	968	164
三河市	346382	53	威　县	86820	109	张家口市桥西区	798	165
馆陶县	328501	54	怀安县	84681	110	长安区	697	166
徐水区	308345	55	内丘县	82807	111			
顺平县	308308	56	曲阳县	81272	112			

3–5　各县(市、区)园林水果产量排序(2019年)

单位：吨

县(市、区)	园林水果产量	位次	县(市、区)	园林水果产量	位次	县(市、区)	园林水果产量	位次
晋州市	676356	1	唐　县	37734	55	古冶区	8588	109
深州市	593882	2	武邑县	37168	56	霸州市	8388	110
赵　县	570995	3	迁西县	36989	57	正定县	8279	111
泊头市	379556	4	滦州市	36346	58	安国市	7848	112
辛集市	352411	5	阜城县	35707	59	任　县	7720	113
乐亭县	343366	6	枣强县	35587	60	孟村回族自治县	7708	114
顺平县	326731	7	鸡泽县	35515	61	元氏县	7316	115
兴隆县	281845	8	邱　县	34455	62	广阳区	6652	116
魏　县	245582	9	丰润区	33464	63	平山县	6354	117
承德县	238877	10	涞水县	33318	64	文安县	6104	118
藁城区	219504	11	滦平县	32850	65	丰宁满族自治县	5920	119
青龙满族自治县	213792	12	博野县	31714	66	无极县	5833	120
围场满族蒙古族自治县	211640	13	大城县	31023	67	阳原县	5664	121
永清县	206130	14	海兴县	29153	68	灵寿县	5663	122
饶阳县	191911	15	南宫市	26692	69	邯山区	5436	123
沧　县	186134	16	定兴县	25955	70	东光县	5340	124
威　县	185293	17	雄　县	25674	71	高阳县	5031	125
满城区	177922	18	蠡　县	25419	72	万全区	4664	126
宁晋县	148731	19	平乡县	25227	73	南和县	3924	127
新河县	142673	20	清河县	24575	74	栾城区	3900	128
卢龙县	139168	21	定州市	24212	75	香河县	3503	129
怀来县	136218	22	永年区	23908	76	蔚　县	3164	130
遵化市	132942	23	山海关区	23397	77	涞源县	3138	131
抚宁区	132476	24	临漳县	22732	78	井陉矿区	2729	132
曲阳县	131518	25	徐水区	22185	79	北戴河区	2709	133
邢台县	121399	26	大名县	21466	80	高邑县	2657	134
平泉市	118923	27	隆尧县	21395	81	武强县	2609	135
行唐县	118768	28	曲周县	21034	82	宣化区	2595	136
昌黎县	110981	29	武安市	20849	83	长安区	2591	137
易　县	98484	30	涿州市	20836	84	磁　县	2557	138
赞皇县	95760	31	安平县	19691	85	路北区	2540	139
巨鹿县	92568	32	曹妃甸区	18906	86	赤城县	1940	140
深泽县	89386	33	吴桥县	18252	87	峰峰矿区	1937	141
固安县	77333	34	井陉县	17710	88	容城县	1783	142
黄骅市	71931	35	青　县	16579	89	开平区	1541	143
柏乡县	70911	36	馆陶县	16454	90	邢台市桥东区	1481	144
成安县	69095	37	桃城区	16128	91	运河区	1181	145
献　县	68524	38	鹿泉区	15442	92	双滦区	1180	146
阜平县	64318	39	广平县	15190	93	石家庄市新华区	1156	147
南皮县	63911	40	涉　县	15070	94	鹰手营子矿区	1040	148
迁安市	62667	41	高碑店市	15039	95	张家口市桥东区	1023	149
河间市	61203	42	临城县	14731	96	盐山县	821	150
肃宁县	58995	43	望都县	14484	97	莲池区	806	151
肥乡区	56813	44	任丘市	14091	98	大厂回族自治县	739	152
内丘县	53532	45	景　县	13224	99	桥西区	705	153
涿鹿县	53499	46	广宗县	13156	100	下花园区	682	154
清苑区	51110	47	丰南区	13065	101	怀安县	621	155
安次区	50361	48	安新县	12972	102	双桥区	572	156
冀州区	48975	49	海港区	12726	103	丛台区	172	157
宽城满族自治县	48600	50	临西县	12581	104	复兴区	84	158
滦南县	44245	51	沙河市	12144	105	尚义县	70	159
隆化县	43396	52	竞秀区	9843	106	沧州市新华区	55	160
玉田县	41983	53	新乐市	9553	107	路南区	54	161
三河市	37840	54	故城县	8863	108	崇礼区	23	162

3-6 各县(市、区)水产品总产量排序(2019年)

单位：吨

县(市、区)	水产品总产量	位次	县(市、区)	水产品总产量	位次	县(市、区)	水产品总产量	位次
乐亭县	169316	1	沽源县	896	44	涞水县	207	87
曹妃甸区	150815	2	大厂回族自治县	836	45	平泉市	182	88
滦南县	73306	3	赤城县	832	46	元氏县	170	89
昌黎县	70452	4	滦州市	749	47	武邑县	158	90
丰南区	58967	5	行唐县	687	48	尚义县	156	91
黄骅市	56680	6	东光县	678	49	临西县	154	92
迁西县	12875	7	新河县	666	50	大名县	138	93
海兴县	7445	8	涿州市	645	51	孟村回族自治县	130	94
三河市	6743	9	丰宁满族自治县	610	52	河间市	125	95
永年区	5852	10	宽城满族自治县	610	52	深泽县	121	96
平山县	5460	11	沙河市	605	54	安平县	120	97
阜平县	5363	12	宣化区	600	55	景　县	95	98
灵寿县	5298	13	大城县	586	56	邱　县	88	99
鹿泉区	5115	14	邢台县	568	57	定兴县	80	100
磁　县	4920	15	桃城区	568	57	高碑店市	79	101
丰润区	4671	16	北戴河区	555	59	巨鹿县	69	102
怀来县	4520	17	永清县	531	60	阜城县	66	103
海港区	4412	18	承德县	519	61	鸡泽县	62	104
霸州市	4384	19	南皮县	508	62	魏　县	60	105
文安县	4083	20	隆化县	490	63	双桥区	60	105
玉田县	3978	21	泊头市	467	64	徐水区	50	107
古冶区	3947	22	双滦区	460	65	内丘县	45	108
开平区	3652	23	涞源县	423	66	康保县	45	108
山海关区	3300	24	蔚　县	420	67	邢台市桥西区	40	110
曲周县	3280	25	滦平县	405	68	辛集市	39	111
涉　县	3080	26	围场满族蒙古族自治县	372	69	肥乡区	30	112
易　县	2708	27	盐山县	356	70	高阳县	29	113
临城县	2390	28	南宫市	344	71	广平县	25	114
峰峰矿区	2180	29	广阳区	344	71	沧　县	25	114
献　县	2105	30	怀安县	330	73	临漳县	22	116
唐　县	2100	31	涿鹿县	325	74	馆陶县	21	117
香河县	2086	32	青　县	324	75	崇礼区	16	118
曲阳县	2080	33	兴隆县	320	76	沧州市新华区	15	119
任丘市	2060	34	井陉县	310	77	南和县	14	120
冀州区	2032	35	吴桥县	292	78	顺平县	13	121
安新县	1976	36	枣强县	275	79	井陉矿区	12	122
卢龙县	1613	37	阳原县	267	80	满城区	10	123
故城县	1432	38	清河县	240	81	望都县	9	124
青龙满族自治县	1300	39	赞皇县	239	82	宁晋县	7	125
武安市	1255	40	固安县	236	83	成安县	6	126
遵化市	1190	41	威　县	235	84	藁城区	5	127
抚宁区	1011	42	张北县	218	85	万全区	2	128
安次区	950	43	深州市	213	86	无极县	1	129

注：按照取整数据进行排序，存在并列情况。

3-7 各县(市、区)农林牧渔业总产值排序(2019年)

单位：万元

县(市、区)	农林牧渔业总产值	位次	县(市、区)	农林牧渔业总产值	位次	县(市、区)	农林牧渔业总产值	位次
滦南县	1397268	1	馆陶县	440446	57	博野县	207234	113
定州市	1176702	2	临漳县	439788	58	万全区	205359	114
乐亭县	1172414	3	南皮县	432248	59	盐山县	200319	115
昌黎县	1163069	4	隆尧县	419019	60	海兴县	199296	116
玉田县	1060313	5	徐水区	400595	61	邢台县	198582	117
永清县	914868	6	灵寿县	399867	62	涿鹿县	196513	118
辛集市	884535	7	涿州市	399710	63	安次区	195671	119
围场满族蒙古族自治县	865760	8	肃宁县	395679	64	霸州市	190970	120
青龙满族自治县	778682	9	河间市	393541	65	高邑县	189608	121
隆化县	777009	10	康保县	392440	66	阜平县	183305	122
滦州市	764527	11	满城区	375014	67	涉　县	177955	123
丰南区	730125	12	景　县	370082	68	清河县	176680	124
藁城区	729650	13	赵　县	367984	69	广平县	176187	125
遵化市	720432	14	阜城县	357978	70	怀安县	167559	126
深州市	665723	15	南和县	355449	71	柏乡县	165903	127
青　县	663973	16	安国市	352123	72	桃城区	160953	128
抚宁区	654587	17	兴隆县	345267	73	井陉县	158009	129
承德县	652358	18	迁西县	339474	74	临城县	156660	130
固安县	651588	19	南宫市	328879	75	古冶区	147900	131
永年区	650426	20	元氏县	319695	76	孟村回族自治县	142429	132
丰润区	641653	21	蠡　县	319662	77	安新县	140386	133
卢龙县	628252	22	顺平县	316608	78	山海关区	134188	134
魏　县	627513	23	泊头市	309910	79	广阳区	133939	135
正定县	625709	24	三河市	307037	80	沙河市	133366	136
张北县	610457	25	尚义县	304440	81	雄　县	132022	137
献　县	607386	26	香河县	303522	82	海港区	119781	138
吴桥县	592038	27	赞皇县	298954	83	涞源县	118124	139
曹妃甸区	591504	28	栾城区	297531	84	高阳县	108985	140
东光县	588599	29	大城县	295596	85	容城县	106771	141
大名县	583181	30	邱　县	289446	86	崇礼区	96331	142
行唐县	578914	31	安平县	283881	87	峰峰矿区	91500	143
平泉市	558824	32	宽城满族自治县	283581	88	开平区	79499	144
迁安市	554339	33	临西县	281363	89	大厂回族自治县	78610	145
黄骅市	553150	34	鹿泉区	278886	90	路北区	51345	146
新乐市	546266	35	平山县	276998	91	下花园区	48418	147
宁晋县	546255	36	涞水县	276722	92	双滦区	44877	148
饶阳县	544175	37	曲阳县	275264	93	邯山区	42792	149
定兴县	521735	38	高碑店市	272410	94	莲池区	42638	150
清苑区	521718	39	蔚　县	267201	95	北戴河区	30840	151
晋州市	520254	40	枣强县	262718	96	张家口市桥东区	27881	152
肥乡区	510977	41	鸡泽县	258200	97	路南区	26821	153
丰宁满族自治县	508458	42	平乡县	256059	98	竞秀区	23074	154
滦平县	494448	43	望都县	253179	99	丛台区	18023	155
成安县	491863	44	怀来县	251780	100	邢台市桥西区	15525	156
沽源县	488579	45	深泽县	249497	101	邢台市桥东区	15151	157
无极县	486331	46	内丘县	241593	102	长安区	14146	158
巨鹿县	482919	47	任丘市	238104	103	鹰手营子矿区	11810	159
武邑县	475559	48	宣化区	231823	104	复兴区	10247	160
威　县	468385	49	新河县	230378	105	运河区	9621	161
曲周县	467498	50	阳原县	227464	106	双桥区	8784	162
武安市	467295	51	广宗县	225425	107	石家庄市新华区	6488	163
唐　县	466884	52	磁　县	217863	108	井陉矿区	5991	164
故城县	466227	53	冀州区	217537	109	张家口市桥西区	4311	165
易　县	463217	54	任　县	217290	110	沧州市新华区	3419	166
沧　县	447012	55	文安县	212913	111	石家庄市桥西区	1507	167
赤城县	442849	56	武强县	209351	112	裕华区	1017	168

3-8 各县(市、区)农林牧渔业增加值排序(2019年)

单位：万元

县(市、区)	农林牧渔业增加值	位次	县(市、区)	农林牧渔业增加值	位次	县(市、区)	农林牧渔业增加值	位次
滦南县	854480	1	沽源县	258157	57	邢台县	125029	113
乐亭县	805104	2	临漳县	253677	58	安次区	124252	114
定州市	710589	3	曲周县	252286	59	冀州区	122186	115
昌黎县	695288	4	隆尧县	247715	60	涿鹿县	120446	116
玉田县	650088	5	兴隆县	247043	61	霸州市	119824	117
永清县	637788	6	肃宁县	245379	62	海兴县	117911	118
围场满族蒙古族自治县	579693	7	南皮县	245159	63	万全区	115682	119
辛集市	530218	8	涿州市	241688	64	磁　县	115414	120
隆化县	494174	9	徐水区	236384	65	盐山县	111801	121
遵化市	489338	10	迁西县	232349	66	涉　县	109017	122
藁城区	476173	11	河间市	227468	67	武强县	108705	123
丰南区	471584	12	顺平县	226452	68	广平县	107545	124
滦州市	469732	13	满城区	225772	69	井陉县	106303	125
青龙满族自治县	466021	14	馆陶县	222398	70	怀安县	103379	126
青　县	453569	15	南和县	219559	71	清河县	99343	127
固安县	452429	16	安国市	207045	72	柏乡县	97981	128
承德县	421979	17	康保县	205967	73	古冶区	93290	129
平泉市	416595	18	元氏县	204994	74	安新县	90312	130
正定县	412786	19	阜城县	204611	75	桃城区	89284	131
抚宁区	392735	20	赞皇县	201332	76	山海关区	88399	132
深州市	391219	21	景　县	200055	77	临城县	87653	133
晋州市	390830	22	南宫市	199198	78	雄　县	87309	134
魏　县	389601	23	宽城满族自治县	198815	79	广阳区	82165	135
永年区	381933	24	香河县	198253	80	孟村回族自治县	78600	136
丰润区	381541	25	泊头市	192561	81	海港区	75107	137
卢龙县	377333	26	鹿泉区	191529	82	沙河市	74590	138
行唐县	372841	27	三河市	190114	83	涞源县	73163	139
张北县	358886	28	大城县	183955	84	高阳县	67631	140
新乐市	355830	29	栾城区	183505	85	容城县	66910	141
献　县	350191	30	平山县	173215	86	崇礼区	55221	142
黄骅市	341549	31	涞水县	172866	87	大厂回族自治县	48420	143
迁安市	335108	32	邱　县	172387	88	峰峰矿区	48060	144
饶阳县	331236	33	蠡　县	171986	89	开平区	47327	145
曹妃甸区	331125	34	尚义县	166292	90	路北区	35680	146
清苑区	321946	35	曲阳县	166190	91	双滦区	30298	147
宁晋县	315979	36	临西县	164872	92	下花园区	27938	148
吴桥县	313753	37	高碑店市	164016	93	莲池区	24718	149
滦平县	312943	38	平乡县	162365	94	邯山区	23124	150
定兴县	312456	39	深泽县	160869	95	北戴河区	19235	151
无极县	309181	40	望都县	159305	96	路南区	16445	152
丰宁满族自治县	306304	41	鸡泽县	152524	97	张家口市桥东区	15974	153
唐　县	304688	42	蔚　县	151629	98	竞秀区	14863	154
巨鹿县	302980	43	安平县	147382	99	丛台区	10145	155
威　县	294435	44	怀来县	146021	100	长安区	9047	156
肥乡区	293452	45	枣强县	145183	101	邢台市桥东区	8876	157
东光县	290059	46	任丘市	143810	102	邢台市桥西区	8669	158
成安县	289807	47	内丘县	141993	103	鹰手营子矿区	7910	159
大名县	286856	48	博野县	138748	104	复兴区	5841	160
易　县	283471	49	高邑县	136085	105	双桥区	5513	161
武安市	278591	50	新河县	136009	106	运河区	5490	162
灵寿县	274753	51	宣化区	134873	107	石家庄市新华区	4643	163
沧　县	270129	52	文安县	132490	108	井陉矿区	3776	164
武邑县	269442	53	广宗县	132065	109	张家口市桥西区	2430	165
赤城县	268690	54	阳原县	131033	110	沧州市新华区	1966	166
故城县	261839	55	任　县	128512	111	石家庄市桥西区	1061	167
赵　县	259875	56	阜平县	126974	112	裕华区	712	168

3-9 各县(市、区)农村居民人均可支配收入排序(2019年)

单位：元

县(市、区)	农村居民人均可支配收入	位次	县(市、区)	农村居民人均可支配收入	位次	县(市、区)	农村居民人均可支配收入	位次
迁安市	25418	1	桃城区	17387	55	任　县	14227	109
竞秀区	23856	2	永清县	17312	56	宽城满族自治县	14215	110
莲池区	22972	3	运河区	17305	57	隆尧县	14200	111
路北区	22310	4	安平县	17242	58	平泉市	14097	112
北戴河区	21338	5	定兴县	17215	59	内丘县	13986	113
海港区	21332	6	武安市	17211	60	东光县	13895	114
曹妃甸区	21212	7	曲周县	17202	61	兴隆县	13849	115
山海关区	21145	8	临漳县	17179	62	孟村回族自治县	13378	116
鹿泉区	20915	9	肥乡区	17050	63	枣强县	13342	117
藁城区	20903	10	成安县	16910	64	故城县	13278	118
三河市	20900	11	大城县	16887	65	献　县	12820	119
晋州市	20815	12	景　县	16866	66	承德县	12385	120
井陉矿区	20556	13	清河县	16864	67	张北县	12349	121
正定县	20310	14	赵　县	16787	68	怀安县	12336	122
高阳县	20151	15	滦南县	16733	69	崇礼区	12120	123
涿州市	20109	16	深州市	16685	70	赤城县	11979	124
安国市	19877	17	鸡泽县	16661	71	青龙满族自治县	11932	125
香河县	19738	18	南和县	16650	72	涞水县	11876	126
路南区	19664	19	抚宁区	16610	73	盐山县	11835	127
乐亭县	19416	20	无极县	16569	74	沽源县	11795	128
清苑区	19204	21	沧　县	16501	75	蔚　县	11714	129
滦州市	19136	22	宁晋县	16472	76	南皮县	11704	130
栾城区	19096	23	冀州区	16468	77	万全区	11677	131
辛集市	19019	24	磁　县	16423	78	鹰手营子矿区	11652	132
徐水区	18953	25	元氏县	16214	79	平乡县	11468	133
迁西县	18949	26	河间市	16183	80	滦平县	11411	134
怀来县	18940	27	泊头市	16108	81	康保县	11282	135
满城区	18926	28	复兴区	16029	82	阳原县	11010	136
霸州市	18844	29	邢台县	15859	83	临城县	10670	137
丰南区	18821	30	临西县	15851	84	尚义县	10539	138
古冶区	18680	31	邱　县	15624	85	易　县	10470	139
玉田县	18636	32	魏　县	15528	86	平山县	10350	140
高碑店市	18515	33	沧州市新华区	15424	87	武邑县	10343	141
新乐市	18514	34	峰峰矿区	15352	88	广宗县	10323	142
遵化市	18508	35	高邑县	15286	89	威　县	10239	143
开平区	18486	36	肃宁县	15281	90	隆化县	10239	143
丰润区	18423	37	大名县	15170	91	阜城县	10140	145
大厂回族自治县	18418	38	望都县	15149	92	围场满族蒙古族自治县	10118	146
文安县	18249	39	卢龙县	15083	93	武强县	10025	147
容城县	18223	40	柏乡县	14963	94	饶阳县	10000	148
任丘市	18107	41	宣化区	14936	95	阜平县	9844	149
安次区	18031	42	安新县	14848	96	海兴县	9758	150
永年区	18001	43	深泽县	14714	97	行唐县	9667	151
青　县	17995	44	涉　县	14705	98	丰宁满族自治县	9586	152
邯山区	17991	45	广平县	14686	99	巨鹿县	9460	153
黄骅市	17882	46	吴桥县	14686	99	灵寿县	9313	154
定州市	17828	47	馆陶县	14652	101	唐　县	9301	155
昌黎县	17744	48	下花园区	14567	102	涞源县	9218	156
固安县	17712	49	南宫市	14545	103	曲阳县	9218	156
广阳区	17643	50	井陉县	14506	104	新河县	9105	158
雄　县	17609	51	双滦区	14442	105	赞皇县	8980	159
丛台区	17479	52	涿鹿县	14435	106	顺平县	8961	160
沙河市	17478	53	博野县	14401	107			
蠡　县	17446	54	双桥区	14247	108			

注：按照取整数据进行排序，存在并列情况。

4-1 乡镇经济主要指标(2019年)

乡镇名称	行政区域面积(公顷)	乡镇户籍人口(人)	一般公共预算收入(万元)	一般公共预算支出(万元)	粮食产量(吨)	现价农林牧渔业总产值(万元)
长安区西兆通镇	3000	48062	2760	2760	11645	5900
长安区南村镇	3600	45014	4229	4229	11640	6926
长安区高营镇	1600	39981	1225	1052	718	220
长安区桃园镇	1836	37822	1419	2124	461	1100
井陉矿区贾庄镇	3455	24627	9017	9017	62	4161
井陉矿区凤山镇	1930	15175	3651	3651	388	1139
井陉矿区横涧乡	1512	14823	4211	4211	193	691
裕华区方村镇	1600	44965	2496	2496	722	688
藁城区廉州镇	8628	83897	24840	24840	30088	56863
藁城区兴安镇	6479	57486	6918	6918	35695	48142
藁城区贾市庄镇	5700	53885	3779	3779	19603	12
藁城区南营镇	5256	49128	5919	5919	43849	129500
藁城区梅花镇	7445	68245	5097	5097	68865	48162
藁城区岗上镇	4547	37895	7019	7019	26829	39701
藁城区南董镇	4875	48454	3905	3898	20662	15412
藁城区张家庄镇	4740	61900	4155	4155	42442	38862
藁城区南孟镇	3974	51061	3412	3412	30752	79412
藁城区增村镇	5724	70905	2931	2931	52990	57886
藁城区常安镇	6630	59730	2506	2506	43487	9710
藁城区西关镇	4982	48286	5023	5023	39712	38734
藁城区九门回族乡	4660	49155	4125	4119	26741	53379
鹿泉区获鹿镇	4832	70820	31193	31193	3830	7589
鹿泉区铜冶镇	7270	72281	29402	29402	27198	77668
鹿泉区寺家庄镇	3984	45277	4216	4192	14199	26177
鹿泉区上庄镇	4872	51017	7619	7619	11877	17220
鹿泉区李村镇	6500	39220	2032	2764	29237	28815
鹿泉区宜安镇	6997	30584	1766	1766	11056	26502
鹿泉区黄壁庄镇	3250	19307	1901	1901	8533	17065
鹿泉区大河镇	6382	47425	14897	12449	18937	46022
鹿泉区山尹村镇	2355	14106	2196	2196	8141	8949
鹿泉区石井乡	4552	14010	1339	1339	1064	3647
鹿泉区白鹿泉乡	4325	10965	1541	1471	911	5995
鹿泉区上寨乡	3170	11064	1381	1381	2415	6914
栾城区栾城镇	5173	77615	31388	15685	29577	37227
栾城区冶河镇	4327	54375	3621	8088	29194	39349
栾城区窦妪镇	5782	56921	16903	8752	35568	53829
栾城区楼底镇	3042	48460	4407	7496	15003	12543
栾城区南高乡	3674	29808	977	4276	27861	47386
栾城区柳林屯乡	4810	46547	1284	6118	28033	41384
栾城区西营乡	5746	49868	404	7612	46658	65813
井陉县微水镇	9931	65021	5407	1021	4614	15764
井陉县上安镇	5774	23811	1280	897	3353	8416
井陉县天长镇	9893	39259	2099	851	4812	13515
井陉县秀林镇	5728	27647	3770	1067	4301	10288
井陉县南峪镇	8122	14474	162	1345	2247	7361
井陉县威州镇	7779	28650	472	670	7934	17729
井陉县小作镇	7693	18827	525	545	3118	11226
井陉县南障城镇	10302	11464	80	594	1619	6570
井陉县苍岩山镇	11967	10068	58	551	1393	9394

4-1续1　乡镇经济主要指标(2019年)

乡镇名称	行政区域面积(公顷)	乡镇户籍人口(人)	一般公共预算收入(万元)	一般公共预算支出(万元)	粮食产量(吨)	现价农林牧渔业总产值(万元)
井陉县测鱼镇	16734	13813	115	658	2062	7493
井陉县吴家窑乡	4760	15314	3557	583	2254	12257
井陉县北正乡	1889	10722	959	645	1664	4735
井陉县于家乡	3432	7226	510	1150	921	4352
井陉县孙庄乡	5304	17094	789	484	3588	10754
井陉县南陉乡	4615	7971	17	362	1433	6796
井陉县辛庄乡	16110	10190	615	662	1548	5331
井陉县南王庄乡	7879	10748	33	519	1814	6028
正定县正定镇	7684	126034	13002	5346	17963	97522
正定县新城铺镇	3719	41020	7207	5567	19080	40304
正定县新安镇	4365	41226	1342	1342	27455	68609
正定县南牛乡	4025	51409	2399	3506	34025	70304
正定县南楼乡	8444	58656	1736	1736	67187	127399
正定县西平乐乡	2512	24113	990	990	21714	47028
正定县北早现乡	4180	44012	1513	811	28106	75470
正定县曲阳桥乡	6782	55349	3765	1099	44358	86868
行唐县龙州镇	4243	45143	529	529	25247	36329
行唐县南桥镇	6126	34275	938	935	32362	40966
行唐县上碑镇	2542	18712	37	37	13207	29300
行唐县口头镇	14631	27433	863	644	14126	52532
行唐县独羊岗乡	6111	43618	876	852	38992	65157
行唐县安香乡	4286	32519	924	896	29513	31516
行唐县只里乡	6251	44324	527	527	40786	38976
行唐县市同乡	2814	24799	891	891	17374	24670
行唐县翟营乡	7154	38557	1212	1212	47662	49779
行唐县城寨乡	6023	21848	100	100	15174	41170
行唐县上方乡	4909	27324	1351	1351	21003	38934
行唐县玉亭乡	6161	23493	775	773	13438	34556
行唐县北河乡	4217	7925	475	475	4715	24647
行唐县上闫庄乡	5847	6605	962	965	2897	14196
行唐县九口子乡	13122	16843	900	880	4136	32799
灵寿县灵寿镇	4475	66460	1100	1000	18705	56105
灵寿县青同镇	5639	28640	891	891	19058	35571
灵寿县塔上镇	4555	12106	218	216	6467	16732
灵寿县陈庄镇	16081	22371	399	365	4338	23540
灵寿县慈峪镇	9520	36741	787	776	15154	27006
灵寿县岔头镇	8315	18667	16	14	3999	27135
灵寿县三圣院乡	3039	27556	416	339	15879	25077
灵寿县北洼乡	3312	23414	508	508	15902	37210
灵寿县牛城乡	3887	24928	352	352	11423	22659
灵寿县狗台乡	4484	24969	882	882	15163	39949
灵寿县南寨乡	2471	17400	743	743	11492	26568
灵寿县南燕川乡	7133	13632	611	611	4970	20405
灵寿县北谭庄乡	3838	11762	290	125	5440	12772
灵寿县寨头乡	10796	14123	479	479	3608	14918
灵寿县南营乡	13953	10173	306	298	2239	14220
高邑县高邑镇	3789	55049	9030	8923	21520	28071
高邑县大营镇	4634	35205	4034	4652	45607	60173
高邑县富村镇	5440	41347	2840	2840	29204	22125

4-1续2　乡镇经济主要指标(2019年)

乡镇名称	行政区域面积(公顷)	乡镇户籍人口(人)	一般公共预算收入(万元)	一般公共预算支出(万元)	粮食产量(吨)	现价农林牧渔业总产值(万元)
高邑县万城镇	4995	46098	6231	6231	37318	31807
高邑县中韩乡	3379	26620	1000	700	24382	47432
深泽县深泽镇	2814	47874	6395	1442	10242	19085
深泽县铁杆镇	7324	42402	3726	3335	48472	52656
深泽县赵八镇	3598	36778	4098	3480	32322	29462
深泽县白庄乡	5770	45755	1809	2774	42516	69946
深泽县留村乡	3831	35295	1828	2460	30567	27032
深泽县桥头乡	6263	50657	5200	3780	42343	51316
赞皇县赞皇镇	6281	67024	4342	4342	17911	75333
赞皇县院头镇	10710	25070	411	434	4441	18678
赞皇县南邢郭镇	5166	26570	1808	1808	10784	45356
赞皇县嶂石岩镇	9642	7440	682	682	542	2280
赞皇县西龙门乡	4354	29504	1812	1812	5256	22106
赞皇县南清河乡	4808	24113	1541	1541	7216	30350
赞皇县西阳泽乡	7513	29216	1918	1918	7555	31776
赞皇县土门乡	4740	15612	1015	1015	1658	6973
赞皇县黄北坪乡	9808	14526	950	950	1880	7907
赞皇县许亭乡	14999	24275	1372	1372	2550	10725
赞皇县张楞乡	5684	17993	1420	1420	5023	21126
无极县无极镇	5700	56423	15900	4397	31154	43491
无极县七汲镇	5400	45602	5019	638	34109	66603
无极县张段固镇	5100	46253	18241	2405	28611	34551
无极县北苏镇	5728	61485	1897	1060	38909	49613
无极县郭庄镇	4300	45970	1061	1092	30779	39896
无极县大陈镇	4200	34509	700	700	25516	48360
无极县高头回族乡	3200	38384	1399	705	25395	36843
无极县郝庄乡	5727	57041	4763	4763	32855	36011
无极县东侯坊乡	5600	53662	4886	1342	36667	46858
无极县里城道乡	4600	45625	1863	880	28672	43575
无极县南流乡	3000	27067	161	611	21165	40530
平山县平山镇	18575	121865	16818	3238	24620	51360
平山县东回舍镇	7711	38534	1892	832	11602	15080
平山县温塘镇	9658	24577	1941	3713	5881	20357
平山县南甸镇	6413	26921	19650	7591	8467	15351
平山县岗南镇	9629	33909	1395	6118	6212	14642
平山县古月镇	13267	19531	77	635	2421	8700
平山县下槐镇	13801	17709	24	538	1753	14123
平山县孟家庄镇	10401	8493	5	461	1048	9323
平山县小觉镇	17813	18881	53	561	2366	8244
平山县蛟潭庄镇	14907	7858	5	589	1259	7109
平山县西柏坡镇	2940	7435	338	6977	483	6669
平山县下口镇	12075	8975	13	418	625	6021
平山县西大吾乡	4178	24041	2177	2062	9404	17376
平山县上三汲乡	4257	24979	50	1129	9432	13883
平山县两河乡	4643	23036	43	1435	9013	10529
平山县东王坡乡	12980	24407	37	531	9849	13741
平山县苏家庄乡	5888	9450	23	627	1351	7336
平山县宅北乡	10673	13584	13	481	1995	7200
平山县北冶乡	20645	18550	197	738	2926	8541

4-1续3　乡镇经济主要指标(2019年)

乡镇名称	行政区域面积(公顷)	乡镇户籍人口(人)	一般公共预算收入(万元)	一般公共预算支出(万元)	粮食产量(吨)	现价农林牧渔业总产值(万元)
平山县上观音堂乡	11022	5236	5	487	808	4683
平山县杨家桥乡	13778	9679	24	556	1434	5218
平山县营里乡	23527	11405	8	854	2711	5816
平山县合河口乡	16019	6029	26	451	1343	5696
元氏县槐阳镇	5200	66158	4852	4518	36564	33650
元氏县殷村镇	3946	32067	887	687	35642	32146
元氏县南佐镇	4052	16694	665	656	13547	12653
元氏县宋曹镇	3674	35539	690	690	33560	29663
元氏县南因镇	3857	37214	565	565	36249	30253
元氏县姬村镇	4354	29328	892	868	28029	26120
元氏县北褚镇	4822	23689	50	50	27226	25431
元氏县马村镇	4250	36781	1108	1108	39854	36860
元氏县东张乡	4536	41919	712	706	29633	26450
元氏县赵同乡	3820	29498	971	970	27356	23861
元氏县苏村乡	3656	15812	421	421	13053	12304
元氏县苏阳乡	4805	25289	1715	1709	13287	11053
元氏县北正乡	5764	13712	371	488	7320	6753
元氏县前仙乡	4379	10600	233	930	6381	5863
元氏县黑水河乡	5837	14606	569	565	7231	6635
赵县赵州镇	7827	122823	6688	4680	67492	22748
赵县范庄镇	8968	80541	931	2267	4	80911
赵县北王里镇	6210	50005	2770	2017	69419	26786
赵县新寨店镇	4721	33362	3903	2129	50791	19366
赵县韩村镇	6442	52981	355	1011	81702	43123
赵县南柏舍镇	5825	44176	3815	2980	64555	21463
赵县沙河店镇	4677	37438	174	846	45110	17316
赵县前大章乡	5946	47292	315	1064	71309	26958
赵县谢庄乡	7671	79021	369	1764	7217	65690
赵县高村乡	5718	44984	239	967	66811	26790
赵县王西章乡	3395	30367	765	889	37732	16464
石家庄高新技术产业开发区宋营镇	2638	63820	6041	5977	3261	1896
石家庄高新技术产业开发区郄马镇	2503	33964	3644	3604	2516	2319
石家庄循环化工园区丘头镇	5421	54009	13261	13261	25604	9000
辛集市辛集镇	7554	148715	21537	21537	30781	37766
辛集市旧城镇	5519	43404	2415	1500	25741	108161
辛集市张古庄镇	4593	31709	1310	1052	42047	72352
辛集市位伯镇	5155	41243	2289	2267	52831	44773
辛集市新垒头镇	4001	29789	3123	2232	24845	50168
辛集市新城镇	5555	22218	3491	3405	39242	42278
辛集市南智邱镇	7634	37925	2158	1949	42238	44866
辛集市王口镇	10367	37692	447	1645	68571	15894
辛集市天宫营乡	5352	30310	1586	1025	30917	41530
辛集市前营乡	5924	36321	1682	1550	33820	82420
辛集市马庄乡	7482	26136	1376	1264	65182	60010
辛集市和睦井乡	6711	33263	1815	1340	49638	66814
辛集市田家庄乡	8530	52186	3298	3077	53994	65301
辛集市中里厢乡	4232	22680	1111	1007	30360	56452
辛集市小辛庄乡	4025	25003	1005	563	34942	26089
晋州市晋州镇	8897	134261	9085	9085	55389	52693

4-1续4 乡镇经济主要指标(2019年)

乡镇名称	行政区域面积(公顷)	乡镇户籍人口(人)	一般公共预算收入(万元)	一般公共预算支出(万元)	粮食产量(吨)	现价农林牧渔业总产值(万元)
晋州市总十庄镇	6441	57055	1195	732	28638	67214
晋州市营里镇	4626	37570	1193	1193	17686	36812
晋州市桃园镇	7686	59971	1334	1334	25426	62674
晋州市东卓宿镇	5408	47008	1726	1726	36911	39684
晋州市马于镇	5966	47056	1286	1286	27440	92802
晋州市小樵镇	6388	64654	1840	1840	55280	47552
晋州市槐树镇	6947	62152	1204	1204	54541	30695
晋州市东里庄镇	6225	53255	1204	1204	30430	82553
晋州市周家庄乡	1625	14320	554	554	11490	7575
新乐市化皮镇	3095	23597	1050	1050	21196	34769
新乐市承安镇	7932	80460	1756	1756	52459	61591
新乐市正莫镇	4101	24150	1150	1150	14324	31434
新乐市南大岳镇	2069	23070	809	809	17925	36642
新乐市杜固镇	3152	33933	888	888	22225	35702
新乐市邯邰镇	8356	78348	1322	1322	67541	82396
新乐市东王镇	3829	32647	843	843	24109	42819
新乐市马头铺镇	4542	46923	2512	2215	36065	50311
新乐市协神乡	4719	41668	1906	1906	41237	54169
新乐市木村乡	2748	22426	1017	1017	13707	35358
新乐市彭家庄回族乡	2969	22693	917	917	20399	36228
路南区稻地镇	5020	29546	3184	3872	14068	23773
路南区女织寨乡	2921	30320	3447	12579	2149	3020
路北区韩城镇	5603	56107	30972	30851	14760	21016
路北区果园乡	4000	64740	9938	10757	3213	30330
古冶区范各庄镇	6380	55087	1580	1580	9158	41219
古冶区卑家店镇	5767	32573	10581	969	4856	24807
古冶区王辇庄乡	7055	28293	1128	1128	3977	30345
古冶区习家套乡	1818	14112	870	870	3631	15740
古冶区大庄坨乡	1745	15002	7598	878	1461	35789
开平区开平镇	6568	57393	1237	1237	4364	11502
开平区栗园镇	3398	30499	1008	1008	6037	16980
开平区郑庄子镇	2254	19504	852	882	3346	5409
开平区双桥镇	3170	15553	35	22	1586	2361
开平区洼里镇	3200	20825	712	712	5028	23230
开平区越河镇	5643	35618	19126	9502	9074	20018
丰南区小集镇	7733	36232	72188	4560	21655	41442
丰南区黄各庄镇	6856	50039	24038	5312	16903	50899
丰南区西葛镇	4810	25143	8237	7638	32007	25559
丰南区大新庄镇	13373	56609	2083	3840	41686	95884
丰南区钱营镇	11467	41266	10895	10895	22821	54694
丰南区唐坊镇	4871	18464	578	2028	3712	16302
丰南区王兰庄镇	8650	39651	2065	2581	10351	58418
丰南区柳树鄱镇	10906	30872	2535	2107	25167	43712
丰南区黑沿子镇	10729	24727	2253	2515	2287	1305
丰南区丰南镇	7417	79246	52623	7208	5510	14106
丰南区大齐各庄镇	3986	14053	1929	1901	10623	44162
丰南区岔河镇	4339	28097	970	2127	13221	23903
丰南区南孙庄乡	9418	25968	164	3228	2821	62140
丰南区东田庄乡	7288	17609	551	1554	1086	44970

4-1续5 乡镇经济主要指标(2019年)

乡镇名称	行政区域面积(公顷)	乡镇户籍人口(人)	一般公共预算收入(万元)	一般公共预算支出(万元)	粮食产量(吨)	现价农林牧渔业总产值(万元)
丰南区尖字沽乡	4565	17849	1359	1797	7621	16409
丰润区丰润镇	9520	80105	29686	3221	31186	92568
丰润区任各庄镇	4994	29364	1733	1675	12858	13708
丰润区左家坞镇	8370	40849	679	679	17193	36104
丰润区泉河头镇	5380	26855	1010	1010	12082	13277
丰润区王官营镇	9710	39447	989	992	17622	16454
丰润区火石营镇	13180	29511	881	1701	11767	15532
丰润区新军屯镇	4970	38903	1189	1189	20801	43654
丰润区小张各庄镇	2782	16087	828	888	13519	19829
丰润区丰登坞镇	6820	41707	1478	1569	37892	33589
丰润区李钊庄镇	6370	24125	995	1006	29662	36080
丰润区白官屯镇	6605	46078	1839	1945	37806	42458
丰润区石各庄镇	4510	25019	2377	2444	24159	25177
丰润区沙流河镇	5630	36598	1139	1139	30541	27655
丰润区七树庄镇	2670	19119	1243	1289	16101	13193
丰润区杨官林镇	5143	26956	1050	1062	14625	38467
丰润区银城铺镇	5100	35130	1675	3828	4476	8881
丰润区常庄镇	2900	21404	900	1058	5014	7385
丰润区姜家营乡	3130	15722	3526	1095	5296	3385
丰润区欢喜庄乡	3730	15886	1044	1045	14359	13538
丰润区刘家营乡	2700	14771	3344	1156	4273	5096
曹妃甸区唐海镇	5928	47852	6337	5365	15116	23360
曹妃甸区滨海镇	12400	24041	2635	2581	9784	70449
曹妃甸区柳赞镇	5490	14115	4155	3871	2644	111566
曹妃甸区一农场	5054	11911	1451	3787	14748	30453
曹妃甸区三农场	4658	6702	1795	2695	12329	24767
曹妃甸区四农场	5359	7702	3240	2975	8933	39842
曹妃甸区五农场	3075	7086	1282	1229	9753	32568
曹妃甸区六农场	2080	6469	1373	1373	7991	21256
曹妃甸区七农场	6793	2704	3121	3083	986	11455
曹妃甸区八农场	8213	27914	2473	2473	32465	42382
曹妃甸区九农场	6400	15620	2641	2562	18494	59787
曹妃甸区十农场	4826	11919	1380	2760	18581	24596
曹妃甸区十一农场	8253	8067	1231	1231	19106	47592
曹妃甸区八里滩养殖场	121		613	613		1111
曹妃甸区十里海养殖场	3233	1061	847	540		10517
滦南县倴城镇	9631	61950	17043	3166	25832	70910
滦南县宋道口镇	8744	50354	2506	1675	45455	136278
滦南县长凝镇	5368	33083	1377	1296	29212	43260
滦南县胡各庄镇	6752	35304	1960	1325	27055	78841
滦南县坨里镇	3756	18286	1182	1206	12678	38121
滦南县姚王庄镇	2659	16682	896	890	3676	90220
滦南县司各庄镇	11947	41513	6461	4619	39986	113697
滦南县安各庄镇	6985	25439	879	875	23647	69225
滦南县扒齿港镇	11601	39037	1742	1739	43072	124333
滦南县程庄镇	9193	52377	1222	1689	34002	122066
滦南县青坨营镇	8694	28498	1258	1183	22566	98119
滦南县柏各庄镇	9670	48287	2253	2005	33791	97107
滦南县南堡镇	2614	15521	657	968	5238	173899

4−1续6　乡镇经济主要指标(2019年)

乡镇名称	行政区域面积(公顷)	乡镇户籍人口(人)	一般公共预算收入(万元)	一般公共预算支出(万元)	粮食产量(吨)	现价农林牧渔业总产值(万元)
滦南县方各庄镇	5342	29682	1868	1758	18787	41723
滦南县东黄坨镇	5120	17154	898	770	14682	47782
滦南县马城镇	3066	17354	1132	1087	11011	37072
乐亭县乐亭镇	7654	37726	2938	4583	23253	130509
乐亭县汤家河镇	7450	24937	3007	3233	16455	116565
乐亭县胡家坨镇	5097	20523	772	2112	18483	62048
乐亭县阎各庄镇	6780	33919	1508	3414	20569	78909
乐亭县马头营镇	6002	23519	1492	2651	27235	57606
乐亭县新寨镇	3980	24294	544	2114	8456	66540
乐亭县汀流河镇	4936	25546	2627	2852	18777	81096
乐亭县姜各庄镇	22636	48675	1353	3206	32078	208260
乐亭县毛庄镇	7545	31563	2024	3123	20454	86294
乐亭县中堡镇	8166	30662	1290	2187	16496	98591
乐亭县庞各庄乡	3868	20524	2143	2917	10367	58710
乐亭县大相各庄乡	3888	20520	2701	3395	12983	66344
乐亭县古河乡	6243	21185	1320	2631	19398	53062
迁西县兴城镇	13889	57238	25045	2207	10571	35896
迁西县金厂峪镇	8600	18078	1437	910	2261	14451
迁西县洒河桥镇	6713	20208	3295	2255	1161	25083
迁西县太平寨镇	12310	36415	517	1199	5212	20749
迁西县罗家屯镇	6900	24743	709	695	7130	15097
迁西县东荒峪镇	6444	15017	373	373	3692	16599
迁西县新集镇	9700	27281	907	907	9497	23692
迁西县三屯营镇	10100	30259	25643	2077	4598	23110
迁西县滦阳镇	10498	20126	2060	2060	1898	27368
迁西县白庙子乡	6436	18541	2210	1551	4548	17513
迁西县上营乡	8600	12391	255	861	1596	15231
迁西县汉儿庄乡	11400	22316	1435	410	2046	30279
迁西县渔户寨乡	6798	11750	286	280	1513	14365
迁西县旧城乡	3675	10053	2425	1890	1181	12689
迁西县尹庄乡	5982	20384	444	986	3351	20657
迁西县东莲花院乡	6111	11919	379	1841	3922	12409
迁西县新庄子乡	5182	12519	374	852	3972	10869
玉田县玉田镇	8033	70142	14633	4048	25707	81896
玉田县亮甲店镇	7470	39926	1772	1690	31907	85678
玉田县鸦鸿桥镇	6260	57599	2564	2309	23374	81277
玉田县窝洛沽镇	7770	52452	1941	1895	44182	64526
玉田县石臼窝镇	10340	37341	648	1218	57201	100547
玉田县虹桥镇	5490	31925	3091	1694	21793	53540
玉田县散水头镇	5100	27453	1213	1022	24663	52985
玉田县林南仓镇	2900	23084	2865	1365	11279	30088
玉田县林西镇	6460	30503	3553	1262	33563	55054
玉田县杨家板桥镇	6560	27445	337	1009	38626	54387
玉田县彩亭桥镇	2750	20313	2628	1133	10722	35710
玉田县孤树镇	4470	26846	2962	1202	18462	30368
玉田县大安镇镇	5700	30705	737	1223	19919	51919
玉田县唐自头镇	5620	19924	224	1053	11088	24855
玉田县郭家屯镇	8390	35577	3289	2310	23477	53341
玉田县杨家套镇	4850	29105	2046	1305	18173	49990

4-1续7 乡镇经济主要指标(2019年)

乡镇名称	行政区域面积(公顷)	乡镇户籍人口(人)	一般公共预算收入(万元)	一般公共预算支出(万元)	粮食产量(吨)	现价农林牧渔业总产值(万元)
玉田县林头屯乡	3800	22573	334	903	14468	28731
玉田县潮洛窝乡	6020	23301	356	1016	28993	54673
玉田县陈家铺乡	3730	17080	2732	1511	19395	40340
玉田县郭家桥乡	4200	18071	197	971	23546	30408
河北唐山芦台经济开发区芦台开发区海北镇	8613	27787	2308	1985	24548	60151
唐山市汉沽管理区汉沽管理区汉丰镇	8826	24785	2907	2907	27113	38102
唐山高新技术产业开发区老庄子镇	3817	28638	2660	2414	10098	18281
河北唐山海港经济开发区唐山海港开发区王滩镇	18415	51837	5198	5198	39009	90717
遵化市遵化镇	3132	45393	3441	3341	104	13646
遵化市堡子店镇	6750	40812	2510	889	18965	23152
遵化市马兰峪镇	5205	25460	921	921	6582	9639
遵化市平安城镇	9570	53767	705	705	26002	54484
遵化市东新庄镇	6310	40716	984	984	18840	40824
遵化市新店子镇	9497	49105	2958	1885	17795	29982
遵化市党峪镇	8154	26509	680	530	10591	2916
遵化市地北头镇	6358	22117	177	177	11481	10139
遵化市东旧寨镇	7552	22932	655	655	8636	18053
遵化市铁厂镇	7613	18824	147	147	5340	22547
遵化市苏家洼镇	6126	33415	4356	1170	9416	13342
遵化市建明镇	7230	34329	9225	714	6991	17689
遵化市石门镇	7267	33264	846	846	22678	33503
遵化市西留村乡	2922	26954	3769	690	5980	6338
遵化市崔家庄乡	2950	21978	689	689	7342	12775
遵化市兴旺寨乡	6450	22906	4016	4016	6246	20370
遵化市西下营满族乡	3396	11875	289	289	2007	6012
遵化市汤泉满族乡	2432	9722	1024	246	2462	8726
遵化市东陵满族乡	7021	24035	687	675	5475	17640
遵化市刘备寨乡	6053	22251	182	182	15240	34976
遵化市团瓢庄乡	4439	29830	976	653	15565	12661
遵化市娘娘庄乡	7409	21284	333	243	3869	16638
遵化市西三里乡	2304	18649	866	866	294	314
遵化市侯家寨乡	5853	14550	667	667	70	1094
遵化市小厂乡	9286	16804	380	681	1114	11816
迁安市夏官营镇	7181	34082	1284	3947	13277	20647
迁安市杨各庄镇	7601	40036	949	3368	22104	42862
迁安市建昌营镇	8993	47014	1183	4227	14864	61655
迁安市赵店子镇	3943	24386	39902	4567	8132	29990
迁安市野鸡坨镇	7527	39847	23140	6684	13236	38545
迁安市大崔庄镇	6612	27343	327	2741	5955	26136
迁安市蔡园镇	5571	27283	10523	5359	4672	18274
迁安市马兰庄镇	4916	24052	18841	3912	2007	4174
迁安市沙河驿镇	4077	31273	18346	4352	7661	37833
迁安市木厂口镇	5879	25493	117241	3794	5863	30223
迁安市扣庄乡	7126	44700	2545	3828	16234	37980
迁安市彭店子乡	4055	23715	824	2455	8399	15252
迁安市上射雁庄乡	4435	26078	36235	3122	9651	33230
迁安市闫家店乡	4239	25913	246	2524	6889	22595
迁安市五重安乡	6771	28067	11100	3961	5951	16814
迁安市大五里乡	5050	18721	3937	3212	4824	22717

4-1续8　乡镇经济主要指标(2019年)

乡镇名称	行政区域面积(公顷)	乡镇户籍人口(人)	一般公共预算收入(万元)	一般公共预算支出(万元)	粮食产量(吨)	现价农林牧渔业总产值(万元)
迁安市太平庄乡	6508	16977	8971	4236	7170	32046
滦州市东安各庄镇	11673	65610	1719	1744	25720	67946
滦州市雷庄镇	7743	36372	5483	5022	14574	47055
滦州市茨榆坨镇	6125	26839	59114	15630	19956	85754
滦州市榛子镇	9588	56675	2320	2095	29993	70824
滦州市杨柳庄镇	8299	23498	1920	1839	14740	43474
滦州市油榨镇	8243	46818	371	2013	22777	43053
滦州市古马镇	6965	34861	7051	1385	20390	79095
滦州市小马庄镇	8562	37765	340	1700	30263	112943
滦州市九百户镇	8036	34391	1351	1359	17140	38578
滦州市王店子镇	5912	26930	365	1166	16572	41607
海港区东港镇	1834	15503	2003	2324	301	7031
海港区海港镇	1287	17618	1680	1635	144	311
海港区西港镇	2900	18191	17174	17094	572	4677
海港区海阳镇	2576	20935	12874	12747	314	10529
海港区北港镇	5443	18831	2804	2786	2477	6478
海港区杜庄镇	9257	23660	11840	18956	3354	15348
海港区石门寨镇	17734	46922	8500	12479	10626	37334
海港区驻操营镇	23408	24899	3173	2260	4306	30475
山海关区第一关镇	2200	12379	1047	431	115	12563
山海关区石河镇	6250	20858	2062	2391	932	76800
山海关区孟姜镇	4153	18673	1412	1737	1909	34419
北戴河区海滨镇	917	14019	2481	2448		3601
北戴河区戴河镇	3714	27700	3082	845	749	12989
北戴河区牛头崖镇	3955	28061	7479	8987	3956	14597
抚宁区抚宁镇	19329	83113	12371	12426	15431	160111
抚宁区留守营镇	8971	48978	3238	3295	20632	90111
抚宁区榆关镇	13516	37543	2468	2849	13719	80403
抚宁区台营镇	15864	44820	4215	2838	8316	77645
抚宁区大新寨镇	21357	37463	5419	5434	6476	55434
抚宁区茶棚乡	11384	39679	1350	806	7720	82262
抚宁区深河乡	3586	8325	1319	1393	3344	10249
青龙满族自治县青龙镇	36100	80909	1853	1743	5760	39811
青龙满族自治县祖山镇	31517	23302	1014	1014	6721	27000
青龙满族自治县木头凳镇	18600	33160	142	142	8269	82868
青龙满族自治县双山子镇	10400	23522	844	841	5478	63799
青龙满族自治县马圈子镇	18900	25888	1663	1356	5081	31125
青龙满族自治县肖营子镇	13400	35831	2034	1378	8614	44353
青龙满族自治县大巫岚镇	16500	35891	1490	1379	7193	32833
青龙满族自治县土门子镇	12000	26887	904	1051	6032	50137
青龙满族自治县八道河镇	17200	31598	1023	956	3986	25277
青龙满族自治县隔河头镇	16712	27705	716	716	3746	34508
青龙满族自治县娄杖子镇	11100	24864	675	675	5499	45368
青龙满族自治县凤凰山乡	7800	11373	465	465	2232	14754
青龙满族自治县龙王庙乡	12100	17396	747	568	5676	22704
青龙满族自治县三星口乡	10400	15026	569	610	3709	23375
青龙满族自治县干沟乡	8800	9998	516	540	2613	12579
青龙满族自治县大石岭乡	11500	12745	451	451	2886	26454
青龙满族自治县官场乡	18400	12878	484	484	1879	20263

4-1续9 乡镇经济主要指标(2019年)

乡镇名称	行政区域面积(公顷)	乡镇户籍人口(人)	一般公共预算收入(万元)	一般公共预算支出(万元)	粮食产量(吨)	现价农林牧渔业总产值(万元)
青龙满族自治县茨榆山乡	11000	19656	417	417	4262	40658
青龙满族自治县平方子乡	7915	11934	648	612	2863	13529
青龙满族自治县安子岭乡	14000	15899	513	513	3539	17783
青龙满族自治县朱杖子乡	6400	15715	821	743	2467	18281
青龙满族自治县草碾乡	8520	11406	733	733	3159	43851
青龙满族自治县七道河乡	6100	9718	565	565	1814	17488
青龙满族自治县三拨子乡	8400	12611	670	666	1975	12999
青龙满族自治县凉水河乡	11500	20775	820	820	2978	16885
昌黎县昌黎镇	8713	118269	3878	3772	12356	47156
昌黎县靖安镇	9027	43012	2578	2578	16621	118459
昌黎县安山镇	8290	47333	2462	2366	35200	54280
昌黎县龙家店镇	8260	43952	2605	2519	30682	23529
昌黎县泥井镇	7301	26393	2565	2525	21795	40250
昌黎县大蒲河镇	3500	11817	2011	1640	7308	41439
昌黎县新集镇	9112	31206	3027	2872	20942	45927
昌黎县刘台庄镇	5897	23269	1982	1465	24605	49788
昌黎县茹荷镇	4602	16102	1432	1327	15158	50992
昌黎县朱各庄镇	5830	32291	1834	1775	13053	14603
昌黎县荒佃庄镇	7122	29279	2410	2557	21548	68507
昌黎县团林乡	1312	7256	1665	1656	4823	29148
昌黎县葛条港乡	4170	21721	1979	2059	15101	32604
昌黎县马坨店乡	10159	37876	1787	1787	42544	72415
昌黎县两山乡	5046	19715	2493	2470	2682	51797
昌黎县十里铺乡	3367	13420	1799	1780	1063	21595
卢龙县卢龙镇	10645	68498	952	3899	22583	44928
卢龙县潘庄镇	8294	25291	489	1256	14811	32203
卢龙县燕河营镇	10756	34259	302	1184	18886	48435
卢龙县双望镇	7921	30107	365	1730	20638	59094
卢龙县刘田各庄镇	11095	43714	677	2404	21628	81906
卢龙县石门镇	8850	43439	2206	5078	14846	38641
卢龙县木井镇	6875	42961	303	2056	21365	93132
卢龙县陈官屯镇	7409	27540	564	1277	14217	43914
卢龙县蛤泊镇	5183	28387	638	1482	13713	64903
卢龙县下寨乡	4035	16641	619	1347	12753	28879
卢龙县刘家营乡	6194	17049	1455	995	6001	24244
卢龙县印庄乡	7102	27923	465	1478	17989	61266
秦皇岛市经济技术开发区渤海乡	2100	9581	3252	2640	75	
邯山区北张庄镇	3600	34599	9723	9384	8113	8368
邯山区河沙镇镇	4814	47806	2031	893	36924	16892
邯山区马庄乡	810	23490	1961	1448	674	199
邯山区南堡乡	5846	59171	2035	2008	19167	9081
邯山区代召乡	4300	38365	2073	2353	22133	8252
丛台区黄粱梦镇	5819	62084	4643	4895	10462	5231
丛台区苏曹乡	800	37625	5550	2451		
丛台区三陵乡	5579	30288	1458	1362	640	5580
丛台区南吕固乡	2617	39548	2000	2000	23252	6950
丛台区兼庄乡	2390	35939	2254	2200	1280	260
复兴区户村镇	4012	34483	2739	2716	6396	5868
复兴区彭家寨乡	1500	44629	1859	1782	989	927

4-1续10　乡镇经济主要指标(2019年)

乡镇名称	行政区域面积(公顷)	乡镇户籍人口(人)	一般公共预算收入(万元)	一般公共预算支出(万元)	粮食产量(吨)	现价农林牧渔业总产值(万元)
复兴区康庄乡	6014	29826	760	735	5494	3452
峰峰矿区临水镇	1061	40848	827	827		736
峰峰矿区峰峰镇	4308	65472	1076	1076	3576	5967
峰峰矿区新坡镇	2415	28176	668	668	4345	14045
峰峰矿区大社镇	4113	39338	674	674	9158	15354
峰峰矿区和村镇	5249	52680	1195	1195	3332	18195
峰峰矿区义井镇	5686	49064	2211	2213	4239	6682
峰峰矿区彭城镇	3335	51560	1453	1457	3786	3486
峰峰矿区界城镇	2716	24125	861	865	2084	14817
峰峰矿区大峪镇	2013	16105	1101	1101	1414	3728
峰峰矿区西固义乡	2043	14216	562	562	8516	5740
肥乡区肥乡镇	8062	91097	9509	8956	50467	69559
肥乡区天台山镇	5928	45654	4471	4471	45607	61918
肥乡区辛安镇镇	4505	37513	610	610	34485	54548
肥乡区大寺上镇	4539	37667	1627	1116	35831	50119
肥乡区东漳堡镇	5352	38942	1949	1738	32705	46705
肥乡区毛演堡乡	5462	46029	2338	1905	41884	69819
肥乡区元固乡	5569	47823	805	805	44448	59985
肥乡区屯庄营乡	5338	32515	657	787	25758	47055
肥乡区旧店乡	5499	36782	2032	2032	32224	51269
永年区临洺关镇	8208	162122	456	448	38632	49568
永年区大北汪镇	4043	44281	325	320	33523	29973
永年区张西堡镇	5087	53902	992	992	24116	57108
永年区广府镇	4155	56871	915	915	14985	66172
永年区永合会镇	7771	41432	220	220	4497	22193
永年区刘营镇	3245	62486	598	588	31917	28064
永年区西苏镇	4616	73643	248	248	45376	30978
永年区讲武镇	3778	58323	487	487	35726	23311
永年区东杨庄镇	3258	54038	423	423	33088	37677
永年区界河店乡	3222	36022	6802	6652	13528	40328
永年区刘汉乡	4647	53748	329	329	41327	33584
永年区正西乡	4371	43467	224	201	35424	28588
永年区曲陌乡	3692	43620	672	672	34093	48735
永年区辛庄堡乡	4430	51209	220	215	50375	22417
永年区小龙马乡	4141	62932	365	365	42088	63860
永年区西河庄乡	4583	38264	210	210	13331	41896
永年区西阳城乡	2825	30605	485	485	16204	19731
临漳县临漳镇	5201	103393	1488	215	35010	36813
临漳县南东坊镇	2773	32686	330	99	26123	21243
临漳县孙陶集镇	7354	70958	860	83	54749	30378
临漳县柳园镇	7203	70713	699	699	64799	38955
临漳县称勾集镇	5835	53765	116	36	50706	36248
临漳县邺城镇	4880	39226	3220	3162	31394	35012
临漳县章里集镇	4196	52367	58	50	40674	24495
临漳县狄邱乡	3664	35919	168	109	33948	29570
临漳县张村集乡	7595	66643	151	143	65080	44438
临漳县西羊羔乡	3059	27848	405	67	23702	22700
临漳县杜村集乡	5449	61842	245	76	38944	29686
临漳县习文乡	5861	43702	290	71	36033	29856

4-1续11　乡镇经济主要指标(2019年)

乡镇名称	行政区域面积(公顷)	乡镇户籍人口(人)	一般公共预算收入(万元)	一般公共预算支出(万元)	粮食产量(吨)	现价农林牧渔业总产值(万元)
临漳县砖寨营乡	5639	52239	241	79	50443	30125
临漳县柏鹤集乡	4939	49182	184	181	50812	30269
成安县成安镇	4856	82173	54999	3370	27667	73997
成安县商城镇	7215	70928	22000	1850	45950	84899
成安县漳河店镇	5065	43300	4542	494	31399	50980
成安县李家疃镇	4908	50091	4690	643	44115	48851
成安县北乡义镇	6425	50417	2825	525	30819	45896
成安县辛义乡	5638	55301	3071	545	38397	54501
成安县柏寺营乡	3365	28354	3325	460	22691	34554
成安县道东堡乡	6475	55929	4532	558	37954	69046
成安县长巷乡	4194	31148	7878	373	24540	29139
大名县大名镇	4607	70928	580	580	30759	20162
大名县杨桥镇	6297	52745	140	140	55839	34379
大名县万堤镇	4906	38859	1020	753	39846	29073
大名县龙王庙镇	5043	60864	905	1076	31031	26964
大名县束馆镇	5364	44400	530	530	30051	35762
大名县金滩镇	6065	57824	192	192	37504	26135
大名县沙圪塔镇	5859	44893	798	798	48111	27494
大名县大街镇	6386	47636	1715	1715	44584	23547
大名县铺上镇	4597	36574	480	480	34228	20679
大名县孙甘店镇	5736	44977	668	668	23178	28704
大名县王村乡	4832	48294	726	489	41836	21040
大名县黄金堤乡	5406	42664	430	430	40982	37815
大名县旧治乡	5850	53525	380	380	49047	30008
大名县西未庄乡	4344	35353	240	240	32839	26754
大名县西付集乡	5440	52384	310	310	36467	28072
大名县埝头乡	6348	55377	650	650	34462	26845
大名县北峰乡	5002	39275	830	655	19581	29998
大名县张铁集乡	6264	48536	330	330	23334	31599
大名县红庙乡	4999	41568	547	547	28918	29196
大名县营镇回族乡	1971	19987	397	397	10009	19567
涉县河南店镇	7503	32508	470	470	5950	17403
涉县索堡镇	9578	26437	983	602	4402	13445
涉县西戌镇	4162	16664	485	357	1040	7095
涉县井店镇	10836	44605	1454	1495	1579	11912
涉县更乐镇	6613	24205	773	651	1425	11369
涉县固新镇	15435	26027	248	369	3147	13560
涉县西达镇	9440	17785	227	219	3429	7291
涉县偏城镇	13611	15049	514	269	1764	14002
涉县神头乡	6172	14882	433	661	1110	7581
涉县辽城乡	11192	20998	283	175	4547	9193
涉县偏店乡	4352	20034	474	468	1690	8025
涉县龙虎乡	7633	24214	288	288	2319	11230
涉县木井乡	6031	19680	425	400	1853	8065
涉县关防乡	10504	17495	959	977	2376	7965
涉县合漳乡	11118	22544	389	405	1694	7054
涉县鹿头乡	10917	18452	511	616	1365	12292
涉县涉城镇	5710	39130	1420	1586	1174	10473
磁县磁州镇	10430	165715	557	557	57561	87577

4-1续12 乡镇经济主要指标(2019年)

乡镇名称	行政区域面积(公顷)	乡镇户籍人口(人)	一般公共预算收入(万元)	一般公共预算支出(万元)	粮食产量(吨)	现价农林牧渔业总产值(万元)
磁县讲武城镇	7452	60237	295	287	42393	34808
磁县岳城镇	9531	41676	601	533	20947	14646
磁县观台镇	4105	34937	323	323	10447	14647
磁县白土镇	6675	25339	329	329	5654	10051
磁县黄沙镇	2082	16847	426	426	3856	4763
磁县路村营乡	3852	28896	415	415	8256	14049
磁县时村营乡	4592	31140	1386	1486	26346	10124
磁县陶泉乡	9688	20757	336	336	2037	10019
磁县都党乡	3804	19326	414	550	3971	5689
磁县北贾壁乡	7295	34212	274	274	7122	10010
邱县新马头镇	11952	52396	3812	2931	43843	67911
邱县邱城镇	5843	39051	520	615	21655	45184
邱县梁二庄镇	6253	32377	1500	1500	34088	43916
邱县香城固镇	6099	35067	282	282	24908	44479
邱县古城营镇	7027	37385	359	359	11393	44077
邱县南辛店乡	5284	28255	220	189	28161	34020
邱县陈村回族乡	1124	7726	140	140	9128	9859
鸡泽县鸡泽镇	6284	61623	7654	7654	35858	42160
鸡泽县小寨镇	6277	48542	2366	2366	39805	44019
鸡泽县双塔镇	3568	41848	625	625	28023	37835
鸡泽县曹庄镇	4745	45705	754	754	28413	36115
鸡泽县浮图店乡	5709	62360	949	949	40405	37941
鸡泽县吴官营乡	4280	34014	625	625	22737	29674
鸡泽县风正乡	2761	28508	3626	3626	18635	30456
广平县广平镇	4962	77088	12997	12997	34963	30737
广平县平固店镇	5306	40855	1142	1142	37139	22448
广平县胜营镇	4692	50874	2950	2950	34485	26248
广平县南阳堡镇	3152	33627	4670	4670	26058	28830
广平县十里铺镇	4510	45914	3707	3707	33014	28564
广平县南韩镇	4897	36049	658	658	35122	19843
广平县东张孟镇	3843	30196	1796	1796	24689	19517
馆陶县馆陶镇	4825	74100	3762	3708	24645	40348
馆陶县房寨镇	4401	34533	623	618	30596	34053
馆陶县柴堡镇	7447	52529	571	571	44618	62449
馆陶县魏僧寨镇	5598	39755	2573	2573	46113	69955
馆陶县寿山寺乡	6110	48952	1620	1360	42543	61231
馆陶县王桥乡	5470	42986	299	296	43217	46591
馆陶县南徐村乡	4269	34797	1120	1120	26268	43792
馆陶县路桥乡	7226	39709	300	300	49907	46277
魏县魏城镇	6365	133933	1398	901	25610	51219
魏县德政镇	2365	27035	462	462	12413	17493
魏县北皋镇	6937	82691	1000	1000	47313	45202
魏县双井镇	4877	51431	833	833	37074	36904
魏县牙里镇	4835	69078	841	841	37751	34516
魏县车往镇	4470	49975	820	558	30236	35480
魏县回隆镇	4413	62153	3200	390	35474	36580
魏县张二庄镇	6114	70916	390	390	44359	39808
魏县东代固镇	2876	38634	580	580	3651	36048
魏县院堡镇	2138	26757	998	278	14389	15686

4-1续13　乡镇经济主要指标(2019年)

乡镇名称	行政区域面　积(公顷)	乡镇户籍人　口(人)	一般公共预算收入(万元)	一般公共预算支出(万元)	粮食产量(吨)	现价农林牧渔业总产值(万元)
魏县棘针寨镇	2795	29780	590	488	12792	19008
魏县南双庙镇	4423	51493	812	812	30289	19262
魏县沙口集乡	6183	55405	899	390	36325	46722
魏县野胡拐乡	2612	25560	400	390	14909	17872
魏县仕望集乡	2381	25865	381	381	15836	37079
魏县前大磨乡	3711	38505	742	742	24054	18334
魏县大辛庄乡	4576	36685	550	550	30830	23355
魏县大马村乡	2239	22127	174	71	18652	14033
魏县边马乡	5093	59912	225	130	40298	41329
魏县北台头乡	2687	31201	298	298	21784	20427
魏县泊口乡	4271	55080	561	561	26884	19356
曲周县曲周镇	7366	92364	3705	3705	32540	94220
曲周县安寨镇	8738	69367	1596	1596	58144	55171
曲周县侯村镇	9891	71934	1800	1356	65646	48759
曲周县河南疃镇	7440	51712	1657	1657	43423	38195
曲周县第四疃镇	8457	47193	9096	1150	39816	31642
曲周县白寨镇	6553	63756	1524	1524	47890	69303
曲周县槐桥乡	5713	34566	1230	1230	34276	36060
曲周县南里岳乡	5291	41050	895	895	37071	38929
曲周县大河道乡	3620	28527	1231	1125	19301	31682
曲周县依庄乡	4599	35279	1341	1341	16869	23537
邯郸经济技术开发区尚璧镇	2919	38932	804	804	5480	610
邯郸经济技术开发区南沿村镇	3992	53360	192	192	10711	103484
邯郸经济技术开发区小西堡乡	4518	42173	691	691	9331	113674
邯郸经济技术开发区姚寨乡	5358	47359	203	197	28468	46966
邯郸冀南新区高臾镇	3824	46508	743	743	30042	16418
邯郸冀南新区西光禄镇	2374	29482	883	883	15557	13135
邯郸冀南新区林坛镇	5736	36151	698	698	32204	12350
邯郸冀南新区马头镇	1393	35395	520	520	3740	2333
邯郸冀南新区辛庄营乡	2384	29068	357	357	13247	11922
邯郸冀南新区花官营乡	3349	42718	59	59	22200	16452
邯郸冀南新区台城乡	3556	31095	939	939	14721	13858
邯郸冀南新区南城乡	5517	27352	624	624	26849	15323
武安市武安镇	4150	114056	158000	3362	5645	1164
武安市康二城镇	7000	35349	758	758	4061	8792
武安市午汲镇	7200	44562	40371	40371	37908	36944
武安市磁山镇	5354	30326	2348	2170	10136	31093
武安市伯延镇	4300	21593	615	615	14408	25772
武安市淑村镇	6405	26593	665	665	9747	22764
武安市大同镇	7400	49454	1129	1129	12001	35576
武安市邑城镇	6620	44550	1113	1080	16332	24234
武安市矿山镇	9966	47811	389	348	4515	15000
武安市贺进镇	10900	29870	740	740	2397	17082
武安市阳邑镇	10700	50607	1056	1056	7881	17964
武安市徘徊镇	10361	31954	360	345	8131	19752
武安市冶陶镇	7500	26979	600	250	4484	11374
武安市上团城乡	5130	37415	97251	97138	3442	12210
武安市北安庄乡	3200	18593	402	401	9406	24410
武安市北安乐乡	5000	34556	165	150	11909	22040

4-1续14　乡镇经济主要指标(2019年)

乡镇名称	行政区域面积(公顷)	乡镇户籍人口(人)	一般公共预算收入(万元)	一般公共预算支出(万元)	粮食产量(吨)	现价农林牧渔业总产值(万元)
武安市西土山乡	7396	58074	629	629	14147	16218
武安市西寺庄乡	6750	45576	318	310	9767	19702
武安市活水乡	20990	28630	580	580	2730	35212
武安市石洞乡	7100	25693	460	460	11390	23306
武安市管陶乡	18800	21276	605	605	5372	16280
武安市马家庄乡	8370	21697	426	426	4417	30406
桥东区东郭村镇	1307	21947	660	657	811	541
桥东区祝村镇	4828	46363	1812	1857	20793	6774
桥东区大梁庄乡	898	17245	869	855	674	3047
桥西区南大郭镇	2500	33921	1132	950	2388	2220
桥西区李村镇	6500	39552	5670	5266	15056	8944
邢台县晏家屯镇	4681	30456	4071	3081	16663	9948
邢台县南石门镇	10272	49520	4066	3248	14393	16062
邢台县羊范镇	7856	31290	3532	3378	11199	7048
邢台县皇寺镇	15500	37438	1983	1983	4300	20868
邢台县会宁镇	10400	41081	5676	5409	22891	14392
邢台县西黄村镇	14000	22629	1298	1298	10348	14925
邢台县路罗镇	14727	16809	3907	3286	3178	8207
邢台县将军墓镇	12515	14910	1910	1600	3346	7618
邢台县浆水镇	16300	26212	1300	1300	3540	37330
邢台县宋家庄镇	16200	19225	1463	1475	1772	19008
邢台县太子井乡	6500	13723	1171	1255	3201	5767
邢台县龙泉寺乡	15157	14109	2794	2201	3157	8462
邢台县北小庄乡	11436	10398	1045	1045	1302	7562
邢台县城计头乡	8900	10400	1130	1130	1320	5687
邢台县白岸乡	12100	11218	752	752	1114	3838
邢台县冀家村乡	8231	10447	1110	1110	1575	8718
临城县临城镇	12900	62921	6980	6980	36246	30018
临城县东镇镇	5296	26226	1280	425	25646	16341
临城县西竖镇	8867	19759	1411	1376	7326	31559
临城县郝庄镇	9482	15781	1454	1424	4391	11633
临城县黑城乡	10271	29290	1261	1261	25908	20465
临城县鸭鸽营乡	9071	33757	1243	1229	32894	23272
临城县石城乡	7333	11991	927	921	6393	11679
临城县赵庄乡	16369	19708	1448	1443	5073	11693
内丘县内丘镇	6520	64350	1519	1050	33012	21392
内丘县大孟村镇	7650	36142	1021	960	34917	25138
内丘县金店镇	9920	70520	1260	1400	59989	38468
内丘县官庄镇	4857	33293	991	824	36723	23624
内丘县柳林镇	9160	24298	1429	1359	9528	26096
内丘县五郭店乡	7998	31836	1121	1188	26225	29752
内丘县南赛乡	9645	13602	872	860	4094	32581
内丘县獐獏乡	5660	7569	763	818	1228	12933
内丘县侯家庄乡	17390	16312	1108	391	3803	31609
柏乡县柏乡镇	5030	52001	1515	1846	43284	27256
柏乡县固城店镇	5238	42056	1071	1071	43085	32832
柏乡县西汪镇	3660	33952	1574	1574	25936	38804
柏乡县龙华镇	5460	39857	1649	1649	53021	30067
柏乡县王家庄乡	3320	19729	819	819	23715	17292

4-1续15 乡镇经济主要指标(2019年)

乡镇名称	行政区域面积(公顷)	乡镇户籍人口(人)	一般公共预算收入(万元)	一般公共预算支出(万元)	粮食产量(吨)	现价农林牧渔业总产值(万元)
柏乡县内步乡	3290	19222	665	665	24738	19652
隆尧县隆尧镇	8156	101917	16726	1583	50243	55208
隆尧县魏家庄镇	4113	36652	540	884	29775	29878
隆尧县尹村镇	6772	54828	2895	1100	36912	35210
隆尧县山口镇	5466	40157	1893	1005	41411	36543
隆尧县莲子镇镇	7512	46915	5060	984	52333	23209
隆尧县固城镇	6446	50086	1233	951	64982	30495
隆尧县东良镇	6899	61279	337	1312	56871	44836
隆尧县北楼乡	3796	36087	100	768	33805	33910
隆尧县双碑乡	3668	33561	307	802	25737	30939
隆尧县牛家桥乡	4989	28815	104	793	35781	32998
隆尧县千户营乡	7798	40814	183	912	60384	35831
隆尧县大张庄乡	6789	40225	1000	1015	57364	23900
任县任城镇	5600	52449	4426	4184	45023	30254
任县邢家湾镇	5300	48019	2122	1904	48700	25153
任县辛店镇	3500	44159	1190	952	30658	24389
任县天口镇	6296	51884	1334	1334	53153	26160
任县西固城乡	6300	47203	1208	1208	41613	31077
任县永福庄乡	4900	38231	2406	2406	51525	25950
任县大屯乡	6800	53891	4251	1122	55234	31775
任县骆庄乡	4000	38761	1049	1065	27225	22532
南和县和阳镇	4514	52915	17779	2107	34091	47587
南和县贾宋镇	6821	58350	2199	4476	61318	61643
南和县郝桥镇	6110	70230	108	2162	51664	52064
南和县东三召乡	5800	56069	149	1617	49724	49046
南和县阎里乡	4515	43522	557	1113	32338	47445
南和县河郭乡	4461	37603	2767	2046	34817	39942
南和县史召乡	3800	43295	301	2155	27581	33955
南和县三思乡	4532	37855	1894	2000	22237	23767
宁晋县凤凰镇	8429	83009	29006	7551	58393	50649
宁晋县河渠镇	7960	72613	1341	1075	66644	34726
宁晋县北河庄镇	5996	57100	637	1828	59471	35853
宁晋县耿庄桥镇	13312	68523	1849	1659	107764	33004
宁晋县东汪镇	5860	39286	2245	2191	43361	31214
宁晋县贾家口镇	8616	59575	4464	4653	70416	
宁晋县四芝兰镇	8586	63251	1799	1799	61336	48602
宁晋县大陆村镇	6637	54258	1764	1624	61769	53120
宁晋县苏家庄镇	8667	70823	2072	1876	50822	96000
宁晋县换马店镇	5572	47572	596	1735	42572	34846
宁晋县唐邱镇	6015	53458	1946	2068	48439	37473
宁晋县侯口乡	5826	29767	2308	2286	51527	20877
宁晋县纪昌庄乡	5931	29345	148	1008	43234	28444
宁晋县北鱼乡	2061	10169	672	656	19510	4250
宁晋县徐家河乡	3914	25104	1386	1104	38902	28555
宁晋县大曹庄乡	2088	19127	1264	1252	20490	15375
巨鹿县巨鹿镇	8336	92245	4312	4656	21365	85337
巨鹿县王虎寨镇	4721	31047	2417	2439	15137	31356
巨鹿县西郭城镇	3718	15829	1617	1971	18696	24195
巨鹿县官亭镇	6390	40984	2872	3025	35923	33112

4-1续16　乡镇经济主要指标(2019年)

乡镇名称	行政区域面积(公顷)	乡镇户籍人口(人)	一般公共预算收入(万元)	一般公共预算支出(万元)	粮食产量(吨)	现价农林牧渔业总产值(万元)
巨鹿县阎疃镇	6352	36375	2142	2300	17042	51162
巨鹿县小吕寨镇	3759	26715	2449	2672	9862	28555
巨鹿县苏家营镇	7989	47009	1239	1563	25872	42421
巨鹿县堤村乡	7310	53846	3921	3384	19829	53964
巨鹿县张王疃乡	7456	49282	3873	3785	21768	49577
巨鹿县观寨乡	6640	40811	1600	1547	26093	77752
新河县新河镇	5706	44920	1813	1813	28385	12165
新河县寻寨镇	5456	28012	1019	1019	30960	13238
新河县白神首乡	4135	20190	1133	1102	23320	9972
新河县荆家庄乡	6664	27468	1133	910	50535	21730
新河县西流乡	6689	28598	1492	1492	17100	7312
新河县仁让里乡	7665	27112	1073	1073	19710	8359
广宗县广宗镇	6480	59193	2914	2914	8681	19032
广宗县冯家寨镇	6813	47172	413	413	19386	28061
广宗县北塘疃镇	9219	56615	2137	2137	4127	47695
广宗县核桃园镇	6793	39961	558	558	33429	41025
广宗县葫芦乡	4199	27820	805	805	5489	18945
广宗县大平台乡	7309	48083	426	426	4477	29732
广宗县件只乡	4890	32869	255	255	8226	18637
广宗县东召乡	3669	25656	298	253	15907	22298
平乡县平乡镇	5270	47770	2225	2225	40446	8375
平乡县河古庙镇	6370	47722	7655	7655	31662	6556
平乡县节固乡	5730	50829	1917	1897	44510	9216
平乡县油召乡	6550	59119	1992	1961	53458	11069
平乡县田付村乡	4940	35674	2712	2671	28314	5863
平乡县寻召乡	5290	39685	1577	1577	34134	7068
威县洺州镇	6836	75213	1301	13101	7123	31950
威县梨园屯镇	5540	37366	1184	1180	9600	28150
威县章台镇	6257	42257	1880	1802	10068	32842
威县侯贯镇	7082	39911	732	732	9434	22940
威县七级镇	6146	34844	838	838	15116	28680
威县贺营镇	6562	38144	616	398	11145	24105
威县方家营镇	5308	31434	801	776	8202	22150
威县常庄镇	5613	33468	849	980	9416	33900
威县第什营镇	8244	46870	921	921	9413	34070
威县贺钊镇	6937	41042	1168	1168	6385	25220
威县赵村镇	5853	35177	1210	1210	7687	37079
威县枣园乡	5546	44790	999	999	23528	23834
威县固献乡	6654	38636	880	880	12084	21603
威县张家营乡	5290	29536	356	356	10574	27802
威县常屯乡	7586	38791	975	975	4712	31025
威县高公庄乡	5769	34886	1446	1429	13177	43035
清河县葛仙庄镇	12698	98798	4352	4287	16236	45157
清河县连庄镇	8220	67138	1699	1699	54226	34103
清河县油坊镇	7150	60320	1702	1702	50842	27257
清河县谢炉镇	7021	63988	2476	2476	39318	28661
清河县王官庄镇	7200	67930	2704	2704	38345	20994
清河县坝营镇	7771	52541	1932	1932	66521	20508
临西县临西镇	3350	34251	3243	3243	20235	17708

4-1续17　乡镇经济主要指标(2019年)

乡镇名称	行政区域面积(公顷)	乡镇户籍人口(人)	一般公共预算收入(万元)	一般公共预算支出(万元)	粮食产量(吨)	现价农林牧渔业总产值(万元)
临西县河西镇	5300	45350	1720	1720	26766	21278
临西县下堡寺镇	6000	40002	2232	2232	26803	43052
临西县尖冢镇	6000	44065	1511	862	42018	24650
临西县老官寨镇	7400	43899	2399	2413	58776	34300
临西县吕寨镇	5610	39288	1747	1735	35495	28087
临西县东枣园乡	4400	29566	978	978	23276	20668
临西县摇鞍镇乡	7700	46733	1516	1516	50118	37720
临西县大刘庄乡	6500	44106	2008	2008	45643	25925
河北邢台经济开发区东汪镇	2080	30283	1088	1088	1894	1988
河北邢台经济开发区王快镇	2860	38046	1460	1460		
河北邢台经济开发区沙河城镇	2985	19645	1351	1351	7621	7250
河北邢台经济开发区留村镇	6930	58219	1200	1200	39242	17926
南宫市苏村镇	5060	22969	677	1010	18753	15818
南宫市大高村镇	4620	23382	445	445	11024	23101
南宫市垂杨镇	7760	46709	1490	1363	24838	21328
南宫市明化镇	6950	37879	601	351	23422	31319
南宫市段芦头镇	9290	61405	2555	2555	31153	23764
南宫市紫冢镇	8550	48308	1174	1011	15918	33962
南宫市大村乡	5870	27352	789	786	16644	23414
南宫市南便村乡	6080	33876	1152	1167	17993	23589
南宫市大屯乡	5640	23965	1323	1350	13539	22693
南宫市王道寨乡	5800	26382	856	815	12498	21977
南宫市薛吴村乡	6680	36960	1405	1396	19051	35263
沙河市新城镇	5244	46555	1100	1100	19531	13700
沙河市白塔镇	8400	49661	2609	2609	5295	13391
沙河市十里亭镇	6330	33263	7753	7753	9337	12472
沙河市綦村镇	10842	35017	6255	6255	3438	14697
沙河市册井乡	6066	30019	915	915	3336	9390
沙河市刘石岗乡	7550	27150	722	722	8662	10481
沙河市柴关乡	8310	18832	788	788	1776	9611
沙河市蝉房乡	15230	19387	1076	1076	2678	15100
竞秀区颉庄乡	1140	21325	3613	3613	439	19
竞秀区富昌乡	1416	24612	1560	1582	4212	1280
竞秀区韩村乡	550	20056	1023	1023	492	598
竞秀区南奇乡	2272	23559	2411	1906	4978	6633
竞秀区江城乡	4289	39855	6699	6699	19474	14810
莲池区韩庄乡	2317	61761	872	872	6041	7430
莲池区东金庄乡	1530	21533	11855	6985	3754	7550
莲池区百楼乡	2707	25610	1553	1553	7723	5828
莲池区杨庄乡	1272	15131	674	674	1157	3428
莲池区南大园乡	1722	28531	121	121		631
莲池区焦庄乡	2980	37514	1895	2059	8444	7902
莲池区五尧乡	2779	38948	1856	1856	5772	9870
满城区满城镇	8799	111746	9064	9064	22693	99902
满城区大册营镇	4740	39787	1237	1237	13455	30813
满城区神星镇	7370	43416	1116	1116	9590	35100
满城区南韩村镇	5933	46521	1369	1369	28582	61900
满城区方顺桥镇	5198	46350	1234	1234	28084	38434
满城区于家庄乡	2947	23611	1182	1182	19360	25339

4-1续18 乡镇经济主要指标(2019年)

乡镇名称	行政区域面积(公顷)	乡镇户籍人口(人)	一般公共预算收入(万元)	一般公共预算支出(万元)	粮食产量(吨)	现价农林牧渔业总产值(万元)
满城区要庄乡	2816	25671	3072	3072	12992	30148
满城区白龙乡	4750	18950	782	782	4112	11132
满城区石井乡	5924	25324	878	878	3946	20285
满城区坨南乡	6667	18645	818	818	2084	14928
满城区刘家台乡	7862	7102	580	580	666	7033
清苑区清苑镇	4690	43563	1904	1904	14759	15420
清苑区冉庄镇	6440	38637	928	928	39875	27244
清苑区阳城镇	6563	39203	985	1117	52897	28739
清苑区魏村镇	4529	41689	1570	1570	33494	16837
清苑区温仁镇	6709	53209	1291	1291	22771	60648
清苑区张登镇	5538	40852	1036	1036	8702	61148
清苑区大庄镇	2900	27356	711	711	17111	13177
清苑区臧村镇	4069	36094	500	578	27379	24480
清苑区望亭镇	4687	42955	1020	1020	32961	35787
清苑区白团乡	5051	37511	2115	2115	38080	12975
清苑区北店乡	4502	28474	1159	1159	18350	27383
清苑区石桥乡	6635	47211	1537	1537	29809	37487
清苑区李庄乡	4860	28531	643	643	35107	27049
清苑区北王力乡	4499	29325	867	867	9614	28610
清苑区东吕乡	5909	48034	1149	1149	20329	60915
清苑区何桥乡	3938	30441	973	973	32541	14014
清苑区孙村乡	2200	19957	648	661	12590	14472
清苑区阎庄乡	2233	21837	809	809	16264	15333
徐水区安肃镇	8154	136354	51199	3637	45873	57869
徐水区崔庄镇	7036	78323	4800	4796	46744	38302
徐水区大因镇	5744	63620	376	3288	34103	37626
徐水区遂城镇	6790	54137	2664	2740	42442	32875
徐水区高林村镇	6577	47276	2351	1816	43101	58148
徐水区大王店镇	7876	55049	2142	2064	18704	44516
徐水区漕河镇	5287	40587	3042	2162	34960	41600
徐水区东史端镇	4236	38948	2641	1983	25481	18218
徐水区留村镇	3733	31407	923	1964	700	19777
徐水区正村镇	3589	30038	293	1765	19581	23533
徐水区户木乡	3589	26613	1623	1635	24365	16149
徐水区瀑河乡	2752	12859	1120	1320	8207	12070
徐水区东釜山乡	3813	14491	61	1213	8580	2167
徐水区义联庄乡	3122	9494	900	900	3760	3639
涞水县涞水镇	4431	37982	352	352	14244	32433
涞水县永阳镇	6486	30942	994	994	12877	25243
涞水县义安镇	5336	32201	315	315	20732	27050
涞水县石亭镇	7357	37229	1043	1043	11688	16651
涞水县赵各庄镇	25312	23452	665	665	2275	18297
涞水县九龙镇	22419	16429	863	863	2083	14069
涞水县三坡镇	21837	13457	240	240	1069	7871
涞水县一渡镇	4798	10340	750	748	1710	6577
涞水县明义镇	3331	22068	309	313	14171	23223
涞水县王村镇	3444	21909	1369	1369	10686	15744
涞水县娄村镇	16206	29499	272	272	9212	31838
涞水县东文山乡	3200	17976	340	340	7637	10839

4-1续19 乡镇经济主要指标(2019年)

乡镇名称	行政区域面积(公顷)	乡镇户籍人口(人)	一般公共预算收入(万元)	一般公共预算支出(万元)	粮食产量(吨)	现价农林牧渔业总产值(万元)
涞水县其中口乡	17678	6847	550	550	1369	5294
涞水县龙门乡	21307	10790	525	525	1843	8220
涞水县胡家庄乡	2521	15353	978	978	9491	33373
阜平县阜平镇	29440	35582	1132	1132	5837	18000
阜平县龙泉关镇	14872	8266	371	371	1789	6485
阜平县平阳镇	18726	26872	200	200	5301	9000
阜平县城南庄镇	27580	21577	866	866	5724	22966
阜平县天生桥镇	16483	11212	650	650	2303	12360
阜平县王林口镇	10550	20751	303	284	2078	12000
阜平县台峪乡	11367	8568	269	269	2838	4000
阜平县大台乡	17714	12724	657	657	2059	5110
阜平县史家寨乡	26380	9256	642	642	2032	12312
阜平县砂窝乡	23169	11693	706	706	2035	5000
阜平县吴王口乡	20423	6680	166	152	1928	8846
阜平县夏庄乡	16942	5391	100	100	1339	14000
阜平县北果元乡	15947	23756	408	408	3989	5524
定兴县定兴镇	6587	100838	15156	15156	16993	15082
定兴县固城镇	6724	56159	5926	5412	47358	61635
定兴县贤寓镇	6722	48360	447	447	43779	75157
定兴县北河镇	3329	24202	8788	8788	19317	19630
定兴县天宫寺镇	4259	40451	2199	2199	28366	33249
定兴县小朱庄镇	4486	36300	471	471	29682	21708
定兴县姚村镇	3091	22470	500	485	23981	18868
定兴县东落堡乡	3921	28881	566	556	24075	38913
定兴县高里乡	8245	56305	3978	3978	47610	60629
定兴县张家庄乡	2823	21840	376	370	20696	19361
定兴县肖村乡	3751	27572	999	999	25721	42499
定兴县柳卓乡	3156	27394	1868	1874	21612	18797
定兴县杨村乡	3856	34836	511	511	22050	19856
定兴县北田乡	4879	42129	550	545	26697	42936
定兴县北南蔡乡	2815	22315	2175	1671	20216	11887
定兴县李郁庄乡	2777	20775	1796	1789	21998	20071
唐县仁厚镇	5000	91900	1409	1409	18420	25846
唐县王京镇	4600	55203	1099	1107	31584	20360
唐县高昌镇	5500	36308	1147	1147	16488	26432
唐县北罗镇	4100	55132	899	899	15683	20084
唐县白合镇	11000	31278	1306	1306	5618	15975
唐县军城镇	9700	23327	1289	1289	3344	8309
唐县川里镇	10100	8961	529	529	1080	1738
唐县长古城镇	4310	44569	1016	1016	21498	36615
唐县罗庄镇	5400	40404	843	843	6557	12703
唐县都亭乡	3400	26007	174	174	9060	28886
唐县南店头乡	1780	24307	1015	1015	7375	39968
唐县北店头乡	7910	34215	780	780	3004	22000
唐县雹水乡	2900	18867	653	653	2683	2470
唐县大洋乡	5100	25270	755	755	1982	9117
唐县迷城乡	5200	11917	591	591	1354	2783
唐县齐家佐乡	11600	26441	889	889	5978	15325
唐县羊角乡	9200	12230	549	549	1699	5087

4-1续20 乡镇经济主要指标(2019年)

乡镇名称	行政区域面积(公顷)	乡镇户籍人口(人)	一般公共预算收入(万元)	一般公共预算支出(万元)	粮食产量(吨)	现价农林牧渔业总产值(万元)
唐县石门乡	9215	9140	719	719	969	4250
唐县黄石口乡	11800	17204	632	632	2076	3145
唐县倒马关乡	10300	4328	316	316	672	876
高阳县庞口镇	8611	51632	1109	1070	26265	22126
高阳县西演镇	7197	50901	978	978	36811	23627
高阳县邢家南镇	5050	37177	976	976	23044	9354
高阳县晋庄镇	5406	36333	1073	1073	34944	12633
高阳县小王果庄镇	4396	30488	1211	1207	23228	13029
高阳县蒲口乡	5249	25929	1043	1043	19766	9606
高阳县庞家佐乡	4274	26469	994	994	13380	13223
容城县容城镇	7590	69932	2300	3100	39406	18406
容城县小里镇	3500	28950	1294	1349	28326	10336
容城县南张镇	5380	50360	3123	3109	41184	17025
容城县大河镇	3200	25800	1550	1528	19145	9799
容城县晾马台镇	3380	27820	1395	1395	18123	9776
容城县八于乡	2920	22825	1260	1362	18233	8474
容城县贾光乡	2380	27217	1339	751	16622	25503
容城县平王乡	3050	27008	1693	1803	18860	7452
涞源县涞源镇	20300	51740	3783	2976	10744	13218
涞源县银坊镇	23200	14502	210	210	2273	7911
涞源县走马驿镇	15700	18592	1154	958	1569	8664
涞源县水堡镇	15300	7945	622	512	1597	5602
涞源县王安镇	14600	16264	1659	1248	2444	6226
涞源县杨家庄镇	11700	12044	2084	1773	925	2305
涞源县白石山镇	15700	19546	1525	1355	4916	9203
涞源县南屯镇	7100	10781	1179	407	3840	6284
涞源县南马庄乡	13500	10484	1104	1060	1137	6905
涞源县北石佛乡	14900	19651	1461	270	7268	12285
涞源县金家井乡	17700	14911	1357	1357	4917	8057
涞源县留家庄乡	14000	7452	1631	735	2519	6683
涞源县上庄乡	19300	15021	260	210	3898	8163
涞源县东团堡乡	19400	15527	790	690	3839	5400
涞源县塔崖驿乡	7500	6774	1017	905	1153	5027
涞源县乌龙沟乡	7500	6122	627	281	959	3807
涞源县烟煤洞乡	7400	5211	488	427	809	2384
望都县望都镇	3980	56281	17059	17059	27996	24072
望都县固店镇	4994	31683	783	783	37922	36988
望都县贾村镇	4016	31226	718	718	24004	34472
望都县中韩庄镇	6610	30622	772	772	49940	35777
望都县寺庄镇	4883	37689	478	478	36736	27832
望都县赵庄镇	3413	27540	922	922	32012	29195
望都县黑堡乡	3831	30162	794	794	29138	26953
望都县高岭乡	4030	29295	2358	2358	31299	34959
安新县安新镇	7138	52511	1579	1579	13068	3700
安新县大王镇	7300	30459	2207	2219	31162	10649
安新县三台镇	5600	35087	1768	1556	21320	10671
安新县端村镇	7200	50331	1910	1614	28372	9425
安新县赵北口镇	2260	27036	1035	790	3583	7619
安新县同口镇	8800	36977	892	847	36656	11793

4-1续21 乡镇经济主要指标(2019年)

乡镇名称	行政区域面积(公顷)	乡镇户籍人口(人)	一般公共预算收入(万元)	一般公共预算支出(万元)	粮食产量(吨)	现价农林牧渔业总产值(万元)
安新县刘李庄镇	6200	53396	1557	1474	20334	6692
安新县安州镇	7481	41440	1240	1240	49442	15090
安新县老河头镇	6090	45767	1652	1652	26317	14641
安新县圈头乡	4500	30074	570	570	92	2937
安新县寨里乡	5796	38396	1292	1291	30081	11636
安新县芦庄乡	4100	21721	887	889	25147	10055
安新县龙化乡	5345	34300	1042	982	36948	25478
易县易州镇	5750	59494	2333	2248	8731	17945
易县梁格庄镇	13929	34277	338	338	4158	19110
易县西陵镇	8318	17173	299	197	5441	23856
易县裴山镇	8506	36834	1004	967	15473	24800
易县塘湖镇	11308	45073	1010	1805	14636	45998
易县狼牙山镇	16976	17656	712	567	5574	12589
易县良岗镇	16778	12398	225	220	2602	7285
易县紫荆关镇	25992	22037	885	847	3533	38920
易县高村镇	9153	37703	1052	388	9609	38125
易县桥头乡	5249	27568	205	205	18450	20252
易县白马乡	7002	16809	428	878	5172	14348
易县流井乡	11951	18450	335	335	6447	24857
易县高陌乡	6732	47623	1171	1321	37127	44156
易县大龙华乡	7497	13947	552	496	1886	6040
易县安格庄乡	10326	11818	244	244	807	6920
易县凌云册乡	6210	32246	854	2631	24533	42855
易县西山北乡	9213	22805	716	718	4405	22255
易县尉都乡	4081	16834	170	168	8802	8510
易县独乐乡	3318	9992	413	524	1034	18525
易县七峪乡	4730	2692	257	166	1003	2985
易县富岗乡	7369	6105	463	501	684	2590
易县坡仓乡	6936	5795	212	212	869	4590
易县牛岗乡	8204	5713	110	110	951	3085
易县桥家河乡	7954	4419	287	287	588	2030
易县甘河净乡	6077	1523	268	284	634	2390
易县蔡家峪乡	6997	2517	535	535	356	1855
易县南城司乡	16941	14140	253	535	3933	6170
曲阳县恒州镇	5361	46409	1283	1283	8839	9877
曲阳县灵山镇	12120	70123	800	800	15634	8121
曲阳县燕赵镇	4709	50869	1079	1079	27631	6150
曲阳县羊平镇	4846	48501	1146	1146	9385	4870
曲阳县文德镇	4362	49028	330	330	20142	6132
曲阳县晓林镇	6284	43070	198	198	8872	6266
曲阳县邸村镇	3040	27118	683	683	16112	1898
曲阳县齐村镇	7754	18372	906	906	1206	1435
曲阳县孝墓镇	6802	33215	182	182	4158	3535
曲阳县路庄子乡	3108	18679	801	801	3627	4210
曲阳县下河乡	5930	33720	938	938	6420	14372
曲阳县庄窠乡	2865	13541	638	638	2123	1267
曲阳县东旺乡	6210	46526	1124	1124	9676	4158
曲阳县产德乡	8372	37467	140	140	9293	7770
曲阳县党城乡	5723	26720	685	685	2228	2249

4-1续22　乡镇经济主要指标(2019年)

乡镇名称	行政区域面积(公顷)	乡镇户籍人口(人)	一般公共预算收入(万元)	一般公共预算支出(万元)	粮食产量(吨)	现价农林牧渔业总产值(万元)
曲阳县郎家庄乡	9598	26285	900	900	1699	5604
曲阳县范家庄乡	5039	9889	541	541	476	4090
曲阳县北台乡	6221	13108	813	813	1489	1202
蠡县蠡吾镇	9949	107498	1647	1644	31110	35079
蠡县留史镇	5950	58891	7568	4651	10920	13250
蠡县大百尺镇	7422	62407	771	713	30356	19189
蠡县辛兴镇	6253	52615	5268	2463	57976	11206
蠡县北郭丹镇	2565	22011	955	938	14941	15251
蠡县万安镇	2952	30927	420	403	15300	22600
蠡县桑园镇	3689	29578	653	611	15680	18733
蠡县南庄镇	6930	41902	421	421	37938	35128
蠡县大曲堤镇	2860	26135	681	674	5201	13103
蠡县鲍墟镇	5828	43566	944	944	25313	11264
蠡县小陈乡	2958	24490	810	616	24186	13256
蠡县林堡乡	2725	22028	447	447	11200	14100
蠡县北埝头乡	5170	25843	110	110	79	80
顺平县蒲阳镇	6474	56676	1817	1817	31085	51520
顺平县高于铺镇	6729	54223	1218	1218	36299	59070
顺平县腰山镇	5224	37790	2278	2291	19288	42363
顺平县蒲上镇	5950	32873	2075	1826	12330	31850
顺平县神南镇	8980	12589	846	854	2440	10406
顺平县白云乡	6276	30153	870	870	9944	41595
顺平县河口乡	5837	17682	2268	2275	768	29450
顺平县安阳乡	8964	19092	581	581	4071	22510
顺平县台鱼乡	5922	18652	712	701	2197	25242
顺平县大悲乡	10822	20950	410	350	3130	15763
博野县博野镇	7828	69031	2092	1882	28021	38873
博野县小店镇	3092	32687	623	623	15816	22046
博野县程委镇	7093	45868	1693	1693	32071	35674
博野县东墟镇	2874	26072	1032	1032	16442	23658
博野县北杨镇	2814	28008	645	635	15347	27658
博野县城东镇	4096	32802	550	550	15940	26318
博野县南小王镇	5295	37953	994	979	25603	33007
雄县雄州镇	9018	76416	3506	3577	29642	16070
雄县昝岗镇	4503	37539	1350	1350		
雄县大营镇	6137	39706	1171	1171	20000	8432
雄县龙湾镇	8074	55210	2900	1577	20384	29384238
雄县朱各庄镇	5116	38125	1311	1302	68358	447
雄县米家务镇	5769	40269	1288	1196	21960	4110
雄县鄚州镇	6479	28531	2349	2349	13708	28168
雄县苟各庄镇	6208	32481	1483	1483	19802	11601
雄县北沙口乡	3833	24755	899	899	19980	8900
雄县双堂乡	4109	24378	941	945	5726	10234
雄县张岗乡	4879	34198	771	771	19531	14693
雄县七间房乡	5220	30122	1769	1769	10234	5640
保定高新技术产业开发区贤台乡	2867	25980	2361	2361	671	140
保定高新技术产业开发区大马坊乡	1930	20427	1200	900	11200	150
保定白沟新城白沟镇	5434	57990	49298	52185	7152	6133
涿州市松林店镇	7154	63402	2562	2562	34869	37199

4-1续23 乡镇经济主要指标(2019年)

乡镇名称	行政区域面积(公顷)	乡镇户籍人口(人)	一般公共预算收入(万元)	一般公共预算支出(万元)	粮食产量(吨)	现价农林牧渔业总产值(万元)
涿州市码头镇	5932	38255	5479	5479	21204	32846
涿州市东城坊镇	10063	42715	1176	1176	34267	32053
涿州市高官庄镇	4259	28135	2463	2463	18044	30713
涿州市东仙坡镇	4485	35638	1836	1836	13678	16952
涿州市百尺竿镇	5658	45807	2254	2254	14661	20515
涿州市义和庄镇	8120	40642	3358	3358	22775	90523
涿州市刁窝镇	6811	37120	1745	1745	24980	34115
涿州市林家屯镇	5042	37648	1098	1098	26713	38647
涿州市豆庄镇	6381	38261	2182	2182	37886	35616
涿州市孙庄乡	2987	18429	895	895	10847	13603
定州市留早镇	8687	50095	1313	1313	74737	66956
定州市清风店镇	5356	50000	976	976	35027	31393
定州市庞村镇	4662	51450	900	900	31413	27270
定州市砖路镇	5596	59345	1493	1493	41667	53054
定州市明月店镇	4137	52923	947	947	31041	32472
定州市叮咛店镇	8316	62886	1921	1921	58275	111959
定州市东亭镇	4917	36289	1312	1312	19170	48730
定州市大辛庄镇	4244	34609	833	833	350	60367
定州市东旺镇	4425	32562	879	879	21544	89077
定州市高蓬镇	5615	48106	868	868	30531	51750
定州市邢邑镇	4839	37870	1053	1053	33162	37230
定州市李亲顾镇	4972	45729	2717	2717	38996	48524
定州市子位镇	6096	47228	749	749	48811	60117
定州市开元镇	4397	54751	1168	1168	36699	34478
定州市周村镇	5036	53639	1368	1368	35452	26935
定州市息冢镇	5544	43716	752	752	29478	44785
定州市东留春乡	4962	32710	723	723	28557	41417
定州市号头庄回族乡	5406	39409	735	735	44682	79006
定州市杨家庄乡	3600	34842	1383	1383	23033	27093
定州市大鹿庄乡	6023	48849	1350	1350	20683	39161
定州市西城乡	3488	27569	1272	1272	23684	32254
安国市伍仁桥镇	3480	34326	403	404	21754	32473
安国市石佛镇	5495	38535	941	941	26898	38921
安国市郑章镇	5500	40834	437	437	25671	29876
安国市大五女镇	3900	25936	574	574	21823	24334
安国市西佛落镇	3150	30568	694	569	24001	28154
安国市西城镇	3500	31667	592	560	25971	28657
安国市明官店乡	4700	36007	502	502	17028	35323
安国市南娄底乡	3952	39937	737	691	32578	31938
安国市北段村乡	4700	25793	598	495	25464	28245
高碑店市方官镇	6400	52225	5953	5953	45156	28109
高碑店市新城镇	7000	54865	2300	2300	34481	41839
高碑店市泗庄镇	5600	39552	1835	1835	27547	16634
高碑店市辛立庄镇	6030	45547	2087	2087	47996	23552
高碑店市东马营镇	4000	33442	1663	1663	15954	17893
高碑店市辛桥镇	7200	42671	1560	1560	45181	24260
高碑店市肖官营镇	4500	30430	2128	2128	21194	12567
高碑店市张六庄镇	6200	41705	2019	2036	34705	25770
高碑店市梁家营镇	2900	29644	1391	1391	21986	31956

4-1续24 乡镇经济主要指标(2019年)

乡镇名称	行政区域面积(公顷)	乡镇户籍人口(人)	一般公共预算收入(万元)	一般公共预算支出(万元)	粮食产量(吨)	现价农林牧渔业总产值(万元)
桥东区姚家庄镇	4874	14155	2320	2180	2764	4859
桥东区大仓盖镇	11100	23361	3497	2917	17246	15931
桥东区东望山乡	18680	16943	2052	2089	12128	6761
桥西区东窑子镇	10408	21595	1770	1728	1096	4311
宣化区庞家堡镇	12803	21556	2500	2625	3355	4018
宣化区深井镇	33259	32636	1651	1491	30900	33821
宣化区崞村镇	27194	21754	1660	1583	13323	27661
宣化区洋河南镇	12121	32895	1575	1441	15549	24300
宣化区贾家营镇	16426	20637	1191	1436	19071	22339
宣化区顾家营镇	4750	13139	1264	1126	11359	12341
宣化区赵川镇	17561	31775	1770	1723	22657	30753
宣化区河子西乡	4900	17081	1349	1545	7886	12037
宣化区春光乡	3871	14548	4307	4435	1805	5108
宣化区侯家庙乡	5398	16329	1829	1893	6619	7999
宣化区李家堡乡	9634	10693	887	887	4182	9582
宣化区王家湾乡	23374	7017	1049	840	3961	11269
宣化区塔儿村乡	16094	8661	890	858	6628	13695
宣化区江家屯乡	11110	27251	2509	2430	14166	16704
下花园区花园乡	5199	10699	1832	1840	1033	15373
下花园区辛庄子乡	7626	5270	1103	1103	2565	5082
下花园区定方水乡	11227	8836	2159	2169	3794	22605
下花园区段家堡乡	6420	2157	1073	1073	530	3210
万全区孔家庄镇	6645	33560	3616	3256	16212	14595
万全区万全镇	7126	14824	3667	3063	8177	11700
万全区洗马林镇	13734	9594	1537	1348	505	4098
万全区郭磊庄镇	6048	23555	3333	3401	15407	20839
万全区膳房堡乡	17622	11814	1691	1267	5960	20686
万全区北新屯乡	20062	9135	1488	1277	5011	16086
万全区宣平堡乡	7270	23946	3461	970	502	22184
万全区高庙堡乡	13328	13211	1798	1798	6525	13084
万全区旧堡乡	6466	11249	1208	2169	20177	23340
万全区安家堡乡	9972	24738	2228	2537	10906	16821
万全区北沙城乡	6118	18912	2075	1792	6688	13981
崇礼区西湾子镇	22440	31619	5657	5657	365	4269
崇礼区高家营镇	34693	26774	3040	3180	3012	7702
崇礼区四台嘴乡	37488	13905	49805	39683	647	4720
崇礼区红旗营乡	17676	9367	1554	1028	431	8981
崇礼区石窑子乡	14399	8052	1108	1108	900	9136
崇礼区驿马图乡	33653	10409	1462	1472	3080	6104
崇礼区石嘴子乡	29904	9163	1386	1272	1667	16438
崇礼区狮子沟乡	12151	7756	1208	645	2005	14359
崇礼区清三营乡	14066	5839	136	96	2171	8546
崇礼区白旗乡	15628	8276	1304	737	680	7014
张北县张北镇	13777	20521	2292	2292	2266	55158
张北县公会镇	25959	16573	1150	1152	3273	37538
张北县二台镇	31682	26525	1564	1507	41482	79067
张北县大囫囵镇	28008	18225	1142	1142	8528	34387
张北县小二台镇	18729	16217	295	295	8824	25025
张北县油篓沟镇	22752	24163	1096	1096	11597	36255

4-1续25 乡镇经济主要指标(2019年)

乡镇名称	行政区域面积(公顷)	乡镇户籍人口(人)	一般公共预算收入(万元)	一般公共预算支出(万元)	粮食产量(吨)	现价农林牧渔业总产值(万元)
张北县大河镇	22133	19061	1194	1194	7970	11770
张北县台路沟乡	17232	11987	1264	1264	5513	12398
张北县馒头营乡	19540	15894	868	868	4657	146717
张北县二泉井乡	23251	19954	1397	1338	9649	20686
张北县单晶河乡	16075	14056	967	967	2042	7265
张北县海流图乡	28302	20480	715	715	3807	10549
张北县两面井乡	19919	17393	411	411	8059	40860
张北县大西湾乡	21627	14146	1097	1097	5001	11190
张北县郝家营乡	16330	14885	829	829	8843	27405
张北县白庙滩乡	22165	13727	1189	1189	6283	13909
张北县战海乡	17683	11676	637	637	8766	10619
张北县三号乡	19146	15089	837	837	7727	10820
康保县康保镇	32903	52785	2362	2099	19600	32797
康保县张纪镇	25918	20322	1477	1524	16100	21924
康保县土城子镇	19200	15842	956	956	7709	24168
康保县邓油坊镇	14467	15485	1130	1130	3552	14199
康保县李家地镇	15000	13489	1617	140	6466	11603
康保县照阳河镇	23404	12416	1230	1230	1125	609
康保县屯垦镇	41157	23842	1539	1339	14342	24799
康保县闫油坊乡	23300	17846	945	540	11555	15444
康保县丹清河乡	20301	15647	602	512	11805	16571
康保县哈咇嘎乡	16770	12082	315	318	5968	37099
康保县二号卜乡	18790	16980	1269	1260	8069	22548
康保县芦家营乡	15949	11574	1085	1085	6171	17583
康保县忠义乡	10543	10934	550	550	5749	11567
康保县处长地乡	14346	12620	1198	1024	6367	14867
康保县满德堂乡	29666	15164	988	902	8798	44498
沽源县平定堡镇	39600	43021	1040	548	61748	66684
沽源县小厂镇	21811	14806	827	827	10235	28479
沽源县黄盖淖镇	18081	16640	2439	3580	10558	41435
沽源县九连城镇	32200	21728	1320	1043	4984	41187
沽源县高山堡乡	17700	10767	1507	1395	24731	33377
沽源县小河子乡	34760	19236	2227	2513	22556	36776
沽源县二道渠乡	21800	10720	1572	1718	21425	12421
沽源县大二号回族乡	6300	3172	611	613	9276	23241
沽源县闪电河乡	22700	13337	948	948	13485	42319
沽源县长梁乡	23000	14217	1630	479	16887	22532
沽源县丰源店乡	28288	10603	1676	617	7800	14745
沽源县西辛营乡	21300	15903	1335	1335	12947	27688
沽源县莲花滩乡	21900	7283	578	419	5144	9096
沽源县白土窑乡	25779	16203	2322	2957	14069	27747
尚义县南壕堑镇	24828	42447	5479	4924	4610	11664
尚义县大青沟镇	18187	19885	3524	3013	1477	15000
尚义县八道沟镇	20015	15453	4337	4147	4414	3500
尚义县红土梁镇	29324	11649	2434	2086	2326	7053
尚义县小蒜沟镇	37284	10724	2882	1227	2763	1768
尚义县三工地镇	10792	8615	954	954	2267	6900
尚义县满井镇	16490	13242	2765	2317	4886	15482
尚义县大营盘乡	25748	12819	768	768	1888	20038

4-1续26　乡镇经济主要指标(2019年)

乡镇名称	行政区域面积(公顷)	乡镇户籍人口(人)	一般公共预算收入(万元)	一般公共预算支出(万元)	粮食产量(吨)	现价农林牧渔业总产值(万元)
尚义县大苏计乡	13854	10861	1394	1037	1809	12139
尚义县石井乡	13100	12820	875	875	4298	5491
尚义县七甲乡	7259	7110	3177	3061	2399	14980
尚义县套里庄乡	11461	8612	769	769	1954	735
尚义县甲石河乡	14324	7647	2724	2533	4653	87
尚义县下马圈乡	14587	4334	2024	1875	1749	1040
蔚县蔚州镇	3764	83107	1659	1169	3746	8799
蔚县代王城镇	6851	31987	3303	2119	10419	10811
蔚县西合营镇	14045	52259	3851	3017	22806	14724
蔚县吉家庄镇	13500	24779	2310	1869	15764	13587
蔚县白乐镇	6461	20251	1415	1288	10465	11210
蔚县暖泉镇	6326	17877	2623	2619	8370	9769
蔚县南留庄镇	7182	28095	1688	1688	12260	11633
蔚县北水泉镇	10710	12899	1115	1105	6307	10487
蔚县桃花镇	16215	21210	2874	2576	16987	26009
蔚县阳眷镇	13494	18681	2081	2027	2137	8037
蔚县宋家庄镇	39632	28507	841	2228	22570	18928
蔚县下宫村乡	25345	25066	2545	2496	13149	16506
蔚县南杨庄乡	12319	15780	1480	1529	7771	11756
蔚县柏树乡	21300	12537	1328	1298	7789	9846
蔚县常宁乡	5881	10111	100	1282	1376	8081
蔚县涌泉庄乡	10002	24783	2303	2425	14828	10225
蔚县杨庄窠乡	11809	17332	1565	1461	7012	8877
蔚县南岭庄乡	8323	13654	1165	1118	5338	9720
蔚县陈家洼乡	9691	8785	1001	1001	5694	14848
蔚县黄梅乡	7683	10417	1015	1253	1439	9183
蔚县白草村乡	12200	8701	1601	816	3471	7563
蔚县草沟堡乡	47105	13385	361	361	305	14594
阳原县西城镇	10460	62442	8769	8769	6998	26161
阳原县东城镇	16742	17823	1648	1637	7043	10825
阳原县化稍营镇	9412	25528	3871	4093	6116	18963
阳原县揣骨疃镇	28100	25602	1672	1388	12099	15397
阳原县东井集镇	12800	32410	3151	2893	18368	14965
阳原县要家庄乡	10660	20866	956	956	8049	12591
阳原县东坊城堡乡	11500	10041	1523	1523	6660	11162
阳原县井儿沟乡	12620	11514	2560	2524	9849	11011
阳原县三马坊乡	7770	10155	1661	1320	5821	22560
阳原县高墙乡	17962	15976	1288	1288	9244	22697
阳原县大田洼乡	8050	5386	1070	1005	3938	9187
阳原县辛堡乡	11640	12985	1805	1406	8645	22197
阳原县马圈堡乡	10880	8604	1883	1753	7243	14551
阳原县浮图讲乡	15330	11450	1413	1206	13553	25616
怀安县柴沟堡镇	16383	73199	4140	4492	13216	
怀安县左卫镇	27179	37989	3490	3891	16928	33746
怀安县头百户镇	8381	15817	2119	2164	12600	19861
怀安县怀安城镇	20487	30140	2452	2460	14220	19183
怀安县渡口堡乡	20237	16425	1655	1779	11613	11877
怀安县第六屯乡	8361	10117	1338	1329	4418	3213
怀安县西湾堡乡	11622	8281	1038	1021	4132	4487

4-1续27　乡镇经济主要指标(2019年)

乡镇名称	行政区域面积（公顷）	乡镇户籍人口（人）	一般公共预算收入（万元）	一般公共预算支出（万元）	粮食产量（吨）	现价农林牧渔业总产值（万元）
怀安县西沙城乡	8500	9514	1105	1366	7533	6141
怀安县太平庄乡	16877	9337	1061	1061	6281	7287
怀安县王虎屯乡	17383	12103	1435	1459	8358	12723
怀安县第三堡乡	13751	13103	1591	1591	13825	12553
怀来县沙城镇	5902	103859	3122	3122	6247	9980
怀来县北辛堡镇	7056	18534	815	813	4968	16805
怀来县新保安镇	6686	22427	1189	1168	5519	8632
怀来县东花园镇	13616	19315	968	910	1940	25430
怀来县官厅镇	17991	12161	1041	924	4025	13659
怀来县桑园镇	12134	27511	1742	1221	14780	15908
怀来县存瑞镇	15125	28358	1205	1141	6467	35188
怀来县土木镇	9354	24698	1316	1035	6888	25086
怀来县大黄庄镇	4617	18607	863	859	8622	25054
怀来县西八里镇	3658	23081	671	671	15695	11520
怀来县小南辛堡镇	17236	18863	996	996	4325	15230
怀来县狼山乡	5790	12324	3126	1140	5288	12425
怀来县鸡鸣驿乡	4200	9107	945	535	6739	20833
怀来县东八里乡	2530	10706	763	611	6338	1768
怀来县瑞云观乡	11830	6059	623	539	117	5325
怀来县孙庄子乡	11136	4896	762	762	3768	4118
怀来县王家楼回族乡	13200	8155	880	806	4972	18560
涿鹿县涿鹿镇	7544	72647	2753	2322	8945	14847
涿鹿县张家堡镇	6737	23779	1808	1827	11873	12242
涿鹿县武家沟镇	23939	14618	2096	678	9072	8502
涿鹿县五堡镇	6596	26701	1793	1537	11385	9800
涿鹿县保岱镇	10386	30148	1050	1036	24782	26105
涿鹿县矾山镇	15204	22062	3027	2538	11201	31036
涿鹿县大堡镇	25492	18343	3656	3238	33830	24618
涿鹿县河东镇	35141	11314	1633	1616	1170	6357
涿鹿县东小庄镇	6074	32654	5287	9317	27228	15309
涿鹿县辉耀镇	22932	12287	1196	1196	6113	11212
涿鹿县大河南镇	23081	10305	1121	985	1130	1079
涿鹿县温泉屯镇	7314	14451	1271	1271	892	5845
涿鹿县蟒石口镇	29561	9317	865	295	420	1076
涿鹿县栾庄乡	13944	23326	2964	3434	6470	9063
涿鹿县黑山寺乡	6929	11315	1760	1643	7516	5313
涿鹿县卧佛寺乡	24289	10461	2924	2502	3734	12146
涿鹿县谢家堡乡	17586	5836	984	960	99	3980
赤城县赤城镇	24861	49668	3284	3077	5562	27452
赤城县田家窑镇	18797	19700	2010	2086	7515	17845
赤城县龙关镇	28395	27763	977	977	7449	33868
赤城县雕鹗镇	35372	15481	3822	3788	9787	38789
赤城县独石口镇	21725	6276	2632	2750	7079	10138
赤城县白草镇	24395	11819	1634	1634	6649	16595
赤城县龙门所镇	23543	13665	2005	1816	5726	23082
赤城县后城镇	36980	20514	1254	1218	7768	
赤城县东卯镇	44254	23090	1000	1000	7194	2000
赤城县炮梁乡	15567	7456	925	800	1748	7056
赤城县大海陀乡	26413	9980	2327	422	8046	17214

4-1续28　乡镇经济主要指标(2019年)

乡镇名称	行政区域面积(公顷)	乡镇户籍人口(人)	一般公共预算收入(万元)	一般公共预算支出(万元)	粮食产量(吨)	现价农林牧渔业总产值(万元)
赤城县镇宁堡乡	32983	13788	2690	2593	7589	25002
赤城县马营乡	31522	11101	867	867	10933	11613
赤城县云州乡	52055	18442	4105	4105	12268	15044
赤城县三道川乡	21335	8872	1464	368	3114	14140
赤城县东万口乡	28359	16022	2037	2042	9224	15094
赤城县茨营子乡	24203	10563	972	972	6530	14520
赤城县样田乡	19159	8985	2304	2144	2991	
张家口经济开发区老鸦庄镇	3222	44363	2226	2212	3567	41135
张家口经济开发区沈家屯镇	4245	32551	2314	2248	7170	
张家口经济开发区姚家房镇	3677	29325	2274	1856	10435	28349
张家口经济开发区沙岭子镇	3387	21739	2272	2104	5718	26226
张家口市察北管理区沙沟镇	9628	7276	680	680	32346	
张家口市察北管理区宇宙营乡	9774	6396	628	598	8468	
双桥区水泉沟镇	4128	18833	914	803	342	772
双桥区狮子沟镇	3038	26100	1546	1408	30	210
双桥区牛圈子沟镇	6200	37214	1298	1298	441	757
双桥区大石庙镇	8230	22431	1071	1112	1658	3331
双桥区双峰寺镇	12849	32214	858	901	2279	3714
双滦区双塔山镇	8856	21749	1058	1127	1726	4487
双滦区滦河镇	1525	8371	1066	1066	190	355
双滦区大庙镇	9436	12823	971	971	2026	3680
双滦区偏桥子镇	5253	10238	1324	1156	3663	13513
双滦区西地镇	11309	21915	1058	1058	3810	3570
双滦区陈栅子乡	8795	15246	904	904	3227	14350
鹰手营子矿区鹰手营子镇	3283	7122	974	974	789	3994
鹰手营子矿区北马圈子镇	2510	10315	699	699	464	2686
鹰手营子矿区寿王坟镇	6037	10945	990	990	580	2619
鹰手营子矿区汪家庄镇	2260	8364	637	637	488	2511
承德县下板城镇	25364	73282	2118	2048	8093	24937
承德县甲山镇	17116	21570	13458	1085	7762	17070
承德县六沟镇	18040	33630	1463	1286	16596	31427
承德县三沟镇	18033	22432	1055	902	13409	24618
承德县头沟镇	18514	27086	825	825	18016	34409
承德县高寺台镇	13364	15161	6787	1079	5467	17382
承德县鞍匠镇	18693	16532	834	834	6557	21472
承德县三家镇	30329	23064	1058	938	16365	82992
承德县磴上镇	24997	17015	519	519	12670	52973
承德县上谷镇	12472	21026	987	889	12345	24238
承德县新杖子镇	10029	13406	556	747	5992	51
承德县石灰窑镇	12868	23198	1110	1199	13851	17871
承德县东小白旗乡	11693	9601	180	573	5370	11977
承德县刘杖子乡	17587	11755	410	760	4774	88093
承德县孟家院乡	10147	11720	1580	740	4747	20592
承德县大营子乡	17358	9825	65	610	4273	29952
承德县八家乡	13741	9715	2088	698	3640	22824
承德县满杖子乡	11027	9277	606	531	4708	24060
承德县五道河乡	15857	9162	763	763	4859	29888
承德县岔沟乡	18367	16228	3817	889	13814	20802
承德县岗子满族乡	8120	8715	655	715	4509	8117

4-1续29 乡镇经济主要指标(2019年)

乡镇名称	行政区域面积(公顷)	乡镇户籍人口(人)	一般公共预算收入(万元)	一般公共预算支出(万元)	粮食产量(吨)	现价农林牧渔业总产值(万元)
承德县两家满族乡	10098	10840	145	630	5428	10153
承德县仓子乡	10991	10704	952	848	5378	15853
兴隆县兴隆镇	16423	72443	1261	1261	1693	19294
兴隆县半壁山镇	13258	22321	811	811	1073	25406
兴隆县挂兰峪镇	16975	13617	843	843	873	25752
兴隆县青松岭镇	17476	14755	760	756	1071	19019
兴隆县六道河镇	18217	18691	829	827	1173	22928
兴隆县平安堡镇	8942	15478	1155	1155	1642	10091
兴隆县北营房镇	9873	13840	864	864	1049	11543
兴隆县孤山子镇	7719	11505	613	652	558	21106
兴隆县蓝旗营镇	10065	14897	577	577	692	17500
兴隆县雾灵山镇	15291	13830	797	797	1535	19278
兴隆县李家营镇	15387	11416	620	768	1186	6770
兴隆县大杖子镇	21777	17980	679	679	2056	31752
兴隆县三道河镇	11969	16802	631	631	1146	18724
兴隆县蘑菇峪镇	30041	17645	1019	733	1990	18516
兴隆县大水泉镇	21464	14470	669	669	1604	17056
兴隆县南天门满族乡	10024	7384	505	505	1144	7202
兴隆县八卦岭满族乡	9967	15055	747	616	668	25467
兴隆县陡子峪乡	7554	6632	485	578	389	6330
兴隆县上石洞乡	13020	3778	495	495	289	9517
兴隆县安子岭乡	8056	5626	528	528	504	12016
滦平县滦平镇	14165	19313	3603	3496	4853	28667
滦平县长山峪镇	20084	22988	1246	1230	3760	20641
滦平县红旗镇	13531	16528	944	824	5383	34485
滦平县金沟屯镇	21025	20885	1330	1523	7000	36546
滦平县虎什哈镇	24224	23128	1404	1170	8902	54355
滦平县巴克什营镇	18445	21678	1042	915	1906	13825
滦平县张百湾镇	21751	26489	2432	2035	9033	55996
滦平县付营子镇	21102	19094	989	1003	4727	30974
滦平县大屯镇	15843	21668	2037	1964	5060	31995
滦平县火斗山镇	15815	15846	812	966	3407	21964
滦平县平坊满族乡	6753	7586	2577	2684	3499	21591
滦平县安纯沟门满族乡	15703	13516	870	797	3973	26646
滦平县小营满族乡	12869	15241	913	858	4231	22634
滦平县西沟满族乡	15255	7906	695	687	1095	23756
滦平县邓厂满族乡	7386	2684	510	500	1025	6399
滦平县五道营子满族乡	12370	4937	877	577	2502	10664
滦平县马营子满族乡	13872	9522	776	751	2094	16624
滦平县付家店满族乡	7928	5581	594	567	3438	11104
滦平县两间房乡	9680	10168	715	680	908	11321
滦平县涝洼乡	9225	7161	626	585	2309	12692
隆化县隆化镇	28958	42856	2228	2228	5659	32924
隆化县韩麻营镇	21671	22954	1502	1809	8061	22742
隆化县中关镇	8297	11624	2509	2509	3572	17888
隆化县七家镇	14610	13988	1180	980	5279	25551
隆化县汤头沟镇	26347	30238	1095	1095	13394	49483
隆化县张三营镇	14281	24892	1522	1522	10057	50204
隆化县唐三营镇	27822	28569	1469	1469	17434	42424

4-1续30　乡镇经济主要指标(2019年)

乡镇名称	行政区域面积(公顷)	乡镇户籍人口(人)	一般公共预算收入(万元)	一般公共预算支出(万元)	粮食产量(吨)	现价农林牧渔业总产值(万元)
隆化县蓝旗镇	26526	20652	1075	1075	10810	24503
隆化县步古沟镇	27254	16950	756	756	9900	40805
隆化县郭家屯镇	68911	23124	2145	2145	17949	66930
隆化县荒地乡	28563	18601	1124	1124	11050	24073
隆化县章吉营乡	15628	21878	926	926	11472	22173
隆化县茅荆坝乡	30568	10699	652	652	3016	18268
隆化县尹家营满族乡	8994	8677	731	731	5439	19748
隆化县庙子沟蒙古族满族乡	9825	6890	796	796	3959	15524
隆化县偏坡营满族乡	17903	13223	1229	1229	10033	37098
隆化县山湾乡	19098	10777	654	654	5750	35944
隆化县八达营蒙古族乡	18879	14114	660	660	8886	34479
隆化县太平庄满族乡	17131	11580	773	773	6371	13367
隆化县旧屯满族乡	17405	8139	839	839	4632	14882
隆化县西阿超满族蒙古族乡	18969	10808	1009	1009	2337	34507
隆化县白虎沟满族蒙古族乡	9409	8024	812	812	3712	20388
隆化县碱房乡	20397	7222	705	705	3713	24781
隆化县韩家店乡	28286	15062	726	901	11505	64753
隆化县湾沟门乡	20203	10665	964	964	8173	23570
丰宁满族自治县大阁镇	45909	42305	3980	3980	3478	42839
丰宁满族自治县大滩镇	62420	23750	550	550	17820	39856
丰宁满族自治县鱼儿山镇	36114	15360	333	333	32199	22401
丰宁满族自治县土城镇	34300	18152	2509	2509	8768	35371
丰宁满族自治县黄旗镇	32191	15828	2091	2091	5879	20616
丰宁满族自治县凤山镇	37001	42981	2580	2580	11805	45698
丰宁满族自治县波罗诺镇	16102	12173	743	743	5965	16336
丰宁满族自治县黑山咀镇	29692	21109	590	590	6152	13999
丰宁满族自治县天桥镇	15949	9485	510	523	2685	9216
丰宁满族自治县胡麻营镇	26764	17902	18569	892	3872	13976
丰宁满族自治县万胜永乡	25702	4845	500	500	3711	10988
丰宁满族自治县四岔口乡	65649	7349	130	130	2226	10445
丰宁满族自治县苏家店乡	48258	5946	510	510	2331	8873
丰宁满族自治县外沟门乡	57818	6377	419	250	7171	9805
丰宁满族自治县草原乡	20209	6601	45	45	9348	10650
丰宁满族自治县窟窿山乡	27458	4093	210	210	1084	5276
丰宁满族自治县小坝子乡	30975	5091	856	856	2637	7485
丰宁满族自治县五道营乡	36369	9151	658	658	1957	25885
丰宁满族自治县南关蒙古族乡	35370	19160	219	219	22280	56897
丰宁满族自治县选将营乡	33140	14204	257	257	7350	25698
丰宁满族自治县西官营乡	26050	13032	1191	1191	4669	8995
丰宁满族自治县王营乡	13233	6484	730	730	2062	9745
丰宁满族自治县北头营乡	19855	7280	33	29	2536	10460
丰宁满族自治县石人沟乡	34741	17358	781	512	5174	17205
丰宁满族自治县汤河乡	44432	11814	105	750	3546	8003
丰宁满族自治县杨木栅子乡	18905	8345	1479	1479	2094	9675
宽城满族自治县宽城镇	17253	62792	21843	1100	6464	23414
宽城满族自治县龙须门镇	18620	24747	4193	853	7839	23219
宽城满族自治县峪耳崖镇	14149	27686	8720	1224	4094	24519
宽城满族自治县板城镇	16061	23870	8942	937	6420	24188
宽城满族自治县汤道河镇	23126	21706	368	746	6651	46720

4-1续31　乡镇经济主要指标(2019年)

乡镇名称	行政区域面积(公顷)	乡镇户籍人口(人)	一般公共预算收入(万元)	一般公共预算支出(万元)	粮食产量(吨)	现价农林牧渔业总产值(万元)
宽城满族自治县饽罗台镇	8091	9049	2478	564	1095	12979
宽城满族自治县碾子峪镇	7849	17707	7997	822	3300	18844
宽城满族自治县亮甲台镇	6710	7884	6332	646	2543	9737
宽城满族自治县化皮溜子镇	5855	10169	419	531	1604	12693
宽城满族自治县松岭镇	4844	6320	8761	440	1132	8281
宽城满族自治县塌山乡	8307	6177	639	530	1565	13429
宽城满族自治县孟子岭乡	9682	7540	473	409	1791	12706
宽城满族自治县独石沟乡	4968	1600	12	330	115	2628
宽城满族自治县铧尖乡	6274	7665	353	427	1510	10743
宽城满族自治县东黄花川乡	4422	6257	2766	626	1615	6949
宽城满族自治县苇子沟乡	9592	7839	112	456	2595	11536
宽城满族自治县大字沟门乡	7250	5922	36	380	2096	7685
宽城满族自治县大石柱子乡	9732	8000	127	392	1924	13311
围场满族蒙古族自治县围场镇	18779	73642	1452	1452	11129	2146
围场满族蒙古族自治县四合永镇	15269	26715	1673	1673	6270	11919
围场满族蒙古族自治县克勒沟镇	16804	20864	797	797	19687	37425
围场满族蒙古族自治县棋盘山镇	27519	23391	1275	1275	36570	79520
围场满族蒙古族自治县半截塔镇	20782	12660	769	769	11519	21898
围场满族蒙古族自治县朝阳地镇	16277	19466	727	727	28038	59300
围场满族蒙古族自治县朝阳湾镇	18271	21609	757	757	26257	49915
围场满族蒙古族自治县腰站镇	20940	24745	942	942	16069	33905
围场满族蒙古族自治县龙头山镇	14856	12647	748	748	3830	7281
围场满族蒙古族自治县新拨镇	27274	17458	638	638	15864	30157
围场满族蒙古族自治县御道口镇	24240	5670	613	613	24350	46288
围场满族蒙古族自治县城子镇	29561	12990	604	604	4819	9162
围场满族蒙古族自治县道坝子乡	19333	11099	691	691	9692	18425
围场满族蒙古族自治县黄土坎乡	24507	14770	666	666	7576	14402
围场满族蒙古族自治县四道沟乡	10901	8855	473	473	2101	3994
围场满族蒙古族自治县兰旗卡伦乡	20216	12535	701	701	5849	11119
围场满族蒙古族自治县银窝沟乡	20732	18520	758	758	16549	31460
围场满族蒙古族自治县新地乡	18052	22106	551	551	27145	51602
围场满族蒙古族自治县广发永乡	13261	11263	509	509	10794	20519
围场满族蒙古族自治县育太和乡	9412	8482	394	394	16800	31937
围场满族蒙古族自治县郭家湾乡	18381	10377	567	567	16810	31956
围场满族蒙古族自治县杨家湾乡	16764	14052	608	608	10709	20358
围场满族蒙古族自治县大唤起乡	12405	9865	575	575	4254	8087
围场满族蒙古族自治县哈里哈乡	23345	11031	638	638	9773	18578
围场满族蒙古族自治县张家湾乡	12878	5226	423	423	2202	4187
围场满族蒙古族自治县宝元栈乡	16984	10531	482	482	12088	22979
围场满族蒙古族自治县山湾子乡	22960	10585	588	588	14036	26682
围场满族蒙古族自治县三义永乡	24527	10392	438	438	20575	39112
围场满族蒙古族自治县姜家店乡	24420	8578	423	423	8135	15464
围场满族蒙古族自治县下伙房乡	17644	9232	494	494	3543	6737
围场满族蒙古族自治县燕格柏乡	29631	6524	457	457	5912	11239
围场满族蒙古族自治县牌楼乡	15169	11043	482	482	11797	22425
围场满族蒙古族自治县老窝铺乡	27611	3836	412	412	5905	11225
围场满族蒙古族自治县石桌子乡	16041	6748	448	448	2846	5410
围场满族蒙古族自治县大头山乡	17791	11932	546	546	7012	13329
围场满族蒙古族自治县南山嘴乡	17476	5249	340	340	3398	6459

4-1续32　乡镇经济主要指标(2019年)

乡镇名称	行政区域面积(公顷)	乡镇户籍人口(人)	一般公共预算收入(万元)	一般公共预算支出(万元)	粮食产量(吨)	现价农林牧渔业总产值(万元)
围场满族蒙古族自治县西龙头乡	23736	5205	361	361	3843	7305
承德高新技术产业开发区冯营子镇	8327	28648	1890	1296	1419	3047
承德高新技术产业开发区上板城镇	19627	38058	3189	2937	7492	6766
平泉市平泉镇	22386	102081	18405	2159	12879	19133
平泉市黄土梁子镇	15340	21245	1175	1175	17629	32744
平泉市榆树林子镇	29872	31484	1435	1435	31847	113850
平泉市杨树岭镇	20476	33097	1521	1521	15296	25192
平泉市七沟镇	28119	28045	1362	1362	13061	22042
平泉市小寺沟镇	15067	25223	1496	1496	10628	9326
平泉市党坝镇	22243	26935	1477	1477	11650	14905
平泉市卧龙镇	23023	32933	1778	1778	19291	79403
平泉市南五十家子镇	9140	20410	1121	1121	7020	12813
平泉市北五十家子镇	11556	13527	695	695	6759	33776
平泉市桲椤树镇	13833	21208	975	975	5287	38376
平泉市柳溪镇	22811	12890	918	918	7091	21299
平泉市平北镇	12536	17525	949	949	12038	18211
平泉市青河镇	15460	18228	1007	1007	12835	19168
平泉市台头山镇	19015	21640	865	608	18638	28566
平泉市王土房乡	12803	6772	807	807	1308	3822
平泉市七家岱满族乡	11424	9674	720	720	3592	26968
平泉市茅兰沟满族蒙古族乡	16997	19570	780	771	9860	26053
平泉市道虎沟乡	7310	17199	882	882	8057	13177
新华区小赵庄乡	4904	38835	23883	24457	3086	3419
运河区小王庄镇	4243	35292	8633	7106	4946	5001
运河区南陈屯乡	4290	52068	5575	4832	4216	4620
沧县旧州镇	8200	25122	6205	4021	24704	20152
沧县兴济镇	11400	50484	14651	14651	46440	23642
沧县杜生镇	5800	44277	1569	5563	8877	31760
沧县崔尔庄镇	11800	61045	4998	11911	16586	27005
沧县薛官屯乡	9300	24704	5105	5105	30532	16048
沧县捷地回族乡	4300	31488	1895	2892	7832	21476
沧县张官屯乡	7900	50771	3379	8184	36123	25530
沧县李天木回族乡	9000	42140	6585	6389	32694	26569
沧县风化店乡	13000	46135	10410	10410	33322	27538
沧县姚官屯乡	7000	37021	6576	7194	22382	20355
沧县杜林回族乡	7800	46895	3385	6857	6246	19978
沧县汪家铺乡	8700	38649	7600	7598	24330	26160
沧县刘家庙乡	6500	29098	4444	4606	29047	20823
沧县仵龙堂乡	6900	33101	6691	6691	30066	23544
沧县大官厅乡	8500	44609	5120	5315	13452	17418
沧县高川乡	6500	35456	1722	1722	14389	23595
沧县黄递铺乡	4600	27073	4669	4669	7145	17901
沧县大褚村回族乡	5500	28011	5670	5670	15210	19890
沧县纸房头乡	8800	45606	14071	9422	27892	37628
青县清州镇	11611	110239	3624	3285	21561	94570
青县金牛镇	14412	46119	2704	2516	31695	12821
青县新兴镇	8757	38108	2139	1853	27168	36339
青县流河镇	10635	38491	3187	2948	26730	55261
青县木门店镇	7887	31284	2503	2320	21397	53411

4-1续33 乡镇经济主要指标(2019年)

乡镇名称	行政区域面积(公顷)	乡镇户籍人口(人)	一般公共预算收入(万元)	一般公共预算支出(万元)	粮食产量(吨)	现价农林牧渔业总产值(万元)
青县马厂镇	14154	45381	7234	2291	27072	9328
青县盘古镇	6582	30893	2779	2567	13245	111650
青县上伍乡	6044	21931	1557	1557	17099	15724
青县曹寺乡	12742	45045	3535	3480	19913	262202
青县陈嘴乡	4714	18887	1689	1535	10376	11280
东光县东光镇	7149	75248	39120	4964	21575	92097
东光县连镇镇	8789	45649	2790	2799	32404	58447
东光县找王镇	5705	29849	1400	2100	27671	55554
东光县秦村镇	7191	31360	1325	1505	42640	61546
东光县灯明寺镇	8048	33791	2329	1764	46231	66712
东光县南霞口镇	9067	41441	3225	3172	56021	67125
东光县大单镇	8607	50803	2209	2202	36818	61340
东光县龙王李镇	7851	38060	1743	1743	39870	58653
东光县于桥乡	8524	35948	1882	1882	52156	67126
海兴县苏基镇	10900	50706	39617	14652	25633	27738
海兴县辛集镇	4800	23135	1891	1857	8205	15943
海兴县高湾镇	7920	29942	1072	1072	20641	24027
海兴县赵毛陶乡	13920	37674	1404	1501	39097	26051
海兴县香坊乡	6520	20359	1620	1600	5409	35000
海兴县小山乡	23403	28163	2227	2126	21146	34537
海兴县张会亭乡	6340	36732	842	764	19634	24095
盐山县盐山镇	9640	64267	3379	3353	18646	18993
盐山县望树镇	5380	31840	433	433	24177	14739
盐山县庆云镇	5600	45899	900	900	23051	16665
盐山县韩集镇	5270	42091	2309	2365	17545	15099
盐山县千童镇	3810	29596	275	275	14372	13095
盐山县圣佛镇	7770	48351	1838	1571	36069	15079
盐山县边务乡	9070	32669	2114	2017	14371	13035
盐山县小营乡	5900	30129	1460	1460	23953	14406
盐山县杨集乡	6810	32580	1287	901	18786	14693
盐山县孟店乡	8520	43985	2152	2117	30189	25806
盐山县常庄乡	3280	22056	61	61	14308	11734
盐山县小庄乡	6470	36616	1708	1724	32929	26975
肃宁县肃宁镇	4972	70803	99800	333938	15632	13791
肃宁县梁家村镇	8146	53868	1374	4703	32744	48877
肃宁县窝北镇	6083	38025	248	3690	33748	51697
肃宁县尚村镇	5453	37021	8069	4485	23052	24647
肃宁县万里镇	5595	38770	738	2464	26598	87813
肃宁县师素镇	6777	40605	862	3278	51094	40190
肃宁县河北留善寺乡	5127	36133	416	2546	21891	39260
肃宁县付家佐乡	5067	30329	526	4206	26158	52308
肃宁县邵庄乡	4402	25448	548	2157	22622	37096
南皮县南皮镇	6524	64615	11501	2632	33350	34580
南皮县冯家口镇	10095	47029	1083	1083	50299	49708
南皮县寨子镇	8571	60080	1231	1231	47264	61380
南皮县鲍官屯镇	9104	35838	996	996	49592	37606
南皮县王寺镇	9069	41952	1833	1721	48090	43224
南皮县乌马营镇	9657	28862	3758	1757	53473	29392
南皮县大浪淀乡	9981	33743	1070	1023	52248	38467

4-1续34　乡镇经济主要指标(2019年)

乡镇名称	行政区域面积(公顷)	乡镇户籍人口(人)	一般公共预算收入(万元)	一般公共预算支出(万元)	粮食产量(吨)	现价农林牧渔业总产值(万元)
南皮县刘八里乡	5716	29504	1122	1122	32252	29392
南皮县潞灌乡	9854	58768	1230	1230	57062	108499
吴桥县桑园镇	4562	24482	5626	1914	30618	41032
吴桥县铁城镇	7376	38290	629	2011	50160	97625
吴桥县于集镇	5714	24990	409	1126	42038	66487
吴桥县梁集镇	5334	20850	520	1168	29737	54962
吴桥县安陵镇	6771	23906	618	1376	29835	69409
吴桥县曹家洼乡	5140	22290	4426	1903	32993	8088
吴桥县宋门乡	6440	26135	1109	1564	47602	71726
吴桥县杨家寺乡	5126	22549	417	1117	33581	57726
吴桥县沟店铺乡	6082	24682	910	910	51277	63875
吴桥县何庄乡	5671	25350	409	1339	40768	61108
献县乐寿镇	9900	88408	10940	9528	33766	49386
献县淮镇镇	7200	46276	1191	1186	29705	55391
献县郭庄镇	5800	37227	1722	1722	26544	40204
献县河城街镇	8300	50430	9950	2703	14751	24989
献县韩村镇	11110	58171	1576	2544	26927	26524
献县陌南镇	8400	43104	1664	1664	31990	39863
献县陈庄镇	8600	37071	2719	2733	14733	26751
献县徐留高乡	4900	31909	1122	1122	17368	23633
献县商林乡	5100	29785	746	746	22271	36306
献县段村乡	6900	30295	1478	1478	27516	45865
献县张村乡	6700	28709	870	1044	31837	45861
献县临河乡	5400	32910	616	1010	27684	44778
献县小平王乡	4900	20750	460	943	22375	29655
献县十五级乡	6500	30623	1162	1162	19820	31958
献县垒头乡	4800	24727	1282	1065	13554	22617
献县南河头乡	3700	27119	1293	1293	18760	31075
献县西城乡	5800	28103	833	1169	13963	13452
献县本斋回族乡	3000	17079	947	928	17815	18951
孟村回族自治县孟村镇	7600	45457	10482	10482	33970	25301
孟村回族自治县新县镇	6400	34786	1328	1328	30153	32691
孟村回族自治县辛店镇	4100	30683	17415	17415	11098	7472
孟村回族自治县高寨镇	6100	26373	1425	1425	19765	22430
孟村回族自治县宋庄子乡	5500	34559	1823	1823	27153	37206
孟村回族自治县牛进庄乡	8300	37307	1600	1600	13637	17329
沧州渤海新区新村回族乡	8300	15757	11214	11212		117231
泊头市泊镇	5780	49179	28312	3043	20837	19655
泊头市交河镇	7904	45013	14117	2877	32704	22468
泊头市齐桥镇	10392	61552	2889	2427	26150	42150
泊头市寺门村镇	8158	36262	3913	1976	37629	19308
泊头市郝村镇	9278	38956	2727	1971	36949	24700
泊头市富镇镇	7818	37448	4271	1988	39538	25381
泊头市文庙镇	8466	42017	2280	2207	20267	22531
泊头市洼里王镇	7044	45189	3562	2216	21044	32128
泊头市王武庄乡	6942	34836	2209	1900	24889	27365
泊头市营子乡	9412	48269	2629	2412	32702	21818
泊头市四营乡	7548	35129	9441	1661	36042	26026
泊头市西辛店乡	9629	44454	730	1583	45946	25418

4-1续35 乡镇经济主要指标(2019年)

乡镇名称	行政区域面积(公顷)	乡镇户籍人口(人)	一般公共预算收入(万元)	一般公共预算支出(万元)	粮食产量(吨)	现价农林牧渔业总产值(万元)
任丘市出岸镇	5400	42820	3024	3024	24063	20239
任丘市石门桥镇	5990	49745	3545	3377	20953	15953
任丘市吕公堡镇	5170	46166	2550	1470	31636	16905
任丘市长丰镇	7860	52967	2085	2430	25407	19048
任丘市梁召镇	7390	46739	3372	3248	42539	20953
任丘市辛中驿镇	5880	45790	2642	3377	27313	17145
任丘市麻家坞镇	7230	46891	4111	1774	28075	19286
任丘市议论堡乡	7178	43924	5874	3189	24761	14286
任丘市青塔乡	5319	33564	2765	2765	18053	15715
任丘市北辛庄乡	5023	36388	5898	3302	19548	16429
任丘市北汉乡	5120	34278	2051	1944	19526	18810
任丘市于村乡	8292	43964	2836	2772	43535	16667
黄骅市黄骅镇	13410	48507	104825	89438	20575	11257
黄骅市南排河镇	26375	56075	5457	5022		268318
黄骅市吕桥镇	15000	44063	14264	14264	30941	32761
黄骅市旧城镇	14472	41427	4726	4536	25456	38037
黄骅市羊二庄回族乡	31083	52700	8987	8987	40053	59723
黄骅市常郭乡	16371	46920	4260	3719	26285	28571
黄骅市滕庄子乡	19794	46206	6336	5851	29349	32796
黄骅市官庄乡	9517	33069	3152	2612	23225	14125
黄骅市齐家务乡	16524	45202	8445	6720	61395	62891
黄骅市羊三木回族乡	6259	9719	3639	3414	11467	4671
河间市米各庄镇	9366	68802	3282	2395	36279	22061
河间市景和镇	6605	30829	3298	3298	22163	17820
河间市卧佛堂镇	8093	55590	2106	2106	33943	23147
河间市束城镇	9037	59463	3797	3399	35262	24352
河间市留古寺镇	6058	36279	1758	1758	31849	16078
河间市沙河桥镇	7759	47993	3035	3035	22958	20377
河间市诗经村镇	10202	64047	3193	3193	48633	34116
河间市故仙乡	8556	41857	2298	2298	28874	23149
河间市黎民居乡	9576	51176	1863	1863	26330	24386
河间市兴村乡	8774	61303	1825	1825	38101	26364
河间市沙洼乡	5625	39335	876	1381	11102	16064
河间市西九吉乡	5050	34940	2107	2107	11514	26594
河间市北石槽乡	4235	26193	1326	1326	21731	13860
河间市时村乡	5550	33542	1857	1857	19218	17386
河间市行别营乡	6320	47089	1802	1802	16994	19413
河间市尊祖庄乡	7730	44022	1504	1504	21549	19121
河间市龙华店乡	4791	31663	1244	1244	16994	13387
河间市果子洼回族乡	2711	24384	1496	1637	7603	16680
安次区落垡镇	5966	26169	2082	2082	15493	11767
安次区码头镇	10508	51438	2735	2735	20197	28391
安次区葛渔城镇	8061	44176	2860	2860	16775	41924
安次区东沽港镇	6441	40659	3309	3309	18253	25208
安次区调河头镇	6223	27146	1810	1810	15321	14407
安次区杨税务乡	9200	40412	3896	2593	20355	34944
安次区仇庄乡	7250	32704	2557	2557	13832	20843
安次区北史家务乡	3131	34034	2425	2425	645	18187
广阳区南尖塔镇	2630	37920	1648	5707	1323	14732

4-1续36 乡镇经济主要指标(2019年)

乡镇名称	行政区域面积(公顷)	乡镇户籍人口(人)	一般公共预算收入(万元)	一般公共预算支出(万元)	粮食产量(吨)	现价农林牧渔业总产值(万元)
广阳区万庄镇	8842	76481	11289	7924	6618	61613
广阳区九州镇	7968	62576	5476	5476	27637	33485
广阳区北旺乡	4331	37350	1000	6879	5066	24109
固安县固安镇	16614	186111	434102	11715	16783	107396
固安县宫村镇	7360	41759	4647	4647	5983	38389
固安县柳泉镇	8686	52024	15252	13185	32213	53863
固安县牛驼镇	6988	44286	10694	5859	42600	79894
固安县马庄镇	5338	35866	145	5950	25064	31753
固安县东湾乡	7475	46454	8228	7516	27567	93729
固安县彭村乡	4616	28895	12008	1303	17584	54032
固安县渠沟乡	4980	34588	3980	3854	19782	57155
固安县礼让店乡	3570	23266	560	558	16722	53418
永清县永清镇	17620	96402	30268	30265	37795	288222
永清县韩村镇	9060	32337	7829	7484	14344	35157
永清县后奕镇	5210	27329	1250	1250	12761	56922
永清县别古庄镇	9950	31000	4620	3711	17805	50408
永清县里澜城镇	6793	29367	3913	3911	13414	37420
永清县管家务回族乡	2947	12851	1441	1441	6299	26791
永清县曹家务乡	9057	31476	4707	5209	13009	74732
永清县龙虎庄乡	5251	30696	932	922	14941	157685
永清县刘街乡	5500	32315	4958	4505	20933	137766
永清县三圣口乡	5952	32085	425	425	10053	42518
香河县淑阳镇	5233	102032	105489	19131	3772	6298
香河县蒋辛屯镇	3288	22186	43887	8488	2966	12304
香河县渠口镇	6475	50220	2965	10563	10626	21657
香河县安头屯镇	4583	27724	858	8898	14985	33661
香河县安平镇	3352	35327	18873	11350	1027	13432
香河县刘宋镇	6289	35891	690	8731	15275	60431
香河县五百户镇	6199	38698	1844	9040	11428	119837
香河县钱旺镇	3651	27427	4171	4169	7020	4771
香河县钳屯镇	3421	23575	3124	12725	2514	12464
香河县香河新兴产业示范区	2309	13270	81274	81122	3546	18667
大城县平舒镇	6796	79110	6723	6455	21368	24521
大城县旺村镇	14636	45425	2969	2969	41584	47720
大城县大尚屯镇	13146	85074	3874	3874	30019	34449
大城县南赵扶镇	10705	50345	4081	4081	29783	34178
大城县留各庄镇	7907	51786	4365	4360	24568	28193
大城县权村镇	6308	41935	2217	2217	18567	21307
大城县里坦镇	5994	27500	1975	1975	21053	24159
大城县广安镇	6860	43507	2802	2797	22284	25572
大城县北魏镇	7310	52005	2228	2228	21227	24359
大城县臧屯镇	10070	53578	4599	4599	27135	31139
文安县文安镇	13315	93142	3949	3949	39736	25402
文安县新镇镇	4815	34879	3430	3405	14073	14171
文安县苏桥镇	8292	38298	2658	2658	25937	15882
文安县大柳河镇	10499	42375	4103	4600	24253	19264
文安县左各庄镇	4280	27759	12137	12137	8408	11032
文安县滩里镇	6522	34190	1946	1946	14660	10041
文安县史各庄镇	3875	27746	2400	2400	10257	10328

4-1续37　乡镇经济主要指标(2019年)

乡镇名称	行政区域面　积(公顷)	乡镇户籍人　口(人)	一般公共预算收入(万元)	一般公共预算支出(万元)	粮食产量(吨)	现价农林牧渔业总产值(万元)
文安县赵各庄镇	7168	52810	3105	3310	25399	22368
文安县兴隆宫镇	5462	32283	2603	1039	18150	10851
文安县大留镇镇	7083	45034	2100	2100	18880	15258
文安县孙氏镇	14392	64418	3718	3718	38047	29689
文安县德归镇	10487	25483	2752	2751	34606	14335
文安县大围河回族满族乡	6198	34461	2698	2695	22653	14292
大厂回族自治县大厂镇	4133	29087	14705	14103	3557	19495
大厂回族自治县夏垫镇	4118	35469	9800	6150	4213	30108
大厂回族自治县祁各庄镇	4748	26095	6677	5890	489	7368
大厂回族自治县邵府镇	2218	11091	3477	3545	850	8197
大厂回族自治县陈府镇	2376	12669	2360	2106	2606	13442
霸州市霸州镇	7670	75559	3499	3524	17860	22042
霸州市南孟镇	5196	37206	8725	2498	7516	38633
霸州市信安镇	4158	31105	2590	2590	9230	883
霸州市堂二里镇	4638	35257	1761	1761	8979	12575
霸州市煎茶铺镇	7420	45551	5327	5505	14683	18820
霸州市胜芳镇	9701	99165	35092	15059	16881	10340
霸州市杨芬港镇	8528	40416	3327	3488	22974	28010
霸州市康仙庄镇	7854	51704	3007	3021	20879	20100
霸州市王庄子镇	5146	38486	1910	1910	18593	7200
霸州市岔河集乡	8490	56715	75855	27922	11561	16636
霸州市东杨庄乡	3021	24575	1386	1386	11801	5408
霸州市东段乡	6367	46394	4774	4774	6216	5767
三河市泃阳镇	6212	60301	56573	46958	13555	43606
三河市李旗庄镇	4396	25801	12210	10660	11031	30244
三河市杨庄镇	4829	29032	16487	14747	7691	24729
三河市皇庄镇	6703	46757	17762	17719	25297	34971
三河市新集镇	5973	48810	16961	16398	18228	19731
三河市段甲岭镇	5541	22980	10856	10661	5440	23378
三河市黄土庄镇	6516	36866	13272	13162	8150	41240
三河市高楼镇	7382	45956	13011	14172	18755	21086
三河市齐心庄镇	4391	25482	10087	9029	13022	36522
三河市燕郊镇	11857	363865	440186	24929	8731	31530
桃城区郑家河沿镇	10843	48364	16157	17759	50799	36068
桃城区赵家圈镇	11400	38486	9238	9820	81113	48367
桃城区邓庄镇	9995	31194	7335	5982	49149	71532
桃城区何家庄乡	1091	31556	4806	4516	140	778
冀州区冀州镇	13416	93076	4800	4688	35421	19907
冀州区官道李镇	6408	20343	3017	2994	35687	17218
冀州区南午村镇	11646	38923	2637	2504	39040	32240
冀州区周村镇	7709	25530	3104	2659	27986	20285
冀州区码头李镇	9310	31521	2185	2185	33202	25369
冀州区西王镇	7377	31693	2500	2015	42904	18987
冀州区门家庄乡	6186	21984	1299	1113	37400	17086
冀州区徐家庄乡	8125	27323	952	356	20991	19762
冀州区北漳淮乡	5878	21732	1337	1424	24405	16845
冀州区小寨乡	11703	32881	3116	3078	42178	29838
枣强县枣强镇	19200	106249	5921	5978	94795	48723
枣强县恩察镇	3700	15819	1621	1379	17651	13652

4-1续38　乡镇经济主要指标(2019年)

乡镇名称	行政区域面积(公顷)	乡镇户籍人口(人)	一般公共预算收入(万元)	一般公共预算支出(万元)	粮食产量(吨)	现价农林牧渔业总产值(万元)
枣强县大营镇	13600	78096	18628	18453	66221	34496
枣强县嘉会镇	3200	12491	436	436	14918	17476
枣强县马屯镇	11400	39841	680	586	80037	24900
枣强县肖张镇	3400	14029	386	385	11179	10521
枣强县张秀屯镇	9300	32608	2106	2106	37362	25328
枣强县新屯镇	7254	37801	2980	475	49058	22645
枣强县唐林镇	6900	23301	885	819	26767	25621
枣强县王均乡	6410	23806	1031	1031	35968	18300
枣强县王常乡	6000	20992	1890	1561	35855	21056
武邑县武邑镇	12991	71275	7556	3288	49887	76323
武邑县清凉店镇	8982	30810	1618	2370	38692	55385
武邑县审坡镇	10531	37009	650	2181	40636	72396
武邑县赵桥镇	9757	38033	597	1963	38537	49384
武邑县韩庄镇	10522	39975	278	1940	47570	56036
武邑县肖桥头镇	7397	29066	1057	2227	25843	42698
武邑县龙店镇	7493	28139	206	2347	27381	42911
武邑县圈头乡	5922	22503	53	1455	34054	41828
武邑县大紫塔乡	6410	20761	610	1350	41616	38598
武强县武强镇	9603	60030	5063	5077	41531	36068
武强县街关镇	7533	32379	1513	1513	40655	36375
武强县周窝镇	5310	25929	5057	4882	31602	30379
武强县东孙庄镇	7511	33618	2199	1807	43404	41745
武强县豆村乡	6237	31630	2060	1534	34902	32147
武强县北代乡	8086	31467	1941	1986	44407	32637
饶阳县饶阳镇	8901	43365	2150	2150	35006	77929
饶阳县大尹村镇	4707	24244	380	1691	14302	94182
饶阳县五公镇	6611	36313	2458	2311	31889	63841
饶阳县大官亭镇	8687	42997	375	1012	33032	73725
饶阳县王同岳镇	6411	29658	3433	3433	28485	57659
饶阳县留楚乡	14274	57204	3308	3448	40631	124282
饶阳县东里满乡	7637	38204	1498	1387	29404	52557
安平县安平镇	8177	85831	3146	3162	32958	29238
安平县马店镇	8172	55850	1169	1180	35077	32541
安平县南王庄镇	6144	35381	772	779	21895	48104
安平县大子文镇	5613	32389	705	714	27079	26228
安平县东黄城镇	4810	31079	1446	1456	22995	23214
安平县大何庄乡	5893	36162	963	1020	27788	32804
安平县程油子乡	6301	37643	843	1172	25478	27720
安平县西两洼乡	4436	22672	735	885	25650	64032
故城县郑口镇	12070	115699	6371	6371	62680	54995
故城县夏庄镇	8041	41619	1060	1060	42040	43565
故城县青罕镇	4960	28871	1062	1062	17097	32858
故城县故城镇	5280	28417	1864	1864	21386	35443
故城县武官寨镇	7657	40729	1264	1264	25190	29267
故城县饶阳店镇	8424	36965	1306	1306	29482	29264
故城县军屯镇	3049	18828	688	688	21215	23807
故城县建国镇	6722	53607	2521	2521	45111	43898
故城县西半屯镇	8111	45272	1477	1477	29999	42219
故城县房庄镇	9989	35734	2435	2435	39526	39262

4-1续39 乡镇经济主要指标(2019年)

乡镇名称	行政区域面积(公顷)	乡镇户籍人口(人)	一般公共预算收入(万元)	一般公共预算支出(万元)	粮食产量(吨)	现价农林牧渔业总产值(万元)
故城县三朗镇	7417	27525	2347	2347	20590	32129
故城县辛庄乡	7150	29458	1300	1300	18098	31262
故城县里老乡	5264	20597	713	713	24202	28258
景县景州镇	8956	64859	8467	8467	55098	29412
景县龙华镇	7833	37352	6296	6063	55983	29302
景县广川镇	8055	32874	2499	2499	49536	22124
景县王瞳镇	6274	28013	1098	1098	36463	21209
景县洚河流镇	6281	28320	1737	1737	38879	20202
景县安陵镇	5698	23382	1382	1382	41647	20524
景县杜桥镇	8992	39048	1617	1617	57080	19194
景县王谦寺镇	7568	30860	4897	4757	51560	20013
景县北留智镇	7697	32191	1714	1714	52507	24412
景县留智庙镇	8365	38689	4684	4684	46352	28223
景县梁集镇	8248	37410	1693	1693	52736	22403
景县刘集乡	7323	27642	1464	1464	52514	24518
景县连镇乡	5985	24956	1471	1471	39403	24398
景县温城乡	6334	24127	1258	1258	43129	20205
景县后留名府乡	7498	29081	1339	1339	47075	22502
景县青兰乡	7782	32236	2045	2045	40414	21441
阜城县阜城镇	8687	65751	2300	2300	38463	42013
阜城县古城镇	9032	45524	2166	2147	45037	44529
阜城县码头镇	10060	42342	2789	2031	45310	41379
阜城县霞口镇	6804	33541	1298	898	22891	42275
阜城县崔家庙镇	9211	44520	1525	1365	46692	43337
阜城县漫河镇	6780	29710	1816	1720	26482	41563
阜城县建桥乡	4143	18956	1059	930	24807	27274
阜城县蒋坊乡	5287	27410	1643	1734	23247	25559
阜城县大白乡	4432	20915	1147	970	26030	22773
阜城县王集乡	5056	24350	1960	1641	26631	27276
河北衡水高新技术产业开发区大麻森乡	8135	32576		8076	24664	16350
衡水滨湖新区魏家屯镇	4544	22605	4285	400	26587	15081
衡水滨湖新区彭杜村乡	9500	40583	4345	4345	31737	18002
深州市唐奉镇	8373	41008	1787	1985	17192	91604
深州市深州镇	8301	78322	6348	6089	16274	60501
深州市辰时镇	9776	42544	2821	3022	36000	66892
深州市榆科镇	7334	27814	2687	2687	47204	42997
深州市魏家桥镇	7782	29386	2108	2073	51089	31014
深州市大堤镇	6743	23345	646	646	48333	19059
深州市前磨头镇	6223	22912	5726	5713	38604	19811
深州市王家井镇	8740	34777	4497	4460	70253	23493
深州市护驾迟镇	7413	23445	2116	2116	55025	20394
深州市大屯镇	8193	25073	3150	3155	59318	31065
深州市高古庄镇	6973	21372	2686	2794	49578	22944
深州市兵曹乡	6215	34221	2031	2199	3603	35367
深州市穆村乡	4216	31234	4639	4639	282	42584
深州市东安庄乡	7200	42100	3330	3289	36388	48969
深州市北溪村乡	7004	32468	1480	1480	35193	58083
深州市大冯营乡	8090	32487	1281	2125	64833	37242
深州市乔屯乡	5943	19951	2739	2739	34711	13704

5-1 各省(市、自治区)农林牧渔业总产值和第一产业增加值及其位次

（按当年现行价格计算）　　单位：亿元

地区	农林牧渔业总产值				第一产业增加值	
	2018年		2019年		2018年	
	数量	位次	数量	位次	数量	位次
全　国	**113579.5**		**123967.9**		**67558.7**	
北　京	296.8	29	281.7	30	122.6	30
天　津	390.5	28	414.4	28	181.0	28
河　北	**5707.0**	**7**	**6061.5**	**8**	**3522.3**	**7**
山　西	1460.6	25	1626.5	25	788.4	25
内蒙古	2985.3	20	3176.3	20	1779.8	20
辽　宁	4061.9	14	4368.3	14	2109.6	15
吉　林	2184.3	21	2442.7	21	1205.0	22
黑龙江	5624.3	8	5930.0	9	3080.2	10
上　海	289.6	30	284.8	29	112.4	31
江　苏	7192.5	4	7503.2	4	4431.4	4
浙　江	3157.3	18	3355.3	19	2019.3	16
安　徽	4672.7	11	5162.1	11	2776.0	11
福　建	4229.5	12	4636.6	13	2464.3	13
江　西	3148.6	19	3481.3	18	1947.9	17
山　东	9397.4	1	9671.7	1	5273.9	1
河　南	7757.9	2	8541.8	2	4501.2	3
湖　北	6207.8	6	6681.9	6	3734.3	6
湖　南	5361.6	9	6405.1	7	3266.5	8
广　东	6318.1	5	7175.9	5	3948.9	5
广　西	4909.2	10	5498.8	10	3116.4	9
海　南	1535.7	24	1689.4	24	1020.2	23
重　庆	2052.4	22	2337.8	22	1405.4	21
四　川	7195.7	3	7889.4	3	4544.3	2
贵　州	3619.5	16	3889.0	15	2273.0	14
云　南	4108.9	13	4935.7	12	2552.6	12
西　藏	195.5	31	212.8	31	132.2	29
陕　西	3240.0	17	3536.8	17	1927.8	18
甘　肃	1659.4	23	1887.6	23	962.3	24
青　海	405.9	27	454.4	27	272.0	27
宁　夏	575.8	26	584.9	26	296.1	26
新　疆	3637.8	15	3850.7	16	1791.0	19

注：2018年增加值根据四经普结果进行了修订。

5-2 各省（市、自治区）粮食、蔬菜产量及其位次

单位：万吨

地区	粮食产量				蔬菜产量			
	2018年		2019年		2018年		2019年	
	数量	位次	数量	位次	数量	位次	数量	位次
全国	**65789.2**		**66384.3**		**70346.7**		**72102.6**	
北京	34.1	31	28.8	31	130.6	30	111.5	30
天津	209.7	26	223.3	26	254.0	28	242.8	28
河北	**3700.9**	**5**	**3739.2**	**6**	**5154.5**	**4**	**5093.1**	**4**
山西	1380.4	16	1361.8	16	821.9	22	827.8	22
内蒙古	3553.3	8	3652.5	8	1006.5	21	1090.8	21
辽宁	2192.5	12	2430.0	12	1852.3	15	1885.4	16
吉林	3632.7	7	3877.9	5	438.2	26	445.4	26
黑龙江	7506.8	1	7503.0	1	634.4	23	655.4	23
上海	103.7	29	95.9	30	294.5	27	268.1	27
江苏	3660.3	6	3706.2	7	5625.9	3	5643.7	3
浙江	599.1	23	592.2	23	1888.4	14	1903.1	14
安徽	4007.3	4	4054.0	4	2118.2	12	2213.6	12
福建	498.6	24	493.9	24	1493.0	18	1570.7	18
江西	2190.7	13	2157.5	13	1537.0	17	1581.8	17
山东	5319.5	3	5357.0	3	8192.0	1	8181.1	1
河南	6648.9	2	6695.4	2	7260.7	2	7368.7	2
湖北	2839.5	11	2725.0	11	3963.9	6	4086.7	6
湖南	3022.9	10	2974.8	10	3822.0	7	3969.4	7
广东	1193.5	19	1240.8	18	3330.2	9	3528.0	9
广西	1372.8	17	1332.0	17	3432.2	8	3636.4	8
海南	147.1	27	145.0	27	566.8	24	572.0	24
重庆	1079.3	21	1075.2	21	1932.7	13	2008.8	13
四川	3493.7	9	3498.5	9	4438.0	5	4639.1	5
贵州	1059.7	22	1051.2	22	2613.4	10	2734.8	10
云南	1860.5	14	1870.0	14	2205.7	11	2304.1	11
西藏	104.4	28	103.9	29	72.6	31	77.5	31
陕西	1226.0	18	1231.1	19	1808.4	16	1897.4	15
甘肃	1151.4	20	1162.6	20	1292.6	20	1388.8	20
青海	103.1	30	105.5	28	150.3	29	151.9	29
宁夏	392.6	25	373.2	25	550.8	25	565.9	25
新疆	1504.2	15	1527.1	15	1465.1	19	1458.8	19

5-3 各省（市、自治区）水果产量及其位次

单位：万吨

地区	水果产量				#园林水果产量			
	2018年		2019年		2018年		2019年	
	数量	位次	数量	位次	数量	位次	数量	位次
全　国	**25688.4**		**27400.8**		**17565.3**		**19037.7**	
北　京	61.5	28	59.9	27	46.4	24	45.6	25
天　津	62.5	27	57.4	28	39.8	25	35.8	26
河　北	**1347.9**	**7**	**1391.5**	**7**	**957.0**	**6**	**1004.4**	**6**
山　西	750.6	14	862.7	12	697.6	10	808.2	9
内蒙古	264.2	23	280.4	23	39.0	26	50.2	24
辽　宁	788.9	13	820.7	14	576.5	14	605.1	14
吉　林	148.1	26	154.0	26	25.7	29	26.3	29
黑龙江	170.8	25	165.0	25	29.5	27	33.2	27
上　海	54.3	29	48.1	29	29.5	28	28.1	28
江　苏	934.1	11	983.6	11	288.6	22	322.2	22
浙　江	743.6	15	744.1	15	457.9	16	460.4	16
安　徽	643.8	18	706.3	18	325.9	19	350.4	20
福　建	683.1	17	727.2	16	639.8	12	681.6	11
江　西	684.4	16	693.3	19	470.2	15	474.3	15
山　东	2788.8	1	2840.2	1	1673.8	2	1739.7	2
河　南	2492.8	2	2589.7	2	907.4	8	950.7	8
湖　北	998.0	10	1010.2	10	655.5	11	661.0	13
湖　南	1016.8	9	1062.0	9	628.8	13	669.0	12
广　东	1669.2	5	1768.6	5	1547.8	4	1644.4	4
广　西	2116.6	3	2472.1	3	1790.5	1	2140.2	1
海　南	430.4	21	456.2	21	322.1	20	332.9	21
重　庆	431.3	20	476.4	20	372.7	17	415.9	18
四　川	1080.7	8	1136.7	8	948.4	7	1000.8	7
贵　州	369.5	22	442.0	22	293.8	21	366.9	19
云　南	813.4	12	860.3	13	757.1	9	802.7	10
西　藏	0.3	31	2.4	31			2.0	30
陕　西	1835.1	4	2012.8	4	1566.0	3	1733.4	3
甘　肃	609.3	19	710.1	17	370.0	18	438.5	17
青　海	3.5	30	3.7	30	1.4	30	1.7	31
宁　夏	197.2	24	258.6	24	47.6	23	93.6	23
新　疆	1497.9	6	1604.8	6	1059.0	5	1118.7	5

5-4 各省（市、自治区）肉类产量及其位次

单位：万吨

地 区	肉类总产量				#猪牛羊肉产量			
	2018年		2019年		2018年		2019年	
	数量	位次	数量	位次	数量	位次	数量	位次
全 国	**8624.7**		**7758.8**		**6522.9**		**5410.1**	
北 京	17.5	30	5.1	31	15.1	30	3.4	31
天 津	33.9	28	30.4	28	25.3	29	19.0	29
河 北	**466.7**	**5**	**433.4**	**5**	**373.3**	**6**	**330.1**	**6**
山 西	93.1	24	91.0	24	77.1	24	71.4	23
内蒙古	267.3	14	264.6	14	239.6	13	236.1	8
辽 宁	377.1	11	367.9	10	244.2	12	225.8	11
吉 林	253.6	16	243.2	16	172.3	17	154.9	17
黑龙江	247.6	17	237.1	17	204.9	15	193.4	14
上 海	13.5	31	10.8	30	11.6	31	9.1	30
江 苏	328.5	12	274.5	13	216.1	14	155.6	16
浙 江	104.6	22	94.3	23	77.5	23	63.7	24
安 徽	421.7	10	402.8	8	269.7	10	226.1	10
福 建	256.1	15	255.2	15	117.1	20	107.4	20
江 西	325.7	13	299.8	12	260.9	11	222.2	12
山 东	854.7	1	704.0	1	534.2	3	364.9	4
河 南	669.4	2	560.4	2	540.7	2	408.8	2
湖 北	431.0	7	349.2	11	358.8	7	268.8	7
湖 南	541.7	4	459.4	4	479.6	4	383.4	3
广 东	449.9	6	412.1	6	287.6	8	228.0	9
广 西	426.8	9	380.0	9	279.6	9	208.0	13
海 南	79.9	25	67.1	25	48.7	25	32.9	26
重 庆	182.3	19	163.8	20	146.1	18	126.1	19
四 川	664.7	3	559.5	3	542.0	1	417.0	1
贵 州	213.7	18	205.9	18	189.8	16	176.8	15
云 南	427.2	8	405.9	7	378.5	5	346.6	5
西 藏	28.4	29	28.4	29	27.8	28	27.8	28
陕 西	114.5	21	109.5	21	104.4	21	98.7	21
甘 肃	101.2	23	101.7	22	95.6	22	95.7	22
青 海	36.5	26	37.4	26	35.5	26	36.3	25
宁 夏	34.1	27	33.5	27	30.3	27	29.7	27
新 疆	162.0	20	170.8	19	139.5	19	142.5	18

5-5 各省（市、自治区）牛奶和禽蛋产量及其位次

单位：万吨

地区	牛奶产量				禽蛋产量			
	2018年		2019年		2018年		2019年	
	数量	位次	数量	位次	数量	位次	数量	位次
全 国	**3074.5**		**3201.0**		**3128.4**		**3309.0**	
北 京	31.1	20	26	21	11.2	27	10	27
天 津	48.0	14	47	14	19.4	24	19	24
河 北	**384.8**	**3**	**429**	**3**	**378.0**	**3**	**386**	**3**
山 西	81.1	10	92	10	102.6	12	111	12
内蒙古	565.6	1	577	1	55.2	14	58	14
辽 宁	131.8	8	134	8	297.2	4	308	4
吉 林	38.8	16	40	17	117.1	9	122	9
黑龙江	455.9	2	465	2	108.5	10	114	11
上 海	33.4	18	30	20	3.2	29	3	29
江 苏	50.0	13	62	12	178.0	5	212	5
浙 江	15.7	22	15	22	31.5	21	34	21
安 徽	30.8	21	34	19	158.3	7	169	7
福 建	13.8	24	14	23	44.3	16	49	16
江 西	9.6	26	7	27	47.0	15	57	15
山 东	225.1	4	228	4	447.0	1	450	1
河 南	202.7	5	204	5	413.6	2	442	2
湖 北	12.8	25	13	25	171.5	6	179	6
湖 南	6.2	28	6	28	105.4	11	115	10
广 东	13.9	23	14	24	39.2	18	41	18
广 西	8.9	27	9	26	22.3	22	25	22
海 南	0.2	31			4.7	28	5	28
重 庆	4.9	29	4	30	41.5	17	44	17
四 川	64.2	11	67	11	148.8	8	162	8
贵 州	4.6	30	5	29	20.0	23	23	23
云 南	58.2	12	60	13	32.7	20	36	20
西 藏	36.4	17	42	16	0.5	31	1	31
陕 西	109.7	9	108	9	61.6	13	64	13
甘 肃	40.5	15	44	15	14.1	26	15	25
青 海	32.6	19	35	18	2.3	30	2	30
宁 夏	168.3	7	183	7	14.4	25	14	26
新 疆	194.9	6	204	6	37.3	19	40	19

5-6 各省(市、自治区)农村居民人均可支配收入及其位次

单位：元

地区	2010年		2015年		2018年		2019年	
	人均可支配收入	位次	人均可支配收入	位次	人均可支配收入	位次	人均可支配收入	位次
全国	**5919**		**11422**		**14617**		**30733**	
北京	13262	2	20569	3	26490	3	26490	3
天津	10075	4	18482	4	23065	4	23065	4
河北	**5958**	**12**	**11051**	**14**	**14031**	**13**	**14031**	**13**
山西	4736	22	9454	23	11750	24	11750	24
内蒙古	5530	16	10776	19	13803	18	13803	18
辽宁	6908	9	12057	9	14656	10	14656	10
吉林	6237	10	11326	11	13748	20	13748	20
黑龙江	6211	11	11095	13	13804	17	13804	17
上海	13978	1	23205	1	30375	1	30375	1
江苏	9118	5	16257	5	20845	5	20845	5
浙江	11303	3	21125	2	27302	2	27302	2
安徽	5285	18	10821	18	13996	14	13996	14
福建	7427	7	13793	6	17821	6	17821	6
江西	5789	14	11139	12	14460	11	14460	11
山东	6990	8	12930	8	16297	8	16297	8
河南	5524	17	10853	17	13831	16	13831	16
湖北	5832	13	11844	10	14978	9	14978	9
湖南	5622	15	10993	15	14093	12	14093	12
广东	7890	6	13360	7	17168	7	17168	7
广西	4543	25	9467	22	12435	22	12435	22
海南	5275	20	10858	16	13989	15	13989	15
重庆	5277	19	10505	20	13781	19	13781	19
四川	5087	21	10247	21	13331	21	13331	21
贵州	3472	30	7387	30	9716	30	9716	30
云南	3952	28	8242	28	10768	28	10768	28
西藏	4139	26	8244	27	11450	26	11450	26
陕西	4105	27	8689	26	11213	27	11213	27
甘肃	3425	31	6936	31	8804	31	8804	31
青海	3863	29	7933	29	10393	29	10393	29
宁夏	4675	23	9119	25	11708	25	11708	25
新疆	4643	24	9425	24	11975	23	11975	23

注：2013年以前农村居民为人均纯收入，2013年为新口径人均可支配收入。

Ⅷ　2019年河北农村工作大事记

一　月

1月4日　省政府向会议提交了关于办理省十三届人大常委会第六次会议对《关于检查〈河北省农村扶贫开发条例〉实施情况的报告》、《关于检查大气污染防治法“一法一条例”实施情况的报告》和《关于检查〈河北省优化营商环境条例〉实施情况的报告》审议意见情况的报告。

同日　省委常委会召开扩大会议，认真传达学习贯彻习近平总书记关于“三农”工作的重要指示和中央农村工作会议、全国扶贫开发工作会议、全国农村人居环境整治工作会议精神，审议通过了《关于坚持农业农村优先发展扎实推进乡村振兴战略实施的意见》《关于打赢脱贫攻坚战实现稳定脱贫可持续发展的意见》。省委书记王东峰主持会议并讲话。

1月10日　中共中央政治局委员、国务院副总理胡春华到河北调研农田水利基本建设工作。省委副书记、省长许勤，副省长时清霜陪同调研检查。

同日　2019阿里巴巴技术脱贫大会在石家庄举行。会前，省委书记、省人大常委会主任王东峰与阿里巴巴脱贫基金主席、阿里巴巴集团董事局主席马云举行工作座谈。省委副书记赵一德在会上致辞。省领导高志立、夏延军参加有关活动。

1月11日　国务院农民工工作领导小组会议暨保障农民工工资支付电视电话会议后，我省召开省农民工工作领导小组会议暨保障农民工工资支付工作电视电话会议，副省长张古江出席会议并讲话。

1月11日至12日　全省农村工作会议暨扶贫开发工作会议在石家庄举行。省委书记、省人大常委会主任王东峰出席第一次全体会议并讲话。省委副书记、省长许勤主持第一次全体会议。省委副书记赵一德在第二次全体会议上作总结讲话。省领导梁田庚、袁桐利、王浩、王晓东、周仲明、徐建培、时清霜、曹素华出席会议。第一次全体会议以广电网络视频会议形式召开。省委常务副秘书长，省委农村工作领导小组、省扶贫开发和脱贫工作领导小组成员单位主要负责人；各市（含定州、辛集市）党委、政府和雄安新区管委会分管负责人，农业农村工作部门主要负责人等在主会场参加会议。各市（含定州、辛集市）、雄安新区、各县（市、区）设分会场。

1月22日　副省长时清霜陪同水利部副部长魏山忠一行就合同节水工作在邯郸调研。

1月28日　农业农村部部长韩长赋到雄安新区调研农业农村工作，并就推进雄安新区农业农村发展主持召开座谈会。省委副书记赵一德陪同调研并在座谈会上发言。农业农村部副部长余欣荣，农业农村部党组成员、中国农业科学院院长唐华俊，中国农业科学院党组书记张合成，省委常委、副省长，雄安新区党工委书记、管委会主任陈刚参加调研。

1月29日　全省非洲猪瘟防控工作视频会议在石家庄召开。副省长时清霜出席会议并讲话。

1月31日　河北省最美农民工宣讲报告会在石家庄召开。展示我省农民工工作成果、宣传优秀农民工事迹。副省长、省农民工工作领导小组组长张古江和各成员单位负责同志出席报告会并为最美农民工颁发证书。

二　月

2月12日　省长许勤主持召开省政府常务会议，认真学习贯彻习近平总书记在2019年春节团拜会上的重要讲话精神，研究《河北省地下水超采综合治理实施计划》《河北省国土绿化规划（2018-2035年）》等。

2月20日　全省县域经济暨新型城镇化工作会议在石家庄举行。省委书记、省人大常委会主任王东峰出席会议并讲话，省委副书记、省长许勤主持会议，省领导袁桐利、高志立出席会议。会议以广电网络视频会议形式召开。省直有关单位主要负责人、分管负责人和相关处室负责人；省发展改革委、省住房城乡建设厅厅处级干部在主会场参加会议。各市（含定州、辛集市）、雄安新区、各县（市、区）设分会场。

2月20日至21日　全国政协副主席、交通运输部党组书记杨传堂就脱贫攻坚专项巡视问题整改、农村公路建设和交通扶贫等工作到张家口市蔚县调研。省领导叶冬松、张古江参加有关活动。

2月21日 全省南水北调引江水利用工作会议在石家庄召开。省委常委、常务副省长袁桐利出席会议并讲话，副省长时清霜主持会议。

2月23日至24日 国务院国资委党委书记郝鹏一行就打赢脱贫攻坚战、支持雄安新区规划建设等到我省调研。国资委副主任、党委委员任洪斌参加调研。省委常委、副省长，雄安新区党工委书记、管委会主任陈刚分别参加有关活动。

2月24日 省委统战部、省工商联组织召开民营农业产业化龙头企业座谈会。省委常委、统战部部长冉万祥主持并讲话，副省长时清霜出席并讲话。

同日 全省非洲猪瘟动物疫病防控工作电视电话会议在石家庄召开。副省长时清霜出席会议并讲话。

2月25日 省长许勤主持召开省政府常务会议，认真学习习近平总书记重要讲话精神，安排部署非洲猪瘟疫情防控等工作。

同日 全省易地扶贫搬迁工作电视电话会议在石家庄召开。省委常委、常务副省长袁桐利出席会议并讲话，副省长时清霜主持会议。

2月27日 省政府召开全省政策性粮食库存数量和质量大清查动员电视电话会议，省委常委、常务副省长袁桐利出席会议并讲话。

2月28日 全省春季造林绿化和森林草原防火电视电话会在石家庄召开。

同日 全省深度贫困地区脱贫攻坚座谈会在石家庄举行。省委副书记赵一德出席会议并讲话。副省长时清霜主持会议并传达了全国深度贫困地区脱贫攻坚座谈会精神。

同日 全省扶持壮大村级集体经济工作会议在石家庄召开。省委副书记赵一德出席会议并讲话，省委常委、组织部部长梁田庚主持会议，副省长时清霜出席。

三　　月

3月8日 省长许勤签署第2号省人民政府令，公布《河北省防治船舶污染海洋环境管理办法》，自2019年5月1日起施行。

3月18日 省长许勤主持召开省政府常务会议，研究审议《河北省大运河文化保护传承利用实施规划》《关于进一步加强和改进统计工作的意见》等。

3月21日 省长许勤就县域特色产业发展情况到廊坊霸州、大城、文安调研。省政府秘书长朱浩文参加调研。

3月21日至22日 省长许勤就市级主导产业、县域特色产业到保定蠡县、博野、安国调研，并主持召开专题座谈会。省领导聂瑞平、省政府秘书长朱浩文分别参加有关活动。

3月22日 省委书记、省人大常委会主任王东峰就白洋淀生态环境治理和修复工作在雄安新区调研检查。省领导陈刚、高志立参加调研检查。

3月24日 副省长时清霜参加义务植树活动并表示：坚持生态优先绿色发展，全面提升国土绿化水平。

3月25日 2018年度贫困县退出工作整改调度电视电话会议召开，省委副书记赵一德出席会议并讲话，副省长时清霜主持会议。

3月26日 副省长时清霜陪同全国人大常委会委员、全国人大农业与农村委员会副主任委员杜德印一行就我省乡村产业发展情况进行专题调研。

3月27日 副省长时清霜就春季农业生产工作赴保定市调研。

3月28日 在收听收看全国森林草原防灭火和防汛抗旱工作电视电话会议后，我省召开会议进行安排部署，副省长时清霜主持。

同日 省委副书记赵一德就深入实施乡村振兴战略、加快推动“三农”重点工作到省农业农村厅调研。副省长时清霜一同调研。

3月29日 省委常委、副省长，雄安新区党工委书记、管委会主任陈刚就白洋淀污染治理和生态保护工作到安新县部分淀中村调研。

3月30日至31日 省长许勤到邯郸肥乡、曲周、邱县、峰峰矿区，调研县域经济发展情况，检查安全生产、森林防火和首季经济运行等工作。并主持召开座谈会听取有关情况汇报。

四　　月

4月1日 省委常委会召开会议，认真传达学习贯彻习近平总书记关于做好森林防火工作的重要批示指示精神，研究我省贯彻落实意见。省委书记王东峰主持会议并讲话。

4月2日 省长许勤主持召开省政府常务会议，认真学习贯彻习近平总书记关于做好森林防火工作的重要批示指示和在中共中央政治局会议上的重要讲话精神，按照省委常委会会议部署，研究省政府落实意见。

同日 省委书记、省人大常委会主任王东峰就生态文明建设和农业供给侧结构性改革工作赴衡水市调研检查。省领导袁桐利、高志立、时清霜参加调研检查。

同日 全省森林草原防火和安全稳定电视电话会议召开，省委副书记赵一德在主持会议并讲话。

4月3日 省长许勤就森林防火工作到省森林防火指

挥中心和井陉县防火检查站、林场调研检查，慰问一线森林消防队员和工作人员。省政府秘书长朱浩文参加调研。

4月4日 省长许勤主持召开省政府常务会议，研究《河北省农业结构调整行动方案》《河北省政务服务大厅建设运行方案》以及市场监管领域“双随机、一公开”等工作。

4月4日至5日 省委书记、省人大常委会主任王东峰就防灾减灾救灾工作在唐山市调研检查。袁桐利、高志立、王浩 参加调研检查。

4月5日 省长许勤就市域主导产业和县域特色产业发展情况赴邢台市调研检查。省政府秘书长朱浩文参加调研。

4月6日 省委常委、副省长，雄安新区党工委书记、管委会主任陈刚主持召开新区地名规划工作专题会。

同日 副省长、省公安厅厅长刘凯就森林草原防火和安全稳定工作赴定州、辛集市调研检查。

4月8日 省委常委、常务副省长袁桐利就县域经济发展赴辛集市调研。

同日 全省春季农业生产暨特色产业推进工作电视电话会议在石家庄召开。副省长时清霜出席会议并讲话。

4月12日 全省深入学习贯彻水污染防治法加强水环境治理保护工作视频会议在石家庄召开。省人大常委会副主任王会勇出席会议。

同日 省委副书记赵一德主持召开奶业振兴专题工作会议，副省长时清霜出席会议。

4月16日 副省长夏延军就中医药产业发展工作到安国市调研。

4月16日至17日 生态环境部副部长赵英民就白洋淀生态环境综合整治情况到雄安新区调研。

4月18日至19日 省委书记、省人大常委会主任王东峰，省委副书记、省长许勤就重点基础设施建设、白洋淀生态环境保护与治理、文物保护等方面工作赴雄安新区调研检查。袁桐利、陈刚、高志立参加调研检查。

4月19日 省委省政府森林草原防火指挥部全体会议在石家庄召开。

同日 副书记赵一德在主持召开农业农村工作专题调度会，副省长时清霜出席会议。

4月21日 省委常委会召开会议，认真传达学习贯彻中共中央政治局会议精神和习近平总书记在解决“两不愁三保障”突出问题座谈会上的重要讲话精神，研究全省一季度经济运行情况及下一步工作安排，部署深入推进全省脱贫攻坚工作。省委书记王东峰主持会议并讲话。

同日 省长许勤主持召开省政府常务会议，深入学习贯彻中共中央政治局会议精神和习近平总书记在解决“两不愁三保障”突出问题座谈会上的重要讲话精神等，按照省委常委会部署安排，研究省政府系统贯彻落实意见。

4月24日 副省长时清霜就发展科技农业到省农林科学院调研。

同日 副省长时清霜主持召开省防治重大动物疫病指挥部会议。

同日 副省长时清霜赴邯郸参加京津冀蔬菜产销对接大会。

4月25日 全省经济工作暨乡村振兴和脱贫攻坚推进会议在石家庄举行。省委书记、省人大常委会主任王东峰出席会议并讲话。省委副书记、省长许勤出席会议并讲话，省政协主席叶冬松出席。省委副书记赵一德主持。会议以广电网络视频会议形式召开。省委常委，省人大常委会党组书记，省政府副省长；省政府秘书长，省直有关单位、驻石省委管理领导人员企业、省属重点骨干大学、中直驻冀单位主要负责人在主会场参加会议。各市（含定州、辛集市）、雄安新区、各县（市、区）设分会场。

4月26日 省委书记、省人大常委会主任王东峰就县域经济发展工作到邢台市调研检查。省委常委、常务副省长袁桐利，省领导高志立参加调研检查。

同日 副省长时清霜就提升产业综合竞争力工作赴邯郸市调研。

4月28日 省长许勤主持召开省政府常务会议，认真学习贯彻习近平总书记重要讲话精神，研究《塞罕坝机械林场及周边地区可持续发展规划》《关于开发区深化改革开放的若干措施》《关于切实做好防灾减灾救灾工作的意见》等。

4月29日 副省长时清霜带领省直有关部门负责同志赴唐山就滦河河道治理工程进行调研。

4月29日至30日 副省长时清霜就打造“四个农业”等工作到唐山、秦皇岛调研。

4月30日 省委常委、副省长，雄安新区党工委书记、管委会主任陈刚就南拒马河防洪工程开工建设情况到容城县调研检查。

同日 “中国渔政亮剑2019”全国海洋伏季休渔暨渤海综合治理渔政执法行动启动仪式在秦皇岛举行。农业农村部副部长于康震讲话，副省长时清霜致辞。

五　　月

5月1日 省长许勤就县域特色产业及安全生产等情况赴衡水武邑、阜城、景县，调研检查，看望慰问节日期间坚守岗位的企业职工。

5月4日 省委书记、省人大常委会主任王东峰主持召开省扶贫开发和脱贫工作领导小组会议，传达学习中央关于2018年脱贫攻坚成效考核情况的通报，通报我省2018年扶贫开发工作成效考核评价及贫困县退出情况，研究审议省扶贫开发和脱贫工作领导小组成员单位2019年脱贫攻坚目标任务。省委副书记、省长许勤出席会议。省委副书记赵一德通报有关情况。省领导袁桐利、王晓东、徐建培、时清霜参加会议。

同日 省委常委会召开扩大会议，认真传达学习《中共中央办公厅国务院办公厅关于2018年脱贫攻坚成效考核情况的通报》，研究我省贯彻落实意见，审定关于2018年扶贫开发工作成效考核情况。省委书记王东峰主持会议并讲话。

5月7日至10日 中共中央政治局委员、全国人大常委会副委员长王晨率全国人大常委会水污染防治法执法检查组在河北开展执法检查。王东峰、许勤、王浩、范照兵、王晓东、周仲明 分别参加有关活动。

5月8日 省委书记、省人大常委会主任王东峰就脱贫攻坚工作在张家口市怀安县调研检查。副省长时清霜参加调研检查。

5月8日至10日 国务院扶贫办主任刘永富就脱贫攻坚工作到保定市调研。省委副书记赵一德陪同调研。省人大常委会副主任、保定市委书记聂瑞平，副省长时清霜，国管局副局长王永红参加有关活动。

5月9日 省长许勤就脱贫攻坚工作在承德调研检查。省领导周仲明、省政府秘书长朱浩文一同调研检查。

同日 副省长夏延军就文旅产业和农村电子商务发展到邯郸大名县、馆陶县调研。

5月10日 按照中央农村工作领导小组统一部署，中央农办在我省召开2019年中央一号文件宣讲报告会。会议采取电视电话会议形式召开，由中央一号文件起草领导小组成员、宣讲组组长，中央农办秘书局副局长祝卫东作辅导报告。副省长时清霜主持会议并讲话。

5月13日 副省长时清霜在邯郸市峰峰矿区主持召开全省农村人居环境整治工作现场观摩会。

5月14日 副省长时清霜在石家庄主持召开科技农业发展座谈会。

5月15日 海河、辽河、松花江流域禁渔期制度暨执法行动同步启动活动在白洋淀举行。农业农村部副部长于康震讲话，副省长时清霜致辞。

5月17日 省防汛抗旱指挥部召开今年第一次全体会议，省委常委、常务副省长袁桐利，副省长时清霜出席会议并讲话。

5月20日 省委书记、省人大常委会主任王东峰在石家庄与中粮集团董事长吕军、总裁于旭波举行工作座谈。省委副书记、省长许勤参加座谈。中粮集团领导陈朗、骆家駹，省领导时清霜参加座谈。

同日 海河防汛抗旱总指挥部在北京召开工作会议，研究部署今年防汛抗旱工作。海河防总总指挥、省长许勤出席会议并讲话。国家防总秘书长、水利部副部长兼应急管理部副部长叶建春到会指导并讲话。北京市副市长张家明、天津市副市长李树起、副省长时清霜及山西、河南、山东省防指有关负责同志参加会议并发言。海河防总常务副总指挥、海委主任王文生主持会议。

5月21日 北京市党政代表团就进一步加强扶贫协作工作到我省保定市考察并举行河北省•北京市扶贫协作工作座谈会。中共中央政治局委员、北京市委书记蔡奇，北京市委副书记、市长陈吉宁和省委书记、省人大常委会主任王东峰，省委副书记、省长许勤等出席活动。座谈会上，陈吉宁、许勤分别介绍了京冀两省市扶贫协作工作情况。蔡奇、王东峰分别讲话。北京市领导林克庆、陈雍、魏小东、崔述强，市政府秘书长靳伟；省领导梁田庚、高志立、刘爽、聂瑞平、时清霜，省政府秘书长朱浩文参加活动。

5月21日至22日 中联部部长宋涛带领中联部相关人员到行唐县调研定点扶贫工作。副省长时清霜陪同调研。

5月22日 全省气象灾害防御指挥部会议在石家庄召开。副省长时清霜出席会议并讲话。

5月23日 省委常委、副省长，雄安新区党工委书记、管委会主任陈刚到南拒马河防洪工程调研。

同日 国务院扶贫办副主任夏更生在国务院新闻办召开的新闻发布会上公布，河北省等10个省区2018年脱贫攻坚成效考核为综合评价好的省份。

5月23日至24日 中共中央政治局委员、国务院副总理胡春华就水利工作到河北调研。省委书记、省人大常委会主任王东峰，省委常委、秘书长高志立，副省长时清霜参加有关活动。

5月25日 省委常委会召开会议，深入贯彻习近平生态文明思想，全面落实党中央关于生态文明建设的决策部署，审议通过《2019年河湖长制重点工作推进方案》。省委书记、省人大常委会主任王东峰主持会议并讲话。

同日 省委副书记赵一德主持召开解决“两不愁三保障”突出问题专题调度会，副省长时清霜出席会议并讲话。

5月27日 全省防汛抗旱工作电视电话会议在石家庄召开。省委常委、常务副省长袁桐利出席会议并讲话，副省长时清霜主持会议，省军区副司令员潘平出席会议。会后，袁桐利、时清霜到省防汛抗旱指挥部调研。

5月29日 全省推进高质量发展全面建成小康社会专题研讨班在石家庄举行。省委书记、省人大常委会主任王东峰出席第一次全体会议并讲话。省委副书记、省长许勤主持会议。叶冬松、赵一德出席会议。袁桐利 分别就全省优化产业布局、加快全面建成小康社会，做好国土空间规划编制工作发言。省委常委，省人大常委会党组书记，省政府副省长；各市（含定州、辛集市）市委书记、市长，雄安新区管委会常务副主任；省直有关单位主要负责人；各县（市、区）委书记、县（市、区）长参加研讨班。

5月30日 全省推进高质量发展全面建成小康社会专题研讨班举行第二次全体会议。省委书记、省人大常委会主任王东峰，省政协主席叶冬松出席会议。省委副书记、省长许勤作总结讲话。省委副书记赵一德主持。省委常委，省人大常委会党组书记，省政府副省长；各市（含定州、辛集市）市委书记、市长，雄安新区管委会常务副主任；省直有关单位主要负责人；各县（市、区）委书记、县（市、区）长参加会议。

同日 省长许勤参加全省推进高质量发展全面建成小康社会专题研讨班秦皇岛组讨论。省领导冉万祥参加讨论。

六　月

6月4日 省政府召开全省地下水超采综合治理工作会议，副省长时清霜出席会议并讲话。

6月9日 省委书记、省人大常委会主任王东峰就防汛和生态环境治理工作在唐山调研检查。高志立、王浩 参加调研检查。

同日 省委常委、副省长，雄安新区党工委书记、管委会主任陈刚主持召开新区土地供应决策机制和流程建设专题会。

6月10日 省委常委、常务副省长袁桐利就滦河流域防汛工作赴丰宁满族自治县检查。

同日 省委常委、常务副省长袁桐利就脱贫攻坚工作在丰宁满族自治县调研。

6月11日 全省易地扶贫搬迁工作推进会在承德市丰宁满族自治县召开。省委常委、常务副省长袁桐利出席会议并讲话。

同日 副省长时清霜就防汛工作到保定易县调研。

6月12日 农业农村部党组书记、部长韩长赋就夏粮生产及农产品加工情况到邢台调研，并主持召开草地贪夜蛾防控工作座谈会。副省长时清霜陪同调研并参加座谈。

6月12日至14日 全国政协副主席张庆黎率调研组就充分发挥南水北调中线工程综合效益来我省开展重点提案督办调研。省委书记、省人大常委会主任王东峰汇报有关工作，省政协主席叶冬松陪同调研。调研组先后到保定、邢台、石家庄进行调研，实地考察了南水北调中线工程综合利用、运行管理和水质保护等情况。全国政协提案委员会副主任郭庚茂、戚建国，驻会副主任陈因，委员侯贺华、孙来燕、何建中、陈萌山等参加调研，京津豫鄂陕政协副主席李伟、赵仲华、钱国玉、张维国、祝列克参加座谈会，省领导高志立、聂瑞平、时清霜、苏银增分别参加有关活动。

6月13日 省长许勤就防汛抗旱工作到省防汛抗旱指挥部调研检查。省政府秘书长朱浩文参加调研。

6月18日 由省政府、中国食品工业协会主办的河北省农产品加工业发展大会在邢台开幕。副省长时清霜出席开幕式并宣布开幕。省有关部门、各设区市和辛集、定州市有关负责同志及百余家国内外大型农产品加工企业负责人参加会议。

6月19日 副省长时清霜就防汛工作赴邢台检查。

6月21日 时清霜副省长在郑州参加第二届中国粮食交易大会。

6月23日 全省县（市、区）委书记脱贫攻坚“擂台赛”以广电网络视频会议形式在石家庄举行。省委书记、省人大常委会主任王东峰出席会议并讲话。省委副书记、省长许勤主持会议。省领导赵一德、王晓东、聂瑞平、周仲明、徐建培、时清霜、曹素华在主会场出席会议。省扶贫开发和脱贫工作领导小组成员单位主要负责人、分管负责人和相关处室负责人，省扶贫办厅处级干部在主会场参加会议。各市、雄安新区、各县（市、区）设分会场。

6月24日 省长许勤主持召开省政府常务会议，认真学习习近平总书记对四川长宁6.0级地震作出的重要指示精神，传达学习全国重点地区防汛抗旱工作会议精神，研究省政府系统贯彻落实意见；审议《省政府领导包联县域特色产业实施方案》。

同日 省委常委、副省长，雄安新区党工委书记、管委会主任陈刚主持召开唐河污水库环境综合治理及生态修复专题会。

6月25日至26日 省委书记、省人大常委会主任王东峰就防汛抗旱和生态环境治理工作赴雄安新区调研检查。省委副书记、省长许勤参加调研检查。陈刚、高志立、聂瑞平 、时清霜参加调研检查。

6月27日 全省耕地保护督察工作动员部署电视电话会议在石家庄召开， 对我省开展耕地保护督察的国家自然资源督察北京局督察组负责人出席并通报督察工作安排。

同日 省委书记、省人大常委会主任王东峰就脱贫攻坚和易地扶贫搬迁工作在保定市调研检查主持召开座谈会。省领导袁桐利、高志立、聂瑞平、时清霜参加有关活动。

6月27日至28日 省长许勤就县域经济和特色产业到张家口调研。省政府秘书长朱浩文参加调研。

6月28日 省委常委、副省长，雄安新区党工委书记、管委会主任陈刚会见国家减灾委专家委副主任闪淳昌一行。

6月30日 我省召开纪念中国共产党成立98周年座谈话。省委副书记、省长许勤主持。省政协主席叶冬松等出席。省委副书记赵一德宣读关于对全省扶贫脱贫先进驻村工作队、优秀驻村第一书记和优秀驻村工作队员的表彰通报，省委常委、组织部部长梁田庚宣读关于表彰“千名好支书”的决定。省委常委，省人大常委会党组书记；省直各单位和驻石省管企业、省属高校党组（党委）主要负责同志；各市（含定州、辛集市）党委、雄安新区党工委负责同志；先进驻村工作队、优秀驻村第一书记、优秀驻村工作队员和“千名好支书”代表等参加座谈会。

七　月

7月1日　省委常委会召开会议，深入贯彻习近平总书记关于社会治理创新重要论述，传达学习全国加强乡村治理体系建设工作会议精神，审议通过《关于加强和改进城市基层党建工作的若干措施》。省委书记王东峰主持并讲话。

同日　永定河省级河长、副省长张古江就永定河系防汛工作赴保定检查指导。

7月2日　副省长时清霜就防汛抗旱工作到秦皇岛检查。

7月3日　省政府党组书记、省长许勤主持召开省政府党组会议，传达学习全国农村人居环境整治暨“厕所革命”现场会精神，研究省政府系统贯彻落实意见；听取全省棚户区和老旧小区改造进展情况汇报，安排布置下步工作。

7月4日　副省长夏延军就防汛工作赴保定和定州检查指导。

同日　副省长时清霜就河长制湖长制落实情况及防汛抗旱等工作赴衡水调研。

7月5日　省委常委、副省长，雄安新区党工委书记、管委会主任陈刚就南拒马河防洪治理工程（容城段）建设情况到容城县调研检查。

7月5日至6日　副省长夏延军在秦皇岛经开区调研重点帮扶企业，并就葡萄酒产业振兴工作在昌黎县调研。

7月8日　省委常委、副省长，雄安新区党工委书记、管委会主任陈刚主持召开新区土地供应政策专题会。

同日　副省长时清霜就乳品产业发展工作到行唐县调研指导。

同日　省人大常委会召开《河北省人大常委会关于加强张家口承德地区草原生态建设和保护的决定（草案）》征求意见座谈会，省人大常委会党组书记、常务副主任范照兵，省人大常委会党组副书记、副主任王晓东出席会议。

7月9日　全省防汛抗旱工作电视电话会议在石家庄召开。省委常委、常务副省长、省防汛抗旱指挥部指挥长袁桐利出席会议并讲话，副省长时清霜主持会议。

7月10日　省委常委、常务副省长袁桐利就安全整治和防汛工作深入到石家庄市化工企业调研。

同日　副省长徐建培就防汛工作到沧州检查指导。

7月11日　省委常委、副省长，雄安新区党工委书记、管委会主任陈刚就基层党的建设和农村人居环境综合整治到雄县调研。

7月12日　省委常委、常务副省长袁桐利就县域特色产业发展情况到香河县调研。

7月14日　河北雄安新区规划建设工作领导小组召开会议，听取雄安新区造林绿化建设方案和工作进展汇报，研究部署下一阶段生态建设和绿化造林任务。省委书记、省人大常委会主任王东峰主持会议并讲话。省委副书记、省长许勤出席会议。梁田庚、陈刚、焦彦龙、高志立、张古江、徐建培 、夏延军、时清霜参加会议。

同日　雨露计划贫困家庭毕业生就业帮扶推进会在石家庄邮电职业技术学院召开。国务院扶贫办副主任欧青平出席会议并对下一步工作进行安排部署。副省长时清霜出席并讲话。教育部、人社部相关负责同志，河北、河南、广东等12个省（区）扶贫办相关负责同志等参加会议。

7月16日至17日　全省产业扶贫、奶业振兴暨农村集体产权制度改革工作会议在张家口召开。省委副书记赵一德出席会议并讲话。副省长时清霜主持会议。

7月17日　副省长张古江就民心工程、县域特色产业等到雄安新区和包联县保定市高阳县调研。

7月18日　省粮食安全责任制考核工作组第四次联席会议暨省政策性粮食库存数量和质量大清查领导小组会议在石家庄召开。省委常委、常务副省长袁桐利出席会议并讲话。

7月19日　中央农办副主任，农业农村部党组副书记、副部长韩俊一行，就农业农村行业领域开展扫黑除恶专项斗争工作情况来我省调研，副省长时清霜陪同调研。

7月20日　省委常委、常务副省长袁桐利就县域特色产业发展到衡水市调研。

同日　副省长张古江就包联县域特色产业和包联企业在唐山调研指导。

7月22日　省委、省政府召开全省应对强降雨过程视频调度会，副省长时清霜出席会议并讲话。

同日　副省长时清霜就包联县域特色产业赴平泉市调研，并检查指导防汛工作。

7月22日至23日　国务委员、国家防汛抗旱总指挥部总指挥王勇在河南调研防汛抗旱抢险救灾工作，并主持召开黄河海河流域防汛抗旱工作会议。省长许勤赴河南参加会议。

同日　副省长时清霜带领省直有关部门赴承德平泉调研食用菌产业发展现状。

7月25日　省地质灾害防治工作领导小组（扩大）会议在石家庄召开。

7月27日　省防汛抗旱指挥部在唐山迁安市召开全省

应对强降雨过程视频调度会，省委常委、常务副省长袁桐利出席会议并讲话，副省长时清霜主持会议。

7月27日至28日 全省生态文明建设暨乡村治理工作会议在唐山市召开。省委书记、省人大常委会主任王东峰出席会议并讲话。省委副书记、省长许勤主持会议。省领导赵一德、袁桐利、邢国辉、高志立、王浩、聂瑞平、周仲明、时清霜出席会议 。会上，与会代表观看了《全省生态文明建设》宣传片。唐山市、石家庄市、承德市、廊坊市、邯郸市、秦皇岛市主要负责同志作了发言。各市（含定州、辛集市）市委书记、分管副市长、生态环境局局长、农业农村局局长；雄安新区管委会常务副主任，生态环境局局长；省直有关部门负责同志；唐山市有关负责同志参加会议。

7月30日 副省长时清霜就防汛和农村饮水安全工作到邯郸市检查。

7月31日 省长许勤到雄安新区调研检查工作，就开展“不忘初心、牢记使命”主题教育征求意见建议，并主持召开专题会议，对雄安新区规划建设、防汛等相关工作研究调度。袁桐利、陈刚 参加有关活动。

同日 全省科技扶贫现场会在保定市阜平县召开。省委书记、省人大常委会主任王东峰作出批示。省委副书记赵一德出席并讲话，省人大常委会副主任、保定市委书记聂瑞平出席，副省长徐建培传达了王东峰书记批示。

八　月

8月1日 省委常委、副省长，雄安新区党工委书记、管委会主任陈刚到雄县检查防汛和安全生产工作。

8月2日 省人大常委会召开河北省水资源情势专题调研座谈论证会，邀请中国工程院院士王浩就河北省水资源现状及问题进行讲授交流，省人大常委会党组副书记、副主任王晓东出席。

8月5日 副省长张古江就做好冬季城乡供暖和垃圾污水处理工作到邢台市、任县调研督导。

8月9日 副省长时清霜在北京参加农业扶贫战略暨承德农产品区域品牌推介活动。

8月10日 省防汛抗旱指挥部召开全省防范应对第9号台风“利奇马”暨强降雨过程视频会议。会议传达了国务院领导同志和省委书记王东峰、省长许勤批示，省委常委、常务副省长袁桐利出席并讲话，副省长时清霜主持。

同日 省委常委、副省长，雄安新区党工委书记、管委会主任陈刚就防汛和白洋淀旅游秩序整治及景区形象提升工作到安新县调研。

8月11日 省长许勤就防台风“利奇马”工作到省防汛抗旱指挥部调度检查，并与海河防汛抗旱指挥部办公室视频连线，督导调度海河流域防台风工作。省领导袁桐利作具体安排，省政府秘书长朱浩文参加会议。

同日 水利部副部长兼应急管理部副部长、国家防汛抗旱总指挥部秘书长叶建春就台风降雨防御工作到沧州检查指导，副省长时清霜陪同。

8月26日 全省脱贫防贫暨“千企帮千村”工作推进会在石家庄举行。省委书记、省人大常委会主任王东峰出席会议并讲话。省委副书记、省长许勤主持会议。省领导赵一德、袁桐利、冉万祥、周仲明、徐建培、时清霜、曹素华在主会场出席会议。会议以广电网络视频会议形式召开。省扶贫开发和脱贫工作领导小组成员单位和省市场监督管理局、省税务局主要负责人、分管负责人；150家参加“千企帮千村”精准扶贫行动民营企业（商会）负责人；省扶贫办、省工商联厅处级干部在主会场参加会议。各市（含定州、辛集市）、雄安新区、各县（市、区）设分会场。

同日 省委常委、副省长，雄安新区党工委书记、管委会主任陈刚参加河北省脱贫防贫暨“千企帮千村”工作推进视频会。

8月27日 全省易地扶贫搬迁现场推进会在张家口市康保县召开。省委常委、常务副省长袁桐利出席会议并讲话。

同日 全省“空心村”治理现场推进会在张家口市康保县召开。省委常委、常务副省长袁桐利出席会议并讲话。

同日 省委常委、副省长，雄安新区党工委书记、管委会主任陈刚实地调研府河河口湿地水质净化工程建设情况。

九　月

9月2日至5日 全国人大常委会副委员长艾力更•依明巴海率全国人大教科文卫委员会调研组一行，到我省就贯彻实施防震减灾法工作情况进行考察调研。全国人大常委会委员、教科文卫委员会主任委员李学勇，全国人大常委会委员、教科文卫委员会副主任委员杨树安，全国人大教科文卫委员会委员刘云志及部分全国人大代表参加调研。省领导陈刚、王晓东、刘凯等参加相关活动。

9月2日至6日 根据全国人大常委会办公厅《关于委托有关省（市）人大常委会开展渔业法执法检查的通知》要求，河北省人大常委会组成执法检查组对全省实施《中华人民共和国渔业法》情况开展了执法检查。

9月5日 省长许勤到国家统计局河北调查总队调研，看望慰问广大干部职工。

9月7日 京津冀社会组织助力脱贫攻坚项目签约暨民政事业协同发展第三次联席会议在丰宁满族自治县召

开。民政部副部长詹成付、副省长张古江出席会议并讲话。

9月9日 省长许勤就市域主导产业和县域特色产业发展等工作到衡水调研检查。省政府秘书长朱浩文参加调研。

9月10日 副省长夏延军赴清河县出席第26届清河国际羊绒交易会开幕式，并就深化开发区改革、区域产品质量提升等工作进行调研。

9月12日 省政府印发关于加快推进农业机械化和农机装备产业转型升级的实施意见（冀政发〔2019〕4号）

9月17日 许勤省长赴国家气象局参加省部联席会议。

9月19日 省委书记、省人大常委会主任王东峰在石家庄与到我省开展工作督查的国务院扶贫开发领导小组脱贫攻坚督查组副组长、国家统计局副局长李晓超一行举行工作座谈。省委副书记、省长许勤，省委副书记赵一德参加座谈。副省长时清霜陪同督查组督查并参加座谈，省政府秘书长朱浩文 参加座谈。

9月23日 副省长、大运河省级河长刘凯就河长制落实及河湖“四乱”清理工作到沧州市进行调研督导。

9月26日 省长许勤主持召开省政府常务会议，认真学习习近平总书记近期重要讲话精神，传达学习部分省份稳就业工作座谈会和国务院第六次大督查动员部署会议精神，研究省政府系统贯彻落实意见，审议《张家口首都水源涵养功能区和生态环境支撑区建设规划（2019-2035年）实施意见》等文件。

同日 省委常委、副省长，雄安新区党工委书记、管委会主任陈刚就安全生产和大气污染防治工作到安新县调研。

9月27日 促进家庭农场和农民合作社高质量发展工作推进会在河北省邢台市召开。中共中央政治局委员、国务院副总理胡春华出席会议并讲话。省委书记、省人大常委会主任王东峰出席会议并致辞。省委副书记、省长许勤在会上发言。省委副书记赵一德，副省长时清霜参加会议。

同日 中共中央政治局委员、国务院副总理胡春华就生猪生产和供应保障工作到邯郸、邢台地实地督导。省委书记、省人大常委会主任王东峰，省委常委、秘书长高志立，副省长时清霜参加活动。

9月29日 省政府召开全省秋冬季森林草原防灭火和安全生产工作电视电话会议，省委常委、常务副省长袁桐利出席会议并讲话。

十　月

10月8日至12日 省人大常委会开展地下水管理条例执法检查，分两个检查组重点对石家庄、张家口、保定、沧州、衡水、邢台等6个设区市及所属部分县（市、区）贯彻实施条例情况进行实地检查。同时，委托承德、唐山、秦皇岛、廊坊、邯郸及辛集、定州市自行检查。省人大常委会党组副书记、副主任王晓东出席汇报动员会并作动员讲话。

10月10日 省长许勤主持召开省政府常务会议，认真学习贯彻习近平总书记近期重要讲话精神，研究审议《白洋淀生态环境治理和保护条例（草案）》《中国（河北）自由贸易试验区管理办法》等。

10月11日 全省河湖长制、休闲渔业发展、奶业振兴、生猪稳产保供会议在秦皇岛召开。副省长时清霜出席会议并讲话。

同日 全国人大农业与农村委员会副主任委员王宪魁，委员王超英、葛会波赴沧州市调研粮食储备及财政补贴情况，省人大常委会副主任聂瑞平陪同调研。

10月11日至12日 全国人大常委会副委员长沈跃跃到我省唐山市、石家庄市，对水污染防治法实施情况进行跟踪检查，对土壤污染防治法实施情况进行调研。省委书记、省人大常委会主任王东峰参加有关活动。全国人大常委会委员、全国人大环资委主任委员高虎城，全国人大常委会委员、全国人大环资委副主任委员窦树华；省领导邢国辉、高志立、范照兵、王晓东、葛海蛟分别参加有关活动。

10月16日 全省乡村振兴工作推进会在廊坊市固安县召开。省委书记、省人大常委会主任王东峰，省委副书记、省长许勤作出批示。省委副书记赵一德出席会议并讲话。

10月19日 省委常委、常务副省长袁桐利就皮革特色产业发展情况到肃宁县调研。

10月19日至20日 省长许勤就脱贫攻坚战、冬奥会筹办等工作到张家口调研检查。副省长徐建培、省政府秘书长朱浩文参加有关活动。

10月19日至24日 省人大常委会深化“扶贫脱贫攻坚、大气污染防治、优化营商环境”三项联动监督第三执法检查组到张家口、承德、保定（重点检查扶贫脱贫攻坚）、定州、辛集市（重点检查大气污染防治）和省扶贫办、省文化和旅游厅、省农业农村厅、省水利厅，检查贯彻实施《中华人民共和国大气污染防治法》《河北省大气污染防治条例》和《河北省农村扶贫开发条例》《河北省优化营商环境条例》相关情况。执法检查组由省人大常委会副主任王会勇任组长，法工委主任周英、农工委主任梁久丰任副组长，成员由省人大常委会委员、农业和农村委员会委员和省人大代表组成。

10月20日 省委常委、副省长，雄安新区党工委书记、管委会主任陈刚调研白洋淀内源污染治理工作情况。

10月23日 省长许勤主持召开省政府常务会议，深入学习贯彻习近平总书记对脱贫攻坚工作的重要指示；研究前三季度经济运行情况；审议《关于加快冰雪运动发展的意见》推进落实方案等。

10月24日　全国脱贫攻坚先进事迹巡回报告会在石家庄举行。国务院国资委副主任、报告团负责人任洪斌传达习近平总书记重要指示和李克强总理批示，省委书记、省人大常委会主任王东峰在会前会见报告团一行并出席报告会。省委副书记、省长许勤参加会见并主持报告会，省政协主席叶冬松等参加有关活动。省领导焦彦龙、王会勇、葛海蛟、孙瑞彬，省政府秘书长朱浩文参加有关活动。报告会以广电网络视频会议形式召开，各市（含定州、辛集市）、雄安新区、各县（市、区）设分会场。省扶贫开发和脱贫工作领导小组成员单位、省直有关单位负责同志、驻村干部代表等在主会场参加报告会。

同日　省委常委会召开扩大会议，认真传达学习贯彻习近平总书记对脱贫攻坚工作作出的重要指示精神，全面落实李克强总理批示、汪洋主席讲话和全国脱贫攻坚奖表彰大会暨先进事迹报告会精神，研究我省贯彻落实意见。省委书记王东峰主持并讲话。

10月26日　省政府召开全省秋冬季造林绿化工作电视电话会议，省委常委、常务副省长袁桐利出席会议并讲话。

同日　全省残疾人就业创业暨残疾人扶贫工作现场会在石家庄市行唐县召开。省委书记、省人大常委会主任王东峰作出批示。省委副书记赵一德出席会议并讲话，副省长夏延军主持会议并传达了王东峰书记批示。

10月29日　省农村留守儿童关爱保护和困境儿童保障工作联席会议在石家庄召开。副省长张古江出席并讲话。

10月30日　到我省沧州、衡水、石家庄市开展华北地下水超采调研的全国政协常委、人口资源环境委员会副主任姜大明召开座谈会。中国地质灾害防治工程行业协会会长汪民、全国政协常委曹卫星、全国政协委员张德霖等参加座谈会。副省长时清霜出席座谈会并介绍我省地下水超采综合治理总体情况。

10月31日　副省长葛海蛟就白洋淀生态环境治理保护工作到雄安新区和保定市调研。

十一月

11月1日　全省品牌农业发展大会在廊坊召开。副省长时清霜出席会议并讲话。

同日　副省长时清霜出席在廊坊国际会展中心举行的第二十三届中国（廊坊）农产品交易会河北省农业项目签约仪式。

11月3日　省委常委、常务副省长袁桐利就脱贫攻坚工作到丰宁满族自治县调研。

11月6日　省委书记、省人大常委会主任王东峰在石家庄与中央一号文件贯彻落实情况第9督查组举行工作座谈。省委副书记、省长许勤参加座谈。省委副书记赵一德参加座谈。省领导高志立、张古江，省政府秘书长朱浩文参加有关活动。

11月7日　副省长时清霜就脱贫攻坚工作到阳原县调研。

11月8日　2019年脱贫攻坚成效实地考核动员培训会在石家庄召开。省委副书记赵一德出席会议并讲话。副省长时清霜主持会议。

11月13日　省长许勤主持召开省政府常务会议，认真学习贯彻习近平总书记近期重要讲话精神，研究我省非贫困县、非贫困村脱贫攻坚工作，审议《河北省生态环境保护条例（修订草案）》等。

11月14日　省委常委会召开会议，传达学习贯彻习近平总书记关于加强和改进统一战线工作的重要思想研讨会精神，研究我省贯彻落实意见，审议通过《河北省贯彻落实〈中国共产党农村工作条例〉实施办法》。省委书记王东峰主持并讲话。

11月19日　省政府与中国农业发展银行在石家庄签署推动乡村振兴战略实施合作协议。省委书记、省人大常委会主任王东峰，中国农业发展银行董事长解学智出席签约仪式。中国农业发展银行副行长孙兰生；省领导袁桐利、高志立、葛海蛟参加有关活动。

同日　中国农业发展银行董事长解学智一行到雄安新区参观考察，并与雄安新区签署战略合作协议。省委常委、副省长，雄安新区党工委书记、管委会主任陈刚参加有关活动。

11月20日　副省长时清霜与到我省访问的荷兰南荷兰省副省长安德瑞出席河北省—南荷兰省农业产业推介会。

11月28日　全省推动“四好农村路”高质量发展现场会在廊坊市香河县召开。副省长张古江出席会议并讲话。

11月29日　副省长张古江参加在廊坊举行的2019年京津冀最美农民工宣讲报告活动，并为最美农民工代表颁奖。

十二月

12月1日至2日　省长许勤就脱贫攻坚工作在张家口市调研，检查省脱贫攻坚成效考核发现问题整改情况，并主持召开座谈会，就排查问题、整改提升工作进行安排布置。省政府秘书长朱浩文参加调研。

12月3日　副省长张古江就脱贫攻坚等工作到顺平县

调研检查。

12月5日 2019年第三期全省县（市、区）委书记脱贫攻坚“擂台赛”在石家庄举行。省委书记、省人大常委会主任王东峰出席会议并讲话。省委副书记、省长许勤主持会议。省委副书记赵一德宣读《河北省扶贫开发和脱贫工作领导小组关于全省脱贫攻坚成效考核发现问题和整改措施的通报》。省领导袁桐利、高志立、张古江、曹素华在主会场出席会议。会议以广电网络视频会议形式召开。省扶贫开发和脱贫工作领导小组成员单位、省扶贫办有关负责同志在主会场参加会议。各市、雄安新区、各县（市、区）设分会场。

12月6日 省长许勤主持召开省政府常务会议，认真学习贯彻习近平总书记近期重要讲话精神，研究东西部扶贫协作、完善贫困地区乡村产业体系等工作。

同日 省长许勤主持召开省长办公会议，认真学习贯彻习近平总书记关于国土空间规划工作的重要指示精神，研究我省国土空间规划编制工作。省委常委、常务副省长袁桐利，省政府秘书长朱浩文参加会议。

12月9日 省根治拖欠农民工工资工作领导小组全体会议在石家庄召开。副省长张古江出席会议并讲话。

同日 副省长时清霜到衡水市巡河调研。

12月10日 全省地下水超采综合治理工作推进会在沧州市东光县召开。省委副书记赵一德出席会议并讲话，副省长时清霜主持会议。

12月11日 副省长张古江就农民工治欠保支工作到辛集调研。

12月12日 副省长时清霜就地下水超采综合治理和农业产业化工作到保定调研。

12月15日 全国文化科技卫生“三下乡”集中示范活动在灵寿县举行。国家发改委副主任连维良宣布活动启动，省委常委、常务副省长袁桐利，副省长时清霜参加有关活动。

12月17日 全省农民工工作暨保障农民工工资支付工作电视电话会议在石家庄召开。会上传达了省长许勤的批示。副省长张古江出席会议并讲话。

12月19日 省委常委、副省长，雄安新区党工委书记、管委会主任陈刚主持召开土地一级开发管理工作专题会。

12月20日至21日 中央农村工作会议在北京召开。会议传达学习了中共中央总书记、国家主席、中央军委主席习近平日前在中央政治局常委会会议专门研究“三农”工作时发表的重要讲话。中共中央政治局委员、国务院副总理胡春华出席会议并讲话。国务委员兼国务院秘书长肖捷主持第一次全体会议。副省长时清霜参加会议。

12月21日 省委常委、常务副省长袁桐利就滦河生态环境保护工作到唐山市调研。

12月23日 副省长时清霜就生猪稳产保供工作到保定涿州市调研。

12月25日 副省长张古江就延崇高速、生活垃圾焚烧发电项目建设和安全生产、农民工工资清欠工作到张家口调研督导。

12月27日 省委常委会召开扩大会议，传达学习贯彻习近平总书记在中央政治局常委会会议专门研究“三农”工作时发表的重要讲话精神，认真落实胡春华同志在中央农村工作会议、全国扶贫开发工作会议上的讲话和《中共中央、国务院关于抓好“三农”领域重点工作确保如期实现全面小康的意见》精神，审议通过《中共河北省委河北省人民政府关于抓好“三农”领域重点工作确保如期实现全面小康的实施意见》。省委书记王东峰主持并讲话。

同日 省政府召开全省今冬明春火灾防控工作电视电话会议，省委常委、常务副省长袁桐利出席会议并讲话，副省长刘凯主持会议。

12月29日 省长许勤主持召开省政府常务会议，深入学习贯彻习近平生态文明思想，全面落实习近平总书记对河北工作的重要指示精神，研究《关于加强塞罕坝机械林场及周边区域生态保护的实施意见》《关于进一步加强全省土壤污染防治工作的实施意见》等文件。

12月31日 全省恢复生猪生产保障市场供应电视电话会议召开，省委副书记赵一德出席会议并讲话，副省长时清霜主持会议。

Ⅸ 附 录

一、农村统计主要指标解释

农林牧渔业总产值 指以货币表现的农、林、牧、渔业全部产品总量和对农林牧渔业生产活动进行的各种支持性服务活动的价值，它反映一定时期内农林牧渔业生产总规模和总成果。1957年以前的农林牧渔业总产值中包括了厩肥和农民自给性手工业(如农民自制衣服、鞋、袜，自己从事粮食初步加工等)。1958年及以后，林业中增加了村及村以下竹木采伐产值；牧业中取消了厩肥产值；副业中取消了农民自给性手工业产值，增加了村及村以下办的工业产值； 渔业中增加了海洋捕捞水产品产值。1980年及以后，在副业中增加了农民家庭兼营工业商品部分的产值。从1984年起村及村以下工业产值划归工业。从1993年起取消副业，将野生动物的捕猎划入牧业，野生植物采集和农民家庭兼营商品性工业划归农业。从2003年起，执行新的国民经济行业分类标准，农林牧渔业总产值中包括了农林牧渔服务业产值，2018年以后农林牧渔服务业产值改称农林牧渔专业及辅助性活动产值。林业中增加了森林采运业产值。农业中取消了家庭兼营商品性工业产值，将野生林产品的采集划归林业。第一、二、三次农业普查以后，根据农业普查结果，对农业、畜牧业、渔业年报数据和农业、畜牧业、渔业产值进行了修订。2010年执行《统计用产品分类目录》， 对2009年的农业、林业产值做了相应调整。

农林牧渔业总产值的计算方法通常是按农、林、牧、渔业产品及其副产品的产量分别乘以各自单位产品价格求得；少数生产周期较长，当年没有产品或产品产量不易统计的，则采用间接方法匡算其产值；然后将四业产品产值及农林牧渔专业及辅助性活动产值相加即为农林牧渔业总产值。

粮食产量 指农业生产经营者日历年度内生产的全部粮食数量。按收获季节包括夏收粮食、早稻和秋收粮食，按作物品种包括谷物、薯类和豆类。其产量计算方法：谷物按脱粒后的原粮计算，豆类按去豆荚后的干豆计算；薯类(包括甘薯和马铃薯，不包括芋头和木薯)1963年以前按每4公斤鲜薯折1公斤粮食计算，从1964年开始改为按5公斤鲜薯折1公斤粮食计算；城市郊区作为蔬菜的薯类(如马铃薯等)按鲜品计算，并且不作粮食统计。1989年以前全国粮食产量数据主要靠全面报表取得，1989年开始使用抽样调查数据。

棉花产量 指全社会的产量。包括春播棉和夏播棉。产量按去籽后的皮棉计算。不包括木棉。

油料产量 指全部油料作物的生产量。包括花生、油菜籽、芝麻、向日葵籽、胡麻籽（亚麻籽）和其他油料。不包括大豆、木本油料和野生油料。花生以带壳干花生计算。

水产品产量 指渔业（捕捞和养殖）生产活动的最终有效成果，包括全部海水和淡水鱼类、甲壳类（虾、蟹）、贝类、头足类、藻类和其他类渔业产品的最终产量。水产品产量是通过各级水产部门逐级上报取得数据。1995年及以前，贝类中牡蛎按鲜肉计算；蚶、蛤、蛏按5斤鲜品折1斤计算。1996年以后则统一按鲜品计算。

猪、牛、羊肉产量 指当年出栏并已屠宰、除去头蹄下水后带骨肉(即胴体重)的重量。包括全社会范围内的产量。1996年以前为全面统计并逐级上报数据。1996年第一次农业普查以后，根据普查结果，对畜牧业主要年报数据进行了修正。1999年以后，国家统计局在部分地区开展了猪、牛、羊、禽等主要畜禽品种的抽样调查，并用抽样数据作为国家定案数据使用。未开展抽样调查的地区和品种，仍使用各级统计部门逐级上报数据。2008年，建立了主要畜禽监测调查制度，猪、牛、羊、禽等主要畜禽数据均以抽样调查数为法定数据。

期初(末)畜禽存栏头(只)数 指报告期初(末)农村与城市实际存在的全部畜、禽头（只）数，包括农村各种合作经济组织和国营农场、农民个人、机关、团体、学校、工矿企业、部队等单位以及城镇居民饲养的大牲畜、猪、羊、家禽等畜禽的数量。数据上报方式及数据调整情况同猪、牛、羊肉产量。

农作物播种面积 指农业生产经营者应在日历年度内收获农作物的播种面积之和，即全部土地（耕地或非耕地）上的播种或移植面积之和。凡是本年内收获的农作物，无论是本年还是上年播种，都算为播种面积，但不包括本年播种，下年收获的农作物面积。

耕地灌溉面积　指具有一定的水源，地块比较平整，灌溉工程或设备已经配套，在一般年景下能够进行正常灌溉的耕地面积。在一般情况下，耕地灌溉面积应等于灌溉工程或设备已经配套，能够进行正常灌溉的水田和水浇地面积之和。它是反映我国农田水利建设的重要指标。

农用化肥施用量　指本年内实际用于农业生产的化肥数量，包括氮肥、磷肥、钾肥和复合肥。化肥施用量要求按折纯量计算数量。折纯量是指把氮肥、磷肥、钾肥分别按含氮、含五氧化二磷、含氧化钾的百分之百成份进行折算后的数量。复合肥按其所含主要成分折算。公式为：

折纯量＝实物量×某种化肥有效成份含量的百分比

农业机械总动力　指全部农业机械动力的额定功率之和。农业机械是指用于种植业、畜牧业、渔业、农产品初加工、农用运输和农田基本建设等活动的机械及设备。农机总动力按使用能源不同分为以下四部分：

柴油发动机动力：指全部柴油发动机额定功率之和；

汽油发动机动力：指全部汽油发动机额定功率之和；

电动机动力：指全部电动机（含潜水电泵的电动机）额定功率之和；

其他机械动力：指采用柴油、汽油、电力之外的其他能源，如水力、风力、煤炭、太阳能等动力机械功率之和。

这个指标的统计数据主要来源于农机部门。

二、农村统计常用计算公式

（一）人口统计常用指标计算公式

1.人口出生率、死亡率和自然增长率

$$\text{出生率}=\frac{\text{年内出生人数}}{\text{年内平均人数}}\times1000‰$$

$$\text{死亡率}=\frac{\text{年内死亡人数}}{\text{年内平均人数}}\times1000‰$$

$$\text{自然增长率}=\frac{\text{年内出生人数}\quad\text{年内死亡人数}}{\text{年内平均人数}}\times1000‰=\text{出生率-死亡率}$$

$$\text{注：年内平均人数}=\frac{\text{年初人口}\quad\text{年末人口}}{2}$$

2.人口密度

$$\text{人口密度}=\frac{\text{某地区总人口数}}{\text{某地区土地总面积}}$$

（二）土地面积统计常用指标计算公式

1.按农业人口或农业劳动力平均的耕地面积

$$\text{按农业人口平均的耕地面积}=\frac{\text{耕地面积}}{\text{农业人口}}$$

$$\text{按农林牧渔业劳动力平均的耕地面积}=\frac{\text{耕地面积}}{\text{农林牧渔业劳动力}}$$

2. 单位耕地产出指标

$$\begin{matrix}\text{单位耕地面积的产量}\\\text{(或产值、增加值)}\end{matrix}\quad\frac{\text{各种农产品产量(或产值、增加值)}}{\text{耕地面积}}$$

（三）农作物产量统计常用指标计算公式

1. 农作物单位面积产量

$$单产=\frac{总产量}{播种面积}$$

2. 粮食耕地单位面积产量

$$粮食耕地单位面积产量=\frac{粮食总产量}{粮食实际占用耕地面积}$$

3. 平均每人拥有粮食（油料）

$$平均每人拥有粮食（或油料）=\frac{某地区粮食(或油料)总产量}{该地区年内平均总人口}$$

4. 平均每一农林牧渔业从业人员生产粮食

$$平均每一农林牧渔业从业人员生产粮食=\frac{粮食总产量}{农林牧渔业从业人员}$$

（四）林业生产统计常用指标计算公式

1. 森林覆盖率

$$森林覆盖率=\frac{年末实有林地面积}{土地总面积}\times 100\%$$

2. 补植面积的计算

（1）用实际补植的株数折算补植面积

例：一块地上补植2000株，这块地每公顷造林密度为200株。

补植面积=2000÷200=10（公顷）

（2）根据造林成活率推算补植面积

例：新造幼林100公顷，成活率60%，在该地补植。

补植面积-100×（1-60%）=40公顷

（3）平均每人拥有林地面积

$$平均每人拥有林地面积=\frac{年末实有林地面积}{年末总人口数}$$

（五）牧业生产统计常用指标计算公式

1. 牲畜全年饲养头数

牲畜全年饲养头数=年末存栏头数+年内出售头数+年内自宰自食头数

2. 牲畜全年出栏头数和出栏率

牲畜全年出栏头数=年内出售头数+年内自宰自食头数

$$牲畜全年出栏率=\frac{年内出栏头数}{年初存栏头数}\times 100\%$$

3. 牲畜全年净增头数和净增率

牲畜全年净增头数=年内增加头数－年内减少头数=年末存栏头数－年初存栏头数

$$牲畜全年净增率=\frac{全年净增头数}{年初存栏头数}\times 100\%=\frac{年末存栏头数-年初存栏头数}{年初存栏头数}\times 100\%$$

4. 能繁母畜在牲畜中的比重

$$能繁母畜在牲畜中的比重=\frac{年末能繁母畜头数}{年末实有牲畜头数}\times100\%$$

5. 每头出栏肥猪平均胴体重

$$每头出栏肥猪平均胴体重=\frac{出栏肥猪肉产量}{出栏肥猪头数}$$

（六）农林牧渔业总量统计常用计算公式

1. 农林牧渔业总产值

农林牧渔业总产值=∑（某种农产品当年总产量×该种农产品生产价格）

2. 农业总产值发展速度

报告期可比价产值=报告期现价产值÷报告期农产品生产价格指数（农产品生产价格缩减指数）

或报告期可比价农业总产值=报告期农产品产量×上年同期的农产品生产者价格

农业发展速度=报告期可比价农林牧渔业总产值÷基期现价农林牧渔业总产值×100%

可比价指上年同期的价格，基期为上年同期。

3. 农林牧渔业增加值

农林牧渔业增加值=农林牧渔业总产值-农林牧渔业中间消耗

4. 农业增加值发展速度

报告期可比价增加值=报告期现价产值×增加值率÷报告期农产品生产价格缩减指数

农业发展速度=报告期可比价农林牧渔业增加值÷基期现价农林牧渔业增加值×100%

（七）农业现代化统计常用指标计算公式

1. 机械化

（1）平均每公顷耕地拥有农业机械总动力数

$$平均每公顷耕地拥有农业机械动力=\frac{农业机械总动力（千瓦）}{耕地面积（公顷）}$$

（2）平均每一村拥有拖拉机台数

$$平均每一村拥有拖拉机台数=\frac{拖拉机台数}{村委会个数}$$

（3）耕地机械化程度

$$耕地机械化程度=\frac{实际机耕面积}{总播种面积}\times100\%$$

（4）播种机械化程度

$$播种机械化程度=\frac{实际机械播中面积}{总播种面积}\times100\%$$

（5）收获机械化程度

$$收获机械化程度=\frac{实际机械收获面积}{总播种面积}\times100\%$$

（6）粮食脱粒机械化程度

$$粮食脱粒机械化程度=\frac{机械脱粒粮食数量}{粮食总产量}\times100\%$$

2. 电气化

（1）说明农村用电的普遍程度

$$有电乡（或村）所占比重=\frac{已通电的乡（或村）数}{全部乡（或村）数}\times 100\%$$

（2）说明每公顷耕地耗用的电量

$$每公顷耕地电力装备程度=\frac{农村用电量}{耕地面积}$$

3. 化学化

（1）反映化肥施用水平

$$平均每公顷耕地化肥施用量=\frac{化肥施用量(公斤)}{耕地面积(公顷)}$$

（2）化学肥料有效成分含量

氮　　肥

名　　称	含氮（N）（%）	名　　称	含氮（N）（%）
硫酸铵	20	碳酸氢铵	15～17
氨　水	15～17	硝 酸 铵	33～34
氯化铵	24～25	尿　　素	46

磷　　肥

名　　称	含五氧化二磷（P_2O_5）（%）	名　　称	含五氧化二磷（P_2O_5）（%）
过磷酸钙	12～13	钙美磷肥	12
磷矿粉肥	10～30		

钾　　肥

名　　称	含氧化钾（K_2O）（%）	名　　称	含氧化钾（K_2O）（%）
硫酸钾	48～50	氯化钾	50～60

复 合 肥

名　　称	含氮（N）（%）	含磷（P_2O_5）（%）	含钾（K_2O）（%）
磷 酸 铵	11～13	60	～
硝 酸 钾	13～15	—	45～46
磷 酸 钾	—	24	27
硝酸钾肥	5	50	22

4. 水利化

反映农田水利化程度

$$农田机械化灌溉程度=\frac{机电灌溉面积}{耕地面积}\times 100\%$$

$$农田水利化程度=\frac{有效灌溉面积}{耕地面积}\times 100\%$$

$$旱涝保收程度=\frac{旱涝保收面积}{耕地面积}\times 100\%$$

$$每一农业人口拥有有效灌溉面积=\frac{有效灌溉面积}{农业人口}$$

$$每一农业人口拥有旱涝保收田面积=\frac{旱涝保收面积}{农业人口}$$

（八）度量衡公制、市制常用单位比较表

名　　称	公　　制	市　　制
长　度	1公里=1000米 =2市里 =0.621英里 =0.540海里 1米=100厘米 =3市尺 =3.281英尺 1厘米=10毫米 =0.3市寸 1海里=1.852公里 1英里=1.609公里	1里=150丈 =0.5公里 =0.311英里 =0.270海里 1丈=10尺 1尺=10寸 ≈0.33米 =1.094英尺 1寸=10分 ≈3.33厘米
面　积	1平方公里=100公顷 =4平方市里 =1500市亩 1公顷=1000平方米 =15市亩 =2.471英亩 1平方米=10000平方厘米 =9平方市尺 1英亩=0.405公顷 =6.07亩	1平方里=375亩 =0.25平方公里 1亩=60平方丈 =6000平方尺 =0.164英亩 1平方丈=100平方尺
体积容积	1立方米=1000000立方厘米 =27立方市尺 1立方厘米=1000立方毫米 1公升=1000立方厘米 =1000毫升 =1市升 =0.220英加仑	1立方丈=1000立方尺 1立方尺=1000立方寸 1石=10斗 1斗=10升
重　量	1吨=1000公斤 =2000市斤 1公斤=1000克 =2市斤 =2.205英磅 1英磅（常衡）=0.454公斤 =0.907市斤 1普特（俄制）=16.38公斤 =32.78市斤 1盎司（英制，金药制）=31.1035克 =0.62221市两 1克拉=0.2克	1担=100斤 1斤=10两 =0.5公斤 =1.102（英磅） 1两=10钱
其　他	1千瓦=1.36马力	1马力=0.735千瓦

三、符号使用说明

1. “空格”，表示该项统计指标数据为0、缺或无该项统计资料；
2. “#”表示其中项；
3. “*”或“①”，表示本表下有注解。

四、2019年度河北省科学技术进步奖农业获奖项目

序号	项目名称	主要完成人	主要单位	奖项
1	防治果蔬白粉病和灰霉病的微生物杀菌剂创制及产业化	李社增，鹿秀云，郭庆港，张晓云，马平，李宝庆，蔡春锡，王培培，苏振贺，毕章保	河北省农林科学院植物保护研究所	一等奖
2	燕麦高效育种技术及资源创新与系列品种选育应用	杨才，周海涛，路铁刚，李天亮，杨晓虹，张新军，李云龙，赵云云，刘文婷，白静	张家口市农业科学院，中国农业科学院生物技术研究所，首都师范大学	一等奖
3	西瓜抗病、耐低温、耐贮运种质创制与新品种选育及应用	武彦荣，许勇，党继革，潘秀清，任毅，高秀瑞，李冰，张敬敬，史宇凡，赵新芳	河北省农林科学院经济作物研究所，北京市农林科学院，河北双星种业股份有限公司	一等奖
4	枣资源营养评价及其精深加工增值技术	刘孟军，赵智慧，敖常伟，王丽丽，高贵全，史明超，刘志国，刘平，高峰，李倩	河北农业大学，河北龙门博夏食品制造有限公司，沧州超晨生物科技有限公司	二等奖
5	减缓牛应激和促生长及泌乳调控技术研究与应用	曹玉凤，高艳霞，李妍，李秋凤，李建国，李运起，芦春莲，冯志华，刘博，许利民	河北农业大学	二等奖
6	小麦骨干亲本邯 4032 的创制及多抗邯麦系列品种选育	陈冬梅，蔺桂芬，马永安，刘保华，苏玉环，王雪香，张桂珍，张恒，杨璞，贺维昭	邯郸市农业科学院	二等奖
7	河北葡萄酒产区特色酵母菌选育及葡萄酒产业提质增效技术体系研究	李艳，韩朝武，贺艳楠，罗飞，商华，梁国伟，卢儿伟，周志波，王焕香	河北科技大学，中国长城葡萄酒有限公司，中粮华夏长城葡萄酒有限公司，秦皇岛金樽酒业有限公司	二等奖
8	新兽药创制及畜产品质量控制技术研究与应用	刘聚祥，王庚南，曹立辉，刘静，武现军，郑桦，马亚宾，刘佳	河北农业大学，河北正合生物制药有限公司，保定市冀农动物药业有限公司，正定县动物疫病预防控制中心	二等奖
9	鲆鲽类产业关键技术创新与应用	刘红英，宫春光，王玉芬，侯吉伦，司飞，王桂兴，殷蕊，齐凤生，张晓彦，张辉	河北农业大学，中国水产科学研究院北戴河中心试验站，河北省海洋与水产科学研究院	二等奖
10	北方果园机械化关键技术装备与应用	刘俊峰，李建平，杨欣，刘洪杰，王鹏飞，邵建柱，冯晓静，胡佳宁，张国彬，闫震	河北农业大学、石家庄鑫农机械有限公司，河北中农博远农业装备有限公司	二等奖
11	河北省菜田养分微生物调控减肥增效关键技术	李博文，王凌，郭艳杰，刘文菊，张丽娟，陆秀君，陶晡，方雪丹，刘辉，杨威	河北农业大学，河北省农林科学院农业资源环境研究所，河北闰沃生物技术有限公司，河北民得富生物技术有限公司	二等奖

序号	项目名称	主要完成人	完成单位	总评等级
12	棉花集中采收高效丰产栽培关键技术创建与应用	李存东, 张永江, 刘连涛, 孙红春, 白志英, 董合忠, 田立文, 王树林, 王占彪, 刘玉春	河北农业大学, 山东棉花研究中心, 新疆农业科学院经济作物研究所, 河北省农林科学院棉花研究所	二等奖
13	鸡品种资源保护利用与产业化开发	刘海斌, 胡满, 李子平, 张立永, 梁世彦, 陈亮, 武成威, 刘星智, 崔宏宇, 官丽辉	河北北方学院, 河北农业大学, 宣化县利生牧业有限责任公司	三等奖
14	鸡新城疫、传支、马立克三种病毒病免疫防控及检测技术研究与应用	朱秀同, 刘涛, 马明, 柳珊, 吴雅清, 梁武, 何平有, 郁宏伟, 杨保收, 邹立宏	瑞普（保定）生物药业有限公司	三等奖
15	大豆重要性状分子标记发掘与优质抗病高产新品种选育	张彩英, 李喜焕, 王瑞霞, 孔佑宾, 李文龙, 杜汇, 张扬, 刘渊, 胡颖, 常文锁	河北农业大学, 承德市农林科学院	三等奖
16	冀北山地典型森林类型结构化经营技术研究与示范	李永宁, 张志东, 黄选瑞, 王冬至, 杨晋宇, 张玉珍, 高慧娟, 于士涛, 崔立志, 赵立红	河北农业大学	三等奖
17	新型食用油卫生指标的现场快速检测关键技术及装置	田益玲, 马晓燕, 柳毅, 张帅华, 张蕴哲, 徐慧, 杨磊, 苑宁, 卢鑫, 赵艳	河北农业大学, 保定市产品质量监督检验所	三等奖
18	禽源多肽的制备及在对虾健康养殖中的关键应用技术	郭冉, 刘丽媛, 李代宗, 夏辉, 张维金, 申亮, 王小瑞	河北农业大学, 秦皇岛益尔动物科技有限公司	三等奖
19	植物提取物稳态化制剂关键技术研究与产业化	徐建中, 贾新超, 田洪, 高伟, 王红霞, 杨香瑜, 付其胜, 张立欣, 焦丽娟, 杨丽微	晨光生物科技集团股份有限公司, 晨光生物科技集团邯郸有限公司, 晨光生物科技集团天津有限公司	三等奖
20	营养健康小麦食品加工关键技术及应用	赵文华, 李书国, 马军涛, 齐华, 李雪梅	河北黑马面粉有限责任公司, 河北科技大学	三等奖
21	鸡营养保健与高效饲养技术	安胜英, 呙于明, 臧素敏, 刘观忠, 刘丹, 杜健, 鲁改儒	河北农业大学, 中国农业大学	三等奖
22	绵羊基因分子标记技术研究与应用	陈晓勇, 孙洪新, 仲涛, 敦伟涛, 刘月, 贾敬亮, 王建涛	河北省畜牧兽医研究所, 四川农业大学	三等奖
23	设施蔬菜主要病原菌抗药性综合治理技术研究与应用	王文桥, 韩秀英, 赵建江, 毕秋艳, 路粉, 孟润杰, 吴杰, 赵卫松, 纪军建, 马志强	河北省农林科学院植物保护研究所, 保定市科绿丰生化科技有限公司	三等奖
24	海河平原区苜蓿抗逆控害增效关键技术体系创建与应用	刘贵波, 赵海明, 李源, 游永亮, 武瑞鑫, 柳斌辉, 郭郁频, 翟兰菊, 张凤钗	河北省农林科学院旱作农业研究所	三等奖

五、2019年度河北省自然科学奖农业领域获奖项目

序号	项目名称	主要完成人及单位	奖项
1	纳米材料的生物学效应及其应用基础研究	常彦忠(河北师范大学), 于鹏(河北师范大学), 陈春英(国家纳米科学中心), 耿丽娜(河北师范大学), 李洋(中国科学院深圳先进技术研究院)	一等奖
2	虾类基因编辑平台的建立及抗病抗逆基因的功能解析	张继泉(河北大学), 相建海(中国科学院海洋研究所), 李富花(中国科学院海洋研究所), 孙玉英(河北大学)	三等奖